Anita Hattenhorst, Brigitte Skudlarz, Klaus Walter, Bernd Weidtmann

Prüfungswissen Büroberufe

Zwischen- und Abschlussprüfung

2. Auflage

Bestellnummer 01420

Bildungsverlag EINS

Haben Sie Anregungen oder Kritikpunkte zu diesem Produkt?
Dann senden Sie eine E-Mail an 01420_002@bv-1.de
Autoren und Verlag freuen sich auf Ihre Rückmeldung.

www.bildungsverlag1.de

Bildungsverlag EINS GmbH
Sieglarer Straße 2, 53842 Troisdorf

ISBN 978-3-427-**01420**-1

Prüfungswissen: die Idee	
Das Problem	Auszubildende in den Ausbildungsberufen **„Bürokaufmann/Bürokauffrau"** und **„Kaufmann/Kauffrau für Bürokommunikation"** müssen sich für Klassenarbeiten, innerbetriebliche Leistungsüberprüfungen und natürlich die Zwischen- und Abschlussprüfung eine Fülle von Lerninhalten aneignen und einprägen, um erfolgreich zu bestehen. Zwar sind oft eigene Aufzeichnungen aus der Berufsschule, Lehrbücher sowie Aufgabensammlungen in teilweise großem Umfang vorhanden. Diese verfügen aber in aller Regel nicht über den zur Vorbereitung auf eine Prüfung überzeugenden, lernwirksamen Aufbau.
Die Problemlösung	Prüfungswissen ist ein neuartiges Arbeitsbuch im Doppelseitenprinzip. Parallel zu programmierten Aufgaben und offenen Fragen gibt es einen systematischen Überblick über das für die Prüfungen wichtige Wissen. Abgestimmt mit den Lehrplänen und den Prüfungsverfahren der Länder, ermöglicht Prüfungswissen eine kompakte und zielgerichtete Wiederholung – vom einzelnen Thema bzw. Lerngebiet bis zum gesamten Prüfungsstoff. **Prüfungswissen kann also sowohl prüfungsvorbereitend als auch ausbildungsbegleitend genutzt werden.**

Prüfungswissen: Möglichkeiten und Grenzen	
Was Prüfungswissen leisten kann ...	**... und was es nicht leisten will**
▷ bereitet auf die schriftliche Zwischenprüfung vor ▷ dient der Vorbereitung auf Klassenarbeiten und zur regelmäßigen Wiederholung der Lerninhalte ▷ frischt vorhandenes Wissen auf ▷ deckt eventuelle Wissenslücken auf ▷ regt zur Auseinandersetzung mit den Lerninhalten an ▷ verringert Unsicherheiten über die Inhalte der Prüfung	▷ ersetzt nicht die gründliche Auseinandersetzung mit komplexen Lerninhalten ▷ ist kein Lehrbuch-Ersatz ▷ ermöglicht keine „Last-Minute"-Prüfungsvorbereitung ▷ will keinen unrealistischen, schnellen Prüfungserfolg vortäuschen

Prüfungswissen: Aufbau, Merkmale und Elemente			
Grundlagen	Auswahl, Aufbau und Aufbereitung der Lerninhalte berücksichtigen den Stoffkatalog der Aufgabenstelle für kaufmännische Abschluss- und Zwischenprüfungen (**AkA**) ebenso wie den entsprechenden **Rahmenlehrplan** und die **Lehrpläne der einzelnen Bundesländer**.		
Doppelseite mit Ausgangsfall	Den neuen Anforderungen entsprechend wird die geforderte Handlungskompetenz im Bereich der Bürowirtschaft prozessorientiert abgefragt. **Praxisbezogene komplexe Aufgaben** sind in diesem Teil Ausgangspunkt für unterschiedliche Fragestellungen. Die ausführliche Lösung steht direkt neben der Fragestellung.		
	Das Prinzip	**Ausgangsfall**	
		Fragen	**Lösungen**
Einzelseite mit Kernwissen	Aufgrund der exemplarischen Aufgabenstellung können nicht alle Bereiche der Bürowirtschaft in der Form praxisbezogener Aufgaben behandelt werden. Aus diesem Grund folgt nach den Doppelseiten mit Ausgangsfall eine systematische Darstellung des Kernwissens.		
Doppelseite mit geschlossenen Fragen	**Das Prinzip**	**Kernwissen** (linke Seite)	**Aufgaben** (rechte Seite)
		▷ enthält über 800 offene Fragen und deren Beantwortung ▷ gibt eine Übersicht über die Inhalte eines einzelnen Themas ▷ enthält Übersichten, Tabellen, Definitionen und Beispiele – lerngerecht und kompakt aufbereitet ▷ hebt wichtige Begriffe und Aussagen besonders hervor	▷ bestehen aus mehr als 900 geschlossenen (programmierten) Fragen: – Einfachauswahl-, – Mehrfachauswahl-, – Reihenfolge- und – Zuordnungsaufgaben ▷ beziehen sich jeweils auf das Kernwissen, das auf der linken Seite abgebildet ist
	Lösungen	Der Lösungsteil enthält in übersichtlicher Darstellung alle Ergebnisse der programmierten Aufgaben.	

Für die Arbeit mit diesem Prüfungswissen wünschen Ihnen viel Erfolg:	
Autoren und ...	**... Verlag.**

Hinweis: Die mit einem Ⓩ markierten Seitenzahlen geben an, welche Inhalte bereits für die Zwischenprüfung relevant sind.

Bürowirtschaft

Organisationsprozesse

Einrichtung des Büroarbeitsplatzes

Kommunikationsprozesse und Datenverarbeitung

Personalwirtschaftliche Prozesse

Bürowirtschaft – Einzelseiten

Rechnungswesen

Kaufmännische Steuerung und Kontrolle

Buchführung/Aufgaben des bereichsbezogenen Rewe

Entgeltabrechnung

Jahresabschluss

Industrielle Kostenrechnung

Kaufmännisches Rechnen

Wirtschafts- und Sozialkunde

Wirtschaftliche Grundlagen

Rechtliche Grundlagen

Mitarbeiter im Betrieb

Einflussnahmen des Staates auf das Wirtschaftsleben

wwh GmbH – Industrie und Handel

Sie sind Mitarbeiterin/Mitarbeiter der

wwh GmbH
Helene-Weber-Weg 9
33607 Bielefeld

Das Unternehmen ist eingetragen im Handelsregister B beim Amtsgericht in Bielefeld.

Der Betriebszweck ist die Herstellung von und der Handel mit Waren.

Das Unternehmen hat folgende Abteilungen:

Geschäftsführung
Einkauf
Lager
Fertigung
Vertrieb
Marketing
Rechnungswesen
Personalwesen
Organisation/EDV

Im Unternehmen sind beschäftigt:	25 Angestellte
	30 Arbeiter
	2 Auszubildende

Einführung

Auswahl, Aufbau und Aufbereitung der Lerninhalte berücksichtigen den Stoffkatalog der Aufgabenstelle für die kaufmännischen Abschluss- und Zwischenprüfungen (AKA/IHK).

Den neuen Anforderungen entsprechend ist die geforderte berufliche Handlungskompetenz durch das Bearbeiten von komplexen Aufgaben nachzuweisen.

In der Ausgangssituation werden praxisbezogene Fälle z. B. anhand von Belegen, Gesprächsnotizen oder besonderen betrieblichen Situationen dargestellt.

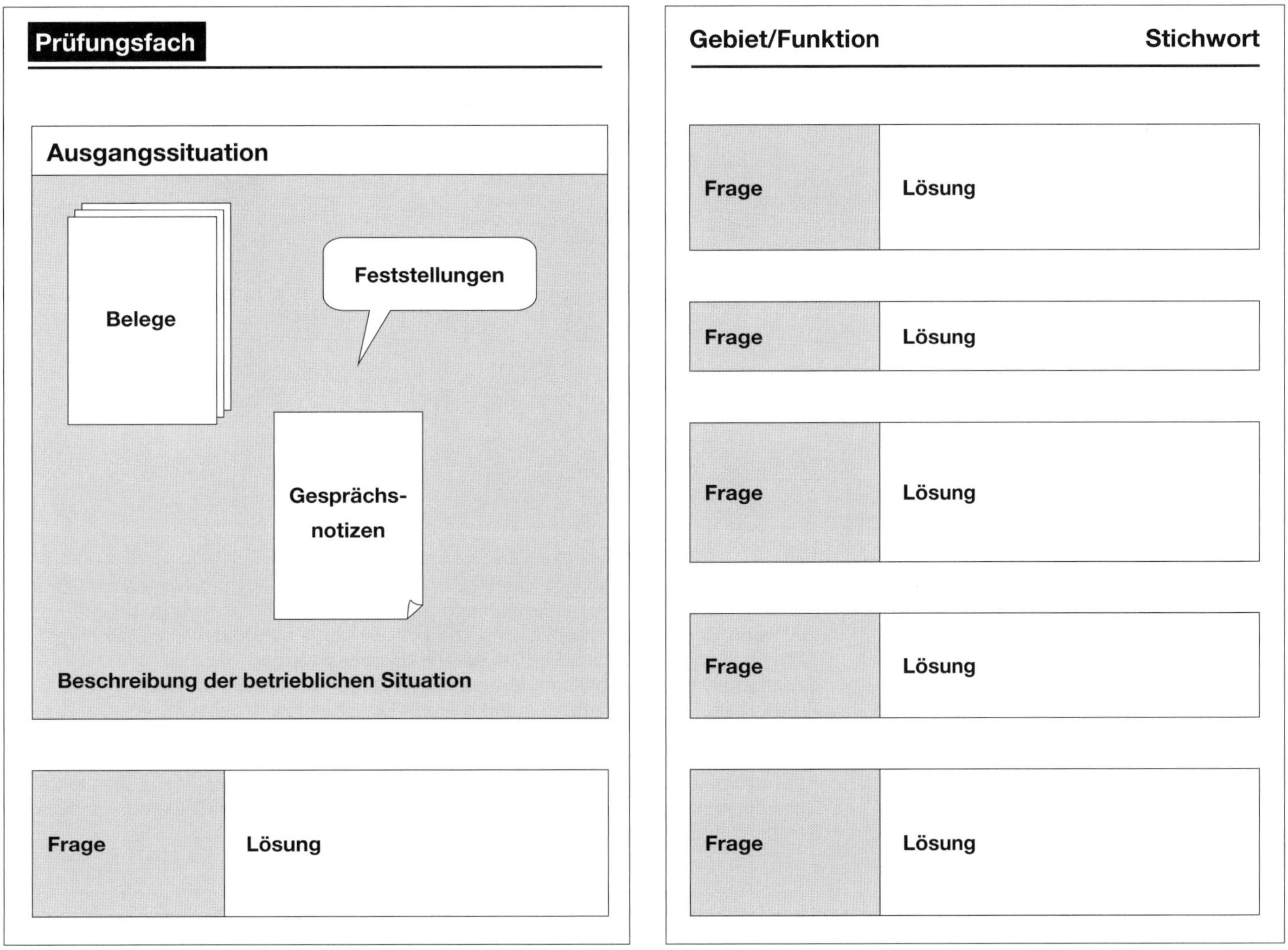

Aufbau Typ I

Doppelseite mit Ausgangssituation

Ausgangssituation

Christina Eckberg ist eine neue Auszubildende in der wwh GmbH. Bevor sie sich bei diesem Unternehmen bewarb, hatte sie sich natürlich schon im Internet über das Unternehmen selbst und seine Produkte informiert. Heute, an ihrem ersten Ausbildungstag, bekommt sie zusätzliche Informationen über das Unternehmen aus einer Präsentation, die sie sich anschaut.
Darin findet sie folgende Darstellung:

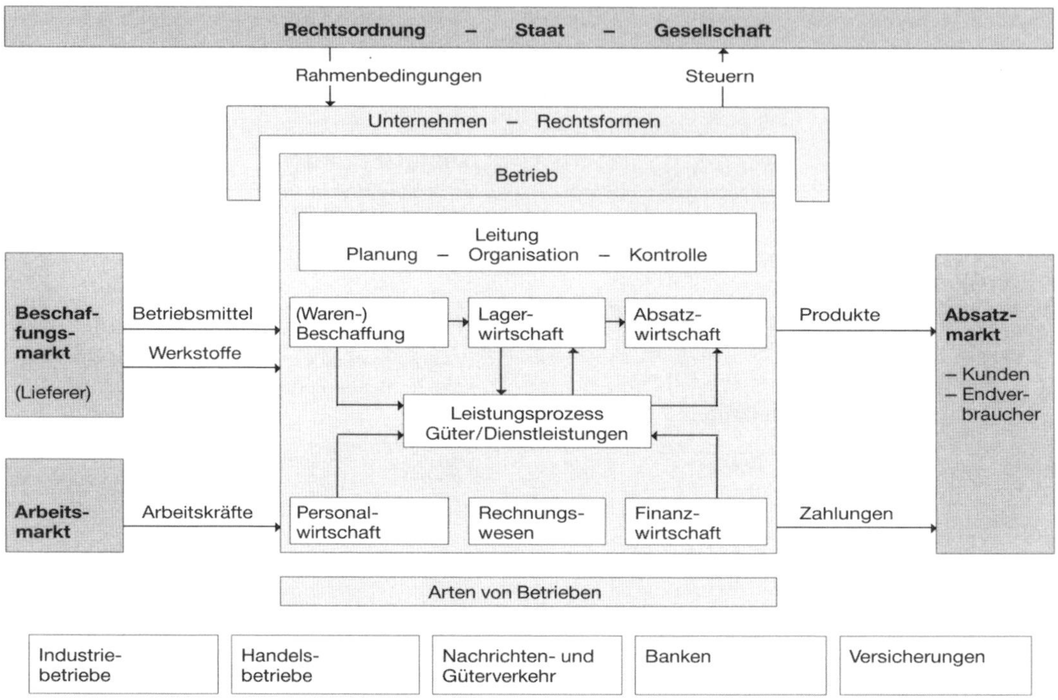

Aus der Grafik wird deutlich, dass die wwh GmbH vielfältige Beziehungen zu anderen Unternehmen unterhält. Man sagt auch, dass Unternehmen sei in zahlreiche Märkte „eingebettet".

Erklären Sie diesen Zusammenhang, indem Sie die einzelnen Teilmärkte beschreiben.

- ▷ **Beschaffungsmarkt:** Jeder Betrieb benötigt zur eigenen Leistungserstellung Güter, die er sich über den Beschaffungsmarkt besorgt. Dazu gehören sowohl der Markt für Waren für die Weiterverarbeitung und den Verkauf als auch der Markt für Investitionsgüter, wie Maschinen, Fahrzeuge oder Büroausstattung.
- ▷ **Arbeitsmarkt:** Vom Arbeitsmarkt beschafft sich der Betrieb die erforderlichen Arbeitskräfte. Auf dem Arbeitsmarkt bieten Menschen ihre Arbeitskraft an.
- ▷ **Absatzmarkt:** Auf diesem Markt muss der Betrieb seine Produkte anbieten und vermarkten. Dieser Markt besteht vornehmlich aus den Kunden des Unternehmens.
- ▷ **Kapitalmarkt:** Auf diesem Markt beschafft sich der Betrieb seine finanziellen Mittel. Das können kurzfristige oder langfristige Kredite sein oder auch Gelder, die andere Personen in das eigene Unternehmen einbringen wollen.

Erklären Sie die Rolle des Staates für die wwh GmbH.

- ▷ Der Staat setzt die Rahmenbedingungen für das gesellschaftliche Zusammenleben. Dazu gehören vor allem Gesetze und Verordnungen.
- ▷ Der Staat erhebt Steuern, Gebühren und Beiträge, um seine Aufgaben erfüllen zu können. Insofern ist auch die wwh GmbH verpflichtet, die verschiedenen Steuern zu bezahlen, sofern der entsprechende Steuertatbestand zutrifft.
- ▷ Sofern die Voraussetzungen zutreffen, kann die wwh GmbH staatliche Leistungen in Anspruch nehmen. Das könnten sowohl finanzielle Leistungen wie Subventionen als auch nicht finanzielle Leistungen wie z. B. Beratungen sein.
- ▷ Der Staat erlegt der wwh GmbH umfangreiche Meldepflichten durch statistische Erhebungen auf.

Geben Sie Beispiele für andere Unternehmen, mit denen die wwh GmbH außer mit Kunden und Lieferanten auch noch Leistungen austauscht, um ihre Aufgabe als Hersteller von Produkten zu erfüllen.

- ▷ **Kreditinstitute** bieten Leistungen für den Transfer von Zahlungen oder die Gewährung von Krediten.
- ▷ **Versicherungen** übernehmen die verschiedenen Risiken der wwh GmbH gegen Zahlung entsprechender Beiträge.
- ▷ **Beratungsunternehmen**, wie Werbeagenturen oder Steuerberater, bieten gegen Entgelt ihr z. T. sehr spezielles Wissen an.
- ▷ **Betriebe des Güterverkehrs**, wie Frachtführer oder Speditionen, übernehmen den Transport von Gütern von und zur wwh GmbH.
- ▷ **Betriebe des Nachrichtenverkehrs**, wie Telefongesellschaften oder Internet-Provider, übernehmen den Transport von Informationen.

Welche Funktionen weisen nahezu alle Betriebe auf, also neben der wwh GmbH auch solche wie z. B. deren Lieferanten oder Kunden?

- Einkauf
- Vertrieb
- Personal/Allgemeine Verwaltung
- Finanzen
- Rechnungswesen

Die wwh GmbH produziert einerseits Güter, andererseits handelt sie auch mit Gütern.

Stellen Sie die verschiedenen Aufgaben von Produktions- und Handelsbetrieben gegenüber.

Produktionsbetriebe	Handelsbetriebe
Produktionsbetriebe haben die Aufgabe, Sachleistungen herzustellen. Zu diesem Zweck werden Materialien eingekauft und durch Zerlegung, Verformung, Montage und andere fertigungstechnische Maßnahmen zu Produkten gemacht, die die Konsumenten benötigen.	Handelsbetriebe haben die Aufgabe, die von den Produktionsbetrieben hergestellten Produkte aufzukaufen und so zu verteilen, dass die hergestellten Waren den Endverbraucher auch erreichen. Sie stellen damit die Verbindung zwischen Produktion und Konsum her.

Welche besonderen Funktionen übernimmt die wwh GmbH als Handelsbetrieb in unserer Volkswirtschaft?

Der Handel gleicht Unterschiede zwischen Produktion und Konsum aus:
Raumausgleichsfunktion: Die Produktion findet nicht immer dort statt, wo konsumiert wird. Der Handel überbrückt diese Raumunterschiede.
Zeitausgleichsfunktion: Die Produktion findet häufig nicht zur gleichen Zeit statt. Diese Zeitunterschiede werden vom Handel ausgeglichen, der Waren auf Lager nimmt und zu anderen Zeiten verteilt.
Mengenausgleichsfunktion: Ein Produktionsbetrieb produziert mit einer Serie häufig mehr Produkte, als im gleichen Zeitraum verbraucht werden können. Der Handel kauft diese Mengen auf und gibt sie in handelsüblichen Einheiten an die Endverbraucher weiter. Weitere Funktionen des Handels betreffen eher Service-Funktionen:
Sortimentsbildungsfunktion: Der Handel stellt von zahlreichen verschiedenen Herstellern ein Sortiment zusammen und bietet dies dem Endverbraucher oder dem Einzelhandel an.
Beratungs- und Informationsfunktion: Vor allem im Einzelhandel ist diese Funktion wichtig, weil viele Endverbraucher mit technischen Details von Produkten überfordert sind. Der Handel schließt diese Wissenslücke.

Geben Sie eine Übersicht über alle Arten von Handelsbetrieben.

Binnenhandel:
- Der Einzelhandel kauft gewerbsmäßig Waren ein und verkauft diese unverändert an den Endverbraucher.
- Der Großhandel kauft gewerbsmäßig Waren in großem Umfang und verteilt diese an den Einzelhandel oder an andere Produktionsbetriebe.
- Der Markthandel organisiert zeitlich begrenzte Verkaufsveranstaltungen.

Außenhandel:
Der Außenhandel übernimmt es, gewerbsmäßig zumeist große Mengen von Gütern über die Grenzen von Ländern hinweg zu kaufen und zu verkaufen.

Die wwh GmbH produziert ihre Produkte im Wege der Serienfertigung. Stellen Sie diesen Produktionstyp dar und grenzen Sie ihn einerseits von der Einzelfertigung, andererseits von der Massenfertigung ab.

Einzelfertigung	Serienfertigung	Massenfertigung
Ein Produkt wird nur einmal hergestellt. Eine Wiederholung der Produktion findet nicht statt. Die Produktion erfolgt häufig in Form der Werkstatt- oder Baustellenfertigung.	Ein Produkt wird zu einem bestimmten Zeitpunkt in einer begrenzten Menge (Serie) hergestellt. Eine solche Serie wird mehrmals in einer Periode gefertigt.	Ein Produkt wird nahezu unbegrenzt für einen anonymen Markt hergestellt. Die Produktionsanlagen sind speziell nur für dieses oder ein ähnliches Produkt eingerichtet.

Die wwh GmbH hat ihre Fertigung teils als Werkstattfertigung, teils als Fließfertigung organisiert. Erläutern Sie diese beiden Konzepte und schildern Sie, welche anderen Möglichkeiten es gibt, eine Fertigung zu organisieren.

Werkstattfertigung: Die Produktion findet in verschiedenen Werkstätten statt, in denen Verrichtungen zentralisiert wurden, z. B. sägen, fräsen, schleifen, montieren. Die Werkstücke werden zwischen den Werkstätten transportiert. Ein Werkstück durchläuft dabei zumeist mehrere Werkstätten, bis es verkaufsfähig ist.
Fließfertigung: Die Produktion findet in einer lückenlos und zeitlich genau bestimmten Folge von Arbeitsverrichtungen statt, die nach dem logischen Aufbau der Fertigung nacheinander angeordnet sind.
Reihenfertigung: Die Betriebsmittel werden nach dem Fertigungsablauf der Erzeugnisse so angeordnet, dass sich ein logischer Ablauf ergibt. Das Fertigungsverfahren verbindet Elemente der Werkstattfertigung und der Fließfertigung.
Gruppenfertigung: Alle zur Herstellung oder Montage eines Teilproduktes erforderlichen Tätigkeiten werden von einer Arbeitsgruppe vorgenommen, in der zumeist jeder Mitarbeiter den anderen ersetzen kann. Die Arbeitsvorgänge sind jedoch zeitlich nur begrenzt aufeinander abgestimmt.
Baustellenfertigung: Alle Tätigkeiten, Betriebsmittel und erforderlichen Materialien müssen an dem Ort der Herstellung des Produktes konzentriert werden.

Ausgangssituation

Sabine Wortmann beginnt zum 01.08.20.. die Ausbildung zur Bürokauffrau. Sie ist unter einer Vielzahl von Bewerberinnen und Bewerbern unter anderem auch deshalb ausgewählt worden, da sie sich im Vorfeld des Bewerbungsgespräches über das Ausbildungsunternehmen informiert hat.

Die Mitarbeiterin der Personalabteilung der wwh GmbH, Frau Schaper, ist zuständig für die neu eingestellten Auszubildenden. Der erste Tag der Ausbildung steht ganz im Zeichen des Kennenlernens der anderen Mitarbeiter und insbesondere des Betriebes.

Gleich am ersten Tag der Ausbildung zeigt sich Sabine Wortmann sehr interessiert: „Frau Schaper, ich weiß ja, was die wwh GmbH an Produkten verkauft. Aber wie das alles zusammenhängt und dass auch immer ausreichend Produkte auf Lager sind, ist schon bemerkenswert. Da muss doch eine ‚ordnende Hand' im Spiel sein." „Ja, Frau Wortmann, damit der Arbeitsablauf funktioniert, hat jeder Mitarbeiter seine Aufgabenstellung und Zuordnung im Betrieb. Ich werde Ihnen zunächst einmal erläutern, welche Aufgaben die wwh GmbH im Wirtschaftsprozess erfüllt, wie die wwh GmbH strukturiert ist und danach werde ich Sie natürlich in den einzelnen Abteilungen vorstellen. Damit Sie sich einen Überblick verschaffen können, zeige ich Ihnen das Organigramm der wwh GmbH."

Verkürzte Darstellung des Organigramms der wwh GmbH:

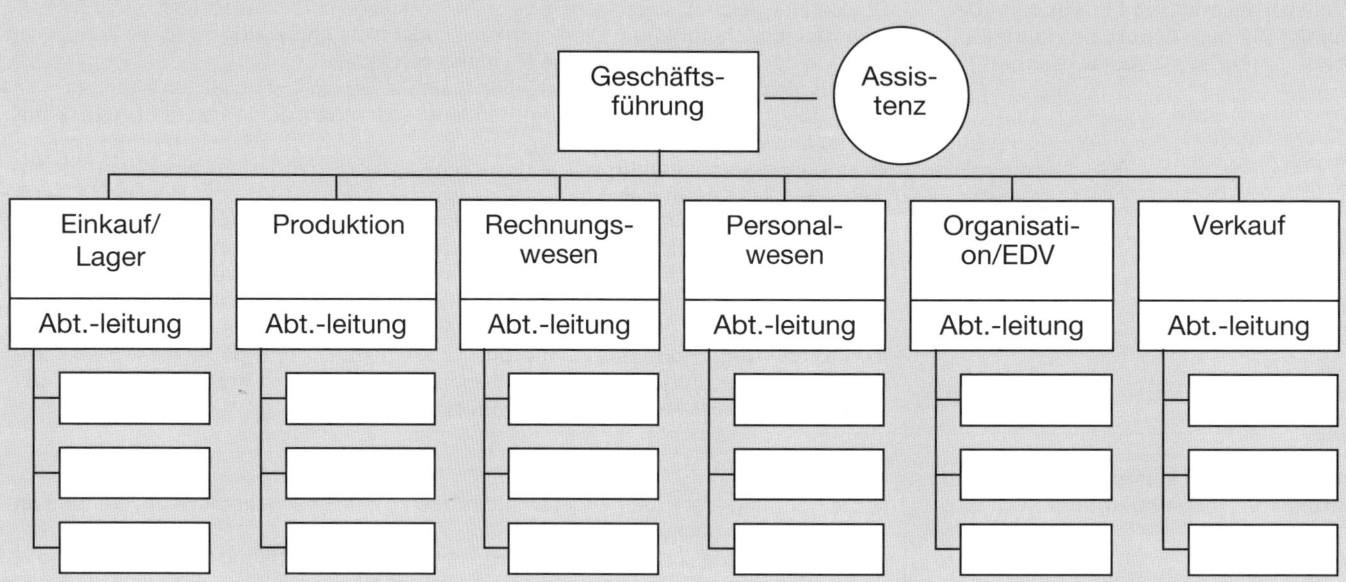

Nennen und beschreiben Sie die betrieblichen Grundfunktionen eines Industriebetriebes.

Nennen und beschreiben Sie die betrieblichen Grundfunktionen eines Industriebetriebes

- **Fertigungsfunktion**
  Die wesentliche Aufgabe eines Industriebetriebes ist die Produktion von Gütern. Dabei ist zwischen kapitalintensiven Betrieben (z. B. Chemische Industrie), materialintensiven Betrieben (z. B. Textilindustrie) und energieintensiven Betrieben (z. B. Aluminiumwerke) zu unterscheiden.
- **Beschaffungsfunktion**
  Der Kostendruck in der Wirtschaft zwingt die Betriebe dazu, die betriebswirtschaftlichen Produktionsfaktoren (Betriebsmittel, Werkstoffe, Arbeitskräfte) günstig zu beschaffen.
- **Lagerungsfunktion**
  Der zeitliche Unterschied zwischen der Beschaffung, der Fertigung und dem Verkauf der Güter soll durch möglichst kurze Lagerzeiten in den einzelnen Fertigungsstufen überbrückt werden.
- **Absatzfunktion**
  In Zeiten immer größer werdender Absatzmöglichkeiten durch die Globalisierung muss dem Verkauf der Güter besondere Aufmerksamkeit geschenkt werden.
- **Leitungsfunktion**
  Die Geschäftsleitung hat die Aufgabe, die Betriebsprozesse optimal zu steuern und in die Zukunft gerichtete Entscheidungen zu treffen.

Zeigen Sie die betriebswirtschaftlichen Produktionsfaktoren eines Industriebetriebes auf.	▷ **Betriebsmittel** Dazu gehören die Anlagegüter wie z. B. Grundstücke, Gebäude, Maschinen, Fuhrpark, Geschäftsausstattung, Werkzeuge. ▷ **Werkstoffe** Roh-, Hilfs- und Betriebsstoffe sowie Fertigbauteile werden verarbeitet, bearbeitet oder eingebaut. Daraus entstehen die Erzeugnisse eines Industriebetriebes. ▷ **Ausführende Arbeitskräfte** Auch maschinenintensive und computergestützte Produktionsstätten kommen nicht ohne Mitarbeiter aus. Die fachlichen Qualifikationen der Mitarbeiter sind dabei für einen prozessgesteuerten Produktionsablauf von großer Bedeutung. ▷ **Geschäftsleitung** (= dispositiver Produktionsfaktor) Die Geschäftsleitung hat die Aufgabe den Produktionsprozess zu planen und zu kontrollieren und entsprechend Entscheidungen zu treffen.
Beschreiben Sie die Notwendigkeit der Organisation eines Industriebetriebes.	▷ In **kleineren Betrieben** sind die Aufgabenbereiche, die jeder einzelne Mitarbeiter abdecken soll, leicht zu verteilen und zu kontrollieren. ▷ In **größeren Betrieben** setzen die vielfältigen Aufgaben und die Vielzahl der Mitarbeiter eine Organisation des gesamten Systems voraus, damit ein reibungsloser Ablauf des Verkaufsgeschäftes gesichert ist.
Unterscheiden Sie zwischen Aufbauorganisation und Ablauforganisation.	▷ **Aufbauorganisation** Die Aufbauorganisation ist die Ordnung von Zuständigkeiten für einzelne Teilbereiche, die sich aus der Gesamtaufgabe des Betriebes ergeben. Dazu gehören: – Leitung von Mitarbeitern – Darstellung der Instanzenwege – Bereichsgliederung ▷ **Ablauforganisation** Regelung des Ablaufes betrieblicher Prozesse Darstellung einzelner aufeinanderfolgender Arbeitsschritte
Was versteht man unter Betriebshierarchie in einem Betrieb? Wie wird sie dargestellt?	Durch Stellen- und Abteilungsbildung werden gleichzeitig auch Über- bzw. Unterordnungsverhältnisse in einem Betrieb vorgegeben. Die **Betriebshierarchie** zeigt die Einordnung von Stellen in das Weisungssystem eines Betriebes. Das **Organigramm** ist die grafische Darstellung des Aufbaus eines Betriebes und damit die Darstellung seiner Hierarchie. Es gibt einen Überblick über die Verteilung der Zuständigkeiten innerhalb dieses Betriebes.
Zeigen Sie mögliche Formen von Aufbauorganisationen eines Betriebes auf.	▷ **Einliniensystem** Jeder Mitarbeiter erhält nur Weisungen von einem Vorgesetzten, der ihm gegenüber weisungsbefugt ist. ▷ **Mehrliniensystem** Untergeordnete Stellen können Weisungen von mehreren übergeordneten Stellen erhalten. ▷ **Stabliniensystem** Einigen Stellen können Stabsstellen zugewiesen werden, die den Entscheidungsträgern wichtige Informationen liefern und sie bei Entscheidungen beraten.
Welches Leitungssystem ist anhand des Auszugs aus dem Organigramm in der wwh GmbH zu erkennen? Welche Unterschiede ergeben sich zu den anderen Leitungssystemen?	Die Assistenzstelle der Geschäftsführung ist als Kreis dargestellt. Aus diesem Grund handelt es sich um eine Stabsstelle **= Stabliniensystem**. Klare und einheitliche Kompetenzbereiche bleiben erhalten. Die übergeordneten Stellen werden durch Stabsstellen entlastet, die nur für die zugewiesenen Stellen arbeiten, aber selbst keine Weisungsbefugnis haben.
Nennen Sie mögliche Untergliederungen der Abteilung Einkauf.	▷ Untergliederung nach Warengruppen (**Objektprinzip**) *Beispiel: Warengruppe 1 – Haushaltsgeräte* Warengruppe 2 – Hi-Fi/TV/Computer Warengruppe 3 – … ▷ Untergliederung nach der Art der zu verrichtenden Tätigkeiten (**Funktionsprinzip**) *Beispiel: Abteilung Bezugsquellenermittlung/Angebotsvergleich* Abteilung Terminüberwachung/Eingangskontrolle

Ausgangssituation

Aus einer Besprechung der Abteilungsleiter Vertrieb und Fertigung, in der die Besonderheiten eines Großauftrages diskutiert wurden, ist folgendes Besprechungsergebnis in einer Aktennotiz festgehalten worden:

Aktennotiz

Abteilungsleiterbesprechung
Datum: 24.03.
Zeit: 14:30 bis 16:00 Uhr
.
.

TOP 3: Großauftrag Handelskontor Rotterdam
Aus der Besprechung ist zu diesem Punkt Folgendes festzuhalten: Die Angaben in Klammern ergeben die während der Besprechung eingeholten Zeiten, die die verantwortlichen Stellen für ihre Aufgabenerledigung benötigen.
Es soll unverzüglich eine Auftragsbesprechung der verantwortlichen Gruppenleiter aus den Bereichen Vertrieb, Kostenrechnung, Einkauf und Fertigung stattfinden (A: 1 Tag); unmittelbar darauf erfolgt die Erstellung der technischen Zeichnung (B: 2 Tage) sowie parallel dazu die technische Spezifikation (C: 6 Tage) sowie die Maschinenbelegungsplanung/Kapazitätsplanung (D: 4 Tage). Unmittelbar nach Vorgang D erfolgt die Personalbedarfsplanung (G: 5 Tage). Erst wenn die technische Zeichnung und die Spezifikation erstellt sind, können die Angebote bei den Lieferanten eingeholt werden (E: 8 Tage). Nach Vorliegen dieser Angebote und Abschluss der Personalbedarfsrechnung (G: 5 Tage), die unmittelbar nach Vorgang D erfolgt, können die Fertigungskosten sowie die Angebotspreise kalkuliert werden (F: 3 Tage). Nach Abschluss der Kalkulation kann der Angebotsentwurf mit allen Unterlagen erstellt und dem Kunden zugeleitet werden (H: 2 Tage).
...

Erstellen Sie aus dem Protokoll eine Vorgangsliste, aus der die einzelnen Vorgänge mit ihrer Dauer, ihren jeweiligen Vorgängern und Nachfolgern hervorgehen.

	Vorgang	Dauer	Vorgänger	Nachfolger
A	Auftragsbesprechung	1	–	B; C; D
B	technische Zeichnung	2	A	E
C	technische Spezifikation	6	A	E
D	Masch.-/Kapazitätsplan	4	A	G
E	Angebotseinholung	8	B; C	F
F	Kalkulation	3	E; G	H
G	Personalbedarfsplanung	5	D	F
H	Angebotsentwurf	2	F; E	–

Erstellen Sie den Netzplan mit Vorwärts- und Rückwärtsterminierung.

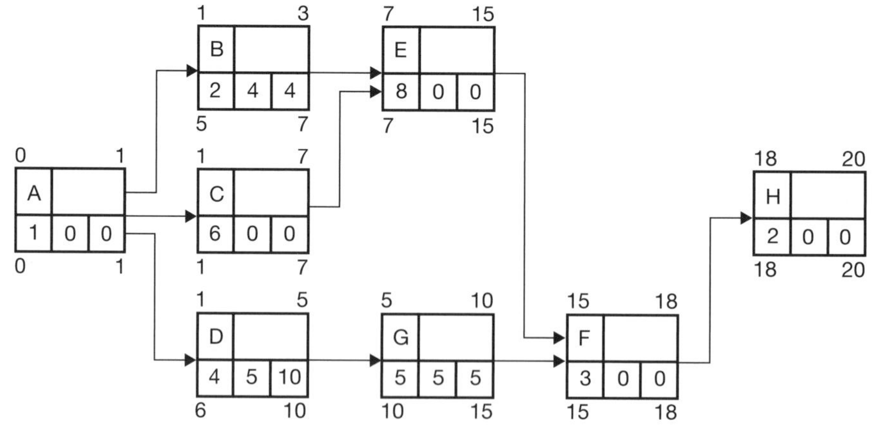

Nennen und begründen Sie den kritischen Pfad.

Der kritische Pfad liegt auf der Vorgangskette A, C, E, F, H. Bei diesen Vorgängen beträgt der freie Puffer = 0 Tage. Der freie Puffer ergibt sich aus der Differenz zwischen FEZ des folgenden Vorganges und SEZ des betrachteten Vorganges.

Was geschieht, wenn bei Vorgang B die geplante Dauer aufgrund technischer Probleme vier Tage länger benötigt?

Das ist kein Problem, weil der freie Puffer bei diesem Vorgang vier Tage beträgt. Sollten diese vier Tage als Terminüberschreitung voll in Anspruch genommen werden, ist das geplante Ende von 20 Tagen nicht gefährdet, da mit dieser Terminüberschreitung lediglich der freie Puffer aufgezehrt wird. Jede weitere Terminverzögerung bei diesem Vorgang würde allerdings zu einer Verzögerung beim Gesamtprojekt führen.

Ausgangssituation

Während Ihrer Tätigkeit im Betriebsbüro kommen noch zwei weitere Aufgaben auf Sie zu. Beachten Sie dazu bitte die beiden folgenden Arbeitsaufträge:

Interne Mitteilung

von: Auftragsverwaltung
an: Fertigungsplanung

Bitte erledigen Sie noch die Maschinenbelegung für Werkstatt 4 für die Maschinen M1 bis M3 (Metallverarbeitung):

Die folgenden Aufträge sollen am Donnerstag, 13.04. erledigt werden. Es muss unbedingt beachtet werden, dass die Aufträge in der angegebenen Reihenfolge bearbeitet und dass die Leerzeiten minimiert werden.

Aus fertigungstechnischen Gründen können die Aufträge auf den einzelnen Maschinen nicht geteilt werden.

Auftrag	Stufen der Verarbeitung		
	1. Stufe	2. Stufe	3. Stufe
A 21	M 3 : 2 Std.	M 1: 4 Std.	M 2: 3 Std.
B 35	M 1: 2 Std.	M 3: 4 Std.	M 2: 1 Std.
C 71	M 2: 3 Std.	M 3: 2 Std.	M 1: 4 Std.

Interne Mitteilung

von: Controlling
an: Fertigungsplanung

Der folgende Fertigungsprozess für das Teil 789-134 sollte noch einmal ablauftechnisch für 100 Stück untersucht werden.

Nr.	Vorgang	Minuten
1	Sägen	80
2	Transport zur Fräse	10
3	Fräsen	150
4	Zwischenkontrolle	25
5	Transport zur Oberflächenbehandlung	15
6	Grundieren	40
7	Trocknen	60
8	Schleifen	35
9	Lackieren	40
10	Trocknen	60
11	Endkontrolle	20
12	Transport zur Montage	25

Erstellen Sie für den 13.04. zur Erledigung der Aufträge A 21, B 35 und C 71 einen Maschinenbelegungsplan unter Beachtung der angegebenen Rahmenbedingungen.

Stunden->	1	2	3	4	5	6	7	8	9	10
Maschine 1	B 35	B 35	A 21	A 21	A 21	A 21	C 71	C 71	C 71	C 71
Maschine 2	C 71	C 71	C 71				A 21	A 21	A 21	B 35
Maschine 3	A 21	A 21		C 71	C 71	B 35	B 35	B 35	B 35	

Erstellen Sie für die Herstellung des Werkstücks 789-134 ein Arbeitsablaufdiagramm mit den Merkmalen
- **Bearbeitung,**
- **Transport,**
- **Prüfung,**
- **Verzögerung,**
- **Lagerung,**

und analysieren Sie den Ablauf.

Nr.	Vorgang	Bearbeitung	Transport	Prüfung	Verzögerung	Lagerung	Zeit
1	Sägen	X					80
2	Transport zur Fräse		X				10
3	Fräsen	X					150
4	Zwischenkontrolle			X			25
5	Transport zur Oberfl.		X				15
6	Grundieren	X					40
7	Trocknen				X		60
8	Schleifen	X					35
9	Lackieren	X					40
10	Trocknen				X		60
11	Endkontrolle			X			20
12	Transport zur Montage		X				25

Ermitteln Sie auf Basis der Arbeitsablaufkarte die Zeiten für die einzelnen Verrichtungsarten.

Bearbeitung: 345 min.
Transport: 50 min.
Prüfung: 45 min.
Verzögerung: 120 min.
Lagerung: –
Gesamtzeit: Die gesamte Durchlaufzeit beträgt 560 min.

Ausgangssituation

In der Buchhaltung der wwh GmbH scheint es mehr Arbeit zu geben als Arbeitskräfte vorhanden sind. Jedenfalls hat der Leiter der Buchhaltung aufgrund zunehmender Beschwerden von Mitarbeitern und des Betriebsrates eine zusätzliche Mitarbeiterin für halbe Tage beantragt, um die anderen Mitarbeiter zu entlasten. Die Abteilung „Allgemeine Verwaltung", die auch die Organisationsfragen zu klären hat, wird beauftragt, die Angelegenheit genauer zu untersuchen.

Welche grundsätzlichen Möglichkeiten gibt es, einen organisatorischen Sachverhalt bzw. eine Problemstellung zu untersuchen?	Als Methoden der Untersuchung eines Istzustandes kommen infrage: ▷ ein Fragebogen, der schriftlich vom Mitarbeiter auszufüllen ist, ▷ eine mündliche Befragung, die in strukturierter oder unstrukturierter Form durch einen Organisationsmitarbeiter oder einen Berater erfolgt, ▷ eine Selbstaufschreibung, in der der Mitarbeiter möglichst genau in einem Tabellenblatt erfasst, wie lange er für welche Tätigkeiten benötigt hat, z. B. 14:00 bis 15:15 Uhr: Saldenliste abgestimmt und Differenzen ausgebucht, ▷ eine Dauerbeobachtung eines Mitarbeiters oder eines Arbeitsplatzes, ▷ eine Multi-Moment-Aufnahme, bei der die Mitarbeiter einer Abteilung oder eines ganzen Unternehmens mehrmals kurzfristig beobachtet werden.
Prüfen Sie die Anwendbarkeit der genannten Methoden auf diesen Fall.	**Fragebogen:** Die einzelnen Mitarbeiter der Abteilung können mit einem vorstrukturierten Fragebogen nach der täglichen Aufteilung ihrer Arbeit, nach Arbeitsabläufen und nach ihrer Arbeitsbelastung befragt werden. Aus solchen Angaben könnte der Organisator Schwachstellen im Organisationsablauf entnehmen, z. B. Überschneidungen in der Verantwortung, Doppelarbeit oder Unzufriedenheit mit vorhandenen Regeln. Allerdings muss ein solcher Fragebogen erst entwickelt werden. Das ist relativ teuer und deshalb wird der Fragebogen meist auf eine große Anzahl von Befragten angewendet, z. B. alle Mitarbeiter eines Unternehmens oder Betriebsteiles. **Interview:** Geeigneter scheint hier ein Interview, bei dem sich der Interviewer vorher genau überlegen kann, welche Fragen er den betroffenen MitarbeiterInnen stellen will. Im Gespräch selbst hat er die Möglichkeit, direkt nachzufragen, wenn ihm eine Antwort nicht schlüssig genug erscheint. In jedem Fall ist eine relativ genaue Analyse der Situation im geschilderten Fall möglich. **Selbstaufschreibung:** Auch dieses Verfahren bietet für das genannte Problem der Überbelastung eine mögliche Lösung. Die Mitarbeiter können mengenmäßig genau festhalten, wie lange sie für welche Arbeiten gebraucht haben. Ein schwerwiegender Nachteil dieser Methode ist, dass die Mitarbeiter sich u. U. bei den Eintragungen abstimmen oder „geschönte" Angaben machen, die in diesem Fall dazu führen sollen, dass eine zusätzliche Kraft eingestellt werden soll. **Dauerbeobachtung:** Die Dauerbeobachtung eines Mitarbeiters oder einer Arbeitsgruppe bringt insbesondere bei Büroarbeiten keine oder nur geringe Ergebnisse. Dieses Verfahren wird vorwiegend im Produktionsbereich angewendet, um Zeiten von Mitarbeitern zur Berechnung von neuen Akkordvorgaben zu nehmen oder um einen Teil des Fertigungsprozesses neu zu gestalten. **Multi-Moment-Aufnahme:** Dieses Verfahren der Istaufnahme eignet sich besonders gut, um zeitliche Problemstellungen im Organisationsgefüge zu analysieren. So wird dieses Verfahren häufig angewendet, um die Verteilung der Arbeitszeit von Mitarbeitern auf Haupt-, Neben-, Verteil- und sonstige Zeiten festzustellen. Der Vorteil gegenüber der mündlichen oder schriftlichen Befragung und der Selbstaufschreibung liegt darin, dass das Verfahren objektive Ergebnisse bringt.
Bei Durchführung einer Multimomentaufnahme: Welche Merkmale müssen in die Liste der Merkmale aufgenommen werden, die der Beobachtung zugrunde liegt?	**Haupttätigkeiten:** Rechnungen prüfen, Belege vorkontieren, Belege buchen (PC), Briefe schreiben (PC), Rechnen, Vergleichen und Prüfen **Nebentätigkeiten:** Telefonieren, Kopieren, Dienstgespräch, Ablegen, Belege heraussuchen **Verteilzeiten:** Warten, Suchen, Dienstgang **Erholzeiten:** Kaffee machen, Essen, Privatgespräch, abwesend
Welche Erkenntnisse könnten sich bei der Analyse der Zahlen ergeben und welche Maßnahmen wären möglich?	Wenn die **Erholzeiten** einen hohen Anteil (größer 10 %) haben, könnte dies auf Disziplinlosigkeit und Fehlzeiten in der Abteilung hinweisen und durch Senkung dieser Zeiten wäre eine größere Ausschöpfung des Arbeitskräftepotenzials möglich. Wenn die **Verteilzeiten und Nebentätigkeiten** einen hohen Anteil (größer 30 %) haben, könnte durch Reorganisationsmaßnahmen geholfen werden. Wenn die **Haupttätigkeiten** den größten Anteil (größer 70 %) haben, liegt vermutlich eine Überbelastung der Mitarbeiter vor. Allerdings müsste durch eine weitergehende Analyse geklärt werden, ob diese Haupttätigkeiten richtig organisiert sind.

Ausgangssituation

Als Mitarbeiter/in der allgemeinen Verwaltung der wwh GmbH erhalten Sie von der Vertriebsleitung folgende interne Mitteilung:

Interne Mitteilung

Datum: 20.01.20..
Von: Leitung Vertrieb
An: Allgemeine Verwaltung

Im Monat Mai soll die große Jahrestagung des Vertriebs mit Präsentation der Produktneuheiten stattfinden, zu der wie immer alle Außendienstmitarbeiter und die Mitarbeiter Vertrieb Innen eingeladen sind. Samstagnachmittag und -abend sind die beiden Geschäftsführer zugegen. Die Anreise sollte Freitagabend stattfinden, die Abreise Sonntagmorgen nach dem Frühstück. Es ist ein geeignetes Hotel mit möglichst zentraler Lage in angenehmer, ruhiger Umgebung zu finden. Es werden 14 Personen für die Übernachtungen erwartet. Für Samstagabend ab etwa 21:00 Uhr wird wie immer ein Unterhaltungsprogramm erwartet. Die Abteilung „Allgemeine Verwaltung" wird gebeten, die Tagung vorzubereiten.

Mit freundlichem Gruß

Petersen

Nennen Sie in Stichpunkten die Aufgaben, die Sie zur Vorbereitung dieser Tagung in welcher Reihenfolge abarbeiten müssen.	1. Terminklärung 2. Vorreservierung Hotel 3. Vorreservierung Unterhaltungsprogramm 4. Kostenvoranschlag erstellen 5. Tagungskonzept erstellen und genehmigen lassen 6. verbindliche Fixierung der Reservierungen 7. Einladung der Tagungsgäste 8. Drucken der Tagungsunterlagen
Wie gehen Sie sinnvoll bei der Abklärung der Termine vor?	1. freie Termine im Mai von Geschäftsführung und Vertriebsleitung einholen 2. freie Termine von Referenten einholen 3. Abklären, ob in die nun vorliegenden Zeitfenster wichtige Termine fallen, bei denen die zu 1. und 2. genannten Personen u. U. unabkömmlich sind 4. Termin fixieren 5. beteiligte Mitarbeiter/innen im Innen- und Außendienst per E-Mail vorinformieren
Was beachten Sie bei der Hotelvorreservierung?	**Lage:** Das Hotel sollte möglichst zentral liegen. Das dürfte für ganz Deutschland im Raum Kassel der Fall sein. Das Hotel sollte in der Nähe einer Autobahnauffahrt liegen, damit nicht zu viel Anfahrzeit verloren geht. Dennoch sollte für den Zweck ein Hotel in ruhiger, schöner Umgebung gesucht werden. **Anforderungen:** Das Hotel muss eine Reihe von Anforderungen erfüllen: ausreichende Anzahl Einzelzimmer mit Telefon- und Internetanschluss; Tagungsraum sowie zwei kleinere Nebenräume für notwendige Einzelbesprechungen; Technik in vollem Umfang mit Beamer, Overheadprojektor, Flipchart, Magnettafel, Verstärkeranlage, Audio- und Videogeräte; Wellnessbereich; gute Küche. **Kosten:** Die Kosten des Gesamtarrangements (Übernachtung mit Vollverpflegung) müssen sich in den Grenzen halten, die für solche Veranstaltungen bekannt sind. **Vorreservierung:** Das Hotel kann über geeignete Suchprogramme im Internet gefunden werden (www.hrs.de, www.hotel.de, www.reiseplanung.de). Dort besteht die Möglichkeit, alle Bedingungen einzugeben und die Anzahl möglicher Hotels zu reduzieren, mit denen dann telefonisch verhandelt werden kann.
Wie informieren Sie sich über das Unterhaltungsprogramm?	Für Unterhaltungsprogramme, speziell für Tagungen, gibt es Agenten, die Künstler für solche Anlässe unter Vertrag haben. Diese lassen sich über das Internet finden (www.google.de, www.web.de). Sinnvoll ist es, sich eine Reihe von Angeboten machen zu lassen, um daraus gemeinsam mit der Vertriebsleitung das Geeignete auszusuchen. Anschließend sollte eine Vorreservierung erfolgen.
Welche Punkte enthält Ihr zu genehmigendes Tagungskonzept?	alle wichtigen Unterlagen, wie Terminplan, Hotelprospekt, Kostenplan, Entwürfe von Einladung und Tagesordnung
Was ist für die Einladung zu beachten?	Die Einladung sollte hier per Post erfolgen und ihr sollten folgende Unterlagen beigefügt sein: Tagesordnung, Hotelprospekt, Anreiseplan. Es ist darauf hinzuweisen, dass die Teilnahme verpflichtend ist.

Ausgangssituation

Während einer Kaffeepause unterhält sich die Auszubildende Christina Eckberg mit dem Leiter ihrer Abteilung, in der sie im Moment arbeitet.

Christina: „Einige meiner Kolleginnen aus der Berufsschule klagen immer wieder darüber, dass sie manchmal nicht so genau wissen, was sie tun müssen, also dass sie erst unklare Anweisungen und dann plötzlich einen Anpfiff bekommen, wenn irgend etwas schief gelaufen ist, obwohl sie dafür gar nicht verantwortlich sind."

Herr Berger: „Weißt du, das liegt an der Art und Weise, wie in einem Unternehmen geführt wird. Das beinhaltet z.B., wie die Aufgaben an die einzelnen Mitarbeiter delegiert werden, welche Kompetenzen sie für die Aufgabenerledigung erhalten, ob sie mitentscheiden dürfen und wie die Verantwortlichkeiten geregelt sind."

Christina: „Und wie ist das hier in der wwh GmbH geregelt? Gibt's da eine grundsätzliche Regelung?"

Herr Berger: „Du hast ja eben schon den Unterschied zwischen den Erfahrungen deiner Kolleginnen in der Berufsschule und deinen eigenen Erfahrungen hier in der wwh angesprochen. Bei uns wird nach dem Prinzip der kooperativen Führung gear-beitet. Das bedeutet, dass die einzelnen Mitarbeiter stärker in den Entscheidungsprozess einbezogen werden und dass eine vernünftige Übereinstimmung von Kompetenz und Verantwortung vorhanden ist."

Christina: „Ist das denn irgendwo festgelegt? Ich meine, gibt es darüber eine Richtlinie oder so was Ähnliches, wo man das nachlesen kann?"

Herr Berger (lacht): „Nein, eine Richtlinie gibt es dafür nicht, aber eine Festlegung in den Unternehmensleitlinien. Da ist auch festgelegt, dass die wwh nach dem Prinzip des Management by Objectives geführt wird."

Was ist unter dem von Herrn Berger verwendeten Begriff „Delegation" zu verstehen?	Delegation bedeutet die Übertragung von Aufgaben und Entscheidungskompe-tenzen von einer Instanz (Delegierender) an zumeist unterstellte Instanzen bzw. Stellen (Delegationsempfänger). Sie ist damit ein Mittel zur Dezentralisation, da nun eine größere Anzahl von Personen Entscheidungskompetenz haben und diese wiederum, wenn sie die Befugnis dazu haben, ihrerseits Aufgaben und Entscheidungen delegieren können.

Welche Fragen muss sich die delegierende Person stellen, um die Aufgaben und Entscheidungskompetenzen sinnvoll zu verteilen?	**Was** soll getan werden (Inhalt)? – Was ist überhaupt alles zu tun? – Welche Teilaufgaben sind zu erledigen? – Welches Ziel wird angestrebt? – Welche Schwierigkeiten sind zu erwarten? **Wer** soll die Aufgabe erledigen (Person)? – Wer ist geeignet für diese Aufgabe? – Wer könnte behilflich sein? **Warum** soll diese Person die Aufgabe erledigen (Motivation)? – Welcher Zusammenhang besteht zwischen der Aufgabe und dem Unternehmensziel? – Welche Bedeutung hat die Aufgabe für das Unternehmen, für den Vorgesetzten und für den Mitarbeiter? – Was muss man vom Hintergrund der Aufgabe wissen? **Wie** soll die Aufgabe erledigt werden (Umfang, Details)? – Wie muss dabei vorangegangen werden? – Welche Vorschriften sind zu beachten? – Welche Verfahren müssen angewendet werden? – Welche Stellen müssen einbezogen werden? – Welche Kosten werden anfallen? **Womit** soll die Aufgabe gelöst werden (Hilfsmittel, Informationen, Ausrüstung)? – Welche Hilfsmittel stehen zur Verfügung? – Welche Hilfsmittel müssen noch beschafft werden? – Welche Informationen sind erforderlich? – Welche Unterlagen müssen noch erstellt werden? **Wann** soll die Aufgabe erledigt werden (zeitliche Lage, Dauer)? – Welche Rahmentermine sind zu berücksichtigen? – Wann muss die Arbeit/der Auftrag spätestens begonnen werden? – Sind Kundeninteressen berücksichtigt? – Wie erfolgt die Zwischeninformation des Vorgesetzten?

Herr Berger teilt Christina in dem Gespräch mit, dass in den Leitlinien der wwh GmbH das Prinzip des „Management by Objectives“ als Führungskonzept festgelegt ist. **Was versteht man darunter?**	Management by Objectives (MbO) bedeutet zu deutsch „Führen durch Zielvereinbarung“ und ist eine Methode zur Führung von Mitarbeitern eines Unternehmens. Ziel dieser Management-Technik ist es, sowohl die Ziele des Unternehmens als auch der Mitarbeiter umzusetzen, indem Ziele für jede Abteilung und auch die persönlichen Arbeitsziele des Mitarbeiters gemeinsam festgelegt werden. Diese Ziele sollen nach der „SMART“-Regel formuliert werden: – S – spezifisch (bezogen auf die jeweilige Abteilung/Organisationseinheit) – M – messbar (durch klare Vorgaben bestimmt) – A – aktiv beeinflussbar (vom Mitarbeiter steuerbar) – R – realistisch (auch vom Mitarbeiter erreichbar) – T – terminiert (mit einem klaren Zeitlimit versehen) Aus der Summe der Einzelziele können dann die Unternehmensziele zusammengesetzt werden. Die Mitarbeiter richten nun ihre tägliche operative Arbeit an ihren Zielen aus und arbeiten damit im Sinne der Zielsetzung des Gesamtunternehmens. Wenn die Vorgesetzten die Leistung ihrer Mitarbeiter beurteilen, prüfen sie, inwieweit die Mitarbeiter ihre vereinbarten Ziele erreicht haben.
Wie wird die Managementtechnik „Management by Objectives“ praktisch durchgeführt?	Zentrales Instrument dieser Managementtechnik stellt ein Mitarbeitergespräch dar, das viertel- oder halbjährlich stattfindet. Zu Beginn des Gesprächs werden die Ergebnisse der letzten Vereinbarungsperiode besprochen, auch die Gründe, warum die Ziele über- oder untererfüllt sind. Sodann werden die Zielsetzungen der Abteilung im Rahmen des ganzen Unternehmens hinsichtlich Zeitbezug (lang-, mittel-, kurzfristig) und Inhalt dargestellt. Der Vorgesetzte teilt mit, welche Absichten hinter den Zielen für die Abteilung/das Unternehmen im Verlauf der genannten Periode stehen. Wenn das abgeklärt ist, kann der Einstieg in die individuellen Zielvereinbarungen erfolgen. Dazu gehören/gehört die – die Darstellung von zukünftigen Anforderungen an den Arbeitsplatz, – die Aufgaben des Mitarbeiters, – die Besprechung der Intentionen des Mitarbeiters, – die inhaltliche Vereinbarung zwischen Vorgesetzten und Mitarbeiter über konkrete Ziele und Schwerpunkte in seiner Arbeit, – die Diskussion möglicher Schwierigkeiten bei der Zielerreichung, – die Vereinbarung der Rahmenbedingungen (Menge und Güte der Arbeitsergebnisse, Termine, Kosten), – die Festlegung von sog. „Meilensteinen“, also Zwischenüberprüfungen und -berichten sowie verbindliche Termine, – die Festlegung der Mittel, die dem Mitarbeiter für die Erledigung der Aufgabe zur Verfügung stehen, – die Abklärung der notwendigen Kenntnisse und/oder Fertigkeiten des Mitarbeiters, – die Erörterung von Möglichkeiten von zusätzlichen Qualifizierungen, – die Festlegung der Kompetenzen, um notwendige Entscheidungen treffen zu können, – die Abklärung der gesamten zeitlichen Belastung des Mitarbeiters, – die Festlegung der finanziellen Rahmenbedingungen (z.B. Gehalt, Prämie), – die schriftliche Dokumentation der vereinbarten Punkte.
Welche Vorteile verspricht sich die Geschäftsführung der wwh GmbH von der Einführung des Führungssystems auf Management by Objectives?	Das Führungssystem „Management by Objectives“ – entspricht den Bedürfnissen der modernen Arbeitnehmerinnen nach mehr Mitbestimmung und Gestaltungsspielraum, – bezieht die persönlichen Ziele, Wünsche und Vorstellungen von Mitarbeitern mit ein, – verknüpft im besten Fall die individuellen Ziele der Mitarbeiter mit den Zielen des Unternehmens, – verstärkt die Bindung des Mitarbeiters an das Unternehmen, – fördert die Leistungsbereitschaft und den Teamgeist, – ermöglicht unter Umständen eine gerechtere Entlohnung, – erreicht eine stärkere Identifikation der Mitarbeiter mit den Zielen des Unternehmens, – erreicht ein Gefühl der Eigenverantwortung für die Zielerfüllung.

Ausgangssituation

Der Personalleiter der wwh GmbH verschafft sich einen Überblick über die im Unternehmen erteilten Vollmachten. Im HGB findet er die passenden Paragrafen und notiert sich die wichtigsten Gesetzesauszüge:

§ 48 HGB
(1) Die Prokura kann nur von dem Inhaber des Handelsgeschäfts oder seinem gesetzlichen Vertreter und nur mittels ausdrücklicher Erklärung erteilt werden.
(2) Die Erteilung kann an mehrere Personen gemeinschaftlich erfolgen (Gesamtprokura).

§ 49 HGB …
(1) Die Prokura ermächtigt zu allen Arten von gerichtlichen und außergerichtlichen Geschäften und Rechtshandlungen, die der Betrieb eines Handelsgewerbes mit sich bringt.
(2) Zur Veräußerung und Belastung von Grundstücken ist der Prokurist nur ermächtigt, wenn ihm diese Befugnis besonders erteilt ist.

§ 50 HGB
(1) Eine Beschränkung des Umfangs der Prokura ist Dritten gegenüber unwirksam.
(2) …
(3) …

§ 51 HGB
Der Prokurist hat in der Weise zu zeichnen, dass er der Firma seinen Namen mit einem die Prokura andeutenden Zusatz beifügt.

§ 52 HGB
(1) Die Prokura ist ohne Rücksicht auf das der Erteilung zugrunde liegende Rechtsverhältnis jederzeit widerruflich, unbeschadet des Anspruchs auf die vertragsmäßige Vergütung.
(2) Die Prokura ist nicht übertragbar.
(3) Die Prokura erlischt nicht durch den Tod des Inhabers des Handelsgeschäfts.

§ 53 HGB …

§ 54 HGB
(1) Ist jemand ohne Erteilung der Prokura zum Betrieb eines Handelsgewerbes oder zur Vornahme einer bestimmten zu einem Handelsgewerbe gehörigen Art von Geschäften oder zur Vornahme einzelner zu einem Handelsgewerbe gehöriger Geschäfte ermächtigt, so erstreckt sich die Vollmacht (Handlungsvollmacht) auf alle Geschäfte und Rechtshandlungen, die der Betrieb eines derartigen Handelsgewerbes oder die Vornahme derartiger Geschäfte gewöhnlich mit sich bringt.
(2) Zur Veräußerung oder Belastung von Grundstücken, zur Eingehung von Wechselverbindlichkeiten, zur Aufnahme von Darlehen und zur Prozessführung ist der Handlungsbevollmächtigte nur ermächtigt, wenn ihm eine solche Befugnis besonders erteilt ist.
(3) Sonstige Beschränkungen der Handlungsvollmacht braucht ein Dritter nur dann gegen sich gelten zu lassen, wenn er sie kannte oder kennen musste.

§ 55 HGB
(1) Die Vorschriften des § 54 finden auch Anwendung auf Handlungsbevollmächtigte, die Handelsvertreter sind oder die als Handlungsgehilfen damit betraut sind, außerhalb des Betriebs des Prinzipals Geschäfte in dessen Namen abzuschließen.
(2) Die ihnen erteilte Vollmacht zum Abschluss von Geschäften bevollmächtigt sie nicht, abgeschlossene Verträge zu ändern, insbesondere Zahlungsfristen zu gewähren.
(3) Zur Annahme von Zahlungen sind sie nur berechtigt, wenn sie dazu bevollmächtigt sind.
(4) Sie gelten als ermächtigt, die Anzeige von Mängeln einer Ware, die Erklärung, dass eine Ware zur Verfügung gestellt werde, sowie ähnliche Erklärungen, durch die ein Dritter seine Rechte aus mangelhafter Leistung geltend macht oder sie vorbehält, entgegenzunehmen; sie können die dem Unternehmer (Prinzipal) zustehenden Rechte auf Sicherung des Beweises geltend machen.

§ 56 HGB
Wer in einem Laden oder in einem offenen Warenlager angestellt ist, gilt als ermächtigt zu Verkäufen und Empfangnahmen, die in einem derartigen Laden oder Warenlager gewöhnlich geschehen.

§ 57 HGB
Der Handlungsbevollmächtigte hat sich bei der Zeichnung jedes eine Prokura andeutenden Zusatzes zu enthalten; er hat mit einem das Vollmachtsverhältnis ausdrückenden Zusatz zu zeichnen.

§ 58 HGB
Der Handlungsbevollmächtigte kann ohne Zustimmung des Inhabers des Handelsgeschäfts seine Handlungsvollmacht auf einen anderen nicht übertragen.

Am 3. Januar erteilt der Geschäftsführer der GmbH seiner langjährigen Angestellten Elini Burokowski mündlich Prokura. Die Eintragung in das Handelsregister erfolgt am 20. Januar. In einem Schreiben vom 5. Januar werden die Geschäftspartner davon unterrichtet, dass Frau Burokowski Prokura erteilt wurde.

Wer kann die Prokura erteilen?	Da die wwh GmbH ein Formkaufmann ist, kann nur der gesetzliche Vertreter die Prokura erteilen. Das ist der Geschäftsführer.

Ab wann ist Frau Burokowski Prokuristin?	Frau Burokowski ist mit der ausdrücklichen Erteilung am 3. Januar Prokuristin. Die Eintragung in das Handelsregister hat deklaratorische Wirkung, d. h., das Recht bestand schon vor Eintragung.

Der Geschäftsführer der wwh GmbH ist erkrankt und am 12. Januar findet Frau Burokowski folgende Mitteilungen von der Sekretärin des Geschäftsführers auf ihrem Schreibtisch: **1. Bitte kaufen Sie das angebotene Grundstück der Fiesteler Str. 58 und klären Sie die Formalitäten.** **2. Erteilen Sie Frau Rotkehl Handlungsvollmacht.** **3. Entlassen Sie den Mitarbeiter Thorwesten.** **4. Unterschreiben Sie die Steuererklärung.** **Ist Frau Burokowski als Prokuristin dazu ermächtigt, diese Handlungen durchzuführen?**	Zu 1.: Frau Burokowski ist zum Kauf des Grundstückes berechtigt. Nur für den Verkauf von Grundstücken besteht gemäß § 54 (2) HGB eine Einschränkung. Dazu bedarf es einer besonderen Vollmacht. Zu 2.: Handlungsvollmachten müssen nicht wie die Prokura vom Geschäftsinhaber oder gesetzlichen Vertreter erteilt werden. Frau Burokowski ist ermächtigt, Frau Rotkehl Handlungsvollmacht zu erteilen. Diese Vollmacht wird nicht in das Handelregister eingetragen. Zu 3.: Das Entlassen von Mitarbeitern gehört zu den Rechtshandlungen, die der Betrieb eines Handelsgewerbes mit sich bringt. Somit kann Frau Burokowski Herrn Thorwesten entlassen. Zu 4.: Die Steuererklärung darf Frau Burokowski als Prokuristin nicht unterschreiben.

Erstellen Sie eine Übersicht und unterteilen Sie

- **Prokura,**
- **allgemeine Handlungsvollmacht,**
- **Artvollmacht,**
- **Einzelvollmacht.**

Klären Sie dann in Abhängigkeit von der Bevollmächtigung,

- **welche Handlungen gesetzlich verboten sind,**
- **für welche Handlungen eine besondere Vollmacht erforderlich ist.**
- **für welche Handlungen keine besondere Vollmacht erforderlich ist.**

Tätigkeiten	*Prokura*	*allgemeine Handlungsvollmacht*	*Artvollmacht*	*Einzelvollmacht*
Eid leisten für den Unternehmer				
Steuererklärung/ Bilanz unterschreiben				
Handelregisteranmeldung				
Insolvenz anmelden				
Geschäft verkaufen				
Prokura erteilen				
Gesellschafter aufnehmen				
Grundstücke belasten/ verkaufen				
Grundstücke kaufen				
Prozesse führen				
Darlehen aufnehmen				
Wechsel akzeptieren				
Zahlungen leisten				
Verkaufen				
Mitarbeiter entlassen/ einstellen				
Einkaufen				
Unterschriftsformen	*ppa. Burokowski*	*i.V. Rotkehl*	*i.A. Sievert*	

Eine Vollmacht ist gesetzlich verboten. (Eid leisten bis Gesellschafter aufnehmen, alle Vollmachten; Grundstücke belasten/verkaufen bei Prokura)

Eine besondere Vollmacht ist erforderlich.

Keine besondere Vollmacht erforderlich.

Ausgangssituation

*Sie sind Mitarbeiter/-in in der Firma wwh GmbH – Industrie und Handel. Seit ein paar Wochen sind Sie verantwortlich für die Eingangs- und Ausgangspost. Sie haben gleich eine **Postvollmacht** erhalten. Beim Posteingang und Postausgang sind viele Arbeitsschritte zu berücksichtigen.*

Was bedeutet Postvollmacht?	Berechtigung für eine Person des Vertrauens, für den Empfänger gewöhnliche Postsendungen entgegenzunehmen

Bei der Bearbeitung der eingehenden Post fallen u. a. folgende Arbeitsgänge an: **a) Grobsortieren** **b) Öffnen** **c) Entnahme des Inhalts** **d) Anbringen des Eingangsstempels** **e) Verteilen** **Nennen Sie zu den Arbeitsgängen „Grobsortieren“, „Entnahme des Inhalts“ und „Anbringen des Eingangsstempel“ je zwei konkrete Tätigkeiten.**	**Grobsortieren** ▷ Auf Irrläufer kontrollieren ▷ Privatbriefe aussondern ▷ Vermerk „Eigenhändig“ beachten **Entnahme des Inhalts** ▷ Inhalt der Umschläge auf Vollständigkeit prüfen ▷ Fehlen von Anlagen vermerken ▷ Leerkontrolle der Umschläge durchführen **Anbringen des Eingangsstempels** ▷ Eingangsstempel an geeigneter Stelle setzen ▷ Urkunden, Verträge und Dokumente nicht stempeln; Eingangsstempel auf Begleitbrief setzen ▷ Bei nicht zu öffnenden Sendungen Stempel auf Umschlag setzen

In der Posteingangsstelle gehen Briefe mit den nebenstehenden Adressierungen ein. **Beschreiben Sie, wie diese Briefe jeweils zu behandeln sind.**	wwh GmbH – Industrie und Handel Wertherstraße 12 33602 Bielefeld Hinweis: Die im Brief erwähnte Anlage fehlt.	Brief öffnen – auf dem Brief vermerken, dass die Anlage fehlt
	Frau Marlies Schulz wwh GmbH Wertherstraße 12 33602 Bielefeld	Frau Schulz den Brief ungeöffnet übergeben, da zuerst der Name steht und dann die Firmenbezeichnung. Umschlag mit Eingangsstempel versehen
	wwh GmbH – Industrie und Handel Frau Schulz Wertherstraße 12 33602 Bielefeld Hinweis: Frau Schulz ist zzt. im Urlaub.	Brief öffnen, da er für die wwh GmbH bestimmt ist. Frau Schulz wurde nur als Ansprechpartnerin genannt.

Welche Tätigkeiten fallen beim Postausgang an?	▷ Kontrolle: Vollständigkeitskontrolle der Anlagen, Unterschriftskontrolle ▷ Trennen von Original und Durchschlägen/Kopien ▷ Zusammentragen: z. B. Preislisten ▷ Sortieren: nach Gewicht, Versandart, In- und Auslandssendungen (Sendungen an den gleichen Empfänger werden zusammengefasst.) ▷ Falzen: umschlaggerechtes Falten der Schriftstücke ▷ Adressieren: nur bei geschlossenen Umschlägen ohne Fenster ▷ Kuvertieren: Einlegen in Briefhüllen ▷ Verschließen ▷ Wiegen: mechanische, elektronische Briefwaage oder elektronische Briefwaage mit automatischer Portoermittlung ▷ Frankieren: Postwertzeichen oder Aufdruck von Postwertzeichen durch die Bundesdruckerei, Barfreimachung durch Frankiermaschinen, z. B. Pakete. Kunden der Deutschen Post können ihre Sendungen über PC und Drucker frankieren. Mit passender Software, Internetzugang und einer Chipkarte mit Kartenleser erfolgt die Frankierung direkt auf dem Briefumschlag. Der Frankiervermerk enthält u. a. einen Matrix-Barcode, der der Fälschungssicherheit dient. ▷ Abgabe bei der Post: Briefkasten, Postamt oder Abholen durch Beauftragten

Was ist ePost-Service?	Postkunden können über den ePost-Service ihre Briefe, Rechnungen, Rundschreiben oder Werbebriefe elektronisch an eine ePost-Station des Postdienstes übermitteln. Dort werden die Schreiben gedruckt, adressiert und an den Empfänger weitergeleitet.

Ausgangssituation
Ihre Kollegin Frau Späth verwaltet das anfallende Schriftgut. In sechs Wochen geht sie in den Ruhestand. Sie sollen ihre Aufgabe mit übernehmen. In den letzten Wochen hat sich eine Menge Schriftgut angesammelt, das abgelegt werden muss. Frau Späth erläutert Ihnen den Wert des Schriftgutes und die Aufbewahrungsfristen. Sie zeigt Ihnen die unterschiedlichen Aktenarten, Ablagetechniken und Ordnungssysteme.

Nennen Sie je drei Beispiele für Schriftgut mit – Tageswert. – Dauerwert.	**Tageswert** ▷ Werbesendung ▷ Einladung ▷ unverlangtes Angebot	**Dauerwert** ▷ Patentschriften ▷ Lizenzen ▷ Firmenchronik

Erklären Sie Schriftgut mit Prüfwert, Gesetzeswert und Archivwert. Nennen Sie je drei Beispiele.	**Prüfwert** Schriftgut, das über einen gewissen Zeitraum Bedeutung hat, also überhaupt geprüft werden muss. Beispiele: Mahnungen, evtl. Kontoauszüge, Einladungen, unverlangtes Angebot	**Gesetzeswert** Gesetzliche Vorschriften sind zu beachten, z. B. Aufbewahrungsfristen. Beispiele: Rechnungen, Angebote die zum Auftrag führen, Lieferscheine	**Archivwert** Schriftgut, das aufgrund von Firmenbeschluss unbegrenzt aufbewahrt werden soll. Beispiele: Gründungsakten, Patente, Firmenchronik

Mit der Speicherung von Schriftgut auf Datenträgern wurde eine Alternative zur Papierablage entwickelt. Nennen Sie zu einer derartigen Speicherung je zwei – gesetzliche Vorgaben, – Vorteile.	**Gesetzliche Vorgaben** ▷ Die Wiedergabe/Lesbarkeit muss gewährleistet sein. ▷ Bilanzen und Jahresabschlüsse dürfen zur gesetzlichen Aufbewahrung nicht verfilmt werden.	**Vorteile** ▷ Raumeinsparung ▷ Reduzierte Zugriffszeit auf Informationen ▷ Geringere Gefahr des Verlusts

Beschreiben Sie jeweils den Arbeitsablauf zur Belegablage: – alphabetisch – chronologisch – nach Belegnummern (z. B. 1–10 000)	**Alphabetisch** Zuerst mit entsprechender Sortierhilfe nach Alphabet vorsortieren. Anschließend innerhalb jedes Buchstabens feinsortieren, abheften	**Chronologisch** Zuerst nach Monaten vorsortieren, anschließend nach Datum sortieren und danach abheften	**Nach Belegnummern** Zuerst in 10 000er-Gruppen, dann in 100er, dann in 10er-Gruppen sortieren, danach feinsortieren und abheften

Erklären Sie den Begriff „Einzelakte“ und nennen Sie ein Beispiel.	Die **Einzelakte** enthält einen Vorgang mit allen dazugehörenden Schriftstücken wie z. B. Kreditakte, Personalakte, Kundenakte.

Erklären Sie den Begriff „Sammelakte“ und nennen Sie ein Beispiel.	Die **Sammelakte** enthält Schriftgut mit vielen gleichartigen Vorgängen wie z. B. alle Eingangsrechnungen, alle Ausgangsrechnungen, alle Lieferscheine.

Personalunterlagen von Bewerbern dürfen nicht gelocht werden. Welcher Schriftgutbehälter eignet sich am besten zur Aufbewahrung?	**Hängemappen**, da das Schriftgut ungelocht in die Mappe gelegt wird. Die Hängeregistratur befindet sich meist am Arbeitsplatz. Die Schränke sind oder können verschlossen werden.

Nennen Sie mindestens zwei Vor- und Nachteile der zentralen Ablage.	**Vorteile** ▷ Einsatz von geschultem Personal ▷ Einsatz von modernen Hilfsmitteln ▷ Vermeidung der Mehrfachablage	**Nachteile** ▷ Akten sind nicht direkt zugänglich ▷ Oft weite Wege zur Ablage, daher häufig doppelt

Nennen Sie mindestens zwei Vor- und Nachteile der dezentralen Ablage.	**Vorteile** ▷ Akten sind direkt zugänglich. ▷ Kürzere Transportwege, daher keine doppelte Ablage	**Nachteile** ▷ Kein Einsatz von geschultem Personal (zu teuer) ▷ keine modernen Hilfsmittel (zu teuer)

Ausgangssituation

Sie arbeiten in Ihrem Unternehmen sehr häufig am PC. Die Begriffe Ordner, Datei, Datenbank sind Ihnen in diesem Zusammenhang geläufig. Ihre Kollegin Frau Späth setzt aber viel lieber ihre entsprechenden Karteien ein. Da Sie die Aufgaben von Frau Späth übernehmen sollen, müssen Sie sich entscheiden, ob Sie alle Daten in den PC übertragen, oder ob Sie in einigen Bereichen doch die Karteien weiterführen wollen. Sie sollen auch noch die Terminplanung und -überwachung übernehmen. Auch hier setzt Frau Späth noch Terminkartei und -kalender ein. Sie überlegen nun, wie Sie diese Aufgaben lösen.

Welche Vorteile bei der Terminplanung hat man beim Einsatz eines elektronischen Mediums?	Alle Termine werden **sofort** gespeichert. Beim Einsatz eines Netzwerkes können Termine mit mehreren Personen auch über die einzelnen PC vereinbart und gespeichert werden. Es kann automatisch nach freien Terminen gesucht werden. Man kann sich an wiederkehrende Termine, z. B. Geburtstage, Besprechungen usw. erinnern lassen. Es können Aufgaben generiert und elektronisch weitergegeben werden

Nennen Sie ein elektronisches Terminplanungsprogramm.	Microsoft Outlook

Welches Hilfsmittel der Terminplanung eignet sich am besten für die aufgeführten Aufgaben?	Vormerkung der Liefertermine durch den Disponenten einer Spedition	Die **Planungstafel** ermöglicht eine Terminübersicht über eine Planperiode. Termine werden durch farbige Kärtchen oder Symbole markiert.
	Vormerkung der Steuertermine durch den Leiter des Rechnungswesen	Der **Terminplaner** (= Jahreskalender) kann an der Wand befestigt werden und ermöglicht eine langfristige Planung von Terminen.
	Urlaubsplanung der gesamten Belegschaft durch die Personalabteilung	Siehe oben
	Tägliche Lieferterminkontrolle anhand von Bestellkopien und Auftragsbestätigungen	Die **Terminmappe** dient zur Aufbewahrung von Schriftstücken, die zu einem bestimmten Termin wieder bearbeitet oder vorgelegt werden sollen.
	Planung einer Reise mit zahlreichen Besprechungsterminen durch den Chef	Der **Terminkalender** – Termine werden in diesem Kalender eingetragen.
	Maschinenbelegungsplanung in der Arbeitsvorbereitung	Die **Planungstafel** – Begründung siehe oben

Erläutern Sie an einem Beispiel: **– fester Termin** **– variabler Termin**	**Fester Termin** Sie haben mit einem Kunden ausgemacht, dass er am 01.10.20.. um 11:30 Uhr zur Beratung in die Geschäftsstelle kommt.	**Variabler Termin** In der nächsten Woche soll eine Besprechung stattfinden. Der Termin muss noch abgestimmt werden.

Erläutern Sie an einem Beispiel: **– dringender Termin** **– wichtiger Termin** **– zukunftsentscheidender Termin**	**Dringender Termin** – Zahlungen eines fälligen Rechnungsbetrages – Steuerzahlungen usw.	**Wichtiger Termin** – Kundenbesuche – Geburtstage	**Zukunftsentscheidender Termin** – Vorstellungsgespräche – Hochzeitstermine

Erläutern Sie den Vorteil von Dateien und den Nachteil von Karteien.	**Vorteil von Dateien** Der Informationsträger lässt das Sortieren, Selektieren und Exportieren zu.	**Nachteil von Karteien** Der Informationsträger erfordert große Genauigkeit und Aufwand bei der Verarbeitung.

Erläutern Sie den Nachteil von Dateien und den Vorteil von Karteien.	**Nachteil von Dateien** Der Informationsträger ist von der Energie abhängig.	**Vorteil von Karteien** Der Informationsträger kann im Auto mitgeführt werden und ist von der Energieversorgung unabhängig.

Welche wichtigen Termine sind im Rechnungswesen zu überwachen?	▷ Zahlungstermine für Eingangsrechungen ▷ Zahlungstermine für Ausgangsrechnungen

Ausgangssituation

Sie arbeiten in der wwh GmbH – Industrie und Handel. Ihr Chef, Herr Kleine, war gerade auf einer längeren Geschäftsreise im Ausland. Hier hat er sehr viel mit Konkurrenzunternehmen zu tun gehabt. Er deutet an, dass er nun größere Veränderungen, z. B. Modernisierungen im Bereich der Unternehmenskommunikation, durchführen will. Er bittet Sie, sich schon einmal mit diesem Thema zu beschäftigen.

Welches Ziel verfolgt Herr Kleine mit der Modernisierung im Bereich der Unternehmenskommunikation?	Daten sollen nur einmal erfasst und mithilfe von Computern, Programmen und Übertragungsnetzen bearbeitet werden können. Computer und Telekommunikation sollen mehr und mehr zu Multimedia-Kommunikation verschmelzen. Die Unternehmen können schneller und wirtschaftlicher arbeiten und somit konkurrenzfähig bleiben.
Telefonanlagen verfügen über viele Leistungsmerkmale. Nennen Sie mindestens fünf davon.	▷ Anrufweiterschaltung ▷ Notizbuchfunktion ▷ Rufumleitung ▷ Anklopfen ▷ Namenstaste ▷ Rückruffunktion
Erläutern Sie kurz den Unterschied zwischen Wechsel- und Gegensprechanlage.	Bei der **Wechselsprechanlage** kann nur abwechselnd gesprochen werden. Wechselsprechanlagen werden im Fertigungsbereich für kurze Gespräche bzw. Anordnungen eingesetzt. Bei der **Gegensprechanlage** können beide Gesprächspartner gleichzeitig sprechen und hören. Gegensprechanlagen werden im Verwaltungsbereich eingesetzt.
Wann lohnt sich der Einbau von internen Sprechanlagen? Geben Sie mindestens zwei Beispiele.	▷ Wenn die Mitarbeiter von außen immer erreichbar sein müssen, weil viele Kunden anrufen ▷ Wenn die Mitarbeiter sehr viel intern kommunizieren müssen ▷ Wenn z. B. ein Chef seiner Sekretärin sehr häufig Anweisungen geben muss, bei denen er seinen Platz nicht verlassen will (kann).
Wann ist eine Personenruf- und -suchanlage sinnvoll?	Personen, die innerhalb eines Betriebsgeländes häufig unterwegs sind, können über Personenruf- und -suchanlagen schnell und diskret erreicht werden (z. B. Ärzte, Betriebsleiter).
Erklären Sie kurz den Telefaxdienst.	Telefax ist die originalgetreue Wiedergabe einer Vorlage. Die Vorlagen werden minutenschnell über große Entfernungen hinweg über das Telefonnetz übermittelt. Man kann Handschriftliches, Maschinenschriftliches, Zeichnungen und Gedrucktes übermitteln.
Erläutern Sie kurz folgende Netze: – LAN-Netz – Telefonnetz – ISDN-Netz – WAN-Netz	**LAN:** Verbindung von EDV-Anlagen innerhalb eines Betriebsgrundstücks **Telefon:** analoges Netz, das ursprünglich nur zur Sprachübertragung entwickelt wurde **ISDN:** digitales Netz, das verschiedene Telekommunikationsdienste in einem Netz zusammenfasst. Sprache, Text, Bilder und Daten werden über **einen** Anschluss übertragen. **WAN:** Verbindung von EDV-Anlagen weltweit
Ihr Unternehmen verfügt seit Kurzem über einen ISDN-Anschluss. Nennen Sie mindestens drei Vorteile gegenüber dem Telefonnetz.	▷ Das Senden eines Faxes geht schneller. ▷ Internetseiten bauen sich schneller auf. ▷ Man kann gleichzeitig telefonieren und im Internet surfen.
Erläutern Sie kurz die DSL-Technologie.	Eine noch schnellere Datenübermittlung (Sprache und Daten) können hierüber vorgenommen werden. Aufwendiges Informationsangebot im Internet und neue Kommunikationsbereiche, wie Videokonferenzen, können durchgeführt werden. Vorhandene ISDN-Geräte können weiter genutzt werden.
Erklären Sie kurz den Begriff T-Net.	Es ist ein digitales Netz für die Übertragung von Sprache. Dadurch sind schnellere Verbindungen und eine bessere Übertragungsqualität möglich.
Sie wollen sich die Webseite einer Firma ansehen, wissen aber die genaue Internetadresse nicht. Wie kommen Sie an die Anschrift?	Ich gehe ins Internet über eine Suchmaschine (Yahoo, Altavista oder Google usw.) und gebe die Firmenadresse ein. Über diese Suchmaschinen wird dann die Internetadresse ausgegeben.
Erläutern Sie kurz den Begriff Modem.	Ein Modem ist ein Umwandlungsgerät für den Datentransport über das Telefonnetz, wird aber kaum noch verwendet.

Ausgangssituation

Sie sind Mitarbeiter/-in in der wwh GmbH – Industrie und Handel. In Ihrem Unternehmen sollen die Büroräume neu gestaltet werden. Ihr Chef bittet Sie, ihm bei der Gestaltung zu helfen.
Beim Aussuchen der Möbel, Farben für die Tapeten, Vorhänge usw. lesen Sie immer wieder die Begriffe ***Humanisierung der Büroarbeit*** *und* ***Ergonomie****. Ferner haben Sie in einer Fachzeitschrift folgende Anzeige gelesen:* ***„Das körperliche und seelische Wohlbefinden des Menschen – und damit auch die Qualität seiner Leistung – ist abhängig von verschiedenen Umweltfaktoren"****. Sie sind neugierig geworden und möchten die Begriffe näher erläutert bekommen.*

Erläutern Sie die Begriffe Humanisierung und Ergonomie.	**Humanisierung:** Verbesserung der Arbeitsbedingungen durch die Erkenntnis, dass die körperlich-seelische Ausgeglichenheit der Mitarbeiter die Voraussetzung für eine harmonische Arbeitsatmosphäre ist **Ergonomie:** Wissenschaft vom Menschen in seiner Arbeitsumwelt – die Anpassung der Arbeitsmittel und Arbeitsbedingungen an die psychischen und physischen Bedürfnisse des Menschen

Nennen Sie mindestens fünf Gesetze, Verordnungen, Einrichtungen und Richtlinien, die Aussagen und/oder Vorschriften über die humane Bürogestaltung bzw. Ergonomie liefern. Erläutern Sie diese kurz.	1. **Arbeitsstättenverordnung:** wichtige Vorschriften für die Gestaltung von Arbeitsraum und Arbeitsplatz 2. **Arbeitszeitordnung:** regelt u. a. die regelmäßige Arbeitszeit, Pausen 3. **Unfallverhütungsvorschriften:** regeln Verhütungsmaßnahmen von Arbeitsunfällen und die Gestaltung von Einrichtungen 4. **Berufsgenossenschaft:** Unfallverhütungsvorschriften 5. **Gewerbeordnung:** verpflichtet die Unternehmer, den Betrieb so zu regeln, dass die Arbeitnehmer vor Gefahren für Leben und Gesundheit geschützt sind 6. **„Allgemein anerkannte Regeln der Technik":** Hierzu gehören u. a. die Arbeitsstätten-Richtlinien, DIN-Normen, VDE-Bestimmungen. 7. **Bildschirmarbeitsverordnung:** Verordnung über Sicherheit und Gesundheitsschutz bei der Arbeit an Bildschirmgeräten

Die flexible Arbeitszeit hat im Vergleich zu der starren Arbeitszeit Vorteile für die Betroffenen. **Beschreiben Sie** **1. Vorteile für die Arbeitnehmer/-innen,** **2. Vorteile für die Unternehmen,** **3. Vorteile für die Volkswirtschaft.**	1. **Die Arbeitnehmer/-innen** – haben größeren Spielraum bei der Gestaltung der Arbeitszeit, – sind zufriedener mit ihrer Arbeitszeit, – können ihre beruflichen und privaten Lebenssituationen besser vereinbaren. 2. **Die Unternehmen können** – flexibler mit der Anpassung an Arbeitsspitzen und arbeitsarmen Zeiten umgehen, – die Arbeits- und Betriebsmittel besser nutzen, – kundenfreundlicher arbeiten (längere Öffnungszeiten). 3. **Volkswirtschaftlich gesehen** – kann die Infrastruktur besser genutzt werden (Verkehrssituation), – trägt die flexible Arbeitszeit zum Abbau der Arbeitslosigkeit bei.

Die Mitarbeiter/innen klagen häufig über gesundheitliche Beeinträchtigungen an Bildschirmarbeitsplätzen. **– Nennen Sie zwei typische Beschwerden und hierfür je eine mögliche Ursache.** **– Schlagen Sie je zwei Maßnahmen vor, wie Arbeitgeber oder Arbeitnehmer Abhilfe schaffen können.**	**Art der Beschwerde**	**Ursache der Beschwerde**	**Abhilfe durch Arbeitgeber/ Arbeitnehmer**
	Augenschmerzen	Blendeinwirkung	– blendfreie Aufstellung des Bildschirms – richtige Belichtung
	Rückenschmerzen	ungeeignete Sitzmöbel	– Anschaffung geeigneter Sitzmöbel mit verstärkter Rückenlehne – Bewegungsübungen – Pausen
	Kopfschmerzen	Verspannungen	– Arbeitspausen – Bewegungsübungen – ärztliche Untersuchung

Ausgangssituation

Sie sind Auszubildende in der Firma wwh GmbH – Industrie und Handel. Es wird beschlossen, nach der Erweiterung des Verwaltungstraktes, ein Büro mit drei Arbeitsplätzen – darunter ein Arbeitsplatz am Computer – einzurichten. Der Organisator wird mit der Gestaltung des neuen EDV-Büros beauftragt.

Erläutern Sie drei arbeitsorganisatorische Maßnahmen, die der Organisator bei der Gestaltung des EDV-Arbeitsplatzes zu beachten hat.

Beleuchtung: sollte hinter dem PC angebracht werden, damit sich die Beleuchtung nicht im Monitor widerspiegelt
Lärm: Drucker evtl. in einem Extraraum, Teppichboden, Isolierverglasung, evtl. Vorhänge
Mobiliar: höhenverstellbarer Computertisch, höhenverstellbarer Stuhl, Konzepthalter, ausreichende Arbeitsfläche, evtl. Fußstütze

Nennen Sie drei weitere Gesichtspunkte, auf die der Organisator bei der Einrichtung aller Arbeitsplätze achten muss.

Beispiele:
- Farben
- Raumklima
- Raumaufteilung

Nennen Sie anhand der Abbildung mindestens vier Anforderungen an den Arbeitsplatz.

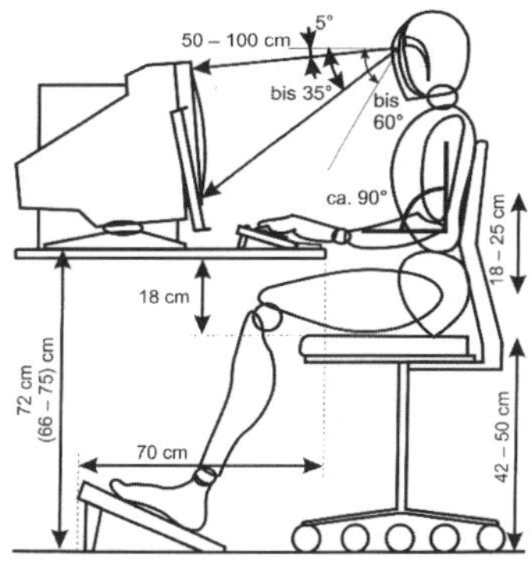

Stuhl:
- federnde, verstellbare Rückenlehne
- höhenverstellbare Sitzfläche
- kippsicher
- 5 Sicherheitsrollen
- drehbar

Tisch:
- höhenverstellbar
- Fußstütze
- Beinfreiheit
- Abstand zur Textvorlage bzw. zum Monitor

Das nebenstehend abgebildete Sekretariat ist nicht optimal eingerichtet.

Begründen Sie diese Aussage anhand von mindestens fünf Beispielen.

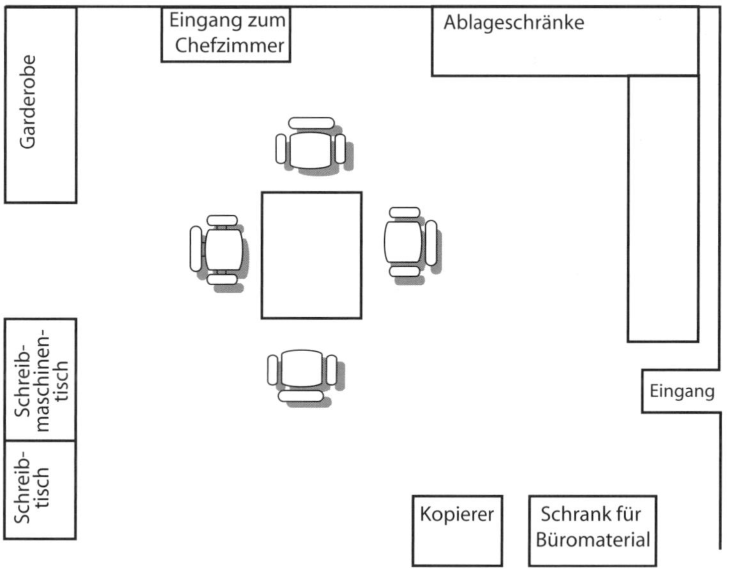

- ▷ Die Sekretärin kann den Raum, wenn sie am Schreibtisch sitzt, nicht übersehen. Dies sollte aber möglich sein.
- ▷ Beim Sitzen am Arbeitsplatz sollte die Sekretärin die beiden Türen im Auge behalten können.
- ▷ Die Garderobe sollte sich an der Eingangstür befinden.
- ▷ Der Arbeitsbereich ist zu sehr in die Ecke gerückt.
- ▷ Die Arbeitsplatzkombination sollte L-förmig angeordnet sein.
- ▷ Die Besuchergruppe sollte nicht in der Mitte des Raumes stehen. Sie blockiert die Wege.
- ▷ Die Sekretärin sollte wartende Besucher von ihrem Arbeitsplatz im Auge behalten können.
- ▷ Die Besucher sollten keine Einsicht in die Unterlagen am Arbeitsplatz haben.
- ▷ Die Ablageschränke und der Arbeitsbereich sollten nicht in der entgegengesetzten Ecke des Raumes sein.

Ausgangssituation

Sie sind Mitarbeiter/-in in der wwh GmbH – Industrie und Handel. In Ihrem Unternehmen sollen die Büroräume renoviert werden. Ihr Chef bittet Sie, ihm bei der Gestaltung zu helfen.
Es handelt sich um einen Raum mit Publikumsverkehr, Schalterzeiten sind von 10:00 Uhr bis 14:00 Uhr. Die Arbeiten werden überwiegend am PC durchgeführt. Die Räume befinden sich zur Straßenseite hin, mitten im Stadtkern. Die Arbeits- und Leistungsfähigkeit der Mitarbeiter/-innen am Büroarbeitsplatz wird daher auch durch Umweltfaktoren beeinflusst.

Erläutern Sie mindestens vier Umweltfaktoren.	▷ **Licht**, z. B. flimmerndes Kunstlicht, Gegenlicht. Der Raum sollte gleichmäßig ausgeleuchtet sein. Es sollten Leuchstoffröhren verwendet werden. In Großraumbüros sollten Leuchtbänder parallel zur Fensterfront angebracht werden. Die Beleuchtung muss blendfrei sein und das Licht soll von links oben auf den Arbeitsplatz fallen ▷ **Luft**, z. B. zu hohe oder zu niedrige Temperatur Die Lufttemperatur sollte 20 bis 22 Grad Celsius und die Luftfeuchtigkeit 40 bis 60 % betragen. Durch Klimaanlagen können diese Werte gehalten werden. ▷ **Lärm**, z. B. Funktionsgeräusche von Bürogeräten, Straßenlärm Im Büro sollte der Schallpegel 55 bis 60 dBA nicht überschreiten. Der Lärmpegel kann durch Teppichboden, Decken- und Wandverkleidung, Stellwände, Isolierverglasung usw. bekämpft werden. ▷ **Raumausstattung/-gestaltung**, z.B. ungünstige Farbkombinationen Grüntöne wirken beruhigend. Sie sind daher für Räume mit Publikumsverkehr geeignet. Große Farbkontraste wirken belebend. Sie sind für Räume geeignet, in denen monotone Arbeiten ausgeführt werden. Helle Farben regen an, grelle Farben machen aggressiv, dunkle Farben wirken bedrückend. ▷ **Persönliche Einflussfaktoren** Die persönliche Leistungsfähigkeit eines Menschen ist abhängig von Alter, Gesundheitszustand, Tagesrhytmik, Pausen, Ermüdungs- und Erholungsphasen. Daher sollten die Pausenregelungen sowie die Arbeitszeiten geprüft bzw. neu geregelt werden.

Bei der Neugestaltung von Büroarbeitsplätzen werden zunehmend Flachbildschirme eingesetzt. Nennen Sie drei Gründe, die die vergleichsweise höheren Anschaffungskosten rechtfertigen.	▷ Geringer Platzbedarf ▷ Geringerer Energieverbrauch ▷ Minimale Wärmeentwicklung ▷ Geringere Strahlenbelastung

Welche Farbe empfehlen Sie Ihrem Chef?	Beruhigendes Grün = Publikumsverkehr

Welche Fenster empfehlen Sie?	Iso-Verglasung und Vorhänge vor den Fenstern

Welchen Fußboden empfehlen Sie?	Teppichboden = Schalldämmung

Welche Beleuchtung eignet sich für den Fußboden	Leuchtbänder

Welche Arbeitszeit empfehlen Sie? Begründen Sie Ihre Antwort.	Die gleitende Arbeitszeit, da die festen Schalterzeiten zwischen 10:00 und 14:00 Uhr liegen (Kernarbeitszeit). Die restlichen Zeiten können gleitend sein. Hierbei kommt man den persönlichen Bedürfnissen der Mitarbeiter/-innen sehr entgegen.

Ausgangssituation

Sie sind Auszubildende in der Firma wwh GmbH – Industrie und Handel. Sie werden alle 4 Monate in eine andere Abteilung versetzt, damit Sie mit allen anfallenden Arbeiten vertraut werden. Zurzeit arbeiten Sie in der Buchhaltung mit 6 Kolleginnen und Kollegen in einem Raum zusammen. Drei Ihrer Kollegen rauchen sehr stark, die anderen machen ständig die Fenster und Türen auf. Es zieht dauernd. Ihr Chef hat es dagegen sehr viel besser, der hat einen Raum für sich allein. Ihre Kollegen haben Ihnen erzählt, dass vor einigen Jahren noch alle Mitarbeiter/-innen in einem Büro, teils mit mehr als 40 Leuten, saßen.

Sie überlegen nun: „Welche Möglichkeiten der Raumaufteilungen gibt es eigentlich? Welche Vor- und Nachteile haben sie? Welche Anforderungen werden an einen modernen Arbeitsplatz gestellt?“

Stellen Sie die Vor- und Nachteile des Großraumbüros denen des Kleinraumbüros gegenüber.

Vorteile des Großraumbüros
- reibungsloser Arbeitsfluss
- schnelle Verständigung
- verbesserte Information
- gute Kommunikation
- kurze Transportwege
- bestmögliche Raumausnutzung
- geringe Kosten je Arbeitsplatz
- gute Kontrollmöglichkeiten

Vorteile des Kleinraumbüros
- Mitarbeiter können konzentriert arbeiten (ohne Ablenkung).
- Es sind vertrauliche Gespräche möglich.
- Besucher stören andere Mitarbeiter nicht.

Nachteile des Großraumbüros
- erhöhter Lärmpegel
- schlechte Licht- und Luftverhältnisse
- geringer Raum pro Mitarbeiter
- Akustik und Klimatisierung bereiten Schwierigkeiten.
- Konzentrationsstörungen
- Mitarbeiter fühlen sich dauernd überwacht.

Nachteile des Kleinraumbüros
- Mitarbeiter sind von der Umwelt abgeschlossen.
- Es besteht kein direkter Kontakt zu anderen Angestellten der Arbeitsgruppe.

Vielfache Ursachen für Arbeitsunfähigkeit sind Rücken- und Halswirbelerkrankungen.

Erläutern Sie zwei Maßnahmen bei der Gestaltung von Büroarbeitsplätzen, um diesen Erkrankungen vorzubeugen.

▷ **Höhenverstellbare Büroarbeitstische**
berücksichtigen unterschiedliche Größen der Mitarbeiter/-innen

▷ **Ergonomischer Tastatur**
verbesserte Handhaltung verhindert Sehnenscheidenentzündungen

▷ **Bürostühle mit flexiblen Sitzflächen und Rückenlehnen**
beugen Rückenproblemen vor

Nennen Sie mindestens fünf Anforderungen, die an einen Büro-Drehstuhl zu stellen sind.

- fünf Sicherheitsrollen
- höhenverstellbar
- abgerundete Kanten
- normgerecht
- federnde Rückenlehne
- Sitztiefeneinstellung
- leichte Polsterung
- Oberteil darf sich nicht unbeabsichtigt vom Untergestell lösen.

Erklären Sie an einem Beispiel den Begriff „Arbeitserweiterung“.

Frau Fricke hat in einem kleinen Unternehmen bis vor 3 Jahren noch reine Schreibarbeiten nach Diktat erledigt. Inzwischen managt sie die gesamte schriftliche Kommunikation des Unternehmens mit Unterstützung eines Textverarbeitungssystems.

Erklären Sie an einem Beispiel den Begriff „Arbeitsbereicherung“.

Der Einsatz eines Tabellenkalkulationsprogramms ermöglicht es Herrn Winkler, im Verkauf monatlich aufschlussreiche Auswertungen über die Absatzzahlen herzustellen, um damit die Geschäftsleitung bei ihren Entscheidungen zu unterstützen.

Welche Auswirkungen hat das betriebliche Vorschlagswesen auf Mitarbeiter/-innen und Betrieb?

Die Mitarbeiter/-innen sind bei ihrer Arbeit motiviert. Die Qualität der Erzeugnisse wird nach und nach verbessert. Arbeitabläufe werden optimiert. Die Beschäftigten identifizieren sich mehr mit ihrem Betrieb.

Ausgangssituation

Große Aufregung in der wwh GmbH: Ein Lagerarbeiter ist durch einen Betriebsunfall verletzt worden. Der Lagerleiter schreibt eine Unfallanzeige an die Geschäftsleitung:

Interne Mitteilung

von: Lagerleitung
an: Geschäftsleitung und Personalwesen

Datum: 06.11.20..

Unfall im Auslieferungslager am 06.11.20..

Am 06.11.20.. um 10:45 Uhr ereignete sich im Auslieferungslager ein Unfall, bei dem der Mitarbeiter Peter Kreft erheblich verletzt wurde, sodass ein Krankenwagen gerufen werden musste, um Herrn Kreft ins Krankenhaus zu transportieren, wo er gegenwärtig stationär behandelt wird.

Herr Kreft wurde durch eine heruntergefallene Leerpalette an Kopf und Schulter verletzt. Erstdiagnose des behandelnden Notarztes: Vermutlich Bruch des Schlüsselbeines, schwere Gehirnerschütterung sowie Prellungen im Brust- und Schulterbereich. Die Verletzungen sind entstanden durch eine Leerpalette aus Holz, die aus vier Meter Höhe von einem Stapel herunterfiel und Herrn Kreft im Schulter-, Brust und Kopfbereich getroffen hat.

Auslöser des Unfalls war Herr Paul Kropotka, eine Aushilfskraft der persona service GmbH, der gegenwärtig zur Unterstützung des Weihnachtsgeschäftes im Haus als Gabelstaplerfahrer arbeitet. Aufgrund des extremen Termindrucks bei verschiedenen Aufträgen im Lagerbereich ist er zu schnell um eine Ecke gefahren und hat mit der Gabel des Staplers in einer Höhe von ca. 3 m einen Stapel von Paletten ins Wanken gebracht, worauf sich die die Verletzungen verursachende Palette löste und herunterfiel.

Ich weise vorsorglich darauf hin, dass Herr Kropotka von mir über die im Hause bestehenden Sicherheitsvorschriften belehrt wurde und er diesbezüglich auch auf den Aushang der Unfallverhütungsvorschriften hingewiesen wurde.

In diesem Zusammenhang weise ich auch noch einmal darauf hin, dass die Überprüfung des Lagers nach den Brandschutzvorschriften für dieses Jahr noch aussteht.

Franz Kiene

Lagerleiter

Prüfen Sie anhand dieses Falles, wer für die Vermeidung von Unfällen oder anderen Gefährdungen von Mensch und Ware im Unternehmen verantwortlich ist.	▷ Jeder **Arbeitnehmer** hat nach seinem Arbeitsvertrag bestimmte Pflichten übernommen. Dazu gehört auch die Sorgfaltspflicht. Diese beinhaltet, sich im Unternehmen stets so zu verhalten, dass kein anderer Mitarbeiter gefährdet oder gar verletzt wird. Erst in zweiter Linie hat er darauf zu achten, dass die ihm anvertrauten Waren nicht beschädigt werden. Jeder Mitarbeiter muss also die im Betrieb geltenden Unfallverhütungs- und Sicherheitsvorschriften befolgen. Bei Nichteinhaltung der Arbeitsschutzvorschriften durch den Arbeitgeber hat der Arbeitnehmer u. U. sogar ein Recht auf Arbeitsverweigerung. ▷ Der Mitarbeiter kann die Sicherheitsvorschriften natürlich nur dann beachten, wenn er vom **Arbeitgeber** darauf hingewiesen worden ist und eine entsprechende Einweisung erhalten hat. Dazu gehört, dass er über besondere Gefahren (hier: hoch gestapelte Ware und Paletten sowie sich bewegende Fahrzeuge) informiert wird und ausdrücklich auf Schutzbestimmungen hingewiesen wird. Ferner hat der Arbeitgeber die Unfallverhütungsvorschriften an geeigneter Stelle (z. B. Kantine) auszulegen. ▷ Der Arbeitgeber wird vom **Betriebsrat** insofern überwacht, als er darauf zu achten hat, dass die geltenden Unfallverhütungsmaßnahmen durchgeführt und die Sicherheitsvorschriften eingehalten werden. Er hat mitzubestimmen über Regelungen zur Verhütung von Arbeitsunfällen und Berufskrankheiten sowie über den Gesundheitsschutz im Rahmen der gesetzlichen Vorschriften.

Wie können solche geschilderten Unfälle verhindert werden und wie könnte ein mögliches Unfallopfer besser geschützt werden? Machen Sie Vorschläge.	**Verhinderung des Unfalls** ▷ umsichtigeres Arbeiten und Vermeiden von Hektik: Untersuchungen haben ergeben, dass die Einsparung von Zeit bei Autofahrern oder gewerblich tätigen Menschen (im Akkord) durch erhöhte Schnelligkeit relativ gering ist im Verhältnis zu den sich daraus ergebenden Fehlermöglichkeiten und Unfallrisiken. ▷ Markierung von Wegen: Wege, auf denen sich Gabelstapler und andere Fahrzeuge fortbewegen dürfen und die von Mitarbeitern gemieden werden sollen, können auf dem Boden farblich markiert werden. ▷ optische Kennzeichnung: Gefährdete Bereiche werden durch rot-weiß schraffierte Flächen oder Bänder markiert und warnen somit die Mitarbeiter. **Schutz von möglichen Unfallopfern** ▷ Sicherheitskleidung: Kopfschutz in Bereichen von möglicherweise fallenden Teilen, Spezialkleidung bei Hitzegefährdung, Fußschutz durch Stahlkappen in Schuhen, Gelenkschutz an Knien und Ellbogen durch Plastikkappen ▷ schnelle Erstversorgung einer verletzten Person: Personen mit einer umfassenden Ausbildung in erster Hilfe, deren Kenntnisse immer auf dem neuesten Stand gehalten werden; Kontakt zu einer Arztpraxis in der Nähe, mit der für solche Fälle ein Werksarztvertrag abgeschlossen wird; rasche Information von Krankentransport und Unfallarzt – Erste-Hilfe-Räume

Die Gesundheit von Mitarbeitern wird nicht nur durch Unfälle beeinträchtigt, sondern bereits durch das Fehlen von Regeln. **Stellen Sie die Regeln dar, die durch die Arbeitsstättenverordnung verlangt werden.**	In der Arbeitsstättenverordnung findet sich eine große Anzahl von Vorschriften über die Einrichtung von Arbeitsräumen. Die wichtigsten Regeln beziehen sich auf ▷ die Fußböden: keine Stolperstellen, rutschhemmend und leicht zu reinigen; ▷ die Raumabmessung: ausreichend Bewegungsmöglichkeiten hinsichtlich Grundfläche und lichter Höhe für jeden Mitarbeiter; ▷ die Lufttemperatur: gesundheitlich zuträglich und angemessen; ▷ die Lüftung: ausreichend saubere und gesundheitlich zuträgliche Atemluft; ▷ den Lärmschutz: Dämmung von lauten Maschinen, Ohrschutz; ▷ die Beleuchtung: Sichtverbindung nach außen oder angemessenes Licht; ▷ die Versorgungsräume: Sanitärräume, Pausen- und Bereitschaftsräume, Erste-Hilfe-Räume sowie ggf. Unterkünfte müssen in angemessenem Umfang und in geeigneter Ausstattung vorhanden sein.

Der Lagerleiter Herr Kiene weist auf die ausstehende Überprüfung des Lagers nach den Brandschutzvorschriften hin. **Was ist damit gemeint und welche Maßnahmen muss ein Unternehmen außerdem einhalten, um Brände möglichst zu verhindern?**	Herr Kiene weist darauf hin, dass verschiedene Stellen (Feuerversicherung, Berufsgenossenschaft, Gewerbeaufsichtsamt) eine regelmäßige Überprüfung des Betriebes durch eine sachverständige Person (z. B. Experte der Feuerwehr) verlangen, die zu beseitigende Mängel findet und auf deren Beseitigung besteht. **Schutz vor Entstehungsbränden** ▷ Die Räume und Einrichtungen müssen je nach Abmessung und Nutzung sowie der Brandgefährdung und der Anzahl anwesender Personen mit einer ausreichenden Anzahl geeigneter Feuerlöscheinrichtungen und erforderlichenfalls Brandmeldern und Alarmanlagen ausgestattet sein. ▷ Nicht selbsttätige Feuerlöscheinrichtungen müssen als solche dauerhaft gekennzeichnet, leicht zu erreichen und zu handhaben sein. ▷ Selbsttätig wirkende Feuerlöscheinrichtungen müssen mit Warneinrichtungen ausgerüstet sein, wenn bei ihrem Einsatz Gefahren für die Beschäftigten auftreten können. **Fluchtwege** Fluchtwege und Notausgänge müssen sich in Anzahl, Anordnung und Abmessung nach der Nutzung, der Einrichtung und den Abmessungen der Arbeitsräume sowie nach der Anzahl der dort anwesenden Personen richten. Sie müssen auf möglichst kurzem Weg ins Freie oder, falls dies nicht möglich ist, in einen gesicherten Bereich führen und in angemessener Form und dauerhaft gekennzeichnet sein.

Ausgangssituation

Überprüfen Sie folgende Anfrage und Gesprächsnotiz.

wwh GmbH
Industrie und Handel

wwh GmbH · Helene-Weber-Weg 9 · 33607 Bielefeld

Helene-Weber-Weg 9
33607 Bielefeld

Tel.: 05207 801022
Fax: 05207 801013
Mobil: 0171 302560
E-Mail: wwh@t-online.de

Ellermann & Ellermann KG
Bruchwiesen 18
49143 Bissendorf

Anfrage 24.08.20..

Sehr geehrte Damen und Herren,

für unsere diesjährige Herbstaktion planen wir den Verkauf von Laubsaugern.

Bitte senden Sie uns ein Angebot über

Laubsauger, Mindestleistung 1500 Watt.

Für diese Sonderveranstaltung benötigen wir 200 Stück.

Mit freundlichen Grüßen
wwh GmbH

A. Kagetöke
i. A.

Bankverbindung
Sparkasse Bielefeld BLZ 480 501 61 Kto.-Nr. 1324565445
Commerzbank Bielefeld BLZ 480 538 82 Kto.-Nr. 5666654511
Geschäftsführerin: Uta Box

Sitz und Registergericht: Bielefeld HR B 1590

Steuernummer: 458/457/6555

Gesprächsnotiz

Gespräch geführt am: 30.08.

Firma: Ellermann & Ellermann KG

Gesprächspartner: ~~Herr~~/Frau Peters Telefon: 05402 939393

Inhalt: Angebot
Laubsauger mit Häcksel- und Blasfunktion:
Saugleistung: max. 12,5 m³/min
Blasleistung: max. 260 km/h
Gewicht: ca. 4,5 kg
Preis: 45,- € – 2% Skonto
15% Rabatt – Fracht ·/.
Mindestabnahme: 100 Stück
gültig bis Ende Oktober

Zur weiteren Bearbeitung: /

Handzeichen: HJ

Erläutern Sie den Zweck der Anfrage.	Eine Anfrage dient der Informationsbeschaffung auf den Beschaffungsmärkten. Die wwh GmbH will feststellen, zu welchen Bedingungen Lieferer Laubsauger anbieten können.

Klären Sie die rechtliche Bedeutung der Anfrage.	Die wwh GmbH ist bei einer Anfrage rechtlich nicht gebunden. Aus diesem Grund kann die wwh GmbH bei verschiedenen Herstellern oder Großhändlern Anfragen stellen und so Informationen einholen.

Welche Formen von Anfragen kennen Sie? Um welche handelt es sich im Ausgangsfall?	**allgemeine Anfrage:** ▷ Diese Anfrage enthält die Bitte um Zusendung von Preislisten, Katalogen oder Mustern. Möglich ist auch die Bitte um einen Vertreterbesuch. **spezielle Anfrage:** ▷ Hier werden genaue Angaben über die Art, Güte, Beschaffenheit und der gewünschten Ausführung der benötigten Güter oder Dienstleistungen gemacht. Wenn notwendig, werden bereits bei einer speziellen Anfrage gewünschte Liefertermine vorgegeben. Im Ausgangsfall handelt es sich um eine spezielle Anfrage für einen Laubsauger mit einer Mindestsaugleistung.

Handelt es sich bei dem Telefongespräch am 30.08. um ein verbindliches Angebot?	Telefonische Angebote sind Angebote unter Anwesenden. Sie haben grundsätzlich Gültigkeit, bis die Unterredung beendet wird. Im Ausgangsfall wurde jedoch während des Telefongespräches vereinbart, dass das Angebot bis Ende Oktober verbindlich ist. Es handelt sich um eine verbindliche Willenserklärung mit Fristsetzung.

<table>
<tr><td>Aufgrund von Anfragen bei anderen Lieferanten erhält die wwh GmbH weitere Angebote mit vergleichbaren Produkten.

Ermitteln Sie die Einkaufspreise pro Stück bei Abnahme von 200 Laubsaugern.</td><td>Angebot Hutmacher e. K.
Laubsauger ab 50 Stück = 50,00 EUR
ab 100 Stück = 47,00 EUR
ab 150 Stück = 45,00 EUR

Skonto: 3 %
Rabatt: 10 %

Frachtkostenpauschale: 50,00 EUR Listeneinkaufspreis: 45,00 EUR

Angebot Jasbinzcek mbH
Laubsauger ab 100 Stück = 55,00 EUR
ab 200 Stück = 50,00 EUR
ab 300 Stück = 45,00 EUR

Skonto: 2 %
Rabatt: ab 100 Stück = 20 %
ab 200 Stück = 25 %
ab 300 Stück = 30 %

Fracht: frei Haus Listeneinkaufspreis: 50,00 EUR</td></tr>
<tr><td>Erstellen Sie einen Angebotsvergleich für 200 Laubsauger der drei Anbieter.</td><td>Angebot Ellermann & Ellermann KG
Listeneinkaufspreis 9 000,00 EUR
– Rabatt 1 350,00 EUR
= Zieleinkaufspreis 7 650,00 EUR
– Skonto 153,00 EUR
= Bareinkaufspreis 7 497,00 EUR
+ Bezugskosten 0,00 EUR
= Bezugspreis (Einstandspreis) 7 497,00 EUR

Angebot Hutmacher e. K.
Listeneinkaufspreis 9 000,00 EUR
– Rabatt 900,00 EUR
= Zieleinkaufspreis 8 100,00 EUR
– Skonto 243,00 EUR
= Bareinkaufspreis 7 857,00 EUR
+ Bezugskosten 50,00 EUR
= Bezugspreis (Einstandspreis) 7 907,00 EUR

Angebot Jasbinzcek mbH
Listeneinkaufspreis 10 000,00 EUR
– Rabatt 2 500,00 EUR
= Zieleinkaufspreis 7 500,00 EUR
– Skonto 150,00 EUR
= Bareinkaufspreis 7 350,00 EUR
+ Bezugskosten 0,00 EUR
= Bezugspreis (Einstandspreis) 7 350,00 EUR

Das günstigste Angebot für 200 Laubsauger ist das Angebot von der Jasbinzcek mbH.</td></tr>
<tr><td>Welche Überlegungen können Ihrer Meinung nach neben dem Preis für den Angebotsvergleich bedeutsam sein? Nennen Sie Beispiele.</td><td>▷ kurzfristige Lieferbereitschaft
▷ Qualität der Ware
▷ Abnahme von Mindestmengen
▷ großzügige Behandlung von Reklamationsfällen
▷ langjährige geschäftliche Zusammenarbeit</td></tr>
<tr><td>Wer trägt die Beförderungskosten, wenn keine Vereinbarung über die Fracht getroffen wurde?</td><td>Der Käufer trägt die Frachtkosten. Warenschulden sind Holschulden.</td></tr>
<tr><td>Nennen Sie Freizeichnungsklauseln.</td><td>Freizeichnungsklauseln:
▷ freibleibend
▷ ohne Obligo
▷ solange Vorrat reicht
▷ Preise unverbindlich
▷ Lieferung freibleibend</td></tr>
</table>

Ausgangssituation

Die wwh GmbH erhält eine Anfrage von der Stadt Bielefeld über 200 Pressglasreflektorlampen mit einem Ausstrahlungswinkel von 30 Grad und einer Wattleistung von 120. Für diesen Sonderauftrag hat der Einkauf folgende Angebote eingeholt:

Angebot A
Das Angebot A vom Großhändler aus Köln ist gültig bis Ende Mai. Der Stückpreis beträgt 29,30 EUR, Rabatt 25 %, Skonto 2 % innerhalb von 14 Tagen, 30 Tage netto Kasse, Lieferung frei Haus.

Angebot B
Das Angebot B vom Großhändler aus Saarbrücken hat den Vermerk ohne Obligo. Der Preis staffelt sich wie folgt:
Der Rabatt beträgt 20 %, Skonto kann nicht gewährt werden.
bei Abnahme > 50 Stück = 28,00 EUR/je Stück
bei Abnahme > 150 Stück = 27,90 EUR/je Stück
bei Abnahme > 250 Stück = 27,80 EUR/je Stück
bei Abnahme > 350 Stück = 27,75 EUR/je Stück
Lieferung unfrei

Angebot C
Informationen zum Angebot C entnehmen Sie bitte den Unterlagen aus dem Elektro-Installations-Technik-Katalog (Preise ohne USt.). Der Großhändler hat seinen Sitz ebenfalls in Saarbrücken.

Die Mindestabnahmemenge beim Großhändler C beträgt 10 Stück, Skonto 3 % innerhalb von 14 Tagen, 30 Tage netto Kasse, Rabatt 30 %, Lieferung frachtfrei.

Informationen, die für alle Angebote Gültigkeit haben:

Rollgeld I = 10,00 EUR bis 100 Stück
Rollgeld II = 7,00 EUR bis 100 Stück
Frachtkosten = 30,00 EUR bis 100 Stück

Rollgeld I = 15,00 EUR bis 200 Stück
Rollgeld II = 10,00 EUR bis 200 Stück
Frachtkosten = 30,00 EUR bis 200 Stück

Katalogangebot des Großhändlers C aus Saarbrücken

Artikel			Bestellnr.	Preis/EUR
Reflektorlampe DECOR COLOR SPOT				
Ausstrahlungswinkel	Leistung	Sockel		
35	40	E 14	55 667 13	27,20
35	40	E 14	55 667 14	28,30
35	40	E 14	55 667 15	28,50
30	120	E 27	55 667 16	29,00
80	120	E 27	55 667 17	29,20
Pressglasreflektorlampe CONCENTRA-PARLUX				
Ausstrahlungswinkel	Leistung	Sockel		
12	60	E 27	55 667 33	28,10
12	80	E 27	55 667 34	28,40
30	80	E 27	55 667 35	28,70
30	60	E 27	55 667 36	29,00
30	120	E 27	55 667 37	29,30
Pressglasreflektorlampe SUPERLUX KRYP				
Ausstrahlungswinkel	Leistung	Sockel		
12	60	E 14	55 700 33	30,00
12	80	E 14	55 700 34	31,00
12	80	E 14	55 700 35	32,00
30	60	E 14	55 700 36	33,00
12	120	E 27	55 700 37	34,00
Reflektorlampe CONCENTRA-SPOT				
Ausstrahlungswinkel	Leistung	Sockel		
40	30	E 14	12 667 13	19,50
30	80	E 14	12 667 14	21,50
80	80	E 14	12 667 15	23,50
35	60	E 14	12 667 16	25,50
35	120	E 27	12 667 17	27,50

Überprüfen Sie die Angebote. Sind die Großhändler an die abgegebenen Angebote gebunden? Begründen Sie Ihre Meinung.

Angebot A
Das Angebot A des Großhändlers aus Köln ist eine rechtsverbindliche Willenserklärung und stellt einen gültigen Antrag dar. An dieses Angebot ist der Großhändler bis zum angegebenen zeitlichen Termin gebunden.

Angebot B
An das Angebot B ist der Großhändler aus Saarbrücken nicht gebunden, da er eine Freizeichnungsklausel benutzte. „Ohne Obligo“ bedeutet „ohne Verpflichtung“.

Angebot C
An das Katalogangebot C ist der Großhändler aus Saarbrücken ebenfalls nicht gebunden. Bei Katalogen handelt es sich um eine Aufforderung zur Abgabe einer Willenserklärung.

Wie könnte bei Angebot A ein Kaufvertrag zustande kommen? Nennen Sie unterschiedliche Möglichkeiten.

Möglichkeiten	1. Willenserklärung (= Antrag)	2. Willenserklärung (= Annahme)
Die wwh GmbH bestellt innerhalb der Frist.	Angebot (jedoch zeitlich begrenzt)	Bestellung bis Ende Mai
Die wwh GmbH bestellt nach Ablauf der Frist.	Bestellung (gilt als neuer Antrag)	Auftragsbestätigung des Großhändlers
Die wwh GmbH bestellt nach Ablauf der Frist.	Bestellung (gilt als neuer Antrag)	Warenanlieferung des Großhändlers (konkludentes Handeln)
Die wwh GmbH bestellt nach Fristablauf. Der Großhändler macht ein neues Angebot und die wwh GmbH bestellt gemäß neuem Angebot.	Das neue Angebot ist der gültige Antrag.	Bestellung

Die Angabe von zwei Beispielen reicht zur richtigen Beantwortung der Frage.

Führen Sie aufgrund der Angaben der Großhändler A, B und C einen übersichtlichen Angebotsvergleich durch und ermitteln Sie den Einstandspreis für 200 Stück.	siehe Tabelle

Angebotsvergleich	Angebot A/EUR	Angebot B/EUR	Angebot C/EUR
Listeneinkaufspreis	5 860,00	5 580,00	5 860,00
– Rabatt	1 465,00	1 116,00	1 758,00
= Zieleinkaufspreis	4 395,00	4 464,00	4 102,00
– Skonto	87,90	0,00	123,06
= Bareinkaufspreis	4 307,10	4 464,00	3 978,94
+ Bezugskosten	0,00	40,00	10,00
= Bezugspreis (Einstandspreis)	4 307,10	4 504,00	3 988,94

Nennen Sie vier Gründe, die zu einer Entscheidung für den nicht preisgünstigeren Großhändler führen könnten.

- ▷ bessere Qualität
- ▷ Zuverlässigkeit in der Lieferzeit
- ▷ Anpassung an besondere Wünsche
- ▷ langjährige Geschäftsbeziehung
- ▷ positive Zukunftserwartungen
- ▷ örtliche Nähe

Aufgrund der Angebote bestellt die wwh GmbH am 15. Mai beim Großhändler A in Saarbrücken per Telefon 200 Pressglasreflektorlampen. Als Liefertermin wird der 6. Juni festgelegt. Nach Beendigung des Telefongespräches mit dem Großhändler A fragt die Stadt Bielefeld an, ob die Ware bereits Ende Mai geliefert werden kann.

Kann die wwh GmbH die Bestellung beim Großhändler A noch widerrufen, um bei einem anderen Großhändler, der schneller liefern kann, zu bestellen?

Eine Willenserklärung wird nicht wirksam, wenn dem Empfänger vorher oder gleichzeitig ein Widerruf zugeht. Dies ist bei einem Telefongespräch, das bereits beendet wurde, nicht möglich. Also kann die wwh GmbH die Bestellung beim Großhändler A nicht mehr widerrufen.

Am 19. Mai erhält die wwh GmbH eine Auftragsbestätigung des Großhändlers A mit dem Liefertermin 6. Juni.

Welche rechtliche Bedeutung hat die Vereinbarung des Lieferdatums? Begründen Sie Ihre Meinung.

Bei der Vereinbarung „Liefertermin 6. Juni“ handelt es sich um ein kalendermäßig genau festgelegtes Datum. Bei diesem Terminkauf (nicht Fixhandelskauf) kommt der Lieferer im Falle der Nicht-Rechtzeitig-Lieferung ohne Mahnung in Verzug.

Am 8. Juni fragt der Verkaufsleiter der wwh GmbH in der Einkaufsabteilung an, ob die bestellten Lampen eingetroffen sind. Der Verkaufsleiter ist über die Nachricht der Nichtlieferung sehr aufgebracht, da er mit der Stadt Bielefeld einen Liefertermin vereinbart hat (10. Juni, fix). Der Verkaufsleiter schlägt vor, sofort bei einem anderen Lieferanten Ersatz zu besorgen.

Nennen Sie allgemein die Rechte im Falle der Nicht-Rechtzeitig-Lieferung.

Die Rechte bei der Nicht-Rechtzeitig-Lieferung (Lieferungsverzug) sind:

- ▷ ohne Nachfristsetzung: Erfüllung des Vertrages oder Erfüllung des Vertrages und die Berechnung eines Verzugsschadens
- ▷ mit Nachfristsetzung: Ablehnung der Lieferung und Rücktritt vom Kaufvertrag oder/und Ablehnung der Lieferung und Schadenersatz wegen Nichterfüllung

Was schlagen Sie konkret in dem oben beschriebenen Fall vor? Berücksichtigen Sie dabei, dass es möglich ist, die Ware kurzfristig zu beziehen, sodass die Stadt Bielefeld noch rechtzeitig beliefert werden kann. Der Preis je Lampe beträgt jedoch 40,00 EUR.

Sinnvoll ist ein Anruf am 8. Juni beim Großhändler A. Wenn die Ware bereits unterwegs ist, kann die Stadt Bielefeld noch pünktlich beliefert werden, da der Fixtermin der 10. Juni ist.

Ist die Ware nicht unterwegs, so sollte auf die Dringlichkeit der pünktlichen Lieferung hingewiesen werden. Bei dem vereinbarten Liefertermin 8. Juni handelt es sich um einen kalendermäßig genau festgelegten Termin, bei dem die Mahnung entfällt, um den Großhändler in Verzug zu setzen. Ein Rücktritt vom Vertrag ist jedoch nur mit einer angemessenen Nachfristsetzung für die Lieferung möglich.

Um die Stadt Bielefeld als Kunden nicht zu verärgern, sollte kurzfristig Ersatz besorgt werden. Die Differenz zwischen dem Bezugspreis des Großhändlers A (4 307,10 EUR : 200 = 21,54 EUR/Stück) und dem Preis von 40,00 EUR bei kurzfristiger Lieferung kann jedoch nicht dem Großhändler A in Rechnung gestellt werden. Dies wäre erst nach einer angemessenen Nachfrist mit Androhung des Rücktritts und Schadenersatzes wegen Nichterfüllung möglich. Die wwh GmbH hätte auch mit dem Großhändler einen Fixtermin aushandeln sollen.

Ausgangssituation

Für den Umbau in einer Bank müssen so schnell wie möglich Videokameras bestellt werden. Lesen Sie die Belege, beantworten Sie die unten stehenden Fragen und führen Sie die geforderten Berechnungen durch.

Gesprächsnotiz

Gespräch geführt am: 16.07.

Firma: Bredemeyer GmbH

Gesprächspartner: Herr/Frau Bredemeyer Telefon:

Inhalt:

4 Videokameras sind auf Lager
Liefertermin: 23.07.
Preis: 740,– EUR je
14 Tg / 2% / 60 Tg
Fracht: frei Haus
Mengenrabatt: 10%

Zur weiteren Bearbeitung: Frau Herkenhoff

Handzeichen: HJ

---

wwh GmbH
Industrie und Handel

wwh GmbH · Helene-Weber-Weg 9 · 33607 Bielefeld

Helene-Weber-Weg 9
33607 Bielefeld

Bredemeyer GmbH
Otto-Hahn-Weg 53
65218 Wiesbaden

Tel.: 05207 801022
Fax: 05207 801013
Mobil: 0171 302560
E-Mail: wwh@t-online.de

Bestellung 16.07.20..

Sehr geehrter Herr Bredemeyer,

wie mit Ihnen heute Morgen telefonisch besprochen, bestelle ich folgende Artikel:

Anzahl	Bezeichnung der Ware	Einzelpreis	Gesamtpreis
4	Videokameras – Serie 777 in Weiß CCE-Bildaufnehmer CCIR-Standard Objektiv F 3,5/Brennweite 3,6 mm Lichtempfindlichkeit 1 Lux 90 x 90 x 45 mm	740,00 EUR	2 960,00 EUR

Der Rabatt beträgt 10 %. Die Rechnung ist zahlbar innerhalb von 14 Tagen unter Abzug von 2 % Skonto oder 60 Tagen netto Kasse.

Mit freundlichen Grüßen
wwh GmbH

A. Kagetöke
i. A.

Bankverbindung
Sparkasse Bielefeld BLZ 408 501 61 Kto.-Nr. 1324565445 Geschäftsführerin: Uta Box
Commerzbank Bielefeld BLZ 480 538 82 Kto.-Nr. 5666654511

Sitz und Registergericht: Bielefeld HR B 1590

Steuernummer: 458/457/6555

Ermitteln Sie den Einstandspreis für die bestellten Videokameras.

	Listeneinkaufspreis	2 960,00 EUR
–	Rabatt	296,00 EUR
=	Zieleinkaufspreis	2 664,00 EUR
–	Skonto	53,28 EUR
=	Bareinkaufspreis	2 610,72 EUR
+	Bezugskosten	0,00 EUR
=	**Bezugspreis (Einstandspreis)**	2 610,72 EUR

Ermitteln Sie den Überweisungsbetrag der vier Videokameras unter Ausnutzung von Skonto und unter Berücksichtigung von 19 % Umsatzsteuer.

	Listeneinkaufspreis	2 960,00 EUR
–	10 % Rabatt	296,00 EUR
=	Zieleinkaufspreis	2 664,00 EUR
+	19 % Umsatzsteuer	506,16 EUR
=	Rechnungspreis	3 170,16 EUR
–	2 % Skonto	63,40 EUR
=	**Überweisungsbetrag**	3 106,76 EUR

Welchen Zeitraum muss die wwh GmbH im Falle einer Zahlung mit Skonto vorfinanzieren?

Der kostenpflichtige Zielzeitraum wird wie folgt berechnet:

	Zahlungsziel	60 Tage
–	Skontozeitraum	14 Tage
=	**Kreditzeitraum**	46 Tage

Laut Auskunft des Sachbearbeiters bei der Hausbank der wwh GmbH beträgt der Zinssatz zurzeit 9,5 %. **Berechnen Sie die zu zahlenden Zinsen im Falle einer Kreditaufnahme, um unter Abzug von Skonto zu zahlen.**	Der zu überweisende Betrag an die Bredemeyer GmbH beträgt: 3 106,76 EUR. $z = \frac{K \cdot p \cdot t}{100 \cdot 360} = \frac{3\,106{,}76 \cdot 9{,}5 \cdot 46}{100 \cdot 360} = 37{,}71$ Die Zinsen betragen 37,71 EUR.
Wie hoch ist der Finanzierungserfolg, der sich aufgrund der Skontoziehung ergibt?	Die wwh GmbH erzielt durch die vorzeitige Zahlung einen Skontoertrag. Aufwendungen sind durch die Kreditaufnahme entstanden. Skontoertrag 63,40 EUR – Zinsaufwendungen 37,71 EUR = **Finanzierungserfolg** 25,69 EUR Der Skontoertrag in Höhe von 63,40 EUR ist größer als die Zinsaufwendungen in Höhe von 37,71 EUR. Die wwh GmbH erzielt einen Finanzierungserfolg von 25,69 EUR, wenn sie unter Ausnutzung von Skonto die Rechnung bezahlt.
Wie kann auf schnellere Weise überprüft werden, ob eine Rechnung unter Abzug von Skonto gezahlt werden sollte?	Es wird der Jahreszinssatz ermittelt, der der Skontobedingung des Lieferers entspricht. Ist dieser ermittelte Jahreszinssatz größer als der Fremdkapitalzinssatz, lohnt es sich, die Rechnung vorzeitig unter Ausnutzung von Skonto zu zahlen.
Für die Berechnung des Jahreszinssatzes, der der Skontobedingung des Lieferers entspricht, gibt es eine Überschlagsrechnung und eine mathematisch genaue Berechnung. **Führen Sie beide Berechnungen durch:**	**Kaufmännische Überschlagsrechung:** Der Jahreszinssatz für die Aufnahme des Kredites beträgt 9,5 %. Die 2 % Skonto beziehen sich auf den kostenpflichtigen Zielzeitraum (60 Tage – 14 Tage = 46 Tage). 46 Tage (Kreditzeitraum) – 2 % 360 Tage (ganzes Jahr) – x % x = 15,65 % (gerundetes Ergebnis) **Mathematisch genaue Berechnung:** Der Skontobetrag in Höhe von 63,40 EUR (2 %) wird auf die tatsächliche Zahlung in Höhe von 3 106,76 EUR bezogen. Die Berechnung erfolgt mit der nicht gerundeten Zahl 3 106,7568. Zinsformel: $z = \frac{K \cdot p \cdot t}{100 \cdot 360}$ Zur Ermittlung des Effektivzinssatzes wird die kaufmännische Zinsformel umgestellt: $p = \frac{z \cdot 100 \cdot 360}{K \cdot t}$ Daraus ergibt sich: $\text{Effektivzinssatz (p)} = \frac{\text{Skontoertrag (z)} \cdot 100 \cdot 360}{\text{Überweisungsbetrag (K)} \cdot \text{Kreditzeitraum (t)}}$ $= \frac{360 \cdot 100 \cdot 63{,}40}{3\,106{,}7568 \cdot 46} = 15{,}97\ \%$ oder $= \frac{360 \cdot 100 \cdot 2}{98 \cdot 46} = 15{,}97\ \%$ Der Skontoabzug lohnt sich, wenn die Fremdkapitalzinsen nicht höher als 15,97 % sind. Die kaufmännische Überschlagsrechnung ergibt einen Prozentsatz von 15,65 %.

Ausgangssituation

Die Abteilung Rechnungswesen erhält am 03.04.20.. folgende Eingangsrechnungen:

Rische GmbH
PKW und Nutzfahrzeuge

Rische GmbH · Wellenkamp 17 · 33605 Bielefeld

wwh GmbH
Helene-Weber-Weg 5
33607 Bielefeld

RECHNUNG

Kunden-Nr.: **16122**
Auftrags-Nr. **998-99978**

Datum: **02.04.20..**

Posten	Bezeichnung	Einheit	Menge	Einzelpreis	Gesamtpreis
1	Transporter Magnat	St.	1		50.000,00 EUR
2	Service-Paket (Anmeldung Kennzeichen)	St.	1		120,00 EUR
3	Überführungskosten	St.	1		1.000,00 EUR
4	1. Tankfüllung	St.	1		90,00 EUR

Nettopreis	51.210,00 EUR
+ USt. 19 %	9.729,90 EUR
Bruttopreis	60.939,90 EUR

USt.-ID.: DE 70285133 St.-Nr.: 569/712/6319

Geschäftsführer: Jürgen Rische, Amtsgericht Bielefeld HRB 3345 · Tel.: 0521 556900 · Fax: 0521 556950
E-Mail: info@rische-gmbh.de · Sparkasse Bielefeld · BLZ 494 501 20 · Kto.-Nr. 1400046700

Manuel Belau e. K.
Diplom-Ingenieur

Manuel Belau e. K. · Am Zentrum 2 · 49143 Bissendorf

wwh GmbH
Helene-Weber-Weg 5
33607 Bielefeld

RECHNUNG

Kunden-Nr.: **999-3-3**
Angebots-Nr.: **5567**
Bearbeiter: **Duvendack**
Datum: **02.04.20..**

Posten	Bezeichnung	Einheit	Menge	Preis	Gesamt
1	ISDN-Telefon schnurlos für die Abteilung Rechnungswesen	St.	1	140,00 EUR	140,00 EUR
2	Versandkosten	St.	1	5,00 EUR	5,00 EUR

Nettopreis	145,00 EUR
+ USt. 19 %	27,55 EUR
Bruttopreis	172,55 EUR

USt.-ID.: DE 87101297 St.-Nr.: 031/136/4209

Es gelten unsere Allgemeinen Geschäftsbedingungen.
· Tel.: 05402866952 · Fax: 05402920461 · Mobil: 01609983726 · E-Mail: M. Belau@t-online.de
· Volksbank Bissendorf · BLZ 440 900 00 · Kto.-Nr. 90546454
· Kreissparkasse Osnabrück · BLZ 944 900 00 · Kto.-Nr. 858585

Welche Besonderheiten sind bei der Anschaffung von Gütern des Anlagevermögens zu beachten?

Aktivierungspflicht für Anschaffungsnebenkosten
Zu den Anschaffungskosten gehören neben dem eigentlichen Kaufpreis alle Aufwendungen, die mit dem Erwerb oder der Inbetriebnahme des Gegenstandes verbunden sind.

Beispiele:
- ▷ bei Grundstücken und Gebäuden: Grunderwerbsteuer, Gerichts- und Notariatsgebühren, Schätzkosten
- ▷ bei Geschäftsausstattung: Transportkosten, Montagekosten
- ▷ bei Fahrzeugen: Überführungskosten, Zulassungsgebühren

Die Anschaffungsnebenkosten erhöhen den Wert, mit dem das Anlagegut bilanziert wird (Aktivierungspflicht). Dementsprechend sind Minderungen des Kaufpreises (Rabatte, Skonti) von den Anschaffungskosten abzuziehen.

Umsatzsteuer
Die anteilige Umsatzsteuer gehört nicht zu den Anschaffungskosten.

Zu den Eingangsrechnungen der wwh GmbH:
Die Anschaffungskosten für den Transporter betragen:

Kaufpreis	50 000,00 EUR
+ Service-Paket	120,00 EUR
+ Überführung	1 000,00 EUR
Gesamt	51 120,00 EUR

(Die Tankfüllung gehört nicht zu den einmaligen Anschaffungskosten.)

Die Anschaffungskosten für das Telefon betragen 145,00 EUR.

Wodurch entstehen Wertminderungen des Anlagevermögens?

Gegenstände des Anlagevermögens verlieren ihren ursprünglichen Wert im Laufe der Zeit durch

- Abnutzung,
- Überalterung,
- technischen Fortschritt (Wertminderungen des alten Wirtschaftsgutes durch Neuentwicklungen, die kostengünstiger und wirtschaftlicher sind).

Die Wertminderungen werden im Rechnungswesen als Aufwand erfasst und als Abschreibungen bezeichnet. Der steuerliche Fachbegriff hierfür ist **A**bsetzung **f**ür **A**bnutzung = **AfA.**

Welche betriebswirtschaftliche Bedeutung haben die Abschreibungen?

Steuerliche Bewertung der Abschreibungen
Die Abschreibungen werden im Rechnungswesen als Aufwand gebucht und **vermindern** dementsprechend den **Unternehmensgewinn**. Diese auf den ersten Blick negative Auswirkung der Abschreibungen kann unter bestimmten Voraussetzungen betriebswirtschaftlich von Vorteil sein:
Durch den verringerten Unternehmensgewinn fallen auch die **gewinnabhängigen Steuern geringer** aus.

Rückflussfinanzierung durch Abschreibungen
Die Abschreibungen werden in den Verkaufspreis einkalkuliert. Wenn der kalkulierte Verkaufspreis von den Kunden akzeptiert wird, werden auch anteilig die **finanziellen Mittel für den Ersatz** der abgenutzten Anlagegüter über den Verkaufserlös bereitgestellt.

Wie werden Wirtschaftsgüter mit Anschaffungskosten bis 1 000,00 EUR buchhalterisch behandelt?

Bei Anschaffungen von Vermögensgegenständen muss Folgendes berücksichtigt werden:

- **Wirtschaftsgüter mit Anschaffungskosten bis 150,00 EUR:**
  Wirtschaftsgüter die einen Nettowert von 150,00 EUR nicht übersteigen, werden **sofort als Aufwand** über ein geeignetes Aufwandskonto gebucht.
- **Wirtschaftsgüter mit Anschaftungskosten über 150,00 EUR bis 1 000,00 EUR:**
  Diese Güter werden auf einem Sammelkonto in einem „Pool" zusammengefasst und **gemeinsam** über fünf Jahre **mit jeweils 20 % abgeschrieben**.

Wie sind die beiden Eingangsrechnungen der wwh GmbH hinsichtlich der Abschreibungen zu beurteilen?

- Die betriebsgewöhnliche Nutzungsdauer **des Transporters** wird in der AfA-Tabelle der Finanzverwaltung ermittelt. Der Transporter wird während der Nutzungsdauer mit gleich hohen Abschreibungsbeträgen (= lineare Abschreibung) in jedem Jahr abgeschrieben. Außerdem muss berücksichtigt werden, dass der Anschaffungszeitpunkt den Abschreibungsbetrag im 1. Jahr beeinflusst. Es dürfen nur anteilig die Monate der Nutzung abgeschrieben werden.

  Es ergibt sich folgende Berechnung für die Abschreibung (Nutzungsdauer des Transporters = 9 Jahre):

  Jährlicher Abschreibungsbetrag:
  Anschaffungskosten : Nutzungsdauer
  51 150,00 EUR : 9 Jahre = **5 680,00 EUR**
  Abschreibungsbetrag im 1. Jahr: (Kauf im April: 9 von 12 Monaten)
  5 680,00 EUR : 12 x 9 = **4 260,00 EUR**

  Abschreibungsverlauf:

Anschaffungskosten	51 120,00 EUR
– Abschreibungen 1. Jahr	4 260,00 EUR
Restbuchwert	46 860,00 EUR
– Abschreibungen 2. Jahr	5 680,00 EUR
Restbuchwert	41 180,00 EUR

  ...

- Das **ISDN-Telefon** ist ein geringwertiges Wirtschaftsgut. Das bedeutet, dass dieses Wirtschaftsgut sofort bei der Anschaffung (am 02.04.20..) als Aufwand über ein geeignetes Aufwandskonto, in diesem Fall das Konto Post, Telefon (6820), „abgeschrieben" werden kann.

Ausgangssituation

Lesen Sie die abgebildeten Seiten und beantworten Sie die folgenden Fragen:

Manuel Belau e. K.
Diplom-Ingenieur

Manuel Belau e. K. · Am Zentrum 2 · 49143 Bissendorf

wwh GmbH
Helene-Weber-Weg 5
33607 Bielefeld

ANGEBOT

Kunden-Nr.: **999-3-3**
Angebots-Nr.: **220**
Bearbeiter: **Duvendack**
Datum: **15.09.20..**

Posten	Bezeichnung	Einheit	Menge	Preis	Gesamt
1	PC 2010	St.	1	1 800,00 Euro	1 800,00 Euro
2	Screen	St.	1	800,00 Euro	800,00 Euro
3	Lautsprecher	Paar	1	30,50 Euro	30,50 Euro
4	Arbeitslohn	Std.	5	120,00 Euro	600,00 Euro

Nettopreis	3 230,50 Euro
+ USt. 19 %	613,80 Euro
Bruttopreis	3 844,30 Euro
+ Frachtkostenpauschale	30,00 Euro
Gesamtpreis	3 874,30 Euro

Dieses Angebot ist gültig bis 15.12.20..

Es gelten unsere Allgemeinen Geschäftsbedingungen.
· Tel.: 05402866952 · Fax: 05402920461 · Mobil: 01609983726 · E-Mail: M. Belau@t-online.de
· Volksbank Bissendorf · BLZ 440 900 00 · Kto.-Nr. 90546454
· Kreissparkasse Osnabrück · BLZ 944 900 00 · Kto.-Nr. 858585

wwh

Gesprächsnotiz

Gespräch geführt am: 20.09...

Firma: M. Belau

Gesprächspartner Herr/Frau Duvendack Telefon: 05402 9992

Inhalt: Bestellung:
1 PC 2010
1 Screen 706540 A
1 Lautsprecher
Arbeitslohn 120 EUR
Frachtkosten entfallen lt.
Absprache mit Herrn Duvendack.
Versand bereits morgen

Zur weiteren Bearbeitung: Vorlage Ende September

Handzeichen: HJ

Wie kommt ein Kaufvertrag zustande?	Ein Kaufvertrag kommt durch mindestens zwei übereinstimmende Willenserklärungen zustande. Die Willenserklärungen nennt man Antrag und Annahme.

Welche Äußerungsformen von Willenserklärungen kennen Sie? **Um welche handelt es sich in dem beschriebenen Fall?**	Willenserklärungen können auf unterschiedliche Art und Weise abgegeben werden: **Ausdrückliches Handeln** Hier eignen sich als Mittel der Willensäußerung die Schrift und die Sprache. *Beispiele: Beim Angebot von Manuel Belau handelt es sich um eine ausdrückliche Willenserklärung. Auch das geführte Telefongespräch am 20.09. zählt zu diesem Punkt.* **Konkludentes/schlüssiges Handeln** Bei dieser Form der Willensäußerung muss der Wille des Handelnden abzuleiten sein. *Beispiele: Der Käufer bestätigt das Angebot eines Verkäufers mit einem Handschlag. Der Verkäufer bestätigt die Bestellung des Kunden mit Kopfnicken. Der Verkäufer liefert die Ware aufgrund einer Bestellung.* **Nichthandeln/Schweigen** Dies gilt nur dann als Willensäußerung, wenn Schweigen als Erklärungszeichen vereinbart wurde oder der abweichende Wille nach Treu und Glauben hätte geäußert werden müssen. *Beispiele: Verkäufer und Käufer vereinbaren beim Kaufgespräch einen Kauf auf Probe mit einer Frist von 14 Tagen. Der Kunde meldet sich nicht innerhalb der vereinbarten Frist.* *Ein Kunde, der regelmäßig Lieferungen vom selben Lieferanten erhält, bekommt versehentlich eine zusätzliche Sendung des Lieferanten. Der Kunde meldet sich nicht. In diesem Fall gilt Schweigen als Willensäußerung und der Kaufvertrag kommt zustande.*

Das Computerangebot vom 15.09.20.. enthält eine Frachtkostenpauschale in Höhe von 30,00 EUR. **Ist eine solche Vereinbarung möglich?**	Grundsätzlich trägt der Käufer die Frachtkosten, da Warenschulden Holschulden sind. Die Vereinbarung einer Pauschale widerspricht nicht gesetzlichen Vorschriften.
Wie lange ist Manuel Belau e. K. an das abgegebene Angebot gebunden?	Der Verkäufer ist bis zum 15.12.20.. an das Angebot gebunden. Bei einer Bestellung nach diesem Termin würde diese als neuer Antrag gelten und der Verkäufer müsste zustimmen, damit ein Kaufvertrag zustande käme.
Nennen Sie die Kaufmannseigenschaften der beteiligten Personen.	▷ Manuel Belau e. K. ist ein Istkaufmann, wenn er einen in kaufmännischer Weise eingerichteten Geschäftsbetrieb führt. Das Unternehmen ist ein Kannkaufmann, wenn es sich um ein Unternehmen handelt, das keinen in kaufmännischer Weise eingerichteten Geschäftsbetrieb benötigt (Kleingewerbe), sich jedoch aufgrund des Eintragungswahlrechts in das Handelsregister A hat eintragen lassen. Damit liegt eine Kaufmannseigenschaft vor. ▷ Die wwh GmbH ist ein Formkaufmann. Hier liegt eine Kaufmannseigenschaft allein schon aufgrund der Rechtsform vor.
Am 23.09.20.. liefert Manuel Belau den PC und den Screen. Der PC-Fuß hat erhebliche Kratzer. **Um welche Kaufvertragsstörungen handelt es sich?**	Es liegt eine Schlechtleistung vor. Beim zerkratzen PC handelt es sich um einen Sachmangel (Qualitätsmangel). Da die Lautsprecher fehlen, liegt auch noch eine Zuwenig-Lieferung (Quantitätsmangel) vor.
Welche Mängel hinsichtlich der Erkennbarkeit kennen Sie? Um welche handelt es sich hier?	▷ Offene Mängel sind sofort erkennbar, wie beim zerkratzen PC und der Zuwenig-Lieferung. ▷ Versteckte Mängel sind nicht sofort erkennbar. ▷ Arglistig verschwiegene Mängel sind dem Verkäufer bekannt und wurden bewusst verschwiegen.
Welche Mängel kennen Sie?	**Sachmängel:** ▷ Mangel in der Beschaffenheit (Qualitätsmangel) ▷ Mangel in der Menge (Quantitätsmangel) ▷ Mangel in der Montageanleitung ▷ Mangel in der Montage ▷ Mangel in der Art (Gattungsmangel) ▷ Mangel in der Werbeaussage/Kennzeichnung Neben den Sachmängeln gibt es auch noch den **Rechtsmangel.**
Welche Rechte können Sie aufgrund der Mängel wahrnehmen?	Vorrangig kann die wwh GmbH das Recht der Nacherfüllung wahrnehmen. Dazu zählen die Nachbesserung oder die Ersatzlieferung. Eine Ersatzlieferung kann Manuel Belau ablehnen, wenn dies nur mit unverhältnismäßig hohen Kosten möglich ist. Erst wenn zwei Nachbesserungen fehlgeschlagen sind, kann auf Neulieferung im Falle dieses Gattungskaufes bestanden werden. Denkbar wäre jedoch auch, dass die wwh GmbH ein nachrangiges Recht wahrnimmt und mit dem Verkäufer eine Minderung des Kaufpreises aufgrund der Kratzer am PC vereinbart. Bei der Minderlieferung hat die wwh GmbH ein Recht auf Lieferung der fehlenden Menge.
Erläutern Sie die Verjährung der Mängelansprüche allgemein. Welcher Verjährungszeitraum liegt in dem beschriebenen Fall vor?	Die Verjährungsfristen sind wie folgt: ▷ Die Gewährleistungsansprüche des Kaufvertrages und des Werkvertrages verjähren nach zwei Jahren. ▷ Bei arglistigem Verschweigen und bei nicht körperlichen Werken gilt die Regelverjährungszeit von drei Jahren. ▷ Für Mängel bei Bauwerken gilt eine Frist von fünf Jahren. ▷ 30 Jahre beträgt die Verjährungsfrist bei Herausgabeansprüchen aus Eigentum und anderen dinglichen Rechten. ▷ Bei dem beschriebenen Fall handelt es sich um einen Kaufvertrag. Die Gewährleistungsansprüche verjähren nach zwei Jahren.
Wer muss im Falle einer Schlechtleistung beweisen, dass Mängel bestehen?	In den ersten sechs Monaten hat der Verkäufer Manuel Belau die Beweislast. Es wird davon ausgegangen, dass der Mangel bereits bei Gefahrübergang bestand. Nach Ablauf der sechs Monate muss der Käufer beweisen, dass der Sachmangel bereits bei Gefahrübergang bestand und nicht erst durch Nutzung oder falsche Behandlung entstanden ist.
Um welche Art von Kaufvertrag handelt es sich **1. aufgrund der beteiligten Personen,** **2. aufgrund der Kaufgegenstände?**	1. Verkäufer ist Manuel Belau e. K. und Käufer die wwh GmbH. Beide Vertragspartner sind Kaufleute. Aus diesem Grund handelt es sich um einen zweiseitigen Handelskauf. 2. Bei den Kaufgegenständen handelt es sich nicht um Spezieswaren, sondern um Gattungswaren. Es handelt sich um einen Gattungskauf.

Ausgangssituation

Für das 25-jährige Jubiläum der wwh GmbH sollen einige Sonderaktionen durchgeführt werden. Für die Vorbereitung und Durchführung ist ein dafür gebildetes „Kreativ-Team 25" zuständig. Dieses Kreativ-Team 25 ist berechtigt, Material in Höhe von 5 000,00 EUR anzufordern.

Die Einkaufsabteilung erhält u. a. folgende Anforderungen zur Konkretisierung der genehmigten Aktionen:

Beleg 1

Kreativ-Team 25

Bitte bestellen Sie

bei der Tischlerei Wilke eine Sperrholz-
kiste – siehe folgende Zeichnung –

Datum: 14.04.20.. Handzeichen: [signature]

Beleg 2

Kreativ-Team 25

Anlage zur Bestellung:

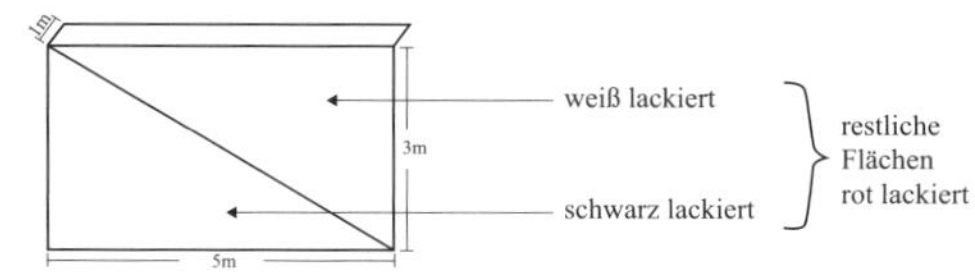

Datum: 14.04.20.. Handzeichen: [signature]

Beleg 3

Kreativ-Team 25

Bitte bestellen Sie

beim Einrichtungshaus Pieper aufgrund des vorliegenden
Gardinenmusters BL 304 30 m – 70 cm breit

Datum: 13.04.20.. Handzeichen: [signature]

Beleg 4

Kreativ-Team 25

Bitte bestellen Sie

beim Gärtner Blattwerk zum 09.09. 100 Sonnenblumen im Keramiktopf
weiß – Ø 15 cm (Bestellnr. KT-15).
Die Lieferung muss an dem Morgen erfolgen.

Datum: 14.04.20.. Handzeichen: [signature]

Lesen Sie die Belege und beantworten Sie die folgenden Fragen.

Aufgrund der Anforderung des Kreativ-Teams 25 (siehe Beleg 1 und Beleg 2) bestellt die Einkaufsabteilung bei der Tischlerei Wilke e. K. in Bünde die farbige Sperrholzkiste am 18.04.20.. schriftlich. Die Tischlerei Wilke e.K. bestätigt am 20.04.20.. die Bestellung telefonisch. Am 24.04.20.. erhält die wwh GmbH eine Auftragsbestätigung. **Ist ein Kaufvertrag zustande gekommen? Begründen Sie Ihre Meinung.**	Der Kaufvertrag ist aufgrund zwei übereinstimmender Willenserklärungen zustande gekommen. Die erste Willenserklärung (Antrag) erfolgte von der wwh GmbH durch die schriftliche Bestellung. Die zweite übereinstimmende Willenserklärung (Annahme) wurde durch die Tischlerei Wilke e. K. per Telefon am 20.04.20.. ausgesprochen. Die schriftliche Auftragsbestätigung hat juristisch keine Bedeutung.

Bei der bestellten Sperrholzkiste handelt es sich um einen Stückkauf oder Spezieskauf. **Erklären Sie diese Kaufvertragsart.**	Handelt es sich bei dem Kaufgegenstand um eine nicht vertretbare Sache, so spricht man von einem Stückkauf oder Spezieskauf. Nicht vertretbare Sachen können nicht durch andere ausgetauscht werden und sind auch nicht nach allgemeinen Gattungsmerkmalen bestimmbar wie die Gattungswaren. Nicht vertretbare Sachen sind einmalig, wie diese nach Sondermaßen angefertigte Sperrholzkiste in den Farben schwarz, weiß und rot.

Um welche Art von Kaufvertrag handelt es sich hinsichtlich der rechtlichen Stellung der Vertragspartner?	Es liegt ein zweiseitiger Handelskauf vor, da beide Vertragspartner (wwh GmbH und Wilke e. K.) Kaufleute sind und als solche handeln.

Die wwh GmbH bestellt beim Einrichtungshaus Pieper GmbH in Rahden 30 m Gardinen lt. vorliegendem Muster. Das Einrichtungshaus Pieper bestätigt die Bestellung eine Woche danach. **Handelt es sich hierbei um einen Kauf** **a. auf Probe,** **b. zur Probe,** **c. nach Probe oder** **d. einen Spezifikationskauf?** **Begründen Sie Ihre Antwort und erklären Sie die nicht zutreffenden Kaufvertragsarten anhand eines von Ihnen gewählten Beispiels.**	**Kauf nach Probe** Bei den bestellten Gardinen handelt es sich um einen Kauf nach Probe (Kauf nach Muster). Die Probe oder auch das Muster sind häufig kostenlos. Folgt eine Bestellung, so muss der Kaufgegenstand der Probe bzw. dem Muster entsprechen, d. h. die Eigenschaften durch die Probe oder das Muster müssen als zugesichert gelten. **Kauf auf Probe** Beim Kauf auf Probe oder auf Besicht kann der Käufer die Ware innerhalb einer vorher vereinbarten Frist zurückgeben. Überschreitet der Käufer diese Frist, so ist der Kaufvertrag durch Schweigen des Käufers zustande gekommen. *Beispiel: Die wwh GmbH darf 14 Tage lang einen neuen Hochleistungskopierer ausprobieren. Bei Nichtgefallen kann die wwh GmbH den Kopierer zurückgeben.* **Kauf zur Probe** Beim Kauf zur Probe wird nur eine geringe Menge gekauft. Dabei handelt es sich um einen Kaufvertrag, der durch zwei übereinstimmende Willenserklärungen zustande gekommen ist. Der Käufer gibt bei Bestellung der kleinen Menge zu erkennen, weitere Bestellungen aufzugeben, wenn die Ware den Erwartungen entspricht. *Beispiel: Die wwh GmbH bestellt 10 unterschiedliche Verpackungseinheiten, um zu testen, ob die Größen für das kommende Weihnachtsgeschäft sinnvoll sind.* **Spezifikationskauf** Der Spezifikationskauf wird auch Bestimmungskauf genannt, weil bei Vertragsabschluss der Käufer und der Verkäufer nur die Menge und die Warenart der Gattungsware festlegen. Der Käufer kann dann innerhalb einer vorher vereinbarten Zeit die zu liefernden Waren näher bestimmen, z. B. nach Form, Farbe, Größe. Versäumt der Käufer die Spezifizierung der vertretbaren Sache innerhalb der Frist, so kann der Verkäufer dem Käufer eine Nachfrist setzen. Ist auch diese verstrichen, so kann der Verkäufer selbst die genaue Bestimmung der Ware vornehmen. *Beispiel: Die wwh GmbH bestellt 200 Gartenlampen mit Fuß, behält sich aber vor, die Farbe nachträglich zu bestimmen.*

Die Einkaufsabteilung setzt sich aufgrund der Anforderung des Kreativ-Teams 25 mit dem einheimischen Gärtner Blattwerk e. K. telefonisch in Verbindung. Die Gärtnerei schickt ein Angebot. **Was sollte die wwh GmbH bei der Bestellung beachten, damit die Blumen mit den Töpfen auch genau am 09.09.20.. geliefert werden?**	Da die Sonnenblumen mit Keramiktopf genau am 09.09.20.. geliefert werden sollen, ist es angebracht, einen Fixkauf zu vereinbaren. Da die Lieferung morgens erfolgen soll, ist z. B. folgende Vereinbarung sinnvoll: „Lieferung der 100 Sonnenblumen am 09.09.20.. bis spätestens 11:00 Uhr.“

Ausgangssituation

In der Debitorenbuchhaltung wurden neue Rollcontainer benötigt. Lesen Sie die folgenden Belege und beantworten Sie die unten stehenden Fragen.

wwh GmbH
Industrie und Handel

wwh GmbH • Helene-Weber-Weg 9 • 33607 Bielefeld

Helene-Weber-Weg 9
33607 Bielefeld

Tel.: 05207 801022
Fax: 05207 801013
Mobil: 0171 302560
E-Mail: wwh@t-online.de

Schrimpex GmbH
Büromöbel
Stiepenweg 54
34414 Warburg

21. September 20..

Bestellung

Sehr geehrter Herr Wolf,

wir bestellen zum nächstmöglichen Liefertermin:

Anzahl	Bezeichnung der Ware	Einzelpreis	Gesamtpreis
2	Rollcontainer – 3er	157,20 EUR	314,40 EUR
2	Rollcontainer mit Hängeregister	186,40 EUR	372,80 EUR
Nettopreis		343,60 EUR	687,20 EUR
Umsatzsteuer			130,57 EUR
Bruttopreis			817,77 EUR

Mit freundlichen Grüßen
wwh GmbH

Hans Meyer
i. A. Hans Meyer

Bankverbindungen			
Sparkasse Bielefeld	BLZ 48050161	Kto.-Nr. 1324565445	Geschäftsführerin: Uta Box
Commerzbank Bielefeld	BLZ 4805388	Kto.-Nr. 5666654511	Sitz und Registergericht
Steuernummer: 458/4575/6555			Bielefeld HR B 1590

wwh

Gesprächsnotiz

Gespräch geführt am: 28.09.

Firma: Schrimpex

Gesprächspartner: Herr Wolf Telefon: 314270

Inhalt:

Anlieferung der Rollcontainer erfolgt am 5.10.

Zur weiteren Bearbeitung: Busch

Handzeichen: KJ

Um welche Art von Kaufvertrag handelt es sich a. aufgrund der beteiligten Personen, b. aufgrund des Kaufgegenstandes?	Zu a. Verkäufer ist die Schrimpex GmbH und Käufer die wwh GmbH. Da es sich in beiden Fällen um eine GmbH handelt, sind beide Unternehmen Formkaufleute (Kaufleute kraft Rechtsform). Aus diesem Grund liegt ein zweiseitiger Handelskauf vor. Zu b. Bei dem Kaufgegenstand handelt es sich um Rollcontainer, die zu den vertretbaren Sachen zählen, da sie nach den allgemeinen Gattungsmerkmalen bestimmbar sind (z. B. Farbe, Gewicht, Zahl, Größe). Es handelt sich demzufolge um einen Gattungskauf.

In den allgemeinen Geschäftsbedingungen der Schrimpex GmbH steht u. a.: „Die Ware bleibt bis zur vollständigen Bezahlung unser Eigentum“. Erklären Sie diese Klausel.	Es handelt sich bei dieser Vereinbarung um den sogenannten „einfachen Eigentumsvorbehalt“, d. h. die wwh GmbH wird erst mit Zahlung des Kaufpreises Eigentümer der Ware.

Welche Rechte hat die Schrimpex GmbH gegenüber der wwh GmbH, wenn die Zahlung des Kaufpreises nicht erfolgt?	Die Schrimpex GmbH hat bei nicht rechtzeitiger Bezahlung oder bei Nichtzahlung des Kaufpreises das Recht, vom Kaufvertrag zurückzutreten und die Herausgabe der Rollcontainer zu verlangen.

Welche Besonderheiten gelten im Fall a. eines Insolvenzverfahrens, b. einer Pfändung?	Zu a. Im Fall eines Insolvenzverfahrens können die Rollcontainer ausgesondert werden. Zu b. Bei einer Pfändung durch den Gerichtsvollzieher kann die Schrimpex GmbH Freigabe durch eine Drittwiderspruchsklage verlangen.

Unter welchen Voraussetzungen erlischt der „einfache Eigentumsvorbehalt"?	Der „einfache Eigentumsvorbehalt" erlischt, ▷ wenn die wwh GmbH den Kaufpreis an die Schrimpex GmbH bezahlt, ▷ wenn die Ware an einen gutgläubigen Dritten weiterverkauft wurde, ▷ wenn die Ware vernichtet (verbraucht, verarbeitet) oder mit einer unbeweglichen Sache verbunden wurde.
Um welche Art von Eigentumsvorbehalt handelt es sich, wenn in den allgemeinen Geschäftsbedingungen der folgende Satz steht: „Die aus dem Weiterverkauf entstehende Forderung wird an uns abgetreten."?	Hierbei handelt es sich um den sogenannten „erweiterten Eigentumsvorbehalt". Neben dem Eigentumsvorbehalt wird auch noch die Forderungsabtretung (Zession) vereinbart.
Die Überweisung für die vier Rollcontainer an den Lieferer wurde versehentlich nicht erledigt. Am 15.01. des folgenden Jahres mahnt der Lieferer den Rechnungsbetrag für die vier Rollcontainer an und bittet um sofortige Überweisung der Summe. **Befindet sich die wwh GmbH in Verzug?**	Aufgrund der Nicht-Rechtzeitig-Zahlung und der Mahnung am 15.01. befindet sich die wwh GmbH in Verzug.
Handelt es sich bei der Mahnung der Schrimpex GmbH um eine Unterbrechung der Verjährung?	Eine Mahnung führt nicht zu einer Unterbrechung der Verjährung.
Welche Möglichkeiten haben der Verkäufer und der Käufer, damit die Verjährung wieder von Neuem zu laufen beginnt?	Der **Verkäufer** hat folgende Möglichkeit: ▷ Antrag auf Vornahme einer gerichtlichen Vollstreckungshandlung Der **Käufer** erreicht den Neubeginn der Verjährung durch Schuldanerkenntnishandlungen: ▷ Abschlagszahlung ▷ Sicherheitsleistung ▷ Zinszahlung ▷ Stundungsgesuch
Wann ist die Forderung des Lieferanten an die wwh GmbH verjährt? Begründen Sie Ihre Antwort.	Die Forderung verjährt nach drei Jahren. Begründung: Es handelt sich um zwei Kaufleute (wwh GmbH und die Schrimpex GmbH), für die die verkürzte Verjährungsfrist von drei Jahren Gültigkeit hat. Die verkürzten Verjährungsfristen beginnen mit Ablauf des Jahres, in dem die Forderung entstanden ist. Die Forderung entstand am 16.05. – Beginn der Verjährung: 31.12./Ende der Verjährung: + drei Jahre.
Erklären Sie den Unterschied zwischen Neubeginn und Hemmung der Verjährung.	Neubeginn: Die Verjährung beginnt mit dem Datum der Handlung von Neuem. Hemmung: Die Verjährung wird um den Zeitraum der Hemmung verlängert.
Nennen Sie Möglichkeiten, die zu einer Hemmung führen.	Gründe für die Hemmung der Verjährung sind: ▷ schwebende Verhandlungen über den Anspruch ▷ Rechtsverfolgung/Erhebung der Klage/Zustellung des Mahnbescheids/Bekanntgabe des Güteantrags/Geltendmachung der Aufrechnung des Anspruchs ▷ Leistungsverweigerungsrecht ▷ höhere Gewalt ▷ familiäre Gründe
Unter welchen Bedingungen kann die wwh GmbH die „Einrede der Verjährung" geltend machen?	Nach Ablauf des gesetzlich definierten Zeitraumes verliert die Schrimpex GmbH die Möglichkeit, den Anspruch gerichtlich durchzusetzen. Die wwh GmbH kann dann die Zahlung verweigern mit der Begründung der „Einrede der Verjährung".
Überprüfen Sie, ob die Verjährung einer Forderung auch gleichzeitig den Untergang der Forderung bewirkt.	Die Verjährung bewirkt nicht den Untergang des Anspruchs, jedoch kann die wwh GmbH die Zahlung verweigern. Somit kann die Schrimpex GmbH nicht mehr gerichtlich gegen die wwh GmbH vorgehen, weil die sogenannte „Einrede der Verjährung" geltend gemacht werden kann.

Ausgangssituation

Lesen Sie die beiden Schriftstücke und bearbeiten Sie die folgenden Fragen.

Gesprächsnotiz

Gespräch geführt am: 01.06.

Firma: Knörk, Münster

Gesprächspartner: Herr Knörk Telefon: -104

Inhalt: Gummisonderleitungen lieferbar –
gelb – 3adrig – siehe Katalog S. 15
Firmenaufdruck ab 10 Stück
Preis 87,50 EUR netto je Stück

Zur weiteren Bearbeitung: 10 Stück bestellen

Handzeichen: Hp

---

wwh GmbH
Industrie und Handel

wwh GmbH • Helene-Weber-Weg 9 • 33607 Bielefeld

Helene-Weber-Weg 9
33607 Bielefeld

Tel.: 05207 801022
Fax: 05207 801013
Mobil: 0171 302560
E-Mail: wwh@t-online.de

Peter Knörk Haustechnik GmbH
Landwehrstraße 22
58159 Münster

Bielefeld, 05.06.20..

Bestellung

Sehr geehrter Herr Knörk,

aufgrund unseres Gespräches vom 01.06.20.. bestellen wir:

10 Gummi-Sonderleitungen – Signalfarbe gelb — 87,50 EUR pro Stück netto
Prüfkennfaden innenliegend
Verzinnte Innenadern
Länge: 10 m
Angespritzter Schutzkontaktstecker bei 3-adriger Leitung

Besonderheit:
Firmenaufdruck (Name – Straße – Ort – Telefonnummer – siehe Anlage)
Der Aufdruck ist wischfest, auch bei Kontakt mit Chemikalien.

Mit freundlichen Grüßen
wwh GmbH

Lutz Hoppe

Lutz Hoppe

Bankverbindungen
Sparkasse Bielefeld BLZ 48050161 Kto.-Nr. 1324565445 Geschätsführerin: Uta Box
Commerzbank Bielefeld BLZ 4805388 Kto.-Nr. 5666654511 Sitz und Registergericht
Steuernummer: 458/4575/6555 Bielefeld HR B 1590

Die Peter Knörk Haustechnik GmbH schickt am 12.6.20.. die Auftragsbestätigung zur Bestellung. **Wann ist der Kaufvertrag zustande gekommen? Begründen Sie Ihre Entscheidung.**	Nach der speziellen Anfrage vom 01.06.20.. bei der Peter Knörk Haustechnik GmbH erfolgte die erste verbindliche Willenserklärung der wwh GmbH mit der schriftlichen Bestellung vom 05.06.20... Aufgrund der Auftragsbestätigung vom 12.06.20.. kommt der Kaufvertrag zustande, da eine übereinstimmende Willenserklärung von der Peter Knörk Haustechnik GmbH erfolgte.

Erläutern Sie die rechtliche Bedeutung und Form der Bestellungsannahme.	**Rechtliche Bedeutung:** Die Bestellungsannahme, auch Auftragsbestätigung genannt, ist eine Willenserklärung des Verkäufers, Ware zu bestimmten Bedingungen zu liefern. Erfolgte eine Bestellung ohne ein vorheriges verbindliches Angebot des Verkäufers (wie im Ausgangsfall), so ist die Bestellungsannahme notwendig, damit ein Kaufvertrag zustandekommt (1. Willenserklärung: Bestellung; 2. Willenserklärung: Bestellungsannahme). Eine Bestellungsannahme ist rechtlich nicht erforderlich, wenn die Bestellung aufgrund eines gültigen Angebotes erfolgte (1. Willenserklärung: Angebot; 2. Willenserklärung: Bestellung). **Form:** Die Bestellungsannahme kann formlos erteilt werden. Um jedoch einen möglichen Irrtum auszuschließen, sollte die Bestellungsannahme schriftlich durch Brief, Fax, E-Mail, standardisierte Auftragsbestätigung oder durch konkludentes Handeln (Lieferung der Ware) erfolgen.

Am 26.06.20.. sind die zehn Gummi-Sonderleitungen mit Firmenaufdruck noch nicht geliefert worden. **Welche Maßnahmen schlagen Sie vor?**	In der Bestellung wurde kein Liefertermin bestimmt, sodass die Peter Knörk Haustechnik GmbH erst mit Mahnung in Verzug kommt. Gleichzeitig mit der Mahnung sollte auf die Dringlichkeit der Lieferung hingewiesen werden und ein Termin, z. B. bis zum 04.07.20.. für die Lieferung der Ware gesetzt werden.
Welche Rechte hat die wwh GmbH, wenn die Peter Knörk Haustechnik GmbH nach Fälligkeit der Lieferung nicht rechtzeitig liefert?	Die wwh GmbH hat folgende Rechte: ▷ Erfüllung des Vertrages (Lieferung der Gummi-Sonderleitungen) ▷ Erfüllung und Berechnung eines Verzugsschadens (Verzögerungsschadens) ▷ Rücktritt und/oder Schadenersatz statt Leistung oder ▷ Ersatz vergeblicher Aufwendungen
Nennen Sie zwei betriebswirtschaftliche Gründe, warum die wwh GmbH nach Mahnung und einer angemessenen Nachfristsetzung weiterhin auf Erfüllung des Vertrages besteht.	Weiterhin auf Lieferung zu bestehen ist sinnvoll, wenn 1. die Gummi-Sonderleitungen mit Firmenaufdruck bei anderen Lieferern nicht zu erhalten sind, 2. die Ware bei anderen Anbietern teurer ist.
Nennen Sie zwei betriebswirtschaftliche Gründe, warum die wwh GmbH nach Mahnung und einer Fristsetzung Schadenersatz statt Leistung verlangt.	Schadenersatz statt Erfüllung zu verlangen ist dann sinnvoll, wenn die wwh GmbH 1. die Ware bei einem anderen Lieferanten zu einem höheren Preis einkaufen muss. Der durch diesen Deckungskauf entstandene Schaden ist ein konkreter Schaden. 2. ein lohnendes Geschäft nicht durchführen konnte. Dies ist ein abstrakter Schaden.
Nennen Sie zwei betriebswirtschaftliche Gründe, warum die wwh GmbH nach Mahnung und einer angemessenen Nachfristsetzung Rücktritt vom Kaufvertrag verlangt.	Das Bestehen auf Nichtlieferung der Ware ist sinnvoll, wenn 1. die Ware von Mitanbietern günstiger oder preiswerter geliefert werden kann, 2. die Ware nicht mehr benötigt wird.
Anfang Juli erfolgt die Lieferung der Peter Knörk Haustechnik GmbH an die wwh GmbH. Bei Eingangskontrolle wird Folgendes festgestellt: Geliefert wurden neun Gummi-Sonderleitungen, fünf mit Firmenaufdruck, der Rest ohne. **Welche Mängel liegen vor? Welche Rechte nehmen Sie wahr?**	Es handelt sich bei der Zuweniglieferung um einen Quantitätsmangel. Die wwh GmbH hat das Recht auf Lieferung einer weiteren Gummi-Sonderleitung mit Firmenaufdruck, da zehn bestellt und nur neun geliefert wurden. Des Weiteren handelt es sich um einen Qualitätsmangel, da bei vier Gummi-Sonderleitungen der vereinbarte Firmenaufdruck fehlt. Die wwh GmbH kann aufgrund der Schlechtleistung Nacherfüllung verlangen, d. h., der Firmenaufdruck wird nachträglich angebracht (Nachbesserung). Der Verkäufer kann jedoch die gewählte Form der Nacherfüllung verweigern, wenn diese nur mit unverhältnismäßig hohen Kosten verbunden ist. In diesem Fall kann die Knörk Haustechnik GmbH auch eine Ersatzlieferung schicken.
Die Knörk Haustechnik GmbH schickt aufgrund der Mängelrüge Ende Juli fünf neue Gummi-Sonderleitungen mit Firmenaufdruck. Nach dem ersten Gebrauch Ende August ist der Firmenaufdruck nicht mehr zu erkennen, weil teilweise die Schriftzüge verwischt sind. **Wer muss den Mangel beweisen?**	Die gesetzlichen Gewährleistungsfristen sind einzelvertraglich nicht verkürzt worden. Da der Mangel am Kaufgegenstand innerhalb von sechs Monaten auftrat, muss der Verkäufer beweisen, dass er den Mangel nicht zu vertreten hat. Die wwh GmbH ist von der Beweislast entbunden. Nach Ablauf von sechs Monaten tritt die Beweislastumkehr ein und der Käufer muss beweisen, dass der Mangel bereits bei Gefahrübergang bestand.
Erläutern Sie die Verjährung der Mängelansprüche.	Die kauf- und werkvertraglichen Gewährleistungsansprüche verjähren nach zwei Jahren. Nur bei arglistigem Verschweigen des Mangels gilt die Regelverjährungszeit von drei Jahren.

Ausgangssituation

In der Mittagspause der wwh GmbH legt die Auszubildene Christina Eckberg ihrem Kollegen Stefan Fietzek die folgende Grafik auf den Tisch und sagt: Wir nehmen gerade in der Berufsschule die „Unternehmenskommunikation" durch. Was da alles darunter zusammengefasst wird?!? Da kommt man ganz schön ins Schleudern. Ich versteh' ja noch nicht mal die Begriffe hier auf dieser Grafik. Kannst du mir die mal erklären?"

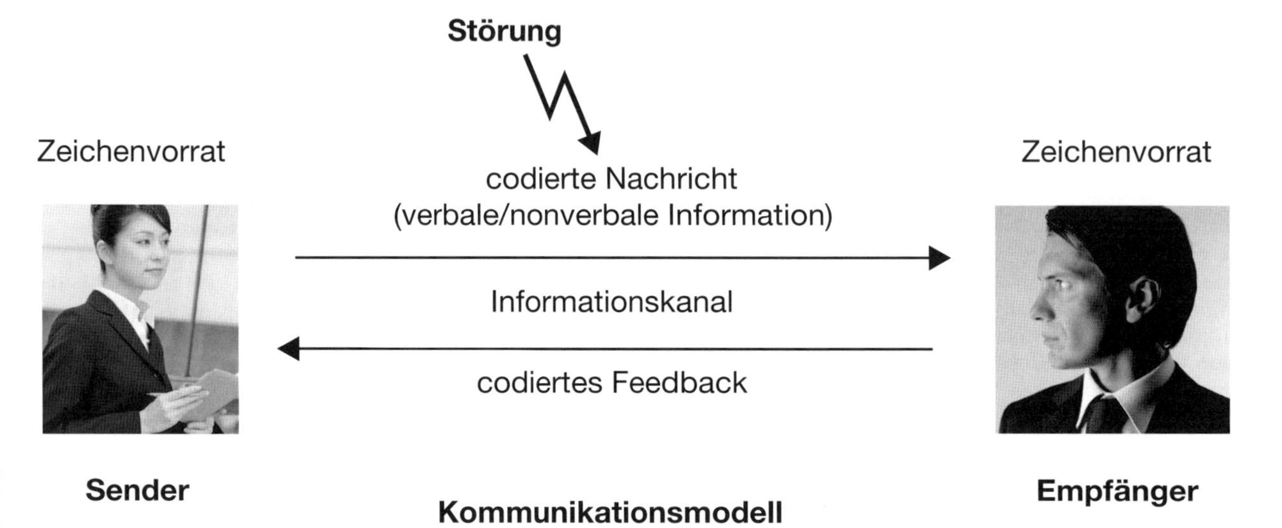

Kommunikationsmodell

Helfen Sie Christina und beschreiben Sie, was unter den Begriffen
– Kommunikation,
– Nachricht,
– Daten und
– Information
zu verstehen ist.

Grenzen Sie diese Begriffe voneinander ab.

- **Kommunikation**: Das abgebildete Sender-Empfänger-Modell der Kommunikation beschreibt Kommunikation als Übertragung einer Nachricht von einem Sender zu einem Empfänger. Dazu wird die Nachricht codiert und als Signal über einen Übertragungskanal übermittelt. Die Nachricht kann durch Störungen verfälscht werden. Eine Voraussetzung für die erfolgreiche Kommunikation ist, dass Sender und Empfänger die gleiche Kodierung verwenden.
- Eine **Nachricht** ist eine zusammenhängende sinnvolle Kombination von Daten.
- **Daten** sind Beschreibungen von Personen, Sachen und Sachverhalten, z.B. kann eine Person durch Name, Größe, Geburtsdatum, eine Sache hingegen durch Artikelnummer, Farbe, Gewicht und ein Sachverhalt schließlich durch Datum, Art, Umfang beschrieben werden.
- **Informationen** bestehen aus Nachrichten, die für den Empfänger eine ziel- oder zweckorientierte Aussage darstellen bzw. durch den Bedeutungsinhalt, den der Empfänger ihnen beimisst.

Beispiel:
Wenn Frau Gerber aus der Buchhaltung (Sender) Herrn Friedel aus dem Einkauf (Empfänger) eine Liste (Nachricht) der mit einem Lieferanten getätigten Umsätze (Ansammlung von Daten) per E-Mail (Kanal) schickt, dann ist diese Liste in Buchstaben und Zahlen verfasst (Code) und stellt für Herrn Friedel eine Information dar, weil er diese Liste zuvor angefordert hat und mit dem Lieferanten abstimmen will.

Kommunikation kann auf verschiedene Arten stattfinden.

Für welchen Zweck eignet sich welche Kommunikationsart?

Unterschieden werden die mündliche und die schriftliche Kommunikation.
- **Mündlich:** Das Gespräch (zwischen zwei oder mehreren Personen) eignet sich immer dann, wenn innerhalb eines begrenzten Zeitraums komplexe Informationen ausgetauscht werden sollen, sei es, um eine möglichst hohe Informationsdichte zu erreichen oder um sein Gegenüber zu überzeugen bzw. zu beeinflussen. Innerhalb des Gesprächs ist allerdings zu beachten, dass es verbale und nonverbale Kommunikation gibt. Der Empfänger hört den Sender und ergänzend erhält er über die Mimik und Gestik zusätzliche Signale, die die Nachricht verständlicher machen können oder sollen.
  Beispiel: Eine Verhandlung zwischen Arbeitgeber und Betriebsrat, ein Verkaufsgespräch oder ein Beurteilungsgespräch
- **Schriftlich:** Jede Nachricht, die ohne direktes Feedback (Rückmeldung) auskommt, kann schriftlich übermittelt werden. Das gilt insbesondere für Zahlen, Listen, Zeichnungen, Zahl-Schrift-Kombinationen (z.B. Bestellungen) und Nachrichten, die möglichst präzise weitervermittelt werden müssen (z.B. Verträge, Urteile). Ferner eignet sich die schriftliche Übermittlung für alle Nachrichten, die von einem Sender an viele Empfänger geht (z.B. Mitarbeiterbrief).

Welche Kommunikationsbeziehungen müssen bei der wwh GmbH beachtet werden?	Das Kommunikationsmanagement innerhalb der wwh GmbH hat die Aufgabe, dass alle Beteiligten innerhalb und außerhalb des Unternehmens die Informationen erhal-ten, die für eine erfolgreiche Aufgabenerledigung notwendig sind. Außerhalb der wwh GmbH sind folgende Kommunikationspartner zu bedenken: – Lieferanten (z.B. Anfragen, Bestellungen, Reklamationen) – Kunden (z.B. Angebote, Rechnungen, Mahnungen) – Behörden (z.B. (Bescheide, statistische Meldungen, Einsprüche) – Verbände (z.B. Informationsmaterial, Meldungen) – Berater (z.B. Steuererklärung, Klagen, Gutachten) Innerhalb der wwh GmbH sind komplexe Kommunikationsstrukturen zu bewältigen: – Anweisungen (z.B. Arbeitspläne, Arbeitsanweisungen, Bedienungsanleitungen) – Rückmeldungen (z.B. Vollzugsmeldungen, Bereitstellungsmitteilungen) – Hinweise (z.B. Interne Mitteilungen, Aktennotizen) – Berichte (z.B. Monatsbericht, Bilanzen, Listen) – Statistiken (z.B. Absatz- und Umsatzstatistik, Reklamationsstatistik) – Buchungen (z.B. Debitoren, Kreditoren, Material- oder Anlagenbuchungen)
Auf welchen Wegen kann die Kommunikation innerhalb und außerhalb stattfinden?	Mündlich lassen sich zwei Kommunikationswege unterscheiden: ▷ Direkte Kommunikation zwischen den Kommunikationspartnern kann erfolgen: im Gespräch, in einer Konferenz, im Meeting (zumeist unkonventionelles Treffen), in einem Briefing (Unterweisung, Instruktion), in einem Seminar oder einer Tagung. ▷ Indirekt, d.h. die Kommunikationspartner sind räumlich getrennt, kommunizieren gleichwohl mündlich miteinander: Telefon (Festnetz, Mobiltelefon), Gegensprechanlage, Voice over IP (Telefon per Internet). Schriftlich lassen sich folgende Kanäle für die Informationsübertragung nutzen: Interne Mitteilung, E-Mail, Brief, Schwarzes Brett, Rundschreiben, Fax.
Welche Kommunikationsstörungen sind denkbar und können die beabsichtigte Wirkung der Kommunikation verhindern?	▷ Verständnisfehler: Die zwischenmenschliche Kommunikation findet zumeist auf mehreren Ebenen statt. Man kann deshalb einer übermittelten Nachricht in der zwischenmenschlichen Kommunikation mehrere Bedeutungen zuordnen. ▷ Übermittlungsfehler: Aufgrund von Empfangsstörungen versteht ein Telefonteilnehmer einen anderen als den genannten Preis. ▷ Technische Störungen: Ein Fax oder eine E-Mail wird nicht übermittelt oder kommt „zerstückelt" an. ▷ Fehlende Information: Eine interne Mitteilung wird nicht oder zu spät an einen Mitarbeiter verteilt. ▷ Unbeabsichtigte Information: Ein Kunde bekommt ein Angebot, das für einen anderen Kunden mit besseren Konditionen kalkuliert war. ▷ Fehlinformation: Ein Verkäufer erhält eine veraltete Preisliste übermittelt. ▷ Manipulationen von Informationen: Ein Gesprächsprotokoll wird „geschönt". ▷ Vertraulichkeit wird nicht gewahrt: Ein Personalsachbearbeiter spricht über Gehälter. ▷ Ausstattung: technisch veraltete oder fehlerhafte EDV- oder Kommunikationssysteme
Wie lassen sich Kommunikationsstörungen verringern?	Zur Verringerung von Störungen bei mündlicher Kommunikation: ▷ aktiv Zuhören und Rückmeldung geben, ob man etwas verstanden hat ▷ Interessen offen legen, um verdeckte Störungen zu verhindern ▷ Kernaussagen zusammenfassen und – sofern möglich – visualisieren ▷ Verständnis für das Gesprächsgegenüber Zur Vermeidung von Störungen bei anderen Kommunikationskanälen: ▷ technische Voraussetzungen anpassen und sicherstellen ▷ Verteiler überprüfen ▷ Nachrichten nach sehr wichtig, wichtig und unwichtig klassifizieren ▷ Empfangsbestätigungen per E-Mail oder SMS einfordern und vermerken ▷ Informationen zeitgerecht bereitstellen und verteilen

Ausgangssituation

Die wwh GmbH hat im vergangenen Monat zwei neue LKW angeschafft, die sowohl für Fahrten zu Kunden als auch zu Lieferanten eingesetzt werden sollen. Die LKW werden von wechselnden Personen, insbesondere Mitarbeitern aus dem Versand und dem Wareneingangslager genutzt. Neben den neuen LKW existieren im Unternehmen noch zwei ältere LKW sowie drei PKW, die ebenfalls von verschiedenen Personen genutzt werden.

Die Geschäftsleitung hat angemerkt, dass die nunmehr sieben Fahrzeuge möglichst ordnungsgemäß verwaltet werden sollten. Insbesondere wird angeregt,
- *die Daten der Fahrzeuge und der Fahrer systematisch zu erfassen,*
- *ein Fahrtenbuch zu führen mit Informationen über Datum, Zeit, Fahrt, Zweck, Fahrer und gefahrene Kilometer,*
- *monatliche Auswertungen über den Verbrauch und die Kosten der Fahrzeuge zu erstellen,*
- *soweit möglich, darüber grafische Darstellungen anzufertigen.*

Da für die Verwaltung eines so kleinen Fuhrparks die Anschaffung einer speziellen Verwaltungssoftware zu aufwendig wäre, bittet Sie der Leiter der Abteilung Verwaltung, auf die bestehende Standard-Software zurückzugreifen und entsprechende Vorschläge zu machen, wie mit den einzelnen Programmteilen die genannten Informationsbedürfnisse zufrieden gestellt werden können.

Welche Informationen können in Zusam-menhang mit dem Fuhrpark der wwh GmbH in einem Standard-Datenbankprogramm erfasst werden?

Es bietet sich an, in einem Datenbankprogramm die normalisierten Daten
- ▷ der Fahrzeuge sowie
- ▷ der Fahrer und ggf.
- ▷ die Touren

zu erfassen, um diese für die einzelnen Fahrten miteinander zu verbinden.

Beispiel:
Entwurfsansicht für die Gestaltung des Datenblatts der Fahrzeuge:

Feldname	Felddatentyp	Feldlänge	Bemerkungen
KFZ-Kennzeichen	Text	10	
Fahrzeugmarke	Text	15	
Fahrzeugtyp	Text	15	
Fahrgestell-Nr.	Text	20	
Anschaffungsdatum	Datum	8	
Anschaffungskosten	Währung	8	
Leasingrate	Währung	8	
Versicherung	Text	15	
Versicherungs-Nr.	Text	15	
Verbrauchsart	Assistent	6	

Auf die gleiche Weise ließen sich die Standarddaten, die immer wieder benötigt werden, in Dateien im Rahmen der Datenbank „Fuhrpark“ erfassen, um sie an-schließend für Auswertungen miteinander zu verbinden.

Welche Möglichkeiten sehen Sie, in diesem Zusammenhang eine Präsentation zu erstellen? Geben Sie ein Beispiel.

Präsentationen bieten mit den Möglichkeiten der Schrift-Bild-Ton-Kombination die Gewähr für eine möglichst hohe Aufmerksamkeit bei den Adressaten. In diesem Fall wären folgende Einsatzmöglichkeiten denkbar:

- Im Zusammenhang mit der Neuanschaffung der Fahrzeuge könnte eine Präsentation für die Schulung der Fahrer auf die neuen Fahrzeuge eingesetzt werden. Besonderheiten der Bedienung werden so in einer Schulung zeitsparend dem gesamten Kreis der möglichen Fahrer vermittelt.
- Um die Touren möglichst energiesparend durchführen zu können, könnte eine weitere Schulung der Fahrer mithilfe einer Präsentation darin bestehen, die Tipps und Tricks für Kraftstoff sparendes Fahrverhalten zu vermitteln sowie mögliche Vorzüge für die Fahrer (Prämien u. Ä.).
- Eine weitere Einsatzmöglichkeit besteht darin, der Geschäftsleitung nach Ablauf einer Abrechnungsperiode (Quartal, Jahr) die Auswirkungen der Anschaffung der Fahrzeuge in Bezug auf Kosten, Verbräuche, gefahrene Km-Leistung, Zufriedenheit der Fahrer mit den neuen Fahrzeugen zu vermitteln.

Machen Sie einen Vorschlag, wie mit Hilfe eines Textverarbeitungsprogramms das Formular für ein Fahrtenbuch erstellt werden kann.

Unter Verwendung der Tabellenfunktionen eines Textverarbeitungsprogramms könnte ein Formblatt als Vordruck generiert werden, das nach Vervielfältigung in eine Mappe in jedes Fahrzeug gelegt wird.

Außerdem sollte per Textverarbeitung eine Arbeitsanweisung für alle Nutzer des PKW geschrieben werden, die ebenfalls in das Fahrtenbuch eingeheftet wird.

Fahrtenbuch für Fahrzeug: BI-JK 45	Seite:	– 8 –

Datum	**Zeit**	**von**	**nach**	**Zweck**	**Fahrer**	**km**	**km Ende**
16.9.	14:00	Bielefeld	Hannover	Abholung von Waren	Meier	200	32.600

Bei Bedarf könnten hier noch weitere Spalten angefügt werden, z.B.
- verauslagte Kosten, Zweck,
- EUR,
- Bemerkungen,
- Hinweise für Folgefahrer.

Erstellen Sie für die sieben Fahrzeuge eine Tabelle, mit der die gewünschten Kilometer- und Kostendaten insgesamt und durchschnittlich monatlich dargestellt werden können.

Auswertung Fuhrpark Monat: Mai

Fahrzeug	**Gefahrene Kilometer**			**Treibstoff-Verbrauch**	**Verbrauch l/100 km**	**Betriebskosten ges.**	**Kosten je km**
	Gesamt	**Vertrieb**	**Lager**				
LKW 1	2.500	1.200	1.300	635	25,4	2.175	0,87
LKW 2	3.000	500	2.500	567	18,9	1.920	0,64
LKW 3	3.500	1.600	1.900	605,5	17,3	2.625	0,75
LKW 4	1.500	500	1.000	318	21,2	1.545	1,03
Summe	**10.500**	**3.800**	**6.700**	**2.125,5**	**20,2**	**8.265**	**0,79**
in Prozent	100%	36%	64%				
PKW 1	3.600	3.000	600	340	9,4	2.196	0,61
PKW 2	2.800	2.300	500	240	8,6	1.512	0,54
PKW 3	4.200	2.200	2.000	315	7,5	1.806	0,43
Summe	**10.600**	**7.500**	**3.100**	**895**	**8,4**	**5.514**	**0,52**
in Prozent	100%	71%	29%				
Gesamt	**21.100**	**11.300**	**9.800**	**3.020,5**		**13.779**	**0,653**

Geben Sie zwei Beispiele für grafische Darstellungen, die sich aus der zuvor erstellten Tabelle ableiten ließen.

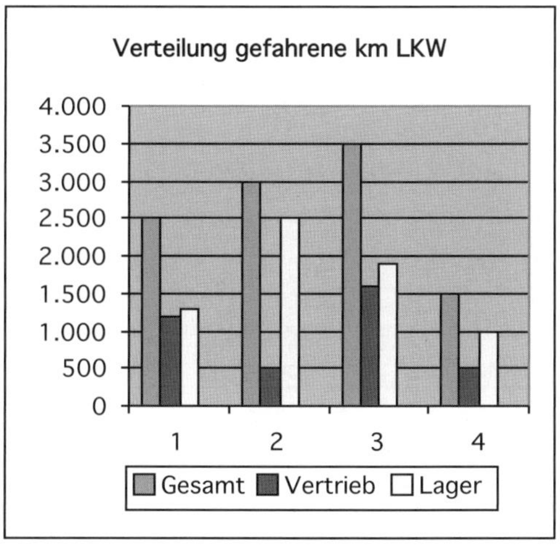

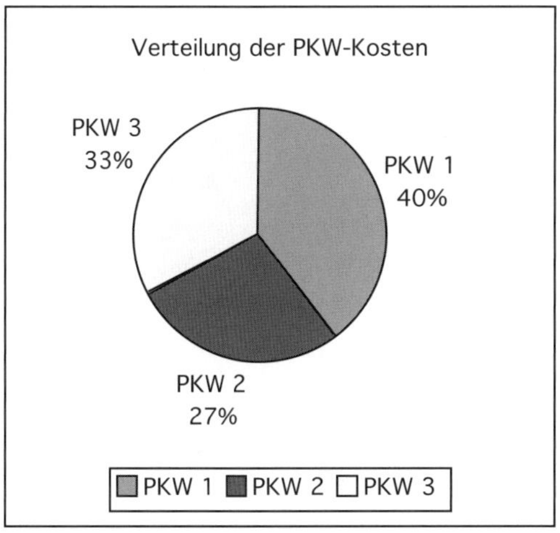

Ausgangssituation

Die wwh GmbH plant ab dem kommenden Quartal die Produktion einer Lichterkette mit einer 4-Farb-Auswahl. Am Markt soll ein Preis in Höhe von 60,00 EUR erzielt werden. Die variablen Kosten pro Stück werden mit 40,00 EUR kalkuliert und die fixen Gesamtkosten betragen 8 000,00 EUR.

Nehmen Sie die folgenden Berechnungen mit Excel vor.

Erfassen Sie die Daten in einer Tabelle.

Wie hoch ist der Deckungsbeitrag pro Stück?

Wie hoch sind die Erlöse, Fixkosten, variablen Kosten, Gesamtkosten bei einer Absatzmenge von 0, 100, 200, 300, 400, 500, 600, 700, 800?

Stellen Sie die Lösung grafisch dar.

Der Deckungsbeitrag pro Stück beträgt 20,00 EUR.

	A	B	C	D	E	F
1						
2		Preis pro Stück	60,00			
3		Variable Kosten pro Stück	40,00			
4		Fixe Gesamtkosten	8 000,00			
5		Deckungsbeitrag pro Stück	20,00			
6						
7		**Absatzmenge**	**Erlöse**	**Fixkosten**	**variable Kosten**	**Gesamtkosten**
8		0	0,00	8 000,00	0,00	8 000,00
9		100	6 000,00	8 000,00	4 000,00	12 000,00
10		200	12 000,00	8 000,00	8 000,00	16 000,00
11		300	18 000,00	8 000,00	12 000,00	20 000,00
12		400	24 000,00	8 000,00	16 000,00	24 000,00
13		500	30 000,00	8 000,00	20 000,00	28 000,00
14		600	36 000,00	8 000,00	24 000,00	32 000,00
15		700	42 000,00	8 000,00	28 000,00	36 000,00
16		800	48 000,00	8 000,00	32 000,00	40 000,00
17						
18		**Break-even-Point**	**400**	Stück		
19						
20						
21		Grafische Lösung: Break-even-Point				

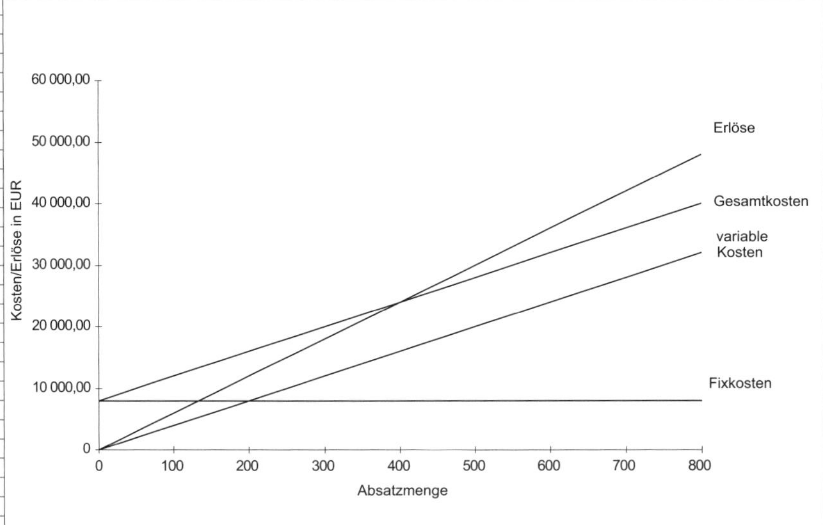

Formeln sichtbar:

	A	B	C	D	E	F
1						
2		Preis pro Stück	60,00			
3		Variable Kosten pro Stück	40,00			
4		Fixe Gesamtkosten	8 000,00			
5		Deckungsbeitrag pro Stück	=C2-C3			
6						
7		**Absatzmenge**	**Erlöse**	**Fixkosten**	**variable Kosten**	**Gesamtkosten**
8		0	=B8*$C$2	=$C$4	=B8*$C$3	=SUMME(D8:E8)
9		=B8+100	=B9*$C$2	=$C$4	=B9*$C$3	=SUMME(D9:E9)
10		=B9+100	=B10*$C$2	=$C$4	=B10*$C$3	=SUMME(D10:E10)
11		=B10+100	=B11*$C$2	=$C$4	=B11*$C$3	=SUMME(D11:E11)
12		=B11+100	=B12*$C$2	=$C$4	=B12*$C$3	=SUMME(D12:E12)
13		=B12+100	=B13*$C$2	=$C$4	=B13*$C$3	=SUMME(D13:E13)
14		=B13+100	=B14*$C$2	=$C$4	=B14*$C$3	=SUMME(D14:E14)
15		=B14+100	=B15*$C$2	=$C$4	=B15*$C$3	=SUMME(D15:E15)
16		=B15+100	=B16*$C$2	=$C$4	=B16*$C$3	=SUMME(D16:E16)
17						
18		**Break-even-Point**	**=C4/(C2-C3)**	Stück		

Welche Bedeutung hat der Break-even-Point?

Der Break-even-Point oder die Gewinnschwelle ist der Punkt, an dem die Kosten und die Erlöse gleich hoch sind. Bei Erreichen dieses Umsatzes wird weder ein Gewinn noch ein Verlust erwirtschaftet. Der Deckungsbeitrag aller abgesetzten Produkte entspricht den Fixkosten. Wenn die wwh GmbH mehr als 400 Stück verkauft, erzielt sie einen Gewinn.

Ermitteln Sie rechnerisch den Break-even-Point.

k_v = variable Stückkosten — x = Absatzmenge

K_f = Fixkosten — x_G = Gewinnschwelle

p = Preis pro Produkteinheit — db = Deckungsbeitrag

Gleichung:

$K(x) = k_v \cdot x + K_f$ (Kostenfunktion)

$E(x) = p \cdot x$ (Erlösfunktion)

$$x_G = \frac{K_f}{p - k_v} = \frac{K_f}{db}$$

Berechnung:

$$x_G = \frac{8\,000}{60 - 40} = 400 \text{ Stück}$$

Erstellen Sie eine Berechnung für acht Lichterketten/4-Farb-Auswahl und berücksichtigen Sie dabei folgende Bedingungen/Angaben:

Text „Rechnung" erfassen
- fett formatieren
- Schriftgröße 10

Aktuelles Datum einfügen

Übersichtliche Tabelle erstellen:
- Menge
- Einzelpreis wie geplant einsetzen
- Gesamtpreis ermitteln

Frachtanteil berechnen:
- bis 10 Lichterketten 30,00 EUR netto
- mehr als 10 Lichterketten „frei Haus"

19 % Umsatzsteuer berücksichtigen

Gesamtpreis ermitteln

	A	B	C	D	E
1		**Rechnung**			15.06.20..
2					
3		Menge	Produkt	Einzelpreis	Gesamtpreis
4		8	Lichterkette/4-Farb-Auswahl	60,00 EUR	480,00 EUR
5					
6		Frachtkosten			30,00 EUR
7		Nettopreis			510,00 EUR
8		+ 19 % USt.			96,90 EUR
9		Bruttopreis			606,90 EUR

Formeln sichtbar:

	A	B	C	D	E
1		**Rechnung**			=HEUTE()
2					
3		Menge	Produkt	Einzelpreis	Gesamtpreis
4		8	Lichterkette/4-Farb-Auswahl	60	=D4*B4
5					
6		Frachtkosten			=WENN(B4<10;30;"0,00EUR")
7		Nettopreis			=SUMME(E4:E6)
8		+ 19 % USt.			=E7*0,19
9		Bruttopreis			=SUMME(E7:E8)

Verändern Sie die Rechnung. Die bestellte Menge beträgt 14 Lichterketten/4-Farb-Auswahl.

	A	B	C	D	E
1		**Rechnung**			15.06.20..
2					
3		Menge	Produkt	Einzelpreis	Gesamtpreis
4		14	Lichterkette/4-Farb-Auswahl	60,00 EUR	840,00 EUR
5					
6		Frachtkosten			0,00 EUR
7		Nettopreis			840,00 EUR
8		+ 19 % USt.			159,60 EUR
9		Bruttopreis			999,60 EUR

Ausgangssituation

Die Reisenden der wwh GmbH erzielten in der Abrechnungsperiode I folgende Umsätze:

Herr Reinköster = 120 000,00 EUR
Herr Schlacke = 145 000,00 EUR
Herr Schröder = 100 000,00 EUR

Die Reisenden werden leistungsbezogen bezahlt. Neben dem Fixum erhalten sie eine Provision, die abhängig ist vom erzielten Umsatz. Der Schlüssel ist wie folgt:

Provisionstabelle	
Umsatz ab …	Provisionssatz
EUR	0 %
25 000,00 EUR	3 %
50 000,00 EUR	6 %
75 000,00 EUR	9 %
100 000,00 EUR	12 %
125 000,00 EUR	15 %
150 000,00 EUR	18 %

Erstellen Sie mit Excel eine Tabelle mit folgenden Spaltenüberschriften: Name, Umsatz, Provisionssatz, Provision.

Tragen Sie die Namen der Reisenden und deren Umsätze in die entsprechenden Spalten.

Erfassen Sie die in der Aufgabenstellung abgebildete Provisionstabelle. Das Wort „Provisionstabelle“ steht in der mit B6 verbundenen Zelle A6.

Berechnen Sie den Provisionssatz und die Provision in EUR.

Nutzen Sie für die Lösung u. a. den SVERWEIS.

	A	B	C	D
1	Name	Umsatz	Provisionssatz	Provision
2	Reinköster	120 000,00 EUR	12%	14 400 EUR
3	Schlacke	145 000,00 EUR	15%	21 750 EUR
4	Schröder	100 000,00 EUR	12%	12 000 EUR
5				
6	Provisionstabelle			
7	Umsatz ab …	Provisionssatz		
8		0%		
9	25 000,00 EUR	3%		
10	50 000,00 EUR	6%		
11	75 000,00 EUR	9%		
12	100 000,00 EUR	12%		
13	125 000,00 EUR	15%		
14	150 000,00 EUR	18%		

Formeln sichtbar:

	A	B	C	D
1	Name	Umsatz	Provisionssatz	Provision
2	Reinköster	120 000,00	=SVERWEIS(B2;$A$8:$B$18;2;WAHR)	=B2*C2
3	Schlacke	145 000,00	=SVERWEIS(B3;$A$8:$B$18;2;WAHR)	=B3*C3
4	Schröder	100 000,00	=SVERWEIS(B4;$A$8:$B$14;2;WAHR)	=B4*C4
5				
6	Provisionstabelle			
7	Umsatz - ab …	Provisionssatz		
8	0	0		
9	=A8+25 000,00	0,03		
10	=A9+25 000,00	0,06		
11	=A10+25 000,00	0,09		
12	=A11+25 000,00	0,12		
13	=A12+25 000,00	0,15		
14	=A13+25 000,00	0,18		

Stellen Sie die erzielten Umsätze der drei Reisenden grafisch dar. Nutzen Sie dafür den Diagramm-Assistenten. Wählen Sie ein Säulendiagramm aus und ergänzen Sie die Titel „Umsatz“ und „Namen der Reisenden“.

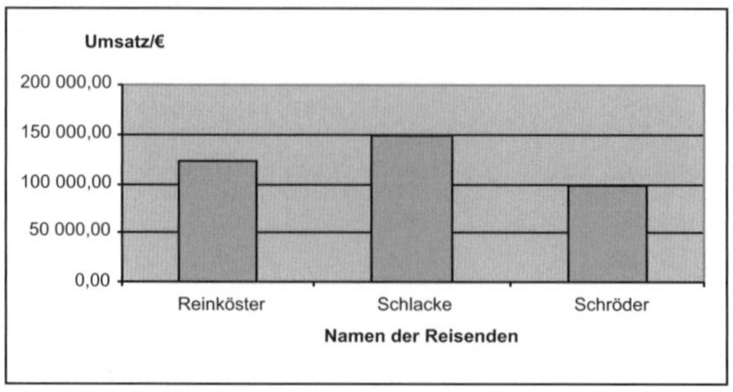

In der Abrechnungsperiode II wurden folgende Umsätze erzielt:

Herr Reinköster = 70 000,00 EUR
Herr Schlacke = 90 000,00 EUR
Herr Schröder = 125 000,00 EUR

Herr Ruwe ist seit einigen Wochen als Reisender tätig und erreichte einen Umsatz von 40 000,00 EUR.

Ermitteln Sie mit Ihrer erstellten Excel-Tabelle die neuen Provisionssätze und die Höhe der jeweiligen Provision in Euro.

Fügen Sie vor der „Provisionstabelle“ eine Zeile ein und ergänzen Sie die Tabelle um den Reisenden Herrn Ruwe.

	A	B	C	D
1	Name	Umsatz	Provisionssatz	Provision
2	Reinköster	70 000,00 EUR	6%	4200,00 EUR
3	Schlacke	90 000,00 EUR	9%	8100,00 EUR
4	Schröder	125 000,00 EUR	15%	18750,00 EUR
5	Ruwe	40 000,00 EUR	3%	1200,00 EUR
6				
7	Provisionstabelle			
8	Umsatz ab ...	Provisionssatz		
9		0%		
10	25 000,00 EUR	3%		
11	50 000,00 EUR	6%		
12	75 000,00 EUR	9%		
13	100 000,00 EUR	12%		
14	125 000,00 EUR	15%		
15	150 000,00 EUR	18%		

Formeln sichtbar:

	A	B	C	D
1	Name	Umsatz	Provisionssatz	Provision
2	Reinköster	70 000,00	=SVERWEIS(B2;$A$9:$B$19;2;WAHR)	=B2*C2
3	Schlacke	90 000,00	=SVERWEIS(B3;$A$9:$B$19;2;WAHR)	=B3*C3
4	Schröder	125 000,00	=SVERWEIS(B4;$A$9:$B$15;2;WAHR)	=B4*C4
5	Ruwe	40 000,00	=SVERWEIS(B5;$A$9:$B$15;2;WAHR)	=B5*C5
6				
7	Provisionstabelle			
8	Umsatz - ab ...	Provisionssatz		
9	0	0		
10	=A9+25000	0,03		
11	=A10+25000	0,06		
12	=A11+25000	0,09		
13	=A12+25000	0,12		
14	=A13+25000	0,15		
15	=A14+25000	0,18		

Ändern Sie Ihre Tabelle wie folgt:

Es gibt insgesamt vier Abrechnungsperioden. In den Abrechnungsperioden III und IV wurden folgende Umsätze erzielt:

Abrechnungsperiode III

Herr Reinköster = 50 000,00 EUR
Herr Schlacke = 30 000,00 EUR
Herr Schröder = 60 000,00 EUR
Herr Ruwe = 70 000,00 EUR

Abrechnungsperiode IV

Herr Reinköster = 125 000,00 EUR
Herr Schlacke = 140 000,00 EUR
Herr Schröder = 105 000,00 EUR
Herr Ruwe = 120 000,00 EUR

Ermitteln Sie in einer neu zu erstellenden Tabelle die Jahresprovision der vier Reisenden. Nutzen Sie folgende Spaltenüberschriften:

Name, Provision I, Provision II, Provision III, Provision IV, gesamt.

	A	B	C	D	E	F
1	Name	Umsatz I	Provisionssatz	Provision		
2	Reinköster	120 000,00 EUR	12%	14 400,00 EUR		
3	Schlacke	145 000,00 EUR	15%	21 750,00 EUR		
4	Schröder	100 000,00 EUR	12%	12 000,00 EUR		
5						
6	Name	Umsatz II	Provisionssatz	Provision		
7	Reinköster	70 000,00 EUR	6%	4 200,00 EUR		
8	Schlacke	90 000,00 EUR	9%	8 100,00 EUR		
9	Schröder	120 000,00 EUR	15%	18 750,00 EUR		
10	Ruwe	40 000,00 EUR	3%	1 200,00 EUR		
11						
12	Name	Umsatz III	Provisionssatz	Provision		
13	Reinköster	50 000,00 EUR	6%	3 000,00 EUR		
14	Schlacke	30 000,00 EUR	3%	900,00 EUR		
15	Schröder	70 000,00 EUR	6%	4 200,00 EUR		
16	Ruwe	70 000,00	6%	4 200,00 EUR		
17						
18	Name	Umsatz IV	Provisionssatz	Provision		
19	Reinköster	125 000,00 EUR	15%	18 750,00 EUR		
20	Schlacke	140 000,00 EUR	15%	21 000,00 EUR		
21	Schröder	105 000,00 EUR	12%	12 600,00 EUR		
22	Ruwe	120 000,00 EUR	12%	14 400,00 EUR		
23						
24	Provisionstabelle					
25	Umsatz ab ...	Provisionssatz				
26	EUR	0%				
27	25 000,00 EUR	3%				
28	50 000,00 EUR	6%				
29	75 000,00 EUR	9%				
30	100 000,00 EUR	12%				
31	125 000,00 EUR	15%				
32	150 000,00 EUR	18%				
33						
34	Name	Provision I	Provision II	Provision III	Provision IV	gesamt
35	Reinköster	14 400,00 EUR	4 200,00 EUR	3 000,00 EUR	18 750,00 EUR	40 350,00 EUR
36	Schlacke	21 750,00 EUR	8 100,00 EUR	900,00 EUR	21 000,00 EUR	51 750,00 EUR
37	Schröder	12 000,00 EUR	18 750,00 EUR	4 200,00 EUR	12 600,00 EUR	47 550,00 EUR
38	Ruwe	- EUR	1 200,00 EUR	4 200,00 EUR	14 400,00 EUR	19 800,00 EUR

Ausgangssituation

Für das vergangene Jahr legt das Rechnungswesen Ihnen eine Verkaufsstatistik und eine Personalstatistik vor. Sie sind aufgefordert, diese Zahlen nach verschiedenen Gesichtspunkten auszuwerten.

Verkaufsgebiet	Jahresumsatz in TEUR (Berichtsjahr)	Jahresumsatz in TEUR (Vorjahr)	Anzahl verkaufte Artikel (Absatz)	Anzahl Kunden	Rohgewinn (TEUR)
Nord	2350,40	2281,90	60278,00	164	802,40
Mitte	1512,30	1400,30	45132,00	78	453,70
Ost	788,10	743,50	21487,00	67	264,10
Süd	2351,50	2399,50	56147,00	154	748,20
gesamt	**7002,30**	**6825,20**	**183044,00**	**463**	**2268,40**

Abteilung	Mitarbeiter gesamt	Anzahl Männer	Anzahl Frauen	Summe Personal-kosten in TEUR	Krankheitstage gesamt
Einkauf	3	2	1	126,00	32
Lager	2	2	0	71,50	25
Produktion	35	20	15	882,00	280
Vertrieb	6	4	2	302,40	30
Verwaltung	4	3	1	175,20	39
Rechnungswesen	3	2	1	121,80	28
gesamt	**53**	**33**	**20**	**1678,90**	**434**

Welche Erkenntnisse könnte man Ihrer Meinung nach aus den Zahlen dieser beiden Aufstellungen ziehen?

Folgende Fragen könnten für die Geschäftsführung und die jeweiligen Abteilungsleiter von besonderer Bedeutung sein:

- aus der Verkaufsstatistik:
  - Welche Umsatzsteigerung gegenüber dem Vorjahr insgesamt und je Verkaufsgebiet wurde erzielt?
  - Welcher durchschnittliche Umsatz wurde im Berichtsjahr in den einzelnen Verkaufsgebieten je Kunde erzielt?
  - Welcher Rohgewinn wurde in Prozent vom Umsatz erzielt?
- aus der Personalstatistik:
  - Welchen Anteil haben Männer und Frauen in den einzelnen Abteilungen (Personalstruktur)?
  - Wie hoch sind die durchschnittlichen Personalkosten je Mitarbeiter in den einzelnen Abteilungen?
  - Wie hoch ist die Krankenquote in den einzelnen Abteilungen?

Welche Umsatzsteigerung wurde in den einzelnen Verkaufsgebieten und insgesamt erzielt?

Hierfür ist zunächst die Differenz zwischen dem Umsatz des laufenden Jahres und dem Vorjahresumsatz zu bilden. Diese Differenz, dividiert durch den Umsatz des Vorjahres und mit 100 multipliziert, ergibt die Umsatzsteigerung in Prozent.

Verkaufsgebiet	Umsatzsteigerung in Prozent
Nord	3,0
Mitte	8,0
Ost	6,0
Süd	– 2,0
gesamt	**2,6**

Welcher durchschnittliche Umsatz wurde in den einzelnen Verkaufsgebieten je Kunde erzielt?

Der Umsatz des laufenden Jahres wird durch die Anzahl der Kunden geteilt. Das Ergebnis ist der durchschnittliche Umsatz je Kunde.

Verkaufsgebiet	Umsatz je Kunde in T Euro
Nord	14,33
Mitte	19,39
Ost	11,76
Süd	15,27
gesamt	**15,12**

Stellen Sie grafisch den Anteil des Rohgewinns an den Umsatzerlösen des Berichtsjahres dar. Der Wert der Umsatzerlöse steht dabei für 100 %.

Die Struktur unterschiedlich hoher Zahlen in ihre relative Aufteilung kann anhand von Säulendiagrammen dargestellt werden, bei denen jede Säule 100 % entspricht. Um die Anteile auf diese Weise darzustellen, muss vorher noch der Differenzbetrag zwischen den Umsatzerlösen und dem Rohgewinn ausgerechnet werden.

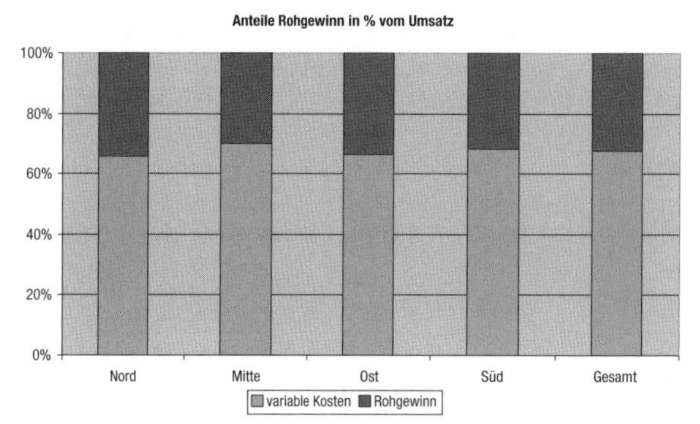

Stellen Sie die Anteile der Umsätze in den einzelnen Verkaufsgebieten als Kreisdiagramm dar.

Anteile von einzelnen Werten an einem Gesamtwert lassen sich durch ein Kreis- oder Tortendiagramm darstellen. Dieses setzt die in absoluten Werten angegebenen Zahlen in vergleichbare Kreisabschnitte.

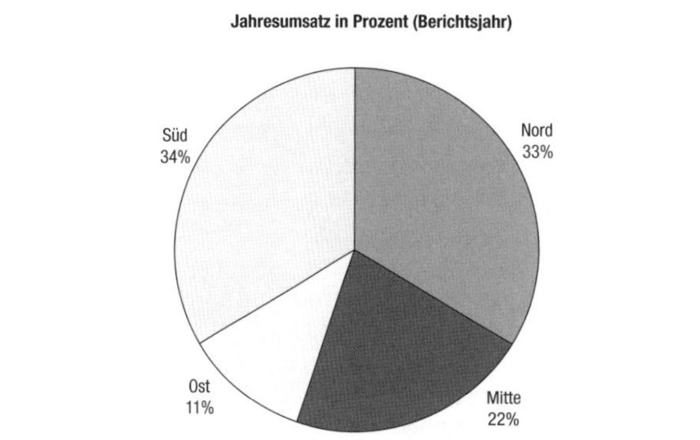

Stellen Sie die Personalstärke und die Personalstruktur nach Geschlechtern als Säulendiagramm dar.

Der Vergleich unterschiedlich hoher Zahlen je Merkmal (Männer und Frauen je Abteilung) lässt sich gut mit einem Säulendiagramm durchführen.

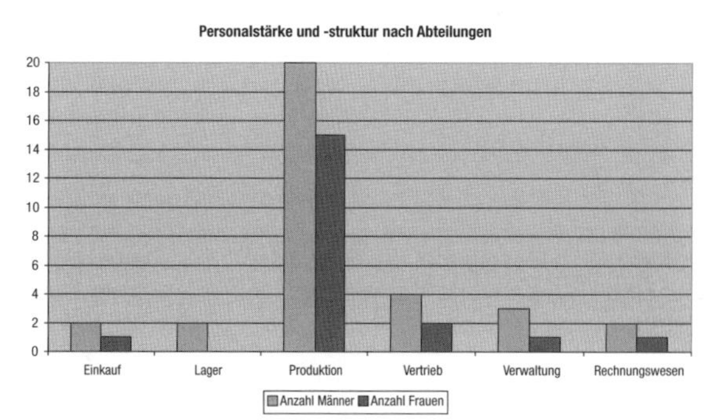

Stellen Sie die Krankheitsquote als Balkendiagramm dar. Gehen Sie davon aus, dass jeder Mitarbeiter dem Unternehmen 220 Tage im Jahr zur Verfügung steht.

Vergleiche von mehreren Zahlen lassen sich gut mit übereinanderliegenden Balken darstellen. Um die Krankheitsquote ausrechnen zu können, müssen die Krankheitstage mit 100 multipliziert werden und dann zu der Summe aller Arbeitstage (Mitarbeiter · Arbeitstage pro Jahr) in Beziehung gesetzt werden.

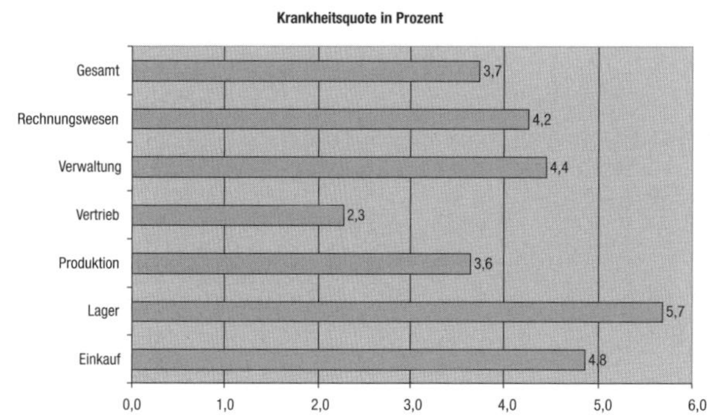

Ausgangssituation

Der Abteilungsleiter Vertrieb der wwh GmbH benötigt einen neuen Laptop. Sie haben von einem Bürofachhandel ein Angebot für einen solchen Computer eingeholt, das nun auf dem Tisch liegt:

Auszug:

Wir können Ihnen zu unseren bekannten Lieferungs- und Zahlungsbedingungen innerhalb von 7 Tagen liefern:

1 Laptop „Sumsang T56 R 2124“ zum Preis von 849,00 EUR
Spezifikation:

- Intel® Core™ Duo Prozesssor (1,6 GHz, 2 MB Cache 533MHz FSB)
- Arbeitsspeicher 4096 MB DDR2 RAM
- Grafikkarte 256 MB Radeon Express 200M
- 400 GB Festplatte
- 15,4″ WXGA TFT-Display mit Glare-Technologie (max. Auflösung 1280 x 800)
- Dual Layer DVD-MultiNorm-Brenner
- 4 x USB 2.0
- 1 x PCMCIA (Typ II)
- 6 in 1 Card-Reader
- integriertes Wireless LAN 802.11b/g mit bis zu 54 Mbit
- 10/100 MBit Netzwerkanschluss (DSL)
- 56K Modem
- 1 x TV Out (S-VHS/HDTV-Support)
- Microsoft Betriebssystem Windows 7

Ihr Chef hat nun eine Reihe von Fragen zu einigen Spezialbegriffen und zu der Leistungsfähigkeit des angebotenen Computers. Bitte beantworten Sie diese Fragen.

Was ist ein Prozessor und worauf muss diesbezüglich beim Kauf eines Computers geachtet werden? Was bedeuten in diesem Zusammenhang die Angaben „Core Duo“ und „Cache“?

Ein Prozessor, eigentlich „Mikroprozessor“ genannt, ist ein Chip, auf dem das Steuerwerk und das Rechenwerk eines Computers untergebracht sind. Seine Leistungsfähigkeit wird durch die Taktfrequenz angegeben, diese wird in MHz oder GHz, also Mio. oder Mrd. Schwingungen pro Sekunde angegeben. Je höher diese Angabe ist, desto schneller arbeitet der Computer. „Intel Core“ ist der Name einer Prozessorfamilie der Firma Intel. Die Variante mit zwei Mikroprozessor-Kernen wird Core Duo genannt. Diese Prozessoren zeichnen sich durch eine vergleichsweise niedrige Wärmeentwicklung aus und sind deshalb besonders gut für Laptops geeignet.

Die Angabe von 2 MB Cache (Cache = Schattenspeicher) bezeichnet einen schnellen Puffer-Speicher. Er enthält Kopien von Inhalten anderer (Hintergrund-)Speicher. Ein solcher Cache führt zu einer Verringerung der Zugriffszeit bzw. einer Verringerung der Anzahl der Zugriffe auf den zu cachenden Speicher und hat damit einen nennenswerten Einfluss auf die Gesamtleistung des Rechners.

Was muss in Bezug auf die Speicherkapazität des Laptops bei diesem Angebot beachtet werden?

Der **Arbeitsspeicher** in diesem Angebot ist mit 4096 MB angegeben. Das ist das Fassungsvermögen für die laufenden Operationen des Computers und hier als völlig ausreichend zu bezeichnen. Je größer dieser Speicher ist, desto schneller kann der Rechner arbeiten. Die Angabe DDR2 RAM bedeutet „Double Date Rate Random Access Memory“ und ist ein bestimmter Typ eines Arbeitsspeichers, der heute verwendet wird.

Der **Festplattenspeicher** ist hier mit einer Größe von 400 GB angegeben. Dieser Platz reicht völlig aus für die Speicherung des Betriebssystems, der Office-Software (Textverarbeitung, Tabellenkalkulation, Präsentation, Termin- und Adressenverwaltung), die der Vertriebsleiter benötigt. Sodann hat er noch reichlich Platz für Daten, mit denen er täglich umgeht. Erst wenn umfangreiche Grafikdateien, wie z. B. Kataloge und Produktpräsentationen per Video auf den Rechner geladen werden sollen, könnte ein Engpass entstehen.

Als weiteren **externen Speicher** könnte der Vertriebsleiter CDs oder DVDs verwenden, die er mit dem eingebauten Dual Layer DVD-MultiNorm-Brenner, also einem Brenner für alle gängigen Formate, brennen kann. Zu diesem Zweck würde er seinen Festplattenspeicher von Daten entlasten, die er auf CD oder DVD brennt und anschließend von der Festplatte löscht.

Ferner ist im Angebot von einer **PCMCIA-Card** die Rede. Dabei handelt es sich um einen Standard für Erweiterungskarten mobiler Computer. PCMCIA-Karten arbeiten Strom sparend und sind im laufenden Betrieb wechselbar. Da alle zur automatischen Konfiguration des Treibers nötigen Eigenschaften der Karte auf dieser abgelegt sind, ist gleichfalls Plug and Play möglich, d. h., dieser externe Speicher kann an dem entsprechenden Kartenport angeschlossen werden und funktioniert sofort.

In dem Angebot ist von einem Dual Layer DVD-MultiNorm-Brenner die Rede. **Erklären Sie im Überblick die DVD-Technik und speziell das angegebene Leistungsmerkmal.**	Die DVD ist ein digitales Speichermedium, das optisch einer CD ähnelt, aber über eine deutlich höhere Speicherkapazität verfügt und vielfältiger nutzbar ist. Sie zählt zu den optischen Datenspeichern, d. h., die Speicherung findet nicht mehr magnetisch, sondern optisch statt. Der Begriff geht auf die Abkürzung von Digital Video Disc und später Digital Versatile Disc (engl. für digitale vielseitige Scheibe) zurück. Die Bezeichnung DVD hat sich inzwischen allerdings verselbstständigt. Die DVD wird für folgende drei Verwendungszwecke eingesetzt: – DVD-Video ermöglicht die Wiedergabe von Bewegtbildern und Ton mit DVD-Video-fähigen Abspielgeräten. – DVD-Audio ermöglicht die Wiedergabe von Standbildern und Ton in sehr hoher Qualität mit DVD-Audio-fähigen Abspielgeräten. – DVD-ROM ermöglicht das Lesen von allgemeinen Daten (Computerdaten). Daten-DVDs (DVD-ROM) sind anders als Video-DVDs keinen Restriktionen unterworfen und können beliebige Ordner und Dateien enthalten. Folgende Zusätze markieren die Nutzungsmöglichkeiten der Daten-DVD: – R bedeutet „recordable“, d. h. einmal beschreibbar. – RW bedeutet „rewritable“, d. h. wiederbeschreibbar (gewöhnlich bis zu 1 000 Mal). – RAM bedeutet „random access memory“ und steht für einen freien, direkten Schreib-/Lesezugriff auf alle Daten. – Dual- bzw. Double Layer bedeutet, dass zwei Datenschichten pro Seite beschrieben werden können. Der im Angebot genannte Double Layer DVD-Multi-Norm-Brenner ist also ein DVD-Player und -Brenner mit einer außergewöhnlichen Leistungsbandbreite, da er mehrere Formate erkennen und brennen kann und mit einer hohen Datendichte zurecht kommt.
Mit welchem Bildschirm kann der Nutzer bei der angegebenen Technologie rechnen?	Es handelt sich nach den Angaben im Angebot um einen Flachbildschirm (TFT) mit einer Größe von 15,4 Zoll (Messung in der Diagonalen). Flachbildschirme sind heute auch bei normalen Arbeitsplatzrechnern üblich. Durch die Glare-Display-Technologie werden Farben kontrastreicher dargestellt als auf herkömmlichen TFT-Bildschirmen. Die Angabe WXGA ist die Abkürzung für wide extended graphics array. Die Angabe XGA bezeichnet einen bestimmten Computergrafik-Standard (= VESA 2.0), der die Bildauflösung (1024x768 Bildpunkte), das Seitenverhältnis (4:3), die Farbanzahl (Bittiefe) sowie die Wiederholfrequenz definiert. Der Zusatz W für wide wurde für Breitbildschirme wie in dem vorliegenden Fall geschaffen, damit sind höhere Auflösungen möglich. Im vorliegenden Angebot wird eine Auflösung von 1280x800 angeboten, damit ist ein Seitenverhältnis von 16:10 möglich. Dieses Format ermöglicht die Darstellung von im Breitbandformat hergestellten Filmen oder Bildern. Für den Vertriebsleiter ist es u.U. erforderlich, bei Meetings mit Werbeagenturen oder Vertriebsmitarbeitern nicht nur Videos mit dem alten Format von 4:3, sondern auch solche im Breitbandformat betrachten und zeigen zu können.
Wie erfolgt die Verbindung des Rechners mit externen Geräten, z. B. Drucker oder anderen Laufwerken?	Neben den üblichen Schnittstellen, die in den meisten PC vorhanden sind, ist dieser Rechner mit vier USB-Schnittstellen ausgestattet. USB steht für „Universal Serial Bus“ und bedeutet nichts anderes als „universelles serielles Leitungssytem“. Über solche Schnittstellen lassen sich heute nahezu die meisten Peripheriegeräte an einen Rechner anschließen, z. B. externe Festplatten, Drucker, Maus, Personal Organizer, MP3-Player, digitale Kameras u.a.
Was bedeutet die Angabe 6 in 1 Card Reader?	Der Laptop enthält ein Kartenlesegerät, mit dem sechs verschiedene Datenkarten gelesen werden können. Auf dem Markt sind heute verschiedene Formate vorhanden, die in externen Geräten (z. B. Fotoapparaten, Personal Organizern) verwendet werden. Der angegebene Kartenleser kann die gängigsten Formate lesen.
Welche Möglichkeiten bietet der Rechner, mit dem Internet Kontakt aufzunehmen?	Der Laptop verfügt über die eingebaute Möglichkeit, „wireless“, also drahtlos mit einer Datentransferrate von bis zu 54 000 bit/sec. Kontakt mit einem LAN, einem „local area network“ (= lokales Netzwerk) Kontakt aufzunehmen und sich darüber in das Internet einzuloggen. Solche LAN können entweder im Unternehmen eingerichtet sein, werden aber zunehmend auch von Hotels oder Flughäfen geschaffen, um Kunden solche Möglichkeiten zu bieten. Die Angabe 10/100 MBit Netzwerkanschluss (DSL) bezeichnet, dass der Rechner für eine schnelle Breitbanddatenübertragung konzipiert ist. Die Angabe „56K Modem“ weist darauf hin, dass der Laptop selbst mit einem relativ langsamen Modem Daten übertragen kann.

Ausgangssituation

Die wwh GmbH erhält jedes Jahr ca. 3 200 Eingangsrechnungen für gelieferte Waren und Dienstleistungen. Außerdem erstellt sie selbst ca. 1 800 Ausgangsrechnungen. Zur Veranschaulichung ist im Folgenden eine Lieferantenrechnung abgebildet. Je Ausgangsrechnung werden durchschnittlich sechs Positionen (Artikel) berechnet. Das gesamte Sortiment der wwh GmbH beläuft sich auf ca. 2 000 verschiedene Artikel. Die Daten sollen künftig in einem Datenbankprogramm erfasst werden.

Wildmann GmbH - Elektrogeräte

Portastr. 43 - 32457 Porta Westfalica

Wildmann KG - Portastr. 43 - 32457 Porta Westfalica

wwh GmbH
Helene-Weber-Weg 9
33607 Bielefeld

Telefon 0571 71045
Fax 0571 71043
E-Mail info@wildmannelektro.de

Rechnung

Bestelldatum 15.01.20..
Bestellnummer 07-154

Rechnungsnummer 07-350
Kunden-Nr. 3658
Datum 05.02.20..

Pos	Menge	Artikel-nummer	Artikelbe-zeichnung	Gewicht in kg	Volumen in m³	Einzelpreis in Euro	Gesamtpreis in Euro
1	150	105	Toaster	75,0	4,25	12,0	1 800,00
2	100	106	Wasserkocher	102,0	3,50	22,4	2 240,00
3	80	104	Eierkocher	46,2	0,80	16,0	1 280,00
4	110	102	Rührgerät	126,0	4,32	36,0	3 960,00
5	90	101	Mixer	86,2	3,15	26,0	2 340,00

Gewicht der Sendung in kg:		435,40	**Bruttowarenwert**		**11 620,00**
Volumen der Sendung in m³:		16,020	**Rabatt**	-20%	-2 324,00
Zahlungstermin:		**Betrag**	**Nettowarenwert**		**9 296,00**
bis 20..-02-20	2 % Skonto	10 841,00 EUR	**Umsatzsteuer**	19%	1 766,24
bis 20..-03-06	netto	11 062,24 EUR	**Rechnungsbruttobetrag**	**EUR**	**11 062,24**

Bankverbindung: Volksbank Minden e.G. Kontonummer: 6217884 BLZ: 480 603 91

Steuernummer: 367/574/3565 USt.-Id.: DE 01516238

Welche verschiedenen Arten von Daten entdecken Sie auf der abgebildeten Eingangsrechnung? Geben Sie jeweils ein Beispiel.	▷ Stammdaten, z. B. die Daten des Lieferanten ▷ Bewegungsdaten, z. B. die Anzahl der gelieferten Artikel ▷ Ordnungsdaten, z. B. das Rechnungsdatum oder die Rechnungsnummer ▷ Mengendaten, z. B. die Umsatzsteuer oder das Volumen

Welche Dateien werden benötigt, um die in Zusammenhang mit Kunden und Lieferanten anfallenden Prozesse bürowirtschaftlich abzuwickeln? Um welche Arten von Daten handelt es sich bei den Inhalten dieser Dateien?	▷ Lieferantendatei → Stammdaten ▷ Kundendatei → Stammdaten ▷ Artikeldatei → Stammdaten ▷ Auftragsdatei (mit Kundenaufträgen) → Bewegungsdaten ▷ Bestelldatei (mit Bestellungen bei Lieferanten) → Bewegungsdaten ▷ Offene-Posten-Datei → Bewegungsdaten ▷ Kreditorendatei (Eingangsrechnungen) → Bewegungsdaten
Stellen Sie an einem Beispiel aus der abgebildeten Eingangsrechnung den Begriff der logischen Datenhierarchie dar.	▷ **Datenfeld:** Bankleitzahl des Lieferanten (480 603 91) ▷ **Datensatz:** Summe aller Stammdaten des Lieferanten Wildmann GmbH ▷ **Datei:** Liefererdatei = Summe aller Datensätze der Lieferanten der wwh GmbH ▷ **Datenbank:** alle Dateien, die im Zusammenhang mit einem komplexen Zusammenhang gespeichert werden, in diesem Fall also alle Daten, die im Zusammenhang mit Einkauf und Verkauf anfallen
Welche Datenfeldtypen können grundsätzlich verwendet werden, um unterschiedliche Arten von Daten in Datenfeldern darzustellen?	▷ **Text:** wird für Text oder eine Kombination aus Text und Zahlen, z. B. Kfz-Nummern, verwendet oder auch für Zahlen, die keine Berechnungen erfordern, z. B. Telefonnummern, Teilenummern oder Postleitzahlen. ▷ **Zahl:** wird für nummerische Daten in mathematischen Berechnungen außer Geldberechnungen verwendet. ▷ **Währung:** wird für Währungsangaben verwendet, entweder in der international üblichen 3-Buchstabenkennung (z. B. EUR, USD, CAD) oder in Form von bekannten Einzelsymbolen (z. B. €, $, £). ▷ **Datum/Uhrzeit:** Wird für Datum- und Zeitangaben verwendet, z. B. Auftrags- oder Rechnungsdatum, Liefertermin. ▷ **AutoWert:** wird für eindeutige sequenzielle, d. h. jeweils um 1 ansteigende Zahlen verwendet, die beim Hinzufügen eines neuen Datensatzes eingefügt werden, z. B. Rechnungsnummer oder Kundennummer. ▷ **Memo:** wird für längere Anmerkungen und Beschreibungen verwendet, z. B. für besondere Anmerkungen zum Kunden oder ausführliche Lieferungsbedingungen des Lieferanten. ▷ **Hyperlink:** wird verwendet, um eine Web-Adresse (URL) oder eine E-Mail-Adresse anzuzeigen. ▷ **Objekt:** Dieser Felddatentyp wird für Textdokumente, Tabellen, Bilder, Sounds oder Videos verwendet, die mit anderen Programmen erstellt wurden und entweder mit der vorliegenden Datei verlinkt oder darin eingebettet werden. Solche Objekte könnten z. B. in der Artikeldatei als technische Zeichnung oder Foto des Produktes, als Tabelle für eine Kalkulation oder als Sound für eine Produkterklärung eingesetzt werden. ▷ **Ja/Nein:** Dieser Felddatentyp wird für Daten verwendet, die nur eine von zwei möglichen Werten aufweisen können, z. B. richtig/falsch, ein/aus.

Wenn die Daten der Lieferanten in einer Stammdatei erfasst werden sollen, müssen die darin enthaltenen Datensätze in Datenfelder aufgelöst werden.

Nennen Sie die aus der Rechnung hervorgehenden Datenfelder, die für einen Lieferantendatenstammsatz infrage kommen und weisen Sie jedem Datenfeld den geeigneten Datenfeldtyp zu.

Datenfeld	Datenfeldtyp
Lieferantennummer	Text/Autowert
Kundennummer beim Lieferanten	Text
Name	Text
Straße	Text
Hausnummer	Text
PLZ	Text
Ort	Text
Telefon-Nr.	Text
Fax-Nr.	Text
Homepage	Hyperlink
E-Mail	Hyperlink
Bankverbindung	Text
Konto-Nr.	Text
BLZ	Text
Lieferungsbedingung	Text
Rabattsatz	Zahl
Skonto	Zahl

Ausgangssituation

Die Geschäftsführung der wwh GmbH ist aufgeschreckt durch verschiedene Pressemeldungen, die darüber berichten, dass Daten von Kunden, Lieferanten und Mitarbeitern in Unternehmen kopiert und weitergegeben wurden. Außerdem wurde festgestellt, dass vertrauliche Informationen aus der Jahresplanung an nicht berechtigte Personen weitergegeben wurden. Die Geschäftleitung schreibt daher die folgende interne Mitteilung:

Interne Mitteilung

Von: Geschäftsleitung
An: alle Abteilungsleiter
Justiziar

Bielefeld, 20.06.20..

Sehr geehrte Damen und Herren,

das Thema Datensicherung und Datenschutz wurde in der vergangenen Abteilungsleiterbesprechung bereits gestreift. Anlass waren zunehmende Pressemeldungen zu dieser Thematik sowie Nachfragen des Betriebsrates und Zugriffe auf unsere Daten durch unbefugte Personen.

Wir bitten Sie, sich auf die nächste Sitzung am 30.06. intensiv vorzubereiten. Zu diesem Zweck bitten wir Sie, Ihre Mitarbeiter/-Innen ausführlich nach den erforderlichen Details zu befragen. Unser Justiziar, Herr Rechtsanwalt Petersen, wird bei dieser Sitzung ebenfalls zugegen sein, um uns die rechtlichen Hintergründe noch einmal zu erläutern.

Mit freundlichem Gruß

Ppa. Struck

In der internen Mitteilung ist von Datensicherung und von Datenschutz die Rede. Welche Bedeutung haben diese Begriffe für die wwh GmbH?	**Datensicherung:** Die wwh GmbH muss ihre Daten vor Verlust, Beschädigung, Verfälschung oder unerlaubtem Zugriff schützen. Zu diesem Zweck müssen umfangreiche Sicherungsmaßnahmen erfolgen. Eine wichtige Maßnahme hierzu ist, die Daten auf einen zweiten, zumeist transportablen Datenträger zu kopieren und diesen sicher aufzubewahren, um einen Totalverlust zu verhindern. **Datenschutz:** Die bei der wwh GmbH gespeicherten personenbezogenen Daten genießen den Schutz des Gesetzes. Sie dürfen ohne Zustimmung dieser Personen nicht ohne Weiteres weitergegeben werden. Der Datenschutz soll die Privatsphäre der einzelnen Person schützen und den gläsernen Menschen verhindern.
Vor welchen Risiken soll die Datensicherung die wwh GmbH schützen?	Die Datensicherung dient dem Schutz vor Datenverlust durch: – Schäden an der Hardware, z. B. Störungen an den Speichermedien – Diebstahl oder Kopieren der Daten – Elementarschäden, wie Feuer- oder Wasserschäden – versehentliches oder absichtliches Löschen – Überschreiben – logische Fehler innerhalb der Daten
Welche Bedeutung hat die Sicherung von Daten für die wwh GmbH?	Gesetzlich ist die wwh GmbH dazu verpflichtet, ihre Geschäftsunterlagen für maximal zehn Jahre aufzubewahren. Zudem müssen fallweise für alte Vorgänge Beweise erbracht werden (z. B. Lieferscheine, Rechnungen oder Gehaltsabrechnungen). Hinzu kommt, dass u. U. ein eigenes Dokumentationsinteresse besteht, um z. B. aktuelle Zahlen mit alten Daten zu vergleichen.
Welche Fragen müssen für ein Konzept zur Datensicherung in der Abteilungsleiterbesprechung geklärt werden?	In einem Konzept zur Datensicherung der wwh sollte festgelegt werden, – wie die Datensicherung erfolgen soll, – wer für die Datensicherung verantwortlich ist, – wann Datensicherungen durchgeführt werden sollen, – welche Daten gesichert werden sollen, – welche Speichermedien verwendet werden sollen, – wo die Speichermedien sicher aufzubewahren sind, – wie lange Datensicherungen aufbewahrt werden sollen.

Auf welchen Speichermedien könnte die wwh GmbH ihre Datensicherung vornehmen?	Die wwh GmbH könnte bei Systemen, die auf Festplatten basieren, auf Magnetbänder oder externe Festplatten mit großer Kapazität zurückgreifen oder aber optische Speicher, wie CD-R, DVD-RAM und vergleichbare Formate benutzen. Mit der Zunahme günstiger Breitband-Internetverbindungen (DSL) bieten sich auch verschlüsselte Netzwerk- und Fern-Datensicherungen an.
Welche Anforderungen sollten in der wwh GmbH durch ein Datensicherungskonzept erfüllt werden?	▷ Regelmäßigkeit: Datensicherungen sollen in regelmäßigen Abständen erfolgen. ▷ Aktualität: Sie ist abhängig von der Anzahl der Datenänderungen. Je öfter Daten verändert werden, desto häufiger sollte gesichert werden. ▷ Räumliche Trennung: Die räumliche Entfernung der Datensicherung vom gesicherten Datenbestand sollte so groß sein, dass eine Katastrophe, welche die DV-Anlage schädigt, nicht auch noch den gesicherten Datenbestand gefährdet. ▷ regelmäßige Prüfung des gesicherten Datenbestandes auf Vollständigkeit ▷ Wiederherstellbarkeit: Für das Rückspielen der Daten muss ausreichend Zeit eingeplant werden, die Vorgehensweise der Datenwiederherstellung sollte dokumentiert sein und die benötigten Ressourcen (Personal, Medien, Laufwerke) müssen aktuell verfügbar sein. ▷ Automatismus: Datensicherungen sollten möglichst automatisch erfolgen, z. B. automatisch jeden Abend um 22:00 Uhr. Manuelle Datensicherungen können durch menschliche Fehler beeinflusst werden. ▷ Zweite Sicherung: Bei sensiblen und wichtigen Daten sollte eine zweite Datensicherung angefertigt werden. ▷ Zeitfenster: Die Sicherungsvorgänge sollten so erfolgen, dass der aktuelle Datenverarbeitungsprozess nicht gestört wird, also zumeist nachts. ▷ Wirtschaftlichkeit: Die Kosten der Datensicherung müssen in einem wirtschaftlich sinnvollen Verhältnis zu dem Sicherungszweck stehen.
Schlagen Sie geeignete Maßnahmen vor, durch die sich unzulässige Zugriffe auf den Datenbestand verhindern lassen.	▷ Organisatorische Maßnahmen: Zu- und Abgangskontrollen durch codierte Ausweise, automatische Protokolle von Personenbewegungen auf der Basis von Chipkarten ▷ Softwaremaßnahmen: Zugangsberechtigung zu Datenbeständen und Programmen nur durch Passwörter, Verschlüsselung von Daten bei Versand über Datenleitungen, rechnerinterne Protokollierung von Zugriffen auf Daten ▷ Hardwaremaßnahmen: bauliche Maßnahmen, z. B. Feuer- und Diebstahl gesicherte Räume, Zugang zu Tastaturen und Geräten nur mit Schlüsseln
Welche beiden Grundsätze muss die wwh GmbH beim Datenschutz beherzigen?	1. Grundsätzlich gilt für die wwh GmbH, dass die Erhebung, Verarbeitung und Nutzung von personenbezogenen Daten verboten ist. Sie ist nur dann erlaubt, wenn entweder das Gesetz die Datenverarbeitung in diesem Fall erlaubt oder wenn die betroffene Person ausdrücklich ihre Zustimmung zur Erhebung, Verarbeitung und Nutzung gegeben hat. Die beim Datenschutz angewendeten Verfahren mit automatisierter Verarbeitung sind vom Datenschutzbeauftragten der wwh GmbH zu prüfen oder, wenn ein solcher nicht vorhanden ist, beim zuständigen Landesdatenschutzbeauftragten anzeigepflichtig. 2. Ferner gilt für die wwh GmbH der Grundsatz der Datenvermeidung und Datensparsamkeit: Ihre Datenverarbeitungssysteme sollen sich an dem Ziel ausrichten, keine oder so wenig personenbezogene Daten wie möglich zu verwenden und von den Möglichkeiten der Anonymisierung personenbezogener Daten Gebrauch zu machen.
Erstellen Sie eine Liste, aus der hervorgeht, welche personenbezogenen Daten bei der wwh GmbH gespeichert sein könnten.	▷ Kunden- und Lieferantendaten sind personenbezogene Daten von Betroffenen, zu denen die wwh GmbH ein Vertragsverhältnis oder vertragsähnliches Verhältnis als Auftragnehmer oder Auftraggeber unterhält, sofern es sich hierbei um natürliche Personen handelt. ▷ Mitarbeiterdaten sind personenbezogene Daten der Beschäftigten der wwh GmbH, z. B. Gehälter oder Fehlzeiten. ▷ Gesellschafterdaten sind personenbezogene Daten der Gesellschafter des Unternehmens, z. B. ausgeschüttete Gewinne.
Welche Rechte haben Personen gegenüber der wwh GmbH in Bezug auf ihre dort gespeicherten Daten?	▷ Kenntnisrecht: Jede Person hat das Recht zu erfahren, welche Daten über sie/ihn gespeichert sind. Über diese Daten kann sie vollständige Auskunft verlangen. ▷ Berichtigungsrecht: Sind berechtigt gespeicherte Daten falsch, kann die Person verlangen, dass die Daten korrigiert werden. ▷ Löschungsrecht: Sind Daten unberechtigt gespeichert, kann die Person die unverzügliche Löschung verlangen.

Ausgangssituation

Die Vertriebsabteilung der wwh GmbH sucht für den 1.4.20.. einen neuen Kundenbetreuer. Auf die Stellenanzeige sind zahlreiche Bewerbungen eingegangen. Die Auszubildende Christina soll eine erste Prüfung der Bewerbungsunterlagen vornehmen.

wwh GmbH - Bielefeld

Wir sind ein erfolgreicher, überregionaler Hersteller von Elektrogeräten.

Um unseren Vertrieb zu verstärken, suchen wir eine leistungsstarke Persönlichkeit für die

Kundenbetreuung (m/w)

Unser Sales-Office ist ein kleines junges Team mit anspruchsvollen Tätigkeiten. Nach Ihrer Einarbeitung übernehmen Sie vorwiegend die Betreuung einiger unserer nationalen Kunden sowie gelegentlich die Betreuung einiger internationalen Kunden und die damit verbundene komplette Auftragsbearbeitung vom Angebot bis zur Überwachung der Liefertermine.

Sie sind eine teamfähige und belastbare Persönlichkeit, die den Kundenanforderungen in jeder Hinsicht gerecht wird. Für Ihre Position setzen wir eine abgeschlossene kaufmännische Ausbildung sowie relevante Berufserfahrung voraus. Ihr Englisch ist verhandlungssicher, Spanischkenntnisse wären von Vorteil. Sie beherrschen die üblichen Anwendungen des MS-Office Paketes.

Sehen Sie sich in dieser Position? Dann erwarten wir Ihre aussagefähigen Bewerbungsunterlagen einschließlich Ihrer Gehaltsvorstellungen.

wwh GmbH – Personalabteilung – z. Hd. Frau Müller
Helene Weber Weg 9 - 33609 Bielefeld

Sophie Grote 02.03.20..
Auf dem grünen Felde 3
33818 Leopoldshöhe

wwh GmbH
Personalabteilung
Helene-Weber-Weg 9
33609 Bielefeld

Bewerbung als Kundenbetreuerin

Sehr geehrte Damen und Herren,

Ihrer Anzeige in der NW vom 15.02. entnehme ich, dass Sie für den 01.04.20.. eine Kundenbetreuerin in Ihrer Vertriebsabteilung suchen. Um diese Stelle bewerbe ich mich.

Als persönliche Stärken kann ich Einsatzfreude und Teamfähigkeit in Ihr Unternehmen einbringen. Ich glaube, dass ich verkaufsorientiert mit Kunden umgehen kann. Meine Kontaktfreudigkeit kommt den angeforderten Fähigkeiten sehr entgegen.

Bei Ihrem Unternehmen bewerbe ich mich, weil ich hier für mich bessere Entwicklungsmöglichkeiten sehe als in meinem jetzigen Arbeitsgebiet.

Über eine Einladung zu einem persönlichen Gespräch würde ich mich freuen.

Mit freundlichen Grüßen

Sophie Grote

Sophie Grote

Anlagen
Lebenslauf mit Lichtbild
Zeugniskopien

Sophie Grote

Lebenslauf

Persönliche Angaben

Anschrift:	Auf dem grünen Felde 3 33818 Leopoldshöhe
Telefon	0 52 08/15 91 55
E-Mail	s.grote@tele-web.de
Geburtdatum:	15.09.1985
Geburtsort:	Herford
Staatsangehörigkeit:	Deutsch
Religion:	evangelisch

Schul- und Berufsausbildung

08. 92 – 07. 96	Grundschule Leopoldshöhe
08. 96 – 07. 02	Gymnasium Aspe (Fachoberschulreife)
08. 03 – 07. 05	Berufskolleg Widukindplatz, Herford
08. 06 – 06. 08	Ausbildung zur Industriekauffrau bei . R. Stromberg Textilien KG, Enger

Berufserfahrung

06. 08. – heute	Sachbearbeiterin im Einkauf der Fa. R. Stromberg Textilien KG, Enger

Interessen und Neigungen

Hobbys	Sport (Schwimmen), Lesen, Freunde treffen
Sprachkenntnisse	Englisch (7 J.), Spanisch (4 J.)
Führerschein	Klasse B und BE

Leopoldshöhe, 02.03. ..

Sophie Grote

Die wwh GmbH will die neue Kundenbetreuung über eine Stellenanzeige in einer Tageszeitung anwerben. **Welche anderen Möglichkeiten der Personalbeschaffung kann die wwh GmbH bei der Beschaffung von Personal nutzen?**	**innerbetrieblich** ▷ Maßnahmen der Personalentwicklung (Ausbildung, Weiterbildung) ▷ Versetzung von Mitarbeitern aus anderen Abteilungen ▷ Umorganisation des Vertriebs mit neuem Stellenzuschnitt **außerbetrieblich** ▷ dem Arbeitsamt offene Stellen melden ▷ Zeitarbeitsunternehmen (Personalleasing) in Anspruch nehmen (kurzfristig) ▷ E-Recruiting (Stellenbörsen im Internet und eigene Website nutzen) ▷ Kontakte mit Berufsschulen/Akademien
Analysieren Sie die abgebildete Stellenanzeige. Welche wesentlichen Bestandteile muss eine solche Anzeige enthalten?	▷ Wir sind: Firmenname, Firmenlogo, Branche, Firmengröße, Standort ▷ Wir haben: Position, Ausschreibungsgrund, Aufgabenbeschreibung ▷ Wir suchen: Berufsbezeichnung oder Qualifikation, Anforderungen ▷ Wir bieten: Vergütung, Sozialleistungen (in dieser Anzeige nicht enthalten) ▷ Wir bitten um: Nennung von Art und Umfang der Bewerbungsunterlagen
Beurteilen Sie die vorgelegte Bewerbung und den Lebenslauf formal anhand einer selbst erstellten Liste von Kriterien.	▷ Rechtschreibung i. O.? – ja ▷ Anschrift und sonstige (Kommunikations-)daten i.O.? – Lebenslauf ja, Anschreiben nein (Tel.Nr. und E-Mail Adresse fehlen) ▷ Klare Gliederung? – ja ▷ Lebenslauf lückenlos? – nein, Angaben für Jahr 05/06 fehlen ▷ Angaben im Lebenslauf sachdienlich? – im Wesentlichen ja, nicht hinein gehören Angaben, die nur privat wichtig sind (Treffen mit Freunden); Angaben zu EDV-Kenntnissen fehlen sowohl im Lebenslauf als auch im Anschreiben ▷ Unterlagen vollständig? – im Anschreiben sollte unter Anlagen konkret aufgeführt werden, wie viel Zeugniskopien mitgeliefert werden; die angeforderte Angabe zur Gehaltsvorstellung fehlt ▷ Bewerbung erfolgt recht spät: zwischen Anzeige und Bewerbung liegen gut zwei Wochen
Halten Sie bei einem Vergleich von Anschreiben und Lebenslauf mit der Stellenanzeige die Bewerberin für geeignet? **Begründen Sie Ihre Aussage.**	Die Bewerberin ist nicht geeignet, weil wesentliche Voraussetzungen fehlen: ▷ **Branchenzugehörigkeit:** Eine Kundenberaterin muss im Elektrobereich relativ genauer Kenntnisse über das Absatzprogramm und die einzelnen Produkte mitbringen bzw. genügend technisches Verständnis haben. Frau Grote hat aber in der Textilbranche gelernt und gearbeitet. ▷ **Fachkenntnisse:** Frau Grote hat zwar eine Ausbildung zur Industriekauffrau, jedoch bis zum Bewerbungsdatum nur im Einkauf gearbeitet. Damit fehlen ihr die Voraussetzungen für den Vertrieb von Waren (Auftragsbearbeitung, Verkaufsgespräche führen etc.) ▷ **Persönlichkeit:** Frau Grote führt zwar verschiedene persönliche Qualifikationen an (Teamfähigkeit, Einsatzfreude und Kontaktfähigkeit), sie gibt jedoch an keiner Stelle eine stichhaltige Begründung ab, die ihre Behauptung unterstützt und glaubhaft macht.
Aus den anderen Bewerbungsunterlagen werden 20 BewerberInnen eingeladen. Vorgesehen ist, diese in einem ersten Schritt einem Testverfahren zu unterziehen. **Was könnten die Inhalte solcher Leistungstests sein?**	▷ **Allgemeine Leistungstests** überprüfen Reaktionsgeschwindigkeit, Aufmerksamkeit oder Konzentration. ▷ **Persönlichkeitstests** geben Auskunft über Charakter, Sozialverhalten, Grundeinstellungen zum Leben, Werthaltungen. ▷ **Intelligenztests** können Sprach- und Rechenfähigkeit, räumliches Denkvermögen oder Kombinationsfähigkeit feststellen. ▷ **Fachliche Tests** können handwerkliche Fertigkeiten, Fachkentnisse, Organisationsfähigkeit, Urteils- und Denkvermögen überprüfen.
Nach den Tests bleiben noch acht BewerberInnen über, mit denen ein Einstellungsgespräch geführt werden soll. **Erstellen Sie eine Checkliste, die die einzelnen Phasen eines solchen Gesprächs umfasst.**	▷ Abteilungsleiter/Personalsachbearbeiter (AL/PA): Begrüßung und Schaffung einer angenehmen Gesprächsatmosphäre ▷ AL: kurze Vorstellung von Unternehmen und Position ▷ BewerberIn: Selbstdarstellung in freier Rede, anschließend Befragung durch AL/PA zu fachlichen/persönlichen Punkten, Analyse der Motive des Bewerbers ▷ AL: detaillierte Vorstellung der zu besetzenden Stelle und fachliche Diskussion ▷ BewerberIn: offene Fragen zu Unternehmen, Tätigkeit, soziale Leistungen ▷ AL/PA: Abschluss des Gespräches und Klärung des weiteren Vorgehens

Ausgangssituation

Bei der wwh GmbH wird von jeder Fachabteilung eine Fehlzeitenstatistik nach Mitarbeitern geführt. Die Ergebnisse werden der Personalverwaltung übermittelt und dort zusammengefasst und verdichtet.
Für die Abteilung Fertigung hat die Personalverwaltung folgende Daten für das vergangene Jahr zusammengestellt.

Anzahl Mitarbeiter	18	Personen
tägliche Sollarbeitszeit	8	Stunden
Anzahl Arbeitstage	250	Tage
betriebliche Arbeitszeit Soll	36 000	Std.
– Fehlzeiten durch Urlaubsstunden	4 320	Std.
= tarifliche Arbeitszeit Soll	31 680	Std.
– Fehlzeiten (Krankheit/Personalentwicklung)	1 197	Std.
= tarifliche Arbeitszeit Ist	30 483	Std.
+ Mehrarbeitszeit	1 350	Std.
= tatsächlich geleistete Arbeitszeit Ist	31 833	Std.
Ausfall durch Krankheit	1 077	Std.
Ausfall durch Personalentwicklung	120	Std.

Berechnen Sie: **a. die tägliche Istarbeitszeit je Mitarbeiter** **b. die Fehlzeitenquote gesamt** **c. die Krankheitsquote** **d. die Urlaubsquote** **e. die durch PE-Maßnahmen bedingte Fehlzeitenquote** **f. die Überstunden in %** **g. die Anwesenheitsquote**	
	a. $\frac{\text{Gesamtarbeitszeit Ist}}{\text{Anzahl MA} \cdot \text{Anzahl Arbeitstage}}$ $\frac{31\,833}{18 \cdot 250} = 7{,}07$ Std.
	b. $\frac{\text{Fehlzeiten gesamt} \cdot 100}{\text{betriebliche Arbeitzeit Soll}}$ $\frac{(4\,320 + 1\,197) \cdot 100}{36\,000} = 15{,}3\ \%$
	c. $\frac{\text{krankheitsbedingte Fehlstunden} \cdot 100}{\text{tarifliche Arbeitzeit Soll}}$ $\frac{1\,077 \cdot 100}{31680} = 3{,}4\ \%$
	d. $\frac{\text{urlaubsbedingte Fehlzeiten} \cdot 100}{\text{betriebliche Arbeitszeit Soll}}$ $\frac{4\,320 \cdot 100}{36\,000} = 12\ \%$
	e. $\frac{\text{Ausfallstunden durch PE-Maßnahmen} \cdot 100}{\text{tarifliche Arbeitzeit Soll}}$ $\frac{120 \cdot 100}{31\,680} = 0{,}4\ \%$
	f. $\frac{\text{geleistete Überstunden} \cdot 100}{\text{tarifliche Arbeitzeit Ist}}$ $\frac{1\,350 \cdot 100}{30\,483} = 4{,}4\ \%$
	g. $\frac{\text{tatsächlich geleistete Arbeitzeit Ist} \cdot 100}{\text{betriebliche Arbeitzeit Soll}}$ $\frac{31\,833 \cdot 100}{36\,000} = 88{,}4\ \%$

Im letzten Jahr betrug die von den Krankenkassen gemeldete Fehlzeitenquote aufgrund von Krankheit bundesweit ca. 5 %. **Beurteilen Sie vor diesem Hintergrund die krankheitsbedingte Fehlquote in der Fertigung.**	Die krankheitsbedingte Fehlquote liegt in der Abteilung Fertigung der wwh GmbH bei 3,4 %. Das ist wesentlich niedriger als im Bundesdurchschnitt und kann verschiedene Ursachen haben: ▷ Die Mitarbeiter in der wwh GmbH sind mit ihren Arbeitsbedingungen zufrieden, was im Normalfall zu einer stabilen Gesundheit beiträgt. ▷ Eine andere Begründung könnte darin liegen, dass die Mitarbeiter Fehlzeiten vermeiden wollen, um nicht negativ aufzufallen. Würde diese Begründung zutreffen, wäre das bedenklich, denn ein gewisser Prozentsatz an Krankheit ist in jedem Unternehmen normal.

Neben der Personalstatistik hat die Personalverwaltung die Aufgabe der Führung der Personalakte. **Welche Inhalte kann die Personalakte aufnehmen?**	Inhalte der Personalakte können sein: ▷ **Personalbezogene Unterlagen und Vertragsunterlagen:** Bewerbungsunterlagen, Kopien von Arbeits- und Schulzeugnissen, Amtliches Führungszeugnis, Aufenthaltserlaubnis oder Arbeitserlaubnis (soweit erforderlich), Arbeitsvertrag, Stellenbeschreibung ▷ **Sozialversicherungs- und Steuerunterlagen:** Anmeldung zur Krankenkasse, Nachweis der monatlichen Beiträge zur Sozialversicherung, Sozialversicherungsausweis, Unterlagen, Nachweis zur Anlage vermögenswirksamer Leistungen, Nachweis für Kinderlose (wegen Pflegeversicherung), Lohn- bzw. Gehaltsbescheinigungen, Unterlagen zur Lohnsteuer ▷ **Kopien amtlicher Urkunden:** Fahrerlaubnis, Schwerbehindertenausweis, Pfändungs- und Überweisungsbeschluss, Wehrdienstbescheinigung, Zivildienstbescheinigung ▷ **Angaben für die Gehaltshöhe oder sonstige arbeitsvertragliche Regelungen:** Antrag auf Orts-, Sozial- oder Familienzuschlag, Sterbeurkunden des Ehegatten, Heiratsurkunde, Geburtsurkunden von Kindern ▷ **Sonstige Unterlagen:** Personalbogen, Urlaubsliste, Fehlzeitenübersicht, Beurteilungen, Abmahnungen, Unterlagen zur Pesonalentwicklung, Protokolle von Mitarbeitgesprächen, Bescheinigungen über ärztliche Untersuchungen im Rahmen der Arbeitssicherheit, Weiterbildungsnachweise, Schriftverkehr mit dem Mitarbeiter
Was ist bei der Führung der Personalakten zu beachten?	**Aufbewahrung:** Der Arbeitgeber muss das Persönlichkeitsrecht des Mitarbeiters wahren und auch für den Datenschutz sorgen. Personenbezogene Mitarbeiterdaten sind mit geeigneten Mitteln gegen unbefugte Einsichtnahme durch Dritte (Mitarbeiter, Kunden usw.) zu sichern. Personalakten sind vertraulich. Dritten ist die Einsichtnahme grundsätzlich verwehrt. Auch der Personal- oder Betriebsrat oder Behörden haben im Regelfall keinen Zugriff. **Einsichtnahme:** Der betroffene Mitarbeiter hat das Recht zur uneingeschränkten Einsicht in die ihn betreffenden Aufzeichnungen und kann diese Einsichtnahme auch in Begleitung einer betriebsfremden Person (z. B. Rechtsanwalt) bzw. gemeinsam mit dem Betriebsrat verlangen. Die Akte ist jeweils vollständig vorzulegen. Das vorherige Entfernen von Unterlagen und ihr Wiedereinfügen nach Einsichtnahme des Beschäftigten wäre ein falsches Verhalten auf Arbeitgeberseite. **Entfernen von Dokumenten:** Der Personalakte werden Unterlagen über wahre Tatsachen beigefügt. Ein Papier mit nachweisbar falschen oder ehrverletzenden Fakten ist hingegen herauszunehmen. Abmahnungen müssen auf Verlangen aus der Personalakte entfernt werden, wenn der Arbeitnehmer sich in einer bestimmten Zeitspanne untadelig verhalten hat.
Was ist ein Personalinformationssystem und welche Funktionen erfüllt es?	Ein Personalinformationssystem dient der Erfassung, Speicherung, Verarbeitung, Pflege, Analyse, Benutzung, Verbreitung, Disposition, Übertragung und Anzeige von Informationen, die die Personalverwaltung betreffen. Zu den Funktionen eines Personalinformationssystems gehören vor allem: ▷ Stammdatenverwaltung ▷ Personalabrechnung ▷ Zeitermittlung ▷ Administration ▷ Personalberichterstattung ▷ Personalplanung
Welche Informationen werden in einem Personalinformationssystem eingepflegt und verwaltet?	▷ Personaldaten bei Neueinstellung ▷ Ausbildungsdaten ▷ bisherige Tätigkeiten ▷ Arbeitsvertragsdaten ▷ Beschäftigungsdaten im Unternehmen ▷ Beurteilungsdaten ▷ Änderungsdienst für Personalien ▷ Adressdaten und Familiendaten

Ausgangssituation

In der Lohn- und Gehaltsabteilung der wwh GmbH sind für den abgelaufenen Monat unter anderem die drei folgenden Fälle zu bearbeiten:

Mitarbeiter	**Manfred Meier**	**Fertigung**
Lohnform	Zeitakkord	
Mindestlohn je Stunde	Lohngruppe IV	
Akkordzuschlag	15%	
geleistete Ist-Zeit	168 Std.	
Urlaubstage	keine	
Krankheitstage	keine	
Leistung im vergangenen Monat nach abgerechneten Akkordzetteln:	gefertigte Stück	Vorgabezeit/St.
Auftrag 6001-34	680	7,5 min,
Auftrag 6034-10	1050	2,6 min.
Auftrag 6058-14	780	3,8 min.
Mitarbeiter	**Franz Krause**	**Lager**
Zeitlohnempfänger		
Monatslohn	Lohngruppe III	
Sollzeit	168	Stunden
Ist-Zeit	184	Stunden
Überstundenvergütung	25	Prozent
Mitarbeiter	**Peter Müller**	**Reisender**
Gehaltsempfänger		
vereinbartes Grundgehalt		1 520,00 EUR
Sollarbeitszeit		168,00 Std.
vereinbarte Provision vom Umsatz		2,00 %
Umsatz im vergangenen Monat		52 480,50 EUR
Krankheitstage		2

Auszug aus dem Lohntarifvertrag der Elektro- und Metallindustrie

Lohngruppe	**Monats-lohn in EUR**	**Stunden-lohn in EUR**
I	1 740,00	10,44
II	1 760,00	10,56
III	1 788,00	10,73
IV	1 816,00	10,90
V	1 880,00	11,28
VI	1 965,00	11,79
VII	2 050,00	12,30
VIII	2 270,00	13,62
IX	2 400,00	14,40
X	2 552,50	15,32

Welche Rechtsgrundlagen muss die Lohn- und Gehaltsabteilung der wwh GmbH bei der Berechnung und Auszahlung der Löhne beachten?

Als Rechtsgrundlagen für die Personalentlohnung gelten folgende Quellen:

- Zunächst ist das **BGB** zu beachten. Darin wird im § 611 Abs. 1 der arbeitsrechtliche Zusammenhang zwischen dem zu zahlenden Arbeitsentgelt und der Arbeitsleistung begründet. Der Arbeitgeber wird gegenüber dem Arbeitnehmer zur Zahlung des vereinbarten Arbeitsentgelts verpflichtet.
- Der **Tarifvertrag** ist ein Vertrag zwischen Arbeitgeberverbänden bzw. einzelnen Arbeitgebern und Gewerkschaften, in dem die Entgeltbedingungen für einen bestimmten Zeitrahmen für beide Seiten verbindlich festgelegt werden, z. B. ein längerfristiger Manteltarifvertrag mit Angaben zu Urlaubszeiten und Urlaubsgeld bzw. ein- bis zweijährige Lohn- und Gehaltstarifverträge, die die Stunden und Monatslöhne sowie die Gehälter und Ausbildungsvergütungen regeln. Die Gruppe außertariflich bezahlter Arbeitnehmer bleibt von diesen Bestimmungen unberührt. Für sie gilt nur der individuelle Arbeitsvertrag (s. u.).
- Die **Betriebsvereinbarung** ist eine vertragliche Regelung zwischen einem Arbeitgeber und dem Betriebsrat, die auch Bestimmungen zur Entlohnung enthält. So hat der Betriebsrat nach § 87 BetrVG ein qualifiziertes Mitbestimmungsrecht bei der Einführung und Anwendung technischer Einrichtungen sowie bei Fragen der betrieblichen Lohngestaltung und bei der Festsetzung von Akkord- und Prämiensätzen.
- Der **Arbeitsvertrag** ist ein privatrechtlicher Vertrag, in dem sich der Arbeitgeber zur Lohnzahlung und der Arbeitnehmer zur Arbeit verpflichten. Hier können beide Parteien vom Tarifvertrag und Betriebsvereinbarung abweichende Vereinbarungen treffen, z. B. über die Lohnhöhe. Dies gilt allerdings nur, wenn diese Vereinbarungen für den Arbeitnehmer günstiger sind.

Berechnen Sie den Lohn für Manfred Meier aus der Fertigung für den vergangenen Monat.

Mindestlohn je Stunde		10,90 EUR
+ Akkordzuschlag 15%		1,64 EUR
= Akkordrichtsatz		12,54 EUR
Minutenfaktor	(12,54 : 60)	0,2089 EUR

Berechnung der im vergangenen Monat geleisteten Zeit		
Stückzahl	Zeit/Stück	Gesamtzeit
680	7,5	5 100 min
1.050	2,6	2 730 min
780	3,8	2 964 min
Summe		10 794 min

Bruttoentgelt = Summe geleistete Zeit · Minutenfaktor	
(10 794 · 0,2089)	2 255,05 EUR

Mit welchem Leistungsgrad hat Manfred Meier im vergangenen Monat gearbeitet?

$$\text{Leistungsgrad} = \frac{\text{Istleistung in Vorgabeminuten} \cdot 100}{\text{Anwesenheitszeit in Minuten}}$$

$$\text{Leistungsgrad Manfred Meier} = \frac{10\,794 \cdot 100}{168 \cdot 60} = 107{,}1\ \%$$

Berechnen Sie den Lohn für den Lagerarbeiter Franz Krause für den vergangenen Monat.

Monatslohn lt. Tarifvertrag	1 788,00 EUR	
+ Überstunden · Stundenlohn	171,68 EUR	(Stundenlohn TGr III)
+ Überstundenzuschlag hierauf 25 %	42,92 EUR	
= Bruttoentgelt	2 002,60 EUR	

Berechnen Sie das Bruttoentgelt für den Reisenden Peter Müller für den vergangenen Monat.

Zeitvergütung	1 520,00 EUR
+ Provision (1,5 % von 52480,50)	1 049,61 EUR
Bruttoentgelt	2 569,61 EUR

im Bruttoentgelt enthaltene Lohnfortzahlung für Krankheit (1520 : 168 · 16)	144,76 EUR

Für den Mitarbeiter Karl Gruber sind folgende Daten bekannt:
Lohngruppe VII: 12,30 EUR je Stunde;
tägliche Arbeitszeit 8 Stunden;
Jahresurlaub 30 Werktage;
ges. Feiertage im vergangenen Jahr: 11;
Fehlzeiten wegen Krankheit: 10;
Urlaubsgeld: 1 240,00 EUR;
Weihnachtsgeld 1 735,00 EUR;
AG-Anteil zur SV: 20,2 % vom Brutto;
Unfallversicherung: 1,5 % vom Brutto;
sonstigen sozialen Aufwendungen je Arbeitnehmer (Kantine etc.): 2 400,00 EUR.

a. Wie viel kostet den Betrieb eine Arbeitsstunde von Karl Gruber tatsächlich?

b. Wie hoch sind die Lohnnebenkosten für Karl Gruber in Prozent vom Bruttolohn?

a.

betriebliche Arbeitszeit (365 – 104 – 11)	250	Tage	2 000 Std.
- Urlaubstage	30	Tage	
= Sollarbeitszeit von Karl Gruber	220	Tage	1 760 Std.
- Krankheitstage von Karl Gruber	10	Tage	
= Istarbeitszeit von Karl Gruber	210	Tage	1 680 Std.

Bruttolohn (2 000 · 12,30)	24 600,00
Urlaubsgeld + Weihnachtsgeld	2 975,00
Bruttoentgelt	27 575,00
Sozialversicherung 21,70 %	5 983,78
Sonstige Kosten	2 400,00
Gesamtkosten Jahr	35 958,78
Kosten pro geleisteter Arbeitsstunde (1680 Std.)	21,40

b. Die Lohnnebenkosten von Karl Gruber betragen 9,10 EUR = 74,0 % von 12,30.

Ausgangssituation

Für den neu eingestellten Mitarbeiter Roland Godwin (31 Jahre, verheiratet, zwei Kinder) ist für den Monat April eine Gehaltsabrechnung durchzuführen. Herr Godwin ist insbesondere wegen seiner fachlichen Kompetenz (Abschluss einer kaufmännischen Ausbildung, 6-jährige Berufserfahrung als Sachbearbeiter Einkauf, davon vier Jahre nach Gehaltsgruppe IV entlohnt) und seiner sozialen Kompetenz eingestellt worden. Er untersteht dem Abteilungsleiter Einkauf und soll nach grundsätzlichen Anweisungen eigenständig die Arbeiten erledigen, die in der Stellenbeschreibung aufgeführt sind. Zunächst soll er innerhalb der Probezeit nach Tarif bezahlt werden. Bei entsprechender Eignung erhält er anschließend einen Zuschlag von 20 % auf das Tarifgehalt.

Auszug aus dem Gehalts- und Lohnrahmenabkommen bzw. aus dem Gehaltsabkommen:

Gehaltsgruppe I: Ausführen von überwiegend schematischen oder mechanischen Tätigkeiten, für die keine Berufsausbildung erforderlich ist.

Gehaltsgruppe II: Ausführen von Tätigkeiten nach eingehenden Anweisungen, die Kenntnisse und Fertigkeiten erfordern, wie sie unter anderem durch eine zweijährige einschlägige Ausbildung vermittelt werden.

Gehaltsgruppe III: Ausführen von Tätigkeiten nach Anweisungen, die Kenntnisse und Fertigkeiten erfordern, wie sie durch eine abgeschlossene Ausbildung als Industriekaufmann oder eine gleichwertige Ausbildung erworben werden.

Gehaltsgruppe IV: Selbstständiges Ausführen von Tätigkeiten, nach allgemeinen Anweisungen, die Kenntnisse und Berufserfahrung erfordern, wie sie durch mehrjährige einschlägige Tätigkeiten nach erfolgter kaufmännischer Ausbildung erlangt werden.

Gehaltsgruppe V: Selbstständiges und verantwortliches Ausführen von Tätigkeiten nach allgemeinen Richtlinien, die gründliche Fachkenntnisse und umfangreiche einschlägige Erfahrungen erfordern sowie eine Übersicht über die Zusammenhänge mit angrenzenden Tätigkeitsbereichen voraussetzen.

Gehaltsgruppe VI: Selbstständige und verantwortliche Tätigkeit mit Dispositions-, Weisungs- oder Aufsichtsbefugnis.

Tarifliche Monatsmindestgehälter (in EUR)

In den Gehaltsgruppen I und II gelten folgende Bedingungen: Stufe 1: bis zum Alter von 21 Jahren, Stufe 2: bis zum Alter von 23

	Gehaltsgr. I	Gehaltsgr. II	Gehaltsgr. III	Gehaltsgr. IV	Gehaltsgr. V	Gehaltsgr. VI
Stufe 1	1 249,00	1 324,00	1 362,00	1 712,00	2 070,00	2 645,00
Stufe 2	1 303,00	1 380,00	1 433,00	1 850,00	2 195,00	2 844,00
Stufe 3	1 353,00	1 437,00	1 541,00	2 049,00	2 320,00	3 045,00
Stufe 4	1 410,00	1 498,00	1 680,00	2 180,00	2 502,00	3 320,00

Jahren, Stufe 3: bis zum Alter von 25 Jahren, Stufe 4: über 25 Jahre.

In den Gehaltsgruppen III bis VI gelten folgende Bedingungen: Stufe 1: im 1. und 2. Jahr der Tätigkeit in der Gehaltsgruppe, Stufe 2: im 3. und 4. Jahr der Tätigkeit in der Gruppe, Stufe 3: im 5. Jahr der Tätigkeit in der Gruppe, Stufe 4: ab dem 6. Jahr der Tätigkeit in der Gruppe.

Unterscheiden Sie die Begriffe Personalplanung und Personalentwicklung.

Personalplanung
Ziel ist die Bedarfsfeststellung der erforderlichen Mitarbeiter in den einzelnen Abteilungen:
- ▷ Quantitativer Personalbedarf (Anzahl der erforderlichen Mitarbeiter)
- ▷ Qualitatitiver Personalbedarf (notwendige Qualifikationen der Mitarbeiter)

Personalentwicklung
Ziel ist die Anpassung der Qualifikationen der Mitarbeiter an sich ständig ändernde Anforderungen der zu besetzenden Stelle durch
- ▷ Berufsausbildung,
- ▷ Weiterbildung,
- ▷ Führungskräfteentwicklung.

Klären Sie unter Berücksichtigung des oben aufgeführten Auszugs aus dem Gehalts- und Lohnrahmenabkommen folgende Fragen:

1. In welche Gehaltsgruppe wird Herr Godwin eingruppiert?
Gehaltsgruppe IV, Stufe 3
Gehaltsgruppe IV (selbstständiges Ausführen von Tätigkeiten und mehrjährige Tätigkeit nach erfolgter kaufmännischer Ausbildung)
Stufe 3 (Er ist im 5. Jahr der Tätigkeit in dieser Gehaltsgruppe.)

2. Wie hoch ist sein Gehalt während der Probezeit?
2 049,00 EUR

3. Welches Gehalt erhält er bei entsprechender Eignung nach der Probezeit?
2 458,80 EUR

Ausgangssituation

Zum 30.04. wird die Gehaltsabrechnung durchgeführt. Der neue Mitarbeiter, Herr Godwin, legt die abgebildete Lohnsteuerkarte vor. Zusätzlich sind die Informationen aus dem Personalstammblatt zu beachten. Weiterhin sind noch zu berücksichtigen: Beitragssatz Pflegeversicherung 1,95 %; Beitragssatz Rentenversicherung 19,9 %; Beitragssatz Arbeitslosenversicherung 2,8 %.

Alle Eintragungen in der Lohnsteuerkarte genau prüfen!
Lesen Sie die Informationsschrift „Lohnsteuer 20..

Ordnungsmerkmale des Arbeitgebers

Lohnsteuerkarte 20..

Gemeinde und AGS
STADT 32006 HERFORD   AGS 05 7 58 008

Finanzamt und Nr.
FINANZAMT 32006 HERFORD   NR. 5324

Geburtsdatum
08.04.xxxx

I. Allgemeine Besteuerungsmerkmale

Steuerklasse	Kinder unter 18 Jahren: Zahl d. Kinderfreibeträge
VIER	1,0

Kirchensteuerabzug
EV

ROLAND GODWIN
WERRESTR.14
32006 HERFORD

(Datum)
25.09.20..

(Gemeindebehörde)
STADT HERFORD

II. Änderungen der Eintragungen im Abschnitt I

Steuerklasse	Zahl der Kinderfreibeträge	Kirchensteuerabzug	Diese Eintragung gilt, wenn sie nicht widerrufen wird:	Datum, Stempel und Unterschrift der Behörde
			vom 200x an bis zum 31.12.200x	i. A.
			vom 200x an bis zum 31.12.200x	i. A.
			vom 200x an bis zum 31.12.200x	i. A.

III. Für die Berechnung der Lohnsteuer sind vom Arbeitslohn als steuerfrei **abzuziehen**:

Jahresbetrag €	monatlich €	wöchentlich €	täglich €	Diese Eintragung gilt, wenn sie nicht widerrufen wird:	Datum, Stempel und Unterschrift der Behörde
2.400	200	---	---	vom 01.01. 20.. an	24. NOV. 20..
in Buchstaben zwei -tausend	vier	Zehner und Einer wie oben -hundert		bis zum 31.12.200x	i. A.
				vom 20.. an	
in Buchstaben -tausend		Zehner und Einer wie oben -hundert		bis zum 31.12.200x	i. A.
Ggf. zusätzlich z. o.a. Freibetrag				vom 20.. an	
in Buchstaben -hundert (Zehner u. Einer wie oben) bei der Tätigkeit als					i. A.

Auszug aus dem Personalstammblatt:

Firma wwh GmbH			Personalstammblatt
Persönliche Angaben			
Personal-Nummer:	1703	Tel. privat:	
Name, Vorname:	Godwin, Roland	Geburtsdatum:	08.04.19..
Straße:	Werrestr. 14	Geb.-Name:	
PLZ, Ort:	32006 Herford	Staatsangehörigk.:	dt.
Krankenversicherung			
SV-Schlüssel	1-2-1		
KV-Kasse:	GKK Bielefeld		
allg. Beitragssatz:	Arbeitnehmer: 7,9 % (einschließlich Sonderbeitrag von 0,9 %)		
	Arbeitgeber: 7,0 %		
Firma		**Bankverbindung**	
Eintritt:	01.04.20..	Kreditinstitut:	Sparkasse Herford
Austritt:		BLZ:	494 501 20
Abteilung:	Einkauf	Kto.-Nr.:	11 400 45732
Kostenstelle:			
Vermögenswirksame Leistungen			
Vertrag 1	Bausparvertrag		
Überweisung:	40,00 €	Bank:	WestLB Münster
Zuschuss AG:	26,00 €	BLZ:	400 500 00
Empfänger:	BLS	Kto.-Nr.:	6242
Vertrags-Nr.:	5 421 500 421		
Vertrag 2			
Überweisung:		Bank:	

Lohn €/ Gehalt € bis	Steuerkl.	Lohnsteuer	ohne Kinderfreibeträge SolZ	ohne Kinderfreibeträge Kirchenst. 8 %	ohne Kinderfreibeträge Kirchenst. 9 %	0,5 SolZ	0,5 Kirchenst. 8 %	0,5 Kirchenst. 9 %	1,0 SolZ	1,0 Kirchenst. 8 %	1,0 Kirchenst. 9 %	1,5 SolZ	1,5 Kirchenst. 8 %	1,5 Kirchenst. 9 %	2,0 SolZ	2,0 Kirchenst. 8 %	2,0 Kirchenst. 9 %
						mit Zahl der Kinderfreibeträge											
1875,24	I	300,34	16,51	24,03	27,03	14,04	20,42	22,97	11,62	16,90	19,01	9,25	13,46	15,14	6,94	10,10	11,37
	II	227,65	12,52	18,21	20,49	10,13	14,74	16,58	7,81	11,36	12,77	4,48	8,05	9,05	-	4,83	5,43
	III	73,88	-	5,91	6,65	-	2,88	3,24	-	-	-	-	-	-	-	-	-
	IV	300,34	16,51	24,03	27,03	15,27	22,22	24,99	14,04	20,42	22,97	12,82	18,65	20,98	11,62	16,90	19,01
	V	567,70	31,22	45,41	51,09	-	-	-	-	-	-	-	-	-	-	-	-
	VI	602,30	33,13	38,18	54,21	-	-	-	-	-	-	-	-	-	-	-	-
1877,54	I	301,06	16,56	24,08	27,09	14,08	20,48	23,03	11,66	16,95	19,08	9,29	13,51	15,20	6,98	10,15	11,42
	II	228,37	12,56	18,27	20,55	10,17	14,80	16,64	7,84	11,41	12,83	4,61	8,10	9,11	-	4,88	5,49
	III	73,88	-	5,91	6,65	-	2,88	3,24	-	-	-	-	-	-	-	-	-
	IV	301,06	16,56	24,08	27,09	15,31	22,27	25,05	14,08	20,48	23,03	12,86	18,71	21,04	11,66	16,95	19,08
	V	568,56	31,27	45,48	51,17	-	-	-	-	-	-	-	-	-	-	-	-
	VI	603,24	33,18	48,26	54,29	-	-	-	-	-	-	-	-	-	-	-	-

Ermitteln Sie
1. das steuerpflichtige Gehalt,
2. das sozialversicherungspflichtige Gehalt.

1.	Bruttogehalt	2 049,00 EUR
	+ Arbeitgeberzuschuss zu den vermögenswirksamen Leistungen	26,00 EUR
		2 075,00 EUR
	– Monatlicher Steuerfreibetrag lt. Lohnsteuerkarte	200,00 EUR
	Steuerpflichtiges Gehalt	1 875,00 EUR
2.	Bruttogehalt	2 049,00 EUR
	+ Arbeitgeberzuschuss zu den vermögenswirksamen Leistungen	26,00 EUR
	Sozialversicherungspflichtiges Gehalt	2 075,00 EUR

Erstellen Sie die Gehaltsabrechnung für den Mitarbeiter Roland Godwin für den Monat April.

Herr Godwin erhielt am 15. April einen Vorschuss auf sein Gehalt in Höhe von 500,00 EUR.

	Bruttogehalt (einschließlich AG-Zuschuss vermögenswirksame Leistungen)	2 075,00 EUR
–	Lohnsteuer (von 1 875,00 EUR – LSt-Kl. IV)	300,34 EUR
–	Kirchensteuer (9 % für NW – LSt-Kl. IV/1,0 Kinderfreibeträge)	22,97 EUR
–	Solidaritätszuschlag (LSt-Kl. IV/1,0 Kinderfreibeträge)	14,04 EUR
–	Arbeitnehmeranteil Rentenversicherung (9,95 % von 2 075,00 EUR)	206,46 EUR
–	Arbeitnehmeranteil Arbeitslosenversicherung (1,4 % von 2 075,00 EUR)	29,05 EUR
–	Arbeitnehmeranteil Krankenversicherung (7,9 % von 2 075,00 EUR)	163,93 EUR
–	Arbeitnehmeranteil Pflegeversicherung (0,975 % von 2 075,00 EUR)	20,23 EUR
	Nettogehalt	1 317,98 EUR
–	Vorschuss	500,00 EUR
–	Überweisung vermögenswirksame Leistungen	40,00 EUR
	Überweisungsbetrag	777,98 EUR

Ausgangssituation

In der wwh GmbH wird zur Beurteilung der Leistungen der einzelnen Mitarbeiter ein standardisiertes Beurteilungsverfahren eingesetzt. Abgebildet ist der noch unvollständige Beurteilungsbogen für Frau Alena Kepel aus dem Einkauf.

wwh GmbH **Beurteilungsbogen**

Name/Vorname: Kepel, Alena Tarifeinstufung: K 4

Abteilung: Einkauf Effektivgehalt: 2 320,00

Personalnummer: 320-5

Beurteilungsmerkmale	Gewichtungsfaktor = G	Maximale PZ (G · 8)	Punktzahl PZ 1 – 8	gewichtete Punktzahl
1. Arbeitgüte	10	80	7	
2. Arbeitsmenge	8	64	8	
3. Organisation und Planung	6	48	6	
4. Engagement/Selbstständigkeit	8	64	7	
5. Zusammenarbeit/Teamfähigkeit	6	48	7	
6. Ergebnis des Arbeitsbereiches	9	72	6	
7. Personalführung	-	-	-	-
	Summe 1 =	376	Summe 2 =	

erreichte Prozentzahl: ______ = Summe 2 · 100 / Summe 1

Beurteilung erstellt am: ______

Beurteilung besprochen am: ______

Unterschriften:

Mitarbeiter Beurteilender Bereichsleiter

Um die im Beurteilungsbogen genannten Beurteilungsmerkmale zu konkretisieren, geben Sie für jedes genannte Kriterium je zwei praktische Beispiele.	1. Arbeitgüte: Genauigkeit der Arbeit, fehlerlose Briefe und E-Mails, geringe Abweichungen von den Planzahlen, präzise Ausführung von Vorgängen 2. Arbeitsmenge: Anzahl von bearbeiteten Vorgängen, Menge der beantworteten E-Mails und Briefe, Anzahl der Telefonate, Summe des Einkaufsvolumens 3. Organisation und Planung: Planung des Tagesablaufs, Organisation der eigenen Arbeitsabläufe, übersichtliche Terminplanung 4. Engagement/Selbstständigkeit: liefert Anregungen für Verbesserung von Arbeitsabläufen, ergreift die Initiative beim Wechsel von Materialien oder Lieferanten, stellt selbstständig Verbindung zu neuen Lieferanten her 5. Zusammenarbeit/Teamfähigkeit: stimmt sich mit anderen Mitarbeitern der Gruppe ab, hält Kontakt zu anderen Abteilungen, hilft Kollegen bei Problemen, nimmt erfolgreich an verschiedenen Ausschüssen teil 6. Ergebnis des Arbeitsbereiches: Zufriedenheit bei anderen Abteilungen über die Leistung dieser Stelle, keine Reibungsverluste, hohe Einsparungen 7. Personalführung: motiviert Mitarbeiter, delegiert Tätigkeiten, führt sachgerecht

Berechnen Sie die erreichte Leistungsprozentzahl der Mitarbeiterin Alena Kepel.	Um die gewichtete Punktzahl zu erhalten, müssen die gegebenen Punkte mit den Gewichtungsfaktoren multipliziert und addiert werden: 70 + 64 + 36 + 56 + 52 + 54 = 332 (Summe 2). Diese Zahl ins Verhältnis gesetzt zu der maximal erreichbaren Punktzahl (Summe 1) ergibt 88,2 %. Das ist eine gute bis sehr gute Leistung.

Was versteht man ganz allgemein unter dem Begriff Personalentwicklung?	Personalentwicklung umfasst alle Maßnahmen der Bildung und Förderung von Mitarbeitern und der Organisationsentwicklung, die von einer Organisation oder Person zielorientiert geplant, realisiert und evaluiert werden. Sie hat es sich zum Ziel gesetzt, Menschen, Gruppen und Organisationen dazu zu befähigen, ihre Aufgaben in betrieblichen Arbeitssystemen erfolgreich zu bewältigen und sich neuen Herausforderungen zu stellen. Sie umfasst die gezielte Förderung des Humkapitals, um die Unternehmensziele unter Berücksichtigung der Bedürfnisse und der Qualifikation des Mitarbeiters oder einer Gruppe von Mitarbeitern optimal zu erreichen.
Wie wird der Bedarf für Personalentwicklungsmaßnahmen festgestellt?	Treten soziale oder fachliche Mängel auf, müssen die Ursachen hierfür gesucht werden, um passende PE-Maßnahmen anbieten zu können. Ursachen können in folgenden Bereichen liegen: ▷ Wissen: (Sind die Mitarbeiter informiert? Haben sie es verstanden?) ▷ Wollen: (Sind sie motiviert? Was demotiviert sie?) ▷ Können: (Sind sie ausgebildet? Haben sie genug trainiert?) ▷ Dürfen: (Trauen sie sich, kreativ/kollektiv zu handeln?) Die Bedarfsermittlung für PE-Maßnahmen muss immer auch die Bedürfnisse der Mitarbeiter berücksichtigen. Um die Frage nach der Motivation von Mitarbeitern zu beantworten, kann die Personalentwicklung an zwei Punkten ansetzen: ▷ Defizitorientierung (Was hindert unsere Mitarbeiter daran, erfolgreich zu sein?) ▷ Ressourcenorientierung (Welche Fähigkeiten, Träume und Kenntnisse haben unsere Mitarbeiter noch zur Verfügung?) Um konkreten PE-Bedarf festzustellen, kommen folgende Instrumente zum Einsatz: ▷ Erstellen von Anforderungsprofilen ▷ IQ-Tests ▷ Auswahlverfahren ▷ Interview ▷ Persönlichkeitstests ▷ Arbeitsbewertung ▷ Leistungserfassung ▷ Leistungsbewertung ▷ Assessment-Center
Nennen Sie Beispiele für fachliche und soziale Fähigkeiten, die im Rahmen der Personalentwicklung gefördert werden können.	**Fachliche Fähigkeiten** ▷ berufsspezifisches Wissen ▷ Fachkenntnisse ▷ Fertigkeiten ▷ Arbeitstempo ▷ Kostenbewusstsein ▷ unternehmerisches Denken ▷ allgemeine Planungskenntnisse ▷ Kenntnisse zur Qualitätserreichung ▷ Organisationsfähigkeit ▷ Handhabung von Hilfsmitteln ▷ analytisches Denken ▷ Fremdsprachen **Soziale Fähigkeiten** ▷ Selbstbewusstsein ▷ Selbstmanagement ▷ Engagement in der Gruppe ▷ Führungskompetenz ▷ Qualitätsbewusstsein ▷ Leistungsbereitschaft ▷ Ausdrucksfähigkeit ▷ Innovationsfreude ▷ Kooperationsfähigkeit ▷ Konflikt- und Kritikfähigkeit ▷ Präsentationsfähigkeit ▷ Fairness
Mit welchen PE-Maßnahmen kann das Leistungspotenzial der Mitarbeiter gefördert werden? Nennen Sie Beispiele.	▷ regelmäßige Beurteilungen und Mitarbeitergespräche ▷ Einarbeitungsprogramme/Schulungen/Trainings/E-based Learning ▷ Führungsnachwuchsprogramme als spezielle Schulungen ▷ Austauschprogramme mit anderen Unternehmen oder Einrichtungen ▷ Job-Rotation = ein Mitarbeiter arbeitet planmäßig im Laufe eines bestimmten Zeitraumes auf verschiedenen Stellen eines Betriebes oder einer Abteilung ▷ Job-Enrichment = Arbeitsbereicherung, indem einem Mitarbeiter z. B. verantwortungsvollere oder höherwertigere Tätigkeiten hinzu gegeben werden ▷ Job-Enlargement = Arbeitserweiterung erfolgt durch Rationalisierung von bestehender Arbeit und Hinzufügung neuer Tätigkeiten ▷ Supervision = mehrere Mitarbeiter besprechen ihre Arbeit unter Anleitung eines Supervisors ▷ Coaching = individuelle Betreuung im beruflichen Zusammenhang

Ausgangssituation

Die Geschäftsführung versendet an die Abteilungsleiter die folgende interne Mitteilung per E-Mail:

wwh GmbH

Interne Mitteilung

von: Geschäftsleitung

an: alle Abteilungsleiter

Strategisches Planungsgespräch/Unternehmenskultur

Sehr geehrte Damen und Herren,

wie Sie wissen, werden wir am 11./12. November unsere Klausurtagung im Hotel Wiesengrund in Rödinghausen zur o. g. Thematik durchführen.

Zur Vorbereitung auf diese Sitzung, in der wir die Grundlinien eines Unternehmensleitbildes als Grundlage für unsere strategische Planung diskutieren wollen, bitte ich Sie, sich im Vorfeld schon einmal Gedanken zu folgenden Fragen zu machen und ihre Notizen und ggf. Daten bis zum 09.11. per E-Mail an den Gesamtverteiler zu übermitteln:

1. Vision (Wo soll die wwh GmbH in 5 bis 10 Jahren sein?)
2. Zugehörigkeit (Zu welcher Gruppe gehören wir, wer sind unsere Kunden, wer sind unsere Mitbewerber im Markt?)
3. Identität (Wer sind wir?)
4. Mission (Wem dient das Unternehmen?)
5. Glaubenssätze, Werte, Leitbild (Warum tun wir das, was wir tun?)
6. Fähigkeiten, Potenziale (Wie erledigen wir unseren Auftrag?)
7. Verhalten, Strategien (Was tun wir, um unsere Ziele zu erreichen?)
8. Arbeitsumfeld, betriebliche Strukturen (Wo tun wir es?)

Mit freundlichem Gruß

Petersen
Petersen
Geschäftsführer

Datum: 01.11.20..

Was ist allgemein unter dem Begriff Unternehmenskultur zu verstehen?	Unternehmenskultur bezeichnet die Entstehung, Entwicklung und den Einfluss kultureller Aspekte innerhalb eines Unternehmens oder einer Organisation. Die Unternehmenskultur wirkt auf alle Bereiche des Unternehmens (Beziehungen zu Kollegen, Kunden und Lieferanten, Kommunikation usw.). Jede Aktivität in einer Organisation ist durch ihre Kultur gefärbt und beeinflusst. Das Verständnis der Unternehmenskultur erlaubt es den Mitgliedern, ihre Ziele besser verwirklichen zu können, und den Außenstehenden, die Organisation besser zu verstehen. Jede Organisation bildet eine spezifische Kultur heraus, die das organisatorische Verhalten maßgeblich bestimmt. Sie ergibt sich aus dem Zusammenspiel von Werten, Normen und Denkhaltungen, die die Mitarbeiter teilen: was das Zusammenleben in der Organisation sowie das Auftreten nach außen hin prägt.

Im Anschreiben der Geschäftsführung ist davon die Rede, dass die Grundlinien eines Unternehmensleitbildes aufgezeichnet werden sollen. **Welche Aufgabe hat ein solches Unternehmensleitbild?**	Ein Leitbild ist eine klar gegliederte, langfristige Zielvorstellung eines Unternehmens oder einer Institution und beinhaltet, mit welchen Strategien diese Unternehmensziele erreicht werden sollen. Insofern ist das Unternehmensleitbild die Ausformulierung der Unternehmenskultur in Hinblick auf folgende Funktionen und Inhalte: ▷ Orientierungsfunktion bedeutet, dass die Mitarbeiter ihr betriebliches Handeln am Leitbild ausrichten können. Dazu gehören Werte, Normen, Regeln und Vorbilder. ▷ Integrationsfunktion bedeutet, dass ein Wir-Gefühl in der Organisation entstehen soll, also die Corporate Identity und der Kommunikationsstil. ▷ Entscheidungsfunktion bedeutet, dass das Leitbild die Regeln für die Lösung von Krisen festlegt und die Spielräume umreißt, die das Unternehmen und die Manager bei Entscheidungen haben. ▷ Koordinierungsfunktion bedeutet, dass das Leitbild geeignet sein muss, das Zusammenwirken von Mitarbeitern, Führungskräften, Kunden, Lieferanten und der Öffentlichkeit zu verbessern.

Erklären Sie den Begriff „Corporate Identity".	Dieser Begriff, abgekürzt CI, (auch Unternehmensidentität) ist der abgestimmte Einsatz von Verhalten, Kommunikation und Erscheinungsbild nach innen und außen. Basis dafür ist das Unternehmensleitbild, welches durch die Corporate Identity mit Leben gefüllt wird. Die CI ist also die „Persönlichkeit" bzw. der „Charakter" einer Organisation, die als einheitlicher Akteur – mit sozusagen menschlichen Eigenschaften – handelt und wahrgenommen wird.

Zwischen welchen Bereichen wird im Rahmen der Corporate Identity unterschieden?	▷ Unter **Coporate Design** (CD) wird die visuelle Identität verstanden, die als tägliches Erscheinungsbild in der Öffentlichkeit Teil der Corporate Identity ist. Eine Ausweitung erfährt Corporate Design zunehmend durch weitere wahrnehmbare Merkmale wie z. B. den akustischen Auftritt (Corporate Sound). ▷ Die **Corporate Communication** (CC) umfasst die gesamte Unternehmenskommunikation nach innen und nach außen. Dadurch wird ein einheitliches Erscheinungsbild vermittelt und der damit verbundene Eindruck bei den Kun-den verstärkt. Corporate Communication wird angewendet bei Werbemaßnahmen (Anzeigen, Plakaten, Werbebotschaften, TV-Spots usw.) und der Öffentlichkeitsarbeit (Pressemitteilungen, Sponsoring usw.). Aber auch bei unternehmensinterner Kommunikation (z. B. E-Mails an Mitarbeiter, Mitarbeiterzeitungen) findet CC Anwendung. ▷ Die **Corporate Philosophy** (CP) beinhaltet das Selbstverständnis des Unternehmens und spiegelt häufig die persönlichen Einstellungen des Firmengründers wider. Sie liefert die notwendigen Informationen über Werte, Normen und Rollen. ▷ Die **Corporate Culture** ist die Verhaltensebene des Unternehmens, wie das Unternehmen täglich arbeitet und lebt und bildet damit die Verwirklichung des Unternehmensleitbildes. ▷ Zum **Coporate Behaviour** (CB) als Unternehmenskultur gehören das Verhalten der Mitarbeiter untereinander, gegenüber Kunden sowie zu Lieferanten, Partnern und der Öffentlichkeit. Corporate Behaviour zeigt sich u. a. in der Mitarbeiterführung, im Umgangston, in der Kritikfähigkeit.

An welchen Signalen lässt sich nach außen erkennen, ob ein Unternehmen ein klares „Coporate Design" hat?	Corporate Design findet Anwendung bei der Gestaltung von ▷ Zeichen (Firmenlogo), ▷ Arbeitskleidung (Corporate Clothing: Uniformen), ▷ Formularen, Briefen, E-Mails, Visitenkarten, ▷ Architektur der Betriebsgebäude, Farbgebung usw.

Welche Probleme können sich ergeben, wenn ein Unternehmen zu starr einem einmal definierten Unternehmensleitbild folgt?	▷ Uniformität und Eintönigkeit im Verhalten der Organisation (Vereinheitlichung) ▷ Blockade neuer Orientierungsmuster ▷ Verführung zum Denken in Stereotypen ▷ Gefahr des Produktivitätsverlustes durch Mangel an Kreativität ▷ mangelnde Identifikation mit den starren Vorgaben des Unternehmens

Einführung

Auswahl, Aufbau und Aufbereitung der Lerninhalte berücksichtigen den Stoffkatalog der Aufgabenstelle für die kaufmännischen Abschluss- und Zwischenprüfungen (AkA/IHK).

Den neuen Anforderungen entsprechend können nicht alle Bereiche der Bürowirtschaft in Form von formulierten komplexen Ausgangssituationen behandelt werden.

Aus diesem Grund folgt nach den Doppelseiten mit Ausgangsfall eine systematische Darstellung des Kernwissens.

Prüfungsfach **Stichwort**

Offene Fragestellung/Arbeitsauftrag zum Themenbereich	
Hauptpunkt	Lösung
Hauptpunkt	Lösung

Offene Fragestellung/Arbeitsauftrag zum Themenbereich		
Hauptpunkt	Unterpunkt	Lösung
	Unterpunkt	Lösung

Stichwort

Offene Fragestellung/Arbeitsauftrag zum Themenbereich		
Hauptpunkt	Lösung	
Hauptpunkt	Unterpunkt	Lösung
	Unterpunkt	Lösung
	Unterpunkt	Lösung
	Unterpunkt	Lösung

Offene Fragestellung/Arbeitsauftrag zum Themenbereich	
Hauptpunkt	Lösung

Aufbau Typ II

Einzelseite mit Kernwissen

Was versteht man unter dem Begriff „Organisation“?

Organisation	Der Begriff Organisation wird in dreifacher Weise verwendet: 1. Organisation als *Tätigkeit*: „Der Betrieb wird organisiert.“ 2. Organisation als *Ergebnis* der Tätigkeit: „Der Betrieb hat eine Organisation.“ 3. Organisation als *Umschreibung* eines sozio-technischen Systems: „Der Betrieb ist eine Organisation.“
Teilbereiche	Die **Aufbauorganisation** beantwortet die Frage: *„Wer übernimmt welche Aufgabe?“* Sie beinhaltet die Ordnung von Zuständigkeiten, die sich aus der Aufgabenverteilung ergibt. Die **Ablauforganisation** beantwortet die Frage: *„Wie wird die Aufgabe erfüllt?“* Sie beinhaltet die Regelung der Arbeitsabläufe hinsichtlich Ort, Zeit, Sachmitteln und Tätigkeit.

Erläutern Sie die Aufgabenanalyse als Voraussetzung für die Aufbauorganisation.

Aufgabenanalyse	Im Rahmen der Aufgabenanalyse wird die Gesamtaufgabe eines Unternehmens in ihre Teilaufgaben zerlegt. Sie ist erforderlich, um im Rahmen der Aufgabensynthese Aufgaben zu bündeln und zu Stellen zusammenzufassen.
Vorgehensweise	1. Schritt: Zerlegung der Gesamtaufgabe in Hauptaufgaben 2 Schritt: Zerlegung der Hauptaufgaben in Teilaufgaben 3 Schritt: Zerlegung der Teilaufgaben in Elementaraufgaben
Gliederungsmerkmale	▷ **Verrichtung:** Welche Tätigkeiten sind erforderlich? ▷ **Objekt:** An welchen Dingen vollziehen sich die Verrichtungen? ▷ **Phase:** Planende, ausführende oder kontrollierende Aufgabe? ▷ **Rang:** Handelt es sich um Aufgaben mit Leitungsbefugnis oder nicht? ▷ **Zweckbeziehung:** Dient die Teilaufgabe unmittelbar oder nur mittelbar der Leistungserstellung?

Wie erfolgt die Stellen- und Abteilungsbildung?

Aufgabensynthese	Aufgabensynthese ist die Zusammenfassung sachlogisch zusammenhängender Teilaufgaben zu Aufgabenkomplexen im Hinblick auf ihre Erfüllung durch einen Aufgabenträger. Ergebnis der Aufgabensynthese ist die Bildung von Stellen und Abteilungen.
Gründe für die Aufgabensynthese	▷ **Spezialisierung:** Der Bestand eines Unternehmens ist von seiner Stellung am Markt abhängig. Daher sind die Mitarbeiter gezwungen, sich zu spezialisieren. ▷ **Überschaubarkeit:** Die Spezialisierung der Mitarbeiter kann dazu führen, dass immer mehr Teilaufgaben auf verschiedene Mitarbeiter verteilt werden müssen. Dies kann bei schlechter Organisation zu einer mangelnden Überschaubarkeit führen. ▷ **Kompetenzklarheit:** Damit schnell und richtig entschieden werden kann, muss klar sein, wer die Kompetenzen und die Verantwortung hat.
Stellenbildung	Je nach Größe des Unternehmens werden Haupt- oder Teilaufgaben sinnvoll zusammengefasst und einer Stelle zugeordnet. Stellen sind die kleinsten Organisationseinheiten eines Betriebes. Damit die Aufgaben einer Stelle auch bei Einarbeitung eines neuen Stelleninhabers klar erkennbar sind, wird als Hilfsmittel die Stellenbeschreibung verwendet. Sie legt folgende Punkte fest: ▷ Bezeichnung der Stelle ▷ instanzielle Eingliederung ▷ Stellenvertretung ▷ Ziele der Stelle ▷ Aufgaben, Verantwortlichkeiten und Kompetenzen ▷ persönliche Anforderungen an den Stelleninhaber
Stellenarten	▷ **Ausführende Stellen** sind Stellen, die keine Leitungsbefugnisse besitzen (z. B. Sachbearbeiter, Schreibkraft). ▷ **Instanzen** sind Stellen, die Anordnungs- und Entscheidungsbefugnisse gegenüber rangniedrigeren Stellen haben (z. B. Abteilungsleiter, Geschäftsführer). ▷ **Stabstellen** sind Hilfsstellen der Instanz und nicht weisungsberechtigt. Sie bereiten durch Informationen und Beratung die Entscheidung der Instanz vor.
Abteilungsbildung	Stellen, die gleiche oder ähnliche Arbeiten verrichten, werden zu größeren organisatorischen Einheiten (Abteilungen) zusammengefasst. Ein Abteilungsleiter übernimmt die Verantwortung für die Abteilung. Abteilungen können nach den gleichen Prinzipien gebildet werden, nach denen auch die Aufgabenanalyse erfolgt: ▷ Abteilungsbildung nach Objekten *(Beispiel: Bereiche Kühlschränke, Waschmaschinen und Geschirrspülmaschinen bei einem Küchenmaschinenhersteller)* ▷ Abteilungsbildung nach Verrichtungen *(Beispiel: Einkauf, Lagerhaltung, Verkauf, Rechnungswesen in einer Holzgroßhandlung)* ▷ Abteilungsbildung nach Phasen *(Beispiel: Arbeitsvorbereitung, Fertigungsdurchführung, Qualitätskontrolle in der Fertigung eines Computerherstellers)*

Erklären Sie die wesentlichen Begriffe des aufbauorganisatorischen Gefüges eines Unternehmens.	
Betriebshierarchie	Durch Stellen- und Abteilungsbildung werden gleichzeitig auch Über- bzw. Unterordnungsverhältnisse in einem Betrieb vorgegeben. Die Betriebshierarchie zeigt die Einordnung von Stellen in das Weisungssystem eines Unternehmens.
Leitungssystem	Ein Leitungssystem beschreibt die Weisungsbeziehungen der übergeordneten zu den untergeordneten Stellen sowie die Berichtswege der untergeordneten zu den übergeordneten Stellen für die Kontrollinformationen.
Leitungsspanne	Die Leitungsspanne gibt die Anzahl der einem Vorgesetzten direkt unterstellten Mitarbeiter an. Je kleiner die Leitungsspanne, desto tiefer der Instanzenaufbau. Je größer die Leitungsspanne, desto breiter der Instanzenaufbau.
Organigramm	Das Organigramm ist die grafische Darstellung des Aufbaus eines Betriebes und damit seiner Hierarchie. Es gibt einen Überblick über die Verteilung der Zuständigkeiten innerhalb dieses Betriebes.

Beschreiben Sie die unterschiedlichen Leitungssysteme.		
Einliniensystem	Jeder Mitarbeiter erhält seine Weisungen nur von einem Vorgesetzten, der ihm gegenüber weisungsbefugt ist. Dieser Organisationsform liegt das Prinzip der „Einheitlichkeit der Auftragserteilung" zugrunde: Ein einheitlicher Weisungsweg läuft von oben nach unten, ein einheitlicher Berichtsweg von unten nach oben. ▷ *Vorteile:* klare Abgrenzung der Zuständigkeiten, übersichtlicher Aufbau, keine Kompetenz-Überschneidungen ▷ *Nachteile:* fachliche und mengenmäßige Überlastung der Instanzen, schwerfälliger Dienstweg	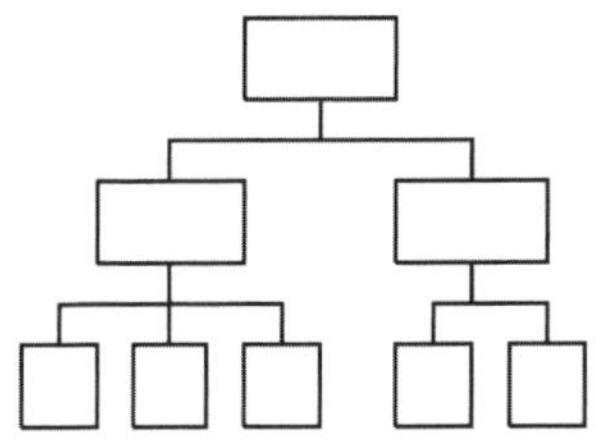
Mehrliniensystem	Die untergeordneten Stellen erhalten von mehreren Instanzen Weisungen. Der Nachteil der starken Überbeanspruchung der Entscheidungsträger im Einliniensystem wird dadurch ausgeglichen, dass die Weisungsbefugnis in fachlicher und personaler Hinsicht geteilt wird. ▷ *Vorteile:* große Sachkenntnis der Vorgesetzten, flexibler Einsatz der Untergebenen, kurze Informationswege ▷ *Nachteile:* Überschneidungen von Anweisungen, Koordinierungsprobleme, Kompetenzstreitigkeiten	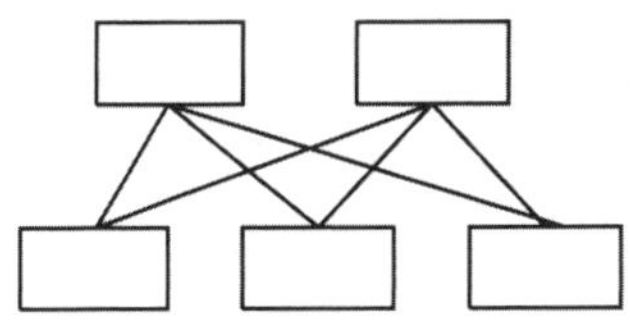
Stabliniensystem	Der straffe Befehlsweg von oben nach unten wird beibehalten. Den Instanzen sind Stabsstellen zugewiesen, die ihnen wichtige Informationen liefern und sie bei Entscheidungen beraten. Die Stabsstellen haben selbst keine Weisungsbefugnis und arbeiten nur für die zugewiesene Instanz. ▷ *Vorteile:* einheitliche Befehlswege, Entlastung der Instanzen, Entscheidungssicherheit infolge Beratung ▷ *Nachteile:* Abstimmungsschwierigkeiten zwischen Linie/Stab, gute Vorschläge können von Linienmitarbeitern abgeblockt werden, „Macht der Experten"	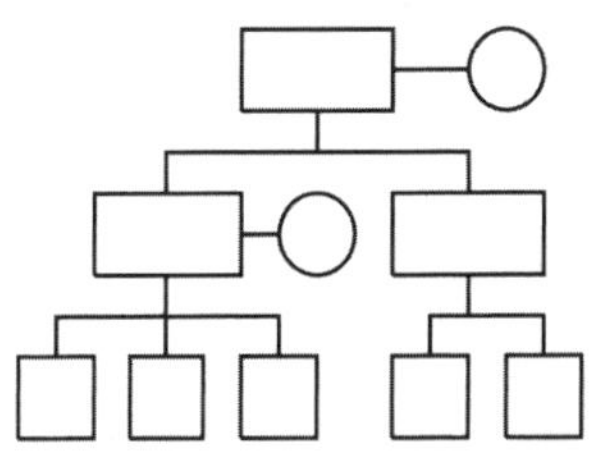
Sparten-organisation (Divisional-System)	Das Unternehmen wird nach dem Objektprinzip in Sparten (Divisionen) aufgeteilt (Busse, Lkws und Pkws bei einem Kfz-Händler). Für alle Sparten sind Zentralabteilungen zuständig, die nach dem Verrichtungsprinzip gebildet werden (z. B. Beschaffung, Rechnungswesen und Vertrieb). ▷ *Vorteile:* große Marktnähe der einzelnen Divisionen, Vorgesetzte werden durch Spezialisten beraten und dadurch entlastet, fundierte Sachentscheidungen ▷ *Nachteile:* Gefahr der Doppelverrichtungen (z. B. in der Forschung), Unternehmensleitung verliert u. U. den Überblick über die Sparten	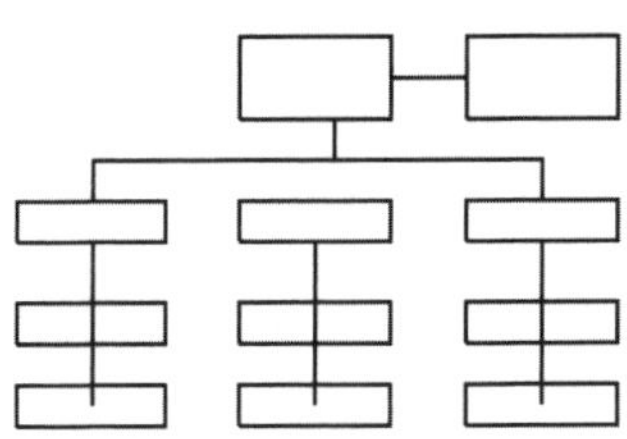
Matrixorganisation	Es existieren zwei Hierarchien, und zwar eine Hierarchie nach Funktionen (konstruieren, beschaffen, fertigen usw.) und eine Hierarchie nach Sparten (Pkws, Lkws, landwirtschaftliche Fahrzeuge usw.). ▷ *Vorteile:* verbesserte Problemlösung durch den kombinierten Einsatz verschiedener Fachspezialisten, Betonung der Teamarbeit, Entlastung der Unternehmensspitze ▷ *Nachteile:* Kompetenzprobleme, zeitaufwendig, großer Kommunikationsbedarf	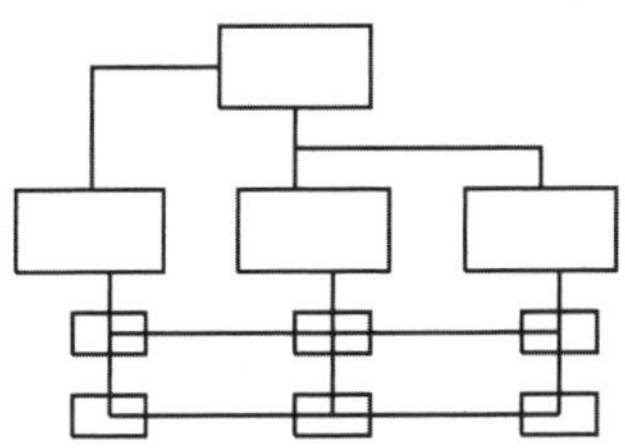

Erläutern Sie die wesentlichen Grundsätze der Büroorganisation.	
Zweckmäßigkeit	Organisation ist nie Selbstzweck, sondern orientiert sich immer an den Zielen des Unternehmens und hat sich diesen unterzuordnen. Die Organisation kann selbst keine unternehmerischen Ziele formulieren. *Beispiel: Wenn die Unternehmensleitung das Ziel setzt, eine neue Filiale in Frankreich zu eröffnen, dann hat die Organisation alle Regelungen zu treffen, um dieses Ziel möglichst reibungslos in der vorgegebenen Zeit zu realisieren.*
Stabilität	Organisatorische Regelungen sind auf Dauer gerichtet. Für jeden Betrieb sind generelle Regelungen erforderlich. Bestehen keine oder nur zu geringe dauerhafte Regelungen, ist das Unternehmen unterorganisiert. Die Folgen wären Instabilität, Kompetenzüberschneidungen oder fehlende Zuständigkeiten und mangelnde Übernahme von Verantwortung.
Flexibilität	Andererseits dürfen die getroffenen Regelungen nicht dazu führen, dass das Unternehmen erstarrt und keine kreativen neuen Ansätze zulässt. Eine Überorganisation ist zu verhindern. Das Regelwerk der Organisation muss eine Weiterentwicklung des Unternehmens möglich machen. Dies wird erreicht durch wandelbare Regelungen, die sich den neuen Erfordernissen stets dynamisch anpassen.
Wirtschaftlichkeit	Dauerhaft getroffene Regelungen sind zumeist mit hohen Kosten verbunden, z. B. das Formularwesen oder Organisationshandbücher. Diese Kosten müssen sich in Grenzen halten, damit nicht die Kosten der Organisation höher sind als die durch die Organisation erzielten positiven Effekte.
Klarheit	Organisatorische Regelungen müssen in Sprache und Darstellung klar und verständlich sein. Gerade neu eingestellte Mitarbeiter sollen damit in die Lage versetzt werden, sich rasch einen Überblick über die bestehenden Regeln zu verschaffen, um sich in angemessener Zeit einzuarbeiten.
Mitarbeiterorientierung	Organisatorische Regelungen sollen sich auch an den Bedürfnissen der Mitarbeiter orientieren, d. h., sie sollen ein ausgewogenes Verhältnis von Kompetenz und Verantwortung darstellen. Ein Mitarbeiter kann nur für etwas verantwortlich gemacht werden, das er auch beeinflussen kann.

Erläutern Sie das System des Regelkreises.	
Grafische Darstellung	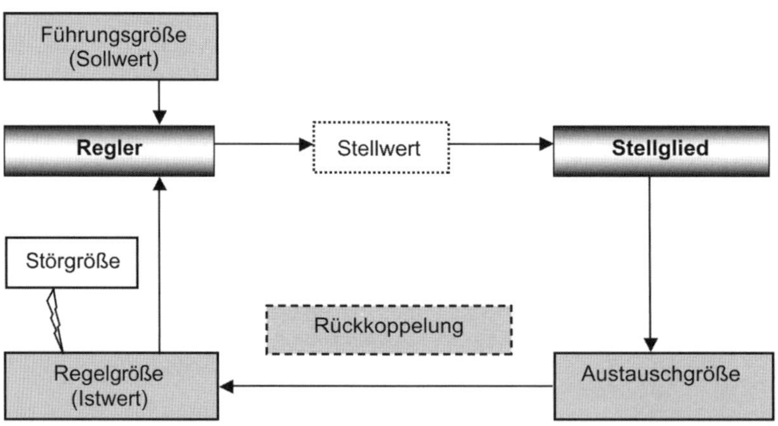
Erläuterungen	Bei dem Modell des Regelkreises geht es um die Beschreibung von Systemen, die sich selbst steuern. Die meisten technischen, sich selbst regulierenden Systeme funktionieren nach diesem Prinzip, z. B. eine Zentralheizung: Vorgegeben wird eine gewünschte Zimmertemperatur. Der Messfühler vergleicht diesen vorgegebenen Wert ständig mit der im Raum bestehenden Ist-Temperatur. Gibt es eine negative Differenz (zu kalt), so informiert der Heizungsregler über einen Stellwert das Stellglied, in diesem Fall die Wärmepumpe oder zusätzlich den Heizungsbrenner. Dieser veranlasst durch das Einspeisen von neuer Wärme als Austauschgröße die Veränderung der tatsächlichen Temperatur in Richtung auf die gewünschte Temperatur. Das Modell des Regelkreises kann auch auf ökonomische Systeme angewendet werden. Ein Beispiel dafür wäre das Bestellsystem unter Einbeziehung des Meldebestandes. Die Regelgröße stellt dabei den tatsächlich verfügbaren Lagerbestand dar, der durch „Störgrößen" wie Entnahmen oder auch Schwund reduziert wird. Der Regler vergleicht ständig, im Unternehmen vermutlich bei jeder Entnahme, den Istbestand (= Regelgröße/Istwert) mit dem vorgegebenen Meldebestand (= Führungsgröße/Sollwert). Stellt er eine Abweichung fest, wird über die fehlende Menge (= Stellgröße) der zuständige Mitarbeiter (= Stellglied) informiert, der die Bestellung auslöst. Die tatsächlich bestellte Menge (= Austauschgröße) führt dann wieder zu einer Veränderung des Istbestandes (= Regelgröße) usw. Wesentlich für das Funktionieren eines Regelkreises ist, dass die Überprüfung zwischen aktuellem Istwert und vorgegebenem Sollwert ständig stattfindet. Dies erfolgt insbesondere durch Computerunterstützung.

Unterscheiden Sie die unterschiedlichen Formen mündlicher Kommunikation mit mehreren Teilnehmern.	
Beratung/ Besprechung	Wenige Teilnehmer diskutieren spontan, turnusmäßig oder aus besonderem Anlass ein Problem oder eine Aufgabe. Die Einladung dazu kann kurzfristig per E-Mail oder telefonisch erfolgen. Eine Zusammenfassung der Ergebnisse ist empfehlenswert.
Konferenz	Mehrere Teilnehmer folgen einer schriftlichen Einladung, die zusammen mit einer Tagesordnung verschickt wurde. Die einzelnen Tagesordnungspunkte werden diskutiert und es werden Beschlüsse gefasst. Ein Protokoll ist erforderlich.
Sitzung	Nach Absprache oder Einladung eines Teilnehmers findet ein Treffen zur Lösung eines Problems oder Erledigung einer gemeinsamen Aufgabe statt. Protokolle oder Aufzeichnungen der Sitzungsergebnisse sind sinnvoll.
Verhandlung	Mehrere Teilnehmer, die zuvor schriftlich (Brief/E-Mail) eingeladen wurden und die zumeist unterschiedliche Standpunkte vertreten, treffen sich, um ein Verhandlungsergebnis, sei es einen Vertrag oder eine Einigung, über einen strittigen Punkt zu erzielen.
Seminar	Eine Reihe von Personen, die sich zuvor auf eine Ausschreibung hin angemeldet haben, treffen sich, um sich unter Anleitung eines Trainers oder Dozenten weiterzubilden. Je nach Ziel und Inhalt können solche Seminare regelmäßig in immer dem gleichen Raum stattfinden oder als einzelne Veranstaltung in einem dafür geeigneten Hotel.
Versammlung	Eine mehr oder weniger große Anzahl von Personen mit zumeist gleicher Interessenlage, die zuvor schriftlich eingeladen wurde, informiert sich durch Berichte oder geeignete Vorträge.
Tagung	Zahlreiche Teilnehmer mit zumeist gleich gelagerten Interessen oder Berufen treffen sich mehrere Tage in einem Tagungshotel und tauschen ihre Erfahrungen oder Meinungen anhand geeigneter Referate, Workshops und Diskussionen aus. Schriftliche Aufzeichnungen oder Protokolle des Erfahrungsaustauschs sind sinnvoll.
Kongress	Viele Teilnehmer, die Interesse geleitet einer Einladung gefolgt sind, treffen sich, um ihre Erfahrungen auszutauschen, sich fachlich weiterzuentwickeln, Kontakte zu knüpfen oder Informationen zu sammeln. Es gibt ein fachliches Kongressprogramm und zumeist ein kulturelles Rahmenprogramm.

Stellen Sie anhand einer Checkliste dar, wie eine innerbetriebliche Veranstaltung möglichst effektiv vorbereitet werden muss, um erfolgreich zu sein.	
Termine	Zu berücksichtigen sind Urlaube, Feiertage, bestimmte Wochentage, bestimmte Tageszeiten und wichtige konkurrierende Veranstaltungen. Wichtig ist, dass es keine Terminkollisionen gibt. Bei manchen Veranstaltungen ist es notwendig, die Termine so zu planen, dass alle Teilnehmer teilnehmen können, z. B. einer Vorstandssitzung.
Wichtige Mitwirkende	Als wichtigste Teilnehmer müssen Referenten, Dozenten oder Berater mit Priorität nach ihren Terminen befragt werden. Mit ihrer Teilnahme steht und fällt die ganze Veranstaltung.
Teilnehmer	Der Teilnehmerkreis muss unter Berücksichtigung der Interessenlage und der Zweckmäßigkeit festgelegt werden. Große „Elefantenrunden“ bringen zumeist keine effektiven Ergebnisse. Es ist eine Teilnehmerliste zu erstellen.
Raum	Der Raum muss eine an Teilnehmern und Zweck orientierte Größe haben. Dabei sind technische Voraussetzungen, Lage, Nebenräume und Bewirtungsmöglichkeiten zu beachten. Die Räume sind frühzeitig zu reservieren.
Einladungen	Die Einladungen per E-Mail oder interner Mitteilung sollen früh genug erfolgen. Eine Tagesordnung, soweit vorhanden, ist beizufügen. Auch ist ggf. mitzuteilen, inwiefern die Teilnahme Pflicht ist oder freiwillig. Eine Rückmeldung sollte dann erfolgen, wenn davon auszugehen ist, dass nicht alle Eingeladenen an der Veranstaltung teilnehmen.
Sonstiges	Sofern die Kosten nicht komplett vom Veranstalter übernommen werden, ist zuvor eine Kostenumlage vorzunehmen und die Teilnehmer sind darüber aufzuklären, ob und in welcher Höhe Kosten entstehen.

Beschreiben Sie die erforderlichen Maßnahmen zur Nachbereitung einer Besprechung.	
Protokoll	Das Protokoll dient dazu, die Ergebnisse der Veranstaltung entweder in Form des Beschluss- oder des Verlaufsprotokolls festzuhalten. Gleiches gilt für Ergebnisse in Problemlösungsprozessen oder stark aufgabenorientierten Veranstaltungen. Folgende Inhalte sind verpflichtend: ▷ Titel der Veranstaltung/Zweck/Aufgabe ▷ Datum und Ort der Veranstaltung ▷ Beginn und Ende der Veranstaltung ▷ Angaben über den Leiter, Moderator, Referenten ▷ Teilnehmerliste/bei Bedarf Anwesenheitsliste ▷ Ergebnisse wie Beschlüsse/Lösungsansätze/geplante Vorgehensweisen etc. ▷ Unterschriften des Leiters der Veranstaltung und des Protokollführers ▷ Verteiler/Liste der Personen, die das Protokoll in Kopie erhalten sollen
Beschlüsse	Unabhängig vom Protokoll müssen die Personen, die von den Beschlüssen betroffen sind, davon in Kenntnis gesetzt werden. Auch muss nachgehalten werden, ob die Beschlüsse umgesetzt werden.
Termine	Bei Terminen, die in der Besprechung festgelegt wurden, gilt dasselbe (Mitteilung und Kontrolle).
Abrechnung	Sofern die Veranstaltung Kosten verursacht hat, die zu verteilen, zu beantragen oder zu bezahlen sind, ist entsprechend zu verfahren. Solche Kosten können sein: Fahrtkosten, Übernachtungs- und/oder Bewirtungskosten, Raummieten, Honorare für Referenten sowie Cateringkosten.

Unterscheiden Sie Projektgruppen und Ausschüsse.

Ausschüsse	Projektgruppen
Um von Fall zu Fall über ein Problem zu beraten, werden Ausschüsse gebildet, die jeweils dann tagen, wenn aktuelle Probleme gelöst werden müssen; Ausschüsse bestehen meist über einen längeren Zeitraum. *Beispiel: Ausschuss für Qualitätssicherung*	Aus Führungskräften und Spezialisten der verschiedensten Abteilungen wird eine Projektgruppe gebildet, um ein umfassendes betriebliches Problem oder eine Aufgabe innerhalb einer vorgegebenen Zeit zu lösen. *Beispiel: Errichtung eines Zweigwerkes*

Was ist ein Entscheidungssystem?
Unterscheiden Sie die verschiedenen Möglichkeiten der Entscheidungsfindung.

Entscheidungssystem	Ein Entscheidungssystem umschreibt den Prozess der Willensbildung in einem Unternehmen, in dem mehrere Handlungsträger zusammengefasst sind.	
Möglichkeiten	Direktorialsystem	Die Entscheidungsbefugnis liegt in einer Hand. Sie wird z. B. in der Einzelunternehmung vom Unternehmer allein getroffen.
	Kollegialsysteme	Die Entscheidungsbefugnis ist auf eine Gruppe von Führungskräften verteilt. Es sind verschiedene Abstimmungen möglich. ▷ **Abstimmungskollegialität:** Die Entscheidungen werden nach dem Mehrheitsprinzip getroffen. ▷ **Primatkollegialität:** Bei Stimmengleichheit entscheidet ein gewählter Vorsitzender des Gremiums. ▷ **Kassationskollegialität:** Die Entscheidungen müssen einstimmig gefällt werden. *Beispiel: Gesamtprokura*

Vergleichen Sie den kooperativen und den autoritären Führungsstil anhand geeigneter Merkmale.

Merkmal	kooperativer Führungsstil	autoritärer Führungsstil
Leitbild der Führung	Vorgesetzte und Mitarbeiter sind Partner. Der Vorgesetzte koordiniert. Er bezieht seine Autorität aus seiner fachlichen und persönlichen Kompetenz.	Die Mitarbeiter sind dem Vorgesetzten untergeordnet. Der Vorgesetzte ordnet an. Er bezieht seine Autorität vorwiegend aus der Stellung als Vorgesetzter.
Entscheidungsfindung	Die Entscheidungsfindung erfolgt durch aktive Beteiligung der Mitarbeiter. Der Vorgesetzte beschreibt das Problem und lässt die Mitarbeiter selbst entscheiden. Entscheidungssystem: Kollegialsystem	Die Entscheidung erfolgt durch den Vorgesetzten, der dabei festlegt, was und wie dies zu tun ist. Die Mitarbeiter nehmen die Entscheidung zur Kenntnis. Entscheidungssystem: Direktorialsystem
Entscheidungsdurchsetzung	Die Mitarbeiter handeln weitgehend selbstständig.	Anordnung des Vorgesetzten; Einwendungen der Mitarbeiter sind kaum zugelassen.
Anforderungen an den Vorgesetzten	▷ Vertrauen in die Mitarbeiter ▷ Delegationsfähigkeit ▷ Aufgeschlossenheit	▷ Entscheidungsfähigkeit ▷ Durchsetzungsvermögen ▷ Selbstverantwortung

Erklären Sie die bekanntesten Management-Prinzipien.

	Beschreibung	bestimmendes Merkmal
Management by Objectives	Führung durch Zielvorgabe: Vorgesetzte und Mitarbeiter erarbeiten eine Zielvereinbarung. Die Mitarbeiter versuchen, das Ziel eigenständig umzusetzen.	▷ eindeutige Formulierung der Unternehmensziele ▷ Mitarbeiter müssen von der Notwendigkeit der Ziele überzeugt sein.
Management by Exception	Führung nach dem Ausnahmeprinzip: Der Vorgesetzte greift nur ein, wenn Abweichungen vom Gesamtziel oder Probleme von herausragender Bedeutung auftreten.	Festlegung von Zielen, Kontrollspanne und Maßgrößen der Ausnahmeregelung erforderlich
Management by Delegation	Führung durch Aufgabendelegation: Ein Aufgabenbereich wird mit Kompetenzen und Verantwortung übertragen.	Mitarbeiter müssen die Unternehmensziele akzeptieren und diese zu ihren eigenen machen.
Management by Results	Führung durch Ergebnisse: Dem Mitarbeiter werden Ergebnisse vorgegeben, die erforderlichen Ziele daraus abgeleitet.	Entscheidungen werden nach dem Verhältnis von Aufwand und Ertrag zueinander in Beziehung gesetzt.

Welche Arten von Mitarbeitern hat ein Kaufmann?		
Angestellte sind gewöhnlich mit verwaltenden, technischen und kaufmännischen Tätigkeiten befasst.	**Arbeiter**, auch gewerbliche Arbeitnehmer genannt, üben vorwiegend Tätigkeiten in der Produktion oder im Lager aus.	**Auszubildende** sind Personen, die zum Zweck des Erlernens eines Ausbildungsberufes beschäftigt werden.

Erläutern Sie die Prokura und nennen Sie wesentliche Punkte.	
Prokura	▹ Die Prokura ermächtigt zu allen Arten von gerichtlichen und außergerichtlichen Geschäften und Rechtshandlungen, die der Betrieb eines Handelsgewerbes mit sich bringt. ▹ Zur Veräußerung und Belastung von Grundstücken ist der Prokurist nur ermächtigt, wenn ihm diese Befugnis besonders erteilt ist.
Arten der Prokura	▹ **Einzelprokura:** Eine Person allein ist vertretungsberechtigt. Die Zeichnung erfolgt mit „pp." oder „ppa.". ▹ **Gesamtprokura:** Mehrere Personen sind nur gemeinschaftlich vertretungsberechtigt. Die Zeichnung erfolgt auch hier mit „pp." oder „ppa." für jeden Vertretungsbevollmächtigten.
Erteilung	Nur ein Kaufmann oder der gesetzliche Vertreter kann die Prokura erteilen. Dies muss ausdrücklich erfolgen.
Einschränkung	▹ Im **Außenverhältnis** (Dritten gegenüber) ist eine Beschränkung des Umfangs der Prokura unwirksam. Im **Innenverhältnis** (zwischen Kaufmann und Prokurist) ist diese durch vertragliche Absprachen möglich. ▹ Bei Filialbetrieben ist eine Beschränkung der Prokura auf eine oder mehrere Niederlassungen möglich, wenn sie unterschiedlich firmieren.
Beginn	▹ Im **Innenverhältnis** wird die Prokura mit der ausdrücklichen Erteilung wirksam. Im **Außenverhältnis** beginnt die Prokura, wenn Dritte davon Kenntnis haben oder wenn die Prokura durch das Handelsregister verlautbart wurde. ▹ Die Eintragung hat deklaratorische (rechtsbezeugende) Wirkung.
Beendigung	Die Prokura erlischt ▹ durch Widerruf, ▹ mit Beendigung des Rechtsverhältnisses, ▹ durch Betriebsübergang, ▹ durch Einstellung des Handelsgeschäfts, ▹ durch den Tod des Bevollmächtigten, nicht jedoch Tod des Geschäftsinhabers.
Zwischen Innenverhältnis und Außenverhältnis der Prokura bestehen wichtige Unterschiede.	

Erläutern Sie die Handlungsvollmacht und beschreiben Sie wesentliche Punkte.			
Arten	**allgemeine Handlungsvollmacht**	**Artvollmacht**	**Einzelvollmacht**
	Sie berechtigt zur Vornahme aller Geschäfte und Rechtshandlungen, die der Betrieb eines derartigen Handelsgewerbes gewöhnlich mit sich bringt (einkaufen, verkaufen, Personal einstellen etc.).	Sie berechtigt zur Vornahme einer bestimmten immer wiederkehrenden Art von Rechtsgeschäften (verkaufen oder einkaufen).	Sie ermächtigt zur Vornahme eines einzelnen Rechtsgeschäftes (500 Blatt Kopierpapier im Bürofachgeschäft einkaufen).
	▹ Eine besondere Befugnis muss erteilt werden zur Veräußerung und Belastung von Grundstücken, Eingehung von Wechselverbindlichkeiten, Aufnahme von Darlehen, Prozessführung. ▹ Die Zeichnung der Handlungsbevollmächtigten erfolgt in der Praxis mit dem Zusatz „i. V." oder „i. A.".		
Erteilung	Die Handlungsvollmacht muss nicht ausdrücklich erteilt werden, sie kann auch stillschweigend erfolgen. Im Gegensatz zur Prokura kann sie auch von Nichtkaufleuten erteilt werden. Eine Eintragung ins Handelsregister erfolgt nicht.		
Beendigung	Die Handlungsvollmacht erlischt ▹ durch Widerruf, ▹ mit Beendigung des Rechtsverhältnisses, ▹ durch Einstellung des Handelsgeschäftes, ▹ durch den Tod des Bevollmächtigten, nicht jedoch Tod des Geschäftsinhabers.		

Nennen Sie Geschäfte, für die die Vertretungsvollmachten gesetzlich verboten sind.		
Untersagte Rechtsgeschäfte	▹ Prokura erteilen ▹ Steuererklärungen unterschreiben ▹ Bilanzen unterschreiben ▹ Eintragungen ins Handelsregister anmelden	▹ Eid leisten ▹ Insolvenzverfahren anmelden ▹ Gesellschafter aufnehmen ▹ Geschäft verkaufen

Geben Sie einen Überblick über die Postbearbeitung.		
Posteingang	Postempfang	▷ Zustellung durch Briefträger ▷ Abholung vom Zustellpostamt
	Postvollmacht	▷ Berechtigung für eine Person des Vertrauens, für den Empfänger gewöhnliche Postsendungen entgegenzunehmen ▷ wird auf dem Vordruck „Postvollmacht“ des Postdienstes erteilt
	Tätigkeiten beim Posteingang	▷ Post vorsortieren: Privatpost darf nicht geöffnet werden, Irrläufer sind zurückzugeben. ▷ Öffnen (Sachmittel: Briefmesser; mechanische, elektrisch angetriebene oder automatische Brieföffnermaschinen) ▷ Entnahme des Inhalts: Anlagenkontrolle, Zusammenheften von Anlagen, Leerkontrolle ▷ Eingangsstempel (Tagesstempel) ▷ Feinsortieren und Weiterleiten
Postausgang	▷ Kontrolle: Vollständigkeitskontrolle der Anlagen, Unterschriftskontrolle ▷ Trennen von Original und Durchschlägen/Kopien ▷ Zusammentragen: z. B. Preislisten ▷ Sortieren: nach Gewicht, Versandart, In- und Auslandssendungen (Sendungen an den gleichen Empfänger werden zusammengefasst.) ▷ Falzen: umschlaggerechtes Falten der Schriftstücke ▷ Adressieren: nur bei geschlossenen Umschlägen ohne Fenster ▷ Kuvertieren: Einlegen in Briefhüllen ▷ Verschließen ▷ Wiegen: mechanische, elektronische Briefwaage oder elektronische Briefwaage mit automatischer Portoermittlung ▷ Frankieren: Postwertzeichen oder Aufdruck von Postwertzeichen durch die Bundesdruckerei; Barfreimachung, z. B. von Paketen, durch Frankiermaschinen. Kunden der Deutschen Post AG können ihre Sendungen über PC und Drucker frankieren. Mit passender Software, Internetzugang und einer Chipkarte mit Kartenleser erfolgt die Frankierung direkt auf dem Briefumschlag. Der Frankiervermerk enthält u. a. einen Matrix-Barcode, der der Fälschungssicherheit dient. ▷ Abgabe bei der Post: Briefkasten, Postamt	
Post	Postkunden können über den ePostService ihre Briefe, Rechnungen, Rundschreiben oder Werbebriefe elektronisch an eine ePost-Station des Postdienstes übermitteln. Dort werden die Schreiben gedruckt, adressiert und an den Empfänger weitergeleitet.	

Welche grundsätzlichen Überlegungen müssen bei der Anlage einer Registratur angestellt werden?	
Ordnungssysteme	▷ mnemotechnisches Ordnungssystem: ist nach merktechnischen Gesichtspunkten aufgebaut (z. B. ER = Eingangsrechnungen) ▷ symbolisches Ordnungssystem: ordnet bestimmte Symbole bestimmten Sachgebieten zu ▷ farbliches Ordnungssystem: Farben dienen als ergänzendes Ordnungsmittel (z. B. Ausgangsrechnungen = blauer Ordnerrücken). ▷ numerische Ordnungssysteme: eignen sich besonders gut für die EDV – fortlaufende Nummern: z. B. 20, 21, 22, 23 … – Vorziffern: z. B. Eingangsrechnungen mit der Nr. 45-001, 45-002 … – dekadisches System: z. B. bei Kontenplänen oder Aktenplänen – halbdekadisches System: Nur ein Teil der Nummer folgt dem dekadischen System. ▷ alphanumerische Ordnung: z. B. bei Autokennzeichen ▷ chronologische Ordnung: z. B. nach Tagen, Monaten, Jahren ▷ alphabetische Ordnung: wird am häufigsten angewendet; Grundlage ist die DIN 5008
Kriterien für die Einordnung nach dem Einheits-ABC (DIN 5007)	▷ Maßgebend sind die Anfangsbuchstaben der Wörter und die Reihenfolge der weiteren Buchstaben innerhalb der Wörter. ▷ Umlaute ä, ü, ö werden ae, ue, oe gleichgeachtet. ▷ Sch und St am Wortanfang sollten als selbstständige nach SZ eingeordnet werden; ß wird ss gleichgestellt. ▷ Bei doppelt vorkommenden Familiennamen können weitere Ordnungsmerkmale (z. B. Vorname, Ort, Straße) berücksichtigt werden. ▷ Nicht berücksichtigt werden Vorsatzwörter (von, van), akademische Grade (Dr., Dipl.-), Dienstbezeichnungen (Studienrat), Adelstitel (Graf, Baron). ▷ Familiennamen ohne Vornamen werden vor den gleichen Familiennamen mit Vornamen eingeordnet. Abgekürzte Vornamen gelten als selbstständige Wörter: Conrad; Conrad, A.; Conrad, Albert. ▷ Auf die einfachen Familiennamen folgen als Sondergruppe die zusammengesetzten Familiennamen: Meier, Meier-Haupt, Meierbier. ▷ Firmennamen, die aus Personennamen gebildet werden, werden wie Personennamen behandelt: Grün, Hans & Co.
Aufbewahrungsfristen	▷ Schriftgut mit Tageswert (keine Aufbewahrung), z. B. Wurfsendungen ▷ Schriftgut mit Prüfwert (betriebliche Aufbewahrung 1 Monat bis 3 Jahre), z. B. Angebote ohne Auftragsfolge ▷ Schriftgut mit Gesetzeswert (je nach Vorschrift 6 bis 10 Jahre), z. B. Belege, Bilanzen ▷ Schriftgut mit Archivwert (unbegrenzt), z. B. Gründungsakten

Welche Aktenformen sind möglich und welche Ablagetechniken können dabei angewendet werden?	
Aktenformen	▷ **Einzelakte:** enthält einen einzelnen „Vorgang“ mit allen Schriftstücken ▷ **Sammelakte:** nimmt Schriftgut vieler gleichartiger Vorgänge auf
Ablagetechniken	▷ **Loseblattablage:** Schriftgut wird lose in die Behälter eingelegt. ▷ **geheftete Ablage:** Schriftgut wird in dem Behälter je nach Lochung abgeheftet. ▷ **gebundene Ablage:** Schriftgut wird wie ein Buch gebunden.

Beschreiben Sie die Registraturformen mit ihren Vor- und Nachteilen.			
Form	Merkmal	Vorteile	Nachteile
Liegende Ablage	Behälter liegen waagerecht aufeinander in einem Fach (Einsatzbereich: Anwälte, Behörden).	preisgünstig	▷ fehlende Übersicht ▷ schwerfälliger Zugriff
Stehende Ablage	▷ **Ordnerablage** (bibliothekarische Ablage): Behälter stehen in Regalen oder Schränken nebeneinander. ▷ **Stehsammlerablage:** Einstellmappen oder -taschen stehen in Sammlern aus Kunststoff oder Hartpappe in Regalen oder Schränken.	▷ gute Übersicht ▷ sicher ▷ preiswert ▷ gute Übersicht ▷ schneller Zugriff ▷ kostengünstig	▷ großer Zeitaufwand ▷ unflexibel ▷ toter Raum fehlende Flexibilität durch feststehende Bodenbreite
hängende Ablage	▷ **Hängeregistratur** (vertikal hängend): Behälter hängen an zwei Haken, die je rechts und links auf Gleitschienen angebracht sind. ▷ **Pendelregistratur** (lateral hängend): An der Oberkante der Behälter sind diese mit Beschlägen an einer Tragestange aufgehängt.	▷ gute Übersicht ▷ große Flexibilität ▷ ideale Loseblatt-Ablage ▷ gute Raumausnutzung ▷ sehr flexibel ▷ niedrige Kosten	▷ hohe Beschaffungskosten ▷ großer Raumbedarf ▷ nicht für Schreibtische geeignet ▷ fehlende Übersicht ▷ langsames Ablegen

Geben Sie eine Übersicht über die Mikrografie als eine besondere Form der Registratur.	
Begriff	Mikrografie ist ein Verfahren, bei dem Originalschriftstücke fotografisch stark verkleinert auf einem Film aufgenommen werden. Das verfilmte Schriftgut – mit Ausnahme der Bilanz – darf nach Prüfung des Films vernichtet werden.
Mikrofilmarten	▷ **Rollfilm:** unzerteilte Filmrolle (kann nachträglich nicht mehr geändert werden) ▷ **Jackets:** Rollfilm wird nach sachlichen Gesichtspunkten zerschnitten, Filmstreifen oder Einzelbilder werden dann zeilenweise in die „Hüllen“ des durchsichtigen Jackets eingeschoben. ▷ **Mikrofiche:** Planfilme im Format A6, die je nach der Verkleinerung der verfilmten Originale Hunderte von A4-Seiten aufnehmen können. ▷ **COM:** Von einem EDV-Magnetband werden Daten mit einem COM-Aufnahmegerät (Computer Output an Mikrofilm) direkt auf Mikrofiches umgesetzt.

Was wissen Sie über das elektronische Büroablagesystem?	
Begriff	Das elektronische Büroablagesystem ist ein Arbeitsplatz-Computer, der über Zusatzgeräte für die Schriftgutarchivierung verfügt.
Erforderliche Zusatzgeräte	Arbeitsplatz-Computer mit Ganzseitenbildschirm, Scanner, Datenrekorder, Datenkassette, Laserdrucker
Verfahren	▷ Eingabe der Suchmerkmale eines Schriftstückes über Tastatur ▷ Scanner liest das Schriftstück ein; Speicherung erfolgt auf einer Datenkassette. ▷ Schriftstück kann über Suchmerkmale gefunden und im Bildschirm angezeigt werden. ▷ Laserdrucker stellt auf Wunsch eine originalgetreue Kopie her.

Beurteilen Sie die möglichen Standorte der Registratur.	
Zentrale Ablage	Ablagegut befindet sich an einem zentralen Ort des Unternehmens; Vorteile: Einsatz von geschultem Personal und modernen Hilfsmitteln, Vermeidung von Mehrfachablagen
Dezentrale Ablage	Abteilungs- und/oder Arbeitsplatzablage; Vorteile: Akten sind für Sachbearbeiter direkt zugänglich, kürzere Transportwege

Nennen Sie die wesentlichen Informationen über den Aufbau einer Kartei, Datei und von Datenbanksystemen.	
Begriffe	▷ Die **Kartei** ist eine übersichtlich geordnete Sammlung einzelner Karten. Sie dient der Speicherung von Informationen. Die Kartei ist Auskunfts-, Arbeits- und Beweismittel. ▷ Als **Datei** bezeichnet man eine Einheit zusammenhängender Daten, die unter einem bestimmten Namen vom Betriebssystem verarbeitet und auf externen Speichermedien abgelegt werden. ▷ **Datenbanksysteme** verwalten alle anfallenden Daten zentral. Es können unterschiedliche Benutzer und Programme zugreifen. Es entstehen kurze Zugriffs- und Verarbeitungszeiten und man hat viele Verknüpfungsmöglichkeiten der Daten.
Einsatzmöglichkeiten von Karteien	▷ **Sachkarteien:** z. B. Lager- und Warenkartei, Inventarkartei ▷ **Personenkarteien:** z. B. Kundenkartei, Patientenkartei, Personalkartei ▷ **Terminkarteien:** z. B. Auftrags- und Mahnkarteien
Bestandteile der Karteien	▷ **Grundkarten** nehmen die laufenden Eintragungen auf; sie sind der eigentliche Informationsträger. ▷ **Leitkarten** gliedern eine Kartei in Gruppen auf; sie ragen in ihrer Größe etwas über das Format der Grundkarten hinaus und stehen entweder vor oder nach den zugehörigen Grundkarten. ▷ **Ordnungs- und Signalisierungsmittel** wie Tabe, Kerben und Reiter steigern die Aussagefähigkeit einer Kartei und erleichtern den Suchvorgang.
Aufbau der Karteikarte	▷ Der **Kartenkopf** enthält die Stammdaten wie Namen, Anschrift, Telefon usw. ▷ Der **Kartenrumpf** enthält die Bewegungsdaten. ▷ Der **Kartenfuß** enthält die Angaben zur Nachbestellung der Karten gleicher Art.
Grundformen der Karteien	▷ **Steilkartei:** Die Karten sind als geschlossener Block hintereinander angeordnet. *Beispiele: einfache Steilkartei, Hängekartei, Fächerkartei, Schrägsichtkartei* ▷ **Staffelkartei:** Die Karten sind schuppenartig versetzt (gestaffelt) angeordnet, sodass von jeder Karte nur ein Sichtrand mit den Ordnungsdaten erkennbar ist. *Beispiele: Flachsichtkartei, Breitstaffelsichtkartei, Streifenkartei*

Erläutern Sie die wichtigsten Kriterien der Terminplanung und -überwachung.		
Begriff	Ein **Termin** ist ein festgesetzter Zeitpunkt, an dem etwas Wichtiges geplant ist bzw. stattfindet.	
Terminarten	nach der **Beweglichkeit**	▷ Feste Termine (fix) wiederholen sich periodisch, z. B. Geburtstag, Jubiläum, Steuerzahlung, Urlaub. ▷ Bewegliche Termine müssen ggf. mit den festen Terminen abgestimmt werden, z. B. Besprechungen, Tagungen, Reisen.
	nach der **Bedeutung**	▷ dringende Termine, z. B. Zahlung eines fälligen Rechnungsbetrages ▷ wichtige Termine, z. B. Kundenbesuch eines Vertreters ▷ zukunftsentscheidende Termine, z. B. Vorstellungsgespräch
	nach den **Fristen**	▷ kurzfristige Termine (Tage, Wochen) ▷ mittelfristige Termine (Monate, Quartal, Halbjahr) ▷ längerfristige Termine (Jahr) ▷ langfristige Termine (mehrere Jahre)
Hilfsmittel der Terminplanung	**Terminkalender**	Je nach Verwendungszweck und den privaten oder beruflichen Erfordernissen werden Termine in Jahres-, Monats- oder Tageskalender eingetragen. Diese Kalender können als Wand-, Tisch- oder Taschenkalender geführt werden.
	Terminplaner	Ein Jahreskalender besteht aus kräftigem Papier, der an der Wand befestigt wird und eine langfristige Planung von Terminen ermöglicht. Das Jahr ist nach Monaten, Wochen und Tagen geordnet. Samstage sowie Sonn- und Feiertage sind farblich besonders hervorgehoben.
	Terminmappe	Die Terminmappen dienen zur Aufbewahrung von Schriftstücken, die zu einem bestimmten Termin wieder bearbeitet oder vorgelegt werden sollen. Für den laufenden Monat wird für jeden Tag eine Mappe angelegt. Für die weiteren Monate werden die Unterlagen in den Monatsmappen abgelegt.
	Terminkartei	Für jeden Tag und Monat wird eine Karte angelegt. Die festzuhaltenden Informationen werden entweder direkt auf der Tageskarte notiert oder auf einer Monatskarte vorgemerkt.
	Planungstafel	Sie ermöglicht eine Terminübersicht über die Planperiode. Termine werden durch farbige Kärtchen oder Symbole markiert (Magnettafel/Stecktafel).
	elektronische Medien	Alle Termine werden sofort gespeichert. Verfügt der Betrieb auch über ein Netzwerk, können Termine mit mehreren Personen auch über die einzelnen PC vereinbart und gespeichert werden. Es kann automatisch nach freien Terminen gesucht werden. Man kann sich an wiederkehrende Termine, z. B. Geburtstage, Besprechungen usw., erinnern lassen. Es können Aufgaben generiert und elektronisch weitergegeben werden.

Erläutern Sie die Notwendigkeit, die Verantwortung sowie die Rechtsgrundlagen zur Vermeidung der Gefährdung von Sicherheit und Gesundheit am Arbeitsplatz.	
Notwendigkeit des Arbeitsschutzes	Der Arbeitnehmer hat ständig mit technischen Einrichtungen zu tun und ist in Produktionsverfahren eingegliedert, die seine Gesundheit bedrohen können. Dem Schutz vor diesen Gefahren dienen zahlreiche Vorschriften zu Arbeitssicherheit und Gesundheitsschutz.
Verantwortung für den Arbeitsschutz	▷ Der **Arbeitgeber** ist dafür verantwortlich, dass die Schutzbestimmungen in seinem Betrieb beachtet werden. Bei Nichteinhaltung der Arbeitsschutzvorschriften durch den Arbeitgeber hat der Arbeitnehmer u. U. ein Recht auf Arbeitsverweigerung. ▷ Jeder **Arbeitnehmer** ist verpflichtet, die Unfallverhütungs- und Sicherheitsvorschriften zu befolgen. ▷ Der **Betriebsrat** hat darüber zu wachen, dass die Unfallverhütungsmaßnahmen durchgeführt werden. Er hat mitzubestimmen über Regelungen zur Verhütung von Arbeitsunfällen und Berufskrankheiten sowie über den Gesundheitsschutz im Rahmen der gesetzlichen Vorschriften.
Rechtsgrundlagen des Arbeitsschutzes	▷ Die **Arbeitsstättenverordnung** legt allgemeine Anforderungen an Betriebsräume und Arbeitsstätten fest hinsichtlich Belüftung, Temperatur, Beleuchtung, Lärm usw. ▷ Das **Arbeitsschutzgesetz** enthält Vorschriften, die geeignet sind, die Sicherheit am Arbeitsplatz zu erhöhen und die medizinische Betreuung im Betrieb sicherzustellen. ▷ Das **Gerätesicherheitsgesetz** legt Anforderungen fest, die im elektrischen und mechanischen Bereich an sichere Arbeitsgeräte zu stellen sind. ▷ Die **Unfallverhütungsvorschriften** der Berufsgenossenschaften beinhalten Verhütungsmaßnahmen zur Vermeidung von Arbeitsunfällen sowie Vorschriften für die Gestaltung von Einrichtungen und erforderliche Anordnungen. Diese Vorschriften sind im Betrieb an sichtbarer Stelle auszuhängen und die Mitarbeiter sind darüber genau zu unterrichten. ▷ Zu den **„Allgemein anerkannten Regeln der Technik"** gehören die Arbeitsstätten-Richtlinien, die DIN-Normen des Deutschen Institutes für Normung, die VDE-Bestimmungen des Verbandes deutscher Elektrotechniker sowie die VDI-Richtlinien deutscher Ingenieure.

Welche Maßnahmen muss ein Betrieb vorsehen, um die Sicherheit am Arbeitsplatz zu gewährleisten?				
Technische Maßnahmen	Dazu gehören die Verwendung technischer Geräte mit dem GS- oder CE-Zeichen (= geprüfte Sicherheit), Installation von Schnellstopp-Einrichtungen sowie akustischer und optischer Warnanlagen. Ferner muss der Arbeitgeber den Arbeitnehmern für die manuelle Handhabung von Lasten (Ziehen, Heben, Schieben, Tragen und Bewegen einer Last) geeignete mechanisierte und maschinisierte Ausrüstungen bereitstellen, z. B. Hubwagen, Laufkran, Gabelstapler.			
Organisatorische Maßnahmen	Hierunter sind vor allem Arbeitsanweisungen zu fassen, die die Verwendung von Sicherheitsschuhen, angemessener Kleidung sowie ggf. Atemschutzgeräten beinhalten. Ferner beziehen sich die Anweisungen auf den Umgang mit schweren Lasten.			
Sicherheitszeichen	**Warnzeichen**	**Gebotszeichen**	**Verbotszeichen**	**Rettungszeichen**

Sicherheitsbeauftragter	Im Unternehmen mit mehr als 20 Beschäftigten hat der Unternehmer einen oder mehrere Sicherheitsbeauftragte zu bestellen. Dieser hat den Unternehmer bei der Durchführung des Unfallschutzes zu unterstützen, u. a. sich laufend von der ordnungsgemäßen Benutzung der vorgeschriebenen Schutzvorrichtungen zu überzeugen. Der Sicherheitsbeauftragte ist Mitglied des Arbeitsschutzausschusses.			
Gewerbeaufsicht	Die Gewerbeaufsicht hat zu überwachen, dass in Betrieben die Schutzvorschriften befolgt werden. Gewerbeaufsichtsbeamte haben das Recht, jederzeit – auch nachts – ohne vorherige Anmeldung die Betriebsanlagen zu kontrollieren; sie können Verbote und Auflagen bezüglich gefährlicher Anlagen erlassen.			
Gestaltung von Bildschirmarbeitsplätzen	Für alle Computerarbeitsplätze sind durch eine EU-Richtlinie Mindeststandards zum Gesundheitsschutz für die Gestaltung von Bildschirmarbeitsplätzen einzuhalten. Diese Richtlinie beinhaltet Vorschriften, um die mögliche Gefährdung des Sehvermögens sowie die körperliche und psychische Belastung der Arbeitnehmer am Bildschirm zu vermeiden. Die Arbeitnehmer sind auf diese Belastungen hinzuweisen und ggf. durch eine qualifizierte Person zu unterweisen.			
Maßnahmen zum Brandschutz	Die Entstehung von Bränden kann vorbeugend durch Brandschutzmaßnahmen verhindert werden: ▷ Bauliche Einrichtungen sind Brandschutztüren und -wände, Notausgänge und Rettungswege für Mitarbeiter sowie Rauchverbot in gefährdeten Zonen (z. B. Lager). ▷ Brandmeldeanlagen sind an gefährdeten Stellen zu installieren (z. B. automatische Brandmelder). ▷ Feuerlöscheinrichtungen sind dort anzubringen, wo besonders leicht Brände entstehen können oder gefährdete Waren oder Einrichtungen vorhanden sind (z. B. Holzregale, Papier, Benzin etc.). Zu diesen Einrichtungen zählen z. B. Sprinkleranlagen, Handfeuerlöschgeräte und Äxte. ▷ Organisatorische Maßnahmen beinhalten die Unterweisung des Personals im betrieblichen Brandschutz und regelmäßige Brandschutzübungen in gefährdeten Bereichen sowie das Aushängen der Vorschriften und Regeln zur Brandverhütung und Brandbekämpfung.			

Stellen Sie die Vor- und Nachteile der verschiedenen Raumaufteilungen gegenüber.

Kleinraumbüro	Einpersonenraum mit einer Größe von ca. 15–20 m²	
	Vorteile	**Nachteile**
	▷ Mitarbeiter können konzentriert arbeiten (ohne Ablenkung). ▷ Es sind vertrauliche Gespräche möglich. ▷ Besucher stören andere Mitarbeiter nicht.	▷ Mitarbeiter sind von der Umwelt abgeschlossen. ▷ Es besteht kein direkter Kontakt zu anderen Angestellten der Arbeitsgruppe.
Mehrpersonenraum	Er sollte über eine Fläche von ca. 10 m² pro Person verfügen.	
	Vorteile	**Nachteile**
	▷ Arbeiten im Team sind gut möglich. ▷ Verbindung zur Gruppe besteht. ▷ Raum kann besser genutzt werden. ▷ Akten können von Tisch zu Tisch gereicht werden. ▷ Ablage kann von mehreren Mitarbeitern genutzt werden.	▷ durch getrennte Unterbringung der Gruppen hohe Laufwege und häufiges Telefonieren ▷ Besucher oder Telefonate stören. ▷ Beleuchtung und Belüftung sind problematisch.
Großraumbüro	Es sollte für jeden Mitarbeiter mindestens ca. 8 m² Raum bereitstellen.	
	Vorteile	**Nachteile**
	▷ reibungsloser Arbeitsfluss ▷ schnelle Verständigung ▷ verbesserte Information ▷ gute Kommunikation ▷ kurze Transportwege ▷ bestmögliche Raumausnutzung ▷ geringe Kosten je Arbeitsplatz ▷ gute Kontrollmöglichkeiten	▷ erhöhter Lärmpegel ▷ schlechte Licht- und Luftverhältnisse ▷ geringer Raum pro Mitarbeiter ▷ Akustik und Klimatisierung bereiten Schwierigkeiten. ▷ Konzentrationsstörungen ▷ Mitarbeiter fühlen sich dauernd überwacht.
Raum-im-Raum-System	Das Großraumbüro wird durch genügend hohe, bewegliche Trennwände, Schränke und Regale in kleine Räume aufgeteilt. Die Vorteile des Großraumbüros bleiben erhalten und die Mitarbeiter haben einen abgeschlossenen Arbeitsplatz.	
Kombi-Büro	Es kombiniert die Vorteile des Einraumbüros und des Großraumbüros und schließt deren Nachteile aus.	

Welche Aspekte sollten bei der Auswahl der Materialien von Büromöbeln berücksichtigt werden?

Materialien	▷ Es sollten ökologische Aspekte, wie z. B. die Entsorgung, berücksichtigt werden. Es sollten wiederverwertbare Materialien bevorzugt werden. Auch sollte umweltbewusstes Handeln bei der Einrichtung eines Büroraumes Grundregel sein.
Farbgebung	▷ Die Farbe der Büromöbel sollte nicht zu grell und aufdringlich sein. Die Farbgebung des Büroraumes und der Möbel hat Auswirkung auf die Stimmung und damit auch auf die Leistungsfähigkeit der Menschen, die sich dort befinden.

Führen Sie die wichtigsten Anforderungen auf, denen ein Büroarbeitsplatz genügen muss.

Bürostuhl	Anforderungen: normgerecht, Sitzhöhe verstellbar, auf Rollen fahrbar (5 Sicherheitsrollen), höhenverstellbare federnde Rückenlehne, Sitztiefeneinstellung, leichte Polsterung, abgerundete Kanten, Oberteil darf sich nicht unbeabsichtigt vom Untergestell lösen
Organisationsschreibtisch (genormt)	Maße: 160 x 80 x 72 cm bzw. 120 x 80 x 72 cm. Im Organisationsschreibtisch sollten folgende Vorrichtungen integriert sein: Schubladen mit Teleskopschienen, Ausziehplatten für Telefonverzeichnis oder Kugelschreiber, Auszüge für Akten, Vordrucke, Karteikarten, hängende Registratur, Installation für Diktiergeräte.
Büromaschinentisch	Maße: 160 x 60 x 65 cm bzw. 120 x 60 x 65 cm. Der Tisch sollte höhenverstellbar sein, sonst sollte eine Fußstütze vorhanden sein und genutzt werden.
Verbindung von Tischen	Organisationsschreibtisch und Büromaschinentisch sollten bei Bedarf winkelförmig miteinander verbunden werden können. Vorteil: Die Bürokraft kann sowohl am Schreibtisch als auch am Büromaschinentisch arbeiten.
Einstellung	Die verstellbaren Arbeitsmittel sind so einzustellen, dass eine einwandfreie Sitzhaltung gewährleistet ist. Einwandfreie Sitzhaltung ist gegeben, wenn die Oberarme locker herabhängen und die Unterarme eine waagerechte Linie zur Arbeitsebene bilden.

Welche Bedingungen muss ein Arbeitsplatz erfüllen, um als Bildschirmarbeitsplatz zu gelten?	
Bildschirm-arbeitsplatz	Um einen Bildschirmarbeitsplatz handelt es sich, wenn die Daten- oder Textverarbeitung für die Dauer der gesamten Tätigkeit über den Bildschirm erfolgt.
Bildschirm-unterstützter Arbeitsplatz	Bei gelegentlichem Einsatz eines Bildschirmes am Arbeitsplatz handelt es sich um einen bildschirmunterstützten Arbeitsplatz (Mischarbeitsplatz).

Nennen Sie die Elemente eines Bildschirmarbeitsplatzes sowie die Richtlinien der Berufsgenossenschaften zur Einrichtung solcher Arbeitsplätze.	
Bildschirm	▷ blend-, flimmer- und reflexionsfrei sowie strahlungsarm und schwenkbar nach Seite und Höhe ▷ Standort: parallel zum Fenster ▷ Zuleitungen sollten versenkbar sein. ▷ unempfindlich gegenüber Erschütterungen ▷ schwarze Schrift auf weißem Untergrund, Zeichen müssen konturenscharf abgebildet sein ▷ Sehabstand sollte i. d. R. 45–60 cm betragen.
Tastatur	▷ Standort: vom Bildschirm getrennt ▷ frei beweglich und blendfrei ▷ höhenverstellbar
Arbeitstisch	▷ Die Tischplatte sollte möglichst breit sein und keine Unterbauten haben. ▷ Es sollte ausreichend Platz für Unterlagen und Akten vorhanden sein. ▷ Der Tisch sollte 1,5 m breit, 90 cm tief und 72 cm hoch sein. ▷ Der Tisch sollte höhenverstellbar sein.
Beleghalter	Der Beleghalter sollte ▷ der Beleggröße angepasst sein, ▷ in der Neigung und Höhe verstellbar sein, ▷ keine glänzende Oberfläche aufweisen, ▷ stabil sein, ▷ so angeordnet werden können, dass unbequeme Kopf- und Augenbewegungen so weit wie möglich eingeschränkt werden.
Weitere Richtlinien	▷ Es sind angemessene Pausen zu gewähren. ▷ Vor Aufnahme der Tätigkeit ist eine augenärztliche Untersuchung erforderlich. Ferner müssen regelmäßige Nachuntersuchungen vorgenommen werden. ▷ Zu einem ergonomisch eingerichteten Bildschirmarbeitsplatz gehört ein höhenverstellbarer Drehstuhl und, falls erforderlich, eine Fußstütze.

Welche Auswirkungen haben die modernen Bürokommunikationstechniken auf die Mitarbeiter?	
Arbeits-erweiterung	Die Mitarbeiter erlangen zu ihrem kaufmännischen Grundwissen zusätzlich auch Kenntnisse über die Bürokommunikation und den Einsatz von technischen Hilfsmitteln.
Arbeits-bereicherung	Die Mitarbeiter haben mehr Zeit für „höherwertige“ Aufgaben; Routinetätigkeiten können vermindert werden.

Was verstehen Sie unter dem „betrieblichen Vorschlagswesen“?	
Begriff	In diesem Verfahren sollten Mitarbeitervorschläge, die sich nicht auf die eigentliche Arbeitsaufgabe beziehen, gesammelt und geprüft werden. Eingeführte Verbesserungsvorschläge werden prämiert.
Inhalte	Die Verbesserungsvorschläge können sich beziehen auf: ▷ Qualitätsverbesserung der Erzeugnisse ▷ Erhöhung der Arbeitssicherheit ▷ Optimierung der betrieblichen Arbeitsabläufe ▷ Verringerung von Materialverbrauch, Kosten und Zeitaufwand

Geben Sie einen Überblick über die Aufgaben der Beschaffungsplanung.		
Planung der Materialart		▷ **Rohstoffe** machen zumeist einen wesentlichen Anteil am Fertigprodukt aus. ▷ **Hilfsstoffe** gehen als Ergänzungsmaterial in das Endprodukt ein. ▷ **Betriebsstoffe** sind Antriebsstoffe oder Reparaturmaterialien. ▷ **Zubehörteile** gehen in das Produkt ein, werden aber nicht selbst hergestellt. ▷ **Handelsware** wird in der Regel unverändert weiterverkauft. Die Standardisierung von Gütern erleichtert die Bedarfsplanung. ▷ **Normung** ist die Vereinheitlichung von Einzelteilen oder einfachen Erzeugnissen. *Beispiele: Abmessungsnormen (DIN A4), Gütenormen* ▷ **Typung** bedeutet die Vereinheitlichung von Produktgruppen oder Fertigerzeugnissen. *Beispiele: Mehl Typ 405, Golf Typ GLS* Normung und Typung ▷ erleichtern die Versorgung bei Lieferengpässen, ▷ erhöhen die Qualität der Fertigerzeugnisse, ▷ senken die Kosten und damit die Preise, ▷ helfen, das Lagervolumen zu senken.
Mengenplanung	Ziel	Ziel der Mengenplanung ist es, die Lieferfähigkeit des Betriebes zu sichern und die Lagervorräte möglichst niedrig zu halten.
	Einflussfaktoren	▷ Preise der Güter ▷ Lieferungs- und Zahlungsbedingungen, Transportkosten ▷ Lagerhaltungskosten ▷ Kosten der Beschaffung
	Bedarfsgrundlage	▷ **Kundenaufträge:** Die Bestellung wird immer dann ausgelöst, wenn der Kundenauftrag bearbeitet wird. Beispiel: Maschinenindustrie ▷ **Lageraufträge:** Der Betrieb stellt die Güter für einen Markt bereit, der eine ständige Lieferbereitschaft erfordert. Die Bestellung orientiert sich am laufenden Betriebsprozess. *Beispiele: Herstellung von Massengütern, Einzelhandel*
	optimale Bestellmenge	Die **optimale Bestellmenge** ermittelt für einen bekannten Jahresbedarf eines Materials die kostengünstigste Aufteilung in jeweils gleich große Bestellmengen. Die optimale Bestellmenge liegt dort, wo die Summe aus Lager-, Beschaffungs- und Transportkosten am niedrigsten ist. Die Annahmen dieses Rechenmodells (z. B. kontinuierlicher Lagerabgang, konstanter Einstandspreis, bekannte Jahresverbrauchsmenge) führen häufig zu Abweichungen von einer theoretisch ermittelten optimalen Bestellmenge.
Zeitplanung	Einflussfaktoren	Beschaffungszeit (= betriebsübliche Bestellzeit, Bearbeitungszeit durch den Lieferanten und reine Lieferzeit) ▷ Lagerkapazitäten (Ein kleines Lager macht häufigere Beschaffungsintervalle notwendig als ein großes Lager.) ▷ Lagerfähigkeit der Ware (Verfallgefährdete oder modische Artikel können nicht in großem Umfang eingelagert werden.) ▷ Zeitpunkt des Warenangebotes (Bestimmte Waren sind im Jahresablauf zeitlich nur begrenzt erhältlich, z. B. Hopfen, Gemüse.)
	Bestellpunkt-verfahren	Bei Unterschreiten eines vorgegebenen Meldebestandes (Bestellpunkt) wird eine Bedarfsmeldung an den Einkauf ausgelöst. Dieses Verfahren setzt voraus, dass für die betreffenden Warenpositionen jeweils ein Meldebestand fixiert wird. Der Vorteil dieses Verfahrens liegt in den niedrigen Lagerkosten. **Meldebestand** = Sicherheitsbestand + durchschnittlicher Verbrauch pro Arbeitstag · Beschaffungszeit in Arbeitstagen
	Bestellrhythmus-verfahren	Die Bestellzeitpunkte des Einkaufs sind an festgelegte Beschaffungsrhythmen gebunden. Je nach Warenposition können die Zeitintervalle zwischen den Bestellzeitpunkten unterschiedlich lang sein. Der Vorteil dieses Verfahrens liegt darin, dass sämtliche Teile berücksichtigt und regelmäßig bestellt werden.
	Just-in-time-Prinzip	Diese Verfahrensweise zur Steuerung der Produktion verlangt, dass das Material immer dann zur Verfügung steht, wenn es wirklich benötigt wird (just in time).
ABC-Analyse als Hilfsmittel der Beschaffungsplanung		Die ABC-Analyse ist ein Verfahren zur Schwerpunktbildung der zu beschaffenden Güter: A = wichtig, dringend; B = weniger wichtig; C = unwichtig, nebensächlich. Die ABC-Analyse arbeitet dabei mit dem Mengenverhältnis der Materialien. A-Teile = geringer mengenmäßiger Anteil, hoher Wertanteil; B-Teile = mittlerer mengenmäßiger Anteil, mittlerer Wertanteil; C-Teile = hoher mengenmäßiger Anteil, geringer Wertanteil. Die Beschaffung muss sich vor allem auf die A-Güter konzentrieren.

Nennen Sie Möglichkeiten der Bezugsquellenermittlung.

Waren, bei denen die Bezugsquellen bisher nicht bekannt sind	**Waren, bei denen aufgrund früherer Lieferungen die Bezugsquellen bekannt sind**
Mögliche Informationsquellen: ▷ Datenbanken ▷ Internet-Suchmaschinen ▷ Branchenverzeichnisse der Fernsprechbücher (Gelbe Seiten) ▷ Branchenadressbücher („Wer liefert was?“, „ABC der deutschen Wirtschaft“) ▷ Anzeigen in Fachzeitschriften ▷ Messen/Ausstellungen ▷ Besuche von Vertretern/Reisenden ▷ Kataloge, Prospekte, Mustersendungen ▷ Industrie- und Handelskammern oder Verbände erteilen Auskünfte über Bezugsquellen und bieten ihr überregionales Informationssystem an. ▷ Auslandsvertretungen und Banken können Bezugsquellen für Importwaren angeben.	Mögliche Informationsquellen: ▷ Herkömmliche Bezugsquellenkartei, die handschriftlich geführt wird oder in Form einer Datei aufgebaut ist. – Die Artikelkartei/-datei kann so aufgebaut sein, dass sie die für einen Artikel infrage kommenden Lieferanten enthält. – Lieferantenkartei/-datei: Jedes Unternehmen hat einen Stamm von Lieferern, sodass bei Bestellungen nur die vorhandenen Lieferinformationen herangezogen werden müssen. ▷ Gesammelte Prospekte, Angebote, Preislisten werden nach den Artikeln geordnet abgelegt. ▷ Warenwirtschaftssystem

Wie wird ein Angebotsvergleich durchgeführt?

Angebotsvergleich

In einem Angebotsvergleich werden die unterschiedlichen Konditionen sowie unterschiedliche Rabattsätze berücksichtigt und der Bezugspreis der Ware ermittelt, um die Angebote vergleichbar zu machen. Der Bezugspreis gibt an, wie viel der Betrieb für ein Gut zu zahlen hat, wenn es auf der Rampe des Betriebes angekommen ist.

Beispiel

(Werte in Euro)		Lieferant A		Lieferant B
Listenpreis (100 St.)		4 200,00		3 800,00
– Rabatt (%)	(10)	420,00	(–)	0,00
= Zieleinkaufspreis		3 780,00		3 800,00
– Skonto (%)	(2)	75,60	(3)	114,00
= Bareinkaufspreis		3 704,40		3 686,00
+ Bezugskosten je 100 St.		60,00		120,00
= Bezugspreis je 100 St.		3 764,40		3 806,00
günstigster Lieferant		(1.)		(2.)

Beschreiben Sie die störungsfreie Abwicklung einer Bestellung unter Einbeziehung der EDV.

Planung

▷ Bedarfsmeldung: tägliche Meldung über Bildschirm/Drucker, bei welchen Positionen aufgrund der Entnahmen der Meldebestand unterschritten ist
▷ Übergabe der Daten vom Lager an den Einkauf online oder in Form einer EDV-Liste
▷ Erfassung der Daten der Bedarfsanforderung oder Bearbeitung der online erhaltenen Daten. Das System greift auf die bestehenden Dateien (Lieferantendatei, Artikeldatei) zurück, führt automatisch den Angebotsvergleich durch und gibt über Bildschirm oder Drucker Bestellvorschläge aus.

Durchführung

▷ Eingabe der Bestelldaten oder Bestätigung des vom System ermittelten Bestellvorschlages, Ausdruck der Bestellung
▷ Übernahme der Bestelldaten in die Bestelldatei und in die Dispositionsdatei. Aus der Bestelldatei lassen sich die offenen Bestellungen jederzeit abrufen. Bei Bestätigung des Auftrages werden Dispositionsdatei und Bestelldatei durch Eingabe der notwendigen Daten (z. B. Liefertermin, Menge) fortgeschrieben.

Kontrolle

▷ Wird ein Liefertermin überschritten, löst das System automatisch eine Mahnung aus, die ausgedruckt wird.
▷ Bei Lieferung ruft die Warenannahme auf dem Bildschirm die Bestelldaten auf und bestätigt den richtigen Eingang der Waren oder gibt die tatsächlich gelieferten Warenpositionen ein.
▷ Das System schreibt die Bestandsdatei fort, löscht die entsprechenden Daten in der Bestelldatei und druckt den Wareneingangsschein sowie den Materialeingangsbeleg aus. Sodann wird die Ware auf dem zuständigen Lagerplatz einsortiert. Die Lagerplatznummer kann bei Bedarf im System gespeichert werden.
▷ Erfassung der Eingangsrechnung in der Rechnungsprüfung. Anhand des Bestelldatensatzes und des Lieferscheines kann die Rechnungsprüfung durchgeführt werden.
▷ In der Buchhaltung wird die Verbindlichkeit gebucht oder der in der Rechnungsprüfung bereits erfasste Datensatz kann übernommen werden. Der Zahlungstermin und die Zahlungsbedingungen werden im System gespeichert.
▷ Bei Fälligkeit erfolgen der Ausdruck der Überweisungsträger und die Buchung des Zahlungsausganges.

Beschreiben Sie das inner- und außerbetriebliche Kommunikationsmittel „Fernsprecher“.	
Begriff	Die Deutsche Telekom AG überlässt Interessenten Teilnehmereinrichtungen (Hauptanschlüsse einschließlich Funktelefonanschlüssen). Jeder Fernsprechteilnehmer erhält einen Universalanschluss, der durch eine Amtsleitung an das öffentliche Fernsprechnetz angeschlossen ist.
Teilnehmer-nummern-Verzeichnisse	▷ Amtliches Fernsprechbuch (AFeB) und Örtliches Fernsprechbuch (ÖFeB) ▷ Branchenfernsprechbuch (Gelbe Seiten) ▷ Amtliches Verzeichnis der Ortsnetzkennzahlen (AVON)
Wichtige Leistungs-merkmale	Kurzwahl, Wahlwiederholung, Namenstaste (Programmierung der Kurzwahl auf Namenstasten), Notizbuchfunktion (Speicherung von Nummern über die Tastatur während des Gesprächs), Direktruf (durch Druck auf eine beliebige Taste wird eine Verbindung zu einer gespeicherten Nummer ermöglicht), Lautsprecher (Mithörfunktion), Wahl bei aufliegendem Hörer, Frei-Sprechen (ohne Nutzung des Telefonhörers), Display, Gebührenanzeige, Sperrschloss, Rufumleitung, Anklopfen
Kosten	Die Kosten für das Fernsprechen setzen sich zusammen aus ▷ einer einmaligen Bereitstellungsgebühr (Anschlussgebühr), ▷ dem monatlichen Grundtarif, ▷ den laufenden Gebühren für die Tarifeinheiten (Verbindungsgebühren), ▷ den Entgelten für Sonderdienste (z. B. Auftragsdienst), ▷ der Miete für die Überlassung einer Telekommunikationsanlage bzw. der Abschreibung für eine eigene Anlage. Die Gebühren werden nach Tarifeinheiten berechnet. Diese errechnen sich aus der Entfernung zum Gesprächspartner (Zone), der Dauer der Verbindung und der Tageszeit. Die Gebühren der unterschiedlichen Anbieter sind nach Grundgebühr, Kosten je Einheit und Tageszeit sehr verschieden. Ein Vergleich der Gebühren lohnt sich je nach Schwerpunkt der Telefonaktivitäten (Inland, Ausland).

Welche Möglichkeiten bieten moderne Telekommunikationsanlagen?	
Anlagen mit Vermittlungsstellen (Wählanlage)	Wählanlagen bestehen aus einer Vermittlungseinrichtung mit der Abfragestelle und den daran angeschalteten Telefonen als Nebenstellen. Die Nebenstellenanlagen können Rufnummern mit oder ohne Durchwahl haben. Verbindungen innerhalb der Telefonanlage werden durch Wahl der Nebenstellennummer automatisch hergestellt. Wählanlagen erhalten eine Sammelnummer, d. h., unter einer Telefonnummer werden mehrere Amtsleitungen eingerichtet.
Nebenstellen-anlagen	▷ vollamtsberechtigte Nebenstellen: Mit vollamtsberechtigten Nebenstellen können ankommende Amtsgespräche (Orts-, Nah- und Ferngespräche) ohne Einschaltung der Vermittlung empfangen und auch selbst hergestellt werden. ▷ halbamtsberechtigte Nebenstellen: Ankommende Amtsgespräche können entgegengenommen werden. Es ist jedoch nicht möglich, abgehende Gesprächsverbindungen selbst herzustellen. ▷ nicht amtsberechtigte Nebenstellen: Es ist nur der interne Sprechverkehr (Hausgespräche) möglich. Leistungsmerkmale: Anklopfen, Aufschalten, Rufumleitung, automatischer Rückruf, Anruf heranholen, Anrufschutz, Dreierkonferenz, Mehrpersonenkonferenz, Bildtelefon (ISDN)
Reihenanlagen	Reihenanlagen bestehen aus einer bis vier Hauptanschlussleitungen mit bis zu zehn Nebenstellen. Wenn ein Anschluss besetzt ist, wird das Gespräch in der Reihenfolge an die nächste freie Nebenstelle weitergeleitet. Durch eine Konferenzschaltung können die Nebenstellen gleichzeitig an einer Konferenz teilnehmen. Diese Anlage eignet sich für kleinere Büros.
Zusatz-einrichtungen	▷ **Anrufbeantworter** geben Hinweise bei der Abwesenheit des Fernsprechteilnehmers. Die Geräte arbeiten ähnlich wie ein Kassettenrekorder. Unterschieden werden Anrufbeantworter – ohne Sprachaufzeichnung des Anrufers, – mit Sprachaufzeichnung des Anrufers, – mit Fernabfrage- und Fernlöschmöglichkeit. ▷ **Sprachspeicherbox (Mailbox):** Der Sprachspeicherdienst ist eine Art „elektronisches Postfach für Sprache“ für alle Telefonkunden. Es besteht die Möglichkeit, mit einem oder auch mehreren Partnern „zu telefonieren“, ohne dass die Gesprächspartner zum gleichen Zeitpunkt anwesend sind.

Erläutern Sie die neuen Dienste im Fernsprechwesen.	
Anrufweiter-schaltung	Ein Anruf, der einen Partner im Ort A erreichen will, kann automatisch zu einem anderen in Selbstwahl erreichbaren Anschluss im Ort B weitergeschaltet werden. Der Anrufer wird informiert, dass sein Anruf weitergeschaltet wird, und zahlt nur die Verbindungsgebühr bis zur Anrufweiterschaltung.
„Service 130“	Bei „Service-130“-Anschlüssen zahlt der Anrufer keine Gebühren mehr. Diese Dienstleistung kann auch vom Ausland aus in Anspruch genommen werden. Diesen besonderen Kundenservice erkennt man daran, dass die Telefonnummer mit 0130 beginnt.

Beschreiben Sie das mobile Telefon.	
Begriff	Mobile Telefone machen den Benutzer unabhängig von einem festen Standort.
Netze	▷ **D-Netze und E-Netze (D1, D2, E-Plus, E2):** Diese Netze arbeiten digital, d. h., die Sprache wird digitalisiert übertragen und ein MODEM kann entfallen. Sie eignen sich auch gut für nicht sprachliche Dienste, wie z. B. die europaweite Übertragung von Daten.
Geräte	▷ **Mobiltelefon:** Mit einem Mobiltelefon ist der Teilnehmer immer im Bereich der Telekom erreichbar. Er kann jede Rufnummer im In- und Ausland anwählen. ▷ **Autotelefon:** Das Autotelefon ist im Fahrzeug fest eingebaut oder herausnehmbar. ▷ **Handtelefon (Handy):** Es lässt sich bequem in der Jackentasche transportieren.

Welche Funkrufdienste kennen Sie?	
Eurosignal	Ein kleiner Funkempfänger zeigt dem Inhaber innerhalb Europas an, dass er sich zum nächsten Telefon begeben soll, um zurückzurufen. Je nach Signal erkennt der Empfänger, wo er anrufen soll.
Cityruf	Der Empfänger kann in festgelegten Funkzonen – z. B. im Bereich einer Großstadt – über ein Funkgerät erreicht werden. Drei Anzeigemöglichkeiten werden unterschieden: ▷ optisches und/oder akustisches Signal ▷ Anzeige von Ziffern, die zwischen Anrufer und Benutzer abgesprochen sind ▷ Text- und Zifferninformationen Der Empfänger kann über Telefon, Btx, Telex und Teletex angefunkt werden.
Bündeldienst Checker	eine Form des Betriebsfunks für den Sprach- und Datendialog
Modacom	ein mobiler Datenfunkdienst der Deutschen Telekom AG zur digitalen paketorientierten Datenübertragung; geeignet für die häufige Übertragung kleiner und mittlerer Datenmengen in beiden Richtungen
Satellitenübertragung	Viele Länder verfügen nicht über eine ausreichende Zahl ausgebauter und zuverlässiger Fest- und Mobilfunknetze. Satellitenfunk bietet für alle Länder, auch für entlegene Regionen, die Möglichkeit, in ein weltweites Kommunikationsnetz eingebunden zu werden.

Geben Sie eine Übersicht über das Internet.	
Begriff	Das Internet ist das weltweit größte Computernetz, an dem international jeder Computernutzer teilnehmen kann. Es ermöglicht jedem Anwender den Zugriff auf Datenbanken und „Webseiten“, die andere Nutzer/Anbieter in das Netz gestellt haben. Damit sind ein internationaler Austausch von Informationen sowie eine internationale Kommunikation über sogenannte E-Mails möglich.
Erforderliche Ausstattung	Anwender und Anbieter benötigen ▷ einen PC mit ISDN-Karte, ▷ einen ISDN-Telefonanschluss oder ein Mobiltelefon, ▷ Anschluss an einen Provider, der die Verbindung zum Internet herstellt (T-Online, AOL, Compuserve), ▷ ein Programm, das den Zugriff auf und die Darstellung von Seiten des World Wide Web ermöglicht (Browser), z. B. Netscape Navigator oder Internet Explorer, ▷ Suchmaschinen; das sind Dienste, die dem Internet-Nutzer kostenlos zur Verfügung stehen und aus dem Internet selbst auf den eigenen Rechner heruntergeladen werden können (z. B. Yahoo, Fireball, Google).
Funktionsweise	Der Benutzer wählt per Mausklick seinen Provider an. Auf dessen Bildschirmoberfläche können bereits gespeicherte Seiten aufgerufen werden, z. B. zu den Themen Politik, Wirtschaft, Reisen, Lifestyle etc. Von dieser Oberfläche kann sich der Nutzer den Zugang zum Internet verschaffen. Über eine Direkteingabe der Seite eines Anbieters mit dem Befehl „http://www.beispiel.de“ kann eine beliebige Webseite aufgerufen werden. Durch die Eingabe von Suchbegriffen in eine Suchmaschine, die möglichst genau formuliert sein sollten (z. B. Kopiergerät, Ergonomie), erhält der Nutzer alle Webseiten aufgezählt, in denen dieser Suchbegriff als Stichwort enthalten ist. Er muss nun die gewünschte Adresse nur noch anklicken, um auf diese Seite zu gelangen. Die dort hinterlegten Informationen können auch ausgedruckt oder auf Diskette gespeichert werden (Download).

Was ist unter dem Begriff „Datenbank-Verbindungen“ zu verstehen?	
Begriff	Online-Datenbanken erlauben den Zugriff auf aktuelle Informationen, die Datenbank-Anbieter in ihren Computern zum Abruf über Telefon oder DATEX bereitstellen.
Bereiche	Der größte Marktanteil ist auf dem Finanzsektor zu verzeichnen (Real-Time-Informationsdienste). Ferner sind führende Wirtschaftsauskunfteien, Anbieter aus dem Bereich des Finanzwesens, der Chemie und Pharmazie beteiligt.
Sprache	Die Recherche erfolgt in einer „Retrievalsprache“ (eine Art Programmiersprache). Die einzelnen Anbieter verwenden zurzeit noch unterschiedliche Sprachen.

Welche Möglichkeiten bietet das Telefax / der Telebrief?

Begriff	Tele = Fern, Fax = Faksimile (fac simile) – originalgetreue Wiedergabe einer Vorlage. Die Vorlagen werden minutenschnell über große Entfernungen hinweg über das Telefonnetz übermittelt. Es kann Handschriftliches, Maschinenschriftliches, Zeichnungen und Gedrucktes (10-Punkt-Schrift und größer) kopiert werden.
Geräte	Telefonanschluss, Anschalteeinrichtung, Fernkopierer (manuelles oder automatisches Faxgerät); Leistung: eine Minute für eine A4-Seite, bei Anschluss an ISDN 12 sec.
weitere Leistungsmerkmale	▷ Der **Sendebericht** beinhaltet das Datum, die Uhrzeit, Seitenzahl und richtige Übertragung der gesendeten Kopien. ▷ In der **Informationszeile** auf der empfangenen Kopie wird der Empfänger über den Absender, dessen Rufnummer, Datum und Uhrzeit der Übertragung informiert. ▷ Das **Kommunikationsjournal** ist ein Gesamtverzeichnis, in dem sämtliche Fernkopiervorgänge getrennt nach abgesandten und empfangenen Kopien festgehalten werden.
Telebrief	Im Telebriefdienst der Deutschen Telekom werden kopierfähige Unterlagen als „Telebrief" übermittelt. Die Postämter, bei denen die Vorlagen eingeliefert werden können, sind durch einen Aufkleber – Telebrief – gekennzeichnet.

Was wissen Sie über die Mailbox/Telebox?

Begriff	▷ In einem Sprachspeicher (Voicemail) werden mündliche Nachrichten „abgelegt". ▷ In einer Telebox können schriftliche Nachrichten in einem „elektronischen Briefkasten" gespeichert werden.
Briefkasten (= Mailbox)	Jeder Teilnehmer hat einen eigenen „Briefkasten" in dem Speicher. Er erhält eine eigene Adresse und ein zusätzliches Passwort, mit dem nur er seinen Briefkasten „öffnen" kann.
Geräte	Für die Übermittlung wird ein Datengerät in mobiler oder ortsfester Ausführung benötigt. Die Datenendeinrichtung besteht aus einem Bildschirm, der über ein Modem an das Telefon- oder Datexnetz angeschlossen ist.

Geben Sie einen Überblick über die Möglichkeiten der Datenkommunikation der Dateldienste.

Begriff	Unter dem Sammelnamen „Dateldienste" wird die Verwendung von Fernmeldewegen der Telekom für die Datenfernübertragung zusammengefasst. Das Wort „Datel" ist die Abkürzung für DAta TELecommunications/DAta TELefone/DAta TELegraf.
Telefonnetz	Es ist ein analoges Netz, das für die Übertragung von Sprachsignalen ausgerichtet ist. Zur Datenübertragung ist ein Modem erforderlich, das die Umwandlung der Daten in analoge Schallwellen vornimmt. Die Übertragung ist störanfällig und langsam.
ISDN-Netz (Integrated Digital Service Network)	Es ist ein digitales Netz (Teil des Telefonnetzes), bei dessen Nutzung die Daten nicht umgewandelt werden müssen. Es kann nahezu die gesamte Telekommunikation über eine universelle Anschlussdose und über einen Anschluss mit einer Rufnummer abgewickelt werden. Die Übertragung ist störungsfreier und wesentlich schneller.
Datex-Dienste (DAta EXchange Service)	Der DATEX-Dienst ist ein digitalisierter Übertragungsdienst der Telekom. Er zeichnet sich durch sehr hohe Sicherheit bei der Übertragung von Daten und einen sehr schnellen Verbindungsaufbau aus. ▷ **DATEX-L** verbindet durch eine dauernde Leitung zwei Anschlüsse miteinander, ohne Rücksicht darauf, ob Daten übertragen werden oder nicht (Standleitung). ▷ **DATEX-P** sammelt Informationen und überträgt sie als sogenannte Daten-Pakete.
Direktruf-Netz	Das Direktruf-Netz oder die Standleitung stellt die Übertragung von Informationen zwischen zwei Teilnehmern her, die die Leitung ausschließlich für ihre Belange nutzen. Die Teilnehmer sind dauernd (online) verbunden.
LAN-Netz	**(Local Area Network)** Ein lokales Netzwerk verbindet Arbeitsplatz-Computer innerhalb eines begrenzten Gebietes, z. B. eines Grundstückes. Sie dienen dem Informations- und Datenaustausch innerhalb eines Betriebes bzw. einer Organisation.
WAN-Netz	**(Wide Area Network)** Es handelt sich hierbei um ein öffentliches oder privates Netz, das Rechner verbindet, die sich geografisch an entfernten Stellen befinden. Ein WAN kann weltweite Verbindungen über Fest- oder Funknetze herstellen. Es verbindet mehrere LANs miteinander.

Was wissen Sie über E-Mail?

Die elektronische Nachrichtenübermittlung über lokale oder auch weltweite Netze bezeichnet man als E-Mail. Die Nachrichten werden über einen Computer eingegeben, mit der E-Mail-Adresse des Empfängers versehen und über lokale oder weltweite Netze abgeschickt. Die elektronische Nachricht wird beim Empfänger in einer Electronic Mailbox zwischengespeichert. Der Empfänger kann diese Nachrichten sofort oder später abrufen. Zum Empfang und Versenden der E-Mails sowie zur Verwaltung wird entsprechende Software eingesetzt.

Was wissen Sie über den elektronischen Austausch von Handelsdaten zwischen Unternehmen?

- ▷ Über Online-Verbindungen kann ein datenträgerloser und papierloser Austausch von Handelsdaten (Anfragen, Angeboten, Bestellungen, Auftragsbestätigungen, Rechnungen usw.) erfolgen. Diese Methode wird als Electronic-Data-Interchange (EDI) bezeichnet.
- ▷ Unternehmen haben begonnen, den Austausch von Datensätzen mit ihren Zuliefererbetrieben zu vereinheitlichen. Der Vorgang einer Fakturierung mittels EDI wird als EDIFACT bezeichnet. EDIFACT legt die Form des Aufbaus von Handelsnachrichten und den Inhalt fest.
- ▷ EDIFACT hat folgende Vorteile: Reduzierung der Papierflut und des Verwaltungsaufwandes, Beschleunigung des Informationsflusses

Geben Sie einen Überblick über die innerbetrieblichen Kommunikationsmöglichkeiten.

Schriftlich	▷ innerbetriebliche Rundschreiben (Hausmitteilungen) ▷ innerbetriebliche Bekanntmachungen (schwarzes Brett) ▷ innerbetriebliches Telefax
Mündlich	▷ Haustelefon (Nebenstellenanlage) ▷ Sprechanlagen (Wechselsprechanlagen und Gegensprechanlagen) ▷ Personenrufanlagen
Elektronisch	LAN (Local Area Network) ist ein lokales Netzwerk auf der Basis eines hausinternen Rechnerverbundsystems, das auf den Bereich eines Unternehmens begrenzt ist. Das LAN kann über externe Datennetze mit anderen privaten Netzen verbunden werden. Vorteile von LAN sind: ▷ schneller Informationsaustausch, z. B. durch elektronische Hauspost ▷ Einsparung durch gemeinsame Nutzung der Programme und der Hardware ▷ Erleichterung der Datenpflege durch zentrale Speicherung ▷ aktueller und einheitlicher Informationsstand an allen Arbeitsplätzen
Innerbetriebliche Postbeförderung	▷ **Boten:** Mitarbeiter der Postzentrale bringen und holen die Hauspost. ▷ **Rohrpostanlagen:** Einzelne Belege sowie dünne Aktenstücke lassen sich hiermit sehr schnell transportieren. Das zu befördernde Gut wird in Büchsen gefüllt und durch ein Gebläse von der Sende- zur Empfangsstation geblasen bzw. gesaugt. ▷ **Förderbandanlagen** kann man mit einem Fließband vergleichen. Die Einsatzmöglichkeiten sind begrenzt, weil ein Transport nur in einer Ebene stattfinden kann. ▷ **Schienenförderanlagen** bestehen aus einem Streckennetz mit Profilschienen. Behälter werden durch Elektromotor angetrieben. Es lassen sich auch Ordner, Bücher und Akten transportieren. ▷ **Selbstfahrender Umlaufwagen** transportiert umfangreiches Schriftgut automatisch zu den Arbeitsbereichen. Der Weg des Wagens lässt sich einstellen. Der Umlaufwagen ruft und benutzt selbstständig Aufzüge.

Unterscheiden Sie Personenrufanlagen und Personensuchanlagen.

Personenrufanlagen	Sie arbeiten mit akustischen Mitteln: ▷ Lautsprecher: In Räumen, in denen viel Lärm ist, werden Mitarbeiter über Lautsprecheransagen gesucht. Nachteil: Störung anderer Mitarbeiter ▷ Taschenempfänger: Der Gesuchte empfängt über eine drahtlose Funkeinrichtung einen Piep-, Summ- oder Glockenton.
Personensuchanlage	Sie arbeiten mit optischen Mitteln: ▷ Suchuhr: Mit dieser Anlage können höchstens 12 Mitarbeiter gesucht werden. Der Suchzeiger wird auf die Suchziffer des Mitarbeiters gestellt. ▷ Leuchtzahlentafeln: Auf einer Tafel erscheinen Leuchtziffern. Leuchtzahlentafeln eignen sich besonders für größere Betriebe.

Erläutern Sie die Möglichkeiten von Gegensprechanlage und Wechselsprechanlage.

Wechselsprechanlagen	Wechselsprechanlagen verfügen nur über einen Sprechkanal, sodass nur abwechselnd gesprochen werden kann. Wechselsprechanlagen werden im Fertigungsbereich für kurze Gespräche bzw. Anordnungen eingesetzt.
Gegensprechanlagen	Gegensprechanlagen verfügen über zwei Sprechkanäle. Beide Gesprächspartner können gleichzeitig sprechen und hören. Gegensprechanlagen werden im Verwaltungsbereich eingesetzt. Je nach Aufbau der Sprechanlage sind verschiedene Verbindungen möglich: ▷ Die Sammelruftaste ermöglicht eine Schaltung zu allen Nebenstellen. ▷ Die Sternverbindung ermöglicht nur eine Verbindung der Hauptstelle mit den Nebenstellen und umgekehrt. Nebenstellen können nicht untereinander kommunizieren. ▷ Die Netzverbindung ermöglicht den Nebenstellen die Kommunikation miteinander. ▷ Die Konferenzschaltung ermöglicht ein Gespräch zwischen mehreren Mitarbeitern in verschiedenen Räumen.

Was ist ein Vordruck? Welche Vorteile bietet er und welche Vordrucke werden unterschieden?		
Begriff	Nach DIN 32754 ist ein Vordruck ein Papier eines bestimmten Formats mit Aufdruck, das eine ergänzende Beschriftung von Hand oder Maschine ermöglicht. Vordrucke erleichtern und steuern den inner- und außerbetrieblichen Informationsfluss.	
Unterscheidungsmerkmale	**Gebrauchsform**	▷ Einzelvordrucke sind Vordrucke, die denselben Text aufweisen (einzelne Blätter wie z. B. Gesprächsnotizen). ▷ Vordrucksätze sind miteinander verbunden. Sie werden eingesetzt, wenn mehrere Empfänger gleiche Informationen erhalten müssen (z. B. Paketscheine). ▷ Schnelltrennsätze sind Vordrucksätze, die durch ruckartiges Ziehen voneinander getrennt werden können (z. B. Banküberweisung).
	Verwendungszweck	▷ innerbetrieblich: Vordrucke werden von der Organisationsabteilung mit den betroffenen Sachbearbeitern entwickelt (z. B. Materialentnahmescheine, Personalbogen). ▷ außerbetrieblich: Vordrucke dienen dem Informationsaustausch mit anderen Firmen (z. B. Rechnungen, Auftragsbestätigungen). ▷ überbetrieblich: Vordrucke werden von einer Vielzahl von Betrieben verwendet (z. B. im Zahlungsverkehr).
Vorteile	Vordrucke verringern die Schreibarbeiten. Wichtige Angaben können nicht vergessen werden. Gleiche Reihenfolge der Angaben garantiert schnelles Bearbeiten. Die Vollständigkeit der Angaben ist gewährleistet.	

Nennen Sie die Vorteile der verschiedenen Diktierformen.	
Stenodiktat	Es kann sehr schnell diktiert werden. Der Diktierende braucht nicht die Diktatsprache zu beherrschen, der Diktierende braucht kein technisches Gerät zu bedienen.
Maschinendiktat	Das Schriftstück entsteht während des Diktats. Der Diktierende hat unmittelbaren Kontakt zur Schreibkraft und kann die Entstehung des Briefes verfolgen.
Phonodiktat	Ein örtlich und zeitlich unabhängiges Arbeiten der beteiligten Mitarbeiter wird ermöglicht. Bei Anwendung der Diktatsprache ist eine klare Verständigung möglich.
Stichwortbrief	Sofern die beteiligten Mitarbeiter die schwierigen Anforderungen erfüllen, ist der Stichwortbrief eine Möglichkeit zur Rationalisierung des Schriftverkehrs.
Spracherkennungssysteme für den PC	Der Anwender spricht seinen Text in ein Mikrofon und die gesprochenen Wörter werden vom PC direkt als geschriebener Text angezeigt. Vorteile: ▷ kein manuelles Erfassen der Texte über Tastatur ▷ geringerer Zeitaufwand für die Texterstellung ▷ Anwendungsbereiche in kaufmännischen, juristischen und medizinischen Fachgebieten

Welche Möglichkeiten gibt es, um den Schriftverkehr zu rationalisieren?	
Auswahltexte	Texte mit mehreren kurz gefassten Sachverhalten; der infrage kommende Text wird angekreuzt
Kurzmitteilungen	enthalten eine Reihe von Handlungsanweisungen des Absenders, von denen der zutreffende Begriff angekreuzt wird; hand- oder maschinenschriftliche Ergänzungen sind möglich; wird zumeist mit Unterlagen versendet
Pendelbrief	(Schnellbrief) ermöglicht dem Empfänger die Beantwortung auf dem Original
Serienbrief	inhaltlich gleicher Brief, der an verschiedene Adressaten geschickt wird; als Funktion in moderner Textverarbeitungssoftware enthalten
E-Mail	Es können elektronische Nachrichten über lokale oder auch weltweite Netze übermittelt werden. Die Nachrichten werden über einen Computer eingegeben, mit der E-Mail-Adresse des Empfängers versehen und über lokale oder weltweite Netze abgeschickt. E-Mail ist kostengünstig und schnell. Die elektronisch übertragenen Daten können direkt elektronisch weiterverarbeitet werden. Außerdem können beliebige Daten angehängt werden.

Unterscheiden Sie die Möglichkeiten der Vervielfältigung von Texten.	
Durchschriften	werden handschriftlich angefertigt (z. B. bei Quittungen)
Durchschläge	werden maschinenschriftlich angefertigt
Kopieren	Das Kopieren kann mit dem Fotografieren verglichen werden. Das Original wird aufgenommen (belichtet); die Wiedergabe erfolgt auf Papier (entwickeln). Wichtige Leistungsmerkmale eines Kopierers: Papierzuführung, Vorlagenzuführung, Format der Vorlage, Formatbestimmung, Kopienleistung, Anwärmzeit, Kopienqualität, Programmiermöglichkeit, Display, Sorter
Offsetdruck	Der Offsetdruck ist ein Flachdruckverfahren, d. h., dass sich die zu druckenden und nicht zu druckenden Teile auf einer Ebene befinden. Es eignen sich alle Papiere ab 40 g/m². Die Druck-Erzeugnisse haben eine ausgezeichnete Qualität. Der Offsetdruck ist das am häufigsten eingesetzte Druckverfahren.

Geben Sie einen Überblick über Begriff, Aufgaben und Ziele der Ablauforganisation.	
Begriff	Die Ablauforganisation hat die Aufgabe, die Leistungsprozesse im Betrieb möglichst optimal hinsichtlich Funktion (Tätigkeit), Raum, Zeit und Sachmittel zu gestalten.
Aufgaben	Die Ablauforganisation ▷ befasst sich mit der räumlichen und zeitlichen Festlegung der betrieblichen Vorgänge (Raumplanung und Zeitplanung), ▷ ordnet und gestaltet Arbeitsabläufe (Arbeitsablaufplanung), ▷ legt die ausführenden Stellen und Arbeitsmittel fest (Sachmittelplanung und Personaleinsatzplanung).
Ziele	Die Ablauforganisation verfolgt gleichzeitig zwei Ziele: ▷ die möglichst hohe Auslastung der Kapazitäten ▷ die Verkürzung der Durchlaufzeiten der Objekte durch den Betrieb Diese beiden Ziele verhalten sich zueinander gegenläufig (konfliktär). Man spricht deshalb auch von dem „Dilemma der Ablaufplanung“: Die Erreichung des Zieles Auslastung der Kapazitäten steht im Gegensatz zu dem Ziel der Verkürzung der Durchlaufzeiten. Die Lösung liegt in dem Versuch, die Abläufe im Betrieb und die eingesetzten Sachmittel zu optimieren.

Um Abläufe organisieren zu können, müssen diese zunächst einmal erfasst werden. Welche Methoden hierzu kennen Sie?		
Notwendigkeit der Istaufnahme	Probleme und Reibungsverluste in organisatorischen Abläufen lösen in der Regel vor einer Um- oder Neuorganisation eine **Istaufnahme** des vorhandenen Zustands aus. Diese ist notwendig, um über geeignete Unterlagen für die Analyse des Istzustandes und die darauf folgende Formulierung eines Sollkonzeptes zu verfügen.	
Methoden der Istaufnahme	**Beobachtung**	▷ **Dauerbeobachtung** Hierbei hält sich der Organisator über einen längeren Zeitraum am Ort des Geschehens auf und notiert seine Eindrücke. Sie eignet sich zur Erfassung von Arbeitsauslastung und Störquellen. ▷ **Multi-Moment-Aufnahme** Bei dieser Methode wird eine große Zahl von Stichprobenbeobachtungen gemacht. Von der Häufigkeit, mit der bestimmte Merkmale beobachtet wurden, schließt man auf ihren Anteil an der Gesamttätigkeit. Sie eignet sich zur Ermittlung der Häufigkeit bestimmter Verrichtungen.
	Befragung	▷ **Interviewmethode** Der Organisator befragt die betroffenen Personen und erhält durch genaues Nachfragen detaillierte Aufschlüsse, z. B. über einen Sachverhalt, der zuvor bei einer Fragebogenaktion aufgefallen ist. Sie eignet sich für komplexe Arbeitsabläufe. ▷ **Fragebogenmethode** Fragebögen, die auf die Situation abgestimmt sind, werden an die Mitarbeiter verteilt und später ausgewertet. Sie eignet sich für Routinearbeiten und für eine große Anzahl von befragten Personen.
	Selbstaufschreibung	Die Stelleninhaber schreiben über einen bestimmten Zeitraum entweder formfrei oder in einem Formular die Anzahl, Häufigkeit, Art und Dauer der Vorgänge und Tätigkeiten auf, für die sie ihre Zeit verwendet haben. Sie eignet sich zur Erfassung von Arten, Zahl und Bearbeitungszeit von Vorgängen.

Welche Aufgaben werden im Rahmen der raumorientierten und der sachmittelorientierten Ablauforganisation erfüllt?	
Raumorientierte Ablauforganisation	Sie beschäftigt sich mit der räumlich optimalen Zuordnung der einzelnen Arbeitsplätze und Abteilungen, um die Transportwege zu minimieren und einen geordneten Fluss der Arbeitsobjekte durch den Betrieb zu gewährleisten. ▷ Im Bereich der Produktion sind zu dem Zweck Organisationstypen der Fertigung entwickelt worden, die sich an der Art der Produkte, der einzusetzenden Sachmittel und der Fertigungsstufen orientieren (z. B. Werkstattfertigung, Fließfertigung, Baustellenfertigung). ▷ Im kaufmännischen bzw. verwaltenden Bereich bearbeitet die raumorientierte Ablauforganisation z. B. Entscheidungen über die Aufteilung von Büros oder regelt Fragen der optimalen Kommunikation persönlicher oder schriftlicher Natur.
Sachmittelorientierte Ablauforganisation	Sie entscheidet über den optimalen Einsatz von Sachmitteln zur Bewältigung der betrieblichen Aufgaben. Fragen wie: „Soll eine zentrale EDV-Anlage angeschafft werden oder wollen wir die EDV-Aufgaben besser dezentral durch den Einsatz von Personal Computern lösen?“ oder „Welches Lagersystem ist optimal?“ werden von der Organisationsabteilung beantwortet.

Was versteht man unter dem Begriff „Software"? Welche Arten von Software werden unterschieden?	
Begriff	Die Software ist die Summe aller Programme, mit denen auf einem EDV-System (der Hardware) gearbeitet wird. Die Software macht die Hardware erst funktionsfähig.
Anwendersoftware	Sie ist die Summe aller Programme, die für kaufmännische oder technische Anwendungen erstellt werden. ▷ Die individuelle (selbst oder fremd erstellte) Anwendersoftware ermöglicht es dem Betrieb, auf seine besonderen Problemstellungen einzugehen, z. B. spezifische Warendispositionsprobleme. Solche Programme sind jedoch verhältnismäßig teuer. ▷ Die **Standardsoftware** besteht aus Programmen, die für eine Vielzahl von Anwendern geschrieben ist. Die Anwendungen sind so gleichförmig, dass eine einheitliche Lösung auf viele Betriebe zutrifft, z. B. Kassenabrechnung, Lohn- und Gehaltsabrechnung, Textverarbeitung, Tabellenkalkulation, Grafik, Präsentation, Buchhaltung. Diese Programme haben den Vorteil, dass sie relativ günstig sind, zumeist schon vielfach getestet wurden und bei notwendigen Änderungen eine günstige Programmpflege angeboten wird.
Betriebssystem	Dies sind Programme, die zur Inbetriebnahme, zur Steuerung und Kontrolle eines EDV-Systems eingesetzt werden (Betriebssystem). Die Systemsoftware erschließt die Hardware und ist eine wichtige Voraussetzung, um mit der Anwendersoftware arbeiten zu können. Aufgabe des Betriebssystems ist es, ▷ den Dialog mit dem Benutzer zu führen, ▷ den Platz auf Speichermedien, z. B. Disketten und Festplatten, zu verwalten, ▷ die vom Benutzer gewünschten Programme zu laden, zu starten und zu unterbrechen, ▷ bei mehreren gleichzeitig ablaufenden Programmen Prozessorzeit zuzuteilen, ▷ bei zu geringem Arbeitsspeicherplatz virtuellen Arbeitsspeicherplatz zuzuteilen, ▷ die Ein- und Ausgabe von Daten zu koordinieren und die Arbeit der Peripherie zu verwalten, ▷ Dienstprogramme zur Verfügung zu stellen, um z. B. Daten zu suchen oder zu vergleichen.

Was ist ein EDV-Programm?

- ▷ Ein EDV-Programm ist eine geordnete Folge von Befehlen (Instruktionen) und bewirkt die automatische Ausführung einer Aufgabe (z. B. Kassenabrechnung, Lohn- und Gehaltsabrechnung).
- ▷ Ein einmal erstelltes Programm kann beliebig oft für dieselbe Aufgabe verwendet werden.
- ▷ Das Programm ist eine Arbeitsanweisung für den Computer. Es legt mit den einzelnen Befehlen fest, welche Daten bei der Erfassung abgefragt werden, was mit diesen Daten geschehen soll, wo und wie die Ergebnisse zu speichern sind und in welcher Form diese Daten ausgegeben werden.

Unterscheiden Sie Datensicherung und Datenschutz.	
Datensicherung	Die Datensicherung umfasst alle Maßnahmen eines Unternehmens zum Schutz der Daten vor Verlust, Beschädigung, Verfälschung und unerlaubtem Zugriff unberechtigter Personen. Maßnahmen: ▷ **organisatorische Maßnahmen** – Zugangs- und Abgangskontrollen, z. B. durch offen getragene Ausweise – bauliche Maßnahmen, z. B. besonders feuergeschützte Räume – regelmäßige Sicherung der angefallenen Daten ▷ **Softwaremaßnahmen** – Zugangsberechtigung zu Datenendstationen nur über im Programm hinterlegte Passwörter (Zugangscodes) – Plausibilitätskontrollen bei der Eingabe von Daten, z. B. bei der Überprüfung der Eingabe anhand vorgegebener Größen (Datum, Preis) – Prüfziffernverfahren, z. B. bei der EAN-Nummer (letzte Ziffer) – Summen- und Vollständigkeitskontrollen ▷ **Hardwaremaßnahmen** – Zugang zu den Tastaturen und Geräten nur mit Schlüsseln, z. B. an Kassen oder Datenendgeräten – Überschreibschutz bei Magnetbändern – technische Prüfbitkontrolle bei der Übertragung von Daten
Datenschutz	Der Datenschutz umfasst alle Maßnahmen eines Unternehmens, einer Behörde oder sonstigen Organisation zum Schutz aller personenbezogenen Daten vor Missbrauch durch unberechtigte Übertragung und Weitergabe oder unberechtigtem Zugriff. Hinzu kommt der Schutz des einzelnen Menschen vor der Sammlung von individuellen Daten über seine Person. Maßnahmen: ▷ **Rechte der betroffenen Bürger** – Kenntnisrecht ist das Recht des Bürgers zu wissen, wer Daten über ihn in welchem Umfang besitzt und an wen diese Daten ggf. weitergegeben werden. – Berichtigungsrecht ist das Recht, unrichtig gespeicherte Daten korrigieren zu lassen. – Löschungsrecht ist das Recht, unzulässig gespeicherte Daten löschen zu lassen. ▷ **Datengeheimnis** Personen, die mit personenbezogenen Daten zu tun haben, werden zum Schweigen darüber verpflichtet. ▷ **technische oder organisatorische Maßnahmen** Diejenigen Betriebe und Einrichtungen, die personenbezogene Daten verarbeiten, haben die geeigneten Maßnahmen zu treffen, die den Datenschutz gewährleisten.

In Excel befinden sich auf der Standardsymbolleiste einige Schaltflächen, die nur in Excel zu finden sind. Erläutern Sie diese.

Die Funktion „Summe" wird in die Bearbeitungszeile eingefügt. Excel bietet aufgrund vorhandener Eintragungen auf dem Arbeitsblatt einen Vorschlag für die Zellen, deren Inhalte addiert werden sollen. Dabei haben vertikale Zellen vor den horizontalen Zellen Vorrang.

Durch Aktivierung dieser Schaltfläche wird der Funktions-Assistent gestartet, der die Erstellungen von Funktionen unterstützt.

Beispiel:

Die Einträge in einem markierten Zellbereich werden aufsteigend sortiert.

Die Einträge in einem markierten Zellbereich werden absteigend sortiert.

Der Diagramm-Assistent wird gestartet, der die Diagramm-Erstellung durch einen mehrstufigen Dialog führt und unterstützt.

Beispiel:

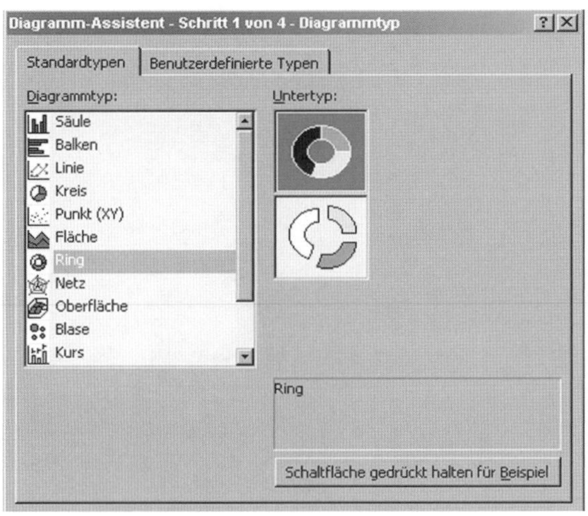

Durch Anklicken dieses Symbols wird eine Symbolleiste mit verschiedenen Zeichenwerkzeugen eingeblendet, mit denen eigene Grafiken auf dem Tabellenblatt erstellt werden können.

Erläutern Sie die Schaltflächen auf der Formatsymbolleiste, mit denen durch Anklicken mit der Maus wichtige Formatierungen zugewiesen werden.

Der Inhalt einer Zelle wird zentriert über die vorher markierten Spalten ausgerichtet. Ein Klick auf die gedrückte Schaltfläche entfernt das Attribut wieder.

Dem markierten Zellbereich wird das Währungsformat zugewiesen.

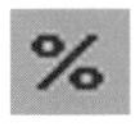

Dem markierten Zellbereich wird das Prozentformat zugewiesen.

Der markierte Zellbereich wird mit dem Zahlenformat der Kategorie „Buchhaltung" formatiert. Dies bewirkt, dass bei den Zahlenwerten erstens der Punkt als Tausendertrennzeichen gesetzt wird und zweitens hinter dem Komma zwei Stellen hinzugefügt werden.

Die Anzahl der Dezimalstellen wird jeweils um eine Stelle in dem markierten Zellbereich erhöht.

Die Anzahl der Dezimalstellen wird jeweils um eine Stelle in dem markierten Zellbereich verringert.

Auf dem Symbol wird die aktuell eingestellte Linienart angezeigt. Durch einmaliges Anklicken kann den markierten Zellbereichen diese Linienart zugewiesen werden.

Die daneben befindliche Schaltfläche öffnet die Rahmenpalette, auf der die Einstellungen verändert werden können. Diese Palette kann durch Drag und Drop „abgelöst" werden und ist dann frei auf dem Bildschirm positionierbar.

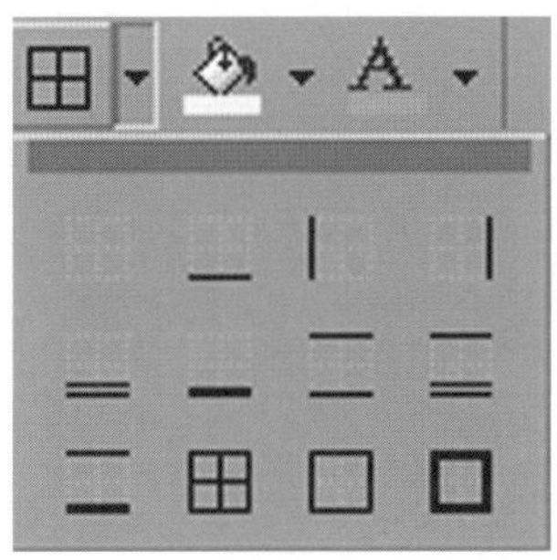

Mit diesem Symbol wird die aktuell eingestellte Füllfarbe angezeigt. Durch einmaliges Anklicken kann den markierten Zellbereichen diese Füllfarbe zugewiesen werden.

Die Schaltfläche daneben öffnet die Farbpalette, auf der dann die veränderten Einstellungen vorgenommen werden können. Diese Palette kann durch Drag und Drop „abgelöst" werden und ist dann frei auf dem Bildschirm positionierbar.

Nennen Sie die wichtigsten Funktionen der Menüleiste von Microsoft Word.

Datei

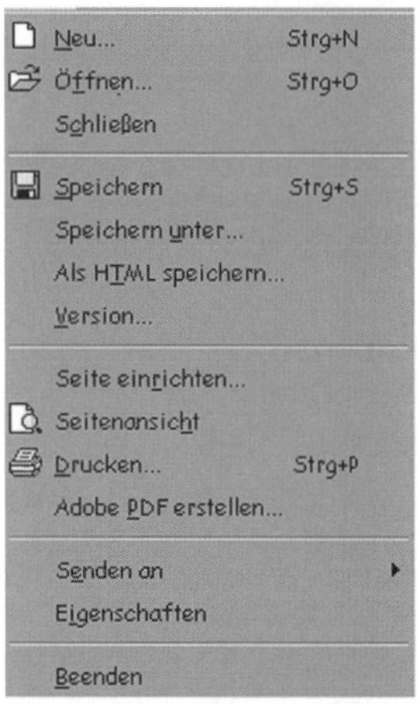

Format

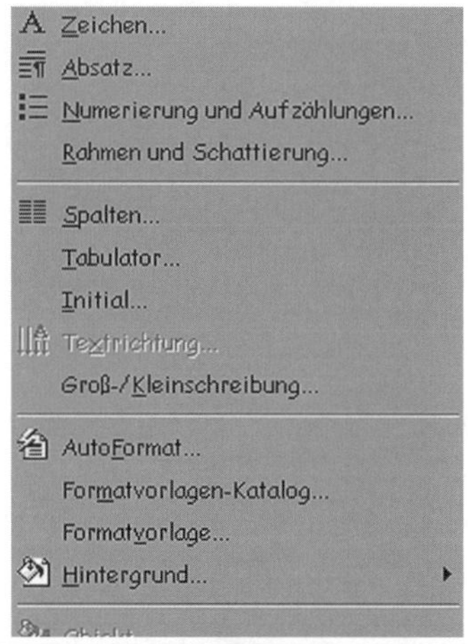

Bearbeiten

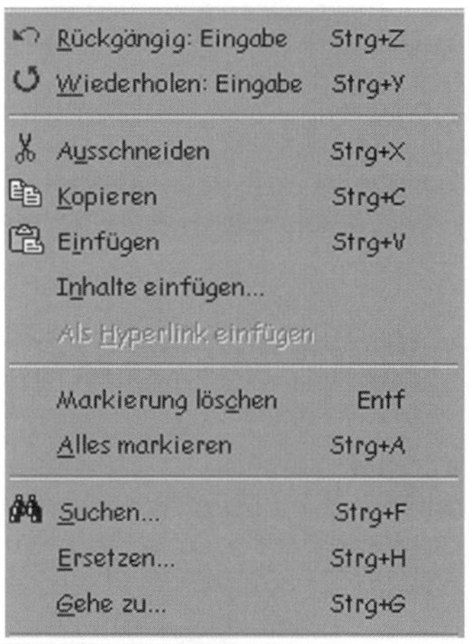

Extras

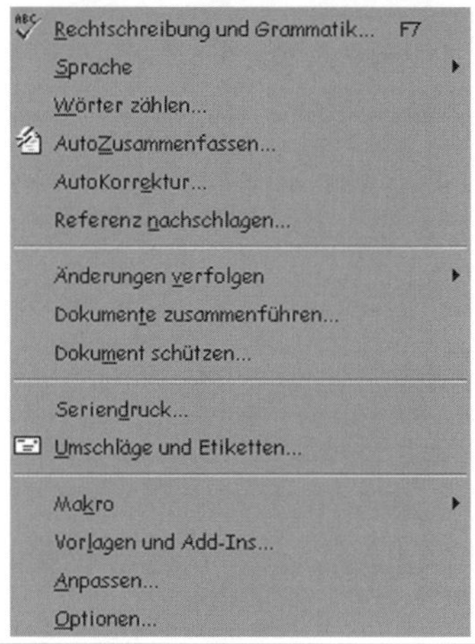

Ansicht

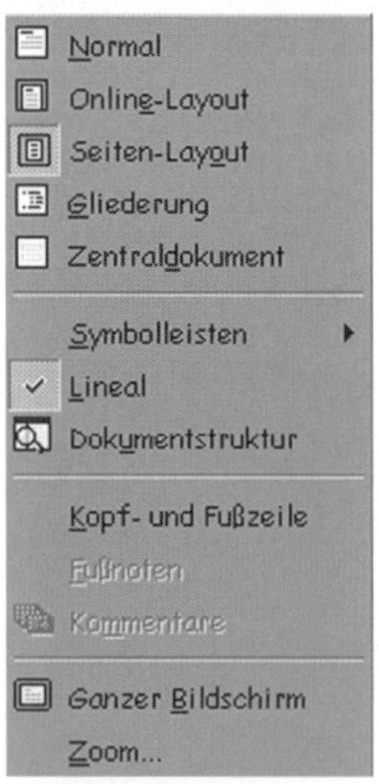

Tabelle

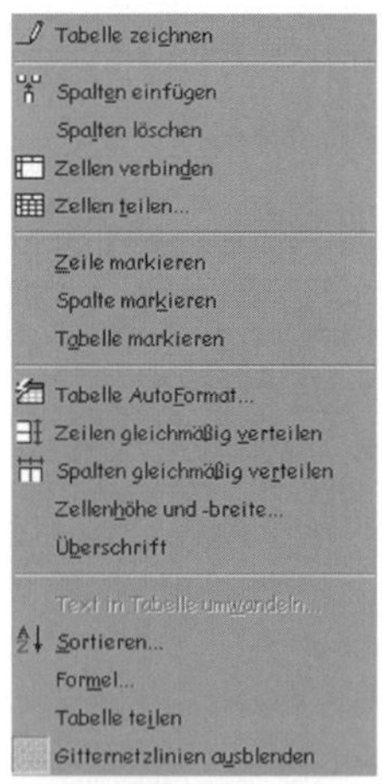

Einfügen

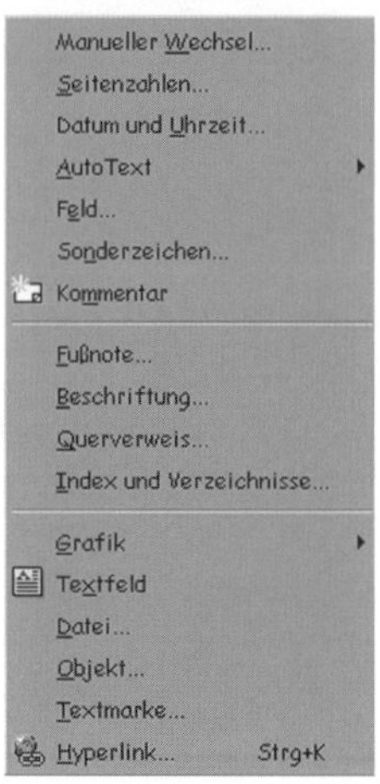

Fenster

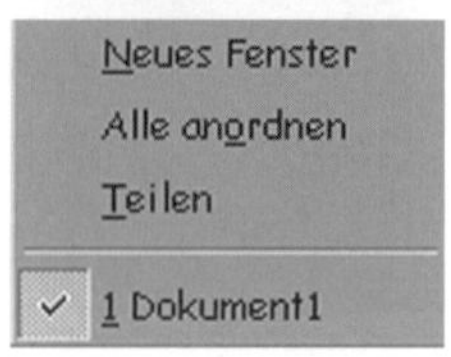

Erläutern Sie die wesentlichen Funktionen der Funktionsleiste.

Neues leeres Dokument
Ein neues Dokument wird angelegt.

Öffnen
Eine bereits vorhandene Datei wird geöffnet.

Speichern
Das gerade bearbeitete Dokument wird gespeichert.

Drucken
Die aktuelle Datei wird gedruckt.

Seitenansicht
Der Text wird als ganze Seite gezeigt.

Rechtschreibung und Grammatik
Die Rechtschreib- und Grammatikprüfung wird durchgeführt.

Ausschneiden
Ein markierter Text wird ausgeschnitten.

Kopieren
Ein markierter Text wird in die Zwischenablage kopiert.

Einfügen
Der Inhalt der Zwischenablage wird in den Text eingefügt.

Format übertragen
Eine Textformatierung wird auf einen anderen Textabschnitt übertragen.

Rückgängig Eingabe
Die letzte Aktion wird rückgängig gemacht.

Wiederherstellen
Die letzte Aktion wird wiederholt.

Hyperlink einfügen
Ein Hyperlink wird eingefügt.

Tabellen und Rahmen
Der Tabellen- und Rahmendialog wird geöffnet.

Tabelle einfügen
Eine Tabelle mit Spalten und Zeilen wird eingefügt.

Microsoft Excel-Tabelle einfügen
Eine Excel-Tabelle wird eingefügt.

Spalte
Eine gewünschte Spaltenanzahl wird durch Ziehen eingefügt.

Zeichnen
Die Symbolleiste Zeichnen wird eingefügt.

Dokumentstruktur
Die Dokumentstruktur wird angezeigt.

¶ Einblenden/Ausblenden
Zeigt oder verbirgt Formatierungszeichen.

100% Zoom
Vergrößert oder verkleinert die Zoomstufe.

Microsoft Word-Hilfe
Gibt Hilfe zu Befehlen im Bildschirmbereich oder überprüft die Formatierung.

Erläutern Sie die Symbole der Formatierungsleiste.

Standard — Formatvorlage
Auswahl eines Druckformates

Times New Roman — Schriftart
Auswahl einer Schriftart

11 — Schriftgrad
Auswahl einer Schriftgröße

F — Fett
Fettdruck wird ein- oder ausgeschaltet.

K — Kursiv
Kursivschrift wird ein- oder ausgeschaltet.

U — Unterstrichen
Unterstreichung kann ein- oder ausgeschaltet werden.

Linksbündig
Der Text wird linksbündig formatiert.

Zentriert
Der Text wird zentriert formatiert.

Rechtsbündig
Der Text wird rechtsbündig formatiert.

Blocksatz
Der Text wird auf Blocksatz formatiert.

Nummerierung
Eine nummerierte Liste wird erstellt.

Aufzählungszeichen
Eine Aufzählung wird erstellt.

Einzug verkleinern
Verkleinert den Einzug.

Einzug vergrößern
Vergrößert den Einzug.

Rahmenlinien
Ermöglicht die Rahmen- und Linienbearbeitung.

Hervorheben
Formatiert den Hintergrund der markierten Texte.

A — Schriftfarbe
Schriftfarbe wird ausgewählt.

Welche Angaben enthält die Statuszeile?

S 4 — Angabe der Seitenzahl (Seite 4), auf der sich der Cursor befindet

Ab 1 — Angabe des Abschnittes (nicht Absatz), in dem sich der Cursor befindet

4/4 — Angabe der aktuellen Seitenposition (Seite 4 von 4 Seiten)

Bei 2,9 cm / Ze 2 Sp 1 — Angabe der Cursor-Position (2,9 cm vom oberen Blattrand entfernt, Zeile 2, Spalte 1)

Zeigt jeweils an, welche Funktion aktiv ist

MAK — Makroaufzeichnung

ÄND — Überarbeitungsmodus

ERW — Markierungserweiterung

ÜB — Überschreibmodus

Rechtschreibüberprüfung

Nennen Sie die wichtigsten Funktionen der Menüleiste und Symbolleiste bei Microsoft PowerPoint.

Datei Bearbeiten → siehe Microsoft Word

Ansicht

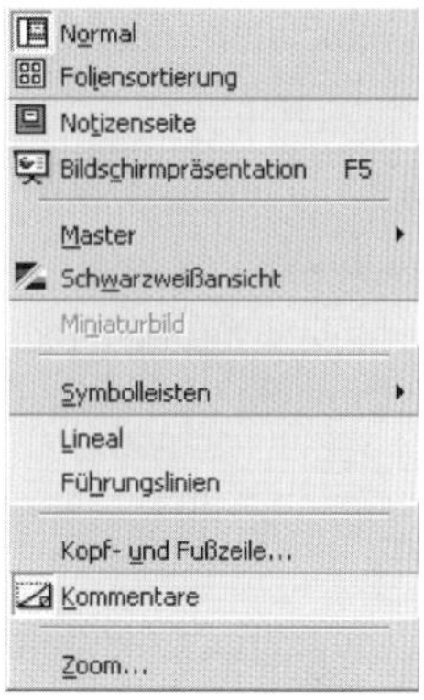

Einfügen

Format

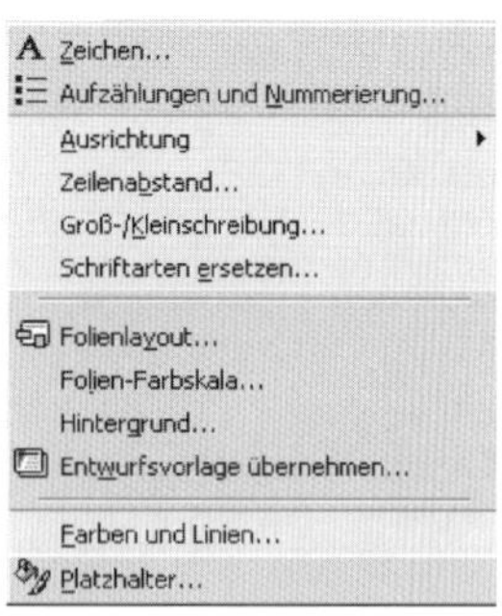

Extras

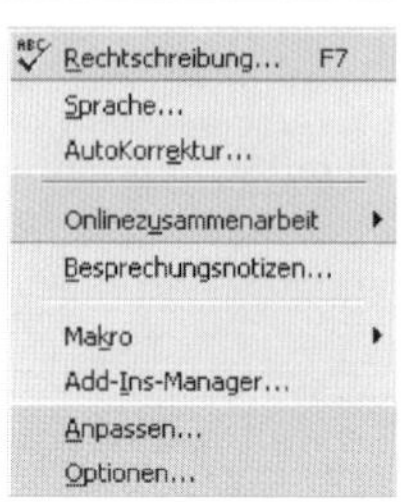

Bildschirmpräsentation

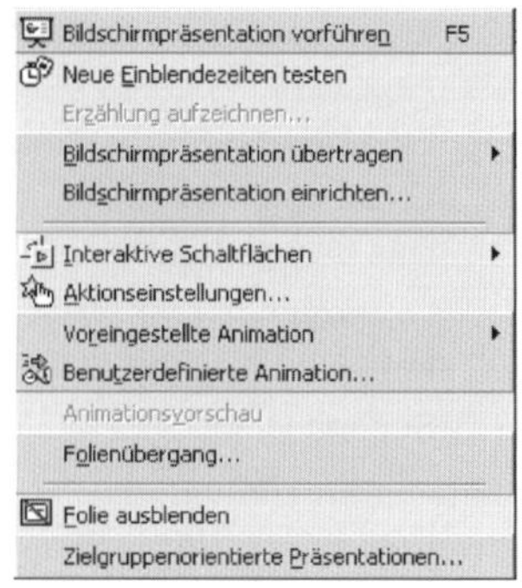

Fenster

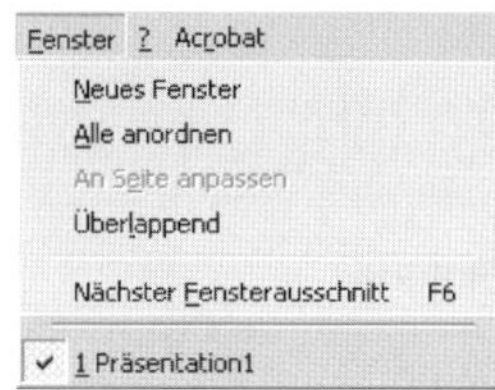

PowerPoint-Hilfe

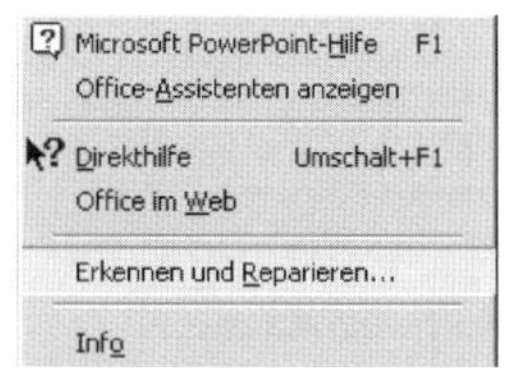

Allgemeines

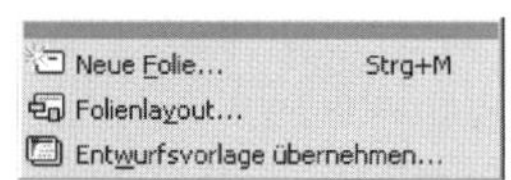

Animation

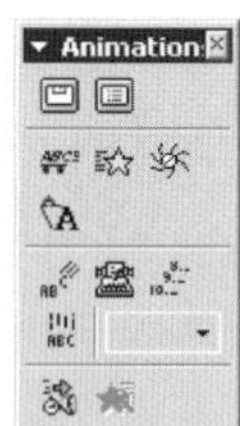

Folienlayouts

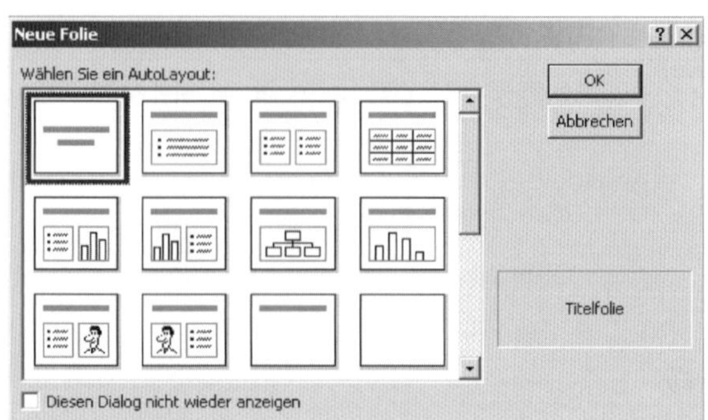

Erklären Sie den Unterschied zwischen einer HTML-Seite in Browser-Ansicht und als Quelltext.

Browser-Ansicht einer Webseite

Eine HTML-Seite (auch Webseite genannt) ist eine Informationsseite, die verschiedene Elemente enthalten kann, wie formatierte Texte, Fotos, grafische Elemente, Videos und Audios. Das besondere an einer Webseite ist, dass sie einen oder mehrere Links (engl.: Verbindung) enthält, die entweder zu anderen eigenen HTML-Seiten oder zu fremden Webseiten führen. Einen **Link** erkennt man daran, dass der Mauszeiger sich in eine Hand verwandelt, wenn er in die Nähe eines Links kommt. Ein **Browser** ist ein Programm, das den Zugriff und die Darstellung von HTML-Seiten ermöglicht. Die bekanntesten Web-Browser sind Netscape Navigator und der Internet Explorer von Microsoft.

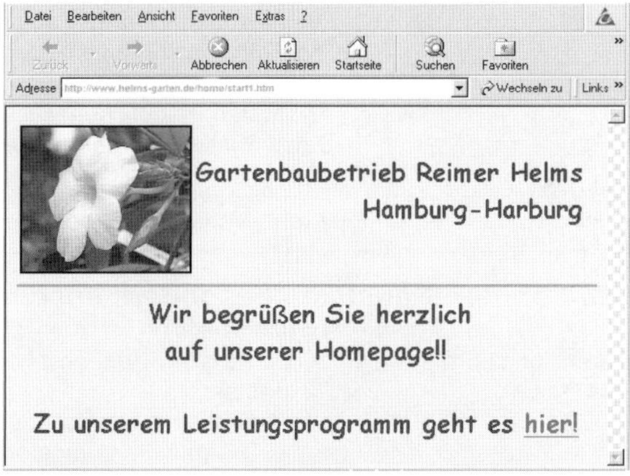

Quelltext dieser Beispielseite

HTML ist die Abkürzung für **Hypertext Markup Language**, also die Seitenbeschreibungssprache des Internets. HTML-Dateien liegen im ASCII-Format vor. Alle Befehle werden in spitze Klammern als sogenannte **Tags** (engl.: Fähnchen) in das Dokument eingesetzt. Dabei haben die meisten Befehlsfolgen einen **Start-Tag** und einen **Ende-Tag**. Zwischen beiden Tags befindet sich der **Container-Text**, auf den sich der Befehl bezieht. Der Ende-Tag ist identisch mit dem Start-Tag, nur mit einem Schrägstrich (slash) davor. Beispiel: Die Anweisung, den Text „Dies ist eine Webseite!" in der Schriftgröße h2 darzustellen, lautet:
<**h2**>Dies ist eine Webseite!</**h2**>.
Soll das Wort „Webseite" nun noch zusätzlich fett dargestellt werden, lautet die Befehlszeile:
<**h2**>Dies ist eine <**b**>Webseite</**b**>!</**h2**>.

```
<html>
<head><title>start1</title><head>
<body text="#003080" bgcolor="#E0E0E0"
link="#FF0000" alink="#009090" vlink="E00060">
<font face="Comic Sans MS">
<table>
<td><img src="grafiken/vine1.jpg" width="160"
height="138" border="2"></td>
<td><div align="right"><h2>Gartenbaubetrieb Reimer
Hellms<br>Hamburg-Harburg</h2></div></td></table>
<hr noshade size="3">
<h2><div align="center">Wir begr&uuml;&szlig;en Sie
herzlich<br>auf unserer Homepage!!<br><br>
Zu unserem Leistungsprogramm geht es
<a href="programm.html">hier!</a>
</div></h2></font>
</body>
</html>
```

Erklären Sie wichtige HTML-Befehle (Tags).

Befehl	Bedeutung
<html>...</html>	Definiert einen Text oder eine Seite als HTML-Seite. Dieser Befehl bettet eine ganze Seite ein.
<head>...</head>	Wird benötigt, um den Kopf der HTML-Seite zu definieren. Er enthält den Titel (<title>) und Angaben über den Autor der Seite sowie über den verwendeten HTML-Editor.
<body>...</body>	Dieser Befehl fasst den Hauptbereich, also den eigentlichen Inhalt ein. In diesem Tag sind zumeist einige **Attribute** eingefasst, z. B. für die Farben des Textes, des Hintergrundes oder der Links.
<font face="Comic Sans MS"> ...</font>	Mit diesem Tag werden durch angegebene Attribute der Typ (face), die Größe (size) und die Farbe (color) von Zeichen geändert.
<table><tr> <td>...</td> <td>...</td> </tr></table>	Mit diesem Befehl wird eine Tabelle erstellt. Dabei werden die Tags <tr> und <tg> für das Positionieren der Inhalte in der Tabelle verwendet. Mithilfe der Tabelle lassen sich Räume auf der Seite besser aufteilen. Im Beispiel ist es eine Tabelle mit zwei Zellen: In der ersten Zelle ist das Foto der Blume, in der zweiten Zelle der zentriert gesetzte Text.
<img src=""> (Dieser Befehl hat keinen Ende-Tag.)	Dieser Befehl dient dazu, Bilder auf einer Seite einzufügen. Weil es sich dabei um ein umfangreiches Objekt mit vielen notwendigen Angaben handelt, müssen einige Attribute angegeben werden: src (source) gibt die URL, d. h. die Adresse, an, unter der das Bild vom Browser auf die Seite geladen werden kann, width gibt die Breite, height die Höhe und border die Stärke des Rahmens an.
<a href="x.html">...</a>	Einer der wichtigsten Befehle, mit dem die Links zu anderen Seiten gesetzt werden. Der Container zwischen den Tags kann ein Text, ein Bild oder ein sonstiges Element sein. Als Attribut im Start-Tag ist die URL (Adresse) der aufzurufenden Seite anzugeben (href).
<h2>...</h2>	Schriftgröße: Es sind verschiedene Schriftgrößen verfügbar.
<div>...</div>	Dieser Befehl dient zur Unterscheidung der Seite in logische Abschnitte, als Attribute werden zumeist eingefügt: (Ausrichtung) align zur linken (left), zentrierten (center) oder rechten (right) Seite.
** **	Dient der Angabe eines Zeilenumbruchs im Text.

Welchen Zweck erfüllt die Betriebsstatistik?	
Aufgabe	Die Betriebsstatistik trägt Zahlenmaterial aus allen Bereichen des Betriebes zusammen, ordnet die Zahlen, stellt sie möglichst grafisch dar und bietet damit Möglichkeiten für ▷ den innerbetrieblichen Vergleich (Entwicklung der Kosten, des Umsatzes usw.), ▷ den außerbetrieblichen Vergleich (eigene Kosten, Umsatzzahlen, Personalbestandsdaten im Verhältnis zu Daten ähnlicher Unternehmen). Die Daten der Statistik werden ausgewertet und bilden die Grundlage für Planungen und Entscheidungen.
Arten	Einkaufs-, Verkaufs-, Lager-, Personal-, Finanz-, Werbe-, Kunden-, Artikelgruppenstatistik usw.

Wie können Statistiken besonders anschaulich gemacht werden?		
Darstellungsformen	▷ Tabellen: Zunächst wird das Zahlenmaterial in tabellarischer Form dargestellt und zusammengefasst. ▷ Grafische Darstellungen: Die Tabellen können in anschauliche grafische Darstellungen in Form von Diagrammen umgeformt werden.	
Arten grafischer Darstellungen	▷ Linien- oder Kurvendiagramme dienen häufig zur Veranschaulichung von Trends. ▷ Balken- oder Säulendiagramme eignen sich zur Verdeutlichung absoluter Werte zu Vergleichszwecken. ▷ Kreis- oder Tortendiagramme werden gewählt, wenn die Struktur eines Gesamtwertes dargestellt werden soll. ▷ Flächendiagramme in Rechteck-, Dreieck- oder Quadratform werden verwendet, um einige wenige Zahlenwerte miteinander zu vergleichen.	
Beispiel 1: *Die Personalkostenstatistik der letzten sechs Monate enthält folgende Werte:* *Monat: Kosten in T EUR* *Januar 160* *Februar 135* *März 145* *April 147* *Mai 150* *Juni 165*	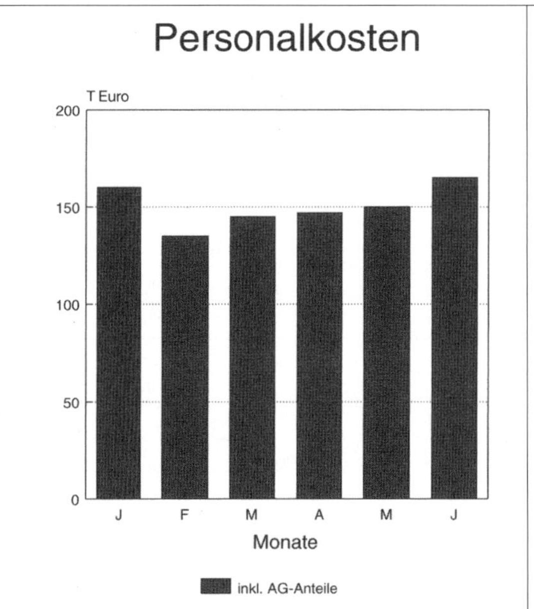 Stabdiagramm/Blockdiagramm	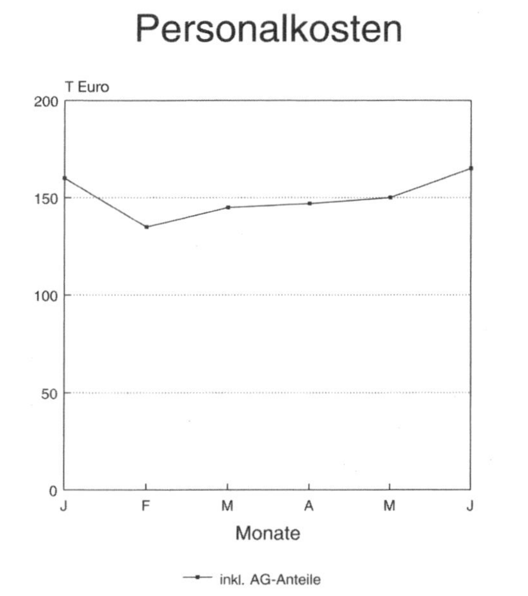 Kurvendiagramm
Beispiel 2: *Aus einer Umsatzstatistik sind folgende Werte entnommen:* *Warengruppe 1 = 60 %* *Warengruppe 2 = 30 %* *Warengruppe 3 = 10 %*	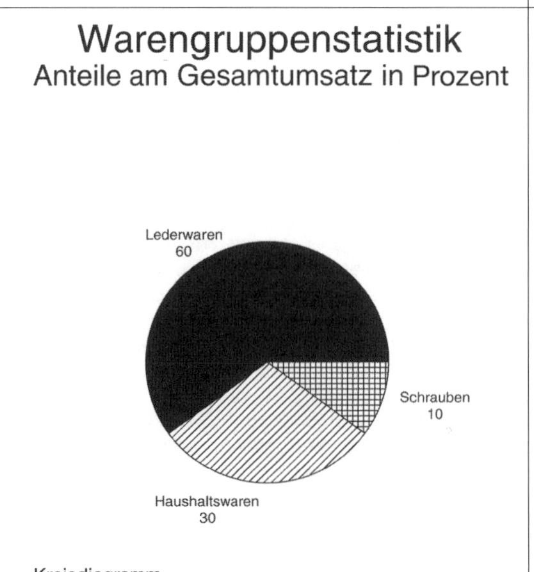 Kreisdiagramm	 Flächendiagramm

Beschreiben Sie das EVA-Prinzip als Grundprinzip jeglicher Datenverarbeitung.			
Grundprinzip	**Eingabe**	**Verarbeitung**	**Ausgabe**
	Die Eingabe ist der erste Schritt der Datenverarbeitung im weiteren Sinne. Die Daten müssen zunächst erfasst, d. h. in das Datenverarbeitungssystem eingegeben, werden. Die Eingabe kann manuell an einer Tastatur oder durch automatisches Einlesen maschinenlesbarer Datenträger erfolgen.	Die Verarbeitung ist die Datenverarbeitung im engeren Sinne. Die Verarbeitung erfolgt durch Speichern, Sortieren, Zählen, Rechnen, Vergleichen, Verknüpfen und Auswerten der eingegebenen Daten. Für die Verarbeitung werden Programme benötigt, die in der Lage sind, die eingegebenen Daten zu verarbeiten.	Die Ausgabe der Daten stellt das Ergebnis der Datenverarbeitung im weiteren Sinne dar. Die auszugebenden Daten, die während der Verarbeitung entstehen, werden zwischengespeichert und dann entweder sichtbar gemacht (z. B. auf einem Kassenstreifen) oder wiederum einem Speicher zugeführt.

Was sind Daten? Unterscheiden Sie diese nach unterschiedlichen Gesichtspunkten.			
Begriff	Daten sind Informationen über Personen, Sachen oder Sachverhalte. Sie setzen sich aus bestimmten Zeichen zusammen. Im Allgemeinen sind diese Zeichen ▷ Buchstaben (alphabetische Zeichen), z. B.: f, g, F, G; ▷ Ziffern (numerische Zeichen), z. B.: 0, 5, 7, 9; ▷ Sonderzeichen (Rechenzeichen, Satzzeichen, sonstige Zeichen), z. B.: &, !, %.		
Unterscheidungsmerkmal	**Bezeichnung**	**Beschreibung**	**Beispiel**
Dauerhaftigkeit	**Stammdaten** **Bestandsdaten** **Bewegungsdaten**	bleiben über längeren Zeitraum unverändert können sich ständig ändern; geben Bestände, Mengen oder Werte an führen zur Veränderung von Bestands- oder Stammdaten	Packungsinhalt: 500 g Bestand am 12.11.: 430 Zugang am 13.11.: 600 Packungen
Aufgabe der Daten	**Ordnungsdaten** **Mengendaten**	dienen der Klassifizierung oder Identifizierung von Personen, Sachen oder Sachverhalten Daten, mit denen im Wesentlichen gerechnet wird	Art.-Nr.: 4712 Art.-Bez.: Zucker Preis: 2,75 EUR
Stand der Verarbeitung	**Eingabedaten** **Verarbeitungsdaten** **Ausgabedaten**	Daten im Stadium der Eingabe in das DV-System Daten im Stadium der Verarbeitung im DV-System Daten, die vom DV-System ausgegeben werden	Menge: 4 Packungen Menge mal Preis: 4 · 2,75 EUR Lagerwert: 11,00 EUR
Datentyp	**Text** **Zahlen** **Währung** **Datum/Zeit** **Autowert** **Boolsches Feld** **Hyperlink**	Das Datenfeld besteht aus Buchstaben und Sonderzeichen, aber auch aus Zahlen. Das Datenfeld enthält Zeichen, mit denen gerechnet werden kann. Dieser Datentyp enthält Zahlen i. V. mit Währungszeichen. Berechnungen sind möglich. Jedes gültige Datum in Verbindung mit einer Zeit ist erlaubt. Der Inhalt des Datenfeldes wird bei jedem zusätzlichen Datensatz weiter gezählt. Das Datenfeld kann nur zwei Werte annehmen. Hier werden Verknüpfungen zu Dateien im Internet hergestellt.	Name: Meier Kennzeichen: HF-A43 Menge: 4 500 Länge in m: 3 600 Preis: 14,60 $ Gehalt: 2 200,00 EUR Liefertermin: 20.04.20.. Arbeitsbeginn: 07:30 Uhr Rechnungsnummer: 3446 Bezahlt: ja/nein Regler: an/aus www.lieferant.de

In welcher logischen Hierarchie werden Daten gespeichert?	
Daten setzen sich aus mehreren verschiedenen Informationen zusammen, die in ganz bestimmter Weise zusammengesetzt sind. Diese Daten können auf maschinenlesbaren Datenträgern gespeichert werden. Um sie geordnet abzuspeichern, wiederzufinden und ggf. verändern zu können, müssen die Daten in einer logischen Weise aufgebaut sein.	
Datenfeld	Ein Datenfeld ist der kleinste selbstständige Teil eines Datensatzes. Es ist gekennzeichnet durch die Feldlänge (Anzahl der benötigten Zeichen), durch die Position des Feldes innerhalb des Datensatzes, durch die Art der Zeichen (alphabetisch, numerisch, alphanumerisch) und durch den Feldnamen. *Beispiel: Datenfeld EAN-Artikelnummer = 13-stellig, numerisch und am Anfang des Datensatzes stehend*
Datensatz	Ein Datensatz ist die Zusammenfassung logisch zusammengehöriger Einzelinformationen über eine Person, eine Sache oder einen Sachverhalt. Die Summe der logisch zusammengehörigen Datenfelder bildet damit den Datensatz. Datensätze werden als logische Sätze bezeichnet, weil sie eine in sich abgeschlossene Einheit bilden. *Beispiel: Artikelstammsatz = alle Informationen über einen Artikel, wie Artikelnummer, Bezeichnung, Preis etc.*
Datei	Eine Datei ist ein Datenbestand aus logisch zusammengehörigen Datensätzen. Jeder Datensatz muss in einer Datei gleichartig aufgebaut sein, enthält jedoch unterschiedliche Informationen. *Beispiel: Artikelstammdatei = alle Artikelstammsätze eines Unternehmens.*

Erläutern Sie den Aufbau eines Datenverarbeitungssystems.

Das **Bussystem** stellt die Verbindung zwischen den einzelnen Komponenten der Zentraleinheit her. Das Leitungssystem ist Bestandteil des Motherboards und besteht aus folgenden Teilen:

- ▷ Der **Adressbus** überträgt Speicheradressen an den Arbeitsspeicher.
- ▷ Der **Steuerbus** dient zur Übertragung von Signalen zwischen dem Steuerwerk und den anderen Bestandteilen.
- ▷ Der **Datenbus** dient zum Transport der Daten zwischen Rechenwerk, Arbeitsspeicher und Ein- bzw. Ausgabeeinheit.

Die Übertragungsgeschwindigkeit ist von zwei Größen abhängig: der Taktfrequenz (in Megahertz oder in Gigahertz gemessen) und der Breite des Datenbusses (16, 32, 84 Bit). Bei einem 64-Bit-Rechner können pro Takt gleichzeitig 64 Bits übertragen werden.

Der **Taktgeber** auf dem Motherboard erzeugt periodische Schwingungen durch elektrische Impulse. Die Taktfrequenz wird in GHz ausgedrückt, das sind 1 Mrd. Impulse pro Sekunde.

Mikroprozessor (CPU) Central Processing Unit

Das **Steuerwerk** interpretiert und koordiniert die Befehle des Programms und überwacht die Arbeit der anderen Systemteile.

Das **Rechenwerk** führt arithmetische Operationen nach Anweisung durch das Steuerwerk aus und vergleicht Daten (logische Operationen).

Interner Speicher

Arbeitsspeicher (RAM = Random Access Memory), ein Speicher mit wahlfreiem Zugriff, in dem sich neben dem Betriebssystem die laufenden Programme mit ihren Daten befinden. Seine Größe bestimmt auch die Geschwindigkeit des Rechners.

Festwertspeicher (ROM = Read Only Memory), ein Nur-Lese-Speicher, der die elementaren Befehle zum Betrieb eines Rechners enthält (Start, Laden des Betriebssystems, Abstellen).

Ein-/Ausgabesteuerung
Datenleitungen zur Tastatur, zu den seriellen und parallelen Anschlüssen sowie zu den vorhandenen Steckkartenplätzen. Die Steckkartenplätze dienen zur Aufnahme von notwendigen und zusätzlichen Karten (z. B. Soundkarten, Grafikkarten).

Die **Peripherie** ist die Summe aller Geräte, die um eine Zentraleinheit angeordnet und an sie angeschlossen ist.

Reine Eingabegeräte	Externe Speicher	Reine Ausgabegeräte
sind einfunktional und dienen ausschließlich der Dateneingabe. Über sie werden die jeweiligen für die Datenverarbeitung notwendigen Daten eingelesen oder eingegeben: ▷ Maus ▷ Tastatur ▷ Mikrofon ▷ Karten- und Chipleser ▷ Belegleser ▷ Lesepistole, Lesestift, Scanner	sind in der Lage, große Mengen von Daten, die vor, während und nach der Verarbeitung anfallen, aufzunehmen, aufzubewahren und sie auf Abruf wieder abzugeben. Sie arbeiten auf optoelektronischer oder magnetischer Basis und sind dreifunktional: ▷ Magnetplattenstation ▷ Diskettenstation ▷ Magnetbandstation (Streamer) ▷ CD-RW- oder DVD-Laufwerk	sind ebenfalls nur einfunktional und dienen ausschließlich der Ausgabe der verarbeiteten Daten: ▷ Bildschirm ▷ Drucker ▷ Plotter ▷ Lautsprecher ▷ Digitalanzeige ▷ Signalgeber ▷ Mikrofilmaufzeichnungsgerät

Erläutern Sie in Stichworten, von welchen Faktoren die Geschwindigkeit eines Computers abhängig ist.

Taktrate	Je höher die Taktrate, desto mehr Instruktionen kann der Mikroprozessor pro Zeiteinheit verarbeiten. Diese Geschwindigkeit wird in MIPS ausgedrückt (Million Instructions per Second).
Breite des Datenbusses	Je breiter der Datenbus (16, 32, 64 etc.), desto mehr Informationen können zwischen den Einheiten der Zentraleinheit transportiert werden.
Arbeitsspeicher	Je größer der Arbeitsspeicher, desto geringer ist der Umfang der Daten, der vom Steuerwerk auf der Magnetplatte zwischengespeichert werden muss (virtueller Speicher), desto schneller ist der Computer.
Grafikkarte	Die Grafikkarte setzt die aufwendige grafische Gestaltung von Benutzeroberflächen um und benötigt dafür Rechnerkapazität. Gute Grafikkarten sind daher mit einem eigenen Arbeitsspeicher und einem eigenen Prozessor ausgestattet, der die Zentraleinheit entlastet.
Cache-Speicher	Bei dem Cache-Speicher geht es darum, dass entweder Teile des Arbeitsspeichers als Zwischenspeicher organisiert werden oder aber spezielle Speicherbausteine (SRAM) zusätzlich installiert werden und den Arbeitsspeicher entlasten. Je umfangreicher die Cache-Speicher sind, desto schneller ist der Computer.

Geben Sie einen kurzen Überblick über die am Markt erhältlichen Computertypen.

Superrechner und Mainframes	Für Berechnungen mit großen Datenmengen und extrem schnelle Berechnungen benötigt man diese Rechner, z. B. für Wettervorhersage oder technische Simulationen.
Personal Computer	Computer, die direkt am Arbeitsplatz aufgestellt werden und mit denen nahezu alle Arbeiten ausgeführt werden können. Die meisten PC sind heute in den Unternehmen vernetzt.
Laptop/ Notebook	Dies sind tragbare Computer, deren Leistung sich nicht von denen der PC unterscheidet. Die Miniaturisierung der Technik und die Entwicklung von TFT-Bildschirmen haben die Entwicklung möglich gemacht.
Handheld-PC-Organizer	Rechner mit dem Format eines Notizbuches, die zumeist mit einem Touch Screen ausgestattet sind, über den mit einem Stift die Eingaben für Adressdatenbanken, Terminkalender etc. gemacht werden. Dockingstationen ermöglichen den Anschluss an und die Übernahme bestimmter Daten von PC oder Notebook.

Erläutern Sie die verschiedenen Möglichkeiten der Speicherung von Daten in einem EDV-System.

Ein Speicher ist ein Medium, das Daten aufnimmt, diese aufbewahrt und bei Bedarf wieder abgibt. Externe Speicher im engeren Sinn sind deshalb vorwiegend maschinelle Speicher mit elektromagnetischen Speichermedien.
Die **Speicherkapazität** eines Speichers wird in Kilobyte KB (= 1 024 Bytes) oder Gigabytes GB (= 1 024 Megabytes) angegeben.

Interner Speicher (Hauptspeicher)

▷ Der **Arbeitsspeicher** dient im Wege des Direktzugriffs (engl.: RAM = random access memory) zur freien Unterbringung von Programmen, Daten, Bildern und Sprache.
▷ Der **Festspeicher** (engl.: ROM = read only memory) dient zur Aufbewahrung ständig benutzter interner Programme und für die Steuerung der Anlage (Teile des Betriebssystems) sowie als Hintergrundspeicher.

Externe Speicher

Externe Speicher werden hauptsächlich genutzt, um große Datenmengen möglichst wirtschaftlich zu speichern, da der Hauptspeicher in seiner Kapazität begrenzt ist. Da ein Speicher dazu dient, sowohl Daten abzulegen als auch wieder aufzufinden, müssen die entsprechenden Geräte sowohl Daten schreiben als auch aufbewahren und lesen. Die bedeutendsten externen Speicher werden wie folgt unterschieden:

Magnetische Speicher	Optische Speicher	Elektronische Speicher
besitzen eine Oberfläche, die eine magnetische Aufzeichnung von Daten ermöglicht. *Beispiel: Magnetplatte, Diskette*	werden durch einen Laserstrahl beschrieben und sind auf gleiche Weise lesbar. *Beispiel: CD, CD-RW, DVD*	werden durch elektronische Impulse geladen und halten die Daten fest (nicht flüchtig). *Beispiel: Flash-Card, USB-Stick*

Die Auswahl eines externen Speichers hängt von verschiedenen Kriterien ab:
▷ Zugriffsart: direkt oder indirekt
▷ Zugriffsgeschwindigkeit: wird in Millisekunden (msec.) gemessen
▷ Umfang des zu speichernden Datenbestandes
▷ Kapazität des einzelnen Speichermediums
▷ Kosten der Datenspeicherung: wird ausgerechnet in Euro/MB

Beschreiben Sie anhand wichtiger Merkmale die wichtigsten externen Speichermedien.

Bezeichnung	Zugriffsart	Zugriffszeit	Kapazität	Kosten/MB	Verwendung
Magnetplatte	direkter Zugriff, da adressierbare Speicherplätze	2 bis 10 msec.	Gigabyte- bis Terrabyte-Bereich	systemabhängig: ca. 0,001 EUR	Großraumspeicher für häufig benutzte Programme/Daten
CD-ROM/ CD-RW DVD	direkter Zugriff, da adressierbare Speicherplätze	unter 50 msec.	ab 650 MB bis ca. 5 GB	ca. 0,0001 EUR	versandfähiger Zwischenspeicher für Daten und Programme
Magnetband (Data-Cartridge)	Reihenfolgezugriff (sequenziell), da nicht adressierbare Speicherplätze	1 bis 100 sec. nach Lage des Datensatzes	je nach Speicherdichte bis zu 4 Gigabyte	ca. 0,01 EUR	billiger Großraumspeicher für Massendaten, Archivdaten und Sicherungsdaten
ZIP-Diskette	direkter Zugriff	20 bis 80 msec.	bis zu 1,5 Gigabyte	ca. 0,10 EUR	Datenspeicher für den PC
Flash-Card Memorystick Flash-Drive	direkter Zugriff	unter 40 msec.	bis ca. 40 GB	ca. 0,02 EUR	multifunktional und schnell einsetzbar als mitnahmefähiger Datenspeicher

Erläutern Sie am Beispiel von Magnetplatte und Magnetband Unterschiede der externen Speicherung.

Magnetplatte	Magnetband
Die Magnetplatte (engl.: hard disc) besteht aus einer runden, mit Eisenoxyd beschichteten Aluminiumscheibe, auf der in konzentrischen Kreisen Spuren angelegt sind. Auf diesen Spuren werden die Daten in hintereinanderliegenden Bytes gespeichert (bitserielle Speicherung). Neben Einzelplatten gibt es auch Magnetplattenstapel, bei denen mehrere Platten übereinander angeordnet sind. Schreib-Lese-Köpfe, die ebenfalls übereinander angeordnet sind, können beim Schreib- oder Lesevorgang den entsprechenden Zylindern/Spuren zugeführt werden. Dies geschieht, während die Platte mit hoher Umdrehungszahl rotiert. Die Speicherplätze sind somit adressierbar und können deshalb auch im Direktzugriff beschrieben und gelesen werden.	Das Magnetband besteht aus einer mit Ferrit beschichteten Kunststofffolie in verschiedenen Längen. Die Speicherung der Daten erfolgt bitparallel in Sprossen quer zum Band (z. B. 8 Bits = 1 Datenbyte + 1 Prüfbit). Dafür werden 9 Spuren benötigt. Mehr Spuren sind je nach verwendeter Technologie möglich. Auf dem Magnetband werden die Datensätze hintereinander gespeichert und können auch nur in dieser Reihenfolge abgerufen werden. Liegt also ein Datensatz am Ende eines Bandes, muss erst das ganze Band vorgespult werden, bis dieser Datensatz gelesen werden kann. Die Aufzeichnung der Daten erfolgt in Datenblöcken mit dazwischen liegenden Bandlücken (Kluft).

<table>
<tr><th colspan="2">Beschreiben Sie Begriff, Ziele und Aufgaben der Personalplanung.</th></tr>
<tr><td>Begriff und Ziele</td><td>Die Personalplanung bildet die Grundlage der Personalwirtschaft. Ihr Ziel ist es, dem Betrieb die für die Erfüllung betrieblicher Aufgaben erforderlichen Mitarbeiter in der richtigen Menge mit der richtigen Qualifikation rechtzeitig zur Verfügung zu stellen.</td></tr>
<tr><td>Aufgaben</td><td>Aufgabe der Personalplanung ist vor allem die Ermittlung des Personalbedarfs:
▷ Quantitativer Personalbedarf: Menge des zu beschaffenden Personals
▷ Qualitativer Personalbedarf: Qualifikationen, die die zu beschaffenden Mitarbeiter vorweisen müssen</td></tr>
</table>

<table>
<tr><th colspan="4">Unterscheiden Sie Personalpläne nach der Fristigkeit.
Stellen Sie die Vorgehensweise bei der Personalplanung dar.</th></tr>
<tr><td>Fristigkeit der Personalpläne</td><td colspan="3">▷ Kurzfristige Personalpläne beziehen sich auf einen Zeitraum bis zu 6 Monaten. Dazu gehört z. B. die monatliche und wöchentliche Personaleinsatzplanung.
▷ Mittelfristige Personalpläne werden für einen Zeitraum von 6 Monaten bis zu drei Jahren erstellt. Sie beinhalten z. B. die Ausbildungsplanung oder die Einsatzplanung von Führungskräften in der Einarbeitungsphase.
▷ Langfristige Personalpläne gehen über einen Planungshorizont von bis zu 5 oder 10 Jahren. Sie werden allerdings zumeist nur in Großunternehmen eingesetzt.
Der Schwerpunkt in kleinen und mittleren Betrieben liegt auf der kurzfristigen Personalplanung, insbesondere der Personaleinsatzplanung (PEP).</td></tr>
<tr><td rowspan="3">Vorgehensweise der Personalplanung</td><td colspan="3">▷ Die Personalabteilung benötigt Mengenangaben der zu erstellenden Leistungen und Einsatzzeiten sowie die Anforderungsprofile der zu bewältigenden Aufgaben.
▷ Unter Berücksichtigung der betriebsindividuellen Krankheitsquote, der Urlaubsplanung und der bekannten Anzahl und Lage von Feiertagen ist man sodann in der Lage, die Anzahl von Mitarbeitern mit den nötigen Qualifikationen für bestimmte Bereiche und Tätigkeitsfelder zu berechnen.</td></tr>
<tr><td rowspan="2">benötigte Daten</td><td>Innerbetriebliche Daten:</td><td>Externe Daten:</td></tr>
<tr><td>▷ Absatzplanung
▷ Fehlzeitenstatistik
▷ Urlaubsplanung
▷ Fluktuationsquote (Personalwechsel)
▷ Altersstruktur</td><td>▷ Arbeitsmarktentwicklung
▷ Tarifverträge
▷ Arbeitszeitordnung
▷ konjunkturelle Daten
▷ neue Entwicklungen in der Sozialgesetzgebung</td></tr>
</table>

<table>
<tr><th colspan="3">In welche Teilbereiche lassen sich die Aktivitäten der Personalplanung untergliedern?</th></tr>
<tr><td>Arbeitsmarktforschung</td><td colspan="2">▷ liefert Grundlagen für Entscheidungsprozesse in der Personalplanung
▷ ermittelt das regionale bzw. überregionale Arbeitskräfteangebot
▷ liefert Ergebnisse über die quantitative (mengenmäßige) bzw. qualitative Entwicklung (Fachkräftebedarf) des Arbeitskräfteangebots</td></tr>
<tr><td rowspan="2">Personalbedarfsplanung</td><td>Arten des Personalbedarfs</td><td>Nach der Art des Personalbedarfs wird unterschieden in:
▷ Ersatzbedarf für ausscheidende Mitarbeiter
▷ Zusatzbedarf für die Verwirklichung von Kapazitätserweiterungen durch neue Ladenflächen oder durch die Entstehung neuer Berufe
▷ Personaleinschränkungen als Reaktion auf konjunkturelle Schwankungen, branchenspezifische oder unternehmensspezifische Marktprobleme
▷ Nachholbedarf für Stellen, die bis zum Zeitpunkt der Beschaffung zwar vorgesehen, aber noch nicht besetzt sind</td></tr>
<tr><td>Abgangs-/Zugangs-Tabelle</td><td>Die Personalbedarfsplanung erfolgt in der Regel nach folgendem Schema:

zukünftiger Belegschaftsstand (geplanter Bestand)
– gegenwärtige Istbelegschaft
+ voraussichtliche Abgänge (z. B. durch Altersruhestand, Bundeswehr)
– voraussichtliche Zugänge (z. B. durch Rückkehr aus dem Mutterschaftsurlaub)
= zukünftiger Personalbedarf</td></tr>
<tr><td>Personaleinsatzplanung</td><td colspan="2">Die Personaleinsatzplanung hat die Optimierung des innerbetrieblichen Einsatzes der Mitarbeiter zum Ziel. Dazu gehören die
▷ Einführung und Einarbeitung neuer Mitarbeiter,
▷ Neuorganisation des Personaleinsatzes bei Änderung des Arbeitsablaufes,
▷ optimale Gestaltung der Arbeitsplätze.</td></tr>
<tr><td>Personalentwicklungsplanung</td><td colspan="2">Ziel der Personalentwicklungsplanung ist die Anpassung der Qualifikation der Mitarbeiter an die ständig steigenden Anforderungen des Betriebes. Zu ihren Aufgaben gehört die Planung der
▷ Berufsausbildung,
▷ Weiterbildung durch Seminare und Fortbildungsmaßnahmen,
▷ Führungskräfteentwicklung.</td></tr>
</table>

Welcher Grundsatz sollte bei der Einstellung von Mitarbeitern stets beachtet werden?	
Grundsatz	Die Qualifikationen eines neu einzustellenden Mitarbeiters richten sich nach den Anforderungen der zu besetzenden Stelle. Diese Anforderungen lassen sich aus der Stellenbeschreibung oder aus einem Anforderungsprofil der Stelle entnehmen.
Begründung	▷ Die Orientierung an den Anforderungen soll eine optimale Stellenbesetzung gewährleisten. ▷ Fehlbesetzungen von Stellen führen – zu erhöhten Personalkosten aufgrund eines vermehrten Personalwechsels, – u. U. zu Unzufriedenheit in der Belegschaft, einem gestörten Betriebsklima und zu geringen Leistungen des Personals.

Welche Qualifikationsgruppen sind bei der Beschaffung von Mitarbeitern zu unterscheiden?	
Ungelernte Mitarbeiter	Sie haben keinerlei Ausbildung und können lediglich einfache Arbeiten erledigen, z. B. Transport- und Reinigungsarbeiten, Einräumen von Regalen.
Angelernte Mitarbeiter	Sie haben ebenfalls keine abgeschlossene Ausbildung, sind jedoch in einem genau abgegrenzten Arbeitsgebiet für kurze Zeit eingeführt worden. Sie erledigen Arbeiten, die keinen gesonderten Einblick in komplexe Arbeitsabläufe erfordern, wie kassieren, Telefon bedienen.
Gelernte Mitarbeiter	Sie haben eine abgeschlossene kaufmännische Ausbildung wie z. B. Bürokaufmann/Bürokauffrau oder Informationselektroniker/in. Sie können somit für qualifizierte Tätigkeiten eingesetzt werden.
Hochqualifizierte Mitarbeiter	Sie haben sich über den Ausbildungsberuf hinaus noch eine Zusatzqualifikation erworben. Diese kann bestehen aus einer berufsbegleitenden Fortbildung (Industriefachwirt der IHK) oder einem Studium (z. B. Diplom-Studium) mit einem Schwerpunkt. Diese Mitarbeiter werden vorwiegend für Führungsaufgaben benötigt.

Erläutern Sie die beiden grundsätzlich verschiedenen Möglichkeiten der Personalbeschaffung. Nennen Sie deren Vor- und Nachteile.

Interne Personalbeschaffung	**Externe Personalbeschaffung**
Eine frei werdende Stelle wird mit einer Arbeitskraft aus dem eigenen Betrieb besetzt. Dies erfolgt in größeren Unternehmen zumeist über eine innerbetriebliche Stellenausschreibung. Vorteile (gleichzeitig Nachteile der externen Personalbeschaffung): ▷ Kenntnis des Mitarbeiters ▷ erhöhte Bindung an den Betrieb ▷ positive Auswirkung auf das Betriebsklima ▷ Einhaltung des betrieblichen Gehaltsniveaus	Die Stelle wird mit einem Bewerber vom Arbeitsmarkt besetzt. Der Betrieb kann ▷ auf die Arbeitsagentur zurückgreifen oder auf private Arbeitsvermittler, ▷ eine eigene Stellenanzeige schalten, ▷ mit Berufsschulen, Fachhochschulen und Universitäten zusammenarbeiten. Vorteile (gleichzeitig Nachteile interner Personalbeschaffung): ▷ umfangreichere Auswahlmöglichkeit ▷ neue Impulse und Anregungen für den Betrieb ▷ Ausschalten innerbetrieblicher Konflikte

Stellen Sie den Ablauf eines Bewerbungs- und Einstellungsverfahrens dar.	
Personalanforderung	Auslöser eines Bewerbungsverfahrens ist die Anforderung eines bzw. mehrerer Mitarbeiter durch die Abteilung, in der Personalbedarf besteht.
Stellenbeschreibung	Diese beinhaltet die Anforderungen und Qualifikationen der zu besetzenden Stelle.
Interne bzw. externe Personalwerbung	Einleitung des Bewerbungsverfahrens durch innerbetriebliche Stellenausschreibung bzw. durch Anzeigen in Tageszeitungen/Fachzeitschriften, Auswertung von Anzeigen von Stellensuchenden oder Vermittlung durch das Arbeitsamt
Bewerbungseingang und 1. Vorauswahl	Eingegangene Bewerbungsunterlagen werden in einer ersten Vorauswahl gesichtet. Ungeeignet erscheinende Bewerber erhalten eine Absage.
Zusätzliche Informationsbeschaffung	Verschicken eines einheitlichen Personalfragebogens. Dieser ist vom Bewerber wahrheitsgemäß auszufüllen und an das Unternehmen zurückzuschicken.
2. Vorauswahl/Einladung zu Vorstellungsgespräch	Aus dem übrigen Bewerberkreis werden die aussichtsreichsten Bewerber zu einem Vorstellungsgespräch eingeladen. Nicht berücksichtigte Bewerber erhalten eine Absage.
Vorstellungsgespräch/ Tests	Interviews durch Personal- und/oder Abteilungsleiter, Leistungstests, Intelligenztests und Persönlichkeitstests geben ein genaueres Bild über die Bewerber.
Entscheidung und Vorläufige Einstellung (Probezeit)	Das Unternehmen wählt den aus seiner Sicht geeignetsten Bewerber aus und bietet einen Arbeitsvertrag an. Der Bewerber entscheidet, ob er den Vertrag annimmt. Über die geplante Einstellung muss der Betriebsrat unterrichtet werden.

Welches Ziel und welche Aufgaben hat die Personalverwaltung?	
Ziel	Ziel der Personalverwaltung ist die reibungslose Abwicklung aller Personalangelegenheiten bei der Auswahl, Einstellung, Betreuung und Kündigung von Mitarbeitern.
Aufgaben	Die Hauptaufgaben der Personalverwaltung betreffen vornehmlich ▷ die Anlage und Führung der **Personalakten** und die Verwaltung der **Personaldaten**; ▷ die **Abwicklung aller personalwirtschaftlichen Vorgänge**, die bei der Einstellung, Verwaltung und Entlassung von Mitarbeitern anfallen, z. B. die An- und Abmeldung bei den Sozialversicherungsträgern, Ausstellung von Bescheinigungen; ▷ die Erstellung von Personalstatistiken.

Erläutern Sie den Begriff, die Inhalte und die Aufgaben der Personalakte.	
Begriff	Die Personalakte ist das zentrale Instrument der Dokumentation des Personalwesens. Sie enthält alle personalwirtschaftlich bedeutsamen Daten des Arbeitnehmers vom Eintritt in das Unternehmen bis zum Austritt.
Inhalte	▷ Bewerbungsunterlagen/Personalbogen ▷ Arbeitsvertrag/zusätzliche Vereinbarungen ▷ Schriftverkehr, soweit dieser sich auf das Arbeitsverhältnis bezieht ▷ Beurteilungen ▷ Kopien ausgestellter Bescheinigungen und Zeugnisse ▷ Unterlagen über die Bezüge, wie Kopien der Lohnabrechnungen ▷ Urlaubsscheine ▷ Krankheitsnachweise
Aufgaben	▷ Dokumentation und Archivierung (Aufbewahrung) ▷ Aktualisierung und Fortschreibung der laufenden Daten ▷ Auskunftsbereitschaft gegenüber den verschiedenen Stellen des Unternehmens (Lohn- und Gehaltsabteilung, Vorgesetzter, Organisationsabteilung) ▷ Überwachung der mitarbeiterbezogenen Daten (Krankheitsquote, Urlaubstage, Gleitzeitabrechnungen)

Was ist eine Personaldatei/-kartei? Welche Daten können darin gespeichert werden?	
Begriff	Die Personaldatei oder Personalkartei enthält alle Daten des Mitarbeiters, die der Abwicklung der Entlohnung, der Sozialversicherung und sonstiger verwaltungstechnischer Vorgänge dienen.
Inhalte	▷ **Allgemeine Daten:** z. B. Personalnummer, Name, Anschrift, Geburtsdatum, Staatsangehörigkeit, Geschlecht ▷ **Persönlichkeitsprofildaten:** z. B. Schul- und Berufsausbildung, Berufserfahrung, Weiterbildungsmaßnahmen, Beurteilungsdaten ▷ **Abrechnungsdaten:** z. B. Lohnsteuerklasse, Familienstand, Anzahl der Kinder, Religionszugehörigkeit, Sozialversicherungsdaten, Angaben über Fehlzeiten und Urlaub

Was muss der Arbeitgeber bei der Führung von Personalakten und Personaldateien beachten? Welche Rechte hat der Arbeitnehmer in Bezug auf seine Personalakte?	
Wichtige Punkte, die der Arbeitgeber beachten sollte	▷ Für jeden Arbeitnehmer sollten eine Personalakte und ein/e Personalstammsatz/Karteikarte angelegt werden. ▷ Die Personalakten sollten zentral in der Personalabteilung geführt werden. ▷ Bei der Führung der Personalakte, der Personalkartei oder -datei hat der Arbeitgeber die Vorschriften des Datenschutzgesetzes zu beachten. Da es sich um sehr sensible Daten handelt, muss er diese vor allem vor dem Zugriff unberechtigter Personen schützen. ▷ Es darf grundsätzlich nur eine Personalakte geführt werden. Sogenannte „Schattenakten“, in denen Unterlagen aufbewahrt werden, über die der Mitarbeiter nichts erfahren soll, sind unzulässig.
Rechte des Mitarbeiters	▷ **Betriebsverfassungsgesetz:** Der Mitarbeiter hat ein Recht darauf, jederzeit Einsicht in seine Personalakte zu nehmen. ▷ **Datenschutzgesetz:** Der Arbeitnehmer hat ein Recht auf – Benachrichtigung über die Erfassung und Speicherung, – Berichtigung falscher Daten und Löschung von unzulässig gespeicherten Daten, – Sperrung von Daten, deren Richtigkeit vom Arbeitnehmer angezweifelt wird.

Welche Aufgabe erfüllt die Personalstatistik? Geben Sie Beispiele für Auswertungen.	
Begriff	Die Personalstatistik ist ein wichtiges Instrument für die Personalplanung, Aus- und Fortbildung sowie die Personalbeschaffung. Sie wertet die Daten des vorhandenen Personals nach verschiedenen Gesichtspunkten aus und ermöglicht somit Perioden- und Betriebsvergleiche.
Auswertungen	▷ **Personalstruktur:** Mitarbeiter nach Alter, Geschlecht, Funktionen ▷ **Personalkosten:** Personalkosten nach Struktur, Lohnnebenkostenentwicklung ▷ **Personalbewegungen:** Fluktuationsquote, innerbetrieblicher Stellenwechsel ▷ **Ausfallzeiten:** Krankheitsquote, Ausfallzeiten nach Wochentagen und Jahreszeiten, Urlaubsverteilung

Erläutern Sie den Zeitlohn, den Akkordlohn und den Prämienlohn.

Zeitlohn	Maßstab für die Berechnung des Zeitlohnes ist die Dauer der Arbeitszeit (Stunde, Woche, Monat), ohne dabei die während dieser Zeit geleistete Arbeit zu berücksichtigen.		
	Anwendbarkeit	▷ für Tätigkeiten, die Sorgfalt, Genauigkeit und Qualität erfordern ▷ nicht messbare Tätigkeiten	
		Vorteile	Nachteile
		▷ einfache Abrechnung ▷ überschaubar für Arbeitnehmer ▷ Qualitätsarbeit/Dauerleistung bei niedrigem Arbeitstempo	▷ kein Leistungsanreiz ▷ der Unternehmer trägt allein das Risiko der Minderleistung ▷ Arbeitskontrollen notwendig
	Berechnung	Zeiteinheiten · Lohnsatz = Bruttolohn	
Akkordlohn	Der Akkordlohn ist eine leistungsabhängige Lohnform. Er wird für ein Stück/eine Verrichtung bezahlt, ohne dabei die benötigte Arbeitszeit zu berücksichtigen.		
	Voraus- setzungen	▷ die Tätigkeit muss bewertbar sein ▷ die Tätigkeit muss sich regelmäßig wiederholen ▷ der Arbeitnehmer muss sein Arbeitstempo selbst bestimmen können	
		Vorteile	Nachteile
		▷ Leistungsanreiz ▷ bei Minderleistungen des Arbeitnehmers trägt der Betrieb kein Risiko ▷ konstante Lohnkosten je Stück/Verrichtung	▷ Gefahr der Überbeanspruchung von Mensch und Maschine ▷ umfangreiche Vorarbeiten zur Ermittlung der Vorgabezeiten Beim Prämienlohn wird neben dem Grundlohn
	Berechnung	tariflicher Mindestlohn + Akkordzuschlag = Akkordrichtsatz	Er entspricht dem Mindestlohn bei Zeitlohn, d. h. es wird eine Mindestleistung unterstellt. Er beträgt 10 bis 25 % des Mindestlohnes. Stundenverdienst bei Normalleistung. Er liegt über dem Zeitlohn für vergleichbare Arbeit.
	Stückzeit- akkord	$\underbrace{\frac{\text{Akkordrichtsatz}}{60 \text{ oder } 100}}_{\text{Minutenfaktor}} \cdot \underbrace{\frac{60 \text{ oder } 100}{\text{Normalleistung}}}_{\text{Vorgabezeit}} \cdot \text{geleistete Stück} = \text{Bruttolohn}$	
	Stückgeld- akkord	$\underbrace{\frac{\text{Akkordrichtsatz}}{\text{Normalleistung}}}_{\text{Stückgeldsatz}} \cdot \text{geleistete Stück} = \text{Bruttolohn}$	
Prämienlohn	noch eine Sondervergütung (Prämie) gezahlt. ▷ Prämien für Leistungen qualitativer Art, z. B. – Einsparungen beim Material – sorgfältige Behandlung von Maschinen – Unterschreiten der zulässigen Ausschussquote ▷ Prämien für mengenmäßige Mehrleistung Im Gegensatz zum Akkordlohn kommt die Vergütung für die Mehrleistung dem Arbeitnehmer nicht in voller Höhe zugute. Sie wird nach bestimmten Schlüsseln zwischen dem Arbeitgeber und Arbeitnehmer geteilt.		

Erläutern Sie wesentliche Punkte der Erfolgsbeteiligung der Arbeitnehmer.

Gründe	▷ Anreiz zur Leistungssteigerung ▷ Senkung der Fluktuation ▷ bessere Zusammenarbeit zwischen Arbeitgeber und Arbeitnehmer ▷ der Produktionsfaktor Arbeitskraft wird entsprechend dem geleisteten Beitrag vergütet
Maßstab	▷ Ertragsbeteiligung (z. B. Umsatz) ▷ Gewinnbeteiligung (z. B. Unternehmensgewinn, Betriebsgewinn)
Möglichkeiten	▷ ohne Vermögensbeteiligung – Gewinnausschüttung in bar – Fondsbildung für Pensionen, Sozialeinrichtungen ▷ mit Vermögensbeteiligung – auf Fremdkapitalbasis (z. B. Obligationen) – auf Eigenkapitalbasis (z. B. Belegschaftsaktien, Kommanditbeteiligungen)
Probleme	▷ Wahl der Bemessungsgrundlage (z. B. Umsatz, Gewinn) ▷ Wahl des Verteilungsschlüssels (z. B. nach Durchschnittslohn, Betriebszugehörigkeit) ▷ Wahl der Beteiligungsform (s. o.)

Einführung

Auswahl, Aufbau und Aufbereitung der Lerninhalte berücksichtigen den Stoffkatalog der Aufgabenstelle für die kaufmännischen Abschluss- und Zwischenprüfungen (AkA/IHK).

Den neuen Anforderungen entsprechend werden die Bereiche „Rechnungswesen“ und „Wirtschafts- und Sozialkunde“ anhand von geschlossenen Fragestellungen überprüft.

Aus diesem Grund folgt eine systematische Darstellung des Kernwissens auf der linken Seite und auf der rechten Seite finden Sie die geschlossenen Fragestellungen.

Prüfungsfach

Offene Fragestellung/Arbeitsauftrag zum Themenbereich	
Hauptpunkt	Lösung

Offene Fragestellung/Arbeitsauftrag zum Themenbereich	
Hauptpunkt	Lösung

Offene Fragestellung/Arbeitsauftrag zum Themenbereich		
Hauptpunkt	Unterpunkt	Lösung
	Unterpunkt	Lösung

Gebiet/Funktion **Stichwort**

1 ***Frage mit Lösungskästchen***

____ ☐

(1) Lösungsvorschlag
(2) …
(3) …
(4) …

2 ***Frage mit Zuordnung (1) zutreffend (9) nicht zutreffend***

a. Lösungsvorschlag ☐
b. … ____ ☐
c. … ____ ☐
d. … ____ ☐
e. … ____ ☐
f. … ____ ☐

3 ***Frage mit Zuordnung der richtigen Reihenfolge***

(1) – (5)

Beschreibung Ablauf

a. … ____ ☐
b. … ____ ☐
c. … ____ ☐
d. … ____ ☐
e. … ____ ☐

4 ***Frage mit mehreren Auswahlantworten***

____ ☐ ☐

(1) Lösungsvorschlag
(2) …
(3) …

Aufbau Typ III

Doppelseite mit Kernwissen und geschlossenen Fragen

Welches sind die Konten, die in einer Abschlussprüfung häufig vorkommen?

Kontenklasse 0

Anlagevermögen, immaterielle Vermögensgegenstände u. Sachanlagen

05 Grundstücke und Gebäude
- **0500 Unbebaute Grundstücke**
- **0510 Bebaute Grundstücke**

07 Technische Anlagen und Maschinen
- **0700 Technischen Anlagen und Maschinen**

08 Andere Anlagen, Betriebs- und Geschäftsausstattung
- **0840 Fuhrpark**
- **0860 Büromaschinen, Organisationsmittel und Kommunikationsanlagen**
- **0870 Büromöbel und sonstige Geschäftsausstattung**

Kontenklasse 1

Anlagevermögen, Finanzanlagen

Kontenklasse 2

Umlaufvermögen und aktive Rechnungsabgrenzung

20 Roh-, Hilfs- und Betriebsstoffe
- **2000 Rohstoffe/Fertigungsmaterial**
- **2010 Vorprodukte/Fremdbauteile**
- **2020 Hilfsstoffe**
- **2030 Betriebsstoffe**

21 Unfertige Erzeugnisse
- **2100 Unfertige Erzeugnisse**

22 Fertige Erzeugnisse und Waren
- **2200 Fertige Erzeugnisse**
- **2280 Waren (Handelswaren)**

24 Forderungen aus Lieferungen und Leistungen
- **2400 Forderungen aus Lieferungen und Leistungen**
- **2470 Zweifelhafte Forderungen**

26 Sonstige Vermögensgegenstände
- **2600 Vorsteuer**
- **2640 SV-Beitragsvorauszahlung**
- **2650 Forderungen an Mitarbeiter**
- **2690 Sonstige Forderungen (Jahresabgrenzung)**

28 Flüssige Mittel
- **2800 Guthaben bei Kreditinstituten (Bank)**
- **2880 Kasse**

29 Aktive Rechnungsabgrenzung
- **2900 Aktive Rechnungsabgrenzung**

Kontenklasse 3

Eigenkapital und Rückstellungen

30 Eigenkapital
- **3000 Eigenkapital**
- **3001 Privat(konto)**

37 Rückstellungen für Pensionen
- **3700 Rückstellungen für Pensionen**

38 Steuerrückstellungen
- **3800 Steuerrückstellungen**

39 Sonstige Rückstellungen
- **3900 Sonstige Rückstellungen**

Kontenklasse 4

Verbindlichkeiten und passive Rechnungsabgrenzung

42 Verbindlichkeiten gegenüber Kreditinstituten
- **4200 Kurzfristige Bankverbindl.**
- **4250 Langfristige Bankverbindl.**

44 Verbindlichkeiten aus Lieferungen und Leistungen
- **4400 Verbindlichkeiten aus Lieferungen und Leistungen**

48 Sonstige Verbindlichkeiten
- **4800 Umsatzsteuer**
- **4830 Verbindlichkeiten gegenüber Finanzbehörden**
- **4860 Verbindlichk. aus vermögenswirksamen Leistungen**
- **4890 Sonstige Verbindlichkeiten**
- **4900 Passive Rechnungsabgr.**

Kontenklasse 5

Umsatzerlöse und sonstige Erträge

50 Umsatzerlöse f. eigene Erzeugnisse
- **5000 Umsatzerlöse f. eigene Erzeugnisse**
- **5001 Erlösberichtigungen**

51 Umsatzerlöse f. Handelswaren
- **5100 Umsatzerl. f. Handelswaren**

54 Sonstige betriebliche Erträge
- **5401 Nebenerlöse aus Vermietung und Verpachtung**
- **5411 Provisionserlöse**
- **5420 Entnahme von Gegenständen und sonstigen Leistungen**
- **5460 Erträge aus dem Abgang von Vermögensgegenständen**
- **5480 Erträge aus der Auflösung von Rückstellungen**
- **5490 Periodenfremde Erträge**

57 Sonstige Zinsen und ähnliche Erträge
- **5710 Zinserträge**

58 Außerordentliche Erträge

Kontenklasse 6

Betriebliche Aufwendungen

60 Materialaufwand
- **6000 Aufwend. für Rohstoffe**
  - **6001 Bezugskosten (Rohst.)**
  - **6002 Nachlässe (Rohstoffe)**
- **6010 Aufwend. f. Vorprodukte**
- **6020 Aufwend. f. Hilfsstoffe**
- **6030 Aufwend. f. Betriebsstoffe**
- **6050 Aufwend. f. Energie**
- **6080 Aufwend. f. Handelswaren**

(Die Konten 6010-6080 jeweils mit Unterkonten für Bezugskosten und Nachlässe – siehe Rohstoffe)

61 Aufwendungen für bezogene Leistungen
- **6140 Ausgangsfrachten und Nebenkosten (Fremdlager)**
- **6150 Vertriebsprovision**
- **6160 Fremdinstandhaltung**

62/64 Personalaufwand
- **6200 Löhne**
- **6300 Gehälter**
- **6400 Arbeitgeberanteil SV**

Kontenklasse 6

Betriebliche Aufwendungen

65/68 Betriebliche Aufwendungen
- **6520 Abschreibungen auf Sach-Anlagen**
- **6700 Mieten, Pachten**
- **6710 Leasing**
- **6750 Kosten des Geldverkehrs**
- **6800 Büromaterial**
- **6810 Zeitungen und Fachliteratur**
- **6820 Post, Telefon**
- **6850 Reisekosten**
- **6870 Werbung**
- **6880 Spenden**
- **6900 Versicherungsbeiträge**
- **6920 Beiträge zu Wirtschaftsverbänden u. Berufsvertretg.**
- **6950 Abschreibungen auf Forderungen**
- **6960 Verluste aus dem Abgang von Vermögensgegenständen**
- **6990 Periodenfremde Aufwendungen**

Kontenklasse 7

Weitere Aufwendungen

70 Betriebliche Steuern
- **7020 Grundsteuer**
- **7030 Kraftfahrzeugsteuer**

75 Zinsen und ähnliche Aufwendg.
- **7510 Zinsaufwendungen**

76 Außerordentliche Aufwendg.
- **7600 Außerordentliche Aufwendg.**

Kontenklasse 8

Ergebnisrechnung

80 Eröffnung/Abschluss
- **8000 Eröffnungsbilanzkonto (EBK)**
- **8010 Schlussbilanzkonto (SBK)**
- **8020 Gewinn- und Verlustkonto (GuV)**

Kontenklasse 9

Kosten- und Leistungsrechnung

frei

Girokonto 140039876 Sparkasse Bielefeld	BLZ 480 501 61 UST.-Id. DE 12401161		Kontoauszug 550 Blatt 1	
Datum	**Erläuterungen**			**Betrag**
Kontostand in EUR am 01.09.20.., Auszug Nr. 549			H	98.730,00 €
01.09.	Gutschrift Rg. 3411234 abzügl. 2 % Skonto	Wert: 01.09.20..	H	16.909,90 €
Kontostand in EUR am 01.09.20.., 16:00 Uhr			H	115.639,90 €
IHR KREDIT	30.000,00 EUR	wwh GmbH, Helene-Weber-Weg 9, 33607 Bielefeld		

H. Muhlmann GmbH
Buch- und Schreibwarenhandlung
Tel. 05224 979797 - Fax 05224 979798
E-Mail: Muhlmann-buch@web.de
Schmandstr. 11 - 32130 Enger
USt.-Id.-Nr.: DE 14613457
St.-Nr.: 983/710/2554

Quittung/Rechnung

Datum: 02.05.20..

Firma: wwh GmbH, Bielefeld

	Büromaterial	42,84 €

Im Rechnungsbetrag sind 19 % Mehrwertsteuer enthalten.

Betrag bar erhalten am: 02.05.20..

H. Sperling
H. Muhlmann GmbH

wwh Gmbh
Elektrogroßhandel

wwh GmbH • Helene-Weber-Weg 9 • 33607 Bielefeld

Helene-Weber-Weg 9
33607 Bielefeld

Tel.: 05207 801022
Fax: 05207 801013
Mobil: 0171 302560
E-Mail: wwh@t-online.de

Herbert Möhlmann e. K.
Hamburger Str. 210
38112 Braunschweig

RECHNUNG
Nr. 1544288-20..

Rg.Datum:	21.08.20..
Kundennr.:	56112
Auftrags-Nr.:	9065774
Lieferdatum:	21.08.20..

Posten	Bezeichnung	Einheit	Menge	Preis	Gesamt
1	Ormito Espressomaschine Mod. 650	St.	5	1.486,00 €	7.430,00 €
2	Sonderrabatt 15%				1.114,50 €
3	Versandkosten				280,00 €

Nettopreis		6.595,50 €
+ MwSt.	**19%**	1.253,15 €
Gesamtpreis		7.848,65 €

Zahlbar innerhalb von 8 Tagen mit 2% Skonto; 30 Tage netto Kasse

Bankverbindungen
Sparkasse Bielefeld BLZ 480 501 61 Kto.-Nr. 1324565445
Commerzbank Bielefeld BLZ 480 538 8 Kto.-Nr. 5666654511
St.-Nr.: 458/457/6555
USt.-Id.-Nr.: DE 76841782
Geschätsführerin: Uta Box
Sitz und Registergericht
Bielefeld HR B 1590

Ormito
Espressomaschinen

Ormito GmbH • Wellenkamp 17 • 33605 Bielefeld

wwh GmbH
Elektrogroßhandel
Helene-Weber-Weg 5
33607 Bielefeld

RECHNUNG

Kunden-Nr.:	**16122**
Auftrags-Nr.:	**998-43288**
Rechn.-Nr.:	**200812441**
Datum:	**12.12.20xx**

Lieferdatum: **10.12.20xx**

Posten	Bezeichnung	Einheit	Menge	Einzelpreis	Gesamtpeis
1	Espressomaschine Mod. 550	St.	3	980,00 €	2.940,00 €
2	Espressomaschine Mod. 650	St.	5	1.120,00 €	5.600,00 €
3	Espressomaschine Mod. 750	St.	2	1.340,00 €	2.680,00 €
4	Leihverpackung				150,00 €
5	Versandkosten				220,00 €

Nettopreis		11.590,00 €
Versandkosten		380,00 €
+ MwSt.	**19%**	2.274,30 €
Bruttopreis		14.244,30 €

Zahlbar innerhalb von 7 Tagen mit 2 % Skonto (**vom reinen Warenwert**), innerhalb von 30 Tagen netto Kasse

Geschäftsführer: Jürgen Rische, Amtsgericht Bielefeld HRB 3345
• Tel.: 0521 556900 • Fax: 0521 556950• E-Mail: info@rische-gmbh.de •
• Sparkasse Bielefeld • BLZ 494 501 20 • Kto.-Nr. 1400046700 •
• USt.-Id.-Nr.: DE 576182053 • St.-Nr.: 779/034/1873 •

Girokonto 140039876 Sparkasse Bielefeld	BLZ 480 501 61 USt.-Id. DE 12401161		Kontoauszug 233 Blatt 1	
Datum	**Erläuterungen**			**Betrag**
Kontostand in EUR am 15.04.20.., Auszug Nr. 232			H	121.882,61 €
16.04.	Lastschrift Rg. 5466121 abzügl. 3 % Skonto	Wert: 15.04.20..	S	32.897,55 €
Kontostand in EUR am 16.04.20.., 16:00 Uhr			H	88.985,06 €
IHR KREDIT	30.000,00 EUR	wwh GmbH, Helene-Weber-Weg 9, 33607 Bielefeld		

Girokonto 140039876 Sparkasse Bielefeld	BLZ 480 501 61 USt.-Id. DE 12401161		Kontoauszug 776 Blatt 1	
Datum	**Erläuterungen**			**Betrag**
Kontostand in EUR am 01.11.20.., Auszug Nr. 775			H	144.886,99 €
31.10.	FINANZKASSE Bielefeld Kfz-Steuer BI-WK 159, Nov.01-Okt.02	Wert: 01.11.20..	S	720,00 €
Kontostand in EUR am 01.11.20.., 16:00 Uhr			H	144.166,99 €
IHR KREDIT	30.000,00 EUR	wwh GmbH, Helene-Weber-Weg 9, 33607 Bielefeld		

Beschreiben Sie die Teilbereiche des Rechnungswesens. Nennen Sie Aufgaben, Grundlagen und Ziele.		
Buchführung	Aufgaben	Erfassung des Vermögens und dessen Veränderungen ▷ der Schulden und deren Veränderungen ▷ der Aufwendungen und Erträge ▷ des Kapitals und dessen Veränderungen
	Grundlagen	▷ interne Belege *Beispiele: Ausgangsrechnungen, Quittungen für Barauszahlungen, Lohn- und Gehaltslisten* ▷ externe Belege *Beispiele: Eingangsrechnungen, Kontoauszüge, Gutschriften von Lieferern*
	Ziel und Zweck	▷ innerbetriebliche Zwecke = Datenspeicher für Kosten- und Leistungsrechnung (Grundlage für die Kalkulation), Statistik und Planung ▷ außerbetriebliche Zwecke: Information, Beweissicherung und Rechenschaftslegung gegenüber Finanzbehörden, Kapitaleignern, Gläubigern
Kosten- und Leistungsrechnung	Aufgaben	▷ Errechnung der Mindestverkaufspreise ▷ Kontrolle der Wirtschaftlichkeit ▷ Bewertung der Lagerbestände
	Grundlagen	▷ Zahlen der Buchführung
	Ziel und Zweck	▷ Feststellung der Leistungsfähigkeit des Betriebes ▷ Wirtschaftlichkeitskontrolle
Statistik	Aufgaben	▷ Aufbereitung des Zahlenmaterials aus Buchhaltung und Kostenrechnung ▷ – Vergleich verschiedener Geschäftsjahre = innerbetrieblicher Vergleich – Vergleich mit Zahlen anderer Betriebe = außerbetrieblicher Vergleich – Darstellung der Zahlen in übersichtlichen Tabellen und Grafiken
	Grundlagen	▷ Zahlen aus Buchhaltung und Kosten- und Leistungsrechnung ▷ Zahlen von außen (Veröffentlichungen der Verbände, IHK, statistische Landes- und Bundesämter usw.)
	Ziel und Zweck	▷ schneller Zugriff auf Zahleninformationen ▷ Basis für zukünftige Entscheidungen und Planungen
Planung	Aufgaben	▷ gedankliche Vorwegnahme des zukünftig Gewollten ▷ Grundlage für Entscheidungen, um die Ziele des Betriebes (z. B. Gewinnsteigerung, Umsatzerhöhung) zu erreichen
	Grundlagen	▷ inner- und außerbetriebliche Zahleninformationen aus dem Bereich Statistik ▷ Erwartungen in Bezug auf Kostenentwicklung, allgemeine Wirtschaftslage, Konkurrenz
	Ziel und Zweck	▷ Verminderung von Risiken ▷ Sicherung des Unternehmenserfolges

Wie muss eine ordnungsgemäße Buchführung aussehen? Welche gesetzlichen Vorschriften bilden dafür die Grundlage?	
Abgabenordnung AO §§ 140, 141, 158, 162 enthält Vorschriften über:	▷ Buchführungspflicht (steuerrechtlich) besteht für Betriebe mit ▷ – einem jährlichen Umsatz von mehr als 500 000,00 EUR oder – einem jährlichen Gewinn von mehr als 50 000,00 EUR Beweiskraft der Buchführung ▷ Schätzung der Besteuerungsgrundlagen, falls eine ordnungsgemäße Buchführung fehlt
Handelsgesetzbuch HGB §§ 238 ff. enthält Vorschriften über:	▷ Buchführungspflicht (handelsrechtlich) für alle im Handelsregister eingetragenen Kaufleute ▷ Bilanzierungsvorschriften für Personengesellschaften und Kapitalgesellschaften (Bilanzrichtliniengesetz)
Grundsätze ordnungsgemäßer Buchführung (GOB) AO §§ 146, 147 HGB § 239	▷ Vollständigkeit (alle Geschäftsfälle, lückenlose Inventur) ▷ Richtigkeit ▷ periodengerechte Abgrenzung (Aufwendungen und Erträge müssen den Geschäftsjahren zugerechnet werden, in denen sie verursacht wurden) ▷ zeitgerechte Erfassung (Buchung innerhalb einer angemessenen Zeit) ▷ Klarheit (übersichtliche Organisation, Kontenplan, lebende Sprache, eindeutige Abkürzungen, Eintragungen dürfen nicht unleserlich gemacht werden) ▷ Nachprüfbarkeit (sachkundige Dritte, z. B. Betriebsprüfer, müssen sich zurechtfinden können; Belege müssen vollständig, geordnet, den gesetzlichen Fristen entsprechend aufbewahrt werden) **Aufbewahrungsfristen** für Inventare, Bilanzen, Gewinn- und Verlustrechnungen, Lageberichte und Buchungsbelege: zehn Jahre zum Ende des Geschäftsjahres

1 Welche der unten aufgeführten Aussagen zu den Aufgaben der Buchführung als Teil des Rechnungswesens in einem Betrieb ist nicht zutreffend? ______ ☐

(1) Die Buchführung hat dafür zu sorgen, dass alle Geschäftsfälle zahlenmäßig erfasst werden.

(2) Alle Veränderungen des Vermögens und der Schulden müssen von ihr aufgezeichnet werden.

(3) Sie bildet die Grundlage für die Betriebsorganisation.

(4) Sie erfasst alle Aufwendungen und Erträge und ermittelt den Erfolg eines Unternehmens.

(5) Sie dient als Beweissicherung und Rechenschaftslegung gegenüber Finanzbehörden.

2 Bei welchem der unten genannten Buchungsbelege handelt es sich um einen internen Beleg (Eigenbeleg)? ______ ☐

(1) Rechnung von Lieferant G. Sticker GmbH, Bielefeld, über einen Schreibtisch

(2) Kontoauszug der Sparkasse Herford

(3) Gutschriftsanzeige des Lieferanten Wimo AG, Eschersleben

(4) Kopie der Ausgangsrechnung an den Kunden Götz GmbH & Co. KG, Oberkirch

(5) Quittung über einen Kauf von Büromaterial beim örtlichen Bürohändler

3 Die zahlenmäßige Erfassung der Geschäftsfälle und die ordnungsgemäße Aufbewahrung durch das Rechnungswesen dient u. a. auch außerbetrieblichen Zwecken. Welche der nachfolgenden Funktionen kennzeichnet einen außerbetrieblichen Zweck? ______ ☐

(1) Beweismittel über eine Forderung an einen Kunden

(2) Vergleich der Ausgaben für Versicherungsbeiträge im Vorjahr mit denen des laufenden Geschäftsjahres.

(3) Grundlage für die Kalkulation des Verkaufspreises.

(4) Datengrundlage für die Kosten- und Leistungsrechnung

(5) Grundlage für die Planung der zukünftigen Budgets.

4 Welche der unten stehenden Aufgaben gehört nicht zu dem Bereich der Kosten- und Leistungsrechnung (KLR)? ______ ☐

Die KLR...

(1) ... muss genau angeben können, wie hoch die Bargeldentnahmen des Inhabers in einem Abrechnungsmonat waren.

(2) ... gibt Auskunft über die Wirtschaftlichkeit eines Unternehmens.

(3) ... kalkuliert die Verkaufspreise.

(4) ... unterscheidet zwischen fixen und variablen Kostenbestandteilen.

(5) ... unterscheidet zwischen betrieblichen und betriebsfremden Aufwendungen und Erträgen.

5 Welches Gesetz bzw. welche Verordnung enthält Vorschriften über die Buchführungspflicht? ______ ☐

(1) Bürgerliches Gesetzbuch

(2) Scheckgesetz

(3) Einkommensteuergesetz

(4) Strafgesetzbuch

(5) Handelsgesetzbuch

6 Welcher der folgenden Teilbereiche gehört nicht zum Rechnungswesen? ______ ☐

(1) Kostenrechnung

(2) Buchführung

(3) Planung

(4) Lagerbestandsführung

(5) Wareneingangskontrolle

7 Das Elektrohandel W. Stromme GmbH, Berghausen, ist Kaufmann laut Handelsgesetzbuch. Er hatte im abgeschlossenen Geschäftsjahr einen Umsatz von 390 000,00 EUR und einen Gewinn von 55 000,00 EUR.

Welche der folgenden Aussagen trifft für die steuerliche Pflicht zur Buchführung zu? ______ ☐

(1) Stromme ist nicht buchführungspflichtig, weil Unternehmen in Form einer GmbH von der AO nicht erfasst werden.

(2) Stromme ist nach der Abgabenordnung (AO) buchführungspflichtig.

(3) Stromme ist nicht buchführungspflichtig, weil sein Umsatz die in der AO vorgesehene Höhe überschreitet.

(4) Lagerbestandsführung

(5) Wareneingangskontrolle

8 Welche der folgenden Aussagen trifft nicht zu? ______ ☐

Eine Buchführung entspricht den Grundsätzen der Ordungsgemäßheit, wenn...

(1) ... am Geschäftsjahresende eine Inventur gemacht wird,

(2) ... alle Belege mindestens 8 Jahre aufbewahrt werden,

(3) ... sie nach einem Kontenrahmen geordnet ist,

(4) ... sie den gesetzlichen Vorschriften entspricht und jederzeit einen Überblick über die Geschäftsfälle, die Vermögens-, Finanz- und Erfolgslage eines Unternehmens geben kann.

(5) ... ein Kontenplan verwendet wird.

9 Bis zu welchem Datum muss eine Rechnung, die das Rechnungsdatum 15.09.2008 trägt, aufbewahrt werden? ______ ☐☐.☐☐.☐☐☐☐

Was ist eine Inventur?
Welche Arten von Inventuren gibt es?

Nach HGB § 240 und AO §§ 140, 141 ist der Kaufmann verpflichtet,
- ▷ bei Gründung bzw. Übernahme,
- ▷ bei Auflösung oder Veräußerung eines Unternehmens,
- ▷ am Schluss eines jeden Geschäftsjahres

alle Vermögensteile und Schulden einzeln mengenmäßig zu erfassen (zählen, messen, wiegen) und zu bewerten. Diesen Vorgang nennt man „Inventur".

Stichtagsinventur	Verlegte Inventur	Permanente Inventur
Bestandsaufnahme am Bilanzstichtag oder zeitnah innerhalb von 10 Tagen vor- bzw. nachher. Der Bilanzstichtag ist in der Regel der 31.12., es ist jedoch auch ein anderer Termin möglich, wenn das Geschäftsjahr vom Kalenderjahr abweicht. Beispiel: 01.10. ... bis 30.09. ...	Bestandsaufnahme innerhalb von 3 Monaten vor, bzw. 2 Monaten nach Bilanzstichtag. (BS = Bilanzstichtag) Wertfortschreibung: Wert am Inventurtag + Zugänge bis BS – Abgänge bis BS = Wert am BS Wertrückrechnung: Wert am Inventurtag – Zugänge ab BS + Abgänge ab BS = Wert am BS	Fortlaufende Erfassung der Bestände z. B. aufgrund der Eintragungen von Zu- und Abgängen in einer Lagerkartei. Mindestens einmal jährlich ist pro Lagerposition eine körperliche Bestandsaufnahme zum Vergleich des tatsächlichen Bestandes (Istbestand) mit dem Buchbestand (Sollbestand) durchzuführen. Bei Differenzen erfolgt eine Korrektur des Buchbestandes.

Stichprobeninventur

Vereinfachung der Bestandsaufnahme durch mathematisch-statistische Messmethoden. (Beispiel: Wiegen eines Kartons mit Kleinstteilen: gewogen wird eine bestimmte Anzahl, anschließend erfolgt eine Hochrechnung auf den Gesamtinhalt.)

Die Stichprobeninventur ist keine Inventurart, sondern eine Technik der Bestandsaufnahme, die bei den drei Inventurarten angewendet werden kann.

Wie wird eine Inventur durchgeführt?

- ▷ Ernennung eines Inventurleiters. Dieser legt fest:
  - Termin
  - Inventurbereiche
  - personelle Besetzung
  - Hilfsmittel (Vordrucke, Diktiergeräte etc.)
- ▷ körperliche Erfassung der Vermögensteile (zählen, messen, wiegen)
- ▷ buchmäßige Erfassung der Vermögensteile und Schulden (Abstimmung der Saldenlisten mit den Sachkonten)
- ▷ Erstellen von Inventurlisten. Erforderliche Angaben:
  - Abteilung/Lagerort/Fach
  - Bezeichnung des Gegenstandes
  - Menge (Zahl, Maß oder Gewicht)
  - Wert pro Einheit
  - Gesamtwert
  - Datum, Unterschrift des Verantwortlichen
  - Kontrollvermerk
  - Kontrolle (Gesamt- oder Stichproben)

Was ist ein Inventar?
Wie ist es gegliedert?

Das **Inventar** ist ein aufgrund der Inventur erstelltes Bestandsverzeichnis, in dem ausführlich alle Vermögensteile und Schulden eines Unternehmens zu einem bestimmten Zeitpunkt nach Art, Menge und Wert aufgeführt sind.

Das Inventar ist in drei Teile gegliedert:

A. Vermögen	**I. Anlagevermögen** (Vermögensteile, die dem Unternehmen langfristig dienen) **II. Umlaufvermögen** (Vermögensteile, deren Bestand ständig verändert wird und die kurzfristig im Unternehmen bleiben)	Ordnung des Vermögens nach steigender Liquidität, d. h. nach dem Grad, wie es in flüssige Mittel umgewandelt werden kann (z. B. an erster Stelle die Grundstücke, an letzter Stelle der Kassenbestand)
B. Schulden	**I. Langfristige Schulden** (Laufzeit von mindestens fünf Jahren) **II. Kurzfristige Schulden** (Laufzeit bis zu fünf Jahre)	Ordnung der Schulden nach ihrer Fälligkeit, d. h. wie lange sie als Fremdkapital zur Verfügung stehen (z. B. an erster Stelle Hypothekenschulden, an letzter Stelle Verbindlichkeiten aus Lieferungen und Leistungen).
C. Ermittlung des Eigenkapitals (Reinvermögen)	**Summe des Vermögens** **– Summe der Schulden** **= Eigenkapital**	

1 Welche der folgenden Aussagen zur Inventur trifft nicht zu? ______

Die Inventur...

(1) ... ist die Bestandsaufnahme zum Schluss des Geschäftsjahres.

(2) ... ist ein Bestandsverzeichnis aller Vermögensteile und Schulden.

(3) ... muss bei der Gründung eines Unternehmens durchgeführt werden.

(4) ... ist die mengen- und wertmäßige Bestandsaufnahme aller Vermögensteile und Schulden zu einem bestimmten Zeitpunkt.

(5) ... kann aus organisatorischen Gründen auf mehrere Tage verteilt werden.

2 Ordnen Sie zu, indem Sie die Kennziffer von drei der insgesamt sieben Erläuterungen in das Kästchen neben den dazugehörigen Inventurverfahren eintragen.

Erläuterungen:

(1) Eine Inventur, die nur in dem Zeitraum von 3 Monaten vor oder von zwei Monaten nach dem Bilanzstichtag erfolgen kann.

(2) Eine Inventur, die an einem vom Finanzamt festgelegten Tag zu erfolgen hat.

(3) Die Zu- und Abgänge werden ständig in einer Datei/Kartei aufgezeichnet; mindestens einmal im Geschäftsjahr, zu einem beliebigen Zeitpunkt, erfolgt die körperliche Bestandsaufnahme.

(4) Die Inventur erfolgt zum Abschluss des Geschäftsjahres zeitnah zum Bilanzstichtag (innerhalb von 10 Tagen vorher bis 10 Tage nachher).

(5) Die Inventur wird vom Ende des Geschäftsjahres 1 auf die Mitte des Geschäftsjahres 2 verlegt.

(6) Bei einer Bestandsaufnahme werden durch mathematisch-statistische Methoden die tatsächlichen Bestände errechnet.

(7) Die Bestandsaufnahme erfolgt drei Monate nach dem Bilanzstichtag.

Inventurverfahren:

a. Stichtagsinventur ______

b. verlegte Inventur ______

c. permanente Inventur ______

3 Bei welcher der unten aufgeführten Bilanzpositionen handelt es sich um Teile des Anlagevermöges? ______

(1) Forderungen aus Lieferungen und Leistungen

(2) Verbindlichkeiten aus Lieferungen und Leistungen

(3) Rohstoffvorräte

(4) Umsatzsteuer-Zahllast

(5) Geschäftsausstattung.

4 Welche der folgenden Schulden sind den langfristigen Verbindlichkeiten zuzurechnen? ______

(1) Verbindlichkeiten aus Lieferungen und Leistungen

(2) Umsatzsteuer-Zahllast

(3) Sozialversicherungs-Verrechnungskonto

(4) Verbindlichkeiten aus Steuern

(5) Pensionsrückstellungen

5 Ordnen Sie die folgenden Vermögensteile mit den laufenden Nummern 1 bis 6 nach steigender Liquidität.

1 = niedrigste Liquidität

6 = größte Liquidität

a. Vorräte ______

b. Forderungen aus Lieferungen und Leistungen ______

c. Geschäftsausstattung ______

d. Maschinen ______

e. bebaute Grundstücke ______

f. Guthaben bei Kreditinstituten (Bank) ______

6 Welcher der folgenden Aussagen zur permanenten Inventur trifft zu? ______

(1) Diese Inventur besteht aus einer fortlaufenden Erfassung der Bestände aufgrund der Eintragungen von Zu- und Abgängen. Einmal im Jahr wird an einem beliebigen Tag der gesamte Bestand auf seine Übereinstimmung zwischen Soll- und Istbestand hin überprüft.

(2) Diese Inventur besteht aus einer fortlaufenden Erfassung der Bestände aufgrund der Eintragungen von Zu- und Abgängen. Mindestens einmal im Jahr ist jede einzelne Position auf die Übereinstimmung zwischen Soll- und Istbestand hin zu überprüfen. Das hat den Vorteil, dass die eigentliche Tätigkeit der Inventur gleichmäßig über das Jahr verteilt wird.

(3) Diese Inventur besteht aus einer fortlaufenden Erfassung der Bestände aufgrund der Eintragungen von Zu- und Abgängen. Anlässlich der jährlich einmal durchzuführenden Stichtagsinventur werden die Soll- und Istbestände miteinander verglichen. Die Sollbestände werden korrigiert und der Betrieb kann das ganze Jahr hindurch mit den aktuellen Zahlen arbeiten.

(4) Diese Inventur besteht aus einer fortlaufenden Erfassung der Bestände aufgrund der Eintragungen von Zu- und Abgängen. Der Abgleich der Soll- und der Istbestände findet immer dann statt, wenn ein Artikel den Meldebestand unterschritten hat.

(5) Bei der permanenten Inventur muss der Inventurleiter permanent alle Mitarbeiter kontrollieren.

7 Welches ist der Zeitraum, in dem die verlegte Inventur stattfinden kann? ______

(1) 01.09. des laufenden Jahres bis 28.02. (bzw. 29.02.) des folgenden Jahres

(2) 01.10. des laufenden Jahres bis 28.02. (bzw. 29.02.) des folgenden Jahres

(3) 01.10. des laufenden Jahres bis 31.03. des folgenden Jahres

(4) 01.11. des laufenden Jahres bis 28.02. (bzw. 29.02.) des folgenden Jahres

(5) 01.11. des laufenden Jahres bis 31.03. des folgenden Jahres

Wie lässt sich durch Eigenkapitalvergleich der Erfolg (Gewinn oder Verlust) eines Unternehmens ermitteln?		
Erfolgsermittlung durch Vergleich der Inventare	Eigenkapital am Ende des Geschäftsjahres – Eigenkapital am Anfang des Geschäftsjahres = Kapitalmehrung (+) oder Kapitalminderung (–) + Privatentnahmen – Privateinlagen = Gewinn (+) oder Verlust (–)	▷ Ist das Eigenkapital am Ende des Jahres größer als am Anfang des Jahres, hat das Unternehmen einen Gewinn erzielt (= Kapitalmehrung). ▷ Dieser Gewinn muss noch um die Privatentnahmen (vorweg entnommener Gewinn) und um die Privateinlagen (Kapitalteile, die von außen dem Unternehmen zugeführt wurden) bereinigt werden. ▷ Entsprechendes gilt für einen Verlust (= Kapitalminderung).

Was versteht man unter einer Bilanz?
Wie ist die Bilanz gegliedert?

Begriff

Das Handelsgesetzbuch (HGB) sieht vor, dass zu dem ausführlichen Inventar eine kurzgefasste Darstellung des Vermögens und der Schulden erstellt wird. Die Bilanz (italienisch: bilancia = Waage) wird in Kontenform dargestellt. Beide Seiten (Aktiva bzw. Aktivseite und Passiva bzw. Passivseite) müssen wertmäßig gleich groß sein. Die Aktivseite ist nach steigender Liquidität (= Flüssigkeit), die Passivseite nach abnehmender Fälligkeit geordnet.

Beispiel für eine Bilanz

Aktiva	**BILANZ zum 31.12.20..**		**Passiva**
I. Anlagevermögen		I. Eigenkapital	250 000,00
1. Bebaute Grundstücke	329 000,00		
2. Fuhrpark	48 000,00	II. Fremdkapital	
3. Geschäftsausstattung	39 400,00	1. Langfristige Bankverbindlichkeiten	284 000,00
II. Umlaufvermögen		2. Kurzfristige Bankverbindlichkeiten	53 000,00
1. Vorräte	192 000,00	3. Verbindlichkeiten aus Lieferungen und Leistungen	137 800,00
2. Forderungen	26 000,00		
3. Bankguthaben	89 000,00		
4. Kasse	1 400,00		
Bilanzsumme	724 800,00	Bilanzsumme	724 800,00

Grafische Darstellung

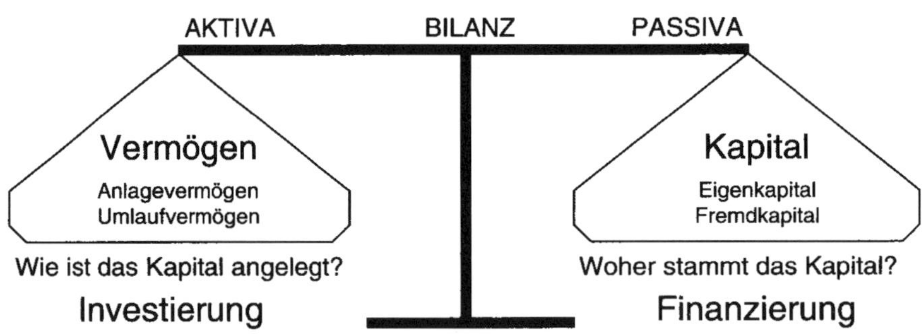

Unterscheiden Sie Inventur, Inventar und Bilanz.

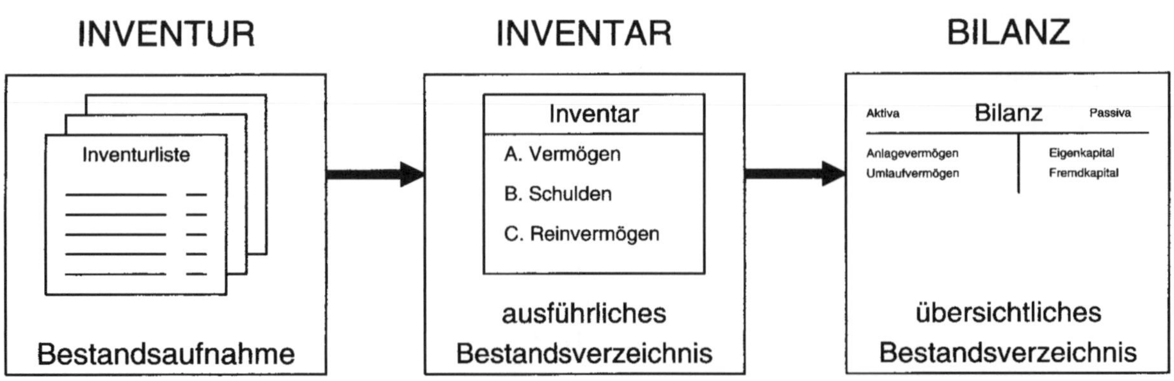

INVENTUR	INVENTAR	BILANZ
Zählen, Messen, Wiegen der Vermögensteile und Schulden	– mit Angabe von Mengen, Einzel- und Gesamtwerten – Auflistung untereinander	– nur Gesamtwerte – Auflistung in Kontenform

1 Welche der folgenden Aussagen zur Bilanz trifft zu? ______ 3

Die Bilanz…

(1) … ist der Geschäftsbericht eines Unternehmens.

(2) … ist eine Gegenüberstellung des Vermögens und der Schulden eines Unternehmens.

(3) … ist eine kurzgefasste, kontenmäßige Gegenüberstellung der Vermögensformen und der Vermögensquellen eines Unternehmens.

(4) … ermöglicht aufgrund ihrer detaillierten Darstellung einen jederzeitigen Einblick in die Vermögens- und Ertragslage eines Unternehmens. Deshalb ist sie auch gesetzlich vorgeschrieben.

(5) … muss laut Handelsgesetzbuch jedes halbe Jahr neu erstellt werden.

2 Welche der unten genannten Gleichungen zur Bilanz trifft nicht zu? ______ 1

(1) Anlagevermögen + Umlaufvermögen = Eigenkapital

(2) Bilanzsumme – Eigenkapital = Fremdkapital

(3) Bilanzsumme Aktiva = Bilanzsumme Passiva

(4) Anlagevermögen + Umlaufvermögen = Eigenkapital + Fremdkapital

(5) Bilanzsumme Aktiva – Anlagevermögen = Umlaufvermögen

3 Welcher Erfolg (Gewinn oder Verlust) ergibt sich bei folgenden Daten eines Unternehmens? Verlust ______ 30000,-

Vermögensteile und Schulden am Ende des Geschäftsjahres:

Anlagevermögen	400 000,00 EUR
Umlaufvermögen	150 000,00 EUR
Fremdkapital	100 000,00 EUR
Eigenkapital am Anfang des Geschäftsjahres	480 000,00 EUR

4 Welche der unten stehenden Aussagen trifft sowohl auf den Begriff „Inventar" als auch auf den Begriff „Bilanz" zu? ______ 3

(1) Es besteht aus drei Teilen (A. Vermögen, B. Schulden, C. Reinvermögen).

(2) Es ist eine Bestandsaufnahme aller Vermögensteile und Schulden eines Unternehmens zu einem bestimmten Zeitpunkt.

(3) Das Vermögen wird in Anlage- und Umlaufvermögen gegliedert, wobei die Vermögensposten nach steigender Flüssigkeit geordnet werden.

(4) Auf der Aktivseite ist das Anlage- und das Umlaufvermögen aufgeführt und auf der Passivseite das Eigenkapital und das Fremdkapital.

(5) Es ist eine kurzgefasste, überschaubare Darstellung der Ertragssituation eines Unternehmens.

5 Ihnen liegen die folgenden Bilanzwerte eines Unternehmens vor:

Bebaute Grundstücke	200 000,00 EUR
Betriebs- und Geschäftsausstattung	100 000,00 EUR
Fuhrpark	60 000,00 EUR
Darlehensschulden	90 000,00 EUR
Forderungen an Kunden	50 000,00 EUR
Vorräte	80 000,00 EUR
Kasse	10 000,00 EUR
Verbindlichkeiten	20 000,00 EUR

Ermitteln Sie:

a. das Eigenkapital ______ 390.000,-

b. die Summe der flüssigen Mittel ______ 10.000,-

c. das Fremdkapital ______ 110.000,-

d. das Umlaufvermögen ______ 140.000,-

e. das Anlagevermögen ______ 440.000

f. das Gesamtkapital ______ 500.000

6 Ermitteln Sie aufgrund der nachstehenden Daten den Erfolg durch Eigenkapitalvergleich. Gewinn ______ 20.000,-

Eigenkapital am Anfang des Geschäftsjahres	350 000,00 EUR
Eigenkapital am Ende des Geschäftsjahres	380 000,00 EUR
Entnahmen des Inhabers	40 000,00 EUR
Privateinlagen	50 000,00 EUR

7 Über ein Unternehmen liegen Ihnen folgende Zahlen vor:

Zusammengefasste Bilanz am Anfang des Geschäftsjahres:

Anlagevermögen	240 000,00 EUR
Umlaufvermögen	450 000,00 EUR
Fremdkapital	360 000,00 EUR

Für die Bilanz am Ende des Geschäftsjahres sind folgende Sachverhalte festzustellen:

- Die Darlehensschulden haben sich um 40 000,00 EUR verringert.
- Das Anlagevermögen ist aufgrund der Anschaffung einer Computeranlage um 20 000,00 EUR angewachsen.
- Das Eigenkapital hat sich auf 420 000,00 EUR erhöht.
- Der Inhaber hat im laufenden Jahr Entnahmen für seinen Privathaushalt in Höhe von 60 000,00 EUR getätigt.

Beantworten Sie unter Berücksichtigung der genannten Zahlen die folgenden Fragen:

a. Wie viel Euro betrug das Eigenkapital zu Beginn des Geschäftsjahres? ______ 330.000,-

b. Wie viel Euro beträgt die Kapitalmehrung/Kapitalminderung im laufenden Jahr? ______ 90.000,-

c. Wie viel Euro betrug der Gewinn des Unternehmens im laufenden Jahr? ______ 150.000,-

Wie wirken sich Geschäftsfälle auf die Bilanz aus?

Fragen: / Geschäftsfall	Bareinzahlung auf das Bankkonto		Umwandlung einer Lieferschuld in eine Darlehensschuld		Kauf eines Computers auf Ziel		Zahlung einer Liefererrechnung durch Banküberweisung	
1. Welche Positionen werden berührt?	Guthaben bei Kreditinstituten	Kasse	Verbindlichkeiten	Darlehen	Geschäftsausstatt.	Verbindlichkeiten	Guthaben bei Kreditinstituten	Verbindlichkeiten
2. Auf welcher Seite der Bilanz befinden sich die Posten?	Aktiva	Aktiva	Passiva	Passiva	Aktiva	Passiva	Aktiva	Passiva
3. Wie verändert sich der Wert des Bilanzpostens?	Mehrung	Minderung	Minderung	Mehrung	Mehrung	Mehrung	Minderung	Minderung
4. Wie beschreibt man die Bilanzveränderung?	Tauschvorgang auf der Aktivseite – Bilanzsumme ändert sich nicht		Tauschvorgang auf der Passivseite – Bilanzsumme ändert sich nicht		Mehrung auf der Aktivseite und auf der Passivseite – Bilanzsumme erhöht sich		Minderung auf der Aktivseite und auf der Passivseite – Bilanzsumme vermindert sich	
	Aktivtausch		**Passivtausch**		**Aktiv-Passiv-Mehrung**		**Aktiv-Passiv-Minderung**	

In welche Art von Konten wird die Bilanz aufgelöst? Wie wird auf diesen Konten gebucht?

Einrichten der Bestandskonten

- ▷ Die Bilanz entspricht einer Waage. Der Wert der Aktivseite stimmt immer mit dem Wert der Passivseite überein.
- ▷ Jeder Geschäftsvorgang berührt immer mindestens zwei Posten in der Bilanz. Das Gleichgewicht wird dadurch niemals gestört.
- ▷ Da es zu umständlich wäre, nach jedem Geschäftsvorgang die Bilanz neu zu gestalten, wird für jeden Bilanzposten ein Konto eingerichtet.
- ▷ Die Bilanz zeigt die Bestände der einzelnen Bilanzposten an, daher bezeichnet man diese Konten als Bestandskonten.

Arten von Bestandskonten

Aktivkonten	Passivkonten
Für alle Posten der Aktivseite der Bilanz wird ein eigenes Konto eingerichtet. Auf diesen Konten wird wie folgt gebucht:	Für alle Posten der Passivseite der Bilanz wird ein eigenes Konto eingerichtet. Auf diesen Konten wird wie folgt gebucht:

Soll (S)	**Aktivkonto** Haben (H)
Anfangsbestand Mehrungen	Minderungen Schlussbestand (Saldo)

Soll (S)	**Passivkonto** Haben (H)
Minderungen Schlussbestand (Saldo)	Anfangsbestand Mehrungen

Wie bildet man aus einem Geschäftsfall einen Buchungssatz?

Buchungssatz

- ▷ Für jeden Geschäftsfall (mit entsprechendem Beleg) wird ein Buchungssatz gebildet.
- ▷ Grundlage hierfür ist das o. a. Buchungsschema zu den Bestandskonten.
- ▷ Zuerst erfolgt die Nennung des Kontos, auf dem die Sollbuchung erfolgt, dann die Nennung des Kontos, auf dem die Habenbuchung erfolgt: **Soll** an **Haben**.
- ▷ Die Buchungssätze werden im **Grundbuch** eingetragen.

Geschäftsfälle (siehe auch oben)

1.	Bareinzahlung auf unser Bankkonto: 5 000,00 EUR	Kasse: Aktivkonto/Minderung Bank: Aktivkonto/Mehrung	→ **Haben** → **Soll**
2.	Umwandlung einer Liefererschuld in eine Darlehensschuld: 37 000,00 EUR	Verbindlichkeiten: Passivkonto/Minderung Darlehen: Passivkonto/Mehrung	→ **Soll** → **Haben**
3.	Kauf eines Computers auf Ziel: 13 000,00 EUR	Geschäftsausstattung: Aktivkonto/Mehrung Verbindlichkeiten: Passivkonto/Mehrung	→ **Soll** → **Haben**
4.	Zahlung einer Liefererrechnung durch Banküberweisung: 8 000,00 EUR	Bank: Aktivkonto/Minderung Verbindlichkeiten: Passivkonto/Minderung	→ **Haben** → **Soll**

Grundbuch

Nr.	Soll			Haben	
1	Guthaben bei Kreditinstituten	5 000,00	an	Kasse	5 000,00
2	Verbindlichkeiten	37 000,00	an	Darlehen	37 000,00
3	Geschäftsausstattung	13 000,00	an	Verbindlichkeiten	13 000,00
4	Verbindlichkeiten	8 000,00	an	Guthaben bei Kreditinstituten	8 000,00

1 Aus welchem Grund wird die Bilanz in Konten aufgelöst? ______ 4

(1) Weil das Bürgerliche Gesetzbuch (BGB) die Aufteilung in Konten vorschreibt

(2) Weil die Konten die Bilanz erläutern sollen

(3) Weil es die Steuergesetze vorschreiben

(4) Weil die Konten eine übersichtliche Einzelabrechnung jeder Bilanzposition ermöglichen

(5) Weil Kreditgeber diese Form der Übersicht als Grundlage für Kreditvergaben nutzen

2 Bei welchen der folgenden Kontenaufzählungen handelt es sich ausschließlich um eine Aufzählung von Aktivkonten? ______ 3

(1) Forderungen aus L. u. L., Verbindlichkeiten aus L. u. L., Kasse, Guthaben bei Kreditinstituten

(2) Darlehensschulden, Geschäftsausstattung, Guthaben bei Kreditinstituten

(3) Unbebaute Grundstücke, Kasse, Forderungen aus L. u. L.

(4) Verbindlichkeiten gegenüber Finanzbehörden, Eigenkapital, Bebaute Grundstücke

(5) Eigenkapital, Guthaben bei Kreditinstituten, Kasse

3 Die Banküberweisung eines Kunden wurde irrtümlich mit „Forderungen an Guthaben bei Kreditinstituten" gebucht.

Wie wirkt sich die Falschbuchung aus? ______ 5

(1) Durch den Irrtum ist der Saldo des Kontos Forderungen zu niedrig.

(2) Der Saldo des Kontos Verbindlichkeiten ist zu niedrig.

(3) Die Bilanzsumme ist zu groß.

(4) Die Bilanzsumme ist zu niedrig.

(5) Der Irrtum hat auf die Bilanzsumme keinen Einfluss.

4 Stellen Sie fest, bei welchem der unten stehenden Geschäftsfälle es sich um eine Aktiv-Passiv-Mehrung handelt? ______ 4

(1) Bareinzahlung auf das Bankkonto

(2) Ausgleich einer Liefererrechnung durch Banküberweisung

(3) Tilgung einer Darlehensschuld durch Überweisung vom Bankkonto

(4) Kauf eines Firmenfahrzeugs auf Ziel

(5) Umwandlung einer Lieferverbindlichkeit in eine Darlehensschuld

5 In welchem der unten aufgeführten Buchungssätze handelt es sich um einen Aktivtausch? ______ 2

(1) Kasse an Verbindlichkeiten aus L. u. L.

(2) Forderungen aus L. u. L. an Fuhrpark

(3) Verbindlichkeiten aus L. u. L. an Darlehensschulden

(4) Darlehensschulden an Guthaben bei Kreditinstituten

(5) Fuhrpark an Verbindlichkeiten aus L. u. L.

6 Bei welchem der folgenden Geschäftsfälle wird die Bilanzsumme vermindert? ______ 1

(1) Zahlung einer Verbindlichkeit per Banküberweisung

(2) Kauf einer Telefonanlage auf Ziel

(3) Unser Kunde begleicht eine Rechnung durch Banküberweisung

(4) Verkauf eines gebrauchten Schreibtisches aus der Abteilung Rechnungswesen bar

(5) Der irrtümlich gebuchte Buchungssatz „Forderungen an Bank" wird storniert.

7 Welche der folgenden Aussagen trifft nur auf aktive Bestandskonten zu? ______ 2

(1) Minderungen werden im Soll gebucht.

(2) Der Anfangsbestand wird im Soll gebucht.

(3) Die Mehrungen werden auf diesen Konten auf der gleichen Seite wie der Anfangsbestand gebucht.

(4) Der Saldo wird nach Abschluss des Kontos auf der wertmäßig kleineren Seite gebucht.

(5) Es handelt sich um Konten, die im Hauptbuch geführt werden.

8 Welcher der folgenden Buchungssätze trifft auf den Geschäftsfall „Ausgleich einer Liefererrechnung (auf Ziel) durch Banküberweisung" zu? ______ 2

(1)	Forderungen aus L. u. L.	an	Guthaben bei Kreditinstituten
(2)	Verbindlichkeiten aus L. u. L.	an	Guthaben bei Kreditinstituten
(3)	Guthaben bei Kreditinstituten	an	Forderungen aus L. u. L.
(4)	Guthaben bei Kreditinstituten	an	Verbindlichkeiten aus L. u. L.
(5)	Rohstoffe	an	Guthaben bei Kreditinstituten

9 Welcher der folgenden Buchungssätze trifft auf den Geschäftsfall „Kauf eines gebrauchten Firmenfahrzeuges, bar" zu? ______ 3

(1)	Kasse	an	Fuhrpark
(2)	Kasse	an	Verbindlichkeiten aus L. u. L.
(3)	Fuhrpark	an	Kasse
(4)	Verbindlichkeiten aus L. u. L.	an	Kasse
(5)	Geschäftsausstattung	an	Kasse

10 Welches der folgenden Konten ist kein passives Bestandskonto? ______ 5

(1) Verbindlichkeiten aus L. u. L.

(2) Eigenkapital

(3) Darlehensschulden

(4) Hypothekenschulden

(5) Forderungen aus L. u. L.

Was sind Erfolgskonten? Welche Arten unterscheidet man? Wie wird auf ihnen gebucht?

Das Ziel eines erwerbswirtschaftlichen Betriebes ist die Gewinnmaximierung. Geschäftsfälle, die den betrieblichen Erfolg beeinflussen, werden auf Erfolgskonten festgehalten. Erträge (z. B. Verkaufserlöse) mehren das Eigenkapital, Aufwendungen (z. B. Lohn- und Gehaltszahlungen für die Arbeitnehmer) vermindern das Eigenkapital. Aufwands- und Ertragskonten (Erfolgskonten) sind Unterkonten des Eigenkapitalkontos.

Aufwandskonten	**Ertragskonten**
Aufwendungen → Minderung des Eigenkapitals → Buchung im **Soll** auf dem jeweiligen Aufwandskonto *Beispiele:* ▷ *Aufwendung für Rohstoffe* ▷ *Zinsaufwendungen* ▷ *Löhne und Gehälter* ▷ *Abschreibungen* ▷ *Werbe- und Reisekosten* ▷ *Verpackungsmaterial* ▷ *Versicherungsbeiträge*	Erträge → Mehrung des Eigenkapitals → Buchung im **Haben** auf dem jeweiligen Ertragskonto *Beispiele:* ▷ *Umsatzerlöse für eigene Erzeugnisse* ▷ *Nebenerlöse aus Vermietung u. Verpachtung* ▷ *Provisionserträge* ▷ *Zinserträge* ▷ *Aktivierte Eigenleistungen* ▷ *Erträge aus der Herabsetzung der Rückstellungen*

Geschäftsfälle

1. Zahlung der Gehälter per Banküberweisung: 30 000,00 EUR
2. Zahlung von Versicherungsbeiträgen bar: 6 000,00 EUR
3. Verkauf von eigenen Erzeugnissen per Banküberweisung: 80 000,00 EUR
4. Gutschrift der Bank für Zinsen: 2 000,00 EUR

Grundbuch

Nr.	Soll		an	Haben	
1	Gehälter	30 000,00		Guthaben bei Kreditinstituten	30 000,00
2	Versicherungsbeiträge	6 000,00		Kasse	6 000,00
3	Guthaben bei Kreditinstituten	80 000,00		Umsatzerlöse für eigene Erzeugnisse	80 000,00
4	Guthaben bei Kreditinstituten	2 000,00		Zinserträge	2 000,00

Hauptbuch

S	Gehälter		H
(1)	30 000,00	(5) Saldo	30 000,00

S	Umsatzerlöse für eigene Erzeugnisse		H
(7) Saldo	80 000,00	(3)	80 000,00

S	Versicherungsbeiträge		H
(2)	6 000,00	(6) Saldo	6 000,00

S	Zinserträge		H
(8) Saldo	2 000,00	(4)	2 000,00

S	**Gewinn- und Verlustkonto (GuV)**		**H**
(5) Gehälter	30 000,00	(7) Umsatzerlöse für eigene Erzeugnisse	80 000,00
(6) Versicherungsbeiträge	6 000,00	(8) Zinserträge	2 000,00

Wie schließt man die Erfolgskonten ab?

Abschluss Erfolgskonten

Die Erfolgskonten werden über das Konto Gewinn und Verlust (GuV-Konto) abgeschlossen. Da die Salden der Aufwandskonten immer im Haben und die Salden der Erfolgskonten immer im Soll stehen, gilt:

GuV an Aufwandskonten
Ertragskonten an GuV

Geschäftsfälle (Fortsetzung von oben)

5. Abschluss Konto Gehälter
6. Abschluss Konto Versicherungsbeiträge
7. Abschluss Konto Umsatzerlöse für eigene Erzeugnisee
8. Abschluss Konto Zinserträge

Grundbuch

Nr.	Soll		an	Haben	
5	GuV-Konto	30 000,00		Gehälter	30 000,00
6	GuV-Konto	6 000,00		Versicherungsbeiträge	6 000,00
7	Umsatzerlöse für eigene Erzeugnisse	80 000,00		GuV-Konto	80 000,00
8	Zinserträge	2 000,00		GuV-Konto	2 000,00

Hauptbuch

S	Gehälter		H
(1)	30 000,00	(5) Saldo	30 000,00

S	Umsatzerlöse für eigene Erzeugnisse		H
(7) Saldo	80 000,00	(3)	80 000,00

S	Versicherungsbeiträge		H
(2)	6 000,00	(6) Saldo	6 000,00

S	Zinserträge		H
(8) Saldo	2 000,00	(4)	2 000,00

S	**Gewinn- und Verlustkonto (GuV)**		**H**
(5) Gehälter	30 000,00	(7) Umsatzerlöse für eigene Erzeugnisse	80 000,00
(6) Versicherungsbeiträge	6 000,00	(8) Zinserträge	2 000,00

1 Welche der unten stehenden Aussagen trifft nicht zu? ______ ☐

(1) Erfolgskonten sind Unterkonten des Kontos Eigenkapital.

(2) Erfolgskonten unterteilt man in Aufwands- und Ertragskonten.

(3) Das Gewinn- und Verlustkonto ist das Sammelkonto für die Erfolgskonten.

(4) Alle Aufwendungen werden grundsätzlich im Soll gebucht.

(5) Auf Erfolgskonten werden ausschließlich Geschäftsfälle gebucht, die den Erfolg des Unternehmens mehren.

2 Prüfen Sie die unten stehenden Geschäftsfälle und entscheiden Sie, in welchem Fall eine Habenbuchung auf einem Ertragskonto erfolgt? ______ ☐

(1) Zahlung von Löhnen per Banküberweisung

(2) Ein Kunde überweist einen offenen Rechnungsbetrag.

(3) Buchung des Saldos auf dem Konto Kraftfahrzeugsteuer

(4) Buchung des Saldos auf dem Konto Provisionserträge

(5) Zinsen für langfristig angelegte Gelder werden dem Bankkonto gutgeschrieben.

3 Entscheiden Sie, welche der folgenden Aufzählungen ausschließlich solche von Aufwandskonten sind? ______ ☐

(1) Eigenkapital, Darlehensschulden, Verbindlichkeiten a. L. u. L.

(2) Zinsaufwendungen, Bürobedarf, Gewerbesteuer

(3) Fremdinstandsetzung, Löhne, Umsatzerlöse für eigene Erzeugnisse

(4) Eigenkapital, Betriebliche Steuern, Gehälter

(5) Zinsaufwendungen, Porto/Telefon/Telefax, Betriebs- und Geschäftsausstattung

4 Bei welchem der nachfolgenden Sachverhalte werden weder Erträge noch Aufwendungen gebucht? ______ ☐

(1) Barabhebung vom Bankkonto

(2) Zahlung für gemietete Geschäftsräume

(3) Begleichung der Stromrechnung

(4) Wir erhalten Miete für vermietete Lagerräume.

(5) Zinsgutschrift der Bank

5 Bei welchem der folgenden Geschäftsfälle werden keine Aufwendungen gebucht? ______ ☐

(1) Zahlung der Gewerbesteuer

(2) Bezahlung des Reinigungsdienstes bar

(3) Kauf eines Kassensystems

(4) Warenverkäufe eines Tages in bar

(5) Darlehenszinsen werden dem Bankkonto belastet.

6 Kontieren Sie den unten stehenden Beleg.

Kontenplan: Soll ☐ Haben ☐

(1) kurzfristige Bankverbindlichkeiten (4200)

(2) Verbindlichkeiten a. L. u. L. (4400)

(3) Forderungen a. L. u. L. (2400)

(4) Zinsaufwendungen (7510)

(5) Zinserträge (5710)

(6) Guthaben bei Kreditinstituten (2800)

(7) Kasse (2880)

(8) Eigenkapital (3000)

Girokonto 140039876 | BLZ 480 501 61 | Kontoauszug 57
Sparkasse Bielefeld | UST.-Id.: DE 124011615 | Blatt 1

Datum	Erläuterungen		Betrag
Kontostand in EUR am 15.12.20.., Auszug Nr. 56			20.588,96 +
19.12.	DA-sonst. Auftrag Zinsen	Wert: 16.12.20..	408,86 –
Kontostand in EUR am 19.12.20.., 16:00 Uhr			20.180,10 +

IHR KREDIT 30.000,00 EUR — wwh GmbH, Helene-Weber-Weg 9, 33607 Bielefeld

Wie wird das GuV-Konto abgeschlossen? Wie verändert sich das Eigenkapital bei Gewinn und Verlust?

Abschluss GuV-Konto

- Das GuV-Konto sammelt auf der **Sollseite** die **Salden der Aufwandskonten** und auf der **Habenseite** die **Salden der Ertragskonten**.
- Das GuV-Konto ist ein direktes Unterkonto des Kontos Eigenkapital. Deshalb wird es über das Konto **Eigenkapital** abgeschlossen.

  Summe der Aufwendungen < Summe der Erträge → **Gewinn**

  Summe der Aufwendungen > Summe der Erträge → **Verlust**
- Der Saldo auf dem GuV-Konto spiegelt den Erfolg des Unternehmens (Gewinn bzw. Verlust) wider.
- Ein Gewinn **erhöht** das Eigenkapital, ein Verlust **mindert** das Eigenkapital.

Geschäftsfälle

1. *Abschluss des GuV-Kontos bei Gewinn (Summe der Aufwendungen: 36 000,00 EUR/Summe der Erträge: 82 000,00 EUR)*
2. *Abschluss des GuV-Kontos bei Verlust (Summe der Aufwendungen: 95 000,00 EUR/Summe der Erträge: 78 000,00 EUR)*

Grundbuch

Nr.	Soll		an	Haben	
1	GuV-Konto	46 000,00		Eigenkapital	46 000,00
2	Eigenkapital	17 000,00		GuV-Konto	17 000,00

Hauptbuch

S	GuV-Konto (bei Gewinn)		H
Aufwendg.	36 000,00	Erträge	82 000,00
(1) Gewinn	46 000,00		

S	GuV-Konto (bei Verlust)		H
Aufwendg.	95 000,00	Erträge	78 000,00
		(2) Verlust	17 000,00

S	Eigenkapital (bei Gewinn)		H
SB	346 000,00	AB	300 000,00
		(1) Gewinn	46 000,00

S	Eigenkapital (bei Verlust)		H
(2) Verlust	17 000,00	AB	300 000,00
SB	283 000,00		

Aus welchem Grund wird ein Eröffnungsbilanzkonto bzw. ein Schlussbilanzkonto geführt?

Das Prinzip der Doppik besagt, dass jede Buchung auf einem Konto immer eine Gegenbuchung auf einem anderen Konto zur Folge hat. Um diesem Prinzip gerecht zu werden, müssen für die Buchungen der Anfangs- und Schlussbestände der Bestandskonten Hilfskonten eingerichtet werden, das **Eröffnungsbilanzkonto** und das **Schlussbilanzkonto**.

Eröffnungsbilanzkonto (EBK)

Die Bestände aus der Schlussbilanz eines Jahres sind identisch mit den Beständen der Eröffnungsbilanz des neuen Jahres (Bilanzidentität). Die Anfangsbestände aus der Eröffnungsbilanz werden mithilfe der Eröffnungsbuchungssätze auf den entsprechenden Konten gebucht.

Aktivkonten an Eröffnungsbilanzkonto (EBK)

Eröffnungsbilanzkonto (EBK) an Passivkonten

Geschäftsfälle

1. *Buchung des Anfangsbestandes des Konto Geschäftsausstattung: 80 000,00 EUR*
2. *Buchung des Anfangsbestandes des Kontos Verbindlichkeiten: 93 000,00 EUR*

Grundbuch

Nr.	Soll		an	Haben	
1	Geschäftsausstattung	80 000,00		EBK	80 000,00
2	EBK	93 000,00		Verbindlichkeiten a. L. u. L.	93 000,00

Hauptbuch

S	EBK		H
(2)	93 000,00	(1)	80 000,00

S	Geschäftsausstattung		H
(1)	80 000,00		

S	Verbindlichkeiten		H
		(2)	93 000,00

Schlussbilanzkonto (SBK)

Am Ende des Jahres werden die Schlussbestände (Salden) auf den Bestandskonten mit den Schlussbeständen laut Inventur abgestimmt. Die Gegenbuchung für die Salden erfolgt auf dem Schlussbilanzkonto.

Schlussbilanzkonto (SBK) an Aktivkonten

Passivkonten an Schlussbilanzkonto (SBK)

Geschäftsfälle

1. *Buchung des Schlussbestandes auf dem Konto Forderungen*
2. *Buchung des Schlussbestandes auf dem Konto Darlehensschulden*

Grundbuch

Nr.	Soll		an	Haben	
1	SBK	8 500,00		Forderungen a. L. u. L.	8 500,00
2	Kurzfristige Bankverbindlichkeiten	7 500,00		SBK	7 500,00

Hauptbuch

S	Forderungen		H
Su.	8 500,00	(1)	8 500,00

S	Kurzfristige Bankverbindlichkeiten		H
(2)	7 000,00	Su.	7 000,00

S	SBK		H
(1)	8 500,00	(2)	7 000,00

1 Welche der folgenden Abschlussbuchungssätze ist anzuwenden, wenn sich auf dem GuV-Konto ein Gewinn ergibt? ☐

(1) Eigenkapital (3000) an GuV-Konto (8020)
(2) GuV-Konto (8020) an Schlussbilanzkonto (8010)
(3) GuV-Konto (8020) an Eigenkapital (3000)
(4) Schlussbilanzkonto (8010) an GuV-Konto (8020)
(5) GuV-Konto (8020) an Eröffnungsbilanzkonto (8020)

2 Auf welches Bestandskonto wirkt sich der Erfolg eines Unternehmens aus? ☐

(1) Auf das Konto Forderungen a. L. u. L. (2400)
(2) Auf das Konto Eigenkapital (3000)
(3) Auf das Konto Kasse (2880)
(4) Auf das Konto Guthaben bei Kreditinstituten (2800)
(5) Auf das Konto Privat (3001)

3 Welche der unten stehenden Aussagen trifft vollständig zu? ☐

(1) Das GuV-Konto wird über das Schlussbilanzkonto abgeschlossen.
(2) Das Konto Eigenkapital ist ein Erfolgskonto, weil es den Gewinn als Mehrung des Eigenkapitals aufzeichnet.
(3) Bei einem Verlust lautet der Abschlussbuchungssatz „GuV-Konto an Eigenkapital“
(4) Das Konto Eigenkapital nimmt die Salden der Aufwandskonten auf.
(5) Die Erfolgskonten sind Unterkonten des Eigenkapitals.

4 Welche Aussage zum Eröffnungs- bzw. Schlussbilanzkonto trifft zu? ☐

(1) Das EBK ist notwendig, damit die Anfangsbestände der Erfolgskonten gebucht werden können.
(2) Das SBK zeigt die Schlussbestände der Aufwands- und Ertragskonten.
(3) EBK und SBK sind Unterkonten des Kontos Eigenkapital
(4) Das EBK ist ein Hilfskonto, um zu der Buchung des Anfangsbestandes auf dem Konto Eigenkapital eine Gegenbuchung vornehmen zu können.
(5) Das SBK ist ein Hilfskonto, um die Buchung des Saldos auf dem Konto Büromaterial vornehmen zu können.

5 Für eine Unternehmung ergeben sich folgende Zahlen aus der Finanzbuchhaltung:

Anfangsbestand Eigenkapital	360 000,00 EUR
Umsatzerlöse	420 000,00 EUR
Löhne und Gehälter	230 000,00 EUR
Aufw. für Roh-, Hilfs- und Betriebsstoffe	200 000,00 EUR
Sonstige Aufwendungen	100 000,00 EUR
Sonstige Erträge	50 000,00 EUR

a. Wie hoch ist der Erfolg des Unternehmens? ☐

b. Handelt es sich dabei um
(1) einen Gewinn oder
(2) einen Verlust? ☐

c. Welcher Schlussbestand ergibt sich auf dem Konto Eigenkapital? ☐

6 Auf welchen der unten stehenden Sachverhalte trifft der folgende Buchungssatz zu: „GuV-Konto an Eigenkapital“ ☐

(1) Auf dem GuV-Konto überwiegen die Aufwendungen.
(2) Auf dem GuV-Konto überwiegen die Erträge
(3) In der vergangenen Abrechnungsperiode ist ein Verlust entstanden, der das Eigenkapital mindert.
(4) Das Konto Eigenkapital vermindert sich um die Höhe der Aufwendungen.
(5) Der Schlussbestand des Kontos Eigenkapital wird gebucht.

7 Wie lauten die Buchungssätze zu folgenden Sachverhalten?

Tragen Sie die Nummer der zutreffenden Konten in die Kästchen ein.

	Soll	Haben
a. Buchung der Anfangsbestände aller aktiven Bestandskonten	☐	☐
b. Buchung der Schlussbestände aller passiven Bestandskonten	☐	☐
c. Buchung der Anfangsbestände aller passiven Bestandskonten	☐	☐
d. Buchung der Schlussbestände aller aktiven Bestandskonten	☐	☐

(1) EBK (8000)
(2) SBK (8010)
(3) Alle aktiven Bestandskonten
(4) Alle passiven Bestandskonten
(5) GuV-Konto (8020)
(6) Eigenkapital (3000)

8 Von welchem der unten stehenden Konten ist das GuV-Konto ein Unterkonto? ☐

(1) Privatkonto (3001)
(2) Schlussbilanzkonto (8010)
(3) Eigenkapital (3000)
(4) Eröffnungsbilanzkonto (8000)
(5) Umsatzerlöse für eigene Erzeugnisse (5000)

Welche Bedeutung hat ein Kontenrahmen bzw. ein Kontenplan für ein Unternehmen?

Kontenrahmen	Ein Kontenrahmen ist eine systematische Gliederung über sämtliche Konten, die für alle Unternehmen einer Branche erforderlich sein könnten. Jedes Konto erhält eine vierstellige Kontennummer, die sich durch eine Einteilung in Kontenklassen, Kontengruppen, Kontenarten und Kontenunterarten ergibt. Vorteile des Kontenrahmens: ▷ klare Übersicht über alle Konten und eindeutige Bezeichnung ▷ Möglichkeit der Vergleichbarkeit des eigenen Unternehmens mit Unternehmen der gleichen Art ▷ Vereinfachung der Buchungsarbeit durch Darstellung der Buchungssätze mit Kontennummern ▷ vereinfachte Durchführung von Prüfungsarbeiten (z. B. für Betriebsprüfer des Finanzamtes)
Kontenplan	Aus der Vielzahl der zur Verfügung stehenden Konten eines Kontenrahmens sucht sich ein einzelnes Unternehmen nur diejenigen Konten heraus, die für dieses Unternehmen benötigt werden. Der Kontenplan ist die Auflistung der benötigten Konten.

4 8 3 1

	Beispiel:
1. Stelle: Kontenklasse	*4 = Verbindlichkeiten und passive Rechnungsabgrenzung*
2. Stelle: Kontengruppe	*48 = Sonstige Verbindlichkeiten*
3. Stelle: Kontenart	*483 = Sonstige Verbindlichkeiten im Rahmen der Gehaltsabrechnung*
4. Stelle: Kontenunterart (= Konto-Nummer)	*4830 = Verbindlichkeiten gegenüber Finanzbehörden (noch abzuführende Lohnsteuer)*

Wie ist der Industriekontenrahmen (IKR) aufgebaut?

Grundlegender Aufbau des IKR	Der IKR ist nach dem Zehnersystem (10 Kontenklassen, 10 Kontengruppen innerhalb der einzelnen Kontenklassen, usw.) aufgebaut und besteht aus dem ▷ Rechnungskreis I (Finanzbuchhaltung) und dem ▷ Rechnungskreis II (Betriebsbuchhaltung). Zwischen beiden Rechnungskreisen ist ein Datenaustausch möglich.
Rechnungskreis I (Kontenklassen 0–8)	Der Rechnungskreis I ist nach dem Abschlussgliederungsprinzip gestaltet. Die Reihenfolge der Konten entspricht den Positionen der Bilanz bzw. der Gewinn- und Verlustrechnung.

Soll **8010 Schlussbilanzkonto** Haben

AKTIVE BESTANDSKONTEN		**PASSIVE BESTANDSKONTEN**	
Kontenklasse		Kontenklasse	
0	Immaterielle Vermögensgegenstände und Sachanlagen	3	Eigenkapital und Rückstellungen
1	Finanzanlagen	4	Verbindlichkeiten und passive Rechnungsabgrenzung
2	Umlaufvermögen und aktive Rechnungsabgrenzung		

Soll **8020 Gewinn und Verlust** Haben

Kontenklasse		Kontenklasse	
6	Betriebliche Aufwendungen	5	Erträge
7	Weitere Aufwendungen		

Kontenklasse 8: Ergebnisrechnungen (Abschlusskonten)

Rechnungskreis II (Kontenklasse 9)	Der Rechnungskreis II beinhaltet die Kosten- und Leistungsrechnung, die das Betriebsergebnis ermittelt. Hier werden nur die Kosten und Leistungen erfasst, die mit der eigentlichen Betriebstätigkeit zusammenhängen.

Wie ist die Buchführung organisiert?

Die Buchführung ist in verschiedene „Bücher“ aufgeteilt.

Grundbuch (Journal)	Zeitliche Ordnung: Das Grundbuch enthält sämtliche Buchungssätze in der zeitlich richtigen Reihenfolge.
Hauptbuch	Sachliche Ordnung: Das Hauptbuch enthält sämtliche Sachkonten mit den darauf jeweils sachlich richtig gebuchten Buchungen.
Nebenbücher	▷ Sie ergänzen und erläutern die Buchhaltung in verschiedenen Teilbereichen. ▷ Beispiele: **Debitoren** = Kundenkonten, **Kreditoren** = Lieferantenkonten, Anlagenspiegel

1 Nach welchem Gliederungsprinzip ist der Industriekontenrahmen aufgebaut? ☐

(1) Nach dem Prozessgliederungsprinzip
(2) Nach dem Abschlussgliederungsprinzip
(3) Nach den Grundsätzen ordnungsgemäßer Buchführung
(4) Nach dem Werterhaltungsprinzip
(5) Nach keinem der oben aufgeführten Prizipien

2 Welche Aussage trifft auf die Kontenklasse 8 des Industriekontenrahmens nicht zu? ☐

(1) Die Kontenklasse 8 nimmt die Abschlussbuchungen der aktiven Bestandskonten auf.
(2) In der Kontenklasse 8 wird der Gewinn bzw. der Verlust des Unternehmens gebucht.
(3) Die Kontenklasse 8 nimmt die Abschlussbuchungen der Erfolgskonten auf.
(4) In der Kontenklasse 8 werden Eröffnungsbuchungen vorgenommen.
(5) Die Kontenklasse 8 ist der Kosten- und Leistungsrechnung eines Unternehmens zuzurechnen.

3 Welche der unten stehende Aussagen über den Industriekontenrahmen trifft zu? ☐

(1) Die Klassen 0, 1, 2, 3 enthalten Bestandskonten, alle übrigen Kontenklassen Erfolgskonten.

(2) Die Klassen 0, 1, 2, 3 und 4 enthalten Bestandskonten, die Klassen 5, 6 und 7 Erfolgskonten.

(3) Zu den Erfolgskonten gehören die Kontenklassen 2, 5, 6, 7 und 8.

(4) Die Klassen 0–3 enthalten Bestandskonten, die Klassen 4–9 Erfolgskonten.

(5) Aufwandskonten werden ausschließlich in der Kontoklasse 6 geführt.

4 Ordnen Sie den folgenden Begriffen die richtige Kontenklasse zu. Setzen Sie die Nummer der zutreffenden Kontenklasse in das Kästchen ein.

a. Eigenkapital und Rückstellungen ☐
b. Finanzanlagen ☐
c. Abschlusskonten ☐
d. Ertragskonten ☐
e. Umlaufvermögen ☐

5 Welche der unten stehenden Aussagen zu den Büchern der Buchführung trifft zu? ☐

(1) Das Grundbuch enthält alle Buchungssätze in sachlicher Ordnung.

(2) Zu den Nebenbüchern gehört unter anderem der Anlagespiegel.

(3) Das Hauptbuch dokumentiert die Geschäftsfälle in zeitlicher Ordnung.

(4) Das Hauptbuch kann auch ohne das Grundbuch geführt werden.

(5) Das Grundbuch erfasst die Grundstücke und Gebäude des Unternehmens.

6 Welche der folgenden Aussagen über den Kontenrahmen trifft zu? ☐

(1) Jeder Betrieb ist aufgrund der Abgabenordnung verpflichtet, den Kontenrahmen exakt einzuhalten, damit die Betriebsprüfer des Finanzamtes sich einen schnelleren Überblick verschaffen können.
(2) Kontenrahmen ist lediglich ein anderes Wort für „Kontenplan".
(3) Der Kontenrahmen ist eine systematische Gliederung der für einen Wirtschaftszweig benötigten Konten.
(4) Der Kontenrahmen ist eine Liste aller Konten eines Unternehmens in alphabetischer Reihenfolge.
(5) Der Kontenrahmen ist eine Datei, die verhindern soll, dass Falschbuchungen erfolgen.

7 Ordnen Sie zu, indem Sie die Kennziffer von zwei der insgesamt sechs Begriffe in das Kästchen neben den Bezeichnungen aus dem Kontenrahmen eintragen.

Begriffe:
(1) Übrige sonstige Verbindlichkeiten
(2) Factoring
(3) Steuern, Beiträge, Versicherungen
(4) Erträge
(5) Wareneingangskontrolle
(6) Personalkosten

Bezeichnung aus dem Kontenrahmen:

a. Kontenklasse ☐
b. Kontenart ☐

8 Wie lautet die Abschlussbuchung für die Konten der Klasse 5? ☐

(1) GuV (8020) an Konten der Kontenklasse 5
(2) Konten der Kontenklasse 5 an GuV (8020)
(3) SBK (8010) an Konten der Kontenklasse 5
(4) Konten der Kontenklasse 5 an SBK (8010)
(5) Konten der Kontenklasse 5 an Eigenkapital (3000)

Welche Umsätze sind steuerpflichtig? Was ist die Bemessungsgrundlage? Welche Steuersätze sind anzuwenden?		
Gesetzliche Grundlage	Umsatzsteuergesetz (UStG)	
Steuerbare Umsätze	▷ **Lieferungen** (z. B. Rohstofflieferung) und **Leistungen** (z. B. Reparatur), die ein **Unternehmen** im **Inland gegen Entgelt** ausführt ▷ **unentgeltliche Lieferungen und Leistungen** (z. B. Unternehmer entnimmt Erzeugnisse aus der eigenen Produktion, private Nutzung des betrieblichen Pkw, Nutzung von Dienstleistungen des eigenen Unternehmens für Privatzwecke) ▷ **Einfuhr** von Gegenständen aus dem Ausland (Importgeschäfte)	
Bemessungsgrundlage	▷ bei Lieferungen der reine Warenwert (Nettoverkaufspreis), bei Leistungen der reine Wert der Leistung ▷ Der Umsatz ist grundsätzlich bei Rechnungserteilung zu versteuern.	
Steuersätze	**steuerpflichtige Umsätze**	**steuerfreie Umsatzarten**
	▷ voller Steuersatz: 19 % ▷ ermäßigter Steuersatz: 7 %, gilt nur für ▷ – wichtige Nahrungsmittel – landwirtschaftliche Produkte – Bücher, Zeitungen, Zeitschriften	▷ Umsätze der Deutsche Post AG im Bereich der Postdienste (z. B. Briefmarken) ▷ Vermietung und Verpachtung von Immobilien ▷ Umsätze von Geldforderungen und Wertpapieren ▷ Kreditgewährungen ▷ Ausfuhrlieferungen in Nicht-EU-Länder

Welche Bedeutung hat die Umsatzsteuer? Was ist bei der Berechnung der Umsatzsteuer zu beachten?		
Wertschöpfung und Mehrwert	Das Produkt, das von den privaten Haushalten gekauft wird, gelangt über eine Kette von mehreren Produktionsstufen (Urerzeugung, Weiterverarbeitung, Großhandel, Einzelhandel) zum Endverbraucher. Auf dem Weg dorthin werden die Waren von Stufe zu Stufe mehr wert. Dieser Mehrwert wird vom Staat in der Form der Umsatzsteuer besteuert.	
Träger der Umsatzsteuer	Jedes Unternehmen muss zwar die Umsatzsteuer auf jeder Rechnung ausweisen, sie ist für das Unternehmen aber lediglich ein „durchlaufender Posten" (erfolgsneutral). Bei Zahlung der Rechnung nimmt das Unternehmen für den Staat die Steuer ein und leitet sie an das Finanzamt weiter. Träger der Steuer sind die *privaten Haushalte*, die beim Kauf von Konsumgütern die Umsatzsteuer mitbezahlen.	
Besonderheiten	▷ Die Umsatzsteuer muss auf Rechnungen an Unternehmen bzw. Selbstständige gesondert ausgewiesen werden. Ausnahme: Bei Rechnungen bis zu 150,00 EUR muss nur der im Rechnungsbetrag enthaltene Steuersatz angegeben werden. ▷ Der Unternehmer muss dem Finanzamt eine Umsatzsteuervoranmeldung abgeben. Der Voranmeldungszeitraum beträgt i. d. R. einen Monat.	
Arten der Umsatzsteuer	**Umsatzsteuer**	**Vorsteuer**
	ist die Umsatzsteuer, die ein Unternehmer auf den eigenen Ausgangsrechnungen aufführt: **Verkauf = Umsatzsteuer** Da der Kunde den vollen Rechnungsbetrag überweist, gehört die darin enthaltene Umsatzsteuer nicht dem Unternehmer. Er muss diese an das Finanzamt abführen.	ist die Umsatzsteuer, die einem Unternehmer auf den Eingangsrechnungen in Rechnung gestellt wird: **Einkauf = Vorsteuer** Begleicht der Unternehmer den Betrag der Rechnung, hat er die anteilige Vorsteuer mitbezahlt, obwohl er nicht Träger dieser Steuer ist. Folglich kann er die Vorsteuer von seiner Umsatzsteuerschuld abziehen.
Zahllast	**Umsatzsteuer** **– Vorsteuer** **= Zahllast**	▷ Die Zahllast ist der Betrag, der nach Abzug der Vorsteuer an das Finanzamt überwiesen werden muss. ▷ Die Zahllast ist innerhalb von **10 Tagen** nach Ablauf des Voranmeldezeitraumes (i. d. R. ein Monat) an das Finanzamt zu überweisen.
Vorsteuerüberhang	Ist die Summe der Vorsteuerbeträge in einem Monat größer als die Summe der Umsatzsteuerbeträge, wird der Vorsteuerüberhang vom Finanzamt erstattet.	

1 Welche der folgenden Geschäftsfälle stellen keine umsatzsteuerpflichtigen Tatbestände dar? ________ ☐

(1) Ihr Unternehmen belastet einen Kunden mit Verzugszinsen.

(2) Der Unternehmensinhaber entnimmt Waren für private Zwecke.

(3) Ein gebrauchter Computer wird an einen Betriebsangehörigen verkauft.

(4) Das Betriebsfahrzeug wird zu 20 % privat genutzt.

(5) Verkauf eines Firmenfahrzeugs an eine Privatperson.

2 Aus der Finanzbuchhaltung eines Unternehmens liegen folgende Zahlen vor:

Summe der Vorsteuerbeträge	24 000,00 EUR
Summe der Umsatzsteuerbeträge	39 000,00 EUR

Folgende Geschäftsfälle sind noch zu buchen:

1. Rohstoffeinkauf, Bruttorechnungsbetrag (inkl. 19 % USt.): 8 092,00 EUR
2. Verkauf von eigenen Erzeugnissen, Bruttorechnungsbetrag (inkl. 7 % USt.): 16 050,00 EUR

Wie hoch ist die Zahllast unter Berücksichtigung dieser Geschäftsfälle? ________ ☐

(1) 22 958,00 EUR

(2) 15 000,00 EUR

(3) 14 800,00 EUR

(4) 14 758,00 EUR

(5) 14 586,02 EUR

3 Welche Frist gilt bei einer monatlichen Umsatzsteuervoranmeldung für die Überweisung der Zahllast an das Finanzamt? ________ ☐

Die Überweisung der Zahllast muss erfolgen…

(1) … bis zum Ende des Voranmeldungszeitraums (bis zum Monatsende)

(2) … spätestens fünf Tage nach Ablauf des Voranmeldungszeitraums.

(3) … spätestens zehn Tage nach Ablauf des Voranmeldungszeitraums.

(4) … spätestens 15 Tage nach Ablauf des Voranmeldungszeitraums.

(5) … spätestens 20 Tage nach Ablauf des Voranmeldungszeitraums.

4 Welcher der unten aufgeführten Umsätze ist nicht steuerfrei? ________ ☐

(1) Briefmarken der Deutsche Post AG

(2) Kreditgewährungen

(3) Ausfuhrlieferungen in Nicht-EU-Länder

(4) Entnahme von Waren durch den Unternehmer für private Zwecke

(5) Vermietung von Immobilien

5 Welche der folgenden Aussagen trifft auf den Begriff „Vorsteuerüberhang" zu? ________ ☐

(1) Bei einem Vorsteuerüberhang werden Vorsteuerbeträge, die aus dem vorangegangenen Voranmeldungszeitraum stammen, in den laufenden Voranmeldungszeitraum mit einbezogen.

(2) Bei einem Vorsteuerüberhang ist die Summe der Vorsteuerbeträge kleiner als die Summe der Umsatzsteuerbeträge.

(3) Bei einem Vorsteuerüberhang erstattet das Finanzamt die überschüssigen Vorsteuern.

(4) Bei einem Vorsteuerüberhang mahnt das Finanzamt die fällige Steuerschuld an.

(5) Der Vorsteuerüberhang muss am Jahresende durch eine Zahlung an das Finanzamt beglichen werden.

6 Was versteht man unter dem Begriff „Vorsteuer" ________ ☐

Die Vorsteuer ist …

(1) … die von uns an den Lieferer gezahlte Umsatzsteuer.

(2) … eine Verbindlichkeit gegenüber dem Finanzamt.

(3) … der auf den Ausgangsrechnungen genannte Umsatzsteuerbetrag.

(4) … die Umsatzsteuer der Verkaufserlöse.

(5) … die Umsatzsteuer des Vorjahres.

7 Der Weg einer Ware (19 % USt.) durchläuft folgende Produktionsstufen:

1. Ein Industriebetrieb verkauft die Ware an einen Großhändler zu einem Nettopreis von 250,00 EUR.
2. Der Großhändler verkauft die Ware an einen Einzelhändler zu einem Nettopreis von 400,00 EUR.
3. Der Einzelhändler verkauft die Ware an den Endverbraucher zum Bruttopreis (einschließlich 19 % USt.) von 952,00 EUR.

a. Wie hoch ist der gesamte Mehrwert der Ware, der auf den einzelnen Produktionsstufen entsteht, und der insgesamt zu versteuern ist? ________ ☐

b. Wie hoch ist die Zahllast, die der Einzelhändler bezogen auf diese Ware an das Finanzamt zu überweisen hat? ________ ☐

c. Welche der folgenden Aussagen trifft zu? ________ ☐

(1) Die Überweisung der Zahllast beeinflusst die Erfolgsrechnungen der jeweiligen Betriebe.

(2) Industriebetriebe können keine Vorsteuer geltend machen.

(3) Die Zahllast des Großhändlers beträgt 150,00 EUR.

(4) Der Großhändler darf Vorsteuer in Höhe von 76,00 EUR ansetzen.

(5) Der Endverbraucher ist der alleinige Träger der Umsatzsteuer, da sie zu den Verbrauchssteuern gehört.

Wie wird die Umsatzsteuer beim Wareneinkauf gebucht?

Geschäftsfall

1. Wir kaufen Rohstoffe auf Ziel laut Eingangsrechnung:

	Nettopreis	20 000,00 EUR
+	19 % USt.	3 800,00 EUR
=	Bruttopreis	23 800,00 EUR

Konto

2600 Vorsteuer (Aktives Bestandskonto)

Auf diesem Konto wird die Umsatzsteuer, die beim Einkauf aller Waren und Dienstleistungen anfällt, gebucht. Die Vorsteuer stellt eine **Forderung gegenüber dem Finanzamt** dar (Steuer, die vom Finanzamt erstattet wird → Buchung im Soll).

Grundbuch

Nr.	Soll			an	Haben		
1	2000	Rohstoffe	20 000,00				
	2600	Vorsteuer	3 800,00		4400	Verbindlichkeiten a. L. u. L.	23 800,00

Wie wird die Umsatzsteuer beim Warenverkauf gebucht?

Geschäftsfall

2. Wir verkaufen Erzeugnisse auf Ziel laut Ausgangsrechnung:

	Nettopreis	50 000,00 EUR
+	19 % USt.	8 000,00 EUR
=	Bruttopreis	58 000,00 EUR

Konto

4800 Umsatzsteuer (Passives Bestandskonto)

Auf diesem Konto wird die Umsatzsteuer beim Verkauf aller Waren und Dienstleistungen gebucht. Die Umsatzsteuer stellt eine **Verbindlichkeit gegenüber dem Finanzamt** dar (Steuer, die dem Finanzamt überwiesen wird → Buchung im **Haben**).

Grundbuch

Nr.	Soll			an	Haben		
1	2400	Forderungen a. L. u. L.	59 500,00		5000	Umsatzerlöse für eigene Erzeugnisse	50 000,00
					4800	Umsatzsteuer	9 500,00

Wie wird die Zahllast buchhalterisch ermittelt?

Geschäftsfälle

3. Der Saldo des Kontos Vorsteuer wird auf das Konto Umsatzsteuer übertragen. (Ausnahme: umgekehrte Vorgehensweise bei einem Vorsteuerüberhang)

Fall A: *Zahllastermittlung der Monate Januar bis November*
4 a. *Der Saldo des Kontos Umsatzsteuer (= Zahllast) für den Monat November wird ermittelt. Die Zahllast wird am 15.12. per Banküberweisung gezahlt.*

Fall B: *Zahllastermittlung des Monats Dezember*
4 b. *Der Saldo des Kontos Umsatzsteuer (= Zahllast) für den Monat Dezember wird ermittelt und im Rahmen des Abschlusses auf das SBK gebucht* ***(Passivierung der Zahllast)****.*

Grundbuch

Nr.	Soll			an	Haben		
3	4800	Umsatzsteuer	3 800,00		2600	Vorsteuer	3 800,00
4a	4800	Umsatzsteuer	5 700,00		2800	Bank	5 700,00
4b	4800	Umsatzsteuer	5 700,00		9400	SBK	5 700,00

Hauptbuch

Fall A

S	2600 Vorsteuer		H
(1)	3 800,00	(3)	3 800,00

S	4800 Umsatzsteuer		H
(3)	3 800,00	(2)	9 500,00
(4a)	5 700,00		

S	2800 Guthaben bei Krediinstituten		H
		(4a)	4 800,00

Fall B

S	2600 Vorsteuer		H
(1)	3 800,00	(3)	3 800,00

S	4800 Umsatzsteuer		H
(3)	3 800,00	(2)	9 500,00
(4b)	5 700,00		

S	8010 SBK		H
		(4b)	4 800,00

1 Wie lautet der Buchungssatz für die Passivierung der Zahllast am Geschäftsjahresende? ☐

(1)	Vorsteuer (2600)	an	Umsatzsteuer (4800)
(2)	Umsatzsteuer (4800)	an	Guthaben bei Kreditinstituten (2800)
(3)	Umsatzsteuer (4800)	an	SBK (9400)
(4)	SBK (8010)	an	Vorsteuer (2600)
(5)	SBK (8010)	an	Umsatzsteuer (4800)

2 Welche der folgenden Aussagen trifft nicht zu? ☐

(1) Das Konto Umsatzsteuer ist ein passives Bestandskonto.

(2) Das Konto Vorsteuer ist ein Aufwandskonto.

(3) Die Zahllast muss am Bilanzstichtag passiviert werden.

(4) Bei Rechnungen von über 150,00 € muss die Umsatzsteuer gesondert ausgewiesen werden.

(5) Bei Einkäufen und dem Bezug von Dienstleistungen muss die dazugehörige Buchung auf dem Konto Vorsteuer immer im Soll erfolgen.

3 Kontieren Sie den Beleg.

Kontenplan:

Soll ☐ | Haben ☐

(1) Forderungen a. L. u. L. (2400)

(2) Guthaben bei Kreditinstituten (2800)

(3) Vorsteuer (2600)

(4) Kasse (2880)

(5) Verbindlichkeiten a. L. u. L. (4400)

(6) Umsatzsteuer (4800)

(7) GuV-Konto (8020)

(8) SBK (8010)

4 Auf den Konten Vorsteuer und Umsatzsteuer ergeben sich am Ende des Monats Januar folgende Summen:

Soll	2600 Vorsteuer	Haben
28 500,00		

Soll	4800 Umsatzsteuer	Haben
		22 800,00

a. Wie hoch ist der Nettowert der Einkäufe bei einem Umsatzsteuersatz von 19 %? ☐

b. Wie hoch ist der Nettowert der Verkäufe bei einem Umsatzsteuersatz von 19 %? ☐

c. Welche Buchungen bzw. Berechnungen sind für die Ermittlung des Vorsteuerüberhangs am 31.01. notwendig? ☐

(1)	Umsatzsteuer (4800) an Vorsteuer (2600)	22 800,00 EUR 22 800,00 EUR
	und Ermittlung des Saldos auf dem Konto Vorsteuer	
(2)	Vorsteuer (2600) an Umsatzsteuer (4800)	22 800,00 EUR 22 800,00 EUR
	und Ermittlung des Saldos auf dem Konto Umsatzsteuer	
(3)	Umsatzsteuer (4800) an Vorsteuer (2600)	28 500,00 EUR 28 500,00 EUR
	Umsatzsteuer (4800) an SBK (8010)	5 700,00 EUR 5 700,00 EUR
(4)	Umsatzsteuer (4800) an Vorsteuer (2600)	22 800,00 EUR 22 800,00 EUR
	SBK (8010) an Vorsteuer (2600)	5 700,00 EUR 5 700,00 EUR
(5)	Umsatzsteuer (4800) SBK (8010) an Vorsteuer (2600)	22 800,00 EUR 5 700,00 EUR 28 500,00 EUR

Girokonto 140039876 Sparkasse Bielefeld		BLZ 480 501 61 UST.-Id.: DE 124011615	Kontoauszug 57 Blatt 1
Datum	**Erläuterungen**		**Betrag**
Kontostand in EUR am 11.12.20.., Auszug Nr. 267			120.693,44 +
11.12.	Überweisung Zahllast Monat November 20..	Wert: 10.12.20..	18.720,88 -
Kontostand in EUR am 11.12.20.., 16:00 Uhr			101.972,56 +
IHR KREDIT	30.000,00 EUR	wwh GmbH, Helene-Weber-Weg 9, 33607 Bielefeld	

Erläutern Sie die Bezugskalkulation (Einkaufskalkulation).

Ziel

Ziel der Bezugskalkulation ist es, den Bezugspreis (auch Einstandspreis genannt) der eingekauften Waren zu ermitteln. Preisabzüge und Bezugskosten sind zu berücksichtigen.

Bezugskalkulation

Kalkulationsschema	
①	**Listeneinkaufspreis** netto
② –	Rabatt (v. H.)
③ =	**Zieleinkaufspreis**
④ –	Skonto (v. H.)
⑤ =	**Bareinkaufspreis**
⑥ +	Bezugskosten
⑦ =	**Bezugspreis** (Einstandspreis)

Erklärungen

① Der Listeneinkaufspreis wird in der Kalkulation immer netto berücksichtigt. Die Umsatzsteuer hat keinen Kostencharakter, da sie als Vorsteuer abziehbar ist.
② Der Abzug des Rabattes erfolgt immer vor dem Skontoabzug. Er wird in Prozent vom Listenpreis berechnet.
③ Diesen Preis muss der Käufer zahlen, wenn er die Ware „auf Ziel" kauft, d. h. keine Möglichkeit des Abzuges bei Barzahlung nutzt.
④ Skonto wird in Prozent vom Zieleinkaufspreis berechnet.
⑤ Die Bezugskosten können als Betrag oder in Prozent vereinbart werden. Ausgangsbasis ist der Bareinkaufspreis.

Beispiel

Ein Großhändler bezieht 150 kg einer Ware zum Listenpreis von 12,50 EUR je kg. Der Hersteller gewährt 5 % Rabatt und bei Zahlung innerhalb von 14 Tagen 3 % Skonto. Die Fracht beträgt 2,40 EUR je 10 kg, zzgl. 20,00 EUR Verpackung.

Ermitteln Sie den Bezugspreis für diese Ware.

Lösung

	Listeneinkaufspreis	1 875,00 EUR
–	Rabatt	93,75 EUR
=	**Zieleinkaufspreis**	1 781,25 EUR
–	Skonto	53,44 EUR
=	**Bareinkaufspreis**	1 727,81 EUR
+	Bezugskosten	56,00 EUR
=	**Bezugspreis**	1 783,81 EUR

Bezugskosten

Werden mehrere Warenarten gemeinsam bezogen, dann fallen auch die Bezugskosten gemeinsam an.

- ▷ Gewichtsabhängige Kosten (Gewichtsspesen) werden nach dem Bruttogewicht der einzelnen Waren aufgeteilt. Beispiele: Fracht, Rollgeld, Gewichtszoll, Auslade- und Wiegekosten, Umschlagkosten.
- ▷ Wertspesen werden nach dem Einkaufspreis der einzelnen Waren aufgeteilt. Beispiele: Versicherungsprämie, Provision, Bankspesen.

Erklären Sie die Angebotskalkulation (Verkaufskalkulation).

Ziel

Der kalkulierte Listenverkaufspreis soll die Kosten des Unternehmens decken und einen angemessenen Gewinn mit berücksichtigen. Der tatsächliche Marktpreis kann jedoch höher oder niedriger sein.

Verkaufskalkulation

Kalkulationsschema	
①	**Bezugspreis**
② +	Handlungs(gemein)kosten (v .H.)
③ =	**Selbstkostenpreis**
④ +	Gewinn (v. H.)
⑤ =	**Barverkaufspreis**
⑥ +	Skonto (i. H.)
⑦ =	**Zielverkaufspreis**
⑧ +	Rabatt (i. H.)
⑨ =	**Listenverkaufspreis**

Erklärungen

① Der Bezugspreis ist der Ausgangspunkt der Verkaufskalkulation.
② Die Handlungskosten sind die anteiligen Gemeinkosten. Dazu zählen u. a. die Lagerkosten (Gehälter, Löhne, Lagerzinsen, Abschreibungen), Verkaufskosten (Gehälter, Ausgangsfrachten, Werbekosten) und allgemeine Verwaltungskosten (Gehälter, Raumkosten).
③ Die Selbstkosten decken alle Kosten, die mit dem Ein- und Verkauf der Waren zusammenhängen. Sie stellen die unterste Grenze des Verkaufspreises einer Ware dar.
④ Der Gewinn beinhaltet die Kapitalverzinsung, eine Risikoprämie als Vergütung für die Bereitschaft, den Verlust des eingesetzten Kapitals zu riskieren, und den Unternehmerlohn als Vergütung für die Mitarbeit im eigenen Unternehmen.
⑤ Preis, den der Unternehmer erhält, wenn der Kunde alle Abzüge nutzt.
⑥ Kundenskonto muss in einer Im-Hundert-Rechnung berücksichtigt werden, da der Kunde Skonto von „seinem" Zieleinkaufspreis (Zielverkaufspreis in der Verkaufskalkulation) abzieht.
⑦ Preis, der erzielt wird, wenn der Kunde nur Rabatt abzieht und nicht Skonto nutzt.
⑧ Kundenrabatt muss wie Kundenskonto in einer Im-Hundert-Rechnung berücksichtigt werden, d. h., bei einem Rabatt von 10 % ist der Zielverkaufspreis = 90 % und der Listenverkaufspreis = 100 %.
⑨ Der Listenverkaufspreis ist der Angebotspreis ohne Umsatzsteuer.

Beispiel

Der Bezugspreis der Ware beträgt 1 783,81 EUR (siehe Beispiel aus der Bezugskalkulation). Der Handlungsgemeinkostenzuschlag beträgt 5 %. Gewinn wird mit 10 % einkalkuliert. Dem Kunden wird die Möglichkeit eingeräumt, Skonto in Höhe von 2 % bei vorzeitiger Zahlung abzuziehen. Ein Wiederverkäuferrabatt ist mit 30 % vereinbart worden.

Ermitteln Sie den Listenverkaufspreis.

Lösung

	Bezugspreis	1 783,81 EUR
+	Handlungskosten	89,19 EUR
=	**Selbstkostenpreis**	1 873,00 EUR
+	Gewinn	187,30 EUR
=	**Barverkaufspreis**	2 060,30 EUR
+	Skonto	42,05 EUR
=	**Zielverkaufspreis**	2 102,35 EUR
+	Rabatt	901,01 EUR
=	**Listenverkaufspreis**	3 003,36 EUR

1 Sortieren Sie die folgenden Positionen Bezugskalkulation durch die Angabe der Ziffern 1–7 in die richtige Reihenfolge.

a. + Bezugskosten ☐

b. = Bareinkaufspreis ☐

c. Listeneinkaufspreis netto ☐

d. – Skonto (v. H.) ☐

e. = Bezugspreis (Einstandspreis) ☐

f. = Zieleinkaufspreis ☐

g. – Rabatt (v. H.) ☐

2 Der Großmarkt XXL bezieht 300 Haartrockner zu einem Stückpreis von 20,00 EUR.

Berücksichtigen Sie bei der Beantwortung der Fragen noch folgende Angaben:

Liefererrabatt: 30 %
Liefererskonto: 2 %
Handlungskosten: 50 %
Gewinn: 20 %
Bezugskosten: 200,00 EUR für 300 Haartrockner
Kundenskonto: 3 %
Kundenrabatt: 20 %

a. Wie hoch ist der Bezugspreis (Einstandspreis) für die gesamte Warensendung? ☐

b. Zu welchem Stückpreis muss der Großmarkt XXL unter den angegebenen Bedingungen den Haartrockner anbieten? ☐

3 Nennen Sie die richtige Reihenfolge für die Kalkulation des Listenverkaufspreises ab dem Bezugspreis (Einstandspreis) durch die Angabe der Ziffern 1–9.

a. + Rabatt ☐

b. + Skonto ☐

c. Bezugspreis ☐

d. + Handlungskosten ☐

e. = Listenverkaufspreis ☐

f. + Gewinn ☐

g. = Barverkaufspreis ☐

h. = Zielverkaufspreis ☐

i. = Selbstkostenpreis ☐

4 Überprüfen Sie im Rahmen der Verkaufskalkulation (Angebotskalkulation) die Berechnung.

Tragen Sie eine

(1) ein, wenn eine Berechnung „im Hundert" erfolgt,
(2) ein, wenn eine Berechnung „vom Hundert" erfolgt.

a. Gewinn ☐

b. Skonto ☐

c. Rabatt ☐

5 Überprüfen Sie folgende Feststellungen.

Tragen Sie eine

(1) ein, wenn die Aussage richtig ist,
(9) ein, wenn die Aussage falsch ist.

a. Im Rahmen der Bezugskalkulation (Einkaufskalkulation) wird immer erst der Rabatt vom Listeneinkaufspreis abgezogen und dann Skonto vom Zieleinkaufspreis. ☐

b. Die Bezugskosten für gemeinsam bezogene Waren werden entweder nach dem Wert der Waren verteilt oder nach dem Gewicht der einzelnen Waren. Beides ist auf jeden Fall möglich. ☐

c. Die Bezugskosten werden in einer „Im-Hundert-Rechnung" dem Bareinkaufspreis zugeschlagen. ☐

6 Die Lederwarenhandlung Wild-Kowiak GmbH benötigt zum Weihnachtsgeschäft 600 Damenhandtaschen zum Stückpreis von 120,00 EUR. Der Hersteller gewährt einen Mengenrabatt von 20 % und Skonto von 2 %. Die Bezugskosten betragen 100,00 EUR; die Handlungskosten werden mit 5 % berechnet. Es soll ein Gewinn von 15 % erzielt werden.

Ordnen Sie den unten stehenden Begriffen die zutreffenden Beträge zu.

(1) 72 000,00 EUR
(2) 57 600,00 EUR
(3) 56 448,00 EUR
(4) 56 548,00 EUR
(5) 68 281,71 EUR
(6) 1 152,00 EUR
(7) 1 440,00 EUR

a. Bezugspreis (Einstandspreis) ☐

b. Skonto ☐

c. Barverkaufspreis ☐

d. Listeneinkaufspreis ☐

7 Eine Großhandlung bezieht zwei Warengruppen:

Warengruppe I: 100 t zu 130,00 EUR je t
Warengruppe II: 300 t zu 400,20 EUR je t

Gewichtsspesen: 1 200,00 EUR
Wertspesen: 17 000,00 EUR

a. Wie hoch sind die Gewichtsspesen für Warengruppe I? ☐

b. Wie viel betragen die Wertspesen für Warengruppe I? ☐

c. Wie hoch ist der Anteil der Bezugskosten, den die Warengruppe II insgesamt zu tragen hat? ☐

Erläutern Sie die Rückwärtskalkulation.	
Begründung	Liegt der Listenverkaufspreis auf Grund der gegebenen Marktsituation fest, so ist es für den Unternehmer notwendig, den Listeneinkaufspreis zu ermitteln, den er aufwenden kann, damit ihm ein angemessener Gewinn bleibt.
Beispiel	Aus Konkurrenzgründen muss der Listenverkaufspreis für ein Produkt auf 880,00 EUR gesenkt werden. Wie hoch darf der Listeneinkaufspreis sein, wenn die Kosten gedeckt und der Gewinn erwirtschaftet werden sollen? Der Lieferant gewährt 20 % Rabatt und 2 % Skonto, die Bezugskosten betragen 12,00 EUR je Stück, Handlungskosten 15 %, Gewinn 10 %, Kundenskonto 3 %, Kundenrabatt 5 %.
Rechenweg	① Aufstellen des Kalkulationsschemas ② Eintragen der vorgegebenen Prozentsätze und EUR-Beträge ③ Eintragen des Listenverkaufspreises ④ Von „unten" nach „oben" rechnen. Es muss genau überlegt werden, ob es eine Rechnung „im Hundert", „vom Hundert" oder „auf Hundert" ist. ⑤ Überprüfung des Ergebnisses durch Vorwärtskalkulation.

Kalkulationsschema

①

	Betrag	(v. H.)	(v. H.)	(a. H.)	(a. H.)		(i. H.)	(i. H.)
Listeneinkaufspreis	802,34 EUR							100 %
– Rabatt 20 %	160,47 EUR							20 %
= Zieleinkaufspreis	641,87 EUR						100 %	80 %
– Skonto 2 %	12,84 EUR						2 %	
= Bareinkaufspreis	629,04 EUR					x EUR	98 %	
+ Bezugskosten	12,00 EUR					– EUR		
= Bezugspreis	641,04 EUR				100 %	x EUR		
+ Handlungskosten 15 %	96,16 EUR				15 %			
= Selbstkosten	737,20 EUR			100 %	115 %			
+ Gewinn 10 %	73,72 EUR			10 %				
= Barverkaufspreis	810,92 EUR		97 %	110 %				
+ Skonto 3 %	25,08 EUR		3 %					
= Zielverkaufspreis	836,00 EUR	75 %	100 %					
+ Rabatt 5 %	44,00 EUR	5 %						
= Listenverkaufspreis	880,00 EUR	100 % ②						

Der Listeneinkaufspreis darf 802,34 EUR nicht überschreiten.

Bei der Berechnung des „aufwendbaren Listeneinkaufspreises" wird von dem vorgegebenen Listenverkaufspreis ausgegangen und in einer Rückrechnung der Listeneinkaufspreis ermittelt.

Erklären Sie die Differenzkalkulation.	
Begründung	Mit der Differenzkalkulation bzw. Gewinnkalkulation wird geprüft, ob bei feststehendem Listenverkaufspreis auf Grund der gegebenen Marktlage und vorgegebenem Listeneinkaufspreis noch ein Gewinn erzielt wird.
Beispiel	Aus Konkurrenzgründen muss die Ware für 880,00 EUR angeboten werden. 5 % Rabatt und 3 % Skonto werden dem Kunden gewährt. Die Handlungskosten betragen 10 %, die Bezugskosten müssen mit 50,00 EUR angesetzt werden. Der Lieferant gewährt 30 % Rabatt und 3 % Skonto. Der Listeneinkaufspreis beträgt 720,00 EUR.
Rechenweg und Kalkulationsschema	① Aufstellen des Kalkulationsschemas ② Eintragen des vorgegebenen Listenverkaufspreises ③ Eintragen des vorgegebenen Listeneinkaufspreises ④ Einsetzen der gegebenen Prozentsätze bzw. EUR-Beiträge ⑤ Vorwärtskalkulation bis zu den Selbstkosten ⑥ Rückwärtskalkulation bis zum Barverkaufspreis ⑦ Ermittlung der Differenz zwischen Selbstkosten und Barverkaufspreis ⑧ Ermittlung des Gewinnprozentsatzes (Selbstkosten = 100 %)

①

Listeneinkaufspreis	③ 720,00 EUR ⑤
– Rabatt 30 % ④	216,00 EUR
= Zieleinkaufspreis	504,00 EUR
– Skonto 3 % ④	15,12 EUR
= Bareinkaufspreis	488,88 EUR
+ Bezugskosten ④	50,00 EUR
= Bezugspreis	538,88 EUR
+ Handlungskosten 10 % ④	53,89 EUR
= Selbstkosten	592,7 EUR
+ Gewinn 36,802 % ← ⑧ →	**218,15** EUR
= Barverkaufspreis	810,92 EUR
+ Skonto 3 % ④	25,08 EUR
= Zielverkaufspreis	836,00 EUR
+ Rabatt 5 % ④	44,00 EUR
= Listenverkaufspreis	② 880,00 EUR

1 Das Textilfachgeschäft Christiane Tillmann UG (haftungsbeschränkt) erhält ein Angebot für einen Herrenmantel. Der Listeneinkaufspreis beträgt 525,00 EUR. Es wird ein Liefererrabatt in Höhe von 20 % gewährt, Liefererskonto 2 %. Die Bezugskosten betragen 30,00 EUR. Der Handlungskostenzuschlag beträgt 18 %. Die Kunden erhalten bei einem Listenverkaufspreis von 600,00 EUR 2 % Skonto bei Barzahlung.

Ermitteln Sie auf Grund der Angaben:

a. Bezugspreis ______ ☐

b. Selbstkosten ______ ☐

c. Barverkaufspreis ______ ☐

d. Gewinn in EUR ______ ☐

e. Gewinn in % ______ ☐

2 Bei der Rückwärtskalkulation sollte ein bestimmter Rechenweg eingehalten werden.

Kennzeichnen Sie durch die Ziffern 1 bis 4 die Arbeitsschritte in ihrer richtigen Reihenfolge.

a. Überprüfung des Ergebnisses durch Vorwärtskalkulation ☐

b. Eintragen der vorgegebenen Prozentsätze und Beträge, auch des Listenverkaufspreises ______ ☐

c. Von „unten" nach „oben" rechnen. Es muss genau überlegt werden, ob es eine Rechnung „im Hundert", „vom Hundert" oder „auf Hundert" ist. ______ ☐

d. Aufstellen des Kalkulationsschemas ______ ☐

3 Der Listenverkaufspreis eines Produktes beträgt ohne Steuer 1 200,00 EUR

Weitere Angaben:

Liefererrabatt: 5 %
Liefererskonto: 3 %
Bezugskosten entfallen
Handlungskostenzuschlag: 8 %
Kundenskonto: 2 %
Kundenrabatt: 5 %
Gewinn: 10 %

Ermitteln Sie

a. Barverkaufspreis ______ ☐

b. Bezugspreis ______ ☐

c. Listeneinkaufspreis, der maximal für dieses Produkt ausgegeben werden darf ______ ☐

4 Die Design Haus GmbH will eine Lampe in ihr Sortiment aufnehmen. Der Listenverkaufspreis kann bedingt durch die gegebene Marktsituation nur mit 1 600,00 EUR angegeben werden. Kundenrabatt wird mit 15 % kalkuliert und Kundenskonto mit 2,5 %. Der Hersteller teilt mit, dass der Preis 1 040,00 EUR beträgt. Rabatt kann nicht gewährt werden, jedoch 2 % Skonto. Die Bezugskosten betragen 5,50 EUR, die Handlungskosten 16,034 %.

Tragen Sie eine

(1) ein, wenn die Aussage zutrifft,
(9) ein, wenn die Aussage nicht zutrifft.

a. Bei den genannten Bedingungen handelt es sich um eine Differenzkalkulation. ______ ☐

b. Bei der Differenzkalkulation wird der Unterschied zwischen Selbstkosten und Barverkaufspreis ermittelt. ______ ☐

c. Der Barverkaufspreis wird auf Grund einer Rückwärtskalkulation ermittelt. ______ ☐

d. Der Selbstkostenpreis muss auf Grund einer Rückwärtskalkulation ermittelt werden. ______ ☐

e. Lohnt sich die Aufnahme dieser Lampe in das Sortiment, wenn mindestens ein zweistelliger Gewinn erzielt werden soll? ______ ☐

f. Der Barverkaufspreis beträgt 1 326,00 EUR. ______ ☐

g. Der Gewinn beträgt 137,00 EUR. Das sind 10,33 %. ______ ☐

h. Der Gewinn beträgt 137,00 EUR. Das sind 11,522 %. ______ ☐

5 Ein Markenartikel kostet 20,00 EUR. Als Wiederverkäufer erhalten wir einen Rabatt in Höhe von 25 % und 2 % Skonto. Die Lieferung erfolgt frei Haus.

Wie viel Prozent Gewinn wird erzielt, wenn der Artikel für 30,00 EUR verkauft werden kann und die Handlungskosten 20 % betragen? ______ ☐

6 Dem Unternehmer Ernst Kellner liegen zwei Angebote vor:

Lieferant A
1 100,00 EUR, 15 % Rabatt und 3 % Skonto

Lieferant B
1 200,00 EUR, 20,5 % Rabatt und 2 % Skonto

Die Handlungskosten betragen 30 %. Der Verkaufspreis 1 300,00 EUR.

a. Wie hoch ist der Gewinn, wenn Herr Ernst Kellner bei Lieferant A bestellt? ______ ☐

b. Wie hoch ist der Gewinn, wenn Herr Ernst Kellner bei Lieferant B bestellt? ______ ☐

c. Ermitteln Sie den Gewinn in %, wenn bei dem günstigsten Anbieter gekauft wird. ☐

Erläutern Sie den Kalkulationszuschlag und den Kalkulationsfaktor.

Begründung

Für zugekaufte Fertigteile bleiben die Zuschlagssätze in der Verkaufskalkulation für Handlungsgemeinkosten, den Gewinn, Verkaufsskonto und -rabatt bei den angebotenen Fertigprodukten für längere Zeit oft gleich. Aus Vereinfachungsgründen fasst man deshalb diese Einzelzuschläge zu einem Gesamtzuschlag zusammen.

Kalkulationszuschlag

Der Kalkulationszuschlag ist die Differenz zwischen dem Bezugspreis und dem Listenverkaufspreis. Er wird ausgedrückt in Prozent des Bezugspreises (=100 %).

Beispiel aus der Verkaufskalkulation

		Bezugspreis	1 783,81 EUR
①	+	5 % Handlungskosten	89,19 EUR
	=	Selbstkostenpreis	1 873,00 EUR
②	+	10 % Gewinn	187,30 EUR
	=	Barverkaufspreis	2 060,30 EUR
③	+	2 % Skonto	42,05 EUR
	=	Zielverkaufspreis	2 102,35 EUR
④	+	30 % Rabatt	901,01 EUR
	=	**Listenverkaufspreis**	3 003,36 EUR

Sinnvoll ist auch die Berechnung mit einem Bezugspreis von 100,00 EUR. In diesem Fall beträgt der Listenverkaufspreis 168,3677 EUR. Damit ist der Kalkulationszuschlag von 68,3677 % sofort ablesbar.

Vereinfachung durch Kalkulationszuschlag

Die Positionen ① bis ④ ergeben 1 219,55 EUR. Einmalige Berechnung des Kalkulationszuschlagsatzes:

Bezugspreis 1 783,81 EUR = 100 %
Kalkulationszuschlag 1 219,55 EUR = x %

$$x = \frac{1\,219{,}55 \cdot 100}{1\,783{,}81} = 68{,}3677\ \%$$

Ermittlung der Listenverkaufspreise für die Waren

	Bezugspreis		1 783,81 EUR
+	**Kalkulationszuschlag**	68,3677 %	1 219,55 EUR
=	**Listenverkaufspreis**		3 003,36 EUR

$$\text{Kalkulationszuschlag} = \frac{(\text{Listenverkaufspreis} - \text{Bezugspreis}) \cdot 100}{\text{Bezugspreis}}$$

Kalkulationsfaktor

Der Kalkulationsfaktor ist die Zahl, mit der der Bezugspreis multipliziert wird, um den Listenverkaufspreis zu ermitteln. Der Kalkulationsfaktor ist gleichzusetzen mit dem Listenverkaufspreis für 1,00 EUR Bezugspreis.

Beispiel aus der Verkaufskalkulation	Vereinfachung durch Kalkulationsfaktor
Bezugspreis 1 783,81 EUR Listenverkaufspreis 3 003,36 EUR	$x = \frac{3\,003{,}36}{1\,783{,}81} = 1{,}683677$

$$\text{Kalkulationsfaktor} = \frac{\text{Listenverkaufspreis}}{\text{Bezugspreis}}$$

Bezugspreis x Kalkulationsfaktor = Listenverkaufspreis

Erklären Sie die Handelsspanne.

Handelsspanne

Die Handelsspanne ist die Differenz zwischen dem Listenverkaufspreis und dem Bezugspreis, ausgedrückt in Prozenten des Listenverkaufspreises (= 100 %).

Beispiel

Ein Industriebetrieb möchte einen Zukaufartikel zum Preis von 120,00 EUR in sein Angebot aufnehmen.

Wie hoch darf der Bezugspreis höchstens sein, wenn mit 20 % Handlungskosten, 15 % Gewinn, 3 % Skonto und 30 % Rabatt kalkuliert wird? (Spalte A)

Wie hoch ist die Handelsspanne bei einem unbekannten Listenverkaufspreis? (Spalte B)

Kalkulationsschema aufstellen und rückwärts rechnen

① (Spalte A: von unten nach oben), ② (Spalte B: von oben nach unten)

		Spalte A	Spalte B
	Bezugspreis	59,04 EUR	49,20 EUR
+	20 % Handlungskosten	11,81 EUR	9,84 EUR
=	Selbstkostenpreis	70,85 EUR	59,04 EUR
+	15 % Gewinn	10,63 EUR	8,86 EUR
=	Barverkaufspreis	81,48 EUR	67,90 EUR
+	3 % Skonto	2,52 EUR	2,10 EUR
=	Zielverkaufspreis	84,00 EUR	70,00 EUR
+	30 % Rabatt	36,00 EUR	30,00 EUR
=	Listenverkaufspreis	120,00 EUR	100,00 EUR

Die Differenz zwischen Listenverkaufspreis und Bezugspreis beträgt

- ▷ im Fall A 60,96 EUR, bezogen auf den Listenverkaufspreis (= 100 %) sind das 50,8 %,
- ▷ im Fall B 50,80 EUR, bezogen auf den Listenverkaufspreis von 100,00 EUR sind das 50,8 %.

$$\text{Handelsspanne} = \frac{(\text{Listenverkaufspreis} - \text{Bezugspreis}) \cdot 100}{\text{Listenverkaufspreis}}$$

$$\text{Handelsspanne} = \frac{\text{Kalkulationszuschlag}}{\text{Kalkulationsfaktor}}$$

1 Ein Industrieunternehmen kalkuliert die Preise für Fertigteile mit einem Kalkulationszuschlag von 40 %. Bedingt durch die Billigangebote der ausländischen Konkurrenz müssen die Listenverkaufspreise um 10 % gesenkt werden.

a. Welche Handelsspanne hatte das Industrieunternehmen vor der Preissenkung? ____ [ ]

b. Welche Handelsspanne hat das Industrieunternehmen nach der Preissenkung? ____ [ ]

c. Mit welchem Kalkulationsfaktor werden die Listenverkaufspreise nach der Preissenkung errechnet? ____ [ ]

2 Die wwh GmbH berücksichtigt für Zukaufteile ihre Herstellungskosten in Höhe von 20 % und für den Gewinn 10 %.

Rabatt gewährt sie in Höhe von 33 $^1/_3$ % und Skonto mit 3 %.

Errechnen Sie den

a. Kalkulationszuschlag, ____ [ ]

b. Kalkulationsfaktor. ____ [ ]

3 Ein Industriebetrieb für Heizplattentechnik bezieht 2 000 Gehäuse zu 12,00 EUR je Stück. Der Einkaufsrabatt beträgt 8 %, Einkaufsskonto 1,5 %. Die Bezugskosten betragen 1 200,00 EUR für die gesamte Lieferung.

Wie hoch ist der Listenverkaufspreis pro Stück, wenn mit dem Kalkulationsfaktor von 1,3446 gerechnet wird? ____ [ ]

4 Aufgrund der Überprüfung der letzten Abrechnungsperiode ist festgestellt worden, dass die Handlungskosten für Zukaufteile im Elektro- und Heizungsbedarf der Lutz Hoppe GmbH aus Hamburg um 3 % auf 13 % erhöht werden müssen. Der Gewinn wird weiterhin mit 6 $^2/_3$ % kalkuliert. In den Listenverkaufspreis sollen mit einkalkuliert werden: 3 % Skonto und 10 % Rabatt.

Ermitteln Sie die Handelsspanne. ____ [ ]

5 Die internationale Barbara Neu Haus mbH gewährt ihren Kunden 40 % Rabatt auf alle Baustoffe und 1 % Skonto bei Zahlung innerhalb von einer Woche. Der Gewinn wird mit 6,25 % kalkuliert und die Handlungskosten werden mit 25 % angesetzt.

Ermitteln Sie den Kalkulationszuschlag. ____ [ ]

6 Überprüfen Sie folgende Gleichungen. Ordnen Sie die Begriffe zu.

(1) Handelsspanne
(2) Kalkulationszuschlag
(3) Kalkulationsfaktor

Trifft kein Begriff zu, tragen Sie eine (9) ein.

a. $\frac{(\text{Listenverkaufspreis} - \text{Bezugspreis}) \cdot 100}{\text{Listenverkaufspreis}} =$ ____ [ ]

b. $\frac{\text{Listenverkaufspreis}}{\text{Bezugspreis}} =$ ____ [ ]

c. $\frac{(\text{Listenverkaufspreis} - \text{Bezugspreis}) \cdot 100}{\text{Bezugspreis}} =$ ____ [ ]

d. $\frac{\text{Kalkulationszuschlag}}{\text{Kalkulationsfaktor}} =$ ____ [ ]

7 Ermitteln Sie aufgrund der folgenden Angaben den Kalkulationszuschlag. ____ [ ]

Angaben:
Bezugspreis: 1 200,00 EUR
Gewinn: 15 %
Rabatt: 33 $^1/_3$ %
Skonto: 2 %
Handlungskosten: 10 %

8 Überprüfen Sie die folgenden Berechnungen.

Tragen Sie eine

(1) ein, wenn die Aussage zutrifft,
(9) ein, wenn die Aussage nicht zutrifft.

	Bezugspreis	100,00 EUR
+	Handlungskosten	16,67 EUR
=	Selbstkostenpreis	116,67 EUR
+	Gewinn	8,17 EUR
=	Barverkaufspreis	124,84 EUR
+	Skonto	3,86 EUR
=	Zielverkaufspreis	128,70 EUR
+	Rabatt	0,00 EUR
=	Listenverkaufspreis	128,70 EUR

a. Der Kalkulationszuschlag beträgt 28,7 %. ____ [ ]

b. Der Kalkulationsfaktor beträgt 0,287. ____ [ ]

c. Die Handelsspanne beträgt 22,3 %. ____ [ ]

Wie wird eine Bestandsveränderung im Erzeugnisbereich festgestellt?	
Bestandsveränderungen	Stimmen die Anfangsbestände und die Schlussbestände an unfertigen Erzeugnissen und/oder fertigen Erzeugnissen nicht überein, handelt es sich um **Bestandsveränderungen**. Es gilt: Schlussbestand > Anfangsbestand → **Mehrbestand** Schlussbestand < Anfangsbestand → **Minderbestand**

Wie wirkt sich ein Mehrbestand im Erzeugnisbereich aus?			
Geschäftsfälle	*1. Buchen des Anfangsbestandes auf dem Konto Unfertige Erzeugnisse zu Beginn des Jahres: 23000,00 EUR* *2. Ermittlung und Buchen des Saldos auf dem Konto Unfertige Erzeugnisse am Jahresende* *3. Buchen des Schlussbestandes auf dem Konto Unfertige Erzeugnisse aufgrund der Inventur am Jahresende 31000,00 EUR*		
Konten	210	Unfertige Erzeugnisse (Aktives Bestandskonto)	Auf diesem Konto wird ausschließlich der Anfangs- und Schlussbestand von zum Teil fertig gestellten Produkten gebucht und der Saldo ermittelt. Im Laufe des Geschäftsjahres wird dieses Konto nicht angesprochen.
	220	Fertige Erzeugnisse (Aktives Bestandskonto)	Entsprechendes gilt für die bereits fertig gestellten Produkte, die verkaufsbereit auf Lager liegen.
	520	Bestandsveränderungen (Erfolgskonto)	▷ Es ist das Sammelkonto für die Bestandsveränderungen an Unfertigen und Fertigen Erzeugnissen, der Abschluss erfolgt über das GuV-Konto (802). ▷ Das Konto wird in der Kontenklasse 5 (Erträge) geführt. Überwiegen die Bestandsmehrungen, ergibt sich ein Ertrag. Überwiegen die Bestandsminderungen, ergibt sich ein Aufwand.

Grundbuch

Nr.	**Soll**			an	**Haben**		
1	2100	Unfertige Erzeugnisse	23000,00		8000	EBK	23000,00
2	2100	Unfertige Erzeugnisse	8000,00		5200	Bestandveränderungen	8000,00
3	8010	SBK	31000,00		2100	Unfertige Erzeugnisse	31000,00

Wie wirkt sich ein Minderbestand im Erzeugnisbereich aus?	
Geschäftsfälle	*4. Buchen des Anfangsbestandes auf dem Konto Fertige Erzeugnisse zu Beginn des Jahres: 81000,00 EUR* *5. Ermittlung und Buchen des Saldos auf dem Konto Fertige Erzeugnisse am Jahresende* *6. Buchen des Schlussbestandes auf dem Konto Fertige Erzeugnisse aufgrund der Inventur am Jahresende: 64000,00 EUR* *7. Abschluss des Kontos Bestandsveränderungen*

Grundbuch

Nr.	**Soll**			an	**Haben**		
4	2200	Fert. Erzeugnisse	81000,00		8000	EBK	81000,00
5	5200	Bestandsveränderungen	17000,00		2200	Fertige Erzeugnisse	17000,00
6	8010	SBK	64000,00		2200	Fertige Erzeugnisse	64000,00
7	8020	GuV-Konto	9000,00		5200	Bestandsveränderungen	9000,00

S 2100 Unfertige Erzeugnisse (Bestandskonto) H

S		H	
(1) Anfangsbest.	23000,00	(3) Schlussbest.	31000,00
(2) Mehrbestand	8000,00		

S 2200 Fertige Erzeugnisse (Bestandskonto) H

S		H	
(1) Anfangsbest.	84000,00	**(5) Minderbest.**	17000,00
		(6) Schlussbest.	46000,00

S 5200 Bestandsveränderungen (Erfolgskonto) H

S		H	
(5) Minderb. FE	17000,00	**(2) Mehrbest. UE**	8000,00
		(7) Saldo GuV	9000,00

S 8010 SBK H

S		H	
(3) Unfertige Erz.	31000,00		
(6) Fertige Erzgn.	64000,00		

S 8020 GuV H

S		H	
(7) Saldo BV	9000,00		

1 Welche der folgenden Aussagen treffen zu? ☐ ☐

(1) Bestandveränderungen werden buchhalterisch erfasst, wenn die hergestellte Menge an Produkten mit der verkauften Menge an Produkten übereinstimmt.
(2) Bestandsveränderungen werden buchhalterisch erfasst, weil die Aufwendungen für die hergestellte Menge an Produkten den Erlösen für die verkauften Produkte gegenübergestellt werden sollen.
(3) Ein Mehrbestand an unfertigen Erzeugnissen führt zu einem Mehrbestand an fertigen Erzeugnissen.
(4) Ein Minderbestand an unfertigen Erzeugnissen führt zu einem Mehrbestand an fertigen Erzeugnissen.
(5) Ein Mehrbestand an Erzeugnissen erhöht den Gewinn des Unternehmens.

2 Die Anfangsbestände an unfertigen Erzeugnissen betragen 120000,00 EUR, an fertigen Erzeugnissen 150000,00 EUR.

Die Schlussbestände an unfertigen Erzeugnissen betragen 96000,00 EUR, an fertigen Erzeugnissen 162000,00 EUR.

Beantworten Sie hierzu die unten stehenden Fragen. Antwortmöglichkeiten:

(1) Mehrbestand
(2) Minderbestand
(3) gewinnmehrend
(4) gewinnmindernd

a. Um welche Art der Bestandsveränderungen handelt es sich bei den
   aa. unfertigen Erzeugnissen ☐
   ab. fertigen Erzeugnissen? ☐

b. Wie wirkt sich die Bestandsveränderung
   ba. an unfertigen Erzeugnissen ☐
   bb. an fertigen Erzeugnissen ☐
   auf den Gewinn aus?

c. Bilden Sie die Buchungssätze unter Verwendung folgender Konten:

(1) 2100 Unfertige Erzeugnisse
(2) 2200 Fertige Erzeugnisse
(3) 5200 Bestandsveränderungen
(4) 8010 SBK
(5) 8020 GuV

	Soll	Haben
ca. Buchen des Schlussbestandes an unfertigen Erzeugnissen	☐	☐
cb. Buchen der Bestandsveränderungen an unfertigen Erzeugnissen	☐	☐
cc. Buchen des Schlussbestandes an fertigen Erzeugnissen	☐	☐
cd. Buchen der Bestandsveränderungen an fertigen Erzeugnissen	☐	☐
ce. Abschluss des Kontos 5200 Bestandsveränderungen	☐	☐

d. Um welchen Betrag wird der Erfolg des Unternehmens durch die Bestandsveränderungen insgesamt korrigiert? ☐

3 Welche der folgenden Aussagen zu den Bestandsveränderungen an fertigen und unfertigen Erzeugnissen treffen nicht zu? ☐ ☐

(1) Ist der Anfangsbestand höher als der Schlussbestand, liegt ein Minderbestand vor.
(2) Ist der Schlussbestand höher als der Anfangsbestand, liegt ein Mehrbestand vor.
(3) Die Bestandsveränderungen an Unfertigen und Fertigen Erzeugnissen werden ausschließlich durch Diebstahl und „natürlichem Schwund" hervorgerufen.
(4) Ein Minderbestand liegt nur dann vor, wenn der Schlussbestand höher als der Anfangsbestand ist.
(5) Die Bestandsveränderungen treten u. a. durch eine Differenz zwischen hergestellter und verkaufter Menge an Erzeugnissen auf.

4 Für eine Unternehmung liegen folgende Daten vor:

AB Eigenkapital	500 000,00 EUR
AB Fertige Erzeugnisse	67 000,00 EUR
AB Unfertige Erzeugnisse	33 000,00 EUR
SB Fertige Erzeugnisse	50 000,00 EUR
SB Unfertige Erzeugnisse	30 000,00 EUR
Aufwendungen lt. GuV-Konto	288 000,00 EUR
Erträge lt. GuV-Konto	370 000,00 EUR

Die Bestandsveränderungen müssen noch gebucht werden.

Welcher Betrag ergibt sich für...

a. ... die Bestandveränderungen an fertigen Erzeugnissen? ☐
b. ... die Bestandsveränderungen an unfertigen Erzeugnissen? ☐
c. ...die Bestandsveränderungen insgesamt? ☐
d. ... den Erfolg des Unternehmens unter Berücksichtigung der Bestandsveränderungen? ☐
e. das Eigenkapital am Ende des Geschäftsjahres unter Berücksichtigung der Bestandsveränderungen? ☐

5 Welcher der folgenden Buchungssätze trifft auf die unten stehenden Geschäftsfälle zu?

(1) Fertige Erzeugnisse (2200) an Bestandsveränderungen (5200)
(2) Bestandsveränderungen (5200) an Fertige Erzeugnisse (2200)
(3) Fertige Erzeugnisse (2200) an SBK (8010)
(4) SBK (8010) an Fertige Erzeugnisse (2200)
(5) Fertige Erzeugnisse (2200) an GuV-Konto (8020)
(6) GuV (8020) an Fertige Erzeugnisse (2200)
(9) keiner der vorgenannten Buchungssätze trifft zu.

a. Buchen des Schlussbestandes lt. Inventur an fertigen Erzeugnissen ☐
b. Buchen der Bestandsveränderung (Mehrbestand) an ferigen Erzeugnissen ☐
c. Abschluss des Kontos Bestandveränderungen bei einem Mehrbestand ☐

Wie wird ein Bestandsverzeichnis für die Güter des Anlagevermögens geführt?

Anlagenspiegel

Für die Güter des Anlagevermögens wird zusätzlich zu den Anlagekonten im Hauptbuch ein gesondertes Bestandsverzeichnis geführt. Diese Anlagenübersicht enthält eine Auflistung der Gegenstände mit dem Tag der Anschaffung oder Herstellung des Gegenstandes, die Höhe der Anschaffungs- oder Herstellkosten, die voraussichtliche Nutzungsdauer und die jährlichen Abschreibungen. Kapitalgesellschaften müssen nach dem HGB die Entwicklung der einzelnen Posten des Anlagevermögens in der Form eines Anlagenspiegels darstellen. Der Anlagenspiegel ist in der Bilanz oder im Anhang aufzuführen.

Beispiel für einen Anlagenspiegel:

Bilanzposten	Anschaffungs- bzw. Herstellkosten Vorjahre (EUR)	Zugänge (EUR)	Abgänge (EUR)	Umbuchungen (EUR)	Zuschreibungen (EUR)	Abschreibungen lfd. Jahr (EUR)	Abschreibungen Vorjahre (EUR)	Abschreibungen gesamt (EUR)	Restbuchwert zum Bilanzstichtag (EUR)
Fuhrpark	300 000,00	45 000,00	6 800,00	–	–	60 000,00	120 000,00	180 000,00	158 200,00

Wie werden die Anschaffungskosten für Güter des Anlagevermögens ermittelt?

Aktivierungspflicht für Anschaffungskosten

Zu den Anschaffungskosten gehören neben dem eigentlichen Kaufpreis alle Aufwendungen, die mit dem Erwerb des Gegenstandes verbunden sind. Beispiele:

- Grundstücke und Gebäude: Grunderwerbsteuer, Gerichts- und Notariatsgebühren, Schätzkosten
- technische Anlagen und Maschinen: Transportkosten, Montagekosten, Einfuhrzölle
- Fahrzeuge: Überführungskosten, Zulassungsgebühren

Die Anschaffungsnebenkosten erhöhen den Wert, mit dem das Anlagegut bilanziert wird (Aktivierungspflicht) und damit auch den Wert, von dem die Abschreibung berechnet wird. Gleichzeitig sind Minderungen des Kaufpreises (Rabatte, Skonti) von den Anschaffungskosten abzuziehen. Die anteilige Umsatzsteuer und die Finanzierungskosten (Zinsen für Kredite) gehören nicht zu den Anschaffungskosten.

Geschäftsfälle

1. Rechnung des Autohauses Bernd Schmitt für den Kauf eines Firmenfahrzeugs; Zahlungsbedingungen: 7 Tage 2 % Skonto, 30 Tage netto Kasse.

1 Pkw Modell Murano	36 000,00 EUR	→ Bruttopreis
– 10 % Sonderrabatt	3 600,00 EUR	→ Anschaffungsminderkosten
+ Überführungskosten	850,00 EUR	→ Anschaffungsnebenkosten
+ Zulassung (Gebühren, Schilder)	150,00 EUR	→ Anschaffungsnebenkosten
= Nettobetrag	33 400,00 EUR	
+ 19 % USt.	6 346,00 EUR	
= Brutto-Rechnungsbetrag	39 746,00 EUR	

2. Banküberweisung der Rechnung aus Fall 1 unter Abzug von 2 % Skonto

Brutto-Rechnungsbetrag	39 746,00 EUR	
– 2 % Skonto	794,92 EUR	→ Bruttoskonto (Steueranteil 126,92 EUR)
= Überweisungsbetrag	38 951,08 EUR	

(Nettoskonto = 668,00 € → Anschaffungsminderkosten)

Grundbuch

Nr.		Soll		an		Haben	
1	0840 2600	Fuhrpark Vorsteuer	33 400,00 6 346,00		4400	Verbindlichkeiten a. L. u. L.	39 746,00
2	4400	Verbindlichkeiten a. L. u. L.	39 746,00		2800 **0840** 2600	Guthaben bei Kreditinstituten **Fuhrpark** Vorsteuer	38 951,08 **668,00** 126,92

Hauptbuch

S 2800 Guthaben bei Kreditinstituten H

S		H	
	100 000,00	(2)	38 951,08

S 4400 Verbindlichkeiten a. L. u. L. H

S		H	
(2)	39 746,00	(1)	39 746,00

S 0840 Fuhrpark H

S		H	
(1)	33 400,00	(2)	668,00[1]
		Saldo	32 732,00[2]

S 2600 Vorsteuer H

S		H	
(1)	6 346,00	(2)	126,92[3]

[1] Anschaffungsminderkosten
[2] aktivierungspflichtige Anschaffungskosten
[3] Vorsteuerkorrektur

Hinweis: In Aufgaben mit Kontierungen müssen nicht alle Kästchen einer Zeile ausgefüllt werden.

1 Welche der folgenden Kosten, die beim Kauf eines Betriebsgrundstückes zusätzlich anfallen, sind keine aktivierungspflichtigen Anschaffungsnebenkosten?

(1) Notariatskosten

(2) Grundsteuer

(3) Maklergebühr

(4) Kosten für die Eintragung in das Grundbuch beim Amtsgericht

(5) Abbruchkosten für einen noch auf dem Grundstück befindlichen Altbau

2 Am 21.08.20.. kauft die H. Wehmeyer e.K. eine Maschine im Wert von netto 80 000,00 EUR + 19 % USt. = 15 200,00 EUR auf Ziel. Die Transportkosten hierfür betragen 3 000,00 EUR netto + 19 % USt. = 570,00 EUR.

a. Ermitteln Sie die Anschaffungskosten.

b. Welcher Buchungssatz trifft auf den Kauf der Maschine zu?

(1) Anlagen und Maschinen (0720) 80 000,00 EUR
Bezugskosten (2001) 3 000,00 EUR
an Verbindlichkeiten a. L. u. L. (4400) 83 000,00 EUR

(2) Anlagen und Maschinen (0720) 80 000,00 EUR
Bezugskosten (2001) 3 000,00 EUR
Vorsteuer (2600) 15 770,00 EUR
an Verbindlichkeiten a. L. u. L. (4400) 98 700,00 EUR

(3) Anlagen und Maschinen (0720) 83 000,00 EUR
Vorsteuer (2600) 15 770,00 EUR
an Verbindlichkeiten a. L. u. L. (4400) 98 700,00 EUR

(4) Anlagen und Maschinen (0720) 95 200,00 EUR
Vorsteuer (2600) 3 570,00 EUR
an Verbindlichkeiten a. L. u. L. (4400) 98 700,00 EUR

(5) Anlagen und Maschinen (0720) 80 000,00 EUR
Vorsteuer (2600) 15 770,00 EUR
an Verbindlichkeiten a. L. u. L. (4400) 95 770,00 EUR

c. Am 28.08. erhält die H.Wehmeyer e.K. einen Preisnachlass von 10 % (ausschließlich der Transportkosten) wegen eines Mangels. Wie hoch ist der Brutto-Preisnachlass?

d. Mit welchem Betrag werden die Anschaffungskosten auf dem Konto Anlagen und Maschinen (0720) nach diesem Preisnachlass angesetzt?

e. Buchen Sie den Preisnachlass unter Verwendung der unten stehenden Konten.

Kontenplan: Soll Haben

(1) Anlagen und Maschinen (0720)
(2) Forderungen a. L. u. L. (2400)
(3) Vorsteuer (2600)
(4) Verbindlichkeiten a. L. u. L. (4400)
(5) Umsatzsteuer (4800)
(6) Bezugskosten (2001)
(7) Nachlässe (2002)

3 Prüfen Sie den unten abgebildeten Anlagenspiegel eines Unternehmens.

Ermitteln Sie

a. den Wert A.

b. den Wert B.

c. den Wert C.

d. den Wert D.

e. den Wert E.

f. Welcher Bilanzposten hat prozentual den höchsten Wertverlust?

(1) Anlagen und Maschinen
(2) Fuhrpark
(3) Betriebs- und Geschäftsausstattung

g. Ermitteln Sie den Prozentsatz für den Bilanzposten mit dem höchsten Wertverlust.

4 Ein Unternehmen kauft eine Schrankwandanlage für die Abteilung Controlling. Die Rechnung setzt sich zusammen aus: Listenpreis 25 000,00 EUR – 20 % Rabatt + Transportkosten 500,00 EUR + Montage 500,00 EUR + 19 % USt. Für die Bezahlung unter Abzug von 2 % Skonto (nur vom reinen Warenwert, nicht für Transport und Montage) nimmt das Unternehmen einen Kredit auf (für 90 Tage; 12 % Zinsen p.a.).

Ermitteln Sie die aktivierungspflichtigen Anschaffungskosten.

Bilanzposten	Anschaffungskosten der Vorjahre	Zugänge	Abgänge	Abschreibungen laufendes Jahr	Abschreibungen Vorjahre gesamt	Abschreibungen Vorjahre und laufendes Jahr	Restbuchwert zum Bilanzstichtag
	(EUR)	(EUR)	(EUR)	(EUR)	(EUR)	(EUR)	(EUR)
Anlagen und Maschinen	290 000,00	90 000,00	52 000,00	58 000,00	170 000,00	228 000,00	Wert A
Fuhrpark	140 000,00	0,00	Wert B	28 000,00	Wert C	63 000,00	56 000,00
Betriebs- und Geschäftsausstattung	97 000,00	Wert D	9.000,00	Wert E	60 000,00	90 000,00	13 000,00

Wodurch entstehen Wertminderungen des Anlagevermögens?	
Begriff	Gegenstände des Anlagevermögens verlieren im Laufe der Zeit ihren ursprünglichen Wert durch ▷ Abnutzung, ▷ Veralterung, ▷ technischen Fortschritt (Wertminderungen des alten Wirtschaftsgutes durch Neuentwicklungen, die kostengünstiger und wirtschaftlicher sind). Die Wertminderungen werden als **Abschreibungen** bezeichnet und in der Finanzbuchhaltung als Aufwand erfasst. Der steuerliche Fachbegriff hierfür ist **A**bsetzung **f**ür **A**bnutzung = **AfA**.
Höhe des Abschreibungsbetrages	Die Höhe der Abschreibungsbeträge richtet sich nach der betriebsgewöhnlichen Nutzungsdauer. Grundlage hierfür ist ▷ die von den Finanzämtern herausgegebene „**AfA-Tabelle** für die allgemein verwendbaren Anlagegüter“, in der die **betriebsgewöhnliche Nutzungsdauer** für die einzelnen Anlagegüter angegeben ist. ▷ die Abschreibungsmethode. Für nach dem 01.01.2008 angeschaffte Anlagegüter ist ausschließlich die **lineare Abschreibungsmethode** anzusetzen.

Wie wird der Abschreibungsbetrag bei der linearen Abschreibungsmethode ermittelt?	
Begriff	Bei der linearen Abschreibung fallen die Abschreibungsbeträge in jedem Nutzungsjahr in gleicher Höhe an.
Ermittlung des Abschreibungssatzes (in %)	$\frac{100\ \%}{\text{Nutzungsdauer}}$
Ermittlung des jährlichen Abschreibungsbetrages	Anschaffungswert · Abschreibungssatz (in %) oder $\frac{\text{Anschaffungswert}}{\text{Nutzungsdauer}}$
Beispiel	Die Anschaffungskosten eines Betriebsfahrzeuges betragen 48 000,00 EUR. Die betriebsgewöhnliche Nutzungsdauer wird mit sechs Jahren angegeben. → Abschreibungssatz: 100 % : 6 = 16,67 % → **Abschreibungsbetrag:** 48 000,00 EUR · 16,67 % = **8 000,00** oder 48 000,00 EUR : 6 = **8 000,00 EUR**. Anschaffungswert 48 000,00 EUR – AfA 1. Jahr 8 000,00 EUR Restbuchwert 40 000,00 EUR – AfA 2. Jahr 8 000,00 EUR Restbuchwert 32 000,00 EUR – AfA 3. Jahr 8 000,00 EUR Restbuchwert 24 000,00 EUR – AfA 4. Jahr 8 000,00 EUR Restbuchwert 16 000,00 EUR – AfA 5. Jahr 8 000,00 EUR Restbuchwert 8 000,00 EUR – AfA 6. Jahr 8 000,00 EUR Restbuchwert 0,00 EUR Wird das Anlagegut nach Ablauf der Nutzungsdauer weiterhin genutzt, wird es in der Finanzbuchhaltung mit einem **Erinnerungswert von 1,00 EUR** weitergeführt. Diese Regelung entfällt, wenn ein **Anlagenspiegel** vorhanden ist.

Wie wirkt sich der Anschaffungszeitpunkt auf die Höhe des Abschreibungsbetrages aus?	
Zeitanteilige Abschreibung	Beim Kauf eines Anlagegutes dürfen für das erste Abschreibungsjahr nur die Monate der Nutzung anteilig abgeschrieben werden. Es wird nur der Teil des Jahres-AfA-Betrages angesetzt, der dem Zeitraum zwischen Anschaffung und Ende des Jahres entspricht. Die AfA wird für volle Monate angesetzt, dabei ist es unerheblich, ob das Anlagegut am Anfang oder am Ende eines Monats angeschafft wurde.
Beispiel	Kauf eines Anlagegutes am 29.04. für 3 600,00 EUR netto + 19 % USt., Abschreibungssatz 25 % **Berechnung des Abschreibungsbetrages im Jahr der Anschaffung:** – jährlicher AfA-Betrag: 25 % von 3 600,00 EUR = 900,00 EUR – zeitanteiliger AfA-Betrag für 9 Monate (April-Dezember) 9/12 von 900,00 EUR = **675,00 EUR**

1 Ein Unternehmen erwirbt am 15.01.20.. einen Aktenschrank im Wert von 4 000,00 EUR + 19 % USt. Aufgrund eines Farbfehlers erhält das Unternehmen 5 % Nachlass. Die Rechnung wird unter Abzug von 2 % Skonto beglichen.

Wie hoch ist der lineare Abschreibungsbetrag bei einer betriebsgewöhnlichen Nutzungsdauer von 10 Jahren? (Der Abschreibungsbetrag kann auf volle EUR aufgerundet werden.) ☐

(1) 444,00 EUR

(2) 453,00 EUR

(3) 373,00 EUR

(4) 380,00 EUR

(5) 390,00 EUR

2 Welche der folgenden Aussagen zu den Abschreibungen trifft zu? ☐ ☐

(1) Die Höhe der Abschreibungsbeträge richtet sich u. a. nach der betriebsüblichen Nutzungsdauer.

(2) Den Wertverlust, der beim Verkauf von Anlagegütern entsteht, bezeichnet man als Abschreibung.

(3) Abschreibungen vermindern die gewinnabhängigen Steuern des Unternehmens.

(4) Abschreibungen werden ausschließlich im Umlaufvermögen des Unternehmens vorgenommen.

(5) Abschreibungen sind Wertminderungen, die den Gewinn eines Unternehmens erhöhen.

3 Die Gerhard Schloder GmbH kauft eine Lagertransportanlage für netto 126 000,00 EUR + 19 % USt. Die Montage dieser Anlage wird in einer separaten Rechnung mit 6 000,00 EUR + 19 % USt. berechnet. Die betriebsgewöhnliche Nutzungsdauer wird mit 12 Jahren angesetzt.

a. Wie hoch sind die Anschaffungskosten der Lagertransportanlage? ☐

b. Ermitteln Sie den Abschreibungssatz (in %). ☐

c. Welcher lineare Abschreibungsbetrag ergibt sich im 1. Jahr bei linearer Abschreibung? ☐

d. Mit welchem Restbuchwert wird die Lagertransportanlage nach Ablauf des 1. Jahres geführt? ☐

e. Wie hoch ist der Restbuchwert nach Ablauf des 5. Jahres? ☐

4 Die Lagertransportanlage (aus Fall 3) wird nach Ablauf der 12 Jahre weiterhin genutzt. Das Unternehmen führt keinen Anlagenspiegel.

a. Wie hoch ist der Abschreibungsbetrag im 12. Jahr der Nutzung? ☐

b. Welcher Restbuchwert ergibt sich nach Ablauf des 12. Jahres? ☐

5 Die Omati AG kauft am 01.08.20.. einen neuen Schreibtisch zu einem Preis von 3 000,00 EUR netto + 19 % USt. = 570,00 EUR.

Welcher Betrag darf im 1. Jahr bei einer linearen Abschreibung und einer Nutzungsdauer von 10 Jahren abgeschrieben werden? ☐

6 Die Achim Schlüter KG kauft am 31.05.20.. Einrichtungsgegenstände für die Ausstellungsräume für netto 52 000,00 EUR + 19% USt. Die Transportkosten hierfür betrugen 2 000,00 EUR + 19 % USt. Die betriebsgewöhnliche Nutzungsdauer wird mit fünf Jahren angesetzt.

a. Wie hoch ist der maximale Abschreibungsbetrag im 1. Jahr der Anschaffung? ☐

b. Wie hoch ist der Restbuchwert am 31.12.20..? ☐

c. Welcher Abschreibungsbetrag ergibt sich im 2. Jahr der Nutzung? ☐

d. Welcher Restbuchwert ergibt sich am 31.12. des 5. Nutzungsjahres? ☐

e. Wie hoch ist der Rest-Abschreibungsbetrag im folgenden Jahr? ☐

7 Welche der unten stehenden Aussagen trifft zu? ☐

(1) Das Unternehmen kann in steuerlicher Hinsicht die jährlichen Abschreibungen für die Anlagegüter nicht nach eigenem Ermessen ansetzen.

(2) Ein Betriebsgrundstück wird jährlich mit einem bestimmten Prozentsatz abgeschrieben.

(3) Die AfA-Tabelle der Finanzverwaltung beinhaltet die Abschreibungsbeträge für die einzelnen Wirtschaftsgüter.

(4) Die Abschreibungen mehren den Gewinn des Unternehmens.

(5) Die Abschreibungen erscheinen auf der Passivseite der Bilanz.

8 Ein Wirtschaftsgut wurde am 15.03.20.. gekauft und im selben Jahr mit 12 500,00 EUR abgeschrieben. Die betriebsgewöhnliche Nutzungsdauer für dieses Wirtschaftsgut beträgt 8 Jahre.
Wie hoch waren die Anschaffungskosten für dieses Wirtschaftsgut? ☐

Wie werden die Abschreibungen buchhalterisch erfasst?

Geschäftsfälle

1. Kauf eines Betriebsfahrzeugs per Banküberweisung am 27.02.: Nettopreis 30 000,00 EUR + 19 % USt. 5 700,00 EUR
2. Erfassung der Wertminderung (Abschreibung) in Höhe von 6 000,00 EUR am Ende des Jahres
3. Abschluss des Kontos Abschreibungen auf Sachanlagen (4910)
4. Abschluss des Kontos Fuhrpark (0340)

Konto

4910 Abschreibungen auf Sachanlagen (Aufwandskonto)

Das Konto erfasst die Abschreibungsbeträge für die Güter des Anlagevermögens, wie z. B. Betriebsgebäude, Technische Anlagen und Maschinen, Fuhrpark, Geschäftsausstattung.

Grundbuch

Nr.		Soll		an	Haben	
1	0840 2600	Fuhrpark Vorsteuer	30 000,00 4 800,00	2800	Guthaben bei Kreditinstituten	34 800,00
2	6520	Abschreibungen auf Sachanlagen	6 000,00	0840	Fuhrpark	6 000,00
3	8020	GuV-Konto	6 000,00	6520	Abschreibungen auf Sachanlagen	6 000,00
4	8010	SBK	24 000,00	0840	Fuhrpark	24 000,00

Hauptbuch

S	0840 Fuhrpark		H
(1) Kauf	30 000,00	(2) Abschreib.	6 000,00
		(4) SB	24 000,00

S	6520 Abschreibungen auf Sachanlagen		H
(2) Abschreib.	6 000,00	(3) Saldo	6 000,00

S	8010 SBK		H
(4) Fuhrpark	24 000,00		

S	8020 GuV-Konto		H
(3) Abschreib.	6 000,00		

Am Ende des Jahres ist auf den Konten Fuhrpark und SBK nur noch der verminderte Wert des Fahrzeugs als Bestand aufgeführt.

Die Abschreibungen mindern als Aufwand den Gewinn des Unternehmens und damit auch die gewinnabhängigen Betriebssteuern.

Wie werden Wirtschaftsgüter mit Anschaffungskosten bis 1 000,00 EUR buchhalterisch behandelt?

Begriff

- **Wirtschaftsgüter mit Anschaffungskosten bis 150,00 EUR:**
  Wirtschaftsgüter, die einen Nettowert von 150,00 EUR nicht übersteigen, werden **sofort als Aufwand** über ein geeignetes Aufwandskonto gebucht.
- **Wirtschaftsgüter mit Anschaffungskosten über 150,00 EUR bis 1 000,00 EUR:**
  Diese Güter werden auf einem Sammelkonto in einem „Pool" zusammengefasst und gemeinsam über fünf Jahre **mit jeweils 20 % abgeschrieben**.

Geschäftsfall

1. Kauf eines Aktenvernichters bar, netto 140,00 EUR + 19 % USt. = 166,60 EUR
2. Kauf eines Beistellschrankes, netto 160,00 EUR + 19 % USt. = 190,40 EUR auf Ziel
3. Kauf eines Schreibtisches, netto 1 000,00 EUR + 19 % USt. = 1 190,00 EUR auf Ziel
4. Abschreibung auf dem Sammelkonto (037) des aktuellen Jahres am 31.12. (20 % von 1 160,00 EUR)

Konto

0870 Sammelkonto 20..
(Aktives Bestandskonto)

Für jedes Abrechnungsjahr wird ein Sammelkonto eingerichtet, auf dem die in diesem Jahr angeschafften Wirtschaftsgüter gebucht werden.

Grundbuch

Nr.		Soll		an	Haben	
1	6800 2600	**Büromaterial** Vorsteuer	140,00 26,60	2850	Kasse	166,60
2	0870 2600	**Sammelkonto 20..** Vorsteuer	160,00 30,40	4400	Verbindlichkeiten a. L. u. L.	190,40
3	0870 2600	**Sammelkonto 20..** Vorsteuer	1 000,00 190,00	4400	Verbindlichkeiten a. L. u. L.	1 190,00
4	6520	Abschreibungen auf Sachanlagen	232,00	0870	Sammelkonto 20..	232,00

Hauptbuch

S	0870 Sammelkonto 20..		H
(2)	160,00	(4)	232,00
(3)	1 000,00	SB	928,00

S	6520 Abschreibungen auf Sachanlagen		H
(4)	232,00		

1 Welche der folgenden Aussagen zur Anschaffung von Wirtschaftsgütern trifft nicht zu? ______ ☐

(1) Wirtschaftsgüter mit Anschaffungskosten über 150,00 EUR bis 1000,00 EUR können linear über 5 Jahre abgeschrieben werden.
(2) Wirtschaftsgüter mit Anschaffungskosten bis 150,00 EUR können sofort als Aufwand gebucht werden.
(3) Ein Wirtschaftsgut mit Anschaffungskosten von 400,00 EUR kann sofort als Aufwand gebucht werden.
(4) Im Laufe eines Geschäftsjahres können mehrere Wirtschaftsgüter mit Anschaffungskosten bis 150,00 EUR angeschafft werden.
(5) Die Aufwendungen für Wirtschaftsgüter mit Anschaffungskosten bis 150,00 EUR können über ein geeignetes Aufwandskonto gebucht werden.

2 Im Hauptbuch eines Unternehmens sind u. a. folgende Buchungen vorgenommen worden:

(1) und (2) Buchung der Abschreibung auf Anlagen und Maschinen (18 000,00 EUR)

(3) und (4) Abschluss des Kontos Abschreibungen

(5) und (6) Abschluss des Kontos TA und Maschinen

S	0700 Anlagen und Maschinen		H
AB	90 000,00	(2)	18 000,00
		(6)	72 000,00

S	6520 Abschreibungen auf Sachanlagen		H
(1)	18 000,00	(4)	18 000,00

S	8010 SBK		H
(5)	18 000,00		

S	8020 GuV-Konto		H
(3)	18 000,00		

a. Welche der oben aufgeführten Buchungen auf den Konten trifft nicht zu? ______ ☐

b. Wie wirkt sich diese Falschbuchung auf den Jahresabschluss aus? ______ ☐

(1) Die Abschreibungen werden zu hoch angesetzt.
(2) Der Bestand an TA und Maschinen im SBK ist zu niedrig angesetzt.
(3) Der Gewinn des Unternehmens ist zu niedrig angesetzt.
(4) Die Abschreibungen sind zu niedrig angesetzt.
(5) Der Bestand an TA und Maschinen im SBK ist zu hoch angesetzt.

Kontenplan für die Aufgabe 3:

(1) Büromaschinen, Organisationsmittel u. Kommunikation (0860)
(2) Fuhrpark (0840)
(3) Sammelkonto 20.. (0870)
(4) Guthaben bei Kreditinstituten (2800)
(5) Vorsteuer (2600)
(6) Kasse (2880)
(7) Verbindlichkeiten a. L. u. L. (4400)
(8) Umsatzsteuer (4800)
(9) Büromaterial (6800)
(10) Abschreibungen auf Sachanlagen (6520)
(11) GuV-Konto (8020)
(12) SBK (8010)

3 Bilden Sie die Buchungssätze zu den Geschäftsfällen:

	Soll	Haben
a. Barkauf eines Laserdruckers zum Preis von 1 100,00 EUR + 19 % USt.	☐☐	☐☐
b. Kauf von Kopierpapier zum Preis von netto 1 000,00 EUR + 19 % USt. auf Ziel	☐☐	☐☐
c. Kauf eines Handys für den Außendienstmitarbeiter (Preis einschließlich 19 % USt. = 1 071,00 EUR), per Banküberweisung.	☐☐	☐☐
d. Barkauf eines Diktiergerätes, Bruttopreis (inkl. 19 % USt.) 166,60 EUR.	☐☐	☐☐
e. Buchung der Abschreibung zu Geschäftsfall a.	☐	☐
f. Buchung der Abschreibung zu Geschäftsfall c.	☐	☐

4 Ordnen Sie folgende Buchungssätze den unten stehenden Geschäftsfällen zu.

(1) Abschreibungen auf Sachanlagen (6520) an Büromaschinen, Organisationsmittel u. Kommunikation (0860)
(2) Büromaschinen, Organisationsmittel u. Kommunikation (0860) an Abschreibungen auf Sachanlagen (6520)
(3) Abschreibungen auf Sachanlagen (6520) an Sammelkonto 20.. (0870)
(4) Abschreibungen auf Sachanlagen (6520) an GuV-Konto (8020)
(5) GuV-Konto (8020) an Abschreibungen auf Sachanlagen (6520)
(6) SBK (8010) an Abschreibungen auf Sachanlagen (6520)
(7) SBK (8010) an Fuhrpark (0840)
(8) Abschreibungen auf Sachanlagen (6520) an Fuhrpark (0840)
(9) Fuhrpark (0840) an Abschreibungen auf Sachanlagen (6520)
(10) Sammelkonto 20.. (0870) an Abschreibungen auf Sachanlagen (6520)

a. Buchung des Abschreibungsbetrages für ein betriebliches Fahrzeug ______ ☐

b. Das Konto Abschreibungen auf Sachanlagen (6520) wird abgeschlossen. ______ ☐

c. Auf dem Konto Büromaschinen, Organisationsmittel u. Kommunikation (0860) wird der Wertverlust des laufenden Jahres gebucht. ______ ☐

d. Der um die Abschreibung verminderte Wert auf dem Konto Fuhrpark (0840) wird am Jahresende aktiviert. ______ ☐

e. Die Wirtschaftsgüter mit Anschaffungskosten zwischen 150,00 EUR und 1 000,00 EUR werden abgeschrieben. ______ ☐

Welche Besonderheiten sind beim Verkauf von Anlagegütern zu beachten, die unter Buchwert verkauft werden?

Geschäftsfälle

Ein Fahrzeug (Anschaffungswert 36 000,00 EUR, 6 Jahre Nutzungsdauer, lineare Abschreibung) mit einem Restbuchwert von 6 000,00 EUR am 01.01. wird am 01.04. zu einem Preis von 2 000,00 EUR netto + 19 % USt. = 380,00 EUR per Banküberweisung verkauft.

1. *Buchung der zeitanteiligen Abschreibung für das laufende Jahr (3/12 von 6 000,00 EUR = 1 500,00 EUR)*
2. *Buchung des Verkaufserlöses*
3. *Buchung des Verlustes:*

Buchwert am 01.04.	*4 500,00 EUR*
– Verkaufserlös	*2 000,00 EUR*
Verlust	*2 500,00 EUR*

Konten

5410	Sonstige Erlöse	Wegen der vorgeschriebenen Umsatzsteuerverprobung muss der Verkaufserlös zunächst auf diesem besonderen Erlöskonto im Haben gebucht werden. Bei der Buchung des Verlustes wird dieses Konto im Soll wieder ausgeglichen.
6960	Verluste aus dem Abgang von Vermögensgegenständen (Verluste aus A. v. V.)	Dieses Konto erfasst den tatsächlichen Verlust. Es handelt sich um ein Aufwandskonto, das am Ende der Abrechnungsperiode über das GuV-Konto (8020) abgeschlossen wird.

Grundbuch

Nr.	Soll			an	Haben		
1	6520	Abschreibungen auf Sachanlagen	1 500,00		0840	Fuhrpark	1 500,00
2	2800	Guthaben bei Kreditinstituten	2 380,00		5410 4800	Sonstige Erlöse Umsatzsteuer	2 000,00 380,00
3	5410 6960	Sonstige Erlöse Verluste aus A. v. V.	2 000,00 2 500,00		0840	Fuhrpark	4 500,00

Welche Besonderheiten sind beim Verkauf von Anlagegütern zu beachten, die über Buchwert verkauft werden?

Geschäftsfälle

Ein Faxgerät (Anschaffungswert 1 200,00 EUR, 6 Jahre Nutzungsdauer, lineare Abschreibung) mit einem Restbuchwert von 200,00 EUR am 01.01. wird am 01.07. zu einem Preis von 250,00 EUR netto + 19 % USt. = 47,50 EUR bar verkauft.

4. *Buchung der zeitanteiligen Abschreibung für das laufende Jahr (6/12 von 200,00 EUR = 100,00 EUR)*
5. *Buchung des Verkaufserlöses über 5410 Erlöse aus Anlagenabgängen (siehe oberen Kasten) bar*
6. *Buchung des Anlagenabgangs auf dem Konto 0860 Geschäftsausstattung*
7. *Buchung des Ertrages:*

Verkaufserlös	*250,00 EUR*
– Buchwert am 01.07.	*100,00 EUR*
Ertrag	*150,00 EUR*

Konto

5460	Erträge aus dem Abgang von Vermögensgegenständen (Erträge aus A. v. V.)	Dieses Konto erfasst den tatsächlichen Ertrag. Es handelt sich um ein Ertragskonto, das am Ende der Abrechnungsperiode über das GuV-Konto (8020) abgeschlossen wird.

Grundbuch

Nr.	Soll			an	Haben		
4	6520	Abschreibungen	100,00		0860	Büromaschinen, Organisationsmittel und Kommunikation	100,00
5	2880	Kasse	290,00		5410 4800	Sonstige Erlöse Umsatzsteuer	250,00 47,50
6	5410	Sonstige Erlöse	100,00		0860	Büromaschinen, Organisationsmittel und Kommunikation	100,00
7	5410	Sonstige Erlöse	150,00		5460	Erträge aus A. v. V.	150,00

Kontenplan für die Aufgabe 1:

(1) TA und Maschinen (0720)
(2) Büromaschinen, Organisationsmittel und Kommunikation (0860)
(3) Eigenkapital (3000)
(4) Forderungen (2400)
(5) Guthaben bei Kreditinstituten (2800)
(6) Vorsteuer (2600)
(7) Übrige sonstige Forderungen (2690)
(8) Verbindlichkeiten (4400)
(9) Umsatzsteuer (4800)
(10) Verluste aus dem Abgang von Anlagevermögen (6960)
(11) Erlöse aus Anlageabgängen (5410)
(12) Erträge aus dem Abgang von Anlagevermögen (5460)
(13) Abschreibungen auf Sachanlagen (6520)
(14) Abschreibungen auf Forderungen (6950)
(15) Umsatzerlöse für eigene Erzeugnisse (5000)
(16) GuV-Konto (8020)

1 Eine Maschine (Anschaffungswert 180 000,00 EUR, 15 Jahre Nutzungsdauer, Kauf am 07.01.20.. = voller Abschreibungsbetrag im 1. Jahr) wird am 01.05. im 9. Jahr nach dem Kauf zu einem Preis von 85 000,00 EUR netto + 19 % USt. = 16 150,00 EUR auf Ziel verkauft.

Bilden Sie die Buchungssätze...

	Soll	Haben
a. ... für die zeitanteilige Abschreibung im 9. Jahr.	☐	☐
b. ... für den Verkaufserlös.	☐ ☐	☐ ☐
c. ... für den Anlagenabgang auf dem Anlagekonto.	☐	☐
d. ... für den Ertrag bzw. Verlust.	☐	☐
e. ... für den Abschluss des Erfolgskontos (je nachdem, ob es sich um einen Ertrag oder einen Verlust handelt).	☐	☐

2 Ermitteln Sie zu dem Fall aus Aufgabe 1...

a. ... den Abschreibungsbetrag pro Jahr. ________ ☐

b. ... den Restbuchwert zum 01.01. des 9. Jahres. ________ ☐

c. ... den Restbuchwert zum 01.05. des 9. Jahres. ________ ☐

d. ... ob es sich
(1) um einen Ertrag,
(2) um einen Aufwand handelt. ________ ☐

e. ... die Höhe des Ertrages bzw. des Aufwandes. ________ ☐

3 Welche der unten stehenden Aussagen zur Buchung beim Verkauf von Anlagegütern trifft zu? ________ ☐

(1) Der Verkauf von Anlagegütern wirkt sich nicht auf die Gewinn- und Verlustrechnung aus.

(2) Beim Verkauf von Anlagegütern wird der Bruttorechnungsbetrag (einschließlich Umsatzsteuer) mit dem Restbuchwert verglichen.

(3) Ist der Restbuchwert höher als der Verkaufserlös, ergibt sich ein Ertrag.

(4) Durch einen Ertrag werden die gewinnabhängigen Steuern erhöht.

(5) Ein Ertrag wirkt sich direkt auf dem Konto Warenverkauf (8010) aus.

4 Bei der Wolfgang Huschenbeth GmbH & Co. KG ergibt sich durch den Verkauf eines Anlagegutes aus der Betriebs- und Geschäftsausstattung in der Finanzbuchhaltung folgendes Kontenbild: (RBW(1) = Restbuchwert zum 01.01.20..)

S	0860 Büromaschinen, Organisationsmittel und Kommunikation		H
RBW(1)	5 000,00	(2)	1 000,00
		(4)	4 000,00

S	6520 Abschreibungen		H
(2)	1 000,00		

S	2800 Guthaben bei Kreditinstituten		H
(3)	1 740,00		

S	4800 Umsatzsteuer		H
		(3)	240,00

S	6960 Verluste a.d. Abgang v. Vermögensgegenständen		H
(4)	2 500,00		

S	5410 Sonstige Erlöse		H
(4)	1 500,00	(3)	1 500,00

Welche der nachstehend aufgeführten Aussagen trifft zu? ________ ☐

(1) Die zeitanteilige Abschreibung auf dem Konto BGA für das laufende Jahr beträgt 4 000,00 EUR.

(2) Der Wert des Anlagegutes muss nach dem Verkauf vollständig ausgebucht sein.

(3) Der Gewinn des Unternehmens erhöht sich durch diesen Vorgang um 1 500,00 EUR.

(4) Grundlage für die Berechnung der Umsatzsteuer beim Verkauf ist der Restbuchwert zum 01.01.20...

(5) Der Abschreibungssatz für die zeitanteilige Abschreibung im Jahr des Verkaufs ist immer identisch mit dem Abschreibungssatz in den Vorjahren.

Welche Sachverhalte berühren das Konto „Privat“ eines Unternehmens?

Privatkonto

- ▷ Alle Geschäftsfälle mit privatem Charakter, die zwar Konten der Finanzbuchhaltung eines Unternehmens berühren, aber mit der eigentlichen Unternehmenstätigkeit nichts zu tun haben, müssen buchhalterisch eindeutig abgegrenzt werden.
- ▷ Das Konto „Privat“ sammelt alle Ausgaben und Einlagen, die zum Privatbereich der Unternehmerin/des Unternehmers gehören, aber über die Geschäftsbuchhaltung des Unternehmens abgewickelt werden.

Privatentnahmen		**Privateinlagen**
Entnahme von Geld	**Entnahme von Gegenständen**	**Kapitaleinlagen**
Die Unternehmerin/der Unternehmer entnimmt über Finanzkonten des Unternehmens (Bank, Postbank, Kasse) Geld, z. B. für: ▷ den privaten Lebensunterhalt ▷ private Versicherungen (z. B. Lebensversicherungen) ▷ Urlaubsreisen	Die Unternehmerin/der Unternehmer entnimmt Fertigerzeugnisse oder Handelswaren für private Zwecke. **Die Entnahme von Gegenständen ist umsatzsteuerpflichtig!**	Gegenstände aus dem Privatvermögen der Unternehmerin/des Unternehmers gehen in das Betriebsvermögen über: ▷ Einlage von Geldwerten ▷ Einlage von Sachwerten (z. B. Grundstück, Pkw)

Privatentnahme → Minderung des Eigenkapitals = Buchung im **Soll** auf dem Konto Privat	**Privateinlage** → Mehrung des Eigenkapitals = Buchung im **Haben** auf dem Konto Privat

Geschäftsfälle

1. *Beitragszahlung der Hausratversicherung für das Privathaus der Unternehmerin per Banküberweisung: 530,00 EUR*
2. *Die Unternehmerin entnimmt Waren für private Zwecke, Nettowert 2 000,00 EUR + 19 % USt. = 380,00 EUR.*
3. *Die Unternehmerin bringt ein Privatgrundstück in das Unternehmen ein, Wert: 260 000,00 EUR.*
4. *Abschluss des Kontos Privat*
5. *Abschluss des Kontos Entnahme von Gegenständen*

Konten

3001	Privatkonto	Unterkonto des Eigenkapital-Kontos → Abschluss erfolgt über das Konto Eigenkapital
5420	Entnahme von Gegenständen und sonstigen Leistungen	Dieses Konto erfasst die Erträge, die das Unternehmen durch den „Verkauf von Fertigerzeugnissen und Handelswaren an den Unternehmer“ erzielt.

Grundbuch

Nr.	**Soll**			an	**Haben**		
1	3001	Privatkonto	530,00		2800	Guthaben bei Kreditinstituten	530,00
2	3001	Privatkonto	2 380,00		5420 4800	Entnahme von Gegenständen Umsatzsteuer	2 000,00 380,00
3	0500	Unbeb. Grundstücke	260 000,00		3001	Privatkonto	260 000,00
4	3001	Privatkonto	257 150,00		3000	Eigenkapital	257 150,00
5	5420	Entnahme von Gegenständen	2 000,00		8020	GuV-Konto	2 000,00

S 3001 Privatkonto (Unterkonto von 300 Eigenkapital) H

S		H	
(1) Entnahme	530,00	**(3) Einlage**	260 000,00
(2) Entnahme	2 380,00		
(4) Saldo (EK)	257 090,00		

S 5420 Entnahme von Gegenständen (Ertragskonto) H

S		H	
(5) Saldo GuV	2 000,00	**(2) „Verk.erlös“**	2 000,00

S 3000 Eigenkapital (Bestandskonto) H

S		H	
		AB	560 000,00
		(4) Saldo Privat	257 090,00

S 8020 GuV H

S		H	
		(5) Entnahme v. G.	2 000,00

1 Welche der folgenden Aussagen über Privatentnahmen trifft nicht zu? ______ ☐

Das Konto Privatentnahmen…

(1) … ist ein Unterkonto des Eigenkapitalkontos.

(2) … wird ausschließlich in Finanzbuchhaltungen von Einzelunternehmen benötigt.

(3) … erfasst alle Geschäftsfälle, die durch Privatausgaben hervorgerufen werden.

(4) … erfasst die Privatausgaben im Soll und den Abschlusssaldo im Haben.

(5) … ist in der Kontenklasse 1 des Industrie-Kontenrahmens enthalten.

2 In dem unten folgenden Text stehen die Buchstaben für bestimmte Begriffe.

„Gewinn ist die (a) zwischen dem (b) und dem (c), (d) um den Wert der Privatentnahmen.“

Ergänzen Sie den Text, indem Sie die folgenden Begriffe den entsprechenden Buchstaben zuordnen.

Begriffe:

(1) Eigenkapital zu Beginn des Geschäftsjahres
(2) Eigenkapital am Schluss des Geschäftsjahres
(3) Vermögen zu Begin des Geschäftsjahres
(4) Vermögen am Schluss des Geschäftsjahres
(5) Differenz
(6) Summe
(7) vermehrt
(8) vermindert

a. Buchstabe (a) = ______ ☐

b. Buchstabe (b) = ______ ☐

c. Buchstabe (c) = ______ ☐

d. Buchstabe (d) = ______ ☐

3 Für ein Unternehmen ergeben sich für ein Geschäftsjahr folgende Werte:

Privatentnahmen	69 000,00 EUR
Eigenkapital am Anfang des Geschäftsjahres	560 000,00 EUR
Vermögen am Ende des Geschäftsjahres	980 000,00 EUR
Schulden am Ende des Geschäftsjahres	400 000,00 EUR

a. Berechnen Sie das Eigenkapital am Ende des Geschäftsjahres ______ ☐

b. Wie hoch ist der Gewinn bzw. der Verlust im laufenden Geschäftsjahr ______ ☐

4 Welcher der unten stehenden Buchungssätze trifft auf den folgenden Beleg zu? ______ ☐

(1)	Privatkonto (3001) an Umsatzerlöse f. eigene Erzeugnisse (5000)	928,00 EUR 928,00 EUR
(2)	Privatkonto (3001) an Fertige Erzeugnisse (2200) an Umsatzsteuer (4800)	928,00 EUR 800,00 EUR 128,00 EUR
(3)	Privatkonto (3001) an Kasse (2880)	928,00 EUR 928,00 EUR
(4)	Privatkonto (3001) an Entnahme von Gegenständen (5420) an Umsatzsteuer (4800)	928,00 EUR 800,00 EUR 128,00 EUR
(5)	Entnahme von Gegenständen (5420) Vorsteuer (2600) an Privatkonto (3001)	800,00 EUR 128,00 EUR 928,00 EUR

Quittung EUR 952,00

Nr. 23 einschl. 19 % USt./EUR

Neunhundertachtundzwanzig — Euro in Worten — Cent wie oben

von

für Entnahme von Fertigerzeugnissen durch den Inhaber

dankend erhalten

Düsseldorf den 21.08.20..

Schmidt
Unterschrift des Empfängers

5 Ordnen Sie die folgenden Buchungssätze den unten genannten Geschäftsfällen zu.

Buchungssätze:

(1)	Privatkonto (3001)	an	Guthaben bei Kreditinstituten (2800)
(2)	Versicherungsbeiträge (6900)	an	Guthaben bei Kreditinstituten (2800)
(3)	Guthaben bei Kreditinstituten (2800)	an	Privatkonto (3001)
(4)	Eigenkapital (3000)	an	Privatkonto (3001)
(5)	Privatkonto (3001)	an	Eigenkapital (300)
(6)	Eigenkapital (3000)	an	Privatkonto (3001)
(7)	Privatkonto (3001)	an	Fuhrpark (0840)
(8)	Privatkonto (3001)	an an	Entnahme von Gegenständen (5420) Umsatzsteuer (4800)

Geschäftsfälle:

a. Der Privatanteil für die Kosten des Betriebsfahrzeugs wird gebucht. ______ ☐

b. Buchung des Saldos auf dem Konto Privatkonto (Die Einlagen übersteigen die Entnahmen) ______ ☐

c. Überweisung des Beitrags für die Lebensversicherung vom Geschäftskonto ______ ☐

d. Überweisung des Beitrags für die gesetzliche Unfallversicherung vom Geschäftskonto ______ ☐

e. Der Unternehmensinhaber überweist einen Betrag vom Geschäftskonto auf sein Privatkonto. ______ ☐

Unterscheiden Sie die bestands- und verbrauchsorientierte Buchung im Beschaffungsbereich.	
Buchung des Aufwands mit Materialentnahmescheinen (bestandsorientierte Buchung)	Die Einkäufe von Werkstoffen bzw. Handelswaren werden **zunächst** auf dem jeweiligen **Bestandskonto** (Rohstoffe, Vorprodukte, Hilfsstoffe, Betriebsstoffe und Handelswaren) gebucht. Erst wenn die Werkstoffe aus dem Lager entnommen werden (Beleg: Materialentnahmeschein) und tatsächlich verarbeitet werden, erfolgt die Aufwandsbuchung auf den jeweiligen **Aufwandskonten** (Aufwendungen für Rohstoffe, etc.). Das Gleiche gilt für die Handelswaren, die dann als Aufwand gebucht werden, wenn sie verkauft werden.
Buchung des Aufwands direkt beim Einkauf (Just-in-time-Verfahren/ aufwandsorientierte Buchung)	Die Einkäufe von Werkstoffen bzw. Handelswaren werden **sofort** (just in time) als **Aufwand** auf den jeweiligen **Aufwandskonten** (Aufwendungen für Rohstoffe, etc.) gebucht. Am Ende der Abrechnungsperiode müssen die durch die Inventur festgestellten Bestandsmehrungen bzw. Bestandsminderungen der jeweiligen Werkstoffe bzw. Handelswaren durch eine Umbuchung berücksichtigt werden.

Welche Buchungen ergeben sich bei der Buchung des Aufwands mit Materialentnahmescheinen (bestandsorientierte Buchung)?

Geschäftsfälle

1. Kauf von Rohstoffen auf Ziel:

	Gesamtpreis, netto	*22 000,00 EUR*
+	*19% USt.*	*4 180,00 EUR*
=	*Rechnungsbetrag, brutto*	*26 180,00 EUR*

2. Rohstoffverbrauch lt. Materialentnahmeschein MES 8711: Wert 16 000,00 EUR
3. Abschluss des Kontos Aufwendungen für Rohstoffe
4. Buchung des Schlussbestandes auf dem Konto Rohstoffe 93 000,00 EUR

Grundbuch

Nr.	Soll			an	Haben		
1	2000 2600	Rohstoffe Vorsteuer	22 000,00 4 180,00		4400	Verbindlichkeiten a. L. u. L.	26 180,00
2	6000	Aufw. f. Rohstoffe	16 000,00		2000	Rohstoffe	16 000,00
3	8020	GuV	929 000,00		6000	Aufw. f. Rohstoffe	929 000,00
4	8010	SBK	93 000,00		2000	Rohstoffe	93 000,00

Hauptbuch: siehe S. 152

Welche Buchungen ergeben sich bei der Buchung des Aufwands im „Just-in-time"-Verfahren (aufwandsorientierte Buchung)?

Geschäftsfälle

1. Kauf von Rohstoffen auf Ziel:

	Gesamtpreis, netto	*22 000,00 EUR*
+	*19 % USt.*	*4 180,00 EUR*
=	*Rechnungsbetrag, brutto*	*26 180,00 EUR*

2. Buchen der Bestandsveränderung lt. Inventur am Ende der Abrechnungsperiode (hier: Mehrbestand 11 000,00 EUR)
3. Abschluss des Kontos Aufwendungen für Rohstoffe
4. Buchung des Schlussbestandes auf dem Konto Rohstoffe 93 000,00 EUR

Grundbuch

Nr.	Soll			an	Haben		
1	6000 2600	Aufw. f. Rohstoffe Vorsteuer	22 000,00 4 180,00		4400	Verbindlichkeiten a. L. u. L.	26 180,00
2	2000	Rohstoffe	11 000,00		6000	Aufw. f. Rohstoffe	11 000,00
3	8020	GuV	929 000,00		6000	Aufw. f. Rohstoffe	929 000,00
4	8010	SBK	93 000,00		2000	Rohstoffe	93 000,00

Hauptbuch: Siehe Seite 152

1 Überprüfen Sie unten aufgeführte Aussagen zu den unterschiedlichen Verfahren bei der Buchung des Aufwands im Beschaffungsbereich.

Tragen Sie eine

(1) ein, wenn diese Aussage auf die Buchung des Aufwands mit Materialentnahmescheinen zutrifft.
(2) ein, wenn diese Aussage auf die Buchung des Aufwands direkt beim Einkauf (Just-in-time-Verfahren) zutrifft.
(3) ein, wenn diese Aussage auf beide Verfahren zutrifft.
(9) ein, wenn diese Aussage auf keines der beiden Verfahren zutrifft.

a. Am Ende der Abrechnungsperiode erscheint der Aufwand für den Verbrauch von Werkstoffen und Handelswaren im GuV-Konto auf der Soll-Seite. ☐

b. Der Aufwand wird sofort beim Einkauf von Werkstoffen und Handelswaren (bei Eintreffen der Eingangsrechnung) gebucht. ☐

c. Wenn die verarbeiteten Werkstoffe als Fertigerzeugnisse an die Kunden verkauft werden, wird der dazugehörige Aufwand für den Einkauf der Werkstoffe gebucht. ☐

d. Sobald die Werkstoffe und Handelswaren das Lager verlassen und weiterverarbeitet bzw. weiterverkauft werden, wird der entsprechende Aufwand gebucht. ☐

e. Das Bestandskonto des jeweiligen Werkstoff- bzw. Handelswarenkontos wird ausschließlich zu Beginn und zum Ende einer Abrechnungsperiode angesprochen. ☐

f. Der Verbrauch der Werkstoffe bzw. der Verkauf der Handelswaren wird permanent auf dem jeweiligen Bestandskonto verdeutlicht. ☐

g. Die Bestandsveränderungen an Werkstoffen bzw. Handelswaren müssen vor Abschluss des Aufwandskontos noch gebucht werden. ☐

2 Bilden Sie die Buchungssätze mithilfe der unten stehenden Konten.

	Soll	Haben
a. Rohstoffeinkauf auf Ziel (Buchung im Just-in-time-Verfahren)	☐☐	☐☐
b. Mehrbestand an Rohstoffen am Jahresende	☐	☐
c. Rohstoffeinkauf auf Ziel (Buchung des Verbrauchs mit Materialentnahmescheinen)	☐☐	☐☐
d. Rohstoffverbrauch lt. Materialentnahmescheinen	☐	☐
e. Buchung des Schlussbestandes an Rohstoffen lt. Inventur	☐	☐

Konten für Aufgabe 2:

(1) Rohstoffe (2000)
(2) Forderungen a. L. u. L. (2400)
(3) Vorsteuer (2600)
(4) Guthaben bei Kreditinstituten (2800)
(5) Kasse (2880)
(6) Verbindlichkeiten a. L. u. L. (4400)
(7) Umsatzsteuer (4800)
(8) Bestandsveränderungen (5200)
(9) Aufwendungen für Rohstoffe (6000)
(10) SBK (8010)
(11) GuV (8020)

3 Am Ende der Abrechnungsperiode ergibt sich für den Einkauf von Vorprodukten/Fremdbauteilen (Just-in-time-Verfahren) bei der U. Schnieders GmbH & Co. KG folgende Situation:

S	6010 Aufw. f. Vorprodukte/Fr.		H
Einkäufe	77 000,00	(2)	82 000,00
(1)	5 000,00		

S	2010 Vorprodukte/Fremdbauteile		H
AB	13 000,00	(1)	5 000,00
		(3)	8 000,00

S	8020 GuV		H
(2)	82 000,00		

S	8010 SBK		H
(3)	8 000,00		

Tragen Sie in den unten stehenden Kästchen eine

(1) ein, wenn die Aussage zutrifft,
(2) ein, wenn die Aussage wegen fehlender Informationen nicht bewertet werden kann,
(9) ein, wenn die Aussage nicht zutrifft.

a. Die Aufwendungen für Vorprodukte/Fremdbauteile gehen mit 82 000,00 EUR in die Erfolgsrechnung des Unternehmens ein. ☐

b. Am Ende der Abrechnungsperiode ergibt sich ein Minderbestand an Vorprodukten/Fremdbauteilen von 8 000,00 EUR. ☐

c. Der Minderbestand an Vorprodukten/Fremdbauteilen wirkt sich aufwandsmindernd auf das Unternehmensergebnis aus. ☐

d. Der Minderbestand ergab sich aus der Berücksichtigung von Fehlbuchungen, Diebstahl bzw. Schwund. ☐

e. Das Unternehmen hat am Ende der Abrechnungsperiode ein Vermögen an Vorprodukten/Fremdbauteilen in Höhe von 8 000,00 EUR. ☐

f. Der Verbrauch an Vorprodukten/Fremdbauteilen im Laufe der Abrechnungsperiode beträgt 77 000,00 EUR. ☐

4 Welcher Geschäftsfall wird mit folgendem Buchungssatz dokumentiert?

Rohstoffe an Aufwendg. f. Rohstoffe ☐

(1) Abschluss des Kontos Rohstoffe
(2) Buchen eines Mehrbestandes an Rohstoffen (Just-in-time-Verfahren)
(3) Rohstoffverbrauch lt. Materialentnahmeschein
(4) Buchen des Schlussbestandes auf dem Konto Rohstoffe
(5) Kauf von Rohstoffen auf Ziel

Zeigen Sie die Kontenstruktur der bestands- bzw. verbrauchsorientierten Einkaufsbuchungen auf.

Hauptbuch

Die Buchungen beziehen sich auf die Beispiele der Seite 150.

Buchung mit Materialentnahmescheinen

S	2000 Rohstoffe (Bestandskonto)		H
Anfangsbestand	82 000,00	(2) Verbrauch lt. MES	16 000,00
(1) Einkauf	22 000,00	Weitere Verbräuche lt. MES	913 000,00
Weitere Einkäufe	918 000,00	(4) Schlussbestand	93 000,00

S	6000 Aufwendungen für Rohstoffe (Aufwandskonto)		H
(2) Verbrauch lt. MES	16 000,00	(3) Saldo	929 000,00
Weitere Verbräuche lt. MES	913 000,00		

Buchung „just in time“

S	2000 Rohstoffe (Bestandskonto)		H
Anfangsbestand	82 000,00	(4) Schlussbestand	93 000,00
(2) Best.veränd. (Mehrbestand)	11 000,00		

S	6000 Aufwendungen für Rohstoffe (Aufwandskonto)		H
(1) Einkauf	22 000,00	(2) Best.veränd. (Mehrbestand)	11 000,00
Weitere Einkäufe	918 000,00	(3) Saldo	929 000,00

Welche Besonderheiten sind bei Buchungen im Einkauf zu beachten?

Berücksichtigung eines einheitlichen Buchungsverfahrens

Ein einmal gewähltes Buchungsverfahren für den Einkauf (bestandsorientiert oder verbrauchsorientiert) muss über den Zeitraum einer Abrechnung beibehalten werden. Aus Gründen der Übersichtlichkeit wird im Folgenden ausschließlich die verbrauchsorientierte Buchung dargestellt. Wenn die bestandsorientierte Buchung angewendet werden soll, müssen die entsprechenden Konten der Kontenklasse 2 berücksichtigt werden.

Sofortrabatte

Rabatte (z. B. Mengenrabatt), die beim Bezug von Werkstoffen bzw. Handelswaren auf den Eingangsrechnungen gewährt werden, mindern den Anschaffungspreis. Sie werden als Sofortrabatte bezeichnet und buchhalterisch **nicht gesondert erfasst.**

Bezugskosten

Zum eigentlichen Warenwert müssen häufig Anschaffungsnebenkosten berücksichtigt werden, wie z. B. Frachtkosten, Transportversicherungsbeiträge, Verpackungsmaterialien und Zölle. Diese Bezugskosten erhöhen den Anschaffungspreis. Die Bezugskosten werden auf einem separaten Konto erfasst, um sich schneller einen Überblick über die Höhe der Bezugskosten verschaffen zu können.

Geschäftsfall

1. Wir erhalten folgende Eingangsrechnung für Hilfsstoffe:

	Gesamtpreis, netto	*15 000,00 EUR*	
–	*10 % Mengenrabatt*	*1 500,00 EUR*	→ *Sofortrabatt (keine gesonderte Buchung)*
=	*Zieleinkaufspreis*	*13 500,00 EUR*	
+	*Frachtkosten*	*600,00 EUR*	→ *Bezugskosten (gesonderte Buchung)*
=	*Rechnungsbetrag, netto*	*14 100,00 EUR*	
+	*19 % USt.*	*2 679,00 EUR*	
=	*Rechnungsbetrag, brutto*	*16 779,00 EUR*	

Konten

6001 Bezugskosten/Rohstoffe
6011 Bezugskosten/Vorprodukte
6021 Bezugskosten/Hilfsstoffe
6031 Bezugskosten/Betriebsstoffe
6281 Bezugskosten/Waren

Diese Konten sind jeweils Unterkonten der jeweiligen Hauptkonten (6000 Aufw. f. Rohstoffe, 6010 Aufw. f. Vorprodukte, 6020 Aufw. f. Hilfsstoffe, 6030 Aufw. für B. Betriebsstoffe, 6080 Aufw. f. Waren).

Der Abschluss der Unterkonten erfolgt über das jeweilige Hauptkonto.

Grundbuch

Nr.	Soll			an	Haben		
1	6020	Hilfsstoffe	13 500,00		4400	Verbindlichkeiten a. L. u. L.	16 779,00
	6021	**Bezugsk./Hilfsstoffe**	600,00				
	2600	Vorsteuer	2 679,00				

Hauptbuch

Siehe Seite 154

Kontenplan für die Aufgaben 1–3:

(1) Forderungen a. L. u. L. (2400)
(2) Guthaben bei Kreditinstituten (2800)
(3) Vorsteuer (2600)
(4) Verbindlichkeiten a. L. u. L. (4400)
(5) Umsatzsteuer (4800)
(6) Aufwendungen für Rohstoffe (6000)
(7) Bezugskosten (6001)
(8) Nachlässe (6002)
(9) Fertige Erzeugnisse (2200)
(10) Umsatzerlöse für eigene Erzeugnisse (5000)
(11) Erlösberichtigungen (5001)
(12) Bestandsveränderungen (5200)

Die Belege sind aus der Sicht der wwh GmbH zu buchen.

Bilden Sie den Buchungssatz... Soll | Haben

1 ... zu Beleg 1. ☐☐☐ | ☐☐☐

2 ... zu Beleg 2. ☐☐ | ☐☐

3 ... zu Beleg 3. ☐☐☐ | ☐☐☐

4 Wie hoch sind die Anschaffungskosten (Nettoeinkäufe) für alle Aluminiumbleche unter Berücksichtigung der Belege 1–3? ________ ☐

5 Ermitteln Sie den Betrag der Vorsteuerberichtigung aus Beleg 3. ☐

6 Wie hoch ist der Vorsteuerbetrag aus den Belegen 1–3 insgesamt? __ ☐

7 Welche Aussage zum Beleg 2 trifft zu? ________ ☐

(1) Bei einer Gutschrift muss die anteilige Vorsteuer um 19 % vom Bruttowert berichtigt werden.

(2) Bei einer Gutschrift muss immer angegeben sein, wie hoch der Prozentsatz des Preisnachlasses ist.

(3) Die Verbindlichkeiten der wwh GmbH verringern sich um einen Betrag von 1 332,90 EUR.

(4) Der Vorsteuerbetrag in Höhe von 212,80 EUR wird bei der wwh GmbH auf dem Konto Vorsteuer (2600) im Soll gebucht.

(5) Wenn die Rechnung noch nicht bezahlt ist, muss die Gutschrift um den 2 %-igen Skontowert korrigiert werden.

Walz- und Blechwerke AG

Walz- und Blechwerke AG • Wellenkamp 17 • 33605 Bielefeld

wwh GmbH
Helene-Weber-Weg 5
33607 Bielefeld

Beleg ①

RECHNUNG

Kunden-Nr.: **16122**
Auftrags-Nr.: **998-99978**
Rechn.-Nr.: **200801020**
Datum: **05.01.20..** Lieferdatum: **07.01.20..**

Posten	Bezeichnung	Einheit	Menge	Einzelpreis	Gesamtpeis
1	Aluminiumbleche 647	St.	5	980,00 EUR	4.900,00 EUR
2	Aluminiumbleche 747	St.	10	1.120,00 EUR	11.200,00 EUR
3	Aluminiumbleche 847	St.	3	1.340,00 EUR	4.020,00 EUR

Nettopreis	20.120,00 EUR
Versandkosten	380,00 EUR
+ MwSt. 19%	3.895,00 EUR
Bruttopreis	24.395,00 EUR

Zahlbar innerhalb von 7 Tagen mit 2 % Skonto (**vom reinen Warenwert**), innerhalb ...

Walz- und Blechwerke AG

Walz- und Blechwerke AG • Wellenkamp 17 • 33605 Bielefeld

wwh GmbH
Helene-Weber-Weg 5
33607 Bielefeld

Beleg ②

GUTSCHRIFT

Kunden-Nr.: **16122**
Auftrags-Nr.: **998-99978**
Gutschr.-Nr.: **201033456**
Datum: **10.01.20..**

Posten	Bezeichnung	Einheit	Menge	Einzelpreis	Gesamtpeis
1	Rückgabe wegen Mängelrüge: Aluminiumbleche 747	St.	1	1.120,00 EUR	1.120,00 EUR

Nettowert	1.120,00 EUR
+ MwSt. 19%	212,80 EUR
Bruttowert	1.332,80 EUR

... Bielefeld HRB 3345 • Tel.: 0521 556900 • Fax: 0521 556950• E-Mail: info@rische-gmbh.de

---

Girokonto 140039876 BLZ 480 501 61 Kontoauszug 57
Sparkasse Bielefeld UST.-Id.: DE 124011615 Blatt 1

Beleg ③

Datum	Erläuterungen		Betrag
Kontostand in EUR am 12.01.20.., Auszug Nr. 11			98.755,96 +
12.01.	Überweisung Rg. 200801020 abzügl. Gutschrift 201033456 abzügl. Skonto 478,86 €	Wert: 10.12.20..	22.583,34 -
Kontostand in EUR am 12.01.20.., 16:00 Uhr			76.172,62 +

IHR KREDIT 30.000,00 EUR wwh GmbH, Helene-Weber-Weg 9, 33607 Bielefeld

Welche weiteren Buchungen ergeben sich im Zusammenhang mit dem Einkauf?

Rücksendungen	Werden Werkstoffe oder Handelswaren falsch oder mangelhaft geliefert und dem Lieferanten **zurückgeschickt**, erfolgt nach der erhaltenen Gutschrift eine Rückbuchung (**Stornobuchung**) der ursprünglichen Buchung, die beim Kauf der Ware vorgenommen wurde.
Nachlässe	Für mangelhaft gelieferte Waren, die **nicht zurückgeschickt werden** und weiterverarbeitet bzw. -verkauft werden können, hat der Käufer das Recht, eine Kaufpreisminderung zu verlangen. Dieser Preisnachlass wird ebenfalls auf einer Gutschrift des Lieferanten dokumentiert.
Liefererboni	Ein Bonus ist ein nachträglich gewährter Preisnachlass, der am Ende einer Abrechnungsperiode bei Erreichen eines vorher vereinbarten Umsatzzieles gewährt wird.
Liefererskonti	Skonto wird als Preisnachlass bei vorzeitiger Zahlung gewährt. Der Käufer berücksichtigt den Skontoabzug bei der Überweisung des Rechnungsbetrages.
Geschäftsfälle	*2. Ein Teil einer Hilfsstofflieferung ist mangelhaft und wird zurückgeschickt. Wir erhalten vom Lieferanten eine Gutschrift über 1 000,00 EUR + 19 % USt. (190,00 EUR) (**Vorsteuerberichtigung**).* *3. Nach Vereinbarung mit dem Lieferanten wird eine Hilfsstofflieferung, die mit geringen Mängeln behaftet ist behalten und ein Preisnachlass ausgehandelt. Wir erhalten vom Lieferanten eine Gutschrift von 2 500,00 EUR + 19 % USt. (475,00 EUR) (**Vorsteuerberichtigung**).* *4. Am Jahresende gewährt der Hilfsstofflieferant auf alle Rechnungen einen zusätzlichen Bonus von 21 420,00 EUR (inkl. 19 % USt. = 3 420,00 EUR; **Vorsteuerberichtigung**).* *5. Die Eingangsrechnung eines Hilfsstofflieferanten (Brutto-Rechnungsbetrag 17 850,00 EUR) wird unter Abzug von 2 % Skonto (Brutto-Skonto 357,00 EUR; **Vorsteuerberichtigung** 57,00 EUR) per Banküberweisung mit 17 493,00 EUR beglichen.* *6. Abschluss des Kontos Bezugskosten/Hilfsstoffe* *7. Abschluss des Kontos Nachlässe/Hilfsstoffe*
Konten	6002 Nachlässe/Rohstoffe 6012 Nachlässe/Vorprodukte 6022 Nachlässe/Hilfsstoffe 6032 Nachlässe/Betriebsstoffe 6082 Nachlässe/Handelswaren Diese Konten sind jeweils Unterkonten der jeweiligen Hauptkonten (6000 Aufwendungen für Rohstoffe, 6010 Aufwendungen für Vorprodukte, 6020 Aufwendungen für Hilfsstoffe, 6030 Aufwendungen für Betriebsstoffe, 6280 Aufwendungen für Handelswaren). Der Abschluss der Unterkonten erfolgt über das jeweilige Hauptkonto.

Grundbuch

Nr.	Soll			an	Haben		
2	4400	Verbindlichkeiten a. L. u. L.	1 190,00		6020 2600	Aufwend. für Hilfsstoffe Vorsteuer	1 000,00 190,00
3	4400	Verbindlichkeiten a. L. u. L.	2 975,00		6022 2600	Nachlässe/Hilfsstoffe Vorsteuer	2 500,00 475,00
4	4400	Verbindlichkeiten a. L. u. L.	21 420,00		6022 2600	Nachlässe/Hilfsstoffe Vorsteuer	18 000,00 3 420,00
5	4400	Verbindlichkeiten a. L. u. L.	17 850,00		2800 6022 2600	Guthaben bei Kreditinstituten Nachlässe/Hilfsstoffe Vorsteuer	17 493,00 300,00 57,00
6	6020	Aufwendungen für Hilfsstoffe	600,00		6021	Bezugskosten/ Hilfsstoffe	600,00
7	6022	Nachlässe/Hilfsstoffe	20 800,00		2020	Hilfsstoffe	20 800,00

S	**6020 Aufwendungen für Hilfsstoffe (Aufwandskonto)**		H
Gesamte Hilfsstoffeinkäufe	135 000,00	**(2) Rücksendungen**	1 000,00
(6) Saldo Konto Bezugskosten	600,00	(7) Saldo Konto Nachlässe	20 800,00

Unterkonten von Hilfsstoffe

S	6021 Bezugskosten/Hilfsstoffe		H
(1) Bezugskosten	600,00	(6) Saldo	600,00

S	6022 Nachlässe/Hilfsstoffe		H
(7) Saldo	20 800,00	(3) Nachlass	2 500,00
		(4) Bonus	18 000,00
		(5) Skonto	300,00

1 Am Ende des Geschäftsjahres ergibt sich im Hauptbuch der Klaus Rogalski GmbH folgende Situation (verbrauchsorientierte Buchung der Rohstoffe):

S	2000 Rohstoffe		H
AB	12 000,00	(6)	10 000,00
		(7)	2 000,00

S	6000 Aufw. für Rohstoffe		H
Einkäufe	96 000,00		
(3)	8 200,00	(4)	6 300,00
(7)	2 000,00	(5)	7 800,00
		Saldo	92 100,00

S	6001 Bezugskosten/Rohstoffe		H
(1)	8 200,00	(3)	8 200,00

S	6002 Nachlässe/Rohstoffe		H
(4)	6 300,00	(2)	6 300,00

S	8010 SBK		H
(6)	10 000,00		

Tragen Sie die Nummer der entsprechenden Buchung in das Kästchen ein.
Falls eine Buchung nicht zutrifft, tragen Sie eine (9) ein.

Bei der Buchung handelt es sich um…

a. … die Buchung der Bezugskosten. [1]

b. … die Buchung der Rücksendungen an Lieferanten. [5]

c. … die Buchung der Nachlässe an Kunden. [9]

d. … die Bestandsmehrung von Rohstoffen. [9]

e. … die Umbuchung der Nachlässe von Lieferanten auf das Hauptkonto. [4]

f. … die Umbuchungen der Bezugskosten auf das Hauptkonto. [3]

g. … den Schlussbestand an Rohstoffen lt. Inventur. [6]

2 Auf den Konten Rohstoffe und Aufw. f. Rohstoffe eines Industriebetriebes ergaben sich am Jahresende folgende Werte (verbrauchsorientierte Buchung der Rohstoffe):

S	2000 Rohstoffe		H
AB	75 000,00		

S	6000 Aufw. f. Rohstoffe		H
Einkäufe	180 000,00	Nachlässe	14 000,00

Der Schlussbestand lt. Inventur beträgt 81 000,00 EUR. Welche der folgenden Aussagen treffen nicht zu? [1] [2]

(1) Der Schlussbestand wird auf dem Konto Aufwendungen für Rohstoffe im Haben gebucht.

(2) Die Nachlässe sind noch um die anteilige Vorsteuer zu berichtigen.

(3) Der tatsächliche Wert, zu dem Rohstoffe im laufenden Jahr gekauft wurden, beträgt 160 000,00 EUR.

(4) Am Jahresende ergibt sich ein Mehrbestand an Rohstoffen in Höhe von 6 000,00 EUR.

(5) Die gebuchten Preisnachlässe können entweder Skontoabzüge, Boni oder Preisnachlässe wegen mangelhaft gelieferter Ware sein.

3 Buchen Sie unten stehende Geschäftsfälle unter Verwendung folgender Konten (bestandsorientierte Buchung):

(1) Rohstoffe (2000)
(2) Hilfsstoffe (2020)
(3) Nachlässe für Rohstoffe (2002)
(4) Nachlässe für Hilfsstoffe (2022)
(5) Vorsteuer (2600)
(6) Umsatzsteuer (4800)
(7) Verbindlichkeiten a. L. u. L. (4400)
(8) Forderungen a. L. u. L. (2400)
(9) Guthaben bei Kreditinstituten (2800)

	Soll	Haben
a. Kauf von Hilfsstoffen auf Ziel	2 5	7
b. Buchung eines Bonus auf die gesamten Rohstofflieferungen des laufenden Geschäftsjahres	7	3 5
c. Gutschrift eines Hilfsstofflieferanten wegen mangelhafter Lieferung (Ware wurde zurückgeschickt)	7	2 5
d. Banküberweisung für eine Hilfsstoffrechnung unter Abzug von Skonto	7	9 4 5
e. Gutschrift eines Rohstofflieferanten wegen mangelhafter Lieferung (Ware wurde nicht zurückgeschickt)	7	3 5

4 Die P. Klein KG in Chemnitz lieferte am 10.09.20.. Rohstoffe an die W. Uhr Maschinenbau GmbH in Herford.

Überweisungsauftrag an
Deutsche Bank
Aktiengesellschaft
Bankleitzahl des Auftraggebers
Bitte möglichst in >GROSSBUCHSTABEN< ausfüllen.
Empfänger: Name, Vorname / Firma: P. KLEIN KG CHEMNITZ
Konto-Nr. des Empfängers: 3721960
Empfänger-Bankleitzahl: 84060100
bei (Kreditinstitut): DEUTSCHE BANK CHEMNITZ
EUR Betrag: 98346,36
Kunden-Referenznummer (Verwendungszweck): KDNR. 6720 RGNR. 3799 v. 10.9.
noch Verwendungszweck: ABZÜGL. 3 PROZ. SKONTO
Kontoinhaber: Name, Vorname / Firma: W. UHR GmbH HERFORD
Konto-Nr. des Kontoinhabers: 7632-110
Ausführungs-Datum TTMMJJ
24
02-180 6 97
15.09.20.. Datum
Unterschrift

	Soll	Haben
a. Wie wird der Beleg bei der Uhr GmbH gebucht?	6	9 3 7

(1) Aufwendungen für Rohstoffe (6000)
(2) Bezugskosten für Rohstoffe (6001)
(3) Nachlässe für Rohstoffe (6002)
(4) Erlösberichtigungen (5001)
(5) Forderungen a. L. u. L. (2400)
(6) Verbindlichkeiten a. L. u. L. (4400)
(7) Vorsteuer (2600)
(8) Umsatzsteuer (4800)
(9) Guthaben bei Kreditinstituten (2800)

b. Wie hoch war der Bruttorechnungsbetrag? [101.388,00]

c. Welcher Skontobetrag wurde abgezogen? [3.041,64]

d. Über welchen Betrag lautet die Vorsteuerberichtigung? [485,64]

Welche Buchungen ergeben sich im Zusammenhang mit dem Warenverkauf?

Warenverkäufe/ Sofortrabatte	Die auf den Ausgangsrechnungen aufgeführten Sofortrabatte werden wie im Einkaufsbereich buchhalterisch **nicht gesondert erfasst**.
Besonderheiten	Die Besonderheiten im Verkaufsbereich sind wie im Einkaufsbereich (siehe S. 152 bzw. 154) die **Rücksendungen** von Waren, Nachlässe für mangelhaft gelieferte Waren, Gewährung von **Kundenboni** und **Kundenskonti**.
Vertriebsaufwendungen	Die im Rahmen eines Marketingkonzeptes üblichen Vergünstigungen für die Kunden, wie z. B. die Übernahme der Kosten für die Warenzustellung (Ausgangsfrachten) oder andere Vertriebsaufwendungen (Verpackungsmaterial, Vertriebsprovisionen), werden auf gesonderten Konten gebucht.
Geschäftsfälle	*1. Ausgangsrechnung: Verkauf von Fertigerzeugnissen auf Ziel (frei Haus); Rechnungsbetrag, netto 22 400,00 EUR + 19 % USt. (4 256,00 EUR)* *2. Ein Teil einer Warenlieferung war mangelhaft und wird vom Kunden zurückgeschickt. Wir erteilen eine Gutschrift in Höhe von netto 3 000,00 EUR + 19 % USt. (570,00 EUR) (**Umsatzsteuerberichtigung**).* *3. Nach telefonischer Rücksprache behält der Kunde eine Warenlieferung, die mit geringen Mängeln behaftet ist. Wir sagen ihm einen Preisnachlass zu und erteilen ihm eine Gutschrift von netto 2 100,00 EUR + 19 % USt. (399,00 EUR) (**Umsatzsteuerberichtigung**).* *4. Am Jahresende gewähren wir dem Kunden auf alle Rechnungen einen zusätzlichen Bonus von 11 900,00 EUR (inkl. 19 % USt. = 1 900,00 EUR; **Umsatzsteuerberichtigung**).* *5. Der Kunde zahlt unsere Ausgangsrechnung (Brutto-Rechnungsbetrag 47 600,00 EUR) unter Abzug von 2 % Skonto (Brutto-Skonto 952,00 EUR; **Umsatzsteuerberichtigung** 152,00 EUR) per Banküberweisung, Überweisungsbetrag 46 648,00 EUR.* *6. Wir erhalten vom Handelsvertreter die Abrechnung über die Vertriebsprovisionen; netto 17 000,00 EUR + 19 % USt. (3 230,00 EUR).* *7. Eingangsrechnung über Verpackungsmaterial für die Abteilung Versand 5 000,00 EUR + 19 % USt. (950,00 EUR).* *8. Die Warenlieferung aus Fall 1 wird von einem Spediteur übernommen. Eingangsrechnung über Frachtkosten netto 1 900,00 EUR + 19 % USt. (361,00 EUR).*

Konten		
	5001 Erlösberichtigungen für eigene Erzeugnisse 5101 Erlösberichtigungen für Waren	Diese Konten sind jeweils Unterkonten der Hauptkonten Umsatzerlöse für eigene Erzeugnisse (5000) bzw. Umsatzerlöse für Waren (5100). Der Abschluss erfolgt über das jeweilige Hauptkonto.
	6040 Aufw. f. Verpackungsmaterial 6140 Frachten und Fremdlager 6150 Vertriebsprovisionen	Diese Konten sind jeweils separate Aufwandskonten, die am Ende der Abrechnungsperiode über das GuV-Konto (9300) abgeschlossen werden.

Grundbuch	Nr.	**Soll**			an	**Haben**		
	1	2400	Forderungen a. L. u. L.	26 656,00		5000 4800	Umsatzerlöse für eigene Erzeugnisse Umsatzsteuer	22 400,00 4 256,00
	2	5000 4800	Umsatzerlöse für eigene Erzeugnisse Umsatzsteuer	3 000,00 570,00		2400	Forderungen a. L. u. L.	3 570,00
	3	5001 4800	Erlösberichtigungen Umsatzsteuer	2 100,00 399,00		2400	Forderungen a. L. u. L.	2 499,00
	4	5001 4800	Erlösberichtigungen Umsatzsteuer	10 000,00 1 900,00		2400	Forderungen a. L. u. L.	11 900,00
	5	2800 5001 4800	Guthaben bei Kreditinstituten Erlösberichtigungen Umsatzsteuer	46 648,00 800,00 152,00		2400	Forderungen a. L. u. L.	47 600,00
	6	6150 2600	Vertriebsprovisionen Vorsteuer	17 000,00 3 230,00		4400	Verbindlichkeiten a. L. u. L.	20 230,00
	7	6040 2600	Aufw. f. Verpackungsm. Vorsteuer	5 000,00 950,00		4400	Verbindlichkeiten a. L. u. L.	5 950,00
	8	6140 2600	Frachten u. Fremdlager Vorsteuer	1 900,00 361,00		4400	Verbindlichkeiten a. L. u. L.	2 261,00
Hauptbuch	Siehe Seite 158							

Kontenplan für die Aufgaben 1–3:

(1) Forderungen a. L. u. L. (2400)
(2) Guthaben bei Kreditinstituten (2800)
(3) Vorsteuer (2600)
(4) Verbindlichkeiten a. L. u. L. (4400)
(5) Umsatzsteuer (4800)
(6) Rohstoffe (2000)
(7) Bezugskosten (2001)
(8) Nachlässe (2002)
(9) Fertige Erzeugnisse (2200)
(10) Vertriebsprovisionen (6510)
(11) Aufwendungen für Verpackungsmaterial (6040)
(12) Frachten und Fremdlager (6140)
(13) Umsatzerlöse für eigene Erzeugnisse (5000)
(14) Erlösberichtigungen (5001)

Die Belege sind aus der Sicht der wwh GmbH zu buchen.

Soll | Haben

1 Bilden Sie den Buchungssatz zu Beleg 1.

2 Bilden Sie den Buchungssatz zu Beleg 2.

3 Bilden Sie den Buchungssatz für die Bezahlung per Banküberweisung unter Abzug von Skonto zu Beleg 1.

Soll | Haben

4 Bilden Sie die Buchungssätze zu folgenden Geschäftsfällen:

a. Der Kunde zahlt die Rechnung per Banküberweisung unter Abzug von Skonto
b. Kauf von Versandverpackungen auf Ziel + Umsatzsteuer
c. Ihre Waren werden durch einen Paketzustellungsdienst an den Kunden ausgeliefert. Sie erhalten eine Rechnung des Zustellungsdienstes.
d. Zahlung der Handelsvertreterprovision (einschließlich Umsatzsteuer) per Banküberweisung
e. Der Kunde schickt die Waren wegen Mängeln zurück. Sie erteilen Ihrem Kunden eine Gutschrift.

5 Welche der folgenden Aussagen zum Beleg 1 trifft zu? ____________

(1) Sonderrabatte vermindern die Umsatzerlöse und sind deshalb auf einem gesonderten Konto zu buchen.

(2) Sonderrabatte können ausschließlich bei langjähriger Geschäftsbeziehung gewährt werden.

(3) Wird ein Sonderrabatt gewährt, darf der Kunde keinen Skontoabzug vornehmen.

(4) Der Sonderrabatt vermindert den Bruttorechnungsbetrag um 594,40 EUR.

(5) Der Sonderrabatt vermindert den Nettowert einer Espressomaschine um 297,20 EUR.

wwh Gmbh

wwh GmbH • Helene-Weber-Weg 9 • 33607 Bielefeld

Helene-Weber-Weg 9
33607 Bielefeld

Meistermann GmbH
Alte Landwehrstr. 22
32423 Minden

Beleg ①

Tel.: 05207 801022
Fax: 05207 801013
Mobil: 0171 302560
E-Mail: wwh@t-online.de

RECHNUNG
Nr. 1543299-20..

Rechn.-Datum:	**15.05.20..**
Kunden-Nr.:	**34599**
Auftrags-Nr.:	**9099844**
Lieferdatum:	**14.05.20..**

Posten	Bezeichnung	Einheit	Menge	Preis	Gesamt
1	Ormito Espressomaschine Mod. 650	St.	2	1.486,00 EUR	2.972,00 EUR
2	Sonderrabatt 20%				594,40 EUR
3	Versandkosten				18,40 EUR

Nettopreis		2.396,00 EUR
+ MwSt.	**19%**	455,24 EUR
Gesamtpreis		2.851,24 EUR

Zahlbar innerhalb von 8 Tagen mit 2 % Skonto; 30 Tage netto Kasse

Bankverbindungen:
Sparkasse Bielefeld, BLZ 48050161, Kto.-Nr. 1324565445
Commerzbank Bielefeld, BLZ 4805388, Kto.-Nr. 5666654511
USt.-Id.: DE 93518455 St.-Nr.: 458/575/6555

Geschätsführerin: Uta Box
Sitz und Registergericht
Bielefeld HR B 1590

Spedition Schürkamp GmbH

Schürkamp GmbH * Braunschweiger Str. 4 * 33610 Bielefeld

wwh GmbH
Helene-Weber-Weg 5
33607 Bielefeld

Beleg ②

RECHNUNG

Kunden-Nr.: **33456**
Rechn.-Nr.: **9799808**
Frachtbrief-Nr. **1300-2399**
Datum: **23.04.20..**

	Gesamt
Stückguttransport auf Europaletten (Lieferung an einen Ihrer Kunden) Abholadresse: wwh GmbH, Helene-Weber-Weg 5, 33607 Bielefeld Lieferadresse: Josef Menke e.K., Bahnhofstr. 17, 93047 Regensburg	680,00 Euro

Nettopreis		680,00 Euro
+ MwSt.	**19%**	129,20 Euro
Gesamtpreis		809,20 Euro

Es gelten unsere allgemeinen Geschäftsbedingungen. • Tel.: 05221 920000 • Fax: 05221 920100 • E-Mail: info@brickmann.de • Sparkasse Herford • BLZ 494 501 20 • Kto.-Nr. 90546454 • Deutsche Bank AG • BLZ 250 100 00 • Kto.-Nr. 858585
USt.ID.: DE 26841782 ST.-Nr.: 782/809/9824

Wie erfolgt der Abschluss der Konten, die mit dem Warenverkauf zusammenhängen?

Geschäftsfälle

Die Geschäftsfälle 1. bis 8. der Seite 156 werden im Hauptbuch unten dargestellt.

9. Umbuchung des Saldos auf dem Konto Provisionen
10. Umbuchung des Saldos auf dem Konto Verpackungsmaterial
11. Umbuchung des Saldos auf dem Konto Ausgangsfrachten
12. Umbuchung des Saldos auf dem Unterkonto Erlösberichtigungen
13. Umbuchung des Saldos auf dem Unterkonto Warenverkauf

Grundbuch

Nr.	Soll			an	Haben		
9	8020	GuV	17 000,00		6150	Vertriebsprovisionen	17 000,00
10	8020	GuV	5 000,00		6040	Aufw. f. Verp.material	5 000,00
11	8020	GuV	1 900,00		6140	Frachten u. Fremdlager	1 900,00
12	5000	Umsatzerlöse für eigene Erzeugnisse	12 900,00		5001	Erlösberichtigungen	12 900,00
13	5000	Umsatzerlöse für eigene Erzeugnisse	99 100,00		8020	GuV	99 100,00

S	6150 Vertriebsprovisionen (Aufwandskonto)		H
(6) Provisionen	1 700,00	(9) GuV	17 000,00

S	6040 Aufw. f. Verp.material (Aufwandskonto)		H
(7) Verp.material	5 000,00	(10) GuV	5 000,00

S	6140 Frachten und Fremdlager (Aufwandskonto)		H
(8) Ausg.frachten	1 900,00	(11) GuV	1 900,00

S	5000 Umsatzerlöse für eigene Erzeugnisse (Ertragskonto)		H
(2) Rücksendungen	3 000,00	Gesamte Warenverkäufe einschließlich (1)	115 000,00
(12) Saldo Erlösberichtigungen	12 900,00		
(13) Saldo (GuV)	99 100,00		

S	5001 Erlösberichtigungen (Unterkonto von 5000 Umsatzerlöse für eigene Erzeugnisse)		H
(3) Nachlässe	2.100,00	(12) Saldo	12 900,00
(4) Bonus	10.000,00		
(5) Skonto	800,00		

S	8020 Gewinn- und Verlustkonto (GuV)		H
Aufwendungen f. Rohstoffe	...	(13) Umsatzerlöse	99 100,00
Aufwendungen f. Vorprodukte etc.	...		
(9) Vertriebsprovisionen	17 000,00		
(10) Aufw. für Verpackungsmaterial	5 000,00		
(11) Frachten und Fremdlager	1 900,00		

S	2600 Vorsteuer		H
(6)	3 230,00		
(7)	950,00		
(8)	361,00		

S	4800 Umsatzsteuer		H
(2)	570,00	Ges. Umsatzst. einschl. (1)	18 400,00
(3)	399,00		
(4)	1 900,00		
(5)	152,00		

Umsatzsteuer-berichtigungen (↑ bezieht sich auf die Sollbuchungen (2)–(5) im Konto 4800)

1 Welche der unten stehenden Aussagen treffen zu? ☐ ☐

(1) Preisnachlässe an Kunden sind eine Verringerung der Umsatzerlöse. Sie vermindern den Umsatzerlös um den Betrag des Warenwertes. Die Umsatzsteuer muss entsprechend korrigiert werden.

(2) Kundenskonti sind Erträge.

(3) Bei Zahlung des Kunden unter Abzug von Skonti muss das Konto 2600 Vorsteuer berichtigt werden.

(4) Das Konto 5001 Erlösberichtigungen wird am Ende der Abrechnungsperiode über das Konto GuV abgeschlossen.

(5) Wenn Skonto vom Brutto-Rechnungsbetrag abgezogen wird, entspricht der Abzugsbetrag 119 %. Er setzt sich aus 100 % Warenwert und 19 % Umsatzsteueranteil zusammen.

2 Wie wirken sich Nachlässe an Kunden und Kundenskonti auf die Umsatzsteuer aus? ☐

(1) Sie mindern die Umsatzsteuer.

(2) Die Umsatzsteuer wird nicht beeinflusst, da sie jeweils beim Verkauf anfällt.

(3) Lediglich die Vorsteuer wird betroffen.

(4) Es werden sowohl Vor- als auch Umsatzsteuer beeinflusst.

(5) Die Umsatzsteuer wird um 19 % korrigiert.

3 Zu welchem Zeitpunkt kann der Skontoabzug des Kunden gebucht werden? ☐

(1) Sofort bei Rechnungsstellung.

(2) Da der Skontoabzug des Kunden eine Vergütung für kurzfristige Zahlung ist, erst bei Zahlung des Rechnungsbetrages.

(3) Der Skontobetrag wird jeweils vor Ablauf des Zahlungsziels gebucht.

(4) Der Skontoabzug wird bei der Überweisung der Zahllast gebucht.

(5) Der Skontoabzug wird am Ende des Abbuchungsjahres gebucht.

4 Welcher Buchungssatz trifft für folgenden Geschäftsfall zu? (USt. 19 %) ☐

„Unser Kunde zahlt AR 118, Rechnungsbetrag 1 523,20 EUR unter Abzug von 2 % Skonto durch Banküberweisung."

			Soll	Haben
(1)	2800	Guthaben bei Kreditinstituten	1 523,80	
	an	2400 Forderungen a. L. u. L.		1 280,00
		4800 Umsatzsteuer		243,20
(2)	4400	Verbindlichkeiten a. L. u. L.	1 492,74	
	an	2800 Guthaben bei Kreditinstituten		1 492,74
(3)	2800	Guthaben bei Kreditinstituten	1 492,74	
	5001	Erlösberichtigungen	25,60	
	4800	Umsatzsteuer	4,86	
	an	2400 Forderungen a. L. u. L.		1 523,20
(4)	2800	Guthaben bei Kreditinstituten	1 523,20	
	5001	Erlösberichtigungen	25,60	
	4800	Umsatzsteuer	4,86	
	an	2400 Forderungen		1 553,66

(9) Keiner der genannten Buchungssätze trifft zu.

5 Das Unternehmen Helmut Gehrmann KG, Zwickau, entnimmt am Ende des Geschäftsjahres folgende Zahlen aus der Finanzbuchhaltung:

S	5000 Umsatzerlöse		H
Rücksendung	33 000,00	Summe	280 700,00

S	5001 Erlösberichtigungen		H
Nachlässe	13 000,00		
Boni	8 300,00		
Skonti	17 400,00		

S	6040 Aufw. f. Verpackungsmaterial		H
Summe	5 100,00		

S	6140 Frachten und Fremdlager		H
Summe	8 400,00		

S	6150 Vertriebsprovisionen		H
Summe	9 200,00		

S	8020 GuV		H
Restl. Aufw.	116 000,00	Restl. Erträge	24 500,00

Die Konten der H. Gehrmann KG sind abzuschließen.

Bilden Sie die Buchungssätze...

		Soll	Haben
a.	... zum Abschluss des Kontos Erlösberichtigungen.	☐	☐
b.	... zum Abschluss des Kontos Vertriebsprovisionen.	☐	☐
c.	... zum Abschluss des Kontos Umsatzerlöse.	☐	☐

Ermitteln Sie nach Abschluss der Konten

d. den Saldo auf dem Konto Erlösberichtigungen. ☐

e. den Saldo auf dem Konto Umsatzerlöse. ☐

f. den Reingewinn des Unternehmens. ☐

6 Welche Aussagen zu folgendem Buchungssatz (19 % USt.) treffen zu? ☐ ☐

		Soll	Haben
2800	Bank	17 314,50	
5001	Erlösberichtigungen	450,00	
4800	Umsatzsteuer	85,50	
an	2400 Forderungen a. L. u. L.		17 850,00

(1) Ein Mitarbeiter der Abteilung Verkauf stellt eine Gutschrift für einen Kunden wegen mangelhaft gelieferter Produkte aus.

(2) Wir erhalten eine Gutschrift auf unserem Bankkonto. Der Kunde zahlt unter Abzug von 2 % Skonto.

(3) Die dieser Gutschrift zugrunde liegende Ausgangsrechnung hatte einen Netto-Warenwert von 15 000,00 EUR.

(4) Der Kunde hat bei der Überweisung insgesamt 535,50 EUR vom ursprünglichen Brutto-Rechnungsbetrag subtrahiert.

(5) Die Erlösberichtigungen erhöhen den Gewinn des Unternehmens.

Wie wird der Warenrohgewinn bei Handelswaren ermittelt?

Warenrohgewinn

Auf dem GuV-Konto werden den Aufwendungen für die Wareneinkäufe die Erträge für die Warenverkäufe gegenübergestellt. Dabei ergeben sich folgende Gleichungen:

- ▷ Umsatzerlöse für Waren – Aufwendungen für Waren **(Wareneinsatz)** = Warenrohgewinn
- ▷ Warenrohgewinn + übrige Erträge (Zinserträge, Provisionserträge, usw.) – übrige Aufwendungen (Gehälter, Mieten, usw.) = Reingewinn

Die Höhe des **Wareneinsatzes** wird ermittelt, indem die Aufwendungen für Waren (Wareneinkäufe) um die Bestandsveränderungen an Waren (Anfangsbestand stimmt mit Schlussbestand nicht überein) bereinigt werden.

Wie wird ein Mehrbestand an Handelswaren buchhalterisch erfasst?

Mehrbestand

Am Ende einer Abrechnungsperiode wird festgestellt, dass mehr Waren gekauft als verkauft wurden (Einkaufsmenge > Verkaufsmenge). Für diesen Fall gilt: **Schlussbestand an Waren > Anfangsbestand an** Waren.

Geschäftsfälle

1. Buchen des Anfangsbestandes an Waren, 60 000,00 EUR
2. Wareneinkäufe auf Ziel (gesamt), netto 240 000,00 € + 19 % USt. = 45 600,00 EUR
3. Buchen des Schlussbestandes an Waren, 90 000,00 EUR
4. Buchen des Saldos auf dem Konto Warenbestand (Mehrbestand)
5. Buchen des Wareneinsatzes

Grundbuch

Nr.		**Soll**		an		**Haben**	
1	2280	Handelswaren	60 000,00		8000	EBK	60 000,00
2	6060 2600	Aufw. für Handelswaren Vorsteuer	240 000,00 45 600,00		4400	Verbindlichkeiten	285 600,00
3	8010	SBK	90 000,00		2280	Handelswaren	30 000,00
4	2280	Handelswaren	30 000,00		6060	Aufw. für Handelswaren	30 000,00
5	8020	GuV-Konto	210 000,00		6060	Aufw. für Handelswaren	210 000,00

Hauptbuch

S	2280 Handelswaren		H
(1)	60 000,00	(3)	90 000,00
(4)	30 000,00		

S	6060 Aufw. f. Handelswaren		H
(2)	240 000,00	(4)	30 000,00
		(5)	210 000,00

S	8010 SBK		H
(3)	90 000,00		

S	8020 GuV		H
(5)	210 000,00		

Wie wird ein Minderbestand an Handelswaren buchhalterisch erfasst?

Minderbestand

Am Ende einer Abrechnungsperiode wird festgestellt, dass mehr Waren verkauft als eingekauft wurden (Einkaufsmenge < Verkaufsmenge). Für diesen Fall gilt: **Anfangsbestand an Waren > Schlussbestand an Waren**

Geschäftsfälle

1. Buchen des Anfangsbestandes an Waren, 80 000,00 EUR
2. Wareneinkäufe auf Ziel (gesamt), netto 240 000,00 EUR + 19 % USt. 45 600,00 EUR
3. Buchen des Schlussbestandes an Waren, 30 000,00 EUR
4. Buchen des Saldos auf dem Konto Warenbestand (Minderbestand)
5. Buchen des Wareneinsatzes

Grundbuch

Nr.		**Soll**		an		**Haben**	
1	2280	Handelswaren	80 000,00		8000	EBK	80 000,00
2	6060 2600	Aufw. für Handelswaren Vorsteuer	240 000,00 45 600,00		4400	Verbindlichkeiten	285 600,00
3	8010	SBK	30 000,00		2280	Handelswaren	30 000,00
4	6060	Aufw. für Handelswaren	50 000,00		2280	Handelswaren	50 000,00
5	8020	GuV-Konto	290 000,00		6060	Aufw. für Handelswaren	290 000,00

Hauptbuch

S	2280 Handelswaren		H
(1)	80 000,00	(3)	30 000,00
		(4)	50 000,00

S	6060 Aufw. f. Handelswaren		H
(2)	240 000,00	(5)	290 000,00
(4)	50 000,00		

S	8010 SBK		H
(3)	30 000,00		

S	8020 GuV		H
(5)	290 000,00		

1 Buchen Sie unten stehende Geschäftsfälle unter Verwendung folgender Konten:

(1) EBK
(2) Handelswaren
(3) Vorsteuer
(4) Umsatzsteuer
(5) Aufwendungen für Handelswaren
(6) Forderungen
(7) Verbindlichkeiten
(8) GuV
(9) SBK

	Soll	Haben
a. Buchen des Anfangsbestandes an Waren	☐	☐
b. Wareneinkauf auf Ziel	☐☐	☐☐
c. Buchen des Schlussbestandes an Waren	☐	☐
d. Buchen des Saldos auf dem Konto Warenbestand (AB > SB)	☐	☐
e. Buchen des Saldos auf dem Konto Warenbestand (SB > AB)	☐	☐
f. Buchen des Wareneinsatzes	☐	☐

2 Der Anfangsbestand an Waren betrug 65 000,00 EUR, der Schlussbestand lt. Inventur betrug 92 700,00 EUR, Einkauf von Waren 150 500,00 EUR (netto), Verkauf von Waren 190 500,00 EUR (netto), Summe der sonstigen Aufwendungen 55 400,00 EUR, Summe der sonstigen Erträge 8100,00 EUR.

Wie hoch ist der Reingewinn des Jahres? ☐

(1) 40 000,00 EUR

(2) 20 400,00 EUR

(3) 48 100,00 EUR

(4) 27 700,00 EUR

(5) 47 300,00 EUR

3 Das GuV-Konto eines Unternehmens weist am Jahresende folgende Zahlen aus:

Soll	8020 GuV-Konto		Haben
Aufwendungen für Waren	120 000,00	Umsatzerlöse	340 000,00
Gehälter	85 000,00	Zinserträge	53 000,00
Miete	57 000,00		
Zinsaufw.	13 000,00		

Tragen Sie als Ergebnis eine (9) ein, wenn die Berechnung aufgrund fehlender Angaben nicht durchgeführt werden kann.

Ermitteln Sie

a. den Schlussbestand an Waren. ☐

b. den Warenrohgewinn (-verlust). ☐

c. den Reingewinn (-verlust). ☐

4 Welche der folgenden Gleichungen sind falsch? ☐ ☐

(1) Wareneinkäufe – Wert der Bestandsminderung = Warenaufwand

(2) Schlussbestand an Waren < Anfangsbestand an Waren = Bestandsminderung

(3) Anfangsbestand an Waren + Rohgewinn = Schlussbestand an Waren

(4) Wareneinsatz = Aufwendungen für Waren

(5) Schlussbestand an Waren > Anfangsbestand an Waren = Bestandserhöhung

5 Prüfen Sie die unten aufgeführten Berechnungen. Tragen Sie in die jeweiligen Kästchen ein, ob es sich bei dem Ergebnis um

(1) den Reingewinn,
(2) den Rohgewinn,
(3) keines von beiden

handelt.

a. Umsatzerlöse – Wareneinsatz ☐

b. Umsatzerlöse – weitere Aufwendungen ☐

c. Umsatzerlöse + Summe der anderen Erträge – Wareneinsatz – Summe der anderen Aufwendungen ☐

d. Umsatzerlöse – Rohgewinn ☐

6 Der Wareneinsatz in einem Geschäftsjahr beträgt 260 000,00 EUR.

Mit welchem Betrag sind die Wareneinkäufe im Geschäftsjahr anzusetzen, wenn ...

a. ... ein Minderbestand an Waren von 32 000,00 EUR vorliegt? ☐

b. ... ein Mehrbestand an Waren von 19 000,00 EUR vorliegt? ☐

7 Wie lautet der Buchungssatz für die Buchung des Wareneinsatzes, wenn

a. ein Minderbestand vorliegt, ☐

b. ein Mehrbestand vorliegt? ☐

(1) 6060 Aufwendungen für Waren
an 2280 Handelswaren

(2) 5000 Umsatzerlöse
an 8020 GuV-Konto

(3) 2280 Handelswaren
an 6060 Aufwendungen für Waren

(4) 8020 GuV-Konto
an 3000 Eigenkapital

(5) 8020 GuV-Konto
an 6060 Aufwendungen für Waren

Beschreiben Sie die Positionen einer Entgeltabrechnung und ermitteln Sie die Nettovergütung.

SCHULZ & SOHN KG – METALLWARENFABRIK

Entgeltabrechnung **Monat:** Januar 20..

Giesselmann, Rüdiger Ringstr. 8 04209 Leipzig Pers. Nr.: 104 Abteilung: Versand	**Persönliche Daten:** **Steuerklasse:** eins **Kinderzahl:** 0 **Kinderfreibeträge:** 0 **Konfession:** ev. **Freibetrag (mtl./jährl.):** 120,00 / 1 440,00 ⑯

Brutto		**Abzüge**	
Entgelt	3 000,00 ①	*Gesetzliche Abzüge:*	
VL-Zulage	20,00 ②		
		Lohnsteuer	616,00 ④
einmalige Sonderzuwendung	300,00 ③	Kirchensteuer	55,00
		Solidaritätszuschlag	34,00
		Rentenversicherung Arbeitnehmer	330,34 ⑤
		Krankenversicherung Arbeitnehmer	262,28 ⑥
		Arbeitslosenversicherung Arbeitnehmer	46,48 ⑦
		Pflegeversicherung Arbeitnehmer	40,67 ⑧
		Persönliche Abzüge:	
		Vermögenswirksame Leistungen	40,00 ⑨
		Gehaltsvorschuss	200,00 ⑩
Gesamt	3.320,00	**Gesamt**	1 624,77

Auszahlungsbetrag	**sozialvers.-pflichtiges Entgelt**	**steuerpflichtiges Entgelt**	**Sozialvers.-Beiträge/ Arbeitnehmer**	**Sozialvers.-Beiträge/ Arbeitgeber**
1 695,23 ⑪	3 320,00 ⑫	3 200,00 ⑬	679,77 ⑭	641,59 ⑮

Erläuterungen:

① Die Höhe des Entgeltes ist im Tarifvertrag der entsprechenden Branche festgelegt bzw. wurde einzelvertraglich ausgehandelt.

② Zuschuss des Arbeitgebers zu den vermögenswirksamen Leistungen ⑨ des Arbeitnehmers, der im Tarifvertrag festgelegt ist bzw. vom Arbeitgeber freiwillig gezahlt wird.

③ sonstige Leistungen des Arbeitgebers (z. B. 13. Monatsgehalt, Kontoführungsgebühren), die sowohl steuer- als auch sozialversicherungspflichtig sind

④ Die Lohn- und Kirchensteuer sowie der Solidaritätszuschlag werden mithilfe der Lohnsteuertabelle ermittelt (notwendige Angaben: ⑬, Steuerklasse, Kinderfreibeträge).

⑤ Beitragshöhe: 19,9 % (2010) von ⑫. Dieser Beitrag wird je zur Hälfte vom Arbeitgeber und vom Arbeitnehmer aufgebracht (Arbeitnehmeranteil demnach 9,95 %).

⑥ Beitragshöhe Arbeitnehmer: 7,9 % (einschließlich Sonderbeitrag von 0,9 %), Arbeitgeber: 7,0 % (2010)

⑦ Beitragshöhe: 2,8 % (2010) von ⑫ (Arbeitgeber und Arbeitnehmer je zur Hälfte 1,40 %)

⑧ Beitragshöhe: 1,95 % (2010) von ⑫ (Arbeitgeber und Arbeitnehmer je zur Hälfte 0,975 %), kinderlose Versicherte zahlen einen Aufschlag von 0,25 %, wenn sie über 23 Jahre alt sind, also insgesamt einen Arbeitnehmeranteil von 1,225 %.

⑨ Sparbeiträge des Arbeitnehmers, die vermögenswirksam angelegt werden (z. B. Bausparverträge, Erwerb von Kapitalbeteiligungen)

⑩ individuelle Abzüge wie z. B. Tilgung eines Arbeitgeberdarlehens, Lohnpfändung

⑪ Dieser Betrag wird auf das Girokonto des Arbeitnehmers überwiesen (Gesamtbruttoentgelt – Gesamtabzüge = Auszahlungsbetrag).

⑫ ist i. d. R. mit dem Gesamtbruttoentgelt identisch

⑬ Vom Gesamtbruttoentgelt wird der monatliche Steuerfreibetrag ⑯ abgezogen. Der Steuerfreibetrag ist auf der Lohnsteuerkarte des Arbeitnehmers vermerkt.

⑭ Summe der Sozialversicherungsbeiträge ⑤ + ⑥ + ⑦ + ⑧ des Arbeitnehmers

⑮ Der Arbeitgeber trägt zur Hälfte den Beitrag für die Rentenversicherung, 9,95 % (2010), Krankenversicherung, 7,0 % (2010), Arbeitslosenversicherung, 1,40 % (2010) und die Pflegeversicherung, 0,975 % (2010).
Summe: 19,325 %.

⑯ Der Freibetrag wird auf Antrag vom Finanzamt auf der Lohnsteuerkarte eingetragen.

1 Welche der unten aufgeführten Positionen einer Entgeltabrechnung erhöht den auszuzahlenden Betrag? ______ ☐

(1) Lohnsteuer

(2) Kirchensteuer

(3) vermögenswirksame Leistungen des Arbeitnehmers

(4) Zulage des Arbeitgebers zu den vermögenswirksamen Leistungen

(5) Arbeitnehmeranteil zur Sozialversicherung

2 Tragen Sie die Ziffer der falschen Berechnung in das Kästchen ein. ______ ☐

(1) Entgelt
+ vermögenswirksame Zulage des Arbeitgebers
+ sonstige Leistungen des Arbeitgebers (soweit sie nicht steuerfrei sind)
= steuerpflichtiges Entgelt (ohne Freibetrag auf der Lohnsteuerkarte)

(2) Lohnsteuer
+ Kirchensteuer
+ Solidaritätszuschlag
+ Arbeitnehmeranteil zur Krankenversicherung
+ Arbeitnehmeranteil zur Rentenversicherung
+ Arbeitnehmeranteil zur Arbeitslosenversicherung
+ Arbeitnehmeranteil zur Pflegeversicherung
= gesetzliche Abzüge vom gesamten Bruttogehalt

(3) gesamtes Bruttoentgelt
– gesamte Abzüge
+ verrechneter Gehaltsvorschuss
= Auszahlungsbetrag

(4) Arbeitnehmeranteil zur Sozialversicherung
+ Arbeitgeberanteil zur Sozialversicherung (inkl. Beiträge für die Unfallversicherung)
= gesamte Sozialversicherungsbeiträge

(5) $\frac{\text{jährlicher Steuerfreibetrag}}{12}$ = monatlicher Steuerfreibetrag

3 Welche Aussage trifft zu?

Die Kirchensteuer beträgt 8 % bzw. 9 % … ______ ☐

(1) … des Gehaltes/Lohnes.

(2) … der Lohnsteuer.

(3) … des Solidaritätszuschlags.

(4) … des Kinderfreibetragsanteils.

(5) … des Nettogehaltes/Nettolohnes.

4 Welches der unten stehenden Entgelte ist steuer- und sozialversicherungsfrei? ______ ☐

(1) Bruttoentgelt

(2) Mehrarbeitsvergütung

(3) Kontoführungsgebühren

(4) 50 % Zuschlag zum Grundlohn für Sonntagsarbeit

(5) Urlaubsgeld

5 Welcher Beitrag gehört nicht zu den Sozialversicherungsbeiträgen? ______ ☐

Beitrag für

(1) Arbeitslosenversicherung

(2) Rentenversicherung

(3) gesetzliche Unfallversicherung

(4) Krankenversicherung

(5) Lebensversicherung

6 Welche der nachstehenden Entgelte sind steuer- und sozialversicherungsfrei? ______ ☐

(1) Bruttogehalt

(2) Überstundenzuschlag

(3) Zuschuss des Arbeitgebers zu den vermögenswirksamen Leistungen des Arbeitnehmers

(4) Lohnfortzahlung im Krankheitsfall

(5) Zuschläge für Nachtarbeit

7 Welche der aufgeführten Belastungen trägt der Arbeitnehmer allein? ______ ☐

(1) Arbeitslosenversicherungsbeiträge

(2) Lohnsteuer

(3) Rentenversicherungsbeiträge

(4) Krankenversicherungsbeiträge

(5) Beiträge zur gesetzlichen Unfallversicherung

8 Welche der folgenden Angaben hat für die Berechnung der Abzüge bzw. des Auszahlungsbetrages keine Bedeutung? ______ ☐

(1) Bruttoentgelt

(2) Steuerklasse

(3) Geschlecht

(4) vermögenswirksame Leistungen des Arbeitnehmers

(5) Anzahl der Kinderfreibeträge

9 Bei welchen Positionen kann es sich nicht um einen Abzug vom Bruttomonatsverdienst handeln? ______ ☐ ☐

(1) Gehalts-/Lohnpfändungen

(2) Beiträge des Arbeitnehmers zur betrieblichen Altersversorgung

(3) Beiträge des Arbeitgebers zur betrieblichen Altersversorgung

(4) Rentenversicherungsbeitrag des Arbeitnehmers

(5) Beitrag für die gesetzliche Unfallversicherung

Wie ermittelt man die Höhe der Lohnsteuer?

Erläuterungen:
① Eintragung der Steuerklasse
② Die Höhe der Kinderfreibeträge ist davon abhängig, ob der Kinderfreibetrag von 1,0 pro Kind auf beide Elternteile aufgeteilt wird (je 0,5) oder nicht.
③ Eine Eintragung in diesem Feld führt zu einem Kirchensteuerabzug. Ist ein Arbeitnehmer konfessionslos, bleibt dieses Feld frei. Der Kirchensteuerabzug entfällt dann.
④ In diesem Abschnitt werden Änderungen (z. B. der Steuerklasse), die im Laufe eines Jahres auftreten, von der jeweiligen Behörde eingetragen.
⑤ Auf Antrag kann ein Arbeitnehmer vor Beginn bzw. im Laufe des Arbeitsjahres Freibeträge für Werbungskosten und Sonderausgaben geltend machen. Diese vermindern das zu versteuernde Bruttoentgelt.

Lohnsteuertabelle

Erläuterungen zu dem Tabellenausschnitt auf der gegenüberliegenden Seite:
⑥ Diese Spalte beinhaltet die Bruttoentgelte. Wird ein angegebener Betrag überschritten, gilt der nächsthöhere Betrag.
⑦ Dieser Bereich gilt für alle Steuerklassen **ohne** Kinderfreibeträge.
⑧ Der Bereich gilt für die entsprechenden Steuerklassen **mit** Kinderfreibeträgen.
⑨ Dieser Bereich weist die **Höhe der Lohnsteuer** aus.
⑩ bzw. ⑫, ⑭, ⑯, ⑱: Hier wird die Höhe des Solidaritätszuschlages ausgewiesen.
⑪ bzw. ⑬, ⑮, ⑰, ⑲: Diese Bereiche geben die Höhe der Kirchensteuer an.

Beispiel zur Ermittlung der Lohn/Kirchensteuer und des SolZuschlags:
Arbeitnehmer Roland Godwin, Bruttomonatsentgelt 2 076,00 EUR, weitere Angaben lt. Lohnsteuerkarte:

Bruttomonatsentgelt	*2 076,00 EUR*
– monatlicher Steuerfreibetrag	*200,00 EUR*
= zu versteuerndes Entgelt	*1 876,00 EUR*

Steuerklasse vier/Zahl der Kinderfreibeträge 1,0. Hier ist nachzusehen in der Spalte ⑨ bzw. in den Spalten ⑭ und ⑮. Es ergeben sich folgende Werte: Lohnsteuer 301,06 EUR, SolZ 14,08 EUR, Kirchensteuer (für NRW 9 %) 23,03 EUR.

Alle Eintragungen in der Lohnsteuerkarte genau prüfen!
Lesen Sie die Informationsschrift „Lohnsteuer 20..“

Ordnungsmerkmale des Arbeitgebers

Lohnsteuerkarte 20..

Gemeinde und AGS
STADT 32006 HERFORD — AGS 05 7 58 008

Finanzamt und Nr.
FINANZAMT 32006 HERFORD — NR. 5324

Geburtsdatum 08.04.20..

I. Allgemeine Besteuerungsmerkmale
Steuerklasse: ① VIER — Kinder unter 18 Jahren: Zahl d. Kinderfreibeträge: 1,0 ②

ROLAND GODWIN
WERRESTR. 14

32006 HERFORD

Kirchensteuerabzug ③ EV

(Datum) 25.09.20..

(Gemeindebehörde) STADT HERFORD

II. Änderungen der Eintragungen im Abschnitt I ④

Steuerklasse	Zahl der Kinderfreibeträge	Kirchensteuerabzug	Diese Eintragung gilt, wenn sie nicht widerrufen wird:	Datum, Stempel und Unterschrift der Behörde
			vom 20.. an bis zum 31.12.20..	i. A.
			vom 20.. an bis zum 31.12.20..	i. A.
			vom 20.. an bis zum 31.12.20..	i. A.

III. Für die Berechnung der Lohnsteuer sind vom Arbeitslohn als steuerfrei **abzuziehen**:

Jahresbetrag €	monatlich €	wöchentlich €	täglich €	Diese Eintragung gilt, wenn sie nicht widerrufen wird:	Datum, Stempel und Unterschrift der Behörde
2 400	200	⑤ -	---	vom 01.01. 20.. an	24. NOV. 20..
in Buchstaben	zwei -tausend	vier	Zehner und Einer wie oben -hundert	bis zum 31.12.20..	i. A.
				vom 20.. an	
in Buchstaben	-tausend		Zehner und Einer wie oben -hundert	bis zum 31.12.20..	i. A.
Ggf. zusätzlich z. o.a.Freibetrag				vom 20.. an	
in Buchstaben bei der Tätigkeit als	-hundert (Zehner u. Einer wie oben)				i. A.

Lohnsteuerkarte

Welche Personalpapiere sind neben der Lohnsteuerkarte im Zusammenhang mit dem Beginn und der Beendigung eines Arbeitsverhältnisses notwendig?

Beitragsnachweis

Für jeden sozialversicherungspflichtigen Arbeitnehmer hat der Arbeitgeber Meldungen an den Sozialversicherungsträger (die jeweilige Krankenkasse) abzugeben über:

- ▷ Beginn und Ende der Beschäftigung
- ▷ monatliche Beitragsnachweise zur gesetzlichen Sozialversicherung:
  Die Beiträge für Arbeitnehmer werden spätestens am 25. eines Monats fällig, wenn das Arbeitsentgelt bis zum 15. dieses Monats fällig wurde; bei späterer Auszahlung des Arbeitsentgelts sind die Beiträge bis zum 15. des nächsten Monats zu überweisen. Beiträge für Minijobs müssen an die Bundesknappschaft in Essen gemeldet werden.
- ▷ Änderungen zur Sozialversicherungspflicht

Alle Unternehmen, die eine Software für die Lohn- und Gehaltsabrechnung einsetzen, müssen ihre Meldungen an die Sozialversicherer **elektronisch melden**.

Mitgliedsbescheinigung der Krankenkasse

Jeder Arbeitnehmer hat ein Wahlrecht für die Auswahl der Krankenkasse. Die Krankenkasse darf die Mitgliedschaft nicht ablehnen. Die gewählte Krankenkasse hat nach Ausübung des Wahlrechts unverzüglich eine Mitgliedsbescheinigung auszustellen (§ 175 Sozialgesetzbuch).

1 Welche Information kann nicht auf einer Lohnsteuerkarte vermerkt sein? ______ ☐

(1) Religionszugehörigkeit des Ehegatten

(2) Steuerklasse

(3) jährlicher/monatlicher Freibetrag

(4) Krankenkasse des Arbeitnehmers

(5) zuständiges Finanzamt

2 Ermitteln Sie mithilfe des unten stehenden Auszugs aus der Lohnsteuertabelle für folgende Mitarbeiter die jeweiligen Beträge:

a. Mitarbeiter U. Kleine-Piening, brutto 1 875,00 EUR; Steuerklasse III; Kinderfreibetrag 0,5; Kirchensteuer 8 %

aa. Lohnsteuer ______ ☐

ab. Kirchensteuer ______ ☐

ac. Solidaritätszuschlag ______ ☐

b. Mitarbeiterin B. Klinksiek, brutto 2 175,00 EUR; Steuerklasse I; Kinderfreibetrag 1,0; Kirchensteuer 9 %; jährl. Steuerfreibetrag 3 600,00 EUR

ba. Lohnsteuer ______ ☐

bb. Kirchensteuer ______ ☐

bc. Solidaritätszuschlag ______ ☐

c. Mitarbeiter K. Brokopf, brutto 1 876,00 EUR; Steuerklasse II; Kinderfreibetrag 2,0; konfessionslos

ca. Lohnsteuer ______ ☐

cb. Kirchensteuer ______ ☐

cc. Solidaritätszuschlag ______ ☐

3 Von welchen Institutionen erhält der Arbeitnehmer den Sozialversicherungsausweis? ______ ☐ ☐

(1) Bundesversicherungsanstalt für Angestellte
(2) Finanzamt
(3) Landesversicherungsanstalten
(4) Gemeindeverwaltung
(5) Arbeitsagentur

4 Wer nimmt die Eintragung des Steuerfreibetrages auf der Lohnsteuerkarte vor? ______ ☐

(1) Arbeitgeber
(2) Arbeitnehmer
(3) Finanzamt
(4) Gemeindeverwaltung
(5) Krankenkasse

5 Welche Faktoren beeinflussen die Höhe der Lohnsteuer nicht? ______ ☐ ☐

(1) Bruttoentgelt
(2) Weihnachtsgeld
(3) Wegfall der Religionszugehörigkeit
(4) Änderung des Beitragssatzes in der Arbeitslosenversicherung
(5) Anzahl der Kinderfreibeträge

6 Welches der unten stehenden Entgelte ist steuer- und sozialversicherungsfrei? ______ ☐

(1) Bruttoentgelt
(2) Mehrarbeitsvergütung
(3) Kontoführungsgebühren
(4) 50 % Zuschlag zum Grundlohn für Sonntagsarbeit
(5) Urlaubsgeld

		⑨	⑩	⑪		⑫	⑬		⑭	⑮		⑯	⑰		⑱	⑲	
Lohn €/ Gehalt € bis	Steuerkl.	Lohnsteuer	ohne Kinderfreibeträge			mit Zahl der Kinderfreibeträge											
						0,5			1,0			1,5			2,0		
				Kirchenst.			Kirchenst.			Kirchenst.			Kirchenst.			Kirchenst.	
			SolZ	8 %	9 %	SolZ	8 %	9 %	SolZ	8 %	9 %	SolZ	8 %	9 %	SolZ	8 %	9 %
1875,24	I	300,34	16,51	24,03	27,03	14,04	20,42	22,97	11,62	16,90	19,01	9,25	13,46	15,14	6,94	10,10	11,37
	II	227,65	12,52	18,21	20,49	10,13	14,74	16,58	7,81	11,36	12,77	4,48	8,05	9,05	-	4,83	5,43
	III	73,88	-	5,91	6,65	-	2,88	3,24	-	-	-	-	-	-	-	-	-
	IV	300,34	16,51	24,03	27,03	15,27	22,22	24,99	14,04	20,42	22,97	12,82	18,65	20,98	11,62	16,90	19,01
	V	567,70	31,22	45,41	51,09	-	-	-	-	-	-	-	-	-	-	-	-
	VI	602,30	33,13	38,18	54,21	-	-	-	-	-	-	-	-	-	-	-	-
1877,54	I	301,06	16,56	24,08	27,09	14,08	20,48	23,03	11,66	16,95	19,08	9,29	13,51	15,20	6,98	10,15	11,42
	II	228,37	12,56	18,27	20,55	10,17	14,80	16,64	7,84	11,41	12,83	4,61	8,10	9,11	-	4,88	5,49
	III	73,88	-	5,91	6,65	-	2,88	3,24	-	-	-	-	-	-	-	-	-
	IV	301,06	16,56	24,08	27,09	15,31	22,27	25,05	14,08	20,48	23,03	12,86	18,71	21,04	11,66	16,95	19,08
	V	568,56	31,27	45,48	51,17	-	-	-	-	-	-	-	-	-	-	-	-
	VI	603,24	33,18	48,26	54,29	-	-	-	-	-	-	-	-	-	-	-	-

⑥ ⑦ ⑧

Wie werden Lohn- und Gehaltsabrechnungen durchgeführt?

Grundschema

Bruttolohn bzw. -gehalt	→	tarifvertraglich oder einzelvertraglich festgelegt
– Lohnsteuer – Solidaritätszuschlag – Kirchensteuer	→	werden vom Arbeitgeber einbehalten und an das Finanzamt abgeführt
– Sozialversicherungsbeiträge/Arbeitnehmeranteil	→	werden vom Arbeitgeber einbehalten und gemeinsam mit den Arbeitgeberanteilen an die entsprechenden Krankenkassen weitergeleitet
= Nettoentgelt	→	wird auf das Girokonto des Arbeitnehmers überwiesen

Wie werden Löhne und Gehälter gebucht

Geschäftsfälle

1. Am **29.03.** wird die voraussichtliche Sozialversicherungs-Beitragsschuld des **Monats März** (Arbeitnehmeranteil + Arbeitgeberanteil) per Banküberweisung bezahlt. Es wird unterstellt, dass die Beiträge im gesamten laufenden Jahr identisch sind: 1 112,00 EUR.
2. Gehaltsabrechnung und -überweisung am **31.03.** für den Monat März:

Bruttogehalt	2 750,00 EUR	
– Lohnsteuer (lt. Lohnsteuertabelle)	550,00 EUR	Verbindlichkeiten gegenüber Finanzbehörden gesamt: 640,00 EUR
– Kirchensteuer (lt. Lohnsteuertabelle)	50,00 EUR	
– Solidaritätszuschlag (lt. Lohnsteuertabelle)	40,00 EUR	
– Krankenversicherung (Arbeitnehmeranteil)	210,00 EUR	Arbeitnehmeranteil gesamt: 567,00 EUR
– Rentenversicherung (Arbeitnehmeranteil)	275,00 EUR	
– Arbeitslosenversicherung (Arbeitnehmeranteil)	58,00 EUR	
– Pflegeversicherung (Arbeitnehmeranteil)	24,00 EUR	
= Nettogehalt (Überweisungsbetrag)	1 543,00 EUR	

3. Buchung des Arbeitgeberanteils für die Sozialversicherung (545,00 EUR) am **31.03.**
4. Am **10.04.** wird die einbehaltene Lohn- und Kirchensteuer sowie der Solidaritätszuschlag an das Finanzamt überwiesen: 640,00 EUR.
5. Am **26.04.** werden die gesamten Sozialversicherungsbeiträge des Monats April an die Krankenkasse überwiesen: 1 112,00 EUR.

Konten

6200	Löhne (Aufwandskonto)	erfasst die Bruttolöhne des Unternehmens (Abrechnung nach Stunden)
6300	Gehälter (Aufwandskonto)	erfasst die Bruttogehälter des Unternehmens (Abrechnung mit monatlichen Gehältern)
6410	Arbeitgeberanteil zur Sozialversicherung (Aufwandskonto)	Arbeitnehmer und Arbeitgeber teilen sich die Beiträge zur Sozialversicherung grundsätzlich zur Hälfte. Für den Arbeitgeber ist dieses ein zusätzlicher Aufwand.
2640	SV-Vorauszahlung (Bestandskonto)	ist das Verrechnungskonto, auf dem die zeitlichen Unterschiede zwischen Abrechnung und Zahlung der Sozialversicherungsbeiträge aufgefangen werden

Die voraussichtliche Beitragsschuld ist spätestens **am drittletzten Bankarbeitstag eines Monats** zur Zahlung fällig. Eventuelle Differenzen zwischen voraussichtlicher und tatsächlicher Beitragsschuld sind am **drittletzten Bankarbeitstag des Folgemonats** (zusammen mit der neuen Zahlung) auszugleichen.

4830	Verbindlichkeiten gegenüber Finanzbehörden (passives Bestandskonto)	Da die einbehaltene Lohn- und Kirchensteuer und der Solidaritätszuschlag erst am 10. des folgenden Monats an das Finanzamt abgeführt werden muss, entstehen zum Zeitpunkt der Entgeltabrechnung Verbindlichkeiten, die erst später beglichen werden.

Grundbuch

Nr.	Soll			an	Haben		
1	2640	SV-Vorauszahlung	1 112,00		2800	Guthaben bei Kreditinstituten	1 112,00
2	6300	Gehälter	2 750,00		2800 4830 2640	Guthaben bei Kreditinstituten Verbindlichk. geg. FB SV-Vorauszahlungen	1 543,00 640,00 567,00
3	6410	AG-Anteil zur SV	545,00		2640	SV-Vorauszahlungen	545,00
4	4830	Verbindlichk. geg. FB	640,00		2800	Guthaben bei Kreditinstituten	640,00
5	2640	SV-Vorauszahlungen	1 112,00		2800	Guthaben bei Kreditinstituten	1 112,00

Hauptbuch

S	6300 Gehälter		H
(2)	2 750,00		

S	6410 AG-Anteil SV		H
(3)	545,00		

S	2800 Guth. b. Kreditinstituten		H
	100 000,00	(1)	1 112,00
		(2)	1 543,00
		(4)	640,00
		(5)	1 112,00

S	2640 SV-Vorauszahlungen		H
(1)	1 112,00	(2)	567,00
(5)	1 112,00	(3)	545,00

S	4830 Verb. geg. FB		H
(4)	640,00	(2)	640,00

1 Für den Mitarbeiter Henning Marxen ist eine Gehaltsabrechnung zu erstellen:

Bruttogehalt	2100,00 EUR
Lohnsteuer	15 %
Solidaritätszuschlag	5,5 %
Kirchensteuer	9 %
Arbeitnehmeranteil zur Sozialversicherung	20,225 %
Arbeitgeberanteil zur Sozialversicherung	19,325 %

Ermitteln Sie...

a. ... die Höhe der Lohnsteuer ______ ☐

b. ... die Höhe der Kirchensteuer ______ ☐

c. ... die Höhe des Solidaritätszuschlages ☐

d. ... den Arbeitnehmeranteil zur Sozialversicherung ______ ☐

e. ... das Nettogehalt ______ ☐

Kontenplan für die Aufgaben 2 und 3:

(1) Guthaben bei Kreditinstituten (2800)
(2) SV-Vorauszahlung (2640)
(3) Forderungen an Mitarbeiter (2650)
(4) Verbindlichkeiten geg. Finanzbehörden (4830)
(5) Löhne (6200)
(6) Gehälter (6300)
(7) Arbeitgeberanteil zur Sozialversicherung (6410)
(8) GuV (8020)
(9) SBK (8010)

2 Bilden Sie die Buchungssätze zu Aufgabe 1...

	Soll	Haben
a. ... für die Gehaltszahlung per Banküberweisung.	☐☐☐	☐☐☐
b. ... für den Arbeitgeberanteil zur Sozialversicherung.	☐	☐

3 Bilden Sie die Buchungssätze für folgende Geschäftsfälle:

	Soll	Haben
a. Banküberweisung der Sozialversicherungsbeiträge am drittletzten Bankarbeitstag im Monat.	☐	☐
b. Banküberweisung der einbehaltenen Lohn- und Kirchensteuer sowie der Solidaritätszuschlag an die Finanzbehörde	☐	☐
c. Das Konto AG-Anteil zur SV (6410) wird abgeschlossen.	☐	☐
d. Am 31.12. wird das Konto Verbindlichkeiten gegenüber Finanzbehörden (4830) passiviert.	☐	☐

4 Welche der folgenden Aussagen trifft nicht zu? ______ ☐

(1) Bruttogehälter und Bruttolöhne sind Aufwendungen und werden in der Kontenklasse 6 gebucht.

(2) Die einbehaltene Lohn- und Kirchensteuer, der Solidaritätszuschlag sowie die einbehaltenen Arbeitnehmeranteile zur Sozialversicherung sind für den Arbeitgeber zusätzliche Aufwendungen.

(3) Die Arbeitgeberanteile zur Sozialversicherung vermindern den Gewinn des Unternehmens.

(4) Die gebuchten Arbeitnehmeranteile zur Sozialversicherung sind erfolgsneutral.

(5) Die Arbeitgeberanteile zur Sozialversicherung zählen zu den Personalkosten.

5 Aus der Summengehaltsliste eines Betriebes für den Monat September ergeben sich folgende Zahlen:

Bruttogehälter	153000,00 EUR
Lohnsteuer	20800,00 EUR
Kirchensteuer	1950,00 EUR
Solidaritätszuschlag	1560,00 EUR
Sozialversicherungsbeiträge Arbeitnehmer	19400,00 EUR
Sozialversicherungsbeiträge Arbeitgeber	18900,00 EUR
Gesamtabzüge	62160,00 EUR
Auszahlung	90390,00 EUR

Welche der folgenden Aussagen zur Buchung der Gehaltsabrechnung trifft zu? ______ ☐

(1) Auf dem Konto Gehälter (6300) wird im Soll ein Betrag von 90390,00 EUR gebucht.

(2) Der Kirchensteuerbetrag in Höhe von 1950,00 EUR wird spätestens am 10.10. an die Rechnungsstelle der jeweiligen Kirchenämter überwiesen.

(3) Der Arbeitgeber bucht einen Betrag von 62160,00 EUR auf dem Konto AG-Anteil zur Sozialversicherung (6410) im Soll.

(4) Vom Bankkonto des Unternehmens werden 153000,00 EUR abgebucht.

(5) Die gesamten Personalkosten belaufen sich auf 171900,00 EUR.

6 Welcher Geschäftsfall liegt dem folgenden Buchungssatz zugrunde? ______ ☐

SV-Vorauszahlungen (2640)
an Guthaben bei Kreditinstituten (2800)

(1) Bei der Gehaltsabrechnung wird der Arbeitgeberanteil zur Sozialversicherung gebucht.

(2) Überweisung der Nettogehälter auf die Bankkonten der Arbeitnehmer

(3) Überweisung der Gehaltsvorschüsse

(4) Arbeitgeber- und Arbeitnehmerbeiträge zur Sozialversicherung werden überwiesen.

(5) Rückzahlung der zu viel gezahlten Sozialversicherungsbeiträge.

Wie werden vermögenswirksame Leistungen (VL) bei den Lohn- und Gehaltsbuchungen berücksichtigt?

Begriff

Jeder Arbeitnehmer hat die Möglichkeit, durch eine *freiwillige Vereinbarung* im Kalenderjahr bis zu 480,00EUR vermögenswirksam anzulegen. Förderungswürdige Anlageformen sind:

▷ Sparvertrag zum Erwerb von Aktien oder anderen Wertpapieren,
▷ Aufwendungen nach dem Wohnungsbauprämiengesetz (z.B. Bausparbeiträge),
▷ Aufwendungen aufgrund eines Wertpapier-Vertrages oder eines Beteiligungsvertrages.

Vermögenswirksam bedeutet, dass der Staat unter bestimmten Voraussetzungen eine **Sparzulage** gewährt.
Der Arbeitgeber ist entweder freiwillig bereit oder durch Tarifvertrag verpflichtet, einen Teil der VL zu übernehmen.
Der Arbeitgeberanteil zu den VL erhöht das zu versteuernde Bruttogehalt.

Geschäftsfälle

1. *Gehaltsabrechnung für Arbeitnehmer Franz Killing: Der Arbeitnehmer legt monatlich 40,00EUR vermögenswirksam an, der Arbeitgeber übernimmt davon 20,00 EUR:*

	Bruttogehalt	*2500,00 EUR*	
+	*VL (Arbeitgeberanteil)*	*20,00 EUR*	
=	*Steuer- und sozialversicherungspflichtiges Entgelt*	*2520,00 EUR*	
–	*Lohn- u. Kirchensteuer/SolZ*	*580,00 EUR*	
–	*SV-Beiträge (Arbeitnehmeranteil)*	*500,00 EUR*	*(Arbeitgeberanteil SV: 480,00 EUR)*
=	*Nettogehalt*	*1440,00 EUR*	
–	*VL (monatliche Sparrate)*	*40,00 EUR*	
=	Auszahlungsbetrag	1400,00 *EUR*	

2. Banküberweisung der vermögenswirksamen Leistungen des Arbeitnehmers an die Bausparkasse

Konten

6320 bzw. 6330	Sonstige tarifliche Aufwendungen bzw. Freiwillige Zuwendungen (Aufwandskonten)	Der Arbeitgeberanteil der VL kann entweder auf diesen Konten (je nachdem, ob es sich um eine freiwillige oder tarifliche Zahlung handelt) oder direkt über das Konto 630 Gehälter gebucht werden.
4860	Verbindlichkeiten aus Vermögenswirksamen Leistungen Abkürzung: VL-Verbindl. (Passives Bestandskonto)	Der Arbeitgeber behält die vermögenswirksamen Leistungen vom Nettogehalt des Arbeitnehmers ein und überweist sie später an die entsprechende Stelle (z.B. Kreditinstitut). In dieser Zeit stellen sie Verbindlichkeiten dar.

Grundbuch

Nr.	Soll			an	Haben		
1	6300	Gehälter	2500,00		2800	Guthaben bei Kreditinstituten	1400,00
	6320	Sonst. tarifl. Aufw.	20,00		4830	Verbindlichkeiten geg. FB	580,00
					2640	SV-Vorauszahlung	500,00
					4860	VL-Verb.	40,00
	6400	AG-Anteil SV	480,00		2640	SV-Vorauszahlung	480,00
2	4860	VL-Verbindl.	40,00		2800	Guthaben bei Kreditinstituten	40,00

Wie werden Gehalts- oder Lohnvorschüsse gebucht?

Geschäftsfälle

1. *Am 15.09. erhält der Arbeitnehmer H.Fendt einen Gehaltsvorschuss in bar, 650,00 EUR.*
2. *Gehaltsabrechnung des Monats September für den Arbeitnehmer Fendt und Banküberweisung des Auszahlungsbetrages am 30.09.:*

	Bruttogehalt	*3000,00 EUR*	
–	*Lohn- u. Kirchensteuer/SolZ*	*700,00 EUR*	
–	*AN-Anteil SV*	*600,00 EUR*	*(Arbeitgeberanteil zur SV 580,00 EUR)*
=	*Nettogehalt*	*1700,00 EUR*	
–	*Gehaltsvorschuss*	*650,00 EUR*	
=	*Auszahlungsbetrag*	*1050,00 EUR*	

Konto

2650	Forderungen an Mitarbeiter Abkürzung: Forderungen MA (Aktives Bestandskonto)	Entgeltzahlungen des Unternehmens an den Arbeitnehmer vor der eigentlichen Auszahlung stellen als Vorschuss eine Forderung des Unternehmens an den Mitarbeiter dar. Diese Forderung wird bei Auszahlung des Gehaltes durch Verrechnung wieder ausgeglichen.

Grundbuch

Nr.	Soll			an	Haben		
1	2650	Forderungen MA	650,00		2880	Kasse	650,00
2	6300	Gehälter	3000,00		2800	Guthaben bei Kreditinstitut	1050,00
					4830	Verbindlichkeiten geg. FB	700,00
					2640	SV-Vorauszahlung	600,00
					2650	Forderungen MA	650,00
	6400	AG-Anteil SV	580,00		2640	SV-Vorauszahlung	580,00

1 In welcher Kontenklasse des Kontenrahmens befinden sich die Konten, auf denen die folgenden Geschäftsfälle **im Soll** gebucht werden?

Tragen Sie jeweils die Nummer der Kontenklasse in das entsprechende Kästchen ein.

a. Auszahlung eines Gehaltsvorschusses durch Bankscheck ____ ☐

b. Der Arbeitgeberanteil zu den vermögenswirksamen Leistungen wird gebucht. ____ ☐

c. Abschluss des Kontos Verbindlichkeiten aus Vermögensbildung ____ ☐

d. Die einbehaltenen vermögenswirksamen Leistungen werden überwiesen. ____ ☐

e. Verrechnung des Gehaltsvorschusses bei der Gehaltsabrechnung ____ ☐

Kontenplan für die Aufgaben 2 bis 5:

(1) Guthaben bei Kreditinstituten (2800)
(2) Vorauszahlung (2640)
(3) Forderungen an Mitarbeiter (2650)
(4) Kasse (2880)
(5) Verbindlichkeiten geg. FB (4830)
(6) Verbindlichkeiten aus VL (4860)
(7) Löhne (6200)
(8) Gehälter (6300)
(9) AG-Anteil zur SV (6400)
(10) Sonstige tariflichen Aufwendungen (6320)

2 Die Gehaltsabrechnung der Mitarbeiterin Jana Waldheim umfasst folgende Positionen:

Bruttogehalt	2 800,00 EUR
+ VL (Arbeitgeberzuschuss)	30,00 EUR
– Lohn- und Kirchensteuer/ Solidaritätszuschlag	500,00 EUR
– SV-Beiträge (Arbeitnehmeranteil)	560,00 EUR
– VL Sparrate des Arbeitnehmers	40,00 EUR
= Auszahlungsbetrag	1 730,00 EUR

(Zahlung erfolgt per Banküberweisung);
AG-Anteil zur SV: 535,00 EUR

In der folgenden Buchung dieser Gehaltsabrechnung sind zwei falsche Teilbuchungen enthalten.

Welche sind es? ____ ☐ ☐

(1) Gehälter (6300)	2 800,00 EUR
(2) Sonstige tarifliche Aufwendungen (6320)	30,00 EUR
an (3) Guthaben bei Kreditinstituten (2800)	1 730,00 EUR
an (4) Verbindlichkeiten geg. FB (4830)	500,00 EUR
an (5) SV-Vorauszahlung (2640)	560,00 EUR
an (6) Verbindlichkeiten aus Vermögensbildung (4860)	30,00 EUR
(7) AG-Anteil zur SV (6400)	535,00 EUR
an (8) Verbindlichkeiten aus Vermögensbildung (4860)	535,00 EUR

3 Die folgende Aussage bezieht sich auf den Buchungssatz der Aufgabe 2: „Der Arbeitgeberanteil zu den vermögenswirksamen Leistungen in Höhe von 30,00 EUR erhöht das sozialversicherungspflichtige und das zu versteuernde Entgelt."

Welche unten stehende Bewertung trifft auf diese Aussage zu? ____ ☐

(1) Diese Aussage trifft nicht zu, weil der Arbeitgeberanteil zu den vermögenswirksamen Leistungen nur das sozialversicherungspflichtige Entgelt erhöht.

(2) Diese Aussage trifft nicht zu, weil der Arbeitgeberanteil zu den vermögenswirksamen Leistungen nur das zu versteuernde Entgelt erhöht.

(3) Diese Aussage trifft nicht zu, weil der Arbeitgeberanteil zu den vermögenswirksamen Leistungen weder das sozialversicherungspflichtige noch das zu versteuernde Entgelt erhöht.

(4) Dies Aussage trifft nicht zu, weil das sozialversicherungspflichtige und das zu versteuernde Entgelt um insgesamt 60,00 EUR erhöht wird.

(5) Diese Aussage trifft ohne Einschränkung zu.

4 Bilden Sie die Buchungssätze zu den Geschäftsfällen:

	Soll	Haben
a. Am 15.03. erhält die Mitarbeiterin Elke Hofmann einen Gehaltsvorschuss von 800,00 EUR bar.	☐	☐
b. Am 31.03. wird das Gehalt unter Abzug der Lohn-/ Kirchensteuer, des Solidaritätszuschlages und der Sozialversicherungsbeiträge und der Verrechnung des Gehaltsvorschusses per Bank überwiesen.	☐ ☐ ☐ ☐	☐ ☐ ☐ ☐
c. Der Arbeitgeberanteil zur Sozialversicherung wird gebucht.	☐	☐

5 Auf welchen Konten werden die unten stehenden Sachverhalte **im Soll** gebucht?

Tragen Sie eine (11) ein, wenn auf keinem der im oben aufgeführten Kontenplan genannten Konten im Soll gebucht wird.

a. Ein Gehaltsvorschuss wird an einen Mitarbeiter bar ausgezahlt. ____ ☐

b. Die vermögenswirksamen Leistungen der Arbeitnehmer werden an die einzelnen Institute überwiesen. ____ ☐

c. Entgeltabrechnung eines Mitarbeiters (Lohnabrechnung) ____ ☐

d. Beitragszahlung für die gesetzliche Unfallversicherung per Banküberweisung. ____ ☐

e. Der Arbeitgeber ist aufgrund eines Tarifvertrages verpflichtet, einen Zuschuss zu den vermögenswirksamen Leistungen der Angestellten zu leisten. ____ ☐

f. Der Arbeitgeber zahlt die Aufwendungen für einen Weiterbildungskurs einer Mitarbeiterin. ____ ☐

g. Überweisung der Sozialversicherungsbeiträge an die jeweiligen Krankenkassen. ____ ☐

Erläutern Sie den Zeitlohn, den Akkordlohn und den Prämienlohn.

<table>
<tr><td rowspan="4">Zeitlohn</td><td colspan="3">Maßstab für die Berechnung des Zeitlohnes ist die Dauer der Arbeitszeit (Stunde, Woche, Monat), ohne dabei die während dieser Zeit geleistete Arbeit zu berücksichtigen.</td></tr>
<tr><td rowspan="2">Anwendbarkeit</td><td colspan="2">▷ für Tätigkeiten, die Sorgfalt, Genauigkeit und Qualität erfordern
▷ für nicht messbare Tätigkeiten</td></tr>
<tr><td>Vorteile
▷ einfache Abrechnung
▷ überschaubar für Arbeitnehmer
▷ Qualitätsarbeit/Dauerleistung bei niedrigem Arbeitstempo</td><td>Nachteile
▷ kein Leistungsanreiz
▷ der Unternehmer trägt allein das Risiko der Minderleistung
▷ Arbeitskontrollen notwendig</td></tr>
<tr><td>Berechnung</td><td colspan="2">Zeiteinheiten · Lohnsatz = Bruttolohn</td></tr>
<tr><td rowspan="6">Akkordlohn</td><td colspan="3">Der Akkordlohn ist eine leistungsabhängige Lohnform. Er wird für ein Stück/eine Verrichtung bezahlt, ohne dabei die benötigte Arbeitszeit zu berücksichtigen.</td></tr>
<tr><td rowspan="2">Voraussetzungen</td><td colspan="2">▷ Die Tätigkeit muss bewertbar sein.
▷ Die Tätigkeit muss sich regelmäßig wiederholen.
▷ Der Arbeitnehmer muss sein Arbeitstempo selbst bestimmen können.</td></tr>
<tr><td>Vorteile
▷ Leistungsanreiz
▷ Bei Minderleistungen des Arbeitnehmers trägt der Betrieb kein Risiko.
▷ konstante Lohnkosten je Stück/Verrichtung</td><td>Nachteile
▷ Gefahr der Überbeanspruchung von Mensch und Maschine
▷ umfangreiche Vorarbeiten zur Ermittlung der Vorgabezeiten
▷ Gefahr von Qualitätsminderung</td></tr>
<tr><td>Berechnung</td><td>tariflicher Mindestlohn
+ Akkordzuschlag
= Akkordrichtsatz</td><td>Er entspricht dem Mindestlohn bei Zeitlohn, d. h., es wird eine Mindestleistung unterstellt.
Er beträgt 10–25 % des Mindestlohnes.
Stundenverdienst bei Normalleistung
Er liegt über dem Zeitlohn für vergleichbare Arbeit.</td></tr>
<tr><td>Stückzeitakkord</td><td colspan="2">$\underbrace{\frac{\text{Akkordrichtsatz}}{\text{60 oder 100}}}_{\text{Minutenfaktor}} \cdot \underbrace{\frac{\text{60 oder 100}}{\text{Normalleistung}}}_{\text{Vorgabezeit}} \cdot \text{geleistete Stück} = \text{Bruttolohn}$</td></tr>
<tr><td>Stückgeldakkord</td><td colspan="2">$\underbrace{\frac{\text{Akkordrichtsatz}}{\text{Normalleistung}}}_{\text{Stückgeldsatz}} \cdot \text{geleistete Stück} = \text{Bruttolohn}$</td></tr>
<tr><td>Prämienlohn</td><td colspan="3">Beim Prämienlohn wird neben dem Grundlohn noch eine Sondervergütung (Prämie) gezahlt.
▷ Prämien für Leistungen qualitativer Art, z. B.:
– Einsparungen beim Material
– sorgfältige Behandlung von Maschinen
– Unterschreiten der zulässigen Ausschussquote
▷ Prämien für mengenmäßige Mehrleistung

Im Gegensatz zum Akkordlohn kommt die Vergütung für die Mehrleistung dem Arbeitnehmer nicht in voller Höhe zugute. Sie wird nach bestimmten Schlüsseln zwischen dem Arbeitgeber und Arbeitnehmer geteilt.</td></tr>
</table>

Erläutern Sie wesentliche Punkte der Erfolgsbeteiligung der Arbeitnehmer.

<table>
<tr><td>Gründe</td><td>▷ Anreiz zur Leistungssteigerung
▷ Senkung der Fluktuation
▷ bessere Zusammenarbeit zwischen Arbeitgeber und Arbeitnehmer
▷ Der Produktionsfaktor Arbeitskraft wird entsprechend dem geleisteten Beitrag vergütet.</td></tr>
<tr><td>Maßstab</td><td>▷ Ertragsbeteiligung (z. B. Umsatz)
▷ Gewinnbeteiligung (z. B. Unternehmensgewinn, Betriebsgewinn)</td></tr>
<tr><td>Möglichkeiten</td><td>▷ ohne Vermögensbeteiligung:
– Gewinnausschüttung in bar
– Fondbildung für Pensionen, Sozialeinrichtungen
▷ mit Vermögensbeteiligung:
– auf Fremdkapitalbasis (z. B. Obligationen)
– auf Eigenkapitalbasis (z. B. Belegschaftsaktien, Kommanditbeteiligungen)</td></tr>
<tr><td>Probleme</td><td>▷ Wahl der Bemessungsgrundlage (z. B. Umsatz, Gewinn)
▷ Wahl des Verteilungsschlüssels (z. B. nach Durchschnittslohn, Betriebszugehörigkeit)
▷ Wahl der Beteiligungsform (s. o.)</td></tr>
</table>

1 Welche der folgenden Aussagen zum Zeitlohn ist unzutreffend? ☐

(1) Beim Zeitlohn wird die Dauer der Arbeitszeit vergütet.

(2) Beim Zeitlohn sind die Lohnkosten pro Stück steigend, wenn ein Leistungsabfall eintritt.

(3) Zeitlohn eignet sich für Tätigkeiten, bei denen Sorgfalt, Gewissenhaftigkeit und Qualität wichtiger sind als Schnelligkeit.

(4) Tätigkeiten, bei denen die Leistungsintensität nicht von dem Arbeitnehmer zu vertreten ist, werden mit Zeitlohn vergütet.

(5) Beim Zeitlohn nehmen bei steigender Leistung die Lohnstückkosten zu, sie fallen bei sinkender Leistung.

2 Der tarifliche Mindestlohn beträgt 9,00 EUR, der Akkordrichtsatz 10,35 EUR. Überprüfen Sie folgende Aussagen.

Tragen Sie die Ziffer vor der zutreffenden Antwort in das Kästchen ein. ☐

(1) Der Akkordzuschlag beträgt 13 %.

(2) Der Akkordzuschlag beträgt 15 %.

(3) Der Akkordzuschlag kann aufgrund der Angaben nicht ermittelt werden.

(4) Der Akkordzuschlag ist abhängig von der erbrachten Leistung des Arbeitnehmers.

(5) Der Akkordzuschlag wird für jeden Arbeitnehmer neu ermittelt.

3 Welche der folgenden Aussagen zur Berechnung des Akkordlohnes ist unzutreffend? ☐

(1) Beim Stückzeitakkord ist für die Berechnung die Ermittlung der Vorgabezeit notwendig.

(2) Für den Arbeitnehmer ist die Berechnung seines Entgelts günstiger nach dem Stückzeitakkord-Verfahren als nach dem Stückgeldakkord-Verfahren.

(3) Die Berechnung des Bruttolohnes nach dem Stückzeitakkord wird wie folgt durchgeführt: Minutenfaktor (EUR/pro Minute) · Vorgabezeit · produzierte Stückzahl.

(4) Der Minutenfaktor wird ermittelt, indem der Akkordrichtsatz durch 60 geteilt wird.

(5) Für die Ermittlung der Vorgabezeit ist es notwendig, die Normalleistung zu kennen.

4 Ermitteln Sie anhand folgender Angaben den Bruttolohn für einen Arbeitnehmer.

Akkordlohn: Lackiererei; Stückzahl: 880
Vorgabezeit: 12 Min.; Akkordrichtsatz: 12,00 EUR

Tragen Sie die Ziffer vor der richtigen Antwort in das Kästchen ein. ☐

(1) 1 056,00 EUR

(2) 2 112,00 EUR

(3) 880,00 EUR

(4) Die Ermittlung ist aufgrund der Angaben nicht möglich.

5 Ein Arbeitnehmer erzielte in einer Woche mit 38 Stunden einen durchschnittlichen Arbeitslohn von 9,52 EUR je Stunde. Die Vorgabezeit je Stück beträgt 4 Minuten, der Tariflohn 7,00 EUR und der Akkordzuschlag 20 %.

Ermitteln Sie die Anzahl der in 38 Stunden angefertigten Stücke. Tragen Sie die Ziffer vor der zutreffenden Antwort in das Kästchen ein. ☐

(1) 323 Stück

(2) 646 Stück

(3) ca. 1 280 Stück

(4) Die Ermittlung ist aufgrund der Angaben nicht möglich.

6 Im Rahmen der Erfolgsbeteiligung sind Beteiligungen der Arbeitnehmer ohne Vermögensbeteiligung und mit Vermögensbeteiligung möglich.

Welche der beschriebenen Formen stellen Beteiligungen der Arbeitnehmer auf Eigenkapitalbasis dar? ☐ ☐

(1) Die Arbeitnehmer erhalten ihre Erfolgsbeteiligung durch Ausgabe von Belegschaftsaktien.

(2) Der zustehende Erfolgsanteil wird durch die Ausgabe von Obligationen verteilt.

(3) Nach Feststellung des Betriebsgewinns erhalten die Arbeitnehmer eine Barzahlung.

(4) Den Arbeitnehmern wird die Möglichkeit geboten, Kommanditanteile als Erfolgsbeteiligung zu erhalten.

7 Welche der folgenden Tätigkeiten eignen sich für den Akkordlohn? ☐ ☐

(1) Fernfahrer

(2) Näherin

(3) Pförtner

(4) Fliesenleger

(5) Fließbandtätigkeit

8 Überprüfen Sie folgende Aussagen zum Prämienlohn.

Tragen Sie die Ziffer vor der unzutreffenden Antwort in das Kästchen ein. ☐

(1) Der Arbeitnehmer erhält seinen Prämienlohn immer am Ende eines Jahres als eine Art Gewinnbeteiligung.

(2) Beim Prämienlohn wird neben dem Grundlohn eine Sondervergütung gezahlt, z. B. für das Unterschreiten der festgelegten Ausschussquote bei der Produktion.

(3) Prämien können für Leistungen des Arbeitnehmers gezahlt werden, die qualitativer Art sind (z. B. Genauigkeitsprämie).

(4) Prämien können auch für eine mengenmäßige Mehrleistung des Arbeitnehmers gezahlt werden.

(5) Die Prämie ist Bestandteil des Lohnes.

Erläutern Sie Notwendigkeit und Arten öffentlich-rechtlicher Abgaben, insbesondere den Steuerbegriff.

Um die Ausgaben des Staates für soziale Sicherung, Verteidigung, Bildung, Wissenschaft, Forschung, Verkehrswesen und Wirtschaftsförderung sowie allgemeine Finanzwirtschaft finanzieren zu können, benötigt der Staat Einnahmen. Neben den Erwerbseinkünften (z. B. aus dem Betrieb von gewerblichen Unternehmen) und Kreditaufnahmen des Staates zählen zu den wichtigsten Einnahmen des Staates die Steuern, Gebühren und Beiträge.

Gebühren	Steuern	Beiträge
werden von einem öffentlich-rechtlichen Gemeinwesen für unmittelbar erbrachte Leistungen vom Wirtschaftssubjekt erhoben, z. B. Antrag auf Erlass eines Mahnbescheids, Handelsregistereintragungen.	sind Geldleistungen, die keine Gegenleistung für eine besondere Leistung darstellen und von einem öffentlich-rechtlichen Gemeinwesen zur Erzielung von Einnahmen allen auferlegt werden, bei denen der Tatbestand zutrifft, an den das Gesetz die Leistungspflicht knüpft.	werden zum Ausgleich indirekter Vorteile aus einer öffentlichen Leistung verlangt, z. B. Straßenanliegerbeiträge, Sozialversicherungsbeiträge, Steuerberaterkammerbeiträge.

Merkmale der Steuern im Einzelnen:

„Geldleistung"	„keine Gegenleistung"	„öffentlich-rechtliches Gemeinwesen"	„allen"
Steuern werden in Inlandswährung erhoben. Sach- und Dienstleistungen gehören nicht zu den Steuern.	Dieses Merkmal grenzt die Steuer von den Gebühren und Beiträgen ab, die Gegenleistungen für besondere Leistungen des Staates sind.	Dazu gehören Gebietskörperschaften wie Bund, Länder und Gemeinden und Religionsgemeinschaften.	Dieses Merkmal beinhaltet den Grundsatz der Tatbestandsmäßigkeit und der Gleichmäßigkeit.

Gebühren und Beiträge sind stets zweckgebunden, Steuern jedoch nicht. So fließen z. B. die Kraftfahrzeugsteuern nicht unmittelbar in den Straßenbau.

Nehmen Sie eine Einteilung der Steuern nach verschiedenen Gesichtspunkten vor.

Einteilung nach der Ertragshoheit	**Gemeinschaftssteuern**	Die erhobenen Steuern werden zwischen Bund, Ländern und Gemeinden nach bestimmten Schlüsseln aufgeteilt. Dies gilt z. B. für Umsatzsteuer, Einkommensteuer, Körperschaftsteuer, Kapitalertragsteuer.
	Bundessteuern	Diese Steuern fließen ausschließlich dem Bund zu, z. B. alle Verbrauchsteuern (außer Biersteuer).
	Landessteuern	Diese Steuern fließen dem Land zu, z. B. Kraftfahrzeugsteuer, Biersteuer.
	Gemeindesteuern	Diese Steuern werden von den Gemeinden erhoben, z. B. Gewerbesteuer, Grundsteuer.
Einteilung nach dem Gegenstand der Besteuerung	**Besitzsteuern**	Versteuert wird das Einkommen und das Vermögen, z. B. Einkommensteuer, Körperschaftsteuer, Gewerbesteuer.
	Verkehrsteuern	Versteuert werden alle Vorgänge, die Vermögenswerte übertragen, z. B. Umsatzsteuer, Grunderwerbsteuer, Versicherungsteuer, Kraftfahrzeugsteuer.
	Verbrauchsteuern	Versteuert wird die konsumtive Verwendung bestimmter Güter, z. B. Tabaksteuer, Mineralölsteuer, Biersteuer, Zuckersteuer.
Einteilung nach der Art der Erhebung	**Direkte Steuern**	Der Steuerschuldner ist der Steuerträger, z. B. bei Einkommensteuer, Grundsteuer, Grunderwerbsteuer.
	Indirekte Steuern	Der Steuerschuldner ist nicht der Steuerträger, z. B. bei Umsatzsteuer und allen Verbrauchsteuern.
Einteilung nach der Abzugsfähigkeit	**Abzugsfähige Steuern**	Sachsteuern, die an einen Gegenstand sowie an einen Verkehrsvorgang die Besteuerung anknüpfen, z. B. Gewerbesteuern, Kraftfahrzeugsteuer für einen Firmenwagen
	Nichtabzugsfähige Steuern	Personensteuern, die die private Lebensführung der Steuerpflichtigen betreffen, z. B. Einkommensteuer, Körperschaftsteuer

1 Welcher der folgenden Begriffe stellt keine öffentlich-rechtliche Abgabe dar? ☐

(1) Anleihen
(2) Gebühren
(3) Steuern

2 Ordnen Sie folgende Begriffe den unten stehenden Aussagen zu.

(1) Gebühren
(2) Beiträge
(3) Steuern
(4) keine der genannten Abgaben

a. Die Ausstellung eines Reisepasses erfolgt gegen Entgelt. ☐
b. Der Unternehmer zahlt wegen zu später Abgabe seiner Steuererklärung einen Verspätungszuschlag. ☐
c. Der Arbeitgeber führt den Arbeitgeberanteil an der Sozialversicherung an die Krankenkasse ab. ☐
d. Für die Zulassung eines Kraftfahrzeuges muss ein Entgelt geleistet werden. ☐
e. Es handelt sich um eine Abgabe, die als Entgelt für eine bestimmte Dienstleistung an eine öffentliche Einrichtung zu entrichten ist. ☐
f. Es handelt sich um eine einmalige oder laufende Leistung, die ohne direkte Gegenleistung von einem öffentlich-rechtlichen Gemeinwesen allen auferlegt wird, auf die der Tatbestand zutrifft. ☐

3 Das Recht, Steuern zu erheben, wird als Ertragshoheit bezeichnet. Ordnen Sie in den folgenden Fällen zu, um welche Art von Steuer es sich handelt.

(1) Bundessteuern
(2) Landessteuern
(3) Gemeindesteuern
(4) Gemeinschaftssteuern

a. Umsatzsteuer ☐
b. Grundsteuer ☐
c. Kraftfahrzeugsteuer ☐
d. Biersteuer ☐
e. Einkommensteuer ☐
f. Mineralölsteuer ☐
g. Tabaksteuer ☐

4 Welche der folgenden Steuern ist eine direkte Steuer? ☐

(1) Lohnsteuer
(2) Umsatzsteuer
(3) Mineralölsteuer
(4) Schaumweinsteuer

5 Die Steuern können eingeteilt werden nach dem Gegenstand der Besteuerung. Ordnen Sie den folgenden Steuern eine

(1) zu, wenn es sich um eine Besitzsteuer,
(2) zu, wenn es sich um eine Verkehrsteuer,
(3) zu, wenn es sich um eine Verbrauchsteuer

handelt.

a. Biersteuer ☐
b. Tabaksteuer ☐
c. Kraftfahrzeugsteuer ☐
d. Grunderwerbsteuer ☐
e. Einkommensteuer ☐

6 Ordnen Sie eine

(1) zu bei abzugsfähigen Steuern,
(2) zu bei nicht abzugsfähigen Steuern.

a. Körperschaftsteuer ☐
b. Kraftfahrzeugsteuer für ein Betriebsfahrzeug ☐
c. Gewerbesteuer ☐

7 Ordnen Sie die folgenden Begriffe den entsprechenden Lücken im Text zu.

(1) Verkehrsteuern …
(2) Verbrauchsteuern …
(3) Besitzsteuern …

a. … sind Steuern, deren Gegenstand Besitzwerte sind. ☐
b. … sind Steuern, die an rechtliche oder wirtschaftliche Vorgänge gebunden sind. Der Steuergegenstand ist ein Vorgang im Rahmen einer Tauschbeziehung. ☐
c. … können eingeteilt werden in Personensteuern oder Realsteuern. ☐

8 Ordnen Sie bei den unten stehenden Steuerarten zu:

in Spalte A: (1) Besitzsteuer
(2) Verkehrsteuer
(3) Verbrauchsteuer

in Spalte B: (1) direkte Steuer
(2) indirekte Steuer

in Spalte C: (1) Bundessteuer
(2) Landessteuer
(3) Gemeindesteuer
(4) Gemeinschaftssteuer

	A	B	C
a. Grundsteuer	☐	☐	☐
b. Umsatzsteuer	☐	☐	☐
c. Biersteuer	☐	☐	☐

Beschreiben Sie in Grundzügen die Körperschaftsteuer.	
Körperschaft-steuer	Die Körperschaftsteuer ist die Einkommensteuer der juristischen Personen (z. B. Aktiengesellschaft, GmbH, Genossenschaft).
Steuerpflicht	Unbeschränkt steuerpflichtig sind alle juristischen Personen, die ihren Geschäftssitz im Inland haben. Ausnahmen sind gemeinnützige Körperschaften, Gewerkschaften sowie einige Körperschaften des Bundes und der Länder.
Besteuerungs-grundlage	Besteuerungsgrundlage ist grundsätzlich der nach den Vorschriften des Einkommensteuergesetzes ermittelte Gewinn.
Steuertarif	Der Steuertarif beträgt für ausgeschüttete Gewinne 25 % und für nicht ausgeschüttete Gewinne 15 %.

Beschreiben Sie in Grundzügen die Abgeltungssteuer.	
Abgeltungssteuer	Die Abgeltungssteuer ist eine besondere Erhebungsform der Einkommensteuer. Diese Steuer auf Kapitalvermögen wird direkt an der Quelle beim inländischen Kreditinstitut einbehalten und an die Finanzverwaltung abgeführt.
Steuerpflicht	Steuerpflichtig sind alle Einkünfte aus Kapitalvermögen. Dazu zählen u. a. Dividenden, Zinsen und Erträge aus Kapitalforderungen.
Steuersatz	Der Steuersatz beträgt einheitlich 25 % zuzüglich Solidaritätszuschlag und ggf. Kirchensteuer.
Pauschbetrag	Der Sparer-Pauschbetrag beträgt 801,00 EUR, bei Ehegatten 1602,00 EUR. Der Ansatz der tatsächlichen Werbungskosten ist nicht möglich.

Nennen Sie die wichtigsten Vorschriften zur Umsatzsteuer.	
Umsatzsteuer	Die Umsatzsteuer ist eine Verkehrssteuer und hinsichtlich der Erhebungsform eine indirekte Steuer. Sie wird vom Endverbraucher getragen, aber nicht von ihm an das Finanzamt abgeführt.
Steuerschuldner	Unternehmer, d. h. alle natürlichen oder juristischen Personen, die beruflich oder gewerblich selbstständig tätig sind, auch wenn die Absicht der Gewinnerzielung fehlt.
Steuerbare Umsätze	1. *Lieferungen* (z. B. Waren) und sonstige *Leistungen* (z. B. Reparaturen), die ein Unternehmer im Rahmen seines Unternehmens im *Inland gegen Entgelt* erbringt 2. *Eigenverbrauch* des Unternehmers (Entnahme von Waren aus dem Betrieb oder Nutzung betrieblicher Gegenstände) 3. *Einfuhr* von Gegenständen in das Zollgebiet der Bundesrepublik Deutschland **(Einfuhrumsatzsteuer)**
Steuer-befreiungen	Manche Umsätze sind, obwohl steuerbar, dennoch von der Steuer befreit. *Beispiele: Umsätze aus Kreditgeschäften, medizinische Versorgung*
Steuersätze	▷ Der allgemeine Steuersatz beträgt 19 %. ▷ Der ermäßigte Steuersatz beträgt 7 %. Er wird z. B. erhoben für bestimmte tierische und pflanzliche Produkte, für Druckerzeugnisse und Kunstgegenstände. Seit 2010 gilt dieser ermäßigte Satz auch für Beherbergungsleistungen im Hotel- und Gaststättengewerbe.
Vorsteuerabzug	▷ Von anderen Unternehmen in Rechnungen gesondert ausgewiesene Umsatzsteuer kann als Vorsteuer geltend gemacht werden. ▷ Stehen die Lieferungen und sonstigen Leistungen im Zusammenhang mit steuerfreien Umsätzen, so ist ein Vorsteuerabzug ausgeschlossen. ▷ Als Vereinfachung ist es zugelassen, in Rechnungen mit Beträgen bis 150,00 EUR den Steuersatz anzugeben. Der Unternehmer kann dann den Vorsteuerbetrag selbst ermitteln und ausweisen.
Zahllast	Eingenommene Umsatzsteuer auf Waren und Leistungen **(Mehrwertsteuer)** – gezahlte Umsatzsteuer für Waren/Leistungen/Einfuhren **(Vorsteuer)** = Umsatzsteuerschuld **(Zahllast)**
Umsatzsteuer-voranmeldung und -erklärung	▷ Steuerpflichtige Unternehmen erstellen für das Finanzamt im Allgemeinen monatlich eine Umsatzsteuervoranmeldung und überweisen die Zahllast bis zum 10. des Folgemonats an das Finanzamt. Entsteht ein Vorsteuerüberhang, hat das Unternehmen gegenüber dem Finanzamt eine Forderung. ▷ Nach Ablauf des Kalenderjahres wird eine Umsatzsteuererklärung erstellt und ein ggf. sich ergebender Differenzbetrag nachüberwiesen oder zurückgefordert.

1 Prüfen Sie die folgenden Aussagen zur Umsatzsteuer.

Kennzeichnen Sie

zutreffende Aussagen mit einer (1),
nicht zutreffende Aussagen mit einer (9).

a. Die Umsatzsteuer ist eine direkte Steuer. ☐

b. Die Umsatzsteuer ist für die betroffenen Unternehmen eine Betriebsteuer. ☐

c. Steuerschuldner bei der Umsatzsteuer ist der Unternehmer, auch wenn die Absicht zur Gewinnerzielung fehlt. ☐

d. Der Unternehmer muss monatlich eine Umsatzsteuererklärung abgeben. ☐

e. Die Überweisung der Zahllast an das Finanzamt erfolgt aufgrund der gegenüber dem Finanzamt abgegebenen Umsatzsteuervoranmeldung. ☐

f. Es kann sein, dass Umsätze, die steuerbar sind, dennoch von der Umsatzsteuer befreit sind. ☐

g. Die Umsatzsteuer ist eine Verkehrsteuer. ☐

2 Welche der folgenden Umsätze eines Unternehmers sind nicht steuerbar? ☐ ☐

(1) Ein Computerhersteller führt bei seinen Kunden eine jährliche Wartung der Geräte durch. Dafür berechnet er eine Pauschale von 2 000,00 EUR.

(2) Der Inhaber eines Einzelhandelsunternehmens entnimmt Waren für den privaten Verbrauch.

(3) Der Inhaber einer Tischlerei veräußert seine Filmausrüstung an einen Freund.

(4) Der Inhaber einer Spedition kauft im Ausland einen Lastkraftwagen.

(5) Der Inhaber eines Sanitärinstallationsbetriebes repariert bei einer Bekannten unentgeltlich die Heizung.

3 Beurteilen Sie folgende Aussagen über den Vorsteuerabzug.

Kennzeichnen Sie

zutreffende Aussagen mit einer (1),
nicht zutreffende Aussagen mit einer (9).

a. Zum Vorsteuerabzug ist jeder Unternehmer berechtigt. ☐

b. Bei Rechnungen bis zu einem Nettowarenwert von 500,00 EUR ist der Vorsteuerabzug ausgeschlossen. ☐

c. Stehen die Lieferungen und sonstigen Leistungen im Zusammenhang mit steuerfreien Umsätzen, so ist ein Vorsteuerabzug ausgeschlossen. ☐

d. Als Vereinfachung ist es zugelassen, in Rechnungen mit Beträgen bis 150,00 EUR den Steuersatz anzugeben. Der Unternehmer kann dann den Vorsteuerbetrag selbst ermitteln und ausweisen. ☐

e. Von anderen Unternehmen in Rechnungen gesondert ausgewiesene Umsatzsteuer kann als Vorsteuer geltend gemacht werden. ☐

4 Welche der folgenden Umsätze sind nach dem Umsatzsteuergesetz von der Umsatzsteuer befreit? ☐ ☐

(1) Lieferung einer Küche durch einen Möbelhersteller

(2) Verkauf von Briefmarken durch die Post

(3) Beurkundung eines Kaufvertrages über ein Grundstück durch einen Notar

(4) Behandlung einer Magenschleimhautentzündung durch einen Arzt

(5) Privater Nutzungsanteil des Firmenfahrzeuges

5 Prüfen Sie die folgenden Aussagen.

Kennzeichnen Sie

zutreffende Aussagen mit einer (1),
nicht zutreffende Aussagen mit einer (9).

a. Die Abgeltungssteuer ist die Einkommensteuer der Kapitalgesellschaften. ☐

b. Die Abgeltungssteuer ist eine besondere Erhebungsform der Einkommensteuer. ☐

c. Die Abgeltungssteuer ist eine direkte Steuer. ☐

d. Die Abgeltungssteuer wird für alle Einkünfte aus Kapitalvermögen erhoben. ☐

e. Die Abgeltungssteuer wird direkt an der Quelle beim inländischen Kreditinstitut erhoben. ☐

f. Der Steuersatz der Abgeltungssteuer beträgt einheitlich 25 % für alle Gewinne zuzüglich Solidaritätszuschlag und ggf. Kirchensteuer. ☐

6 Welche der folgenden Gesellschaften unterliegen nicht der Körperschaftsteuer? ☐ ☐

(1) GmbH

(2) AG

(3) Einzelunternehmen

(4) Genossenschaft

(5) OHG

7 Welche der folgenden Aussagen zur Körperschaftsteuer einer GmbH ist unzutreffend? ☐

(1) Die GmbH ist körperschaftsteuerpflichtig.

(2) Gemeinnützige Körperschaften sind nicht körperschaftsteuerpflichtig.

(3) Der Steuertarif beträgt für ausgeschüttete Gewinne 25 %. Dieser Prozentsatz gilt nicht für nicht ausgeschüttete Gewinne.

(4) Belassen die Unternehmer den Gewinn im Unternehmen, so fallen 10 % Steuern an. Mit diesem niedrigen Steuersatz sollen die Unternehmer zur Eigenkapitalbildung angeregt werden.

Nennen Sie die sieben Einkunftsarten des Einkommensteuergesetzes. Stellen Sie die Berechnung des zu versteuernden Einkommens dar.

Gewinneinkünfte	Überschusseinkünfte
1. Einkünfte aus Land- und Forstwirtschaft, z. B. Obstanbau, Weinbau, Teichwirtschaft 2. Einkünfte aus Gewerbebetrieb, z. B. gewerbliche Untenehmen, Gewinnanteile Offene Handelsgesellschaft 3. Einkünfte aus selbstständiger Arbeit, z. B. Ärzte, Rechtsanwälte, Heilpraktiker	4. Einkünfte aus nichtselbstständiger Arbeit, z. B. Löhne, Gehälter 5. Einkünfte aus Kapitalvermögen, z. B. Dividende, Zinsen 6. Einkünfte aus Vermietung und Verpachtung, z. B. Grundstücke, Gebäude, Schiffe 7. sonstige Einkünfte, z. B. Leibrenten, Unterhaltszahlungen, Spekulationsgewinne
Ermittlung der Einkünfte **Betriebseinnahmen** – **Betriebsausgaben** = **Gewinn oder Verlust**	**Ermittlung der Einkünfte** **Summe der Einnahmen** – **Werbungskosten** = **Überschuss oder Verlust**

Summe der Einkünfte
– abzuziehende Beträge (z. B. Altersentlastungsbetrag)

= **Gesamtbetrag der Einkünfte**
– Sonderausgaben
– außergewöhnliche Belastung
– Verlustabzug (= Verluste aus Vorperioden)

= **Einkommen**
– bestimmte Freibeträge (z. B. Kinderfreibetrag)

= **zu versteuerndes Einkommen**

Erläutern Sie die unbeschränkte und beschränkte Steuerpflicht bei der Einkommensteuer.

Unbeschränkte Steuerpflicht	Unbeschränkt steuerpflichtig sind alle natürlichen Personen, die im Inland einen Wohnsitz oder ihren gewöhnlichen Aufenthalt haben. ▷ Bei *natürlichen* Personen beginnt die Steuerpflicht mit der Rechtsfähigkeit. ▷ *Juristische Personen* (z. B. Gesellschaften mit beschränkter Haftung) unterliegen nicht der Einkommensteuer, sondern der Körperschaftsteuer.
Beschränkte Steuerpflicht	Beschränkt steuerpflichtig sind natürliche Personen, die im Inland weder einen Wohnsitz noch ihren gewöhnlichen Aufenthalt haben, mit ihren inländischen Einkünften. Dazu gehören z. B. sogenannte Grenzgänger, die im Ausland ihren Wohnsitz haben, aber im Inland arbeiten.

Beschreiben Sie die einzelnen Lohnsteuerklassen.

Die **Lohnsteuerklassen** dienen zur Einordnung der lohnsteuerpflichtigen Personen. Jede Lohnsteuerklasse steht dabei für bestimmte persönliche Verhältnisse. Die Einordnung führt je nach Steuerklasse zu einer unterschiedlichen Höhe der individuellen Lohnsteuer, die bei der Berechnung des Nettolohnes einer amtlichen **Lohnsteuertabelle** entnommen wird.

Steuerklasse I	Arbeitnehmer, die a. ledig sind, b. verheiratet, verwitwet oder geschieden sind und bei denen die Voraussetzungen für die Steuerklasse III oder IV nicht erfüllt sind.
Steuerklasse II	Die unter Steuerklasse I bezeichneten Arbeitnehmer, wenn sie mindestens ein Kind haben, das zum Haushalt gehört.
Steuerklasse III	1. Verheiratete Arbeitnehmer, wenn beide Ehegatten unbeschränkt einkommensteuerpflichtig sind und nicht dauernd getrennt leben und a. ein Ehegatte nicht berufstätig ist oder b. ein Ehegatte auf Antrag beider Ehegatten in die Steuerklasse V eingereiht wird 2. Verwitwete Arbeitnehmer für das Kalenderjahr, das dem Todesjahr des Ehegatten folgt 3. Geschiedene Arbeitnehmer im Jahr der Ehescheidung
Steuerklasse IV	Verheiratete Arbeitnehmer, wenn der Ehegatte ebenfalls Arbeitslohn bezieht. Auf Antrag beider Ehegatten ist es anstelle der Steuerklassenkombination III/V auch möglich, auf der Lohnsteuerkarte jeweils die Steuerklasse IV in Verbindung mit einem Faktor zur Ermittlung der Lohnsteuer einzutragen.
Steuerklasse V	Die unter Steuerklasse IV bezeichneten Arbeitnehmer, wenn der Ehegatte auf Antrag beider Ehegatten in die Steuerklasse III eingereiht wird
Steuerklasse VI	Arbeitnehmer, die nebeneinander von mehreren Arbeitgebern Arbeitslohn beziehen, für die Einbehaltung der Lohnsteuer vom Arbeitslohn aus dem zweiten und weiteren Dienstverhältnissen

1 Tragen Sie hinter den unten stehenden Aussagen eine

(1) ein, wenn die genannte Person mit ihren Einkünften unbeschränkt einkommensteuerpflichtig ist,

(2) ein, wenn die genannte Person mit ihren Einkünften beschränkt einkommensteuerpflichtig ist,

(3) ein, wenn keine Antwort zutrifft.

a. Der Sizilianer Romolo Lanfranci hat in Taormina und in Bremen je eine Wohnung, die er benutzt. ☐

b. Pamela Kraus ist Angestellte einer Wiener Bank. Sie hat ihren Wohnsitz in Wien. In den Monaten Mai und Juni des Jahres arbeitete sie bei einer Frankfurter Filiale der Wiener Bank. Während der Zeit wohnte sie in einem Frankfurter Hotel. ☐

c. Die Papierspielzeug Kettler GmbH hat ihren Geschäftssitz in Köln. ☐

2 Das Einkommensteuergesetz nennt sieben Einkunftsarten.

Ordnen Sie eine

(1) zu, wenn es sich um eine Überschusseinkunftsart handelt,
(2) zu, wenn es sich um eine Gewinneinkunftsart handelt.

Einkünfte ...

a. ... aus der Verpachtung von Grundstücken ☐

b. ... eines Rechtsanwaltes ☐

c. ... aufgrund gezahlter Tantiemen ☐

d. ... aus der Tierzucht ☐

e. ... aus dem Gemüseanbau ☐

f. ... aufgrund von monatlichen Gehaltszahlungen ☐

3 Überprüfen Sie, ob es sich bei den Angaben um Einkünfte aus Kapitalvermögen handelt.

Tragen Sie eine

(1) ein, wenn dies zutrifft,
(9) ein, wenn dies nicht zutrifft.

a. Zinsen aus Sparguthaben ☐

b. Zinsen aus Bausparguthaben ☐

c. Zinsen aus Pfandbriefen ☐

d. Zinsen aus Obligationen ☐

e. Vermögen aufgrund eines Grundstücks ☐

f. Münzsammlung, deponiert bei der Bank ☐

4 Unterscheiden Sie Werbungskosten bei Einkünften aus

(1) nichtselbstständiger Arbeit,
(2) Vermietung und Verpachtung,
(3) Kapitalvermögen,
(4) sonstigen Einkünften.

Handelt es sich nicht um Werbungskosten, tragen Sie eine (9) ein.

a. Gewerkschaftsbeiträge ☐

b. Depotgebühren für Aktien bei der Bank ☐

c. Mehraufwendungen für doppelte Haushaltsführung aufgrund eines neuen Arbeitsplatzes ☐

d. Bezahlung der Raumpflegerin für Säuberungsarbeiten in der vermieteten Wohnung ☐

5 Die Arbeitnehmerin Annette Spaunhorst fährt mit dem eigenen Pkw an 195 Arbeitstagen von ihrer Wohnung zur Arbeitsstätte. Die Fahrstrecke hin und zurück beträgt 46 km. Der Anleitung zur Einkommensteuererklärung entnimmt sie, dass pro Entfernungskilometer 0,30 EUR steuerlich absetzbar sind.

Wie viel Euro kann Frau Spaunhorst als Werbungskosten für die Aufwendungen für die Fahrten zwischen Wohnung und Arbeitsstätte im Rahmen ihrer Einkommensteuererklärung geltend machen?

Tragen Sie die Ziffer vor der zutreffenden Antwort in das Kästchen ein. ☐

(1) 1 345,50 EUR

(2) 2 691,00 EUR

(3) 0,00 EUR

(4) anderes Ergebnis

6 Die steuerpflichtige Kerstin Stegmann hat folgende Beträge ermittelt:

Einkünfte aus nichtselbstständiger Arbeit	18 500,00 EUR
Einkünfte aus Kapitalvermögen	3 500,00 EUR
Sonderausgaben	4 000,00 EUR

Ermitteln Sie aufgrund dieser Angaben:

a. die Summe der Einkünfte ☐

b. das Einkommen ☐

Tragen Sie die Ziffer vor der jeweils zutreffenden Antwort in das entsprechende Kästchen ein.

(1) 18 000,00 EUR

(2) 18 500,00 EUR

(3) 22 000,00 EUR

(4) anderes Ergebnis

Definieren Sie den Begriff „Sonderausgaben". Nennen Sie die wichtigsten Arten von Sonderausgaben.	
Begriff	**Sonderausgaben** sind Aufwendungen, die nach dem Einkommensteuergesetz vom Gesamtbetrag der Einkünfte abgezogen werden können, wenn sie weder Betriebsausgaben, noch Werbungskosten noch außergewöhnliche Belastungen sind.
Arten	**Unbeschränkt abzugsfähige Sonderausgaben** sind Renten, dauernde Lasten und gezahlte Kirchensteuer.
	Beschränkt abzugsfähige Sonderausgaben werden unterschieden in: ▷ Sonderausgaben, die nicht Vorsorgeaufwendungen sind: Unterhaltsleistungen an bestimmte Angehörige, Aufwendungen für die eigene Berufsausbildung, Spenden ▷ Sonderausgaben, die Vorsorgeaufwendungen sind: Kranken-, Unfall- und Haftpflichtversicherungen, gesetzliche Rentenversicherungen, Beiträge zu bestimmten Versicherungen auf den Erlebens- oder Todesfall

Was versteht man unter „außergewöhnlichen Belastungen" im Rahmen des Einkommensteuerrechts?		
Begriff	**Außergewöhnliche Belastungen** sind Aufwendungen, denen sich der Steuerpflichtige aus tatsächlichen, rechtlichen und sittlichen Gründen nicht entziehen kann. Sie sind nur dann zu berücksichtigen, wenn sie von dritter Seite (z. B. Krankenkasse) nicht ersetzt werden und die Aufwendungen über der zumutbaren Eigenbelastung liegen oder gewisse Höchstbeträge nicht überschritten werden.	
Arten	**Außergewöhnliche Belastungen allgemeiner Art**	Krankheitskosten, Beerdigungskosten, Kurkosten, Kinderbetreuungskosten
	Außergewöhnliche Belastungen in besonderen Fällen	Unterhaltsaufwendungen, Ausbildungsfreibeträge, Beschäftigung einer Haushaltshilfe
	Pauschbeträge für Körperbehinderte und Hinterbliebene	Die Höhe ist abhängig von dem jeweiligen Grad der Behinderung.

Definieren Sie „Werbungskosten" und nennen Sie zu jeder Überschusseinkunftsart die wichtigsten Werbungskosten.	
Begriff	**Werbungskosten** sind Aufwendungen, die dem Erwerb, der Sicherung und der Erhaltung der Einnahmen dienen.
Werbungskosten bei Einkünften aus ... **„nichtselbstständiger Arbeit"**	▷ **Aufwendungen für Fahrten zwischen Wohnung und Arbeitsstätte** Bei öffentlichen Verkehrsmitteln werden die tatsächlichen Kosten berücksichtigt; bei Nutzung eines Kraftfahrzeugs, Motorrollers etc. werden nur gesetzlich vorgeschriebene Kilometerpauschbeträge anerkannt. ▷ **Aufwendungen für Arbeitsmittel** Hierzu zählen: typische Berufskleidung, Werkzeuge, Fachbücher und -zeitschriften. Betragen die Anschaffungskosten nicht mehr als 410,00 EUR, so können sie voll geltend gemacht werden, sonst müssen sie auf die Jahre der üblichen Nutzungsdauer verteilt werden. ▷ **Bewerbungskosten** Kosten für Anzeigen, Telefon, Porto, Fotokopien sowie nicht erstattete Reisekosten anlässlich eines Vorstellungsgespräches können geltend gemacht werden. ▷ **Fortbildungskosten** Dazu zählen Ausgaben für den Besuch von Lehrgängen, Tages- oder Abendschulen, die berufsbezogenen Lehrstoff vermitteln, wie z. B.: Fachbücher, Kopien, Schreibmaterialien, Reisekosten. ▷ **Kontoführungsgebühren** Ohne Einzelnachweis wird ein Pauschbetrag anerkannt. ▷ **Reisekosten bei Dienstreisen und Dienstgängen** Anerkannt werden Fahrtkosten, Verpflegungsmehraufwendungen, Übernachtungskosten bei mehrtägigen Reisen sowie Telefon-, Parkgebühren und sonstige nicht erstattete Ausgaben. ▷ **Umzugskosten** Sie werden erstattet, wenn der Umzug beruflich bedingt war. ▷ **Mehraufwendungen für Verpflegung bei Einsatzwechseltätigkeit und Fahrtätigkeit** Bei ständig wechselnden Einsatzstellen können Mehraufwendungen für Verpflegung geltend gemacht werden. ▷ **Mehraufwendungen für doppelte Haushaltsführung** Ist eine Unterkunft außerhalb des Ortes, an dem ein eigener Hausstand besteht, aus beruflichem Anlass notwendig, können notwendige Mehraufwendungen geltend gemacht werden. ▷ **Häusliches Arbeitszimmer** Ausgaben für ein häusliches Arbeitszimmer werden anerkannt, wenn es der Mittelpunkt der gesamten beruflichen Tätigkeit ist. ▷ **Gewerkschaftsbeiträge** Zahlungen an die Berufsverbände werden als Werbungskosten anerkannt.
„Vermietung und Verpachtung"	Schuldzinsen, Absetzungen für Abnutzung (AfA), sonstige öffentliche Abgaben und Versicherungsbeiträge für den Grundbesitz, Ausgaben für Hausverwaltung und Hausmeister, Steuerberatungskosten
„Kapitalvermögen"	Der Sparer-Pauschbetrag beträgt 801,00 EUR. Bei Ehegatten verdoppelt sich der Pauschbetrag auf 1602,00 EUR.
„sonstigen Einkünften"	Bankprovision, Telefongebühren

1 Welche der folgenden Ausgaben sind

(1) beschränkt abzugsfähige Sonderausgaben,
(2) unbeschränkt abzugsfähige Sonderausgaben,
(3) nicht abzugsfähig als Sonderausgaben?

Ordnen Sie zu.

a. Krankenversicherung ☐
b. Gesetzliche Rentenversicherung ☐
c. Aufwendungen für Arbeitsmittel ☐
d. Unfallversicherung ☐
e. Spenden ☐
f. Reisekosten für Dienstreisen ☐

2 Welche der folgenden Ausgaben eines Arbeitnehmers sind

(1) Werbungskosten,
(2) Sonderausgaben,
(3) außergewöhnliche Belastungen,
(4) nicht abzugsfähige Ausgaben?

a. Abonnement einer Tageszeitung ☐
b. Abonnement einer Fachzeitschrift des Arbeitsbereiches ☐
c. Abonnement bei einer Buchgemeinschaft ☐
d. regelmäßige Unterstützung des bedürftigen Vaters ☐
e. gezahlte Kirchensteuer ☐
f. Berufskleidung ☐
g. durch den Arbeitgeber einbehaltene Sozialversicherungsbeiträge ☐

3 Ein kaufmännischer Angestellter hat Einkünfte aus nichtselbstständiger Arbeit und möchte die folgenden Ausgaben im Rahmen seiner Einkommensteuererklärung geltend machen.

Ordnen Sie den unten stehenden Ausgaben eine

(1) zu, wenn es sich um Werbungskosten handelt,
(2) zu, wenn es sich um Sonderausgaben handelt,
(3) zu, wenn es sich um außergewöhnliche Belastungen handelt,
(4) zu, wenn die Ausgaben nicht abzugsfähig sind.

a. Familienhaftpflichtversicherung ☐
b. Fachliteratur ☐
c. Gewerkschaftsbeiträge ☐
d. Hausratversicherung ☐
e. Kaskoversicherung ☐
f. Hagelversicherung ☐
g. Unfallversicherung ☐
h. Krankentagegeldversicherung ☐

4 Ergänzen Sie die unten stehenden Textstellen.

(1) Sonderausgaben
(2) Werbungskosten
(3) außergewöhnliche Belastungen

a. … sind Aufwendungen zur Erwerbung, Sicherung und Erhaltung der Einnahmen. ☐
b. … sind meist Aufwendungen der Lebensführung, die mit keiner Einkunftsart in wirtschaftlichem Zusammenhang stehen. Sie werden z. B. aus sozialpolitischen Gründen steuerlich begünstigt. ☐
c. … sind Aufwendungen, die zwangsläufig entstanden sind und dem Steuerpflichtigen in höherem Maße erwachsen als der überwiegenden Mehrzahl der Steuerpflichtigen. ☐
d. Gründe für … können z. B. die Berufsausbildung von Kindern oder die Beschäftigung einer Haushaltsgehilfin sein. ☐
e. Zu den … zählen z. B. Spenden zur Förderung mildtätiger, kirchlicher, wissenschaftlicher, religiöser und staatspolitischer Zwecke. ☐
f. In unbegrenzter Höhe abzugsfähig sind Renten, dauernde Lasten und gezahlte Kirchensteuer. Es handelt sich hierbei um … ☐

5 Welche der folgenden Ausgaben eines Arbeitnehmers sind

(1) Werbungskosten,
(2) Sonderausgaben,
(3) außergewöhnliche Belastungen,
(4) nicht abzugsfähige Ausgaben?

Tragen Sie die Ziffer vor der jeweils zutreffenden Antwort in das Kästchen ein.

a. Kirchensteuer ☐
b. Spende an eine als gemeinnützig anerkannte Organisation ☐
c. Reinigungskosten für notwendige Berufskleidung ☐

6 Ordnen Sie unten stehenden Aussagen eine

(1) zu, wenn die Feststellung zutrifft,
(9) zu, wenn die Feststellung nicht zutrifft.

a. Der Arbeitgeber muss die errechnete Lohnsteuer des Arbeitnehmers bei jeder Lohnzahlung einbehalten und an das Finanzamt abführen. ☐
b. Aus der Lohnsteuerkarte sind die an das Finanzamt abzuführenden Beträge der Höhe nach zu entnehmen. ☐
c. Von der Gemeindebehörde werden der Familienstand und die Zahl der Kinder eingetragen, von der Finanzbehörde die jeweilige Steuerklasse. ☐
d. Die Lohnsteuerkarte gilt für mehrere Jahre und wird nur auf Antrag des Steuerpflichtigen neu von der Gemeinde ausgestellt. ☐

Beschreiben Sie Art und Durchführung der zeitlichen Abgrenzung.

Begriff

Nach dem HGB ist es notwendig, den Erfolg eines Unternehmens exakt für ein Geschäftsjahr zu ermitteln. Das bedeutet unter anderem, dass alle Aufwendungen und Erträge wertmäßig in der Abrechnungsperiode erfasst sein müssen, in der sie entstanden sind und der sie damit wirtschaftlich zuzurechnen sind. Abzugrenzen sind demnach am Jahresende geldliche Vorgänge (Geldausgaben und Geldeinnahmen), deren dazugehörige Aufwendungen bzw. Erträge nicht dem gleichen Jahr zuzurechnen sind.

Arten

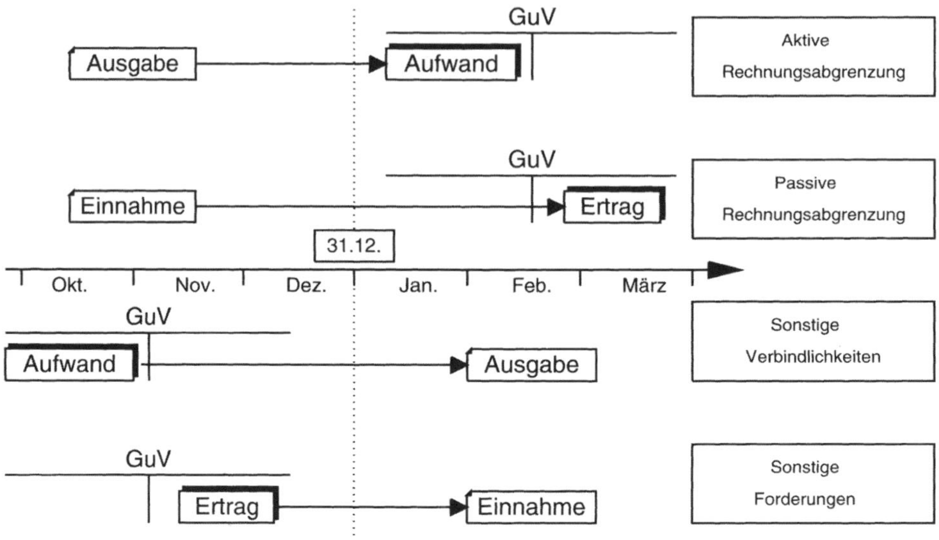

Geschäftsfälle

1. Überweisung (Geldausgabe) der Versicherungsprämie (Aufwand) in Höhe von 1 800,00 EUR am 01.12. für ein Jahr im Voraus. Anteilige Höhe der Aufwendungen im alten Jahr 1/12 = 150,00 EUR.
2. Am 10.12. erhalten wir per Banküberweisung (Geldeinnahme) die Miete für einen Lagerraum (Ertrag) in Höhe von 2 400,00 EUR für die Monate Januar bis März des folgenden Jahres.

Am 31.12. sind folgende zeitliche Abgrenzungen vorzunehmen:

3. Die anteilige Versicherungsprämie aus Fall 1 für das neue Geschäftsjahr 1 650,00 EUR.
4. Die betriebsfremden Erträge aus Fall 2 für das neue Jahr.
5. Die Leasingrate für das Geschäftsfahrzeug für den Monat Dezember (Aufwand) in Höhe von 1 500,00 EUR ist erst im Januar (Geldausgabe) des nächsten Jahres fällig.
6. Unser Darlehensschuldner zahlt die Zinsen (Ertrag) in Höhe von 1 200,00 EUR erst am Ende der Laufzeit (Geldeinnahme), Laufzeit des Darlehens: 01.04.–31.03., anteilige Höhe der Erträge für das alte Jahr 9/12 = 900,00 EUR.

Konten

2900	Aktive Rechnungsabgrenzung (ARA) (Aktives Bestandskonto)	Das Konto übernimmt am Jahresende alle bereits erfolgten Geldausgaben im alten Jahr für Aufwendungen, die wirtschaftlich dem neuen Jahr zuzurechnen sind.
4900	Passive Rechnungsabgrenzung (PRA) (Passives Bestandskonto)	Das Konto übernimmt am Jahresende alle bereits erfolgten Geldeinnahmen im alten Jahr für Erträge, die wirtschaftlich dem neuen Jahr zuzurechnen sind.
2690	Sonstige Forderungen (Aktives Bestandskonto)	Das Konto erfasst alle noch nicht erfolgten Geldeinnahmen für Erträge des alten Jahres.
4890	Sonstige Verbindlichkeiten (Passives Bestandskonto)	Das Konto erfasst alle noch nicht erfolgten Geldausgaben für Aufwendungen des alten Jahres.

Grundbuch

Nr.	Soll			an	Haben		
1	6900	Versicherungsbeiträge	1 800,00		4800	Guthaben bei Kreditinstituten	1 800,00
2	4800	Guthaben bei Kreditinstituten	2 400,00		5401	Nebenerlöse aus Vermietung und Verpachtung	2 400,00
3	2900	ARA	1 650,00		6900	Versicherungsbeiträge	1 650,00
4	5401	Nebenerlöse aus Vermietung und Verpachtung	2 400,00		4900	PRA	2 400,00
5	6710	Leasingaufwendungen	1 500,00		4890	Sonstige Verbindlichkeiten	1 500,00
6	2690	Sonstige Forderungen	900,00		5710	Zinserträge	900,00

Kontenplan für die Aufgabe 1:

(1) Aktive Rechnungsabgrenzung (2900)
(2) Passive Rechnungsabgrenzung (4900)
(3) Sonstige Forderungen (2690)
(4) Guthaben bei Kreditinstituten (2800)
(5) Sonstige Verbindlichkeiten (4890)
(6) Zinsaufwendungen (7510)
(7) Nebenerlöse aus Vermietung und Verpachtung (5401)
(8) Zinserträge (5710)
(9) Gehälter (6300)
(10) Vertriebsprovisionen (6150)
(11) Sonstige Erlöse (z. B. aus Provisionen) (5410)

1 Bilden Sie die Buchungssätze zum 31.12.:

	Soll	Haben
a. Der Mieter Wägele bezahlt die Miete für die Monate Oktober bis Dezember vereinbarungsgemäß erst am 15.01. des Folgejahres.	☐	☐
b. Sie erhalten am 31.12. die Garagenmiete für den Monat Dezember per Banküberweisung.	☐	☐
c. Ihr Unternehmen bezahlt die Zinsen eines betrieblichen Darlehens für das 4. Quartal nachträglich im Januar.	☐	☐
d. Am 27.11. erhielten Sie eine Provisionszahlung für 3 Monate im Voraus.	☐	☐
e. Die Gehaltszahlung für den Monat Januar erfolgte bereits am 28.12.	☐	☐

2 Welcher Betrag ist jeweils am 31.12. abzugrenzen?

a. Die Kfz-Steuer in Höhe von 450,00 EUR wird für den Zeitraum vom 01.11.–31.10. für 1 Jahr im Voraus bezahlt. ___ ☐

b. Für ein ausgegebenes Darlehen in Höhe von 10 000,00 EUR erhalten wir die Zinsen (9 % p. a.) für ein halbes Jahr erst zum Ende des Zinszeitraumes. Die letzte Zahlung erfolgte am 31.08.___ ☐

c. Der Beitrag für den Arbeitgeberverband für das letzte Kalenderquartal in Höhe von 1 500,00 EUR wird nachträglich am 31.01. überwiesen.___ ☐

d. Eine Provisionszahlung in Höhe von 15 000,00 EUR für den Abrechnungszeitraum vom 01.12.–28.02. erhalten wir bereits am 15.12.___ ☐

3 Um welche Arten der zeitlichen Abgrenzung handelt es sich in den Fällen der Aufgabe 2?

(1) Aktive Rechnungsabgrenzung
(2) Passive Rechnungsabgrenzung
(3) Sonstige Forderungen
(4) Sonstige Verbindlichkeiten
(9) Keine der vorgenannten Abgrenzungen trifft zu.

a. Fall A___ ☐
b. Fall B ___ ☐
c. Fall C ___ ☐
d. Fall D ___ ☐

4 Welche der folgenden Aussagen trifft nicht zu?___ ☐

(1) Aktive Rechnungsabgrenzungsposten werden gebildet, wenn Zahlungen im alten Jahr für Aufwendungen des neuen Jahres getätigt wurden.

(2) Sonstige Verbindlichkeiten (4890) liegen dann vor, wenn im neuen Geschäftsjahr Zahlungseingänge für Erträge des alten Jahres zu erwarten sind.

(3) Auf dem Konto Sonstige Forderungen (2690) sind zum Jahresabschluss Buchungen für Erträge durchzuführen, die wirtschaftlich ins alte Jahr gehören, deren Zahlung aber noch nicht erfolgte.

(4) Sonstige Forderungen haben u. a. mit Erträgen und Geldeinnahmen zu tun.

(5) Grundsätzlich gilt: Zahlungsvorgänge im alten Jahr für Aufwendungen/Erträge, die wirtschaftlich ins neue Jahr gehören, sind aktive bzw. passive Rechnungsabgrenzungsposten.

5 Wie ist am Bilanzstichtag zu buchen? ___ ☐

Auf dem Konto Zinserträge wurden im Dezember Einnahmen für die ersten drei Monate des neuen Geschäftsjahres gebucht.

(1) Zinserträge (5710)
an Sonstige Verbindlichkeiten (4890)

(2) Sonstige Forderungen (2690)
an Zinserträge (5710)

(3) Zinserträge (5710)
an Passive Rechnungsabgrenzung (4900)

(4) Aktive Rechnungsabgrenzung (2900)
an Zinserträge (5710)

(5) Passive Rechnungsabgrenzung (4900)
an Zinserträge (5710)

6 Welcher Geschäftsfall (Buchung am 31.12.) liegt dem folgenden Buchungssatz zugrunde? ___ ☐

„Aktive Rechnungsabgrenzung (2900) an Miete (6700)“

(1) Im alten Geschäftsjahr wurde die Miete für ein Lagerhaus für 1 Jahr im Voraus gezahlt.

(2) Ihr Mieter zahlt die Garagenmiete für 6 Monate nachträglich im neuen Geschäftsjahr.

(3) Sie haben die Lagermiete im Dezember für ein Jahr im Voraus erhalten.

(4) Ihr Unternehmen zahlt die Lagermiete für 12 Monate erst nachträglich im neuen Geschäftsjahr.

(5) Die Banklastschrift für eine von Ihnen fälschlich gezahlte Miete wird storniert.

7 Wie wirken sich aktive Rechnungsabgrenzungen auf das Ergebnis des alten Geschäftsjahres aus? ___ ☐

(1) Sie erhöhen den Ertrag.
(2) Sie mindern den Ertrag.
(3) Sie erhöhen den Aufwand.
(4) Sie mindern den Aufwand.
(5) Sie beeinflussen das Ergebnis (das GuV-Konto) nicht.

Wie werden die zeitlichen Abgrenzungen im neuen Geschäftsjahr behandelt?

Geschäftsfälle

Die folgenden Geschäftsfälle beziehen sich auf die vorige Seite. Hier die Buchungen am 01.01. des neuen Geschäftsjahres:

1. Eröffnung der Abgrenzungskonten
2. Auflösung der Aktiven und Passiven Rechnungsabgrenzung

Buchungen im Laufe des neuen Geschäftsjahres:

3. Am 05.01. wird die Leasingrate für den Monat Dezember per Banküberweisung gezahlt, 1 500,00 EUR.
4. Am 31.03. zahlt unser Darlehensnehmer die Zinsen in Höhe von 1 200,00 EUR per Banküberweisung.

Grundbuch

Nr.	Soll			an	Haben		
1	2690 2900	Sonstige Forderungen ARA	960,00 1 650,00		8000	EBK	2 550,00
	8000	EBK	3 960,00 1 650,00		4900 4890	PRA Sonstige Verbindlichkeiten	2 400,00 1 500,00
2	6900 4900	Versicherungsbeiträge PRA	1 650,00 2 400,00		2900 5410	ARA Nebenerlöse aus Vermietung und Verpachtung	1 650,00 2 400,00
3	4890	Sonstige Verbindl.	1 500,00		2800	Guthaben bei Kreditinstituten	1 500,00
4	2800	Guthaben bei Kreditinstituten	1 200,00		2690 5710	Sonstige Forderungen Zinserträge	960,00 300,00

Wofür werden Rückstellungen gebildet? Wie werden sie gebucht?

Begriff

Rückstellungen stellen Verbindlichkeiten dar, die dem Grunde nach zwar feststehen, deren Höhe und Fälligkeit jedoch noch ungewiss ist. Die Höhe der Beträge muss demnach geschätzt werden. Gründe für Rückstellungen sind:

- ▷ Pensionsverpflichtungen
- ▷ Steuernachzahlungen im folgenden Jahr für das laufende Jahr
- ▷ Gewährleistungsverpflichtungen
- ▷ Prozesskosten
- ▷ unterlassene Instandsetzungsaufwendungen, die im folgenden Geschäftsjahr innerhalb von drei Monaten nachgeholt werden

Ist der Grund für die Rückstellung eingetreten oder entfallen, müssen die Rückstellungen aufgelöst werden.

Geschäftsfälle

1. Wir bilden am Ende des Geschäftsjahres eine Rückstellung für eine unterlassene, jedoch durchzuführende Reparatur an unserem Geschäftsgebäude. Der Kostenvoranschlag beläuft sich auf 5 000,00 EUR. Die Umsatzsteuer wird bei Bildung der Rückstellung nicht berücksichtigt, sondern erst bei der Rechnungsstellung im folgenden Jahr.
2. Abschluss der Konten Rückstellungen und Instandhaltung
3. Eröffnung des Kontos Rückstellungen im neuen Jahr
4. Auflösung der Rückstellung: Am 05.02. erhalten wir die Rechnung, die sofort durch Bankscheck beglichen wird:
   a. Die Rechnung entspricht der Schätzung (5 000,00 EUR netto + 19 % USt. 950,00 EUR).
   b. Die Rechnung beläuft sich auf 6 000,00 EUR netto + 19 % USt. 1 140,00 EUR.
   c. Die Rechnung beläuft sich auf 3 500,00 EUR netto + 19 % USt. 665,00 EUR.

Konten

3700	Rückstellungen für Pensionen und ähnliche Verpflichtungen	Alle Konten sind passive Bestandskonten. Die Rückstellungen werden jeweils im Haben dieser Konten gebucht, da sie Verbindlichkeiten darstellen, deren Höhe und Fälligkeit aber noch nicht feststehen.
3800	Steuerrückstellungen	
3900	Sonstige Rückstellungen	

Grundbuch

Nr.	Soll			an	Haben		
1	6160	Fremdinstandhaltung	5 000,00		3900	Sonstige Rückstellungen	5 000,00
2	3900	Sonstige Rückstellungen	5 000,00		8010	SBK	5 000,00
	8020	GuV-Konto	5 000,00		6160	Fremdinstandhaltung	5 000,00
3	8000	EBK	5 000,00		3900	Sonstige Rückstellungen	5 000,00
4 a	3900 2600	Sonstige Rückstellungen Vorsteuer	5 000,00 950,00		2800	Guthaben bei Kreditinstituten	5 950,00
4 b	3900 6990 2600	Sonstige Rückstellungen Periodenfremde Aufwendungen Vorsteuer	5 000,00 1 000,00 1 140,00		2800	Guthaben bei Kreditinstituten	7 140,00
4 c	3900 2600	Sonstige Rückstellungen Vorsteuer	5 000,00 665,00		2800 5480	Guthaben bei Kreditinstituten Erträge aus der Herabsetzung von Rückstellungen	4 165,00 1 500,00

Kontenplan für die Aufgabe 1:

(1) Sonstige Rückstellungen (3900)
(2) Aktive Rechnungsabgrenzung (2900)
(3) Passive Rechnungsabgrenzung (4900)
(4) Sonstige Forderungen (2690)
(5) Guthaben bei Kreditinstituten (2800)
(6) Vorsteuer (2600)
(7) Sonstige Verbindlichkeiten (4890)
(8) Periodenfremde Aufwendungen (6930)
(9) Erträge aus der Herabsetzung von Rückstellungen (5480)
(10) Fremdinstandhaltung (6160)

1 Bilden Sie die Buchungssätze zu den unten stehenden Geschäftsfällen.

	Soll	Haben
a. Zum Ende des Geschäftsjahres wird fest gestellt, dass im Januar des folgenden Jahres dringende Reparaturarbeiten am Dach des Geschäftshauses durchgeführt werden müssen. Der Kostenvoranschlag wird mit 20 000,00 EUR angesetzt.	10	1
b. Nach Erledigung der Reparaturarbeiten erhalten Sie Ende Januar eine Rechnung in Höhe von 18 000,00 EUR + 19 % USt., die sofort per Banküberweisung bezahlt wird.	1 6	5 9

2 Welche der folgenden Aussagen trifft zu? ________ 2

(1) Rückstellungen werden für Verbindlichkeiten gebildet, deren Grund am Jahresende noch nicht feststeht.

(2) Für Verbindlichkeiten, deren Grund feststeht, das genaue Datum der Zahlung und die Höhe noch nicht, werden Rückstellungen gebildet.

(3) Rückstellungen werden am Bilanzstichtag für zweifelhafte Forderungen gebildet.

(4) Die Höhe der gesamten Rückstellungen ist auf dem GuV-Konto (802) ersichtlich.

(5) Rückstellungen dürfen ausschließlich für erwartete Steuernachzahlungen gebildet werden.

3 Sie erhalten am 01.03. die Zinszahlung in Höhe von 18 000,00 EUR für ein ausgegebenes Darlehen für ein Jahr im Voraus.

Welche Buchung ist nach Eröffnung der Abgrenzungskonten im neuen Jahr erforderlich? ________ 4

(1)	Zinserträge (5710)	15 000,00
	an ARA (2900)	15 000,00
(2)	PRA (4900)	15 000,00
	an Zinserträge (5710)	15 000,00
(3)	Zinserträge (5710)	3 000,00
	an ARA (2900)	3 000,00
(4)	PRA (490)	3 000,00
	an Zinserträge (5710)	3 000,00
(5)	Sonstige Forderungen (2690)	3 000,00
	an Zinserträge (5710)	3 000,00

4 Am Geschäftsjahresende wurde eine Rückstellunggebildet, da das Unternehmen erwartete, einen Prozess zu verlieren. Im neuen Jahr wird der Prozess gewonnen, ohne dass Aufwendungen entstanden sind.

Wie ist zu buchen? ________ 1

(1) Rechts- und Beratungskosten
an Erträge aus der Herabsetzung von Rückstellungen (5480)

(2) Periodenfremde Erträge (6990)
an Rechts- und Beratungskosten

(3) Guthaben bei Kreditinstituten (2800)
an Rechts- und Beratungskosten

(4) Guthaben bei Kreditinstituten (2800)
an Erträge aus der Herabsetzung von Rückstellungen (5480)

(5) Guthaben bei Kreditinstituten (2800)
an Periodenfremde Erträge (6990)

5 Welchen Einfluss hat die Bildung einer Rückstellung in Höhe von 5 000,00 EUR auf den Gewinn eines Unternehmens zum 31.12.? 5

(1) Der Gewinn wird nur um 2 500,00 EUR verringert, da die Rückstellung nur zur Hälfte eingerechnet werden darf.

(2) Der Gewinn wird nur um 2 500,00 EUR erhöht, da die Rückstellung nur zur Hälfte eingerechnet werden darf.

(3) Sie hat keinen Einfluss auf den Gewinn.

(4) Sie erhöht den Gewinn um 5 000,00 EUR.

(5) Sie vermindert den Gewinn um 5 000,00 EUR.

6 Zu welchem Zeitpunkt und aus welchem Grund erfolgt die Buchung

Passive Rechnungsabgrenzung (2900)
an Nebenerlöse aus Vermietung und Verpachtung (5410)? ________

(1) Am Bilanzstichtag wird ein Jahresabgrenzungsposten gebildet, da Sie Mieterträge gebucht haben, die wirtschaftlich ins neue Geschäftsjahr gehören.

(2) Der Mietertrag für Monat Januar wird im neuen Geschäftsjahr vom Konto Passive Rechnungsabgrenzung (2900) auf das Konto Nebenerlöse aus Vermietung und Verpachtung (5410) zurückgebucht.

(3) Am Bilanzstichtag berücksichtigen Sie Mieterträge, die wirtschaftlich ins neue Geschäftsjahr gehören.

(4) Es handelt sich hierbei um eine Korrekturbuchung von zu viel eingenommenen Mieten.

(5) Die betriebsfremden Erträge werden passiviert.

7 Welcher Geschäftsfall trifft auf den folgenden Buchungssatz zu? ________

Sonstige Rückstellungen (3900)
Periodenfremde Aufwendungen (6990)
Vorsteuer (2600)
an Guthaben bei Kreditinstituten (2800)

(1) Eine Banküberweisung Ihrerseits für eine Instandhaltungsrechnung, für die eine Rückstellung gebucht wurde. Der Rechnungsbetrag ist höher als erwartet.

(2) Sie bilden eine Rückstellung am 31.12., da Sie im nächsten Jahr eine Banküberweisung für Reparaturkosten durchführen müssen.

(3) Durch eine Banküberweisung wird die Rückstellung im neuen Jahr aufgelöst. Der erwartete Aufwand (Rückstellungsbetrag) ist identisch mit dem tatsächlichen Aufwand im neuen Jahr.

(4) Für eine Erweiterungsinvestition in das Anlagevermögen werden Rücklagen gebildet, die per Banküberweisungen bezahlt werden.

(5) Es entstehen Zinsaufwendungen für einen Kredit, der für die Rückstellungen aufgenommen wurde.

Was versteht man unter Bewertung? Was ist eine Handels-, was eine Steuerbilanz?	
Bewertung	Am Geschäftsjahresende müssen alle Vermögensteile und Schulden bewertet werden. Der Gesetzgeber legt fest, auf welche Weise dies zu geschehen hat. Neben strengen Vorschriften werden den Unternehmen dabei häufig auch Bewertungswahlrechte eingeräumt.
Handelsbilanz	Die handelsrechtliche Bewertung richtet sich nach dem HGB (§§252–256). Diese Vorschriften gelten für alle Unternehmen. In der Handelsbilanz gilt vor allem das Prinzip des Gläubigerschutzes. Es ist also im Zweifel vorsichtig zu bewerten.
Steuerbilanz	Die steuerrechtliche Bewertung richtet sich nach dem EStG. Diese Vorschriften sollen eine einheitliche Gewinnermittlung aller Unternehmen sicherstellen (Prinzip der gerechten Besteuerung). Die in der Handelsbilanz ausgewiesenen Werte sind für die Steuerbilanz verbindlich, sofern das Steuerrecht keinen anderen Wertansatz verpflichtend vorschreibt **(Maßgeblichkeitsprinzip der Handelsbilanz für die Steuerbilanz).**

Welche Bewertungsmaßstäbe sieht das Handels- bzw. Steuerrecht vor?	
Anschaffungskosten	Die Anschaffungskosten beinhalten den Preis eines Wirtschaftsgutes abzüglich der Preisnachlässe (z.B. Rabatte, Skonti) zuzüglich der Anschaffungsnebenkosten (z.B. Bezugskosten). Nicht dazu gehören Finanzierungskosten und anteilige Vorsteuern.
Herstellungskosten	Die Herstellungskosten können unterschiedlich hoch angesetzt werden. Das hängt davon ab, welche Kosten das bilanzierende Unternehmen einrechnet.

	nach Handelsrecht	nach Steuerrecht
Fertigungsmaterial	Pflicht	Pflicht
+ Fertigungslöhne	Pflicht	Pflicht
+ Sondereinzelk. der Fertigung	Pflicht	Pflicht
+ Materialgemeinkosten	Wahlrecht	Pflicht
+ Fertigungsgemeinkosten	Wahlrecht	Pflicht
+ Verwaltungsgemeinkosten	Wahlrecht	Wahlrecht
= Herstellungskosten		
+ Vertriebsgemeinkosten	Verbot	Verbot
= Selbstkosten		

Welche allgemeinen wichtigen Bewertungsgrundsätze sieht das Handelsrecht vor?	
Bilanzidentität	Die Wertansätze in der Eröffnungsbilanz des Geschäftsjahres müssen mit denen der Schlussbilanz des vorhergehenden Geschäftsjahres übereinstimmen.
Einzelbewertung	Grundsätzlich sind alle Vermögensteile und Schulden einzeln zu bewerten. Ausnahmen davon bestehen bei der Bewertung der Warenbestände und der Forderungen.
Vorsichtsprinzip	Alle vorhersehbaren Risiken und Verluste, die bis zum Jahresabschluss entstanden sind, sind zu berücksichtigen, Gewinne dürfen nur berücksichtigt werden, wenn sie bereits realisiert sind, drohende Verluste müssen jedoch bereits berücksichtigt werden.
Periodenabgrenzung	Aufwendungen und Erträge des Geschäftsjahres sind unabhängig von den Zeitpunkten der entsprechenden Zahlungen im Jahresabschluss zu berücksichtigen (Aktive/Passive Rechnungsabgrenzung, Sonstige Forderungen/Verbindlichkeiten).

Welche besonderen Bewertungsgrundsätze werden angewendet?

Prinzip	Erläuterung	anzuwenden auf:	Beispiel
Anschaffungskostenprinzip	Die Höchstgrenze für die Bewertung von Vermögensgegenständen sind die Anschaffungskosten bzw. Herstellungskosten.	▷ Anlagevermögen ▷ Umlaufvermögen	Auch wenn der Marktpreis eines Rohstoffes gestiegen ist, dürfen höchstens die Anschaffungskosten bilanziert werden.
Strenges Niederstwertprinzip	Von zwei möglichen Wertansätzen am Bilanzstichtag (z.B. Anschaffungswert und Stichtagswert) *muss* stets der niedrigere Wert angesetzt werden.	▷ Umlaufvermögen (generell) ▷ Anlagevermögen (bei dauernder Wertminderung)	Noch nicht realisierte Verluste, die durch einen fallenden Marktpreis bedingt sind, müssen ausgewiesen werden.
Gemildertes Niederstwertprinzip	Der niedrigere Wert zwischen dem Anschaffungswert und dem Wert zum Bilanzstichtag *darf* auch bei *nur vorübergehender Wertminderung* angesetzt werden.	Anlagevermögen; bei Kapitalgesellschaften nur für das Finanzanlagevermögen	Obwohl abzusehen ist, dass die Wertminderung einer Beteiligung (Aktienpaket) nur von kurzer Dauer ist, darf der niedrigere Wert ausgewiesen werden.
Höchstwertprinzip	Von zwei möglichen Wertansätzen am Bilanzstichtag *muss* stets der höhere Wert angesetzt werden.	Schulden (Fremdkapital)	Der Kurs für eine Fremdwährungsverbindlichkeit ist zum Bilanzstichtag gestiegen.

1 In einem metallverarbeitenden Betrieb wurde eine Verpackungsmaschine für den eigenen Betrieb hergestellt. Folgende Einzelkosten können nachgewiesen werden:

Fertigungsmaterial	52 000,00 EUR
Fertigungslöhne	76 000,00 EUR
Sondereinzelkosten der Fertigung	12 000,00 EUR

Außerdem wurden aus der Kostenrechnung folgende Gemeinkostenzuschlagssätze ermittelt:

Materialgemeinkosten	5 %
Fertigungsgemeinkosten	12 %
Verwaltungsgemeinkosten	12.5 %
Vertriebsgemeinkosten	16 %

a. Ermitteln Sie den nach dem Handelrecht zulässigen Höchstbetrag der anzusetzenden Herstellungskosten. ______ [ ]

b. Welcher Betrag muss nach dem Steuerrecht mindestens als Herstellungskosten angesetzt werden? ______ [ ]

2 Bei der Bewertung von Vermögen und Schulden eines Unternehmens sieht das Handelsrecht wichtige Grundsätze vor.

Welche der unten stehenden Aussagen dazu trifft nicht zu? ______ [ ]

(1) Die Werte der Schlussbilanz müssen mit den Werten der Eröffnungsbilanz im neuen Jahr übereinstimmen.
(2) Die auf den vorhergehenden Jahresabschluss angewandten Bewertungsmethoden sollen im neuen Jahr beibehalten werden.
(3) Gewinne aus Aktienbeteiligungen dürfen auch berücksichtigt werden, wenn sie noch nicht realisiert sind.
(4) Verluste, die für das neue Jahr absehbar sind, müssen im alten Jahr berücksichtigt werden.
(5) Geldausgaben im alten Jahr für Aufwendungen, die das neue Jahr betreffen, müssen abgegrenzt werden.

3 Bei der Bewertung der fertigen Erzeugnisse in der Schlussbilanz werden die Herstellungskosten angesetzt.

Für welche der unten genannten Kosten hat ein Unternehmen nach Handelsrecht das Wahlrecht, ob diese Kosten mit einbezieht oder nicht? ______ [ ] [ ]

(1) Vertriebsgemeinkosten
(2) Fertigungslöhne (Einzelkosten)
(3) Fertigungsgemeinkosten
(4) Verwaltungsgemeinkosten
(5) Fertigungsmaterial (Einzelkosten)

4 Eine Maschine wurde am 15.12. zu einem Preis von 80 000,00 EUR (netto + 19 % USt.) gekauft. Die Transportkosten betrugen 2 000,00 EUR, die Montagekosten 4 500,00 EUR (jeweils netto + 19 % USt.).

Mit welchem Wert ist die Maschine am 31.12. anzusetzen, wenn der Lieferant im neuen Jahr eine Preiserhöhung für diese Maschine von 5 % angesetzt und von unveränderten Transport- und Montagekosten auszugehen ist? ______ [ ]

(1) 80 000,00 EUR
(2) 95 200,00 EUR
(3) 86 500,00 EUR
(4) 102 935,00 EUR
(5) 80 400,00 EUR
(6) 90 825,00 EUR
(9) Keiner der vorgenannten Beträge ist richtig.

5 Wir verkauften am 15.11. Erzeugnisse an einen Kunden in den USA, Warenwert 25 000,00 USD (US-Dollar).

Vereinbarungsgemäß zahlt der Kunde in USD. Die Forderungen wurden am 15.11. mit einem Kurs von 1,40 USD je Euro gebucht.

Mit welchem Betrag in Euro ist diese Forderung am 31.12. anzusetzen, ...

a. ... wenn der Kurs am 31.12. 1,50 USD je Euro beträgt? ______ [ ]

b. ... wenn der Kurs am 31.12. 1,30 USD je Euro beträgt? ______ [ ]

6 Die Rechnung eines Lieferanten wurde in CHF (Schweizer Franken) ausgestellt. Der Rechnungsbetrag in Höhe von 13 000,00 CHF wurde zu einem Kurs von 1,60 CHF je Euro gebucht. Am 31.12. gilt ein aktueller Kurs von 1,50 CHF je Euro.

a. Mit welchem Wert wird die Verbindlichkeit am 31.12. angesetzt? ______ [ ]

b. Wie lautet der Buchungssatz am 31.12. für die Berücksichtigung der Kursänderung? ______ [ ] an [ ]

(1) Verbindlichkeiten a. L. u. L. (4400)
(2) Sonstige Aufwendungen (694)
(3) Periodenfremde Aufwendungen (699)
(4) Außerordentliche Erträge (580)
(5) Erträge aus Werterhöhungen von Gegenständen des Anlagevermögens (544)

7 Ein Betrieb kauft am 03.12. Rohstoffe aus Manchester. Der Lieferer berechnet 35 000,00 GBP (englische Pfund). Der Kurs am Tag der Rechnungsstellung betrug 0,70 GBP je Euro.

Mit welchem Betrag ist die Verbindlichkeit am 31.12. anzusetzen...

a. ... bei einem Kurs von 0,65? ______ [ ]

b. ... bei einem Kurs von 0,75? ______ [ ]

Welche Verfahren werden angewendet, um die Warenbestände zu bewerten?

Grundsätzliche Überlegungen

- Es gilt grundsätzlich die Einzelbewertung, d. h., jedes am Bilanzstichtag vorhandene Material müsste mit dem ursprünglichen Einkaufswert angesetzt werden. Da dieses in der Praxis kaum durchzuführen ist, darf eine **Gesamtbewertung** vorgenommen werden.
- Für alle Vorratspositionen gilt das **strenge Niederstwertprinzip**, d. h., dass von zwei am Bilanzstichtag möglichen Werten (aktueller Wert und mit Bewertungsverfahren ermittelter Wert) stets der niedrigere Wert anzusetzen ist.

Beispiel für die folgenden Bewertungsverfahren

Datum	*Vorgang*	*Menge*	*EK-Preis/Stück*
01.01.	*Anfangsbestand*	*100 Stück*	*30,00*
15.02.	*Zugang*	*70 Stück*	*40,00*
13.03.	*Abgang*	*30 Stück*	*–*
16.07.	*Zugang*	*80 Stück*	*20,00*
19.09.	*Abgang*	*60 Stück*	*–*

Summarische Durchschnittsbewertung

Der Warenwert des Anfangsbestandes und der Warenwert der Zugänge werden summiert und durch die Summe der Stückzahlen dividiert **(gewogener Durchschnitt)**.

01.01.	AB	100 Stück	·	30,00 EUR	=	3 000,00 EUR
15.02.	Zugang	70 Stück	·	40,00 EUR	=	2 800,00 EUR
16.07.	Zugang	80 Stück	·	20,00 EUR	=	1 600,00 EUR
		250 Stück				7 400,00 EUR
		1 Stück				29,60 EUR
31.12.	**SB**	**160 Stück**				**4 736,00 EUR**

Permanente Durchschnittsbewertung

Nach jedem Zugang wird ein neuer Durchschnittswert ermittelt. Die Abgänge werden mit dem jeweils letzten errechneten Wert angesetzt.

01.01.	AB	100 Stück	·	30,00 EUR	=	3 000,00 EUR	
15.02.	Zugang	70 Stück	·	40,00 EUR	=	2 800,00 EUR	
	Bestand	170 Stück	·	34,12 EUR	=	5 800,00 EUR	Rundungsdifferenzen!
13.03.	Abgang	30 Stück	·	34,12 EUR	=	1 023,53 EUR	
	Bestand	140 Stück	·	34,12 EUR	=	4 776,47 EUR	
16.07.	Zugang	80 Stück	·	20,00 EUR	=	1 600,00 EUR	
	Bestand	220 Stück	·	28,98 EUR	=	6 376,47 EUR	Rundungsdifferenzen!
19.09.	Abgang	60 Stück	·	28,98 EUR	=	1 739,04 EUR	
31.12.	**SB**	**160 Stück**	**·**	**28,98 EUR**	**=**	**4 637,43 EUR**	

Lifo-Methode (last in – first out)

Es wird unterstellt, dass die zuletzt eingekauften Vorräte zuerst verbraucht werden. Das bedeutet, dass der Schlussbestand mit den Preisen des Anfangsbestandes und der ersten Einkäufe bewertet wird.

31.12.	SB	160 Stück, davon:					
		100 Stück	·	30,00 EUR	=	3 000,00 EUR	(AB)
		60 Stück	·	40,00 EUR	=	2 400,00 EUR	(Zugang vom 15.02.)
31.12.	**SB**	**160 Stück**	**·**	**33,75 EUR**	**=**	**5 400,00 EUR**	

Fifo-Methode (first in – first out)

Es wird unterstellt, dass die zuerst eingekauften Vorräte auch zuerst verbraucht werden. Das bedeutet, dass der Schlussbestand mit Preisen der letzten Einkäufe bewertet wird.

31.12.	SB	160 Stück, davon:					
		80 Stück	·	20,00 EUR	·	1 600,00 EUR	(Zugang vom 16.07.)
		70 Stück	·	40,00 EUR	·	2 800,00 EUR	(Zugang vom 15.02.)
		10 Stück	·	30,00 EUR	·	300,00 EUR	(AB)
31.12.	**SB**	**160 Stück**	**·**	**29,38 EUR**	**·**	**4 700,00 EUR**	

Hifo-Methode (highest in – first out)

Es wird angenommen, dass zuerst die Vorräte mit den höchsten Preisen verbraucht werden und somit der Schlussbestand mit den jeweils niedrigsten Preisen bewertet wird.

31.12.	SB	160 Stück, davon:					
		80 Stück	·	20,00 EUR	·	1 600,00 EUR	(Zugang vom 15.02.)
		80 Stück	·	30,00 EUR	·	2 400,00 EUR	(AB)
31.12.	**SB**	**160 Stück**	**·**	**25,00 EUR**	**·**	**4 000,00 EUR**	

Welche Gesamtbewertungsverfahren sind zulässig?

nach Handelsrecht	nach Steuerrecht
▷ summarische Durchschnittsbewertung ▷ permanente Durchschnittsbewertung ▷ Lifo-und Fifo-Methode	▷ summarische Durchschnittsbewertung ▷ permanente Durchschnittsbewertung ▷ Lifo-Methode

1 Welche der nachstehend genannten Bewertungsverfahren für Vorräte sind nach dem Steuerrecht nicht anwendbar? ☐ ☐

(1) summarische Durchschnittsbewertung

(2) permanente Durchschnittsbewertung

(3) Lifo-Methode

(4) Fifo-Methode

(5) Hifo-Methode

2 Für den Artikel mit der Artikelnummer 200402 ergeben sich im Laufe eines Jahres folgende Bewegungen:

01.01.	AB	600 Stück	120,00 EUR/St.
03.03.	Abgang	120 Stück	
25.05.	Abgang	240 Stück	
12.06.	Zugang	300 Stück	130,00 EUR/St.
17.06.	Abgang	500 Stück	
22.08.	Zugang	950 Stück	100,00 EUR/St.

Am 31.12. beträgt der Marktpreis für diesen Rohstoff 90,00 EUR/St.

Berechnen Sie...

a. den Endbestand. ☐

b. den Gesamtwert des Bestandes am 31.12., wenn eine summarische Durchschnittsbewertung vorgenommen wird (Aufrundung auf zwei Dezimalstellen). ☐

c. den Gesamtwert des Bestandes, wenn am 31.12. der Marktpreis 140,00 EUR betragen würde. ☐

3 Der Wert des Bestandes für einen Artikel wird mithilfe der permanenten Durchschnittsbewertung ermittelt. In der Artikeldatei sind folgende Buchungen vorgenommen worden:

01.01.	AB	80 m	60,00 EUR/m
04.02.	Abgang	70 m	
25.03.	Zugang	95 m	80,00 EUR/m
12.05.	Abgang	65 m	
03.09.	Abgang	30 m	
20.09.	Zugang	50 m	90,00 EUR/m
17.11.	Abgang	20 m	

Berechnen Sie...

a. ... den Endbestand in Metern. ☐

b. ... den mit der permanenten Durchschnittsbewertung ermittelten Wert des Bestandes am 31.12. (Aufrundung auf zwei Dezimalstellen). ☐

c. Welcher Gesamtwert wird in der Schlussbilanz angesetzt bei einem Preis des Hilfsstoffes am 31.12. von

ca. 120,00 EUR/m? ☐

cb. 70,00 EUR/m? ☐

4 Der Warenbestand eines Artikels entwickelte sich wie folgt:

01.01.	AB	8000 m^2	12,00 EUR/m^2
05.01.	Abgang	4500 m^2	
16.02.	Abgang	2800 m^2	
15.03.	Zugang	9500 m^2	10,50 EUR/m^2
03.04.	Abgang	6000 m^2	
28.04.	Zugang	5000 m^2	14,00 EUR/m^2
07.08.	Abgang	3700 m^2	
08.09.	Zugang	4000 m^2	9,00 EUR/m^2
27.11.	Abgang	2900 m^2	
08.12.	Abgang	3700 m^2	

Berechnen Sie...

a. ... den Endbestand in m^2. ☐

b. ... den Gesamtwert des Bestandes am 31.12. bei einem aktuellen Preis von 15,00 EUR/m^2 ...

ba. nach der Lifo-Methode. ☐

bb. nach der Fifo-Methode. ☐

bc. nach der Hifo-Methode. ☐

c. Welcher der unter b. ermittelten Werte ist...

ca. ... der nach Handelsrecht zulässige niedrigste Wert? ☐

cb. ... der nach Steuerrecht zulässige niedrigste Wert? ☐

5 Welches der unten aufgeführten Berechnungsverfahren muss angewendet werden, damit am Ende der Abrechnungsperiode in allen Fällen (steigende oder fallende Preise im Laufe des Jahres) als Ergebnis immer der niedrigste Wert des Bestandes ermittelt wird? ☐

(1) Lifo-Methode

(2) Fifo-Methode

(3) Hifo-Methode

6 Welche der unten aufgeführten Aussagen zur Lifo-Methode treffen zu? ☐ ☐

(1) Es wird unterstellt, dass die zuletzt eingekauften Vorräte zuerst verbraucht werden.

(2) Es wird unterstellt, dass die zuerst eingekauften Vorräte zuerst verbraucht werden.

(3) Der Schlussbestand wird mit den Preisen des Anfangsbestandes und der ersten Einkäufe bewertet.

(4) Der Schlussbestand wird mit den Preisen des Anfangsbestandes und der letzten Einkäufe bewertet.

(5) Der Schlussbestand wird mit den jeweils niedrigsten Preisen der Einkäufe bewertet.

Welche besonderen Vorgänge sind bei der Bewertung von Forderungen zu berücksichtigen?

Sicherheit der Forderungen

Zum Bilanzstichtag müssen nach dem Vorsichtsprinzip auch die Forderungen hinsichtlich ihres zu erwartenden Zahlungseinganges bewertet werden. Es werden unterschieden:

einwandfreie Forderungen	zweifelhafte Forderungen	uneinbringliche Forderungen
Forderungen, deren Zahlungseingang sicher ist	Forderungen, deren Zahlungseingang infrage gestellt wird; Gründe: ▷ erfolgloses Mahnverfahren ▷ Beantragung oder Eröffnung eines Insolvenzverfahrens	Forderungen, deren Zahlungseingang nachweislich nicht mehr erfolgt; Gründe: ▷ fruchtlose Pfändung ▷ abgeschlossenes Insolvenzverfahren ▷ Verjährung der Forderung

Verfahren

- ▷ direkte Abschreibung von Einzelforderungen
- ▷ indirekte Abschreibung von Einzelforderungen (Einzelwertberichtigungen)
- ▷ Pauschalwertberichtigungen der gesamten Forderungen

Wie wird die direkte Abschreibung von Einzelforderungen vorgenommen?

Geschäftsfälle

1. *Unser Kunde Fa. W. Boch hat trotz der Zustellung eines Vollstreckungsbescheides seine Forderung in Höhe von 5 000,00 EUR + 950,00 EUR USt. noch nicht bezahlt.*
2. *Am 28.12. gibt der Kunde Boch eine eidesstattliche Versicherung ab. Die Forderung wird uneinbringlich (Umsatzsteuerberichtigung!).*

Konten

Konto	Bezeichnung	Erläuterung
2470	Zweifelhafte Forderungen (Aktives Bestandskonto)	Auf dieses Konto werden diejenigen Forderungen aus dem Konto Forderungen (2400) umgebucht, deren Zahlungseingang fraglich ist.
6950	Abschreibungen auf Forderungen (Aufwandskonto)	Werden die Forderungen im Laufe des Geschäftsjahres uneinbringlich, werden sie über dieses Konto abgeschrieben. Die Abschreibungen erfolgen **nur vom Nettowert** der Forderungen.

Grundbuch

Nr.	Soll			an	Haben		
1	2470	Zweifelhafte Forderungen	5 950,00		2400	Forderungen a. L. u. L.	5 950,00
2	6950 4800	Abschr. auf Ford. Umsatzsteuer	5 000,00 950,00		2470	Zweifelhafte Forderungen	5 950,00

Erläutern Sie die indirekte Abschreibung auf Einzelforderungen (Einzelwertberichtigung).

Begriff

Ist am Geschäftsjahresende ein Forderungsausfall im neuen Jahr abzusehen, wird diese Forderung indirekt abgeschrieben. Wie bei der indirekten Abschreibung auf Sachanlagen wird die Abschreibung auf einem besonderen Wertberichtigungskonto erfasst und nicht unmittelbar auf dem Konto Zweifelhafte Forderungen (2470). Der Vorteil liegt darin, dass auf der Sollseite des SBK weiterhin der gesamte Wert der zweifelhaften Forderungen ausgewiesen wird und auf der Habenseite des SBK der geschätzte Verlust. In den veröffentlichten Bilanzen dürfen jedoch keine Wertberichtigungen ausgewiesen werden.

Geschäftsfälle

1. *Am 27.11. ist über das Vermögen des Kunden Jürgen Schulte GmbH & Co. KG das Insolvenzverfahren eröffnet worden. Unsere Forderung beträgt 20 000,00 EUR + 19 % USt. = 3 800,00 EUR.*
2. *Am 31.12. erwarten wir einen Forderungsausfall von 70 % von 20 000,00 EUR = 14 000,00 EUR. (Die Umsatzsteuer darf erst bei tatsächlichem Eintritt des Forderungsausfalls korrigiert werden!)*

Konto

Konto	Bezeichnung	Erläuterung
3670	Einzelwertberichtigungen zu Forderungen (Abkürzung: EWB zu Ford.) (Passives Bestandskonto)	Das Konto ist immer in Verbindung mit dem Konto Zweifelhafte Forderungen (2470) zu sehen. Es enthält den **geschätzten Forderungsausfall.**

Grundbuch

Nr.	Soll			an	Haben		
1	2470	Zweifelhafte Ford.	23 800,00		2400	Forderungen a. L. u. L.	23 800,00
2	6950	Abschr. auf Ford.	14 000,00		3670	EWB zu Ford.	14 000,00

Hauptbuch

Soll	8010 Schlussbilanzkonto		Haben
2470 Zweifelhafte Forderungen	23 800,00	3670 Einzelwertber. zu Ford.	14 000,00

1 In welchen der unten angegebenen Fälle handelt es sich um

(1) einwandfreie Forderungen,
(2) zweifelhafte Forderungen,
(3) uneinbringliche Forderungen,
(9) keine der vorgenannten Forderungsarten?

a. Dem Kunden Blume Landmaschinenbau wird eine dritte Mahnung geschickt. ☐

b. Über das Vermögen des Kunden Kley Papiergroßhandlung GmbH wird das Insolvenzverfahren eröffnet. ☐

c. Auf einen Vollstreckungsbescheid erhalten wir vom Kunden Manz KG keine Reaktion. ☐

d. Auf eine Mahnung an den Kunden M. Hofmann OHG erhalten wir die Mitteilung, dass die Forderung bereits verjährt sei und auch nicht mehr gezahlt werde. Ein Jurist bestätigt die Verjährung. ☐

e. Der Kunde Holtmann Saatzuchtbetriebe beantragt ein Insolvenzverfahren beim Amtsgericht. ☐

2 Am 17.10.2008 ist über das Vermögen des Kunden E. Sandmann das Insolvenzverfahren eröffnet worden. Am 31.12.2008 erwarten wir einen Ausfall der Forderungen in Höhe von 65 %, den wir indirekt abschreiben. Am 23.08.2009 ist das Insolvenzverfahren abgeschlossen. Wir erhalten 35 % der Forderungen.

Welche der folgenden Aussagen trifft zu? ☐

(1) Die Umsatzsteuerberichtigung wird am 17.10.2007 vorgenommen.

(2) Die Umsatzsteuerberichtigung wird am 31.12.2007 vorgenommen.

(3) Die Umsatzsteuerberichtigung wird am 23.03.2008 vorgenommen.

(4) Es wird keine Umsatzsteuerberichtigung vorgenommen, da die Schätzung des Ausfalls genau mit dem tatsächlichen Ausfall übereinstimmt.

(5) Es wird keine Umsatzsteuerberichtigung vorgenommen, da dieses bei einer Insolvenz gesetzlich nicht erlaubt ist.

3 Bilden Sie die Buchungssätze unter Verwendung folgender Konten:

(1) Forderungen a. L. u. L. (2400)
(2) Zweifelhafte Forderungen (2470)
(3) Einzelwertberichtigung zu Forderungen (3670)
(4) Abschreibung auf Forderungen (6950)
(5) Umsatzsteuer (4800)
(6) GuV (8020)
(7) SBK (8010)

	Soll	Haben
a. Über das Vermögen unseres Kunden Porzellanmanufaktur GmbH wurde das Insolvenzverfahren beantragt.	☐	☐
b. Am Jahresende wird der Forderungsausfall geschätzt und indirekt abgeschrieben.	☐	☐
c. Abschluss des Kontos Abschreibungen auf Forderungen	☐	☐
d. Abschluss des Kontos Einzelwertberichtigungen zu Forderungen	☐	☐

4 Unserem Kunden B. Finder KG wurde ein Vollstreckungsbescheid zugeschickt. Darauf erhalten wir keine Antwort. Die Forderung hatte einen Bruttowert von 18 445,00 EUR (19 % USt.) und wurde auf das Konto Zweifelhafte Forderungen umgebucht. Noch im gleichen Jahr stellt sich nach einer Pfändung heraus, dass nur ein Betrag von 2 975,00 EUR überwiesen werden kann, der Rest wird uneinbringlich.

a. Mit welchem Buchungssatz wird die Zahlung (Banküberweisung) gebucht? ☐

b. Mit welchem Buchungssatz wird die direkte Abschreibung vorgenommen? ☐

			Soll	Haben
(1)	2800	Guthaben bei Kreditinstituten	2 975,00	
	an 2470	Zweifelhafte Forderungen		2 500,00
	an 4800	Umsatzsteuer		475,00
(2)	2800	Guthaben bei Kreditinstituten	2 975,00	
	an 2400	Forderungen a. L. u. L.		2 975,00
(3)	2800	Guthaben bei Kreditinstituten	2 975,00	
	an 2470	Zweifelhafte Forderungen		2 975,00
(4)	6950	Abschreibungen auf Ford.	15 470,00	
	an 2400	Forderungen a. L. u. L.		15 470,00
(5)	6950	Abschreibungen auf Ford.	15 470,00	
	an 2470	Zweifelhafte Forderungen		15 470,00
(6)	6950	Abschreibungen auf Ford.	13 000,00	
	4800	Umsatzsteuer	2 470,00	
	an 2470	Zweifelhafte Forderungen		15 470,00
(7)	6950	Abschreibungen auf Ford.	15 470,00	
	4800	Umsatzsteuer	2 939,30	
	an 2470	Zweifelhafte Forderungen		18 409,30
(8)	6950	Abschreibungen auf Ford.	13 000,00	
	4800	Umsatzsteuer	2 470,00	
	an 2400	Forderungen a. L. u. L.		15 470,00

(9) Keiner der vorgenannten Buchungssätze trifft zu.

5 Auf dem SBK eines Unternehmens sind u. a. folgende Buchungen vorgenommen worden (USt. 19 %):

S	8010 Schlussbilanzkonto	H
247 Zweifelhafte Forderungen 52 000,00		367 Einzelwertberichtigungen zu Forderungen 8 200,00

Welche der folgenden Aussagen zu den Buchungen trifft zu? ☐

(1) Der geschätzte Forderungsausfall im laufenden Jahr betrug 52 200,00 EUR.

(2) Der geschätzte Forderungsausfall im nächsten Jahr beträgt 52 200,00 EUR.

(3) Der geschätzte Forderungsausfall im laufenden Jahr betrug 8 200,00 EUR.

(4) In der GuV-Rechnung wurde ein Betrag von 8 200,00 EUR an Forderungen abgeschrieben. Die anteilige Umsatzsteuer ist berichtigt worden.

(5) In der GuV-Rechnung wurde ein Betrag von 8 200,00 EUR an Forderungen abgeschrieben. Die anteilige Umsatzsteuer ist nicht berichtigt worden.

Wie werden die Einzelwertberichtigungen zu Forderungen aufgelöst?

Auflösung der Wertberichtigung

Die Wertberichtigungen zu Forderungen dürfen erst dann aufgelöst werden, wenn der tatsächliche Forderungsausfall feststeht. Da die Höhe des Forderungsausfalles selten vorhersehbar ist, gibt es folgende Möglichkeiten:

- ▷ Die Schätzung stimmt mit dem Forderungsausfall überein. (Fall A)
- ▷ Die Schätzung wurde zu hoch angesetzt. → periodenfremder Ertrag (Fall B)
- ▷ Die Schätzung wurde zu niedrig angesetzt. → periodenfremder Aufwand (Fall C)

In allen Fällen ist es sinnvoll, in folgender Reihenfolge zu buchen:

1. Buchen des Zahlungseingangs
2. Umsatzsteuerberichtigung
3. Auflösung der Wertberichtigung und Buchen des Aufwands bzw. des Ertrages

Geschäftsfälle

In den folgenden Geschäftsfällen wird der Fall von S. 304 fortgeführt.

	Fall A	*Fall B*	*Fall C*
Forderungsausfall	*70 %*	*60 %*	*100 %*
Der Insolvenzverwalter überweist:	*7 140,00 EUR*	*9 520,00 EUR*	*0,00 EUR*
Zweifelhafte Forderung (Bruttobetrag)	*23 800,00 EUR*	*23 800,00 EUR*	*23 800,00 EUR*
– Zahlungseingang	*7 140,00 EUR*	*9 520,00 EUR*	*0,00 EUR*
= tatsächlicher Ausfall (Bruttobetrag)	*16 660,00 EUR*	*14 280,00 EUR*	*23 800,00 EUR*
– Umsatzsteuerberichtigung	*2 660,00 EUR*	*2 280,00 EUR*	*3 800,00 EUR*
= tatsächlicher Ausfall (Nettobetrag)	*14 000,00 EUR*	*12 000,00 EUR*	*20 000,00 EUR*
– geschätzter Ausfall (Wertberichtigung)	*14 000,00 EUR*	*14 000,00 EUR*	*14 000,00 EUR*
= Ertrag bzw. Aufwand	*0,00 EUR*	*2 000,00 EUR (Ertrag)*	*6 000,00 EUR (Aufwand)*

Grundbuch

	Nr.	Soll			an	Haben		
Fall A	1	2800	Guthaben bei Kreditinstituten	7 140,00		2470	Zweifelh. Ford.	7 140,00
	2	4800	Umsatzsteuer	2 660,00		2470	Zweifelh. Ford.	2 266,00
	3	3670	EWB zu Ford.	14 000,00		2470	Zweifelh. Ford.	14 000,00
Fall B	1	2800	Guthaben bei Kreditinstituten	9 520,00		2470	Zweifelh. Ford.	9 520,00
	2	4800	Umsatzsteuer	2 280,00		2470	Zweifelh. Ford.	2 280,00
	3	3670	EWB zu Ford.	14 000,00		2470 5450	Zweifelh. Ford. Erträge aus der Auflösung von WB	12 000,00 2 000,00
Fall C	1	4800	Umsatzsteuer	3 800,00		2470	Zweifelh. Ford.	3 800,00
	2	3670 6990	EWB zu Ford. Periodenfr. Aufwand	14 000,00 6 000,00		2470	Zweifelh. Ford.	12 000,00

Wie werden Pauschalwertberichtigungen von Gesamtforderungen vorgenommen?

Begriff

- ▷ Wenn eine Einzelbewertung der Forderungen zu umständlich ist (Unternehmen mit großem Kundenkreis), darf eine Pauschalwertberichtigung vorgenommen werden. Hierbei wird am Jahresende ein nachzuweisender Prozentsatz indirekt von den Forderungen abgeschrieben. Dieser Prozentsatz darf aus steuerlichen Gründen 5 % nicht überschreiten. Die Wertberichtigung darf nur mit dem Nettowert angesetzt werden.
- ▷ Tritt im neuen Jahr ein tatsächlicher Forderungsausfall ein, wird in entsprechender Höhe ein Teil der Pauschalwertberichtigung aufgelöst.
- ▷ Am Ende des Geschäftsjahres wird die Pauschalwertberichtigung wieder angepasst.

Geschäftsfälle

1. *Am Geschäftsjahresende wird eine Pauschalwertberichtigung auf die Nettoforderungen in Höhe von 5 % vorgenommen.*

Gesamtforderungsbestand (Bruttobetrag)	*357 000,00 EUR*
– Umsatzsteueranteil	*57 000,00 EUR*
= Gesamtforderungsbestand (Nettobetrag)	*300 000,00 EUR*
davon 5 % Pauschalwertberichtigung	*15 000,00 EUR*

2. *Am 23.03. des neuen Geschäftsjahres wird durch einen Vergleich bei einem Kunden eine Forderung in Höhe von 7 000,00 EUR netto + 19 % USt. 1 330,00 EUR uneinbringlich (Umsatzsteuerberichtigung!).*

Konto

3680 Pauschalwertberichtigungen zu Forderungen
Abkürzung: PWB zu Ford.
(Passives Bestandskonto)

Durch die Gegenüberstellung der normalen Forderungen und der Pauschalwertberichtigungen im Schlussbilanzkonto wird die Aussagekraft erhöht.

Grundbuch

Nr.	Soll			an	Haben		
1	6950	Zweifelhafte Ford.	15 000,00		3680	PWB zu Ford.	15 000,00
2	3680 4800	PWB zu Ford. Umsatzsteuer	7 000,00 1 330,00		2400	Forderungen a. L. u. L.	8 330,00

1 Am 17.04. wird das Insolvenzverfahren über das Vermögen eines unserer Kunden eröffnet. Unsere Forderung beträgt 13 000,00 EUR netto (+ 19 % USt.). Noch im laufenden Jahr wird das Insolvenzverfahren abgeschlossen. Die Insolvenzquote beträgt 20 %.

Erstellen Sie die Buchungssätze für die unten stehenden Geschäftsfälle. Verwenden Sie folgende Konten:

(1) Forderungen a. L. u. L. (2400)
(2) Zweifelhafte Forderungen (6950)
(3) Einzelwertberichtigungen zu Forderungen (3670)
(4) Abschreibungen auf Forderungen (6950)
(5) Vorsteuer (2600)
(6) Umsatzsteuer (4800)
(7) Guthaben bei Kreditinstituten (2800)

a. Wie lautet der Buchungssatz für die Eröffnung des Insolvenzverfahrens? Soll ☐ | Haben ☐

b. Wie viel Euro werden vom Insolvenzverwalter überwiesen? ______ ☐

c. Wie lautet der Buchungssatz für die Überweisung? Soll ☐ | Haben ☐

d. Mit welchem Betrag muss die Umsatzsteuer berichtigt werden? ______ ☐

e. Wie lautet der zusammengesetzte Buchungssatz für den Verlust der Forderung und die Umsatzsteuerberichtigung? Soll ☐ ☐ | Haben ☐ ☐

2 Bilden Sie die Buchungssätze unter Verwendung folgender Konten:

(1) Guthaben bei Kreditinstituten (2800)
(2) Forderungen a. L. u. L. (2400)
(3) Zweifelhafte Forderungen (6950)
(4) Vorsteuer (2600)
(5) Umsatzsteuer (4800)
(6) Einzelwertberichtigung zu Forderungen (3670)
(7) Pauschalwertberichtigung zu Forderungen (3680)
(8) Abschreibungen zu Forderungen (6950)
(9) Erträge aus der Auflösung von Wertberichtigungen auf Forderungen (5450)
(10) Periodenfremder Aufwendungen (6990)

	Soll	Haben
a. Über das Vermögen eines Kunden wird das Insolvenzverfahren eröffnet. Unsere Forderung beträgt 12 000,00 EUR netto (+ 19 % USt.).	☐	☐
b. Am Jahresende erwarten wir einen Forderungsausfall von 50 %. Die Einzelforderung wird indirekt abgeschrieben.	☐	☐
c. Im neuen Jahr überweist der Insolvenz verwalter einen Betrag von 4 760,00 EUR.		
Buchen Sie...		
ca. ... die Banküberweisung.	☐	☐
cb. ... die Umsatzsteuerberichtigung.	☐	☐
cc. ... die Auflösung der Wertberichtigung und den Aufwand bzw. Ertrag.	☐ ☐	☐ ☐

3 Gegenüber einem Kunden, der in Zahlungsschwierigkeiten geraten ist, haben wir eine Nettoforderung von 36 200,00 EUR. Beim Insolvenzverfahren ergibt sich eine Insolvenzquote von 40 %. (19 % USt.)

Berechnen Sie...

a. ... den Betrag, den wir vom Insolvenzverwalter überwiesen bekommen. ______ ☐

b. ... den Betrag, der auf dem Konto Abschreibungen auf Forderungen gebucht werden muss. ______ ☐

c. ... den Betrag der Umsatzsteuerberichtigung. ______ ☐

4 Zu Beginn eines Geschäftsjahres (bzw. zum Ende des vorangegangenen Geschäftsjahres) betrug der Bestand an Forderungen insgesamt 476 000,00 EUR (Bruttobetrag einschließlich 19 % USt.). Im Laufe des Geschäftsjahres wurden auf dem Konto Pauschalwertberichtigungen zu Forderungen gebucht:

S	3680 PWB zu Forderungen		H
(2) Forderungen	12 000,00	(1) EBK	16 000,00

Am Ende des Geschäftsjahres betrugen die Gesamtforderungen (brutto) 428 400,00 EUR.

a. Mit welchem Prozentsatz wurde am Ende des vorangegangenen Geschäftsjahres eine Pauschalwertberichtigung gebildet (auf eine Stelle nach dem Komma runden)? ______ ☐

b. Um welchen Geschäftsfall handelt es sich bei der Buchung Nr. 2? ______ ☐

(1) Ein Kunde zahlte eine Forderung in Höhe von 12 000,00 EUR.

(2) Ein Kunde zahlte eine Forderung in Höhe von 14 280,00 EUR.

(3) Ein Forderungsausfall von brutto 12 000,00 EUR wurde gebucht.

(4) Ein Forderungsausfall von brutto 14 280,00 EUR wurde gebucht.

(9) Keiner der vorgenannten Geschäftsfälle trifft zu.

c. Wie hoch ist die anteilige Umsatzsteuerberichtigung? ______ ☐

d. Um wie viel Euro muss die Pauschalwertberichtigung am Jahresende herauf- oder herabgesetzt werden, wenn der Prozentsatz der Pauschalwertberichtigung auf 5 % geändert wird und der Forderungsbestand 357 000,00 EUR beträgt? ______ ☐

Wie wird der Hauptbuchabschluss durchgeführt?				
Hauptbuchabschluss:	Sämtliche Konten des Hauptbuches sind am Jahresende in einer logischen Folge abzuschließen. Dabei muss folgende Reihenfolge eingehalten werden:			
1. Vorbereitende Abschlussbuchungen	Buchung ▷ der Abschreibungen ▷ der Bestandsveränderungen im Material- und Erzeugnisbereich ▷ des Saldos auf dem Privatkonto auf das Eigenkapitalkonto ▷ der Salden von Unterkonten auf die Hauptkonten (z. B. Erlösberichtigungen, Bezugskosten, Nachlässe) ▷ des Saldos auf dem Konto Vorsteuer auf das Konto Umsatzsteuer (zur Ermittlung und Passivierung der Zahllast) ▷ der zeitlichen Abgrenzungen (Aktive/Passive Rechnungsabgrenzung, übrige Sonstige Forderungen/Verbindlichkeiten) ▷ der Rückstellungen ▷ der Korrekturen bei Differenzen zwischen Inventur- und Buchbestand			
2. Abschluss der Erfolgskonten		Soll	an	Haben
	Abschluss der Ertragskonten	Ertragskonto	an	802 GuV
	Abschluss der Aufwandskonten	802 GuV	an	Aufwandskonto
3. Abschluss des Kontos GuV	bei Gewinn	802 GuV	an	300 Eigenkapital
	bei Verlust	300 Eigenkapital	an	802 GuV
4. Abschluss der Bestandskonten	Abschluss der Aktivkonten	801 SBK	an	Aktivkonto
	Abschluss der Passivkonten	Passivkonto	an	801 SBK

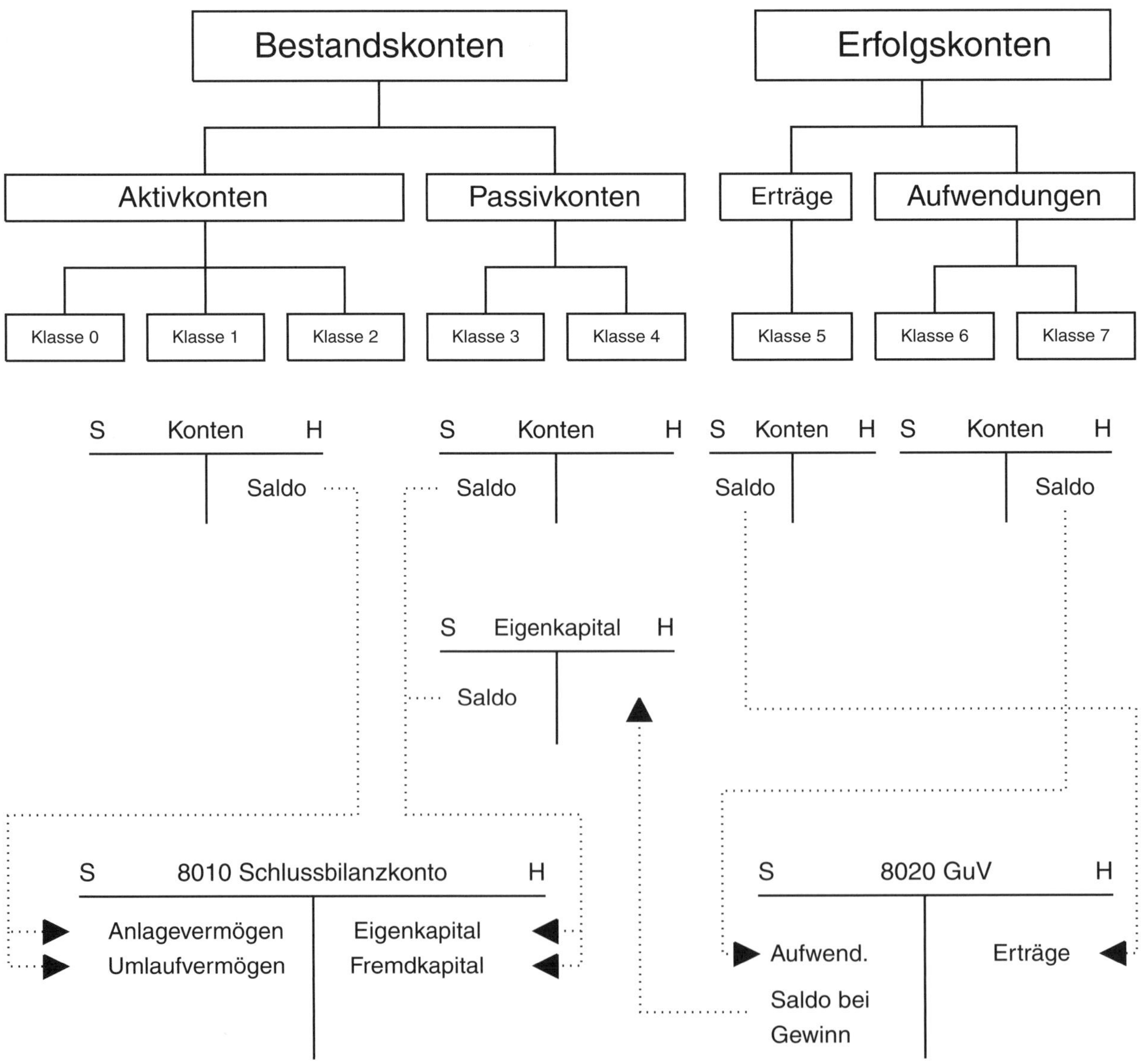

1 Sie haben folgenden Buchungssatz:
„Umsatzerlöse an Erlösberichtigungen"
Welcher Geschäftsfall liegt zugrunde? ☐

(1) Wir erhalten eine Gutschrift von unserem Lieferer.
(2) Abschluss des Kontos Umsatzerlöse.
(3) Unser Kunde erhält eine Gutschrift wegen Mängelrüge.
(4) Abschluss des Kontos Erlösberichtigungen.
(9) Keiner der vorgenannten Geschäftsfälle trifft zu.

2 Unten stehende Konten sind abzuschließen. In welcher Kontenklasse des Industriekontenrahmens erfolgen dabei die Buchungen im Haben?
Tragen Sie die Ziffer der Kontenklasse in das Kästchen ein.

a. Erlösberichtigungen ☐
b. Privat (Entnahmen überwiegen) ☐
c. Einzelwertberichtigungen zu Forderungen ☐
d. Büromaterial ☐
e. Zinserträge ☐
f. Frachten und Fremdlager ☐
g. Nachlässe für Hilfsstoffe (Verbrauch wird direkt nach der Materialentnahme von Materialentnahmescheinen gebucht). ☐
h. außerordentliche Erträge ☐
i. Bestandsveränderungen (Mehrungen überwiegen) ☐
j. Gewinn und Verlust (Es ergibt sich ein Verlust) ☐

3 Das Konto „Eigenkapital" zeigt am Jahresende, nachdem die vorbereitenden Abschlussbuchungen und der Abschluss des GuV-Kontos erfolgt sind, die folgenden Konten und Beträge:

Soll
8020 GuV 15 000,00 ☐
8010 SBK 1 515 000,00 ☐

Haben
8000 EBK 1 500 000,00 ☐
3001 Privat 30 000,00 ☐

Tragen Sie in das jeweilige Kästchen ein, um welchen der folgenden Tatbestände es sich dabei handelt.

(1) Gewinnsaldo von dem Konto GuV
(2) Saldo vom Konto Privat (Einlagen überwiegen)
(3) Eigenkapital am Ende des Geschäftsjahres
(4) Verlustsaldo vom GuV-Konto
(5) Eigenkapital am Anfang des Geschäftsjahres
(6) Saldo vom Konto Privat (Entnahmen überwiegen)

4 In welcher Reihenfolge haben die Arbeiten zum Jahresabschluss zweckmäßigerweise zu erfolgen?
Kennzeichnen Sie die Vorgänge mit den Zahlen 1 bis 4.

a. Abschluss der Bestandskonten ☐
b. Abschluss des Kontos GuV ☐
c. Vorbereitende Abschlussbuchungen ☐
d. Abschluss der Erfolgskonten ☐

5 Bilden Sie die erforderlichen Buchungssätze zum Jahresabschluss bei den nachfolgenden Sachverhalten. Die Kontenbezeichnungen wählen Sie wie folgt:

(1) Eigenkapital (3000)
(2) Privat (3001)
(3) GuV-Konto (8020)
(4) Schlussbilanzkonto (8010)
(5) Abschreibungen auf Sachanlagen (6520)
(6) Büromaschinen, Organisationsmittel und Kommunikation (0860)
(7) Vorsteuer (2600)
(8) Umsatzsteuer (4800)

	Soll	Haben
a. Auf dem Konto „Privat" überwiegen die Entnahmen.	☐	☐
b. Das Unternehmensergebnis ist positiv.	☐	☐
c. Es besteht ein Vorsteuerüberhang.	☐	☐
d. Die Abschreibung auf die Geschäftsausstattung ist noch zu buchen.	☐	☐

6 Wie wirken sich die folgenden Sachverhalte auf den Gewinn aus? Setzen Sie eine
(1) ein, wenn sich der Gewinnsaldo erhöht,
(2) ein, wenn sich der Gewinnsaldo verringert,
(3) ein, wenn sich der Gewinnsaldo nicht verändert.

a. Die Erlösberichtigungen müssen noch gebucht werden. ☐
b. Die Mieterträge für Dezember sind noch beim Jahresabschluss zu berücksichtigen. ☐
c. Es wurden im November Versicherungsprämien für 6 Monate im Voraus bezahlt. Die Beträge müssen abgegrenzt werden. ☐
d. Die private Nutzung des Firmen-Pkw ist noch buchhalterisch zu erfassen. ☐
e. Die Kasse weist einen Fehlbestand von 250,00 EUR auf. ☐

Wie wird die Auswertung des Jahresabschlusses durchgeführt?

Bilanzanalyse	Die Bilanzanalyse ist die Beurteilung eines Unternehmens mithilfe von Werten aus der Bilanz bzw. der Gewinn- und-Verlustrechnung. Es werden Kennzahlen errechnet, die prozentuale Verhältnisse von Bilanz- bzw. GuV-Positionen widerspiegeln. Zunächst werden dabei die Werte aus der Bilanz aufbereitet, d.h. zu größeren sinnvollen Einheiten zusammengefasst.
Auswertung der Bilanz	Die Jahresabschlussanalyse soll in erster Linie dazu dienen, die Vermögens- und Finanzlage und die Ertragslage zu beurteilen. Anhand bestimmter Kennzahlen sind folgende Analysen möglich: ▷ innerbetrieblicher Vergleich (Zeitvergleich) = Betrachtung der eigenen Kennzahlen unterschiedlicher Perioden zur Kontrolle der betrieblichen Entwicklung ▷ außerbetrieblicher Vergleich (Betriebsvergleich) = Betrachtung der Kennzahlen branchengleicher, größenähnlicher Unternehmen zum Zwecke der Beurteilung des eigenen Standards ▷ Soll-Ist-Vergleich = Betrachtung der eigenen Kennzahlen mit den aus dem Controlling erarbeiteten Plangrößen

Beispiel einer Gliederung der Bilanz einer „kleinen“ Kapitalgesellschaft nach §266 HGB:

	Aktiva		Bilanz (Werte in Tausend EUR)	Passiva	
	A. Anlagevermögen		**A. Eigenkapital**		
	I. Sachanlagen		I. Gezeichn. Kapital	850	Eigenkapital
	1. Grundst., Gebäude	600	II. Gewinnrücklagen	30	Eigenkapital
	2. Fuhrpark	230	III. Jahresüberschuss	110	Gewinn
	3. Geschäftsausst.	140	**B. Rückstellungen**		
	B. Umlaufvermögen		1. Pensionsrückstellg.	80	langfristige Schulden
	I. Vorräte	494	2. Sonstige Rückstellg.	30	kurzfristige Schulden
kurzfristige Forderungen	II. Forderungen	566	**C. Verbindlichkeiten**		
	III. Liquide Mittel (Schecks, Kassenbest., Bankguth.)	160	1. Verbindlichk. bei Kreditinstituten		
			langfristig	490	langfristige Schulden
kurzfristige Forderungen	**C. Aktive Rechn.abgrenzung**	10	kurzfristig	80	kurzfristige Schulden
			2. Verbindlichk. a. LL	510	kurzfristige Schulden
			D. Passive Rechn.abgrenzung	20	kurzfristige Schulden
	Bilanzsumme	2200	**Bilanzsumme**	2200	

Das Gesamtkapital am Jahresanfang betrug 2000. Die Pensionsrückstellungen haben sich um 20 erhöht. Über die Verwendung des Jahresüberschusses ist noch keine Entscheidung getroffen worden.

Soll		Auszug aus der GuV (Werte in Tausend EUR)	Haben
Fremdkapitalzinsen	170	Umsatzerlöse	5500
Abschreibungen	60	…	…
…			
Jahresüberschuss	110		
Summe	…	**Summe**	…

Die aufbereitete Bilanz ergibt folgende Struktur:

Aktiva		Bilanz (Werte in Tausend EUR)	Passiva
A. Anlagevermögen	970	**A. Eigenkapital**	880
B. Umlaufvermögen		Jahresüberschuss	110
1. Vorräte	494	**B. Fremdkapital**	
2. Kurzfr. Forderungen	576	1. langfristig	570
3. Liquide Mittel	160	2. kurzfristig	640
Bilanzsumme	2200	**Bilanzsumme**	2200

Die wichtigsten Kennzahlen zur Beurteilung der Vermögens- und Kapitalstruktur, der Anlagenfinanzierung, der Zahlungsbereitschaft und der Ertragskraft sind auf Seite 196 aufgeführt und beziehen sich auf die Werte dieser Seite.

1 Welche der unten aufgeführten Aussagen zur Bilanzanalyse trifft nicht zu? ☐

(1) Die Bilanzanalyse bezieht sich auf die Werte, die mit dem Jahresabschluss in der Finanzbuchhaltung zusammenhängen.
(2) Die rechtlichen Bestimmungen zur Bilanzanalyse sind im Handelsgesetzbuch (HGB) aufgeführt.
(3) Die Bilanzanalyse stützt sich auf die Kennzahlen, die aus Werten der Bilanz ermittelt werden.
(4) Die Bilanzanalyse dient u. a. dazu, Sachverhalte der wirtschaftlichen Verhältnisse eines Unternehmens aufzudecken.
(5) Um alle Kennzahlen der Bilanzanalyse festzustellen, ist es notwendig, die Bilanz zunächst aufzubereiten, d. h., es müssen größere Bilanzpostengruppen gebildet und einzelne Bilanzpositionen neu zugeordnet werden.

2 Welche der unten aufgeführten Bilanzpositionen werden in einer aufbereiteten Bilanz

(1) dem Anlagevermögen,
(2) den kurzfristigen Forderungen,
(3) den liquiden Mitteln,
(4) dem Eigenkapital,
(5) den kurzfristigen Schulden,
(6) den langfristigen Schulden

zugeordnet?

Tragen Sie eine (9) ein, wenn eine Zuordnung zu den o. a. Bilanzgruppen nicht sinnvoll ist.

a. Immaterielle Vermögensgegenstände ☐
b. Kassenbestand ☐
c. Wechselverbindlichkeiten ☐
d. Aktive Rechnungsabgrenzungsposten ☐
e. Gewinnrücklagen ☐
f. Gezeichnetes Kapital ☐
g. Pensionsrückstellungen ☐
h. Steuerrückstellungen ☐
i. Verbindlichkeiten im Rahmen der sozialen Sicherheit ☐
j. Abschreibungen ☐
k. Passive Rechnungsabgrenzungsposten ☐
l. Umsatzerlöse ☐

3 Welche Liquiditätskennziffer trifft auf die folgende Berechnung zu? ☐

$$\frac{(\text{flüssige Mittel} + \text{Forderungen}) \cdot 100}{\text{kurzfristiges Fremdkapital}}$$

(1) Liquidität I
(2) Einzugsbedingte Liquidität
(3) Liquidität III
(4) Barliquidität
(5) Umsatzbedingte Liquidität

4 Die Auswertung der in der Bilanzanalyse ermittelten Kennzahlen erfolgt durch einen Vergleich von Werten.

Welche der unten stehenden Aussagen trifft nicht zu? ☐

(1) Eine wichtige Auswertung ist die Betrachtung der ermittelten Werte im Vergleich zu den Werten vorangegangener Perioden.
(2) Durch einen Vergleich mit branchengleichen Untenehmen können Rückschlüsse auf die eigene Wirtschaftlichkeit gezogen werden.
(3) Die Auswertung bezieht sich auf die Kennzahlen zur Vermögens- und Kapitalstruktur, der Anlagenfinanzierung, der Zahlungsbereitschaft und der Ertragskraft eines Unternehmens.
(4) Ein Soll-Ist-Vergleich lässt sich durch die Auswertung der Bilanz nicht durchführen.
(5) Die Bilanzanalyse ist für die Finanzbehörden grundsätzlich nicht von Interesse.

5 Wie berechnet man die Unternehmerrentabilität? ☐

(1) $\frac{\text{Unternehmergewinn} \cdot 100}{\text{Gesamtkapital}}$

(2) $\frac{\text{Gewinn} \cdot 100}{\text{Gesamtkapital}}$

(3) $\frac{\text{Unternehmergewinn} \cdot 100}{\text{durchschn. Eigenkapital}}$

(4) $\frac{(\text{Gewinn} + \text{Zinsen}) \cdot 100}{\text{Eigenkapital}}$

(5) $\frac{\text{Eigenkapital} \cdot 100}{\text{Gewinn}}$

6 Mit welcher Formel wird die Umsatzrentabilität errechnet? ☐

(1) $\frac{\text{Reingewinn} \cdot 100}{\text{Nettoumsatz}}$

(2) $\frac{\text{Umsatzerlöse} \cdot 100}{\text{Gesamtkapital}}$

(3) $\frac{\text{Unternehmergewinn} \cdot 100}{\text{Umsatz zu Nettoverkaufspreisen}}$

(4) $\frac{\text{Rohgewinn} \cdot 100}{\text{Bruttoumsatz}}$

(5) $\frac{\text{Nettoumsatz} \cdot 100}{\text{Reingewinn}}$

Ermitteln Sie Kennzahlen zur Auswertung des Jahresabschlusses.

Kennzahlen	Berechnung	Beispielberechnung (mit den Werten aus o.a. Bilanz der Seite 194
	Kennzahlen der Vermögenstruktur	
Anlageintensität in %	$\frac{\text{Anlagevermögen} \cdot 100}{\text{Gesamtvermögen}}$	$\frac{970 \cdot 100}{2200} = 44{,}1\ (\%)$
Umlaufintensität in %	$\frac{\text{Umlaufvermögen} \cdot 100}{\text{Gesamtvermögen}}$	$\frac{1230 \cdot 100}{2200} = 55{,}9\ (\%)$
	Kennzahlen der Kapitalstruktur	
Eigenkapitalintensität (EK-Quote) in %	$\frac{\text{Eigenkapital} \cdot 100}{\text{Gesamtkapital}}$	$\frac{990 \cdot 100}{2200} = 45\ (\%)$
Fremdkapitalintensität (FK-Quote) in %	$\frac{\text{Fremdkapital} \cdot 100}{\text{Gesamtkapital}}$	$\frac{1210 \cdot 100}{2200} = 55\ (\%)$
	Kennzahlen der Anlagenfinanzierung	
Deckungsgrad I (Deckungsgrad A) in %	$\frac{\text{Eigenkapital} \cdot 100}{\text{Anlagevermögen}}$	$\frac{990 \cdot 100}{970} = 102{,}1\ (\%)$
Deckungsgrad II (Deckungsgrad B) in %	$\frac{(\text{Eigenkapital} + \text{langfr. FK}) \cdot 100}{\text{Anlagevermögen}}$	$\frac{(990 + 570) \cdot 100}{970} = 160{,}8\ (\%)$
	Kennzahlen der Zahlungsbereitschaft (Grundlage: Bestandsgrößen)	
Liquidität 1.Grades (Barliquidität) in %	$\frac{\text{Liquide Mittel} \cdot 100}{\text{kurzfristige Schulden}}$	$\frac{160 \cdot 100}{640} = 25\ (\%)$
Liquidität 2.Grades (Einzugsbedingte L.) in %	$\frac{(\text{Liquide Mittel} + \text{kurzfr. Forder.}) \cdot 100}{\text{kurzfristige Schulden}}$	$\frac{(160 + 576) \cdot 100}{640} = 115\ (\%)$
Liquidität 3.Grades (Umsatzbedingte L.) in %	$\frac{\text{Umlaufvermögen} \cdot 100}{\text{kurzfristige Schulden}}$	$\frac{1230 \cdot 100}{640} = 192{,}2\ (\%)$
	Kennzahlen der Zahlungsbereitschaft (Grundlage: Stromgrößen)	
Cashflow in EUR	Jahresüberschuss + Abschreibungen + Mehrung (Minderung) langfr. Rückstellg. Cashflow	110 + 60 + 20 = 190
Cashflow-Relation des Umsatzes in %	$\frac{\text{Cashflow} \cdot 100}{\text{Umsatzerlöse}}$	$\frac{190 \cdot 100}{5\,500} = 3{,}45\ (\%)$
Cashflow-Relation des Eigenkapitals in %	$\frac{\text{Cashflow} \cdot 100}{\text{Eigenkapital}}$	$\frac{190 \cdot 100}{990} = 19{,}2\ (\%)$
	Kennzahlen der Ertragskraft	
Eigenkapitalrentabilität (Unternehmer-R.) in %	$\frac{\text{Jahresüberschuss (Gewinn)} \cdot 100}{\text{durchschnittliches Eigenkapital}}$	$\frac{110 \cdot 100}{(880 + 990) : 2} = 11{,}8\ (\%)$
Gesamtkapitalrentabilität (Unternehmungs-R.) in %	$\frac{(\text{Jahresüberschuss} + \text{Fremdk.-zinsen}) \cdot 100}{\text{durchschnittliches Gesamtkapital}}$	$\frac{(110 + 117) \cdot 100}{(2\,000 + 2\,200) : 2} = 13{,}3\ (\%)$
Umsatzrentabilität in %	$\frac{\text{Jahresüberschuss} \cdot 100}{\text{Umsatzerlöse}}$	$\frac{110 \cdot 100}{5500} = 2\ (\%)$

1 Für ein Industrieunternehmen liegen folgende Zahlen vor:

Eigenkapital (AB)	2 200 000,00 EUR
Eigenkapital (SB)	2 600 000,00 EUR
Fremdkapital (AB)	3 700 000,00 EUR
Fremdkapital (SB)	4 300 000,00 EUR
Jahresüberschuss	500 000,00 EUR
Umsatzerlöse	8 000 000,00 EUR
Fremdkapital-Zinsen	200 000,00 EUR

Berechnen Sie (jeweils auf eine Stelle hinter dem Komma runden)

a. die Eigenkapitalintensität am Jahresanfang, ______ ☐

b. die Fremdkapitalintensität am Jahresanfang, ______ ☐

c. die Eigenkapitalrentabilität, ______ ☐

d. die Gesamtkapitalrentabilität, ______ ☐

e. die Umsatzrentabilität. ______ ☐

2 Aus der Bilanz der Flachmann GmbH wurden u. a. folgende Werte entnommen:

Anlagevermögen	1 200 000,00 EUR
Vorräte	800 000,00 EUR
Kurzfristige Forderungen	450 000,00 EUR
Kassenbestand	12 000,00 EUR
Bankguthaben	230 000,00 EUR
Sonstiges Umlaufvermögen	8 000,00 EUR
Eigenkapital	1 100 000,00 EUR
Langfristige Schulden	700 000,00 EUR
Kurzfristige Schulden	900 000,00 EUR

Ermitteln Sie aus den o. a. Zahlen (auf eine Stelle nach dem Komma runden)

a. die Barliquidität, ______ ☐

b. die einzugsbedingte Liquidität, ______ ☐

c. die umsatzbedingte Liquidität. ______ ☐

3 Welche der unten aufgeführten Bilanzposten gehören

(1) zu den kurzfristigen Forderungen,
(2) zum Eigenkapital,
(3) zu den langfristigen Schulden,
(4) zu den kurzfristigen Schulden,
(9) zu keiner der vorgenannten Bilanzposten?

a. Passive Rechnungsabgrenzung ______ ☐

b. Pensionsrückstellungen ______ ☐

c. Rücklagen ______ ☐

d. Stammkapital einer GmbH ______ ☐

e. Verbindlichkeiten aus Lieferungen und Leistungen ______ ☐

f. Kassenbestand ______ ☐

g. Verbindlichkeiten aus Steuern ______ ☐

4 Die Bilanz der MATIKO GmbH weist folgende Bilanzpositionen (in TEUR) auf:

Langfristige Verbindlichk. bei Kreditinstituten	820
Fuhrpark	210
Gezeichnetes Kapital	2 400
Forderungen	300
Steuerrückstellungen	82
Verbindlichkeiten a. LL	234
Betriebs- u. Geschäftsausstattung	138
Bankguthaben	75
Rücklagen	150
Kassenbestand	7
Grundstücke/Gebäude	1 500
Umsatzsteuer-Zahllast	9
Sonstige Forderungen	12
Vorräte	1 453

Ermitteln Sie (a.–d. in TEUR, e.–i. auf jeweils eine Dezimalstelle runden):

a. das Anlagevermögen ______ ☐

b. das Umlaufvermögen ______ ☐

c. das Eigenkapital ______ ☐

d. das Fremdkapital ______ ☐

e. die Eigenkapitalquote ______ ☐

f. die Fremdkapitalquote ______ ☐

g. die Liquidität 1. Grades ______ ☐

h. die Liquidität 2. Grades ______ ☐

i. die Liquidität 3. Grades ______ ☐

5 Anhand der unten aufgeführten Zahlen wird ein Vergleich der Unternehmen A, B und C durchgeführt (Werte in Mio. EUR).

	A	B	C
Durchschnittliches Eigenkapital	230	110	300
Durchschnittliches Fremdkapital	280	140	270
Aufwendungen	600	400	800
davon Fremdk./Zinsen	20	5	20
Erträge	610	410	820
davon Umsatzerlöse	300	400	700

Runden Sie die Ergebnisse der Rentabilitäten jeweils auf eine Dezimalstelle.

a. Welches Unternehmen erzielte die beste Eigenkapitalrentabilität? ______ ☐

b. Wie hoch war diese Eigenkapitalrentabilität? ______ ☐

c. Welches Unternehmen erzielte die beste Gesamtrentabilität? ______ ☐

d. Wie lautet das Ergebnis diese Gesamtkapitalrentabilität? ______ ☐

e. Welches Unternehmen erzielte den besten Wert für die Umsatzrentabilität? ______ ☐

f. Wie hoch war diese Umsatzrentabilität? ______ ☐

Nennen Sie die Aufgaben der Kosten- und Leistungsrechnung.	
Begriff	Die Kosten- und Leistungsrechnung (KLR) ist ein wichtiges Teilgebiet des betrieblichen Rechnungswesens. Hier werden Kosten erfasst und gespeichert sowie den verschiedensten Bezugsgrößen (z. B. erzeugten Gütern oder Kostenstellen) zugeordnet und für spezielle Zwecke ausgewertet, verknüpft und verdichtet. Die Buchführung als vergangenheitsbezogene Zeitraumrechnung reicht in den meisten Fällen nicht aus, um Aussagen über die Wirtschaftlichkeit des Betriebes oder einzelner Betriebsteile zu machen.
Aufgaben	Die Aufgaben der Kostenrechnung bestehen darin, ▷ die **Kosten** und **Leistungen** einer Abrechnungsperiode zu ermitteln, ▷ die **Selbstkosten** der einzelnen Erzeugniseinheit zu ermitteln, ▷ die **Wirtschaftlichkeit** des Betriebsgebarens festzustellen, ▷ **Unterlagen** für Planungen und Entscheidungen zu liefern. Folgende Fragen stehen dabei zumeist im Mittelpunkt des Interesses: 1. Welche Kosten sind in welchem Umfang entstanden? 2. Wo, d. h. in welchen Betriebsteilen, sind diese Kosten entstanden? 3. Welche Produkte und Dienstleistungen haben die Kosten verursacht?

Aus welchen Teilgebieten setzt sich die KLR zusammen?

Kostenartenrechnung	Kostenstellenrechnung	Kostenträgerrechnung
Sie zeigt auf, welche Kosten entstanden sind. Sie gliedert die Kosten nach verschiedenen Gesichtspunkten. Dabei werden erste Einblicke in die Wirtschaftlichkeit möglich.	Sie ermittelt, in welchen Bereichen des Betriebes die Kosten entstanden sind. Sie stellt dabei die erbrachten Leistungen der Bereiche den verursachten Kosten gegenüber.	Sie ermittelt, welche Kostenträger (Produkte/Dienstleistungen) die Kosten verursacht haben und stellt fest, welcher Gewinn nach Abzug dieser Kosten vom Marktpreis übrig bleibt.

Beschreiben Sie die wichtigsten Rechengrößen in einem Unternehmen und grenzen Sie diese voneinander ab.

Ausgabe	Einnahme
Eine Ausgabe ist jeder Zahlungsabfluss aus dem Betrieb. Ausgaben können entweder aufwandswirksam (z. B. Zahlung von Löhnen) oder erfolgsneutral sein (z. B. Kauf einer Maschine).	Mit der Einnahme wird jeder Zugang zum Geldvermögensbestand eines Unternehmens bezeichnet. Die Einnahme darf nicht mit dem Begriff Ertrag verwechselt werden.
Aufwand	**Ertrag**
Hierbei handelt es sich um jeglichen Verbrauch von Werten (z. B. Waren, Arbeitskraft) im Betrieb, sei es im betrieblichen Bereich oder sonst im Unternehmen. Zu unterscheiden sind: ▷ **ordentlicher Aufwand:** regelmäßig anfallender Werteverbrauch im Betrieb zur Erreichung des betrieblichen Sachziels (z. B. Löhne, Material); ▷ **außerordentlicher Aufwand:** Werteverbrauch im Betrieb aufgrund einmaliger, außergewöhnlicher Vorfälle (z. B. Verlust eines Betriebsgebäudes durch Brand, Forderungsausfall eines Großkunden); ▷ **betriebsfremder Aufwand:** Werteverbrauch, der mit der eigentlichen Betriebsleistung nichts zu tun hat (z. B. Spende an das Rote Kreuz).	Jegliche Schaffung und jeder Zugang von Werten (z. B. Eigenerstellung einer Maschine) in einem Betrieb wird als Ertrag bezeichnet. Dabei ist zu unterscheiden zwischen: ▷ **ordentlichem Ertrag:** regelmäßig anfallender Wertzugang im Betrieb (insbesondere Umsatzerlöse für Waren oder Dienstleistungen) ▷ **außerordentlichem Ertrag:** Wertzugang im Betrieb aufgrund einmaliger, außergewöhnlicher Vorfälle (z. B. Erträge aus dem Abgang von Maschinen) ▷ **betriebsfremdem Ertrag:** Wertzugang, der mit dem eigentlichen betrieblichen Zweck nichts zu tun hat (z. B. der Gewinn aus Kurssteigerungen von Wertpapieren oder die Vermietung von Wohnungen)
Kosten	**Leistungen**
Jeglicher bewertete Werteverzehr in einer Periode, der zur Erstellung einer betrieblichen Leistung dient, wird als Kosten bezeichnet. Die Übereinstimmung mit dem Aufwand liegt dort, wo die Kosten den ordentlichen Aufwendungen entsprechen (z. B. Löhne).	Sie sind das Ergebnis der Kombination der Produktionsfaktoren. Unterschieden werden ▷ Absatzleistungen (→ Umsatzerlöse), ▷ Lagerleistungen (→ Bestandsmehrungen), ▷ Eigenleistungen (→ aktivierte Eigenleistungen).

1 Kennzeichnen Sie unten stehende Aussagen mit einer

(1), wenn diese zutrifft,
(9), wenn diese nicht zutrifft.

a. Die KLR hat die Aufgabe, das Unternehmensergebnis zu ermitteln. ☐
b. Die KLR ermittelt die Selbstkosten zum Zwecke der Angebotskalkulation. ☐
c. Die KLR hat die Aufgabe, das Betriebsgebaren unter Gesichtspunkten der Liquidität zu kontrollieren. ☐
d. Die KLR liefert Unterlagen für betriebliche Entscheidungen. ☐
e. Die KLR stellt die Kosten und Leistungen des Betriebes gegenüber und ermittelt den Betriebserfolg. ☐

2 Ordnen Sie den unten stehenden Teilaufgaben zu, ob es sich dabei um Aufgaben

(1) der Kostenartenrechnung,
(2) der Kostenstellenrechnung,
(3) der Kostenträgerrechnung

handelt.

Tragen Sie eine (9) ein, wenn es sich nicht um eine Teilaufgabe der KLR handelt.

a. Ermittlung der Gemeinkosten-Zuschlagssätze im Rahmen des BAB ☐
b. Kalkulation eines Auftrages anhand von Maschinenstundensätzen ☐
c. Ermittlung der kalkulatorischen Abschreibung für den Produktionsbereich ☐
d. Nachverteilung der im Januar gezahlten Jahresprämien für die Kfz-Versicherung ☐
e. Erstellung der Ergebnistabelle ☐
f. Durchführung einer produktbezogenen Ermittlung der Herstellkosten des Umsatzes ☐
g. Ermittlung der unternehmensbezogenen Kosten der Betriebsbereitschaft ☐

3 Kennzeichnen Sie unten stehende Aussagen mit einer

(1), wenn diese zutrifft,
(9), wenn diese nicht zutrifft.

a. Unter „Kosten“ versteht man den Werteverzehr in einem Unternehmen, der zur Erfüllung des Betriebszweckes notwendig ist. ☐
b. Negative Bestandsveränderungen an fertigen und/oder unfertigen Erzeugnissen werden in der KLR wie Kosten behandelt. ☐
c. Zu den „Leistungen“ des Betriebes gehören u. a. auch die Mieterträge eines Industriebetriebes. ☐
d. In die Betriebsergebnisrechnung fließen nicht nur die Erlöse für abgesetzte Erzeugnisse ein, sondern auch der Gegenwert für selbsterstellte Anlagen und positive Bestandsveränderungen an fertigen und unfertigen Erzeugnissen. ☐
e. Als „Erträge“ bezeichnet man die Wertzugänge, die aus der eigentlichen betrieblichen Tätigkeit resultieren. ☐

4 Ordnen Sie den unten stehenden Aufwendungen zu, ob es sich dabei um

(1) betrieblichen ordentlichen Aufwand,
(2) betrieblichen außerordentlichen Aufwand,
(3) betriebsfremden Aufwand

handelt.

Tragen Sie eine (9) in das Kästchen ein, wenn es sich nicht um einen Aufwand handelt.

a. Gehaltszahlungen in einer Küchenfabrik ☐
b. Verlust aus einem Wertpapiergeschäft in einer Lebensversicherung ☐
c. Aufwendungen für Rohstoffe in einer Bauunternehmung ☐
d. Verkauf einer Bohrmaschine unter Buchwert durch eine Möbeltischlerei ☐
e. lineare Abschreibung einer Stanze in einer Leuchtenfabrik ☐
f. Forderungsausfall durch Zahlungsunfähigkeit eines Kunden in einer Metallwarenfabrik ☐
g. Verlust von nicht versicherten Warenbeständen durch Brandschaden in einem Kaufhaus ☐
h. Arbeitgeberanteil zur Sozialversicherung ☐
i. Mieteinnahmen für vermietete Lagerräume in einer Baustoffgroßhandlung ☐
j. Zahlung der Versicherungsprämie für die Gebäudeversicherung eines vermieteten Wohngebäudes in einer Fahrradfabrik ☐
k. Spende einer GmbH an das Rote Kreuz ☐
l. Kauf eines Computers gegen Verrechnungsscheck durch eine Küchengroßhandlung ☐

5 Kennzeichnen Sie die nachfolgenden Erträge mit einer

(1), wenn es sich um betriebliche Erträge handelt,
(2), wenn es sich um neutrale Erträge (außerordentliche oder betriebsfremde Erträge) handelt.

Tragen Sie eine (9) ein, wenn es sich nicht um einen Ertrag handelt.

a. Umsatzerlöse aus Warenverkäufen ☐
b. Erträge aus dem Verkauf von Wertpapieren ☐
c. Zinsgutschrift für Festgeld ☐
d. Provisionserträge für verkaufte Gebrauchtwagen bei einer Kfz-Handlung ☐
e. Mieteinnahme aus der Vermietung einer Lagerhalle ☐
f. Steuerrückvergütung für das abgelaufene Geschäftsjahr ☐
g. Verkauf eines Anlagegutes über Buchwert ☐

6 Bei welchem der nachfolgenden Sachverhalte trifft folgende Bedingung zu?

Ausgabe = Aufwand = Kosten ☐

(1) Abschreibungen
(2) Verlust aus Wertpapiergeschäft
(3) Bezahlung einer Eingangsrechnung
(4) Barkauf von Briefmarken
(5) Gewerbesteuernachzahlung für Vorjahr

Welche Aufgaben hat die Kostenartenrechnung? Was ist bei der Erfassung von Kosten zu beachten?	
Kostenartenrechnung	Die Kostenartenrechnung ist ein Teilbereich der traditionellen Kostenrechnung, in der die Kosten erfasst und nach verschiedenen Gesichtspunkten gegliedert werden.
Aufgaben	Die Kostenartenrechnung dient als Lieferant von Daten für die nachgelagerten Teilrechnungen (Kostenstellenrechnung, Kostenträgerrechnung); sie kann Auskunft über die betragsmäßige Entwicklung einzelner Kostenarten im Zeitablauf und über die Kostenstruktur des Unternehmens geben.
Grundsätze der Kostenerfassung	▷ Eindeutigkeit: Sämtliche Kostenarten müssen klar definiert werden, damit über ihren Inhalt kein Zweifel aufkommen kann. ▷ Überschneidungsfreiheit: Es muss klar sein, welcher Kostenart ein Kostenbetrag zuzuordnen ist. ▷ Vollständigkeit: Jeder Kostenbetrag muss einer bestimmten Kostenart zuzuordnen sein.

Nach welchen Gesichtspunkten lassen sich Kosten unterscheiden? Nennen Sie Beispiele.	
Charakter des Verzehrs	▷ Personalkosten (z. B. Gehälter, Löhne, Personalnebenkosten) ▷ Material- oder Stoffkosten (z. B. Roh-, Hilfs- und Betriebsstoffe, bezogene Halbfertig- und Fertigteile, Handelswaren) ▷ Betriebsmittelkosten (z. B. Abschreibungen) ▷ Kapitalkosten (z. B. Zinsen) ▷ Kosten für Fremdleistungen (z. B. Miete, Beratung, Fremdinstandhaltung, Strom, Gas, Wasser) ▷ Abgaben an die öffentliche Hand (z. B. Steuern, Gebühren, Beiträge) ▷ Wagniskosten (z. B. Bestände- oder Finanzwagnisse)
Zurechenbarkeit	Nach der Zurechenbarkeit der Kosten auf die erstellten Leistungen (Kostenträger) werden Einzelkosten und Gemeinkosten unterschieden. ▷ **Einzelkosten** sind z. B. im Industriebetrieb Fertigungsmaterial oder Fertigungslöhne, im Handelsbetrieb die Einstandspreise der bezogenen Waren, im Dienstleistungsbetrieb die einer Dienstleistung direkt zurechenbaren Personal- und Sachkosten. ▷ **Gemeinkosten** können einzelnen Kostenträgern nicht direkt zugerechnet werden, da sie von mehreren Kostenträgern gemeinsam verursacht werden. Dazu zählen z. B. Gehälter, Kosten der Datenverarbeitung, Mieten, Abschreibungen. Diese Aufwendungen müssen im Rahmen der Kostenstellenrechnung nach speziellen Schlüsseln verteilt werden und nach der prozentualen Inanspruchnahme durch die Kostenträger auf diese verrechnet werden.
Verhalten bei schwankender Beschäftigung	▷ **Fixe Kosten** sind unabhängig von der Beschäftigung und werden auch als Kosten der Betriebsbereitschaft bezeichnet. Dazu gehören z. B. Gehälter, Mieten, Anschlussgebühren für Energie (Grundpreis). ▷ **Variable Kosten** sind abhängig von der Beschäftigung und damit dem Umfang der erbrachten Leistungen. Dazu zählen z. B. Akkordlöhne, Fertigungsmaterial, Energieverbrauchskosten. – Von **proportionalen Kosten** wird dann gesprochen, wenn die Kosten mit jeder zusätzlich erbrachten Einheit in gleichem Umfang steigen. – **Überproportionale Kosten** sind bei steigender Ausbringung für die jeweils nächste Einheit höher als für die vorhergehende. – **Unterproportionale Kosten** sind für die jeweils nächste Einheit geringer als für die vorhergehende.

Was sind kalkulatorische Kosten? Nennen Sie Beispiele.	
Kalkulatorische Kosten	Eine Reihe von Aufwendungen, die durch die Finanzbuchführung erfasst werden, können als Kosten in der Kostenrechnung nicht verwendet werden. Aus diesem Grund sind kostenrechnerische Korrekturen vorzunehmen, die den genauen Werteverzehr ohne Einflüsse außerhalb der Kostenrechnung deutlich machen.
Arten	▷ **Kalkulatorische Abschreibungen** werden vom Wiederbeschaffungswert der Anlagegegenstände berechnet. ▷ **Kalkulatorische Zinsen** werden vom betriebsnotwendigen Kapital berechnet. ▷ **Kalkulatorische Miete** ist dann anzusetzen, wenn das Unternehmen in eigenen Gebäuden arbeitet. ▷ Wagnisse sind im Allgemeinen über Versicherungen abgedeckt. Sofern keine Versicherungen abgeschlossen werden, sind **kalkulatorische Wagnisse** anzusetzen. ▷ **Kalkulatorischer Unternehmerlohn** ist anzusetzen, wenn in Personengesellschaften oder Einzelunternehmen aus steuerlichen Gründen keine Gehälter für die Inhaber abgerechnet werden können.

1 Ergänzen Sie unten stehende Aussagen um die folgenden Begriffe:

(1) fixe Kosten
(2) variable Kosten
(3) Einzelkosten
(4) Gemeinkosten (Handlungskosten)

a. … fallen an, unabhängig davon, ob der Beschäftigungsgrad (Umsatz) hoch oder niedrig ist. ☐

b. Es ist sachlich unmöglich oder aber unwirtschaftlich, … den Kostenträgern direkt zuzurechnen. ☐

c. … sind abhängig von dem Grad der Beschäftigung des Unternehmens. ☐

d. Für jeden Kostenträger sind die … genau feststellbar. ☐

2 Tragen Sie für die unten stehenden Kostenarten in der Spalte A eine

(1) ein, wenn es sich um Einzelkosten handelt,
(2) ein, wenn es sich um Gemeinkosten handelt.

Tragen Sie für die unten stehenden Kostenarten in der Spalte B eine

(3) ein, wenn es sich um fixe Kosten handelt,
(4) ein, wenn es sich um variable Kosten handelt.

	A	B
a. Mieten für Büroräume	☐	☐
b. Spezialtransportverpackung für Maschinen	☐	☐
c. Gehälter der Meister	☐	☐
d. Kosten der Werbespots für eine neue Produktgruppe	☐	☐
e. Aufwendungen für Rohstoffe	☐	☐
f. Leistungsabschreibung für eine Stanze	☐	☐
g. Gewerbekapitalsteuer	☐	☐
h. Akkordlöhne	☐	☐
i. Energie für den Antrieb von Maschinen	☐	☐

3 Einem Kostenrechner liegt die Stromverbrauchsrechnung des Elektrizitätswerkes für das vergangene Quartal vor.
Kennzeichnen Sie die unten stehenden Aussagen zu dieser Rechnung mit einer

(1), wenn die Aussage zutrifft,
(9), wenn die Aussage nicht zutrifft.

a. Bei dem in Rechnung gestellten Energieverbrauch handelt es sich um Grundkosten. ☐

b. Die Anschlussgebühren zählen zu den fixen Kosten. ☐

c. Die Anschlussgebühren sind Einzelkosten. ☐

d. Unter der Voraussetzung, dass an den Maschinen Zähler angebracht sind und eine genaue Verbrauchserfassung erfolgt, zählt der Energieverbrauch zu den Gemeinkosten. ☐

e. Der berechnete Energieverbrauch zählt im Fertigungsbereich zu den variablen Kosten, im Verwaltungsbereich hingegen zu den fixen Kosten. ☐

f. Der gesamte Posten „Energiekosten“ kann auch zu den Mischkosten gezählt werden. ☐

4 Untersuchen Sie folgenden Kostenverlauf für Fertigungsmaterial in einem Industriebetrieb:

Menge in Stück	Gesamtkosten
600	7 500,00 EUR
700	8 785,00 EUR
800	10 120,00 EUR
900	11 520,00 EUR

Welche der folgenden Aussagen zu dem dargestellten Kostenverlauf nicht zutrifft? ☐

(1) Die Materialgesamtkosten steigen mit zunehmender Ausbringung.

(2) Die Materialstückkosten steigen mit zunehmender Ausbringung überproportional.

(3) Bei einem Rückgang der Beschäftigung sinken die Materialstückkosten.

(4) Die Stückkosten bei einer Ausbringung von 800 Stück sind höher als bei einer Ausbringung von 700 Stück.

(5) Die Materialstückkosten verhalten sich proportional.

5 Einem Industriebetrieb liegen für eine neue Maschine zwei Angebote vor. Die angebotenen Maschinen weisen unterschiedliche Kapazitäten und Kostenverläufe auf. Die Kostenrechnung hat die für die Entscheidung wichtigen Zahlen zusammengestellt:

Maschine I	
Fixe Kosten/Monat:	6 600,00 EUR
Variable Kosten/Stück:	3,00 EUR
Maximalkapazität:	2 500 Stück

Maschine II	
Fixe Kosten/Monat:	4 500,00 EUR
Variable Kosten/Stück:	4,40 EUR
Maximalkapazität:	2 000 Stück

Beantworten Sie dazu folgende Fragen:

a. Wie viel Euro betragen die Kosten bei einer Monatsproduktion von

aa. 1 000 Stück bei Maschine I? ☐

ab. 2 000 Stück bei Maschine II? ☐

b. Bei welcher monatlich produzierten Stückzahl sind die Stückkosten bei beiden Maschinen gleich hoch? ☐

c. Wie viel Prozent beträgt der Beschäftigungsgrad bei dieser Menge bei

ca. Maschine I? ☐

cb. Maschine II? ☐

Erklären Sie den grundlegenden Zusammenhang zwischen Kosten und Beschäftigung.

Beschäftigung	Die Beschäftigung einer Abteilung oder eines Betriebes wird ausgedrückt durch die Anzahl der produzierten Einheiten. Die Beschäftigung ist damit abhängig von der Kapazität (Leistungsfähigkeit) eines Betriebes. Der Beschäftigungsgrad ist folglich das prozentuale Verhältnis von Ausbringungsmenge (Beschäftigung) und der maximalen Kapazität eines Betriebes. Er gibt den Grad der Auslastung an: $$\textbf{Beschäftigungsgrad} = \frac{\textbf{Ausbringungsmenge} \cdot 100}{\textbf{Maximalkapazität}}$$
Zusammenhang von Beschäftigung und Kosten	Veränderungen der Nachfrage muss ein Industrieunternehmen mit veränderten Produktionsmengen begegnen. Wenn aber die Kosten abhängig sind von der Menge der produzierten Einheiten, so werden sich bei Anpassung der Beschäftigung auch andere Kostensituationen ergeben. Tatsächlich verhalten sich die Kosten bei schwankender Beschäftigung unterschiedlich. Ein Teil der Kosten bleibt konstant (fixe Kosten), ein anderer Teil wird sich der schwankenden Beschäftigung anpassen (variable Kosten).

Erläutern Sie den Zusammenhang zwischen Kosten und Beschäftigung grafisch.

Zahlenbeispiel (Werte in EUR)

produzierte Menge	gesamte Fixkosten	gesamte variable Kosten	Gesamtkosten	stückfixe Kosten	stückvariable Kosten	Stückgesamtkosten	Gesamterlöse	Gewinn
1	30 000,00	200,00	30 200,00	30 000,00	200,00	30 200,00	350,00	–29 850,00
10	30 000,00	2 000,00	32 000,00	3 000,00	200,00	3 200,00	3 500,00	–28 500,00
100	30 000,00	20 000,00	50 000,00	300,00	200,00	500,00	35 000,00	–15 000,00
200	30 000,00	40 000,00	70 000,00	150,00	200,00	350,00	70 000,00	0,00
300	30 000,00	60 000,00	90 000,00	100,00	200,00	300,00	105 000,00	15 000,00

Gesamtbetrachtung

fixe Kosten

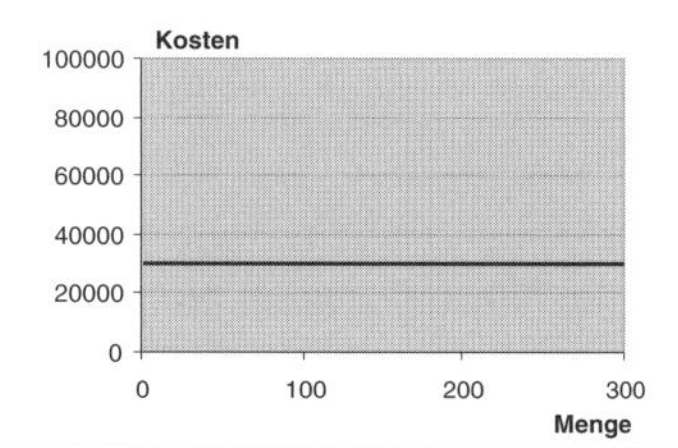

variable Kosten

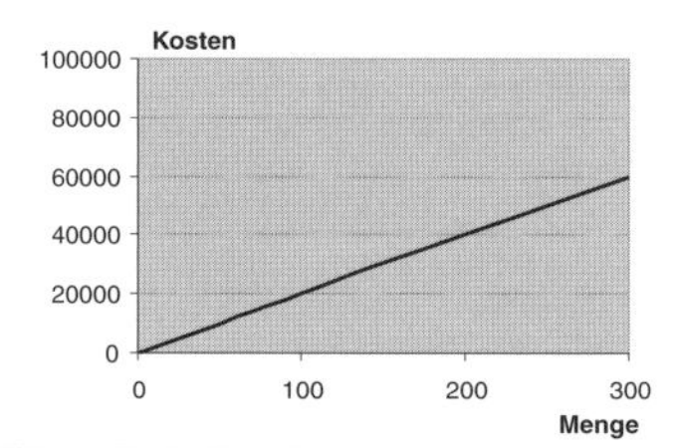

Gesamtkosten

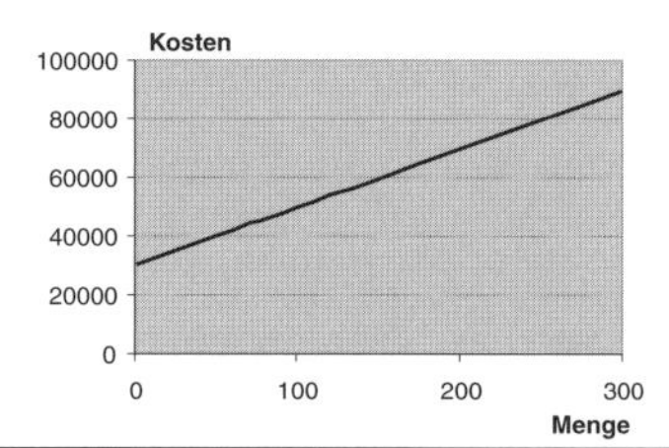

Stückbetrachtung

fixe Kosten

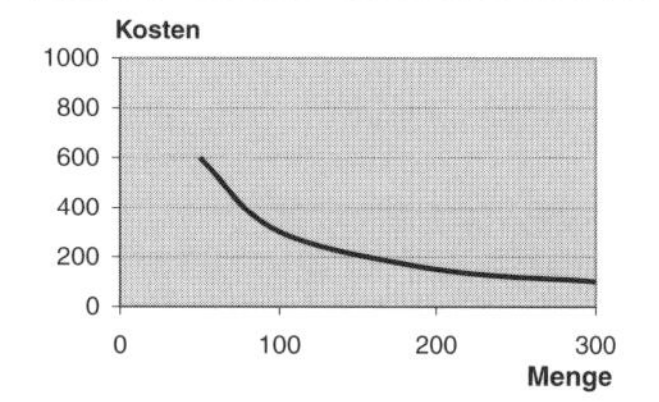

variable Kosten

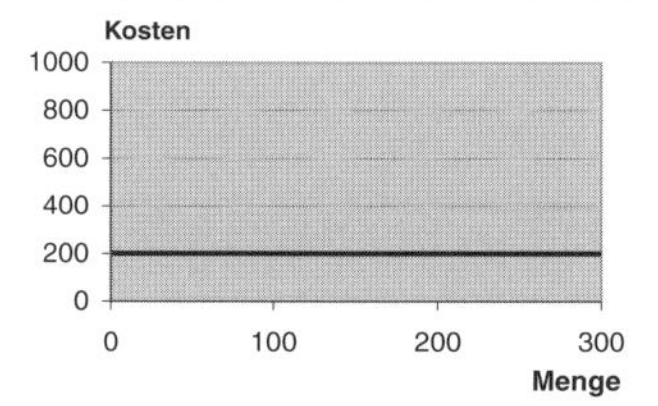

Gesamtkosten

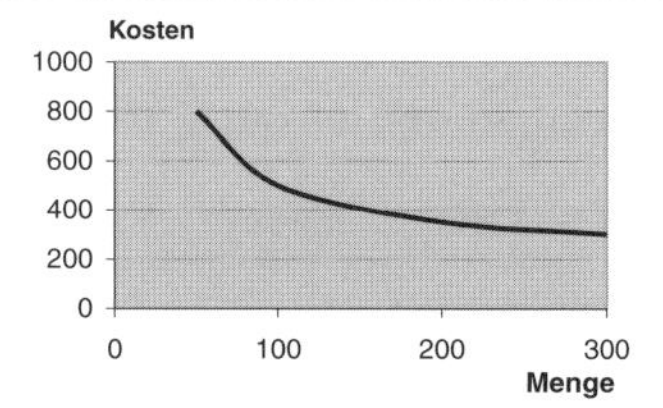

Erläutern Sie die Situationen „Gewinnschwelle" und „Gewinnmaximum".

Gewinnschwelle (Break-even-point)	Die Gewinnschwelle ist der Punkt, wo die Erlöse gleich den Stückkosten sind (im Beispiel bei 200 Stück: 350,00 EUR). Ab diesem Punkt erzielt der Unternehmer mit jeder weiteren verkauften Einheit einen Gewinn. Mit den in diesem Punkt erzielten Erlösen kann der Unternehmer langfristig seine Kosten decken (langfristige Preisuntergrenze).
Gewinnmaximum	Das Gewinnmaximum liegt dort, wo die Differenz zwischen Erlösen und Kosten am größten ist. Dies ist dann der Fall, wenn die Stückkosten ihr Minimum erreichen (im Beispiel bei 300 Stück: 300,00 EUR). In den meisten Fällen ist dieser Punkt bei der Kapazitätsgrenze erreicht. Im Beispiel liegt das Gewinnmaximum bei 300 Stück: Gewinn 15 000,00 EUR.

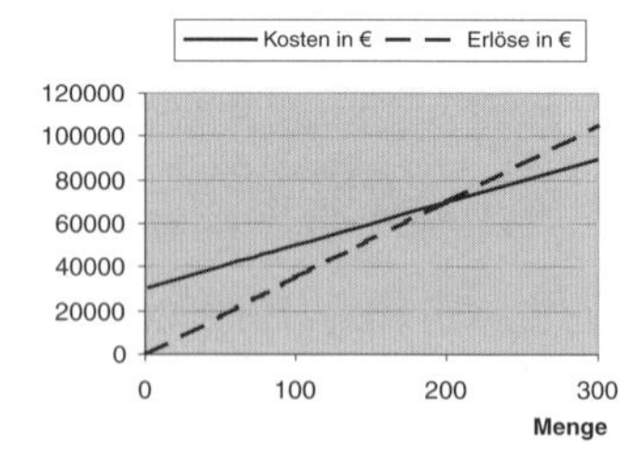

kurzfristige Kapazitätsanpassung	Sofern die Kosten einen linearen Verlauf nehmen, werden die Unternehmer stets versuchen, die Kapazitäten voll auszulasten. Erst an diesem Punkt erreichen die Stückkosten ihr Minimum **(Gesetz der Massenproduktion)**. Erfordert der Markt eine Produktion über die Kapazität hinaus, kann der Unternehmer kurzfristig Anpassungen vornehmen, die zumeist mit progressiv steigenden Kosten verbunden sind.	
	intensitätsmäßige Anpassung	Die Arbeitsprozesse werden beschleunigt, um eine höhere Auslastung zu erreichen. *Erhöhte Kosten: Prämien, Verschleiß, Ausschuss*
	zeitliche Anpassung	Die regelmäßige Arbeitszeit des Betriebes wird kurzfristig erhöht. *Erhöhte Kosten: Überstundenzuschläge*
	mengenmäßige Anpassung	Einige Produktionsfaktoren werden in einem stärkeren Umfang eingesetzt, z.B. Hilfskräfte, gemietete Maschinen. *Erhöhte Kosten: Organisationskosten*

1 Prüfen Sie die folgenden Aussagen zu dem Verhältnis von Beschäftigungsgrad und Kosten. Welche der Aussagen ist falsch?

Tragen Sie eine (5) ein, wenn alle Aussagen zutreffen. ☐

(1) Die Gesamtkosten steigen, wenn die produzierte Menge zunimmt.
(2) Die gesamten Fixkosten steigen, wenn die Beschäftigung steigt.
(3) Die proportionalen Stückkosten verändern sich keinesfalls, auch wenn die Kapazität steigt.
(4) Die variablen Gesamtkosten nehmen im gleichen Verhältnis zu, in dem die Beschäftigung zunimmt.

2 Der Industriebetrieb, dessen Kostensituation in der unten angegebenen Tabelle nur in Auszügen angegeben ist, hat eine Kapazitätsgrenze von 1000 Stück.

Ermitteln Sie…

a. … die Stückzahl, bei der die Gewinnschwelle liegt. ☐

b. … das Stückkostenminimum. ☐

c. … das Gewinnmaximum. ☐

3 In einer Schiffswerft entsteht durch einen lukrativen Zusatzauftrag eine kurzfristige Engpasssituation. Aus diesem Grund wird den 200 Mitarbeitern, die momentan an einem Tanker arbeiten, eine Prämie in Höhe von 800,00 EUR pro Person zugesichert, wenn der geplante Produktionsendtermin eingehalten wird.

Um welche Form der Kapazitätsanpassung handelt es sich hierbei? ☐

(1) zeitliche Anpassung
(2) mengenmäßige Anpassung
(3) intensitätsmäßige Anpassung
(4) selektive Anpassung

4 Prüfen Sie die folgenden allgemeinen Aussagen zu dem Verlauf von Kostenkurven im Koordinatensystem.

Kennzeichnen Sie

zutreffende Aussagen mit einer (1),
nicht zutreffende Aussagen mit einer (9).

a. Sowohl die Kurve der gesamten Fixkosten als auch die Kurve der variablen Stückkosten verläuft parallel zur x-Achse. ☐

b. Die Kurve der Gesamtkosten hat ihren Ursprung dort, wo die gesamten Fixkosten liegen. ☐

c. Die Kurve der Gesamtkosten verläuft im Koordinatenkreuz von oben links nach unten rechts. ☐

d. Die Kurve der fixen Stückkosten hat einen degressiven Verlauf. ☐

e. Die Kurve der variablen Gesamtkosten hat ihren Ursprung im Koordinatenkreuz, also bei Null. ☐

5 Unten finden Sie eine unvollständige Tabelle aus der Kostenrechnung eines Industrieunternehmens.

Vervollständigen Sie die Tabelle und geben Sie für die eingetragenen Buchstaben im Folgenden die ermittelten Werte an.

a. ______ ☐
b. ______ ☐
c. ______ ☐
d. ______ ☐
e. ______ ☐
f. ______ ☐
g. ______ ☐
h. ______ ☐
i. ______ ☐

produzierte und verkaufte Menge	gesamtfixe Kosten EUR	gesamtvariable Kosten EUR	Gesamtkosten EUR	fixe Kosten je Stück EUR	variable Kosten je Stück EUR	Stückkosten gesamt EUR	Erlöse je Stück EUR	Gesamterlöse EUR	Gesamtgewinn EUR
1	60 000,00			d.			g.		
50		b.					150,00		
100			c.						
500	a.				25,00	f.			i.
1000					e.			h.	

Beschreiben Sie die Ergebnistabelle als Instrument für die sachliche Abgrenzung und die Durchführung von kostenrechnerischen Korrekturen. Geben Sie Beispiele.

Rechnungskreis I			**Rechnungskreis II**					
Erfolgsbereich			Abgrenzungsbereich				KLR-Bereich	
Zahlen der Finanzbuchhaltung			unternehmensbezogene Abgrenzungen		kostenrechnerische Korrekturen		Zahlen der Kosten- und Leistungsrechnung	
Kto.Nr.	Aufwend.	Erträge	neutrale Aufwend.	neutrale Erträge	Aufwend. lt. FiBu	verrechnete Kosten	Kosten	Leistungen
5000		9 000 000,00						9 000 000,00
5200		20 000,00						20 000,00
5410		60 000,00		60 000,00				
5460		15 000,00		15 000,00				
5490		24 000,00		24 000,00				
5710		120 000,00		120 000,00				
60	5 705 000,00				5 705 000,00	5 740 000,00	5 740 000,00	
6160	206 000,00		26 000,00				180 000,00	
62/63	1 180 000,00						1 180 000,00	
64	235 000,00						235 000,00	
65	192 000,00				192 000,00	210 000,00	210 000,00	
68	325 000,00		15 000,00				310 000,00	
690	85 000,00		6 000,00				79 000,00	
695	34 000,00				34 000,00	25 000,00	25 000,00	
70	28 000,00		4 000,00				24 000,00	
75	72 000,00				72 000,00	90 000,00	90 000,00	
76	38 000,00		15 000,00		23 000,00	18 000,00	18 000,00	
1)						150 000,00	150 000,00	
	1 139 000,00		153 000,00		207 000,00		779 000,00	
	9 239 000,00	9 239 000,00	219 000,00	219 000,00	6 233 000,00	6 233 000,00	9 020 000,00	9 020 000,00

Konto	Anmerkungen:
5000	Umsatzerlöse: betriebliche Leistungen
5200	Bestandsveränderungen: Mehrung an fertigen und unfertigen Erzeugnissen
5410	Nebenerlöse: Erträge aus der Vermietung eines Betriebsgebäudes
5460	Erträge aus dem Abgang von Vermögensgegenständen: Verkauf eines Lkw über Buchwert
5490	Periodenfremde Erträge: Rückerstattung von Gewerbesteuer für vergangene Geschäftsjahre
5710	Zinserträge: Zinserträge aus der Anlage festverzinslicher Wertpapiere
60	Aufwendungen für Roh-, Hilfs- und Betriebsstoffe: Bewertung des Materialverbrauchs erfolgte zu Verrechnungspreisen mit 5 740 000,00 EUR
6160	Fremdinstandhaltung: enthalten sind 26 000,00 EUR für Reparaturen an dem vermieteten Betriebsgebäude; Rest: Zweckaufwand
62/63	Löhne/Gehälter: Zweckaufwand
64	Soziale Abgaben: Arbeitgeberanteile zur Sozialversicherung
65	Abschreibungen: Es wurden kalkulatorische Abschreibungen von 210 000,00 EUR angesetzt.
68	Aufwendungen für Kommunikation: enthalten eine Spende in Höhe von 15 000,00 EUR an ein Kinderhilfswerk, Rest: Zweckaufwand
690	Versicherungsbeiträge: enthalten die Gebäudeversicherung für vermietetes Gebäude in Höhe von 6 000,00 EUR, Rest: Zweckaufwand
695	Abschreibungen auf Forderungen: kalkulatorisch wurden 25 000,00 EUR angesetzt.
70	Betriebliche Steuern: enthalten die Grundsteuer für das vermietete Gebäude in Höhe von 4 000,00 EUR, Rest: Zweckaufwand
75	Zinsaufwendungen: Es wurden kalkulatorische Zinsen in Höhe von 90 000,00 EUR angesetzt.
76	Außerordentliche Aufwendungen: ▷ Schadensersatzforderungen eines Kunden in Höhe von 15 000,00 EUR ▷ Diebstahl eines nicht versicherten Materialbestandes in Höhe von 23 000,00 EUR; für solche Risiken wurde ein kalkulatorisches Wagnis in Höhe von 18 000,00 EUR angesetzt.
1)	Kalkulatorischer Unternehmerlohn: ein geschäftsführender Gesellschafter 150 000,00 EUR

Wie werden die Ergebnisse aus der sachlichen Abgrenzung und der kostenrechnerischen Korrektur abgestimmt? Erläutern Sie dies an einem Beispiel.

	Betriebsergebnis (betriebliche Erträge – Kosten)	779 000,00 EUR	Betriebsgewinn verrechnete Kosten > Aufwendungen
+	Saldo aus der Differenz zwischen verrechneten kalkulatorischen Kosten und abgefilterten Aufwendungen laut FiBu (verrechnete Kosten – Aufwendungen)	207 000,00 EUR	
+	Saldo aus unternehmensbezogener Abgrenzung	153 000,00 EUR	neutrale Erträge > neutrale Aufwendungen
=	Unternehmensergebnis (Erträge – Aufwendungen)	1 139 000,00 EUR	Erträge > Aufwendungen

1 In einem Unternehmen wird eine Ergebnistabelle erstellt. Der Betriebsgewinn beträgt 520 410,00 EUR, der neutrale Verlust 50 600,00 EUR, das Ergebnis der kostenrechnerischen Korrektur beträgt 20 300,00 EUR.

Wie hoch ist das Unternehmensergebnis? ______ ☐

(1) 591 310,00 EUR

(2) 490 110,00 EUR

(3) 449 510,00 EUR

(4) ein anderer Betrag

2 Kennzeichnen Sie durch die Vergabe der Ziffern 1 bis 5 die Reihenfolge der Arbeitsschritte bei der Erstellung einer Ergebnistabelle.

a. Zuordnen der neutralen Aufwendungen und Erträge in den Abgrenzungsbereich, der betrieblichen Aufwendungen und Erträge in den Kosten- und Leistungsbereich ______ ☐

b. Kontrolle der Ergebnisse durch Aufstellen der Gleichung: Gesamtergebnis = Betriebsergebnis + Ergebnis aus der unternehmensbezogenen Abgrenzung + Ergebnis aus der kostenrechnerischen Korrektur ______ ☐

c. Vornahme der kostenrechnerischen Korrekturen

d. Errechnen der Ergebnisse im Erfolgsbereich der Geschäftsbuchhaltung, im Abgrenzungsbereich, im Bereich kostenrechnerische Korrekturen und im Kosten- und Leistungsbereich ______ ☐

e. Übertragung der Salden der Erfolgskonten aus der FiBu in die Ergebnistabelle ______ ☐

3 Welche der folgenden Aussagen trifft als Begründung für die Durchführung einer Abgrenzungsrechnung/Ergebnistabelle nicht zu? ______ ☐

Tragen Sie eine (6) ein, wenn alle Aussagen zutreffen.

(1) Die Abgrenzungsrechnung weist u. a. die neutralen Erträge und Aufwendungen des Unternehmens aus.

(2) Die Abgrenzungsrechnung filtert die neutralen Aufwendungen und Erträge aus den gesamten Aufwendungen und Erträgen heraus.

(3) Die Ergebnistabelle ermöglicht eine genauere Aussage über die Kosten und Leistungen einer Periode als die Gewinn- und Verlustrechnung.

(4) Die Ergebnistabelle weist u. a. das Gesamtergebnis und das Betriebsergebnis aus.

(5) Die Zahlen der Finanzbuchhaltung spiegeln nur unzureichend die betriebliche Situation wider. Die Ergebnistabelle liefert dagegen genauere betriebliche Zahlen.

4 Der Finanzbuchhaltung einer Fahrradfabrik werden für eine Rechnungsperiode folgende Zahlen entnommen (Werte in TEUR):

Umsatzerlöse:	1 420
Mehrbestand an fertigen Erzeugnissen:	130
Mieterträge:	25
Erträge aus dem Abgang von Vermögensgegenständen:	95
Erträge aus Wertpapieren:	134
Zinserträge:	9
Aufwendungen für Material:	410
Fremdinstandhaltung:	12
Löhne:	620
Gehälter:	180
Soziale Abgaben:	180
Abschreibungen Sachanlagen:	90
Reisekosten:	16
Gewerbesteuer:	45
Verluste aus Wertpapierverkäufen:	15

Von den Abschreibungen auf Sachanlagen entfallen 10 TEUR auf vermietete Gebäude; in der Position Gewerbesteuer ist eine Nachzahlung für die vergangene Periode in Höhe von 15 TEUR enthalten.

a. Wie viel TEUR beträgt das Gesamtergebnis der Unternehmung? ______ ☐

b. Wie viel TEUR betragen die betrieblichen Erträge? ______ ☐

c. Wie viel TEUR betragen die Kosten? ______ ☐

d. Wie viel TEUR beträgt das Betriebsergebnis? ______ ☐

e. Wie viel TEUR beträgt das neutrale Ergebnis? ______ ☐

f. Welche der folgenden Aussagen trifft auf die Ergebnissituation des Unternehmens zu? ______ ☐

(1) Das Unternehmen hat im betrieblichen Bereich mehr Gewinn erzielt als im neutralen Bereich.

(2) Das Unternehmen war im neutralen Bereich erfolgreicher als im betrieblichen Bereich.

5 In einem Betrieb wurde zwischen den Zahlen der Finanzbuchhaltung und der Kostenrechnung nur eine unternehmensbezogene Abgrenzung vorgenommen.

Das Unternehmungsergebnis beträgt 325 810,00 EUR, das neutrale Ergebnis 110 450,00 EUR.

Wie groß ist das Betriebsergebnis? ______ ☐

(1) 436 260,00 EUR

(2) 215 360,00 EUR

(3) 104 910,00 EUR

(4) ein anderer Betrag

Beschreiben Sie die Aufgaben der Kostenstellenrechnung. Erläutern Sie die Begriffe „Kostenstelle" und „BAB".	
Aufgaben	Die Kostenstellenrechnung hat die Aufgabe, die entstandenen Kosten auf die Kostenstellen zu verteilen und die Wirtschaftlichkeit der Kostenstellen zu überwachen.
Kostenstelle	Eine Kostenstelle ist ein nach bestimmten Gesichtspunkten abgegrenzter Bereich des Betriebes, in dem Kosten verursacht werden. Kostenstellen werden gebildet nach ▷ Verantwortungsbereichen (z. B. Abteilungen, Hauptabteilungen), ▷ betrieblichen Funktionen (z. B. Einkauf, Verkauf, Lackiererei), ▷ Verrechnungsgesichtspunkten (z. B. Hilfskostenstellen, Hauptkostenstellen).
Betriebsabrechnungsbogen (BAB)	Die Kostenstellenrechnung hat die Aufgabe, die entstandenen Kosten auf die Kostenstellen zu verteilen und die Wirtschaftlichkeit der Kostenstellen zu überwachen.

Stellen Sie die Vorgehensweise der Kostenstellenrechnung im Überblick dar.

1. Aus der Kostenartenrechnung ergibt sich die Aufstellung aller Kosten, die in einem Betrieb in einer Periode entstanden sind.
2. Die Kostenträgereinzelkosten können den Kostenträgern (Produkten oder Dienstleistungen) direkt zugerechnet werden.
3. Die Gemeinkosten, die direkt verursacht worden sind (Kostenstelleneinzelkosten), können den Kostenstellen direkt zugeordnet werden (z. B. Gehälter einer Kostenstelle oder Abschreibungen).
4. Die verbleibenden Gemeinkosten (Kostenstellengemeinkosten) werden den Kostenstellen mithilfe von Schlüsseln zugeordnet (z. B. Miete nach m²).
5. Das Ergebnis dieser ersten Verteilung ist die Summe der primären Gemeinkosten. Sofern Kostenstellen vorhanden sind, die für andere Kostenstellen Dienstleistungen erbracht haben, müssen diese auf die anderen Kostenstellen nach der Verursachung „umgelegt" werden (sekundäre Gemeinkosten).
6. Nach der letzten Umlage erhält man die Summe der Endkostenstellen. In einem letzten Schritt werden nun die Zuschlagssätze ermittelt, die im Rahmen der Kostenträgerrechnung weitere Verwendung finden.

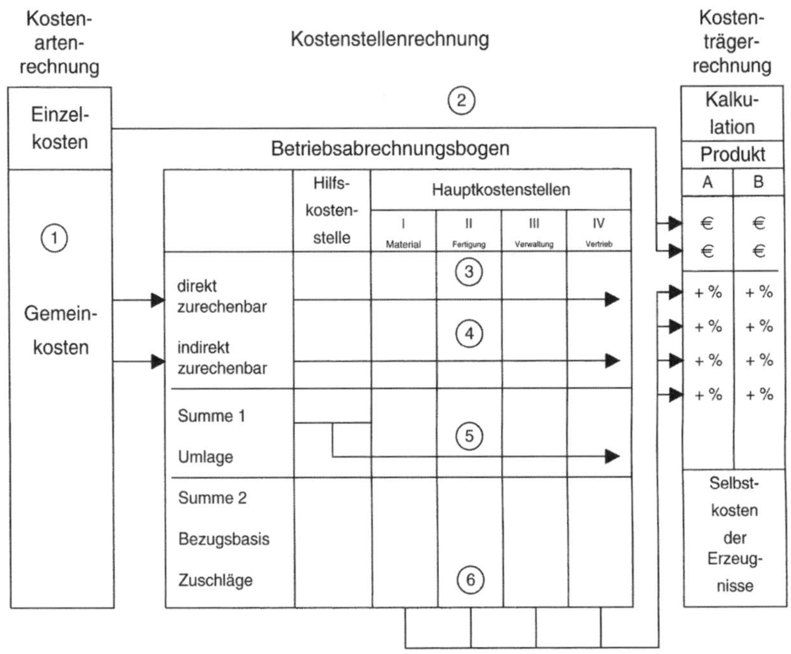

Erläutern Sie die Ermittlung der Zuschlagssätze.

Berechnung der Zuschlagssätze

Die Zuschlagssätze der Kostenstellen werden ermittelt, indem man die Gemeinkosten einer Kostenstelle zu den zugehörigen Zuschlagsgrundlagen in Beziehung setzt. Zwischen den Zuschlagsgrundlagen und den zu verrechnenden Gemeinkosten muss eine Beziehung bestehen.

Materialgemeinkosten-Zuschlagssatz (MGK) $= \frac{\text{Materialgemeinkosten} \cdot 100}{\text{Fertigungsmaterial}}$

Fertigungsgemeinkosten-Zuschlagssatz (FGK) $= \frac{\text{Fertigungsgemeinkosten} \cdot 100}{\text{Fertigungslöhne}}$

Verwaltungsgemeinkosten-Zuschlagssatz (Verw.GK) $= \frac{\text{Verwaltungsgemeinkosten} \cdot 100}{\text{Herstellkosten des Umsatzes}}$

Vertriebsgemeinkosten-Zuschlagssatz (Vertr.GK) $= \frac{\text{Vertriebsgemeinkosten} \cdot 100}{\text{Herstellkosten des Umsatzes}}$

Herstellkosten der Fertigung	Summe aus Fertigungsmaterial, Materialgemeinkosten, Fertigungslöhnen, Fertigungsgemeinkosten und Sondereinzelkosten der Fertigung
Herstellkosten des Umsatzes	Herstellkosten der Fertigung – Bestandsmehrungen an fertigen und/oder unfertigen Erzeugnissen + Bestandsminderungen an fertigen und/oder unfertigen Erzeugnissen

1 Kennzeichnen Sie unten stehende Aussagen zur Kostenstellenrechnung mit einer

(1), wenn die Aussage zutrifft,
(9), wenn die Aussage nicht zutrifft.

a. Das zentrale Instrument der Kostenstellenrechnung ist der BAB. ☐

b. Die Kostenstellenrechnung hat die Aufgabe, die im Betrieb anfallenden Einzelkosten verursachungsgerecht auf die Kostenstellen zu verteilen. ☐

c. Die Kostenstellenrechnung ist das Bindeglied zwischen Finanzbuchhaltung und Kostenartenrechnung. ☐

d. Ohne eine Kostenstellenrechnung ist eine verursachungsgerechte Vollkostenkalkulation der Kostenträger nicht möglich. ☐

e. Kostenstellen sind nach abrechnungstechnischen Gesichtspunkten abgegrenzte Teile des Betriebes, in denen Kosten entstehen. ☐

f. Die Kostenstellenrechnung ist erforderlich, um die im Betrieb anfallenden Gemeinkosten möglichst verursachungsgerecht auf die Kostenstellen zu verteilen. ☐

2 Ordnen Sie die Tätigkeiten zur Erstellung eines BAB, indem Sie die Ziffern 1 bis 6 den nachfolgenden Tätigkeiten in aufsteigender Folge so zuordnen, dass sich eine richtige Reihenfolge ergibt.

a. Durchführung der innerbetrieblichen Leistungsverrechnung ☐

b. Ermittlung der Gemeinkostenzuschlagssätze ☐

c. Verteilung der primären Gemeinkosten auf Hilfskostenstellen und Hauptkostenstellen ☐

d. Bildung der Summe der primären und sekundären Gemeinkosten je Endkostenstelle ☐

e. Bildung der Summe der primären Gemeinkosten je Kostenstelle ☐

f. Ermittlung und Zuordnung der jeweiligen Bezugsbasis zu den entsprechenden Hauptkostenstellen ☐

3 Für die Ermittlung der Gemeinkostenzuschlagssätze wird jeweils eine möglichst verursachungsgerechte Bezugsbasis benötigt. Ordnen Sie aus den folgenden Werten den unten stehenden Gemeinkostenzuschlagssätzen jeweils die richtige Bezugsbasis zu:

(1) angefallene Fertigungslöhne
(2) angefallene Fremdreparaturen
(3) Herstellkosten des Umsatzes
(4) verbrauchtes Fertigungsmaterial
(5) Herstellkosten der Fertigung
(6) Selbstkosten des Umsatzes
(7) Selbstkosten der Fertigung
(8) Umsatzerlöse

Tragen Sie eine (9) ein, wenn die erforderliche Bezugsgröße nicht aufgeführt ist.

a. Materialgemeinkostenzuschlagssatz ☐

b. Fertigungsgemeinkostenzuschlagssatz ☐

c. Verwaltungsgemeinkostenzuschlagssatz ☐

d. Vertriebsgemeinkostenzuschlagssatz ☐

4 Aus der Kostenstellenrechnung eines Betriebes sind folgende Zahlen in TEUR zu entnehmen:

Fertigungsmaterial:	600
Materialgemeinkosten:	60
Fertigungslöhne:	400
Fertigungsgemeinkosten:	1 200
Verwaltungsgemeinkosten:	330
Vertriebsgemeinkosten:	550
Anfangsbestand an Erzeugnissen:	950
Endbestand an Erzeugnissen:	1 010

Ermitteln Sie …

a. … die Materialkosten in TEUR. ☐

b. … die Fertigungskosten in TEUR. ☐

c. … die Herstellkosten der Fertigung in TEUR. ☐

d. … die Herstellkosten des Umsatzes in TEUR. ☐

e. … den Materialgemeinkostenzuschlagssatz in Prozent. ☐

f. … den Fertigungsgemeinkostenzuschlagssatz in Prozent. ☐

g. … den Verwaltungsgemeinkostenzuschlagssatz in Prozent. ☐

h. … den Vertriebsgemeinkostenzuschlagssatz in Prozent. ☐

i. … die Selbstkosten des Umsatzes. ☐

5 Kennzeichnen Sie unten stehende Aussagen zum BAB mit einer

(1), wenn die Aussage zutrifft.
(9), wenn die Aussage nicht zutrifft.

a. BAB ist eine Abkürzung für Betriebsaufwandsbogen. ☐

b. Kostenstelleneinzelkosten sind Gemeinkosten, die den Kostenstellen direkt aufgrund von Aufschreibungen oder Belegen zugeordnet werden können. ☐

c. Ziel des BAB ist sowohl die Wirtschaftlichkeitskontrolle einzelner Bereiche des Betriebes als auch die Ermittlung von Gemeinkostenzuschlagssätzen. ☐

d. Zu den Kostenstellengemeinkosten gehören z. B. Gehälter, Fremdinstandhaltungen, Hilfslöhne. ☐

e. Ein BAB ist in der Regel senkrecht nach Gemeinkostenarten und waagerecht nach Kostenstellen gegliedert. ☐

f. Im BAB werden ausschließlich sekundäre Gemeinkosten verarbeitet. ☐

g. „Primäre Gemeinkosten" ist eine andere Bezeichnung für Kostenstelleneinzelkosten. ☐

6 Welche der folgenden Umschreibungen trifft auf den Begriff „sekundäre Gemeinkosten" zu? ☐

(1) Kostenstelleneinzelkosten

(2) Kostenträgereinzelkosten

(3) Ergebnis der innerbetrieblichen Leistungsverrechnung

(4) Kostenstellengemeinkosten

(5) Ergebnis der Zuordnung der primären Kosten auf die Kostenstellen

Erläutern Sie die Aufgabe der Kostenträgerrechnung. Was ist ein Kostenträger? Welche zwei wichtigen Arten der Kostenträgerrechnung werden unterschieden?		
Aufgabe	Die Kostenträgerrechnung hat als letztes Glied der Kostenrechnung die Aufgabe, die im Betrieb entstandenen Kosten möglichst genau und verursachungsgerecht auf die Kostenträger umzulegen. Sie ermittelt die Selbstkosten der erzeugten Produkte und stellt diese den erzielten Erlösen gegenüber.	
Kostenträger	Kostenträger sind die Leistungen des Betriebes, deren Erstellung Kosten verursacht. Das sind z. B. in einem Industriebetrieb die hergestellten Produkte, in einem Handelsbetrieb die verkauften Waren und in einem Dienstleistungsbetrieb die erbrachten Dienstleistungen.	
Arten der Kostenträgerrechnung	**Kostenträger-zeitrechnung**	Alle Kosten einer Periode werden den entsprechenden Leistungen gegenübergestellt. Am Ende dieser Rechnung erhält man den Erfolg des Gesamtbetriebes.
	Kostenträger-stückrechnung	Es werden die Kosten für die einzelne Leistung (Produkt/Dienstleistung) ermittelt. Man bezeichnet die Kostenträgerstückrechnung auch als Kalkulation.

Beschreiben Sie die üblichen Kalkulationsverfahren in Industrie und Handel anhand der jeweiligen Kalkulationsschemata.		
Zuschlagskalkulation im Industriebetrieb	Die Zuschlagskalkulation im Industriebetrieb erfasst die Einzel- und Gemeinkosten der Kostenträger entsprechend ihrer Verursachung. Sie passt sich in ihrem Aufbau der Gliederung der Hauptkostenstellen im Industriebetrieb an. Angewendet wird dieses Kalkulationsverfahren vorwiegend in Betrieben mit Serienfertigung.	(1) Fertigungsmaterial (Einzelkosten) + (2) Materialgemeinkosten .. % von (1) = **(3) Materialkosten (1+2)** + (4) Fertigungslöhne (Einzelkosten) + (5) Fertigungsgemeinkosten ..% von (4) + (6) Sondereinzelkosten der Fertigung = **(7) Fertigungskosten (4+5+6)** = **(8) Herstellkosten (3+7)** + (9) Verwaltungsgemeinkosten .. % von (8) + (10) Vertriebsgemeinkosten .. % von (8) + (11) Sondereinzelkosten des Vertriebs = **(12) Selbstkosten (8+9+10+11)**
Zuschlagskalkulation im Handelsbetrieb	Der Handlungskostenzuschlag ergibt sich aus den gesamten Handlungskosten (Personalkosten, Raumkosten, Verwaltungskosten), die in Prozent vom Umsatz zu Einstandspreisen (Wareneinsatz) errechnet werden.	(1) Einkaufspreis (Rechnungspreis) + (2) Bezugskosten (Fracht, Zoll) = **(3) Bezugspreis (1+2)** + (4) Handlungskostenzuschlag .. % von (3) = **(5) Selbstkosten**
Divisionskalkulation	Dieses Kalkulationsverfahren wird angewendet in Betrieben mit Einproduktfertigung (z. B. Zementwerk). Eine gesonderte Zuordnung von Gemeinkosten zu Kostenstellen ist nicht erforderlich.	Selbstkosten je Einheit $= \frac{\text{Gesamtkosten des Betriebes}}{\text{hergestellte Menge}}$
	Die Kalkulation mit Äquivalenzziffern (ÄZ) wird als erweiterte Divisionskalkulation in Betrieben mit gleichartigen Erzeugnissen angewendet, die einem vergleichbaren Produktionsprozess unterliegen und sich lediglich durch Größe, Gewicht oder Bearbeitungszeit unterscheiden (z. B. Brauerei, Schraubenherstellung).	(1) Menge/Sorte · ÄZ = Recheneinheit (RE) (2) Summe der RE (3) Selbstkosten je RE = Selbstkosten geteilt durch Summe RE (4) Selbstkosten je Sorte = RE je Sorte · Selbstkosten je RE (5) Selbstkosten je Erzeugniseinheit = Selbstkosten je Sorte : Menge
Maschinenstundensatzrechnung	Dieses Kalkulationsverfahren wird in maschinenintensiven Betrieben angewendet. Hier besteht die Gefahr, dass die Zuschlagsgrundlage für den Fertigungsgemeinkostenzuschlag umso ungenauer wird, je weniger die Fertigungslöhne Ursache für die Fertigungsgemeinkosten sind. Die Fertigungsgemeinkosten werden hierbei aufgeteilt in maschinenabhängige Fertigungsgemeinkosten (z. B. Abschreibung, Zinsen, Platzkosten, Energie) und Restgemeinkosten, die überwiegend fertigungslohnabhängig sind.	(1) variable maschinenabhängige Gemeinkosten (2) + fixe maschinenabhängige Gemeinkosten (3) = maschinenabhängige Gemeinkosten (1+2) (4) Fertigungslöhne/Maschinenplatz (5) + Restgemeinkostenzuschlag .. % von (2) (6) = lohnabhängige Fertigungskosten (4+5) (7) = Fertigungskosten des Maschinenplatzes (3+6) (8) **Maschinenstundensatz** = Fertigungsgemeinkosten der Maschine / Maschinenlaufzeit in Stunden (9) Maschinenstundensatz · Zeit in Stunden + Fertigungslöhne + Restgemeinkostenzuschlag auf Fertigungslöhne = Herstellkosten des Auftrages/Produktes

1

Ordnen Sie den unten stehenden Aufgaben zu, ob es sich dabei um Aufgaben der

(1) Kostenträgerzeitrechnung,
(2) Kostenträgerstückrechnung

handelt.

Tragen Sie eine (9) ein, wenn es sich nicht um Aufgaben der Kostenträgerrechnung handelt.

a. Vorkalkulation eines Auftrages ☐

b. Erstellung einer kurzfristigen Erfolgsrechnung ☐

c. Ermittlung des Betriebsergebnisses ☐

d. Bestimmung von Preisuntergrenzen ☐

e. Ermittlung und Verteilung der Kostenträgergemeinkosten ☐

f. Ermittlung der Selbstkosten eines Artikels ☐

g. Ermittlung des Gesamtergebnisses einer Artikelgruppe ☐

2

Für die Nachkalkulation eines Artikels stehen folgende Zahlen zur Verfügung:

Fertigungsmaterial:	35,00 EUR
Fertigungslöhne:	10,00 EUR
Materialgemeinkostensatz:	5 %
Fertigungsgemeinkostensatz:	250 %
Verwaltungsgemeinkostensatz:	10 %
Vertriebsgemeinkostensatz:	20 %
Sondereinzelkosten der Fertigung:	6,00 EUR
Sondereinzelkosten des Vertriebs:	3,50 EUR

Ermitteln Sie für das Erzeugnis ...

a. ... die Materialkosten. ☐

b. ... die Fertigungskosten. ☐

c. ... die Herstellkosten. ☐

d. ... die Selbstkosten. ☐

3

Ein Großhändler kalkuliert ein Fahrrad mit Selbstkosten von 486,00 EUR. Das Fahrrad wird vom Hersteller zu einem Listenpreis von 500,00 EUR verkauft. Auf diesen Preis erhält der Großhändler 30 % Rabatt sowie 2 % Skonto. Für den Transport sind 1 700,00 EUR je 100 Fahrräder an den Spediteur zu entrichten.

Mit welchem Handlungskostenzuschlag rechnet der Großhändler in seiner Kalkulation? ☐

(1) 74 %
(2) 65 %
(3) 35 %
(4) 125 %
(5) anderes Ergebnis

4

Die Glas + Form GmbH in Stuttgart stellt Weinflaschen für badische Winzer her. Es werden drei Flaschensorten mit unterschiedlichem Fassungsvermögen produziert: A (= 1 l), B (= 0,7 l), C (= 0,5 l).
Genaue Kostenanalysen in den vergangenen Jahren haben zu dem Ergebnis geführt, dass die Sorte A als Hauptsorte einzustufen ist und dass zwischen den Sorten A, B und C ein Kostenverhältnis von 1 : 0,9 : 0,75 besteht.

In der vergangenen Rechnungsperiode wurden folgende Stückzahlen produziert:
A: 800 000, B: 600 000, C: 400 000.

Es fielen insgesamt Selbstkosten in Höhe von 656 000,00 EUR an.

Ermitteln Sie die Selbstkosten je Flasche.

a. für die Sorte A ☐

b. für die Sorte B ☐

c. für die Sorte C ☐

5

In einem Ein-Produkt-Unternehmen mit Massenfertigung entstanden im Monat September folgende Kosten in TEUR:

Materialkosten:	1 090
Fertigungslöhne:	714
Fertigungsgemeinkosten:	1 468
Verwaltungskosten:	844
Vertriebskosten:	372

a. Wie viel Euro betragen die Selbstkosten für eine verkaufte Produkteinheit bei einer Produktion von 672 000 Stück, wenn alle produzierten Einheiten auch abgesetzt werden? ☐

b. Wie viel Euro betragen die Selbstkosten für eine verkaufte Produkteinheit unter der Bedingung, dass von den produzierten 672 000 Stück ein Lagerbestand von 72 000 Stück verbleibt und die Verwaltungskosten im Verhältnis 3 : 1 den Herstell- und Vertriebskosten zugewiesen werden? ☐

Lösungshilfe: Die Vertriebskosten dürfen nur den tatsächlich verkauften Erzeugnissen zugerechnet werden.

6

Für die Vorkalkulation eines Reparaturauftrages liegen folgende Angaben vor:

Reparaturmaterial:	40,00 EUR
Fertigungslöhne: 2,5 Std. zu je	24,00 EUR
Maschineneinsatz Bohrmaschine:	1,5 Std.
Maschineneinsatz Drehautomat:	1 Std.
Maschinenstundensatz Bohren:	42,00 EUR
Maschinenstundensatz Drehen:	62,00 EUR
Materialgemeinkostenzuschlag:	5 %
Restgemeinkostenzuschlag:	110 %
Verwaltungsgemeinkostenzuschlag:	20 %

a. Ermitteln Sie die Herstellkosten des Auftrages. ☐

b. Ermitteln Sie die Selbstkosten des Auftrages. ☐

Was sind Normalgemeinkosten? Wie erfolgt der Vergleich von Normalgemeinkosten und Istgemeinkosten?

Normalkosten	Die Istgemeinkosten eines Betriebes lassen sich erst nach Ablauf der Abrechnungsperiode ermitteln. Aus diesem Grund arbeiten viele Betriebe mit Normalgemeinkosten (Sollgemeinkosten), die aus Durchschnitts- oder Erfahrungswerten der Vergangenheit ermittelt werden. Aus diesen Normalgemeinkosten werden Normalzuschlagssätze ermittelt, mit denen die Angebotskalkulation durchgeführt wird. Diese verrechneten Normalgemeinkosten müssen am Ende der Abrechnungsperiode den Istgemeinkosten gegenübergestellt werden.
Kostenabweichungen	**Kostenüberdeckung** = Normalgemeinkosten > Istgemeinkosten → In der Periode wurden zu viel Gemeinkosten verrechnet. **Kostenunterdeckung** = Normalgemeinkosten < Istgemeinkosten → In der Periode wurden zu wenig Gemeinkosten verrechnet.

Beispiel:

BAB mit Ermittlung der Über- und Unterdeckungen	**I Material**		**II Fertigung**		**III Verwaltung**		**IV Vertrieb**		Gesamt
	EUR	%	EUR	%	EUR	%	EUR	%	
Istgemeinkosten	10 080,00	4,8	27 5920,00	204,4	58 900,00	9,5	97 960,00	15,8	442 860,00
Verrechnete Normalgemeinkosten	10 500,00	5,0	27 0000,00	200,0	61 450,00	10,0	92 175,00	15,0	434 125,00
Überdeckung der Gemeinkosten	420,00				2 550,00				
Unterdeckung der Gemeinkosten			5 920,00				5 785,00		87 335,00
	MGK		**FGK**		**VwGK**		**VtGK**		**Gesamt**

Wie wird der betriebliche Erfolg mithilfe der Kostenträgerzeitrechnung ermittelt?

Kostenträgerblatt	Das Kostenträgerblatt dient dazu, im Rahmen der Kostenträgerzeitrechnung die Selbstkosten des Umsatzes nach Kostenträgern getrennt zu ermitteln. Es stellt praktisch eine Gesamtkalkulation aller verkauften Produkte dar. Das Kostenträgerblatt wird auch als BAB II bezeichnet.
Ergebnisrechnung	Die Selbstkosten des Umsatzes werden in der Ergebnisrechnung den Umsatzerlösen gegenübergestellt und damit das Umsatzergebnis ermittelt. Wird das Umsatzergebnis nun noch um die Kostenüber- oder -unterdeckungen korrigiert, erhält man das Betriebsergebnis. Dabei gilt: Umsatzergebnis + Überdeckung lt. BAB = Betriebsergebnis Umsatzergebnis – Unterdeckung lt. BAB = Betriebsergebnis

Beispiel:

Kostenträgerblatt (1 – 13 = Kostenträger-Zeitrechnung) (14 – 17 = Ergebnisrechnung)			**Verrechnete Normalkosten**		
			Kostenträger insgesamt	**Kostenträger**	
				Produkt A	Produkt B
			(EUR)	(EUR)	(EUR)
Kostenträgerzeitrechnung	1.	Fertigungsmaterial	210 000,00	120 000,00	90 000,00
	2.	+ 5 % Materialgemeinkosten	10 500,00	6 000,00	4 500,00
	3.	**Materialkosten** (1 + 2)	220 500,00	126 000,00	94 500,00
	4.	Fertigungslöhne	135 000,00	60 000,00	75 000,00
	5.	+ 200 % Fertigungsgemeinkosten	270 000,00	120 000,00	150 000,00
	6.	**Fertigungskosten** (4 + 5)	405 000,00	180 000,00	225 000,00
	7.	**Herstellkosten der Fertigung** (3 + 6)	625 500,00	306 000,00	319 500,00
	8.	+ Minderbestand an unfertigen Erzeugnissen	21 000,00	14 000,00	7 000,00
	9.	– Mehrbestand an fertigen Erzeugnissen	32 000,00	20 000,00	12 000,00
	10.	**Herstellkosten des Umsatzes**	614 500,00	300 000,00	314 500,00
	11.	+ 10 % Verwaltungsgemeinkosten	61 450,00	30 000,00	31 450,00
	12.	+ 15 % Vertriebsgemeinkosten	92 175,00	45 000,00	47 175,00
	13.	Selbstkosten des Umsatzes	768 125,00	375 000,00	393 125,00
Ergebnis-Rechnung	14.	Netto-Verkaufserlöse	915 000,00	460 000,00	455 000,00
	15.	**Umsatzergebnis** (14 – 13)	146 875,00	85 000,00	61 875,00
	16.	– Unterdeckung lt. BAB (vgl. oben)	8 735,00		
	17.	**Betriebsergebnis**	138 140,00	**= Saldo im KLR-Bereich der Ergebnistabelle**	

1 Prüfen Sie unten stehende Aussagen. Kennzeichnen Sie diese mit einer

(1), wenn die Aussage zutrifft,
(9), wenn die Aussage nicht zutrifft.

a. Normalgemeinkosten sind im Prinzip nichts anderes als durchschnittliche Istkosten der vergangenen Perioden. ☐

b. Normalgemeinkostenzuschlagssätze sind die Grundlage der Nachkalkulation. ☐

c. Bei einer Kostenüberdeckung wurden in der zurückliegenden Periode zu viel Gemeinkosten verrechnet. ☐

d. Angebote in der laufenden Periode können grundsätzlich nicht mit Istgemeinkostenzuschlagssätzen vorkalkuliert werden. ☐

e. Aus der Gegenüberstellung von verrechneten Normalgemeinkosten und Istgemeinkosten ergeben sich am Ende der Abrechnungsperiode Kostenüberdeckungen oder Kostenunterdeckungen. ☐

f. Bei einer Kostenunterdeckung sind die verrechneten Normalgemeinkosten der vergangenen Periode größer als die Istgemeinkosten. ☐

2 Aus einem Kostenträgerblatt auf Normalkostenbasis geht hervor, dass das Umsatzergebnis 1 080 140,00 EUR beträgt. Die Kostenüberdeckung lt. BAB betrug in der Periode 28 490,00 EUR. Über welche Summe lautete das Betriebsergebnis der Periode? ☐

(1) 1 108 630,00 EUR

(2) 1 051 650,00 EUR

(3) anderes Ergebnis

3 Aus einem Kostenträgerblatt auf Normalkostenbasis lassen sich für den vergangenen Abrechnungszeitraum folgende Werte in TEUR entnehmen:

Umsatzerlöse:	11 230
Materialkosten:	3 556
Fertigungskosten:	4 080
Minderbestand fertige Erzeugnisse:	210
Mehrbestand unfertige Erzeugnisse:	140
verrechnete Verwaltungsgemeinkosten:	810
verrechnete Vertriebsgemeinkosten:	1 250

Ermitteln Sie …

a. … die Herstellkosten der Erzeugung. ☐

b. … die Herstellkosten des Umsatzes. ☐

c. … die Selbstkosten des Umsatzes. ☐

d. … das Umsatzergebnis. ☐

e. … das Betriebsergebnis, wenn sich aus der Gegenüberstellung von Istgemeinkosten und verrechneten Normalgemeinkosten eine Überdeckung von 103 TEUR ergibt. ☐

f. Welches Betriebsergebnis würde sich ergeben, wenn die Gegenüberstellung von Istgemeinkosten und verrechneten Normalgemeinkosten eine Unterdeckung von 94 TEUR aufzeigen würde? ☐

4 Das Zahlenwerk eines Industrieunternehmens weist zum Ende einer Abrechnungsperiode folgende Zahlen aus (Werte in TEUR):

Fertigungsmaterial:	2 200
Fertigungslöhne:	1 680
Istgemeinkosten Material:	330
Istgemeinkosten Fertigung:	2 940
Istgemeinkosten Verwaltung:	900
Istgemeinkosten Vertrieb:	480
Anfangsbestand fertige Erzeugnisse:	144
Endbestand fertige Erzeugnisse:	94
Umsatzerlöse:	8 868

Das Unternehmen hat in der Periode mit folgenden Normalzuschlagssätzen gerechnet:

Materialgemeinkosten:	14 %
Fertigungsgemeinkosten:	180 %
Verwaltungsgemeinkosten:	10 %
Vertriebsgemeinkosten:	8 %

Bei den folgenden Berechnungen grundsätzlich auf eine Stelle hinter dem Komma runden, sofern erforderlich.

Wie viel TEUR betragen …

a. … die Istherstellkosten des Umsatzes? ☐

b. … die Istselbstkosten des Umsatzes? ☐

Ermitteln Sie die verrechneten Normalkosten …

c. … im Materialbereich in TEUR. ☐

d. … im Fertigungsbereich in TEUR. ☐

e. … im Verwaltungsbereich in TEUR. ☐

f. … im Vertriebsbereich in TEUR. ☐

g. Wie hoch (in TEUR) ist die Differenz zwischen dem Umsatzergebnis und dem Betriebsergebnis? ☐

h. Von welcher Art ist die Differenz zwischen Umsatzergebnis und Betriebsergebnis? ☐

(1) Kostenüberdeckung

(2) Kostenunterdeckung

5 Übertragen Sie unten stehende Gleichsetzungen. Tragen Sie in das Kästchen eine

(1) ein, wenn die Gleichsetzung zutrifft,
(9) ein, wenn die Gleichsetzung nicht zutrifft.

a. Betriebsergebnis = Umsatzergebnis + Überdeckung lt. BAB ☐

b. Selbstkosten des Umsatzes = Herstellkosten des Umsatzes + Verwaltungs- und Vertriebsgemeinkosten ☐

c. Herstellkosten des Umsatzes = Herstellkosten der Fertigung – Bestandsminderungen + Bestandsmehrungen ☐

d. Umsatzergebnis = Betriebsergebnis – Unterdeckung lt. BAB ☐

e. Kostenunterdeckung = verrechnete Normalgemeinkosten < Istgemeinkosten ☐

f. Betriebsergebnis = Nettoumsatzerlöse – Selbstkosten der Fertigung ☐

Geben Sie einen Überblick über die verschiedenen Kostenrechnungssysteme der KLR.

Kostenrechnungssysteme sind eine zur Erfüllung bestimmter Rechnungszwecke bzw. -bereiche entwickelte Gesamtheit von Regeln zur Erfassung, Speicherung und Auswertung von Kosten.

Kostenrechnungssysteme
werden unterschieden nach

dem Umfang der verrechneten Kosten | nach dem zeitlichen Bezug der Kostengrößen

Vollkostenrechnung	Teilkostenrechnung	Istkostenrechnung	Normalkostenrechnung	Plankostenrechnung
In der Vollkostenrechnung werden alle Kosten eines Kostenträgers bis zu den Selbstkosten ermittelt.	Sie unterteilt die Kosten in fixe und variable Kosten. Den einzelnen Kostenträgern werden nur die variablen Kosten zugerechnet.	Die Istkostenrechnung ist eine vergangenheitsbezogene Kostenrechnung. Sie dient vor allem der Nachkalkulation von Kostenträgern.	Den Kostenträgern werden normierte Kosten zugerechnet, die zumeist aus Vergangenheitswerten abgeleitet sind.	Die Kosten werden auf der Basis der Planbeschäftigung geplant und erlauben gegenüber anderen Systemen eine gute Kostenkontrolle.

Stellen Sie die Deckungsbeitragsrechnung als System der Teilkostenrechnung dar.

Problematik der Vollkostenrechnung	▷ In der Vollkostenrechnung sind die Kosten die Grundlage für die Preisbildung. Der Verkaufspreis wird jedoch vom Markt bestimmt. Ein starres Festhalten an einem einmal kalkulierten Preis führt deshalb zu unternehmerischen Fehlentscheidungen. ▷ Bei Beschäftigungsschwankungen, insbesondere bei Unterbeschäftigung, werden über die Zuschlagssätze zu wenig Kosten verrechnet.
Deckungsbeitragsrechnung	Die Deckungsbeitragsrechnung gliedert die Kosten konsequent in fixe und variable Bestandteile. Sie ermittelt das Betriebsergebnis, indem sie von den Erlösen zunächst die variablen Kosten abzieht und dann erst die fixen Kosten.
Deckungsbeitrag	Der Deckungsbeitrag ist der Betrag, der nach Abzug der variablen Kosten vom Erlös übrig bleibt. Er dient dazu, die fixen Kosten und den Gewinn zu decken.
Anwendungsbereiche der Deckungsbeitragsrechnung	▷ Annahme von Zusatzaufträgen: Kurzfristig können Zusatzaufträge angenommen werden, wenn die Erlöse größer sind als die variablen Kosten. Dabei gilt: – kurzfristige Preisuntergrenze = variable Kosten; – langfristige Preisuntergrenze = Selbstkosten. ▷ Optimale Sortimentsgestaltung: Es werden diejenigen Projekte vordringlich verkauft, die den höchsten Deckungsbeitrag erbringen.

Erläutern Sie an Beispielen die Einsatzmöglichkeiten der Deckungsbeitragsrechnung.

Anwendung	Annahme eines Zusatzauftrages	Aktionskalkulation
Problem:	Ein Elektrogerätegroßhändler erhält die Anfrage eines Installateurs, der ein neu gebautes Seniorenheim mit 40 Kleinküchen ausstatten soll. Einen Satz der erforderlichen Geräte kann der Großhändler für 600,00 EUR beschaffen. Seine variablen Handlungskosten betragen 20 % vom Einstandspreis. Die fixen Kosten des Auftrages würden sich auf 1 300,00 EUR belaufen. Der Installateur bietet einen Sonderpreis von 800,00 EUR je Einheit. Der Normalpreis beträgt 840,00 EUR. Soll der Großhändler den Auftrag annehmen?	Ein Elektrogerätegroßhändler will eine Espressomaschine, deren Verkaufspreis regulär 60,00 EUR beträgt, in einer Sonderaktion zu einem besonders niedrigen Preis verkaufen. Er rechnet mit fixen Kosten der Aktion (z. B. Werbung) von 2 180,00 EUR. Der Einstandspreis der Espressomaschine beträgt 41,00 EUR. Wie viele Geräte muss er mindestens absetzen, wenn er an der Aktion 1 600,00 EUR verdienen will und den Verkaufspreis auf 50,00 EUR festsetzt?
Lösung:	Umsatzerlöse (40 · 800) 32 000,00 EUR – Wareneinsatz (40 · 600) 24 000,00 EUR = Deckungsbeitrag I 8 000,00 EUR – var. Handlungskosten (20 % vom EK) 4 800,00 EUR = Deckungsbeitrag 2 3 200,00 EUR – Fixkosten des Auftrages 1 300,00 EUR = Gewinn des Auftrages 1 900,00 EUR Fazit: Durch die Annahme des Zusatzauftrages erlangt der Großhändler einen zusätzlichen Gewinn in Höhe von 1 900,00 EUR.	Verkaufspreis 50,00 EUR – Einstandspreis 41,00 EUR **= Deckungsbeitrag I** 9,00 EUR Fixkosten der Aktion 2 180,00 EUR + geforderter Gewinn 1 600,00 EUR **= durch DB abzudecken** 3 780,00 EUR Anzahl der zu verkaufenden Einheiten: 3 780 : 9 = 420 Stück Fazit: Bei einem Verkaufspreis von 50,00 EUR und einem Absatz von 420 Stück werden die Bedingungen erfüllt.

1 Ordnen Sie die folgenden Kostenrechnungssysteme den unten stehenden Aussagen zu, indem Sie die Ziffer vor dem zutreffenden System in das Kästchen hinter der entsprechenden Aussage eintragen.

(1) Istkostenrechnung
(2) Normalkostenrechnung
(3) Plankostenrechnung

Tragen Sie eine (9) ein, wenn die Aussage auf mehr als nur ein Kostenrechnungssystem zutrifft.

a. Es werden zukünftige Werte als Basis einer angenommenen Beschäftigung zugrunde gelegt. ☐

b. Kostenüber- bzw. Kostenunterdeckungen können als Differenz zwischen verrechneten und tatsächlichen Gemeinkosten entstehen. ☐

c. Es werden ausschließlich Vergangenheitswerte verarbeitet. ☐

d. Es werden Verbrauchsabweichungen ermittelt, die eine verbesserte Kostenkontrolle ermöglichen. ☐

e. Dieses System dient vor allem der Nachkalkulation von Aufträgen. ☐

f. Dieses System dient der Vorkalkulation von Aufträgen oder Produkten. ☐

g. Dieses System bedient sich durchschnittlicher Vergangenheitswerte. ☐

2 Bei dem Absatz von 40 000 Stück eines Artikels betragen die Verkaufserlöse 6,00 EUR je Stück, die Fixkosten 120 000,00 EUR und die variablen Kosten 0,40 EUR je 1,00 EUR Umsatz.

Berechnen Sie ...

a. den Deckungsbeitrag insgesamt und je Stück. ☐ ☐

b. den Absatz, bei dem das Unternehmen keinen Gewinn und keinen Verlust erzielt (Break-even-Point/Nutzenschwelle). ☐

c. den erforderlichen Umsatz, wenn 1,50 EUR Gewinn je Stück erzielt werden sollen. ☐

3 Ein Sportartikelhersteller will einen Tennisschläger, dessen Verkaufspreis regulär 30,00 EUR beträgt, in einer Sonderaktion zu einem besonders niedrigen Preis verkaufen. Er rechnet mit fixen Kosten der Aktion (z. B. Werbung) von 1 090,00 EUR. Der Einstandspreis eines Tennisschlägers beträgt 17,50 EUR, die sonstigen variablen Kosten betragen 3,00 EUR je verkaufte Einheit.

a. Wie viele Tennisschläger muss er mindestens absetzen, wenn er an der Aktion 800,00 EUR verdienen will und den Verkaufspreis auf 25,00 EUR festsetzt? ☐

b. Ermitteln Sie unter sonst gleichen Bedingungen den Verkaufspreis, den der Unternehmer erzielen muss, wenn er 600 Stück verkaufen will. (Lösungshinweis: Es muss zunächst die Kostensumme aus den variablen Kosten von 600 Stück, den fixen Kosten und dem Gewinn ermittelt werden.) ☐

4 Ein Unternehmer, der Campingstühle herstellt, ist auf eine Kapazität von 20 000 Stück monatlich ausgelegt. Die Kostenrechnung lieferte für den vergangenen Abrechnungsmonat folgende Daten:
Absatz: 14 800 Stück
variable Gesamtkosten: 222 000,00 EUR
fixe Gesamtkosten: 169 000,00 EUR

Das Unternehmen rechnet zukünftig damit, dass bei gleich bleibender Kostensituation 15 000 Stück monatlich zum Preis von 32,00 EUR pro Stück abgesetzt werden können.

a. Wie viel Euro beträgt das Betriebsergebnis bei der zu erwartenden Absatzlage? ☐

b. Zu welchem kostendeckenden Preis könnten die 15 000 Stück monatlich theoretisch abgesetzt werden? ☐

c. Es liegt die Anfrage eines Händlers über die Abnahme von zusätzlich 5 000 Stück über eine Sonderaktion vor. Die Preisvorstellung des Händlers liegt jedoch bei 25,00 EUR netto.
Um wie viel Euro würde sich das Betriebsergebnis bei Annahme des Auftrages verändern? ☐

d. Auf welchen Preis könnte der Unternehmer im Rahmen eines Zusatzauftrages absolut heruntergehen (kurzfristige Preisuntergrenze), ohne einen Verlust zu erzeugen? ☐

5 Kennzeichnen Sie unten stehende Aussagen mit einer

(1), wenn die Aussage zutrifft,
(9), wenn die Aussage nicht zutrifft.

a. Der Deckungsbeitrag dient ausschließlich zur Deckung des unternehmerischen Gewinns. ☐

b. Bei der Deckungsbeitragsrechnung werden den Produkten nur die variablen Kosten zugerechnet. ☐

c. Die Summe der Deckungsbeiträge aller Produkte eines Unternehmens dient zur Deckung der fixen Kosten und des unternehmerischen Gewinns. ☐

d. Alle Teilkostenrechnungssysteme basieren auf einer konsequenten Trennung von Einzelkosten und Gemeinkosten. ☐

e. Die Differenz zwischen Erlösen und variablen Kosten wird als Deckungsbeitrag bezeichnet. ☐

f. In der Vollkostenrechnung werden aufgrund von Beschäftigungsschwankungen u. U. zu wenig oder zu viel Gemeinkosten verrechnet. ☐

g. Die kurzfristige Preisuntergrenze liegt dort, wo die Erlöse gerade noch die fixen Kosten decken. ☐

Unterscheiden Sie zwischen geradem und ungeradem Verhältnis beim Dreisatz.

<table>
<tr><th>gerades Verhältnis</th><th>Lösungsweg:</th></tr>
<tr><td>Bei 12 Verkaufskräften entstehen Personalkosten in Höhe von 720 000,00 EUR. Wie hoch sind die Personalkosten, wenn 15 Verkaufskräfte beschäftigt werden?

Lösung:

① 12 Verkaufskräfte – 720 000,00 EUR (Angabesatz)
15 Verkaufskräfte – x EUR (Fragesatz)

② $\frac{720\,000}{12}$

③ $\frac{720\,000 \cdot 15}{12}$

④ $x = \frac{720\,000 \cdot 15}{12} = 900\,000$

Bei 15 Verkaufskräften entstehen Personalkosten von 900 000,00 EUR.

Je mehr (Verkaufskräfte), desto mehr (Personalkosten).
Je weniger (Verkaufskräfte), desto weniger (Personalkosten).</td>
<td>① Gesuchte Größe an das Ende des Fragesatzes stellen, gleiche Angaben untereinander

② Auf die Einheit (z. B. 1 m, 1 EUR, 1 kg, ...), in diesem Fall 1 Verkaufskraft, zurückgehen.
Der Wert über dem x kommt immer als Erstes auf den Bruchstrich (720 000,00 EUR), der andere Wert (12 Verkaufskräfte) wird in Bezug zu diesem gesetzt.
Für 1 Verkaufskraft entstehen Personalkosten von: $\frac{720\,000}{12}$

③ Der Wert im Fragesatz (15 Verkaufskräfte) wird auf die Einheit (1 Verkaufskraft) bezogen:
Für 15 Verkaufskräfte entstehen 15-mal so hohe Personalkosten wie für eine Verkaufskraft:
$\frac{720\,000 \cdot 15}{12}$

④ Bruchstrich ausrechnen und Ergebnis mit Überschlagsrechnung überprüfen

Tipp: Für eine Aufgabe mit geradem Verhältnis gilt:
Angabesatz: Wert a – Wert b
Fragesatz: Wert c – x
Lösung: $x = b \cdot c : a$</td></tr>
<tr><th>ungerades Verhältnis</th><th>Lösungsweg:</th></tr>
<tr><td>Die Vorbereitungsarbeiten für die Inventur werden von 6 Mitarbeitern in 12 Tagen erledigt. Wie viel Tage benötigen 8 Mitarbeiter?

Lösung:

① 6 Mitarbeiter – 12 Tage (Angabesatz)
8 Mitarbeiter – x Tage (Fragesatz)

② $12 \cdot 6$

③ $\frac{12 \cdot 6}{8}$

④ $x = \frac{12 \cdot 6}{8} = 9$ 8 Mitarbeiter benötigen 9 Tage.</td>
<td>Die Schritte ① bis ④ entsprechen im Prinzip dem Lösungsweg beim geraden Verhältnis.
zu ②: Ein Mitarbeiter (Einheit) benötigt für die Arbeiten sechsmal so lange wie 6 Mitarbeiter: $12 \cdot 6$
zu ③: 8 Mitarbeiter benötigen nur den 8. Teil an Zeit, den ein Mitarbeiter benötigt: $12 \cdot 6 : 8$

Je mehr (Mitarbeiter), desto weniger (benötigte Zeit).
Je weniger (Mitarbeiter), desto mehr (benötigte Zeit).

Tipp: Für eine Aufgabe mit ungeradem Verhältnis gilt:
Angabesatz: Wert a – Wert b
Fragesatz: Wert c – x
Lösung: $x = b \cdot a : c$</td></tr>
</table>

Zeigen Sie den Lösungsweg für eine Aufgabe mit einem zusammengesetzten Dreisatz auf.

<table>
<tr><th>Aufgabe:</th><th>Lösungsweg:</th></tr>
<tr><td>Für Aufräumarbeiten im Lager benötigen 5 Arbeitskräfte 15 Tage, wenn sie täglich 8 Stunden arbeiten. Wie viel Stunden täglich müssten 6 Arbeitskräfte arbeiten, wenn sie nur 10 Tage zur Verfügung haben?

Lösung:

① 5 Arbeitskräfte – 15 Tage – 8 Stunden
6 Arbeitskräfte – 10 Tage – x Stunden

② $\frac{8 \cdot 5}{6}$

③ $\frac{8 \cdot 5 \cdot 15}{6 \cdot 10}$

④ $x = \frac{8 \cdot 5 \cdot 15}{6 \cdot 10} = 10$ 6 Arbeitskräfte müssen täglich 10 Stunden arbeiten.</td>
<td>① Aufstellen des zusammengesetzten Dreisatzes als Angabesatz und Fragesatz

② Der zusammengesetzte Dreisatz wird in einzelne Dreisätze zerlegt:
1. Dreisatz:
1 Arbeitskraft benötigt 5-mal so lange: $8 \cdot 5$
6 Arbeitskräfte benötigen nur den 6. Teil der Zeit, die eine Arbeitskraft benötigt: $\frac{8 \cdot 5}{6}$

③ 2. Dreisatz:
Haben die Arbeitskräfte nur 1 Tag zur Verfügung, dauert es 15-mal so lange: $\frac{8 \cdot 5 \cdot 15}{6}$
Haben sie 10 Tage zur Verfügung, dauert es nur den 10. Teil der Zeit: $\frac{8 \cdot 5 \cdot 15}{6 \cdot 10}$</td></tr>
</table>

1 Der Anstrich eines Supermarktes mit 800 m^2 Streichfläche hat insgesamt 9 000,00 EUR gekostet.

Wie hoch werden die Kosten für einen anderen Supermarkt sein, in dem 1 500 m^2 zu streichen sind? ______ ☐

2 In einem Einzelhandelsbetrieb reicht der Vorrat einer Ware noch 25 Tage bei einem Tagesabsatz von 8 Stück.

Für wie viele Tage reicht der gleiche Vorrat bei einem Tagesbedarf von 10 Stück? ______ ☐

3 Zur Durchführung der Inventurarbeiten brauchen 6 Angestellte bei einer Arbeitszeit von 8 Stunden täglich 3 Tage.

Auf wie viele Stunden täglich muss die Arbeitszeit heraufgesetzt werden, wenn infolge von Krankheit 2 Angestellte weniger arbeiten und für die Inventur 4 Tage angesetzt werden? ______ ☐

4 Die Ausgaben für eine Gemeinschaftswerbung, die von 20 Einzelhandelsunternehmen getragen wird, betragen 250 000,00 EUR.

Wie viel Euro müssen pro Unternehmen weniger gezahlt werden, wenn sich an der Gemeinschaftswerbung zusätzlich noch 5 weitere Einzelhandelsunternehmen beteiligen? ______ ☐

5 Ein Unternehmen hat für 10 Aushilfskräfte, die an 6 Tagen jeweils 8 Stunden während des Schlussverkaufs beschäftigt werden, Personalkosten in Höhe von 5 760,00 EUR.

Mit welchem der aufgeführten Bruchsätze kann man ermitteln, wie viele Aushilfskräfte täglich eingesetzt werden können, wenn Personalkosten von 5 040,00 EUR angesetzt werden und die Aushilfskräfte an 5 Tagen jeweils 7 Stunden beschäftigt werden? ______ ☐

(1) $\frac{10 \cdot 6 \cdot 8 \cdot 5\,040}{5 \cdot 7 \cdot 5\,760}$

(2) $\frac{10 \cdot 5 \cdot 8 \cdot 5\,040}{6 \cdot 7 \cdot 5\,760}$

(3) $\frac{10 \cdot 6 \cdot 7 \cdot 5\,040}{5 \cdot 8 \cdot 5\,760}$

(4) $\frac{10 \cdot 6 \cdot 7 \cdot 5\,760}{5 \cdot 8 \cdot 5\,040}$

(5) $\frac{10 \cdot 5 \cdot 7 \cdot 5\,040}{6 \cdot 8 \cdot 5\,760}$

(6) $\frac{10 \cdot 5 \cdot 7 \cdot 5\,760}{6 \cdot 8 \cdot 5\,040}$

6 Ein Bauaushub kann von 5 Lkws in 6 Tagen bei täglich je 8 Fahrten abtransportiert werden. Nach 2 Tagen fällt ein Lkw aus.

Wie viele Tage werden nach dem Ausfall des Lkw für den Resttransport noch benötigt? ☐

7 Die Organisationsabteilung eines Warenhauses plant für die Umgestaltung der Verkaufsräume eine Zeit von 45 Arbeitstagen ein. Dazu sind 18 Arbeitskräfte erforderlich, die 8 Stunden je Tag arbeiten.

Nach 9 Arbeitstagen erkranken 3 Arbeitskräfte. Ihre Arbeitsunfähigkeit erstreckt sich über einen Zeitraum von 9 Arbeitstagen.

Ermitteln Sie, wie viele Überstunden während der Krankheitszeit der 3 Arbeitskräfte je Mitarbeiter und Arbeitstag vorgesehen werden müssen, wenn der geplante Termin eingehalten werden soll (Ergebnis in Stunden und Minuten). ______ ☐

8 Bei einem Bedarf von 500 Blatt Fotokopierpapier pro Tag reicht der Vorrat an Fotokopierpapier noch 25 Arbeitstage.

a. Nach wie vielen Arbeitstagen ist der Vorrat erschöpft, wenn pro Tag mit einem Verbrauch von 400 Blatt gerechnet wird? ______ ☐

b. Um welche Art von Dreisatz handelt es sich? ______ ☐

Tragen Sie eine

(1) ein, wenn es sich um ein gerades Verhältnis eines Dreisatzes handelt,
(2) ein, wenn es sich um ein ungerades Verhältnis eines Dreisatzes handelt.

9 4 Fensterputzer reinigen Schaufensterscheiben mit einer Gesamtfläche von 1 800 m^2 in 12 Arbeitsstunden.

In welcher Zeit kann eine Gesamtfläche von 2 500 m^2 von 5 Fensterputzern gereinigt werden? ______ ☐

10 Ein Teppichgeschäft bietet als Dienstleistung die Verlegung der Teppichware an. 2 Teppichleger haben bei einem Projekt die Räumlichkeiten eines Geschäftshauses mit einer Fläche von 3 000 m^2 bei täglich 8-stündiger Arbeitszeit in 6 Tagen verlegt.

Es ist geplant, ein Projekt von 4 800 m^2 durch 4 Teppichleger in 4 Tagen verlegen zu lassen. Wie viele Überstunden (in Stunden und Minuten) müssen die Teppichleger an jedem dieser 4 Tage machen, um das Projekt termingetreu zu erledigen? ______ ☐

Welche Besonderheiten gelten für die Umrechnung von Euro in andere Währungseinheiten?

- Der Wechselkurs ist der Preis für die jeweiligen ausländischen Währungseinheiten und bezieht sich bei der **Mengennotierung auf 1,00 EUR**.
  Beispiel: Kurs 1,6090 für den USD (US-Dollar) bedeutet: 1,00 EUR = 1,6090 USD.
- Es wird unterschieden in:
  - Geldkurs/Ankaufkurs: (Die Bank kauft inländische Währung (EUR) an und verkauft Fremdwährung)
  - Briefkurs/Verkaufkurs: (Die Bank verkauft inländische Währung (EUR) und kauft Fremdwährung)
- In einigen Ländern bzw. in den Tageszeitungen werden auch **Preisnotierungen** angegeben. Eine einheitliche Regelung gibt es nicht. Aus diesem Grund sollte bei Umrechnungen berücksichtigt werden, dass der **Kunde** immer den **ungünstigeren** Kurs bekommt.

Berechnen Sie den Umtausch von Euro in Fremdwährungen.

Aufgabe:

Für eine Geschäftsreise in die Vereinigten Staaten werden 5 000,00 EUR in USD umgetauscht. Wie viel USD entsprechen 5 000,00 EUR bei einer Hausbank des deutschen Unternehmens?
Ankaufkurs: 1,5210 - Verkaufkurs: 1,6090

Lösung:

① Ankaufkurs 1,5210

② 1 EUR - 1,5210 USD
5 000,00 EUR - x USD

③ $x = \frac{1{,}5210 \cdot 5\,000{,}00}{1} = 7\,605{,}00$

5 000,00 EUR entsprechen 7 605,00 USD.

Lösungsweg:

① Überprüfen, ob die Bank Euros ankauft (Ankaufkurs) oder verkauft (Verkaufkurs).

② Dreisatz aufstellen.

Lösung: **Betrag in EUR · Kurs**

③ Das Ergebnis wird kaufmännisch ab- bzw. aufgerundet.

Berechnen Sie den Umtausch von Fremdwährungen in Euro.

Aufgabe:

Nach Beendigung einer Geschäftsreise nach Japan werden 35 000,00 JPY (Japanische Yen) bei der Hausbank in Deutschland umgetauscht. Wie viel Euro entsprechen 35 000,00 JPY?
Ankaufkurs: 161,0500 – Verkaufkurs: 164,2000

Lösung:

① Verkaufkurs 164,2000

② 164,200 JPY - 1 EUR
35 000,00 JPY - x EUR

③ $x = \frac{1 \cdot 35\,000{,}00}{164{,}200} = 213{,}15$

35 000,00 JPY entsprechen 213,15 EUR.

Lösungsweg:

④ Überprüfen, ob die Bank Euros ankauft (Ankaufkurs) oder verkauft (Verkaufkurs).

⑤ Dreisatz aufstellen.

Lösung: $\frac{\textbf{Betrag in Fremdwährung}}{\textbf{Kurs}}$

⑥ Das Ergebnis wird kaufmännisch ab- bzw. aufgerundet.

Lösen Sie Aufgaben mithilfe des Kettensatzes.

Aufgabe:

Ein Importeur bezieht 500 yards Stoff aus Manchester zu einem Preis von 4 500 GBP (Britische Pfund). Wie hoch ist der Einkaufspreis in Euro für 1 m Stoff bei einem Kurs von 0,6888 (11 m = 12 yards)?

Lösung:

①	x	EUR	–	1	m
②	11	m	–	12	yards
	500	yards	–	4 500	GBP
③	0,6888	GBP	–	1	EUR

④ $x = \frac{1 \cdot 12 \cdot 4\,500 \cdot 1}{11 \cdot 500 \cdot 0{,}6888}$

⑤ x = 14,25 EUR
1 m Stoff kostet 14,25 EUR.

Lösungsweg:

① Die Kette beginnt mit der gesuchten Größe und der dazugehörigen Frage.
② Die folgenden Kettenglieder beginnen mit der gleichen Bezeichnung, mit der die vorhergehende Zeile beendet wurde (1 m – 11 m), und enden mit einer Zuordnung aus der Aufgabe (11 m = 12 yards).
③ Diese Vorgehensweise wird so lange fortgesetzt, bis eine Zeile mit der gesuchten Größe der ersten Zeile endet.
④ Bruchstrich aufstellen: Die rechte Seite der Kette bildet den Zähler. Die linke Seite der Kette bildet den Nenner.
⑤ Bruchstrich ausrechnen.

Die Anwendung des Kettensatzes ist nur dann möglich, wenn es sich ausschließlich um Dreisätze mit geradem Verhältnis handelt.

1 Ein Mitarbeiter eines Unternehmens kommt von einer Geschäftsreise aus der Schweiz zurück.

Mit welchem der folgenden Ansätze wird ermittelt, wie CHF (Schweizer Franken) in Euro umgerechnet werden? ______ ☐

(1) $\frac{\text{CHF}}{\text{Ankaufkurs}}$

(2) $\frac{\text{Ankaufkurs}}{\text{CHF}}$

(3) $\frac{\text{CHF}}{\text{Verkaufkurs}}$

(4) $\frac{\text{Verkaufkurs}}{\text{CHF}}$

(5) Verkaufkurs · CHF

(6) Ankaufkurs · CHF

2 Ein amerikanisches Unternehmen kauft bei einem deutschen Hersteller eine Maschinenanlage für 1 200 000,00 EUR. Die Vertragspartner vereinbaren eine Zahlung in USD (US-Dollar). Zum Zeitpunkt des Vertragsabschlusses gilt beim Kreditinstitut des deutschen Herstellers ein Kurs von 1,40. Bei Zahlungsfälligkeit beträgt der Kurs 1,50.

a. Handelt es sich für den deutschen Hersteller vom Zeitpunkt des Vertragsabschlusses bis zur Zahlung um ☐
   (1) einen Kursgewinn,
   (2) einen Kursverlust?

b. Wie viel USD Unterschied ergibt sich beim Vergleich der beiden Kurse? ______

3 Ein Lieferant aus Singapur bietet der Michael Schmidt GmbH in Leipzig 120 Digitalkameras zu 72 000,00 SGD (Singapore-Dollar) frei Flughafen Frankfurt an (Ankaufkurs: 1,9034 – Verkaufkurs: 1,9074). Der Lieferant räumt dem Unternehmen 5 % Rabatt ein. Für den Transport der Waren von Frankfurt nach Leipzig fallen 1 200,00 EUR an.

a. Wie hoch ist der Bezugspreis für die gesamte Sendung in Euro? ______

b. Ermitteln Sie den Bezugspreis für eine Kamera. ______

4 Für eine Geschäftsreise nach Schweden werden 500,00 EUR in SEK (Schwedische Kronen) umgetauscht. Die nach der Rückkehr mitgebrachten 1 200,00 SEK sollen wieder in Euro umgetauscht werden.

Kurse bei der Hinreise:
Ankaufkurs: 8,8765 – Verkaufkurs: 8,8885

Kurse bei der Rückreise:
Ankaufkurs: 8,9776 – Verkaufkurs: 8,9850

a. Wie viel SEK werden mit auf die Geschäftsreise genommen? ______

b. Wie hoch ist der Gegenwert in Euro für die zurückgebrachten SEK? ______

5 Ein deutsches Unternehmen bezieht aus England 100 tons einer Ware zum Preis von 20,00 GBP (Britische Pfund) für 1 cwt.
(1 ton = 20 cwts = 1 016 kg)

a. Mit welchem Betrag in Euro wird die Hausbank der Unternehmung das Konto belasten, wenn der Kurs 0,6888 beträgt? ______

b. Ermitteln Sie den Bezugspreis für 100 kg der Ware in Euro, wenn für die gesamte Sendung 7 800,00 EUR Bezugskosten angefallen sind (auf zwei Stellen nach dem Komma runden). ______

6 Baumwolle notiert in Liverpool zu 0,35 GBP (Britische Pfund) je lb.
(1 cwt = 112 lbs = 50,8 kg; Kurs = 0,6888)

Wie hoch ist der Bezugspreis in Euro für den Importeur für 5 000 kg? ______

7 Ein deutscher Großhändler bietet einem Kunden in Norwegen griechische Weintrauben zum Preis von insgesamt 27 651,20 NOK (Norwegische Kronen) – Kurs 8,641 – an. Der Einstandspreis für die Weintrauben betrug 2 400,00 EUR.

Wie hoch ist der Warenrohgewinn in Euro? ______

8 Für die gleiche Anzahl einer Ware erhält ein Rostocker Unternehmen drei Angebote, Lieferung frei Haus einschließlich Versicherung.

(1) Angebot A: aus Dänemark 57 989,10 DKK (Dänische Kronen), Kurs: 7,4345
(2) Angebot B: aus Schweden 71 012,00 SEK (Schwedische Kronen), Kurs: 8,8765
(3) Angebot C: aus Norwegen 64 375,45 NOK (Norwegische Kronen), Kurs: 8,641

a. Welches Angebot ist am günstigsten? ______ ☐

b. Wie hoch ist die Differenz in Euro zwischen dem günstigsten und dem teuersten Angebot? ______

Welche Möglichkeiten zur Berechnung eines Durchschnittes kennen Sie?

einfacher Durchschnitt

Die Wochenübersicht der Kassenabrechnung ergab folgende Werte:
Anzahl der Verkäufe: Montag 120, Dienstag 66, Mittwoch 89, Donnerstag 170, Freitag 112, Samstag 145.
Wie viel Verkäufe wurden durchschnittlich pro Tag getätigt?

Lösung:

① 120 + 66 + 89 + 170 + 112 + 145 = 702

② $x = \frac{702}{6}$

③ x = 117
Es wurden durchschnittlich 117 Verkäufe pro Tag getätigt.

Lösungsweg:

① Summe der Einzelwerte ermitteln

② Anzahl der Einzelwerte ermitteln
Einfacher Durchschnitt = Summe der Einzelwerte (702 Verkäufe) geteilt durch die Anzahl der Einzelwerte (6 Tage)

③ Falls die Lösung es erfordert, Ergebnis auf- bzw. abrunden

gewogener Durchschnitt

Die Verkaufsstatistik eines Tages weist folgende Zahlen aus:

	Preis in Euro	Anzahl Verkäufe
Artikel A	52,00	110
Artikel B	78,00	80
Artikel C	120,00	95

Wie hoch war der gewogene Durchschnittspreis je Artikel?

Lösung:

①	Artikel A	52,00 EUR ·	110	=	5720,00 EUR
	Artikel B	78,00 EUR ·	80	=	6240,00 EUR
	Artikel C	120,00 EUR ·	95	=	11400,00 EUR
			285	=	23360,00 EUR

② $x = \frac{23360}{285}$

③ x = 81,96
Der durchschnittliche Umsatz eines Artikels betrug 81,96 €.

Lösungsweg:

① Gesamtwert der Einzelwerte und Gesamtmenge ermitteln

② Gewogener Durchschnitt = Gesamtwert der Einzelwerte (23360,00 EUR) geteilt durch die Gesamtmenge

③ Lösung gegebenenfalls auf- bzw. abrunden

Wie ist die Vorgehensweise bei der Verteilung eines Gesamtwertes nach einem vorgegebenen Verhältnis?

Aufgabe:

An einem Unternehmen sind 3 Gesellschafter beteiligt. Das Unternehmen erzielte im vergangenen Jahr einen Gewinn von 280000,00 EUR, der lt. Gesellschaftervertrag im Verhältnis der Kapitaleinlagen verteilt werden soll. A ist mit 1500000,00 EUR beteiligt, B mit 1800000,00 EUR und C mit 900000,00 EUR. Wie viel Gewinn erhalten die einzelnen Gesellschafter?

Lösung:

①	Kapitaleinlage	Verhältnis (Teile)		Gewinnanteil	
A	1500000,00 EUR	5		100000,00 EUR	
B	1800000,00 EUR	6	②	120000,00 EUR	⑤
C	900000,00 EUR	3		60000,00 EUR	
	③	14 Teile	–	280000,00 EUR	⑥
	④	1 Teil	–	20000,00 EUR	

Lösungsweg:

① Rechenschema erstellen

② Verhältniszahlen errechnen, dabei möglichst kleine ganzzahlige Verhältnisse bilden (hier: durch Kürzen der Kapitaleinlagen mit 300000)

③ die Gesamtteile (hier: 14 Teile) ermitteln und dem zu verteilenden Wert (280000,00 EUR) gegenüberstellen

④ den Wert für 1 Teil ermitteln

⑤ Wertanteile errechnen
(z. B. für A: 5 Teile · 20000,00 EUR = 100000,00 EUR)

⑥ Kontrolle: Die Summe der Wertanteile muss mit dem zu verteilenden Wert übereinstimmen.

1 Ein Kaufmann erhält folgende Warensendung:
Ware A: 500 kg zu 20,50 EUR je kg
Ware B: 250 kg zu 28,00 EUR je kg
Ware C: 300 kg zu 32,50 EUR je kg

Für die gesamte Sendung fallen Gewichtsspesen in Höhe von 1 080,00 EUR an.

Wie viel Euro Gewichtsspesen entfallen auf Ware B? ______

2 Die Heizkosten in einem Unternehmen sollen auf die einzelnen Abteilungen entsprechend ihrer Größe aufgeteilt werden:

Abt.	Fläche	Anteile	Heizkosten
A	540 qm	...	2 700,00 EUR
B	780 qm	...	... EUR
C	... qm	24	... EUR
Summe	2.040qm	....	... EUR

Vervollständigen Sie die Tabelle und beantworten Sie dann folgende Fragen:

a. Wie viel Verkaufsfläche hat Abteilung C? ______

b. Wie viele Anteile entfallen auf
ba. Abteilung A? ______
bb. Abteilung B? ______

c. Wie hoch sind die anteiligen Heizkosten
ca. für Abteilung B? ______
cb. für Abteilung C? ______

3 Ein Unternehmen erzielte einen Gewinn von 280 000,00 EUR.

Am Unternehmen sind beteiligt:
Gesellschafter A mit 300 000,00 EUR
Gesellschafter B mit 400 000,00 EUR
Gesellschafter C mit 600 000,00 EUR

Die Gesellschafter A und B erhalten für die Geschäftsführung vorab jeweils 36 000,00 EUR. Laut Gesellschaftervertrag werden die Kapitaleinlagen mit 6 % verzinst und der Restgewinn im Verhältnis der Kapitalanteile verteilt.

a. Wie viel TEUR beträgt das gesamte Eigenkapital des Unternehmens?

b. Wie viel TEUR beträgt der Gewinn nach Abzug der Geschäftsführervergütungen und der Kapitalverzinsung? ______

c. Wie viel TEUR erhält B insgesamt? ______

4 Aus den folgenden drei Waren wird in einem Einzelhandelsgeschäft eine Mischung hergestellt:

Ware A 25 kg zu je 12,00 EUR
Ware B 10 kg zu je 14,20 EUR
Ware C 8 kg zu je 18,00 EUR

Welchen durchschnittlichen Wert hat ein Kilogramm der Mischung? (Ergebnis auf zwei Stellen nach dem Komma runden)

5 Der Jahresetat für Werbemaßnahmen der Abteilung Marketing eines Unternehmens beträgt 210 000,00 EUR. Dieser Etat soll auf vier Artikel nach folgendem Verhältnis verteilt werden:

Für außerordentliche Werbemaßnahmen soll zunächst ein Betrag von 40 000,00 EUR zurückbehalten werden. Für jeden Artikel wird ein Grundbetrag von 12 500,00 EUR angesetzt. Der restliche Betrag wird nach den Umsätzen des letzten Jahres verteilt.

Die Umsätze des letzten Jahres betrugen:
Artikel A: 1 280 000,00 EUR
Artikel B: 2 400 000,00 EUR
Artikel C: 5 440 000,00 EUR
Artikel D: 480 000,00 EUR

a. Welchen Anteil erhält Artikel C von dem Betrag, der nach den Umsätzen verteilt wird? ______

b. Welchen Gesamtanteil erhält Artikel C?

c. Welchen Gesamtanteil erhält Artikel C, wenn der Etat für die außerordentlichen Werbemaßnahmen auf alle Artikel gleichmäßig verteilt wird? ______

d. Wie hoch ist im Fall c. der prozentuale Unterschied zwischen dem Anteil des Artikels C am Gesamtumsatz im Vergleich zum Anteil an dem gesamten Werbeetat (Ergebnisse jeweils nach der ersten Dezimalstelle runden)? ______

6 Die Statistik über den Fuhrpark eines Unternehmens ergab folgende Jahreswerte:

	Benzinkosten gesamt	Fahrleistung gesamt	Durchschnittspreis Benzin
A:	3 220,00 EUR	32 000 km	1,40 EUR
B:	3 750,00 EUR	40 000 km	1,50 EUR
C:	3 410,00 EUR	15 000 km	1,55 EUR

a. Welcher Durchschnittsverbrauch (l/100 km) ergibt sich für das Fahrzeug A? ______

b. Welcher Durchschnittsverbrauch (l/100 km) ergibt sich für alle Fahrzeuge insgesamt? (auf zwei Stellen nach dem Komma runden) ______

7 Die Bezugskosten einer Sammellieferung (Gewichtsspesen: 225,00 EUR, Wertspesen: 537,50 EUR) sollen auf die einzelnen Warenposten gemäß nachstehender Rechnung verteilt werden:

Ware A	450 kg	10,00 EUR/kg
Ware B	650 kg	5,00 EUR/kg
Ware C	400 kg	7,50 EUR/kg

a. Ermitteln Sie, welcher Anteil an den Gewichtsspesen auf Ware A entfällt. ______

b. Ermitteln Sie, welcher Anteil an den Wertspesen auf Ware B entfällt. ______

c. Ermitteln Sie den Einstandspreis (Bezugspreis) für Ware B je kg (keine Preisnachlässe). ______

<table>
<tr><th colspan="3">Berechnen Sie den Prozentwert, den Prozentsatz und den Grundwert.</th></tr>
<tr><th>Berechnung des Prozentsatzes</th><th>Berechnung des Grundwertes</th><th>Berechnung des Prozentwertes</th></tr>
<tr><td>Von 126 Verkaufskräften in einem Warenhaus haben 99 eine abgeschlossene kaufmännische Ausbildung.
Wie viel Prozent beträgt der Anteil?</td><td>Der Umsatzanteil der Abteilung A am Gesamtumsatz beträgt 35 % und ergibt einen Betrag von 70 000,00 EUR.
Wie hoch ist der Gesamtumsatz?</td><td>Die Anzahl der Diebstähle in einem Kaufhaus liegt bei 15 pro Tag. 20 % dieser Diebstähle werden entdeckt.
Wie viele sind das?</td></tr>
<tr><td>Lösung:</td><td>Lösung:</td><td>Lösung:</td></tr>
<tr><td>① 126 Verkaufskräfte – 100 %
99 Verkaufskräfte – x %

② $x = \frac{100 \cdot 99}{126}$

③ x = 78,6

78,6 % der Verkaufskräfte haben eine Ausbildung.</td><td>① 35 % – 70 000 EUR
100 % – x EUR

② $x = \frac{70\,000 \cdot 100}{35}$

③ x = 200 000

Der Gesamtumsatz beträgt 200 000,00 EUR.</td><td>① 100 % – 15 Diebstähle
20 % – x Diebstähle

② $x = \frac{15 \cdot 20}{100}$

③ x = 3

3 Diebstähle pro Tag werden entdeckt.</td></tr>
<tr><td>Lösungsweg:</td><td>Lösungsweg:</td><td>Lösungsweg:</td></tr>
<tr><td>① Dreisatz aufstellen (Angabesatz: Grundwert = 100 %)
② Bruchstrich aufstellen
allgemeine Formel:

Prozentsatz (p) =

$\frac{\textbf{100} \cdot \textbf{Prozentwert (W)}}{\textbf{Grundwert (G)}}$

③ Bruchstrich ausrechnen</td><td>① Dreisatz aufstellen
② Bruchstrich aufstellen

allgemeine Formel:

Grundwert (G) =

$\frac{\textbf{Prozentwert (W)} \cdot \textbf{100}}{\textbf{Prozentsatz (p)}}$

③ Bruchstrich ausrechnen</td><td>① Dreisatz aufstellen (Angabesatz: Grundwert = 100 %)
② Bruchstrich aufstellen
allgemeine Formel:

Prozentwert (W) =

$\frac{\textbf{Grundwert (G)} \cdot \textbf{Prozentsatz (p)}}{\textbf{100}}$

③ Bruchstrich ausrechnen</td></tr>
</table>

<table>
<tr><th colspan="2">Wie ist zu rechnen, wenn ein vermehrter oder verminderter Grundwert vorgegeben wird?</th></tr>
<tr><th>Vermehrter Grundwert</th><th>Verminderter Grundwert</th></tr>
<tr><td>Nach der Preiserhöhung eines Artikels um 15 % beträgt nun der neue Preis 345,00 EUR. Wie viel kostete der Artikel vor der Preiserhöhung?</td><td>Nach Abzug von 3 % Skonto überweisen wir einen Betrag von 5 820,00 EUR. Wie hoch war der ursprüngliche Rechnungsbetrag?</td></tr>
<tr><td>Lösung:</td><td>Lösung:</td></tr>
<tr><td>① 115 % – 345,00 EUR
100 % – x EUR

② x = 345 · 100 : 115
③ x = 300
Der Preis des Artikels vor der Preiserhöhung betrug 300,00 EUR.</td><td>① 97 % – 5 820 EUR
100 % – x EUR

② x = 5 820 · 100 : 97
③ x = 6 000
Der ursprüngliche Rechnungsbetrag belief sich auf 6 000,00 EUR.</td></tr>
<tr><td>Lösungsweg:</td><td>Lösungsweg:</td></tr>
<tr><td>① Dreisatz aufstellen
Grundwert = Preis vor der Erhöhung = 100 %
Prozentsatz = Erhöhung = 15 %
Vermehrter Grundwert
= Preis nach der Erhöhung = 115 %

② Bruchstrich aufstellen
allgemeine Formel:

$\textbf{Grundwert (G)} = \frac{\textbf{Vermehrter Grundwert (G+)} \cdot \textbf{100}}{\textbf{100 + Prozentsatz (p)}}$

③ Bruchstrich ausrechnen</td><td>① Dreisatz aufstellen
Grundwert = Rechnungsbetrag = 100 %
Prozentsatz = Verminderung = 3 %
Vermehrter Grundwert
= Preis nach der Erhöhung = 97 %

② Bruchstrich aufstellen
allgemeine Formel:

$\textbf{Grundwert (G)} = \frac{\textbf{Vermehrter Grundwert (G+)} \cdot \textbf{100}}{\textbf{100 + Prozentsatz (p)}}$

③ Bruchstrich ausrechnen</td></tr>
</table>

1 Ein Unternehmen erzielte im Jahr 1 mit durchschnittlich 16 Verkäufern einen Umsatz von 720 000,00 EUR. Im Jahr 2 wurde mit durchschnittlich 14 Verkäufern ein Umsatz von 700 000,00 EUR erzielt.

Um wie viel Prozent stieg der durchschnittliche Umsatz je Verkäufer?

(Ergebnis auf eine Stelle nach dem Komma runden) ______ [ ]

2 Der Verkaufspreis einer Ware wurde zunächst um 10 % und kurze Zeit darauf noch einmal um 20 % herabgesetzt.

Wie viel Prozent beträgt die gesamte Preisreduzierung? ______ [ ]

3 Ein Unternehmer hat folgende Werte aus seiner Absatzstatistik entnommen:

Jahr 1:
Verkauf 8 500 Stück
Gesamtumsatz 340 000,00 EUR
Jahr 2:
Verkauf 9 250 Stück
Gesamtumsatz 351 500,00 EUR

a. Um wie viel Prozent ist der Umsatz im Jahr 2 gegenüber dem Vorjahr gestiegen? (auf zwei Stellen nach dem Komma runden) ______ [ ]

b. Um wie viel Prozent ist der Absatz im Jahr 2 gegenüber dem Vorjahr gestiegen? (auf zwei Stellen nach dem Komma runden) ______ [ ]

c. Um wie viel Prozent veränderte sich der Stückpreis im Jahr 2 gegenüber dem Vorjahr? ______ [ ]

4 Die Kosten im Personalbereich konnten durch Einsparungen im Jahr 2 gegenüber dem Jahr 1 um 10 Prozent gesenkt werden.

Infolge von hohen Tarifabschlüssen stiegen sie im Jahr 3 gegenüber dem Jahr 2 wieder um 5 % auf insgesamt 283 500,00 EUR.

a. Wie viel Euro betrugen die Personalkosten im Jahr 2? ______ [ ]

b. Wie viel Euro betrugen die Kosten im Jahr 1? ______ [ ]

c. Um wie viel Prozent haben sich die Kosten im Jahr 3 gegenüber den Kosten im Jahr 1 insgesamt verändert? ______ [ ]

5 Eine Maschine wurde 3 Jahre hintereinander mit 25 % vom Restbuchwert abgeschrieben. Nach dreimaliger Abschreibung beträgt der Restbuchwert 16 875,00 EUR.

Ermitteln Sie die Anschaffungskosten der Maschine. ______ [ ]

6 Ein Mitarbeiter eines Unternehmens erhält ein festes Gehalt von 3 200,00 EUR und 3 % Umsatzprovision. Er möchte auf ein jährliches Mindesteinkommen von 54 000,00 EUR (bei 12 Monatsgehältern) kommen.

a. Wie viel TEUR beträgt das Jahresfestgehalt? ______ [ ]

b. Wie viel TEUR müsste das über die Umsatzprovision zu erzielende Einkommen betragen? ______ [ ]

c. Wie viel TEUR müsste dementsprechend der Jahresumsatz betragen? [ ]

7 Ein Substitut erhält nach einer Gehaltserhöhung von 5,2 % ein Bruttogehalt von 3 682,00 EUR monatlich. Für Lohnsteuer und Kirchensteuer sowie Solidaritätszuschlag werden 736,00 EUR und für Sozialversicherungsbeiträge 750,00 EUR einbehalten.

a. Wie viel Prozent des Bruttolohnes betragen die gesamten Abzüge (auf eine Dezimalstelle runden)? ______ [ ]

b. Wie hoch war der Bruttoverdienst des Substituten vor der Gehaltserhöhung? [ ]

8 Die Rechnung eines Lieferanten (inkl. 19 % USt.) wurde von uns unter Abzug von 2 % Skonto bezahlt. Überwiesen wurden 6 593,44 EUR.

a. Wie hoch war der Bruttorechnungsbetrag? ______ [ ]

b. Welchen Warenwert hatte die Rechnung? ______ [ ]

9 Ein Unternehmen, das einen Insolvenzantrag gestellt hat, hat Verbindlichkeiten gegenüber seinen Schuldnern in Höhe von 756 000,00 EUR. Die Schuldner erhalten nach Abwicklung des Insolvenzverfahrens 264 600,00 EUR.

a. Berechnen Sie die Insolvenzquote in Prozent. ______ [ ]

b. Ein Gläubiger erhält 18 452,00 EUR. Berechnen Sie die ursprüngliche Forderung. ______ [ ]

c. Wie hoch ist der Verlust des Gläubigers in Euro? ______ [ ]

Bestimmen Sie die Größen, die für die Zinsrechnung notwendig sind, und ermitteln Sie die Zinsen.

Die Zinsrechnung ist eine besondere Anwendungsform der Prozentrechnung. Die Zeit ist als zusätzliche Größe erforderlich:

Größen der Zinsrechnung:		entspricht	Größen der Prozentrechnung:
Kapital (K):	100 %		Grundwert (G)
Zinssatz (p):	bezieht sich immer auf ein Jahr, wenn keine anderen Angaben erfolgen		Prozentsatz (p)
Zinsen (Z):	Wert in Euro		Prozentwert (W)
Zeit (t):	Angabe in Tagen		--

Aufgabe:

Ein Einzelhändler bezieht von einem Lieferanten Waren mit einem Rechnungsbetrag von 18 000,00 EUR. Da der Einzelhändler das Zahlungsziel nicht einhalten kann, bittet er den Lieferanten um Zahlungsaufschub. Dieser ist bereit, den Zahlungstermin um 14 Tage gegen Berechnung von 8 % Verzugszinsen zu verschieben. In welcher Höhe werden Verzugszinsen berechnet?

Lösung:

① Berechnung der Jahreszinsen im Dreisatz

100 % – 18 000,00 EUR
8 % – x EUR

$$x = \frac{18000 \cdot 8}{100} = 1\,440$$

Die Jahreszinsen betragen 1 440,00 EUR.

② Berechnung der Zinsen für 14 Tage im Dreisatz

360 Tage – 1 440,00 EUR
14 Tage – x EUR

$$x = \frac{1\,440 \cdot 14}{360} = 56$$

Die Verzugszinsen betragen 56,00 EUR.

Lösungsweg:

Grundsätzlich gilt:

Z = Zinsen
K = Kapital
p = Zinssatz
t = Zeit in Tagen

① Ein Zinssatz von 8 % bedeutet, dass für je 100,00 EUR Kapital Zinsen von 8,00 EUR pro Jahr entstehen.

Formel für Jahreszinsen:

$$\mathbf{Z = \frac{K \cdot p}{100}}$$

② In der deutschen kaufmännischen Zinsrechnung wird das Jahr mit 360 Tagen (12 Monate · 30 Tage) angesetzt.

Formel für Tageszinsen:

$$\mathbf{Z = \frac{K \cdot p \cdot t}{100 \cdot 360}}$$

Welche unterschiedlichen Berechnungen der Zinstage gibt es?

Aufgabe:

Berechnen Sie die Anzahl der Zinstage vom 23.05.20.. bis zum 25.08.20..
1. nach der 30/360-Methode.
2. nach der sogenannten „EU-Methode“.
3. bei taggenauer Berechnung der Zinstage und des Zinsjahres.

Lösung:

Zu 1.:

23.05. – 23.08. = 3 Monate x 30 Tage =	90 Tage
23.08. – 25.08. =	2 Tage
	92 Tage

Zu 2.:

23.05.– 31.05. =	8 Tage
Juni =	30 Tage
Juli =	31 Tage
01.08.– 25.08. =	25 Tage
	94 Tage

Zu 3.: **94 Tage**

Lösungsweg:

Für alle Berechnungsarten gilt einheitlich:
Der **erste Tag** des Zinszeitraumes wird **nicht mitgerechnet**, der **letzte Tag** des Zinszeitraumes wird **mitgerechnet**.

zu 1 (30/360-Methode):
- Jeder Monat wird mit 30 Tagen angesetzt (auch die mit 28, 29 oder 31 Tagen).
- Das Zinsjahr hat 360 Tage.

zu 2 (EU-Methode):
- Jeder Monat wird taggenau ermittelt.
- Das Zinsjahr hat 360 Tage.

zu 3:
- Jeder Monat wird taggenau ermittelt.
- Das Zinsjahr hat 365 bzw. 366 Tage (Schaltjahr).
- Diese Methode kommt nur dann zu unterschiedlichen Ergebnissen zur EU-Methode, wenn der Zinszeitraum über den Jahreswechsel hinausgeht.

1 Eine Rechnung in Höhe von 11 700,00 EUR, fällig am 23.03., wird zum Zahlungstermin nur zu 2/3 beglichen. Es wird vereinbart, dass der Rest Ende Mai unter Berücksichtigung von 11 % Verzugszinsen bezahlt wird. (EU-Zinstageberechnung)

a. Wie hoch ist die Restschuld?

b. Berechnen Sie die Verzugszinsen (auf zwei Stellen nach dem Komma runden).

c. Welcher Betrag wird Ende Mai überwiesen?

2 Berechnen Sie die Anzahl der Zinstage nach der EU-Methode für folgende Zinszeiträume:

a. 06.06.– 09.12.

b. 12.04.– 31.05.

c. 28.11. dieses Jahres – 05.06. nächsten Jahres (kein Schaltjahr)

d. 12.02.– Ende Februar (kein Schaltjahr)

e. 03.01.– Ende Februar (Schaltjahr)

f. 22.07.– Ende des Jahres

3 Ein Unternehmen erweitert seine Räumlichkeiten. Die Gesamtkosten für den Umbau und die neuen Einrichtungen betragen 520 000,00 EUR. Das Unternehmen kann 40 % der Kosten mit eigenen Mitteln finanzieren. Der Rest wird über die Hausbank zu folgenden Konditionen beschafft:

Tilgung jährlich 12,5 %, Zinsen 10 %,Tilgungsrate und Zinsen sind vierteljährlich an die Hausbank zu überweisen.

Ermitteln Sie ...

a. ... den Betrag, der mit eigenen Mitteln finanziert wird.

b. ... den Betrag, der mit fremden Mitteln finanziert wird.

c. ... den Überweisungsbetrag am Ende des ersten Vierteljahres.

4 Ein Unternehmer begleicht eine Lieferantenrechnung, Rechnungsdatum: 23.02. über 11 200,00 EUR, erst am 31.05. einschließlich 10 % Verzugszinsen.

Als Zahlungsbedingung wurde vereinbart: Zahlbar innerhalb von 8 Tagen unter Abzug von 3 % Skonto oder innerhalb 30 Tagen netto Kasse.

a. Für wie viel Tage hatte der Unternehmer Verzugszinsen zu zahlen?

b. Wie viel Euro musste er am 31.05. insgesamt überweisen (auf zwei Stellen nach dem Komma runden)?

c. Wie viel Euro hätte er insgesamt gespart, wenn er unter Abzug von Skonto bezahlt hätte und dafür keinen Kredit aufnehmen musste? (auf zwei Stellen nach dem Komma runden)

5 Berechnen Sie die Zinsen für folgende Kredite:

a. 4 678,90 EUR zu 8,5 % Zinsen für 8 Monate (EU-Zinstageberechnung)

b. 35 800,00 EUR zu 9,2 % für 3 Jahre

c. 4 578,20 EUR zu 7,5 % für die Zeit vom 24.07. bis 29.12.

d. 340 050,00 EUR zu 8,75 % für die Zeit vom 13.06. diesen Jahres bis 01.03. nächsten Jahres (kein Schaltjahr)

6 Ein Unternehmer zahlt seiner Bank am 14.09. einen Kredit in Höhe von 15 000,00 EUR zurück. Der Rückzahlungsbetrag beläuft sich einschließlich Zinsen auf 15 985,00 EUR. Er hatte den Kredit am 01.03. aufgenommen (EU-Zinstageberechnung).

Welcher Jahreszinssatz ist von der Bank zugrunde gelegt worden?

7 Ein Unternehmer nimmt kurzfristig einen Kredit für die Zeit vom 24.01. bis Ende Februar auf (kein Schaltjahr). Wie viele Zinstage werden der Zinsberechnung zu-grunde gelegt (taggenaue Berechnung)?

(1) 36 Tage

(2) 60 Tage

(3) 34 Tage

(4) 35 Tage

(5) Keine Lösung ist richtig.

8 Ein Unternehmer nimmt zur kurzfristigen Überbrückung eines Liquiditätsengpasses einen Kredit in Höhe von 56 000,00 EUR zu 12,5 % Zinsen auf. Die Kreditsumme wird seinem laufenden Konto am 13.08. gutgeschrieben.

Wie viel Euro beträgt die Belastung, mit der die Bank am 16.09. die Kreditrückzahlung zuzüglich der Zinsen fällig stellt? (EU-Zinstageberechnung)

(1) 56 661,11 EUR

(2) 56 700,00 EUR

(3) 55 338,89 EUR

(4) 55 300,00 EUR

(5) Keine Lösung ist richtig.

9 Der Anteil des Eigenkapitals in einem Unternehmen beträgt 560 000,00 EUR. Für diesen Betrag würde man bei einer Anlage auf dem Kapitalmarkt einen Zinssatz von 7,5 % erzielen.

Welchen Jahresgewinn muss das Unternehmen mindestens erzielen, wenn die Verzinsung des Eigenkapitals um 1/10 höher sein soll?

Berechnen Sie die jeweils fehlende Größe (Kapital, Zinssatz, Zeit) in der Zinsrechnung.

Aufgaben:

1. Wie hoch ist ein Bankkredit, wenn für eine Zeit von 20 Tagen bei einem Zinssatz von 12 % 400,00 EUR Zinsen bezahlt werden?
2. Ein Kapital in Höhe von 12 000,00 EUR wurde für eine Zeit von 60 Tagen mit 180,00 EUR verzinst. Zu welchem Zinssatz?
3. Wie viele Tage muss ein Kapital von 40 000,00 EUR zu einem Zinssatz von 8 % angelegt werden, damit es Zinsen in Höhe von 800,00 EUR einbringt?

Lösungen (mit Formel):

Drei Größen in der Zinsrechnung müssen jeweils angegeben sein, um die vierte Größe berechnen zu können.

1. $K = \frac{Z \cdot 100 \cdot 360}{p \cdot t} = \frac{400 \cdot 100 \cdot 360}{12 \cdot 20} = 60\,000$

   Antwort: Der Bankkredit beträgt 60 000,00 €.

2. $p = \frac{Z \cdot 100 \cdot 360}{K \cdot t} = \frac{180 \cdot 100 \cdot 360}{12\,000 \cdot 60} = 9$

   Antwort: Der Zinssatz beträgt 9 %.

3. $t = \frac{Z \cdot 100 \cdot 360}{K \cdot p} = \frac{800 \cdot 100 \cdot 360}{40\,000 \cdot 8} = 90$ Tage

   Antwort: Das Kapital muss 90 Tage (= 3 Monate) angelegt werden.

Lösungsweg:

Die jeweiligen Formeln ergeben sich aus der Umformung der allgemeinen Zinsformel:

$$\mathbf{Z = \frac{K \cdot p \cdot t}{100 \cdot 360}}$$

Beispiel für die Umformung der allgemeinen Zinsformel (hier Berechnung des Kapitals):

$$\frac{K \cdot p \cdot t}{100 \cdot 360} = Z$$

Auf beiden Seiten der Gleichung wird mit (100 · 360) multipliziert:

$$K \cdot p \cdot t = Z \cdot 100 \cdot 360$$

Auf beiden Seiten der Gleichung wird mit (p · t) dividiert:

$$\mathbf{K = \frac{Z \cdot 100 \cdot 360}{p \cdot t}}$$

Auf diese Weise können auch die anderen Formeln hergeleitet werden.

Der Zähler dieser drei Formeln ist immer identisch (Z · 100 · 360). Es ändert sich jeweils nur der Nenner (Nenner besteht aus den restlichen angegebenen Größen).

Berechnen Sie die Zinsen mithilfe der kaufmännischen Zinsformel (Zinszahl und Zinsteiler).

Die kaufmännische Zinsformel vereinfacht Rechenvorgänge, die bei der summarischen Zinsrechnung Anwendung finden.

Aufgabe:

Ein Kapital von 20 000,00 EUR wird mit 6 % verzinst und wird 4 Monate angelegt. Berechnen Sie die Zinsen mit Zinszahl und Zinsteiler.

Lösung:

① Zinszahl (#) = $\frac{K}{100} \cdot t$

$= \frac{20\,000}{100} \cdot 120 = 24\,000$

② Zinsteiler (ZT) = $\frac{360}{p}$

$= \frac{360}{6} = 60$

③ Zinsen (Z) = $\frac{(\#)}{ZT}$

$= \frac{24\,000}{60} = 400$

Antwort: Die Zinsen betragen 400,00 EUR.

Lösungsweg:

① Die allgemeine Zinsformel wird durch Umformung zerlegt:

$$Z = \frac{K \cdot p \cdot t}{100 \cdot 360}$$

$$Z = \frac{K}{100} \cdot t : \frac{360}{p}$$

Zinszahl Zinsteiler

Zu beachten:
- Zinszahlen haben keine Dezimalstellen. Es wird auf- bzw. abgerundet.
  Beispiel: Kapital 650,00 EUR, Zinstage: 47

  $24\,000 = \frac{650 \cdot 47}{100} = 305{,}5 =$ *Zinszahl (#) 306*
- Bei der Berechnung der Zinszahlen werden die Centbeträge des Kapitals nicht berücksichtigt (d. h., es wird hier nicht aufgerundet).
  Beispiel: 1 288,56 EUR, Zinstage: 50

  $\# = \frac{1\,288 \cdot 50}{100} =$ *Zinszahl (#) 644*

② Ist der Zinsteiler eine Zahl mit mehreren Dezimalstellen, sollte – wenn nichts anderes angegeben ist – mit möglichst vielen Dezimalstellen weitergerechnet werden.

③ Die Zinsen ergeben sich aus der Division $\frac{\text{Zinszahl (\#)}}{\text{Zinsteiler (ZT)}}$

1 An einer Unternehmung sind drei Gesellschafter beteiligt:

A mit 250 000,00 EUR
B mit 150 000,00 EUR
C mit 100 000,00 EUR

Zunächst wird jedes Kapital zum gleichen Zinssatz verzinst, der Rest wird nach Köpfen verteilt. Gesellschafter B erhält für seine Einlage 9 000,00 EUR Zinsen.

a. Welcher Prozentsatz ergibt sich für die Verzinsung des Kapitals? ______

b. Wie hoch ist der Zinsanteil für Gesellschafter A? ______

c. Wie hoch ist der Zinsanteil für alle drei Gesellschafter? ______

d. Wie viel Gewinn hat die Unternehmung insgesamt pro Jahr erzielt, wenn Gesellschafter A einen Jahresgewinn von 120 000,00 EUR erhält? ______

2 Bei einem Darlehen von 8 000,00 EUR und einem Zinssatz von 6 % wird eine Zinszahl von 14 400 errechnet.

a. Wie viele Tage beträgt die Laufzeit des Darlehens? ______

b. Wie viel Euro betragen die Zinsen? ______

3 Ein Unternehmer wird für eine Rechnung über 6 800,00 EUR, fällig am 17.01., mit 79,90 EUR Verzugszinsen belastet, da er die Rechnung erst am 05.03. bezahlt (kein Schaltjahr; EU-Zinstageberechnung)

a. Ermitteln Sie die Zinstage. ______

b. Ermitteln Sie den Zinssatz. ______

4 Aufgrund von Liquiditätsschwierigkeiten wird eine Rechnung über 12 500,00 EUR, fällig am 31.07., erst später einschließlich Zinsen mit einem Betrag von 12 625,00 EUR bei einem Zinssatz von 8 % zurückgezahlt.

a. Für wie viele Tage mussten Verzugszinsen bezahlt werden? ______

b. Wann wurde die Rechnung bezahlt?

5 Es liegen folgende Angebote zweier Banken vor:

Bank 1: Darlehenssumme 18 000,00 EUR für 70 Tage, 288,75 EUR Zinsen

Bank 2: Darlehenssumme 21 000,00 EUR für 60 Tage, 332,50 EUR Zinsen

a. Welches Angebot ist günstiger? ______

b. Wie hoch ist die Differenz bei den Zinssätzen beider Angebote? ______

6 Ein Kunde hat am 21.06. Waren zu einem Preis von 12 000,00 EUR bezogen. Zahlungsziel: 8 Tage 2 % Skonto, 30 Tage netto. Nach erfolgter Mahnung erhält der Lieferer am 31.12. eine Überweisung seines Kunden mit dem Hinweis: „Rechnung vom 21.06. einschließlich 543,33 EUR Verzugszinsen“. Damit ist die Forderung des Lieferers beglichen.

Mit welchem Bruchsatz ermittelt man den Prozentsatz der Verzugszinsen? ______

(1) $\frac{543{,}33 \cdot 100 \cdot 360}{12.000 \cdot 193}$

(2) $\frac{12000 \cdot 543{,}33 \cdot 163}{100 \cdot 360}$

(3) $\frac{543{,}33 \cdot 100 \cdot 360}{12.000 \cdot 163}$

(4) $\frac{12000 \cdot 100 \cdot 360}{543{,}33 \cdot 193}$

6 Ein Einzelhändler vereinbart mit seinem Lieferanten für eine Rechnung über 6 420,00 EUR, fällig am 15.02., folgende Zahlungsbedingungen:

Rechnungsbetrag zahlbar in drei gleichen Raten am 15.03., 15.04. und 15.05.

Für den Zahlungsaufschub werden 8 % Zinsen berechnet. Die gesamten Zinsen sind bei der letzten Ratenzahlung mit zu überweisen (kein Schaltjahr). (EU-Zinstageberechnung)

Ermitteln Sie ...

a. ... die Summe der Zinszahlen. ______

b. ... den Zinsteiler. ______

c. ... die Verzugszinsen. ______

d. ... den am 15.05. zu zahlenden Gesamtbetrag (3. Rate einschließlich Zinsen).

8 Ein Darlehen, das mit 9,5 % verzinst wird, erbringt monatlich 118,75 EUR Zinsen.

Mit welchem Bruchsatz ermittelt man die Darlehenssumme? ______

(1) $\frac{118{,}75 \cdot 1 \cdot 9{,}5}{100 \cdot 12}$

(2) $\frac{118{,}75 \cdot 100 \cdot 1}{9{,}5 \cdot 60}$

(3) $\frac{118{,}75 \cdot 100 \cdot 12}{9{,}5 \cdot 1}$

(4) $\frac{118{,}75 \cdot 9{,}5 \cdot 12}{100 \cdot 1}$

Wenden Sie die summarische Zinsrechnung an.

Aufgabe:

Ein Einzelhändler erhielt von einem Großhändler Rechnungen für gelieferte Waren mit folgenden Beträgen: 5200,00 EUR, fällig am 02.07., 12500,00 EUR, fällig am 21.08., und 3800,70 EUR, fällig am 15.09.
Der Einzelhändler zahlt erst am 27.11. alle Rechnungen einschließlich der Verzugszinsen von 10 %.

Die summarische Zinsrechnung vereinfacht die Berechnung der Verzinsung von mehreren Beträgen, die zum gleichen Zinssatz verzinst werden.

Lösung:

Betrag ①	fällig	Tage	Zinszahlen (#)
5200,00	02.07.	148	7696
12500,00	21.08.	98 ②	12250 ③
3800,70	15.09.	73	2774
21500,70			22720
			: 36 (ZT) ④
631,11 + 10 % Zinsen			= 631,11
22131,81 Gesamtbetrag ⑤			

Der Einzelhändler zahlt am 27.11. einschließlich Verzugszinsen einen Betrag von 22131,81 EUR.

Lösungsweg:

① Berechnungsschema erstellen:
Die Beträge werden nach Fälligkeit geordnet.

② Zinstage berechnen
(Zeitraum: Tag der Fälligkeit = Zahlungstag)

③ Zinszahlen berechnen
(Cent-Beträge beim Kapital werden nicht berücksichtigt.)
Beispiel: Kapital 3800,70 EUR *= gerechnet wird mit einem Kapital von 3800*

④ Zinsen berechnen
(Gesamtzinszahl: gemeinsamer Zinsteiler)

⑤ gesamten Rückzahlungsbetrag berechnen
(Gesamtbetrag + Zinsen)

Berechnen Sie die Effektivverzinsung eines Kredites.

Bei der Angabe von Zinssätzen bei Kreditgeschäften unterscheidet man zwischen Nominalzins (Verzinsung ohne Berücksichtigung von Nebenkosten) und Effektivzins (Nebenkosten wie Disagio, Provision und Spesen werden in den Zinssatz mit einbezogen). Durch den Effektivzinssatz können die Kosten für Kredite mit unterschiedlicher Höhe bzw. unterschiedlichen Konditionen schneller verglichen werden.

Aufgabe:

Für ein Bankdarlehen in Höhe von 25000,00 EUR, das nach vier Jahren in einer Summe zurückgezahlt werden soll, wird ein Zinssatz (Nominalzins) von 12 % berechnet. Außerdem gelten folgende Konditionen: Zahlung der Zinsen jährlich, Auszahlung 98 %, Bankprovision 80,00 EUR (wird vom Darlehensbetrag abgezogen).

1. Berechnen Sie den Auszahlungsbetrag.
2. Wie hoch ist der effektive Zinssatz?

Lösung:

①	Darlehen	25000,00 EUR
	– Disagio	500,00 EUR
	– Provision	80,00 EUR
	= Auszahlungsbetrag	24420,00 EUR
②	Zinsen für die gesamte Laufzeit	12000,00 EUR
	+ Disagio	500,00 EUR
	+ Provision	80,00 EUR
	= Gesamte Kreditkosten	12580,00 EUR

③ $\text{Effektivzinssatz} = \frac{\text{Kreditkosten} \cdot 100}{\text{Auszahlungsbetrag} \cdot \text{Laufzeit in Jahren}}$

$\text{Effektivzinssatz} = \frac{12580 \cdot 100}{24420 \cdot 4} = 12{,}88$

Antwort: Der Effektivzinssatz beträgt 12,88 %.

Lösungsweg:

① Vom Darlehensbetrag werden Disagio (98 % Auszahlung = 2 % Disagio) und Provision subtrahiert. Dieser Betrag ist der Nettokreditbetrag, auf den alle Kosten bezogen werden müssen.

② Die Zinsen für die gesamte Laufzeit ergeben sich aus:

Zinsen für 1 Jahr: $Z = \frac{K \cdot p}{100}$

Zinsen für 4 Jahre: $Z = \frac{K \cdot p \cdot J}{100}$

$= \frac{25000 \cdot 12 \cdot 4}{100} = 12000{,}00 \text{ EUR}$

(Zinsformel für Kredite mit mehrjähriger Laufzeit;
J = Laufzeit in Jahren)
Die gesamten Kreditkosten setzen sich zusammen aus: Zinsen für die gesamte Laufzeit, Disagio und Provision.

③ Stellt man die Zinsformel für Kredite mit mehrjähriger Laufzeit nach p um, erhält man:

$$\mathbf{p = \frac{Z \cdot 100}{K \cdot J}}$$

Setzt man nun die entsprechenden Werte für die Effektivverzinsung ein (für Z nicht nur die Zinsen, sondern die gesamten Kreditkosten, für K nicht den Darlehensbetrag, sondern den Auszahlungsbetrag), erhält man:

$$\mathbf{\text{Effektivzinssatz} = \frac{\text{Kreditkosten} \cdot 100}{\text{Auszahlungsbetrag} \cdot \text{Jahre}}}$$

1 Zur Erweiterung seines Einzelhandelsgeschäftes benötigt ein Einzelhändler 200 000,00 EUR. Ihm liegen unten stehende Darlehensangebote vor. In allen drei Fällen erfolgt die Rückzahlung des Darlehens in einer Summe am Ende der Kreditlaufzeit. Berechnen Sie zu jedem Angebot den effektiven Zinssatz.

a. Angebot A: 8 1/2 % Zinsen, 3 % Disagio, 1 % Provision, 60,00 EUR Spesen, Laufzeit 10 Jahre

b. Angebot B: 9 % Zinsen, 100 % Auszahlung, 2 % Provision, 120,00 EUR Spesen, Laufzeit 10 Jahre

c. Angebot C: 8 % Zinsen, 5 % Disagio, 2 % Bearbeitungsgebühr, Laufzeit 15 Jahre

2 Am 30.09. sollte ein Einzelhändler 20 000,00 EUR an seinen Lieferanten zahlen.

Am Fälligkeitstag übergab er einen Scheck über 10 000,00 EUR, der noch am gleichen Tag eingelöst wurde. Der Kunde bat darum, die restlichen 10 000,00 EUR in vier Raten bezahlen zu dürfen. Der Lieferer stimmte zu, berechnete allerdings 12 % Verzugszinsen, die mit der letzten Rate fällig wurden. Der Kunde zahlte Raten von 2 000,00 EUR am 15.10., 3 000,00 EUR am 28.10., 2 500,00 EUR am 10.11. und 2 500,00 EUR am 26.11.

Ermitteln Sie ...

a. ... die Zinszahlen aus der 1. Rate.

b. ... die Zinszahlen aus der 2. Rate.

c. ... die Zinszahlen aus der 3. Rate.

d. ... die Zinszahlen aus der 4. Rate.

e. ... die Summe der Zinszahlen.

f. ... den Betrag (einschließlich Zinsen), der am 26.11. gezahlt werden musste.

3 Ein Einzelhändler schuldete seinem Lieferanten folgende Rechnungsbeträge:

2 300,00 EUR am 10. April,
1 250,00 EUR am 16. Mai,
1 620,00 EUR am 14. Juni.

Er konnte bei Fälligkeit die Rechnungen nicht begleichen und erhielt Zahlungsaufschub bis zum 4. Juli unter Berechnung von 7,2 % Verzugszinsen.

Ermitteln Sie ...

a. ... die Summe der Zinszahlen.

b. ... den Zinsdivisor.

c. ... die Verzugszinsen.

4 Ein Einzelhändler erhält eine Rechnung über 45 000,00 EUR. Die Zahlungsbedingungen lauten: zahlbar mit 2 % Skonto bei sofortiger Zahlung oder 1 Monat netto Kasse. Für den sofortigen Rechnungsausgleich muss der Schuldner einen Kredit zu 14 % aufnehmen.

a. Wie viel Euro beträgt der Skontoabzug?

b. Wie viel Euro betragen die Zinsen, wenn der Kredit nach einem Monat zurückgezahlt wird?

c. Welchem Jahreszinssatz entspricht die Skontobedingung?

d. Wie viel Euro werden gespart, wenn der Skonto durch die Aufnahme des Kredites ausgenutzt wird?

5 Für eine Eingangsrechnung über 40 000,00 EUR gelten folgende Zahlungsbedingungen: zahlbar innerhalb von 10 Tagen abzüglich 2 % Skonto oder 60 Tage netto. Um den Skonto ausnutzen zu können, muss ein Kredit zu einem Zinssatz von 12 % aufgenommen werden.

a. Welchem Jahreszinssatz entspricht die Skontobedingung?

b. Wie viel Euro beträgt der Skontoabzug?

c. Wie viel Euro betragen die Kreditkosten (auf zwei Stellen nach dem Komma runden)?

6 Das Möbelhaus Joachim Althoff vermittelt einem Kunden über die Konsumkredit-Bank für drei Monate einen Kredit von 16 000,00 EUR zu folgenden Bedingungen: 0,75 % Zinsen je Monat und 2 % Bearbeitungsgebühr von der Kreditsumme, zahlbar mit dem Kreditbetrag am Ende des Kreditzeitraumes.

Ermitteln Sie ...

a. ... die Bearbeitungsgebühr.

b. ... die Zinsen.

c. ... die Rückzahlungssumme.

d. ... die tatsächliche Belastung durch die Gesamtkreditkosten (Effektivverzinsung) in Prozent pro Jahr (auf zwei Stellen nach dem Komma runden).

7 Ein Darlehen von 24 000,00 EUR wird zu 98,5 % ausgezahlt. Es gelten folgende Bedingungen: 9 % Zinsen, Provision 1/4 % vom Darlehensbetrag, 50,00 EUR Spesen. Das Darlehen ist nach acht Jahren in einer Summe zu tilgen.

a. Berechnen Sie den Auszahlungsbetrag.

b. Berechnen Sie die effektive Verzinsung.

Berechnen Sie den Kreditzeitraum, den Überweisungsbetrag und den Finanzierungserfolg.

Aufgabe:

Ein Unternehmen überlegt, ob eine zu zahlende Rechnung innerhalb der Skontofrist gezahlt werden soll, obwohl die finanziellen Mittel im Moment nicht ausreichen. Für die Zahlung müsste ein Kredit aufgenommen werden. Der Bruttorechnungsbetrag beläuft sich auf 25 942,00 EUR; Zahlungsbedingungen: innerhalb 8 Tagen unter Abzug von 2 % Skonto, 30 Tage netto Kasse. Der aufzunehmende Kredit würde mit 10 % verzinst werden müssen.

1. Für welchen Zeitraum müsste der Kredit aufgenommen werden?
2. Wie hoch ist der Überweisungsbetrag?
3. Welche Zinsen würden durch die Aufnahme des Kredites anfallen?
4. Welcher Finanzierungserfolg ergibt sich aus der Zahlung der Rechnung unter Abzug von Skonto und der damit verbundenen Kreditaufnahme?

Lösung:

①

Zahlungsziel	30 Tage
– Skontozeitraum	8 Tage
= Kreditzeitraum	**22 Tage**

② 25 942,00 EUR – Skonto 518,84 EUR = 25 423,16 EUR

③

$$Z = \frac{K \cdot p \cdot t}{100 \cdot 360} = \frac{25\,423{,}16 \cdot 10 \cdot 22}{100 \cdot 360} = \mathbf{155{,}36\ EUR}$$

④

Skontoertrag	518,84 EUR
– Zinsaufwendungen	155,36 EUR
= Finanzierungserfolg	**363,48 EUR**

Lösungsweg bzw. Erläuterungen:

① Grundsätzlich wird der Zahlungsspielraum vollständig ausgenutzt, weil zwischenzeitlich mit den zur Verfügung stehenden finanziellen Mitteln weitergearbeitet werden kann. Das bedeutet, dass der Skontozeitraum vollständig ausgeschöpft wird. Die Rechnung wird demnach erst am 8. Tag bezahlt.

② Bruttorechnungsbetrag
– Skonto
= Überweisungsbetrag

③ Die Zinsen des Kredites werden mithilfe der kaufmännischen Zinsformel errechnet. Dabei muss berücksichtigt werden, dass der Kreditbetrag **nicht der Bruttorechnungsbetrag**, sondern der um den Skontoabzug verminderte **Überweisungsbetrag** ist. Die Zinstage ergeben sich aus der Berechnung zu 1.

④ Das Unternehmen erzielt durch die frühzeitige Zahlung einen Skontoertrag. Demgegenüber stehen Zinsaufwendungen für den Kredit. Der Skontoertrag ist größer als der Zinsaufwand. Aus diesem Grund ergibt sich ein Finanzierungserfolg.
Das Unternehmen müsste sich in diesem Fall aus Finanzierungsgründen für die Aufnahme eines Kredites und vorzeitige Bezahlung der Rechnung unter Abzug von Skonto entscheiden.

Ermitteln Sie den effektiven Zinssatz für die Skontogewährung.

Aufgabe:

1. Berechnen Sie zum oben aufgeführten Beispiel den effektiven Zinssatz der Skontogewährung mit einer vereinfachten Formel.
2. Berechnen Sie den effektiven Zinssatz unter Berücksichtigung aller Faktoren (möglichst genaue Berechnung).

Lösung:

① Dreisatz:
22 Tage (Kreditzeitraum) – 2 %
360 Tage (ganzes Jahr) – x %

x = 32,7 % (gerundetes Ergebnis)

②

$$p = \frac{2\ (\%) \cdot 100 \cdot 360}{98\ (\%) \cdot 22} = \mathbf{33{,}4\ \%}\ \text{(gerundet)}$$

(Überweisungsbetrag = 100 % – 2 % Skonto = 98 %)

Lösungsweg bzw. Erläuterungen:

① Durch einfache Berechnung eines Vergleichswertes (effektiver Zinssatz der Skontogewährung) kann schnell ermittelt werden, ob sich die Aufnahme eines Kredites lohnt: Der Jahreszinssatz für die Aufnahme des Kredites beträgt 10 % (Zinsaufwand in %). Dieser Wert wird verglichen mit dem **Skontoertrag in Prozent**, der auch **auf ein Jahr umgerechnet** wird. In den Fällen, in denen dieser Prozentsatz über dem Jahreszinssatz für Kredite liegt, lohnt sich die Aufnahme des Kredites.

② Bei der einfachen Berechnung (in 1.) wird unterstellt, dass ein Kredit über den gesamten Rechnungsbetrag aufgenommen werden muss. Durch den Skontoabzug ergibt sich aber eine geringere Kreditsumme. Durch Umstellung der kaufmännischen Zinsformel nach p (Zinssatz) ergibt sich:

$$\text{Effektivzinssatz (p)} = \frac{\text{Skontoertrag (z)} \cdot 100 \cdot 360}{\text{Überweisungsbetrag (K)} \cdot \text{Kreditzeitraum (t)}}$$

1 Die Mehrmann und Wunisch GmbH hat eine offene Rechnung bei ihrem Lieferanten Horst Emscher KG. Folgende Daten sind der Rechnung zu entnehmen: Brutto-Rechnungsbetrag 26 418,00 EUR (inklusive 19 % USt.); Zahlungsbedingungen: 7 Tage 3 % Skonto, 30 Tage Zahlungsziel.
Das Geschäftskonto der Mehrmann und Wunisch GmbH weist aktuell einen Sollsaldo aus. Um die Rechnung unter Abzug von Skonto zahlen zu können, muss der Dispositionskredit der Hausbank zusätzlich in Anspruch genommen werden. Der Zinssatz hierfür beträgt 12 %.

Berechnen Sie …

a. … den Netto-Rechnungsbetrag. ______ ☐

b. … den Skontobetrag. ______ ☐

c. … den Überweisungsbetrag. ______ ☐

d. … den Kreditzeitraum. ______ ☐

e. … die Zinsen für den zusätzlichen Dispositionskredit. ______ ☐

f. … den Finanzierungserfolg. ______ ☐

g. … den effektiven Zinssatz für die Skontogewährung mit der vereinfachten Berechnung. ______ ☐

h. … den effektiven Zinssatz für die Skontogewährung (möglichst genaue Berechnung). ______ ☐

2 Mit welcher Formel wird der Effektivzinssatz für eine Skontobedingung ermittelt? ______ ☐

(1) $\dfrac{\text{Bruttorechnungsbetrag} \cdot \text{Skontobetrag} \cdot \text{Kreditzeitraum}}{100 \cdot 360}$

(2) $\dfrac{\text{Überweisungsbetrag} \cdot \text{Skontobetrag} \cdot \text{Kreditzeitraum}}{100 \cdot 360}$

(3) $\dfrac{\text{Skontobetrag} \cdot 100 \cdot 360}{\text{Überweisungsbetrag} \cdot \text{Kreditzeitraum}}$

(4) $\dfrac{\text{Skontobetrag} \cdot 100 \cdot 360}{\text{Bruttorechnungsbetrag} \cdot \text{Kreditzeitraum}}$

(5) $\dfrac{\text{Kreditzeitraum} \cdot 100 \cdot 360}{\text{Überweisungsbetrag} \cdot \text{Skontobetrag}}$

3 Bei der Bezahlung einer Lieferantenrechnung (Zahlungsbedingung: 3 % Skonto innerhalb von 10 Tagen) wird überlegt, ob dafür ein Kredit (Jahreszinssatz 12 %) aufgenommen werden soll, damit die Rechnung unter Abzug von Skonto beglichen werden kann.

Wie viele Tage muss das Zahlungsziel mindestens betragen, damit die Effektivverzinsung für die Skontobedingung pro Jahr mit der Verzinsung des Kredites (Jahreszinssatz 12 %) größer ist (Berechnung mit der vereinfachten Formel)? ☐

4 Ein Kaufmann erhält eine Rechnung über 34 250,00 EUR. Die Zahlungsbedingungen hierzu lauten:
Zahlbar innerhalb von 14 Tagen abzüglich 3 % Skonto oder innerhalb von 30 Tagen netto.
Der Einzelhändler müsste für die Bezahlung dieser Rechnung sein Girokonto kurzfristig in entsprechender Höhe überziehen. Als Zinssatz hierfür berechnet die Bank derzeit 11,5 % Zinsen.
Beantworten Sie zu diesem Fall folgende Fragen:

a. Wie viel Euro beträgt der Kreditbedarf des Einzelhändlers, um die Rechnung unter Abzug von Skonto zu bezahlen? ______ ☐

b. Wie viel Euro Zinsen muss der Einzelhändler für den Kredit bezahlen? ______ ☐

c. Welchem effektiven Zinssatz entspricht die Skontobedingung? ______ ☐

d. Wie hoch ist der Finanzierungserfolg des Einzelhändlers in Euro ? ______ ☐

5 Welche der folgenden Gleichungen/Aussagen ist richtig? ______ ☐

(1) Nettorechnungsbetrag – Skontobetrag = Überweisungsbetrag

(2) Bruttorechnungsbetrag – Zinsaufwendungen = Überweisungsbetrag

(3) Bruttorechnungsbetrag – Skontobetrag = Finanzierungserfolg

(4) Ist der Skontobetrag größer als der Betrag der Zinsaufwendungen, lohnt sich die Aufnahme eines Kredites, um damit die Rechnung unter Abzug von Skonto zahlen zu können.

(5) Es ist aus finanziellen Gründen nicht sinnvoll, einen Kredit aufzunehmen, um damit eine Rechnung unter Abzug von Skonto bezahlen zu können.

6 Ermitteln Sie aus den folgenden Zahlungsbedingungen und Kreditkosten jeweils
in Spalte A den Finanzierungserfolg in Euro,
in Spalte B den Jahreszinssatz des Lieferantenkredits.
(Ergebnisse, sofern erforderlich, auf zwei Stellen nach dem Komma runden)

Spalte	A	B
a. Rechnungsbetrag 7 000,00 EUR, Zahlungsbedingungen: 2 % Skonto in 8 Tagen oder 30 Tage netto, Kreditkosten 13 %	☐	☐
b. Rechnungsbetrag 10 500,00 EUR, Zahlungsbedingungen: 3 % Skonto in 15 Tagen oder 90 Tage netto Kasse, Kreditkosten 9 %	☐	☐
c. Rechnungsbetrag 36 400,00 EUR, Zahlungsbedingungen: 3 % Skonto in 15 Tagen oder 60 Tage netto Kasse, Kreditkosten 8,5 %	☐	☐

Beschreiben Sie die Merkmale von Bedürfnissen.

- Jeder Mensch hat eine Vielzahl von Wünschen. Wirtschaftlich bezeichnet man diese Wünsche als Bedürfnisse.
- Bedürfnisse werden als Mangel empfunden. Je nach Intensität des Mangelzustandes ist jeder Mensch bestrebt, diese Bedürfnisse zu befriedigen, um den Mangelzustand zu beseitigen.
- Bedürfnisse unterliegen einem ständigen Wandel und sind nach Personen abhängig vom Bildungsgrad, dem Alter, der Umwelt, dem technischen Fortschritt und dem Einkommen.
- Nicht alle Bedürfnisse können befriedigt werden, da nur begrenzte Kaufmittel (Einkommen) zur Verfügung stehen und z. B. die Befriedigung von immateriellen Bedürfnissen (z. B. Anerkennung) auch von anderen Faktoren abhängig ist.

Unterscheiden Sie die Bedürfnisse nach den Merkmalen „Gegenstand“ und „Dringlichkeit“.

Merkmal: Gegenstand	▷ **Materielle Bedürfnisse** sind auf Güter (z. B. Auto, Videorekorder) ausgerichtet und werden mit Preisen bewertet. Ihre Befriedigung setzt den Kauf der entsprechenden Güter voraus. ▷ **Immaterielle Bedürfnisse** beinhalten Wünsche, die nicht materieller Art sind, sondern geistig-kultureller Natur (z. B. Zuneigung, Geselligkeit, Macht).
Merkmal: Dringlichkeit	▷ **Existenzbedürfnisse** sind lebensnotwendige Bedürfnisse (Hunger, Durst, Kleidung, Unterkunft). ▷ **Kultur-/Luxusbedürfnisse** deuten auf einen gehobenen bzw. exklusiven Lebensstandard hin (Urlaubsreise, Segelyacht). Die Zuordnung der Bedürfnisse zu Kultur- oder Luxusbedürfnissen kann nur individuell vorgenommen werden, da man von unterschiedlichen Voraussetzungen (Lebensstandard) ausgehen muss.

Erklären Sie die Begriffe „Individualbedürfnisse“ und „Kollektivbedürfnisse“.

Individuelle Bedürfnisse	Wünsche, die bei einer einzelnen Person auftreten (z. B. Essen, Trinken, Erholung) und von Person zu Person unterschiedlich ausgeprägt sind
Kollektive Bedürfnisse	Wünsche, die von einer Gemeinschaft ausgehen (z. B. Sicherheit, Bildung) und nur durch die Gemeinschaft erfüllt werden können (Polizei, Schulen)

Ordnen Sie sinnvoll: freie Güter, wirtschaftliche Güter, materielle Güter, immaterielle Güter, Konsumgüter, Produktionsgüter, Verbrauchsgüter und Gebrauchsgüter. Erklären Sie diese Begriffe.

Güter
sind die Mittel, die der Bedürfnisbefriedigung dienen

freie Güter

Sie stehen in unbegrenzter Anzahl zur Verfügung und können von jedermann kostenlos genutzt werden. Viele ursprünglich freie Güter sind heute wirtschaftliche Güter. So verursacht z. B. die Reinhaltung der Luft heutzutage erhebliche Kosten.

wirtschaftliche Güter

Diese Güter stehen nur in begrenztem Umfang zur Verfügung: Sie sind knapp und müssen durch den Einsatz der Produktionsfaktoren produziert werden. Dabei verursachen sie Kosten. Diese Güter werden zumeist gegen einen Preis am Markt gehandelt.

materielle Güter (Sachgüter)

Produktionsgüter
(Investitionsgüter)
Güter, die von Unternehmen für die Herstellung und Verteilung anderer Güter benötigt werden
- **Gebrauchsgüter** sind langfristig nutzbar (z. B. ein Bohrautomat).
- **Verbrauchsgüter** sind nach einmaliger Nutzung verbraucht (z. B. Spanplatten).

Konsumgüter
Güter, die für den Verbraucher bestimmt sind und unmittelbar dessen Bedürfnisbefriedigung dienen
- **Gebrauchsgüter** sind langfristig nutzbar (z. B. eine Kaffeemaschine).
- **Verbrauchsgüter** sind nach einmaliger Nutzung verbraucht (z. B. Kaffeemehl).

immaterielle Güter

Dienstleistungen
Güter, deren besonderes Merkmal es ist, im Moment des Absatzes hergestellt zu werden und die deswegen auch nicht lagerfähig sind
Beispiele: Kreditgewährung, Versicherungsleistungen, Verwaltungsleistungen

Rechte
ermöglichen dem Inhaber, ein Tun oder Unterlassen von einer anderen Person verlangen zu können
Beispiele: Eigentumsrecht, Besitzrecht, Patente, Lizenzen, Wohnrechte

1 Welche der folgenden Aussagen zu Bedürfnissen trifft zu?

(1) Werbung kann die Bedürfnisse des Menschen beeinflussen.

(2) Nahrung ist für alle Menschen ein Existenzbedürfnis.

(3) Es gibt Situationen, in denen Kollektivbedürfnisse einem Individualbedürfnis gegenüberstehen.

(4) Bedürfnisse werden nur durch Sachgüter befriedigt.

(5) Bedarf ist der Teil der Bedürfnisse, der mit Kaufmitteln gedeckt ist.

2 Güter können nach unterschiedlichen Gesichtspunkten klassifiziert werden.

Tragen Sie die Ziffer vor der jeweils zutreffenden Kombination hinter die unten stehenden Beispiele von Gütern ein.

(1) Produktionsgut als Gebrauchsgut
(2) Produktionsgut als Verbrauchsgut
(3) Konsumgut als Gebrauchsgut
(4) Konsumgut als Verbrauchsgut

Tragen Sie eine (9) ein, wenn es sich um eine Dienstleistung handelt.

a. Auto einer Verkäuferin, die damit zur Arbeit fährt

b. elektronisches Kassensystem in einem Textilgeschäft

c. Erstellen einer Steuererklärung für die Inhaberin eines Einzelhandelsbetriebes

d. Fotokopierpapier in einem großen Schuhfachgeschäft

e. Mittagessen für einen Mitarbeiter in der Kantine des Betriebes

3 Welche Voraussetzung muss für das Vorhandensein eines Bedürfnisses gegeben sein?

Tragen Sie eine (9) ein, wenn keine Antwort zutrifft.

(1) Preiswerte Güter

(2) Mangelempfinden

(3) Kaufkraft

(4) Überschaubarkeit des Marktes

(5) Einkommen

4 Welche der folgenden Reihenfolgen für die Konkretisierung eines Kaufwunsches ist zutreffend?

(1) Bedürfnisse – Nachfrage – Bedarf

(2) Nachfrage – Bedarf – Bedürfnisse

(3) Bedürfnisse – Bedarf – Nachfrage

(4) Nachfrage – Bedürfnisse – Bedarf

(5) Bedarf – Nachfrage – Bedürfnisse

5 Welche der folgenden Aussagen trifft zu?

(1) Die Gesamtheit der Bedürfnisse führt zum Bedarf.

(2) Bedarf ist die Vorstufe der Bedürfnisse.

(3) Der Bedarf gibt die Konkretisierung der Bedürfnisse wieder.

(4) Bei nicht lebensnotwendigen Gütern spricht man von Bedürfnissen, bei lebensnotwendigen Gütern von Bedarf.

(5) Die Summe der Konsumgüter stellt den Bedarf dar, die Summe der Investitionsgüter die Nachfrage.

6 Welches der folgenden Kriterien beeinflusst nicht die Zuordnung der Bedürfnisse in Existenz-, Kultur- und Luxusbedürfnisse?

Tragen Sie eine (9) ein, wenn alle Kriterien die Zuordnung beeinflussen.

(1) allgemeiner Lebensstandard

(2) geografische Lage

(3) individuelle Einstellung

(4) Entwicklungsstand der Volkswirtschaft

(5) kulturelles und technisches Niveau

7 Welches Beispiel kennzeichnet ein Individualbedürfnis?

(1) Krankenpflege in Krankenhäusern

(2) Bildung in den Schulen

(3) Sicherheit durch Ordnungskräfte

(4) die eigene berufliche Karriere

(5) Erholung in Freizeiteinrichtungen

8 Güter lassen sich in verschiedenen Stufen hierarchisch unterscheiden.
Untersuchen Sie die unten stehenden Folgen von Güterbegriffen, ob Sie unlogisch oder sonst wie falsch sind.

Welche der Folgen trifft vollständig zu?

(1) Güter – freie Güter – Elektrizität aus Sonnenkollektoren

(2) Güter – wirtschaftliche Güter – materielle Güter – Konsumgüter – Gebrauchsgüter – Pkw

(3) Güter – wirtschaftliche Güter – materielle Güter – Produktionsgüter – Gebrauchsgüter – Milch

(4) Güter – wirtschaftliche Güter – Dienstleistungen – Rechtsberatung – Tageszeitung

(5) Güter – freie Güter – Dienstleistungen – Steuerberatung

Unterscheiden Sie Substitutions- und Komplementärgüter.

Komplementärgüter	Güter, die sich gegenseitig ergänzen (z. B. Videorekorder und Videokassette, Modelleisenbahn und Transformator)
Substitutionsgüter	Güter, die in der Nutzung austauschbar sind (z. B. Autos von unterschiedlichen Herstellern in einer bestimmten Preisklasse)

Grenzen Sie folgende Begriffe voneinander ab: Bedürfnisse, Bedarf, Nachfrage.

Bedürfnisse	Nahezu jeder Mensch hat eine unbegrenzte Anzahl von Bedürfnissen. Diese Bedürfnisse sind wandelbar, individuell unterschiedlich und von verschiedenen Bedingungen abhängig. *Beispiel: Jemand hat Hunger.*
Bedarf	Für die Wirtschaft ist von Interesse, welche Bedürfnisse erfüllt werden können, d. h., wie sich die Bedürfnisse konkretisieren. Diesen Teil der Bedürfnisse bezeichnet man als Bedarf. Durch Werbung wird versucht, die Konsumwünsche des Verbrauchers zu steuern. *Beispiel: Jemand will seinen Hunger durch den Verzehr eines frischen Erdbeerkuchens stillen.*
Nachfrage	Wenn der Verbraucher tatsächlich die entsprechenden Güter am Markt nachfragt (konsumiert), spricht man von Nachfrage. Derjenige Teil des Bedarfs, der mit eigenen Mitteln gedeckt werden kann, wird als Eigenleistung bezeichnet. *Beispiel: Jemand kauft einen Tortenboden in der Bäckerei (Nachfrage) und belegt ihn mit frischen Erdbeeren aus seinem Garten (Eigenleistung).*

Warum müssen Menschen wirtschaften?

Der einzelne Mensch hat i. d. R. nur begrenzte Kaufmittel (Einkommen, Vermögen) zur Verfügung. Er kann damit nur einen bestimmten, zumeist kleinen Teil seiner Bedürfnisse befriedigen. Die Wirtschaft verdankt ihre Entstehung also einer mengenmäßigen Beziehung: der Unbegrenztheit menschlicher Bedürfnisse einerseits und der Knappheit der Güter bzw. der Knappheit der Kaufmittel andererseits. Dieses Spannungsverhältnis zwingt die Wirtschaftssubjekte dazu, zu wirtschaften.

Erläutern Sie das ökonomische Prinzip als Minimal- und als Maximalprinzip.

Wirtschaftssubjekte handeln wirtschaftlich, d. h. nach dem ökonomischen Prinzip, wenn sie wie folgt vorgehen:

Maximalprinzip	Minimalprinzip
Unter Einsatz von gegebenen Mitteln soll ein größtmöglicher (maximaler) Ertrag erzielt werden. *Beispiel: Ein Haushalt versucht, mit gegebenem Einkommen möglichst viele Güter zu kaufen.*	Ein bestimmter Ertrag (Erfolg) soll mit möglichst geringem (minimalem) Mitteleinsatz erzielt werden. *Beispiel: Ein Betrieb versucht, ein vorgegebenes Umsatzziel mit möglichst geringen Kosten zu erreichen.*

Nennen Sie Beispiele dafür, wie Privatpersonen, Unternehmen und der Staat nach dem ökonomischen Prinzip handeln.

Beispiele für das **Maximalprinzip**:	**handelnde Wirtschaftssubjekte:**	Beispiele für das **Minimalprinzip**:
Ein Auszubildender hat nach Abzug seiner monatlichen Kosten einen Betrag von 100,00 € (gegebene Mittel) zur freien Verfügung. Mit diesem Geld versucht er, sich möglichst viele Wünsche zu erfüllen.	**Privatperson**	Ein Auszubildender benötigt für den Berufsschulunterricht einen Taschenrechner. Er macht Preisvergleiche unter gleichwertigen Angeboten und entscheidet sich für den preisgünstigsten.
Ein Unternehmen hat das Ziel, mit den vorhandenen Mitteln (Einrichtungen, Personal, Produktionsstätten) einen größtmöglichen Gewinn zu erzielen (Gewinnmaximierung).	**Unternehmen**	Ein Unternehmen hat das Ziel, den Umsatz des letzten Jahres zu erreichen. Die Kosten (für Material, Personal usw.) sollen dabei möglichst gering gehalten werden (Kostenminimierung).
Zumeist sind für die einzelnen Ressorts einer Landesregierung die Etats für ein Jahr aufgrund des Haushaltes der Landesregierung fest vorgegeben. Mit einem gegebenen Etat versucht z. B. das Bildungsministerium eines Landes, optimale Rahmenbedingungen für die allgemeine und berufliche Bildung zu schaffen.	**Staat**	Eine Gemeinde will ein neues Hallenbad bauen lassen. Mithilfe einer Ausschreibung, in der der gesamte Leistungsumfang vorgegeben ist, versucht sie, dasjenige Bauunternehmen herauszufinden, welches die Leistung zum niedrigsten Preis anbietet.

1 Welche Aussage gibt die richtige Definition des folgenden Begriffes wieder? ______ 5

Substitutionsgüter sind ...

(1) ... Güter, die mehrmals und über einen längeren Zeitraum genutzt werden.

(2) ... Güter von unterschiedlicher Art und unterschiedlichem Nutzen.

(3) ... Güter, die sich gegenseitig ergänzen.

(4) ... Güter, die der Bedürfnisbefriedigung der privaten Haushalte dienen.

(5) ... Güter, die sich gegenseitig ersetzen.

2 Welche der folgenden Aussagen trifft vollständig zu? ______ 3

Komplementärgüter ...

(1) ... nennt man auch Investitionsgüter.

(2) ... können in Bezug auf den Nutzen durch andere Güter ausgetauscht werden.

(3) ... ergänzen sich gegenseitig.

(4) ... sind Güter, die nach einmaligem Gebrauch nicht mehr zu verwenden sind.

(5) ... nennt man auch Konsumgüter.

3 Bei welchem der unten stehenden Güterpaare handelt es sich um Substitutionsgüter? ______ 2

(1) Warenregal/Waren

(2) Straßenkarte/Navigationssystem

(3) Video-Überwachungsanlage/Arbeitszeit-Erfassungssystem

(4) Handy/Ladekabel für Handy

(5) Druckbleistift/Mine

4 Das ökonomische Prinzip kann in zwei Ausprägungen beschrieben werden:

(1) Minimalprinzip
(2) Maximalprinzip

Ordnen Sie diese Arten des ökonomischen Prinzips den folgenden Aussagen zu.

Tragen Sie eine (9) ein, wenn eine Zuordnung nicht sinnvoll erscheint.

a. Mit geringst möglichen Mitteln einen optimalen Erfolg erzielen. ______ 9

b. Mit gegebenen Mitteln den größtmöglichen Erfolg erzielen. ______ 2

c. Mit geringsten Mitteln einen gegebenen Erfolg erzielen. 1

5 Kennzeichnen Sie nachstehende Fälle mit einer

(1), wenn es sich um ein Vorgehen nach dem Minimalprinzip handelt,

(2), wenn es sich um ein Vorgehen nach dem Maximalprinzip handelt,

(3), wenn es sich weder um ein Vorgehen nach dem Minimal- noch nach dem Maximalprinzip handelt.

a. Ein Unternehmen wirtschaftet mit niedrigen Kosten. ______ 1

b. Markenware soll mit der größtmöglichen Gewinnspanne verkauft werden. ______ 2

c. Mit möglichst wenig Mitarbeitern soll ein maximaler Umsatz erzielt werden. ______ 3

d. Mit einem festgelegten Werbeetat sollen möglichst viele Kunden erreicht werden. ______ 2

e. Aus mehreren Angeboten einer bestimmten Ware wählt man das teuerste aus. ______ 3

f. Beim Kauf eines Auslieferungsfahrzeuges wählt man aus mehreren gleichwertigen Fabrikaten das Fahrzeug mit dem geringsten Benzinverbrauch aus. ______ 1

6 Eine wirtschaftliche Handlungsweise kann dann erklärt werden, wenn bestimmte Grundbegriffe definiert sind. Zu diesen Grundbegriffen der Wirtschaft zählen Bedürfnis, Bedarf und Nachfrage.

Welche der folgenden Aussagen trifft auf den Begriff Bedarf zu? ______

(1) Dieser Begriff wird dann verwendet, wenn der Verbraucher Güter konsumiert.

(2) Der Begriff deckt den Teil der Güter ab, der die Wünsche des Verbrauchers so weit konkretisiert, dass er beabsichtigt, diese Güter zu konsumieren.

(3) Dieser Begriff kennzeichnet das persönliche Mangelempfinden. Der Mensch ist bestrebt, den Mangel aufzuheben und (das/den/die) ... zu befriedigen.

(4) Wenn der Verbraucher am Markt nachfragt, muss er dafür einen entsprechenden Gegenwert leisten.

(5) Dieser Begriff gibt den Anteil dessen wieder, was der Verbraucher am Markt nachfragt.

7 In der Volkswirtschaftslehre gibt es grundlegende Überlegungen dazu, warum Menschen wirtschaftlich handeln.

Welche der unten stehenden Aussagen zu dieser Thematik trifft nicht zu? ______ 6

Tragen Sie eine (6) ein, wenn alle Aussagen richtig sind.

(1) Jeder Mensch hat eine Vielzahl von individuellen Wünschen.

(2) Der einzelne Mensch hat aber i. d. R. nur begrenzte Kaufmittel zur Verfügung.

(3) Er kann sich deshalb auch nur einen Teil dieser Wünsche erfüllen.

(4) Dieses Spannungsverhältnis zwingt ihn dazu, die Knappheit seiner Kaufmittel möglichst so einzusetzen, dass er eine größtmögliche Zufriedenheit erlangt.

(5) Dieses Verhalten wird als Wirtschaften bezeichnet.

Was ist ein Markt?

Jeden Ort, an dem Güter und Dienstleistungen angeboten und nachgefragt werden, bezeichnet man als Markt.

- ▷ Der Markt setzt das Zusammentreffen von kaufkräftiger Nachfrage und lieferfähigem Angebot voraus.
- ▷ Am Markt findet der Ausgleich zwischen Angebot und Nachfrage statt.
- ▷ Der Markt ist der Ort, an dem sich als Ergebnis des Marktgeschehens ein Preis bildet.

Nach welchen Gesichtspunkten können Märkte aufgeteilt werden?

Unterscheidung nach der Güterart	Unterscheidung nach dem Organisationsgrad	Unterscheidung nach den Zugangsmöglichkeiten
▷ **Faktormärkte** – Arbeitsmarkt – Kapitalmarkt ▷ **Gütermärkte** – Sachgütermarkt – Dienstleistungsmarkt	▷ **organisierte Märkte,** die an Ort und Zeit gebunden sind ▷ **nicht organisierte Märkte,** die nicht an feste Zeiten oder einen Ort gebunden sind	▷ **offener Markt** Jede Person kann an diesem Markt teilnehmen. ▷ **geschlossener Markt** Zugang ist durch bestimmte Beschränkungen behindert oder ausgeschlossen.

Unterscheidung nach der Vollkommenheit des Marktes	
▷ vollkommener Markt – Gleichartigkeit von Gütern – Fehlen jeglicher Präferenzen (Vorzüge) in Bezug auf Personen, Zeit und Raum – vollständige Marktübersicht für Anbieter und Nachfrager	▷ **unvollkommener Markt** Dem unvollkommenen Markt fehlen eine oder mehrere Bedingungen des vollkommenen Marktes. Unvollkommene Märkte sind heute die Regel, da auf nahezu allen Konsumgütermärkten, z. B. durch Werbung, Präferenzen geschaffen werden.

Beschreiben Sie den Zusammenhang von Nachfrage, Angebot und Preis.

Angebot		Nachfrage
Das Angebot ist die Absicht einer Person, eine bestimmte Menge eines bestimmten Gutes dann zu verkaufen, wenn der Preis dafür mindestens eine Höhe erreicht hat, die mit seinen Vorstellungen übereinstimmt. Die Summe der Angebote eines Gutes macht das Gesamtangebot aus.	← **Markt** →	Die Nachfrage ist die Absicht einer Person, eine bestimmte Menge eines Gutes dann zu kaufen, wenn der Preis für dieses Gut so niedrig ist, dass er den Vorstellungen dieser Person entspricht. Die Summe der individuellen Nachfragen nach einem Gut stellt die Nachfrage nach diesem Gut dar.
Bestimmungsfaktoren des Angebotes:		**Bestimmungsfaktoren der Nachfrage:**
▷ **Preis des angebotenen Gutes** Je höher der Preis für ein Gut ist, desto größer wird die Bereitschaft des Anbieters sein, das Gut zu verkaufen. ▷ **Preise der Produktionsfaktoren** Die untere Grenze, die ein Anbieter akzeptieren kann, sind die Produktionskosten für die Herstellung eines Gutes. Kann der Preis die Kosten nicht mehr decken, wird der Anbieter nicht mehr bereit sein, das Gut anzubieten. ▷ **Preise der übrigen Güter** Die Preisentwicklung bei anderen Gütern beeinflusst das Angebot der Betriebe. Das gilt besonders für Güter, die zu dem angebotenen Gut eine bestimmte Beziehung haben. Steigen z. B. die Preise für Teppichböden sehr stark, wird ein Anbieter von Parkettfußboden sein Angebot ausdehnen, weil er damit rechnet, dass die Konsumenten auf Parkettfußboden ausweichen. ▷ **Stand des technischen Wissens** Je höher der Technologievorsprung eines Anbieters ist, desto größer wird sein Angebot sein, weil er damit seine Produkte insgesamt kostengünstiger herstellen kann. ▷ **Gewinnerwartungen** Bestehen bei einem Gut hohe zukünftige Gewinnchancen, wird ein Anbieter in diesem Markt investieren. Die Folge ist ein erhöhtes Angebot.		▷ **Preis des nachgefragten Gutes** Je niedriger der Preis für ein Gut ist, desto eher wird der Nachfrager bereit sein, dieses Produkt zu kaufen. Dieses Verhalten gilt jedoch nur, soweit man dem Nachfrager rationales Verhalten unterstellt. Bei einer Reihe von Gütern wird der Preis überhaupt keine Rolle spielen, weil die Nachfrager eine bestimmte Menge des Gutes unbedingt benötigen (lebenswichtige Güter). Bei anderen Gütern wiederum wird es für bestimmte Nachfrager erst dann interessant, wenn der Preis des Gutes besonders hoch ist (z. B. Designer-Möbel). ▷ **Konsumsumme** Jeder Nachfrager hat nur einen begrenzten Teil seines Einkommens, das er konsumieren kann. Steigt das Einkommen, kann der Nachfrager sich „mehr leisten", sinkt das Einkommen hingegen, muss er auf Güter verzichten. Dies wirkt sich jedoch zumeist nicht bei den Gütern aus, die der Nachfrager in jedem Falle erwerben muss oder die er nur in begrenzter Menge benötigt. ▷ **Preise der anderen Güter** Preisveränderungen bei einigen Gütern wirken sich unmittelbar auf die zur Verfügung stehende Summe für andere Güter aus. Steigen z. B. die Preise für Mieten und Grundnahrungsmittel, bleiben dem Haushalt weniger Mittel, um Güter des gehobenen Bedarfs zu erwerben.

1 Prüfen Sie die folgenden Aussagen.

Kennzeichnen Sie

zutreffende Aussagen mit einer (1),
nicht zutreffende Aussagen mit einer (9).

a. Der Markt ist der Ort, an dem Anbieter und Nachfrager mit ihren Gütern aufeinandertreffen. 1

b. Das Ergebnis des ökonomischen Geschehens auf einem Markt ist der Preis. 1

c. Die Nachfrager wollen auf dem Markt ihren Konsumplan mit einem möglichst hohen Gewinn realisieren. 9

d. Jeder Markt ist in seiner Grundstruktur darauf angelegt, einen Wettbewerb zwischen den Marktteilnehmern zu erzeugen. 1

e. Ein Wochenmarkt unterliegt im Prinzip den gleichen Marktgesetzen wie die Börse. 1

f. Angebot und Nachfrage auf einem bestimmten Markt unterliegen den gleichen Einflussfaktoren. 9

2 Angebot und Nachfrage unterliegen verschiedenen Einflussgrößen. Ordnen Sie zu:

(1) Bestimmungsfaktor des Angebotes,
(2) Bestimmungsfaktor der Nachfrage,
(3) Bestimmungsfaktor, der sich sowohl auf die Nachfrage als auch auf das Angebot auswirkt.

Tragen Sie eine (9) ein, wenn sich die genannte Größe weder auf das Angebot noch auf die Nachfrage auswirkt.

a. Preis eines Gutes 3

b. Preise der Produktionsfaktoren 1

c. Stand des technischen Wissens 1

d. Konsumsumme 2

e. Preise anderer Güter 3

f. Gewinnerwartungen 1

g. Kapazitätsauslastung 9

3 Welche der nachstehend aufgeführten Bedingungen ist kein Bestimmungsfaktor des Angebotes? 4

(1) Preise der Produktionsfaktoren

(2) Preise der übrigen Güter

(3) Stand des technischen Wissens

(4) Höhe der Leitzinsen

(5) Gewinnerwartungen der Anbieter

4 Die Preisbildung auf einem vollkommenen Markt vollzieht sich unter bestimmten Voraussetzungen. Entscheiden Sie, ob unten stehende Merkmale

(1) zu den Voraussetzungen eines vollkommenen Marktes gehören,
(9) nicht zu den Voraussetzungen eines vollkommenen Marktes gehören.

a. Gleichartigkeit der Güter 1

b. Geringe Anzahl von Anbietern 9

c. Marktübersicht 1

d. Marktforschung 9

5 Prüfen Sie die folgenden Aussagen.
Kennzeichnen Sie

zutreffende Aussagen mit einer (1),
nicht zutreffende Aussagen mit einer (9).

a. Je niedriger der Preis eines Gutes ist, desto eher wird der Nachfrager bereit sein, dieses Gut zu kaufen. 1

b. Je höher der Preis eines Gutes ist, desto eher wird der Konsument bereit sein, das Komplementärgut zu kaufen. 9

c. Je niedriger der Preis eines Gutes ist, desto eher werden die Haushalte bereit sein, das Substitutionsgut zu kaufen. 9

d. Je größer das Einkommen eines Haushaltes ist, desto eher wird dieser bereit sein, bei gleichbleibendem Preis eine höhere Menge eines Gutes zu kaufen. 1

e. Steigt der Preis eines Gutes G1, so wird der Haushalt eine geringere Menge des hierzu indifferenten Gutes G2 kaufen. 9

6 Welche der nachstehend aufgeführten Bedingungen ist kein Bestimmungsfaktor der Nachfrage? 2

(1) Preis des nachgefragten Gutes

(2) Zinssatz für kurzfristige Kredite

(3) Konsumsumme

(4) Preise der anderen Güter

7 Kennzeichnen Sie unten stehende Aussagen mit

(1), wenn diese zutreffend sind,
(9), wenn diese nicht zutreffend sind.

a. Zu den Faktormärkten gehören der Kapitalmarkt, der Arbeitsmarkt, der Immobilienmarkt und der Konsumgütermarkt. 9

b. Bei einem geschlossenen Markt ist einer bestimmten Anzahl von Marktteilnehmern der Zugang durch gewisse Beschränkungen versagt. 1

c. Als nicht organisierte Märkte bezeichnet man solche Märkte, die nicht an Zeit und Ort gebunden sind. 1

Stellen Sie die Angebotskurve und die Nachfragekurve dar. Erläutern Sie den Begriff der „Elastizität“.

Angebotskurve: grafische Darstellung des Angebots
- ▷ Sinkt der Preis, dann sinkt auch das Angebot.
- ▷ Steigt der Preis, dann steigt auch das Angebot.

Nachfragekurve: grafische Darstellung der Nachfrage
- ▷ Sinkt der Preis, dann steigt die Nachfrage.
- ▷ Steigt der Preis, dann sinkt die Nachfrage.

Die Elastizität von Nachfrage und Angebot drückt aus, welche Mengenänderung auf eine Änderung des Preises erfolgt.
- ▷ Normale Elastizität: Die Mengenänderung verhält sich proportional zur Preisentwicklung.
- ▷ Hohe Elastizität: Die Mengenänderung verhält sich zu einer Preisänderung überproportional.
- ▷ Niedrige Elastizität: Die Mengenänderung verhält sich zu einer Preisänderung unterproportional.

Beschreiben Sie die Merkmale des vollkommenen und des unvollkommenen Marktes.

Vollkommener Markt	Unvollkommener Markt
Der vollkommene Markt ist ein Modell, in dem das Verhalten der Anbieter und Nachfrager eines Marktes genau untersucht werden kann. Annahmen: ▷ Die gehandelten Güter sind homogen, d. h. nicht unterscheidbar und außerdem beliebig teilbar. ▷ Es gibt keine räumliche Ausdehnung des Marktes, d. h., alle möglichen Nachfrager haben jederzeit freien Zugang zu diesem Markt (Punktmarkt). ▷ Die Marktteilnehmer verfügen über eine lückenlose Marktkenntnis (vollkommene Markttransparenz). ▷ Es wird eine hohe Anpassungsgeschwindigkeit der Marktteilnehmer an Veränderungen bei Preisen und Mengen unterstellt. ▷ Alle Marktteilnehmer handeln rational. ▷ Auf einem vollkommenen Markt herrscht für jedes Gut zu jedem Zeitpunkt nur ein Marktpreis.	Kaum eine der Bedingungen des vollkommenen Marktes entspricht der Realität: ▷ Es gibt nur wenige Güterarten, die völlig homogen sind (z. B. Zement). Jeder Anbieter versucht, sein Produkt von dem der Konkurrenz abzugrenzen. ▷ Nahezu alle Märkte haben eine räumliche Ausdehnung. Punktmärkte wie die Börse sind sehr selten. ▷ Eine vollständige Marktübersicht für alle Marktteilnehmer ist wirtschaftlich unmöglich. ▷ Kein Marktteilnehmer kann sich mit „unendlich hoher Geschwindigkeit“ an den Markt anpassen. ▷ Die meisten Verbraucher lassen sich unterschwellig durch Werbung und Produktdesign beeinflussen. ▷ Aktive Preisgestaltung der Anbieter sorgt dafür, dass fast jedes Gut zu unterschiedlichen Preisen angeboten wird.

Erläutern Sie die Marktpreisbildung.

Mithilfe des Modells der Preisbildung lassen sich die grundlegenden Zusammenhänge zwischen Angebot, Nachfrage und Preisbildung verdeutlichen. Die Aussagen zu diesem Modell treffen jedoch nur auf die Bedingungen des vollkommenen Marktes zu.

Je höher der Preis, desto geringer ist die nachgefragte Menge (Nachfragekurve).
Je höher der Preis, desto größer ist die angebotene Menge (Angebotskurve).

- ▷ Bei einem hohen Preis von 70,00 EUR wird zwar eine große Menge (350 Stück) angeboten, aber zu diesem Preis gibt es nur eine Nachfrage von 150 Stück (Angebotsüberhang/Käufermarkt).
- ▷ Bei einem niedrigen Preis von 20,00 EUR wird eine große Menge (400 Stück) nachgefragt, aber zu diesem Preis werden nur 100 Stück angeboten (Nachfrageüberhang/Verkäufermarkt).
- ▷ Die größtmögliche Menge wird bei einem Preis von 50,00 EUR am Markt umgesetzt. Einem Angebot von 250 Stück steht eine Nachfrage von 250 Stück gegenüber. Diesen Preis bezeichnet

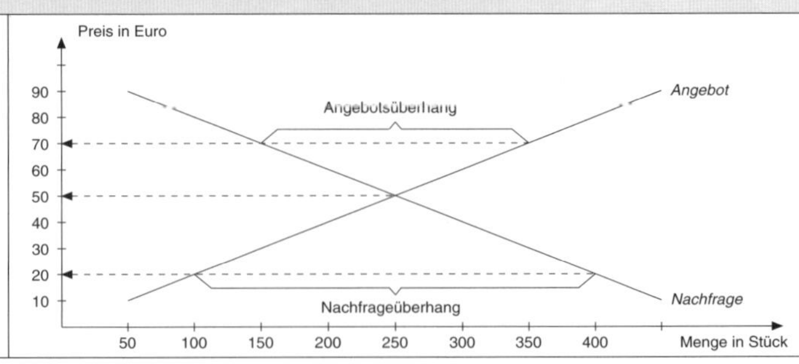

Welche Funktionen erfüllt der Marktpreis?

Lenkungsfunktion	Niedrige Preise zeigen den Unternehmern, dass es sich nicht mehr lohnt, die Produktionsfaktoren in diesem Markt einzusetzen. Umgekehrt zeigen hohe Preise lohnende Märkte auf.
Ausgleichsfunktion	Die Nachfrager wollen mit den Gütern ihr Nutzenmaximum verwirklichen, die Anbieter streben nach dem Gewinnmaximum. Diese gegensätzlichen Interessen werden über den Marktpreis ausgeglichen.
Anreizfunktion	Die Preise für die Produktionsfaktoren stellen ein Anreizsystem für die Anbieter von Produktionsfaktoren dar.

1 Überprüfen Sie unten stehende Aussagen zum vollkommenen Markt und zur Preisbildung auf diesem Markt auf ihre Richtigkeit.

Tragen Sie eine

(1) ein, wenn die Aussage zutreffend ist,
(9) ein, wenn die Aussage nicht zutreffend ist.

a. Der Marktpreis wird ausschließlich von den Nachfragern bestimmt. ______ [9]

b. Der Gleichgewichtspreis ist der Preis, bei dem die angebotene Menge gleich der nachgefragten Menge ist. ______ [1]

c. Die angebotene Menge ist umso größer, je niedriger der Preis ist. ______ [9]

d. Liegt der Preis unterhalb des Gleichgewichtspreises, spricht man von einem Nachfrageüberschuss. ______ [1]

e. Liegt der Preis oberhalb des Gleichgewichtspreises, spricht man von einem Verkäufermarkt. ______ [9]

f. Je größer der Angebotsüberschuss, desto größer die Menge, die am Markt umgesetzt wird. ______ [9]

g. Die Bedingungen des vollkommenen Marktes treffen in der Realität für fast alle im Einzelhandel angebotenen Waren zu. ______ [9]

2 Ordnen Sie die Ziffern in der folgenden Skizze den unten stehenden Begriffen zu.

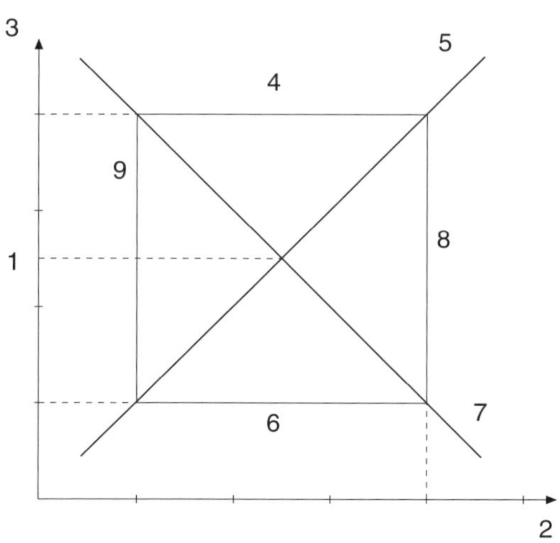

a. Nachfragekurve ______ [7]

b. Angebotskurve ______ [5]

c. Nachfrageüberhang ______ [6]

d. Angebotsüberhang ______ [4]

e. Gleichgewichtspreis ______ [1]

f. Käufermarkt ______ [4]

g. Verkäufermarkt ______ [6]

3 Der Preis eines Gutes ändert sich von 2,50 EUR auf 2,25 EUR. Daraufhin steigt die Gesamtnachfrage von 500 000 Stück auf 525 000 Stück.

Berechnen Sie die Elastizität der Nachfrage. [0,5]

4 Welche der nachstehenden Bedingungen ist keine Voraussetzung eines vollkommenen Marktes? ______ [ ]

(1) Gleichartigkeit der Güter

(2) räumliche Ausdehnung des Marktes

(3) Markttransparenz

(4) Handeln nach dem Rationalprinzip

(5) hohe Anpassungsgeschwindigkeit der Marktteilnehmer

5 In welchen der unten stehenden Situationen sind

(1) persönliche Präferenzen,
(2) zeitliche Präferenzen,
(3) räumliche Präferenzen

beschrieben?

Tragen Sie eine (9) ein, wenn keine Präferenzen gegeben sind.

a. Ein Einzelhändler kauft trotz höherer Preise bei einem Lieferanten, mit dem er schon seit langer Zeit zusammenarbeitet. ______ [ ]

b. Ein älterer Kunde besorgt seine Lebensmittel in einem Tante-Emma-Laden, da er keine Möglichkeit hat, zum nächsten Supermarkt zu fahren. ______ [ ]

c. Der Kaufinteressent für einen bestimmten Typ einer Automarke vergleicht die Preise vieler Händler und entscheidet sich für das günstigste Angebot. ______ [ ]

d. Aufgrund der sehr früh einsetzenden kalten Witterung ordert ein Textileinzelhändler Mäntel bei dem Lieferanten mit der kürzesten Lieferfrist, obwohl die Waren erheblich teurer sind. ______ [ ]

6 Ordnen Sie die folgenden Marktbedingungen den unten stehenden Beschreibungen von Marktsituationen zu.

(1) Homogenität der Produkte
(2) Markttransparenz
(3) Rationalprinzip
(4) räumliche Präferenzen
(5) zeitliche Präferenzen
(6) persönliche Präferenzen

a. Eine Tankstelle bietet rund um die Uhr neben Benzin auch Lebensmittel an. Diese sind allerdings erheblich teurer als im Supermarkt. ______ [ ]

b. Eine pfiffige Werbung hat dazu geführt, dass ein bestimmter Schokoriegel häufiger gekauft wird als das Produkt der Konkurrenz, das 20 % billiger ist. ______ [ ]

c. Auf einem Wochenmarkt sind Anbieter und Nachfrager genauestens über die Angebotspreise informiert. ______ [ ]

d. Eine Hausfrau benötigt Weizenmehl (Typ 405). Im Regal des Supermarktes stehen Packungen von drei verschiedenen Firmen. ______ [ ]

e. Ein Hotel im Sauerland hat eine herrliche Lage mit Blick auf das Rothaargebirge. Der Wirt verlangt ca. 20 % höhere Preise als vergleichbare Hotels. ______ [ ]

f. Einige Nachfrager gehen erst sehr spät auf den Wochenmarkt, da sie wissen, dass gegen Ende der Veranstaltung die Preise sinken. ______ [ ]

Welche Aufgaben erfüllen Betriebe?

Leistungserstellung (Produktion)	Leistungsverwertung (Absatz)
Durch den Einsatz der Produktionsfaktoren erzeugen Betriebe diejenigen Sachgüter und Dienstleistungen, die der Befriedigung der menschlichen Bedürfnisse dienen.	Über den Absatzmarkt werden diese Güter den anderen Wirtschaftseinheiten (Betriebe und Haushalte) zur Verfügung gestellt.

Eine Systematisierung der vielen verschiedenen Betriebe nach dem Sachziel *(„Was wird produziert?")* führt zu einer Unterscheidung in fünf Teilbereiche der Wirtschaft, die man auch als **Sektoren der Wirtschaft** bezeichnet.

Primärer Sektor (Urerzeugung)	**Sekundärer Sektor** (Weiterverarbeitung)	**Tertiärer Sektor** (Handel und Dienstleistungen)	**Quartärer Sektor** (öffentliches Gemeinwesen)	**Quintärer Sektor**
Rohstoff- und Energiegewinnung ▷ Land- und Forstwirtschaft/Fischerei ▷ Bergbau ▷ Ölgewinnung ▷ Gasgewinnung	Industrie ▷ Grundstoffe ▷ Investitionsgüter ▷ Konsumgüter Handwerk	Handel (Groß- und Einzelhandel, Außenhandel) Dienstleistungen ▷ Kreditgewerbe ▷ Versicherungen ▷ Verkehr/Nachrichten	Einrichtungen ▷ des Bundes ▷ der Länder ▷ der Kommunen	Als fünften Sektor bezeichnet man die **Haushalte**. Alle fünf Sektoren zusammen bilden die Gesamtwirtschaft.

Erläutern Sie den Unterschied zwischen erwerbswirtschaftlichen und gemeinwirtschaftlichen Betrieben.

erwerbswirtschaftliche Betriebe	gemeinwirtschaftliche Betriebe
Sie werden von privaten Inhabern betrieben. Sie wirtschaften vorwiegend mit dem Ziel, aus den am Markt erzielten Erlösen abzüglich der dafür aufgewendeten Kosten einen möglichst hohen Gewinn zu erzielen **(Gewinnmaximierung)**, aus dem sie ihren Lebensunterhalt bestreiten und den Betrieb durch zusätzliche Investitionen erweitern. Gesamtwirtschaftlich gesehen erfüllt der Gewinn drei Hauptaufgaben: ▷ Die Motivationsfunktion des Gewinns liegt darin, dass ein Anreiz zur Leistung gegeben werden soll. ▷ Die Signalfunktion soll den privaten Investoren aufzeigen, in welchen Bereichen sich aktuell der Einsatz von Kapital lohnt. ▷ Die Lenkungsfunktion des Gewinns soll Produktionsfaktoren in die Bereiche lenken, in denen der Einsatz am lohnendsten erscheint.	Sie orientieren sich an den Bedürfnissen der Gemeinschaft. Sie müssen zu angemessenen Preisen einen Bedarf an Gütern oder Dienstleistungen decken. Dementsprechend lassen sich drei mögliche Zielsetzungen von gemeinwirtschaftlichen Betrieben unterscheiden: ▷ **Bedarfsdeckung** als Zielsetzung beinhaltet die Bereitstellung von Leistungen, unabhängig davon, ob deren Kosten nicht oder nur zu einem Teil von den Abnehmern bezahlt werden können (soziale Einrichtungen, Museen, Theater, Schwimmbäder). ▷ **Kostendeckung** streben gemeinwirtschaftliche Betriebe an, die als gemeinnützig anerkannt sind. ▷ **Kosten- bzw. Verlustminimierung** streben Betriebe an, deren Leistungen im öffentlichen Interesse sind, die aber zu kostendeckenden Preisen nicht anbieten können (Nahverkehrsbetriebe).

Erklären Sie anhand von Beispielen wirtschaftliche Zielsetzungen.

Ziel:	Erklärung:	*Beispiel:*
Rentabilität	Rentabilität ist das Verhältnis zwischen dem erzielten Gewinn und dem jeweils eingesetzten Kapital, ausgedrückt in Prozent. $= \frac{\text{Gewinn} \cdot 100}{\text{eingesetztes Kapital}}$	*Ein Unternehmer hat ein Eigenkapital von 500 000,00 EUR in seinem Einzelhandelsunternehmen. Er erzielt in einem Jahr einen Gewinn von 75 000,00 EUR. Das entspricht einer Eigenkapitalrentabilität von 15 %.*
Wirtschaftlichkeit	Wirtschaftlichkeit ist das Verhältnis zwischen dem Ertrag einer Leistung und dem dafür verwendeten Aufwand. $= \frac{\text{Wert der Leistung in Euro}}{\text{Kosten des Einsatzes in Euro}}$	*Ein Einzelhandelsbetrieb erzielt in einem Monat einen Umsatz von 598 500,00 EUR. Die Kosten betragen 570 000,00 EUR. Die Wirtschaftlichkeitskennziffer beträgt 1,05.*
Produktivität	Produktivität ist das Verhältnis von betrieblicher Ausbringungsmenge *(Output)* zur betrieblichen Einsatzmenge *(Input)*. $= \frac{\text{mengenmäßige Ausbringung}}{\text{mengenmäßiger Einsatz}}$	*Fünf Kassiererinnen eines Einzelhandelsgeschäftes erbringen eine Leistung von 1 250 Kassenabrechnungen pro Tag. Ihre durchschnittliche Produktivität liegt damit bei 250 Abrechnungen je Kassiererin.*

1 Die volkswirtschaftliche Arbeitsteilung beschreibt die Aufteilung der wirtschaftlichen Tätigkeiten in einzelne Wirtschaftsbereiche. Kennzeichnen Sie unten stehende Unternehmen mit einer

(1), wenn sie dem primären Sektor,
(2), wenn sie dem sekundären Sektor,
(3), wenn sie dem tertiären Sektor

zuzurechnen sind.

a. Tierhandlung ☐
b. Fahrrad-Hersteller ☐
c. Sägewerk ☐
d. Reisebüro ☐
e. landwirtschaftlicher Betrieb ☐
f. Kreditinstitut ☐
g. Mineralölraffinerie ☐
h. Diskothek ☐
i. Hochseefischerei ☐

2 Welche der folgenden Aussagen trifft nicht zu? ☐

(1) Erwerbswirtschaftliche Betriebe werden zumeist von privaten Inhabern betrieben.

(2) Kostendeckung bedeutet, dass alle Kosten, die in einem Betrieb entstehen, durch die Preise gedeckt sein müssen.

(3) Gemeinwirtschaftliche Betriebe orientieren sich vorwiegend an den Bedürfnissen der Gemeinschaft.

(4) Bedarfsdeckung als Zielsetzung ist für alle Betriebe vorrangig, unabhängig davon, ob es sich um gemeinnützige oder erwerbswirtschaftliche Betriebe handelt.

(5) Verlustminimierung streben die Betriebe an, deren Leistungen im öffentlichen Interesse stehen, die aber zu kostendeckenden Preisen nicht anbieten können.

3 Um welche Betriebe handelt es sich in den unten stehenden Beispielen?

Ordnen Sie eine

(1) zu, wenn es sich um erwerbswirtschaftliche Betriebe handelt,
(2) zu, wenn es sich um gemeinwirtschaftliche Betriebe handelt.

a. Museum für Völkerkunde, Bremen ☐
b. Reimer Helms OHG, Gartenbaubetrieb ☐
c. Hotel Stadt Bremen, Berlin ☐
d. Stadtsparkasse, Eberswalde ☐
e. Nahverkehrsbetriebe, Cottbus ☐

4 Gesamtwirtschaftlich gesehen erfüllt der Gewinn drei Hauptaufgaben:

(1) Motivationsfunktion
(2) Signalfunktion
(3) Lenkungsfunktion

Ordnen Sie den folgenden Sachverhalten zu, welche Rolle der Gewinn in diesen Beispielen vorwiegend spielt, indem Sie die Ziffer vor der zutreffenden Funktion in das entsprechende Kästchen eintragen.

a. Richard Osebold ist Geschäftsführer einer großen Bauunternehmung. Er sieht langfristig gute Gewinnchancen in dem Markt für die Sanierung von Altbauten. ☐

b. Christian Stock gründet eine Anwaltskanzlei. In den ersten drei Jahren der Gründungsphase muss er 70 Stunden pro Woche arbeiten, um seiner Kanzlei eine befriedigende Ausgangsbasis zu verschaffen. ☐

c. Jochen Althoff ist Produktmanager eines Lebensmittelherstellers. Er betreibt für sein Unternehmen den Rückzug aus dem Markt für Fertigsuppen, weil hier kaum noch etwas zu verdienen ist. Die freien Kapazitäten des Unternehmens sollen dagegen auf die Herstellung von Fertiggerichten für Singles konzentriert werden. ☐

d. Claudia Stelter ist Buchhändlerin. Sie will ihr Angebot um Bild- und Tonträger erweitern, weil immer mehr Kunden danach fragen. ☐

5 Welche der folgenden Begriffsbestimmungen zur Rentabilität trifft zu? ☐

(1) Rentabilität ist das Verhältnis zwischen dem eingesetzten Kapital und den erzielten Umsatzerlösen, ausgedrückt in Prozent.

(2) Rentabilität ist das Verhältnis zwischen dem erzielten Gewinn und dem jeweils eingesetzten Kapital, ausgedrückt in Prozent.

(3) Rentabilität ist das Verhältnis zwischen den Umsatzerlösen und dem davon verbliebenen Gewinn, ausgedrückt in Prozent.

(4) Rentabilität ist das Verhältnis zwischen dem Ertrag, den eine Leistung erbringt, und dem dafür verwendeten Aufwand, ausgedrückt in Prozent.

6 Für ein Einzelhandelsunternehmen liegen aus dem vergangenen Geschäftsjahr folgende Zahlen vor:

Eigenkapital:	450 000,00 EUR
Erträge:	6 300 000,00 EUR (= Umsatz)
Aufwendungen:	6 210 000,00 EUR
Anzahl Mitarbeiter:	70

Berechnen Sie …

a. … die Rentabilität des Eigenkapitals in Prozent. ☐

b. … die Wirtschaftlichkeit des Unternehmens (auf drei Stellen nach dem Komma runden). ☐

c. … die Produktivität der Mitarbeiter, ausgedrückt in Umsatz je Mitarbeiter in Euro. ☐

Stellen Sie ökonomische und ökologische Zielsetzungen gegenüber. Welche Zielkonflikte können sich daraus ergeben?

Ökonomie	Ökologie
ist die Gesamtheit aller Wechselbeziehungen, die sich aus dem Zusammenwirken der Wirtschaftssubjekte ergeben.	ist die Gesamtheit aller Wechselbeziehungen zwischen den Lebewesen der Erde und ihrer Umgebung.
Angestrebte Ziele: ▷ hoher Wohlstand für die gesamte Gesellschaft ▷ Handeln nach dem ökonomischen Prinzip ▷ Anwendung des Gesetzes der Massenproduktion zur Senkung von Kosten ▷ Wettbewerb zwischen den Wirtschaftssubjekten	Angestrebte Ziele: ▷ ausgeglichener Haushalt der Natur und stabile gesellschaftliche Verhältnisse ▷ kleine Produktionseinheiten und dezentrale Entscheidungen statt Großproduktion und Zentralismus ▷ Leben im Einklang mit der Natur

Zielkonflikte
zwischen ökonomischen Notwendigkeiten und ökologischen Anforderungen

▷ Bei der Produktion werden Rohstoffe und Energie benötigt.	▷ Die Vorräte an Rohstoffen und Energieträgern sind begrenzt.
▷ Der Transport von Gütern ist eine Voraussetzung des nationalen und internationalen Handels. Die Herstellung von Produkten sowie der Gütertransport setzten den Verbrauch von Energie voraus. Bei der Herstellung von Energie (z. B. Verbrennung von Öl oder Kohle) und bei dem direkten Verbrauch von Energieträgern (z. B. in Kraftfahrzeugen) werden Schadstoffe erzeugt, die in die Umwelt gelangen.	▷ In der Bundesrepublik Deutschland werden jährlich mehrere Mio. t Emissionen an die Luft abgegeben. Emissionen wie Kohlendioxid und Spurengase führen weltweit zur Aufheizung der Erdatmosphäre (Treibhauseffekt). Das hat langfristig folgende Konsequenzen: Abschmelzung der Polareiskappen, Flutkatastrophen, Vernichtung von Anbauflächen, klimatisch bedingte Katastrophen wie Dürre etc.
▷ Die arbeitsteilige Herstellung von Gütern und deren Transport zum Endverbraucher verlangt eine entsprechende Verpackung. Für die meisten Hersteller von Waren ist es zu aufwendig, Mehrwegverpackungen einzusetzen.	▷ Der Verpackungsmüll sowie diejenigen Güter, die die Haushaltungen nicht mehr benötigen, müssen kommunal auf Müllhalden entsorgt werden. Von solchen Müllhalden gehen zukünftige Gefahren für die Umwelt aus.
▷ Neue landwirtschaftliche Anbauflächen können durch die Rodung von Regenwäldern gewonnen werden, alte Anbauflächen durch Großplantagen extensiver genutzt werden.	▷ Die Regenwälder sind ein Stabilisierungsfaktor des globalen Klimas. Sie sammeln Feuchtigkeit, reinigen die Luft von Schadstoffen und sorgen mit für das klimatische Gleichgewicht.

Welche Lösungen werden zur Bewältigung des Konflikts zwischen Ökonomie und Ökologie diskutiert?

Mögliche Lösungen:	*Politische Entscheidungen und menschliche Verhaltensweisen*
▷ Einsparung von Rohstoffen: Durch den Einsatz von Analysetechniken bereits während der Entwicklungs- und Konstruktionsphase (z. B. Wertanalyse) können Rohstoffe einerseits in der absoluten Menge eingespart werden und andererseits so eingesetzt werden, dass diese später, wenn das Produkt nicht mehr genutzt wird, ausgebaut und wiederverwendbar gemacht werden (Recycling).	▷ Einführung des Verursacherprinzips: Die abgenutzten Produkte müssen vom Hersteller zurückgenommen werden.
▷ Beseitigung der Müllberge: Einwegverpackungen wie Getränkedosen, Getränketüten oder Plastikflaschen können durch Pfandflaschen aus Glas ersetzt werden. Auf überflüssige Verpackungen kann vollständig verzichtet werden, wie z. B. Verpackungen mit doppelten Wandungen, Hohlböden oder übergroßen Verschlüssen, Mehrfachverpackungen von Produkten. Wegwerferzeugnisse wie Zellstofftücher, Einwegfeuerzeuge können durch langlebige Produkte, die die gleiche Funktion erfüllen, ersetzt werden.	▷ Rückgabe der Verpackung an den Handel oder Verursacher ▷ Begünstigung der Mehrwegverpackung ▷ Kauf von Gegenständen, die nicht oder nur sehr gering verpackt sind
▷ Energieeinsparung: Der Verbrauch der Energie kann durch bessere Isolierung der Gebäude erreicht werden. Aus Abwärme lässt sich Energie durch Wärmetauscher zurückgewinnen. Betriebe können energiesparende Herstellungstechnologien verwenden.	▷ höhere Besteuerung (Je höher der Energiepreis, desto sparsamer wird der Verbraucher.)
▷ Andere Energiequellen: Durch das Umsteigen in sogenannte „sanfte Energiequellen“ (z. B. Sonne, Wind, Wasser) kann ein Doppeleffekt erzielt werden. Diese Energien sind nahezu unbegrenzt vorhanden und bei ihrer Nutzung werden keine Schadstoffe frei.	▷ direkte finanzielle Anreize durch Sonderabschreibung/Subventionen
▷ Umweltschutzinvestitionen: Der Einbau von Anlagen und Einrichtungen in den Betrieben (z. B. Filter, Entstaubungsanlagen, Dämmmaterial) hilft, die Schadstoffe aus Abwasser und Abluft zu absorbieren sowie die Lärmemission zu reduzieren.	▷ Subventionen für besondere Umweltinvestitionen ▷ Emissionssteuer ▷ genauere Kontrollen
▷ Qualitatives Wachstum: Die Gesellschaft muss langfristig von einer „Wegwerfgesellschaft“ zu einer Gesellschaft umgebaut werden, in der der Mensch und seine Lebensgrundlagen stärker im Vordergrund stehen.	▷ Ausbildung eines kritischen Bewusstseins/Information der Verbraucher

1 Beurteilen Sie die folgenden Aussagen in einem Gespräch über ökonomische Fragen. In welchem Gesprächsbeitrag kommen zugleich ökologische Gesichtspunkte zum Tragen? ______ ☐

(1) „Das Bevölkerungswachstum der Erde verlangt den Anbau von Nahrungsmitteln in großräumigen Anbaugebieten."

(2) „Wenn vergleichbare Waren zu unterschiedlichen Preisen in verschiedenen Ländern produziert werden können, so verursacht dies zwangsläufig internationale Transporte."

(3) „Die Erkenntnis, dass durch den Einsatz von Spezialmaschinen und die Herstellung in hohen Losgrößen die Herstellkosten gesenkt werden können, verlangt den Einsatz der Großserien- oder Massenproduktion."

(4) „Die Verringerung der Lagerkosten kann durch Just-in-time-Anlieferung erreicht werden."

(5) „Durch den Einsatz von Wärmetauschern können in unserem Betrieb die Kosten für Energie gesenkt werden."

2 Welcher der folgenden Stoffe ist hauptsächlich für die Aufheizung der Erdatmosphäre verantwortlich? ☐

(1) Kohlenmonoxid

(2) Stickstoff

(3) Sauerstoff

(4) Kohlendioxid

(5) Ozon

3 Was ist unter dem Begriff „Duales System" zu verstehen? ______ ☐

(1) Entsorgung des Mülls auf zwei Wegen: Lagerung und Verbrennung

(2) Entsorgung des Mülls durch zwei Einrichtungen: der kommunalen Müllabfuhr und einer privatwirtschaftlich betriebenen Entsorgungs- und Recyclinggesellschaft

(3) Trennung des Mülls in zwei Arten: organischer Müll und anorganischer Müll

(4) zweifache Belastung des Verbrauchers mit Verpackungskosten: Bezahlung der Verpackung beim Kauf und Bezahlung der Entsorgung

4 Welche der folgenden Maßnahmen ist vermutlich am ehesten geeignet, den Verbrauch von fossilen Energieträgern im privaten Bereich mittel- bis langfristig zu reduzieren? ______ ☐

(1) regelmäßige Kontrollen der energieverbrauchenden Aggregate (z. B. Abgasuntersuchung bei Pkws)

(2) Subventionen für energiesparende Investitionen

(3) Steuervergünstigungen

(4) Erhöhung der Energiepreise

(5) schärfere Zulassungsbedingungen

5 Die Handlungen der Wirtschaftssubjekte können sich an verschiedenen Zielsetzungen orientieren. Prüfen Sie unten stehende Handlungsweisen und bewerten Sie, welche Zielsetzung dabei überwiegt.

Tragen Sie eine

(1) ein, wenn ökonomische Ziele überwiegen,
(2) ein, wenn ökologische Ziele überwiegen,
(3) ein, wenn versucht wird, ökonomische und ökologische Ziele in Übereinstimmung zu bringen.

a. Auf einem Containerfrachter werden Container mit Giftstoffen in den oberen Reihen oberhalb des Schiffsrumpfes anstatt im Schiffsbauch untergebracht. ______ ☐

b. Auf einem Weihnachtsmarkt ist es den Verkäufern von Glühwein untersagt, Einwegtrinkbehälter auszugeben. Stattdessen werden Keramiktassen gegen ein Pfand von 2,00 EUR ausgegeben. ______ ☐

c. Einer Wurstfabrik gelingt es, die aus dem Schornstein entweichende Restwärme aus dem Räuchervorgang mithilfe eines Wärmetauschers umzuwandeln. Die Fabrik spart damit 25 % ihrer extern bezogenen Energiemenge. ______ ☐

d. Eine neuartige Glühlampe hat die vierfache Lebensdauer einer normalen Glühlampe. Ihr Einsatz spart 45 % Energie ein. Allerdings kostet diese technische Neuerung das Zehnfache einer normalen Glühlampe. ______ ☐

e. Ein Geschäftsmann steigt bei Fernreisen vom Auto auf die Bahn um. Seine Fahrtkosten können hierdurch nicht gesenkt werden, da er erster Klasse reist, allerdings kann er im Zugabteil vor- und nachbereitende Arbeiten für die durchzuführenden Besprechungen erledigen. ______ ☐

f. Frau Stratmann hat errechnet, dass ihr Haushaltsbudget durch den Kauf von Milch in Pfandflaschen anstatt in mit Kunststoff beschichteten Pappbehältern jährlich mit 90,00 EUR zusätzlich belastet wird. Dennoch bleibt sie bei der Flaschenmilch. ______ ☐

6 Welches der folgenden Verpackungssysteme verursacht für 10 l Getränke den höchsten Gesamtenergieverbrauch? ______ ☐

(1) Pfandflaschen

(2) Flaschen aus Altglas

(3) Weißblechdosen

7 Welcher der folgenden Stoffe ist vorwiegend für die Zerstörung der lebensnotwendigen Ozonschicht der Erde verantwortlich? ______ ☐

(1) Helium

(2) Fluorchlorkohlenwasserstoff

(3) Kohlenmonoxid

(4) Kohlendioxid

(5) Stickstoff

Was versteht man unter Produktionsfaktoren?

Die Güter, die von den Verbrauchern nachgefragt werden, müssen zunächst von den Unternehmen produziert werden. Um Sachgüter und Dienstleistungen produzieren zu können, muss man bestimmte Faktoren einsetzen und sinnvoll miteinander kombinieren. Zu unterscheiden sind die volkswirtschaftlichen Produktionsfaktoren (gesamtwirtschaftliche Sichtweise) und die betriebswirtschaftlichen Produktionsfaktoren (einzelwirtschaftliche Sichtweise).

Unterscheiden Sie die volkswirtschaftlichen Produktionsfaktoren.

Boden

Dazu gehören die Erdoberfläche sowie alle Ressourcen, die von der Natur bereitgestellt werden (z. B. Bodenschätze, Sonnenenergie, Wasserkraft).
Für die Unternehmen ist der Produktionsfaktor Boden in unterschiedlicher Hinsicht bedeutsam:
- ▷ als **Anbauboden** (für die Land- und Forstwirtschaft)
- ▷ als **Abbauboden** (für die Rohstoffgewinnung, z. B. Kohleförderung)
- ▷ als **Standortboden**; Einzelhandelsunternehmen handeln bei der Wahl des richtigen Standortes in erster Linie absatzorientiert. Andere Faktoren können ebenso die Standortwahl beeinflussen (z. B. Mietpreise für Geschäftsräume, die unterschiedliche Höhe der Gewerbesteuer).

Durch die Belastung der Umwelt – nicht zuletzt auch durch die Unternehmen – wird im Zusammenhang mit einem neuen Ansatz in der Produktionsfaktorentheorie die Natur als Produktionsfaktor angeführt. Diesem Produktionsfaktor muss unter Umweltgesichtspunkten in zunehmendem Maße Bedeutung geschenkt werden. Die bisherige Betrachtung wertet Boden nur unter ausschließlich wirtschaftlichen Gesichtspunkten.

Arbeit

Im volkswirtschaftlichen Sinne gilt als Arbeit jede Tätigkeit, die gegen Entgelt ausgeführt wird. Heimwerken gehört z. B. nicht dazu.

Art der Tätigkeit	Ausbildung	Abhängigkeitsverhältnis
▷ überwiegend körperliche Arbeit ▷ überwiegend geistige Arbeit	▷ un-/angelernte Arbeit ▷ gelernte Arbeit	▷ selbstständige Arbeit ▷ unselbstständige Arbeit

Wichtiges Ziel einer jeden Volkswirtschaft muss es sein, den Grad der Arbeitslosigkeit bzw. der Kurzarbeit möglichst niedrig zu halten. Unterschieden werden folgende Arten:
- ▷ **konjunkturelle** Arbeitslosigkeit (in Zeiten einer wirtschaftlichen Rezession)
- ▷ **saisonale** Arbeitslosigkeit (jahreszeitlich bedingte Beschäftigungsschwankungen)
- ▷ **friktionelle** Arbeitslosigkeit (z. B. durch Kündigungen oder Betriebsstilllegungen)
- ▷ **strukturelle** Arbeitslosigkeit (durch wirtschaftliche Probleme einzelner Branchen)

Kapital

Durch den Einsatz von Boden und Arbeit entstehen Erträge. Sobald diese Erträge nicht konsumiert werden, wird gespart. Mit dem Ersparten kann investiert werden. Eine wesentliche Voraussetzung für Investitionen ist damit der Konsumverzicht. Kapital wird deshalb auch als abgeleiteter (derivativer) Produktionsfaktor bezeichnet, weil er aus dem Boden und der Arbeit (originäre Produktionsfaktoren) entsteht.

Als Kapital gelten in der Volkswirtschaftslehre nicht nur die Geldmittel (Geldkapital), sondern auch alle Produktionsmittel, die in einem Unternehmen zur Herstellung von Gütern notwendig sind (Realkapital). Man bezeichnet diese Güter als Produktions- bzw. Investitionsgüter (z. B. Maschinen, Rohstoffe, Fahrzeuge).

- ▷ **Bruttoinvestitionen** beinhalten die Gesamtheit aller Investitionen, die eine Volkswirtschaft bzw. ein einzelnes Unternehmen in einer Periode vornimmt.
- ▷ **Ersatzinvestitionen** ersetzen Anlagegüter (z. B. Maschinen), die veraltet sind.
- ▷ **Erweiterungsinvestitionen** erweitern die Kapazität (Leistungsfähigkeit) eines Unternehmens.

Erläutern Sie die betriebswirtschaftlichen Produktionsfaktoren.

Die betriebswirtschaftlichen Produktionsfaktoren sind alle Güter materieller und immaterieller Art, die wiederum zur Herstellung anderer wirtschaftlicher Güter benötigt werden.

Dispositiver Faktor	Originäre Faktoren
Die Leitung beinhaltet alle Aufgaben der Betriebsführung.	Arbeit, Betriebsmittel und Werkstoffe müssen kombiniert werden, um Leistungen zu erzielen. Sie werden als ursprüngliche (originäre) Produktionsfaktoren bezeichnet. Allerdings bedürfen sie der Kombination. Diese Aufgabe übernimmt die Leitung.

Leitung	Ausführende Arbeit	Betriebsmittel	Werkstoffe
▷ Zielsetzung ▷ Planung ▷ Entscheidung ▷ Organisation ▷ Kontrolle	▷ körperliche Arbeit ▷ geistige Arbeit ▷ gelernte Arbeit ▷ ungelernte Arbeit ▷ repetitive Arbeit ▷ kreative Arbeit	▷ Gebäude ▷ Anlagen ▷ Kassen ▷ Computersysteme ▷ Transporteinrichtungen ▷ Ladeneinrichtung	▷ Rohstoffe ▷ Hilfsstoffe ▷ Betriebsstoffe ▷ bezogene Fertigteile ▷ Handelswaren

Kombiniert werden die drei originären Produktionsfaktoren unter Beachtung des ökonomischen Prinzips. Das bedeutet, dass immer diejenige Kombination zu wählen ist, die den größtmöglichen Erfolg verspricht.

1 In der Volkswirtschaftslehre bezeichnet man die Mittel, mit denen Güter und Dienstleistungen produziert werden, als Produktionsfaktoren.

Ordnen Sie die folgenden Produktionsfaktoren den unten stehenden Sachverhalten zu.

(1) Produktionsfaktor Boden
(2) Produktionsfaktor Arbeit
(3) Produktionsfaktor Kapital

a. Die Sonnenenergie muss in Zukunft noch stärker bei der Energiegewinnung berücksichtigt werden. ______ ☐

b. Die Höhe der Investitionen eines Unternehmens hängt u. a. vom Zinsniveau ab. ______ ☐

c. Durch Umschulungsmaßnahmen können den Unternehmen notwendige Fachkräfte zur Verfügung gestellt werden. ______ ☐

d. Dieser Produktionsfaktor entsteht durch das Zusammenwirken der beiden anderen Faktoren. ______ ☐

e. Die Lohnnebenkosten machen einen erheblichen Anteil der gesamten Lohnkosten aus. ______ ☐

f. Das Problem der Trinkwassergewinnung bedarf einer immer stärkeren Beachtung. ______ ☐

2 Wenn aus Realkapital Sachkapital gebildet wird, spricht man von Investition. Die Investitionen werden in verschiedene Formen unterteilt. Kennzeichnen Sie unten stehende Aussagen mit einer

(1), wenn sie auf den Begriff Bruttoinvestitionen zutreffen,
(2), wenn sie auf den Begriff Ersatzinvestitionen zutreffen,
(3), wenn sie auf den Begriff Erweiterungsinvestitionen zutreffen.

a. Sie entsprechen in der Höhe dem Wert der Abschreibungen eines Unternehmens bzw. einer Volkswirtschaft. ______ ☐

b. Sie führen zu einer Steigerung des Produktionsergebnisses. ______ ☐

c. Sie entsprechen der Gesamtheit aller Investitionen, die ein Unternehmen bzw. eine Volkswirtschaft in einem festgelegten Zeitraum vornimmt. ______ ☐

d. Sie wird auch als Reinvestition bezeichnet. ______ ☐

e. Die Gesamtheit dieser Investitionen in einer Volkswirtschaft gibt Auskunft über die tatsächliche wirtschaftliche Expansion. ______ ☐

3 Welcher der unten stehenden Werte eines Unternehmens ist nicht dem Produktionsfaktor Kapital im volkswirtschaftlichen Sinne zuzurechnen? ______ ☐

(1) Bankguthaben

(2) Maschinen

(3) Rauchgasentschwefelungsanlage

(4) Arbeitskräftepotenzial

(5) Produktionshallen

4 Kennzeichnen Sie die Aussagen zu Produktionsfaktoren mit einer

(1), wenn die Aussage zutrifft,
(9), wenn die Aussage nicht zutrifft.

a. Sachkapital wird durch Bereitstellung von finanziellen Mitteln gebildet. ______ ☐

b. Das Realkapital wird auch als produzierte Produktionsmittel bezeichnet. ______ ☐

c. Das Bereitstellen von Energie durch Windkraft ist dem Produktionsfaktor Boden zuzurechnen. ______ ☐

d. Jede Tätigkeit in einem Betrieb, z. B. die eines Hausmeisters, lässt sich eindeutig entweder den Begriffen „körperliche Arbeit“ oder „geistige Arbeit“ zuordnen. ______ ☐

5 Ordnen Sie den unten stehenden Aussagen folgende Begriffe zu.

(1) Konjunkturelle Arbeitslosigkeit
(2) Saisonale Arbeitslosigkeit
(3) Friktionelle Arbeitslosigkeit
(4) Strukturelle Arbeitslosigkeit

a. Ein Industriebetrieb ist dem harten Konkurrenzkampf nicht mehr gewachsen und muss wegen Konkurses Arbeitskräfte entlassen. ______ ☐

b. Zu Beginn des Winters werden im Baugewerbe weniger Arbeitskräfte benötigt. ______ ☐

c. Eine Volkswirtschaft befindet sich in einer Rezessionsphase. ______ ☐

6 Welcher der volkswirtschaftlichen Produktionsfaktoren wird als „abgeleiteter Produktionsfaktor“ bezeichnet? ______ ☐

(1) Arbeit, weil diese sich aus der Leistungsfähigkeit und dem Leistungswillen von Menschen ableitet

(2) Kapital, weil dieses erst durch das Zusammenwirken von Arbeit und Boden ermöglicht wird

(3) Boden, weil dieser durch das Zusammenwirken sämtlicher Naturkräfte erst seine Leistungsfähigkeit erhalten hat

(4) Arbeit, weil sich diese entweder durch körperliche oder durch geistige Arbeit ableiten lässt

(5) Die betriebswirtschaftlichen Produktionsfaktoren dienen ausschließlich dazu, Sachgüter zu produzieren.

7 Welche der Aussagen über die betriebswirtschaftlichen Produktionsfaktoren treffen zu? ______ ☐ ☐

(1) Die betriebswirtschaftlichen und die volkswirtschaftlichen Produktionsfaktoren sind gleich.

(2) Die Leitung beinhaltet die Funktionen Zielsetzung, Planung, Organisation, Beschaffung, Absatz und Kontrolle.

(3) Ausführende Arbeit, Betriebsmittel und Werkstoffe sind „originäre“ betriebswirtschaftliche Produktionsfaktoren.

(4) Die betriebswirtschaftlichen Produktionsfaktoren lassen sich in dispositive und originäre Faktoren einteilen.

(5) Die betriebswirtschaftlichen Produktionsfaktoren dienen ausschließlich dazu, Sachgüter zu produzieren.

Was ist volkswirtschaftlich unter dem Begriff „Produktion“ zu verstehen?

Produktion

Produktion im volkswirtschaftlichen Sinn beinhaltet die Herstellung von Gütern sowie alle Tätigkeiten, um diese produzierten Sachgüter und Dienstleistungen dem Verbraucher zugänglich zu machen. Im Produktionsprozess werden die Produktionsfaktoren Arbeit, Boden, Kapital in der Weise kombiniert, dass ein Ertrag entsteht.

- ▷ *Landwirtschaftlicher Betrieb: Das Zusammenwirken von Boden als Anbauboden, Arbeit des Landwirts und Kapital (Landmaschinen, Saatgut) ergibt eine bestimmte Menge Roggen.*
- ▷ *Papierfabrik: Die Kombination von Boden als Standortboden, Arbeit der Arbeitnehmer und Kapital (Maschinen, Werkstoffe) ergibt eine bestimmte Menge Papier.*

Ertrag	Ertrag ist das mengenmäßige Ergebnis des Produktionsprozesses. Er wird auch als Produktionsmenge oder Output bezeichnet.
Kosten	Kosten sind der in Geldeinheiten gemessene Verbrauch von Produktionsfaktoren. Sie werden auch als Faktoreinsatz oder Input bezeichnet.

Welche Besonderheiten ergeben sich beim Einsatz von substitutionalen Produktionsfaktoren?

Begriff

Substitutionale Produktionsfaktoren werden eingesetzt, wenn eine bestimmte Menge eines Faktors durch eine bestimmte Menge eines anderen Faktors ersetzt werden kann, ohne das Produktionsergebnis zu beeinflussen. Der Ertrag bleibt gleich, obwohl das Verhältnis der eingesetzten Produktionsfaktoren zueinander sich ändert.

Technische Betrachtung

Technisch gesehen, hat ein Unternehmer mehrere Möglichkeiten, substitutionale Produktionsfaktoren zu kombinieren.
Beispiel: 1 000 Regalböden können in einer Fabrik in überwiegender Handarbeit mit 18 Mengeneinheiten (ME) Arbeit und 2 ME Kapital gefertigt werden. Werden die Böden unter hohem Maschineneinsatz gefertigt, werden 12 ME Kapital und 3 ME Arbeit benötigt.
Die Kombinationsmöglichkeiten können in einem Diagramm durch eine Isoquante (Linie gleicher Mengeneinheiten der Erträge) dargestellt werden.

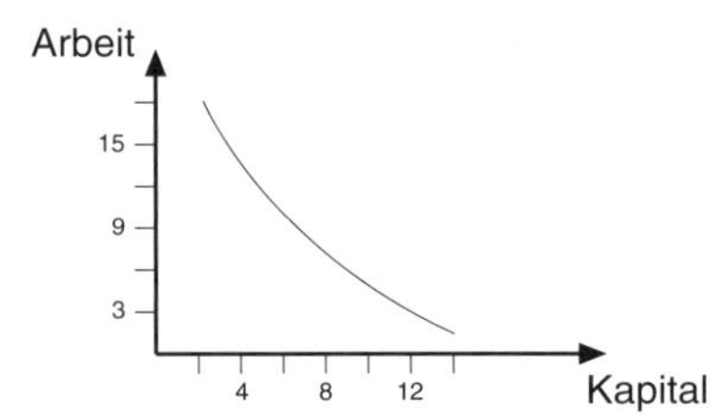

Wirtschaftliche Betrachtung

- ▷ Bei substituierbaren Produktionsfaktoren bestimmen die Kosten, welche Faktorkombination ausgewählt wird.
- ▷ Handelt der Unternehmer nach dem ökonomischen Prinzip, so ist die Faktorkombination mit den geringsten Kosten zu wählen.
- ▷ Ein Unternehmer ersetzt so lange einen Faktor durch einen anderen, wie ihm dies eine Kostenersparnis bringt. Sobald die Kostenersparnis bei dem einen Faktor gleich dem Kostenzuwachs durch den anderen Faktor ist, wird der Substitutionsprozess beendet.
- ▷ Veränderungen der Preise führen zwangsläufig zu einer neuen Faktorkombination. Dabei treten die billigeren Produktionsfaktoren an die Stelle der teureren.
- ▷ In einem Diagramm kann durch Eintragung von Isokostenkurven die kostenminimale Lösung gefunden werden.

Beispiel: Kostet eine ME Arbeit 25,00 EUR und eine ME Kapital 30,00 EUR, so ist die optimale, weil kostengünstigste Kombination bei 6 ME Arbeit und 8 ME Kapital.

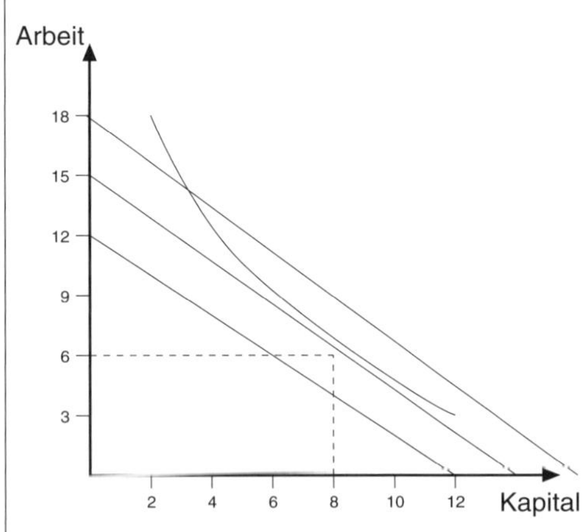

Welche Besonderheiten ergeben sich beim Einsatz von limitationalen Produktionsfaktoren?

Begriff

Von limitationalen Produktionsfaktoren wird gesprochen, wenn zur Erzielung eines bestimmten Ertrages die Produktionsfaktoren nur in einem bestimmten Verhältnis (lat. limitatio = Festsetzung) zueinander eingesetzt werden können.

Technische Betrachtung

Technisch gesehen ist es unsinnig, bei einem gegebenen Verhältnis von Produktionsfaktoren eine andere Faktorkombination zu wählen.
Beispiele: Um einen Personentransport durchzuführen, wird ein Pkw und ein Fahrer benötigt. Für einen Taxiunternehmer ließe sich der Ertrag nicht erhöhen, wenn er zwei Fahrzeuge mit einem Fahrer oder einen Pkw mit zwei Fahrern kombinieren würde.

Wirtschaftliche Betrachtung

Eine Minimalkostenkombination ist beim limitationalen Faktoreinsatz nicht möglich, da nicht zwischen verschiedenen Faktorkombinationen gewählt werden kann.
Im industriellen Bereich sind die Produktionsfaktoren zumeist nur langfristig substituierbar, kurzfristig ist zumeist ein limitationaler Faktoreinsatz gegeben.

1 Welche der folgenden Tätigkeiten gehören nicht zur Produktion im volkswirtschaftlichen Sinn? ☐ ☐

(1) Herstellung eines fünfgängigen Festessens für eine private Feier durch einen Hausmann

(2) Ausstellen eines Personalausweises im Einwohnermeldeamt Cottbus

(3) Bundesligafußballspiel zwischen Eintracht Frankfurt und Schalke 04

(4) Bastelarbeiten an einem Modellbauflugzeug in der Freizeit

(5) Transport eines Generators von einer Maschinenfabrik in Dortmund zu einer Werft in Bremerhaven

2 Welche der folgenden Aussagen zu den Hauptaufgaben der Produktion in einer Volkswirtschaft treffen zu? ☐ ☐

(1) Die Produktion hat die Aufgabe, den Menschen in einer Gesellschaft Beschäftigung zu geben.

(2) Die Produktion hat die Güter und Dienstleistungen herzustellen, die die Bedürfnisse der Menschen in einer Gesellschaft befriedigen können.

(3) Die Produktion hat die Aufgabe, die vorhandenen Bodenschätze zu nutzen.

(4) Die Produktion hat die Aufgabe, den Wettbewerb unter den Wirtschaftssubjekten aufrechtzuerhalten.

(5) Zur Produktion gehören auch alle Tätigkeiten, die notwendig sind, um hergestellte Güter und Dienstleistungen dem Verbraucher zugänglich zu machen.

3 Prüfen Sie die folgenden Aussagen. Kennzeichnen Sie

zutreffende Aussagen mit einer (1),
nicht zutreffende Aussagen mit einer (9).

a. Beim Einsatz substitutionaler Produktionsfaktoren bleibt der Ertrag gleich, auch wenn ein Produktionsfaktor durch einen anderen Produktionsfaktor ersetzt wird. ☐

b. Ein Unternehmen hat zumeist mehrere Möglichkeiten, limitationale Produktionsfaktoren zu kombinieren. ☐

c. Bei limitationalen Produktionsfaktoren bestimmen die Kosten, welche Faktorkombination gewählt wird. ☐

d. Bei den substitutionalen Produktionsfaktoren führen Veränderungen der Preise zwangsläufig zu einer neuen Faktorkombination. ☐

4 Bei welchen der folgenden Produktionsfaktorkombinationen handelt es sich nicht um limitationale Produktionsfaktoren? ☐ ☐

(1) Lkw/Fahrer

(2) Boden/Düngemittel

(3) Computer/Programmierer

(4) Handwerker/Werkzeuge und Maschinen

(5) Gartenarbeiter/Spaten

5 Die Herstellung eines Produktes ist mit den folgenden Faktorkombinationen möglich (ausgedrückt in Mengeneinheiten). Der Einsatz einer Einheit des Faktors Kapital kostet 100 Geldeinheiten (GE), der Einsatz einer Einheit des Faktors Arbeit 50 GE und der Einsatz einer Einheit des Faktors Boden 200 GE.

	Faktorkombinationen 1	2	3
Einsatz Faktor Kapital	30	20	8
Einsatz Faktor Arbeit	5	20	40
Einsatz Faktor Boden	10	10	10

a. Bei welcher Faktorkombination entstehen die geringsten Kosten? ☐

b. Die Kosten des Produktionsfaktors Arbeit steigen auf 70 GE. Die Kosten der anderen Produktionsfaktoren bleiben gleich. Welches ist jetzt die kostenminimale Faktorkombination? ☐

6 Welche der folgenden Aussagen zu den limitationalen Produktionsfaktoren sind falsch? ☐ ☐

(1) Eine Minimalkostenkombination ist nicht möglich.

(2) Es ist unsinnig, eine andere Faktorkombination zu wählen, weil diese keine Ertragsveränderung bringt.

(3) Zur Erzielung eines bestimmten Ertrages ist ein festgelegtes Verhältnis von Produktionsfaktoren erforderlich.

(4) Verschiedene Faktorkombinationen bringen den gleichen Ertrag.

(5) Mit einer Isoquante können die verschiedenen Kombinationsmöglichkeiten von Produktionsfaktoren grafisch dargestellt werden.

7 Welche der folgenden Sachverhalte treffen auf den volkswirtschaftlichen Begriff „Ertrag“ zu? ☐ ☐

(1) Umsatz eines Industriebetriebes in Euro

(2) hergestellte Menge Bandstahl in Tonnen in einem Walzwerk pro Jahr

(3) Summe aller Erlöse eines Handelsunternehmens

(4) Anzahl der geleisteten Tonnen-Kilometer in einem Transportunternehmen

(5) Differenz der Erlöse und der Kosten in einer Buchhandlung

8 Welche der folgenden Aussagen trifft für die Produktion in Industriebetrieben zu? ☐

(1) Die Produktionsfaktoren sind langfristig nicht austauschbar.

(2) Die Produktionsfaktoren können jederzeit ausgetauscht werden.

(3) Die Produktionsfaktoren sind kurzfristig nicht austauschbar.

(4) Die Produktionsfaktoren sind überhaupt nicht austauschbar.

Was verstehen Sie unter Arbeitsteilung?	
Arbeitsteilung ist die Auflösung von Arbeit in Teilverrichtungen, die von verschiedenen Personen oder Wirtschaftseinheiten ausgeführt werden. Das Gegenteil der Arbeitsteilung ist die vollständige Selbstversorgung einer einzelnen Person.	*Beispiel: Ein Bauer baut Weizen an, der Müller mahlt aus dem Weizen Mehl, aus dem der Bäcker wiederum Brot backt. In der Selbstversorgung müsste ein Mensch alle diese Tätigkeiten ausführen, um das Brot zu erhalten.*

Beschreiben Sie die verschiedenen Formen der Arbeitsteilung.		
Familiäre Arbeitsteilung	Die familiäre Arbeitsteilung ist die ursprünglichste Form der Arbeitsteilung. Sie fand zwischen Mann und Frau statt, als es noch keinen Austausch von Gütern gab und die Familien sich noch selbst versorgten.	
Berufliche Arbeitsteilung	**Berufsbildung**	Berufsbildung ist die Spezialisierung von Personen auf bestimmte Tätigkeitsfelder nach Neigung und Fähigkeit. *Beispiel: Entwicklung von Berufen wie Landwirt, Tischler, Müller, Bäcker, Händler, Elektriker*
	Berufsspaltung	Berufsspaltung beinhaltet die durch die Technisierung erforderliche Spezialisierung innerhalb der ursprünglichen Grundberufe. *Beispiel: Der Grundberuf Mechaniker lässt sich aufspalten in Industriemechaniker, Werkzeugmechaniker, Automobilmechaniker usw.*
Betriebliche Arbeitsteilung	**Arbeitszerlegung**	Die Arbeitszerlegung beinhaltet die Zerlegung eines gesamten Arbeitsvorgangs in mehrere Teilleistungsprozesse. *Beispiel: Die Gesamtaufgabe eines Tischlers wird aufgeteilt in Sägen, Hobeln, Verzinken, Furnieren, Leimen, Beschläge anbringen usw.*
	Abteilungsbildung	Die Abteilungsbildung ist das Ergebnis der Arbeitszerlegung. Einzelne Arbeitsprozesse werden auf Stellen/Personen verteilt und diese zu organisatorischen Einheiten (Abteilungen) zusammengefasst. *Beispiel: Eine Möbelfabrik enthält im Fertigungsbereich die Abteilungen Zuschnitt, Furnieren, Oberflächenbearbeitung, Bankraum usw.*
Gesellschaftliche Arbeitsteilung (überbetriebliche Arbeitsteilung)	Die gesellschaftliche Arbeitsteilung erstreckt sich nicht mehr nur auf Menschen und Betriebe, sondern auf die gesamte Volkswirtschaft. Die Volkswirtschaft zerfällt in verschiedene Wirtschaftsbereiche, von denen jeder ganz bestimmte Aufgaben übernimmt. ▷ **Urerzeugung:** Gewinnung von Rohstoffen und Energie (z. B. Landwirtschaft, Bergbau) ▷ **Weiterverarbeitung:** Verarbeitung der Stoffe durch Industrie und Handwerk ▷ **Handel und Dienstleistungen:** Verteilung der Waren und Erstellung von Dienstleistungen	
Internationale Arbeitsteilung	Jedes Land spezialisiert sich auf den Anbau oder die Produktion von Waren oder Dienstleistungen, die sich in diesem Land besonders lohnt (Kaffee aus Südamerika, Kupfer aus Chile, Textilien aus Marokko, Schuhe aus Italien).	

Was ist unter „Rationalisierung" zu verstehen? Welches Ziel wird dabei verfolgt?	
Begriff	Unter Rationalisierung werden alle Maßnahmen zusammengefasst, die dazu geeignet sind, eine bestimmte Leistung mit einem geringeren Kraft-, Zeit- und Kostenaufwand zu erzielen als vor der Rationalisierung.
Ziel	Ziel der Rationalisierung ist deshalb die Erhöhung der Produktivität der Fertigung sowie die Gestaltung humaner Arbeitsbedingungen. Produktivität ist das Verhältnis von betrieblicher Ausbringungsmenge (Output) zur betrieblichen Einsatzmenge (Input).
	Produktivität = $\dfrac{\textbf{mengenmäßige Ausbringung}}{\textbf{mengenmäßiger Einsatz}}$
	Beispiel: 200 Mitarbeiter erzeugen vor der Rationalisierung 42 000 Stück. Ihre Produktivität beträgt damit 210 Stück. Nach der Rationalisierung kann diese Leistung durch 175 Mitarbeiter erbracht werden. Die Produktivität hat sich damit auf 240 Stück erhöht.
Maßnahmen zur Rationalisierung	Rationalisierungseffekte werden durch folgende Maßnahmen erreicht: ▷ **Automation** beinhaltet den Einsatz von Maschinen und Computern zur Durchführung von Arbeitsvorgängen, wodurch ganz oder teilweise menschliche Arbeit eingespart wird. Beispiel: Einsatz von Schweißrobotern in der Automobilfertigung ▷ **Arbeitsteilung** führt zur Zerlegung eines zusammenhängenden Arbeitsvorgangs in Einzeltätigkeiten. Durch die Ausrichtung einer Arbeitskraft oder Maschine auf nur einen Arbeitsvorgang wird ein hoher Spezialisierungsgrad und eine erhöhte Produktivität erreicht. Beispiel: Bohrautomaten in der Möbelproduktion ▷ **Normung und Typung** stellen durch die Vereinheitlichung von Werkstoffen, Teilen, Baugruppen oder ganzen Erzeugnissen einen Rationalisierungseffekt im Materialbereich dar. Beispiel: Normung von Verbindungselementen, Abstimmung zwischen Herstellern von Küchenmöbeln und Küchengeräten ▷ **Spezialisierung** beinhaltet die Beschränkung eines Betriebes auf die Herstellung bestimmter Produkte. Dies führt zu höheren Losgrößen und damit zu Einsparungen bei den Herstellungskosten durch niedrige Rüstkosten und den Einsatz von Spezialmaschinen. *Beispiel: Ein Leuchtenhersteller verringert sein Programm von 260 verschiedenen Artikeln um 150 und spezialisiert sich auf Büroleuchten und moderne Design-Leuchten.*

1 Welche der folgenden Aussagen über Arbeitsteilung treffen nicht zu? ______ ☐ ☐

(1) Das Gegenteil von Arbeitsteilung ist die Automation.

(2) Gäbe es keine Arbeitsteilung, müsste sich jeder Mensch selbst versorgen.

(3) Durch Arbeitsteilung wird bei gleicher Leistung ein höherer Ertrag erzielt.

(4) Arbeitsteilung ist die Auflösung von Arbeit in Teilverrichtungen.

(5) Arbeitsteilung kann nur in der Produktion, nicht aber im Büro erfolgen.

2 Prüfen Sie folgende Gruppen von Tätigkeiten. Welche der genannten Auswahlantworten beinhalten keine Arbeitszerlegung als betriebliche Arbeitsteilung und sind somit unlogisch? ______ ☐ ☐

(1) Hobeln, Leimen, Furnieren

(2) Bohren, Entgraten, Schleifen

(3) Anfragen, Bestellen, Kontrollieren

(4) Schwimmen, Putzen, Verzinken

(5) Drehen, Bohren, Essen

3 Welche der folgenden Auswahlantworten stellt keine Form der Arbeitsteilung dar? ______ ☐

(1) Abteilungsbildung

(2) Berufsspaltung

(3) Arbeitszerlegung

(4) Berufsbildung

(5) Beförderung

4 Arbeitsteilung findet auf verschiedenen Ebenen statt. Prüfen Sie bei den folgenden Auswahlantworten, welche Reihe von Begriffen kein logisches Ergebnis von Arbeitsteilung ist. ______ ☐

(1) Programmieren, Reparieren, Bergbau

(2) Beschaffung, Produktion, Absatz

(3) Tischler, Elektriker, Landwirt

(4) Urerzeugung, Weiterverarbeitung, Handel

(5) Fräsen, Bohren, Sägen

5 Welche der folgenden Maßnahmen dienen der Humanisierung der Arbeit in einem Fertigungsbetrieb? ______ ☐ ☐

(1) Einsatz von Atemschutzmasken

(2) Anschaffung eines Gabelstaplers

(3) Berechnung neuer Akkordlohnsätze

(4) Wahlen zum Betriebsrat

(5) Einführung neuer Produkte

6 Prüfen Sie folgende Diskussionsbeiträge zur Rationalisierung. Welche Aussagen treffen zu? ______ ☐ ☐

(1) „Rationalisierung ist nur in der Produktion möglich, weil sich dort immer wieder gleiche Arbeiten wiederholen."

(2) „Jede Arbeit kann rationalisiert werden, wenn auch in unterschiedlichem Umfang."

(3) „Die Arbeit von Führungskräften lässt sich nicht rationalisieren, weil es sich dabei um sehr komplizierte Arbeitsvorgänge handelt und jede Situation anders ist."

(4) „Rationalisierung hat bereits stattgefunden, wenn danach die betreffende Arbeit mit einem geringeren Aufwand an Zeit und Kosten verbunden ist."

(5) „Rationalisierungsmaßnahmen sind für die Arbeitnehmer ungünstig: Sie müssen schneller arbeiten, verlieren ihre Jobs und erhalten für höhere Leistung das gleiche Geld."

7 Welche der folgenden Maßnahmen stellt keine Maßnahme der Rationalisierung dar? ______ ☐

(1) Normung von Bauteilen

(2) Automation des Fertigungsprozesses

(3) Typung von Baugruppen

(4) Spezialisierung

(5) Reparatur eines Bohrautomaten

8 Was kann durch Rationalisierung in einem Industriebetrieb nicht erreicht werden? ______ ☐

(1) Verringerung der Transportkosten

(2) kürzere Durchlaufzeiten

(3) Verringerung des Fremdkapitalanteils

(4) Erhöhung der Produktivität

(5) Verringerung der körperlichen Belastung

9 Ein Ziel der Rationalisierung ist unter anderem die Humanisierung der Arbeit. Was ist darunter nicht zu verstehen? ______ ☐ ☐

(1) Erhöhung der Löhne und Gehälter

(2) Verbesserung der Arbeitsbedingungen

(3) Verringerung der körperlichen Belastungen

(4) Erhöhung der Verantwortung und Erweiterung der Mitwirkungsmöglichkeiten der Mitarbeiter

(5) Verringerung der wöchentlichen Arbeitszeit

10 Welche der folgenden Aussagen kennzeichnet einen Nachteil der Arbeitsteilung? ______ ☐

(1) höherer Lebensstandard

(2) Entfremdung von der Arbeit

(3) geringere Anlernzeit

(4) Aneignung von Spezialkenntnissen

(5) geringere Lohnkosten

Durch welche Besonderheiten sind Industriebetriebe gekennzeichnet? Welche Arten werden unterschieden?

Begriff und Aufgaben	Der Industriebetrieb dient der gewerblichen Gewinnung und Herstellung von Gütern. Er erstellt Sachgüter auf fertigungstechnischer Basis.
Arten	Industriebetriebe können nach verschiedenen Gesichtspunkten unterschieden werden: nach der **Güterverwendung:** ▷ Investitionsgüterindustrie *Beispiele: Lastkraftwagen, Computer* ▷ Konsumgüterindustrie *Beispiele: Lebensmittel, Schuhe* nach den verwendeten **Produktionsfaktoren:** ▷ arbeitsintensive Industriebetriebe *Beispiel: feinmechanische Industrie* ▷ rohstoffintensive Industriebetriebe *Beispiel: Lebensmittelindustrie* ▷ anlagenintensive Industriebetriebe *Beispiel: Automobilindustrie*

Unterscheiden Sie manuelle, maschinelle und automatisierte Fertigung.

Manuelle Fertigung	Handarbeit ist gekennzeichnet durch den Einsatz menschlicher Kraft, die allenfalls von Werkzeugen und Handmaschinen unterstützt wird. Sie wird dort eingesetzt, wo Geschicklichkeit oder kreative Fähigkeiten verlangt werden. *Beispiel: Herstellung von handbemaltem Porzellan*
Maschinelle Fertigung	In der mechanisierten Fertigung übernimmt der Mensch die Bedienung der Maschine, die eigentliche Bearbeitung benötigt keine menschliche Arbeitskraft mehr. Der Mensch richtet die Maschine ein, überwacht und steuert den Fertigungsvorgang, wartet und repariert die Maschine. *Beispiele: Bohrmaschine, Stanze, Fräse*
Automatisierte Fertigung	Fertigungsautomaten steuern und regeln sich selbst und überwachen den Fertigungsvorgang. Der Mensch setzt den Automaten in Gang, wartet und repariert. Die höchste Form sind vollautomatische Fertigungsstraßen. *Beispiele: Schweißroboter in der Automobilfertigung, Kunststoffspritzgussautomaten*

Nennen Sie die Merkmale der Produktionstypen der Fertigung.

Einzelfertigung	Serienfertigung	Massenfertigung
▷ auftragsorientierte Fertigung ▷ Herstellung von Einzelstücken, keine Leistungswiederholung ▷ Einsatz von Universalmaschinen ▷ vorwiegend Facharbeiter ▷ flexibel gegenüber Marktschwankungen ▷ hohe Stückkosten *Beispiele: Brücken, Schiffe*	▷ programm- und auftragsorientierte Fertigung ▷ häufige Leistungswiederholung ▷ Universal- und Spezialmaschinen ▷ Facharbeiter und angelernte Arbeiter ▷ Senkung der Stückkosten *Beispiele: Autos, Möbel*	▷ programmorientierte Fertigung ▷ permanente Leistungswiederholung ▷ Spezialmaschinen ▷ angelernte/ungelernte Arbeiter ▷ unelastisch gegenüber Marktschwankungen ▷ hohe Kostendegression *Beispiele: Papiertaschentücher, Büroklammern*

Unterscheiden Sie die Organisationstypen der Fertigung.

Die Organisationstypen der Fertigung werden danach unterschieden, ob die **Verrichtungen** zentralisiert werden und die zu bearbeitenden Werkstoffe diesen Tätigkeiten zugeführt werden müssen, oder ob die Fertigung nach dem **Objekt** (Produkt) zentralisiert wird. Im zweiten Fall orientieren sich die Verrichtungen an der logischen Fertigungsfolge und sind entsprechend hintereinander angeordnet.

Werkstattfertigung	Reihenfertigung	Gruppenfertigung	Fließfertigung
Bei diesem System werden gleiche oder ähnliche Arbeitsverrichtungen räumlich zusammenhängend angeordnet. Die Werkstoffe müssen zu ihrer Bearbeitung jeweils an die Stellen der Arbeitsverrichtung transportiert werden. Ein Werkstück durchläuft dabei zumeist mehrere Werkstätten.	Bei diesem Ablaufsystem werden die Betriebsmittel nach Fertigungsablauf der Erzeugnisse so angeordnet, dass sich ein logischer Ablauf ergibt (Fertigungsstraßen). Die Arbeitsvorgänge sind jedoch zeitlich nur begrenzt aufeinander abgestimmt.	Die Gruppenfertigung ist ein Ablaufsystem, bei dem alle zur Herstellung gleicher oder verwandter Teile eines Produktes erforderlichen Arbeitsvorgänge in einer Arbeitsgruppe durchgeführt werden. Dieses System ist eine Kombination aus Werkstatt- und Reihenfertigung.	Die Werkstücke durchlaufen eine lückenlose und zeitlich bestimmte Folge von Arbeitsgängen, die nach dem logischen Ablauf zur Herstellung des Produktes angeordnet sind. Die höchsten Entwicklungsformen der Fließfertigung stellen die automatisierten Fertigungsstraßen dar.

1 Die Produktionstypen der Fertigung unterscheiden sich durch bestimmte Merkmale voneinander.
Ordnen Sie den unten stehenden Merkmalen den jeweils richtigen Produktionstyp der Fertigung zu.

(1) Einzelfertigung
(2) Serienfertigung
(3) Massenfertigung

a. häufige Leistungswiederholung ☐
b. flexibel gegenüber Marktschwankungen ☐
c. überwiegend programmorientierte Fertigung ☐
d. überwiegend auftragsorientierte Fertigung ☐
e. hohe Kostendegression ☐
f. keine Leistungswiederholung ☐
g. überwiegend Einsatz von Spezialmaschinen ☐
h. hohe Stückkosten ☐
i. überwiegend Einsatz von Universalmaschinen ☐
j. permanente Leistungswiederholung ☐

2 Auf welche der unten stehenden Betriebe trifft das folgende Merkmal zu:

„Diese Betriebe haben einen relativ hohen Fixkostenanteil an den Produktionskosten und reagieren empfindlich auf Beschäftigungsschwankungen.“ ☐

(1) maschinenintensive Industriebetriebe
(2) arbeitsintensive Industriebetriebe
(3) materialintensive Industriebetriebe

3 Welche der folgenden Merkmale treffen nicht auf Betriebe mit Fließfertigung zu? ☐ ☐

(1) Der Anteil des Umlaufvermögens an der Bilanzsumme ist bei diesen Betrieben relativ hoch.
(2) Die Fertigung ist nach dem Objektprinzip organisiert.
(3) Diese Betriebe haben relativ hohe Fixkosten.
(4) Voraussetzung für den Fertigungsprozess ist die Abstimmung der Teilverrichtungen auf einen Arbeitstakt.
(5) Diesen Betrieben fällt es relativ leicht, auf Marktschwankungen zu reagieren.

4 Auf welche der unten stehenden Fertigungssysteme trifft die folgende Aussage zu? ☐ ☐

„Bei diesem System werden gleiche oder ähnliche Arbeitsverrichtungen räumlich zusammenhängend angeordnet.“

(1) automatisierte Fertigungsstraße
(2) Reihenfertigung
(3) Werkstattfertigung
(4) Fließbandfertigung
(5) Gruppenfertigung

5 Auf welches Fertigungssystem trifft die folgende Definition zu:

„Ablaufsystem, bei dem alle zur Herstellung gleicher oder verwandter Teile eines Produktes erforderlichen Arbeitsvorgänge von einer definierten Anzahl von Arbeitern durchgeführt werden.“ ☐

(1) Reihenfertigung
(2) automatisierte Fertigungsstraße
(3) Werkstattfertigung
(4) Gruppenfertigung
(5) Fließbandfertigung

6 Ordnen Sie die folgenden Begriffe den unten stehenden Definitionen zu.

(1) Sortenfertigung
(2) Chargenfertigung
(3) Partienfertigung

a. Durch gleiche Ausgangsmaterialien, aber den nicht vollständig beherrschbaren Fertigungsprozess entstehen Unterschiede im Endprodukt. ☐
b. Unterschiede in den Endprodukten entstehen durch eine einheitliche Rohstoffmenge, die sich gering von der nächsten Teilmenge an Rohstoffen unterscheidet. ☐
c. Aus einem gleichartigen Ausgangsmaterial werden in gleicher Fertigungsfolge verschiedene Erzeugnisse gefertigt. ☐

7 Fertigungsverfahren lassen sich nach verschiedenen Gesichtspunkten unterscheiden. Ordnen Sie den unten aufgeführten Fertigungsverfahren zu, ob es sich dabei um

(1) Typen der Fertigungstechnik
(2) Leistungstypen der Fertigung
(3) Organisationstypen der Fertigung

handelt.

Ordnen Sie eine (9) zu, wenn es sich nicht um ein Fertigungsverfahren handelt.

a. Werkstattfertigung ☐
b. Massenfertigung ☐
c. Fließfertigung ☐
d. manuelle Fertigung ☐
e. Mehrfachfertigung ☐
f. Reihenfertigung ☐
g. maschinelle Fertigung ☐
h. Einzelfertigung ☐
i. Sonderanfertigung ☐
j. automatisierte Fertigung ☐
k. Serienfertigung ☐
l. Sortenfertigung ☐

Erläutern Sie Begriff und Merkmale der Handelsbetriebe.	
Begriff	Der Handel ist der Wirtschaftsbereich, der die Verteilung der von Produktionsbetrieben hergestellten oder erzeugten Güter vornimmt. Er stellt die Verbindung zwischen Produktion und Konsum dar. Ein Handelsbetrieb beschafft Waren auf eigene Rechnung und setzt diese unverändert wieder ab.
Merkmale	Um Handelsbetriebe nach Betriebsarten und Betriebsformen zu unterscheiden, lassen sich eine Reihe von Merkmalen heranziehen: ▷ Die **Verkaufsform** stellt die Art und Weise dar, in der Kunden die Waren auswählen, beraten werden und in den Besitz der Waren kommen. ▷ Das **Sortiment** bezeichnet den Umfang an verschiedenen Artikeln. Die Sortimentsbreite beinhaltet die Anzahl der verschiedenen Produkte, die Sortimentstiefe hingegen, wie viele unterschiedliche Ausführungen und Sorten eines Artikels geführt werden. ▷ Die **Preisgestaltung** kann niedrig, mittel oder hoch angesetzt werden. ▷ Die **Betriebsgröße** wird durch den Umsatz, die Anzahl der Mitarbeiter, die Verkaufsfläche und den Sortimentsumfang gekennzeichnet. ▷ Der **Standort** spielt besonders im Einzelhandel eine Rolle. Der Standort kann fest, wechselnd, verkaufs- oder verkehrsorientiert sein.

Beschreiben Sie die Aufgaben des Handels.	
Raumausgleichsfunktion	Der Handel überbrückt die räumliche Distanz zwischen dem Produzenten und dem Verbraucher oder Verwender einer Ware. *Beispiel: Hersteller einer Ware in Hamburg, Verbraucher in München*
Zeitausgleichfunktion	Herstellung und Verbrauch liegen zeitlich z. T. erheblich auseinander. Der Handel erfüllt durch seine Lagerhaltung einen Ausgleich der zeitlichen Differenzen. *Beispiele: Spielwarengeschäft, Fachhandel für Elektrogeräte*
Mengenausgleichsfunktion	Der Handel hat die Aufgabe der mengenmäßigen Umgruppierung. Er kauft große Mengen ein (z. B. ganze Ernten durch den Aufkaufgroßhandel) oder bevorratet sich und gibt die Waren schrittweise an den Verbraucher ab (Einzelhandel). *Beispiele: Textilhandel, Handel mit Wein*
Sortimentsbildungsfunktion	Der Handel bildet nach verschiedenen Gesichtspunkten Sortimente und stellt damit Waren zusammen, die der Verbraucher „unter einem Dach" erwartet. *Beispiele: Im Einzelhandel halten Warenhäuser, Supermärkte oder Fachgeschäfte umfangreiche Sortimente vor.*
Beratungs- und Informationsfunktion	Dem Handel kommt die Aufgabe zu, Verbrauchern als Service seine Warenkenntnisse in Form der Beratung anzubieten. *Beispiele: Fachgeschäfte Hi-Fi-Geräte, Spezialgeschäfte für Orthopädie, Textilspezialgeschäfte für Übergrößen*

Geben Sie eine Übersicht über die Arten der Handelsbetriebe.

Binnenhandel			**Außenhandel**
Einzelhandel Der Einzelhandel schafft gewerbsmäßig Waren an und verkauft sie unverändert an dritte Personen, insbesondere an Endverbraucher. ▷ Ladenhandel ▷ Versandhandel ▷ ambulanter Handel	**Großhandel** Der Großhandel schafft gewerbsmäßig Waren an und veräußert diese ohne Veränderung an Einzelhändler und Großverbraucher. ▷ Aufkaufgroßhandel ▷ Produktionsverbindung ▷ Absatzgroßhandel	**Markthandel** Der Markthandel organisiert zeitlich begrenzte Verkaufsveranstaltungen. ▷ Messen ▷ Ausstellungen ▷ Auktionen	Der Außenhandel übernimmt es, Güter über die Grenzen eines Landes hinweg zu kaufen oder zu verkaufen. ▷ Einfuhrhandel ▷ Ausfuhrhandel ▷ Transithandel

Geben Sie eine Übersicht über die Aufgaben der verschiedenen Dienstleistungsbetriebe.

Betriebe des Nachrichtenverkehrs	**Betriebe des Güterverkehrs**	**Kreditinstitute**	**Versicherungen**	**sonstige Dienstleistungsbetriebe**
Diese Betriebe transportieren über hierfür geeignete Einrichtungen gegen Gebühren Nachrichten von einem Sender zu einem Empfänger.	Betriebe des Güterverkehrs übernehmen die Einlagerung und die Zusammenstellung von Waren sowie deren Transport zwischen Absender und Empfänger.	Kreditinstitute betreiben Bankgeschäfte wie Einlagengeschäfte, Kreditgeschäfte, Depotgeschäfte, Zahlungsgeschäfte und Beratungsgeschäfte.	Versicherungen bieten als Schutz gegen Risiken Versicherungen an. Sie übernehmen damit ein Risiko gegen Zahlung einer Versicherungsprämie.	Sie bieten eine Vielzahl verschiedener Dienstleistungen an, z. B. Steuerberatung, Werbekonzeptionen oder Rechtsberatung und Rechtsvertretung.

1 Der Einzelhandel hat im Rahmen der Gesamtwirtschaft verschiedene Funktionen zu erfüllen. Ordnen Sie folgende Funktionen den unten stehenden Aussagen über den Einzelhandel zu.

(1) Sortimentsbildung
(2) Lagerhaltung
(3) Warenverteilung
(4) Kundenberatung
(5) Kundendienst
(6) Markterkundung

Kennzeichnen Sie die Aussagen mit einer (9), wenn es sich nicht um eine Funktion des Einzelhandels handelt.

Der Einzelhandel ...

a. ... kann auch bei unvorhergesehener Nachfragesteigerung den Mehrbedarf decken. ☐
b. ... wählt aus der Vielzahl der von Herstellern/Großhändlern angebotenen Ware die für seine Kunden nach Art, Menge und Qualität geeignete aus. ☐
c. ... hilft den Kunden bei ihren Einkaufsüberlegungen und gibt Ratschläge für die Kaufentscheidung. ☐
d. ... gleicht mögliche Beschäftigungsschwankungen beim Hersteller durch langfristig festgelegte Lieferverträge aus. ☐
e. ... gibt Verkaufserfahrungen, Anregungen und Beschwerden an den Großhändler weiter. ☐
f. ... bringt kleine Mengeneinheiten in Verbrauchernähe.
g. ... erleichtert den Einkauf, z. B. durch bequeme Anfahrt und Parkmöglichkeiten. ☐
h. ... erhält die Waren vom Hersteller und veräußert sie an Großverbraucher weiter. ☐

2 Der Handel hat die Aufgabe, die zeitlichen, örtlichen und mengenmäßigen Unterschiede zu überbrücken sowie den Markt zu erschließen.

Kennzeichnen Sie unten stehende Aussagen mit einer

(1), wenn sie sich auf die Zeitausgleichsfunktion beziehen,
(2), wenn sie sich auf die Raumausgleichsfunktion beziehen,
(3), wenn sie sich auf die Mengenausgleichsfunktion beziehen,
(9), wenn es sich um keine dieser Funktionen handelt.

a. Durch eine sofortige Zustellung der Ware wird das Lagerrisiko des Herstellers vermindert. ☐
b. Skibekleidung wird über das ganze Jahr hinweg produziert, der Absatz dieser Ware beschränkt sich auf den Herbst/Winter. ☐
c. Ein Fotofachhändler erwartet nach der Neuentwicklung einer Kamera eine große Nachfrage. Er bestellt 10 Kameras beim Großhändler. Schon am ersten Tag, an dem er sie anbietet, verkauft er eine Kamera an einen Kunden. ☐
d. Ein Kunde in einem Supermarkt in Bottrop kauft Spargel aus einem Spargelanbaugebiet in Süddeutschland. ☐

3 Der Handel hat als Absatzmittler in einer Volkswirtschaft zahlreiche Aufgaben. Im Wesentlichen werden diese Aufgaben durch den Großhandel und den Einzelhandel übernommen.

Kennzeichnen Sie unten stehende Aussagen über Aufgaben und Ziele des Handels mit einer

(1), wenn dies Aufgaben des Einzelhandels sind;
(2), wenn dies Aufgaben des Großhandels sind;
(3), wenn dies Aufgaben sowohl des Einzelhandels als auch des Großhandels sind;
(9), wenn dies keine Aufgaben des Handels sind.

a. Diese Betriebe erleichtern den Herstellern von Waren ihre Vertriebsaufgabe, indem sie deren Güter weitervertreiben. ☐
b. Dieser Teilbereich der Wirtschaft schafft gewerbsmäßig Waren an und verkauft diese nach entsprechender Bearbeitung weiter an Wiederverkäufer. ☐
c. Betriebe dieses Wirtschaftsbereiches ermöglichen den Kauf manch hochwertiger Gebrauchsgüter, da sie die dafür notwendige Finanzierung gewerbsmäßig sichern. ☐
d. Betriebe schaffen gewerbsmäßig Waren an und verkaufen diese ohne Bearbeitung weiter an den Endverbraucher. ☐
e. Die persönliche Beratung des Kunden spielt bei den Aktivitäten dieser Betriebe eine wesentliche Rolle. ☐
f. Die Kunden dieser Unternehmen haben wesentliche Vorteile, weil sie viele verschiedene Waren eines Sortiments kaufen können. ☐

4 Ordnen Sie den unten stehenden Aussagen die folgenden Wirtschaftsbereiche zu:

(1) Kreditinstitute
(2) Versicherungen
(3) Betriebe des Güterverkehrs
(4) Betriebe des Nachrichtenverkehrs

Tragen Sie eine (9) ein, wenn eine Zuordnung nicht möglich ist.

a. Sie überbrücken die Zeitspanne zwischen Erzeugung und Bedarf. ☐
b. Sie ermöglichen die Kommunikation zwischen Personen und Betrieben über weite Distanzen. ☐
c. Sie überbrücken die räumliche Distanz für Güter. ☐
d. Sie befassen sich u. a. mit Einlagegeschäften. ☐
e. Sie tragen dazu bei, Schäden zu vermeiden und zu ersetzen. ☐
f. Sie ermöglichen die vereinfachte Abwicklung von Zahlungen zwischen den Wirtschaftssubjekten. ☐
g. Kennzeichnend für diese Betriebe ist die Mechanisierung von Arbeitsprozessen zur Erzeugung von Gütern. ☐
h. Sie ermöglichen durch Lastenverteilung die Vorsorge für zukünftigen Vermögensbedarf. ☐
i. Sie übernehmen in der Regel die Ausgabe von Wertpapieren. ☐

Erläutern Sie das Ziel und die Aufgaben der Lagerhaltung.	
Ziel	Ziel der Lagerwirtschaft ist es, durch Bereitstellung der benötigten Werkstoffe, Halbteile, Fertigfabrikate oder Handelswaren stets die Leistungs- und Lieferfähigkeit des Betriebes zu gewährleisten.
Aufgaben	▷ **Überbrückungsfunktionen** ergeben sich hinsichtlich Raum und Zeit aufgrund von Unregelmäßigkeiten auf dem Beschaffungsmarkt. Eine zeitliche Ausgleichsfunktion hat das Lager z. B. bei saisonal produzierten Gütern wie Obst und Gemüse. ▷ **Preisliche Ausgleichsfunktion** hat das Lager, wenn Waren in Zeiten eingekauft werden, in denen diese preisgünstig zu kaufen sind (Mengenrabatt, Saisonware). ▷ **Bearbeitungs- und Reifungsfunktionen** erfüllt das Lager, um Waren verkaufsfähig zu machen (z. B. Käse oder Wein). ▷ Eine **Spekulationsfunktion** erfüllt das Lager, wenn Materialien bevorratet werden, um bevorstehende Preiserhöhungen zu umgehen. ▷ Eine **Sicherungsfunktion** für gleichmäßige Beschäftigung und Lieferfähigkeit erfüllt das Lager für Produktion, Handel und Dienstleistungsgewerbe. ▷ Eine **Sortimentsbildungsfunktion** hat das Lager zusätzlich im Handel.

Nach welchen Gesichtspunkten lassen sich die verschiedenen Lagerarten unterscheiden?		
Allgemeine Gesichtspunkte	**Eigentumsverhältnisse** ▷ Eigenlager ▷ Fremdlager **Schutz der Güter** ▷ offenes Lager (Freilager) ▷ geschlossenes Lager	**Standort** ▷ zentrales Lager ▷ dezentrales Lager **Lagertechnik** ▷ Stapellager ▷ Hochregallager
Wirtschaftszweigspezifische Gesichtspunkte	**Industrie** ▷ Eingangslager (Warenannahme) ▷ Zwischenlager (für die Aufnahme von Halbfertigteilen) ▷ Handlager (nimmt kleine Mengen direkt am Arbeitsplatz auf) ▷ Versandlager (enthält die zu verkaufenden Fertigprodukte) **Verkehrsbetriebe** ▷ Sammellager (nimmt die zu versendenden Ladungen auf) ▷ Umschlaglager ▷ Zolllager (wird für die Einfuhr und die Ausfuhr benötigt)	**Großhandel** ▷ Verkaufslager – Kommissionslager (Lager des Kommissionärs) – Konsignationslager (Auslieferungslager eines Lieferanten beim Besteller) – Ausstellungslager **Einzelhandel** ▷ Verkaufslager (dient im Verkaufsraum der Präsentation und Lagerung der Ware) ▷ Reservelager (dient dazu, den Verkaufsraum nachzufüllen)

Welchen Anforderungen sollte die Lagereinrichtung entsprechen? Nennen Sie Beispiele für Lagereinrichtungen.			
Anforderungen an das Lager	▷ **Geräumigkeit:** Das Lager soll so beschaffen sein, dass es Spitzenbelastungen standhält und der innerbetriebliche Transport nicht gefährdet wird. ▷ **Übersichtlichkeit:** Das Lager muss so aufgeteilt sein, dass häufig benutzte Güter am Anfang lagern und auch wenig benutzte Güter schnell greifbar sind. ▷ **Zweckmäßigkeit:** Entscheidend für die Art der Lagerung ist das zu lagernde Produkt. Das Lager muss deshalb der Art, der Güte und dem Wert der Waren entsprechen. ▷ **Wirtschaftlichkeit:** Lagerhaltung ist teuer. Um Kosten zu senken oder zu vermeiden, sollten sowohl die zu lagernde Menge, der Verwaltungsaufwand als auch die Lagerdauer möglichst gering sein.		
Lagereinrichtungen	**Einrichtungsgegenstände**	**Transportmittel**	**Vorrichtungen**
	▷ Regale ▷ Schränke ▷ Ständer ▷ Tanks ▷ Kisten ▷ Paletten ▷ Klimaeinrichtungen	▷ horizontale Fördermittel wie Rollenbahnen ▷ vertikale Fördermittel wie Aufzüge, Kräne ▷ horizontale und vertikale Fördermittel wie z. B. Gabelstapler	▷ Informationseinrichtungen, z. B. Telefon ▷ Sicherungsvorrichtungen, z. B. Alarmanlagen ▷ Zähl-, Mess- und Wiegevorrichtungen wie Waagen, Uhren, Messleisten

1 Die Lagerhaltung erfüllt wichtige Funktionen innerhalb der Gesamtaufgabe eines Betriebes. Welche der unten stehenden Aussagen dazu ist falsch? ☐

Tragen Sie eine (9) ein, wenn alle Aussagen zutreffen.

(1) Lagerhaltung ist notwendig, damit der Betrieb für den Kunden stets lieferfähig ist.

(2) Lagerhaltung ist notwendig, um Bedarfsschwankungen und Unregelmäßigkeiten auf den Beschaffungsmärkten auszugleichen.

(3) Die Lagerhaltung liefert Daten für die Beurteilung des Käuferverhaltens.

(4) Die Lagerhaltung soll Preisschwankungen bei der Beschaffung von Waren ausgleichen.

(5) Die Lagerhaltung überbrückt Engpässe bei Waren, die nur saisonal produziert werden.

2 Die Lagerhaltung erfordert viele einzelne Handlungen, die von dem Lagerpersonal ordnungsgemäß durchgeführt werden müssen. Ordnen Sie die jeweiligen Tätigkeiten folgenden Begriffen zu:

(1) Wareneingang
(2) sachgerechte Lagerung
(3) Lagerkontrolle

Tragen Sie eine (9) ein, wenn die Tätigkeit nicht in den Lagerbereich fällt.

a. Veraltete und verdorbene Waren müssen aussortiert werden. ☐
b. Zum Jahresende wird der Lagerbestand durch eine Stichtagsinventur festgestellt. ☐
c. Der Lieferschein wird mit den Angaben der Bestellung verglichen. ☐
d. Der Wert der im Vorjahr vom Lieferanten A gelieferten Ware wird mithilfe der Eingangsrechnungen ermittelt. ☐
e. Damit die Ware verkaufsfähig bleibt, muss sie gepflegt werden. ☐

3 Bei der Organisation des Lagers sollten bestimmte Grundsätze eingehalten werden.

Kennzeichnen Sie unten stehende Grundsätze mit einer

(1), wenn diese zutreffen,
(9), wenn diese nicht zutreffen.

a. rationeller Warenfluss ☐
b. Geräumigkeit ☐
c. Preisdifferenzierung ☐
d. Gesundheitsschutz ☐
e. Unfallverhütung ☐
f. Time-sharing ☐
g. Überschaubarkeit ☐

4 Nach der räumlichen Anordnung des Lagers werden u. a. unterschieden:

(1) Lagerzelte,
(2) Freilager,
(3) Speziallagerhäuser,
(4) Gebäudelager mit normaler Raumtemperatur.

Ordnen Sie bei den folgenden Warenarten zu, welche Art des Gebäudelagers zutrifft.

Tragen Sie eine (9) ein, wenn mehrere Möglichkeiten der Lagerhaltung zutreffen.

a. Tiefkühlkost ☐
b. Baumstämme ☐
c. Personenkraftwagen ☐
d. Baumaterial, wie Fliesen und Zementsäcke ☐
e. Möbel ☐
f. Frischfleisch ☐
g. Dämmstoffe und Isoliermmaterial ☐

5 Welche der folgenden Aussagen ist unzutreffend? ☐

(1) Das Durchlauffahrregal ist grundsätzlich nur von einer Seite zugänglich.

(2) Bei der Blocklagerung wird das Lagergut stapelfähig gemacht.

(3) Bei der Regallagerung wird das Lagergut in Flachregalen, Verschieberegalen oder Hochregalen griffbereit gemacht.

6 Entscheiden Sie, ob die folgenden Aussagen

(1) mögliche Nachteile eines zu kleinen Lagerbestandes beschreiben,
(2) mögliche Nachteile eines zu großen Lagerbestandes beschreiben,
(9) weder einen Nachteil eines zu großen Lagerbestandes noch einen Nachteil eines zu kleinen Lagerbestandes beschreiben.

a. Das Risiko des Veralterns und Verderbens der Waren wird größer. ☐
b. Bei Lieferverzögerungen durch eigene Lieferanten können Engpässe in der Fertigung und/oder im Verkauf auftreten. ☐
c. Es ist weniger Kapital in den gelagerten Waren gebunden. ☐
d. Es können höhere Lagerkosten z. B. für Lagerpersonal entstehen. ☐
e. Durch die verringerte Verkaufsbereitschaft ist die Gefahr des Kundenverlustes gegeben. ☐
f. Mengenrabatte des Lieferanten können nicht oder nur begrenzt ausgenutzt werden. ☐

Erläutern Sie die unterschiedlichen Lagerbestandsarten.

Grafische Darstellung

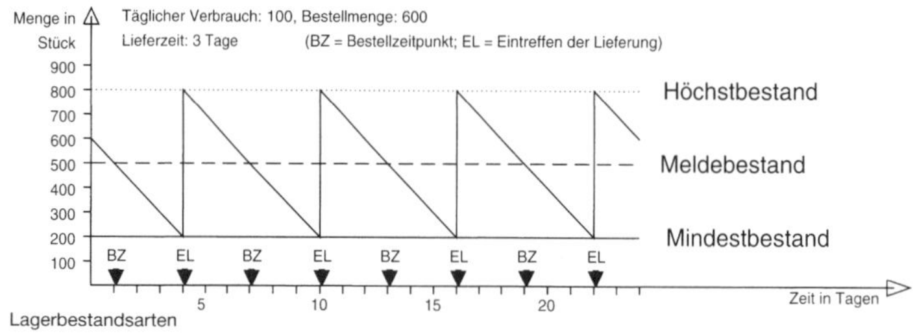

Lagerbestandsarten

Mindestbestand (Eiserner Bestand, Sicherheitsbestand)

- ▷ Dieser Bestand darf unter normalen Umständen nicht angegriffen werden.
- ▷ Er dient dazu, auch bei unerwarteten Zwischenfällen (z. B. Streik) verkaufsbereit zu sein.
- ▷ Der Mindestbestand kann daher nicht exakt berechnet werden. Er wird durch Schätzung aufgrund von Erfahrungswerten festgelegt (z. B. 120 Stück bei einem täglichen Absatz von 20 Stück und einer Beschaffungszeit von 6 Tagen).

Meldebestand (Bestellbestand)

- ▷ Wird dieser Bestand erreicht, muss eine neue Bestellung erfolgen.
- ▷ Für die Berechnung dieses Bestandes ist es notwendig, den Bedarf in der Beschaffungszeit zu ermitteln. Grundlage hierfür sind der tägliche Absatz (Verkaufsstatistiken) und die Beschaffungszeit (Erfahrungswerte).

Meldebestand = Mindestbestand + (täglicher Absatz · Beschaffungszeit)

Höchstbestand

- ▷ Der Höchstbestand wird festgelegt, um einen zu großen Lagerbestand zu vermeiden. Bei Überschreiten der „kritischen Menge“ steigen die Lagerkosten überdurchschnittlich an.
- ▷ Der Höchstbestand wird dann erreicht, wenn die bestellte Ware eintrifft.

Höchstbestand = Mindestbestand + Bestellmenge

Mit welchen Lagerkennziffern kann eine Kontrolle des Lagers erfolgen?

Die folgenden Kennziffern dienen der Überprüfung einer effektiven Lagerhaltung von einzelnen Waren, Warengruppen oder des gesamten Warenlagers. Durch Vergleich mit den eigenen Werten, die in den Vorjahren ermittelt wurden, oder mit Kennziffern des Branchendurchschnitts lassen sich Schwachstellen in der Lagerhaltung aufspüren.

Durchschnittlicher Lagerbestand

- ▷ Dieser Wert gibt an, wie viel im Durchschnitt in die Warenvorräte investiert wird. Für die Berechnung werden die Daten aus der Inventur verwendet.
- ▷ Berechnung bei Jahresinventur:

$$= \frac{\textbf{Jahresanfangsbestand + Jahresendbestand}}{\textbf{2}}$$

- ▷ Berechnung bei Monatsinventuren:

$$= \frac{\textbf{Jahresanfangsbestand + 12 Monatsendbestände}}{\textbf{13}}$$

Lagerumschlagshäufigkeit

- ▷ Die Umschlagshäufigkeit zeigt an, wie oft der durchschnittliche Lagerbestand in einem Jahr umgesetzt wird.
- ▷ Die Berechnung kann mit Wertangaben (in €) bzw. mit Mengenangaben (in Stück) erfolgen. Dabei ist jedoch zu beachten, dass sowohl im Zähler als auch im Nenner gleiche Einheiten verwendet werden.

$$= \frac{\textbf{Wareneinsatz}}{\textbf{durchschnittlicher Lagerbestand}}$$

Durchschnittliche Lagerdauer

Sie gibt an, wie viele Tage die Ware im Durchschnitt lagert, bevor sie verkauft wird.

$$= \frac{\textbf{360 (Tage)}}{\textbf{Lagerumschlagshäufigkeit}}$$

Lagerzinssatz

Dieser Wert zeigt an, wie viel Prozent vom Wareneinsatz für Lagerzinsen aufgewendet wurden.

$$= \frac{\textbf{Jahreszinssatz · durchschnittliche Lagerdauer}}{\textbf{360}}$$

1 Aus der Absatzstatistik geht hervor, dass ein Artikel an 250 Verkaufstagen einen Absatz von 10 000 Stück hatte. Der Mindestbestand soll für 3 Verkaufstage ausreichen. Der Höchstbestand beträgt 600 Stück, die Bestellzeit 6 Tage.

Berechnen Sie

a. ... den durchschnittlichen täglichen Absatz.

b. ... den Mindestbestand.

c. ... den Meldebestand.

d. ... die erforderliche Bestellmenge, damit der Höchstbestand nicht überschritten wird.

2 Bei einem Mindestbestand von 20 Stück und einer Beschaffungszeit von 5 Tagen ergibt sich ein Meldebestand von 60 Stück.

Wie hoch ist der tägliche Absatz?

3 Für einen Artikel ergibt sich ein Höchstbestand von 200 Stück. Der tägliche Absatz beträgt 16 Stück. Die Bestellmenge ist das Zehnfache des täglichen Absatzes.

Berechnen Sie den Mindestbestand.

4 Die Lagerkarte für einen Artikel weist einen Jahresanfangsbestand von 500 Stück und folgende Monatsendbestände auf:

Januar	530 Stück	Juli	490 Stück
Februar	480 Stück	August	330 Stück
März	220 Stück	September	500 Stück
April	690 Stück	Oktober	660 Stück
Mai	800 Stück	November	600 Stück
Juni	700 Stück		

Wie hoch darf der Bestand am Jahresende höchstens sein, wenn der durchschnittliche Lagerbestand nicht größer als 600 Stück sein soll?

5 Mit welcher Formel lässt sich die Lagerumschlagshäufigkeit berechnen?

(1) $\frac{\text{Wareneinsatz}}{\text{durchschnittlicher Lagerbestand}}$

(2) $\frac{\text{durchschnittlicher Lagerbestand}}{\text{Wareneinsatz}}$

(3) $\frac{360}{\text{durchschnittlicher Lagerbestand}}$

(4) $\frac{\text{Jahreszinssatz} \cdot \text{durchschnittliche Lagerdauer}}{360}$

6 Ermitteln Sie die durchschnittliche Lagerdauer aus den folgenden Angaben für den Warenbestand einer Einzelhandelsunternehmung:

Jahresanfangsbestand	500 000,00 €
Einkäufe während des Geschäftsjahres	2 000 000,00 €
Jahresendbestand	700 000,00 €

7 Welche der Aussagen zur Lagerumschlagshäufigkeit trifft zu?

(1) Je höher die Umschlagshäufigkeit, desto höher ist die Lagerdauer.

(2) Je geringer die Umschlagshäufigkeit, desto geringer sind die Kosten für die Lagerhaltung.

(3) Je höher die Umschlagshäufigkeit, desto geringer ist das Lagerrisiko.

(4) Zwischen Lagerdauer und Umschlagshäufigkeit gibt es keinerlei Beziehungen.

8 Bei einem Betriebsvergleich zweier Einzelhandelsbetriebe stellte man bei Betrieb A eine Umschlagshäufigkeit von 12 fest, beim Betrieb B bei einem Jahreszinssatz von 15 % einen Lagerzinssatz von 1,5 %.

a. Wie hoch ist die durchschnittliche Lagerdauer des Betriebes A?

b. Wie hoch ist die durchschnittliche Lagerdauer des Betriebes B?

c. Auf welchen Prozentsatz müsste der Lagerzins fallen, damit Betrieb B die gleiche Umschlagshäufigkeit erzielt?

9 Ein Einzelhandelsbetrieb erzielt in einem Jahr einen Umsatz von 2 320 000,00 € einschließlich 16 % Umsatzsteuer bei einer Handelsspanne von 25 % und einer durchschnittlichen Lagerdauer von 120 Tagen.

Ermitteln Sie

a. ... die Umschlagshäufigkeit.

b. ... den Kalkulationszuschlag.

c. ... den Kalkulationsabschlag (auf eine Stelle nach dem Komma runden).

d. ... den durchschnittlichen Lagerbestand.

10 Welche der unten stehenden Aussagen trifft zu?

(1) Der Lagerzinssatz wird durch die Einstellung eines neuen Lagerarbeiters nicht beeinflusst.

(2) Durch eine Erhöhung von Mindestbeständen einiger Waren wird die Umschlagshäufigkeit vergrößert.

(3) Der Umsatz eines Einzelhandelsbetriebes hat keinen Einfluss auf die Lagerumschlagshäufigkeit.

(4) Damit der Lagerzinssatz gesenkt werden kann, muss die durchschnittliche Lagerdauer verlängert werden.

Was verstehen Sie unter Marktforschung? Klären Sie die Begriffe Marktanalyse, Marktbeobachtung und Marktprognose.	
Marktforschung	Die Marktforschung ist im Gegensatz zur Markterkundung eine systematische Untersuchung des Marktes zur Beschaffung und Auswertung von Informationen für Marketingentscheidungen.
Marktanalyse	Die Marktanalyse ist eine einmalige Untersuchung des Marktes (Zeitpunktbetrachtung). Es handelt sich um eine statische Betrachtung, vergleichbar mit einer Momentaufnahme, mit einem Foto.
Marktbeobachtung	Die Marktbeobachtung ist eine fortlaufende Untersuchung der Entwicklung des Marktes (Zeitraumbetrachtung). Es handelt sich um eine dynamische Betrachtung, vergleichbar mit einem Film, in dem Veränderungen im Zeitablauf erkennbar werden.
Marktprognose	Die Marktprognose ergibt sich aus der Verarbeitung der Ergebnisse der Marktanalyse und Marktbeobachtung und ist eine Vorhersage zukünftiger Entwicklungen.

Erläutern Sie die Methoden der Marktforschung.		
Primärforschung	Bei der Primärforschung (Feldforschung) werden neue, bisher noch nicht erhobene Marktdaten ermittelt. Diese Gewinnung von Daten kann durch eine Vollerhebung (alle Mitglieder der Grundgesamtheit werden befragt) oder eine Teilerhebung (eine Auswahl aus der Grundgesamtheit wird befragt) erfolgen.	
Methoden der Primärerhebung	**Befragung**	▷ Die Befragung kann mündlich, telefonisch oder schriftlich erfolgen. Besondere Befragungsstrategien (standardisiertes Interview, freies Gespräch) und Befragungstaktiken (direkte Frage, indirekte Frage) sollen den Erfolg einer Befragung erhöhen.
	Beobachtung	▷ Die Beobachtung wird nonverbal durchgeführt und untersucht Verhaltensweisen und Gefühle. Wichtige Untersuchungsgebiete sind z.B. die Beobachtung des Kaufverhaltens, des Ausdrucks, der Stimmenfrequenz, der Blickregistrierung.
	Panel	▷ Beim Panel werden ausgewählte Personen über einen längeren Zeitraum über bestimmte Sachverhalte wiederholt befragt bzw. beobachtet. Beim Haushaltspanel führen die Teilnehmer wöchentlich ein „Tagebuch“ über ihre Einkäufe. Beim Einzelhandelspanel werden in einem zweimonatlichen Rhythmus die Warenbestände kontrolliert.
	Experiment/ Test	▷ Beim Experiment/Test wird versucht, durch Veränderung eines Merkmals oder auch mehrerer Merkmale die Auswirkungen aus diesen Veränderungen aufzuzeigen. Wichtige Aussagen erhält man z.B. über Produkttests, Plakattests, Namenstests.
Sekundärforschung	Bei der Sekundärforschung werden bereits vorhandene Unterlagen ausgewertet. Dieses Verfahren wird auch als Schreibtischforschung bezeichnet.	
Methoden der Sekundärforschung	**betriebsinterne Quellen**	▷ Als betriebsinterne Quellen eignen sich Statistiken und Aufstellungen über Umsätze, Absätze, Anfragen, Reklamationen, Werbekosten, Reparaturen, aber auch Berichte von Außendienstmitarbeitern, Aufstellungen von Lagerbeständen und Rohstoffpreisen.
	betriebsexterne Quellen	▷ Betriebsexterne Quellen sind z.B. statistische Jahrbücher, Veröffentlichungen von Industrie- und Handelskammern und Verbänden, Kataloge, Prospekte, Preislisten anderer Unternehmen, Veröffentlichungen in Zeitungen und Zeitschriften.

Erläutern Sie die Begriffe Marktpotenzial, Marktvolumen, Marktanteil.	
Marktpotenzial	Das Marktpotenzial gibt an, wie viel von dem Produkt oder der angebotenen Dienstleistung auf dem Markt abgesetzt werden kann, unter der Voraussetzung, dass alle Käufer das erforderliche Einkommen und ein Kaufbedürfnis entwickelt haben.
Marktvolumen	Das Marktvolumen ist die realisierte oder prognostizierte Absatzmenge des Produktes oder der angebotenen Dienstleistung pro Zeitabschnitt in einem bestimmten Markt.
Marktanteil	Der Marktanteil ist der prozentuale Anteil eines Unternehmens an dem gesamten Marktvolumen eines Marktes. Es können Mengen- oder Werteinheiten verglichen werden.

1 Im Rahmen der Primärforschung werden neue, bisher noch nicht erhobene Marktdaten durch folgende Methoden festgestellt.

(1) Befragung
(2) Beobachtung
(3) Panel
(4) Experiment/Test

Ordnen Sie diese Möglichkeiten der Primärforschung den folgenden Aussagen zu.

a. In repräsentativ ausgewählten Handelsbetrieben werden in regelmäßigen Abständen Erhebungen über die Warenbestände von bestimmten Warengruppen durchgeführt. ☐
b. In einem Supermarkt wurde aufgrund mehrerer Einwegspiegel der „Kundenlauf“ festgestellt. ☐
c. Aufgrund apparativer Einsätze wird die Stimmenfrequenz mehrerer Probanden untersucht. ☐
d. Die Erhebung kann mündlich, schriftlich oder auch telefonisch erfolgen. ☐

2 Unterscheiden Sie

(1) Marktanalyse
(2) Marktbeobachtung

a. Hierbei handelt es sich um eine einmalige Untersuchung des Marktes. ☐
b. Hierbei handelt es sich um eine fortlaufende Untersuchung der Entwicklung des Marktes. ☐

3 Die Sekundärforschung benutzt Quellenmaterial, das bereits für andere Zwecke erstellt wurde. Entscheiden Sie, ob es sich bei den Beispielen um

(1) innerbetriebliche Informationsquellen,
(2) außerbetriebliche Informationsquellen

handelt.

a. Lagerbestandsmeldungen ☐
b. Preislisten der Konkurrenzfirmen ☐
c. Veröffentlichungen wissenschaftlicher Institute ☐
d. Berichte der Außendienstmitarbeiter ☐

4 Unterscheiden Sie anhand der unten stehenden Aussagen die folgenden Begriffe und ordnen Sie zu.

(1) Marktprognose
(2) Markterkundung
(3) Marktanalyse
(4) Marktbeobachtung

a. Hierbei handelt es sich um eine nicht systematische Untersuchung des Marktes. ☐
b. Der Markt wird nur einmalig untersucht, zu einem bestimmten Zeitpunkt. ☐
c. Untersuchung des Marktes über einen längeren Zeitraum hinweg ☐
d. Zukünftige Marktverhältnisse werden abgeschätzt und vorausberechnet. ☐

5 Überprüfen Sie die Aussagen der folgenden Gesprächspartner. Tragen Sie eine

(1) ein, wenn der Gesprächspartner A die richtige Aussage trifft,
(2) ein, wenn der Gesprächspartner B die richtige Aussage trifft.

a. A: „Durch die Auswertung der Sekundärinformationen können wir doch schon einige Probleme lösen, sodass sich die Primärerhebung z.T. erübrigt.“
B: „Die Sekundärinformationen können nur nach den Primärinformationen erfolgen, darum heißen sie ja auch so.“ ☐
b. B: „Bei der Befragung müssen wir von einer Vollerhebung Abstand nehmen, da der Zeitaufwand und die Kosten zu hoch sind.“
A: „Eine Teilerhebung ist viel zu ungenau, sie kann niemals repräsentativ sein.“ ☐
c. A: „Der Fragebogen gefällt mir so ganz gut, nur die Fragen zur Person sollten wir zum Schluss stellen, da dann die Auskunftsperson mehr Vertrauen hat und auskunftsfreudiger ist.“
B: „Aber nein, die Fragen zur Person sind typische Eisbrecherfragen, die an den Anfang eines Fragebogens gehören.“ ☐
d. B: „Der Vorteil einer Beobachtung ist doch, dass man nicht auf die Auskunftsbereitschaft des Beobachteten angewiesen ist.“
A: „Aber Sie können doch niemanden beobachten, der nichts davon weiß.“ ☐

6 Ordnen Sie die folgenden Marktgrößen der unten stehenden Grafik zu.

(1) Marktpotenzial
(2) Marktanteil
(3) Marktvolumen

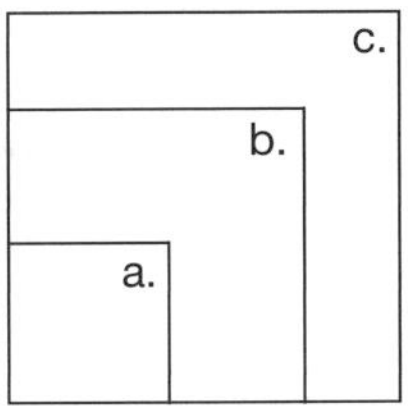

a. ☐
b. ☐
c. ☐

7 Welcher der folgenden Begriffe wird in dem Text beschrieben?

„Die Beobachtung dieser Marktgröße zeigt die Verbesserung oder aber auch Verschlechterung der eigenen Marktstellung. Eine Verbesserung z.B. kann nur auf Kosten eines anderen Marktteilnehmers erfolgen.“

Tragen Sie die Ziffer vor der zutreffenden Antwort in das Kästchen ein. ☐

(1) Marktpotenzial
(2) Marktvolumen
(3) Marktanteil

Erläutern Sie stichwortartig die absatzpolitischen Instrumente.		
Absatz-politische Instrumente	Neben den Instrumenten der Marktforschung (Informationsseite) sind von wesentlicher Bedeutung die Instrumente der Marktanpassung und Marktgestaltung (Aktionsseite). Man bezeichnet diese als absatzpolitische Instrumente.	
	Produktpolitik	Suche nach neuen Produktideen, Entwicklung und Markteinführung neuer Produkte, Produktgestaltung, Strategien wie Produktelimination, Produktvariation, Produktinnovation, Differenzierung und Diversifikation; für den Handel insbesondere die Sortimentspolitik, Kundendienstleistungen und Garantieleistungen sowie Kreditpolitik.
	Distributions-politik	Entscheidungen über die innere Organisation und äußere Organisation wie direkter oder indirekter Absatz, Güterversand.
	Kommunikations-politik	Entscheidungen im Rahmen der Absatzwerbung, wie Arten, Ziele, Werbemittel, Werbeträger und Verkaufsförderung.
	Kontrahierungs-politik	Probleme der Preispolitik in Abhängigkeit von den Marktformen, Preiselastizitäten, Preistheorien, Preisdifferenzierung sowie die Gestaltung der Lieferungs- und Zahlungsbedingungen.

Was verstehen Sie unter Marketing-Mix?	
Marketing-Mix	Die einzigartige Art und Weise, wie ein Unternehmen seine Marketinginstrumente einsetzt und kombiniert, prägt das eigenständige Image des Unternehmens. Die jeweilige Kombination der absatzpolitischen Instrumente bezeichnet man als Marketing-Mix. Das optimale Marketing-Mix wird bestimmt durch das ökonomische Prinzip, d.h., ein bestimmtes Ziel soll mit den geringsten Mitteln erreicht werden.

Grundlage von Absatzstrategien sind der Produktzyklus und die Portfolio-Matrix. Erläutern Sie diese.		
Produktzyklus	Das Modell des Produktzyklus versucht, den Lebensweg eines Produktes von der Einführung bis zum Ausscheiden anhand von Umsatz, Umsatzveränderungen, Gewinn oder Verlust zu beschreiben.	
	Einführungs-phase	▷ In der Einführungsphase werden nur geringe Umsätze getätigt. Der Ausbau des Vertriebs, die Kosten für Werbung und Absatzförderung verursachen Verluste.
	Wachstums-phase	▷ Mit dem Überschreiten der Gewinnschwelle wird die Wachstumsphase erreicht. Der Umsatz steigt stark an.
	Reifephase	▷ In der Reifephase steigt der Umsatz weiter und erreicht sein Maximum. Durch den starken Wettbewerb kommt es zu Preissenkungen, da die Nachfrage auf Preisänderungen sehr elastisch reagiert.
	Sättigungsphase	▷ In der Sättigungsphase sinkt der Umsatz und der Gewinn nimmt ab. Durch den Einsatz produktpolitischer Instrumente wird versucht, dem rückläufigen Umsatz entgegenzuwirken.
	Rückgangs-phase	▷ In der Rückgangsphase sinkt der Umsatz sehr stark und Gewinne werden nicht mehr erzielt. Es kommt zur Elimination des Produktes.
Portfolio-Matrix	Um sich ein Bild von der aktuellen Situation des Marktanteils im Verhältnis zum Marktwachstum zu machen, werden vier Bereiche gebildet.	
	Wild Cats	▷ Marktanteil niedrig, Marktwachstum hoch. Sorgfältige Beobachtung des „Nachwuchses" ist notwendig, um die richtige Marketingstrategie zu wählen.
	True Stars	▷ Marktanteil hoch, Marktwachstum hoch. Förderung der „Stars" ist notwendig.
	Poor Dogs	▷ Marktanteil niedrig, Marktwachstum niedrig. Produkte, die „Probleme" haben, sollten vom Markt genommen werden.
	Cash Cows	▷ Marktanteil hoch, Marktwachstum niedrig. Die „Cash-Cows" erzielen einen hohen Cashflow.

1 Welche der unten stehenden Entscheidungen werden im Rahmen der nachstehend aufgeführten Bereiche des absatzpolitischen Instrumentariums getroffen?

(1) Produktpolitik
(2) Kommunikationspolitik
(3) Kontrahierungspolitik
(4) Distributionspolitik

a. Räumliche Preisdifferenzierung ☐
b. Indirekter Absatz ☐
c. Versand per Post ☐
d. Sammelwerbung ☐
e. Herausnahme eines Produktes aus der Angebotspalette ☐

2 Was verstehen Sie unter Marketing-Mix?

Tragen Sie eine

(1) ein, wenn die Aussage zutrifft,
(9) ein, wenn die Aussage nicht zutrifft.

a. Marketing-Mix ist die Entscheidung im Rahmen der Produktpolitik, mehrere Produkte auf den Markt zu bringen. ☐
b. Unter Marketing-Mix versteht man die optimale Mischung der absatzpolitischen Instrumente. ☐
c. Das Marketing-Mix vermischt unter Wahrung des ökonomischen Prinzips die Möglichkeiten der Primär- und Sekundärforschung. ☐

3 Bringen Sie die Phasen des idealtypischen Produktzyklus in die richtige Reihenfolge, indem Sie die Ziffern 1 bis 5 vergeben.

a. Reifephase ☐
b. Einführungsphase ☐
c. Rückgangsphase ☐
d. Sättigungsphase ☐
e. Wachstumsphase ☐

4 Überprüfen Sie folgende Aussagen zum Produktzyklus.

Tragen Sie eine

(1) ein, wenn die Aussage zutrifft,
(9) ein, wenn die Aussage nicht zutrifft.

a. In der Reifephase des Produktzyklus erreicht der Umsatz sein Maximum. ☐
b. Das Überschreiten der Gewinnschwelle wird in der Wachstumsphase erreicht. ☐
c. In der Einführungsphase werden noch Verluste erzielt. ☐
d. In der Sättigungsphase wird der größte Umsatz erzielt. ☐

5 Der Steiger GmbH stehen folgende Informationen zur Verfügung:

Marktpotenzial: 600 000,00 EUR
Marktvolumen: 400 000,00 EUR
Umsatz der Steiger GmbH: 100 000,00 EUR

a. Wie hoch ist der Marktanteil der Steiger GmbH? ☐

(1) 25%
(2) 16 2/3%
(3) anderer Wert

b. Zu wie viel Prozent ist das Marktpotenzial ausgeschöpft? ☐

(1) 25%
(2) 66 2/3%
(3) anderer Wert

6 Die Portfolio-Matrix eignet sich als Darstellungsinstrument. Eine Möglichkeit ist, die Marktanteile und das Marktwachstum zu betrachten.

Ordnen Sie der folgenden Darstellung die Begriffe zu:

(1) Sterne (Marktanteil hoch, Marktwachstum hoch)
(2) Milchkühe (Marktanteil hoch, Marktwachstum niedrig)
(3) Fragezeichen (Marktanteil niedrig, Marktwachstum hoch)
(4) Arme Hunde (Marktanteil niedrig, Marktwachstum niedrig)

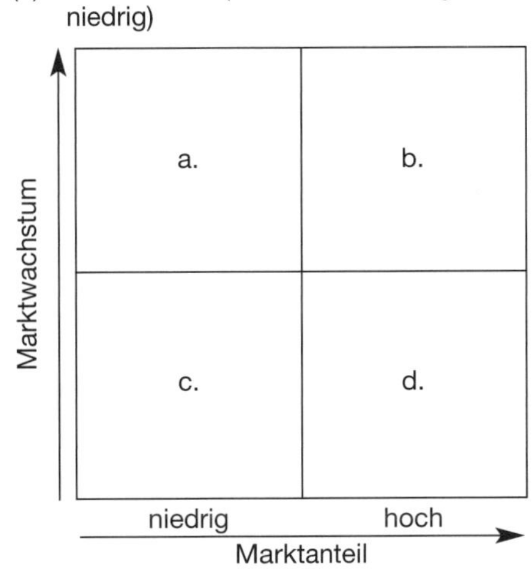

a. ☐
b. ☐
c. ☐
d. ☐

7 Überprüfen Sie folgende Aussage zum Marketing-Mix.

Tragen Sie eine

(1) ein, wenn die Aussage zutrifft,
(9) ein, wenn die Aussage nicht zutrifft.

Das Marketing-Mix ist eine spezielle Form der Absatzwerbung. Dabei wird nicht nur auf ein Werbemedium zurückgegriffen, sondern auf eine Vielzahl davon. Dadurch soll ein größerer Werbeerfolg erreicht werden. ☐

Welche Aufgabe hat die Produkt- und Sortimentspolitik? Erläutern Sie den Begriff „Sortiment“.			
Produkt- und Sortimentspolitik	Unter der Produkt- und Sortimentspolitik versteht man alle Maßnahmen, die darauf ausgerichtet sind, das Angebot der Marktleistungen des Betriebes den sich wandelnden Bedürfnissen der Käufer anzupassen.		
Produktgestaltung	Produktgestaltung ist die Festlegung der Erscheinungsform eines Produktes hinsichtlich Form, Qualität, Verpackung und Markierung in Abhängigkeit von der Produktart.		
Sortiment	Das Sortiment stellt das Absatzprogramm eines Betriebes dar und ist durch verschiedene Dimensionen gekennzeichnet.		
Dimensionen des Sortiments	Die **Sortimentsbreite** gibt die Anzahl der verschiedenen Produktgruppen an.	Die **Sortimentstiefe** nennt die Anzahl der Sorten je Produktgruppe.	Der **Sortimentsumfang** gibt die Gesamtanzahl der verschiedenen Artikel an.

Welche Maßnahmen kann ein Betrieb im Rahmen der Produktinnovation ergreifen?		
Produktdifferenzierung	Das bisherige Sortiment wird durch die Erweiterung von Produktgruppen differenzierter und damit vervollständigt. Die Differenzierung erfolgt in technischer, materialmäßiger oder ästhetischer Hinsicht. *Beispiel: Eine Molkerei erweitert die Produktgruppe um einen trinkbaren Fruchtjoghurt.*	
Diversifikation	Dem Sortiment werden Produkte hinzugefügt, die keine oder nur eine geringe Verwandtschaft zu den bisherigen Produkten haben. Die Diversifikation ist damit ein Mittel der Wachstums- und Risikopolitik des Unternehmens. *Beispiel: Eine Molkerei erweitert das Sortiment um neue Produktarten.*	
	horizontal	Ausdehnung des Absatzprogramms auf Produkte bzw. Produktgruppen der gleichen Wirtschaftsstufe. Das neue Produkt weist einen engen Zusammenhang zum bisherigen Sortiment auf. *Beispiel: Die Molkerei bietet Crème fraîche an.*
	vertikal	Ausdehnung der Leistungstiefe des Absatzprogramms. Es werden Produkte bzw. Produktgruppen der vor- oder nachgelagerten Produktionsstufe angeboten. *Beispiel: Die Molkerei stellt Magermilchpulver her.*
	diagonal	Das neue Produkt steht in keinem Zusammenhang zum bisherigen Sortiment. Das Unternehmen dringt mit den angebotenen Produkten in völlig neue Marktbereiche ein. *Beispiel: Die Molkerei bietet Rezeptbücher an.*

Was ist unter Produktvariation zu verstehen? Welche Gestaltungselemente können eingesetzt werden?	
Begriff	Sie beinhaltet eine Veränderung der bisher am Markt verkauften Produkte in seinen verschiedenen Eigenschaften, ohne die Absatzprogrammtiefe zu verändern.
Veränderte Eigenschaften	▷ physikalische: Austausch und/oder Veränderung bisher verwendeter Materialien *Beispiel: Verpackungsmaterial aus (Recycling-)Altpapier statt PVC* ▷ funktionale Vereinfachung der Handhabung; Erhöhung des Bedienungskomforts *Beispiel: Vereinfachung der Programmierbarkeit von Videorecordern* ▷ ästhetische: Aktualisierung der Form, der Farben, des Stils und des Geschmacks *Beispiel: neuer Becher für Joghurt* ▷ Gesamtnutzen: Verschaffung von Zusatznutzen; Verlängerung der Garantiezeit *Beispiel: Verpackung kann als Tiefkühldose wieder verwendet werden* ▷ Produktnamen: Anpassung der Marke an den Zeitgeist; Neugestaltung des Firmenlogos

Welche Maßnahmen und Überlegungen spielen bei der Produktelimination eine Rolle?		
Begriff	Die endgültige Herausnahme einzelner Produkte oder Produktgruppen aus dem Sortiment bezeichnet man als Produktelimination.	
Arten	**Sortenreduktion**	Einzelne Produktsorten werden aus dem Sortiment genommen. Die Absatzprogrammtiefe verringert sich. *Beispiel: Eine Fahrradfabrik verringert die Anzahl der angebotenen Herren-Tourenräder.*
	Spezialisierung	Eine oder mehrere Artikelgruppen werden aus dem Sortiment genommen. Die Absatzprogrammbreite verringert sich. *Beispiel: Die Fahrradfabrik verzichtet auf die Herstellung von Tourenrädern und stellt nur noch Mountain-Bikes und Rennräder her.*

1 Kennzeichnende Sie unten stehende Aussagen mit

(1), wenn diese zutreffen,
(9), wenn diese nicht zutreffen.

a. Die Sortimentstiefe wird durch die Gesamtanzahl der Artikel eines Unternehmens bestimmt. ☐

b. Wenn sich die Sortimentsbreite verändert, ändert sich auch automatisch der Sortimentsumfang eines Sortiments. ☐

c. Die Sortimentsbreite wird durch die Anzahl der Warenarten bestimmt. ☐

2 Jedes Sortiment wird durch verschiedene Dimensionen gekennzeichnet. Veränderungen im Sortiment verändern auch die Dimensionen des Sortimentsaufbaus.

Ordnen Sie den unten aufgeführten Maßnahmen eines Gartengeräteherstellers die folgenden Sortimentsbeschreibungen zu.

(1) Änderung der Sortimentsbreite
(2) Änderung der Sortimentstiefe
(3) keine Änderung des Sortimentsumfangs

a. Aus der Produktgruppe Heckenscheren wird eine leistungsstarke Motorheckenschere aufgrund des hohen Preises vom Markt nicht akzeptiert und aus dem Programm gestrichen. ☐

b. Ein bisher hergestellter Rasenmäher wird durch ein leicht verändertes Modell ersetzt. ☐

c. Das Unternehmen nimmt einen Laubsauger in sein Programm auf. ☐

d. Aufgrund der guten Nachfrage wird der Laubsauger um eine leistungsfähigere Version ergänzt. ☐

e. Die Produktgruppe Kompostieranlagen wird wegen zu geringer Deckungsbeiträge komplett aus dem Sortiment genommen. ☐

3 Welches der folgenden Merkmale gehört nicht zwangsläufig zu den Merkmalen eines Markenartikels? ☐

(1) Der Name des Artikels ist durch das Gesetz geschützt.
(2) Die Produkte haben einen hohen Wiedererkennungswert.
(3) Die Produkte sind zumeist von gleich bleibender Qualität.
(4) Die Preise sind in jedem Einzelhandelsgeschäft gleich.
(5) Die Produkte haben häufig einen hohen Bekanntheitsgrad.

4 Die Zusammensetzung eines Sortiments erfolgt nach bestimmten Gesichtspunkten. Welcher der folgenden Gesichtspunkte gehört nicht dazu? ☐

(1) Preislage
(2) Verbraucherbedarf
(3) Materialien
(4) Lieferanten

5 Für welches der folgenden Produkte ist die Produktaufmachung von geringerem Einfluss, wenn die Verwendung des Produktes eng mit dem Sachnutzen verbunden ist? ☐

(1) Pkw
(2) Parfumflasche
(3) Drehautomat
(4) Pralinenschachtel
(5) Teddybär

6 Welcher der folgenden Einflussfaktoren beeinflusst nicht die Veränderung eines bestehenden Sortiments? ☐

(1) technischer Fortschritt
(2) Verbraucherverhalten
(3) neues Warenwirtschaftssystem
(4) Wirtschaftlichkeit des Sortiments
(5) Modetrend

7 Für welche der folgenden Produkte ist die Produktaufmachung von höherem Einfluss, wenn die Verwendung des Produktes eng mit dem Erlebnisnutzen verbunden ist? ☐ ☐

(1) Armbanduhr
(2) Mehl
(3) Bohrmaschine
(4) Brille
(5) Waschvollautomat

8 Welche der folgenden Überlegungen spielt keine Rolle bei der Entscheidung, ein problematisches Produkt aus dem Sortiment zu nehmen? ☐

(1) In welcher Phase des Lebenszyklus befindet es sich?
(2) Trägt das Produkt mit seinen Deckungsbeiträgen noch zur Deckung der fixen Kosten des Betriebes bei?
(3) Trägt das Produkt zur Attraktivität des Gesamtprogramms bei?
(4) Bestehen zwischen dem problematischen Produkt und anderen Produkten Komplementärbeziehungen?
(5) Ist die Lieferfähigkeit für Rohstoffe durch den Hauptlieferanten noch gewährleistet?

9 Ordnen Sie die folgenden Arten der Diversifikation in einem Buchverlag den unten stehenden Sachverhalten zu.

(1) horizontale Diversifikation
(2) vertikale Diversifikation
(3) diagonale Diversifikation

a. Der Verlag beteiligt sich an einer Druckerei. ☐

b. Der Verlag gibt Zeitschriften heraus. ☐

c. Lexika werden auf CD-ROM übertragen und als Datenbanken vertrieben. ☐

d. Der Verlag vertreibt Studienreisen. ☐

e. Der Verlag beteiligt sich an einer Papierwarenfabrik. ☐

Wie kann der Absatz eines Betriebes organisiert werden?	
Begriff	Die Absatzorganisation des Betriebes umfasst die Gestaltung des Aufbaus der Verkaufsabteilung und der Anordnung der Absatzorgane.
Innere Organisation	Die innere Organisation des Absatzes beschreibt die Aufbauorganisation der Verkaufsabteilung. Sie kann nach folgenden Gesichtspunkten erfolgen: ▷ Raum (z. B. Inland, Ausland), ▷ Produkt (z.B. Rennräder, Tourenräder, Kinderräder), ▷ Kundengruppen (z.B. Kaufhäuser, Supermärkte, Filialisten), ▷ Funktionen (z.B. Angebote, Auftragsabwicklung, Reklamationen).
Äußere Organisation	Die äußere Organisation des Absatzes beschreibt die Anordnung der Absatzorgane: ▷ **zentraler Absatz:** räumliche Zusammenfassung (z.B. im Stammwerk); ▷ **dezentraler Absatz:** räumliche Verteilung (z.B. auf Geschäftsstellen).

Auf welchen Absatzwegen kann ein Betrieb seine Produkte vertreiben?		
Begriff	Der Absatzweg gibt an, auf welchem Weg eine Ware oder Dienstleistung über die Glieder der Absatzkette den Letztverbraucher erreichen soll. Letztverbraucher sind bei Produktivgütern Betriebe, bei Konsumgütern die Haushalte.	
Einflussfaktoren	▷ verkauftes Produkt (Spezialmaschine oder Kaugummi) ▷ Kaufgewohnheiten der Letztverbraucher ▷ Absatzrisiko (aktuelle Mode oder Standardprodukt) ▷ Marktstellung des Verkäufers und des Abnehmers ▷ Art der Produktion (Einzel- oder Massenfertigung) ▷ Intensität der Nachfrage (zeitlich und mengenmäßig) ▷ Kosten des Absatzweges	
Arten	**Direkter Absatz**	**Indirekter Absatz**
	Er liegt vor, wenn der Betrieb seine Leistungen bis zum Letztabnehmer in eigener Regie durchführt.	Bei dieser Art des Absatzes werden zwischen dem Betrieb und den Letztverbrauchern fremde Absatzorgane eingeschaltet.
Vorteile	▷ Unabhängigkeit und Gestaltungsfreiheit der Kundenkontakte ▷ Preiskontrolle bis zum Letztverbraucher ▷ direkter Kontakt zum Kunden ▷ direkter Einfluss auf die Absatzorgane	▷ Nutzung des Verkaufs-Know-hows fremder Absatzorgane ▷ Verminderung der eigenen Lagerhaltung ▷ Verlagerung des Absatzrisikos ▷ große Absatzdichte (Distributionsgrad)

Was ist ein Vertriebssystem? Welche Vertriebssysteme werden unterschieden?	
Das Vertriebssystem legt unter Berücksichtigung der Entscheidung über den zentralen oder dezentralen Absatz sowie die Klärung des direkten oder indirekten Absatzes fest, in welchem Umfang der Hersteller einer Ware oder Dienstleistung Einfluss auf den Kontakt mit den Abnehmern seiner Produkte nehmen will.	
Werkseigenes Vertriebssystem	Bei diesem Vertriebssystem werden die Produkte an den Handel oder den Letztverbraucher über eigene Angestellte abgesetzt (Geschäftsleitung, Verkaufsabteilung, Reisende, Niederlassungen, Geschäftsstellen).
Werksgebundenes Vertriebssystem	Dieses Vertriebssystem setzt sich aus rechtlich selbstständigen, wirtschaftlich und organisatorisch aber abhängigen Kaufleuten zusammen (Vertragshändler, Einfirmenvertreter, Franchisenehmer).
Werksfremdes Vertriebssystem	In diesem Vertriebssystem werden rechtlich und wirtschaftlich selbstständige Kaufleute für den Betrieb tätig. Diese sind zwar vertraglich gebunden, werden jedoch für mehrere Betriebe tätig (Mehrfirmenvertreter, Makler).

Was sind Absatzorgane? Welche Arten werden unterschieden?		
Begriff	Absatzorgane sind die Personen, Firmen und Einrichtungen, derer sich der Betrieb bedient, um den Absatz seiner Waren oder Dienstleistungen zu vollziehen. Sie richten sich nach dem Absatzweg, dem Vertriebssystem und der Absatzorganisation.	
Arten	**Betriebseigene Absatzorgane**	**Betriebsfremde Absatzorgane**
	▷ Geschäftsleitung ▷ Verkaufssachbearbeiter ▷ Verkaufsniederlassungen ▷ Reisende	▷ Handelsvertreter ▷ Kommissionäre ▷ Handelsmakler

1 Kennzeichnen Sie unten stehende Aussagen zur Distributionspolitik mit

(1), wenn diese zutrifft,
(9), wenn diese nicht zutrifft.

a. Von einem direkten Absatz wird nur dann gesprochen, wenn der Betrieb unternehmenseigene Absatzorgane einsetzt. ☐

b. Handelsvertreter zählen genauso zu den Absatzorganen eines Betriebes wie die belieferten Einzelhändler. ☐

c. Ein zentraler Absatz liegt vor, wenn die Produkte über werkseigene Niederlassungen vertrieben werden. ☐

d. Der Absatzweg gibt an, welche Route die Auslieferungsfahrzeuge des Betriebes nehmen, um den Kunden zu erreichen. ☐

e. Verkaufsniederlassungen zählen zu den betriebsfremden Absatzorganen. ☐

2 Welche der folgenden Einflussfaktoren beeinflussen nicht unmittelbar die Wahl des Absatzweges? ☐ ☐

(1) Kosten des Absatzweges
(2) Kaufgewohnheiten der Letztverbraucher
(3) Art der durchgeführten Werbung
(4) Gestaltung der Produktverpackung
(5) Absatzrisiko

3 Ordnen Sie den unten stehenden Sachverhalten zu, ob es sich dabei um den

(1) direkten Absatzweg,
(2) indirekten Absatzweg

handelt.

a. Ein Unternehmen der Wurstwarenindustrie vertreibt seine Produkte über Lebensmittelgroßhändler. ☐

b. Ein Haushaltsgerätehersteller vertreibt seine Staubsauger über Reisende. ☐

c. Ein Hersteller für Unterhaltungselektronik vertreibt seine Produkte über ausgewählte Einzelhändler. Mit diesen Händlern hat das Unternehmen Kommissionsverträge abgeschlossen. ☐

d. Ein Autohersteller vertreibt seine Pkw über Verkaufsniederlassungen. ☐

e. Eine Versicherung beauftragt freiberuflich arbeitende Versicherungsagenten mit dem Vertrieb der Policen auf Provisionsbasis. ☐

f. Bei einem Möbelhersteller werden die eingehenden Aufträge ausschließlich von der Vertriebsabteilung entgegengenommen. ☐

g. Ein Hersteller für Gasheizungssysteme vertreibt seine Thermen über Betriebe des Installationshandwerks. ☐

h. Ein Strickwarenhersteller vertreibt seine Produkte durch Franchising. ☐

4 Welche der folgenden Absatzorgane werden zumeist von der Investitionsgüterindustrie gewählt? ☐ ☐

(1) Facheinzelhandel
(2) Fachgroßhandel
(3) Reisende
(4) Franchising
(5) Geschäftsleitung

5 Ordnen Sie den Aussagen zu, ob es sich dabei um

(1) Vorteile des direkten Absatzes,
(2) Vorteile des indirekten Absatzes

handelt.

a. Preiskontrolle bis zum Endverbraucher ☐

b. hoher Distributionsgrad ☐

c. Verringerung des Absatzrisikos ☐

d. geringere Lagerhaltungskosten ☐

e. guter Kontakt zum Endverbraucher ☐

f. geringe Kosten der Vertriebsorganisation ☐

6 Die innere Organisation des Absatzes beschreibt die Aufbauorganisation des Verkaufs. Sie kann nach den folgenden Gesichtspunkten erfolgen:

(1) Funktion
(2) Objekt
(3) Raum
(4) Kunden

Ordnen Sie diese aufbauorganisatorischen Merkmale den folgenden Beschreibungen von Verkaufsabteilungen zu.

Tragen Sie eine (9) ein, wenn eine eindeutige Zuordnung nicht möglich ist.

a. In einem Möbelhaus kümmert sich Herr Jödicke um die Privatkunden, während Frau Petersen für die Geschäftskunden zuständig ist. ☐

b. In einem Unternehmen für Verbindungselemente sind drei Verkäufer tätig. Ein Mitarbeiter ist für Schrauben zuständig, der zweite für Dübel und der dritte für Beschläge. ☐

c. Auf dem Flur der Vertriebshauptabteilung eines großen Anlagebauunternehmens kommt man an folgenden Türschildern vorbei: Abteilung Westeuropa, Abteilung Asien, Abteilung Südamerika, Abteilung Nordamerika. ☐

d. Die Verkaufsschalter für Fahrscheine der Deutschen Bahn AG in den Bahnhöfen sind gegliedert nach: Gruppenreisen, Expressschalter, Einzelfahrscheine, Auskunft und Reservierung. ☐

e. Aus dem Organigramm eines Lebensmittelherstellers lässt sich entnehmen, dass es hier drei Bereiche gibt: Fleischereifachgeschäfte, Lebensmittelfachgeschäfte, Kantinen. ☐

Vergleichen Sie die Absatzorgane Reisende, Handelsvertreter, Kommissionär und Handelsmakler.

	Reisender	Handelsvertreter	Kommissionär	Handelsmakler
Begriff	Reisender ist, wer als Angestellter mit der Artvollmacht ausgestattet ist, um außerhalb des Betriebes des Dienstherrn Geschäfte zu vermitteln oder abzuschließen.	Er ist ständig damit betraut, für einen anderen Unternehmer Geschäfte zu vermitteln oder in dessen Namen abzuschließen. Er arbeitet in fremdem Namen für fremde Rechnung.	Der Kommissionär übernimmt es gewerbsmäßig, Waren oder Wertpapiere für Rechnung eines anderen (den Kommittenten) im eigenen Namen zu kaufen oder zu verkaufen.	Der Handelsmakler übernimmt es gewerbsmäßig, für andere Personen die Vermittlung von Verträgen über Anschaffung oder Verkauf von Waren oder Dienstleistungen zu organisieren.
Rechtsstellung	kaufmännischer Angestellter im Rahmen des Dienstvertrages	selbstständiger Kaufmann	selbstständiger Kaufmann	selbstständiger Kaufmann
Vertretungsmacht	Vermittlungs- oder Abschlussvollmacht (je nach Vertrag)	Vermittlungs- oder Abschlussvollmacht (je nach Vertrag)	Abschlussvollmacht	Vermittlungsvollmacht
Dauer der Tätigkeit	Zeitdauer, für die ein Arbeitsvertrag besteht	Zeitdauer, für die ein Handelsvertretervertrag besteht	von Fall zu Fall oder ständig (je nach Vertragsinhalt)	von Fall zu Fall
Rechte	▷ Vergütung ▷ Ersatz von Auslagen (Spesen) ▷ sonstige Rechte eines kaufmännischen Angestellten	▷ Überlassung von Verkaufsunterlagen ▷ Benachrichtigung über die vermittelten Geschäfte ▷ Provision ▷ Ausgleichsanspruch	▷ Provision und Ersatz der Aufwendungen ▷ gesetzliches Pfandrecht ▷ Selbsteintrittsrecht	▷ Informationsrecht über die zu verkaufende Sache ▷ Maklergebühr (Courtage)
Pflichten	▷ pflichtgemäßes Bemühen ▷ Mitteilung über Geschäftsabschlüsse ▷ Abfassung der Reisendenberichte ▷ sonstige Pflichten eines kaufmännischen Angestellten	▷ pflichtgemäßes Bemühen und Vertretung der Interessen des Unternehmers ▷ Benachrichtigung über alle Vermittlungen oder Abschlüsse ▷ Wettbewerbsverbot, soweit es sich um einen Einfirmenvertreter handelt	▷ Sorgfaltspflicht ▷ Gehorsamspflicht ▷ Schadenersatzpflicht bei Abweichen von den Weisungen ▷ Anzeigepflicht für die Ausführung des Geschäftes ▷ Rechenschaftspflicht über das getätigte Geschäft ▷ Delkrederehaftung, sofern im Vertrag vereinbart	▷ Ausstellung einer Schlussnote über das zustande gekommene Geschäft ▷ Führung eines Tagebuches ▷ Aufbewahrung von Proben (z. B. bei Baumwolle, Kaffee) ▷ Schadenersatzpflicht bei schuldhaftem Verhalten
Vergütung	Fixum zuzüglich einer Provision für jeden erzielten Umsatz	▷ Vermittlungs- oder Abschlussprovision ▷ Inkassoprovision ▷ Delkredereprovision nur, wenn der Handelsvertreter die Haftung für den Eingang der Zahlungen übernommen hat	▷ Provision als fester Prozentsatz vom vereinbarten Preis ▷ Delkredereprovision, sofern vereinbart ist, dass der Kommissionär für die Zahlung des Käufers haftet	Maklergebühr (Courtage); sofern nichts anderes vereinbart ist, trägt jede Partei die Gebühr zur Hälfte.
Bedeutung	Reisende werden heute hauptsächlich von Unternehmen eingesetzt, denen der direkte Zugriff auf und die Kontrolle über die Verkaufsorgane sehr wichtig sind.	Handelsvertreter werden zumeist von kleineren Firmen eingesetzt, die sich keinen eigenen Außendienst leisten können.	Kommissionäre kennen den Markt und können den Kunden jederzeit beliefern. Der Kommissionär trägt nicht das Warenrisiko.	Handelsmakler kennen den Markt meist sehr gut und spielen eine wichtige Rolle als Effekten-, Waren-, Fracht-, Versicherungs- und Schiffsmakler.

1 Überprüfen Sie folgende Feststellungen zum Vertreter.

Tragen Sie eine

(1) ein, wenn die Aussage zutrifft ist,
(9) ein, wenn die Aussage nicht zutrifft ist.

a. Ein Reisender ist Angestellter eines Unternehmens. ☐

b. Es ist möglich, dass ein Handelsvertreter mehrere Firmen vertritt. ☐

c. Ein Reisender kann mit einer Vermittlungs- oder einer Abschlussvollmacht ausgestattet sein. ☐

d. Der Handelsvertreter erhält eine Delkredereprovision, wenn er im Auftrag des Unternehmers bar Geldbeträge von den Kunden erhält und weiterleitet. Für das Risiko des Geldtransportes wird diese Provision gezahlt. ☐

e. Die Vergütung des Maklers wird als Courtage bezeichnet. ☐

f. Ein Handelsmakler hat bei bestimmten Geschäften Proben der gehandelten Waren über einen bestimmten Zeitraum aufzubewahren. ☐

2 Ein Unternehmen beschäftigt einen Handelsvertreter, der eine Provision von 9% auf den getätigten Umsatz erhält. Gegenwärtig erzielt der Handelsvertreter monatlich einen Umsatz von 75 000,00 EUR. Das Unternehmen überlegt, einen Reisenden einzustellen. Dieser verursacht feste monatliche Kosten von 5 600,00 EUR und müsste zusätzlich eine Vergütung von 2% vom Umsatz erhalten.

a. Wie viel Euro Kosten verursacht gegenwärtig der Handelsvertreter pro Jahr? ☐

b. Wie hoch wären die Kosten in Euro pro Jahr, wenn der Reisende diesen Umsatz erzielen würde? ☐

c. Bei welchem Umsatz pro Monat wären die Kosten für den Handelsvertreter und den Reisenden gleich groß? ☐

3 Der Handelsvertreter hat aufgrund des mit dem Unternehmer geschlossenen Agenturvertrages gesetzliche Pflichten und Rechte.

Tragen Sie eine

(1) ein, wenn es sich um ein Recht oder eine Pflicht des Handelsvertreters handelt,
(9) ein, wenn es sich um eine nicht zutreffende Aussage handelt.

a. Der Handelsvertreter fordert vom Unternehmer die Benachrichtigung über die Annahme oder Ablehnung eines von ihm vermittelten Geschäftes. ☐

b. Der Handelsvertreter fordert die pünktliche Zahlung des Gehaltes und der Umsatzprovision. ☐

c. Eine Wettbewerbsabrede nach Beendigung des Vertragsverhältnisses kann schriftlich vereinbart werden. Sie kann höchstens für zwei Jahre abgeschlossen werden. ☐

4 Welche der folgenden Aussagen trifft zu?

Tragen Sie die entsprechende Ziffer in das Kästchen ein. ☐

(1) Der Handelsvertreter ist Angestellter des Unternehmens und an die Weisungen des Arbeitgebers gebunden.
(2) Der Handelsvertreter ist Kaufmann. Er kann auch eine juristische Person sein, z. B. GmbH, AG.
(3) Der Handelsvertreter handelt in eigenem Namen und für fremde Rechnung aufgrund eines Agenturvertrages (Vertretervertrages).
(4) Der Handelsvertreter kann nur tätig sein als Abschlussvertreter.

5 Bringen Sie die folgenden Aussagen in die richtige zeitliche Reihenfolge, indem Sie die Ziffern 1 bis 6 vergeben. Berücksichtigen Sie dabei, dass es sich um einen Vermittlungsvertreter mit Inkassovollmacht handelt.

a. Zahlung der Kaufpreissumme an den Handelsvertreter ☐

b. Bestellung durch den Kunden beim Handelsvertreter ☐

c. Bestellungsannahme ☐

d. Weiterleitung des Auftrages an den Unternehmer ☐

e. Weiterleitung der Kaufpreissumme an den Unternehmer unter Abzug der vereinbarten Provision ☐

f. Lieferung der Ware durch den Unternehmer und Zusendung der Rechnung ☐

6 Bringen Sie den Ablauf eines Verkaufskommissionsgeschäfts in eine sinnvolle Reihenfolge, indem Sie die Ziffern 1 bis 6 vergeben.

a. Der Auftraggeber stellt dem Kommissionär die Waren zur Verfügung. ☐

b. Der Kommissionär zeigt dem Kommittenten unverzüglich die Ausführung der Kommission an und leitet die Belege und den um die Provision verminderten Rechnungsbetrag an den Auftraggeber weiter. ☐

c. Der Kommissionär schließt im eigenen Namen auf fremde Rechnung mit dem Kunden Geschäfte ab. ☐

d. Der Kunde zahlt nach der Lieferung an den Kommissionär. ☐

e. Der Kommissionär beliefert den Kunden und erfüllt somit den Kaufvertrag. ☐

f. Der Kommittent schließt mit dem Kommissionär einen Kommissionsvertrag ab. ☐

7 Welche der folgenden Aussagen ist nicht zutreffend? ☐

(1) Der Handelsmakler hat eine Vermittlungsvollmacht.
(2) Er ist verpflichtet, ein Tagebuch über die abgeschlossenen Geschäfte zu führen.
(3) Der Handelsmakler arbeitet im eigenen Namen für fremde Rechnung.
(4) Über das abgeschlossene Geschäft hat der Handelsmakler eine Schlussnote auszustellen.

Was verstehen Sie unter Public Relations (PR)? Welche Möglichkeiten kennen Sie?		
Public Relations	Public Relations ist eine Art von Vertrauenswerbung, die versucht, ein positives Image eines Unternehmens in der Öffentlichkeit aufzubauen und zu pflegen. Diese Meinungswerbung hat mit der Werbung eines Produktes direkt nichts zu tun, aber es gehen werbliche Nebenwirkungen von ihr aus, wenn eine positive Einstellung gegenüber dem Unternehmen erzeugt oder gefestigt wurde. Unternehmen sind daran interessiert, ▷ den Nachweis zu bringen, dass sie einen Beitrag zum technischen, wirtschaftlichen und gesellschaftlichen Fortschritt leisten, ▷ zu dokumentieren, dass sie sich auch kultureller und karitativer Verpflichtungen bewusst sind, ▷ dass sie in der Öffentlichkeit ein positives Image haben.	
	Public Relations = „Tue Gutes – und rede darüber!"	
	Möglichkeiten	▷ Tage der offenen Tür ▷ Betriebsbesichtigungen durch Schulklassen ▷ Ausstellungen ▷ Jubiläumsfeiern ▷ Berichte in Werkzeitschriften, Kundenzeitschriften und Tageszeitungen ▷ Finanzielle Unterstützung in Forschung, Wissenschaft, Kunst und Sport ▷ PR-Anzeigen, z.B. in Abhängigkeit von der jeweiligen Zielgruppe, wie Mitarbeiter, Lieferer, Kapitalgeber, Kunden

Was verstehen Sie unter Absatzwerbung?	
Begriff	Absatzwerbung ist ein Marketinginstrument, das durch den Einsatz von bestimmten Kommunikationsmitteln versucht, bei der Zielgruppe eine Kaufentscheidung für die Produkte oder Leistungen des Unternehmens zu erzeugen.

Sortieren und erklären Sie die Absatzwerbung nach möglichen Unterscheidungsmerkmalen.		
Unterscheidungsmerkmale der Absatzwerbung	**Zahl der Werbenden**	▷ **Einzelwerbung** liegt vor, wenn ein Anbieter für seine Produkte oder Leistungen Werbung betreibt. ▷ **Sammelwerbung** liegt vor, wenn mehrere Anbieter mit Firmenangabe gemeinsam für ihre Produkte werben. ▷ **Gemeinschaftswerbung** liegt vor, wenn mehrere Anbieter ohne Angabe des Firmennamens gemeinsam werben, z.B. für ein Produkt, ein Einkaufszentrum, eine Produktpalette.
	Stellung des Werbetreibenden	▷ **Herstellerwerbung** liegt vor, wenn der Hersteller für sein Produkt wirbt. ▷ **Einzelhandelswerbung** liegt vor, wenn der Einzelhandel zum Ziele der kurzfristigen Umsatzsteigerung Werbung für ein von ihm verkauftes Produkt betreibt.
	Primäre Ziele	▷ **Einführungswerbung** liegt vor, wenn für ein neues Produkt Werbung betrieben wird. Sie soll das Produkt bei der Zielgruppe bekannt machen. ▷ **Expansionswerbung** liegt vor, wenn bei schon eingeführten Produkten der Marktanteil erhöht werden soll. Dies geschieht eventuell auch durch Abwerben von Kunden bei der Konkurrenz. Der Bekanntheitsgrad und der Umsatz des Produktes sollen erhöht werden. ▷ **Stabilisierungswerbung** dient zur Abwehr von Konkurrenten, die aggressiv das Ziel verfolgen, eigene Marktanteile zu vergrößern. ▷ **Erhaltungswerbung** (Erinnerungswerbung) liegt vor, wenn der bisherige Bekanntheitsgrad, der Umsatz des Produktes, beibehalten werden sollen.
	Werbegegenstand	▷ **Produktwerbung** liegt vor, wenn ein Einzelprodukt herausgestellt wird. ▷ **Sortimentswerbung** liegt vor, wenn die Werbung auf ein ganzes Sortiment oder auch auf eine Warengruppe abgestellt ist.

1 Ordnen Sie den folgenden Beispielen zu, ob es sich um eine

(1) Einzelwerbung,
(2) Sammelwerbung,
(3) Gemeinschaftswerbung

handelt.

a. „Man trägt wieder Hut – haben Sie Mut!“ ☐

b. „Von der Socke bis zum Hemd – alles kaufen Sie bei Martha Trend.“ ☐

c. „Hallo Tennisfreunde – die neuen Sammelbilder sind da. Überall beim Zeitschriftenhändler.“ ☐

d. „Besuchen Sie unsere Altstadtpassage: Bäckermeister Dietmar Jürgens, Autohaus Ferdinand Lohmeier, Pizzeria Maximilian Jacomo, Feinkostladen Fritz Schröder.“ ☐

2 Unterscheiden Sie, ob es sich in den folgenden Fällen um

(1) Absatzwerbung,
(2) Public Relations

handelt.

a. In einer Sonderbeilage der Tageszeitung stellt das Kaufhaus Beck die neu eingetroffene Herbstkollektion vor. ☐

b. Die Tennisshopinhaberin Maja Schneider spendet der Jugendabteilung des Tennisvereins Trainingsbälle. ☐

c. Die Brauerei Piwo veranstaltet regelmäßig Betriebsbesichtigungen. ☐

d. Die Gärtnerei Harseloh e.K. unterstützt die Gestaltung des Schulhofes der Berufsfachschule mit einer kostenlosen Lieferung von 20 Edeltannen. ☐

3 Zum 150-jährigen Bestehen eines Unternehmens wird über eine zu planende PR-Anzeigen-Serie diskutiert. Nehmen Sie zu den folgenden Äußerungen Stellung.

Tragen Sie eine

(1) ein, wenn es sich um eine zutreffende Aussage handelt,
(9) ein, wenn die Aussage nicht zutreffend ist.

a. „Eine PR-Anzeige kann sich doch nicht auf die Mitarbeiter unseres Unternehmens beziehen, PR-Anzeigen sind immer auf Kunden abgestimmt.“ ☐

b. „Wir müssen durch unsere PR-Anzeige zum Ausdruck bringen, dass wir uns kultureller und karitativer Verpflichtungen bewusst sind.“ ☐

c. „Eine PR-Anzeige ist allein auf die Absatzwerbung ausgerichtet.“ ☐

4 Überprüfen Sie die folgenden Aussagen zur Öffentlichkeitsarbeit eines Unternehmens.

Tragen Sie eine

(1) ein, wenn es sich dabei um Aussagen/Entscheidungen im Rahmen der Öffentlichkeitsarbeit handelt,
(9) ein, wenn es nichts mit Öffentlichkeitsarbeit zu tun hat.

a. „Die Zielgruppen dieser Maßnahme können sehr unterschiedlich sein, z.B. könnte die Öffentlichkeit, insbesondere die Presse, angesprochen werden oder aber auch Institutionen wie Kindergärten, Schulen, Kunstakademien.“ ☐

b. „Die Veröffentlichung des Produktnamens ist genauso wichtig wie die Bekanntmachung des Firmennamens.“ ☐

c. „Für die am kommenden Donnerstag geplante Betriebsbesichtigung der Berufsschulklasse sollten wir auf jeden Fall die lokale Presse bestellen.“ ☐

d. „Wir haben uns entschieden, die Restaurierung des städtischen Kunstdenkmals auf dem Marktplatz zu unterstützen.“ ☐

e. „Ziel muss es sein, dass die Öffentlichkeit sich an den Werbeslogan für unser neues Produkt auch noch nach der Werbekampagne erinnert.“ ☐

5 Welche Kommunikationsmaßnahmen zielen auf Public Relations ab?

Tragen Sie eine

(1) ein, wenn es sich um PR-Maßnahmen handeln könnte,
(9) ein, wenn es sich um Maßnahmen handelt, die im Rahmen der anderen absatzpolitischen Instrumente ergriffen werden.

a. Kulturveranstaltung ☐

b. Betriebsausflüge ☐

c. Ausbau des Distributionsnetzes ☐

d. Naturschutzaktivitäten ☐

e. Tag der offenen Tür ☐

f. Produktdiversifikation ☐

6 Überprüfen Sie folgende Aussage zur Expansionswerbung.

Welche der folgenden Aussagen zutrifft? ☐

(1) Expansionswerbung dient der Erhöhung des Marktanteils.
(2) Expansionswerbung wird notwendig, wenn ein weiteres Produkt in den Markt eingeführt werden soll.
(3) Expansionswerbung dient dazu, den Preisanstieg für das Produkt zu begründen.

Nennen Sie wichtige Werbemittel und Werbeträger.	
Werbemittel	Werbemittel sind die verkörperten Werbebotschaften. Zu den Werbemitteln zählen: Anzeigen, Fernsehspots, Flugblätter, Prospekte, Plakate, Warenproben, Beilagen, Schaufensterwerbung, Werbefilme, Werbedias, Preisausschreiben.
Werbeträger	Werbeträger sind die personellen und stofflichen Streumittel, die die Botschaft (Inhalt der Werbemittel) an die Zielgruppe herantragen. Zu den Werbeträgern zählen: Zeitungen, Zeitschriften, Fernseher, Adressbücher, Litfaßsäulen, Hörfunk, T-Shirts, Hauswände, Vitrinen, Messen, Verkehrsmittel.

Nennen Sie wichtige Werbegrundsätze.	
Wirksamkeit	Das definierte Werbeziel soll erreicht werden. Dafür ist es notwendig, dass die Werbung genau geplant wird und folgende Fragekomplexe berücksichtigt werden: „Wer soll umworben werden, wo, wie, womit soll geworben werden?“
Wirtschaftlichkeit	Auch Entscheidungen im Rahmen der Werbung unterliegen dem ökonomischen Prinzip, d.h., das angestrebte Werbeziel soll mit möglichst geringem Einsatz erreicht werden.
Wahrheit	Die Werbung soll sachlich richtig informieren und nicht falsche oder irreführende Angaben verkünden. Zum einen ist es ein Verstoß gegen das Gesetz gegen den unlauteren Wettbewerb, zum anderen kann von enttäuschten Kunden langfristig ein Schaden ausgehen, der größer ist als der kurzfristige Erfolg durch unwahre Angaben.
Klarheit	Die Werbebotschaft muss für die Empfänger klar und leicht verständlich sein.

Erläutern Sie, über welche Punkte im Rahmen einer Werbeplanung sich ein Werbetreibender Klarheit verschaffen muss. Erklären Sie die Werbeerfolgskontrolle.		
Zielgruppe	Aus der Allgemeinheit wird eine Teilgruppe herausgewählt, an die sich die Werbung richtet. Die Entscheidung, wer zu dieser Zielgruppe zählt, orientiert sich an den Werbezielen, die optimal erfüllt werden sollen. Zielgruppen können z.B. sein: Sportler, Hausbesitzer, Weintrinker, Gewerbetreibende.	
Werbegebiet	Das Werbegebiet (Streugebiet) hängt ab von dem Wohnort der Zielgruppe, der Höhe der Werbekosten, den Möglichkeiten der Distribution. Für einen Einzelhändler z.B. genügt die Anzeige in einer Lokalzeitung. Ein Reiseveranstalter für Kreuzfahrten muss überregionale Werbung betreiben.	
Werbezeitraum	Die Festlegung der Werbezeit (Streuzeit) kann unterschiedlich sein; so ist die Entscheidung für eine einmalige Werbeaktion denkbar, aber auch für ständige oder unregelmäßige Werbeaktionen.	
Werbeetat	Die für die Werbung geplanten Ausgaben können sich nach verschiedenen Kriterien richten, z.B. ▷ Ausrichtung am erwirtschafteten Gewinn des Vorjahres: Man spricht von **prozyklischer Werbung**, wenn höhere Gewinne = höhere Werbeausgaben, niedrigere Gewinne = niedrige Werbeausgaben bedingen. Man spricht von **antizyklischer Werbung**, wenn höhere Gewinne = niedrige Werbeausgaben, niedrigere Gewinne = höhere Werbeausgaben bedingen. ▷ Ausrichtung an den Werbemaßnahmen der Konkurrenz ▷ Ausrichtung an den Werbezielen ▷ Ausrichtung an der Finanzlage	
Werbeerfolgskontrolle	**Ökonomischer Werbeerfolg**	Der ökonomische Werbeerfolg ist für die Überprüfung der Werbeaktion wichtig, jedoch in der Praxis sehr schwierig. So können z.B. die Steigerung des Umsatzes, die Erhöhung des Marktanteils auch durch andere Faktoren wie Produktverbesserung, Geschmackswandel, Konjunkturaufschwung etc. bedingt sen.
	Außerökonomischer Werbeerfolg	Der außerökonomische Werbeerfolg hat das Verhalten der Umworbenen als Untersuchungsgegenstand. Ein Stufenmodell, das die Wirksamkeit der Werbemaßnahme überprüft, ist die so genannte AIDA-Formel: ▷ **A**ttention: Die Aufmerksamkeit soll auf das Produkt gelenkt werden. Das Produkt muss bekannt gemacht werden, damit die Käufer von seiner Existenz wissen. ▷ **I**nterest: Das Interesse an dem Produkt soll geweckt werden. Die interessierten Käufer müssen weitere Informationen über das Produkt erhalten. ▷ **D**esire: Es soll der Wunsch geweckt werden, das Produkt zu besitzen. Die Werbung soll erreichen, dass das Produkt aufgrund der Produktinformationen positiv bewertet wird. ▷ **A**ction: Es soll eine Kaufhandlung ausgelöst werden. Die Schaffung des positiven Produktimages soll dazu führen, dass das Produkt bei Bedarf gekauft wird.

1 Überprüfen Sie die folgenden Aussagen im Rahmen einer Werbekampagne.

Tragen Sie eine

(1) ein, wenn die Aussage zutrifft,
(9) ein, wenn die Aussage nicht zutrifft.

a. Die Werbung sollte so gestaltet sein, dass alle Bundesbürger angesprochen werden. ☐

b. Von der Festlegung der Zielgruppe ist es abhängig, was in der Werbebotschaft übermittelt werden soll. ☐

c. Werbung in Fachzeitschriften eignet sich deshalb besonders gut, weil ganz bestimmte Zielgruppen angesprochen werden. ☐

d. In der Einführungsphase eines Produktes intensive Werbeaktionen durchzuführen ist nicht ökonomisch, da das Produkt nicht bekannt ist. ☐

2 Kennzeichnen Sie folgende Feststellungen zum Werbeetat und zur Werbeerfolgskontrolle mit einer

(1), wenn die Feststellung zutrifft,
(9), wenn die Feststellung nicht zutrifft.

a. Die Ausrichtung des Werbeetats orientiert sich auf jeden Fall an den Werbezielen, eine Ausrichtung an den Werbemaßnahmen der Konkurrenz ist nicht denkbar. ☐

b. Man spricht von prozyklischer Werbung, wenn im Vergleich zum erwirtschafteten Gewinn des Vorjahres bei höheren Gewinnen auch die Werbeausgaben erhöht werden bzw. bei niedrigeren Gewinnen die Werbeaussagen gesenkt werden. ☐

c. Der Werbeerfolg kann z.B. aufgrund von Befragungen oder Beobachtungen festgestellt werden. ☐

d. Die Werbeerfolgskontrolle kann sich an psychologischen Werbezielen orientieren, d.h., sie versucht, das Verhalten der Umworbenen auszuwerten und festzustellen. ☐

3 Welche der folgenden Aussagen zu den Werbegrundsätzen trifft nicht zu?

Tragen Sie die Ziffer vor der nicht zutreffenden Aussage in das Kästchen ein. ☐

(1) Der Werbegrundsatz der Wirtschaftlichkeit drückt aus, dass das angestrebte Werbeziel mit möglichst geringem Einsatz erreicht werden soll.
(2) Der Grundsatz der Wirksamkeit sagt aus, dass die Werbung sachlich richtig informiert und keinen Verstoß z.B. gegen das Gesetz gegen den unlauteren Wettbewerb darstellt.
(3) Der Grundsatz der Klarheit besagt, dass der Empfänger die Werbebotschaft klar und unmissverständlich versteht.

4 Ein Unternehmer überprüft zwei Möglichkeiten, Werbung zu betreiben:

A: Aufgrund einer Direktwerbung könnten alle 12000 Interessenten angeschrieben werden. Die Kosten für den Versand betragen 9 600,00 EUR, für Prospekte und Antwortkarten wird ein Betrag von 32 400,00 EUR eingeplant.

B: Die Teilnahme an einer Messe ist möglich. Die Kosten dafür betragen 56 000,00 EUR. Der Stand wird von 5 000 Messeteilnehmern besucht.

a. Überprüfen Sie die Kosten pro Kontaktchance.

Tragen Sie die Ziffer vor der zutreffenden Antwort in das Kästchen ein. ☐

(1) Die Kosten pro Kontaktchance auf der Messe sind um 7,70 EUR höher als die Kosten pro Kontaktchance für die Direktwerbung.
(2) Die Kosten pro Kontaktchance auf der Messe betragen 11,20 EUR, die Kosten pro Kontaktchance für die Direktwerbung betragen 0,35 EUR.
(3) anderes Ergebnis

b. Wie hoch sind die Kosten pro Antwort, wenn 2% der Interessenten bei der Direktwerbung antworten und 10% der Messebesucher ein Fachgespräch führen?

Tragen Sie die Ziffer vor der zutreffenden Antwort in das Kästchen ein. ☐

(1) Die Kontaktkosten je Messegespräch sind größer als die Kosten je Antwort in der Direktwerbung.
(2) Bei dieser Betrachtung betragen die Kontaktkosten je Messegespräch 112,00 EUR, je Kontakt in der Direktwerbung 142,86 EUR.

5 ______ (3)
anderes Ergebnis

6 Überprüfen Sie die folgenden Zuordnungen.

Tragen Sie eine

(1) ein, wenn es sich um eine zutreffende Zuordnung handelt,
(9) ein, wenn es sich um eine nicht zutreffende Zuordnung handelt.

	Werbemittel	Werbeträger	
a.	Plakat	Hauswand, Litfaßsäule	☐

<table>
<tr><th colspan="3">Was verstehen Sie unter Verkaufsförderung?</th></tr>
<tr><td rowspan="2">Verkaufs-
förderung</td><td colspan="2">Der Begriff Verkaufsförderung wird häufig mit dem amerikanischen Begriff „Salespromotion“ gleichgesetzt und beinhaltet die Motivation, Unterstützung und Beratung aller Personen, die am Absatzprozess beteiligt sind, mit dem Ziel, den Absatz zu steigern.</td></tr>
<tr><td>Maßnahmen</td><td>Es lassen sich daraus drei Maßnahmen ableiten:
▷ Außendienstpromotion
▷ Händlerpromotion
▷ Verbraucherpromotion</td></tr>
</table>

<table>
<tr><th colspan="3">Was verstehen Sie unter Außendienstpromotion? Geben Sie Beispiele.</th></tr>
<tr><td rowspan="4">Außendienst-
promotion
Maßnahmen</td><td colspan="2">Durch Maßnahmen der Außendienstpromotion soll die Leistungsfähigkeit erhöht werden.</td></tr>
<tr><td>Schulung</td><td>▷ Sie hat das Ziel, die Kenntnisse über die angebotenen Produkte, das Unternehmen, den Markt oder neue Gesetzgebungen zu verbessern.
▷ Sie soll erreichen, dass Verkaufsgespräche erfolgreich geführt werden.</td></tr>
<tr><td>Verkaufs-
unterlagen</td><td>Zur Unterstützung können Preislisten, Kataloge, Proben, Muster, Prospekte, Fachaufsätze, Tonbildschauen, Dias und Filme den Außendienstmitarbeitern zur Verfügung gestellt werden und ihre Arbeit erleichtern.</td></tr>
<tr><td>Motivation</td><td>▷ Durch finanzielle Anreize können die Außendienstmitarbeiter zu höheren Leistungen motiviert werden, z.B. durch Zahlung von Umsatzprovisionen.
▷ Durch Verkaufstreffen (Salesmeeting) kann ebenfalls eine Motivation zur Steigerung der Leistungen erfolgen.</td></tr>
</table>

<table>
<tr><th colspan="3">Was verstehen Sie unter Händlerpromotion? Nennen Sie Beispiele.</th></tr>
<tr><td rowspan="4">Händler-
promotion</td><td colspan="2">Aufgabe der Händlerpromotion ist es, die Produkte in den Handel „hineinzuverkaufen“.</td></tr>
<tr><td>Information</td><td>Die Händler können durch Zeitschriften, regelmäßige Treffen, Tagungen, Kundendienstinformationen, Schulung und Ausbildung der Verkäufer des Handels unterstützt werden.</td></tr>
<tr><td>Beratung</td><td>▷ Zur Beratung bei der Ausgestaltung der Verkaufsräume gehört z. B. das Aufstellen von Displays (Regalattrappen, Bodenaufsteller, Schaufensterstreifen. Eine Beratung bei der Warenplatzierung, der Lagerung, der Verpackung der Ware kann in vielfältiger Weise geschehen.
▷ Die Beratung bei der Preisgestaltung kann durch Kalkulationshilfen und Verkaufsaktionen (Einführungspreise, Naturalrabatte) erfolgen.
▷ Die Beratung beim Aufbau eines EDV-Kommunikationsnetzes, bei der Standardisierung von Organisationsabläufen durch Fachleute ist eine sinnvolle Hilfe.</td></tr>
<tr><td>Motivation</td><td>Eine Motivation der Händler zur Erhöhung des Umsatzes kann geschehen durch: Händlerpreisausschreiben, Produktdemonstrationen, Schaufensterwettbewerbe, finanzielle Unterstützung bei Einstellung von Mitarbeitern.</td></tr>
</table>

<table>
<tr><th colspan="3">Was verstehen Sie unter Verbraucherpromotion? Geben Sie Beispiele.</th></tr>
<tr><td rowspan="2">Verbraucher-
promotion</td><td colspan="2">Aufgabe der Verbraucherpromotion ist es, die Produkte aus dem Handel „herauszuverkaufen“. Man spricht vom Push-and-pull-System, wenn der Zusammenhang von Händlerpromotion, Werbung und Verbraucherpromotion beschrieben wird. Die Push-Maßnahmen beinhalten die Aufgaben der Händlerpromotion, die Pull-Maßnahmen die der Werbung und Verbraucherpromotion.</td></tr>
<tr><td>Beispiele</td><td>Hierzu zählen: Sonderpreisaktionen, wie Sonderangebote, Wertgutscheine, Großverpackungen, aber auch Zugaben, Gewinnspiele und Gebrauchsanweisungen, Verkauf durch Propagandisten und vieles mehr.</td></tr>
</table>

1 Welches der folgenden Beispiele gehört nicht zu den Aufgaben eines Verkaufsförderers?

Tragen Sie die Ziffer vor der nicht zutreffenden Aussage in das Kästchen ein. ☐

Sollten alle genannten Beispiele zu den Aufgaben eines Verkaufsförderers zählen, tragen Sie eine (9) ein.

(1) Proben anbieten
(2) Regalpflege
(3) Schulung des Verkaufspersonals
(4) Sonderpreisaktionen

2 Ein Großhandelsunternehmen veranstaltet alljährlich eine Tagung für die Reisenden. Mitarbeiter, die in der vergangenen Periode die höchsten Umsätze mit dem Handel erzielt haben, erhalten ein Sachgeschenk als Anerkennung ihrer geleisteten Dienste.

Um welche Art der Verkaufsförderung handelt es sich?

Tragen Sie die Ziffer der zutreffenden Antwort in das Kästchen ein. ☐

(1) Es handelt sich um eine Maßnahme der Außendienstpromotion.
(2) Dies ist ein Beispiel für eine Händlerpromotion.

3 Überprüfen Sie folgende Aussagen.

Tragen Sie eine

(1) ein, wenn die Aussage zutrifft,
(9) ein, wenn die Aussage nicht zutrifft ist.

a. Unter Verkaufsförderung versteht man „Salespromotion“. ☐

b. Verkaufsförderung wird mit dem amerikanischen Begriff „Salesmeeting“ gleichgesetzt. ☐

c. Verkaufsförderung ist ausschließlich Sache des Einzelhandels, da dort die Ware dem Kunden präsentiert wird. ☐

4 Überprüfen Sie folgende Aussagen.

Tragen Sie eine

(1) ein, wenn die Aussage zutrifft,
(9) ein, wenn die Aussage nicht zutrifft.

a. Es ist die Aufgabe der Händlerpromotion, die Ware in die Regale oder aber auch Lager der Händler „hineinzuverkaufen“. ☐

b. Es ist Aufgabe der Verbraucherpromotion, die Produkte aus dem Handel „herauszuverkaufen“. ☐

5 Beurteilen Sie die folgenden Äußerungen der Marketingmitarbeiter eines Großhandelsunternehmens.

Tragen Sie eine

(1) ein, wenn die Aussage zutrifft,
(9) ein, wenn die Aussage nicht zutrifft.

a. „Für uns ist es nur wichtig, dass wir die Produkte an den Handel verkaufen, welche Werbung oder Verkaufsstrategien der Handel hat, ist uns egal.“ ☐

b. „Über die Motivation unserer Mitarbeiter müssen wir uns keine Gedanken machen. Dies ist ausschließlich Aufgabe der Personalabteilung.“ ☐

c. „Für das kommende Weihnachtsgeschäft denken wir an ein Händlerpreisausschreiben. Auch das gehört zu einer Händlerpromotion.“ ☐

d. „Vor der Neueinführung des Produktes sollten wir die akquisitorischen Fähigkeiten der Außendienstmitarbeiter verbessern.“ ☐

6 Kennzeichnen Sie die folgenden Möglichkeiten der Verkaufsförderung mit einer

(1), wenn es sich um Verbraucherpromotion,
(2), wenn es sich um Händlerpromotion,
(3), wenn es sich um Außendienstpromotion

handelt.

Tragen Sie eine (4) ein, wenn diese Art der Verkaufsförderung für zwei oder drei der genannten Zielgruppen zutrifft.

a. Motivation durch finanzielle Anreize ☐

b. Beratung bei der Lagerung und Präsentation der Ware ☐

c. Unterstützung der Reisenden durch Kataloge ☐

d. Unterstützung der Vertreter durch Proben und Prospekte ☐

7 Welche Maßnahme ist für Salespromotion nicht typisch?

Tragen Sie die Ziffer vor der nicht zutreffenden Aussage in das Kästchen ein. ☐

(1) Ausbildung und Information des Handels
(2) Unterstützung der Außendienstmitarbeiter durch Kataloge und Mustermappen
(3) Verbesserung des Images des Unternehmens in der Öffentlichkeit
(4) Demonstration und Verkauf des Produktes durch Propagandisten

Geben Sie einen Überblick über die Maßnahmen der Preispolitik eines Unternehmens.	
Begriff	Die Preispolitik umfasst alle Maßnahmen zur ▷ Bildung und Veränderung eines Preises, ▷ Preisstellung und Differenzierung von Preisen, ▷ Festlegung von Verkaufskonditionen, ▷ Entwicklung von Kundendienstleistungen.
Einflussfaktoren	Auf die betriebliche Preisgestaltung wirken sich folgende Einflussfaktoren aus: ▷ Betriebliche Ziele, z.B. Gewinnmaximierung, Kostendeckung, Marktbeherrschung; ▷ Kosten für Einflussgröße, z.B. langfristige Deckung der Selbstkosten oder kurzfristige Deckung der variablen Kosten (kurzfristige Preisuntergrenze); ▷ Verhalten der Nachfrager, z.B. Preis-Nutzen-Relation des Verbrauchers; ▷ Verhalten der Konkurrenz, z.B. im Oligopol oder Monopol.

Welche Möglichkeiten der Preisgestaltung hat ein Betrieb? Welche Bedeutung spielen dabei die Verkaufskonditionen?		
Preisstellung	Der Anbieter kann seine Preise netto oder brutto angeben.	
Arten	**Nettosystem**	Dem Kunden werden die Nettopreise (Barverkaufspreise) mitgeteilt. Diese lassen keine Möglichkeit mehr für Rabatte zu.
	Bruttosystem	Der Betrieb teilt seinen Kunden die Preise in Form einer Preisliste mit, auf die es je nach Kunde und Auftragshöhe unterschiedliche Rabatte gibt.
Preisnachlässe	**Rabatt**	Der Rabatt ist ein Nachlass, der einem Abnehmer aus verschiedenen Gründen gewährt wird. In der Regel wird er auf der Rechnung unmittelbar vom Listenverkaufspreis abgezogen.
	Bonus	Er wird gewährt, wenn bestimmte Jahrsabnahmemengen überschritten werden. Er ist allerdings kein Sofortrabatt wie die anderen Rabatte, sondern wird als Jahresrückvergütung vom Umsatz gewährt.
	Skonto	Skonto ist ein Nachlass auf den Rechnungsbetrag, der für die vorzeitige Bezahlung innerhalb einer bestimmten Frist gewährt wird.
Verkaufs-konditionen	Verkaufskonditionen beinhalten alle Bedingungen, zu denen ein Betrieb seine Produkte an den Kunden verkauft. Sie gehören zu den Handlungsmöglichkeiten der Preispolitik, weil sie den Endpreis für den Abnehmer beeinflussen: ▷ Lieferungsbedingungen, z.B. Übernahme der Transport- und Verpackungskosten; ▷ Finanzierungshilfen, z.B. direkte Kreditierung oder Leasingangebote; ▷ Zahlungsbedingungen, z.B. Zahlung mit Wechsel oder Gewährung von Skonto; ▷ Garantieleistungen, z.B. Werkgarantien über die gesetzliche Gewährleistungsfrist hinaus.	

Welche Möglichkeiten der Preisdifferenzierung hat ein Betrieb?	
Begriff	Ein Betrieb verkauft gleiche Produkte (Sachgüter oder Dienstleistungen) an unterschiedliche Kunden/Kundengruppen zu unterschiedlichen Preisen.
Arten	▷ **räumlich:** unterschiedliche Preise nach Regionen *Beispiel: Arzneimittel im In- und Ausland* ▷ **persönlich:** unterschiedliche Preise nach Personengruppen *Beispiel: ermäßigter Eintrittspreis für Schwerbehinderte* ▷ **zeitlich:** unterschiedliche Preise nach Zeiten getrennt *Beispiel: Tages- und Nachtstrom* ▷ **sachlich:** unterschiedliche Preise nach Aufmachung *Beispiel: die gleiche Schokolade als Marken- und No-Name-Produkt*

Was sind Kundendienstleistungen? Welche Arten werden unterschieden?		
Begriff	Kundendienstleistungen stellen freiwillige Leistungen des Herstellers oder Händlers dar, die er seinen Kunden vor, während oder nach dem Kauf gewährt.	
Arten	**Kaufmännische Kundendienstleistungen**	**Technische Kundendienstleistungen**
	▷ kaufmännische Beratung ▷ Information ▷ Besuche ▷ Anwenderseminare	▷ Ersatzteillieferungen ▷ Reparatur- und Wartungsdienst ▷ technische Beratung ▷ Pflegeservice

1 Die Preisbildung eines Unternehmens kann sich orientieren an

(1) bestimmten betrieblichen Zielen,
(2) den Nachfragern und ihren Vorstellungen,
(3) der Konkurrenz und ihren Aktivitäten.

Ordnen Sie diese preispolitischen Überlegungen den folgenden Entscheidungen zu.

a. Das Unternehmen versucht, durch unterschiedliche Preise auf verschiedenen Märkten den Gesamterlös zu erhöhen. ☐

b. Ein Bürofachgroßhandel strebt eine Erweiterung der Präferenzen für seine Kunden an, um so die Preise halten zu können. ☐

c. Ein Textilgeschäft setzt zum Jahreswechsel die Preise herunter, um das Lager für die Frühjahrsmode freizubekommen. ☐

d. Ein Mineralölunternehmen orientiert sich bei der Preisbildung am Preisführer. ☐

e. Ein Buchklub präsentiert jedes Quartal bestimmte Bücher, deren Preis sich nach der Mitgliedschaftsdauer im Klub richtet. ☐

f. Ein Industriebetrieb nimmt einen Zusatzauftrag an, da dieser noch einen zusätzlichen Deckungsbeitrag erbringt. ☐

g. Ein Fotogeschäft setzt die Preise herunter, da in derselben Straße ein weiteres Fotogeschäft eröffnet wurde. ☐

2 Welche Form der Preisdifferenzierung liegt in den unten beschriebenen Fällen vor?

Ordnen Sie zu.

(1) räumliche Preisdifferenzierung
(2) persönliche Preisdifferenzierung
(3) zeitliche Preisdifferenzierung
(4) sachliche Preisdifferenzierung

Tragen Sie eine (9) ein, wenn es sich bei dem beschriebenen Sachverhalt nicht um Preisdifferenzierung handelt.

a. Ein Hotelier bietet seine Zimmer in der Nebensaison zu günstigeren Preisen an als in der Hauptsaison. ☐

b. Ein Kino gewährt Schülern und Studenten an bestimmten Tagen verbilligten Eintritt. ☐

c. Mineralölgesellschaften verkaufen ihr Benzin an Autobahntankstellen wesentlich teurer als an anderen Tankstellen. ☐

d. Ein Waschmittelhersteller verkauft sein Vollwaschmittel als Markenprodukt zum Preis von 3,50 EUR an den Fachhandel. Das gleiche Produkt, nur mit einer anderen Verpackung, wird unter einem anderen Namen einer Discountladenkette zum Preis von 2,70 EUR angeboten. ☐

e. In den Lieferungs- und Zahlungsbedingungen eines Anbieters von Fertigsuppen ist folgender Satz zu finden: „Beträgt der Auftragswert weniger als 100,00 EUR, erheben wir einen Mindermengenzuschlag auf den Warennettowert von 20%.“ ☐

f. Die Deutsche Bank AG verkauft das „Gute-Nacht-Ticket“, eine stark verbilligte Fahrkarte, zum Einheitspreis bei Nutzung der Einrichtungen der Bahn in den Nachtstunden. ☐

3 In einer Auftragsbestätigung finden Sie folgenden Text:

„Übersteigt der Gesamtumsatz in 01 den Wert von 500 000,00 EUR, gewähren wir einen zusätzlichen Nachlass auf den Gesamtumsatz von 2%.“

Welche der folgenden Aussagen zu dieser Klausel trifft zu? ☐

(1) Die Klausel bezeichnet eine Jahresskonto-Abmachung.
(2) Dem Kunden wird ein Treuerabatt angeboten.
(3) Der Lieferant kündigt einen Bonus an.
(4) Mit der Klausel wird ein Funktionsrabatt angekündigt.
(5) Es handelt sich hierbei um eine andere Form des Mengenrabattes.

4 Im Rahmen der Preispolitik werden

(1) kaufmännische Kundendienstleistungen,
(2) technische Kundendienstleistungen

unterschieden.

Ordnen Sie den folgenden Aussagen und Sachverhalten zu, um welche Art von Kundendienstleistungen es sich dabei handelt.

Tragen Sie eine (9) ein, wenn es sich nicht um eine Kundendienstleistung handelt.

a. „Unsere Kundendienstberater unterstützen Sie aktiv bei der Planung Ihrer Küche.“ ☐

b. Ein Büroorganisationshaus bietet seinen Kunden für den Fall des Kaufs einer Software ein kostenloses Einführungsseminar für zwei Mitarbeiter an. ☐

c. Im zweiten Stock eines Kaufhauses ist über der Hauptkasse ein Schild angebracht: „Ausgabe von Kundenkreditkarten hier.“ ☐

d. Ein Anbieter von Baumaschinen sagt seinen Kunden für den Fall eines Maschinenausfalls die Lieferung von Ersatzteilen innerhalb von 24 Stunden zu. ☐

e. Bei dem Kauf eines Neuwagens ist die erste Inspektion nach 1 000 km kostenlos. ☐

f. „Wir liefern Ihnen unsere Geräte frei Haus und stellen sie auch auf.“ ☐

5 Welche der folgenden Aussagen trifft auf den Begriff „Bruttosystem“ im Rahmen der Preisstellung eines Anbieters zu? ☐

(1) Die Preise eines Anbieters werden einschließlich der gesetzlich vorgeschriebenen Mehrwertsteuer angegeben.
(2) Der Kunde darf lediglich noch einen Skontoabzug vornehmen.
(3) Auf die genannten Preise gewährt der Anbieter lediglich einen Jahresbonus.
(4) Der Anbieter arbeitet mit Listenpreisen, auf die je nach Umfang der Lieferung und Art des Kunden noch Preisabzüge möglich sind.
(5) Der Anbieter ist Einzelhändler.

Erläutern Sie die wesentlichen Bestimmungen über den Frachtführer.		
Frachtführer	**Frachtvertrag**	Grundlage der Tätigkeit eines Frachtführers ist stets ein Frachtvertrag. Er wird zwischen dem Frachtführer und dem Versender abgeschlossen. Eine Form ist nicht vorgeschrieben. Durch den Frachtvertrag wird der Frachtführer verpflichtet, das Gut zum Bestimmungsort zu befördern und dort an den Empfänger abzuliefern. Der Absender wird verpflichtet, die vereinbarte Fracht zu zahlen.
	Rechte des Frachtführers	▷ Ausstellung des Frachtbriefes durch den Versender ▷ Zahlung der vereinbarten Vergütung
	Pflichten des Frachtführers	▷ Ausführung des Auftrages mit der Sorgfalt eines ordentlichen Kaufmannes ▷ Beförderung innerhalb der vereinbarten Zeit ▷ Auslieferung an dem benannten Ort ▷ Haftung für von ihm verursachte Schäden
	Erfüllung	Aushändigung des Versandgutes und des Frachtbriefs an den Empfänger
	Pfandrecht	Der Frachtführer hat an den zu befördernden Gegenständen ein gesetzliches Pfandrecht zur Sicherung seiner Forderungen.

Welche Aufgaben hat der Spediteur? Nennen Sie Rechte, Pflichten und Besonderheiten.		
Spediteur	**Speditionsvertrag**	Grundlage der Tätigkeit ist ein Speditionsvertrag, der sich nach den „Allgemeinen Deutschen Spediteurs-Bedingungen" richtet. Durch den Speditionsvertrag wird der Spediteur verpflichtet, die Versendung des Gutes zu besorgen. Der Versender wird verpflichtet, die vereinbarte Vergütung zu zahlen.
	Rechte und Pflichten des Spediteurs	Der Spediteur hat ähnliche Rechte und Pflichten wie der Frachtführer. Hinzu kommen noch besondere Pflichten, die sich aus seiner Vermittlerrolle ergeben, wie z.B. die Treuepflicht, die Pflicht zur Wahrung der Rechte seines Auftraggebers und die Prüfungspflicht für die Verpackung.
	Spezialisierung	Die Arbeitsteilung hat sich auch in diesem Gewerbe ausgewirkt. Neben den internationalen Speditionen gibt es Spediteure, die sich z.B. auf Warengruppen, Regionen oder besonderen Service spezialisiert haben.
	Bedeutung	Spediteure sind besonders wichtig für kleine und mittlere Unternehmen, die nicht über Kenntnisse im internationalen Güterverkehr verfügen.

Erläutern Sie die wichtigsten Bestimmungen über den Lagerhalter.		
Lagerhalter	**Lagervertrag**	Durch den Lagervertrag wird der Lagerhalter verpflichtet, das Gut zu lagern und aufzubewahren. Der Einlagerer wird verpflichtet, die vereinbarte Vergütung zu zahlen.
	Lagerschein	Der Lagerhalter hat für die eingelagerte Ware einen Lagerschein auszustellen. Dieser stellt ein Warenwertpapier dar, da jeder rechtmäßige Besitzer des Scheins auch über die Ware verfügen kann.
	Rechte des Lagerhalters	▷ Anspruch auf die vereinbarte Vergütung und Auslagenersatz ▷ Recht zur Kündigung des Einlagerungsvertrages ▷ gesetzliches Pfandrecht zur Sicherung seiner Ansprüche
	Pflichten des Lagerhalters	▷ Sorgfaltspflicht eines ordentlichen Kaufmanns ▷ Haftungspflicht für die eingelagerte Ware ▷ Herausgabepflicht, sofern der Lagerschein vorgelegt wird
	Bedeutung	Lagerhalter stellen ihre Lagerhäuser zur Verfügung, die von Spediteuren und Frachtführern sowie Versendern in Anspruch genommen werden, um Waren vor und nach dem Versand zwischenzulagern. Lagerhalter mit entsprechenden Lagerkapazitäten gibt es an allen größeren Orten, vor allem aber an den Hauptumschlagplätzen von Waren, wie Seehäfen, Flughäfen und großen Güterbahnhöfen.

1 Kennzeichnen Sie unten stehende Aussagen zu den Unternehmern des Güterverkehrs mit

(1), wenn diese zutreffend sind,
(9), wenn diese nicht zutreffend sind.

a. Ein vom Lagerhalter ausgestellter Lagerschein ist ein Warenwertpapier. ☐

b. Frachtführer übernehmen gewerbsmäßig die Beförderung von Gütern zu Lande, zu Wasser und in der Luft. ☐

c. Spediteur und Frachtführer haben ähnliche Pflichten und Rechte. ☐

d. Frachtführer ist, wer gewerbsmäßig die Versendung von Gütern vermittelt, aber selbst nicht transportiert. ☐

e. Der Spediteur kann u.U. die Aufgaben des Frachtführers und des Lagerhalters übernehmen. ☐

f. Der Lagerhalter hat ein gesetzliches Pfandrecht an den eingelagerten Sachen für den Fall, dass die einlagernde Person die vereinbarte Vergütung nicht entrichtet. ☐

2 Frachtführer und Spediteur werden häufig verwechselt.

Ordnen Sie den unten stehenden Aussagen eine

(1) zu, wenn sie auf den Frachtführer zutreffen,
(2) zu, wenn sie auf den Spediteur zutreffen,
(3) zu, wenn sie sowohl auf den Frachtführer als auch auf den Spediteur zutreffen,
(9) zu, wenn sie weder auf den Spediteur noch auf den Frachtführer zutreffen.

a. Diese Person ist Kaufmann nach dem HGB. ☐

b. Diese Person übernimmt vorwiegend die Durchführung von Transporten. ☐

c. Diese Person hat ein gesetzliches Pfandrecht, falls der Auftraggeber nicht die vereinbarte Vergütung zahlt. ☐

d. Das von dieser Person ausgestellte Dokument ist ein Warenwertpapier. ☐

e. Diese Person übernimmt vorwiegend die Vermittlung von Transporten. ☐

f. Das von dieser Person ausgestellte Papier heißt „Frachtbrief". ☐

g. Diese Person hat ein Selbsteintrittsrecht. ☐

3 Welches der folgenden Rechte hat der Frachtführer zur Sicherung seiner Forderungen gegenüber dem Versender? ☐

(1) Er kann die übergebenen Waren durch Selbsthilfeverkauf veräußern.
(2) Er kann die Waren bis zur vollständigen Bezahlung der vereinbarten Vergütung zurückbehalten (gesetzliches Pfandrecht).
(3) Er kann sich weigern, die Waren weiterzutransportieren.

4 Bei der Versendung von Gütern durch Frachtführer werden von diesen Transportdokumente ausgestellt.

Ordnen Sie die folgenden Dokumente den unten aufgeführten Sachverhalten bzw. Transportwegen zu.

(1) KVO-Frachtbrief
(2) EVO-Frachtbrief
(3) Konnossement
(4) Ladeschein
(5) Airway Bill

Tragen Sie eine (9) ein, wenn keines der genannten Dokumente zutrifft.

a. Die Techno Export GmbH lässt eine Ladung Computer vom Hamburger Hafen durch die Reederei Blohme nach Rio de Janeiro transportieren. ☐

b. Die Krupp Stahlhandel GmbH lässt durch einen Partikulier 500 Tonnen Stahl von Duisburg nach Mannheim verschiffen. ☐

c. Die Bicycle GmbH übergibt am Güterbahnhof in Bielefeld eine Sendung von 50 Fahrrädern an die Deutsche Bahn AG zum Transport nach Leipzig. ☐

d. R.Wagner e.K. in Bremen lässt Spezialsteuerungen für Maschinen von der Deutschen Lufthansa nach Australien transportieren. ☐

e. Die Nottebrock Versandhandel GmbH in Gütersloh lässt einem Kunden in Peine ein Paket mit Kleidungsstücken per Post zukommen. ☐

f. Die Fredi KG in Berlin lässt einen Spezial-Lkw mit 20 Paletten Tiefkühlkost beladen. Der Lkw hat den Bestimmungsort Mannheim. ☐

5 Welche der folgenden Bedeutungen hat ein Frachtdokument, das der Frachtführer dem Versender bei Abholung ausstellt? ☐

Tragen Sie eine (6) ein, wenn alle Bedeutungen zutreffen.

(1) Versicherungspapier
(2) Zollpapier
(3) Rechnung
(4) Beförderungs- und Ablieferungsversprechen
(5) Sperrpapier bei Ausstellung des Frachtbriefdoppels

6 Welche der folgenden gesetzlichen Pflichten hat der Spediteur nicht? ☐

(1) Sorgfaltspflicht eines ordentlichen Kaufmanns
(2) Prüfungspflicht der Ware
(3) Haftungspflicht
(4) Herausgabepflicht
(5) Treuepflicht

Erläutern Sie den wesentlichen Inhalt des Gesetzes gegen den unlauteren Wettbewerb (UWG).	
Zweck und Grundsatz	Dieses Gesetz dient dem Schutz aller Marktteilnehmer vor unlauterem Wettbewerb und dem Interesse der Allgemeinheit an einem unverfälschten Wettbewerb. Unlautere Wettbewerbshandlungen sind unzulässig.
Irreführende Werbung	g Irreführend sind falsche Angaben über – die Merkmale der Waren oder Dienstleistungen wie Verfügbarkeit, Art, Ausführung, Zusammensetzung, Verfahren und Zeitpunkt der Herstellung oder Erbringung, die Zwecktauglichkeit, Verwendungsmöglichkeit, Menge, Beschaffenheit, die geografische oder betriebliche Herkunft oder die von der Verwendung zu erwartenden Ergebnisse oder die Ergebnisse und wesentlichen Bestandteile von Tests der Waren oder Dienstleistungen; – den Anlass des Verkaufs und den Preis oder die Art und Weise, in der er berechnet wird; – die geschäftlichen Verhältnisse des Werbenden. g Irreführend ist die Herabsetzung eines Preises für eine unangemessen kurze Zeit. g Irreführend ist die Werbung für eine Ware, die nicht in angemessener Menge vorhanden ist. Angemessen ist im Regelfall ein Vorrat für zwei Tage.
Vergleichende Werbung	g Vergleichende Werbung ist verboten, wenn der Vergleich – sich nicht auf Waren oder Dienstleistungen für den gleichen Bedarf oder dieselbe Zweckbestimmung bezieht; – nicht objektiv auf eine oder mehrere wesentliche, relevante, nachprüfbare und typische Eigenschaften oder den Preis dieser Waren oder Dienstleistungen bezogen ist; – im geschäftlichen Verkehr zu Verwechslungen zwischen dem Werbenden und einem Mitbewerber oder zwischen den von diesen angebotenen Waren oder Dienstleistungen oder den von ihnen verwendeten Kennzeichen führt; – die Wertschätzung des von einem Mitbewerber verwendeten Kennzeichens in unlauterer Weise ausnutzt oder beeinträchtigt; – die Waren, Dienstleistungen, Tätigkeiten oder persönlichen oder geschäftlichen Verhältnisse eines Mitbewerbers herabsetzt oder verunglimpft; – eine Ware oder Dienstleistung als Imitation oder Nachahmung einer unter einem geschützten Kennzeichen vertriebenen Ware oder Dienstleistung darstellt.
Unzumutbare Belästigungen	g Eine unzumutbare Belästigung ist insbesondere anzunehmen – bei einer Werbung, obwohl erkennbar ist, dass der Empfänger diese Werbung nicht wünscht; – bei einer Werbung durch Telefonanrufe gegenüber Verbrauchern; – bei einer Werbung unter Verwendung von automatischen Anrufmaschinen, Faxgeräten oder elektronischer Post, ohne dass eine Einwilligung der Adressaten vorliegt; – bei einer Werbung mit Nachrichten, bei der die Identität des Absenders verschleiert oder verheimlicht wird oder bei der keine gültige Adresse vorhanden ist, an die der Empfänger eine Aufforderung zur Einstellung solcher Nachrichten richten kann, ohne dass hierfür andere als die Übermittlungskosten nach den Basistarifen entstehen.

Welchen Rechtsschutz genießen Erzeugnisse und Marken?		
Ziel	Der Rechtsschutz der Erzeugnisse beinhaltet den Schutz von Herstellern vor Nachahmungen von Produkten durch Konkurrenten.	
Patent (Patentgesetz)	Begriff	Schutzrecht für Produkte und/oder Herstellungsverfahren, die absolut neu sind
	Voraussetzung	Erfindung neuer Erzeugnisse, die eine Neuheit mit gewerblicher Verwertungsmöglichkeit darstellen (z. B. Laser-Disc-Bildplatte)
	Eintragung	Patentrolle beim Deutschen Patentamt in München
Gebrauchsmuster (Gebrauchsmustergesetz)	Begriff	Schutzrecht zur alleinigen gewerblichen Ausnutzung bei Arbeitsgeräten und Gebrauchsgegenständen
	Voraussetzung	Erfindung von Gegenständen, deren Funktion durch eine neue Gestaltung, Anordnung oder Vorrichtung verbessert ist (z. B. ergonomischer Stuhl)
	Eintragung	Gebrauchsmusterrolle beim Patentamt in München
Geschmacksmuster (Geschmacksmustergesetz)	Begriff	Schutzrecht zur alleinigen gewerblichen Ausnutzung für den Urheber eines Musters oder Modells
	Voraussetzung	Schaffung eines Musters oder Modells, das ästhetisch wirkt, neu und eigentümlich ist (z. B. Tapetenmuster, Geschirrdesign)
	Eintragung	Musterregister beim Patentamt in München
Warenzeichen	Begriff	Kennzeichen, das dazu dient, die Waren eines Gewerbetreibenden von den Waren anderer zu unterscheiden (Wort-, Bild- oder kombinierte Zeichen)
	Voraussetzung	Unverwechselbarkeit gegenüber sämtlichen bereits bestehenden Warenzeichen
	Eintragung	Zeichenrolle beim Patentamt in München
Gütezeichen	Begriff	Kennzeichen, um eine Gruppe von Waren mit gleichen Merkmalen von anderen Waren abzugrenzen und damit eine bestimmte Warengüte zu garantieren
	Voraussetzung	Festlegung von Merkmalen wie Werkstoffen oder Herstellungsverfahren durch eine Gruppe von Herstellern oder den Gesetzgeber (z. B. Umweltengel)
	Eintragung	RAL-Gütezeichenliste beim Ausschuss für Lieferungsbedingungen und Gütesicherung

1 Kennzeichnen Sie die unten stehenden Sachverhalte mit einer

(1), wenn sie keinen Verstoß gegen das Gesetz gegen den unlauteren Wettbewerb darstellen,
(9), wenn sie einen Verstoß gegen dieses Gesetz darstellen.

a. Der Einzelhändler gewährt auf alle angebotenen Produkte 10% Nachlass, da er 100-jähriges Geschäftsjubiläum feiert. ☐

b. Ein Strickgeschäft bietet auf einem auffallenden Schild an: „Reine Merinowolle!" Das Material besteht jedoch aus 20% Polyester. ☐

c. Neben der Kasse steht ein Hinweisschild: „Wir akzeptieren auch Kreditkarten." ☐

2 Überprüfen Sie, ob die folgenden Aussagen in Vertragsverhandlungen gegen

(1) kein Gesetz verstoßen,
(9) ein Gesetz verstoßen.

a. „Da Sie Gastwirt sind, können wir Ihnen einen Großverbraucherrabatt in Höhe von 10% einräumen." ☐

b. „Bei sofortiger Zahlung des Neuwagens kommen wir Ihnen mit einem Nachlass von 5% und einer kostenlosen Inspektion entgegen." ☐

c. „Wenn Sie unsere dreistöckige Weihnachtspyramide kaufen, darf ich Ihnen kostenlos 3 Sonderlose für unsere Weihnachtslotterie anbieten." ☐

d. Wir bieten Ihnen diese Bohrmaschine für 215,00 EUR an, das sind 20,00 EUR weniger als bei der Konkurrenz." ☐

e. „Unsere Sonderveranstaltung ‚Osterpreise' hat nur für die Woche vor Ostern Gültigkeit." ☐

f. „Natürlich garantieren wir Ihnen prompte Lieferung." ☐

3 Entscheiden Sie, ob es sich bei den genannten Fällen um

(1) irreführende Werbung,
(2) vergleichbare Werbung,
(3) unzumutbare Werbung

handelt.

Tragen Sie eine (9) ein, wenn es sich um keinen Verstoß gegen das UWG handelt.

a. Der erfolgreiche Tennisspieler Axel Rothkehl erhält schriftlich ein Angebot über eine komplette Spielausrüstung mit einer Preisreduzierung von 50 %. Die Herabsetzung des Preises hat nur für 2 Tage Gültigkeit. ☐

b. Ein Sportartikelhersteller bietet seine neuen Trainingsanzüge telefonisch der sorgfältig ausgewählten Zielgruppe an. Dazu zählt auch die Sportlehrerin Sonja Hilger, die bereits beim ersten Anruf mitteilte, sie habe kein Interesse. Es folgen weitere telefonische Angebote. ☐

4 Ordnen Sie die folgenden Begriffe den unten stehenden Aussagen zu:

(1) Patent
(2) Gebrauchsmuster
(3) Geschmacksmuster

Tragen Sie eine (9) ein, wenn eine Zuordnung nicht sinnvoll erscheint.

a. Schutzrecht zur alleinigen gewerblichen Ausnutzung bei Arbeitsgeräten und Gebrauchsgegenständen ☐

b. Schaffung eines Musters oder Modells, das ästhetisch wirkt, neu und eigentümlich ist ☐

c. Erfindung neuer Erzeugnisse, die eine Neuheit mit gewerblicher Verwertungsmöglichkeit darstellen ☐

d. Schutzrecht zur alleinigen gewerblichen Ausnutzung für den Urheber eines Musters oder Modells ☐

e. Schutzrecht für Produkte und/oder Herstellungsverfahren, die absolut neu sind ☐

f. Erfindung von Gegenständen, deren Funktion durch eine neue Gestaltung, Anordnung oder Vorrichtung verbessert ist ☐

5 Ordnen Sie die folgenden Begriffe den unten stehenden Aussagen und Sachverhalten zu:

(1) Warenzeichen
(2) Gütezeichen

a. Hierbei handelt es sich um Kennzeichen, die dazu dienen, eine Gruppe von Waren unterschiedlicher Hersteller mit gleichen Merkmalen herauszuheben bzw. abzugrenzen. ☐

b. Ein Beispiel für ein solches Zeichen ist der Name „Nivea". ☐

c. Diese Kennzeichen bestehen aus Wort, Bild oder Schrift und dienen dazu, die Produkte eines Gewerbetreibenden von den Produkten anderer Hersteller zu unterscheiden. ☐

d. Voraussetzung für die Zulassung ist die Festlegung von Merkmalen wie Werkstoffen oder Herstellungsverfahren durch eine Gruppe von Herstellern oder den Gesetzgeber. ☐

e. Ein Beispiel für ein solches Zeichen ist das Zeichen „GS" (geprüfte Sicherheit). ☐

6 Welches der folgenden Gesetze enthält keine Vorschriften über den Rechtsschutz von Erzeugnissen? ☐

(1) Geschmacksmustergesetz
(2) Patentgesetz
(3) Handelsgesetzbuch

Geben Sie Beispiele für die Barzahlung, die halbbare Zahlung und die bargeldlose Zahlung.				
Symbolbedeutung:	Konto 		Eine Kontobenutzung ist notwendig.	
	Bargeld 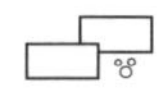		Bargeldfluss	
Zahlungsart	**Zahlungsmöglichkeit**	**Zahlungsträger**	**Zahler**	**Empfänger**
Bar	Postpaket, DHL-Expresspaket von Hand zu Hand, Postbank Minuten-Service	Zahler/Empfänger/Bote Postbank und Western Union	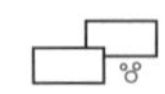	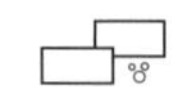
Halbbar	Zahlschein	Kreditinstitut/Postbank	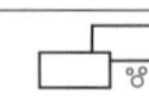	
	Barscheck	Kreditinstitut/Postbank		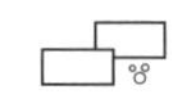
	Postbank Minuten-Service	Postbank und Western Union		
Bargeldlos	Überweisung	Kreditinstitut/Postbank		
	Verrechnungsscheck	Kreditinstitut/Postbank		
	Zahlungsanweisung z. V.	Postbank		

Nennen Sie Besonderheiten bei der Barzahlung und der halbbaren Zahlung.	
Postpaket DHL-Expresspaket	Die Deutsche Post AG transportiert Postpakete, die versichert sind bis zu einem Wert von 500,00 EUR. Es ist möglich, Postpakete oder DHL-Expresspakete bis zu 2 500,00 EUR oder bis zu 25 000,00 EUR zu versichern.
Zahlschein	Es handelt sich hierbei um Formulare, die von den Geldinstituten angeboten werden. Der Empfänger muss ein Konto besitzen. Der einfache Zahlschein wird auch in Verbindung mit einer Überweisung angeboten. Dieses dient den Geldinstituten zur Vereinfachung ihres Geldverkehrs.
Zahlungs-anweisung z. V.	Der Höchstbetrag beträgt 1 500,00 EUR. Diese Zahlungsart kann nur von größeren Postbankkunden wahrgenommen werden, auch im Rahmen von Sammelaufträgen. Der Empfänger erhält die Zahlungsanweisung und kann sie innerhalb einer Monatsfrist bei seiner Bank oder bei beliebigen Postfilialen zur Gutschrift einreichen oder nach Ausweis bar auszahlen lassen.

Nennen Sie Besonderheiten im bargeldlosen Zahlungsverkehr.		
Überweisung	**Sammel-überweisung**	Für eine Vielzahl von Überweisungen in beliebiger Höhe an unterschiedliche Zahlungsempfänger genügt eine einzige Unterschrift auf einem Überweisungsauftrag mit der Gesamtsumme der Einzelüberweisungen.
	sonstige Möglichkeiten	Überweisungen können vereinfacht getätigt werden durch: ▷ Onlinebanking (PIN/TAN) ▷ Datenträgeraustausch
Dauerauftrag	Für Zahlungen, die regelmäßig wiederkehren und in ihrer Höhe gleich sind, kann der Zahler dem Kreditinstitut oder der Postbank einmalig den Auftrag zur Überweisung an denselben Empfänger erteilen. Die Überweisungen werden dann zulasten seines Kontos bis zum Widerruf regelmäßig vorgenommen.	
Lastschriftverkehr	Für Zahlungen, die in gleicher oder aber auch unterschiedlicher Höhe anfallen, sind zwei Verfahren zur Vereinfachung möglich:	
	Einzugs-ermächtigung	Der Zahlungsempfänger wird ermächtigt, seinen jeweiligen Forderungsbetrag einziehen zu lassen. Eine Stornierung der Belastung ist möglich, wenn der Belastete die Lastschrift innerhalb von sechs Wochen zurückschickt.
	Abbuchungs-auftrag	Neben der Ermächtigung des Zahlungsempfängers wird zusätzlich das Geldinstitut beauftragt, die vorgelegten Lastschriften vom Zahlungsempfänger einzulösen. Eine Rückbelastung ist nicht möglich.
Kreditkarte	Diese Karten werden von Kreditkartenorganisationen an einen ausgewählten Kundenkreis herausgegeben. Der Kunde hat die Möglichkeit, bei Vertragsunternehmen, die diesem Kreditkartensystem angeschlossen sind, mit der Kreditkarte bargeldlos zu zahlen. Das Vertragsunternehmen und der Kunde rechnen jeweils mit dem Kreditkartenunternehmen ab. Der Kunde zahlt eine jährliche Gebühr. Das Vertragsunternehmen wird mit einer umsatzabhängigen Provision und Bearbeitungsgebühr belastet.	

1 Ordnen Sie die folgenden Begriffe den unten stehenden Besonderheiten des bargeldlosen Zahlungsverkehrs zu.

(1) Dauerauftrag

(2) Einzugsermächtigung

(3) Abbuchungsauftrag

a. Der Zahler beauftragt/ermächtigt nur seine Bank, die bargeldlose Zahlung zu veranlassen. ____ ☐

b. Der Zahler beauftragt/ermächtigt sowohl den Zahlungsempfänger als auch seine Bank, die bargeldlose Zahlung zu veranlassen. ____ ☐

c. Der Zahler beauftragt/ermächtigt nur den Zahlungsempfänger, die bargeldlose Zahlung zu veranlassen. ____ ☐

d. Bei dieser Zahlungsart werden wiederkehrende gleichbleibende Beträge an denselben Empfänger gezahlt. ____ ☐

e. Bei dieser Zahlungsart können unterschiedliche Beträge dem Konto belastet werden. Eine Aufhebung der Belastung ist innerhalb von sechs Wochen möglich. ____ ☐

2 Kennzeichnen Sie unten stehende Aussagen zur Zahlung mit Kreditkarten.

Tragen Sie eine

(1) ein, wenn die Aussage zutreffend ist,

(9) ein, wenn die Aussage nicht zutreffend ist.

a. Dem Inhaber einer Kreditkarte wird i. d. R. jährlich eine Gebühr in Rechnung gestellt. Danach fällt für den Kunden bei Zahlung mit der Kreditkarte keine Bearbeitungsgebühr an. Der Zahlungsempfänger (Vertragsunternehmen der Kreditkartenorganisation) wird mit einer umsatzabhängigen Provision und Gebühr belastet. ____ ☐

b. Bei Bezahlung mit einer Kreditkarte muss ein Unternehmen dies als Zahlungsmittel akzeptieren. ____ ☐

c. Kreditkarten werden bei Eröffnung eines Bankkontos kostenlos an den Kontoinhaber ausgegeben. ____ ☐

3 Zur Barzahlung zählt die Zahlung von Hand zu Hand, der Wertbrief und der Minuten-Service. Entscheiden Sie, ob folgende Aussagen dazu

(1) zutreffend sind,

(9) nicht zutreffend sind.

a. Der Minuten-Servicevordruck besteht aus drei Durchschreibevordrucken. ____ ☐

b. Die Deutsche Post Express transportiert Pakete bis zu 20 kg. Diese sind versichert bis zu einem Wert von 500,00 EUR. ____ ☐

c. Beim Transport durch den Kurierdienst „Deutsche Post Euro Express" ist ein Expresspaket bis zu 2 500,00 EUR versichert. Es ist möglich, eine Versicherung bis zu einem Wert von 25 000,00 EUR abzuschließen. ____ ☐

d. Der Höchstbetrag beim Minuten-Service beträgt 1 500,00 EUR. ____ ☐

e. Der Minuten-Service ist nur im Ausland möglich. ____ ☐

4 Ordnen Sie zu, um welche Art von Zahlungsvereinfachung es sich in den genannten Fällen handelt.

(1) Kreditkarte

(2) Einzugsermächtigung

(3) Sammelüberweisung

(4) Abbuchungsauftrag

(5) Dauerauftrag

a. Der Makler beauftragt sein Kreditinstitut, vierteljährlich Pacht zu überweisen. ____ ☐

b. Der Händler erteilt seinem Kreditinstitut die Erlaubnis, alle Rechnungen eines bestimmten Lieferers, die bei dem Kreditinstitut eingereicht werden, zu begleichen. ____ ☐

c. Der Unternehmer muss nach der Zahlung durch den Kunden für getätigte Einkäufe mit der jeweiligen Organisation abrechnen. ____ ☐

5 Welche Aussage trifft zu? ____ ☐

(1) Der Minuten-Service ist als Barzahlung und auch als halbbare Zahlung möglich.

(2) Der Minuten-Service ist nur im Inland einsetzbar.

(3) Der Minuten-Service ist eine bargeldlose Zahlung.

6 Welche der folgenden Aussagen zum Zahlungsverkehr trifft nicht zu? ____ ☐

(1) Bei der Verwendung eines Zahlscheins wird der Betrag bar ausgezahlt. Es handelt sich um eine halbbare Zahlungsart. Zahlungsträger können Kreditinstitute oder Postbanken sein.

(2) Bei der bargeldlosen Zahlungsart benutzen sowohl der Zahler als auch der Zahlungsempfänger ein Konto.

(3) Bei Verwendung eines Zahlscheins wird der Betrag bar eingezahlt. Es handelt sich um eine halbbare Zahlungsart.

7 Bei den Zahlungsformen unterscheidet man bei Berücksichtigung der für die Zahlung verwendeten Zahlungsmittel die

(1) bare Zahlung,

(2) halbbare Zahlung,

(3) unbare oder bargeldlose Zahlung.

Ordnen Sie zu.

a. Zahlschein ____ ☐

b. Verrechnungsscheck ____ ☐

c. Banküberweisung ____ ☐

d. Minuten-Service mit Bareinzahlung ____ ☐

e. Dauerauftrag ____ ☐

Beschreiben Sie die Besonderheiten der EC-Karte.

Barauszahlungen	Mit der EC-Karte ist es möglich, jederzeit Barbeträge abzuheben. Die EC-Karte wird in den Geldautomaten eingeführt. Nach Eintippen der Geheimzahl und des gewünschten Eurobetrages wird das Bargeld ausgezahlt.
Bareinzahlungen	Bargeldeinzahlungen sind in Verbindung mit der EC-Karte am Bareinzahlungsautomaten jederzeit möglich. Das Bargeld wird mit dem selbst ausgefüllten Einzahlungsbeleg in ein dafür bestimmtes Fach gelegt. Zur Identifikation wird die EC-Karte benötigt. Die Kontrolle der Höhe des Bargeldes erfolgt unter Aufsicht von Bankangestellten.
Kontoauszüge	Durch Einführen der EC-Karte in das Lesegerät ist nach Feststellen der Daten der Druck von Kontoauszügen möglich.
Kassenterminals	Mit der EC-Karte ist es möglich, bargeldlos am Verkaufsort zu bezahlen. ▷ Bei Online-Verbindung der Händlerbank wird der Geldbetrag bei Nutzung der EC-Karte und Angabe der Geheimzahl direkt vom Konto gebucht. Dadurch besteht eine Zahlungsgarantie für den Händler. ▷ Besteht keine Online-Verbindung, so ist die Zahlung mit EC-Karte im Rahmen des Lastschriftverkehrs möglich. Der Kunde unterschreibt eine Einzugsermächtigung, die den Zahlungsempfänger berechtigt, den Forderungsbetrag einziehen zu lassen. Hier besteht keine Zahlungsgarantie für den Händler, da der Kunde innerhalb von sechs Wochen widersprechen kann.
GeldKarte	Die EC-Karte kann auch als sogenannte GeldKarte genutzt werden, wenn sie über eine Debit-Funktion verfügt und die technischen Voraussetzungen am Verkaufsort gegeben sind.

Was ist ein Scheck? Nennen Sie die Bestandteile eines Schecks.

Der Scheck ist eine Urkunde, in welcher der Aussteller den Bezogenen (= Kreditinstitut) anweist, eine bestimmte Geldsumme bei Sicht zu zahlen.

gesetzliche Bestandteile	kaufmännische Bestandteile
Sie sind zwingend erforderlich: 1. die Bezeichnung als Scheck im Text der Urkunde, und zwar in der Sprache, in der sie ausgestellt ist 2. die unbedingte Anweisung, eine bestimmte Geldsumme zu zahlen 3. der Name dessen, der zahlen soll (Bezogener) 4. die Angabe des Zahlungsortes 5. die Angabe des Tages und des Ortes der Ausstellung 6. die Unterschrift des Ausstellers.	Sie erleichtern die betriebsinterne Verarbeitung und banktechnische Abwicklung: ▷ Guthabenklausel ▷ Wiederholung des Betrages in Ziffern ▷ Überbringerklausel ▷ Schecknummer ▷ Kontonummer ▷ Bankleitzahl ▷ Codierzeile

Nach welchen Gesichtspunkten können Schecks unterschieden werden?

Nach der Art der Übertragung	**Inhaberscheck**	Dieser Scheck ist versehen mit dem Zusatz „oder Überbringer". Er gilt als zahlbar an den Inhaber, auch wenn eine bestimmte Person genannt wurde. Das Streichen der Überbringerklausel gilt als nicht erfolgt. Die Übertragung des Eigentums an dieser Urkunde erfolgt nur durch **Einigung und Übergabe.**
	Orderscheck	Der Scheck ist zahlbar gestellt an eine bestimmte Person und enthält nicht die Überbringerklausel. Dabei kann der ausdrückliche Vermerk „an Order" mit vermerkt sein, muss aber nicht, da der Scheck ein geborenes Orderpapier ist. Die Übertragung des Eigentums an dieser Urkunde erfolgt durch **Einigung, Indossament und Übergabe.**
Der übliche Scheck ist ein Inhaberpapier. Das Recht aus dem Papier folgt also dem Recht an dem Papier.		
Nach dem Scheckbezogenen	**Bankscheck**	Diese Schecks werden von Banken und Sparkassen ausgegeben.
	Postscheck	Nur Inhaber von Postgirokonten erhalten Postschecks.
Nach der Möglichkeit der Einlösung	**Barscheck**	Der Bezogene ist berechtigt, die Schecksumme in bar an den Scheckinhaber zu leisten.
	Verrechnungsscheck	Das Geldinstitut löst den Verrechnungsscheck nicht in bar ein, wenn auf der Vorderseite ein Vermerk „Nur zur Verrechnung" angebracht wurde. Es erfolgt eine Gutschrift auf dem Konto des Scheckeinreichers. Im Falle eines Verlustes oder Diebstahls ist das Risiko geringer, da der Scheckeinlöser durch die Kontogutschrift jederzeit nachweisbar ist.

Welche Fristen müssen bei der Vorlegung von Schecks beachtet werden?

Fristen	▷ 8 Tage, wenn der Scheck innerhalb Deutschlands ausgestellt wurde ▷ 20 Tage, wenn der Scheck in einem anderen europäischen Land ausgestellt wurde ▷ 20 Tage, wenn der Scheck in einem an das Mittelmeer angrenzenden Land ausgestellt wurde ▷ 70 Tage, wenn der Scheck in einem anderen Erdteil ausgestellt wurde
	Wird ein Scheck vor dem auf dem Scheck notierten Ausstellungsdatum (vordatierter Scheck) vorgelegt, so kann das Geldinstitut diesen einlösen, da Schecks bei Sicht fällig sind.

1 Ordnen Sie die gesetzlichen Vorlegungsfristen für folgende Schecks zu.

Tragen Sie die jeweilige Zahl der Tage ein.

a. Scheck über 330,00 EUR, ausgestellt in München ☐
b. Scheck über 12,00 EUR, ausgestellt in Dallas ☐
c. Scheck, ausgestellt in Salzburg (Österreich) ☐
d. Scheck, ausgestellt in Hammamet (Tunesien) ☐

2 Kennzeichnen Sie unten stehende Aussagen mit

(1), wenn diese zutreffen,
(9), wenn diese nicht zutreffen.

a. Die kaufmännischen Bestandteile des Schecks sollen der Bank die Arbeit erleichtern. ☐
b. Die Bankleitzahl ist immer achtstellig. ☐
c. Bei der Einreichung eines Barschecks braucht sich der Einreichende grundsätzlich nicht auszuweisen. ☐
d. Die Guthabenklausel ist ein gesetzlicher Bestandteil. ☐
e. Die gesetzlichen Bestandteile des Schecks sind im HGB definiert. ☐
f. Der Scheck ist eine Urkunde, in welcher der Aussteller verspricht, eine bestimmte Geldsumme zu zahlen. ☐
g. Zu den gesetzlichen Bestandteilen zählen auch die Angabe des Tages und des Ortes der Ausstellung. ☐

3 Schecks können je nach Art übertragen werden durch

(1) Einigung und Übergabe,
(2) Einigung, Indossament und Übergabe.

Ordnen Sie diese Eigentumsübertragungsmöglichkeiten den genannten Schecks zu:

a. Inhaberscheck ☐
b. Orderscheck ☐
c. Überbringerscheck ☐
d. Namensscheck ☐

4 Welche der folgenden Antworten trifft zu? ☐

(1) Ein Scheck, der auf das Datum 23. Mai ausgestellt ist, wird von der Bank bei Vorlage vor diesem Tag nicht eingelöst, sondern erst ab dem Ausstellungsdatum.
(2) Bei Abweichungen des Scheckbetrages in Ziffern und in Worten hat grundsätzlich nur die Angabe des niedrigeren Betrages Gültigkeit.
(3) Der Scheck ist ein geborenes Orderpapier.
(4) Ein Barscheck sagt aus, dass der Aussteller die Schecksumme in bar an den Scheckinhaber zu leisten hat.

5 Ordnen Sie die gesetzlichen Vorlegungsfristen beim Scheck zu:

(1) 8 Tage
(2) 20 Tage
(3) 70 Tage

a. Der Scheck wurde in einem anderen Erdteil ausgestellt. ☐
b. Der Scheck wurde in einem anderen europäischen Land ausgestellt. ☐
c. Der Scheck wurde in einem an das Mittelmeer angrenzenden Land ausgestellt. ☐
d. Der Scheck wurde innerhalb Deutschlands ausgestellt. ☐

6 Beantworten Sie folgende Fragen zur EC-Karte und zum Verrechnungsscheck:

Tragen Sie eine

(1) ein, wenn die Aussage zutrifft,
(9) ein, wenn die Aussage nicht zutrifft.

a. Mit der EC-Karte sind Zahlungen nur mit Geheimzahl möglich. ☐
b. Mit der EC-Karte und Eingabe der Geheimzahl können in den Ländern Europas an entsprechenden Stellen an den dafür aufgestellten Automaten Barbeträge ausgezahlt werden. ☐
c. Verrechnungsschecks müssen von den Händlern als Zahlungsmittel angenommen werden. ☐
d. Ein Verrechnungsscheck ist ein Namensscheck. ☐
e. Bei Ausstellen von Verrechnungsschecks muss die Kontonummer des Empfängers eingetragen werden. ☐
f. Verrechnungsschecks sind weitgehend vom Missbrauch ausgeschlossen, weil der Unberechtigte durch die Gutschrift auf seinem Konto festgestellt werden könnte. ☐

7 Bei der abendlichen Überprüfung der eingereichten Schecks werden von einem Einzelhändler Probleme festgestellt.
Tragen Sie eine

(1) ein, wenn der Scheck Gültigkeit hat,
(9) ein, wenn der Scheck keine Gültigkeit hat.

a. Bei dem ersten Scheck fehlt die Unterschrift des Ausstellers. ☐
b. Bei dem zweiten Scheck ist die Angabe des Betrages in Euro höher als der Betrag in Ziffern. ☐
c. Bei dem dritten Scheck fehlt die Empfängerangabe. ☐
d. Bei dem vierten Scheck ist die Überbringerklausel gestrichen. ☐
e. Bei dem fünften Scheck ist das Ausstellungsdatum mit dem Jahr 2020 angegeben. ☐
f. Bei dem sechsten Scheck befindet sich an der rechten Seite ein roter Streifen mit dem Druck „Orderscheck“. ☐

Nennen Sie die Voraussetzungen für den Schuldnerverzug/die Nicht-Rechtzeitig-Zahlung. Welche Rechte stehen dem Gläubiger zu?

Fälligkeit Verzug Verschulden	▷ Ist die Fälligkeit der Zahlung kalendermäßig bestimmt, kommt der Schuldner ohne Mahnung in Verzug. Beispiele: „zahlbar am 06.03.20..“; „fällig Ende März“ ▷ Ist die Fälligkeit nicht kalendermäßig bestimmt, so kommt der Schuldner nur durch eine Mahnung in Verzug. Beispiel: „Zahlung sofort“ ▷ Abweichend davon kommt der Schuldner 30 Tage nach Fälligkeit und Zugang einer Rechnung oder einer gleichwertigen Zahlungsaufforderung in Verzug. Beim Verbrauchsgüterkauf muss der Verbraucher darauf hingewiesen werden.	
Rechte	ohne Nachfristsetzung	▷ Erfüllung des Vertrages ▷ Erfüllung des Vertrages und Berechnung des Verzugsschadens (Ist ein Verbraucher **nicht** beteiligt, so betragen die Verzugszinsen 8 % über dem Basiszinssatz, sonst 5 % über dem Basiszinssatz. Ein höherer Schaden ist vom Gläubiger nachzuweisen.)
	nach einer angemessenen Nachfrist	▷ Rücktritt vom Vertrag ▷ Schadensersatz statt Leistung

Was ist unter dem kaufmännischen Mahnverfahren zu verstehen?

kaufmännisches Mahnverfahren	Der Ablauf des außergerichtlichen (kaufmännischen) Mahnverfahrens ist gesetzlich nicht vorgeschrieben und liegt im Ermessen des Lieferers. Art und Weise der Durchführung werden bestimmt durch die Zielsetzung, einen pünktlichen Zahlungseingang zu erreichen, ohne den Kunden zu verletzen. Möglicher Ablauf: ▷ Erinnerung an die Fälligkeit der Forderung durch Zusendung einer/s Rechnungsabschrift/Kontoauszuges ▷ 1. Mahnung mit Fristsetzung und Erinnerung an die Zahlung, Bitte um Überweisung ▷ 2. Mahnung mit erneuter Fristsetzung und Hinweis auf die entstehenden Kreditkosten ▷ 3. Mahnung mit erneuter Fristsetzung und Mitteilung der Enttäuschung über die Nichtzahlung ▷ letzte Mahnung und Androhung, die Zahlung gerichtlich einziehen zu lassen

Beschreiben Sie den Ablauf des gerichtlichen Mahn- und Zwangsvollstreckungsverfahrens.

Ablauf	Der Mahnbescheid ist eine durch das Gericht ausgesprochene Zahlungsaufforderung an einen säumigen Schuldner. Der Antrag auf Erlass des Mahnbescheids ist bei dem Amtsgericht des Antragstellers zu stellen. Die Höhe des Streitwertes spielt keine Rolle für die sachliche Zuständigkeit. In einigen Bundesländern besteht davon abweichend die Regelung, den Mahnbescheid zentral bei einem dafür bestimmten Gericht zu beantragen (z. B. in NRW: Amtsgericht Hagen). Der Erlass und die Zustellung erfolgt von Amts wegen.

Reaktionsmöglichkeiten des Antragsgegners auf den Mahnbescheid:

Streitverfahren
Das Gericht gibt den Rechtsstreit an das zuständige Gericht des Schuldners weiter. Dieses bestimmt einen Termin zur mündlichen Verhandlung. Das Verfahren kann z. B. beendet werden durch Vergleich, Urteil, Zurücknahme der Klage.

Widerspruch
Die Frist beträgt 14 Tage. Ist der Mahnbescheid noch nicht für vollstreckbar erklärt worden, kann der Widerspruch auch innerhalb der nächsten sechs Monate nach Ablauf der Widerspruchsfrist erhoben werden. Nach dem Widerspruch kann jede Partei die Durchführung des streitigen Verfahrens antragen.

Schweigen
Der Antragsteller kann sechs Monate nach Ablauf der Widerspruchsfrist den Antrag stellen, dass ein Vollstreckungsbescheid erlassen wird.

Zahlung
Damit ist das Verfahren beendet.

Reaktionsmöglichkeiten des Antragsgegners auf den Vollstreckungsbescheid:

Einspruch
Die Frist beträgt 14 Tage. Der Rechtsstreit wird an das zuständige Gericht weitergeleitet.

Schweigen
Pfändung durch den Gerichtsvollzieher

Zahlung
Damit ist das Verfahren beendet.

1. Erfolgreiche Pfändung:
Verwertung und Abrechnung

2. Fruchtlose oder unbefriedigende Pfändung:
Antrag des Gläubigers auf Abgabe einer eidesstattlichen Versicherung durch den Schuldner

Nach Abgabe der **eidesstattlichen Versicherung**: erneute Pfändung (wenn neue Vermögensteile vorhanden sind), Verwertung und Abrechnung

Bei Weigerung oder Nichterscheinen vor Gericht: Möglich ist ein **Haftantrag** durch den Gläubiger. Die Haftstrafe beträgt höchstens sechs Monate.

Widerspruch wird gegen einen Mahnbescheid eingelegt, Einspruch jedoch gegen einen Vollstreckungsbescheid.

1 Ordnen Sie den unten stehenden Aussagen eine

(1) zu, wenn es sich um eine zutreffende Aussage handelt,

(9) zu, wenn es sich um eine nicht zutreffende Aussage handelt.

a. Für die Nicht-Rechtzeitig-Zahlung gelten z. T. die gleichen Bestimmungen des BGB wie für die Nicht-Rechtzeitig-Lieferung. ☐

b. Bei der Nicht-Rechtzeitig-Zahlung hat der Gläubiger das Recht, auf Erfüllung des Vertrages zu bestehen. ☐

c. Die Verzugszinsen, die im Falle der Nicht-Rechtzeitig-Zahlung berechnet werden können, betragen für Kaufleute 8 % über dem Basiszinssatz. ☐

d. Das außergerichtliche Mahnverfahren ist auf jeden Fall notwendig, damit die Rechte aus der Nicht-Rechtzeitig-Zahlung in Anspruch genommen werden können. ☐

e. Auf eine Mahnung kann verzichtet werden, wenn der Zahlungstermin kalendermäßig bestimmt war. ☐

f. Eine dritte Mahnung ist notwendig, um den Schuldner ordnungsgemäß in Verzug zu setzen. ☐

g. Im Falle der Nicht-Rechtzeitig-Zahlung kann der Gläubiger sofort vom Vertrag zurücktreten. ☐

h. Das kaufmännische Mahnverfahren ist gesetzlich geregelt. ☐

i. Unter bestimmten Voraussetzungen ist es möglich, sofort Klage wegen Nichtzahlung zu erheben, ohne ein kaufmännisches oder gerichtliches Mahnverfahren durchgeführt zu haben. ☐

j. Der Mahnbescheid stellt eine Mahnung durch das Gericht dar. ☐

k. Der Vollstreckungsbescheid ist ein vollstreckbarer Titel, der es dem Gläubiger gestattet, beim Schuldner pfänden zu lassen. ☐

2 Die Ruber GmbH, Osnabrück, schuldet der Renate Richter OHG, Bremen, 18 960,00 EUR. Diese Verbindlichkeit entstand aufgrund eines Kaufvertrages, in dem über Erfüllungsort und Gerichtsstand nichts Besonderes vereinbart wurde.

Welches Gericht ist für …

a. … den Antrag auf Erlass des Mahnbescheides zuständig? ☐

(1) Amtsgericht Osnabrück

(2) Amtsgericht Bremen

(3) Landgericht Osnabrück

(4) Landgericht Bremen

(5) Amtsgericht Hagen

b. … die Klagedurchführung zuständig? ☐

(1) Amtsgericht Osnabrück

(2) Amtsgericht Bremen

(3) Landgericht Osnabrück

(4) Landgericht Bremen

3 Überprüfen Sie folgende Aussagen zum Schuldnerverzug und zum Verzugszinssatz, den ein Gläubiger von seinem Geldschuldner verlangen kann. Berücksichtigen Sie bei den Antworten, dass der Basiszinssatz, der für ein halbes Jahr von der Europäischen Zentralbank festgelegt wird, 3,62 % beträgt.

Tragen Sie eine

(1) ein, wenn die Aussage zutrifft,
(9) ein, wenn die Aussage nicht zutrifft.

a. Bei Kaufleuten untereinander können in diesem Fall 11,62 % berechnet werden. ☐

b. Nach dem BGB beträgt der Zinssatz für Verzugszinsen grundsätzlich 5 %. ☐

c. Laut BGB sind Verzugszinsen 5 % über dem Basiszinssatz möglich, wenn Verbraucher beteiligt sind; in diesem Fall also 8,62 %. ☐

d. Beim bürgerlichen Kauf und beim einseitigen Handelskauf kann ein Verzugszins berechnet werden, der fünf Prozentpunkte über dem jeweiligen Basiszinssatz liegt. ☐

e. Nach 30 Tagen kommt der Schuldner bei Rechnungsstellung „spätestens“ in Verzug. Dann ist auch keine Mahnung mehr notwendig. ☐

f. Der Gläubiger kann durch Mahnung den Zahlungsschuldner schon vor Ablauf der 30 Tage nach Fälligkeit und Rechnungsstellung in Verzug setzen. Der Schuldner muss den Verzugsschaden (Verzögerungsschaden) zahlen. ☐

4 Bringen Sie folgende Aussagen in eine richtige Reihenfolge.

Tragen Sie die Ziffern 1 bis 5 in die Kästchen hinter der jeweiligen Aussage ein.

a. Das zuständige Gericht bestimmt einen Termin zur mündlichen Verhandlung. ☐

b. Der Antragsgegner unternimmt nichts. ☐

c. Der Antragsteller erhebt innerhalb von sechs Monaten nach Ablauf der Widerspruchsfrist einen Vollstreckungsbescheid. ☐

d. Der Antragsteller stellt den Antrag auf Erlass eines Mahnbescheides. ☐

e. Der Antragsgegner erhebt innerhalb von zwei Wochen Einspruch. ☐

5 Um im Falle einer Nichtzahlung durch den Schuldner die Rechte aus der Nicht-Rechtzeitig-Zahlung wahrnehmen zu können, muss der Gläubiger einige Voraussetzungen berücksichtigen.

Tragen Sie eine

(1) ein, wenn eine Mahnung notwendig ist,
(9) ein, wenn keine Mahnung notwendig ist.

a. zahlbar sofort ☐

b. zahlbar am 09.09.20.. ☐

c. zahlbar Ende März 20.. ☐

d. Zahlung Mitte April 20.. ☐

Was versteht man unter dem Begriff „Verjährung"?	
Verjährung	▷ Nach Ablauf eines gesetzlich definierten Zeitraumes verliert der Gläubiger die Möglichkeit, einen Anspruch gerichtlich durchzusetzen. ▷ Die Verjährung bewirkt nicht den Untergang des Anspruchs, jedoch ist der Schuldner berechtigt, die „Einrede der Verjährung" geltend zu machen (Leistungsverweigerungsrecht).

Unterscheiden Sie die verschiedenen Verjährungsfristen.			
Allgemeines Verjährungsrecht	regelmäßige Verjährungsfrist	besondere Verjährungsfristen	
	3 Jahre	10 Jahre	30 Jahre
	Dazu zählen ▷ alle Normalfälle. Es handelt sich um die Regelverjährung.	Dazu zählen: ▷ Ansprüche auf Übertragung des Eigentums an einem Grundstück ▷ Ansprüche auf Begründung, Übertragung oder Aufhebung eines Rechts an einem Grundstück ▷ Ansprüche auf Änderung des Inhalts eines solchen Rechts ▷ Ansprüche auf die Gegenleistung bei einer 10-jährigen Verjährung	Dazu zählen: ▷ Herausgabeanspruch aus Eigentum und anderen dinglichen Rechten ▷ familien- und erbrechtliche Ansprüche Beginn: mit Entstehung des Anspruchs ▷ rechtskräftig festgestellte Ansprüche Beginn: mit der Rechtskraft der Entscheidung ▷ Ansprüche aus vollstreckbaren Vergleichen oder vollstreckbaren Urkunden Beginn: mit Errichtung des vollstreckbaren Titels ▷ Ansprüche, die durch die im Insolvenzverfahren erfolgte Feststellung vollstreckbar geworden sind Beginn: mit Feststellung im Insolvenzverfahren
Beginn	1. mit Schluss des Jahres, in dem der Anspruch entstanden ist und 2. der Gläubiger von den den Anspruch begründenden Umständen und der Person des Schuldners Kenntnis erlangt oder ohne grobe Fahrlässigkeit erlangen musste	mit Entstehung des Anspruchs	unterschiedlich (s. o.)

Unterscheiden Sie Neubeginn und Hemmung der Verjährung.		
Neubeginn der Verjährung	Die Verjährung beginnt von Neuem zu laufen.	
	Gründe	▷ Anerkenntnishandlungen durch den Schuldner: Teilzahlung, Zinszahlung, Sicherheitsleistung, Stundungsgesuch, Angebot anderweitiger Verrechnung, Anerkennung von Mangelansprüchen durch Nachbesserung ▷ Anerkenntnishandlungen durch den Gläubiger ▷ Antrag auf Vornahme einer gerichtlichen Vollstreckungshandlung
		Eine gewöhnliche Mahnung bewirkt nicht die Unterbrechung der Verjährung.
Hemmung der Verjährung	Die Verjährung wird um den Zeitraum der Hemmung verlängert.	
	Gründe	▷ schwebende Verhandlungen über den Anspruch (Die Verjährung tritt frühestens drei Monate nach Ende der Hemmung ein.) ▷ Rechtsverfolgung Erhebung der Klage Zustellung des Mahnbescheids Bekanntgabe des Güteantrags Geltendmachung der Aufrechnung des Anspruchs (Die Hemmung endet sechs Monate nach rechtskräftiger Entscheidung.) ▷ Leistungsverweigerungsrecht berechtigte Leistungsverweigerung ▷ höhere Gewalt ▷ familiäre Gründe Dauer der Ehe, wenn Ansprüche der Ehegatten untereinander bestehen

1 Ordnen Sie zu:

(1) Neubeginn der Verjährung
(2) Hemmung der Verjährung

Sollte durch den angegebenen Sachverhalt weder eine Unterbrechung noch eine Hemmung der Verjährung erfolgen, tragen Sie eine (9) ein.

a. Der Gläubiger erhebt eine Klage wegen Nichtzahlung. ☐
b. Der Mahnbescheid wird von Amts wegen zugestellt. ☐
c. Der Schuldner leistet eine Teilzahlung. ☐
d. Die Zinsen für die Restschuld werden vom Schuldner überwiesen. ☐
e. Der Zahlungsschuldner erkennt eine Nachbesserung aufgrund von Mangelansprüchen an. ☐
f. Der Verkäufer schickt eine Mahnung mit dem Hinweis, bei Nichtzahlung gerichtliche Maßnahmen einzuleiten. ☐

2 Welche der folgenden Feststellungen zur Verjährung trifft nicht zu? ☐

(1) Die Regelverjährung beträgt drei Jahre und beginnt mit dem Schluss des Jahres, in dem der Anspruch entstanden ist. Ferner ist zu berücksichtigen, dass der Gläubiger von den den Anspruch begründenden Umständen und der Person des Schuldners Kenntnis erlangt hat.

(2) Eine besondere Verjährungsfrist gilt für Forderungen an ein insolventes Unternehmen. Nach Feststellung im Insolvenzverfahren beträgt die Verjährungsfrist gerechnet ab dem Tag der Feststellung 30 Jahre.

(3) Die zehnjährige Verjährungsfrist beginnt mit Schluss des Jahres, in dem der Anspruch entstanden ist.

3 Beurteilen Sie folgende Aussagen eines Angestellten der Oberkötter-Turbo-Spedition.

Ordnen Sie eine

(1) zu, wenn die Aussage zutrifft,
(9) zu, wenn die Aussage nicht zutrifft.

a. Eine Forderung, die bereits verjährt ist, jedoch aus Versehen noch vom Zahlungsschuldner überwiesen wurde, muss auf jeden Fall wieder dem Zahlungsschuldner gutgeschrieben werden, da dieser einen einklagbaren Rechtsanspruch auf Erstattung hat. ☐
b. Nach Ablauf des gesetzlich definierten Zeitraums verliert der Gläubiger einer Zahlung die Möglichkeit, einen Anspruch gerichtlich durchzusetzen, d. h., der Schuldner kann die „Einrede der Verjährung" geltend machen. ☐
c. Die regelmäßige Verjährungsfrist beträgt drei Jahre. ☐
d. Bei vollstreckbaren Titeln beträgt die Verjährungsfrist 30 Jahre und beginnt mit der Errichtung des vollstreckbaren Titels. ☐

4 Tragen Sie eine

(1) ein, wenn die Aussage zutrifft,
(9) ein, wenn die Aussage nicht zutrifft.

Die B. B-Lau AG liefert vereinbarungsgemäß einen Spezialkran an die H. Denk-e-mal GmbH. Die Zahlung ist fällig am 15.01.08. Im Oktober desselben Jahres hat die H. Denk-e-mal GmbH noch nicht bezahlt. Der Zahlungsmodus wird am 10.01.09 verhandelt und der Schuldner überweist am 20.03.09 die Hälfte der Kaufpreisforderung. Gleichzeitig bittet er um einen Zahlungsaufschub von drei Monaten für die Restzahlung. Nach Ablauf dieser Frist ist noch kein Zahlungseingang zu verzeichnen. Durch unsachgemäße Buchführung gerät der Vorgang bei der B. B-Lau AG in Vergessenheit und erst vier Jahre nach Fälligkeit der Zahlung fordert die B. B-Lau AG die H. Denk-e-mal GmbH auf, die restliche Leistung zu erbringen.

a. Der Zahlungsschuldner kann die Einrede der Verjährung geltend machen. ☐
b. Die Verjährungsfrist beträgt drei Jahre. ☐
c. Beginn der Verjährung ist der 31.12.08. ☐
d. Beginn der Verjährung ist der 15.01.08. ☐
e. Die Teilzahlung bewirkt einen Neubeginn der Verjährung. ☐
f. Die Teilzahlung am 20.03.09 stellt eine Hemmung dar. ☐
g. Der Zeitraum des Zahlungsaufschubes bewirkt eine Verlängerung der Verjährungsfrist. ☐
h. Mit Ablauf des 20.06.12 ist die Forderung verjährt. ☐

5 Unterscheiden Sie die verschiedenen Verjährungsfristen und ordnen Sie zu:

(1) 3 Jahre
(2) 10 Jahre
(3) 30 Jahre

a. Die Hartmann OHG hat ein nicht genutztes Grundstück an die Metall verarbeitende Verkehrsschilder GmbH zur Erweiterung des Firmengeländes verkauft. Die Grundbucheintragung ist erfolgt. Vereinbarungsgemäß ist die Zahlung fällig mit Eigentumsübertragung. ☐
b. Der Privatmann U. Markert erwirbt für die nächste Urlaubsreise einen Taucheranzug. ☐
c. Wegen drohender Zahlungsunfähigkeit hat das Einzelunternehmen M. Schulte e. K. den Insolvenzantrag gestellt. Im Insolvenzverfahren wird die Forderung des Autohauses Beier KG für vollstreckbar erklärt. ☐
d. Die im Handelsregister eingetragene B. Ostendorf e. K. hat eine Forderung aus der Lieferung von Teigwaren anlässlich des 25-jährigen Jubiläums der Realschule. Eine Zahlung ist bisher noch nicht erfolgt. ☐
e. Die Druckerei Nicole Müller GmbH hat eine Forderung an die Schriftstellerin E. Lanver. Fälligkeit der Forderung wurde mit Fertigstellung des gedruckten Werkes vereinbart. ☐
f. Das Fitnessstudio hat eine Verbindlichkeit an die Trainerin Sonja. ☐

Was verstehen Sie unter Investition und Finanzierung?	
Investition	Eine Investition ist das „Einkleiden" eines Unternehmens mit Vermögenswerten, die auf der Aktivseite der Bilanz ausgewiesen werden (Anlage- und Umlaufvermögen). Die Investition gibt die Mittelverwendung an und beantwortet die Frage: *„Wofür wurden die finanziellen Mittel verwendet?"*
Finanzierung	▷ Die **Finanzierung im engeren Sinne** bedeutet die Kapitalbeschaffung zum Zwecke der Investition im Unternehmen durch das auf der Passivseite ausgewiesene Eigen- oder Fremdkapital. Die Finanzierung gibt die Mittelherkunft an und beantwortet die Frage: „Woher kommen die finanziellen Mittel?" ▷ Die **Finanzierung im weiteren Sinne** beschäftigt sich mit allen Problemen, die mit der Kapitalbeschaffung zusammenhängen, z. B. Ausgabe von Aktien bei einer AG, Absicherung von Krediten.

Unterscheiden Sie die Finanzierungsarten nach der Herkunft des Kapitals und der Zuführung des Kapitals.					
Kapitalherkunft	**Außenfinanzierung**		**Innenfinanzierung**		
	Kredite	Einlagen/ Beteiligungen	Selbstfinanzierung		Abschreibungen
			offene	stille	
Kapitalzuführung	**Fremdfinanzierung**	**Eigenfinanzierung**			
		extern	intern		

Zu der Außenfinanzierung zählt die Fremdfinanzierung und die externe Eigenfinanzierung. Nennen Sie Beispiele.		
Fremdfinanzierung	Stellen Gläubiger das Kapital von außen zur Verfügung, so handelt es sich um Fremdfinanzierung (Zuführung in das Fremdkapital).	
	Darlehen	▷ **Abzahlungsdarlehen:** Die Tilgungsrate ist immer gleich hoch. Die Zinsen sinken. Die regelmäßig zu zahlende Gesamtsumme sinkt. ▷ **Annuitätendarlehen:** Die Tilgungsrate steigt um den Betrag, um den die Zinsen sinken. Die regelmäßig zu zahlende Summe ist immer gleich hoch. ▷ **Kündigungsdarlehen/Fälligkeitsdarlehen:** Die Tilgung erfolgt an einem vertraglich festgesetzten Termin. Die Zinsen sind immer gleich hoch.
	Kontokorrentkredit	Der Kreditnehmer kann innerhalb einer vorher vereinbarten Periode bis zu einer festgelegten Kreditlinie Kredit in Anspruch nehmen. Das Kontokorrent (laufende Rechnung) vermindert eine Vielzahl gegenseitiger Ansprüche auf eine einzige Geldbetragsschuld.
	Liefererkredit	Bei der Verlängerung des Lieferziels handelt es sich um die Bereitstellung von kurzfristigem Kapital.
	Schuldwechsel	Der Bezogene erhält ein Zahlungsziel bis zum Verfalltag.
Eigenfinanzierung (extern)	Stellen bisherige oder neue Eigentümer der Unternehmung durch Einlagen oder Beteiligungen von außen das Kapital zur Verfügung, so handelt es sich um Eigenfinanzierung (Zuführung in das Eigenkapital). ▷ Einzelunternehmung: Einlagen des Unternehmers oder stillen Gesellschafters ▷ OHG/KG: Einlagen der bisherigen Gesellschafter, Aufnahme neuer Gesellschafter ▷ AG: Emission (Ausgabe) von Aktien ▷ GmbH: Stammeinlagen bisheriger Gesellschafter, Aufnahme neuer Gesellschafter ▷ Genossenschaft: Einzahlung auf die Geschäftsanteile, Aufnahme neuer Genossen	

Die Innenfinanzierung ist eine interne Eigenfinanzierung. Nennen Sie Beispiele.	
Selbstfinanzierung	Die Kapitalzuführung erfolgt aus dem erwirtschafteten und nicht ausgeschütteten Gewinn der Unternehmung selbst. ▷ **offene Selbstfinanzierung:** bei Personengesellschaften sichtbar durch den Zuwachs der Eigenkapitalkonten durch nicht entnommenen Gewinn; bei Kapitalgesellschaften sichtbar durch den Zuwachs der „Eigenkapitalersatzkonten" wie gesetzliche, satzungsmäßige oder andere Rücklagen ▷ **stille Selbstfinanzierung:** Diese Finanzierung ist nicht direkt aus der Bilanz ersichtlich. Sie entsteht durch Unterbewertung der Aktiva (z. B. zu hohe Abschreibungen) oder Überbewertung der Passiva (z. B. zu hohe Rückstellungen).
Abschreibungsfinanzierung	Die Abschreibungen werden als Kosten in die Verkaufspreise einkalkuliert. Die Kapitalfreisetzung erfolgt durch den Verkauf der Erzeugnisse.

1 Ordnen Sie bei den folgenden Beispielen

in Spalte A eine
(1) zu, wenn es sich um eine Außenfinanzierung handelt,
(2) zu, wenn es sich um eine Innenfinanzierung handelt;

in Spalte B eine
(3) zu, wenn es sich um eine Eigenfinanzierung handelt,
(4) zu, wenn es sich um eine Fremdfinanzierung handelt.

	A	B
a. Unterbewertung der Aktiva	☐	☐
b. Die Kommanditgesellschaft erhöht ihr Kapital durch die Aufnahme eines Komplementärs.	☐	☐
c. Die Kommanditgesellschaft erhöht ihr Kapital durch die Aufnahme eines Kommanditisten.	☐	☐
d. Die Aktiengesellschaft gibt Obligationen heraus.	☐	☐
e. Der stille Gesellschafter zahlt vereinbarungsgemäß seinen Anteil bar ein.	☐	☐
f. Der Unternehmer akzeptiert zur Begleichung seiner Verbindlichkeiten einen Wechsel.	☐	☐
g. Die Aktiengesellschaft führt den vorgeschriebenen Prozentsatz des Jahresüberschusses der gesetzlichen Rücklage zu.	☐	☐
h. Der OHG-Gesellschafter entnimmt seinen Gewinn nicht.	☐	☐
i. Die Genossenschaft nimmt neue Genossen auf.	☐	☐

2 Welche der unten stehenden Darlehensarten wird in der folgenden Aussage beschrieben? ☐

„Die monatlich zu zahlende Gesamtsumme beträgt für Sie 2 100,00 EUR. Aufgrund der monatlichen Tilgung sinken die Zinsen. Um den dadurch gesparten Betrag wächst die Tilgungsrate."

(1) Annuitätendarlehen
(2) Kündigungsdarlehen
(3) Abzahlungsdarlehen

3 Die Eigenfinanzierung ist bei den Unternehmen oft unterschiedlich. Ordnen Sie eine

(1) zu, wenn die Aussage zutrifft,
(9) zu, wenn die Aussage nicht zutrifft.

a. Die Aufnahme eines stillen Gesellschafters beim Einzelunternehmen erhöht das Eigenkapital des Unternehmers. ☐

b. Einzahlungen von Vollhaftern und Teilhaftern bei der KG führen zur Eigenfinanzierung. ☐

c. Durch die Ausgabe (Emission) von Aktien erhöht sich das Grundkapital der AG. ☐

4 Beurteilen Sie folgende Feststellungen zur Selbstfinanzierung. Ordnen Sie eine

(1) zu, wenn die Feststellung zutrifft,
(9) zu, wenn die Feststellung nicht zutrifft.

a. Die Selbstfinanzierung ist eine interne Eigenfinanzierung. ☐

b. Die Selbstfinanzierung ist eine Innenfinanzierung. ☐

c. Bei Personengesellschaften wird die Selbstfinanzierung sichtbar durch den Zuwachs der Eigenkapitalkonten, falls eine Außenfinanzierung durch Einlagen/Beteiligungen nicht erfolgte. ☐

d. Es handelt sich um Selbstfinanzierung, wenn die Aktivseite der Bilanz z. B. aufgrund von erhöhten Abschreibungen unterbewertet wurde. ☐

e. Bei der Selbstfinanzierung erfolgt eine Kapitalzuführung aus den nicht ausgeschütteten Gewinnen. ☐

5 Unterscheiden Sie die unten stehenden Aussagen und Begriffe in

(1) Investition,
(2) Finanzierung.

a. Sie gibt Antwort auf die Frage: Wofür wurden die finanziellen Mittel eingesetzt? ☐

b. Sie gibt Antwort auf die Frage: Woher kommen die finanziellen Mittel? ☐

c. Mittelherkunft ☐

d. Mittelverwendung ☐

6 In welchem der folgenden Fälle handelt es sich nicht um eine Außenfinanzierung? ☐

(1) Die Kommanditgesellschaft erhöht ihr Kapital durch die Aufnahme eines Komplementärs.
(2) Der OHG-Gesellschafter entnimmt seinen Gewinn nicht.
(3) Der stille Gesellschafter zahlt vereinbarungsgemäß seinen Anteil bar ein.
(4) Die Kommanditgesellschaft erhöht ihr Kapital durch die Aufnahme eines Kommanditisten.
(5) Der Unternehmer akzeptiert zur Begleichung seiner Verbindlichkeiten einen Wechsel.

7 Bringen Sie die folgenden Punkte zum Thema Abschreibungsfinanzierung in eine zeitlich richtige Reihenfolge, indem Sie die Ziffern 1 bis 5 vergeben.

a. Ersatzinvestition ☐

b. Umsatzerlöse ☐

c. Festlegung der Nutzungsjahre laut AfA-Tabelle ☐

d. Berücksichtigung in der Kalkulation ☐

e. Ansammlung liquider Mittel ☐

Welche Möglichkeiten der Kreditsicherung kennen Sie?

Neben dem Kreditnehmer als Hauptschuldner können weitere Personen oder Sachen als Sicherheit dienen.

<table>
<tr><th>Verstärkte Personalkredite</th><th colspan="2">Realkredite</th></tr>
<tr><td>▷ Bürgschaftskredit
▷ Zessionskredit
▷ Wechseldiskontkredit</td><td>Absicherung durch bewegliche Sachen
▷ Lombardkredit
▷ Sicherungsübereignungskredit</td><td>Absicherung durch unbewegliche Sachen
▷ Hypothek
▷ Grundschuld</td></tr>
</table>

Erläutern Sie die verstärkten Personalkredite.

<table>
<tr><td rowspan="3">Bürgschafts-kredit</td><td colspan="2">Der Bürge verpflichtet sich gegenüber dem Kreditgeber, für die Erfüllung der Verbindlichkeiten des Kreditnehmers zu haften.
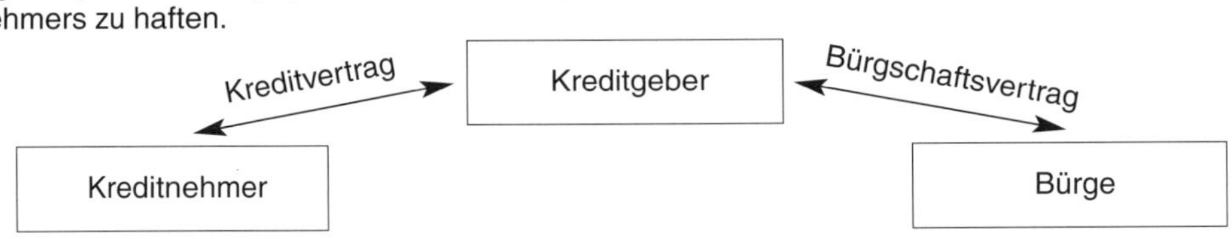
</td></tr>
<tr><td>Ausfallbürgschaft</td><td>Der Bürge muss erst dann zahlen, wenn alle Maßnahmen gegenüber dem Hauptschuldner erfolglos waren und der Gläubiger den „Ausfall“ des Kreditnehmers nachweisen kann durch Zwangsvollstreckung in das gesamte Vermögen der Schuldners. Der Bürge hat das „Recht zur Einrede der Vorausklage“.</td></tr>
<tr><td>Selbstschuldnerische Bürgschaft</td><td>Der Bürge muss sofort zahlen, wenn die Forderung gegenüber dem Kreditnehmer fällig geworden ist und dieser nicht zahlt. Der Bürge haftet hier so, als wenn er selbst Schuldner wäre. Kaufleute bürgen im Rahmen ihres Geschäftsbetriebes immer selbstschuldnerisch. Banken verlangen auch von Privatpersonen eine selbstschuldnerische Bürgschaft.
▷ Mitbürgschaft: Mehrere Personen haften gesamtschuldnerisch für dieselbe Schuld. Der Kreditgeber kann von einem Bürgen die volle Bezahlung verlangen. Dieser hat dann einen Ausgleichsanspruch an die anderen Bürgen.
▷ Höchstbetragsbürgschaft: Die Haftung des Bürgen ist auf einen bestimmten Höchstbetrag beschränkt.</td></tr>
<tr><td rowspan="3">Zessions-kredit</td><td colspan="2">Beim Zessionskredit werden Forderungen, die der Kreditnehmer (Zedent) gegenüber Dritten (Drittschuldner) hat, vertraglich an den Kreditgeber (Zessionar) abgetreten.
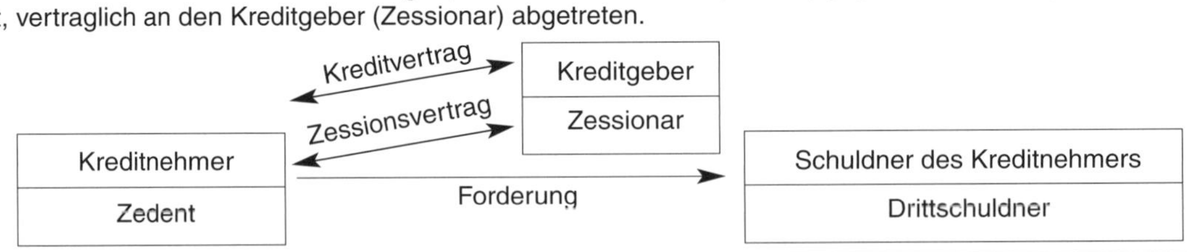
</td></tr>
<tr><td>Unterscheidung nach der Benachrichtigung des Drittschuldners</td><td>▷ stille Zession: Dem Drittschuldner ist die Forderungsabtretung nicht bekannt. Er zahlt mit befreiender Wirkung an den Kreditnehmer.
▷ offene Zession: Dem Drittschuldner ist die Forderungsabtretung bekannt. Der Drittschuldner zahlt mit befreiender Wirkung an den Kreditgeber.</td></tr>
<tr><td>Unterscheidung nach der Entstehung der Forderungsabtretung</td><td>▷ Mantelzession: Bestehende Einzelforderungen in bestimmter Gesamthöhe werden abgetreten. Der Forderungsübergang erfolgt z. B. durch Übergabe von Rechnungskopien oder Debitorenlisten. Bezahlte Forderungen müssen durch neue ersetzt werden.
▷ Globalzession: Bestehende und zukünftige Forderungsgruppen werden abgetreten, z. B. alle Forderungen an die Kunden mit den Anfangsbuchstaben von K–Z, alle Forderungen an die Kunden in Niedersachsen.</td></tr>
<tr><td>Wechsel-diskontkredit</td><td colspan="2">Der Kreditnehmer erhält aufgrund einer Diskontierung des Wechsels vor Fälligkeit den Barwert gutgeschrieben. Das Kreditinstitut legt den Wechsel am Verfalltag dem Bezogenen vor (Rückzahlung des Kredites). Zahlt der Bezogene nicht, haften der Aussteller und alle möglichen Indossanten für die Einlösung der Wechselsumme.</td></tr>
</table>

1 In welchem der folgenden Fälle handelt es sich um einen verstärkten Personalkredit?

Tragen Sie die Ziffer vor der zutreffenden Antwort in das Kästchen ein. ☐

(1) Absicherung durch die Übergabe von Wertpapieren

(2) Abtretung von Forderungen

(3) Eintragung einer Grundschuld in das Grundbuch

2 Ordnen Sie den unten stehenden Kreditarten zu:

(1) Verstärkter Personalkredit
(2) Realkredit durch Absicherung von beweglichen Sachen
(3) Realkredit durch Absicherung von unbeweglichen Sachen

a. Zessionskredit ☐

b. Sicherungsübereignung ☐

c. Bürgschaftskredit ☐

d. Lombardkredit ☐

e. Wechseldiskontkredit ☐

3 Ergänzen Sie unten stehende Texte um die folgenden Begriffe:

(1) Drittschuldner
(2) Zedent
(3) Zessionar

a. Beim Zessionskredit ist der Kreditnehmer der ..., der seine Forderung abtritt. ☐

b. Der ... übernimmt die Forderungen nur als Sicherheit für den von ihm zur Verfügung gestellten Kredit. ☐

c. Es ist möglich, dass der ... von der Abtretung erfährt. Deshalb unterscheidet man die stille und offene Zession. ☐

4 Welche der folgenden Feststellungen zur Mantel- und Globalzession nicht zutrifft? ☐

(1) Die Mantelzession ist wie die Globalzession ein verstärkter Personalkredit.

(2) Bei der Globalzession werden bestehende und auch zukünftige Forderungsgruppen zur Sicherung eines Kredites abgetreten.

(3) Die Vereinbarung einer Mantelzession ist zeitaufwendiger für den Kreditnehmer, da er z. B. bezahlte Forderungen durch neue ersetzen muss.

(4) Bei der Mantel- und Globalzession handelt es sich immer um eine offene Zession, d. h., der Drittschuldner zahlt an den Kreditgeber.

5 Überprüfen Sie folgende Aussagen zum Wechseldiskontkredit.

Tragen Sie eine

(1) ein, wenn die Aussage zutrifft,
(9) ein, wenn die Aussage nicht zutrifft.

a. Der Wechseldiskontkredit ist ein verstärkter Personalkredit. ☐

b. Die Europäische Zentralbank rediskontiert – wie bisher die Deutsche Bundesbank – die eingereichten Wechsel. ☐

c. Beim Wechseldiskontkredit schreibt die Bank dem Wechseleinreicher die Wechselsumme gut; der Diskont wird dem Bezogenen bei Vorlage des Wechsels berechnet. ☐

6 Nach der Art der zur Verfügung gestellten Sicherheit unterscheidet man bei Krediten u. a. den

(1) Zessionskredit,
(2) Wechseldiskontkredit.

Entscheiden Sie, bei welcher Kreditart die nachstehenden Sachen oder Rechte üblicherweise als Sicherung dienen können.

Trifft keine oben genannte Sicherung zu, tragen Sie eine (9) in das Kästchen ein.

a. Forderungen an Inlandskunden ☐

b. Kundenakzepte ☐

c. Aktien ☐

d. Maschinen ☐

7 Ordnen Sie den unten stehenden Aussagen die folgenden Begriffe zu:

(1) Ausfallbürgschaft
(2) Selbstschuldnerische Bürgschaft
(3) Stille Zession
(4) Offene Zession

a. Der Kreditgeber fordert den Bürgen zur Zahlung der Kreditsumme auf, weil der Kreditnehmer nicht pünktlich gezahlt hat. Der Bürge hat kein Recht zur Einrede der Vorausklage. ☐

b. Ein Kaufmann verbürgt sich mündlich für einen Geschäftsfreund. ☐

c. Der Kreditnehmer hat Forderungen in Höhe von 10 800,00 EUR abgetreten, die er gegenüber seiner Kundin Silke Elbert hat. Die Kundin zahlt bei Fälligkeit mit befreiender Wirkung an den Kreditnehmer. ☐

d. Aufgrund eines Zessionsvertrages wurden Forderungen in Höhe von 14 000,00 EUR abgetreten. Dem Drittschuldner ist die Forderungsabtretung nicht bekannt. ☐

e. Diese Art der Bürgschaft verlangen grundsätzlich die Banken. ☐

Erläutern Sie die Realkredite, die durch bewegliche Sachen oder Wertpapiere abgesichert werden.	
Lombardkredit	Der Kreditnehmer hinterlegt zur Sicherheit des Kredites bewegliche Sachen oder Wertpapiere, z. B. Edelmetalle, Aktien, Warenwertpapiere, Lebensversicherungen. Der Kreditnehmer bleibt Eigentümer der Sache. Der Kreditgeber wird Besitzer. ▷ Vorteil für den Kreditnehmer: Der Lombardkredit ermöglicht eine Kreditaufnahme durch die Beleihung von beweglichen Sachen oder Rechten, die der Kreditnehmer zzt. nicht benötigt, aber nicht veräußern möchte. ▷ Vorteil für den Kreditgeber: Der Kreditgeber kann im Falle der nicht ordnungsgemäßen Erfüllung der Zahlungsverpflichtungen des Kreditnehmers das Faustpfand verwerten.
Sicherungs-übereignung	Bei der Sicherungsübereignung wird das bedingte Eigentum einer beweglichen Sache auf den Kreditgeber durch Besitzkonstitut übertragen. Der Kreditnehmer bleibt Besitzer der Sache, z. B. Maschinen, Warenlager mit wechselndem Bestand. ▷ Vorteile für den Kreditnehmer: Die Benutzung ist weiterhin möglich, die Übereignung ist für Dritte nicht erkennbar. ▷ Vorteile für den Kreditgeber: bei nicht ordnungsgemäßer Kreditrückzahlung Versteigerung ohne Vollstreckungstitel, Absonderungsrecht im Insolvenzfall, keine Aufbewahrung durch ihn selbst notwendig ▷ Nachteile für den Kreditnehmer: keine freie Verfügung über die Sache, zusätzliche Kosten durch Versicherungen ▷ Nachteile für den Kreditgeber: Die Sache wird nochmals verpfändet oder verkauft, erlaubterweise verkauft, aber nicht wieder durch Gleiches ersetzt, beschädigt oder vernichtet, verarbeitet oder vermischt. Zudem ist die Sache möglicherweise nicht Eigentum des Kreditnehmers.

Erläutern Sie die Realkredite, die durch unbewegliche Sachen abgesichert werden.		
Hypothek	Die Hypothek ist ein Pfandrecht an einem Grundstück zur Sicherung einer Forderung.	
	Arten	▷ nach der äußeren Gestaltung: – Die **Buchhypothek** erwirbt der Hypothekengläubiger durch Einigung und Eintragung ins Grundbuch. – Bei der **Briefhypothek** wird zusätzlich ein Hypothekenbrief ausgestellt. ▷ nach dem Nachweis der Forderung: – Bei der **Verkehrshypothek** kann der Gläubiger sich zum Beweis seines Rechts auf die Eintragung im Grundbuch berufen oder auf den Hypothekenbrief. Der Schuldner trägt im Streitfall die Beweislast. – Bei der **Sicherungshypothek** muss der Gläubiger den Nachweis erbringen, dass seine Forderung besteht.
	Besonderheiten	Die Hypothek ist immer an eine Forderung gebunden. Neben der dinglichen Haftung haftet der Kreditnehmer auch mit seinem übrigen Vermögen (persönliche Haftung).
	Erlöschen	Wenn der Kredit fristgemäß zurückgezahlt wurde, so kann der Grundstückseigentümer ▷ die Hypothek löschen lassen (dazu notwendig ist die Löschungsbewilligung des bisherigen Hypothekengläubigers und ein Löschungsantrag des Grundeigentümers), ▷ die Hypothek in eine Eigentümergrundschuld umschreiben lassen, ▷ die Hypothek als unechte Eigentümergrundschuld stehen lassen. Die Hypothek wird kraft Gesetzes zur Eigentümergrundschuld, da ohne Forderung keine Hypothek bestehen kann.
Grundschuld	Die Grundschuld ist ein Pfandrecht an einem Grundstück.	
	Arten	▷ nach der äußeren Gestaltung: Die Buch- und Briefgrundschuld entstehen wie bei der Hypothek. ▷ nach der Person des Grundschuldberechtigten: – Bei der **Fremdgrundschuld** wird der Kreditgeber als Berechtigter eingetragen. Damit dient die Grundschuld zur Sicherung eines Kredites. – Bei der **Eigentümergrundschuld** ist der Grundstückseigentümer selbst der Berechtigte. Damit ist es möglich, einen bevorzugten Rang frei zu halten. Bei notwendiger Kreditaufnahme kann der Grundstückseigentümer seine Eigentümergrundschuld als Sicherheit dem Kreditgeber übertragen.
	Besonderheiten	Die Grundschuld ist nicht an eine Forderung gebunden. Aus diesem Grund ist auch die Eintragung einer Eigentümergrundschuld möglich. Der Kreditnehmer haftet nur dinglich.

1 Ordnen Sie den unten stehenden Aussagen eine

(1) zu, wenn es sich um eine Aussage nur zur Hypothek handelt,
(2) zu, wenn es sich um eine Aussage nur zur Grundschuld handelt,
(3) zu, wenn die Aussage auf Hypothek und Grundschuld zutrifft,
(9) zu, wenn die Aussage weder auf Hypothek noch auf Grundschuld zutrifft.

a. Der Kreditnehmer haftet persönlich und dinglich. ☐
b. Bei dieser Absicherung handelt es sich nur um eine persönliche Haftung. ☐
c. Es erfolgt eine Eintragung ins Grundbuch. ☐
d. Dieses Pfandrecht existiert nur, wenn eine Forderung besteht. ☐
e. Es handelt sich um ein Grundpfandrecht an beweglichen Gegenständen. ☐

2 Welche der im Folgenden genannten Mobilien, Immobilien und Wertpapiere eignen sich für die genannte Absicherung eines Kredites?

(1) Lombardierung
(2) Sicherungsübereignung
(3) Hypothek, Grundschuld

Ordnen Sie zu.

a. Aktien ☐
b. Maschine ☐
c. Grundstück ☐
d. Warenlager mit laufendem Bestand ☐
e. Warenwertpapiere ☐
f. Wechsel ☐

3 Überprüfen Sie die unten stehenden Feststellungen zum Grundbuch.

Tragen Sie eine

(1) ein für eine zutreffende Aussage,
(9) ein für eine nicht zutreffende Aussage.

a. Das Grundbuch genießt öffentlichen Glauben, d. h., die Eintragungen gelten grundsätzlich als richtig. ☐
b. Einsicht in das Grundbuch ist jedem gestattet. ☐
c. Löschungen im Grundbuch werden im Bundesanzeiger und in mindestens einem Tagesblatt bekannt gegeben. ☐
d. Die Grundpfandrechte Hypothek und Grundschuld werden in das Grundbuch eingetragen. ☐
e. Die Grundpfandrechte werden nach Rangfolgen eingetragen. ☐

4 Ordnen Sie die Realkredite

(1) Sicherungsübereignung,
(2) Lombardierung

den unten stehenden Sachverhalten zu.

Trifft eine Aussage nicht zu, tragen Sie eine (9) in das Kästchen ein.

a. Es handelt sich um eine Verpfändung von Grundstücken. ☐
b. Der Kreditnehmer kann mit den übereigneten Gegenständen weiterarbeiten. ☐
c. Der Kreditgeber wird bedingter Eigentümer des Gegenstandes. Der Kreditnehmer bleibt Besitzer des Sicherungsgutes. ☐
d. Es besteht die Gefahr der Mehrfachübereignung. ☐

5 Überprüfen Sie die im Folgenden genannten Vorteile und Nachteile der Sicherungsübereignung.

Tragen Sie eine

(1) ein, wenn es sich um einen Vorteil des Kreditgebers handelt,
(2) ein, wenn es sich um einen Nachteil des Kreditgebers handelt,
(9) ein, wenn die Aussage nicht zutrifft.

a. Der Gegenstand kann nochmals verpfändet werden. ☐
b. Der Gegenstand wird erlaubterweise verkauft, aber nicht wieder durch Gleiches ersetzt. ☐
c. Der Gegenstand kann verkauft werden, da er sich im Besitz des Veräußerers befindet. ☐
d. Im Insolvenzfall besteht ein Absonderungsrecht. ☐
e. Wird der Kredit nicht ordnungsgemäß zurückgezahlt, ist eine Versteigerung der Sache auch ohne Vollstreckungstitel möglich. ☐

6 Überprüfen Sie folgende Aussagen zur Hypothek und zur Grundschuld.

Tragen Sie eine

(1) ein, wenn es sich um Gemeinsamkeiten handelt,
(9) ein, wenn Unterschiede vorhanden sind.

a. Eintragung in das Grundbuch ist erforderlich. ☐
b. Absicherung durch unbewegliche Sachen ☐
c. Eignung für langfristige Fremdfinanzierung ☐
d. persönliche Haftung durch den Kreditnehmer ☐
e. Dingliche Haftung ist vorhanden. ☐
f. Diese Sicherheit ist unabhängig vom Forderungsbestand. ☐

Erläutern Sie die besondere Finanzierungsform Leasing.
Nennen Sie Vorteile und Nachteile für den Leasingnehmer.

Begriff	Unter Leasing versteht man das Mieten bzw. Pachten von Nutzungsrechten an beweglichen oder unbeweglichen Gütern.	
Arten von Leasing	Unterscheidung nach dem geleasten Gegenstand	▷ Industrieanlagenvermietung, z. B. Fabrikgebäude einschließlich der Ausrüstung ▷ Ausrüstungsvermietung, z. B. Maschinen, Bagger, Datenverarbeitungsanlagen ▷ Konsumgüterleasing, z. B. Autos, Waschmaschinen, Gefriertruhen
	Unterscheidung nach dem Leasinggeber	▷ direktes Leasing: Der Hersteller ist auch der Leasinggeber. ▷ indirektes Leasing: Der Leasinggeber ist eine dazwischengeschaltete Leasinggesellschaft.
	Unterscheidung nach der Ausgestaltung der Verträge	▷ **Financial-Leasing**: Die Mietzeit ist fest vereinbart und richtet sich nach der voraussichtlichen Nutzungsdauer. Während der Grundmietzeit ist keine Kündigung möglich. Eine Sonderform ist das „Sale-and-lease-back-Verfahren“: Der zukünftige Leasingnehmer verkauft seine Investitionsgüter an die Leasinggesellschaft und mietet sie dann wieder von dieser Gesellschaft. ▷ **Operating-Leasing**: Der Leasingnehmer kann unter Einhaltung von vereinbarten kurzen Kündigungsfristen den Leasinggegenstand zurückgeben. Die Mietkosten sind dementsprechend hoch.
Vorteile	▷ Das Eigenkapital wird geschont. ▷ Leasingraten können als Betriebsausgabe steuerlich berücksichtigt werden. ▷ Frei gewordene Liquidität kann für vorzeitige Skontozahlungen genutzt werden. ▷ Vorhandene Kreditlinien bleiben erhalten. ▷ Anlagen können an den neuesten Stand der Technik angepasst werden.	
Nachteile	▷ hohe monatliche Kostenbelastung durch die Leasingraten ▷ keine freie Verfügung über den Leasinggegenstand	

Stellen Sie die besondere Finanzierungsform Factoring anhand einer Grafik dar.

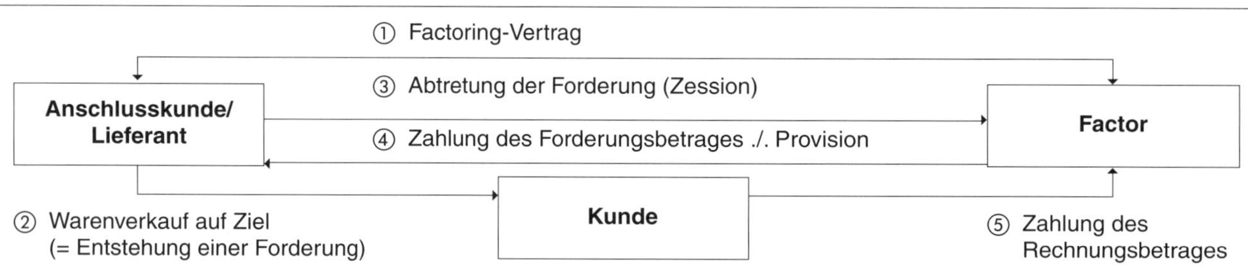

Erläutern Sie die grundsätzlichen Funktionen des Factors.
Nennen Sie Vor- und Nachteile für den Anwender.

Finanzierungsfunktion	Die Factoring-Bank oder Factoringgesellschaft kauft die Forderung ihrer Kunden und finanziert (bevorschusst) sofort.
Delkrederefunktion	Beim „echten“ Factoring übernimmt der Factor das Risiko des Forderungsausfalls, d. h., bei Nichtzahlung durch den Debitor des Anschlusskunden hat der Factor keinen Ersatzanspruch gegenüber dem Anschlusskunden.
Dienstleistungsfunktion	Der Factor übernimmt die Debitorenbuchhaltung, das Mahnwesen, Inkasso der Forderung, die Rechtsverfolgung.
Vorteile	▷ Verbesserung der Liquidität durch sofortige Verflüssigung der Forderung, dadurch Nutzung von Skontozahlungen möglich ▷ voller Schutz vor Forderungsausfällen ▷ Einsparung von Verwaltungskosten
Nachteile	▷ Kosten für die vorzeitige Zahlung der Forderung (Zins, Provisionen) ▷ Verärgerung des Kunden aufgrund standardisierter Eintreibung der Forderung durch den Factor
Überfällige oder ausgeklagte Forderungen werden nicht vom Factor gekauft, dafür sind Inkassobüros zuständig.	

1 Welche der folgenden Aussagen zum Leasing trifft zu? ______ ☐

Tragen Sie eine (5) ein, wenn alle Aussagen zutreffen.

(1) Leasing ist eine aus den USA stammende Finanzierungsform.
(2) Leasinggegenstände können bewegliche und unbewegliche Sachen sein.
(3) Man spricht vom direkten Leasing, wenn der Hersteller gleichzeitig der Leasinggeber ist.
(4) Beim indirekten Leasing ist nicht der Hersteller Leasinggeber, sondern eine dazwischengeschaltete Leasinggesellschaft.

2 Bringen Sie die folgenden Angaben zum Factoring in eine richtige zeitliche Reihenfolge, indem Sie die Ziffern 1 bis 5 vergeben.

a. Bezahlung des Rechnungsbetrages ______ ☐
b. Abtretung der Forderung ______ ☐
c. Abschluss des Factoring-Vertrages ______ ☐
d. Zahlung des Forderungsbetrages abzüglich Provision ☐
e. Warenverkauf auf Ziel ______ ☐

3 Ordnen Sie den unten stehenden Aussagen eine

(1) zu, wenn es sich um Financial-Leasing handelt,
(2) zu, wenn es sich um Operating-Leasing handelt.

a. Bei dieser Vertragsform kann der Vertragspartner den Vertrag kurzfristig unter Einhaltung einer vereinbarten Kündigungsfrist kündigen. ______ ☐
b. Der Leasingnehmer entscheidet sich für eine feste Grundmietzeit, die etwa 40–90 % der gewöhnlichen Nutzungsdauer des Leasinggutes beträgt. ______ ☐

4 Entscheiden Sie, ob es sich bei den unten stehenden Aussagen im Rahmen der Finanzierungsform Leasing um

(1) einen Vorteil für den Leasingnehmer,
(2) einen Nachteil für den Leasingnehmer,
(9) eine falsche Aussage zur Finanzierungsform Leasing handelt.

a. Der Investitionsspielraum wird größer, da ein geringerer Finanzmittelbedarf im Jahr der Anschaffung vorliegt. ☐
b. Durch den Zessionsvertrag werden die Rechte auf den Leasinggeber übertragen. ______ ☐
c. Der Leasingnehmer erwirbt im Falle des Operating-Leasing nur die tatsächliche Herrschaft über den Leasinggegenstand, nicht die rechtliche Herrschaft. ______ ☐
d. Es handelt sich um eine offene Selbstfinanzierung. ______ ☐

5 Überprüfen Sie die folgenden Aussagen zum Factor im Rahmen eines Factoring-Vertrages.

Tragen Sie eine

(1) ein, wenn die Aussage zutrifft,
(9) ein, wenn die Aussage nicht zutrifft.

a. Der Factor übernimmt beim „echten" Factoring das Risiko des Forderungsausfalls, wenn der Kunde des Anwenders nicht zahlt. ______ ☐
b. Der Factor erhält das Eigentum an den Forderungen des Anwenders durch Zession. ______ ☐
c. Der Factor bevorschusst die abgetretenen Forderungen und berechnet dafür u. a. Zinsen. ______ ☐
d. Der Factor wird i. d. R. mit einer stillen Zession einverstanden sein, damit die Kunden des Anwenders nicht von den Finanzierungsschwierigkeiten des Anwenders erfahren. ______ ☐

6 Ein Industrieunternehmen beabsichtigt, einen Factoringvertrag mit einem Factor abzuschließen. Überprüfen Sie, ob unten stehende Forderungen

(1) Inhalt eines Vertrages werden könnten,
(9) vom Factor abgelehnt werden, da es sich um unrealistische Forderungen handelt.

a. „Wir wünschen die sofortige Finanzierung der gekauften Forderungen aus Lieferungen und Leistungen." ______ ☐
b. „Für den Kauf der ausgeklagten Forderungen denken wir an einen Abschlag von 70 %." ______ ☐
c. „Für die Debitorenbuchhaltung, das Mahnwesen und eine mögliche Rechtsverfolgung der Forderung möchten wir Sie verantwortlich machen." ______ ☐
d. „Die von Ihnen angebotene Delkrederegebühr in Höhe von 2 % des Forderungsbestandes akzeptieren wir, wenn Sie damit die volle Übernahme des Ausfallrisikos garantieren." ______ ☐
e. „Wir sind interessiert daran, dass unseren Kunden die Forderungsabtretung nicht angezeigt wird, und sie mit befreiender Wirkung weiterhin an uns zahlen." ______ ☐

7 Durch die Factoring-Finanzierung erfolgt eine Veränderung der Bilanz- und Finanzstruktur. Überprüfen Sie die folgenden Aussagen dazu, und tragen Sie eine

(1) ein, wenn die Aussage zutrifft,
(9) ein, wenn die Aussage nicht zutrifft.

a. Durch die Factoring-Finanzierung verändert sich die Kennzahl der Barliquidität (1. Grades) positiv. ______ ☐
b. Durch die Factoring-Finanzierung verändert sich die Kennzahl der Liquidität 3. Grades. ______ ☐
c. Werden die durch die Factoring-Finanzierung erhaltenen flüssigen Mittel zur Bezahlung kurzfristiger Verbindlichkeiten benutzt, so bewirkt dies eine Bilanzverkürzung. ______ ☐
d. Durch die Übernahme des Delkredererisikos durch den Factor entfällt die Bildung von Wertberichtigungen. ______ ☐

Nennen Sie die wichtigsten Ziele der gültigen Insolvenzordnung.	
Reformziele	▷ Einheitlichkeit der Verfahren: Wegfall von Westrecht (Vergleichs- und Konkursordnung) und Ostrecht (Gesamtvollstreckungsordnung) ▷ Maßnahmen gegen Massenarmut: Beschränkung der Verfahrenskosten, Einführung der „drohenden Zahlungsunfähigkeit", Abschaffung der Insolvenzvorrechte ▷ Erhöhung der Verteilungsgerechtigkeit: Änderung des Verteilungsschlüssels bei eingetretener Masseunzulänglichkeit ▷ Eigenverwaltung: bei „Kleinverfahren" kein Verlust der Verwaltungs- und Verfügungsbefugnis des Schuldners ▷ Verbraucherinsolvenz und Restschuldbefreiung: Möglichkeit der Entschuldung nach Beendigung des Verfahrens (Wohlverhaltensphase dauert sieben Jahre)

Erklären Sie Eröffnung, Wirkung und Abwicklung des Insolvenzverfahrens.		
Eröffnung	Für den Antrag auf Eröffnung des Insolvenzverfahrens ist sachlich zuständig das Amtsgericht, in dessen Bezirk ein Landgericht seinen Sitz hat. Maßgeblich ist hier der Ort der Hauptniederlassung des Schuldners. Antragsberechtigt sind ▷ der Schuldner, der verpflichtet ist, Auskünfte zu erteilen, die notwendig sind, um über den Antrag zu entscheiden, ▷ der Schuldner; wird ein Insolvenzantrag wegen „drohender Zahlungsunfähigkeit" gestellt, so ist dies auf den Eigenantrag des Schuldners beschränkt, ▷ ein oder mehrere Gläubiger, die ein rechtliches Interesse an der Eröffnung haben und ihre Forderungen und den Eröffnungsgrund glaubhaft machen müssen. Das Insolvenzgericht prüft den Antrag und beschließt über ▷ die Eröffnung des Insolvenzverfahrens, ▷ die Ablehnung des Insolvenzverfahrens „mangels Masse" oder „mangels Vorliegen eines Eröffnungstatbestandes".	
Wirkung auf die Beteiligten	Insolvenzschuldner	– Verlust der Verwaltungs- und Verfügungsbefugnis über das zur Insolvenzmasse gehörige Vermögen (auch Neuerwerb während des Insolvenzverfahrens) – Auskunfts- und Mitteilungspflicht gegenüber Insolvenzgericht, -verwalter, Gläubigerversammlung – bei Nichtdurchführung der Pflichten des Schuldners: zwangsweise Vorführung und Haft – Postsperre, falls erforderlich – evtl. Unterhaltszahlungen an den Schuldner und seine Familie aus der Insolvenzmasse – Erteilte Vollmachten vom Schuldner erlöschen.
	Gläubiger	– kein Recht mehr auf Zwangsvollstreckungen – schriftliche Anmeldung der Forderungen beim Insolvenzverwalter
	Schuldner	– Verpflichtungen an den Gemeinschuldner sind nicht mehr an ihn zu leisten, sondern an den Insolvenzverwalter.
Abwicklung nach der Eröffnung	▷ Veröffentlichung des Eröffnungsbeschlusses ▷ Maßnahmen des Insolvenzverwalters: – „feststellen" (Verzeichnis der Massegegenstände, Vermögensübersicht, Gläubigerverzeichnis nach Gruppen geordnet) – „verwalten" (z. B. Kündigung von Arbeits-, Pacht-, Mietverträgen, Abwicklung schwebender Verträge, Durchführung von Prozessen und Anfechtungen) – „verwerten" (Verkauf bzw. Versteigerung der Vermögensgegenstände) – „verteilen" (Die Insolvenzmasse wird nach festgelegter Reihenfolge verteilt.)	

Erläutern Sie die in der Insolvenzordnung festgelegte Reihenfolge der Befriedigung der Gläubiger.

Recht:	**Grundlage der Forderung:**	*Beispiele:*
Aussonderung	Gegenstände, die sich im Besitz des Insolvenzschuldners befinden, jedoch nicht sein Eigentum sind	▷ unter einfachem Eigentumsvorbehalt gelieferte und noch nicht bezahlte Gegenstände ▷ geliehene, gepachtete, gemietete Gegenstände
Absonderung	Gegenstände, die durch Pfandrecht gesichert sind	▷ Grundstück, gesichert durch Hypothek, Grundschuld ▷ sicherungsübereignete Gegenstände ▷ abgetretene Forderungen ▷ gelieferte Gegenstände mit Verlängerungs- und Erweiterungsformen des Eigentumsvorbehaltes
Aufrechnung	Verrechnung von Forderungen und Verbindlichkeiten	▷ Der Lieferer hat eine Forderung an den Insolvenzschuldner und gleichzeitig als Kunde eine Verbindlichkeit.
Massegläubiger	Kosten des Verfahrens	▷ Gerichtskosten ▷ Vergütung Insolvenzverwalter und Gläubigerausschuss
	sonstige Masseverbindlichkeiten	**Neumasseverbindlichkeiten:** ▷ Verbindlichkeiten durch Zukäufe von Waren ▷ Löhne und Gehälter für Weiterbeschäftigte ▷ Sozialplanansprüche ▷ Zinsen, die an absonderungsberechtigte Gläubiger zu zahlen sind **Altmasseverbindlichkeiten:** ▷ Unterhalt an den Insolvenzschuldner und seine Familie

1 Über das Vermögen der Rudi Intrup KG ist das Insolvenzverfahren am 13.03.20.. um 12:00 Uhr eröffnet worden. Kennzeichnen Sie folgende Aussagen, die sich auf die Zeit nach dem 13.03.20.. beziehen, mit einer

(1), wenn sie zutreffen,
(9), wenn sie nicht zutreffen.

a. Die Schuldner zahlen mit befreiender Wirkung an den Insolvenzschuldner, auch wenn dieser die Leistung nicht in die Insolvenzmasse gibt. ☐

b. Die Gläubiger müssen ihre Forderungen dem Insolvenzgericht melden. ☐

c. Eine Einzelzwangsvollstreckung durch den Gerichtsvollzieher mit vollstreckbarem Titel in das Vermögen der Rudi Intrup KG ist möglich. ☐

d. Erteilte Vollmachten vom Insolvenzschuldner erlöschen. ☐

2 Überprüfen Sie folgende Feststellungen zum Insolvenzrecht.

Tragen Sie eine

(1) ein, wenn die Feststellung zutrifft,
(9) ein, wenn die Feststellung nicht zutrifft.

a. Das Insolvenzrecht verfolgt das Ziel, Maßnahmen gegen Massearmut zu ergreifen, damit möglichst viele Insolvenzfälle in einem geordneten Verfahren abgewickelt werden können und nicht abgelehnt werden. ☐

b. Das Insolvenzgericht kann gegen den Schuldner Haft anordnen, wenn er sich seiner Auskunfts- und Mitwirkungspflichten entziehen will, insbesondere Anstalten zur Flucht trifft. ☐

c. Zur Insolvenzmasse gehört nur das Vermögen, das zum Zeitpunkt der Insolvenzeröffnung vorhanden ist. Erlangt der Schuldner neues Vermögen während des Verfahrens, so zählt dieses nicht dazu. ☐

d. Anträge auf Eröffnung des Insolvenzverfahrens können nur der Schuldner oder seine gesetzlichen Vertreter stellen. ☐

3 Ihnen liegen im Rahmen eines Insolvenzverfahrens folgende Zahlen vor:

Vermögen des Schuldners:	750 000,00 EUR
abgetretene Forderungen:	10 000,00 EUR
Kosten des Verfahrens:	40 000,00 EUR
Wechselschulden:	30 000,00 EUR
sonstige Verbindlichkeiten:	470 000,00 EUR
abgesicherte Darlehensforderung:	460 000,00 EUR
zu zahlender Unterhalt an den Schuldner:	18 000,00 EUR
gemietete Gegenstände:	22 000,00 EUR

Ermitteln Sie anhand dieses vereinfachten Insolvenzbeispiels …

a. ... die Insolvenzquote (in Prozent). ☐

b. ... die Insolvenzmasse (in Euro). ☐

c. ... die Kosten des Verfahrens (in Euro). ☐

d. ... die Absonderungsrechte (in Euro). ☐

4 Dem Insolvenzverwalter der Dietmar Jürgens KG werden verschiedene Forderungen mitgeteilt.

Ordnen Sie zu:

(1) „Aussonderung"
(2) „Aufrechnung"
(3) „Absonderung"
(4) „Neumasseverbindlichkeiten"
(5) „Altmasseverbindlichkeiten"
(6) „Verfahrenskosten"

Sollte keines dieser genannten Rechte zutreffen, tragen Sie eine (9) ein.

a. Die Luka Habö GmbH hat eine Wechselforderung in Höhe von 117 000,00 EUR. ☐

b. Das Autohaus Sigrid Schmale e. K. hat eine Forderung über 8 200,00 EUR aufgrund mehrerer Reparaturrechnungen. ☐

c. Der Rohstofflieferant meldet eine Forderung in Höhe von 30 000,00 EUR an. Die Rohstoffe wurden unter Eigentumsvorbehalt geliefert und sind noch nicht verbraucht. ☐

d. Die Bank meldet eine Darlehensforderung in Höhe von 420 000,00 EUR an. Das Darlehen ist gesichert durch eine eingetragene Grundschuld. ☐

e. Die Arbeitnehmer haben Lohnforderungen, die nach der Insolvenzeröffnung entstanden sind. ☐

5 Bringen Sie die nachstehend genannten Gläubiger in die nach der Insolvenzordnung festgelegte zwingende Reihenfolge, nach der die Ansprüche befriedigt werden, indem Sie die Ziffern 1 bis 5 vergeben.

a. Massegläubiger wegen sonstiger Masseverbindlichkeiten ☐

b. Aussonderungsberechtigte ☐

c. Aufrechnungsberechtigte ☐

d. Massegläubiger wegen Verfahrenskosten ☐

e. Absonderungsberechtigte ☐

6 Überprüfen Sie folgende Äußerungen im Rahmen eines Verbraucherinsolvenzverfahrens.

Tragen Sie eine

(1) ein, bei zutreffender Feststellung,
(9) ein, bei nicht zutreffender Feststellung.

a. „Bevor das gerichtlich vermittelte Schuldenbereinigungsverfahren beginnt, muss ein außergerichtlicher Einigungsversuch mit den Gläubigern vorausgegangen sein." ☐

b. „Bei der Restschuldbefreiung bin ich als Schuldner leider auf die Zustimmung der Gläubigerschaft angewiesen." ☐

c. „Im Gegensatz zum außergerichtlichen Verfahren kann das Gericht die fehlenden Stimmen der Gläubiger ersetzen. Voraussetzung ist, dass mehr als die Hälfte der benannten Gläubiger zugestimmt hat und die Summe der Ansprüche der zustimmenden Gläubiger mehr als die Hälfte der Summe der Ansprüche der benannten Gläubiger beträgt." ☐

Was ist die Rechtsordnung eines Staates? Welche Rechtsnormen kennen Sie?	
Rechtsordnung	Die Gesamtheit aller geltenden Rechtsnormen bildet die Rechtsordnung eines Staates. Sie ist die Grundlage der Gesellschafts- und Wirtschaftsordnung und regelt das Zusammenleben als Gemeinschaft.
Rechtsnormen	Dazu zählen **Gesetze** (z. B. BGB, HGB), **Verordnungen** (z. B. Arbeitszeitordnung), **Satzungen** (z. B. Satzung der Universität Köln) und **Gewohnheitsrechte** (z. B. regelmäßige freiwillige Leistungen des Arbeitgebers).

Unterscheiden Sie das öffentliche vom privaten Recht.	
Öffentliches Recht	Kennzeichen des öffentlichen Rechts ist das Prinzip der Über- bzw. Unterordnung, wenn ein Träger hoheitlicher Gewalt beteiligt ist. Es ist meist zwingendes Recht (Bescheide, Anordnungen, Strafen, Gebote, Verbote), für das Verwaltungsgerichte zuständig sind. *Rechtsgebiete: Verfassungsrecht, Verwaltungsrecht, Steuerrecht, Strafrecht, Prozessrecht, z. T. Arbeitsrecht*
Privates Recht	Kennzeichen des privaten Rechts ist das Prinzip der Gleichordnung. Es ist meist nachgiebiges Recht und wird bestimmt durch den Grundsatz der Vertragsfreiheit. Für das private Recht zuständig sind ordentliche Gerichte. *Rechtsgebiete: bürgerliches Recht, Handelsrecht, Wechselrecht, z. T. Arbeitsrecht*

Unterscheiden Sie Rechtssubjekte und nennen Sie den Beginn der Rechtsfähigkeit.	
Natürliche Personen	Natürliche Personen sind alle Menschen ohne Rücksicht auf Stand, Geschlecht oder Staatsangehörigkeit. Beginn der Rechtsfähigkeit: Vollendung der Geburt
Juristische Personen	Juristische Personen sind Zweckschöpfungen des Gesetzgebers. Sie werden gebildet durch eine Summe von Personen und/oder Sachen zu einer Organisation. Beginn der Rechtsfähigkeit: Hoheitsakt oder privatrechtlicher Gründungsakt *Beispiele: Land Sachsen, Aktiengesellschaft*

Unterscheiden Sie Rechtsfähigkeit und Geschäftsfähigkeit.	
Rechtsfähigkeit	Rechtsfähigkeit ist die Fähigkeit einer Person, Träger von Rechten und Pflichten zu sein. *Beispiele: Grundrechte, Recht auf Eigentum, Schulpflicht, Steuerpflicht*
Geschäftsfähigkeit	Geschäftsfähigkeit ist die Fähigkeit, Rechtsgeschäfte selbstständig und vollwirksam abzuschließen. *Beispiele: Ausspruch einer Kündigung, Abschluss eines Mietvertrages*

Kennzeichnen Sie Möglichkeiten und Grenzen der Geschäftsfähigkeit.		
Volle Geschäftsfähigkeit	Liegt vor bei natürlichen Personen, die das 18. Lebensjahr vollendet haben und sich im Vollbesitz ihrer geistigen Kräfte befinden. Soweit ein Volljähriger seine Angelegenheiten ganz oder teilweise nicht mehr besorgen kann, wird ihm auf Antrag oder von Amts wegen vom Vormundschaftsgericht ein Betreuer zur Seite gestellt.	Folge: Rechtsgeschäfte sind voll wirksam.
Beschränkte Geschäftsfähigkeit	Liegt vor bei natürlichen Personen zwischen dem vollendeten 7. und 18. Lebensjahr.	Folge: Rechtsgeschäfte sind schwebend unwirksam. Zur Gültigkeit bedarf es der Genehmigung des gesetzlichen Vertreters.
	Ausnahmen: Rechtsgeschäfte, ▷ die der Person nur einen rechtlichen Vorteil bringen (z. B. Annahme einer Schenkung) ▷ die die Person mit Mitteln erfüllt, die ihr im Rahmen des Taschengeldes zur Verfügung gestellt wurden („Taschengeldparagraf") ▷ bei denen es sich um eine Handlung im Rahmen eines Arbeitsvertrages der gestatteten Art handelt (z. B. Eröffnung eines Lohnkontos) ▷ für die der beschränkt Geschäftsfähige für „handelsmündig" erklärt wurde ▷ in die der gesetzliche Vertreter im Voraus einwilligte	Folge: Rechtsgeschäfte sind voll rechtswirksam.
Geschäftsunfähigkeit	▷ Kinder bis zum vollendeten 7. Lebensjahr ▷ Personen mit dauerhaft gestörter Geistestätigkeit	Folge: Rechtsgeschäfte sind nichtig.
Geschäftsfähigkeit von juristischen Personen	Die Geschäftsfähigkeit einer juristischen Person wird durch die handelnden Organe ausgeübt. Sie vertreten das Unternehmen nach außen, können Willenserklärungen entgegennehmen und abgeben. Hat die juristische Person die Rechtsfähigkeit erlangt, ist sie zugleich auch handlungs- und damit geschäftsfähig.	Folge: Rechtsgeschäfte sind voll rechtswirksam.

1 Ordnen Sie den unten stehenden Gesetzen die folgenden Gesetzesbereiche zu:

(1) Gesetz des öffentlichen Rechts
(2) Gesetz des Privatrechts

a. Handelsgesetzbuch ☐
b. Wechselgesetz ☐
c. Bürgerliches Gesetzbuch ☐
d. Einkommensteuergesetz ☐
e. Grundgesetz ☐
f. Aktiengesetz ☐
g. Verwaltungsverfahrensgesetz des Bundes und der Länder ☐

2 Stellen Sie fest, welches der nachstehenden Gerichte für unten stehende Streitigkeiten bzw. Anträge zuständig ist.

(1) Amtsgericht
(2) Landgericht
(3) Arbeitsgericht
(4) Finanzgericht
(5) Sozialgericht
(6) Verwaltungsgericht

a. Die Rechtmäßigkeit eines kommunalen Gebührenbescheids wird bestritten. ☐
b. Antrag auf Erlass eines Mahnbescheids; der Antragsteller fordert 12 340,00 EUR. ☐
c. Antrag auf Eröffnung eines Insolvenzverfahrens über ein Unternehmen durch einen Gläubiger ☐
d. Eine Rechnung in Höhe von 4 750,00 EUR wurde nicht bezahlt. Der Gläubiger erhebt Klage. ☐
e. Klage eines Handlungsreisenden, der für von ihm getätigte Kaufverträge nicht die vereinbarte Provision erhielt ☐
f. Klage gegen einen Rentenbescheid ☐
g. Streitigkeit über die Änderung eines Bebauungsplanes ☐

3 Überprüfen Sie folgende Aussagen zur Geschäftsfähigkeit und Rechtsfähigkeit. Tragen Sie eine

(1) ein, wenn die Aussage zutrifft,
(9) ein, wenn die Aussage nicht zutrifft.

a. Ein drei Tage altes Kind kann nicht steuerpflichtig sein. ☐
b. Ein Hund kann erbfähig sein. ☐
c. Ein 14-jähriges Kind kann Eigentümer einer Unternehmung sein. ☐
d. Die Rechtsfähigkeit bei natürlichen Personen beginnt mit Vollendung der Geburt. ☐
e. Juristische Personen sind nicht rechtsfähig, sie sind nur voll geschäftsfähig. ☐

4 Entscheiden Sie bei unten stehenden Sachverhalten, ob ein

(1) nichtiges,
(2) schwebend unwirksames,
(3) gültiges

Rechtsgeschäft vorliegt.

a. Ein 6-jähriges Kind kauft sich von seinem Taschengeld einen Zauberkasten für 9,00 EUR. ☐
b. Der 17-jährige Auszubildende benutzt seine Ausbildungsvergütung zum Kauf eines Mofas. ☐
c. Der 16-jährige Dirk kündigt ohne Absprache mit seinen Eltern sein Arbeitsverhältnis zum nächstmöglichen Termin. ☐
d. Die Eltern genehmigen innerhalb von 14 Tagen den Kauf eines Abendkleides ihrer 17-jährigen Tochter. ☐
e. Ein 13-Jähriger kauft sich von seinem Taschengeld eine Filmkamera. ☐
f. Eine 10-Jährige erhält von ihrer Tante zum Geburtstag 100,00 EUR geschenkt. Die Eltern verlangen vom Kind die Rückgabe des Geldes an die Tante. ☐
g. An ihrem 18. Geburtstag unterschreibt die Auszubildende einen Kaufvertrag über ein Auto im Wert von 8 800,00 EUR. ☐
h. Der 6-jährige Bernd hat für seine Mutter vom Bäcker bestellte Brötchen abgeholt und kauft sich für 1,00 EUR ein Eis. ☐

5 Ordnen Sie den unten stehenden Rechtssubjekten zu:

(1) natürliche Person
(2) juristische Person

a. Land Sachsen ☐
b. Lohnsteuerhilfe-Verein Lübbecke, eingetragen im Vereinsregister ☐
c. Gesangverein „Akkord", eingetragen im Vereinsregister ☐
d. Gerichtsvollzieher Walter Kraus ☐
e. Moritz Lübke, Sporttaucher ☐
f. Anke Rüter, Bauchtänzerin ☐
g. Wilhelm Katenbrink, Zweigstellenleiter einer Großbank ☐

6 Welches der folgenden Rechtsgeschäfte ist nichtig? ☐

(1) Die 6-jährige Frederike kauft sich von ihrem Taschengeld mehrere Sticker mit Bärenmotiven für 8,80 EUR.
(2) Der 7-jährige Yannik kauft sich für 1,00 EUR ein Eis.
(3) Die 18-jährige Auszubildende benutzt ihr gespartes Geld zum Kauf eines Autos.
(4) Die Zwillinge Pia und Hanna (10 Jahre alt) kaufen von ihrem Taschengeld für ihren Schäferhund ein Halsband. Die Eltern sind mit dem Kauf nicht einverstanden.
(5) Die 21-jährige Auszubildende benutzt ihre Ausbildungsvergütung zum Kauf einer Videokamera. Die Eltern wurden nicht gefragt.

Was sind Rechtsobjekte? Geben Sie einen Überblick.

Zu den Gegenständen des Rechtsverkehrs gehören Rechtsobjekte, die unterschieden werden können in Sachen (= körperliche Gegenstände) und Rechte (= unkörperliche Gegenstände).

Sachen	**unbewegliche Sachen** (Immobilien) *Beispiele: Grundstücke, Gebäude*	**bewegliche Sachen** (Mobilien) *Beispiele: Konsumgüter, Investitionsgüter*
	vertretbare Sachen Vertretbare Sachen im Sinne des BGB sind bewegliche Sachen, die im Verkehr nach Maß, Zahl oder Gewicht bestimmt werden können. *Beispiele: Bonbons, Papiertaschentücher*	**nicht vertretbare Sachen** Nicht vertretbar sind einzelne Gegenstände, die sich subjektiv nach dem Willen des Vertragspartners bestimmen. *Beispiele: Originalgemälde, gebrauchtes Auto*
	teilbare Sachen Teilbare Sachen können ohne Wertveränderung in gleichartige Teile zerlegt werden. *Beispiele: Geld, vertretbare Sachen*	**nicht teilbare Sachen** Nicht teilbare Sachen erfahren durch die Zerlegung/Teilung eine Wertminderung. *Beispiele: ein Haus, ein Paar Handschuhe*
	verbrauchbare Sachen *Beispiel: Konsumgüter wie Kaffee*	**unverbrauchbare Sachen** *Beispiele: Maschine, Haus*
Rechte	**Persönlichkeitsrechte** *Beispiele: Firmenrecht, Namensrecht*	**Vermögensrechte** *Beispiele: Forderung, Patent*

Unterscheiden Sie Besitz und Eigentum.

Besitz	Eigentum
Besitz ist die tatsächliche Herrschaft/Verfügbarkeit über eine Sache oder ein Recht. Der Besitzer kann mit der Sache nur im Rahmen von Vereinbarungen mit dem Eigentümer verfahren.	Eigentum ist die rechtliche Herrschaft/Verfügbarkeit über eine Sache oder ein Recht. Der Eigentümer kann mit der Sache beliebig verfahren, sofern dadurch nicht die Rechte Dritter verletzt werden.

Eigentümer und Besitzer sind zumeist eine Person, weil derjenige, dem etwas „gehört“, die Sache auch besitzt. In zahlreichen Fällen sind Besitzer und Eigentümer jedoch zwei Personen (z. B. bei Leihe, Pacht, Miete).

Erläutern Sie die Möglichkeiten der Eigentumsübertragung.

Bei beweglichen Sachen	▷ **Einigung und Übergabe:** Einigung zwischen Käufer und Verkäufer über die Übertragung des Eigentums im Rahmen des Erfüllungsgeschäftes und Übergabe, wenn der Gegenstand beim Verkäufer ist. *Beispiel: Der Verkäufer übergibt den gekauften Fotoapparat an den Käufer. Beide sind sich einig, dass das Eigentum übertragen wird.* ▷ **Einigung:** Käufer ist bereits Besitzer und wird durch die Einigung Eigentümer. *Beispiel: Nach Abschluss des Kaufvertrages wird der Käufer Eigentümer der vorher gemieteten Videoanlage (die sich in seinem Besitz befindet) nur aufgrund der Einigung über die Eigentumsübertragung. Eine Übergabe ist nicht mehr erforderlich.* ▷ **Besitzkonstitut:** Einigung über die Eigentumsübertragung und Vereinbarung, dass der Verkäufer Besitzer bleibt. *Beispiel: Der Käufer erwirbt mehrere Wertpapiere von seiner Hausbank und belässt die Papiere weiterhin im Depot der Bank. Er wird Eigentümer der Wertpapiere durch die Vereinbarung, dass der Verkäufer weiterhin Besitzer bleibt, und er das Eigentum erwirbt. Käufer = mittelbarer Besitzer; Verkäufer = unmittelbarer Besitzer* ▷ **Abtretung des Herausgabeanspruchs:** Einigung über die Eigentumsübertragung und Abtretung des Anspruchs auf Herausgabe der Sache, wenn sich der Gegenstand bei einem Dritten befindet. *Beispiel: Der Verkäufer überträgt das Eigentum an einem Familienzelt durch die Vereinbarung, dass der Käufer gegenüber seinem Freund, dem er zzt. das Zelt geliehen hat, einen Herausgabeanspruch hat.*
Bei unbeweglichen Sachen	**Auflassung (Einigung) und Eintragung in das Grundbuch:** Die Eintragung erfolgt, wenn die Auflassung nachgewiesen, die Eintragung beantragt und bewilligt wurde und die Bestätigung über die Zahlung der Grunderwerbssteuer vorliegt.
Bei Rechten	**Einigung über die Übertragung des Eigentums und Abtretung (= Zession)** *Beispiel: Der Händler tritt seine Forderung an einen Kunden an seinen Lieferer ab.*
Sonstiges	▷ **Ersitzung:** Ist eine bewegliche Sache zehn Jahre im Eigenbesitz, so erfolgt die Eigentumsübertragung. ▷ **Fund:** Der Finder erwirbt unter bestimmten Umständen mit dem Ablauf von sechs Monaten nach Anzeige des Fundes das Eigentum. ▷ **Verarbeitung, Vermischung, Verbindung:** Es ist möglich, das Alleineigentum an der Sache zu erwerben. ▷ **Gutgläubiger Erwerb:** Gutgläubiger Erwerb liegt vor, wenn der Veräußerer für den Eigentümer gehalten werden durfte. Der gutgläubige Eigentumserwerb ist jedoch nicht möglich bei gestohlenen, verloren gegangenen oder sonst abhandengekommenen Sachen (Ausnahme: Geld, Inhaberpapiere).

1 Stellen Sie in den unten stehenden Fällen fest, ob es sich dabei um

(1) bewegliche Sachen – vertretbar,
(2) bewegliche Sachen – nicht vertretbar,
(3) unbewegliche Sachen – nicht vertretbar,
(4) Rechte

handelt.

a. das aus Fertigblöcken errichtete Zweifamilienhaus ☐
b. die auf Sterilität und Pyrogenfreiheit geprüften Einmalspritzen beim Hautarzt ☐
c. der Eigentumsanteil an einem Rennstall ☐
d. ein gelber wasserlöslicher Textmarker ☐
e. Forderungen an alle Inlandskunden unter 2 000,00 EUR ☐
f. das selbst gezimmerte Weinregal aus verschiedenen Versandholzkisten französischer Weingüter ☐
g. ein Briefumschlag mit Fenster ☐

2 Unterscheiden Sie in den nachstehenden Fällen jeweils getrennt für die Person 1 (P1) und Person 2 (P2), ob diese

(1) Eigentümer und gleichzeitig Besitzer,
(2) Eigentümer, aber nicht Besitzer,
(3) Besitzer, aber nicht Eigentümer,
(4) weder Besitzer noch Eigentümer

sind.

	P1	P2
a. Der Unternehmer (P1) schließt zur Absicherung eines Kredites mit der Bank (P2) einen Sicherungsübereignungsvertrag. Gegenstand sind zwei genau bezeichnete Stanzen.	☐	☐
b. Der Privatmann (P1) mietet sich für ein Wochenende einen Kleinlasttransporter von einem „Autoverleihhaus" (P2).	☐	☐
c. Der Unternehmer (P1) lieferte gestohlene Ware an den Kunden (P2), der sofort bei Übergabe bezahlte.	☐	☐
d. Ein Unternehmer (P1) lieferte aufgrund eines Vertrages vereinbarungsgemäß die Ware an den Kunden (P2). Die Zahlung muss noch erfolgen.	☐	☐

3 Das Eigentum an beweglichen Sachen kann übertragen werden durch

(1) Einigung und Übergabe,
(2) Einigung,
(3) Besitzkonstitut,
(4) Einigung und Abtretung des Herausgabeanspruchs.

a. „Bitte nehmen Sie die Sache." ☐
b. „Lassen Sie sich die Sache von meiner Nichte geben." ☐
c. „Behalten Sie die Sache." ☐
d. „Ich werde die Sache für Sie behalten." ☐

4 Überprüfen Sie folgende Äußerungen zum Eigentum. Tragen Sie eine

(1) ein, wenn die Aussage zutrifft,
(9) ein, wenn die Aussage nicht zutrifft.

a. Eigentum ist die rechtliche Herrschaft über eine Sache oder ein Recht. ☐
b. Das Eigentum an einer beweglichen Sache kann z. B. nur durch Einigung erworben werden. Der Veräußerer bleibt in diesem Falle Besitzer. ☐
c. Das Eigentum an einer beweglichen Sache kann durch Einigung und Übergabe erworben werden. ☐
d. Das Eigentum an einer unbeweglichen Sache kann nur durch die Auflassung und Eintragung in das Grundbuch erworben werden. Eine notarielle Beurkundung reicht nicht aus. ☐
e. Gutgläubiger Erwerb ist nicht möglich bei verloren gegangenen oder gestohlenen Sachen. ☐

5 Kennzeichnen Sie:

– in Spalte A
  unbewegliche Sachen mit einer (1)
  bewegliche Sachen mit einer (2)
– in Spalte B
  vertretbare Sachen mit einer (3)
  nicht vertretbare Sachen mit einer (4)
– in Spalte C
  teilbare Sachen mit einer (5)
  nicht teilbare Sachen mit einer (6)

	A	B	C
a. Lagerhalle des Gemüsehändlers	☐	☐	☐
b. fünf Käsebrötchen mit Käse	☐	☐	☐
c. gebrauchtes Fahrrad mit Speziallenker	☐	☐	☐
d. 200 g Tee mit Holunderblüten	☐	☐	☐
e. Grundstück 3a in der Münch-Siedlung	☐	☐	☐

6 In welchem der folgenden Fälle ist der Käufer nicht Eigentümer der Sache geworden? ☐

(1) Die Klavierspielerin Birgit Voß hat sich für 14 Tage ein Klavier von einem Musikfachgeschäft ausgeliehen. Da ihr das Instrument zusagt, schließt sie einen Kaufvertrag. Der Inhaber des Musikgeschäftes ist einverstanden und erfüllt den Kaufvertrag.

(2) Der Künstler Rolf Bruelheyde ist von einem Sonderband über den Maler Caspar David Friedrich begeistert und schließt einen Kaufvertrag mit dem Buchhändler. Da der Künstler auf der Durchreise ist, bittet er den Buchhändler, den Sonderband in seinem Besitz zu behalten.

(3) Der Inhaber der Töpferei ist damit einverstanden, dass die Biologiestudentin Barbara die von ihm erworbene Vase sofort mitnimmt. Wenige Tage später erhält die Käuferin wie vereinbart die Rechnung.

(4) Ein Privatmann vereinbart den Kauf eines Grundstücks mit einem Bauern. Der Kaufvertrag wird schriftlich abgeschlossen und die Geldsumme bar bezahlt.

Was versteht man unter einem Rechtsgeschäft? Was ist eine Willenserklärung?	
Rechtsgeschäft	Rechtsgeschäfte gestalten die rechtlichen Beziehungen zwischen den in einer Wirtschaft handelnden Personen sowie dem Staat. Rechtsgeschäfte bestehen aus Willenserklärungen der handelnden Personen.
Willenserklärung	Eine Willenserklärung ist eine rechtlich wirksame Äußerung, durch die die abgebende Person bewusst eine Rechtsfolge herbeiführen will.

Unterscheiden Sie einseitige und zwei- oder mehrseitige Rechtsgeschäfte. Nennen Sie Beispiele.	
Einseitige Rechtsgeschäfte	Sie gestalten eine Rechtsfolge durch die Willenserklärung einer einzelnen Person. ▷ **nicht empfangsbedürftige Rechtsgeschäfte** *Beispiele: Testament, Auslobung* Bei Abgabe der Willenserklärung ist das Rechtsgeschäft gültig. ▷ **empfangsbedürftige Willenserklärung** *Beispiele: Kündigung, Anfechtung* Bei Abgabe und Zugang der Willenserklärung ist das Rechtsgeschäft gültig.
Zwei- oder mehrseitige Rechtsgeschäfte	Sie werden nur durch inhaltlich übereinstimmende Willenserklärungen aller Beteiligten rechtswirksam. Die Willenserklärungen werden Antrag und Annahme genannt. Bei Übereinstimmung kommt ein **Vertrag** zustande. *Beispiele: Kaufvertrag, Gesellschaftsvertrag*

Wann werden Willenserklärungen gegenüber Abwesenden, Anwesenden, Geschäftsunfähigen und beschränkt Geschäftsfähigen wirksam?	
Abwesende	Willenserklärungen gegenüber Abwesenden werden mit Zugang in den Herrschaftsbereich des Erklärungsempfängers wirksam.
Anwesende	Willenserklärungen gegenüber Anwesenden werden mit Vernehmung der Erklärung wirksam.
Geschäfts-unfähige	Willenserklärungen gegenüber Geschäftsunfähigen werden mit Zugang der Erklärung an den gesetzlichen Vertreter wirksam.
Beschränkt Geschäftsfähige	Willenserklärungen gegenüber beschränkt Geschäftsfähigen werden mit Zugang der Erklärung an den gesetzlichen Vertreter wirksam. *Ausnahmen:* Die Erklärung bringt nur rechtliche Vorteile oder die Einwilligung des gesetzlichen Vertreters lag vor.

Welche Äußerungsformen von Willenserklärungen werden unterschieden?

ausdrückliches Handeln	**konkludentes (schlüssiges) Handeln**	**Nichthandeln/Schweigen**
Als Mittel der Willensäußerung ist Sprache und Schrift geeignet. *Beispiele: Gespräch unter Anwesenden, Telefonat, Telegramm, Fax*	Aus dem Handeln muss ein Wille abzuleiten sein. *Beispiele: Handschlag, Kopfnicken, Ware liefern, Geldeinwurf in einen Automaten*	Dies gilt nur dann als Willensäußerung, wenn Schweigen als Erklärungszeichen vereinbart wurde oder der abweichende Wille nach Treu und Glauben hätte geäußert werden müssen. *Beispiele: Kunde meldet sich nicht innerhalb der vereinbarten Frist bei einem Kauf auf Probe, Mehrlieferung an einen langjährigen Kunden*

Welche unterschiedlichen Formvorschriften für die Abgabe von Willenserklärungen gibt es?

Form	Durchführung	*Beispiele:*
Schriftform	Eigenhändige Unterschrift ist unter dem Schriftstück erforderlich.	*Schuldversprechen, Schuldanerkenntnis, Bürgschaftserklärung unter Privatleuten, Testament, nachvertragliches Wettbewerbsverbot, Kreditvertrag, Tarifvertrag, Pacht- oder Mietvertrag länger als ein Jahr, Kündigung Arbeitsverhältnis*
Öffentliche Beglaubigung	Die Echtheit der Unterschrift wird durch eine dazu ermächtigte Person bestätigt.	*Anträge auf Eintragung in das Handels-, Genossenschafts-, Vereins- oder Güterrechtsregister, Grundbuch*
Notarielle Beurkundung	Das ganze Schriftstück wird vom Notar als Urkunde abgefasst. Es wird die Echtheit der Unterschrift und der Inhalt bestätigt.	*Kaufvertrag über ein Grundstück, Schenkungsversprechen, Beschlüsse der Hauptversammlung der Aktiengesellschaften, Gesellschaftsvertrag der Kapitalgesellschaften, Ehevertrag*

1 Welche der folgenden Reihen enthält nur einseitige Rechtsgeschäfte? ☐

(1) Kündigung – Pacht – Testament

(2) Mahnung – Testament – Kündigung

(3) Leihe – Mahnung – Erbvertrag

(4) Schuldanerkenntnis – Miete – Pacht

2 Überprüfen Sie folgende Aussagen über Rechtsgeschäfte. Ordnen Sie eine

(1) zu, wenn die Aussage zutrifft,
(9) zu, wenn die Aussage nicht zutrifft.

a. Alle einseitigen Rechtsgeschäfte sind empfangsbedürftige Willenserklärungen. ☐

b. Verträge entstehen durch Antrag und Annahme. ☐

c. Rechtsgeschäfte können grundsätzlich in jeder beliebigen Form abgeschlossen werden. ☐

d. Ein Vertrag kommt durch mindestens zwei übereinstimmende Willenserklärungen zustande. ☐

3 Bei einigen Rechtsgeschäften verlangt der Gesetzgeber die Einhaltung bestimmter Formvorschriften. Ordnen Sie die folgenden Formen von Willenserklärungen den unten stehenden Sachverhalten zu:

(1) Schriftform
(2) öffentliche Beglaubigung
(3) notarielle Beurkundung
(4) keine Formvorschrift

a. Der Vater verbürgt sich als Sicherheit für den von seiner Tochter abgeschlossenen Kreditvertrag. ☐

b. Mit dem Arbeitnehmer B wird ein vertragliches Wettbewerbsverbot (Konkurrenzklausel) vereinbart. ☐

c. Eine Grundschuld wird zur Absicherung eines Kredits in das Grundbuch eingetragen. ☐

d. Ein Kaufmann gibt im Rahmen seines Handelsgeschäftes für einen Geschäftspartner eine Bürgschaftserklärung gegenüber einem Kreditinstitut ab. ☐

e. Das Vorstandsmitglied des Gesangvereins „Laute Kehle" beantragt die Eintragung des Vereins in das Vereinsregister. ☐

4 Kennzeichnen Sie unten stehende Aussagen mit

(1), wenn diese zutreffen,
(9), wenn diese nicht zutreffen.

a. Ein Vertrag kommt immer durch zwei übereinstimmende Rechtsgeschäfte zustande. ☐

b. Ein Vertrag kann auch durch Schweigen zustande kommen. ☐

c. Nur durch Handschlag oder durch Kopfnicken kann kein Vertrag zustande kommen, da dadurch zu viel Irrtümer entstehen. ☐

5 Überprüfen Sie in den folgenden Fällen das Wirksamwerden der Willenserklärungen.

Tragen Sie eine

(1) ein, wenn die Willenserklärung wirksam wurde,
(9) ein, wenn die Willenserklärung nicht oder noch nicht wirksam wurde.

a. Der Arbeitgeber lässt ein Kündigungsschreiben durch einen Boten zustellen. Dieser wirft den Brief in den Postkasten des Empfängers, der jedoch für zwei Tage verreist ist. ☐

b. Der Landwirt schreibt am 13. November sein Testament handschriftlich und versieht es mit seiner Unterschrift. Das Schriftstück legt er in einen Holzkasten, in dem sich noch weitere wichtige Dokumente befinden. ☐

c. Der Autohändler überreicht dem noch nicht 18-jährigen Kunden das schriftliche Angebot über einen schwarzen Volvo 440 für 16 000,00 EUR. Der Sohn übergibt das Schreiben seinem Vater. ☐

6 Stellen Sie fest, ob in folgenden Fällen

(1) ein Vertrag zustande gekommen ist,
(9) kein Vertrag zustande gekommen ist.

a. Ein Landwirt erhält von seinem Nachbarn folgenden Vorschlag: „Meinen gebrauchten Anhänger kann ich dir für 1 200,00 EUR überlassen." Der Landwirt nickt mit dem Kopf und holt den Anhänger ab. ☐

b. Eine Schwimmschülerin wirft ein 50-Cent-Stück in den Kaffeeautomaten und erhält das Gewünschte. ☐

c. Ein langjähriger Kunde erhält von seinem Lieferanten eine Warensendung, die er nicht bestellt hatte. Er legt die gelieferten Rohstoffe in das Lager und vergisst, seinen Lieferanten über die Falschlieferung zu informieren. ☐

d. Der 19-jährige Schüler erwirbt eine Videokamera auf Probe für eine Woche. Nach 14 Tagen meldet sich der Schüler beim Verkäufer mit dem Hinweis: „Leider sagt mir die Videokamera nicht zu." ☐

e. Die Mitarbeiter einer Abteilung beschließen mündlich, jede Woche gemeinsam Lotto zu spielen. Die Beiträge müssen spätestens donnerstags gezahlt werden. ☐

f. Ein Gemüsehändler bietet dem Käufer eine Kiste Mangos zum Preis von 40,00 EUR an. Der Käufer ist bereit, 1/2 Kiste Mangos zum Preis von 22,00 EUR zu kaufen. ☐

7 Ordnen Sie den jeweiligen Aussagen zu:

(1) Schriftform
(2) notarielle Beurkundung
(3) öffentliche Beglaubigung

a. Eine eigenhändige Unterschrift ist unter dem Schriftstück erforderlich. ☐

b. Nur die Echtheit der Unterschrift wird durch eine dazu ermächtigte Person bestätigt. ☐

c. Das ganze Schriftstück wird vom Notar als Urkunde abgefasst. Es wird die Echtheit der Unterschrift und der Inhalt bestätigt. ☐

Unterscheiden Sie nichtige und anfechtbare Rechtsgeschäfte.

<table>
<tr><td rowspan="2">Nichtige Rechts-geschäfte</td><td colspan="2">Nichtige Rechtsgeschäfte sind von Anfang an ohne Zutun des Erklärenden ungültig. Sie sind deshalb so zu behandeln, als wären sie gar nicht abgeschlossen worden. Nichtig sind:</td></tr>
<tr><td colspan="2">▷ Willenserklärungen, die von Geschäftsunfähigen abgegeben werden;
Beispiel: Ein 6-jähriges Kind kauft sich eine Anziehpuppe.
▷ Willenserklärungen, die von Personen im Zustande der Bewusstlosigkeit oder vorübergehenden Störung der Geistestätigkeit abgegeben werden;
Beispiel: Unter Hypnose schließt ein Teilnehmer einen Vertrag über eine Weltreise ab.
▷ Willenserklärungen, die zum Schein abgegeben werden;
Beispiel: Im Kaufvertrag über ein Grundstück wird eine niedrigere Kaufsumme eingetragen, um Grunderwerbssteuer zu sparen.
▷ Willenserklärungen, bei denen der Mangel der Ernstlichkeit erkannt werden müsste;
Beispiel: Ein Gast betritt die Kneipe mit dem Spruch: „Ein Königreich für ein Bier."
▷ Rechtsgeschäfte, die gegen ein gesetzliches Verbot verstoßen;
Beispiel: Abschluss eines Heilbehandlungsvertrages, ohne dass der Vertragspartner eine gesetzliche Erlaubnis dafür besitzt.
▷ Rechtsgeschäfte, die sittenwidrig sind (Wucher);
Beispiel : Ein Wohnungseigentümer vermietet eine Wohnung an eine Familie zu einem überhöhten Mietpreis.
▷ Rechtsgeschäfte, die ohne gesetzlich vorgeschriebene Form abgeschlossen worden sind.
Beispiel: Ein Privatmann verbürgt sich mündlich.</td></tr>
<tr><td rowspan="3">Anfechtbare Rechts-geschäfte</td><td colspan="2">Anfechtbare Rechtsgeschäfte sind voll gültig und werden erst nachträglich durch fristgerechte Anfechtung nichtig. Anfechtungsgründe:</td></tr>
<tr><td>▷ Irrtum
– über wesentliche Eigenschaften in der Person
Beispiel: Eine Bank stellt einen Mitarbeiter ein, der ein Scheckfälscher ist.
– über wesentliche Eigenschaften in der Sache
Beispiel: Der Verkäufer bietet einen Seidenteppich an. Käufer und Verkäufer stellen nach dem Kaufvertrag die Fälschung fest.
– über die Erklärungsbedeutung
Beispiel: Der Käufer bestellt eine Kiste Mangostane, meint aber eine Kiste Mangos.
– über die Erklärungshandlung
Beispiel: Ein Kunde unterschreibt einen falschen Kaufvertrag.
▷ falsche Übermittlung
Beispiel: Der Sachbearbeiter schreibt statt 12,10 EUR einen Preis von 2,10 EUR auf.</td><td>Die Anfechtung muss unmittelbar nach der Entdeckung des Anfechtungsgrundes erfolgen.</td></tr>
<tr><td>▷ arglistige Täuschung
Beispiel: Ein Gebrauchtwagen wird trotz anderer Informationen als unfallfrei verkauft.
▷ widerrechtliche Drohung
Beispiel: Der Vertreter erzwingt den Abschluss eines Kaufvertrages unter Androhung, ein ihm bekanntes Fehlverhalten des Käufers zu veröffentlichen.</td><td>Die Anfechtung muss innerhalb eines Jahres nach Kenntnis der Täuschung bzw. nach Wegfall der Zwangslage erfolgen.</td></tr>
</table>

Welche Vertragsarten werden unterschieden?
Nennen Sie wesentliche Inhalte, Vertragspartner und Besonderheiten.

Vertragsart	Vertragspartner	Inhalt des Vertrages	entgeltlich/ unentgeltlich	besondere Hinweise
Schenkungsvertrag	Schenker/ Beschenkter	Zuwendung von Sachen oder Rechten – Eigentumswechsel	unentgeltlich	Handschenkung = formfrei; Schenkungsversprechen = notarielle Beurkundung nötig
Mietvertrag	Vermieter/ Mieter	Überlassung von Sachen zum Gebrauch	entgeltlich	bei Kündigung von Wohnraum = Schriftform
Pachtvertrag	Verpächter/ Pächter	Überlassung von Sachen oder Rechten zum Gebrauch und zum Fruchtgenuss	entgeltlich	Unterschied zum Mietvertrag = Fruchtziehungsrecht
Leihvertrag	Verleiher/ Entleiher	Überlassung von Sachen zum Gebrauch	unentgeltlich	Rückgabe derselben Sache
Darlehensvertrag	Darlehensgeber/ Darlehensnehmer	Überlassung von vertretbaren Sachen (Sachdarlehen) oder Geld (Gelddarlehen) zum Gebrauch/Verbrauch – Eigentumswechsel	entgeltlich oder unentgeltlich	Rückgabe gleicher Sachen bzw. Geld in gleicher Höhe mit oder ohne Zins
Werkvertrag	Unternehmer/ Besteller	Herstellung eines versprochenen Werkes	entgeltlich	Der gewünschte Erfolg (das Ergebnis) muss eintreten.
Lieferung herzustellender beweglicher Sachen	Unternehmer/ Besteller	Herstellung eines versprochenen Werkes aus einem vom Unternehmer zu beschaffenden Material – Eigentumswechsel	entgeltlich	Kombination aus a) Werkvertrag und b) Kaufvertrag

1 Stellen Sie bei den unten stehenden Sachverhalten fest, um welche Vertragsart es sich handelt und ordnen Sie zu.

(1) Werkvertrag
(2) Kaufvertrag
(3) Dienstleistungsvertrag
(4) Pachtvertrag
(5) Mietvertrag
(6) Leihvertrag
(7) Gelddarlehensvertrag
(8) Sachdarlehensvertrag
(9) Sonstiges

a. Die Gymnasiastin Jana lässt sich gegen Entgelt von Studienrat Meißner fünf Monate lang auf das Abitur vorbereiten. ____ ☐

b. Ein Schüler besorgt sich aus der Schülerbücherei kostenlos zwei Mathematikbücher. ____ ☐

c. Für Unterrichtszwecke besorgt sich die Deutschlehrerin eine Videokassette gegen 4,00 EUR Gebühr. ____ ☐

d. In einem Parkhaus wird ein Parkplatz für vier Stunden von Herrn Flömer belegt. Die Parkgebühren betragen 3,50 EUR. ____ ☐

e. Frau Brandmeier besorgt sich von ihrer Nachbarin zum Backen ein Pfund Mehl. Am nächsten Tag bringt sie Mehl gleicher Art, Güte und Menge zurück. ____ ☐

f. Eine Maschinenfabrik überlässt einem süddeutschen Unternehmen eine Werkzeugmaschine zur Nutzung gegen monatliches Entgelt. Nach Ablauf von drei Jahren steht dem süddeutschen Unternehmen die Option zu, die Werkzeugmaschine käuflich zu erwerben. ____ ☐

g. Ein Schüler wirft 50 Cent in einen Kaugummiautomaten und entnimmt ein Kaugummi. ____ ☐

h. Ein Student übernimmt für zwei Jahre ein bekanntes Altstadtlokal mit Einrichtung gegen Zahlung eines monatlichen Entgelts. ____ ☐

i. Eine Wandergruppe vereinbart mit einem Autohaus die Überlassung eines Kleinbusses für ein Wochenende gegen Entgelt. ____ ☐

j. Der Inhaber eines Schnellimbiss-Standes holt sich von dem Koch des gegenüberliegenden Fischstandes 5 l Öl. Am nächsten Tag bringt er 5 l Öl gleicher Güte wieder zurück und als Dank für das „Aushelfen“ einen Gutschein für ein Tagesgericht. ____ ☐

2 Welches der folgenden Rechtsgeschäfte ist nichtig?

Tragen Sie die zutreffende Ziffer in das Kästchen ein. ____ ☐

(1) Der Landwirt schließt mit einem Schweinezüchter bereits im Dezember einen Kaufvertrag über eine Wagenladung Stroh. Das Stroh ist noch gar nicht vorhanden.

(2) Der Rentner vereinbart mit dem Bauern in einem schriftlichen Vertrag die Eigentumsübertragung einer 800 m² großen Wiese.

(3) Ein 10-Jähriger kauft von seinem Taschengeld einen Kriminalroman in spanischer Sprache. In seinem Zimmer stellt er fest, dass er den Text aufgrund der fehlenden Sprachkenntnisse nicht lesen kann.

3 Überprüfen Sie, ob unten stehende Rechtsgeschäfte

(1) nichtig,
(2) anfechtbar,
(3) weder nichtig noch anfechtbar sind.

a. Ein Kunde bestellt 12 Gros Toilettenpapier. Er ist der Meinung, dass er 12 große Rollen Toilettenpapier bestellt hat. ____ ☐

b. Die Transwärme GmbH schließt mit einer Buchhalterin einen Arbeitsvertrag. Es stellt sich heraus, dass die Buchhalterin, die mittlerweile eine Bestätigung vom Gynäkologen über eine bestehende Schwangerschaft eingereicht hat, nicht über die im Vorstellungsgespräch zugesicherten Buchhaltungskenntnisse verfügt. ____ ☐

c. Der Lebensmittelhändler veranlasst Frau Pech, bei ihm Ware im Wert von mindestens 400,00 EUR einzukaufen, andernfalls werde er den kürzlich von ihrem Sohn in seinem Laden begangenen Zigarettendiebstahl im ganzen Dorf bekannt machen. ____ ☐

d. Ein Kunsthändler verkauft ein Bild von Salvador Dalí. Es stellt sich heraus, dass dieses Gemälde eine Fälschung ist. ____ ☐

4 Überprüfen Sie folgende Aussagen zu den Anfechtungsfristen. Tragen Sie eine

(1) ein, wenn die Aussage zutrifft,
(9) ein, wenn die Aussage nicht zutrifft.

a. Im Falle der arglistigen Täuschung muss die Anfechtung innerhalb eines Jahres nach Kenntnis der Täuschung erfolgen. ____ ☐

b. Eine Anfechtung wegen eines Irrtums über wesentliche Eigenschaften in der Person muss ohne schuldhaftes Zögern erfolgen, d. h. unverzüglich, nachdem der Anfechtungsberechtigte von dem Anfechtungsgrund Kenntnis erlangt hat. ____ ☐

c. Ein Vertrag, der aufgrund einer widerrechtlichen Drohung zustande gekommen ist, muss unverzüglich nach der Drohung innerhalb eines Jahres angefochten werden. ____ ☐

5 Ergänzen Sie unten stehende Sätze mit den folgenden Worten:

(1) gegen Entgelt
(2) unentgeltlich
(3) gegen Entgelt oder unentgeltlich
(4) eine Eigentumsübertragung
(5) keine Eigentumsübertragung
(6) der gleichen
(7) derselben

a. Beim Sachdarlehensvertrag erfolgt die Überlassung von vertretbaren Sachen ... ____ ☐

b. Beim Pachtvertrag findet ... statt. ____ ☐

c. Beim Leihvertrag erfolgt die Rückgabe ... Sache. ____ ☐

d. Leihverträge sind stets ... ____ ☐

Die Vertragsfreiheit ist Kennzeichen des privaten Rechts (Zivilrecht). Nennen Sie die Merkmale der Vertragsfreiheit.		
Abschlussfreiheit	Diese Vertragseingehungsfreiheit bedeutet, dass Vertragspartner nicht gezwungen werden, Verträge abzuschließen, sondern das Recht haben, ihre Vertragspartner frei zu wählen. *Ausnahme:* Kontrahierungszwang = Betriebe mit Monopolcharakter müssen Verträge abschließen.	*Beispiel: Niemand kann gezwungen werden, einen Kaufvertrag über Solaranlagen einzugehen, bzw. kann daran gehindert werden, dieses zu tun.* *Beispiel: Elektrizitätsgesellschaften müssen mit den Einwohnern ihres Bezirkes Verträge über die Stromlieferung abschließen.*
Gestaltungsfreiheit	Diese Inhaltsfreiheit bedeutet, dass die Verträge inhaltlich frei gestaltet werden können. *Ausnahme:* Die Inhalte verstoßen gegen andere gesetzliche Vorschriften, die zwingendes Recht und nicht abänderbar sind.	*Beispiel: Es ist die freie Entscheidung des Verkäufers und Käufers, den Inhalt eines Kaufvertrages zu gestalten.* *Beispiel: Mit einem Arbeitnehmer wird im Arbeitsvertrag der Verzicht auf Urlaub geregelt.*
Formfreiheit	Sie besagt, dass alle Rechtsgeschäfte grundsätzlich in jeder beliebigen Form abgeschlossen werden können. *Ausnahme:* Formzwang = Der Gesetzgeber hat für die Gültigkeit des Rechtsgeschäftes eine bestimmte Form vorgeschrieben.	*Beispiel: Ein Kaufvertrag über Feuerschutzschränke kann mündlich abgeschlossen werden.* *Siehe Beispiele für Schriftform, öffentliche Beglaubigung und notarielle Beurkundung auf Seite 300.*
Auflösungsrecht	Das bürgerliche Recht räumt bei bestimmten Dauerschuldverhältnissen und aus sozialpolitischen Gründen ein Kündigungsrecht ein.	*Beispiel: Der Mieter kann unter Wahrung bestimmter gesetzlicher oder auch vertraglich vereinbarter Bedingungen den Mietvertrag kündigen.*

Was sind allgemeine Geschäftsbedingungen, AGB? Welche Bedeutung haben sie?	
Begriff	Allgemeine Geschäftsbedingungen sind alle für eine Vielzahl von Verträgen vorformulierten Vertragsbedingungen, die eine Vertragspartei (Verwender) der anderen Vertragspartei bei Abschluss eines Vertrages stellt.
Bedeutung	▷ **Rationalisierung:** Die Vertragsfreiheit wird häufig durch AGB eingeschränkt, da an die Stelle des ausgehandelten Vertrages in vielen Fällen der durch vorformulierte AGB standardisierte Vertrag getreten ist. Dadurch wird der auf Massenvertrag ausgerichtete Geschäftsverkehr rationalisiert. ▷ **Risikoabwälzung:** Praktisch alle AGB sind von dem Bestreben geprägt, die Rechtsstellung des Verwenders zu stärken und die Rechte des Käufers zu schmälern. Der Unternehmer bestimmt im Wesentlichen einseitig die Vertragsgestaltung, indem die AGB auf der Rückseite der Bestellung oder Auftragsbestätigung abgedruckt sind („Kleingedrucktes“).

Erläutern Sie die Regelungen der allgemeinen Geschäftsbedingungen (AGB für Verbraucherverträge).	
Ziel	Ziel der Regelungen ist der Schutz des wirtschaftlich Schwächeren. Sie finden keine Anwendung beim zweiseitigen Handelskauf (Ausnahmen: Post, Telekommunikation, Bereich Personenbeförderung).
Unwirksame Klauseln (Klauselverbote ohne Wertungsmöglichkeit)	Hierzu zählen die im Gesetz konkretisierten Klauselverbote. Werden diese Klauseln (obwohl sie verboten sind) in AGB bei Verträgen verwendet, sind sie unwirksam. Der Vertrag selbst wird nicht unwirksam. *Beispiele:* ▷ *Preiserhöhungen innerhalb von vier Monaten nach Vertragsabschluss* ▷ *Bestimmungen, durch die der Verwender von der gesetzlichen Obliegenheit freigestellt wird, zu mahnen oder für die Leistung oder Nacherfüllung eine Frist zu setzen* ▷ *Ausschluss oder Begrenzung der Haftung für einen vorsätzlich oder grob fahrlässig herbeigeführten Schaden* ▷ *Beschränkung der Gewährleistungsansprüche auf Nachbesserung* ▷ *Bestimmungen, die Aufwendungen für die Nachbesserung zu tragen* ▷ *Verkürzung der gesetzlichen Gewährleistungsfristen* ▷ *Ausschluss der Haftung für zugesicherte Eigenschaften*
Bedingt unwirksame Klauseln (Klauselverbote mit Wertungsmöglichkeit)	Hierbei handelt es sich um Klauselverbote, die nicht generell unwirksam sind, sondern eine richterliche Wertung erfordern. *Beispiele:* ▷ *unangemessen lange oder nicht hinreichend bestimmte Fristen für die Annahme oder Ablehnung eines Angebotes oder die Erbringung einer Leistung* ▷ *Vorbehalt einer unangemessen langen oder nicht hinreichend bestimmten Nachfrist* ▷ *Vorbehalt des Rücktrittsrechts für die Leistungspflicht durch den Verwender der AGB ohne sachlichen Grund* ▷ *Vorbehalt des Verwenders, eine versprochene Leistung zu ändern oder davon abzuweichen* ▷ *Vereinbarungen über unangemessen hohe Nutzungsgebühren oder Ersatz von Aufwendungen, sofern der Vertragspartner vom Vertrag zurücktritt oder den Vertrag kündigt*
Generalklausel	Die Bestimmungen der AGB sind unwirksam, wenn sie den Käufer entgegen den Geboten von Treu und Glauben unangemessen benachteiligen.

1 Die allgemeinen Geschäftsbedingungen sind Mittel der Rationalisierung und der Risikoabwälzung.

Ordnen Sie eine

(1) zu, wenn die Aussage zutrifft und das Stichwort „Rationalisierung" beschreibt,
(2) zu, wenn die Aussage zutrifft und das Stichwort „Risikoabwälzung" beschreibt,
(9) zu, wenn die Aussage nicht zutrifft ist.

a. Unter allgemeinen Geschäftsbedingungen versteht man die Vertragsbedingungen, die für viele Verträge schon vorformuliert sind. ☐

b. Mithilfe der allgemeinen Geschäftsbedingungen kann aufgrund der bestehenden Vertragsfreiheit alles vereinbart werden. Sie werden jedoch erst gültig, wenn der Käufer das Vorgedruckte unterschreibt. ☐

c. Der Unternehmer ist bestrebt, die allgemeinen Geschäftsbedingungen so zu formulieren, dass seine Rechtsstellung gestärkt und die des Käufers geschmälert wird. ☐

2 Ordnen Sie folgende Begriffe den unten stehenden Aussagen zu:

(1) Formfreiheit
(2) Inhaltsfreiheit
(3) Auflösungsrecht
(4) Abschlussfreiheit

Tragen Sie eine (9) ein, wenn die vertragliche Vereinbarung nicht möglich ist und somit die Grenze der Vertragsfreiheit überschritten ist.

a. Die Vertragspartner einigen sich über eine bestimmte Sonderausstattung der Kühlmaschine. ☐

b. Der 6-jährige Sohn schließt mit dem Fachgeschäft für Musikinstrumente einen Vertrag über eine Trompete ab. Die Einwilligung der Eltern liegt nicht vor. ☐

c. Der Unternehmer bestellt telefonisch eine Stanzmaschine, die vom Hersteller schriftlich angeboten wurde. ☐

d. Der Käufer entschließt sich, den im Schaufenster ausgestellten Staubsauger zu kaufen. Der Einzelhändler stimmt zu. ☐

e. Der Verkäufer bietet dem Käufer eine Kühltruhe im Wert von 890,00 EUR an. Der Käufer lehnt dieses Angebot ab. ☐

f. Der Verlobte verbürgt sich gegenüber dem Darlehensgeber mündlich für seine Verlobte. ☐

g. Die Vertragspartner einigen sich schriftlich über den Kauf eines Grundstücks. ☐

3 Welche der folgenden Gleichsetzungen ist falsch? ☐

Tragen Sie eine (1) ein, wenn alle Gleichsetzungen zutreffen.

(2) Inhaltsfreiheit = Gestaltungsfreiheit

(3) Kündigungsrecht = Auflösungsfreiheit

(4) Abschlusszwang = Kontrahierungszwang

(5) Abschlussfreiheit = Vertragseingehungsfreiheit

4 Die Vertragsfreiheit ist ein wesentliches Grundprinzip unserer Wirtschaftsordnung.

Ordnen Sie den folgenden Aussagen eine

(1) zu, wenn die Aussage zutrifft,
(9) zu, wenn die Aussage nicht zutrifft.

a. Die Vertragsfreiheit ist gekennzeichnet durch die Abschlussfreiheit, Inhaltsfreiheit, Formfreiheit und das Kündigungsrecht. ☐

b. Die Vertragsfreiheit ist Grundprinzip des öffentlichen Rechts. ☐

c. Gesetzliche Vorschriften über den Inhalt von Rechtsgeschäften werden erst dann angewendet, wenn die Vertragspartner darüber keine Vereinbarung getroffen haben. ☐

5 Entscheiden Sie bei den aufgeführten vertraglichen Vereinbarungen zwischen Kaufmann und Nichtkaufmann, ob es sich um

(1) gültige Klauseln,
(9) ungültige/unwirksame Klauseln

in den allgemeinen Geschäftsbedingungen handelt.

a. Sofort erkennbare Mängel können nur innerhalb der nächsten vier Wochen nach der Lieferung gerügt werden. ☐

b. Gerichtsstand für beide Teile ist der Ort des Verkäufers. ☐

c. Bei Betriebsstörungen können wir jederzeit vom Vertrag zurücktreten. ☐

d. Erfolgt die Lieferung nicht zum vereinbarten Termin, so kann uns der Käufer eine dreimonatige Nachfrist setzen mit der Erklärung, dass er nach deren fruchtlosem Ablauf vom Kaufvertrag zurücktreten werde. ☐

e. Ein Mangel, der nach elf Monaten gerügt wird, wird von uns nicht mehr anerkannt. ☐

f. Vereinbarte Liefertermine sind unverbindlich. Wir sind jedoch bemüht, die Liefertermine pünktlich einzuhalten. ☐

6 Entscheiden Sie, ob in den unten stehenden Fällen

(1) die allgemeinen Geschäftsbedingungen bei Verbraucherverträgen Gültigkeit haben,
(9) die allgemeinen Geschäftsbedingungen bei Verbraucherverträgen keine Gültigkeit haben.

a. Vereinbarte Preise gelten nur bei einer Lieferung innerhalb von drei Monaten nach Vertragsabschluss. ☐

b. Die Haltbarkeitsgarantie des Herstellers beträgt acht Monate auf alle gekanteten Teile, sechs Monate auf alle gerundeten Teile. ☐

c. Die Gewährleistungsansprüche entfallen bei Schlussverkaufsware. ☐

d. Aufwendungen bei Nachbesserung sind vom Käufer nur zu 30 % zu zahlen. ☐

e. Unsere Forderungen können Sie nicht mit unseren Verbindlichkeiten aufrechnen. ☐

Erläutern Sie den Zweck und die rechtliche Bedeutung einer Anfrage. Unterscheiden Sie zwischen allgemeiner und spezieller Anfrage.		
Zweck	Eine Anfrage dient der Informationsbeschaffung auf den Beschaffungsmärkten. Es soll festgestellt werden, zu welchen Bedingungen die Lieferer Güter (oder Dienstleistungen) anbieten können.	
Rechtliche Bedeutung	Durch eine Anfrage ist der Käufer rechtlich nicht gebunden. Da Anfragen keine rechtswirksamen Willenserklärungen sind, kann der Käufer bei mehreren Lieferern gleichzeitig Informationen einholen.	
Formen der Anfrage	**allgemeine Anfrage**	Bei einer unbestimmten Anfrage wird der Lieferer um Zusendung von Katalogen, Preislisten, Muster gebeten oder um einen Vertreterbesuch.
	spezielle Anfrage	Eine bestimmte Anfrage enthält die Bitte um ein Angebot. Die Anfrage sollte präzise Angaben über die Art, Qualität und Ausführung der benötigten Güter (oder Dienstleistungen) beinhalten, sowie die benötigte Menge und möglicherweise gewünschte Liefertermine, zwingend vorgeschriebene Transportmittel, Lieferungs- und Zahlungsbedingungen etc. enthalten.

Was verstehen Sie unter einem Angebot? Erläutern Sie die rechtliche Bedeutung und nennen Sie verschiedene Arten.	
Rechtliche Bedeutung	Das Angebot ist eine an eine bestimmte Person gerichtete verbindliche empfangsbedürftige Willenserklärung. Anpreisungen, die sich an die Allgemeinheit richten, stellen keine verbindlichen Willenserklärungen dar und gelten nicht als Angebot im rechtlichen Sinn. Sie sind Aufforderungen zur Abgabe einer Willenserklärung. *Beispiele: Anzeigen in Zeitungen, Schaufensterauslagen, Hauswurfsendungen, Kataloge, Plakate*
Arten	▷ Unverlangte Angebote vom Lieferer versuchen das Interesse des Kunden an der Ware zu wecken. Dies geschieht meist zu besonderen Anlässen. *Beispiele: Jubiläen, Festtage, Umbauten* ▷ Verlangte Angebote erfolgen aufgrund einer Anfrage.

Wie wird ein Angebotsvergleich durchgeführt? Nennen Sie in einer übersichtlichen Darstellung die Reihenfolge der Berechnung bis zum Einstandspreis.	
Beim Angebotsvergleich wird für die von jedem Lieferer angebotene Ware der Bezugspreis nach dem nebenstehenden Schema berechnet. Der Einstandspreis der Ware ist bei der Entscheidung für ein Angebot sehr bestimmend, jedoch sind noch weitere Bedingungen zu berücksichtigen, wie z. B. Qualität der Ware, Lieferbereitschaft, Mindestmengenabnahmen, herstellungssynchrone Anlieferung („just in time"), Zuverlässigkeit des Vertragspartners.	Listeneinkaufspreis – Rabatt = Zieleinkaufspreis – Skonto = Bareinkaufspreis + Bezugskosten = Bezugspreis (Einstandspreis)

Nehmen Sie Stellung zur rechtlichen Bedeutung und Form der Bestellung.	
Rechtliche Bedeutung	Die Bestellung ist eine empfangsbedürftige Willenserklärung des Käufers an den Verkäufer, Ware zu bestimmten Bedingungen zu kaufen. Die Bestellung kann Antrag oder auch Annahme sein.
Form	Die Bestellung kann formlos erteilt werden. Um jedoch einen möglichen Irrtum auszuschließen, sollten mündliche oder fernmündliche Bestellungen schriftlich bestätigt werden durch Brief, Postkarte, Fax, E-Mail oder durch standardisierte Bestellscheine.

Erläutern Sie die rechtliche Bedeutung und Form der Bestellungsannahme.	
Rechtliche Bedeutung	Die Bestellungsannahme, auch Auftragsbestätigung genannt, ist eine Willenserklärung des Verkäufers, Ware zu bestimmten Bedingungen zu liefern. ▷ Erfolgte eine Bestellung ohne ein vorheriges verbindliches Angebot des Verkäufers, so ist die Bestellungsannahme notwendig, damit ein Kaufvertrag zustande kommt (1. Willenserklärung: Bestellung; 2. Willenserklärung: Bestellungsannahme). ▷ Eine Bestellungsannahme ist rechtlich nicht erforderlich, wenn die Bestellung aufgrund eines gültigen Angebotes erfolgte (1. Willenserklärung: Angebot; 2. Willenserklärung: Bestellung).
Form	Die Bestellungsannahme kann formlos erteilt werden. Um jedoch wie bei einer mündlichen Bestellung einen möglichen Irrtum auszuschließen, sollte die Bestellungsannahme schriftlich durch Brief, Fax, E-Mail, standardisierte Auftragsbestätigungen oder durch konkludentes Handeln (Lieferung der Ware) erfolgen.

1 Welche der folgenden Aussagen trifft nicht zu? ☐

Tragen Sie die entsprechende Ziffer in das Kästchen ein.

(1) Die spezielle Anfrage ist eine verbindliche Willenserklärung des Käufers an den Verkäufer, angefragte Produkte zu den benannten Bedingungen zu kaufen.

(2) Die allgemeine Anfrage dient der Informationsbeschaffung.

(3) Durch eine Anfrage ist der Käufer rechtlich nicht gebunden.

2 Überprüfen Sie folgende Aussagen zur Bestellung und Bestellungsannahme.

Tragen Sie eine

(1) ein, wenn die Aussage zutrifft,
(9) ein, wenn die Aussage nicht zutrifft.

a. Eine Bestellung kann Antrag oder Annahme sein. ☐

b. Bestellungsannahme ist rechtlich immer notwendig. ☐

c. Erfolgte die Bestellung aufgrund eines verbindlichen Angebotes, ist eine Bestellungsannahme rechtlich nicht mehr notwendig. ☐

d. Eine Bestellung bedarf der Schriftform. Mündliche Bestellungen müssen schriftlich bestätigt werden. ☐

3 Überprüfen Sie unten stehende Aussagen.

Tragen Sie in das Kästchen eine

(1) ein, wenn die Aussage zutrifft,
(9) ein, wenn die Aussage nicht zutrifft.

a. Das verbindliche Angebot ist an eine bestimmte Person gerichtet. ☐

b. Angebote in Zeitungen sind keine verbindlichen Willenserklärungen. ☐

c. Schaufensterauslagen sind verbindliche Angebote. ☐

d. Unverlangte Angebote sind nicht verbindlich. ☐

e. Angebote sind empfangsbedürftige Willenserklärungen. ☐

4 Bringen Sie die folgenden Begriffe zum Angebotsvergleich in die richtige Reihenfolge, indem Sie die Ziffern 1 bis 7 in die jeweiligen Kästchen einsetzen.

a. Bareinkaufspreis ☐

b. Zieleinkaufspreis ☐

c. Bezugspreis (Einstandspreis) ☐

d. Skonto ☐

e. Rabatt ☐

f. Bezugskosten ☐

g. Listeneinkaufspreis ☐

5 Prüfen Sie unten stehende Sachverhalte.

Tragen Sie in das Kästchen eine

(1) ein, wenn der Verkäufer an das Angebot rechtlich gebunden ist,
(9) ein, wenn der Verkäufer an das Angebot nicht oder nicht mehr rechtlich gebunden ist.

a. Der Großhändler sendet dem Schuhfachgeschäft einen gültigen Katalog zu. ☐

b. Ein Sportartikelgeschäft bietet in einem Prospekt, das der Tageszeitung beiliegt, seine Sommerartikel an. ☐

c. Im Fahrradfachgeschäft wird für eine besondere Werbeaktion ein Damenfahrrad mit einem breiten Band versehen, das den Aufdruck hat: Angebot der Woche 500,00 EUR. ☐

d. In einem Selbstbedienungsgeschäft stehen die Waren geordnet in den Regalen. ☐

e. Aufgrund einer schriftlichen Anfrage eines Kunden bietet ein Kaufhaus den angefragten Artikel telefonisch an. ☐

f. In einer Fernsehreklame wird eine Bohrmaschine angeboten. ☐

6 Der Käufer benötigt für die Herstellung von Fruchtmarmelade 320 Pfund frisches Obst. Von seinen Lieferanten erhält er folgende Angebote:

– Der Landwirt Otto Obermeier-Brand bietet 100 kg Obst zu 220,00 EUR an, frachtfrei. Hinzu kommt bei Abnahme von mehr als 50 kg ein Rabatt in Höhe von 15 %, bei einer Abnahme von mehr als 100 kg ein Rabatt in Höhe von 20 %. Skonto ist bei vorzeitiger Zahlung mit 3 % in Abzug zu bringen.

– Die Obst-Genossenschaft Frisch bietet folgendermaßen an:

  Je 10 kg 20,00 EUR. Der Rabatt ist wie folgt gestaffelt:
  Bei einer Abnahme von mehr als 50 kg 10 %, mehr als 100 kg 12 %, mehr als 150 kg 14 %, mehr als 250 kg 18 %, mehr als 300 kg 20 %, mehr als 320 kg 22 %.
  Skonto kann mit 2 % in Abzug gebracht werden.
  Die Lieferungsvereinbarung lautet: frei Bahnhof dort.

– Der Landhandel eG unterbreitet folgendes Angebot: 105,00 EUR je 100 Pfund, 2 % Skonto, 25 % Rabatt, Frachtbedingung: unfrei.

Für alle drei Angebote gilt für die zu bestellende Gesamtmenge, die benötigt wird:

Rollgeld I 45,00 EUR
Rollgeld II 30,00 EUR
Fracht 130,00 EUR

Ermitteln Sie den Bezugspreis für die benötigte Menge aufgrund der Angebote ...

a. ... vom Landwirt Otto Obermeier-Brand. ☐

b. ... von der Obst-Genossenschaft Frisch. ☐

c. ... von der Landhandel eG. ☐

Beschreiben Sie das Verpflichtungsgeschäft und das Erfüllungsgeschäft im Rahmen des Kaufvertrages.

Verpflichtungsgeschäft

Der Kaufvertrag kommt zustande durch die Übereinstimmung der Willenserklärung von mindestens zwei Personen:

1. Willenserklärung = Antrag ⟷ 2. Willenserklärung = Annahme

Der Vertragsabschluss lässt ein Schuldverhältnis entstehen, das Käufer und Verkäufer zu Leistungen verpflichtet.

Pflichten des Verkäufers:	Pflichten des Käufers:
▷ Übergabe des Kaufgegenstandes – an den Käufer – beim Versendungskauf an den Beförderer ▷ Eigentumsübertragung ▷ Annahme der Zahlung	▷ Annahme des Kaufgegenstandes ▷ Zahlung des Kaufpreises

Erfüllungsgeschäft

Die tatsächliche Erfüllung der im Verpflichtungsgeschäft eingegangenen Pflichten erfolgt im Erfüllungsgeschäft.
Beispiel: Der Verkäufer liefert die Ware, der Käufer nimmt die Ware an.
Sehr häufig fallen Verpflichtungs- und Erfüllungsgeschäft zeitlich zusammen.

Unter welchen Bedingungen erlischt die Bindung an den Antrag?

Die Bindung an den Antrag erlischt bei		
	▷ Abwesenden	nach dem Zeitpunkt, bis zu dem unter regelmäßigen Umständen eine Annahme erwartet werden durfte (Beförderungsdauer – Überlegungsfrist – Beförderungsdauer)
	▷ Anwesenden	nach Beendigung der Unterredung. Zu den Anwesenden werden auch Telefonpartner gezählt.
	▷ Fristsetzung	mit Überschreitung der vereinbarten Frist. Die verspätet zugegangene Bestellung gilt als neuer Antrag.
	▷ Freizeichnungsklauseln	durch deren Angabe, z. B. freibleibend, ohne Obligo, unverbindlich
	▷ Widerruf	des Antrags, wenn der Widerruf spätestens mit dem Eintreffen des Antrags eingeht
	▷ Ablehnung	des Antrags
	▷ Änderung	des Antrags durch Erweiterung oder Einschränkung (Änderung gilt als neuer Antrag)

Nennen Sie die Besonderheiten bei der Zusendung von unbestellten Waren durch den Verkäufer.

Zusendung unbestellter Waren an einen Kaufmann	Zusendung unbestellter Waren an einen Privatmann
▷ mit bestehender Geschäftsverbindung: Schweigen gilt als Annahme. Bei Ablehnung muss der Käufer den Verkäufer davon unverzüglich in Kenntnis setzen, die Ware aufbewahren und zu einem späteren Zeitpunkt zurückschicken. ▷ ohne bestehende Geschäftsverbindung: Schweigen gilt als Ablehnung. Der Käufer muss die Ware aufbewahren, jedoch nicht zurückschicken.	Schweigen gilt im bürgerlichen Recht nicht als Annahme, aber auch nicht als Ablehnung. Es ist keine Willenserklärung. Der Käufer muss die Ware aufbewahren, jedoch nicht zurückschicken. Die Zusendung stellt einen Verstoß gegen das „Gesetz gegen den unlauteren Wettbewerb" dar.

Erklären Sie anhand von unterschiedlichen Möglichkeiten den Abschluss des Kaufvertrages.

Beispiele	gültiger Antrag	gültige Annahme
Der Käufer bestellt ohne vorheriges Angebot. Der Verkäufer schickt eine Bestellungsannahme.	▷ durch den Käufer aufgrund seiner Bestellung	▷ durch den Verkäufer aufgrund seiner Bestellungsannahme
Der Verkäufer schickt ein freibleibendes Angebot. Der Käufer bestellt und erhält die Ware in den nächsten Tagen.	▷ durch die Bestellung des Käufers; das Angebot des Verkäufers ist keine verbindliche Willenserklärung.	▷ durch den Verkäufer aufgrund seines konkludenten Handelns (Lieferung)
Der Verkäufer schickt ein Angebot, gültig bis zum 18. September, der Käufer bestellt am 19. September. Der Verkäufer schickt eine Auftragsbestätigung.	▷ durch die Bestellung des Käufers am 19. September; die Bindung an das Angebot besteht nicht mehr, da die Frist überschritten war.	▷ durch den Verkäufer aufgrund seiner Auftragsbestätigung
Der Verkäufer sendet unbestellte Ware an eine Privatperson, die die Ware verbraucht.	▷ durch den Verkäufer aufgrund der Zusendung der Waren	▷ durch die Privatperson aufgrund des Verbrauchs

1 Beim Kaufvertrag wird unterschieden zwischen:

(1) Verpflichtungsgeschäft
(2) Erfüllungsgeschäft

Ordnen Sie den folgenden Sachverhalten diese Begriffe zu. Ist dies nicht möglich, tragen Sie eine (9) ein.

a. Der Verkäufer schickt ein Angebot, der Käufer bestellt. ☐

b. Der Käufer bestellt, der Verkäufer schickt eine Auftragsbestätigung. ☐

c. Der Verkäufer liefert die Ware. ☐

d. Der Käufer bezahlt eine Rechnung von 4 500,00 EUR, die aufgrund einer Warenlieferung ausgestellt wurde. ☐

2 Ordnen Sie hinter den unten stehenden Sachverhalten

in Spalte A eine
(1) zu, wenn es sich nur um einen gültigen Antrag des Käufers handelt,
(2) zu, wenn es sich um einen gültigen Antrag des Verkäufers handelt,
(3) zu, wenn es sich um keinen Antrag handelt;

in Spalte B eine
(1) zu, wenn es sich um die Annahme durch den Käufer handelt,
(2) zu, wenn es sich um die Annahme durch den Verkäufer handelt,
(3) zu, wenn es sich um keine Annahme handelt.

		A	B
a.	Käufer bestellte ohne vorhergehendes Angebot. Der Verkäufer lehnt ab und macht ein Gegenangebot.	☐	☐
b.	Käufer bestellte ohne vorhergehendes Angebot. Verkäufer liefert sofort.	☐	☐
c.	Verkäufer schickte ein Angebot freibleibend. Käufer bestellt.	☐	☐
d.	Verkäufer schickte ein Angebot, gültig bis zum 17.08. des Jahres, Käufer bestellte am 18.08. des Jahres. Der Verkäufer liefert ohne Bestätigung.	☐	☐
e.	Verkäufer erteilte ein telefonisches Angebot. Der Käufer kann sich während des Telefongespräches nicht entscheiden. Am nächsten Tag bestellt er schriftlich die Ware.	☐	☐
f.	Der Rohstofflieferant schickte einen gültigen Katalog zu. Der Industriebetrieb bestellt.	☐	☐

3 Ein Privatmann hat unbestellte Ware erhalten. In welchem der folgenden Fälle handelt es sich um einen Kaufvertrag? ☐

Handelt es sich in allen Fällen um einen Kaufvertrag, tragen Sie eine (4) ein.

(1) Der Privatmann legt die Ware ordnungsgemäß in einen Kellerraum.

(2) Der Privatmann reagiert nicht auf die Falschlieferung. Nach zwei Monaten verbraucht er die unbestellte Ware.

(3) Der Privatmann stellt erst nach sieben Monaten fest, dass er die Ware nicht bestellt hat. Die Ware ist jedoch ausgepackt, aber noch vollständig vorhanden.

4 Prüfen Sie unten stehende Sachverhalte.

Tragen Sie eine

(1) ein, wenn der Verkäufer an das Angebot rechtlich gebunden ist.
(9) ein, wenn der Verkäufer an das Angebot nicht oder nicht mehr rechtlich gebunden ist.

a. Der Verkäufer unterbreitet dem Käufer telefonisch ein interessantes Angebot über 150 Dosen Speziallack. Der Käufer beendet das Telefongespräch mit dem Hinweis, dass er eine verbindliche Bestellung erst in der kommenden Woche tätigen könne. ☐

b. Der Einzelhändler erhält ein ausführliches Angebot per Telefax über die neue Sommerkollektion. Die für ihn wichtigsten und interessantesten Posten markiert er. Wenige Stunden später erhält er vom Verkäufer einen telefonischen Widerruf. ☐

c. Das an den Käufer direkt gerichtete schriftliche Angebot enthält in den Lieferungs- und Zahlungsbedingungen u. a. folgende Hinweise: frei Haus, 3 % Skonto innerhalb von 14 Tagen, 30 Tage netto Kasse, ohne Obligo. ☐

d. Aufgrund einer schriftlichen Anfrage eines Kunden bietet ein Kaufhaus den angefragten Artikel telefonisch an. ☐

e. Der Kunde bestellt 10 kg der angebotenen Ware zu dem vereinbarten Preis, verändert die Lieferungsbedingung „ab Werk" jedoch in „frei Haus", da er bisher noch nie Frachtkosten zahlen musste. ☐

f. Der Weingroßhandel bietet einem Feinschmeckerrestaurant 120 Flaschen Spätlese, Mosel, Riesling, Jahrgang 2009 zum Preis von 17,20 EUR an. Aufgrund unsachgemäßer Lagerung geht dieser Wein zwischenzeitlich zu Bruch. Der Weingroßhandel informiert wenige Tage später den Kunden telefonisch und verweist auf ein konkurrierendes Weingeschäft, das den Wein jedoch für 19,20 EUR anbietet. ☐

g. Der Elektrohändler Mathias Möllmann bietet einer Kundin eine exklusive Lampe an, obwohl er weder Eigentümer noch Besitzer dieser Lampe ist. ☐

h. Der Computerhersteller bietet einem Speditionsunternehmen eine Sondersoftware an. Noch bevor das schriftliche Angebot eintrifft, widerruft der Computerhersteller das Angebot per Fax. ☐

5 Ein Industriebetrieb hat unbestellte Ware von einem Lieferanten erhalten, von dem bisher immer ordnungsgemäß geliefert worden ist. Überprüfen Sie die Aussagen der Lagerarbeiter.

Ordnen Sie eine

(1) für eine zutreffende Aussage zu,
(9) für eine nicht zutreffende Aussage zu.

a. Lagerarbeiter A: „Wir müssen die Warenlieferung unverzüglich als Falschlieferung rügen, sonst müssen wir die Ware bezahlen." ☐

b. Lagerarbeiter B: „Wenn wir die Ware nicht verbrauchen, können wir sie jederzeit wieder zurückschicken." ☐

c. Lagerarbeiter C: „Die Ware wurde von uns nicht bestellt. Ohne Bestellung kann kein Kaufvertrag zustande kommen." ☐

Erläutern Sie die wesentlichen Inhalte eines Kaufvertrages.		
Art, Güte und Beschaffenheit der Ware	Nach BGB und HGB ist eine der Gattung nach bestimmte Ware in mittlerer Art und Güte zu liefern. Sinnvoll ist jedoch die genaue Beschreibung des Kaufgegenstandes durch: Herkunft, Muster, Warenzeichen, Gütezeichen, Handelsklassen, Jahrgänge, Güteklassen.	
Menge	Sie kann angegeben werden z. B. in km, t, hl, m^2 oder in handelsüblichen Benennungen wie z. B. Stück, Dutzend, Sack.	
Preis der Ware	**Verpackungskosten**	▷ **Versandverpackung:** Die Kosten trägt der Käufer. Vertragliche Vereinbarungen sind möglich: z. B. Verpackung leihweise, brutto für netto. ▷ **Verkaufsverpackung:** Die Kosten trägt der Verkäufer. Vertragliche Vereinbarungen sind nicht üblich.
	Preisabzüge	▷ **Rabatt** kann gewährt werden als Mengenrabatt bei Abnahme einer größeren Menge, als Personalrabatt an die Mitarbeiter des eigenen Unternehmens, als Weiterverarbeitungsrabatt für Personen, die die Ware in ihrem Gewerbe oder als Letztverbraucher verwerten, und als Sonderrabatt bei besonderen Anlässen. ▷ **Bonus** ist ein Nachlass, der nachträglich eingeräumt wird. ▷ **Skonto** ist ein Barzahlungsrabatt, der dem Käufer gewährt werden kann, wenn er vor Ablauf des Zahlungsziels zahlt.
Lieferungsbedingungen	▷ **Kosten:** Der Käufer trägt die Frachtkosten. Vertragliche Vereinbarungen sind möglich: – Ab Werk, ab Lager, ab Rampe: Der Käufer trägt alle Kosten des Transportes. – Ab Bahnhof hier, ab hier, unfrei: Der Verkäufer trägt die Kosten der Zufuhr (Rollgeld I) zum Versandbahnhof, der Käufer die Verladekosten, Frachtkosten und die Kosten der Anfuhr vom Bestimmungsbahnhof zum Firmensitz (Rollgeld II). – Ab Waggon: Der Verkäufer übernimmt das Rollgeld I und die Verladekosten. – Frachtfrei, Bahnhof dort: Der Käufer trägt das Rollgeld II. – Frei Haus, frei Lager: Der Verkäufer trägt alle Transportkosten. ▷ **Lieferzeit:** Der Käufer kann die sofortige Lieferung verlangen. Vertragliche Vereinbarungen sind möglich: Lieferung innerhalb von 10 Tagen, Lieferung am 11.11.20.., fix, Lieferung bis spätestens 02.05.20.., Lieferung frühestens Ende April, Lieferung auf Abruf.	
Zahlungsbedingungen	Der Verkäufer kann die sofortige Zahlung verlangen. Vertragliche Vereinbarungen sind möglich: z. B. Zahlung im Voraus, Zahlung bei Lieferung, Zahlung innerhalb von 10 Tagen nach der Lieferung, 1/3 im Voraus, bar, halbbar, bargeldlos.	

Erläutern Sie den Erfüllungsort und seine Bedeutung für den Gefahrübergang und den Gerichtsstand.	
Leistungsort	Am Erfüllungsort muss die Leistung rechtzeitig erbracht werden. ▷ Der gesetzliche Erfüllungsort für Ware ist der Ort des Verkäufers; für Geld ist es der Ort des Käufers. ▷ Der vertragliche Erfüllungsort ist eine Vereinbarung zwischen den Vertragspartnern über einen anderen Erfüllungsort (Warenschulden oder Geldschulden = Bringschulden). ▷ Der natürliche Erfüllungsort ist der Ort, an dem die Leistung ihrer Natur nach oder den Umständen nach zu erbringen ist.
Gefahrübergang	Der Erfüllungsort bestimmt bei der Ware neben der Übernahme der Transportkosten auch den Gefahrenübergang. Bei zufälligem Untergang oder zufälliger Verschlechterung der Ware geht die Gefahr auf den Käufer über ▷ mit Übergabe der Ware an den Käufer, ▷ mit Übergabe an den Spediteur oder sonst mit der Versendung beauftragten Person. Geld muss auf Gefahr und Kosten des Käufers übermittelt werden. **Warenschulden = Holschulden** **Geldschulden = Schickschulden**
Gerichtsstand	▷ Der allgemeine Gerichtsstand ist der Sitz des Gerichts, in dessen Bezirk der Schuldner seinen Wohnsitz hat. ▷ Der besondere Gerichtsstand ist u. a. der Sitz des Gerichts, in dessen Bezirk der Schuldner seinen Leistungsort hat, d. h., der gesetzliche Erfüllungsort zieht den Gerichtsstand nach sich. Eine abweichende vertragliche Vereinbarung ist nur unter Kaufleuten möglich.

Erläutern Sie den einfachen Eigentumsvorbehalt und die Formen des erweiterten Eigentumsvorbehaltes.	
Einfacher Eigentumsvorbehalt	Der Käufer wird erst Eigentümer mit vollständiger Bezahlung des Kaufgegenstandes. Durch Weiterveräußerung an gutgläubige Dritte, Verbindung, Verarbeitung mit einer Sache geht der Eigentumsvorbehalt jedoch unter.
Erweiterter Eigentumsvorbehalt	▷ Verlängerter Eigentumsvorbehalt mit Veräußerungsklausel: Dieser beinhaltet den „einfachen Eigentumsvorbehalt" und die „Zession" (Abtretung einer Forderung). Anstelle des durch Verkauf erloschenen einfachen Eigentumsvorbehaltes tritt die durch den Weiterverkauf entstandene Forderung. ▷ Verlängerter Eigentumsvorbehalt mit Verarbeitungsklausel: Er beinhaltet, dass im Falle einer Verarbeitung der Ware der Gläubiger ein Eigentum an der neuen Sache erwirbt. ▷ Kontokorrentvorbehalt: Er liegt vor, wenn sich die Vorbehaltsrechte auch auf andere von dem Verkäufer an denselben Käufer gelieferte Gegenstände beziehen.

1 Prüfen Sie unten stehende Aussagen.

Tragen Sie eine
(1) ein, wenn die Aussage zutrifft,
(9) ein, wenn die Aussage nicht zutrifft.

a. Beim Kaufvertrag gibt es grundsätzlich zwei Erfüllungsorte. ☐

b. Der Gerichtsstand kann für Nichtkaufleute aufgrund der Vertragsfreiheit geändert werden. ☐

c. Der Käufer trägt grundsätzlich die Frachtkosten. ☐

d. Geld wird auf Gefahr und Kosten des Käufers transportiert. ☐

e. Ware wird auf Gefahr des Verkäufers transportiert. ☐

f. Der gesetzliche Erfüllungsort für Geld ist der Ort des Verkäufers, weil Geldschulden Schickschulden sind. ☐

2 Ordnen Sie die folgenden Lieferungsbedingungen den jeweiligen Aussagen zu.

(1) ab Werk
(2) frei Haus
(3) frachtfrei
(4) unfrei

Tragen Sie eine (9) ein, wenn eine Zuordnung nicht sinnvoll ist.

a. Der Verkäufer trägt das Rollgeld bis zum Versandbahnhof, die restlichen Kosten trägt der Käufer. ☐

b. Der Käufer trägt die Frachtkosten und Rollgeld II. ☐

c. Alle Kosten trägt der Käufer. ☐

d. Der Käufer trägt nur Rollgeld II. ☐

3 Welche der folgenden Aussagen trifft nicht zu? ☐

Tragen Sie eine (4) ein, wenn alle Aussagen zutreffen.

(1) Die Kosten der Versandverpackung trägt grundsätzlich der Käufer.

(2) Die Kosten der Verkaufsverpackung trägt grundsätzlich der Verkäufer.

(3) Wurde keine Vereinbarung über die Lieferzeit getroffen, so kann der Käufer sofortige Lieferung verlangen.

4 In welchem der folgenden Fälle ist der Eigentumsvorbehalt nicht untergegangen? ☐

Ist er in allen Fällen untergegangen, tragen Sie eine (9) ein.

(1) Die Ware wurde verarbeitet.

(2) Die Ware wurde gestohlen.

(3) Die Ware wurde veräußert.

(4) Die Ware wurde bezahlt.

5 Die Baustoff GmbH, Bitterfeld, hat bei ihrem Händler in Braunschweig 110 t Zement bestellt. Als Zahlungstermin wurde der 09.12.20.. vereinbart und als Liefertermin der 08.11.20.. Im Kaufvertrag einigte man sich auf den Preis von 24,00 EUR je Zentner. Die Lieferungsbedingung lautet: frachtfrei. Über Erfüllungsort und Gerichtsstand wurden keine vertraglichen Vereinbarungen getroffen.

Prüfen Sie unten stehende Aussagen zu diesem Fall und tragen Sie eine

(1) ein, wenn die Aussage zutrifft,
(9) ein, wenn die Aussage nicht zutrifft.

a. Die Ware muss am 08.11.20.. in Braunschweig bereitgestellt bzw. im Falle eines Versendungskaufs abgeschickt sein. ☐

b. Die Ware muss am angegebenen Liefertermin in Bitterfeld sein. ☐

c. Das Geld muss am 09.12.20.. in Braunschweig sein. ☐

d. Das Geld muss am 09.12.20.. abgeschickt werden. ☐

e. Im Falle einer Nicht-Rechtzeitig-Lieferung muss geklagt werden: ☐

(1) beim Amtsgericht in Bitterfeld

(2) beim Amtsgericht in Braunschweig

(3) beim Landgericht in Bitterfeld

(4) beim Landgericht in Braunschweig

f. Die Gefahr des zufälligen Untergangs der Ware ☐

(1) trägt der Käufer,

(2) trägt der Verkäufer.

6 Ordnen Sie folgende Begriffe den unten stehenden Aussagen zu:

(1) Schickschulden
(2) Bringschulden
(3) Holschulden

a. Der Erfüllungsort ist der Ort des Schuldners, jedoch muss die zu erbringende Leistung auf Gefahr und Kosten an den Ort des Gläubigers transportiert werden. ☐

b. Der Erfüllungsort und auch der Ablieferungs- bzw. Bereitstellungsort ist der Ort des Schuldners. ☐

c. Der Erfüllungsort und der Ablieferungsort ist in beiden Fällen der Ort des Gläubigers. ☐

7 Über den Erfüllungsort und den Gerichtsstand wurden keine vertraglichen Vereinbarungen getroffen, hinsichtlich der Frachtkosten gilt „frei Haus“. Wann geht die Gefahr des zufälligen Untergangs bzw. der zufälligen Verschlechterung der Ware auf den Käufer über? ☐

(1) mit Übergabe an den Frachtführer, wenn die Ware nicht mit eigenen Transportmitteln befördert wird

(2) mit Übergabe an den Käufer

(3) mit Abschluss des Kaufvertrages

(4) mit Bezahlung der Ware

Nach welchen Gesichtspunkten lassen sich Kaufverträge unterscheiden?		
Merkmale	Arten	Beschreibung und *Beispiele*
Kaufgegenstand	**Stück- oder Spezieskauf**	Der Kaufgegenstand ist eine nicht vertretbare Sache. *Beispiele: das selbst hergestellte Regal, das Ölgemälde von Paul Klee*
	Gattungskauf	Der Kaufgegenstand ist eine vertretbare Sache. *Beispiele: das Mehl Type 405, der Anrufbeantworter DX 904*
Rechtliche Stellung der Vertrags-partner	**Bürgerlicher Kauf**	Beide Vertragspartner handeln als Privatleute. *Beispiel: Ein Unternehmer kauf alte Briefmarken von seinem Nachbarn.*
	Einseitiger Handelskauf	Ein Vertragspartner handelt als Kaufmann. *Beispiel: Der Hobbygärtner kauft sich einen Rasenentlüfter in einem Baumarkt.*
	Zweiseitiger Handelskauf	Beide Vertragspartner handeln als Kaufmann. *Beispiel: Der Unternehmer erwirbt einen Lkw für seinen Fuhrpark.*
Lieferzeit	**Sofortkauf**	Die Lieferung erfolgt als direkte Reaktion auf den Vertrag. *Beispiel: Der Käufer bestellt telefonisch Ringbuchmechaniken, der Hersteller liefert sofort.*
	Terminkauf	Die Lieferung erfolgt zu einem genau bezeichneten Termin. *Beispiel: Lieferung am 03.04.20... Der Verkäufer gerät bei Nichteinhaltung des Termins ohne Mahnung in Verzug.*
	Fixkauf (Fixgeschäft nach BGB/Fix-handelskauf nach HGB)	Die Lieferung wird zu einem bestimmten Zeitpunkt oder innerhalb einer bestimmten Frist vereinbart. *Beispiele: Lieferung am 03.04.20.., fix, Lieferung bis 09.09.20.., fest. Es gelten „verschärfte" Rechte durch die Nicht-Rechtzeitig-Lieferung.*
	Kauf auf Abruf	Eine größere Menge von Waren wird bestellt. Der Zeitpunkt der Lieferung wird vom Käufer bestimmt. *Beispiel: Ein Spielzeughersteller bestellt 80 000 spezielle Kartongrößen und ruft diese bei Produktionsbedarf ab.*
Zahlungszeit	**Kauf gegen Vorauszahlung**	Die Zahlung erfolgt vor der Lieferung.
	Barkauf	Die Ware wird sofort bezahlt. Es handelt sich um ein Zug-um-Zug-Geschäft.
	Zielkauf	Die Zahlung erfolgt innerhalb einer vereinbarten Zeit nach der Lieferung.
	Verbraucher-darlehen	Die Zahlung erfolgt in Teilbeträgen. Ein Widerruf ist innerhalb von zwei Wochen in Textform oder durch Rücksendung möglich. Bestimmte Inhalte sind im Vertrag zu regeln.
Erfüllungsort	**Versendungs-kauf**	Verkäufer und Käufer befinden sich an verschiedenen Orten. Der Erfüllungsort für Ware ist am Ort des Verkäufers. Die Ware muss jedoch an den vom Käufer bestimmten Ort verschickt werden.
	Fernkauf	Verkäufer und Käufer befinden sich an verschiedenen Orten. Der Erfüllungsort für Ware ist nicht am Ort des Verkäufers. Die Ware muss an dem benannten Erfüllungsort an den Käufer übergeben werden.
	Platzkauf	Verkäufer und Käufer befinden sich am selben Ort. Der Erfüllungsort ist am Sitz des Verkäufers/Käufers. Die Ware muss noch verschickt werden.
	Handkauf	Verkäufer und Käufer befinden sich am selben Ort. Erfüllungsort ist der Sitz des Verkäufers/Käufers. Die Ware wird im Geschäft des Verkäufers übergeben.
Besonderheiten im Kaufvertrag	**Kauf auf Probe**	Bei diesem Kauf auf Besicht kann der Käufer die Ware innerhalb einer vereinbarten Frist zurückgeben. Nach Ablauf dieser Frist gilt sein Schweigen als Zustimmung, und der Kaufvertrag ist zustande gekommen.
	Kauf nach Probe	Bei diesem Kauf nach Muster muss der gelieferte Kaufgegenstand mit der vorhandenen Probe übereinstimmen; sie gilt als zugesicherte Eigenschaft.
	Kauf zur Probe	Es handelt sich um einen endgültigen Kaufvertrag. Der Käufer gibt bei der Bestellung einer meist kleineren Menge dem Verkäufer zu erkennen, weitere Bestellungen aufzugeben, wenn die Ware den Erwartungen entspricht.
	Spezifikations-kauf	Bei diesem Bestimmungskauf wird eine größere Menge einer vertretbaren Sache gekauft. Der Käufer kann jedoch die Gattungsware innerhalb einer vorher vereinbarten Frist spezifizieren, z. B. nach Maß, Form, Farbe.
	Kauf mit Um-tauschrecht	Dies ist ein Kauf mit dem Recht, die Ware bei Nichtgefallen umzutauschen.

1 Ordnen Sie bei den unten stehenden Verträgen zu, um welche der folgenden Vertragsarten es sich dabei handelt.

(1) Kauf zur Probe
(2) Kauf auf Probe
(3) Kauf nach Probe
(4) Spezifikationskauf
(5) Kauf auf Abruf

a. In einem Kaufvertrag über 50 m³ Holz vereinbart die Tischlerei Böschemeier OHG, innerhalb von 14 Tagen vor der Lieferung die Maße näher zu bestimmen. ______ ☐

b. Der Käufer vereinbart mit dem Verkäufer eines Lampenfachgeschäftes, dass er eine Tischlampe über das Wochenende ausprobieren darf, um feststellen zu können, ob die Lichtquelle ausreichend ist. Sollte er sich am Montag nicht melden, möchte er die Lampe behalten. ______ ☐

c. Eine Großnäherei benötigt für die kommende Saison eine größere Menge von Lamm- und Schafleder. Sie vereinbart mit dem Lieferer, dass sie den Zeitpunkt für die Zusendung der einzelnen Teilmengen monatlich bestimmt. ______ ☐

d. Das Einrichtungshaus vermerkt in der Bestellung: „Aufgrund des uns vorliegenden Gardinenmusters bestellen wir wie folgt: …“ ______ ☐

2 Ordnen Sie zu, ob es sich bei den unten stehenden Vereinbarungen im Kaufvertrag um einen

(1) Terminkauf,
(2) Fixkauf

handelt.

a. „Wir werden Ihnen die Ware bis zur 14. KW liefern.“ ______ ☐

b. „Zu Ihrer Geschäftseröffnung am 13.12.20.. werden wir die Ware bis spätestens um 10:00 Uhr geliefert haben. Sie können sich auf uns als Zulieferer verlassen.“ ______ ☐

c. „Der von Ihnen bestellte Präsentkorb für Ihren Mitarbeiter wird geliefert am 13.12.20.., fix.“ ______ ☐

d. „Lieferung bis zum 13.12.20.. genau.“ ______ ☐

e. „Lieferung erbitten wir bis zum 13.12.20..“ ______ ☐

f. „Aufgrund der am 13.12.20.. stattfindenden Hochzeitsfeier bitten wir um Lieferung der Torte bis um 18:00 Uhr.“ ______ ☐

g. „Lieferung am 13.12.20.. fest.“ ______ ☐

3 Beurteilen Sie in den folgenden Fällen, ob es sich um einen

(1) Stück- oder Spezieskauf,
(2) Gattungskauf

handelt.

Kaufgegenstand ist …

a. … ein maßgeschneidertes Abendkleid. ______ ☐

b. … eine Schreibtischunterlage im Kaufhausregal. ______ ☐

c. … eine rote Dachpfanne. ______ ☐

d. … eine Glasblumenvase im Fachgeschäft. ______ ☐

e. … ein gebrauchter VW-Polo. ______ ☐

4 Beim Terminkauf kommt der Verkäufer bei Nichteinhaltung des Termins auch ohne Mahnung in Verzug.

Tragen Sie eine

(1) ein, wenn bei den folgenden vereinbarten Lieferterminen eine Mahnung erforderlich ist,
(9) ein, wenn dies nicht der Fall ist.

a. Lieferung 14 Tage nach Erhalt der Bestellung ______ ☐

b. Lieferung 3 Tage nach Ostersonntag ______ ☐

c. Lieferung sofort ______ ☐

d. Lieferung im Laufe des Monats November ______ ☐

e. Lieferung auf Abruf ______ ☐

5 Ordnen Sie den jeweiligen Fällen zu:

(1) bürgerlicher Kauf
(2) einseitiger Handelskauf
(3) zweiseitiger Handelskauf

a. Der zwanzigjährige Auszubildende kauft einen Gebrauchtwagen beim Händler. ______ ☐

b. Der Unternehmer kauft für seine Tochter eine Filmkamera im Einkaufszentrum beim Fotohändler. ______ ☐

c. Der Rechtsanwalt Leo Lux benötigt einen A3-Drucker. Sein Onkel veräußert ihm seinen erst vor kurzem erworbenen Drucker. ______ ☐

d. Der Industriekaufmann Karl-Heinz Visser schließt mit seinem Freund einen Kaufvertrag über zwei Eishockeyschläger ab. ______ ☐

6 Der Verbraucherdarlehensvertrag ist zum Schutz des Verbrauchers im BGB geregelt. Prüfen Sie unten stehende Aussagen.

Tragen Sie eine

(1) ein, wenn die Aussage zutrifft,
(9) ein, wenn die Aussage nicht zutrifft.

Der Verbraucherdarlehensvertrag muss enthalten …

a. … den effektiven Jahreszins. ______ ☐

b. … die genaue Bezeichnung der Waren. ______ ☐

c. … den Nettodarlehensbetrag. ______ ☐

d. … den Gesamtbetrag. ______ ☐

e. … Art und Weise der Rückzahlung. ______ ☐

f. Die auf den Vertragsabschluss gerichtete Willenserklärung bedarf der schriftlichen Form. ______ ☐

g. Der Käufer kann den Vertrag innerhalb einer Woche mündlich widerrufen. ______ ☐

h. Der Käufer kann den Vertrag innerhalb von zwei Wochen widerrufen. ______ ☐

Begründen Sie die Notwendigkeit des Verbraucherschutzes.

Notwendigkeit	Verbraucher haben es nicht leicht: ▷ Sie sehen sich einer verwirrenden Vielzahl von Produkten gegenüber; ▷ sie werden mit einer Werbung konfrontiert, die zuweilen einen Hang zur Übertreibung hat; ▷ mächtige Supermarktketten und Warenhauskonzerne sind ihre Partner beim Abschluss von Verträgen; ▷ gekaufte Gebrauchsgüter werden immer komplizierter und die Begutachtung, ob ein Produkt den technischen Anforderungen nach Sicherheit und Bedienungskomfort entspricht, fällt immer schwerer.

Erläutern Sie die Möglichkeiten des Verbraucherschutzes.

Verbraucherberatung	Verbraucherberatungsstellen gibt es in jeder größeren Stadt. Sie bieten den Verbrauchern eine Reihe von Beratungsmöglichkeiten und Entscheidungshilfen. Überregional sind die Beratungsstellen in Verbraucherzentralen organisiert. Die Beratungsstellen übernehmen folgende Aufgaben: ▷ **Beratung beim Kauf:** Verbraucherberatungsstellen sammeln Informationen über Produkttests, Preisvergleiche, Energieverbrauchsdaten. Dieses Material kann kostenlos eingesehen werden. ▷ **Beratung in Rechtsfällen:** Verbraucherberater kennen die Gesetze und die Rechte des Verbrauchers. Sie geben Rat bei Streitigkeiten mit Händlern, Vertretern und Vermietern. ▷ **Energieberatung:** Verbraucherberatungsstellen informieren darüber, wie man Strom-, Gas- oder Heizölkosten senken kann, ohne dabei große Komforteinbußen hinnehmen zu müssen.
Verbraucherinformationen	Die Medien bieten eine Vielzahl von Informationen für Zeitungsleser, Radiohörer und Fernsehzuschauer. In den Zeitungen werden Testergebnisse der Stiftung Warentest abgedruckt. Hörfunk- und Fernsehprogramme präsentieren regelmäßig Verbrauchermagazine mit aktuellen Urteilen, Tipps zum Einkauf und zur Ernährung.

Beschreiben Sie wichtige gesetzliche Vorschriften zum Schutz des Verbrauchers.

<table>
<tr><td>Preisangabenverordnung</td><td colspan="2">Wer Waren an Letztverbraucher verkauft und dafür Werbung betreibt, hat nach der Verordnung zur Regelung der Preisangaben die Preise anzugeben, die einschließlich der Umsatzsteuer und sonstiger Preisbestandteile unabhängig von einer Rabattgewährung zu zahlen sind.
▷ Bei losen Waren ist der Preis für eine nach allgemeiner Auffassung übliche Einheit (1 kg, 100 g) anzugeben.
▷ Besondere Vorschriften gelten für den Handel, für Anbieter von Leistungen, für Kreditinstitute, für das Gaststättengewerbe und für Tankstellen und Parkplätze.</td></tr>
<tr><td>Fernabsatzvertrag</td><td>Vertrag über die Lieferung von Waren oder das Erbringen von Dienstleistungen aufgrund von Fernkommunikationsmitteln</td><td rowspan="3">Das Bürgerliche Gesetzbuch enthält wichtige Verbraucherrechte.
Dem Verbraucher steht bei diesen Verträgen ein Widerrufsrecht zu, das durch Textform oder Rücksendung der Sache innerhalb von zwei Wochen gegenüber dem Unternehmer zu erklären ist. Es reicht die rechtzeitige Absendung. Eine Begründung muss nicht angegeben werden.</td></tr>
<tr><td>Haustürgeschäft</td><td>Vertrag zwischen Unternehmer und Verbraucher durch mündliche Verhandlungen im Bereich der Privatwohnung oder am Arbeitsplatz/bei Freizeitveranstaltungen/auf öffentlich zugänglichen Flächen</td></tr>
<tr><td>Verbraucherdarlehen</td><td>Der Verbraucherdarlehensvertrag ist ein entgeltlicher Vertrag zwischen Unternehmer (Darlehensgeber) und Verbraucher (Darlehensnehmer).
Die folgenden Vorschriften haben nur Gültigkeit bei einem Nettodarlehensbetrag von > = 200,00 EUR:
Der Verbraucherdarlehensvertrag bedarf der Schriftform.
Die Vertragserklärung muss enthalten
– den Nettodarlehensbetrag,
– den Gesamtbetrag,
– Art und Weise der Rückzahlung,
– den effektiven Jahreszins,
– Kosten einer Restschuld- oder sonstigen Versicherung,
– zu bestellende Sicherheiten.</td></tr>
<tr><td>Produkthaftungsgesetz</td><td colspan="2">▷ Grundsatz:
Wird infolge eines fehlerhaften Produktes ein Mensch oder eine andere Sache beschädigt, so ist der Hersteller dem Geschädigten zum Ersatz des entstandenen Schadens verpflichtet. Der Hersteller haftet auch ohne Verschulden, also selbst dann, wenn ihm der Nachweis gelingt, dass der Fehler des Produktes nicht aufgrund seiner oder seiner Mitarbeiter Fahrlässigkeit entstanden ist (Gefährdungshaftung).
▷ Haftungsumfang:
Für Personenschäden gilt eine Höchstgrenze; für Sachschäden an einer anderen Sache als dem fehlerhaften Produkt ist die Haftung unbegrenzt.
▷ Voraussetzungen:
– Das Produkt hat einen Fehler und bietet nicht die Sicherheit, die man berechtigterweise erwarten kann. Der Hersteller muss das Gerät so sicher machen, dass auch bei falscher Bedienung keine Gefahr besteht.
– Die beschädigte Sache hat beim privaten Ge- oder Verbrauch Schäden verursacht; berufliche Nutzung ist bei der Produkthaftung ausgeschlossen.
– Ausgeschlossen sind die Haftung für Entwicklungsrisiken, privat hergestellte Gegenstände sowie landwirtschaftliche Naturprodukte und Jagderzeugnisse.</td></tr>
</table>

1 In welchem der folgenden Gesetze/Verordnungen befinden sich keine Vorschriften über den Verbraucherschutz? ☐

(1) Preisangabenverordnung
(2) Gesetz gegen den unlauteren Wettbewerb
(3) Produkthaftungsgesetz
(4) Bürgerliches Gesetzbuch
(5) Handelsgesetzbuch

2 Welche der folgenden Leistungen wird von den Verbraucherberatungsstellen nicht erbracht? ☐

(1) Verbraucherberatungsstellen sammeln Informationen über Produkte und Preise. Dieses Material kann kostenlos eingesehen werden.
(2) Verbraucherberater kennen die Rechte des Verbrauchers. Sie geben Rat bei Streitigkeiten mit Händlern, Vertretern und Vermietern.
(3) Verbraucherberatungsstellen informieren darüber, wie man Strom-, Gas- oder Heizölkosten senken kann.
(4) Verbraucherberatungsstellen vertreten Verbraucher in Angelegenheiten des Kaufvertrages vor Gericht.
(5) Verbraucherberatungsstellen leisten Beratung in Fragen der Kreditfinanzierung von Anschaffungen.

3 Welche der folgenden Aussagen zum Produkthaftungsgesetz trifft zu? ☐

(1) Der Hersteller haftet nur bei Verschulden, also dann, wenn dem Betroffenen der Nachweis gelingt, dass der Hersteller fahrlässig oder vorsätzlich gehandelt hat.
(2) Der Hersteller muss seine Produkte so sicher machen, dass auch bei fehlerhafter Bedienung keine Gefahr davon ausgeht.
(3) Der Haftungsumfang bei Personenschäden ist auf eine Höchstgrenze beschränkt.
(4) Ausgeschlossen sind die Haftung für privat hergestellte Gegenstände sowie landwirtschaftliche Naturprodukte und Jagderzeugnisse.
(5) Der Hersteller haftet für Schäden an Personen und/oder Sachen, wenn diese durch fehlerhafte Produkte aus seiner Produktion entstanden sind.

4 An einem Obststand in einem Frischwarengeschäft finden Sie unten stehende Preisangaben.

Welche Preisangabe trifft nicht zu? ☐

(1) Kartoffeln: 1 kg = 3,40 EUR
(2) Champignons: 100 g = 0,50 EUR
(3) Äpfel: 1 kg = 1,20 EUR
(4) Pfifferlinge: 75 g = 1,00 EUR

5 Welche der unten stehenden Aussagen zur Preisangabenverordnung treffen zu? ☐ ☐

(1) Die Preise gegenüber Letztverbrauchern sind einschließlich der Umsatzsteuer und sonstiger Preisbestandteile auszuweisen.
(2) Für Tankstellen reicht es aus, wenn im Büro eine Preisliste ausgehängt wird.
(3) Bei losen Waren ist der Preis für eine übliche Einheit (1 kg, 100 g) anzugeben.
(4) Restaurants müssen ihre Preise nur am Eingang aushängen.
(5) Sollte eine Ware nicht ausgezeichnet sein, gilt immer der Preis, den der Kunde bei seinem letzten Kauf bezahlt hat.

6 Der Privatmann Marcus P. aus Stuttgart hat mit dem Versandhaus Kiesel GmbH in München einen Verbraucherdarlehensvertrag über 17 800,00 EUR abgeschlossen. Nachdem die mit dem Geld gekauften Möbel nach zwei Monaten Mängel aufweisen, stellt Marcus P. die Zahlungen an die Kiesel GmbH ein.

Welches Gericht ist zuständig, wenn die Kiesel GmbH den Privatmann auf Zahlung der gesamten Restsumme von 7 200,00 EUR verklagen will? ☐

(1) Amtsgericht München
(2) Landgericht München
(3) Amtsgericht Stuttgart
(4) Landgericht Stuttgart
(5) Bundesgerichtshof

7 Einen Verbraucherdarlehensvertrag kann der Käufer nach Abschluss noch rückgängig machen. Innerhalb welcher Frist nach Aushändigung des Vertrages kann der Käufer den Vertrag schriftlich widerrufen? ☐

(1) 2 Tage
(2) 7 Tage
(3) 14 Tage
(4) 30 Tage
(5) 90 Tage

8 Welche der folgenden Angaben ist nicht zwingend Inhalt eines Verbraucherdarlehensvertrages? ☐

(1) Nettodarlehensbetrag
(2) Gesamtbetrag
(3) zu bestellende Sicherheiten
(4) effektiver Jahreszins
(5) Berechnungsverfahren zur Berechnung des effektiven Zinssatzes

Welche Mängel lassen sich nach dem Merkmal „Erkennbarkeit" unterscheiden?	
Mangel nach der Erkennbarkeit	▷ **Offene Mängel** sind sofort erkennbar. ▷ **Versteckte Mängel** sind nicht sofort erkennbar. ▷ **Arglistig verschwiegene Mängel** sind dem Verkäufer bekannt, wurden jedoch verschwiegen.

Welche Mängel lassen sich bei einer gelieferten Ware unterscheiden?		
Sachmangel	Qualitätsmangel (Mangel in der Beschaffenheit)	Die Kaufsache ist fehlerhaft, wenn ▷ sie bei Gefahrübergang die vereinbarte Beschaffenheit nicht hat, ▷ sie einen gewöhnlichen Gebrauch nicht zulässt, der bei gleichen Sachen der Art üblich ist, ▷ sie einen von den Vertragspartnern bei Kaufvertragsabschluss vereinbarten Gebrauch nicht zulässt.
	Mangel in der Werbeaussage/ Kennzeichnung	Fehlen dem Produkt bestimmte Eigenschaften, die öffentlich, insbesondere in Werbung oder bei Kennzeichnung des Produkts versprochen wurden, so liegt ein Sachmangel vor. Dabei ist es unerheblich, ob diese Aussagen vom Verkäufer selbst, vom Hersteller oder von einem Gehilfen veranlasst wurden.
	Mangel in der Montage oder -anleitung	Ein Mangel liegt vor bei unsachgemäßer vereinbarter Montage. Ebenso stellt eine fehlerhafte Anleitung einen Sachmangel dar (IKEA-Klausel).
	Falschlieferung (Mangel in der Art)	Ein Gattungsmangel liegt vor, wenn eine andere als die geschuldete Sache geliefert wurde. Auch hierbei handelt es sich um einen Sachmangel.
	Quantitätsmangel (Mangel in der Menge)	Wird nicht die vereinbarte Menge geliefert, so handelt es sich um eine Zuweniglieferung bzw. Minderlieferung, die zu einer Leistungsstörung führt.
Rechtsmangel	Mangel im Recht	Die Kaufsache ist frei von Rechtsmängeln, wenn Dritte in Bezug auf die Sache keine oder nur die im Kaufvertrag übernommenen Rechte gegen den Käufer geltend machen können.

Beschreiben Sie die Käuferrechte bei der Schlechtleistung.			
Vorrangig	Nacherfüllung	Der Käufer kann nach seiner Wahl Nachbesserung oder Ersatzlieferung verlangen. **Nachbesserung:** Der Verkäufer kann jedoch die gewählte Form der Nacherfüllung verweigern, wenn sie nur mit unverhältnismäßig hohen Kosten möglich ist. **Ersatzlieferung:** Nach zwei erfolglosen Nachbesserungsversuchen steht dem Käufer das Recht auf Neulieferung zu.	
Nachrangig	Minderung	Reduzierung des Kaufpreises	Eine **angemessene Nachfrist** ist entbehrlich, wenn ▷ der Verkäufer die Leistung verweigert, ▷ zwei Nacherfüllungsversuche fehlschlugen, ▷ die Nacherfüllung unzumutbar ist, ▷ es sich um ein Fixgeschäft, Zweckkauf handelt, ▷ besondere Umstände vorliegen.
	Rücktritt und/oder	Der Rücktritt vom ganzen Vertrag ist nicht möglich bei unerheblichem Mangel (Minimal-Klausel).	
	Schadenersatz (statt Leistung) oder Ersatz vergeblicher Aufwendungen	Der Schadenersatz kann nur in Anspruch genommen werden, wenn der Schuldner die Pflichtverletzung zu vertreten hat (Verschulden).	

Erläutern Sie die Verjährung der Mängelansprüche.		
Zeiten	2 Jahre	Die kauf- und werkvertraglichen Gewährleistungsansprüche verjähren nach zwei Jahren. Nur bei arglistigem Verschweigen des Mangels und bei nicht körperlichen Werken gilt die Regelverjährungszeit von drei Jahren.
	5 Jahre	Die kauf- und werkvertragliche Gewährleistung für Mängel bei Bauwerken unterliegt der 5-jährigen Verjährung.
	30 Jahre	Dazu zählen Herausgabeansprüche aus Eigentum und anderen dinglichen Rechten.

Nennen Sie Besonderheiten beim Verbrauchsgüterkauf.		
Beweislast-umkehr	In den ersten 6 Monaten: Beweislast = Verkäufer	Bei Mängeln, die innerhalb von sechs Monaten nach Gefahrübergang gerügt werden, wird vermutet, dass der Mangel bei Gefahrübergang bestand. Der Gegenbeweis muss vom Verkäufer erbracht werden.
	Beweislast = Käufer	Nach Ablauf der sechs Monate muss der Käufer beweisen, dass der Sachmangel bereits bei Gefahrübergang bestand.
Ausnahme für gebrauchte Sachen	1 Jahr	Für gebrauchte Sachen kann eine Verkürzung der Verjährungsfrist für Mängel vereinbart werden. (Bei Verträgen von Privatpersonen untereinander kann eine Gewährleistung ausgeschlossen werden.)

1 Tragen Sie im Folgenden eine

(1) ein bei Qualitätsmangel,
(2) ein bei Mangel in der Werbeaussage,
(3) ein bei Mangel in der Montage/-anleitung,
(4) ein bei Gattungsmangel,
(5) ein bei Quantitätsmangel,
(6) ein bei Mangel im Recht.

Tragen Sie eine (9) ein, wenn es sich um keinen Mangel handelt, der gerügt werden kann.

a. Bestellung: 10 Maschinen – Lieferung: 9 ______ ☐
b. Statt bestellter Rotweinkaraffen wurden Rotweingläser geliefert. ______ ☐
c. Lieferung einer Maschine, die sicherungsübereignet ist ______ ☐
d. Haussauna, die durch unsachgemäße Montage des Käufers nach dem Aufbau Mängel aufweist ______ ☐
e. Auf der gelieferten Projektionswand befinden sich Risse. ______ ☐
f. Kauf eines Rasierwassers, das nicht alle Frauen dazu veranlasst, den Benutzer wie in der Fernsehwerbung zu umarmen ______ ☐

2 Die Auszubildende erwirbt am Tag ihres 18. Geburtstags am 07.05. vom Händler ein gebrauchtes Kabriolett. Vertraglich wurde eine Gewährleistungsfrist von einem Jahr vereinbart. Im September des folgenden Jahres stellt die Auszubildende einen erheblichen Mangel fest.

Tragen Sie eine

(1) ein, wenn die Aussage zutrifft,
(9) ein, wenn die Aussage nicht zutrifft.

a. Die Gewährleistungsansprüche sind verjährt. ______ ☐
b. Bei gebrauchten Gütern kann die Gewährleistungsfrist auf ein Jahr verkürzt werden. ______ ☐
c. Die Gewährleistungsansprüche sind noch nicht verjährt, da die Regelverjährung von drei Jahren Gültigkeit hat. ______ ☐

3 Der Privatmann Dietmar Vogel kauft sich einen neuen Computer und Zubehör im Fachgeschäft. Nach drei Monaten stellt er fest, dass die Soundkarte nicht mehr funktioniert.

Überprüfen Sie die Aussagen des Händlers und des Privatmanns Dietmar Vogel und tragen Sie eine

(1) ein, wenn die Aussage zutrifft,
(9) ein, wenn die Aussage nicht zutrifft.

a. Händler: „Sie müssen mir schon beweisen, dass die Soundkarte nicht durch falschen Einbau kaputtging!" ______ ☐
b. Dietmar Vogel: „Vom Grundsatz her müssen Sie beweisen, dass die Soundkarte bei Übergabe fehlerfrei war." ______ ☐
c. Händler: „Da es sich um einen Mangel in der Herstellung handelt, müssen Sie sich direkt an den Hersteller wenden." ______ ☐
d. Dietmar Vogel: „Aufgrund der defekten Soundkarte kann ich den Computer nicht wie vorgestellt nutzen. Aus diesem Grund kann ich vom Vertrag zurücktreten." ______ ☐

4 Überprüfen Sie, ob in den folgenden Fällen die Gewährleistungsansprüche verjährt sind und tragen Sie eine

(1) ein, wenn die Gewährleistungsansprüche nicht verjährt sind,
(9) ein, wenn die Gewährleistungsansprüche verjährt sind.

a. Am 10.10.04 lässt sich die Hauseigentümerin H. Lübke eine Dach-Solaranlage von der L. Hoppe GmbH einbauen. Am 10.12.09 werden erhebliche Mängel festgestellt, die durch den falschen Einbau entstanden sind. ______ ☐
b. Die Mutter A. Janert erwirbt für ihre Tochter Charlotta zur Osterzeit eine Jacke, die in den Werbebroschüren mit „Wasser undurchlässig und atmungsaktiv" angepriesen wird. Während des Sommers stellt die Mutter bei Dauerregen fest, dass die Jacke dem Regen nicht standhält. Diesen Mangel rügt sie erst Anfang Januar des nächsten Jahres. ______ ☐
c. Der Hausmeister Duvendack kauft sich für den Privatgebrauch einen Fitnesstrainer, der nach der ersten Inbetriebnahme jedoch funktionsunfähig wird, da die Montage falsch erfolgte. Bei Überprüfung wird festgestellt, dass exakt nach der Anleitung montiert wurde. ______ ☐

5 Überprüfen Sie folgende Aussagen zum Letztverkäufer.

Tragen Sie eine

(1) ein, wenn die Aussage zutrifft,
(9) ein, wenn die Aussage nicht zutrifft.

a. Der Letztverkäufer muss sich bei einem Fabrikationsfehler direkt an den Hersteller wenden. ______ ☐
b. Der Letztverkäufer hat als Käufer gegenüber seinen Vorlieferanten (z. B. Großhändler, Hersteller) sämtliche kaufrechtlichen Ansprüche. ______ ☐
c. Bei Mängelrüge eines Endverbrauchers kann ein Einzelhändler ohne angemessene Nachfrist an seinen Vorlieferanten herantreten. ______ ☐
d. Der Letztverkäufer haftet nur für Mängel, die er zu vertreten hat. Für Mängel, die z. B. ein Hersteller zu verantworten hat, muss der Hersteller auch haften; der Kunde muss sich direkt an ihn wenden. ______ ☐

6 Die Französischlehrerin A. Meichsner erwirbt einen CD-Player. Beim Erstgebrauch nach vier Wochen stellt sie fest, dass sich die CD-Ausgabe nicht ordnungsgemäß öffnet.

Überprüfen Sie die folgenden Feststellungen und tragen Sie eine

(1) ein, wenn die Feststellung zutrifft,
(9) ein, wenn die Feststellung nicht zutrifft.

a. Die Käuferin kann Neulieferung verlangen, auch wenn der Mangel unerheblich ist. ______ ☐
b. Nach dem ersten gescheiterten Nachbesserungsversuch kann A. Meichsner Schadenersatz statt Leistung fordern. ______ ☐
c. Die Französischlehrerin kann keine Rechte mehr wahrnehmen, da sie den Mangel zu spät gerügt hat. ______ ☐
d. Nach mehreren Reparaturversuchen schließt die CD-Ausgabe immer noch nicht einwandfrei.
Frau Meichsner kann nunmehr Rücktritt und/oder Schadenersatz verlangen. ______ ☐

Beschreiben Sie die Voraussetzungen für die Nicht-Rechtzeitig-Lieferung.

Fälligkeit	Der Schuldner kommt **ohne Mahnung** in Verzug:	▷ wenn der Liefertermin kalendermäßig bestimmbar ist. *Beispiele: Lieferung am 18.09.09, Lieferung Mitte des Monats, Lieferung vier Wochen nach Ostermontag.* ▷ wenn der Verkäufer die Leistung verweigert. *Beispiel: Die Lieferung kann nicht erfolgen, da wir Produktionsausfall haben.* ▷ wenn der Leistung ein Ereignis vorauszugehen hat und eine angemessene Zeit für die Leistung in der Weise bestimmt ist, dass sie sich von dem Ereignis an nach dem Kalender berechnen lässt. *Beispiel: Vertragliche Vereinbarung, dass die Lieferung drei Wochen nach Ausbau des Dachbodens erfolgen soll.* ▷ wenn besondere Gründe vorliegen. *Beispiele: Wasserrohrbruch, Kabelbrand* Der Mahnung stehen die Erhebung der Klage sowie die Zustellung eines Mahnbescheides gleich.
	Der Schuldner kommt **mit Mahnung** in Verzug:	▷ wenn der Liefertermin kalendermäßig nicht bestimmt ist. *Beispiele: Lieferung so bald wie möglich, Lieferung sofort*
Verschulden	Der Schuldner kommt nicht in Verzug, solange die Leistung infolge eines Umstandes unterbleibt, den er nicht zu vertreten hat.	

Welche Rechte hat ein Käufer, wenn der Lieferer nicht rechtzeitig liefert?

Ohne Fristsetzung	Erfüllung des Vertrages	*Beispiel: Der Käufer wünscht trotz der zeitlichen Verzögerung die Lieferung der Ware, da diese von keinem anderen Lieferanten in der gewünschten Zeit und/oder Qualität geliefert werden kann.*	
	Erfüllung des Vertrages und die Berechnung eines Verzugsschadens	*Beispiel: Durch die nicht fristgemäße Lieferung konnte die Produktion erst verspätet beginnen. Der dadurch entstandene Schaden muss dann vom Lieferer ersetzt werden (konkreter Schaden).*	
Mit Fristsetzung	Rücktritt und/oder	*Beispiel: Der Käufer kann die Ware inzwischen preiswerter und/oder in einer besseren Qualität/Ausführung bei einem anderen Lieferanten erwerben.*	Eine angemessene Nachfrist ist entbehrlich, wenn ▷ der Verkäufer die Leistung verweigert, ▷ der Liefertermin kalendermäßig bestimmt war (Fixgeschäft, Zweckkauf), ▷ besondere Umstände vorliegen.
	Schadenersatz (statt Leistung) oder	*Beispiele: Der Käufer musste die Ware bei einem anderen Lieferer zu einem höheren Preis einkaufen (Deckungskauf = konkreter Schaden). Der Käufer konnte ein lohnendes Geschäft nicht durchführen (abstrakter Schaden).*	
	Ersatz vergeblicher Leistungen	*Beispiel: Der Gläubiger hat für die Anlieferung der Ware eine Halle angemietet.*	

Unterscheiden Sie den konkreten Schaden, den abstrakten Schaden und die Vertragsstrafe.

Konkreter Schaden	Konkreter Schaden ist ein Schaden, der dem Käufer tatsächlich entstanden ist und den er mithin aufgrund von Belegen nachweisen kann. *Beispiel: Der Käufer nimmt für die nicht gelieferte Ware einen Deckungskauf vor. Ein eventueller Mehrpreis und angefallene Kosten müssen ersetzt werden.*
Abstrakter Schaden	Ein abstrakter Schaden lässt sich nicht so leicht nachweisen wie ein konkreter Schaden. Er besteht aus entgangenem Gewinn sowie aus einem möglichen Imageverlust bei den eigenen Kunden. *Beispiel: Der Schadenersatz besteht aus dem Gewinn, der möglicherweise bei rechtzeitiger Lieferung hätte erzielt werden können. Dies ist in der Regel die Differenz zwischen dem vertraglichen Einkaufspreis und dem üblichen Verkaufspreis.*
Vertragsstrafe	Die Vertragsstrafe ist eine Konventionalstrafe, die im Kaufvertrag unabhängig von dem tatsächlich entstandenen Schaden vereinbart werden kann. *Beispiel: Ein Käufer vereinbart mit einem Maschinenhersteller für jeden Tag, der über den vereinbarten Liefertermin hinausgeht, eine Vertragsstrafe von 1 500,00 EUR.*

1 Kennzeichnen Sie die unten aufgeführten Sachverhalte mit einer

(1), wenn der Käufer Schadenersatz statt Leistung verlangt,
(2), wenn der Käufer die Lieferung ablehnen wird und Rücktritt vom Kaufvertrag verlangt,
(3), wenn der Käufer keines der aufgeführten Rechte wahrnehmen kann,
(4), wenn der Käufer auf Lieferung besteht und einen Verzögerungsschaden geltend macht,
(5), wenn der Käufer auf Lieferung besteht.

a. Der Käufer kann eine Kühlmaschine nur von dem bereits angemahnten Alleinimporteur beziehen. Ein Schaden ist ihm nicht entstanden. ______ ☐

b. Andere Lieferer bieten die bestellte, aber trotz Mahnung und Nachfristsetzung noch nicht gelieferte Ware aufgrund des Dollarverfalls bereits günstiger an. ______ ☐

c. Der Käufer konnte wegen der Nichtlieferung bis zum 08.11. d. J. fest zwei Tage danach ein gewinnbringendes Geschäft nicht ausführen. ______ ☐

d. Die vom Alleinhersteller gelieferte Ware ist leicht beschädigt, wird jedoch dringend benötigt. Eine Verwendung ist denkbar. ______ ☐

2 Entscheiden Sie bei den folgenden Angaben der Leistungszeit, ob eine Mahnung des Käufers notwendig ist, um den Lieferer in Leistungsverzug zu setzen.

Tragen Sie eine

(1) ein, wenn eine Mahnung notwendig ist,
(9) ein, wenn keine Mahnung notwendig ist.

a. Lieferung sofort ______ ☐

b. Lieferung am 18.07. d. J. ______ ☐

c. Lieferung drei Tage nach Ostermontag d. J. ______ ☐

d. Lieferung im Laufe des Monats Mai ______ ☐

3 Die TINA GmbH & Co. KG konnte aufgrund einer falschen Disposition eine Ware an das Schreibbüro Anne Langenscheid nicht pünktlich liefern. Es erfolgte eine Mahnung nach der Fälligkeit der Lieferung.

Ordnen Sie zu, welche der folgenden Rechte das Schreibbüro

(1) wahrnehmen,
(9) nicht wahrnehmen

kann.

a. Erfüllung des Vertrages ______ ☐

b. Rücktritt vom Kaufvertrag mit angemessener Nachfristsetzung ______ ☐

c. Minderung ______ ☐

d. Schadenersatz statt Leistung mit angemessener Nachfristsetzung ______ ☐

e. Umtausch ______ ☐

4 Erika Händeler, Inhaberin eines Feinkostgeschäftes in Prien, bestellt am 15. Juni für ihre Vollwertabteilung bei der Großbäckerei Roseneck GmbH 120 Pakete Gewürzkuchen zum 30. Juni. Die Lieferung erfolgt nicht. Da Frau Händeler die Ware dringend benötigt, setzt sie eine Nachfrist von 14 Tagen mit dem Hinweis, dass sie danach auf Rücktritt oder auf Schadenersatz statt Leistung besteht. Da keine Lieferung erfolgt, bestellt sie am 21. Juli die Gewürzkuchen bei einem Bäcker, der jedoch 3,00 EUR pro Paket mehr verlangt. Den Betrag in Höhe von 360,00 EUR stellt Frau Händeler der Großbäckerei Roseneck GmbH als Schadenersatz für die Nichtlieferung in Rechnung.

Tragen Sie eine

(1) ein, wenn die Aussage zutrifft,
(9) ein, wenn die Aussage nicht zutrifft.

a. Schadenersatz statt Leistung kann nicht verlangt werden, da die Nachfristsetzung zu kurz war. ______ ☐

b. Frau Händeler kann nur die Hälfte des ihr entstandenen Schadens von der Roseneck GmbH verlangen. ______ ☐

c. Frau Händeler muss einen Konkurrenzbäcker finden, der zu den gleichen Bedingungen liefert wie die Roseneck GmbH. ______ ☐

d. Die Großbäckerei Roseneck GmbH muss für den konkreten Schaden in Höhe von 360,00 EUR aufkommen. Es handelt sich um einen Deckungskauf, der aufgrund der Nichtlieferung vorgenommen werden kann. ______ ☐

5 Ordnen Sie den unten stehenden Sachverhalten die folgenden Begriffe richtig zu.

(1) konkreter Schaden
(2) abstrakter Schaden

a. Der Käufer kann beweisen, dass er durch die zu spät eingetroffene Lieferung sechs Skianzüge nicht verkaufen konnte. An jedem Anzug hätte er einen Gewinn in Höhe von 110,00 EUR machen können. ______ ☐

b. Der Käufer musste einen Deckungskauf bei einem anderen Verkäufer zu einem höheren Preis vornehmen. ______ ☐

c. Der Käufer fordert die ihm aufgrund der Nicht-Rechtzeitig-Lieferung entstandenen Büro- und Rechtsberatungskosten. ______ ☐

6 Der Einzelhändler Otto Ottens bestellt 120 wasserdichte Fahrradmützen mit Spezialverschluss. Als Liefertermin wird der 12.03. vereinbart. Da die Lieferung am 15.04. noch nicht erfolgt war, gibt Otto Ottens die Anweisung, einen Deckungskauf bei der Konkurrenzfirma des Lieferers vorzunehmen.

Ordnen Sie den unten stehenden Aussagen eine

(1) zu, wenn die Aussage zutrifft,
(9) zu, wenn die Aussage nicht zutrifft.

a. Die Lieferfirma kam ohne Mahnung in Verzug. ______ ☐

b. Der Einzelhändler handelt richtig, denn nach über einem Monat hätte der Fahrradmützenlieferant liefern müssen. ______ ☐

c. Es handelt sich hierbei um einen Fixkauf. ______ ☐

Unter welchen Voraussetzungen gerät ein Käufer in Annahmeverzug?	
Voraussetzungen	▷ Fälligkeit der Leistung ▷ tatsächliches Angebot der geschuldeten Leistung Ein wörtliches Angebot reicht, wenn der Gläubiger erklärt, dass er die Leistung nicht annehmen werde, oder wenn der Gläubiger die Leistung abzuholen hat.

Welche Folgen hat ein Annahmeverzug für den Gläubiger?	
Gefahrübergang	Die Gefahr des zufälligen Untergangs der Ware geht mit dem Eintritt des Verzugszeitpunktes auf den Gläubiger über.
Haftungsminderung	Der Schuldner hat nur noch Vorsatz und grobe Fahrlässigkeit zu vertreten, d. h., für leichte Fahrlässigkeit haftet er nicht mehr.
Wegfall der Verzinsung	Vom Zeitpunkt des Annahmeverzugs an sind für Geldschulden keine Zinsen mehr zu zahlen.

Beschreiben Sie die Rechte des Lieferers beim Annahmeverzug des Käufers.		
Rücktritt vom Kaufvertrag	Der Lieferer kann die Ware ohne Schwierigkeiten an andere Kunden verkaufen und/oder er möchte mit dem in Annahmeverzug geratenen Kunden weiterhin konfliktfrei in Geschäftsverbindung bleiben und vereinbart diese vertragliche Möglichkeit.	
Hinterlegung der Ware	Der Verkäufer kann die Ware im eigenen Lager oder in einem öffentlichen Lagerhaus auf Gefahr und Kosten des Käufers einlagern.	
	Klage auf Abnahme	Dieser Ablauf dauert meist länger als der Selbsthilfeverkauf und bietet sich bei schwer verkäuflicher Ware an.
	Vornahme eines Selbsthilfeverkaufs	Dieses ist nur möglich, wenn der Selbsthilfeverkauf dem Käufer angedroht wurde. Die Androhung entfällt, wenn die Ware dem Verderb ausgesetzt ist. Der Verkäufer kann dann einen **Notverkauf** vornehmen lassen.

Welche Möglichkeiten des Selbsthilfeverkaufs kennen Sie? Beschreiben Sie die Abwicklung.

Verkauf zum laufenden Preis	**öffentliche Versteigerung**
Dies ist nur möglich, wenn die Ware an der Börse gehandelt wird. Durchführung: Der Verkauf zum laufenden Preis kann von einem Handelsmakler oder einer sonst zur öffentlichen Versteigerung ermächtigten Person vorgenommen werden.	Sofern die Ware nicht an der Börse gehandelt wird, kann der Verkäufer die Ware öffentlich versteigern lassen. Durchführung: Sie erfolgt durch einen Notar oder öffentlich bestellten Versteigerer oder Gerichtsvollzieher an jedem geeigneten Ort unter Berücksichtigung der Wahrung der Interessen des Käufers.

Besonderheiten	▷ Beim Verkauf zum laufenden Preis und der öffentlichen Versteigerung muss der Verkäufer dem Käufer den Ort und den Zeitpunkt der Versteigerung mitteilen. ▷ An der Versteigerung können sich neben den anderen Mitbewerbern auch der Verkäufer und der Käufer beteiligen. ▷ Das Ergebnis des Selbsthilfeverkaufs muss dem Käufer mitgeteilt werden. Der Verkauf wird auf Rechnung des Käufers durchgeführt.	
	Ergebnis des Selbsthilfeverkaufs	▷ **Mehrerlös:** Ist die Summe aus dem Versteigerungserlös höher als der Kaufpreis zuzüglich Auslagen und sonstiger Forderungen des Lieferers, dann erhält der Kunde den Mehrerlös. ▷ **Mindererlös:** Ist die Summe aus dem Versteigerungserlös niedriger als der Kaufpreis zuzüglich Auslagen und sonstiger Forderungen des Lieferers, dann hat der Lieferer in Höhe des Mindererlöses eine Forderung gegenüber dem Kunden.

1 In welchem der folgenden Fälle liegt ein Annahmeverzug vor?

Ordnen Sie eine

(1) zu, wenn es sich um einen Annahmeverzug handelt,
(9) zu, wenn es sich nicht um einen Annahmeverzug handelt.

a. Ein Kunde hat die telefonisch bestellte Ware drei Tage danach noch nicht abgeholt. ______ ☐

b. Ein Käufer hat eine Bodenvase gekauft und 1/3 angezahlt. Nach einer Woche holt der Käufer die Ware nicht wie vereinbart ab. Der Verkäufer schickt daraufhin nach weiteren 14 Tagen eine Erinnerung und, nachdem keine Reaktion erfolgt, eine Mahnung. ______ ☐

c. Eine zum 15.04. d. J. bestellte Wohnzimmerschrankwand wird vier Tage später angeliefert. Der Käufer verweigert die Annahme. ______ ☐

d. Der Lieferer hat statt 1 000 verkupferter Spritzteile 1 100 vernickelte Spritzteile angeliefert. Der Käufer verweigert die Annahme der Lieferung. ______ ☐

e. Der Lieferer verzichtet auf die Anlieferung der Ware, weil der Käufer ihm am Telefon auf sein wörtliches Angebot der Lieferung mitteilte, er würde den mit ihm abgeschlossenen Vertrag für nichtig halten, da die Ware bei ihm 20 % teurer sei als bei der Konkurrenz. ______ ☐

2 Eine Gemüsegroßhandlung liefert laut Vertrag 100 kg Spargel und 70 Körbchen Erdbeeren an den Einzelhandel. Da aufgrund eines Rohrbruchs und der damit verbundenen Reparaturarbeiten das Einzelhandelsgeschäft für sieben Tage geschlossen bleibt, lehnt der Einzelhändler die Abnahme der Ware ab mit dem Hinweis, er habe sofort nach Eintritt des Rohrbruchs die Bestellung per Telefax storniert.

Ordnen Sie den folgenden Aussagen eine

(1) zu, wenn es sich um eine zutreffende Aussage zu diesem Fall handelt,
(9) zu, wenn es sich um eine nicht zutreffende Aussage zu diesem Fall handelt.

a. Der Einzelhändler befindet sich nicht in Annahmeverzug, da er den Schaden nicht selbst verschuldet hat. ______ ☐

b. Die Gemüsegroßhandlung kann ohne Androhung einen Notverkauf durchführen lassen. ______ ☐

c. Es handelt sich um einen Annahmeverzug und die Gemüsegroßhandlung haftet nur noch für Vorsatz und grobe Fahrlässigkeit. ______ ☐

d. Die Gemüsegroßhandlung kann die Ware in einem öffentlichen Lagerhaus auf Gefahr und Kosten des Käufers hinterlegen und einen Notverkauf vornehmen. ______ ☐

e. Da der Einzelhändler die Annahme verweigert hat, kann die Gemüsegroßhandlung die Erdbeeren und den Spargel eigenständig verkaufen und die Differenz dem Einzelhändler in Rechnung stellen. ______ ☐

3 Ordnen Sie zu den unten stehenden Fällen zu:

(1) grobe Fahrlässigkeit
(2) leichte Fahrlässigkeit
(3) Vorsatz

a. Beim Transport der Ware vom Fertiglager I in das Fertiglager II gerät der Erfüllungsgehilfe aufgrund seiner nicht rutschfesten Schuhsohlen ins Schwanken und beschädigt die Ware durch den Aufprall auf den Boden. ______ ☐

b. Der Arbeitnehmer benutzt für den Versand der Ware aus Kostengründen die einfache einwellige Verpackung, obwohl eine stabile dreiwellige Verpackung vereinbart war. Der Arbeitnehmer hofft, dass kein Transportschaden eintritt. ______ ☐

c. Der Lagerarbeiter legt im Einkaufswarenlager einen Brand, um den Diebstahl von Waren zu verheimlichen. ______ ☐

4 Aufgrund eines Annahmeverzuges wurde ein Selbsthilfeverkauf durchgeführt. Das Ergebnis der öffentlichen Versteigerung beträgt 5 700,00 EUR, die Auslagen und sonstigen Forderungen des Lieferers 330,00 EUR.

Beurteilen Sie die folgenden Aussagen und tragen Sie eine

(1) ein, wenn es sich um eine richtige Aussage handelt,
(9) ein, wenn die Aussage falsch ist.

a. Bei einem vereinbarten Kaufpreis von 5 500,00 EUR erhält der Lieferer noch 130,00 EUR vom Käufer. ______ ☐

b. Bei einem vereinbarten Kaufpreis von 5 900,00 EUR erhält der Lieferer keinen weiteren Ersatz vom Käufer, dem Käufer stehen jedoch 130,00 EUR Mehrerlös zu. ______ ☐

c. Liegt der Versteigerungserlös über dem Kaufpreis und den aufgelaufenen Auslagen, so erhält der Käufer den Mehrerlös. ______ ☐

5 Bei welcher der nachstehend aufgeführten Waren wird der Lieferant im Falle eines Annahmeverzuges einen Notverkauf durchführen lassen? ______ ☐

(1) Künstlersammeltassen

(2) belgische Paprikaschoten

(3) Solartaschenrechner

6 Im Falle eines Annahmeverzugs stehen dem Lieferer unterschiedliche Rechte zu. Bestätigen Sie

zutreffende Aussagen mit einer (1),
nicht zutreffende Aussagen mit einer (9).

a. Der Lieferer kann die Ware auf Kosten des Käufers in einem fremden öffentlichen Lager unterbringen, obwohl er über Platz im eigenen Lager verfügt. ______ ☐

b. Der Verkäufer kann die angelieferte Ware an jedem geeigneten Ort unter Berücksichtigung der Wahrung der Interessen des Käufers versteigern lassen. ______ ☐

c. Handelt es sich um Ware, die an der Börse gehandelt wird, kann der Verkäufer die Ware von einem Makler zum laufenden Preis verkaufen lassen. ______ ☐

Welche Arten von Kaufleuten werden nach dem HGB unterschieden?

Istkaufmann *Kaufmann kraft Handelsgewerbe*	Handelsgewerbe	Handelsgewerbe ist dabei jeder Gewerbebetrieb (d. h. eine auf Dauer angelegte selbstständige Tätigkeit mit der Absicht der Gewinnerzielung), es sei denn, dass das Unternehmen nach Art oder Umfang einen in kaufmännischer Weise eingerichteten Geschäftsbetrieb nicht erfordert.
	Kaufmännische Organisation	Zu den Kriterien, die einen in kaufmännischer Weise eingerichteten Geschäftsbetrieb kennzeichnen, zählen u. a. die Mitarbeiterzahl, Größe der gewerblichen Räume, Zahl der Zweigniederlassungen, die Höhe des Umsatzes, die Höhe der Forderungen und des Vermögens.
Kannkaufmann Kleingewerbetreibende *Kaufmann kraft freiwilliger Eintragung*	Eintragungswahlrecht	Ein gewerbliches Unternehmen, dessen Gewerbebetrieb keinen in kaufmännischer Weise eingerichteten Geschäftsbetrieb benötigt (Kleingewerbe), hat die Möglichkeit, durch Handelsregistereintragung zu einem vollwertigen Kaufmann zu werden. Wird das Recht auf Eintragung nicht wahrgenommen, wird der Gewerbetreibende einer Privatperson gleichgestellt und es gilt für diesen Nichtkaufmann das BGB („Alles-oder-Nichts-Prinzip").
	Löschungsantragsrecht	Ein eingetragener Kleingewerbetreibender hat die Möglichkeit, sich durch Löschung wieder aus der Kaufmannseigenschaft zurückziehen („Kaufmann mit Rückfahrkarte"). Dies bedeutet im Falle einer OHG bzw. KG nicht nur Verlust der Kaufmannseigenschaft, sondern auch (Rück-) Umwandlung kraft Gesetzes in die Rechtsform einer BGB-Gesellschaft. Dem Löschungsantrag wird nur zugestimmt, sofern nicht die Voraussetzung eines Istkaufmanns in der Zwischenzeit eingetreten ist.
Kannkaufmann Land- und Forstwirtschaft *Kaufmann kraft freiwilliger Eintragung*	Eintragungswahlrecht	Auf den Betrieb der Land- und Forstwirte finden die Vorschriften des Istkaufmanns keine Anwendung, d. h., ein solches land- oder forstwirtschaftliches Unternehmen kann, sofern das Unternehmen nach Art und Umfang einen in kaufmännischer Weise eingerichteten Geschäftsbetrieb erfordert, erst durch Eintragung in das Handelsregister die Kaufmannseigenschaft erlangen. Land- und forstwirtschaftliche Unternehmen besitzen die Kaufmannseigenschaft für 1. land- und forstwirtschaftliche Hauptbetriebe und/oder 2. land- und forstwirtschaftliche Nebenbetriebe, wenn Erzeugnisse des Hauptbetriebes und evtl. anderer Betriebe verwertet werden (branchenüblicher Zukauf).
Formkaufmann *Kaufmann kraft besonderer Rechtsform*	Aktiengesellschaften, Kommanditgesellschaften auf Aktien sowie die Gesellschaft mit beschränkter Haftung und die eingetragene Genossenschaft besitzen allein wegen ihrer Rechtsform die Kaufmannseigenschaft ohne Rücksicht auf den Gegenstand des Unternehmens.	

Welche Unterschiede bestehen für Gewerbetreibende mit bzw. ohne Handelsregistereintragung, deren Unternehmen einen in kaufmännischer Weise eingerichteten Geschäftsbetrieb nicht erfordert (Kleingewerbetreibende)?

Merkmal	mit Handelsregistereintragung	ohne Handelsregistereintragung
Kaufmannseigenschaft	Kannkaufmann	kein Kaufmann
Gesetz	HGB gilt	BGB gilt
Firma	Eintragung der Firma mit den damit verbundenen Rechten und Pflichten	keine Firma
Buchführung	volle Buchführungspflicht	vereinfachte Aufzeichnungspflichten
Bürgschaft	mündliche Absprache möglich	nur mit Schriftform möglich
Prokura	Erteilung der Vollmacht möglich	Erteilung nicht möglich
Untersuchungs- und Rügepflicht	unverzüglich	innerhalb von 6 Monaten nach der Lieferung muss der Verkäufer beweisen, dass die Ware mangelfrei war. Danach trägt der Käufer die Beweislast.
Rechtsform	alle Unternehmensformen möglich	nur BGB-Gesellschaft möglich

Nennen Sie Personen, die nicht zu den Kaufleuten laut HGB zählen.

Beispiele

- ▷ Freiberufler, wie Anwälte oder Ärzte
- ▷ Personen, die wissenschaftlich tätig sind
- ▷ Personen, die künstlerisch tätig sind
- ▷ Kleingewerbetreibende, die den Kaufmannsstatus (Kannkaufmann) nicht gewählt haben
- ▷ Land- und Forstwirte, die den Kaufmannsstatus (Kannkaufmann) nicht gewählt haben
- ▷ Gesellschaften des bürgerlichen Rechts

1 Ordnen Sie den folgenden Geschäftsbeschreibungen die jeweiligen Kaufmannseigenschaften zu.

Tragen Sie eine (9) ein, wenn kein Kaufmann nach dem HGB vorliegt:

(1) Istkaufmann
(2) Kannkaufmann
(3) Formkaufmann

a. Gehrlicher, Hallen- & Industriebau GmbH ☐
b. PINGUIN Frische Logistik AG ☐
c. EDV-Beratung Dieter e. K. Das Unternehmen hat keine Mitarbeiter und konnte nur geringe Umsätze erzielen. ☐
d. Industriekauffrau Mäggy Kleibrink ☐
e. Sitec, Sicherheitstechnik mbH Das Unternehmen beschäftigt mehrere Mitarbeiter, konnte jedoch aufgrund der Neugründung und der damit verbundenen Vorlaufkosten keinen Gewinn erzielen. ☐
f. Dirk Rüter, Sanitärinstallationen Der Klempner annonciert regelmäßig in der lokalen Zeitung und ist in einer privaten Krankenkasse versichert. ☐

2 Nehmen Sie zu folgenden Aussagen Stellung.

Tragen Sie eine

(1) ein, wenn es sich um eine zutreffende Aussage handelt,
(9) ein, wenn es sich um eine nicht zutreffende Aussage handelt.

a. Kleingewerbetreibende können eine OHG gründen. Sie sind dann Kannkaufleute. ☐
b. Land- und Forstwirte können, sofern ihr Unternehmen nach Art und Umfang einen in kaufmännischer Weise eingerichteten Geschäftsbetrieb erfordert, den Kaufmannsstatus wählen. Sie sind dann Kannkaufleute. ☐
c. Ein im Handelsregister stehender Kleingewerbetreibender hat ein Löschungsantragsrecht. ☐
d. Freiberufler haben die Möglichkeit, nach dem HGB zu optieren und durch die Handelsregistereintragung vollwertiger Kaufmann zu werden. ☐
e. Kaufmann ist jeder, der ein Handelsgewerbe betreibt. Handelsgewerbe ist dabei jeder Gewerbebetrieb, es sei denn, dass das Unternehmen nach Art oder Umfang einen in kaufmännischer Weise eingerichteten Geschäftsbetrieb nicht erfordert. ☐

3 Bei welcher der folgenden genannten Personen handelt es sich um einen Formkaufmann? ☐

Tragen Sie eine (9) ein, wenn kein Formkaufmann genannt wurde.

(1) Handelsvertreter Michael Krieft
(2) Handelsmakler Gerd Hodina
(3) Privatbankier Dietrich Bothe
(4) Günter Löhbrink GmbH, Herstellung von feinen Salaten

4 Die Geschäftsfrauen Andrea Hageböke und Sabine Schumacher betreiben beide ein Handelsgewerbe, das jedoch keinen nach Art oder Umfang eingerichteten Gewerbebetrieb benötigt.
Andrea Hageböke hat sich entschieden, ihr Unternehmen in das Handelsregister eintragen zu lassen. Sabine Schumacher verzichtet auf dieses Wahlrecht.

Ordnen Sie zu:

(1) zutreffende Aussage von Andrea Hageböke
(2) zutreffende Aussage von Sabine Schumacher
(3) nicht zutreffende Aussage

a. „Mit der Eintragung in das Handelsregister bin ich ein Istkaufmann.“ ☐
b. „Ohne Eintragung in das Handelsregister bin ich trotz alledem ein Kaufmann, für den das HGB Gültigkeit hat.“ ☐
c. „Mein Nachbar ist Landwirt und führt als Nebenbetrieb noch einen Bioladen. Er ist Kannkaufmann und im Handelsregister eingetragen. Obwohl ich nur ein Kleingewerbe betreibe, bin ich auch Kannkaufmann.“ ☐
d. „Meine Firma lautet: „Wein- und Sektkelterei e. Kfr.“ ☐
e. „Meinem Mitarbeiter habe ich Prokura erteilt.“ ☐
f. „Beim Verbrauchsgüterkauf kann ich noch innerhalb von sechs Monaten nach der Lieferung mangelhafte Lieferung rügen und der Verkäufer ist beweispflichtig, dass die Ware bei Übergabe mangelfrei war.“ ☐
g. „Meinem Löschungsantragsrecht muss man auf jeden Fall zustimmen, auch wenn in der Zwischenzeit ein nach Art oder Umfang eingerichteter Geschäftsbetrieb entstanden ist.“ ☐
h. „Ich bin ein Kaufmann kraft freiwilliger Eintragung.“ ☐
i. „Bürgschaftsverträge müssen zur Gültigkeit schriftlich von mir unterzeichnet werden. Mündliche Absprachen sind ungültig.“ ☐
j. „Bei Eintritt eines neuen Gesellschafters könnte ich meine Firma auch ‚Sekt- und Weinkelterei OHG‘ nennen. Dies ist auch als Kleingewerbetreibender mit Eintragung in das Handelsregister möglich.“ ☐

5 Das Handelsrecht des HGB regelt Besonderheiten für Kaufleute.

Tragen Sie eine

(1) ein, wenn die Person unter dieses Sonderrecht fällt,
(9) ein, wenn die Person nicht unter dieses Sonderrecht fällt.

a. Rechtsanwalt ☐
b. juristische Person in Form einer GmbH ☐
c. Arzt ☐
d. Heilpraktiker ☐
e. Wirtschaftsprüfer ☐
f. Vorstandsvorsitzender der Turbus AG ☐
g. Richter am Landgericht ☐

Was versteht man unter einer Firma?

Die Firma eines Kaufmanns ist der Name, unter dem er im Handel seine Geschäfte betreibt und seine Unterschrift abgibt. Ein Kaufmann kann unter seiner Firma klagen und verklagt werden.

Erläutern Sie „Firmenkern“ und „Firmenzusatz“ als Bestandteile der Firma.

Firmenkern		Firmenzusatz
▷ Personen-, Sach- oder Fantasiename oder gemischte Firma Einzelunternehmen, Personen- und Kapitalgesellschaften können unter Berücksichtigung der Firmengrundsätze jede beliebige Firma wählen.	▷ Rechtsformzusatz Rechtsformzusätze sind für alle Kaufleute zwingend vorgeschrieben (z. B. e. K., OHG, GmbH).	▷ Gesetzlich vorgeschrieben ist der Firmenzusatz, wenn er zur Unterscheidung notwendig ist (siehe Firmenausschließlichkeit). ▷ Freiwillige Zusätze dienen Werbezwecken.
PINGUIN FRISCHE	*GmbH*	*Kühltransporte*

Nennen und beschreiben Sie die verschiedenen Firmengrundsätze.

Firmeneignung	Die Gestaltungsfreiheiten bei der Firmenbildung werden durch Folgendes begrenzt: Die Firma muss zur Kennzeichnung des Kaufmanns geeignet sein und Unterscheidungskraft besitzen.
Firmenklarheit	Es dürfen keine irreführenden Angaben über geschäftliche Verhältnisse gemacht werden.
Firmen-beständigkeit	Die bisherige Firma kann fortgeführt werden, auch wenn ▷ eine Namensänderung erfolgte (z. B. Heirat, Adoption), ▷ eine Übertragung der Firma erfolgte (z. B. Kauf, Erbschaft, Schenkung), wenn der bisherige Inhaber die Einwilligung zur Fortführung der Firma gab, ▷ eine Änderung im Gesellschafterbestand erfolgte.
Firmen-öffentlichkeit	Jeder Kaufmann muss seine Firma beim Handelsregister eintragen lassen. Ferner sind alle kaufmännischen Unternehmen verpflichtet, handelsrechtliche Angaben auf Geschäftsbriefen anzugeben: Firma (einschließlich Rechtsformzusatz), Ort der Handelsniederlassung, Registergericht, Handelsregisternummer.
Firmen-ausschließlichkeit (Firmenmonopol)	Soll eine neue Firma eingetragen werden, so muss sie sich von den an demselben Ort oder in derselben Gemeinde bereits bestehenden Firmen und im Handelsregister bzw. Genossenschaftsregister eingetragenen Firmen deutlich unterscheiden.

Erklären Sie den Begriff und die Besonderheiten des Handelsregisters.

- ▷ Das Handelsregister ist ein amtliches Verzeichnis der Kaufleute. Es wird von den Gerichten elekrtonisch geführt.
- ▷ Die Einsicht in das Handelsregister ist jeder Person gestattet.
- ▷ Es ist möglich, von den Eintragungen einen Ausdruck zu erhalten (kostenpflichtig).
- ▷ Die Eintragungen werden im Internet (gemeinsames Registerportal der Länder) bekanntgegeben.
- ▷ Eintragungen, die rot unterstrichen sind, gelten als gelöscht.

Wie ist das Handelsregister gegliedert und welche Inhalte werden eingetragen?

Gliederung	▷ Abteilung A (HRA): Einzelunternehmen und Personengesellschaften ▷ Abteilung B (HRB): Kapitalgesellschaften	
Inhalte	**Abteilung B:**	▷ Spalte 1: Nummer der Eintragung ▷ Spalte 2: a) Firma, b) Ort der Niederlassung, c) Gegenstand des Unternehmens ▷ Spalte 3: Grundkapital oder Stammkapital ▷ Spalte 4: a) allgemeine Vertragsregelung, b) Vorstand, Geschäftsführer, persönlich haftender Gesellschafter ▷ Spalte 5: Prokura ▷ Spalte 6: a) Beschreibung der Rechtsforrm, b) Rechtsverhältnisse ▷ Spalte 7: a) Tag der Eintragung und Unterschrift, b) Bemerkungen
	Abteilung A:	▷ wie Abt. B, es fehlt die Angabe zu 2 c (i. d. R.) und die Spalte 3

Welche rechtlichen Wirkungen haben Handelsregistereintragungen?

Konstitutiv (rechtserzeugend, rechtsbegründend)	Die Rechtswirkung tritt erst mit der Registereintragung ein. *Beispiele: Kaufmannseigenschaft des kleinunternehmerischen Gewerbebetriebs, Rechtsform der Formkaufleute, Firmenmonopol*
Deklaratorisch (rechtsbezeugend, rechtserklärend)	Die Rechtswirkung ist schon vor der Eintragung eingetreten und wird nur noch bestätigt. Die Eigenschaft als Handelsgewerbe wird für jeden Gewerbebetrieb vermutet. *Beispiele: Kaufmannseigenschaft der Istkaufleute, Prokura*

1 Die Firma besteht aus

(1) dem Firmenkern,
(2) dem Firmenzusatz.

Ordnen Sie diese Begriffe der folgenden Firmierung zu: „Kunststoff-Kissel OHG, Präzisions- und Kunststoffteile."

a. Kunststoff-Kissel ☐

b. OHG ☐

c. Präzisions- und Kunststoffteile ☐

2 Überprüfen Sie nachstehende Angaben über eine Unternehmung.

Welche dieser Angaben wird nicht im Handelsregister A eingetragen? ☐

(1) Ort der Niederlassung
(2) Prokura
(3) Gesellschafter
(4) Gegenstand des Unternehmens
(5) Firma
(6) Kapitaleinlage des Kommanditisten
(7) Eröffnung des Insolvenzverfahrens

3 Ordnen Sie die folgenden Firmengrundsätze den jeweiligen unten stehenden Aussagen zu:

(1) Firmeneignung
(2) Firmenklarheit
(3) Firmenbeständigkeit
(4) Firmenöffentlichkeit

Wenn es sich um eine nicht zutreffende Aussage handelt, tragen Sie eine (9) ein.

a. Es ist möglich, bei Heirat den Mädchennamen weiterhin in der Firmierung zu führen. ☐

b. Das örtliche Einzelhandelsunternehmen „Marlisa Moda e. K., Damenoberbekleidung" ist mit der Firmierung im hiesigen Handelsregister beim Gericht eingetragen. ☐

c. Die Firma muss zur Kennzeichnung des Kaufmanns geeignet sein und unterscheidungskräftig sein. ☐

d. Bei der Gründung einer Personenfirma muss der Firmenkern den Gegenstand des Unternehmens erkennen lassen. ☐

4 Im Handelsregister erfolgte Eintragungen werden veröffentlicht. Welche Aussage dazu trifft zu? ☐

(1) Die Eintragungen werden im Internet unter dem gemeinsamen Registerportal der Länder veröffentlicht.

(2) Die Eintragungen werden einmal in der Tageszeitung veröffentlicht.

5 Tragen Sie in das Kästchen hinter den unten stehenden Aussagen eine

(1) ein, wenn die Ergänzung zutrifft,
(9) ein, wenn die Ergänzung nicht zutrifft.

Das Handelsregister …

a. … ist das Verzeichnis aller Kaufleute. Hierzu zählen nur Kaufleute, die einen nach Art und Umfang eingerichteten Geschäftsbetrieb besitzen. ☐

b. … wird zentral von einem Gericht (zzt. Flensburg) für alle Kaufleute geführt. ☐

c. … ist das amtliche Verzeichnis der Kaufleute. ☐

d. … wird von der IHK bzw. der Handwerkskammer geführt. ☐

e. … hat verschiedene Abteilungen. ☐

f. … wird meist vom Amtsgericht oder dem übergeordneten Landgericht geführt. ☐

6 Überprüfen Sie die unten stehenden Aussagen. Kennzeichnen Sie

zutreffende Aussagen mit einer (1),
nicht zutreffende Aussagen mit einer (9).

a. Die Firma eines Kaufmanns ist der Name, unter dem er u. a. verklagt werden kann. ☐

b. Der Firmenkern besteht z. B. aus dem Fantasienamen und dem Zusatz, der ein Gesellschaftsverhältnis andeutet. ☐

c. Firmenzusätze können gesetzlich vorgeschrieben sein und dienen zur Unterscheidung der Personen oder des Geschäfts oder sie sind freiwillig zum Zwecke der Werbung mit in der Firmierung angegeben. ☐

d. Bei einer gemischten Firma handelt es sich um ein Einzelhandelsunternehmen, das ein breites Sortiment aufweist. ☐

7 Welche der folgenden Eintragungen in das Handelsregister hat

(1) deklaratorische Wirkung,
(2) konstitutive Wirkung?

Tragen Sie eine (9) ein, wenn die Tatsache nicht in das Handelsregister einzutragen ist.

a. Bauunternehmung Kurt Ribbert e. Kfm., kein in kaufmännischer Weise eingerichteter Geschäftsbetrieb ☐

b. Osnabrücker Lederwaren GmbH ☐

c. Autolackiererei Bernd Hülsmeier, buchführungspflichtig nach der Abgabenordnung ☐

d. allgemeine Handlungsvollmacht des Angestellten ☐

e. Gesamtprokura ☐

f. Brinkmann OHG, 250 Mitarbeiter ☐

g. Eigenkapital des Komplementärs ☐

Nehmen Sie eine mögliche Einteilung der Unternehmen hinsichtlich der Rechtsform vor.

Einzelunternehmung | **Gesellschaften**

unvollständige Gesellschaften
- stille Gesellschaft
- BGB-Gesellschaft

vollständige Gesellschaften

Kapitalgesellschaften
- Gesellschaft mit beschränkter Haftung (GmbH)
- Aktiengesellschaft (AG)
- Kommanditgesellschaft auf Aktien (KGaA)

Personengesellschaften
- offene Handelsgesellschaft (OHG)
- Kommanditgesellschaft (KG)
- GmbH & Co. KG
- GmbH & Co. OHG

andere Gesellschaftsformen
- Genossenschaft (eG)
- Versicherungsverein auf Gegenseitigkeit (VVaG)
- Partnerschaftsgesellschaft (PartGG)

Nennen Sie die Firmierungsvorschrift der Einzelunternehmung. Welche Vor- und Nachteile weist diese Rechtsform auf?

Firmierung	▷ Die Firma muss die Bezeichnung „eingetragener Kaufmann", „eingetragene Kauffrau" oder eine allgemein verständliche Abkürzung dieser Bezeichnung, wie „e. K.", „e. Kfm.", „e. Kffr." enthalten. Personen-, Sach-, Fantasie- und gemischte Firma sind unter Beachtung des Irreführungsverbotes erlaubt.
Vorteile	▷ Entscheidungen können allein und dadurch bedingt schnell getroffen werden. ▷ Der Unternehmer hat einen alleinigen Gewinnanspruch.
Nachteile	▷ Die Haftung für Verbindlichkeiten bezieht sich nicht nur auf das Geschäftsvermögen, sondern auch auf das Privatvermögen. ▷ Die Kapitalaufbringung ist begrenzt.

Erklären Sie die „stille Gesellschaft" im Rahmen eines Handelsgewerbes anhand wesentlicher Merkmale.

Vermögenseinlage	Ein stiller Gesellschafter beteiligt sich an einem Handelsgewerbe eines anderen mit einer Vermögenseinlage, die in das Vermögen des Kaufmanns übergeht.
Firmierung	Der Name des stillen Gesellschafters erscheint nicht in der Firma.
Rechte und Pflichten des stillen Gesellschafters	▷ Der stille Gesellschafter hat – obwohl es sich um ein Gläubigerverhältnis handelt – ein Recht auf Gewinnbeteiligung **(typische stille Gesellschaft)**. Es kann auch im Gesellschaftsvertrag vereinbart werden, dass der stille Gesellschafter am Geschäftswert und den stillen Reserven der Unternehmung **(atypische stille Gesellschaft)** beteiligt wird. ▷ Der stille Gesellschafter ist berechtigt, die Bilanz zu kontrollieren. ▷ Die Kündigung kann für den Schluss eines Geschäftsjahres erfolgen und muss mindestens sechs Monate vor diesem Zeitpunkt stattfinden. ▷ Die Verlustbeteiligung ist bis zur Einlagenhöhe vorgesehen oder kann vertraglich ausgeschlossen werden.

Nennen Sie die wichtigsten Merkmale der „Gesellschaft des bürgerlichen Rechts". Geben Sie Beispiele.

Gründung	Zwei oder mehr Personen schließen sich vorübergehend oder für längere Dauer formlos zusammen, um ein bestimmtes Geschäft gemeinsam abzuwickeln. Diese vertragliche Vereinigung wird auch BGB-Gesellschaft oder Gelegenheitsgesellschaft genannt.
Beiträge	Die geleisteten Beiträge der Gesellschafter stellen das Gesellschaftsvermögen dar und sind Gesamthandsvermögen. Die Beiträge können Bar-, Sach- und Rechtswerte sein oder als Dienstleistungen erbracht werden.
Geschäftsführung und Vertretung	Die gemeinschaftliche Geschäftsführung bedingt die Zustimmung aller Gesellschafter – es sei denn, die Geschäftsführung wurde einem Gesellschafter übertragen. Die Vertretung gegenüber Dritten ist bei Einzelgeschäftsführungsbefugnis im Zweifel auch allein möglich, in anderen Fällen nur mit Vollmacht der Gesellschafter.
Gewinn/Verlust	Die Anteile am Gewinn und Verlust sind für alle Gesellschafter gleich.
Beispiele für BGB-Gesellschaften	▷ BGB-Gesellschaft von Kaufleuten – *Bankenkonsortium: Mehrere Banken organisieren z. B. bei Neugründung einer AG die Ausgabe der Aktien.* – *Mehrere Handwerker gründen vorübergehend eine BGB-Gesellschaft zur gemeinsamen Erfüllung eines Bauvorhabens.* ▷ BGB-Gesellschaft von Privatleuten – *Mehrere Personen spielen gemeinsam Lotto.* – *Mehrere Personen bilden eine Fahrgemeinschaft.* ▷ BGB-Gesellschaft von Freiberuflern – *Rechtsanwälte üben eine Praxis gemeinsam aus (Anwaltssozietät).* – *Ärzte üben ihre Tätigkeit in einer Gemeinschaftspraxis aus.*

1 Ordnen Sie den folgenden Gesellschaftsformen zu:

(1) Personengesellschaft
(2) Kapitalgesellschaft
(3) wenn eine solche Zuordnung nicht sinnvoll ist

a. KG ☐
b. AG ☐
c. GmbH ☐
d. Einzelunternehmung ☐

2 Welche der folgenden Aussagen zur Einzelunternehmung trifft nicht zu? ☐

(1) Die Firma bei Einzelkaufleuten muss die Bezeichnung „eingetragener Kaufmann", „eingetragene Kauffrau" oder die allgemein verständliche Abkürzung dieser Begriffe beinhalten.
(2) Einzelunternehmer können nur eine Personenfirma wählen.
(3) Die Haftung für Verbindlichkeiten bezieht sich auf das Geschäfts- und Privatvermögen.

3 Ordnen Sie den folgenden Aussagen zum „stillen Gesellschafter" eine

(1) zu, wenn es sich um eine zutreffende Aussage handelt,
(9) zu, wenn es sich um eine nicht zutreffende Aussage handelt.

a. Die Vermögenseinlage des stillen Gesellschafters wird in der Bilanz als Fremdkapital ausgewiesen. ☐
b. Die Vermögenseinlage des stillen Gesellschafters geht in das Vermögen des Kaufmanns über. ☐
c. Die Vermögenseinlage des stillen Gesellschafters wird buchhalterisch überhaupt nicht berücksichtigt. ☐
d. Ein stiller Gesellschafter kann sich z. B. an einem Einzelunternehmen, einer GmbH oder KG beteiligen. ☐
e. Der stille Gesellschafter hat ein Recht auf Gewinnbeteiligung – die Verlustbeteiligung kann jedoch vertraglich ausgeschlossen werden. ☐

4 Sybille Queißer-Giese möchte sich als Kannkaufmann in das Handelsregister eintragen lassen. Sie stellt spanische Tanzkleider her.

Überprüfen Sie die folgenden Firmierungen. Tragen Sie eine

(1) ein, wenn die Firmierung möglich ist,
(9) ein, wenn die Firmierung nicht möglich ist.

a. Sybille Queißer-Giese, Herstellung spanischer Tanzkleider ☐
b. Queißer-flamenco e. K. ☐
c. Andalusische Bekleidung e. Kffr. ☐
d. Queißer-Giese, e. Kauffrau ☐
e. Bekleidungs-Bille – eingetr. Kauffrau ☐

5 Beurteilen Sie folgenden Rechtsfall und ordnen Sie eine

(1) zu, wenn die Aussage zutrifft,
(9) zu, wenn die Aussage nicht zutrifft.

An einer Lottogesellschaft sind fünf Personen beteiligt, die vereinbaren, ihre Beiträge in bar wöchentlich zu leisten. Weiterhin wurde vereinbart, dass im Falle der Nichtzahlung die Nachzahlung in den nächsten Wochen erfolgen kann.
Da die Zahlung der Beiträge recht schleppend erfolgt, beschließen drei Gesellschafter, dass eine nicht erbrachte Leistung nicht mehr nachträglich geleistet werden kann und damit auch im Falle eines Lottogewinns der Anspruch entfällt. Zwei Wochen nach dieser Beschlussfassung gewinnt die Gemeinschaft eine höhere Summe in der Lotterie. Eingezahlt hatten nur vier Gesellschafter.

a. Es handelt sich um eine BGB-Gesellschaft von Nichtkaufleuten. ☐
b. Der Gewinn ist ordnungsgemäß verteilt, wenn die Gewinnsumme auf die vier Gesellschafter ausgezahlt wird, die ihren Beitrag erbracht haben. ☐
c. Der fünfte Lottospieler, der seinen Beitrag nicht erbracht hat, kann seinen Anspruch trotzdem geltend machen, da er noch die Möglichkeit der Nachzahlung hat. Der Beschluss der drei Lottospieler, dass eine nicht pünktlich erbrachte Leistung nicht mehr nachträglich erbracht werden kann, war nicht gültig, weil eine Beschlussfassung nur gemeinschaftlich erfolgen kann. ☐
d. Die Geschäftsführung der Gesellschaft des bürgerlichen Rechts wird gemeinschaftlich durchgeführt, d. h., für jedes Geschäft ist die Zustimmung aller Gesellschafter erforderlich. ☐

6 Nehmen Sie zu den wichtigsten Merkmalen der BGB-Gesellschaft Stellung und ordnen Sie eine

(1) zu, wenn die Aussage zutrifft,
(9) zu, wenn die Aussage nicht zutrifft.

a. Eine Gesellschaft des bürgerlichen Rechts kann vorübergehend oder auch für längere Dauer gegründet werden. ☐
b. Eine Gesellschaft des bürgerlichen Rechts kann immer nur für längere Zeit gegründet werden. ☐
c. Die BGB-Gesellschaft wird in das Handelsregister A eingetragen. ☐
d. Die Gesellschaft des bürgerlichen Rechts kann nur von Kaufleuten gegründet werden, z. B. von mehreren Industrieunternehmen zur Durchführung eines Forschungsprojektes. Nichtkaufleute können keine BGB-Gesellschaft gründen. ☐
e. Über das Vermögen einer BGB-Gesellschaft kann das Insolvenzverfahren eröffnet werden. ☐
f. Alle Gesellschafter der BGB-Gesellschaft haben – wenn vertraglich nichts anderes vereinbart wurde – einen Anspruch auf Anteil am Gewinn der Gesellschaft. ☐
g. Die von den Gesellschaftern geleisteten Beiträge stellen das Gesellschaftsvermögen dar. Dieses Gesellschaftsvermögen ist Gesamthandsvermögen. ☐

<table>
<tr><th colspan="3">Erläutern Sie anhand der wichtigsten Merkmale die offene Handelsgesellschaft (OHG).</th></tr>
<tr><td>Firmierung</td><td colspan="2">Die Firma muss die Bezeichnung „offene Handelsgesellschaft“ oder eine allgemein verständliche Abkürzung dieser Bezeichnung beinhalten.
Personen-, Sach-, Fantasie- und gemischte Firma sind unter Beachtung des Irreführungsverbotes erlaubt.</td></tr>
<tr><td rowspan="3">Gründung</td><td>Anzahl Gründer</td><td>Für die Gründung sind mindestens zwei Gesellschafter erforderlich.</td></tr>
<tr><td>Form des Gesellschaftsvertrages</td><td>Für den Gesellschaftsvertrag ist keine Form vorgeschrieben, jedoch ist die Schriftform üblich. Werden Grundstücke in die Gesellschaft eingebracht, so ist eine notarielle Beurkundung des Gesellschaftsvertrages notwendig.</td></tr>
<tr><td>Beginn der Gesellschaft</td><td>▷ Im Innenverhältnis entsteht die Gesellschaft mit dem im Vertrag vereinbarten Termin.
▷ Im Außenverhältnis entsteht die Gesellschaft mit dem Tätigwerden im Namen für das Geschäft, spätestens jedoch mit Eintragung in das Handelsregister Abteilung A.
Gewerbetreibende ohne kaufmännische Organisation werden erst durch die freiwillige Eintragung in das Handelsregister zum Kannkaufmann.</td></tr>
<tr><td rowspan="8">Rechte der Gesellschafter</td><td>Geschäftsführung</td><td>▷ Jeder Gesellschafter ist grundsätzlich allein zur Geschäftsführung berechtigt. Diese Einzelgeschäftsführungsbefugnis bezieht sich auf alle Handlungen, die der gewöhnliche Betrieb des Handelsgewerbes mit sich bringt, z. B. Einkauf, Verkauf, Entlassungen, Einstellungen, Wechselausstellung, Wechselakzeptierung.
▷ Für außergewöhnliche Rechtsgeschäfte bedarf es der Zustimmung aller Gesellschafter, z. B. Aufnahme eines stillen Gesellschafters, Kauf/Verkauf von Grundstücken.
▷ Prokuristen können nur mit Zustimmung der geschäftsführenden Gesellschafter bestellt werden, der Widerruf der Prokura kann von jedem geschäftsführenden Gesellschafter erfolgen.</td></tr>
<tr><td>Vertretung</td><td>Grundsätzlich hat jeder Gesellschafter Einzelvertretungsmacht für alle Rechtsgeschäfte. Der Umfang der Vertretungsmacht ist nicht beschränkbar, möglich ist jedoch z. B. das Abweichen von der Einzelvertretung durch vertraglich vereinbarte Gesamtvertretung.</td></tr>
<tr><td>Kontrolle</td><td>Jeder Gesellschafter kann sich jederzeit persönlich über die Angelegenheiten der Gesellschaft unterrichten, Einsicht in die Handelsbücher und Papiere der Gesellschaft nehmen und sich daraus eine Bilanz anfertigen.</td></tr>
<tr><td>Ersatz von Aufwendungen</td><td>Werden aus Privatmitteln Aufwendungen für das Geschäft getätigt, so haben die Gesellschafter Anspruch auf Ersatz.</td></tr>
<tr><td>Kapitalentnahme</td><td>Jeder Gesellschafter ist berechtigt, 4 % seines Kapitalanteils zu entnehmen, auch wenn die Gesellschaft Verluste hatte.</td></tr>
<tr><td>Gewinnanteil</td><td>Jeder Gesellschafter erhält, wenn vertraglich keine andere Regelung besteht, 4 % des Kapitalanteils, der Mehrgewinn wird nach Köpfen verteilt. Entnahmen und Einlagen der Gesellschafter sind bei der Verteilung zu berücksichtigen.</td></tr>
<tr><td>Kündigung</td><td>Ein Gesellschafter kann auf den Schluss eines Geschäftsjahres kündigen. Dabei muss eine Frist von sechs Monaten eingehalten werden.</td></tr>
<tr><td>Liquidationsanteil</td><td>Bei Auflösung des Unternehmens wird der Liquidationserlös nach Abzug der Schulden im Verhältnis der Kapitalanteile verteilt.</td></tr>
<tr><td rowspan="4">Pflichten der Gesellschafter</td><td>Leistung der Kapitaleinlage</td><td>Eine Mindesthöhe ist nicht vorgeschrieben. Die Einlagen können in bar, in Sach- oder auch Rechtswerten eingebracht werden.</td></tr>
<tr><td>Wettbewerbsverbot</td><td>Verboten sind Geschäfte im gleichen Handelszweig und die Teilnahme mit persönlicher Haftung an einer gleichartigen Gesellschaft.</td></tr>
<tr><td>Verlustanteil</td><td>Der Verlust wird nach Köpfen verteilt.</td></tr>
<tr><td>Haftung</td><td>▷ Unbeschränkt: Der Gesellschafter haftet mit dem Gesellschaftsvermögen und seinem Privatvermögen. (Keine Einrede der Haftungsbeschränkung!)
▷ Unmittelbar: Jeder Gläubiger kann sich direkt an jeden Gesellschafter mit seiner Forderung wenden. (Keine Einrede der Vorausklage!)
▷ Solidarisch: Jeder Gesellschafter haftet für die gesamten Schulden der Gesellschaft. (Keine Einrede der Haftungsteilung!)</td></tr>
<tr><td>Auflösungsgründe</td><td colspan="2">Zeitablauf, Beschluss der Gesellschafter, gerichtliche Entscheidung, Eröffnung des Insolvenzverfahrens, Tod oder Kündigung eines Gesellschafters sowie die Eröffnung des Insolvenzverfahrens über das Vermögen des Gesellschafters führen zum Ausscheiden des Gesellschafters unter Fortbestand der Gesellschaft.</td></tr>
</table>

1 Die V. Voß OHG ist aufgrund falscher Einschätzungen der zukünftigen Marktlage hoch verschuldet. Ihr Rohstofflieferant hat kein Vertrauen mehr in die Zahlungsfähigkeit der V. Voß OHG und will die OHG auf Zahlung der längst fälligen Beträge verklagen.
Nehmen Sie aufgrund des geschilderten Sachverhaltes zu folgenden Aussagen Stellung.

Tragen Sie eine

(1) ein, wenn die Aussage zutrifft,
(9) ein, wenn die Aussage nicht zutrifft.

a. Der Lieferer kann nur die V. Voß OHG als Gesellschaft verklagen, da es sich um Forderungen aus Warenlieferungen für das Unternehmen handelt. ☐

b. Der Lieferer kann neben der V. Voß OHG auch jeden einzelnen Gesellschafter verklagen. ☐

c. Der Lieferer kann entweder die V. Voß OHG als Gesellschaft oder einen einzelnen Gesellschafter auf Zahlung verklagen. Alle auf einmal zu verklagen ist nicht möglich. ☐

2 Die OHG-Gesellschafter haften

(1) unbeschränkt,
(2) unmittelbar,
(3) solidarisch.

Ordnen Sie diese Begriffe den folgenden Aussagen zu.

Die Gesellschafter der OHG haben ...

a. ... keine Einrede der Haftungsteilung. ☐

b. ... keine Einrede der Haftungsbeschränkung. ☐

c. ... keine Einrede der Vorausklage. ☐

3 An einer OHG sind als Gesellschafter beteiligt:

A mit 400 000,00 EUR
B mit 800 000,00 EUR
C mit 200 000,00 EUR

a. Der Gewinn im ersten Geschäftsjahr in Höhe von 146 000,00 EUR wird nach den gesetzlichen Vorschriften verteilt. Wie viel Euro erhält der Gesellschafter B seinem Kapitalkonto gutgeschrieben? ☐

(1) 48 666,67 EUR

(2) 83 428,57 EUR

(3) 62 000,00 EUR

(4) anderes Ergebnis

b. Der erzielte Verlust in Höhe von 123 400,00 EUR im zweiten Geschäftsjahr wird ebenfalls nach den gesetzlichen Vorschriften verteilt. Die Höhe des Eigenkapitals hat sich nur bei B um 20 000,00 EUR aufgrund einer Entnahme verringert.

Wie viel Euro Verlust wird auf den Gesellschafter B verteilt? ☐

(1) 41 133,33 EUR

(2) 53 933,33 EUR

(3) anderes Ergebnis

4 An einer OHG beteiligen sich die Gesellschafter Hans Peter Schubert und Karl-Heinz Bolz. Gegenstand des Unternehmens sind Datenverarbeitungsanlagen.

Überprüfen Sie folgende Firmierungen.
Tragen Sie eine

(1) ein, wenn die Firmierung möglich ist,
(9) ein, wenn die Firmierung nicht möglich ist.

a. Compu.doc OHG, Hardware, Software, Individuelle Netzwerklösungen ☐

b. H P Schubert & Co. ☐

c. Multimedia Bolz OH ☐

d. Informationssysteme Bolz & Schubert ☐

e. BOS-Computerecke offene Handelsgesellschaft ☐

f. Info-Schub OHG ☐

g. Karl-Heinz Bolz und Hans Peter Schubert, Computersysteme ☐

5 Annette Weiffenbach und Horst Klausing gründen eine OHG. Die Gesellschafterin Annette Weiffenbach leistet ihre Einlage, indem sie ihr Einzelunternehmen, ein Schmuckwarengeschäft, einbringt. Das Grundstück wird mit 210 000,00 EUR bewertet und das sonstige Anlage- und Umlaufvermögen mit 300 000,00 EUR.
Der Gesellschafter Horst Klausing leistet seine Einlage in Höhe von 200 000,00 EUR in bar.
Im Gesellschaftsvertrag wird vereinbart, dass Annette Weiffenbach nur mit ihrem Geschäftsvermögen haftet.

Nehmen Sie aufgrund des geschilderten Sachverhaltes zu folgenden Aussagen Stellung.

Tragen Sie eine

(1) ein, wenn die Aussage zutrifft,
(9) ein, wenn die Aussage nicht zutrifft.

a. Der Gesellschaftsvertrag bedarf in diesem Fall der notariellen Beurkundung. ☐

b. Der Gesellschaftsvertrag kann formfrei abgeschlossen werden, sinnvoll ist jedoch die Schriftform. ☐

c. Nach der Einbringung in die OHG gehören die Sachmittel und die Barmittel den beiden Gesellschaftern gemeinsam (Gesamthandsvermögen). ☐

d. Obwohl unterschiedliche Werte in das gemeinsame Unternehmen eingebracht wurden, ist jeder Gesellschafter zur Geschäftsführung berechtigt. ☐

e. Horst Klausing ist aufgrund der gesetzlich geregelten Einzelgeschäftsführungsbefugnis berechtigt, Mitarbeiter einzustellen und zu entlassen, ohne seine Geschäftspartnerin Annette Weiffenbach zu informieren. ☐

f. Die Vertretungsmacht erstreckt sich auf alle Rechtsgeschäfte, d. h., es wäre möglich, dass Annette Weiffenbach ohne Wissen ihres Geschäftspartners ein weiteres Grundstück rechtsgültig erwirbt. ☐

g. Die im Vertrag vereinbarte Klausel bezüglich der Haftungsbeschränkung auf das Gesellschaftsvermögen von Annette Weiffenbach hat nur Gültigkeit im Innenverhältnis, nicht jedoch im Außenverhältnis. ☐

<table>
<tr><th colspan="3">Erläutern Sie anhand der wichtigsten Merkmale die Kommanditgesellschaft (KG).</th></tr>
<tr><td>Firmierung</td><td colspan="2">Die Firma muss die Bezeichnung „Kommanditgesellschaft“ oder eine allgemein verständliche Abkürzung dieser Bezeichnung beinhalten.
Personen-, Sach-, Fantasie- und gemischte Firma sind unter Beachtung des Irreführungsverbotes erlaubt.</td></tr>
<tr><td rowspan="3">Gründung</td><td>Anzahl Gründer</td><td>Zur Gründung sind mindestens zwei Gesellschafter notwendig:
Vollhafter = Komplementär, Teilhafter = Kommanditist.</td></tr>
<tr><td>Beginn der Gesellschaft</td><td>▷ Im Innenverhältnis entsteht die Gesellschaft mit dem im Vertrag vereinbarten Termin.
▷ Im Außenverhältnis entsteht die Gesellschaft mit dem Tätigwerden im Namen für das Geschäft, spätestens jedoch mit Eintragung in das Handelsregister Abt. A.
Gewerbetreibende ohne kaufmännische Organisation werden erst durch die freiwillige Eintragung in das Handelsregister zum Kannkaufmann.</td></tr>
<tr><td>Form des Gesellschaftsvertrages</td><td>Für den Gesellschaftsvertrag ist keine Form vorgeschrieben, jedoch ist die Schriftform üblich. Bei Einbringung von Grundstücken ist eine notarielle Beurkundung des Gesellschaftsvertrages notwendig.</td></tr>
<tr><td>Rechte und Pflichten der Vollhafter</td><td colspan="2">Für die Komplementäre gelten die gleichen Vorschriften wie für die Gesellschafter der OHG.
Die Gewinn- und Verlustbeteiligung erfolgt jedoch für die Komplementäre wie für die Kommanditisten.</td></tr>
<tr><td rowspan="4">Rechte der Teilhafter</td><td>Widerspruch</td><td>Die Kommanditisten sind von der Geschäftsführung ausgeschlossen. Für Handlungen, die über den gewöhnlichen Betrieb des Handelsgewerbes hinausgehen, haben sie jedoch ein Widerspruchsrecht gegenüber den persönlich haftenden Gesellschaftern.</td></tr>
<tr><td>Kontrolle</td><td>Der Kommanditist hat das Recht, dass ihm die jährlich erstellten Bilanzen mitgeteilt werden. Die Richtigkeit des Jahresabschlusses kann er durch Einsicht in die Bücher und Papiere der Gesellschaft überprüfen.</td></tr>
<tr><td>Gewinnanteil</td><td>▷ Jeder Gesellschafter erhält, wenn vertraglich keine andere Regelung besteht, 4 % des Kapitalanteils, der Mehrgewinn wird im angemessenen Verhältnis verteilt. Die Gesellschafter einer KG sollten deshalb die Gewinnverteilung im Gesellschaftsvertrag festlegen, um Streitigkeiten über den Begriff „angemessen“ zu vermeiden.
▷ Der Gewinnanteil wird so lange dem Kapitalkonto zugeschrieben, bis der Kapitalanteil die fest im Handelsregister einzutragende Einlage erreicht hat. Weitere Gewinne werden außerhalb des Kapitalkontos gutgeschrieben oder ausgezahlt. Sie stellen Verbindlichkeiten der KG gegenüber dem Kommanditisten dar.</td></tr>
<tr><td>Kündigung</td><td>Ein Kommanditist kann auf den Schluss eines Geschäftsjahres kündigen. Dabei muss eine Frist von sechs Monaten eingehalten werden.</td></tr>
<tr><td rowspan="4">Pflichten der Teilhafter</td><td>Leistung der Kapitaleinlage</td><td>Die Pflichteinlage kann von der Haftsumme abweichen. Die Haftsumme ist der im Handelsregister eingetragene Betrag.</td></tr>
<tr><td>Haftung vor Eintragung</td><td>Ist die Eintragung in das Handelsregister noch nicht erfolgt, so haftet der Kommanditist für die Gesellschaftsschulden zwischen Geschäftsbeginn und Eintragung wie ein Komplementär.</td></tr>
<tr><td>Haftung bei Eintritt in eine Gesellschaft</td><td>Der Kommanditist haftet unbeschränkt für die zwischen seinem Eintritt und dessen Eintragung in das Handelsregister entstandenen Gesellschaftsschulden. Für alle anderen bestehenden Verbindlichkeiten haftet der Kommanditist nur mit der im Handelsregister eingetragenen Einlage.</td></tr>
<tr><td>Verlustanteil</td><td>Der Verlust wird im angemessenen Verhältnis verteilt.</td></tr>
<tr><td>Auflösungsgründe</td><td colspan="2">Zeitablauf, Beschluss der Gesellschafter, gerichtliche Entscheidung, Eröffnung des Insolvenzverfahrens. Die KG wird bei Tod eines Kommanditisten – mangels abweichender vertraglicher Bestimmung – mit dem Erben fortgesetzt.</td></tr>
<tr><td>Besonderheit GmbH & Co. KG</td><td colspan="2">Die GmbH & Co. KG ist eine Personengesellschaft, bei der der Vollhafter eine GmbH ist, die in ihrer Haftung beschränkt ist.
Beispiele:
▷ KG als personengleiche GmbH & Co. KG:
Es handelt sich um eine KG, bei der der Vollhafter eine GmbH ist. Die Gesellschafter der GmbH sind identisch mit den Kommanditisten. Somit ist die Haftung insgesamt beschränkt. Auch möglich ist eine Einmann-GmbH & Co. KG.
▷ KG als nicht personengleiche GmbH & Co. KG:
Die Gesellschafter der GmbH und die Kommanditisten sind verschiedene Personen.</td></tr>
</table>

1 An einer KG sind der Vollhafter Wolfgang Clauß und die Teilhafterin Brigitte Schauffert beteiligt. Sie betreiben eine Druckerei.

Welche der folgenden Firmierungen ist nicht möglich? ☐

(1) W. Clauß KG

(2) Wolfgang Clauß und Brigitte, Formulardruck

(3) Clauß KG

(4) Wolfgang Clauß KG, Geschäftsdrucksachen

(5) COLOR FORM DRUCK KG

2 Überprüfen Sie folgende Aussagen zur GmbH & Co. KG. Ordnen Sie eine

(1) zu, wenn die Aussage zutrifft,
(9) zu, wenn die Aussage nicht zutrifft.

a. Die GmbH & Co. KG ist eine Kapitalgesellschaft. ☐

b. Die GmbH & Co. KG kann eine Kommanditgesellschaft sein, bei der der Vollhafter eine GmbH ist. ☐

c. Eine GmbH & OHG kann eine OHG sein, bei der der Vollhafter eine GmbH ist. ☐

3 Beurteilen Sie folgende Aussagen zu den Rechten der Teil- und Vollhafter:

Ordnen Sie eine

(1) zu, wenn die Antwort zutrifft,
(9) zu, wenn die Antwort nicht zutrifft.

a. Der Kommanditist ist grundsätzlich von der Geschäftsführung ausgeschlossen, hat jedoch bei außergewöhnlichen Rechtsgeschäften ein Widerspruchsrecht gegenüber den persönlich haftenden Gesellschaftern. ☐

b. Hat der Kommanditist seine Kapitaleinlage voll eingezahlt, so hat er Anspruch auf Auszahlung des Gewinns. ☐

c. Der Kommanditist hat bei gewöhnlichen Rechtsgeschäften ein Alleinvertretungsrecht. ☐

d. Die Gewinnverteilung nach dem HGB lautet: „4 % des Gewinns, Rest im angemessenen Verhältnis“. ☐

e. Der Vollhafter haftet unbeschränkt, unmittelbar und solidarisch. ☐

f. Ein möglicher Verlust der Gesellschaft wird im angemessenen Verhältnis verteilt. ☐

g. Wenn im Gesellschaftsvertrag keine andere Regelung getroffen wurde, so führt der Tod eines Vollhafters zum Ausscheiden aus der Gesellschaft. ☐

h. Beim Tod eines Kommanditisten wird die Gesellschaft mangels abweichender vertraglicher Bestimmungen mit dem Erben fortgesetzt. ☐

4 Ordnen Sie den folgenden Aussagen zum Gesellschaftsvertrag der KG eine

(1) zu, wenn die Antwort zutrifft,
(9) zu, wenn die Antwort nicht zutrifft.

a. Der Gesellschaftsvertrag bedarf nicht der Schriftform, wenn die Einlagen der drei Gesellschafter in bar erbracht wurden. ☐

b. Der Gesellschaftsvertrag bedarf nur dann der notariellen Beurkundung, wenn ein Grundstück mit in die Gesellschaft eingebracht wird. ☐

5 Der Kommanditist einer KG hat Rechte und Pflichten.

Ordnen Sie eine

(1) zu, wenn es sich um Pflichten des Kommanditisten handelt,
(2) zu, wenn es sich um Rechte des Kommanditisten handelt,
(9) zu, wenn diese Aussage auf den Kommanditisten nicht zutrifft.

a. Der Kommanditist zahlt vereinbarungsgemäß die Kapitaleinlage. ☐

b. Der Verlust wird im angemessenen Verhältnis verteilt. ☐

c. Der Gesellschafter verlangt die Auszahlung des Gewinns mit der Begründung, dass die in das Handelsregister eingetragene Einlage erreicht wurde. ☐

d. Der Gesellschafter haftet unbeschränkt, unmittelbar und solidarisch. ☐

e. Der Gesellschafter hat ein Widerspruchsrecht für alle gewöhnlichen und außergewöhnlichen Handlungen des Handelsgewerbes. ☐

6 Nehmen Sie aufgrund der folgenden Bedingungen eine Gewinnverteilung vor:

Vollhafter A: Einlage 230 000,00 EUR
Vollhafter B: Einlage 600 000,00 EUR
Teilhafter C: Einlage 150 000,00 EUR
Teilhafter D: Einlage 700 000,00 EUR

Die Einlagen sind alle voll erbracht. Entnahmen wurden nicht vorgenommen. Der Gewinn beträgt 300 000,00 EUR und wird laut Gesellschaftsvertrag wie folgt verteilt: Jeder Gesellschafter erhält zunächst eine Verzinsung seines Kapitals in Höhe von 8 %. Bei einem Mehrgewinn erhalten die Komplementäre je fünf Anteile und die Kommanditisten je einen Anteil.

a. Ermitteln Sie den Gewinn für den Gesellschafter B. ☐

b. Ermitteln Sie den Gewinn für den Gesellschafter D. ☐

c. Ermitteln Sie das neue Eigenkapital des Gesellschafters B. ☐

d. Ermitteln Sie das neue Eigenkapital der Gesellschaft. ☐

Welche Gründungsvorschriften müssen bei der Aktiengesellschaft (AG) berücksichtigt werden?		
Firmierung	Die Firma muss den Zusatz „Aktiengesellschaft" enthalten oder eine allgemein verständliche Abkürzung dieser Bezeichnung.	
Gründung	Anzahl Gründer	Zur Gründung der AG ist mindestens eine Person notwendig.
	Gesellschaftsvertrag	Der bzw. die Gründer stellen den Gesellschaftsvertrag (die Satzung) auf: Hierzu bedarf es der notariellen Beurkundung.
	Besonderheiten	Die Gesellschaft ist „errichtet", wenn ein oder mehrere Gründer alle Aktien übernommen haben. Weitere Schritte sind: ▷ Der bzw. die Gründer wählen den Aufsichtsrat. ▷ Der erste Aufsichtsrat bestellt den ersten Vorstand. ▷ Über die Gründung ist ein Gründungsbericht zu erstellen. ▷ Die Anmeldung zum Handelsregister ist von allen Gründern, Vorstands- und Aufsichtsratsmitgliedern vorzunehmen.
	Beginn der Gesellschaft	Durch die Eintragung in das Handelsregister Abteilung B entsteht die AG als juristische Person.
Mindestkapital	Der Mindestnennbetrag des Grundkapitals (in der Bilanz: „gezeichnetes Kapital") beträgt 50 000,00 EUR. Es setzt sich zusammen aus den Nennbeträgen der Aktien.	

Was ist eine Aktie? Welche Besonderheiten sind gegeben?

- ▷ Die Aktie ist eine Urkunde, in der die Mitgliedschaft in der AG verbrieft wird.
- ▷ Die Gewinnanteilsscheine (Dividendenscheine, Coupons) verbriefen den Gewinnanspruch, die Erneuerungsscheine (Talons) verbriefen Rechte auf neue Gewinnanteilsscheine.
- ▷ Eine Unterpari-Emission (Ausgabe unter Nennbetrag) ist nicht möglich. Das Aufgeld (Agio) wird in die Kapitalrücklage eingestellt.
- ▷ Jede Aktie repräsentiert einen Bruchteil am Grundkapital.
  Nennbetragsaktien: Sie lauten auf den Nennwert. Ein Euro ist der Mindestnennwert, höhere Aktiennennbeträge müssen auf volle Euro lauten.
  Stückaktien: Sie lauten auf keinen Nennbetrag. Sie sind in gleichem Umfang am Grundkapital beteiligt. Der anteilige Betrag darf auch hier nicht einen Euro unterschreiten. Der Anteil am Grundkapital bestimmt sich nach der Zahl der Aktien.

Unterscheiden Sie die Aktien im Hinblick auf ihre Übertragbarkeit, die mit ihnen verbundenen Rechte und den Ausgabezeitpunkt.	
Übertragbarkeit	▷ **Inhaberaktien** werden durch Einigung und Übergabe übertragen. ▷ **Namensaktien** lauten auf den Namen des Aktionärs (geborenes Orderpapier) und können nur mittels Zessionsvertrag oder mittels Indossament übertragen werden. ▷ **Vinkulierte Namensaktien** können zusätzlich nur mit Zustimmung der Gesellschaft übertragen werden.
Verbundene Rechte	▷ **Stammaktien** sind gewöhnliche Aktien. ▷ **Vorzugsaktien** gewähren Vorrechte, z. B. Recht auf Vorzugsdividende, jedoch meist verbunden mit einem Stimmrechtsausschluss.
Ausgabezeitpunkt	▷ **Alte Aktien** bieten ihren Eigentümern ein Bezugsrecht zum Ankauf von neuen Aktien. ▷ **Neue Aktien** werden bei Kapitalerhöhungen herausgegeben.

Erläutern Sie die Rechte und Pflichten der Gesellschafter (Aktionäre).	
Mitverwaltungsrechte	▷ Teilnahme an der Hauptversammlung ▷ Auskunft über Angelegenheiten der Gesellschaft auf der Hauptversammlung ▷ Stimmrecht in der Hauptversammlung nach Aktiennennbeträgen, bzw. bei Stückaktien nach deren Anzahl; das Stimmrecht kann persönlich oder durch Bevollmächtigte ausgeübt werden. Kreditinstituten kann für längstens 15 Monate ein Depotstimmrecht erteilt werden. ▷ Anfechtung von Beschlüssen der Hauptversammlung, die gegen Gesetz oder Satzung verstoßen
Vermögensrechte	▷ Bezug junger Aktien bei einer Kapitalerhöhung der AG ▷ Anteil am Liquidationserlös im Verhältnis der Aktiennennbeträge ▷ Anspruch auf einen Anteil am Bilanzgewinn der AG (Dividende); sie wird berechnet vom Nennwert der Aktien.
Einlagepflicht	Der Aktionär hat im Wesentlichen die Pflicht zur Leistung der Einlagen. ▷ Bargründung: Die Einlage ist in bar zu leisten. Geschuldet wird der Nennbetrag der gezeichneten Aktien sowie ein darüber hinausgehender Ausgabebetrag (Agio). ▷ Sachgründung: Die Leistung erfolgt durch andere Einlagen. Sacheinlagen sind vollständig zu leisten.

1 Welche der folgenden Aussagen trifft nicht zu? ☐

(1) Der Mindestnennbetrag des Grundkapitals beträgt 50 000,00 EUR und wird auch „gezeichnetes Kapital" genannt.

(2) Die Satzung der AG bedarf der notariellen Beurkundung.

(3) Das Grundkapital der AG setzt sich zusammen aus der Anzahl der Aktien multipliziert mit dem Ausgabekurs.

2 Welche der folgenden Aussagen trifft zu? ☐

(1) Durch die Eintragung in das Handelsregister A entsteht die AG als juristische Person.

(2) Die Firma einer AG muss die Bezeichnung „Aktiengesellschaft" oder eine allgemein verständliche Abkürzung dieser Bezeichnung enthalten.

(3) Das Mindestkapital der AG ist gesetzlich nicht geregelt.

(4) Zur Gründung einer AG sind sieben Gründer notwendig.

3 Überprüfen Sie die folgenden Aussagen zur Aktie und tragen Sie eine

(1) ein, wenn die Aussage zutrifft,
(9) ein, wenn die Aussage nicht zutrifft.

a. Der Mindestnennwert einer Aktie beträgt 1,00 TEUR, höhere Nennwerte müssen auf volle Euro lauten. ☐

b. Bei der Ausgabe von Aktien darf der Kurswert nicht kleiner sein als der Nennwert. ☐

c. Werden Aktien herausgegeben, so wird das Agio in die Kapitalrücklage eingestellt. ☐

d. Die Aktie ist ein Wertpapier, aber keine Urkunde. ☐

e. Inhaberaktien sind geborene Orderpapiere. ☐

f. Das Eigentum an Inhaberaktien kann durch Einigung und Übergabe übertragen werden. ☐

g. Stückaktien sind im Gegensatz zu den Nennbetragsaktien betragslose Aktien. ☐

h. Die Aktie besteht aus einem Mantel und einem Dividendenscheinbogen. ☐

4 Der Kurswert einer Aktie beträgt 750,00 EUR. Die Hauptversammlung beschließt eine Dividende in Höhe von 8 %. Der Nennwert beträgt 50,00 EUR.

a. Ermitteln Sie den Dividendenanspruch in Euro und tragen Sie die Zahl vor dem richtigen Ergebnis ein. ☐

(1) 4,00 EUR
(2) 60,00 EUR
(3) 80,00 EUR

b. Wie viel Prozent beträgt die effektive Verzinsung? Tragen Sie die Zahl vor dem richtigen Ergebnis ein. ☐

(1) 8 %
(2) 0,53 % (gerundet)
(3) 1,07 % (gerundet)
(4) keines der genannten Ergebnisse

5 Fünf Gesellschafter beschließen die Gründung einer AG. Sie verfügen über 700 000,00 EUR und bestimmen in ihrem Gesellschaftsvertrag den Beginn der Gesellschaft mit dem 05.05.09. Am 10.05.09 werden erste Geschäfte im Namen der Gesellschaft getätigt. Die Handelsregistereintragung erfolgt am 12.05.09.

Mit welchem Datum erfolgte die Gründung der AG?

Tragen Sie eine (9) ein, wenn kein Datum zutrifft. ☐

(1) 05.05.09
(2) 10.05.09
(3) 12.05.09

6 Die Aktionäre haben Rechte und Pflichten. Kennzeichnen Sie unten stehende Aussagen mit

(1), wenn diese zutreffen,
(9), wenn diese nicht zutreffen.

a. Die Aktionäre haben ein Recht auf Teilnahme an der Hauptversammlung. ☐

b. Die Aktionärin Alexandra Richter meint, nur den Nennbetrag der Aktie zahlen zu müssen und nicht den darüber hinausgehenden Ausgabebetrag. ☐

c. Ein Aktionär kann einen rechtswidrigen Beschluss anfechten. ☐

d. Die Aktionärin Beate Hodde meint, die Mitgliedschaft bei der AG schriftlich kündigen zu müssen. ☐

e. Der Aktionär Heinrich Sander fordert eine Abstimmung auf der Hauptversammlung nach Köpfen. ☐

f. Die Aktionäre erbringen ihre Einlage gewöhnlich in bar; Sacheinlagen, z. B. eine Maschine oder ein Grundstück, sind jedoch auch möglich. ☐

7 Überprüfen Sie die folgenden Aussagen zum Gründungsvorgang einer AG.

Tragen Sie eine

(1) ein, wenn die Aussage zutrifft,
(9) ein, wenn die Aussage nicht zutrifft.

a. Bei der Gründung einer AG muss sich mindestens eine natürliche oder juristische Person beteiligen. ☐

b. Der Gesellschaftsvertrag, auch Satzung genannt, bedarf nicht der notariellen Beurkundung. ☐

c. Die Mindesteinlage bei einer Gründung beträgt 50 000,00 EUR. Sie muss in bar erbracht werden. ☐

d. Die Gründer müssen einen Gründungsbericht erstellen. ☐

e. Die Gründer wählen den ersten Aufsichtsrat und bestellen den ersten Vorstand. ☐

f. Die AG entsteht als juristische Person mit Eintragung in das Handelsregister Abteilung A. ☐

Nennen Sie die Organe der AG. Beschreiben Sie diese in Stichworten.

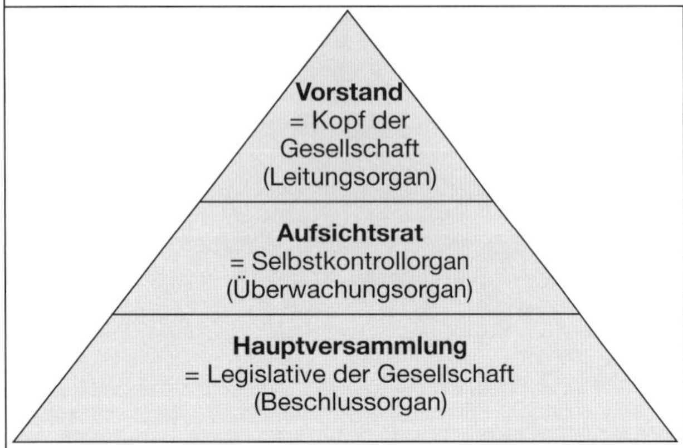

Der Vorstand leitet die Unternehmung. Er ist das geschäftsführende Organ und kann aus einer oder mehreren Personen bestehen. Er wird für fünf Jahre vom Aufsichtsrat bestellt.

Der Aufsichtsrat ist das Kontrollorgan der AG. Er besteht aus mindestens drei Mitgliedern und wird von der Hauptversammlung für vier Jahre bestellt.

Die Hauptversammlung ist das beschlussfassende Organ. Sie setzt sich zusammen aus den Aktionären der Gesellschaft. Die Aktionäre üben in der Hauptversammlung ihr Stimmrecht aus. Die Hauptversammlung wird in der Regel einmal im Jahr einberufen.

Nennen Sie die Aufgaben der einzelnen Organe der AG.

Vorstand	Die Aufgaben des Vorstandes: ▷ Leitung der Gesellschaft unter eigener Verantwortung ▷ Berichterstattung an den Aufsichtsrat ▷ Feststellung der Jahresbilanz, Gewinn-und-Verlust-Rechnung und Erstellung des Lageberichts ▷ Einladung zur ordentlichen Hauptversammlung ▷ Vorschlag über Gewinnverwendung ▷ Antrag auf Eröffnung des Insolvenzverfahrens
Aufsichtsrat	Die Aufgaben des Aufsichtsrates: ▷ Bestellung und Abberufung des Vorstandes ▷ Überwachung des Vorstandes ▷ Schriftliche Berichterstattung über den vom Vorstand aufgestellten und von den Abschlussprüfern geprüften Jahresabschluss; Geschäftsbericht, Vorschlag für die Gewinnverwendung ▷ Einberufung einer außerordentlichen Hauptversammlung
Haupt-versammlung	Die Aufgaben der Hauptversammlung: ▷ Wahl der Aufsichtsratsmitglieder der Anteilseigner ▷ Entlastung der Mitglieder des Aufsichtsrates und des Vorstands ▷ Entscheidung über die Verwendung des Bilanzgewinns ▷ Wahl der Abschlussprüfer ▷ Beschluss über lebenswichtige Fragen, die eine Satzungsänderung zur Folge haben, wie Kapitalerhöhung, -herabsetzung, Fusion und Auflösung

Welche Besonderheiten sind bei Vorstand und Aufsichtsrat einer AG zu beachten?

	Vorstand	**Aufsichtsrat**
Bestellung	fünf Jahre	vier Jahre
Öffentlichkeit	▷ Eintragung ins Handelsregister ▷ Angabe der Namen der Vorstandsmitglieder auf den Geschäftsbriefen	▷ Anmeldung beim Registergericht ▷ Angabe des Namens des Aufsichtsratsvorsitzenden auf den Geschäftsbriefen
Vergütung	festes Gehalt und eine Beteiligung am Jahresgewinn (Tantieme)	Vergütung laut Satzung oder Beschluss der Hauptversammlung
Persönliche Voraussetzung	Ein Vorstandsmitglied einer abhängigen Gesellschaft kann nicht dem Aufsichtsrat des herrschenden Unternehmens angehören. Ebenfalls verboten ist die Überkreuzverflechtung. Das bedeutet, dass zwei Aktiengesellschaften nicht gegenseitig ihre Vorstände in die Aufsichtsräte der jeweils anderen Gesellschaft entsenden dürfen.	

Wie wird der Jahresüberschuss verwendet?

Gesetzliche Rücklage	Laut Aktiengesetz sind 5 % des um einen etwaigen Verlustvortrag des Vorjahres bereinigten Jahresüberschusses so lange der gesetzlichen Rücklage zuzuführen, bis die gesetzliche Rücklage und die Kapitalrücklage 10 % des Grundkapitals erreicht haben.
Andere Gewinnrücklagen	▷ Stellen Vorstand und Aufsichtsrat den Jahresabschluss fest, so können sie einen Teil (höchstens die Hälfte) des Jahresüberschusses in andere Rücklagen einstellen. Die Satzung kann zur Einstellung eines größeren Betrages ermächtigen. ▷ Auf der Hauptversammlung kann die Zuführung von weiteren Beträgen in die Rücklage beschlossen werden.

1 Welche der folgenden Gleichsetzungen zu den Organen der AG ist falsch?

Tragen Sie die Ziffer in das Kästchen ein.

Sind alle Antworten richtig, tragen Sie eine (6) ein. ☐

(1) Vorstand = Leitungsorgan

(2) Aufsichtsrat = Überwachungsorgan

(3) Hauptversammlung = Beschlussorgan

(4) Vorstand = Kopf der Gesellschaft

(5) Aufsichtsrat = Selbstkontrollorgan

2 Wie viele Aktien muss eine AG mit der kleinsten Stückelung mindestens emittieren, um den gesetzlichen Gründungsvoraussetzungen zu entsprechen?

Tragen Sie die zutreffende Antwort in das Kästchen ein. ______ ☐

3 Ergänzen Sie die unten stehenden Aussagen, indem Sie die Ziffer vor dem jeweils fehlenden Organ der AG in das entsprechende Kästchen einsetzen.

(1) Vorstand
(2) Aufsichtsrat
(3) Hauptversammlung

a. Der/Die … hat unter eigener Verantwortung die Gesellschaft zu leiten. ______ ☐

b. Der/Die … bestellt den Vorstand und widerruft die Bestellung des Vorstandes aus wichtigem Grund. ______ ☐

c. Der/Dem … kann für seine Tätigkeit neben dem Gehalt auch eine Tantieme gewährt werden. ______ ☐

d. Der/Die … stellt den Jahresabschluss fest und macht einen Vorschlag für die Verwendung des Bilanzgewinns. ______ ☐

e. Der/Die … wählt die Mitglieder des Aufsichtsrates. ______ ☐

f. Der/Die … beschließt über die Entlastung der Vorstandsmitglieder. ______ ☐

g. Der/Die … beruft mindestens einmal im Jahr die Hauptversammlung ein. ______ ☐

4 Welche der folgenden Aussagen zum Vorstand trifft zu? ______ ☐

(1) Der Vorstand wird für vier Jahre vom Aufsichtsrat bestellt.

(2) Der Vorstand wird für vier Jahre von der Hauptversammlung bestellt.

(3) Die Vorstandsmitglieder werden in das Handelsregister eingetragen.

(4) Der Vorstand erhält ein festes Gehalt und zusätzlich mindestens 4 % Tantieme.

5 Welche der folgenden Aussagen zum Aufsichtsrat trifft nicht zu? ______ ☐

(1) Der Aufsichtsrat wird alle vier Jahre neu gewählt.

(2) Die Aufsichtsratsmitglieder erhalten für ihre Tätigkeit eine Tantieme, die laut Satzung oder auch durch Beschluss der Hauptversammlung bestimmt wird.

(3) Der Name des Aufsichtsratsvorsitzenden muss auf den Briefköpfen angegeben werden.

(4) Die Aufsichtsratsmitglieder müssen ein juristisches Studium nachweisen, um ihre Tätigkeit durchführen zu können.

6 Ordnen Sie bei den folgenden Aussagen eine

(1) zu, wenn es sich um Aufgaben der Hauptversammlung handelt,
(9) zu, wenn diese Aufgaben nicht von der Hauptversammlung wahrgenommen werden.

a. Entlastung der Mitglieder des Aufsichtsrates ______ ☐

b. Entlastung der Mitglieder des Vorstandes ______ ☐

c. Bestellung des Vorstandes ______ ☐

d. Abberufung des Vorstandes ______ ☐

e. Entscheidung über die Verwendung des Bilanzgewinns ______ ☐

f. Beschluss über eine Kapitalerhöhung ______ ☐

g. Wahl der Abschlussprüfer ______ ☐

7 Überprüfen Sie, ob die genannten Unternehmen unter die überbetriebliche Mitbestimmung fallen. Tragen Sie eine

(1) ein, wenn das Betriebsverfassungsgesetz von 1952 zutrifft,
(2) ein, wenn das Montanmitbestimmungsgesetz von 1951 zutrifft,
(3) ein, wenn das Mitbestimmungsgesetz von 1976 zutrifft.

Tragen Sie eine (9) ein, wenn eine überbetriebliche Mitbestimmung nicht zutrifft.

a. GmbH, 700 Arbeitnehmer ______ ☐

b. OHG, 3 000 Arbeitnehmer ______ ☐

c. Braunkohle AG, 2 600 Arbeitnehmer ______ ☐

d. Viermann Farben und Lacke AG, 1 200 Arbeitnehmer ______ ☐

e. Hugo Ackermann AG, Walzerzeugnisse, 1 400 Arbeitnehmer ______ ☐

f. Anke Halve, eingetragene Kauffrau, Herstellung feinster Salate, 50 Arbeitnehmer ______ ☐

g. Karl Klein, Baustoffhandel AG, 700 Arbeitnehmer ______ ☐

h. Transport Schnell GmbH, 200 Arbeitnehmer ______ ☐

Erläutern Sie anhand der wichtigsten Merkmale die Gesellschaft mit beschränkter Haftung (GmbH).

Firmierung	Die Firma der GmbH muss die Bezeichnung „Gesellschaft mit beschränkter Haftung" oder eine allgemein verständliche Abkürzung dieser Bezeichnung enthalten. Sie kann eine Personen-, Fantasie-, Sachfirma oder gemischte Firma sein.	
Gründung	Mindestanzahl Gründer	Eine Person reicht zur Gründung.
	Form des Gesellschaftsvertrages	Der Gesellschaftsvertrag (Satzung) bedarf der notariellen Beurkundung.
	Beginn der Gesellschaft	Durch die Eintragung in das Handelsregister Abteilung B entsteht die GmbH als juristische Person. Vor der Gründung haften die Gesellschafter persönlich und solidarisch.
Rechte der Gesellschafter	Gewinnanteil	Die Verwendung des im Jahresabschluss ausgewiesenen Geschäftsergebnisses wird von den Gesellschaftern entschieden. Eine Ausschüttung erfolgt im Verhältnis ihrer Geschäftsanteile. Möglich ist jedoch eine Reservebildung, d. h., Gewinn kann auch zur Eigenkapitalbildung verwendet werden.
	Mitverwaltung	Die Gesellschafter haben ein Mitverwaltungsrecht. Die Geschäftsführungsbefugnis und Vertretungsmacht kann von einem oder mehreren Gesellschaftern selbst wahrgenommen werden oder von beauftragten Fremdgeschäftsführern.
	Auskunfts- und Einsichtsrecht	Auf Wunsch eines Gesellschafters hat der Geschäftsführer Auskunft über die Angelegenheiten der Gesellschaft zu geben und Einsicht in die Bücher und Schriften zu gestatten.
Pflichten der Gesellschafter	Leistung der Stammeinlage	Der Gesellschafter muss die vereinbarte Stammeinlage erbringen. Auf jede Stammeinlage muss ein Viertel eingezahlt werden. Insgesamt muss bei einer Bargründung die Hälfte des Mindeststammkapitals vorhanden sein.
	Nachschusspflicht	Der Gesellschaftsvertrag kann eine beschränkte oder unbeschränkte Nachschusspflicht vorsehen.
Besonderheiten	**Stammkapital**	Das Stammkapital muss mindestens 25 000,00 EUR betragen. Es ist der in der Satzung festgelegte Betrag aller Stammeinlagen und wird in der Bilanz als „gezeichnetes Kapital" ausgewiesen.
	Stammeinlagen	Der vom Gesellschafter übernommene Anteil am Stammkapital ist die Stammeinlage. Der Betrag muss auf volle Euro lauten. Die einzelnen Stammeinlagen, die das Stammkapital ergeben, können für die einzelnen Gesellschafter verschieden hoch sein.
	Geschäftsanteil	Die Mitgliedschaft in der GmbH wird als Geschäftsanteil bezeichnet. Darüber kann eine Beweisurkunde (nicht Wertpapier) ausgestellt werden. Der Geschäftsanteil ist Maßstab für Rechte und Pflichten. Der Wert des Geschäftsanteils ist nicht mit dem Nennbetrag (abgeleitet aus der Höhe des gezeichneten Kapitals der Stammeinlage) identisch, sondern kann größer oder geringer sein (wahrer Wert).
Organe	Geschäftsführer	Sie haben die Geschäftsführungsbefugnis und die Vertretungsmacht. Nach dem Mitbestimmungsgesetz von 1976, das für Gesellschaften mit mehr als 2 000 Arbeitnehmern Gültigkeit hat, muss ein Arbeitsdirektor bestellt werden. Die Amtszeit der Geschäftsführer ist zeitlich nicht begrenzt.
	Aufsichtsrat	Ein Aufsichtsrat ist aufgrund der gesetzlich bestimmten überbetrieblichen Mitbestimmung notwendig.
	Gesellschafterversammlung	Sie ist das Beschluss fassende Organ. Die Einberufung erfolgt durch eingeschriebenen Brief durch die Geschäftsführer. Über wesentliche Punkte beschließen die Gesellschafter (z. B. Bestellung, Entlastung und Abberufung von Geschäftsführern, Gewinnverwendung, Prokuraerteilung). Jeder Euro eines Geschäftsanteils gewährt eine Stimme.
Besonderheit: „Mini-GmbH"	▷ Die Gründung ist ab einem Euro Stammkapital möglich (keine Sacheinlagen). ▷ Die Gewinnausschüttung ist begrenzt, da 25 % des Gewinns angespart werden müssen, bis das Stammkapital von 25 000,00 EUR erreicht ist. ▷ Die Kennzeichnung als „Unternehmergesellschaft (haftungsbeschränkt)" oder „UG (haftungsbeschränkt)" ist vorgeschrieben. ▷ Der Eintrag in das Handelsregister erfolgt erst mit Erreichen der vorgeschriebenen Stammkapitalhöhe.	
Auflösungsgründe	Zeitablauf, Beschluss der Gesellschafter, Insolvenzverfahren. Ein GmbH-Gesellschafter hat die Möglichkeit des Ausstiegs aus der Gesellschaft durch den Verkauf seines GmbH-Anteils mit notarieller Beurkundung.	

1 Welche der folgenden Aussagen trifft nicht zu? ☐

(1) Die GmbH ist eine Gesellschaft mit eigener Rechtspersönlichkeit, deren Gesellschafter nicht persönlich für die Verbindlichkeiten der Gesellschaft haften.

(2) Eine GmbH kann von einem oder mehreren Gesellschaftern gegründet werden.

(3) Die GmbH wird durch einen notariell beurkundeten Gesellschaftsvertrag gegründet; die Eintragung in das Handelsregister hat deklaratorische (rechtserklärende) Wirkung.

2 Der Unternehmer Horst Kettler möchte eine GmbH gründen. Gegenstand des Unternehmens ist der Handel mit Damenbekleidung. Entscheiden Sie, ob folgende Firmierungen möglich sind.

Tragen Sie eine

(1) ein, wenn die Firmierung den gesetzlichen Vorschriften entspricht,
(9) ein, wenn die Firmierung nicht den gesetzlichen Vorschriften entspricht.

a. Kettler GmbH ☐

b. Horst Kettler GmbH ☐

c. H. Kettler, Damenbekleidung ☐

d. Damenbekleidung Kettler GmbH ☐

e. Damenbekleidung Kettler mbH ☐

3 Ordnen Sie eine

(1) zu, wenn die Aussage zur GmbH zutrifft,
(9) zu, wenn die Aussage zur GmbH nicht zutrifft.

a. Die GmbH ist eine Personengesellschaft. ☐

b. Die GmbH ist aufgrund der verschärften Haftungsbedingungen eine nicht häufig gewählte Unternehmensrechtsform. ☐

c. Die Eintragung einer GmbH erfolgt in das Handelsregister Abteilung B. ☐

d. Über wesentliche Punkte der Gesellschaft beschließen die Gesellschafter, z. B. über die Bestellung der Prokuristen. ☐

e. Der Gesellschaftsvertrag kann eine beschränkte oder unbeschränkte Nachschusspflicht vorsehen. ☐

f. Die Gründung einer GmbH ist durch eine Person möglich. ☐

g. Das Stammkapital der GmbH wird in das Handelsregister eingetragen. ☐

4 Volker Hoffmeister – 20 Jahre alt – möchte eine „Mini-GmbH" gründen. Eine Einlage in Höhe von 7 000,00 EUR kann er bar aufbringen.

Ordnen Sie eine

(1) zu, wenn die Aussage zutrifft,
(9) zu, wenn die Aussage nicht zutrifft.

a. Die Gründung einer „Mini-GmbH" ist bereits mit 1,00 EUR möglich. ☐

b. Die Firmierung „V. Hoffmeister, Unternehmergesellschaft (haftungsbeschränkt)" entspricht den gesetzlichen Vorschriften. ☐

c. Die Firmierung „Volker Hoffmeister, UG (haftungsbeschränkt)" entspricht nicht den gesetzlichen Vorschriften, weil eine unerlaubte Abkürzung verwendet wurde. ☐

d. Die Gründung ist nicht möglich, weil das Mindestalter für eine haftungsbeschränkte Unternehmensgesellschaft 25 Jahre beträgt. ☐

e. Die Gesellschaft muss ins Handelsregister eingetragen werden. ☐

5 An einer GmbH sind drei Gesellschafter beteiligt. Sie unterhalten sich über die Rechte und Pflichten der Gesellschafter einer GmbH.

Ordnen Sie eine

(1) zu, wenn die Aussage zutrifft,
(9) zu, wenn die Aussage nicht zutrifft.

a. Gesellschafter A: „Die Geschäftsführung und Vertretung ist nur durch alle drei Gesellschafter möglich." ☐

b. Gesellschafter B: „Als Geschäftsführer kann auch eine fremde Person benannt werden." ☐

c. Gesellschafter A: „Die Gesellschafter müssen die vereinbarten Stammeinlagen erbringen. Die Höhe der Stammeinlagen kann unterschiedlich sein." ☐

d. Gesellschafter B: „Die Stammeinlagen einer GmbH sind alle gleich hoch. Jedoch ist es möglich, mehrere Stammeinlagen zu erwerben." ☐

e. Gesellschafter C: „Über wesentliche Punkte der Gesellschaft beschließen die Gesellschafter. Je Kopf wird eine Stimme gewährt." ☐

6 Ergänzen Sie unten stehende Definitionen um folgende Begriffe:

(1) das/des Stammkapital/s
(2) die/der Stammeinlage
(3) der/des Geschäftsanteil/s

Sollte eine Zuordnung nicht möglich sein, tragen Sie eine (9) ein.

a. Die Mindesthöhe … beträgt 25 000,00 EUR. ☐

b. Der vom Gesellschafter übernommene Anteil am Stammkapital ist … ☐

c. Die Mindesthöhe … beträgt 1,00 EUR. ☐

d. Die Mitgliedschaft an der GmbH wird als … bezeichnet. ☐

Nennen Sie die wesentlichen Gründungsvorschriften der Genossenschaft (eG).		
Firmierung	Die Firma muss den Zusatz „eingetragene Genossenschaft“ enthalten oder eine allgemein gültige Abkürzung dieser Bezeichnung.	
Gründung	Anzahl Gründer	Sieben Personen sind zur Gründung notwendig.
	Form des Gesellschaftsvertrages	Die Gründer stellen ein Statut (Satzung) auf. Dieses bedarf der schriftlichen Form.
	Beginn der Gesellschaft	Durch Eintragung in das Genossenschaftsregister entsteht die Genossenschaft als juristische Person und zugleich als Formkaufmann.
Kapitalaufbringung	▷ **Geschäftsanteil** ist der im Statut festgelegte und von den Gesellschaftern einzuzahlende Betrag. Die Mindesteinzahlung beträgt 1/10. ▷ **Geschäftsguthaben** ist der eingezahlte Betrag jedes Mitgliedes. Gewinne werden so lange zugeschrieben, bis der Geschäftsanteil erreicht ist, Verluste werden entsprechend abgezogen.	
Haftsumme	Ist eine beschränkte Haftsumme im Statut festgelegt, so darf diese nicht niedriger sein als der Geschäftsanteil. Die Risikosumme setzt sich demzufolge zusammen aus: Geschäftsanteil und Haftsumme.	

Nennen Sie die wichtigsten Rechte und Pflichten der Genossen.	
Rechte	▷ Anteil am Bilanzgewinn ▷ Teilnahme an der Generalversammlung; bei mehr als 3 000 Mitgliedern muss, bei mehr als 1 000 Mitgliedern kann eine Vertreterversammlung die Rechte der Generalversammlung ausüben. ▷ Benutzung der satzungsmäßigen Einrichtungen der Genossenschaft ▷ Recht auf Kündigung der Mitgliedschaft ▷ Anteil am Liquidationserlös ▷ Auszahlung des Geschäftsguthabens bei Ausscheiden
Pflichten	▷ Leistung der im Statut vereinbarten Einlage; die Mindesteinlage beträgt 1/10 des Geschäftsanteils. ▷ Nachschusspflicht, wenn die Satzung es vorsieht ▷ Beachtung der Bestimmungen des Statuts und der Beschlüsse auf der Generalversammlung

Nennen Sie die Organe der Genossenschaft und deren Besonderheiten.	
Vorstand	Der Vorstand ist das leitende Organ der Gesellschaft. Er besteht aus mindestens zwei Genossen, die von der Generalversammlung oder vom Aufsichtsrat gewählt werden. Die Vorstandsmitglieder besitzen grundsätzlich nur Gesamtvertretungsbefugnis für Geschäftsführung und Vertretung.
Aufsichtsrat	Der Aufsichtsrat ist das überwachende Organ. Er umfasst mindestens drei Genossen und wird durch die Generalversammlung gewählt. Auch für den Aufsichtsrat der Genossenschaft gelten die Vorschriften der überbetrieblichen Mitbestimmung des Betriebsverfassungsgesetzes von 1952 oder des Mitbestimmungsgesetzes von 1976.
Generalversammlung	Die Generalversammlung ist das beschließende Organ der Genossenschaft. Eine Besonderheit gegenüber der Hauptversammlung der AG ist die Abstimmung nach Köpfen, nicht nach Geschäftsanteilen. Diese Regelung bewirkt, dass die Interessen jedes Genossen gleichermaßen berücksichtigt werden.

Welches Hauptziel verfolgt die Genossenschaft? Welche Arten von Genossenschaften gibt es?		
Ziel	Die Genossenschaft ist eine Gesellschaft mit nicht geschlossener Mitgliederzahl, die die Förderung des Erwerbs oder der Wirtschaft ihrer Mitglieder (Genossen) mittels eines gemeinschaftlichen Geschäftsbetriebes bezweckt. Ziel ist also die Selbsthilfe der Mitglieder durch gegenseitige Förderung, nicht die Gewinnerzielung.	
Arten	**Beschaffungsgenossenschaften**	▷ Einkaufgenossenschaften der Händler und Handwerker ▷ Bezugsgenossenschaften der Landwirte ▷ Kreditgenossenschaften ▷ Verbrauchergenossenschaften ▷ Baugenossenschaften ▷ Nutzungsgenossenschaften
	Verwertungsgenossenschaften	▷ landwirtschaftliche Absatzgenossenschaften ▷ Kreditgenossenschaften ▷ Fischerei- und Fischverwertungsgenossenschaften

1 Zwölf Bauern gründen eine Genossenschaft, deren Ziel es ist, neben der gemeinschaftlichen Lagerung und Verwertung von Obst auch den Absatz zu vereinheitlichen. Die Mitglieder stellen ein Statut auf und beschließen die Gründung mit dem 01.03. d. J. Sie wählen den Namen ihrer Genossenschaft mit „Obstanbau und -verwertung e. G.". Die Eintragung ins Register erfolgt am 12.03., erste Geschäfte werden bereits Anfang März getätigt.

Ordnen Sie eine

(1) zu, wenn die Aussage zutrifft,
(9) zu, wenn die Aussage nicht zutrifft.

a. Die Anzahl der Bauern reicht für die Gründung der Genossenschaft aus. ☐

b. Die Genossenschaft ist mit dem Gründungsdatum 01.03. entstanden. ☐

c. Die Genossenschaft ist mit dem Tätigwerden Anfang März entstanden. ☐

d. Die Genossenschaft ist erst mit der Eintragung ins Handelsregister entstanden. ☐

e. Der von der Genossenschaftsversammlung gewählte Vorstand muss mindestens aus zwei Personen bestehen. Hinzu kommt, dass die gewählten Vorstandsmitglieder Genossen sein müssen. ☐

f. Bei Ausscheiden von 6 Bauern sind die Bedingungen für eine Genossenschaft nicht mehr erfüllt. ☐

g. Der geplante Name für die Genossenschaft ist möglich, da es sich wie vorgeschrieben um eine Sachfirma mit dem Zusatz „e. G." handelt. ☐

h. Eine Firmierung mit einem Fantasienamen wäre auch möglich gewesen, wichtig ist nur der Zusatz „e. G." ☐

i. Die Eintragung der Genossenschaft in das Genossenschaftsregister hat konstitutive Wirkung. ☐

j. Die Genossenschaft ist eine juristische Person. ☐

k. Für die Gründung sind mindestens sieben Personen vorgeschrieben. ☐

l. Der Gewinn der Genossenschaft wird immer nach Köpfen verteilt, d. h. bei 12 Genossen erhält jeder Genosse $8\frac{1}{3}$ % des Gewinns. ☐

m. Jeder Genosse hat das Recht auf Kündigung. ☐

n. Jeder Genosse hat das Recht auf Nutzung der Einrichtungen der Genossenschaft. ☐

o. Jeder Genosse ist zur persönlichen Mitarbeit verpflichtet. ☐

2 Welche der folgenden Aussagen trifft nicht zu? ☐

(1) Eine Kreditgenossenschaft schüttet den Gewinn nicht nach Geschäftsanteilen, sondern nach Geschäftsguthaben aus.

(2) Eine Winzergenossenschaft schüttet den Gewinn nicht nach dem Geschäftsguthaben, sondern nach den von den Mitgliedern erbrachten Leistungen aus.

(3) In eine Genossenschaft können nur natürliche Personen als Mitglieder eintreten. Juristische Personen können keine Mitgliedsrechte erwerben.

3 Ordnen Sie folgende Begriffe den unten stehenden Aussagen zu:

(1) Das Geschäftsguthaben
(2) Der Geschäftsanteil
(3) Die Haftungssumme

a. ... ist im Statut festgelegt, darf jedoch nicht niedriger sein als der Geschäftsanteil. ☐

b. ... ist der im Statut festgelegte und von den Gesellschaftern einzuzahlende Betrag. ☐

c. ... ist der tatsächlich eingezahlte Betrag jedes Mitgliedes, Gewinne werden zugeschrieben, bis der Geschäftsanteil erreicht ist. ☐

4 Nehmen Sie zu folgenden Aussagen zur „Haftung" Stellung. Tragen Sie eine

(1) ein, wenn die Aussage zutrifft,
(9) ein, wenn die Aussage nicht zutrifft.

a. Für die Verbindlichkeiten der Genossenschaft haftet in jedem Fall nur das Vermögen der Genossenschaft. ☐

b. Das Statut kann eine unbeschränkte Nachschusspflicht der Genossen vorsehen. ☐

c. Das Statut kann eine beschränkte Nachschusspflicht der Genossen vorsehen. ☐

d. Das Statut kann keine Nachschusspflicht der Genossen vorsehen. In diesem Fall haften die Genossen nur mit ihrem voll eingezahlten Geschäftsanteil. ☐

5 Über eine Einkaufsgenossenschaft wurde das Insolvenzverfahren eröffnet. Der Geschäftsanteil beträgt 500,00 EUR. In der Satzung wurde der Mindestbetrag, der im Genossenschaftsgesetz bei beschränkter Nachschusspflicht vorgesehen ist, als Haftung vereinbart.

Tragen Sie die Ergebnisse in die Kästchen ein.

a. Wie hoch ist die Haftsumme? ☐

b. Wie hoch ist die Risikosumme? ☐

6 Welches Hauptziel verfolgt die Genossenschaft? Tragen Sie die Zahl vor dem richtigen Ergebnis ein.

Trifft keine der genannten Aussagen zu, tragen Sie eine (9) ein. ☐

(1) Die Genossenschaft verfolgt als wirtschaftlicher Verein das Ziel der Gewinnmaximierung, d. h., ihr Hauptziel ist nicht anders definiert als das der Personen- und Kapitalgesellschaften.

(2) Das Hauptziel der Genossenschaft ist die Selbsthilfe der Mitglieder durch gegenseitige Förderung.

(3) Die Genossenschaft verfolgt durch den Zusammenschluss mehrerer Mitglieder die Stärkung ihrer Marktposition und darauf basierend dann die Gewinnmaximierung.

<table>
<tr><th colspan="2">Was verstehen Sie unter Kooperation? Erläutern Sie wesentliche Arten.</th></tr>
<tr><td>Kooperation</td><td>Unter Kooperation versteht man die Zusammenarbeit von Unternehmen, die ihre rechtliche Selbstständigkeit beibehalten. Die wirtschaftliche Selbstständigkeit wird in den Bereichen der Zusammenarbeit aufgegeben, bleibt aber in den nicht unterworfenen Bereichen weiterhin erhalten.</td></tr>
<tr><td rowspan="3">Kartelle</td><td>Grundsatz
Verboten sind alle Vereinbarungen, Beschlüsse und aufeinander abgestimmte Verhaltensweisen zwischen Unternehmern, die den Wettbewerb negativ beeinflussen (Kartelle) und gelten für Horizontal- sowie Vertikalvereinbarungen. Die Vorschriften sind im „Gesetz gegen Wettbewerbsbeschränkungen“ geregelt. Somit ist das deutsche Kartellrecht an die EU-Regelungen angepasst worden.</td></tr>
<tr><td>Verbotene Kartelle
▷ Preiskartelle
Verboten ist die Festsetzung der An- oder Verkaufspreise und der Geschäftsbedingungen.
▷ Quotenkartelle
Verboten sind Absprachen über die Einschränkung oder Kontrolle der Erzeugung, des Absatzes, der technischen Entwicklung oder der Investitionen.
▷ Gebietskartelle
Verboten ist die Aufteilung der Märkte oder Versorgungsquellen.
▷ Empfehlungskartelle
Verboten sind Empfehlungen zur Einhaltung bestimmter Preise, Preisgrenzen, Kalkulationsrichtlinien, Handelsspannen oder Rabatte – es sei denn, die Empfehlungen sind unverbindlich und es wird kein wirtschaftlicher oder gesellschaftlicher Druck ausgeübt.</td></tr>
<tr><td>Ausnahmen
▷ Freigestellte Vereinbarungen
Nach den neuen Vorschriften müssen die Unternehmen nun selbst prüfen, ob ihr Verhalten kartellrechtlich zulässig ist oder nicht.
▷ Mittelstandskartelle
Die Rationalisierung wirtschaftlicher Vorgänge durch zwischenbetriebliche Zusammenarbeit ist erlaubt, wenn
1. dadurch der Wettbewerb auf dem Markt nicht wesentlich beeinträchtigt wird und
2. die Vereinbarung oder der Beschluss dazu dient, die Wettbewerbsfähigkeit kleiner oder mittlerer Unternehmen zu verbessern.
▷ Sonderregeln für bestimmte Wirtschaftsbereiche
– Erlaubt ist die Preisbindung seitens der Verlage für Bücher, Kunstdrucke, Zeitschriften und Zeitungen sowie Vereinbarungen und Beschlüsse in der Landwirtschaft.
– Erlaubt sind Absprachen über
1. die Erzeugung oder den Absatz landwirtschaftlicher Erzeugnisse oder
2. die Benutzung gemeinschaftlicher Einrichtungen für die Lagerung, Be- oder Verarbeitung landwirtschaftlicher Erzeugnisse, sofern sie keine Preisbindung enthalten und den Wettbewerb nicht ausschließen.</td></tr>
<tr><td>Interessen-gemeinschaft</td><td>▷ Gewinn- und Verlustgemeinschaften (Pool) liegen vor, wenn die Unternehmen ihren Erfolg nach einem bestimmten Schlüssel aufteilen.
▷ Sonstige Interessengemeinschaften können z. B. der gemeinsamen Entwicklung, Forschung, Verwaltung oder Patentauswertung dienen.</td></tr>
<tr><td>Gelegenheits-gesellschaften</td><td>▷ Arbeitsgemeinschaften finden sich insbesondere im Baugewerbe, um gemeinschaftlich Verträge zu erfüllen.
▷ Konsortien werden häufig von Banken gebildet, die die Übernahme und Veräußerung von Aktien oder Schuldverschreibungen bei Gründung einer AG oder auch Kapitalerhöhung gemeinsam durchführen.</td></tr>
</table>

<table>
<tr><th colspan="2">Erläutern Sie den Begriff Konzentration. Nennen Sie wesentliche Arten.</th></tr>
<tr><td>Begriff</td><td>Eine Konzentration liegt vor, wenn Unternehmen ihre wirtschaftliche Selbstständigkeit aufgeben und ihre rechtliche Selbstständigkeit behalten (Konzern) oder aufgeben (Fusion).</td></tr>
<tr><td>Konzern</td><td>▷ Der Unterordnungskonzern entsteht durch Erwerb der Kapital- oder Stimmenmehrheit (Mutter- und Tochtergesellschaften).
▷ Der Gleichordnungskonzern beinhaltet die einheitliche gemeinsame Leitung, ohne dass ein Unternehmen von dem anderen abhängig ist.</td></tr>
<tr><td>Fusion</td><td>▷ Eine Verschmelzung durch Neubildung liegt vor, wenn sich die beteiligten Unternehmen rechtlich zu einem noch nicht bestehenden Unternehmen vereinigen. Die alten Gesellschaften erlöschen.
▷ Bei der Verschmelzung durch Aufnahme überträgt ein Unternehmen sein Vermögen auf ein anderes bestehendes Unternehmen. Nach der Fusion existiert nur noch das übernehmende Unternehmen.</td></tr>
</table>

1 In der Wirtschaft lassen sich vielfältige Zusammenschlüsse von Unternehmen feststellen.

Überprüfen Sie, bei welchem Zusammenschluss die wirtschaftliche Selbstständigkeit des beteiligten Unternehmens vollständig verloren geht, die rechtliche Selbstständigkeit jedoch erhalten bleibt. ______ ☐

(1) Fusion

(2) Arbeitsgemeinschaft

(3) Konzern

(4) Kartell

(5) Interessengemeinschaft

2 Welche der in den folgenden Auswahlantworten beschriebenen Kartelle sind verboten?

Tragen Sie die entsprechenden Ziffern in die Kästchen ein. ______ ☐ ☐

(1) Ein Verlag legt den Verkaufspreis seiner Bücher fest. Der Buchhandel muss sich an diese Preisbindung halten.

(2) Die Kartellmitglieder vereinbaren die Erhöhung des Verkaufspreises auf 12,20 EUR je Kilogramm.

(3) Die Kartellmitglieder vereinbaren vertraglich, für welches Absatzgebiet sie ausschließlich zuständig sind.

(4) Die Bauern der Gemeinde Stemwede vereinbaren, die diesjährige Kartoffelernte gemeinsam zu lagern.

3 Welche der folgenden Aussagen trifft zu?

Tragen Sie die Ziffer in das Kästchen ein. ______ ☐

(1) Kartelle können vertikale oder horizontale Zusammenschlüsse sein.

(2) Kartelle sind horizontale Zusammenschlüsse.

(3) Kartelle sind vertikale Zusammenschlüsse.

4 Überprüfen Sie folgende Aussagen zur Konzentration von Unternehmen.

Tragen Sie die Ziffer vor der zutreffenden Antwort in das Kästchen ein. ______ ☐

(1) Die Fusion von Unternehmen ist verboten.

(2) Eine Fusion kann durch die Aufnahme eines abhängigen Unternehmens in ein herrschendes Unternehmen erfolgen. Die rechtliche Selbstständigkeit des abhängigen Unternehmens erlischt.

(3) Ein Konzern ist ein Gebilde aus mehreren Betrieben, die aber rechtlich alle zu einem Unternehmen gehören.

(4) Konsortien sind Konzentrationserscheinungen, die von der zuständigen Kartellbehörde nur sehr selten erlaubt werden.

(5) Ein Trust ist ein Zusammenschluss von Unternehmen, die sich unter Aufgabe der wirtschaftlichen Selbstständigkeit vereinigen, aber ihre rechtliche Selbstständigkeit behalten.

5 Überprüfen Sie folgende Aussagen zur Unternehmenskonzentration.

Tragen Sie die Ziffer vor der nicht zutreffenden Antwort in das Kästchen ein. ______ ☐

Treffen alle Antworten zu, tragen Sie eine (6) ein.

(1) Bei einem Konzern werden rechtlich selbstständige Unternehmen unter einer einheitlichen Leitung zusammengefasst.

(2) Wenn Schwesterngesellschaften ihre Aktien gegenseitig austauschen, spricht man von einem Gleichordnungskonzern.

(3) Man spricht von vertraglich verbundenen Unternehmen, wenn eine AG die wirtschaftliche Leitung einem anderen Unternehmen unterstellt, ohne dass eine kapitalmäßige Beteiligung vorliegt.

(4) Bei einer Fusion verlieren die beteiligten Unternehmen ihre wirtschaftliche Selbstständigkeit. Erfolgt eine Verschmelzung durch Neubildung, so verlieren die Unternehmen auch ihre rechtliche Selbstständigkeit.

(5) Beim Konzern und bei der Fusion verlieren die Unternehmen ihre wirtschaftliche Selbstständigkeit.

6 Überprüfen Sie folgende Aussagen zur Interessengemeinschaft.

Tragen Sie eine

(1) ein, wenn die Aussage zutrifft,
(9) ein, wenn die Aussage nicht zutrifft.

a. Interessengemeinschaften werden z. B. gebildet für die gemeinsame Entwicklung eines neuen Produktes. ______ ☐

b. Bei Interessengemeinschaften geben die einzelnen Unternehmen auf den jeweiligen Interessengebieten ihre wirtschaftliche Selbstständigkeit auf, rechtlich bleiben sie jedoch selbstständig. ______ ☐

c. Interessengemeinschaften werden vom Gesetzgeber befürwortet, wenn sie Vereinbarungen beinhalten, die zur Vermeidung der Überproduktion von Produkten bestimmte Produktionsquoten zuordnen. ______ ☐

d. Interessengemeinschaften dienen der Wahrung und Förderung gemeinsamer Interessen. ______ ☐

e. Interessengemeinschaften sind nicht verboten. ______ ☐

7 Welche der folgenden Auswahlantworten enthält nur verbotene Kartelle?

Tragen Sie die Ziffer vor der richtigen Zeile in das Kästchen ein. ______ ☐

(1) Preiskartelle – Mittelstandskartelle

(2) Gebietskartelle – Quotenkartelle

(3) Quotenkartelle – Mittelstandskartelle

Erläutern Sie Arten, Ziele und Aufgaben der berufsständischen Organisationen.

Art der Betriebe/Branche	Berufsständische Organisation	Ziele und Aufgaben	Mitgliedschaft	Dachverband auf Bundesebene
Betriebe der gewerblichen Wirtschaft (Industrie, Handel, Dienstleistung)	**Industrie- und Handelskammer** = Interessenvertretung für die gewerbliche Wirtschaft	▷ betreut alle in ihrem Bereich liegenden Gewerbebetriebe, die Pflichtbeiträge zahlen ▷ berät und fördert die gewerbliche Wirtschaft ▷ überwacht die Berufsausbildung, führt das Verzeichnis der Ausbildungsbetriebe und nimmt Prüfungen ab	Pflicht	Deutscher Industrie- und Handelstag DIHT
	Wirtschaftsfachverband = Interessenvertretung des jeweiligen Wirtschaftszweiges	▷ fördert den jeweiligen Wirtschaftszweig (z. B. Verband der Elektroindustrie) ▷ berät Mitglieder in technischen und rechtlichen Fragen ▷ gibt branchenbezogene Informationen und Statistiken für die Mitglieder heraus ▷ gibt Stellungnahmen zu aktuellen wirtschaftspolitischen Themen ab, sofern diese den Wirtschaftszweig betreffen ▷ versucht Einfluss auf die Gesetzgebung zu nehmen, sofern diese den Wirtschaftszweig betrifft (Lobby)	freiwillig	▷ Bundesverband des entsprechenden Wirtschaftszweiges ▷ Bundesverband der deutschen Industrie BDI
Handwerksbetriebe	**Handwerksinnung** = Zusammenschluss selbstständiger Handwerker einer Berufsgruppe	▷ regelt und überwacht die Berufsausbildung ▷ nimmt Gesellenprüfungen ab ▷ vermittelt zwischen Kunden und Betrieb ▷ richtet Unterstützungs- und Krankenkassen ein	Ausbildungsbetriebe sind freiwillig.	Bundesinnungsverbände
	Kreishandwerkerschaft = Zusammenschluss aller oder mehrerer Handwerksinnungen eines Stadt- oder Landkreises	▷ nimmt die gemeinschaftlichen Interessen des Handwerks auf Bezirksebene wahr ▷ schafft überbetriebliche Ausbildungsstätten und Schlichtungsstellen ▷ führt die Geschäfte der Innungen ▷ erteilt Auskünfte und Rechtsberatungen ▷ betreut die Auszubildenden gemeinsam mit den Lehrlingswarten der Kammern	Pflicht	▷ Bundesvereinigung der Fachverbände ▷ Zentralverband des deutschen Handwerks
	Handwerkskammer = Interessenvertretung des Handwerks und Organ der handwerklichen Selbstverwaltung	▷ berät Mitglieder in betriebswirtschaftlichen Fragen und fördert die wirtschaftliche Situation der Mitglieder ▷ führt die Handwerksrolle, in der jeder Betrieb verzeichnet ist ▷ überwacht die Ausbildung ▷ nimmt die Meisterprüfung ab	Pflicht	Deutscher Handwerkskammertag
Landwirtschaftliche Betriebe	**Landwirtschaftsverband (Ort/Kreis)** = Interessenvertretung der Landwirte	▷ betreut landwirtschaftliche Betriebe in wirtschaftlichen und sozialen Angelegenheiten ▷ nimmt die Interessen der Mitglieder gegenüber der Gesellschaft wahr ▷ betreut die Landjugend und die Landfrauen	freiwillig	Deutscher Bauernverband
	Landwirtschaftskammer = Interessenvertretung der landwirtschaftlichen Betriebe	▷ in manchen Bundesländern: Landwirtschaftsamt ▷ berät die Mitglieder in fachlichen Fragen ▷ fördert die Landwirtschaft ▷ bearbeitet Anträge der Landwirte im Rahmen des EG-Agrarmarktes ▷ nimmt Gesellen- und Meisterprüfungen ab	Pflicht	keine Bundesorganisation
Hauswirtschaftliche Betriebe	**Hausfrauenbund** = Interessenvertretung der Hausfrauen	▷ vertritt die Interessen der Mitglieder ▷ berät und informiert seine Mitglieder in Fragen der Hauswirtschaftsausbildung, der Ernährung und in Verbraucherfragen	freiwillig	

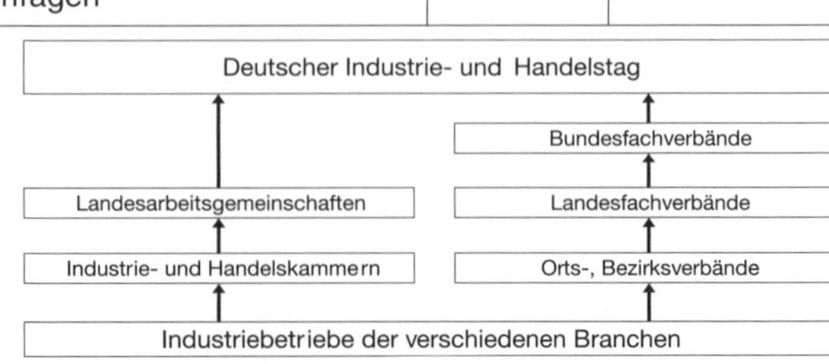

1 Welche der folgenden Organisationen ist keine berufsständische Organisation? ______ ☐

(1) Zentralverband des Deutschen Handwerks
(2) Bundesinnungsverband
(3) Deutscher Bauernverband
(4) Deutscher Industrie- und Handelstag DIHT
(5) Deutsche Lebensrettungsgesellschaft DLRG

2 Welche der folgenden Aussagen über Interessenverbände und berufsständische Organisationen treffen nicht zu? ______ ☐ ☐

(1) Sie sind durch das Grundgesetz vorgeschrieben.
(2) Sie geben in Gesetzgebungsverfahren Stellungnahmen und Gutachten ab.
(3) Sie werden durch die Beiträge ihrer Mitglieder und Spenden finanziert.
(4) Sie sind vorwiegend zum Wohle ihrer Mitglieder tätig.
(5) Sie sind alle im Zentralverband der berufsständischen Organisationen zusammengefasst.

3 In welchen der folgenden berufsständischen Organisationen oder Einrichtungen ist die Mitgliedschaft gesetzlich vorgeschrieben? ______ ☐ ☐

(1) Deutscher Bauernverband
(2) Hausfrauenbund
(3) Handwerksinnung
(4) Industrie- und Handelskammer
(5) Handwerkskammer

4 Wie ist die Mitgliedschaft in den verschiedenen berufsständischen Organisationen geregelt?

Ordnen Sie eine
(1) zu, wenn die Mitgliedschaft freiwillig ist,
(2) zu, wenn die Mitgliedschaft Pflicht ist.

a. Wirtschaftsfachverband, z. B. Verband der deutschen Holzwarenindustrie ______ ☐
b. Industrie- und Handelskammer ______ ☐
c. Handwerksinnung ______ ☐
d. Handwerkskammer ______ ☐
e. Arbeitgeberverband, z. B. Arbeitgeberverband Gesamtmetall ______ ☐
f. Kreishandwerkerschaft ______ ☐

5 Die Betriebe der gewerblichen Wirtschaft werden von verschiedenen berufsständischen Organisationen bzw. überbetrieblichen Interessenverbänden betreut. Diese übernehmen dabei jeweils unterschiedliche Aufgaben.

Welche der folgenden Organisationen ist für die unten genannten Aufgaben zuständig? Ordnen Sie zu, indem Sie die Ziffer vor der zutreffenden Organisation in das entsprechende Kästchen eintragen.

(1) Industrie- und Handelskammer
(2) Wirtschaftsfachverband der entsprechenden Branche
(3) Arbeitgeberverband der entsprechenden Branche

Tragen Sie eine (9) ein, wenn eine Zuordnung nicht möglich ist.

a. Ein Hersteller von Tiefkühltruhen benötigt im Rahmen des Exports ein Ursprungszeugnis, welches bescheinigt, dass die Waren in Deutschland hergestellt worden sind. ______ ☐
b. Ein Industriebetrieb, der sich mit der Herstellung von Leuchten beschäftigt, benötigt Angaben über den Markt für Halogenleuchten. ______ ☐
c. Ein Sanitärinstallationsbetrieb will Fragen zur Ausbildungsberechtigung klären. ______ ☐
d. Die Geschäftsleitung eines Industriebetriebes hat Fragen zur Mitbestimmung des Betriebsrates in einer aktuellen Situation und begehrt eine Auskunft hierzu. ______ ☐

6 Welche der folgenden Ziele verfolgt der BDI nicht? ______ ☐ ☐

(1) Sicherung des Produktionsstandortes Deutschland
(2) Senkung der Steuersätze für die Lohnsteuer
(3) Abschaffung der Gewerbesteuer
(4) Erhöhung der Lohnnebenkosten
(5) Verbesserung der Bedingungen für den Außenhandel

7 In den folgenden Auswahlantworten finden sie Zuordnungen von berufsständischen Organisationen zu dem entsprechenden Dachverband auf Bundesebene.

Welche dieser Zuordnungen treffen zu? ☐ ☐

(1) Industrie- und Handelskammer → DIHT
(2) Landwirtschaftskammern → Deutscher Bauernverband
(3) Kreishandwerkerschaft → Zentralverband des Deutschen Handwerks
(4) Handwerkskammer → BDI
(5) Handwerksinnung → Deutscher Handwerkskammertag

8 Welche der folgenden Organisationen sind nicht für die Durchführung von Prüfungen im Rahmen der Berufsbildung zuständig? ______ ☐ ☐

(1) IHK
(2) Handwerksinnung
(3) Landwirtschaftskammer
(4) BDI
(5) Deutscher Bauernverband

Erklären Sie das duale System der Berufsausbildung.

Das gesamte Ausbildungssystem (kaufmännische und gewerbliche Ausbildung) in der Bundesrepublik Deutschland basiert darauf, dass für das Erlernen eines Ausbildungsberufes zwei Lernorte zuständig sind:

Lernort	**Betrieb**	**Schule**
	Ausbildungsbetriebe der Industrie, des Handwerks sowie Betriebe aus dem Bereich Handel und Dienstleistungen *Beispiel: Bauträgergesellschaft Normbau GmbH*	alle berufsbildenden Schulen, die entsprechend ihrer Größe eine unterschiedliche Zahl von Berufen ausbilden *Beispiel: Berufskolleg Bielefeld*
Aufgabe	Vermittlung von fachpraktischen Kenntnissen und Fertigkeiten entsprechend der Ausbildungsordnung und dem Ausbildungsberufsbild in den verschiedenen Abteilungen des Betriebes *Beispiel: Angebotserstellung*	Vermittlung von fachtheoretischen, berufsbezogenen (Fächer: Betriebswirtschaftslehre, Rechnungswesen) und berufsübergreifenden Lerninhalten (Fächer: Deutsch, Gesellschaftslehre mit Geschichte, Religion, Sport) *Beispiel: Kaufvertragsrecht*
Rechtsquellen und Inhalte	**Ausbildungsordnung**	**Rahmenlehrplan**
	▷ Ausbildungsdauer ▷ Berufsbild ▷ Ausbildungsrahmenplan ▷ Ausbildungsplan ▷ Prüfungsanforderungen	▷ Unterrichtsfächer ▷ Anzahl der Unterrichtsstunden pro Fach ▷ Lerngebiete/Lernziele/Lerninhalte ▷ zeitliche Zuordnung der Lerninhalte (Unterstufe, Mittelstufe, Oberstufe der Berufsschule)

Beschreiben Sie die Inhalte des Berufsbildungsgesetzes.

Aufgabe	Das Berufsbildungsgesetz ist die rechtliche Grundlage für alle anerkannten Ausbildungsberufe. Es enthält allgemeine Vorschriften, die für alle Ausbildungsberufe einheitlich gelten.
Begriffe der beruflichen Bildung	▷ **Berufsausbildung** Darunter ist die breit angelegte berufliche Grundbildung in einem geordneten Ausbildungsgang zu verstehen. *Beispiel: Berufsausbildung zum/zur Bürokaufmann/Bürokauffrau* ▷ **berufliche Fortbildung** Sie soll die erlernten Kenntnisse und Fertigkeiten in diesem Beruf erhalten, erweitern und den gestiegenen Anforderungen aufgrund der fortschreitenden technischen Entwicklung anpassen. *Beispiel: Fortbildungslehrgang zu einer EDV-Anwendersoftware* ▷ **berufliche Umschulung** Sie soll zu einer anderen beruflichen Tätigkeit befähigen, weil der ursprüngliche Beruf aus bestimmten Gründen nicht mehr ausgeübt werden kann. *Beispiel: Umschulung eines Bäckers mit einer Mehlstauballergie zum Bürokaufmann*
wesentliche Inhalte	Allgemeine Regelungen über: ▷ Berufsausbildungsvertrag ▷ Pflichten des Ausbildenden ▷ Pflichten des Auszubildenden ▷ Vergütung ▷ Beginn und Beendigung des Berufsausbildungsverhältnisses ▷ Berechtigung zum Einstellen und Ausbilden ▷ Änderung der Ausbildungszeit

Nennen Sie die Ziele und Inhalte einer Ausbildungsordnung.

Begriff und Ziele	Die Ausbildungsordnung ist die rechtliche Grundlage für einen speziellen Ausbildungsberuf. Sie enthält alle Vorschriften, die für diesen speziellen Ausbildungsberuf von Bedeutung sind. *Beispiel: Verordnung über die Berufsausbildung zum Bürokaufmann/zur Bürokauffrau*
wesentliche Inhalte	Bezogen auf die Berufsausbildung in den meisten kaufmännischen Ausbildungsberufen: ▷ **Ausbildungsdauer** (zumeist drei Jahre) ▷ **Berufsbild** (z. B. zu vermittelnde Fertigkeiten und Kenntnisse in den Bereichen: Beschaffung, Lagerung, Absatz, Personalwesen, Rechnungswesen) ▷ **Ausbildungsrahmenplan** (Anleitung zur Erstellung eines Ausbildungsplans hinsichtlich der sachlichen und zeitlichen Gliederung der Berufsausbildung) ▷ **Ausbildungsplan** (individueller Plan für jedes einzelne Ausbildungsverhältnis) ▷ **Prüfungsanforderungen** (z. B. Bürokaufmann/Bürokauffrau) Zwischenprüfung: nach 1 1/2 Jahren nur schriftlich Abschlussprüfung: a) schriftliche Prüfung (Bürowirtschaft, Rechnungswesen, Wirtschafts- und Sozialkunde) b) praktische Prüfung (Informationsverarbeitung, Auftragsbearbeitung)

1 Entscheiden Sie, ob in den folgenden Fällen

(1) hauptsächlich der Lernort Betrieb zuständig ist,
(2) hauptsächlich der Lernort Schule zuständig ist,
(3) beide Lernorte zuständig sind,
(9) keiner der beiden Lernorte zuständig ist.

a. Die Ausbildung erfolgt nach dem schriftlich vorliegenden Ausbildungsplan. ☐

b. Die Ausbildung soll u. a. auch so gestaltet sein, dass der Auszubildende optimal auf die Abschlussprüfung der Industrie- und Handelskammer vorbereitet wird. ☐

c. Grundlage für die Ausbildungsinhalte sind die geltenden Lehrpläne des entsprechenden Bundeslandes. ☐

d. Vermittlung theoretischen Wissens und Könnens ☐

e. Die Kriterien der Berufsschulpflicht sollen geändert werden. ☐

f. Eine Eintragung des Ausbildungsvertrages in das Verzeichnis der Berufsausbildungsverhältnisse bei der Industrie- und Handelskammer ist zu beantragen. ☐

2 Ordnen Sie die folgenden Rechtsgrundlagen den unten stehenden Aussagen zu:

(1) Berufsbildungsgesetz
(2) Ausbildungsordnung
(3) Jugendarbeitsschutzgesetz
(9) trifft auf keine der vorgenannten Rechtsgrundlagen zu

a. Der Ausbildende hat den Auszubildenden für die Teilnahme am Berufsschulunterricht und an Prüfungen freizustellen. ☐

b. Der Ausbildende darf den noch nicht volljährigen Auszubildenden einmal in der Woche an Berufsschultagen mit mehr als 5 Unterrichtsstunden von mindestens 45 Minuten nicht beschäftigen. ☐

c. Das Ausbildungsberufsbild enthält die zu vermittelnden Fertigkeiten und Kenntnisse in den verschiedenen Bereichen. ☐

d. Ein Auszubildender darf seine Ausbildung nicht im Betrieb seiner Eltern absolvieren. ☐

e. Jugendliche dürfen nur maximal 40 Std. pro Woche Akkordarbeit verrichten. ☐

f. Die Ausbildungsdauer für die meisten kaufmännischen Berufe beträgt 3 Jahre. ☐

3 Was kann eine Ausbildungsordnung in einem bestimmten Beruf nicht beinhalten? ☐

(1) Ausbildungsdauer

(2) Kündigungsfristen

(3) Prüfungsanforderungen

(4) Bezeichnung des Ausbildungsberufs

(5) Ausbildungsrahmenplan

4 Welche der unten stehenden Aussagen trifft nicht zu? ☐

(1) Zur Berufsbildung im Sinne des Berufsbildungsgesetzes gehören die Berufsausbildung, die berufliche Fortbildung und die berufliche Umschulung.

(2) Die Berufsausbildung hat eine breit angelegte berufliche Grundbildung in einem geordneten Ausbildungsgang zu vermitteln.

(3) Die berufliche Fortbildung soll die beruflichen Kenntnisse und Fertigkeiten erhalten, erweitern und der technischen Entwicklung anpassen.

(4) Die berufliche Umschulung soll zu einer anderen beruflichen Tätigkeit befähigen.

(5) Die Berufsbildung hat nicht das Ziel, Berufserfahrungen zu sammeln.

5 Welche der folgenden Regelungen sind im Berufsbildungsgesetz enthalten? ☐ ☐

(1) Vergütungsgrundsätze in der Ausbildung

(2) Verbot der Kinderarbeit

(3) Verbot der Akkordarbeit bei Jugendlichen

(4) Berechtigung zum Einstellen und Ausbilden

(5) maximale wöchentliche Arbeitszeit

6 Eine Ausbildung zum/zur Bürokaufmann/ Bürokauffrau wird durch eine erfolgreiche Abschlussprüfung bestätigt.

Welche der in diesem Zusammenhang unten stehende Aussagen sind nicht zutreffend? ☐ ☐

(1) Die Abschlussprüfung kann ohne Ausnahme erst nach dreijähriger Ausbildung abgelegt werden.

(2) Inhalte der schriftlichen Abschlussprüfung erstrecken sich nicht nur auf Kenntnisse, die in der Berufsschule, sondern auch im Ausbildungsbetrieb vermittelt werden.

(3) Das Prüfungsfach „Informationsverarbeitung" ist ein Teil der schriftlichen Prüfung.

(4) Die Abschlussprüfung ist dann bestanden, wenn das Gesamtergebnis und das Ergebnis in zwei der drei schriftlichen Fächer mindestens „ausreichend" ist.

(5) Mit einem Prüfungsergebnis „ungenügend" in einem der Prüfungsfächer ist die Prüfung nicht bestanden.

7 Welcher der folgenden Punkte ist nicht im Berufsbildungsgesetz geregelt? ☐

(1) Regelung über Beginn und Ende des Berufsausbildungsverhältnisses

(2) Pflichten des Auszubildenden

(3) Berechtigung zum Einstellen und Ausbilden von Auszubildenden

(4) Ausbildungsplan

(5) Rechte des Auszubildenden

Wie kommt ein Berufsausbildungsvertrag zustande?

- Formvorschrift: keine; jedoch müssen wesentliche Inhalte schriftlich festgehalten werden (§ 4 BBiG).
- Vertragspartner: Ausbildender und Auszubildender (bei Minderjährigen: gesetzlicher Vertreter)
- Eintragung: in das Verzeichnis der Ausbildungsverhältnisse bei der zuständigen Kammer (z. B. IHK)

Nennen Sie die Mindestinhalte eines Berufsausbildungsvertrages nach § 4 BBiG.

- Art, Gliederung und Ziel der Ausbildung (Ausbildungsberuf, Ausbildungsplan)
- Beginn und Dauer der Ausbildung (i. d. R. Beginn am 01.08., Dauer 3 Jahre)
- Ausbildungsmaßnahmen außerhalb der Ausbildungsstätte (z. B. Seminar über Verkaufstraining)
- Dauer der täglichen Arbeitszeit
- Probezeit (zwischen ein und vier Monaten)
- Zahlung und Höhe der Vergütung (gestaffelt nach jährlicher Steigerung)
- Dauer des Urlaubs
- Kündigungsmöglichkeiten

Stellen Sie die Rechte und Pflichten des Berufsausbildungsvertrages gegenüber.

Pflichten des Auszubildenden (= Rechte des Ausbildenden)	**Pflichten des Ausbildenden** (= Rechte des Auszubildenden)
▷ Lern-/Dienstleistungspflicht – Weisungen befolgen – sorgfältige Ausführung der Weisungen – Berufsschulpflicht – Berichtsheft führen ▷ Einhaltung der betrieblichen Ordnung – Einrichtungen pfleglich behandeln – „Kleiderordnung“ einhalten ▷ Wahrung von Geschäftsgeheimnissen (z. B. Bezugsquellen, Preiskalkulationen)	▷ korrekte Durchführung der Ausbildung – keine „ausbildungsfremden“ Tätigkeiten – geeignete Ausbilder – kostenlose Ausbildungsmittel – Besuch der Berufsschule ermöglichen ▷ Sorgepflicht – Arbeitsschutz – Zahlung der Vergütung – Gewähren von Urlaub ▷ Zeugniserteilung nach Beendigung der Ausbildung

Wie wird ein Ausbildungsverhältnis beendet?

Mit bestandener Abschlussprüfung	▷ Entscheidend ist der Tag der Abschlussprüfung, nicht das Datum laut Ausbildungsvertrag (bei Nichtbestehen: Verlängerung bis zur nächsten Prüfung, höchstens um ein Jahr)
Durch Kündigung (Formvorschrift: schriftlich)	▷ während der Probezeit: von beiden Seiten ohne Angabe von Gründen möglich ▷ nach der Probezeit: – vom Auszubildenden: mit Kündigungsfrist von 4 Wochen, wenn ein anderer Beruf angestrebt wird oder die Ausbildung aufgegeben wird – von beiden Seiten: ohne Einhalten einer Frist bei einem „wichtigen Grund“, z. B. einer Tätlichkeit

Nennen Sie wichtige Vorschriften des Jugendarbeitsschutzgesetzes.

Grundlegendes	▷ geschützter Personenkreis: Kinder (Personen, die noch nicht 15 Jahre alt sind); Jugendliche (Personen, die 15 Jahre, aber noch nicht 18 Jahre alt sind) ▷ überwachende Behörde ist das Gewerbeaufsichtsamt bzw. das Staatliche Amt für Arbeitsschutz ▷ Kinderarbeit ist bis auf Ausnahmen verboten. ▷ Akkordarbeit ist verboten.
Arbeitszeit	▷ täglich maximal 8 Stunden (bzw. 8 1/2 Stunden, wenn an einem Wochentag die Mehrstunden abgegolten werden); wöchentlich maximal 40 Stunden ▷ an Samstagen, Sonn- und Feiertagen keine Beschäftigung; Ausnahmen sind zulässig ▷ Schichtzeit ist die Arbeitszeit inkl. Ruhepausen: maximal 10 Stunden. ▷ tägliche Freizeit: mindestens 12 Stunden zwischen Arbeitsende und Arbeitsbeginn am nächsten Tag
Ruhepausen	▷ bei einer tägl. Arbeitszeit von 4 1/2–6 Std. mind. 30 Minuten ▷ bei einer tägl. Arbeitszeit von über 6 Std. mind. 60 Minuten
Nachtruhe	Beschäftigung nur zwischen 6:00 und 20:00 Uhr; Ausnahmen: z. B. im Gaststättengewerbe bis 22:00 Uhr, in Bäckereien ab 5:00 Uhr, in mehrschichtigen Betrieben bis 23:00 Uhr
Urlaub	▷ 30 Werktage für 15-Jährige ▷ 27 Werktage für 16-Jährige ▷ 25 Werktage für 17-Jährige
Berufsschule	▷ Freistellung für den Berufsschulunterricht ▷ Arbeitsentgelt für die Zeit, die in der Berufsschule verbracht wird ▷ keine Beschäftigung an einem Berufsschultag in der Woche bei mindestens 6 Unterrichtsstunden
Einstellungs-untersuchung	▷ Erstuntersuchung: innerhalb der letzten 14 Monate vor Beginn der Ausbildung ▷ Nachuntersuchung: 1 Jahr nach Beginn der Ausbildung

1 Kennzeichnen Sie unten stehende Inhalte des Berufsausbildungsvertrages mit einer
(1), wenn sie gesetzlich vorgeschrieben sind,
(9), wenn sie nicht gesetzlich vorgeschrieben sind.

a. Beruf, in dem der Auszubildende ausgebildet wird ☐
b. Beginn und Dauer der Ausbildung ☐
c. regelmäßige wöchentliche Arbeitszeit ☐
d. Dauer der Probezeit ☐
e. Anspruch auf Urlaubsgeld ☐
f. Voraussetzung für eine eventuelle Kündigung ☐

2 Stellen Sie fest, ob die unten stehenden Tatbestände gegen die Bestimmungen des
(1) Berufsbildungsgesetzes verstoßen,
(2) Jugendarbeitsschutzgesetzes verstoßen.

Tragen Sie eine (9) ein, wenn der Tatbestand keinen Verstoß gegen eines der vorgenannten Gesetze darstellt.

a. Die Schnell GmbH vereinbart mit ihren künftigen Auszubildenden grundsätzlich eine Probezeit von 2 Monaten. ☐
b. Die F. Schrupp KG gibt ihren noch nicht 18 Jahre alten Auszubildenden an keinem Berufsschultag in der Woche nachmittags frei, obwohl an beiden Tagen 5 Unterrichtsstunden stattfinden. ☐
c. Die Auszubildenden der W. Krause OHG, die in ein Angestelltenverhältnis übernommen werden, erhalten trotz vorzeitig bestandener Abschlussprüfung noch bis zum Ende der im Ausbildungsvertrag festgelegten Ausbildungszeit die Ausbildungsvergütung. ☐
d. Der Auszubildende Friedhelm Flink (17 Jahre alt) arbeitet von 07:00 bis 16:00 Uhr (15 Min. Frühstücks- und 45 Min. Mittagspause) im Akkord. ☐
e. Der Auszubildende Strehes erhält von seinem Ausbildenden nach Abschluss der Ausbildung kein Zeugnis. ☐

3 Das Jugendarbeitsschutzgesetz soll den Jugendlichen vor körperlichen Überbelastungen im Arbeitsleben schützen.

Tragen Sie die in den nachfolgenden Aussagen zu ergänzenden Ziffern ein.

a. Die Dauer der täglichen Arbeitszeit darf … Stunden nicht überschreiten, wenn die Arbeitszeit an allen Tagen in der Woche gleich ist. ☐
b. Die Wochenarbeitszeit darf … Stunden nicht überschreiten. ☐
c. Jugendliche dürfen (von einzelnen Ausnahmen abgesehen) grundsätzlich nur in der Zeit von … Uhr bis … Uhr beschäftigt werden. ☐ ☐
d. Der Jahresurlaub beträgt je nach Alter bis zu … Werktagen. ☐
e. Die tägliche Freizeit (Zeit zwischen Arbeitsende und Arbeitsanfang des nächsten Tages) muss mindestens … Stunden betragen. ☐

4 Kennzeichnen Sie unten stehende Fälle mit einer
(1), wenn es sich um eine wirksame Kündigung handelt,
(9), wenn es sich um eine unwirksame Kündigung handelt.

a. Jost Abele stellt nach einem halben Jahr fest, dass er aus gesundheitlichen Gründen die Ausbildung zum Bäcker nicht fortsetzen kann. Er kündigt mit einer Kündigungsfrist von 4 Wochen schriftlich mit Angabe des Grundes. ☐
b. Lisa Stickling hat während der ersten zwei Monate in der Ausbildung zur Kauffrau im Einzelhandel nur ausbildungsfremde Tätigkeiten zugewiesen bekommen. Sie kündigt in der Probezeit schriftlich ohne Angabe von Gründen. ☐
c. Bei einer Unterredung zwischen Eugen Zimmerer, Auszubildender im Fleischerhandwerk, und seinem Meister über die bisherigen Leistungen nach einem Jahr Ausbildung beleidigt ihn der Meister mit den Worten: „Du fauler Sack!“ Daraufhin gibt Eugen dem Meister eine saftige Ohrfeige und bekommt von ihm zu hören: „Pack' deine Sachen, du bist gekündigt!“ ☐

5 Bei welcher der unten genannten Pflichten handelt es sich weder um eine Pflicht des Auszubildenden noch um eine Pflicht des Ausbildenden aus einem Berufsausbildungsvertrag? ☐

(1) Lernpflicht
(2) Wahrung von Betriebs- und Geschäftsgeheimnissen
(3) Pflicht zur Ausstellung eines Zeugnisses bei Beendigung der Ausbildung
(4) Zahlung der Ausbildungsvergütung
(5) Pflicht zum Abschluss einer Ausbildungsversicherung

6 Innerhalb welcher Frist kann ein Auszubildender bzw. ein Ausbildender den Berufsausbildungsvertrag ohne Angabe von Gründen kündigen? ☐

(1) überhaupt nicht
(2) innerhalb der Probezeit
(3) innerhalb von 4 Monaten nach Beginn der Ausbildung
(4) innerhalb von 5 Monaten nach Beginn der Ausbildung
(5) innerhalb von 6 Monaten nach Beginn der Ausbildung

7 Welche der unten stehenden Satzergänzungen trifft nicht zu? ☐

Der Ausbildende hat im Rahmen der Berufsausbildung dafür zu sorgen, dass ...

(1) ... die Sicherheitsvorschriften zur Vermeidung von Unfällen eingehalten werden.
(2) ... Geschäftsgeheimnisse gewahrt werden.
(3) ... dem Auszubildenden Fertigkeiten und Kenntnisse vermittelt werden, die zum Erreichen des Ausbildungszieles erforderlich sind.
(4) ... ein geeigneter Ausbilder gestellt wird.
(5) ... dem Auszubildenden kostenlos Ausbildungsmittel zur Verfügung gestellt werden.

Was ist unter dem Begriff „berufliche Mobilität“ zu verstehen? Welche Gründe sprechen dafür?	
Begriff	Berufliche Mobilität ist die Bereitschaft eines Arbeitnehmers zu beruflicher Veränderung. Sie kann sich beziehen auf ▷ einen Arbeitsplatzwechsel, obwohl damit womöglich längere Fahrtzeiten zur Arbeit oder sogar ein Umzug an einen neuen Wohnort in Kauf genommen werden müssen, ▷ einen Berufswechsel durch eine Umschulung, ▷ eine Fortbildung im Rahmen des erlernten Berufs.
Gründe für die Notwendigkeit der beruflichen Mobilität	▷ Wegfall bestimmter Berufe, z. B. der des technischen Zeichners ▷ Entstehung neuer Berufe, z. B. der des Entsorgers ▷ Veränderung der Arbeitswelt durch – die Entdeckung neuer Werkstoffe, – Produktionsverlagerung aufgrund steigender Produktionskosten, – hohes Wachstum bestimmter Branchen zulasten des Rückgangs anderer Branchen (Strukturwandel), z. B. Zunahme im Dienstleistungsbereich, – Notwendigkeit der Entwicklung neuer Produkte durch schärfere Umweltgesetze und ein zunehmendes Umweltbewusstsein ▷ Veränderung der Lerninhalte von Berufen, z. B. durch Einführung von Mikroprozessoren

Stellen Sie Begriff, Inhalte und Förderung der beruflichen Fortbildung und Umschulung gegenüber.		
Begriff	**Berufliche Fortbildung**	**Umschulung**
	Die berufliche Fortbildung versetzt den Arbeitnehmer in die Lage, ▷ seinen Arbeitsplatz zu erhalten, ▷ mit der Entwicklung neuer Technologien und Fertigungssysteme Schritt zu halten, ▷ den sich stark verändernden Anforderungen der Arbeitswelt gerecht zu werden.	Die berufliche Umschulung beinhaltet den Wechsel in einen anderen Beruf. Sie kann notwendig werden, ▷ wenn jemand arbeitslos wird, ▷ wenn jemand aufgrund einer dauerhaften Krankheit in einem erlernten Beruf nicht mehr arbeiten kann oder darf.
Inhalte	▷ Erhaltungsfortbildung soll die beruflichen Kenntnisse erhalten und erweitern. *Beispiel: regelmäßige Schulungen im Werk an neuen Modellen für Kfz-Mechaniker* ▷ Anpassungsfortbildung soll die berufliche Qualifikation an die technische und wirtschaftliche Entwicklung anpassen. *Beispiel: Lehrgang zur Handhabung von computergesteuerten Drehmaschinen* ▷ Aufstiegsfortbildung soll einen beruflichen Aufstieg ermöglichen. *Beispiel: Lehrgänge mit Abschlussprüfung vor der Kammer, wie Techniker, Meister oder Fachkraft* Fortbildungslehrgänge werden zumeist berufsbegleitend durchgeführt.	Bei der Umschulung werden Maßnahmen gefördert, die einen Übergang in eine andere berufliche Tätigkeit mit neuem Inhalt ermöglichen. Die Umschulungsmaßnahme kann in einem Betrieb oder in einer überbetrieblichen Ausbildungsstätte, z. B. bei einem Bildungsträger der Gewerkschaften durchgeführt werden. *Beispiele: Ein Bäcker leidet an einer Mehlallergie, er schult um zum Bürokaufmann. Ein Bergmann verliert seine Stelle, an eine Weiterbeschäftigung in einer anderen Zeche ist nicht zu denken. Er schult in den Mangelberuf „Altenpfleger“ um.* Umschulungslehrgänge werden zumeist in Vollzeitform durchgeführt.
Förderung	▷ Die innerbetriebliche Fortbildung wird von den **Unternehmen** bezahlt. Die überbetriebliche Fortbildung kann von der **Bundesagentur für Arbeit** gefördert werden. ▷ Rechtsgrundlage für eine Förderung ist das 3. Buch des Sozialgesetzbuches, SGB (Arbeitsförderung). Voraussetzung für eine Förderung durch die Bundesagentur für Arbeit ist, dass ▷ der Arbeitsplatz in Gefahr ist und die Maßnahme mit Blick auf den Arbeitsmarkt notwendig ist, ▷ der Bildungsträger und die Bildungsmaßnahme geeignet sind, ▷ der Arbeitnehmer geeignet ist, ▷ der Antrag auf Förderung vor Aufnahme der Bildungsmaßnahme beim örtlichen Arbeitsamt gestellt worden ist.	▷ Die Förderung kann durch die Bundesagentur für Arbeit erfolgen; es werden auch Förderungen durch die Bundeswehr für ehemalige Soldaten oder durch die Deutsche Rentenversicherung vorgenommen. ▷ Rechtsgrundlage der Förderung ist das 3. Buch des Sozialgesetzbuches, SGB (Arbeitsförderung). Voraussetzung für eine Förderung ist, dass ▷ dies nach Lage und Entwicklung des Arbeitsmarktes erforderlich erscheint, ▷ mit einem erfolgreichen Abschluss der Umschulungsmaßnahme gerechnet werden kann, ▷ ein Antrag auf Förderung vor Beginn der Maßnahme bei der Bundesagentur für Arbeit gestellt wird. Gefördert werden Antragsteller mit einer Vorbeschäftigungszeit von mindestens 12 Monaten innerhalb der letzten drei Jahre.

1 Welche der nachstehenden Aussagen zur beruflichen Mobilität treffen zu? ☐ ☐

(1) Es handelt sich dabei um die körperliche Beweglichkeit eines Arbeitnehmers am Arbeitsplatz.

(2) Darunter ist die Fähigkeit zu verstehen, sich den wechselnden Anforderungen des Arbeitsmarktes anzupassen.

(3) Beruflich mobil ist nur jemand, der mit dem eigenen Pkw zur Arbeit fahren kann.

(4) Damit ist die Notwendigkeit gemeint, z. B. durch Weiterbildung die erlernten beruflichen Kenntnisse zu erhalten und zu erweitern.

(5) Berufliche Mobilität zeichnet sich durch die Bereitschaft des Arbeitnehmers aus, flexible Arbeitszeitregelungen zu akzeptieren.

2 Welche der nachstehenden Aussagen sind keine Argumente für die berufliche Mobilität? ☐ ☐

(1) Veränderung der Lerninhalte durch technischen Fortschritt

(2) Verkürzung der Arbeitszeit und Ausdehnung der Freizeit

(3) Strukturwandel in der deutschen Wirtschaft

(4) Verbesserung der Automobiltechnik bei gleichzeitiger Einschränkung des öffentlichen Nahverkehrs

(5) Wegfall alter Berufe und Entstehung neuer Berufe

3 Durch welche Maßnahmen kann ein Arbeitnehmer seine berufliche Mobilität verbessern? ☐ ☐

(1) durch die Anschaffung eines schnelleren Wagens

(2) durch den Besuch von Lehrgängen zur Weiterbildung in dem ausgeübten Beruf

(3) durch den Beitritt zu einer Gewerkschaft

(4) durch erhöhte Beiträge zur Arbeitslosenversicherung

(5) durch die Teilnahme an innerbetrieblichen Fortbildungsmaßnahmen

4 Welche der folgenden Aussagen zur beruflichen Fortbildung treffen nicht zu? ☐ ☐

(1) Die berufliche Fortbildung kann den Arbeitnehmer in die Lage versetzen, seinen Arbeitsplatz zu erhalten.

(2) Durch berufliche Fortbildung kann der Arbeitnehmer seine Qualifikation an die technische Entwicklung anpassen.

(3) Berufliche Fortbildung bedeutet, den sich stark verändernden Anforderungen der Arbeitswelt gerecht zu werden.

(4) Berufliche Fortbildung bedeutet, sich auf gewerkschaftlichen Lehrgängen für ein Betriebsratsamt zu qualifizieren.

(5) Durch berufliche Fortbildung gelingt es einem Arbeitnehmer, sich unkündbar zu machen.

5 Welche Institution ist gesetzlich verpflichtet, Arbeitnehmer im Bereich Fortbildung und Umschulung zu beraten? ☐

(1) Industrie- und Handelskammer

(2) Handwerkskammer

(3) Landesversicherungsanstalt

(4) Gewerkschaft

(5) Bundesagentur für Arbeit

6 Peter Meier ist 52 Jahre alt und Bergmann. Er stellt fest, dass durch den Abbau der Kohlesubventionen im Steinkohlenbergbau immer mehr Arbeitsplätze abgebaut werden. Wie sollte er sich verhalten? ☐

(1) Er sollte sich als Kiosk-Inhaber selbstständig machen.

(2) Er sollte versuchen, eine Stelle in einem Metall verarbeitenden Betrieb als ungelernte Kraft zu bekommen.

(3) Er sollte einen guten Pkw kaufen, eine entsprechende Prüfung ablegen und dann als Taxifahrer arbeiten.

(4) Er sollte die Bundesagentur für Arbeit aufsuchen und sich über die Möglichkeiten einer Umschulung informieren.

(5) Er sollte sich in den Vorruhestand begeben und Rente beziehen.

7 Welches Gesetz regelt die Übernahme der Kosten einer Umschulungsmaßnahme und die Zahlung von Unterhaltsgeld für die Zeit der Maßnahme? ☐

(1) Bürgerliches Gesetzbuch

(2) Abgabenordnung

(3) Sozialgesetzbuch

(4) Grundgesetz

(5) Handelsgesetzbuch

8 Welche der folgenden Aussagen gehört nicht zu den Voraussetzungen für die Förderung einer Fortbildungsmaßnahme? ☐

(1) Der Arbeitsplatz ist durch die Einführung neuer Technologien im Betrieb gefährdet.

(2) Die Maßnahme ist mit Blick auf den Arbeitsmarkt zweckmäßig und erforderlich.

(3) In den letzten drei Jahren muss eine Vorbeschäftigungszeit von mindestens 12 Monaten gearbeitet worden sein.

(4) Der Antrag auf Förderung muss vor Aufnahme der Bildungsmaßnahme gestellt worden sein.

(5) Der Arbeitnehmer darf nicht jünger als 30 und nicht älter als 45 Jahre alt sein.

Unterscheiden Sie individuelles und kollektives Arbeitsrecht.

Das Arbeitsrecht ist diejenige rechtliche Ordnung, die die Leistung abhängiger Arbeit festlegt. Abhängige Beschäftigung bedeutet, dass Arbeitnehmer (Arbeiter und Angestellte) in ihrer Arbeit unselbstständig sind. Sie stehen im Dienste eines anderen (Arbeitgeber oder Unternehmer) und sind diesem zur Arbeit nach bestimmten Weisungen verpflichtet. Das Arbeitsrecht ist in vielen verschiedenen Einzelgesetzen niedergelegt.

Individuelles Arbeitsrecht	Hierbei handelt es sich um Gesetze/Verordnungen, die Regelungen für einen einzelnen Arbeitnehmer beinhalten.
Kollektives Arbeitsrecht	In den Gesetzen des kollektiven Arbeitsrechts werden Regelungen getroffen, die sich auf eine Gruppe von Arbeitnehmern (z. B. Belegschaft eines Betriebes – Betriebsvereinbarung) beziehen.

Nennen Sie Rechtsquellen des Arbeitsrechts.

Individuelles Arbeitsrecht		**Kollektives Arbeitsrecht**
▷ Bürgerliches Gesetzbuch, BGB ▷ Handelsgesetzbuch, HGB ▷ Berufsbildungsgesetz, BBiG ▷ Handwerksordnung, HO ▷ Seemannsgesetz, SeemG ▷ Gewerbeordnung, GO	▷ Kündigungsschutzgesetz, KSchG ▷ Bundesurlaubsgesetz, BurlG ▷ Arbeitszeitordnung, AZO ▷ Mutterschutzgesetz, MuSchG ▷ Jugendarbeitsschutzgesetz, JarbSchG ▷ Arbeitsplatzschutzgesetz, ArbPlSchG ▷ Arbeitnehmerüberlassungsgesetz, AÜG	▷ Betriebsverfassungsgesetz, BetrVerfG ▷ Gesetz über die Mitbestimmung der Arbeitnehmer, MitbestG ▷ Montan-Mitbestimmungsgesetz, MoMitbestG ▷ Tarifvertragsgesetz, TVG

Beschreiben Sie das Günstigkeitsprinzip im Arbeitsrecht.

Wenn ein Arbeitsverhältnis geschlossen wird, müssen die Regelungen zu diesem Arbeitsverhältnis unter Berücksichtigung von Gesetzen, von eventuell geltenden Tarifverträgen oder Betriebsvereinbarungen getroffen werden.

Das Günstigkeitsprinzip besagt, dass die einzelvertraglichen Regelungen immer zugunsten des Arbeitnehmers erfolgen.

Beispiel: Laut Bundesurlaubsgesetz (BUrlG) beträgt der Urlaubsanspruch eines Arbeitnehmers mindestens 24 Werktage pro Jahr. Im Tarifvertrag für die Branche einer bestimmten Region darf dieser Mindesturlaub nicht unterschritten werden. Sieht dieser Tarifvertrag vor, dass ein Urlaubsanspruch von z. B. 30 Tagen besteht, darf diese Regelung einzelvertraglich ebenfalls nicht unterschritten werden.

Günstigkeitsprinzip →

Rechtsquelle	**Gesetz**	**Tarifvertrag**	**Betriebsvereinbarung**	**Arbeitsvertrag**
Geltungsbereich: Rechtsquelle gilt für	die Bundesrepublik Deutschland	die Branche einer Region	einen einzelnen Betrieb	ein einzelnes Arbeitsverhältnis
Verhandlungspartner	Fraktionen der Parlamente (Bund oder Länder)	Arbeitgeberverband bzw. Arbeitgeber und Gewerkschaften	Arbeitgeber und Betriebsrat	Arbeitgeber und Arbeitnehmer
Beispiele für Inhalte	▷ Entgeltfortzahlung im Krankheitsfall ▷ Arbeitsplatzschutz	▷ Höhe des Entgelts ▷ max. wöchentliche Arbeitszeit ▷ Urlaubsanspruch	▷ Beginn und Ende der täglichen Arbeitszeit ▷ Pausenregelung ▷ Lage des Urlaubs	▷ auszuführende Tätigkeit ▷ Höhe des Entgelts

Erklären Sie die Zuständigkeit und den Instanzenweg der Arbeitsgerichte.

Um die Durchsetzbarkeit des Arbeitsrechts zu gewährleisten, hat der Staat eine eigene Rechtspflege für das Arbeitsrecht geschaffen:

Arbeitsgericht 1. Instanz	**Landesarbeitsgericht** 2. Instanz	**Bundesarbeitsgericht** 3. Instanz
ist in allen arbeitsrechtlichen Streitigkeiten ohne Rücksicht auf den Streitwert zuständig	ist zuständig für Berufungen oder Beschwerden gegen Urteile und Beschlüsse des Arbeitsgerichts	Hier werden Revisionen oder Rechtsbeschwerden gegen Urteile und Beschlüsse des Landesarbeitsgerichts bzw. Arbeitsgerichts eingereicht.

1 Überprüfen Sie, ob die unten aufgeführten arbeitsrechtlichen Regelungen

(1) in einem Gesetz,
(2) in einem Tarifvertrag,
(3) in einer Betriebsvereinbarung,
(4) in einem Dienst-/Arbeitsvertrag,
(9) in keiner der aufgeführten Rechtsquellen

enthalten sind.

a. Der Vertragspartner übernimmt allein verantwortlich den Posten eines Abteilungsleiters. ☐

b. Der Mindesturlaubsanspruch pro Kalenderjahr beträgt 24 Werktage. ☐

c. Arbeitsbeginn: 08:00 Uhr, Arbeitsende: 18:30 Uhr (für alle Arbeitnehmer) ☐

d. gesetzlicher Mindestlohn: Sozialhilfesatz + 30 % ☐

e. Gehaltsgruppe 1: Tätigkeit, für die keine Ausbildung notwendig ist ☐

2 Stellen Sie fest, welche Verhandlungspartner unten stehende Regelungen aushandeln.

(1) Arbeitgeberverband
(2) Gewerkschaft
(3) einzelner Arbeitgeber
(4) Betriebsrat
(5) einzelner Arbeitnehmer
(9) keine der vorgenannten Personen/Institutionen

a. Firmen-(Haus-)Tarifvertrag ☐ ☐

b. Regelung über Verbesserung der sanitären Anlagen ☐ ☐

c. Vertrag über Mitgliedschaft in der Hauptgemeinschaft des deutschen Einzelhandels ☐ ☐

d. gesetzliche Regelung über Ladenschlusszeiten ☐ ☐

e. übertarifliches Gehalt ☐ ☐

f. Manteltarifvertrag für die Beschäftigten in Einzelhandelsunternehmen einer Region ☐ ☐

3 Welche der unten stehenden Aussagen sind zutreffend? ☐ ☐

(1) Ein Arbeitgeber, der keinem Arbeitgeberverband angehört, ist auch nicht an Tarifverträge gebunden.

(2) Beamte und Richter gelten, bezogen auf das Arbeitsrecht, ebenso als Arbeitnehmer.

(3) Arbeiter sind gegenüber Angestellten grundsätzlich gleichgestellt.

(4) Bei entsprechender Größe des Unternehmens kann ein einzelner Arbeitgeber mit der zuständigen Gewerkschaft einen Tarifvertrag aushandeln.

(5) Ein tarifvertraglich festgelegter Urlaubsanspruch darf nicht überschritten werden.

4 Prüfen Sie, ob folgende Gesetze/Verordnungen

(1) dem Individualarbeitsrecht,
(2) dem Kollektivarbeitsrecht,
(9) keinem der beiden Rechtsgebiete zuzuordnen sind.

a. Mitbestimmungsgesetz von 1976 ☐

b. Zivilprozessordnung ☐

c. Schwerbehindertengesetz ☐

d. Montan-Mitbestimmungsgesetz ☐

e. Tarifvertragsgesetz ☐

f. Abgabenordnung ☐

g. Bundesurlaubsgesetz ☐

5 Für die unten stehenden Rechtsfälle sind bestimmte Gerichte zuständig. Bei welchen Rechtsfällen ist das Arbeitsgericht zuständig? ☐ ☐

(1) Ein Arbeitgeber meldet einen Arbeitnehmer nicht bei der Sozialversicherung an, obwohl er sozialversicherungspflichtig ist. Der Arbeitnehmer möchte das gerichtlich durchsetzen.

(2) Aufgrund einer Kündigung, die vom Arbeitnehmer ausging, erhält der Arbeitnehmer für eine Sperrfrist von sechs Wochen kein Arbeitslosengeld. Er ist der Auffassung, dass die Tatsache nicht den gesetzlichen Vorschriften entspricht.

(3) Auf dem Weg von der Arbeit nach Hause wird ein Arbeitnehmer bei einem Unfall verletzt. Die Berufsgenossenschaft will keine Leistungen erbringen, weil der Arbeitnehmer nicht auf dem direkten Weg nach Hause fuhr, sondern private Dinge erledigte.

(4) Die Zahlung von Leistungen aus einer privaten Lebensversicherung wird absichtlich verzögert.

(5) Ein Arbeitnehmer ist mit der betrieblichen „Kleiderordnung" nicht einverstanden und beruft sich auf das Recht der freien Entfaltung der Persönlichkeit.

6 Das Arbeitsgericht ist zuständig für alle Streitigkeiten, die sich aus dem Arbeitsrecht ergeben können. Welche der Aussagen über das Arbeitsgericht ist falsch? ☐

(1) Das Bundesarbeitsgericht hat seinen Sitz in Erfurt.

(2) In erster Instanz besteht kein Anwaltszwang.

(3) In sämtlichen Instanzen sind neben Berufsrichtern ehrenamtliche Richter.

(4) Der Berufsrichter kann in den ersten beiden Instanzen von den ehrenamtlichen Richtern überstimmt werden.

(5) Streitigkeiten über Tarifverträge werden nur vor dem Bundesarbeitsgericht verhandelt.

Wie kommt ein Arbeitsvertrag zustande? Welche Inhalte sollten geregelt sein?

Der Arbeitsvertrag ist nach § 611 BGB ein **Dienstvertrag**, durch den sich ein **Arbeitnehmer** gegenüber seinem **Arbeitgeber** zur entgeltlichen Arbeitsleistung verpflichtet. Durch das „Gesetz über den Nachweis der für ein Arbeitsverhältnis geltenden wesentlichen Bedingungen“ ist die **Schriftform** zwingend **vorgeschrieben**. Der Arbeitgeber hat **wesentliche Vertragsbedingungen** spätestens einen Monat nach Beginn des Arbeitsverhältnisses schriftlich niederzulegen.

Wesentliche Inhalte sind:
- ▷ Name und Anschrift der Vertragsparteien
- ▷ Beginn und evtl. Dauer des Arbeitsverhältnisses
- ▷ Arbeitsort
- ▷ Bezeichnung der Tätigkeit
- ▷ Höhe des Arbeitsentgeltes
- ▷ Arbeitszeit
- ▷ Dauer des Urlaubs
- ▷ Kündigungsfristen
- ▷ Hinweise auf Tarifverträge bzw. Betriebsvereinbarungen

Welche Regeln schränken die Vertragsfreiheit beim Arbeitsvertrag ein?

Der Arbeitsvertrag ist eine besondere Form des Dienstvertrages. In ihm werden unter Berücksichtigung des Günstigkeitsprinzips die für das individuelle Arbeitsverhältnis wichtigsten Einzelheiten festgehalten.
Der Arbeitsvertrag darf den Arbeitnehmer jedoch nicht schlechter stellen als
- ▷ im Betrieb geltende Betriebsvereinbarungen,
- ▷ in der Branche geltende Tarifverträge (sofern der Arbeitgeber dem zuständigen Arbeitgeberverband angehört),
- ▷ in der Bundesrepublik Deutschland geltende Gesetze.

Nennen Sie die Rechte und Pflichten aus dem Arbeitsvertrag.

Pflichten des Arbeitnehmers	Pflichten des Arbeitgebers
▷ **Dienstleistungspflicht:** Erfüllung der Leistungen aus dem Arbeitsvertrag ▷ **Treuepflicht:** Wahrung von Geschäftsgeheimnissen, Unterstützung der Unternehmensziele ▷ **Handels- und Wettbewerbsverbot** – gesetzlich: Während des Arbeitsverhältnisses darf kein eigenes Handelsgewerbe im Geschäftszweig (Wettbewerbsverbot) und außerhalb des Geschäftszweiges des Arbeitgebers (Handelsverbot) ausgeübt werden. – vertraglich **(Konkurrenzklausel)**: Nach Beendigung des Arbeitsverhältnisses ist das Verbot aufgehoben; soll es nach Beendigung weiter gelten, muss es vor Beendigung des Arbeitsverhältnisses vertraglich vereinbart worden sein. Voraussetzungen: Schriftform, für höchstens zwei Jahre, gegen Entgelt	▷ **Fürsorgepflicht** – Sorge für die Erhaltung der Gesundheit der Arbeitnehmer – Arbeitnehmer zur Sozialversicherung anmelden ▷ **Entgeltzahlung** – spätestens am Ende eines jeden Monats – Entgeltfortzahlung im Krankheitsfalle (6 Wochen) ▷ **Gewährung von Urlaub** – Mindesturlaub lt. BUrlG: 24 Werktage – tarifvertraglich zumeist mehr ▷ **Pflicht zur Ausstellung eines Zeugnisses** – einfaches Zeugnis: nur über Art und Dauer der Beschäftigung – qualifiziertes Zeugnis: zusätzlich über Führung und Leistung

Bei Verstößen gegen diese Pflichten:
- ▷ Abmahnungen durch Arbeitnehmer: sollten schriftlich erfolgen
- ▷ Abmahnungen durch Arbeitgeber: schriftlich (Personalakte)
- ▷ bei mehreren Abmahnungen oder groben Verstößen: Kündigungsgrund

Erklären Sie die Möglichkeiten zur Beendigung des Arbeitsverhältnisses.

Fristablauf	Ist der Arbeitsvertrag nur für einen bestimmten Zeitraum abgeschlossen worden, so endet er mit Ablauf der Frist.
Aufhebungsvertrag	Arbeitgeber und Arbeitnehmer erklären in einem Vertrag übereinstimmend, dass das Arbeitsverhältnis beendet sein soll.
Kündigung	▷ Die **ordentliche Kündigung** kann nur unter Einhaltung einer Kündigungsfrist erfolgen. Für alle Arbeitnehmer (Arbeiter und Angestellte) gilt eine Mindestkündigungsfrist von vier Wochen zum Ende oder zur Mitte eines Monats. Ausnahmen hierzu sind bei Betrieben unter 20 Beschäftigten und bei Aushilfstätigkeiten von weniger als 3 Monaten Dauer möglich. In der Probezeit beträgt die Frist 2 Wochen. Bei längerer Betriebszugehörigkeit (anrechenbar erst ab dem vollendeten 25. Lebensjahr) gelten erweiterte Fristen (jeweils zum Monatsende): ab 2 Jahren – 1 Monat ab 5 Jahren – 2 Monate ab 8 Jahren – 3 Monate ab 10 Jahren – 4 Monate ab 12 Jahren – 5 Monate ab 15 Jahren – 6 Monate ab 20 Jahren – 7 Monate ▷ Die **außerordentliche Kündigung** erfolgt fristlos aus wichtigem Grund. Ein solcher ist die grobe Verletzung einer vertraglichen Pflicht. Entscheidend ist, dass dem kündigenden Teil die Fortsetzung des Arbeitsverhältnisses nicht mehr zugemutet werden kann. Dies wird z. B. für den Arbeitgeber dann der Fall sein, wenn der Arbeitnehmer gestohlen hat, für den Arbeitnehmer, wenn der Arbeitgeber die Sicherheitsvorschriften grob vernachlässigt.

1 Welche der unten stehenden Aussagen sind zutreffend? ______ ☐ ☐

(1) Die Krankenkasse übernimmt bei Krankheit eines Arbeitnehmers die Fortzahlung des Entgelts ab dem ersten Tag der Arbeitsunfähigkeit.

(2) Ein qualifiziertes Zeugnis enthält außer den Angaben über Art und Dauer der Beschäftigung Angaben über Führung und Leistung.

(3) Ein qualifiziertes Zeugnis muss von verständigem Wohlwollen des Arbeitgebers getragen sein und das weitere Fortkommen des Arbeitnehmers nicht unnötig erschweren.

(4) Der Arbeitnehmer kann nicht die Ausstellung eines neuen Zeugnisses verlangen, wenn es falsche Tatsachen oder unrichtige Beurteilungen enthält.

(5) Das Entgelt für einen Angestellten muss spätestens am 10. des laufenden Monats überwiesen sein.

2 Das Wettbewerbsverbot besagt, dass ein Arbeitnehmer nicht in Wettbewerb zu seinem Arbeitgeber treten darf.

Überprüfen Sie, welche der Aussagen über das Wettbewerbsverbot nicht zutrifft. ______ ☐

(1) Das Wettbewerbsverbot gilt für die Dauer des Arbeitsverhältnisses, ohne dass der Arbeitgeber ausdrücklich darauf hinweist.

(2) Das Wettbewerbsverbot kann auch nach Beendigung des Arbeitsverhältnisses vertraglich vereinbart werden.

(3) Das Wettbewerbsverbot kann bis zu maximal 6 Monaten. nach Beendigung des Arbeitsverhältnisses ausgedehnt werden.

(4) Das Wettbewerbsverbot nach Beendigung des Arbeitsverhältnisses muss schriftlich festgelegt sein.

(5) Für die Dauer des Wettbewerbsverbots muss dem Arbeitnehmer ein Entgelt gezahlt werden.

3 Welche Kündigungsfrist gilt für unten stehende Angestellte in einem Betrieb mit mehr als 50 Beschäftigten im Jahr 20, wenn sie vom Arbeitgeber ordentlich gekündigt werden und die Kündigungsfristen tarifvertraglich nicht geregelt sind?

(1) 1 Monat zum Monatsende
(2) 2 Monate zum Monatsende
(3) 3 Monate zum Monatsende
(4) 4 Monate zum Monatsende
(5) 5 Monate zum Monatsende
(6) 6 Monate zum Monatsende
(7) 7 Monate zum Monatsende
(8) 4 Wochen zum Ende/zur Mitte eines Monats

a. Anita Alfinger, 35 Jahre alt, Betriebseintritt: Jahr 11 ☐

b. Bernd Blome, 50 Jahre alt, Betriebseintritt: Jahr 01 ☐

c. Claus Cordes, 38 Jahre alt, Betriebseintritt: Jahr 09 ☐

d. Dagobert Deiter, 28 Jahre alt, Betriebseintritt: Jahr 19 ☐

e. Erika Ernstmeier, 35 Jahre alt, Betriebseintritt: Jahr 16 ☐

4 Bis zu welchem Termin muss der Arbeitgeber unten stehende Angestellte mindestens weiterbeschäftigen, wenn er die ordentliche Kündigung am 15.01. ausspricht?

a. Person A: Alter 35 Jahre, 7 Jahre Betriebszugehörigkeit ______ ☐

b. Person B: Alter 25 Jahre, 1 Jahr Betriebszugehörigkeit ______ ☐

c. Person C: Alter 50 Jahre, 21 Jahre Betriebszugehörigkeit ______ ☐

d. Person D: Alter 40 Jahre, 10 Jahre Betriebszugehörigkeit ______ ☐

5 Entscheiden Sie, in welchen der unten stehenden Fälle es sich um einen wichtigen Grund handelt, der eine außerordentliche Kündigung rechtfertigt. ______ ☐ ☐

(1) Eine Angestellte erhält seit 2 Jahren in der Zeit vor Weihnachten keinen Urlaub, da der Betrieb in dieser Zeit einen hohen Arbeitsaufwand hat.

(2) Ein Angestellter erscheint in einem halben Jahr fünfmal zu spät zur Arbeit, ohne dass er bisher Abmahnungen erhielt.

(3) Eine Mitarbeiterin entwendet aus dem Büro fünf Päckchen Disketten. Nach 2 Tagen bringt sie diese reumütig zurück und informiert den Arbeitgeber.

(4) Aufgrund eines Fehlers in der Datenverarbeitungsanlage kann das Februar-Entgelt erst Mitte März ausgezahlt werden.

(5) Ein Mitarbeiter verwendet die Debitoren-Daten, um auf eigene Rechnung zu verkaufen.

6 Welche Aussage über den Abschluss eines Arbeitsvertrages trifft zu? ______ ☐

(1) Wesentliche Vertragsbedingungen sind schriftlich niederzulegen.

(2) Ein Arbeitsvertrag muss nur dann schriftlich abgeschlossen werden, wenn das Arbeitsverhältnis über mehr als ein Jahr dauern soll.

(3) Ein Arbeitsvertrag kann immer mündlich abgeschlossen werden.

(4) Der Abschluss eines Arbeitsvertrages muss bei der Industrie- und Handelskammer angezeigt werden.

(5) Nur wenn man einen schriftlichen Arbeitsvertrag abgeschlossen hat, beginnt ein Arbeitsverhältnis.

7 Bei welchen der genannten Pflichten handelt es sich nicht um Pflichten des Arbeitnehmers aus dem Arbeitsvertrag? ______ ☐ ☐

(1) Wahrung von Geschäftsgeheimnissen

(2) Fürsorgepflicht

(3) Unterlassung des Betreibens gefährlicher Sportarten, z. B. Drachenfliegen

(4) Wettbewerbsverbot

(5) Dienstleistungspflicht

Welche gesetzlichen und tariflichen Grundlagen gelten für die Zahlung der Ausbildungsvergütung?	
Gesetzliche Grundlagen	▷ Der Ausbildende hat dem Auszubildenden eine angemessene Vergütung zu zahlen. Diese muss sich nach dem Lebensalter des Auszubildenden richten und mindestens jährlich mit fortschreitender Ausbildung steigen. ▷ Dem Auszubildenden ist eine Vergütung für Überstunden (über die vereinbarte regelmäßige tägliche Ausbildungszeit hinausgehende Zeit) zu leisten. ▷ Die Vergütung für den laufenden Kalendermonat ist spätestens am letzten Arbeitstag des Monats zu zahlen. ▷ Der Ausbildende muss die Vergütung weiterzahlen – für die Zeit der Teilnahme am Berufsschulunterricht, – bei Arbeitsunfähigkeit infolge Krankheit bis zu sechs Wochen.
Tarifliche Grundlagen	▷ Ausbildungsbetriebe, die tarifgebunden sind, richten sich nach den im Tarifvertrag dieser Branche ausgehandelten Ausbildungsvergütungen. *Beispiel: Ausbildungsvergütungen laut Gehaltstarifvertrag für den Einzelhandel in Nordrhein-Westfalen* ▷ Bei nicht tarifgebundenen Vertragsparteien muss die Ausbildungsvergütung angemessen sein, d. h., sie muss sich an den Rahmen der tariflichen Festlegung für vergleichbare Ausbildungsverhältnisse halten.

Nach welchen gesetzlichen bzw. tariflichen Bestimmungen richtet sich die Arbeitsvergütung (Gehalt)?	
Gesetzliche Grundlagen	▷ Ist die Höhe der Vergütung vertraglich nicht vereinbart, so ist eine übliche Vergütung als vereinbart anzusehen (ortsübliche Vergütung für vergleichbare Arbeit unter Berücksichtigung von persönlichen Verhältnissen). ▷ Die Vergütung ist am Ende des Zeitraumes zu bezahlen, auf den sich die Vergütung bezieht (z. B. Wochenlohn am Ende der Woche). Kaufmännische Angestellte müssen ihr Gehalt spätestens am Ende eines jeden Monats erhalten. **Eine gesetzliche Mindestvergütung gibt es nicht.**
Tarifliche Grundlagen	Für die meisten Arbeitnehmer sind die Arbeitsvergütungen durch Tarifverträge festgelegt. Sind die Vertragspartner tarifgebunden bzw. ist ein Tarifvertrag für allgemein verbindlich erklärt worden, gelten die Regelungen des Tarifvertrages als Mindestvereinbarungen. Eine geringere Vergütung ist demnach nicht möglich, eine höhere Vergütung nicht ausgeschlossen. *Beispiel: Gehaltstarifvertrag für den Einzelhandel in Nordrhein-Westfalen – Angestellte mit abgeschlossener kaufmännischer Ausbildung; Gehaltsgruppe II = Angestellte mit einer Tätigkeit, die erweiterte Fachkenntnisse und eine größere Verantwortung erfordern*

Nennen Sie freiwillige bzw. tarifvertragliche Leistungen, die der Arbeitgeber zusätzlich zahlt.	
Gratifikationen	Gratifikationen sind Sonderzuwendungen, die zu besonderen Anlässen gezahlt werden (Weihnachtsgeld bzw. 13. Monatsgehalt, Urlaubsgeld, Arbeitsjubiläen, Geburt eines Kindes).
Zulage zu den vermögenswirksamen Leistungen	Sparbeträge, die der Arbeitnehmer vermögenswirksam anlegen kann (z. B. Bausparverträge, Wertpapiersparen, Lebensversicherungen), werden zum Teil vom Arbeitgeber übernommen.
Umsatzvergütungen/Provisionen	Als Anreiz zur Umsatzsteigerung kann dem Arbeitnehmer bei Erreichen eines bestimmten Umsatzzieles eine gesonderte Provision gezahlt werden.
Betriebliche Altersversorgung	Einige größere Unternehmen bieten dem Arbeitnehmer die Möglichkeit, zusätzlich zur gesetzlichen Altersversorgung Beiträge in eine betriebliche Altersversorgung einzuzahlen, wobei die Beiträge vollständig oder teilweise vom Arbeitgeber übernommen werden. Bei Erreichen der Altersgrenze erhält der Arbeitnehmer neben der gesetzlichen Rente zusätzlich noch eine Betriebsrente.
Weitere Leistungen	Zuschüsse zum Mittagessen, Kontoführungspauschale (Ersatz der Kontoführungsgebühren für das Gehaltskonto des Arbeitnehmers), Zuschüsse zum Jobticket (teilweiser oder völliger Ersatz der Kosten für ein Monats-/Jahresticket des öffentlichen Personennahverkehrs), zinsgünstige bzw. zinsfreie Mitarbeiterdarlehen
Zuschläge für Überstunden	▷ Sie sind nur dann zu zahlen, wenn sie durch Tarifvertrag, Betriebsvereinbarung oder Einzelvertrag festgelegt wurden. ▷ Überstunden im Einzelhandel werden i. d. R. auf die übrige Arbeitszeit angerechnet (flexible Arbeitszeit). In einigen Arbeitsverträgen wird eine gewisse Anzahl von Überstunden – insbesondere bei leitenden Angestellten – als üblich angesehen und nicht zusätzlich bezahlt.

1 In welchem Gesetz gibt es Bestimmungen über die Höhe der Ausbildungsvergütung? ______ ☐

(1) im Betriebsverfassungsgesetz
(2) im Berufsbildungsgesetz
(3) im Jugendarbeitsschutzgesetz
(4) im Tarifvertragsgesetz
(5) in keinem Gesetz

2 Welche der folgenden Aussagen bezüglich der Ausbildungsvergütung ist falsch? ______ ☐

Tragen Sie eine (9) ein, wenn alle Aussagen zutreffen.

(1) Die Höhe der Ausbildungsvergütung richtet sich nach dem Ausbildungsjahr, in dem sich der Auszubildende befindet.
(2) Es gibt keine in Beträgen ausgedrückte gesetzlich vorgeschriebene Mindesthöhe für Ausbildungsvergütungen.
(3) Bei groben Verstößen des Auszubildenden gegen die Pflichten aus dem Ausbildungsvertrag kann der Ausbildende die Ausbildungsvergütung kürzen.
(4) Überstunden sind innerhalb gewisser Grenzen statthaft, müssen aber gesondert bezahlt werden bzw. durch kürzere Arbeitszeiten an anderen Tagen ausgeglichen werden.

3 Kennzeichnen Sie das Gesetz, das grundlegende Bestimmungen über das Arbeitsentgelt eines Verkäufers enthält. ______ ☐

(1) Betriebsverfassungsgesetz
(2) Bürgerliches Gesetzbuch
(3) Tarifvertragsgesetz
(4) Mitbestimmungsgesetz
(5) Arbeitszeitordnung

4 Bis zu welchem Termin muss einem kaufmännischen Angestellten laut Handelsgesetzbuch (HGB) das Gehalt überwiesen worden sein? ______ ☐

(1) bis zum 10. des laufenden Monats
(2) bis zum 15. des laufenden Monats
(3) bis zum Ende des laufenden Monats
(4) bis zum 10. des folgenden Monats
(5) Es gibt keinen gesetzlichen Termin für die Zahlung.

5 Kennzeichnen Sie unten stehende Aussagen mit

(1), wenn diese zutreffen,
(9), wenn diese nicht zutreffen.

Im Falle einer Krankheit des Arbeitnehmers ...

a. ... teilen sich der Arbeitgeber und die Krankenkasse des Arbeitnehmers von Anfang an die Kosten für die Lohnfortzahlung je zur Hälfte. ______ ☐

b. ... trägt der Arbeitgeber für sechs Wochen die Kosten der Lohnfortzahlung allein, danach teilen sich der Arbeitgeber und die Krankenkasse die Kosten. ______ ☐

c. ... trägt der Arbeitgeber für sechs Wochen die Kosten der Lohnfortzahlung allein, danach übernimmt die Krankenkasse die Kosten. ______ ☐

6 Keine freiwillige soziale Leistung des Arbeitgebers ist/sind ______ ☐

(1) ... das tariflich festgelegte Gehalt.
(2) ... Beiträge des Arbeitgebers zur betrieblichen Altersversorgung.
(3) ... das übertarifliche Gehalt.
(4) ... die Erstattung der Kontoführungsgebühren.
(5) ... Gratifikationen für längere Betriebszugehörigkeit.

7 Im Krankheitsfall muss der Arbeitgeber für sechs Wochen ______ ☐

(1) ... 100 % des Bruttogehaltes weiterzahlen.
(2) ... 90 % des Bruttogehaltes weiterzahlen.
(3) ... 80 % des Bruttogehaltes weiterzahlen.
(4) ... 75 % des Bruttogehaltes weiterzahlen.
(5) ... 50 % des Bruttogehaltes weiterzahlen.

8 Welche der folgenden Personen/Institutionen kann keinen direkten Einfluss auf die Höhe der Löhne und Gehälter nehmen? ______ ☐

(1) Arbeitgeber
(2) Arbeitnehmer
(3) Gewerkschaften
(4) Arbeitgeberverbände
(5) Bundesregierung

9 Kennzeichnen Sie unten stehende Aussagen mit

(1), wenn diese zutrifft,
(9) wenn diese nicht zutrifft.

a. Ausbildungsbetriebe, die tarifgebunden sind, richten sich in der Höhe der Ausbildungsvergütung nach dem jeweils günstigsten Tarifvertrag, um Kosten zu sparen. ☐

b. Gratifikationen sind tariflich nicht immer verankerte Zulagen, die der Arbeitgeber zu Anlässen wie Weihnachten, Jubiläum oder Geburt eines Kindes zahlt. ☐

c. Die Kontoführungspauschale ist ein Ersatz für die Kontogebühren des Lohn- oder Gehaltskontos. Sie ist in vielen Tarifverträgen als Zulage zum Gehalt vorgesehen. ☐

10 Der Einzelhändler Peter Striebeck ist Mitglied im Arbeitgeberverband des Einzelhandels. Das hindert ihn nicht daran, den vorbestraften Mathias F. zu 50 % des Tarifgehaltes als Verkäufer einzustellen. F. akzeptiert diese Bedingungen, da er sonst keine Arbeit findet.
Ein Jahr später klagt F. die Differenz zwischen Tarifgehalt und tatsächlich gezahltem Gehalt für 12 Monate ein. Welche der folgenden Lösungen des Falles trifft Ihrer Meinung nach zu? ______ ☐

(1) Das Arbeitsgericht wird dem Einzelhändler Striebeck recht geben, denn F. hat den Arbeitsbedingungen in einem Arbeitsvertrag (schriftlich) zugestimmt. Im Übrigen sind die Ansprüche des vergangenen Jahres verjährt.
(2) Das Arbeitsgericht gibt F. Recht, denn nach dem Günstigkeitsprinzip darf der Arbeitgeber den Arbeitnehmer durch eine einzelvertragliche Vereinbarung nicht schlechter stellen als der Tarifvertrag.

Was versteht man unter den Begriffen „Tarifrecht“ und „Tarifautonomie“?

Tarifrecht	Art. 9 (3) des Grundgesetzes garantiert Arbeitgebern und Arbeitnehmern, sich in Interessenverbänden zusammenzuschließen **(Koalitionsfreiheit)**. Das Tarifrecht als Teil des kollektiven Arbeitsrechts regelt die Auseinandersetzungen zwischen den Arbeitnehmerverbänden (Gewerkschaften) und den Arbeitgeberverbänden. Die zwischen diesen Tarifpartnern ausgehandelten Rahmenbedingungen **(Tarifverträge)** gelten jeweils für eine Vielzahl von einzelnen Arbeitsverhältnissen.
Tarifautonomie	Die Tarifpartner sind in ihren Entscheidungen hinsichtlich des Abschlusses von Tarifbedingungen völlig unabhängig (autonom).
	Eine Einflussnahme auf die Ergebnisse der Verhandlungen ist dem Staat durch die Tarifautonomie untersagt.

Nennen Sie die Tarifparteien und deren Hauptaufgabe.

Gewerkschaften	Arbeitgeberverbände
Die Gewerkschaften sind freiwillige Zusammenschlüsse von Arbeitnehmern zum Zwecke der Wahrung und Förderung ihrer Arbeitsbedingungen. Der Deutsche Gewerkschaftsbund (DGB) ist die Dachorganisation für 8 Einzelgewerkschaften: IG Bauen-Agrar-Umwelt, IG Bergbau, Chemie, Energie, Gewerkschaft Erziehung und Wissenschaft, IG Metall, Gewerkschaft Nahrung-Genuss-Gaststätten, Gewerkschaft der Polizei, Transnet Gewerkschaft GdED, Vereinte Dienstleistungsgewerkschaft e. V. (ver.di).	Die Arbeitgeberverbände sind freiwillige Zusammenschlüsse von Arbeitgebern gleicher Wirtschaftszweige einer bestimmten Region (z. B. Bauindustrie, Steinkohlebergbau), deren Zweck die Wahrung und Förderung der Interessen ihrer Mitglieder ist. Dachverband ist der Bundesverband deutscher Arbeitgeberverbände BDA. Diesem Dachverband gehören die Landesverbände (z. B. Landesvereinigung der Arbeitgeber- und Wirtschaftsverbände Sachsen-Anhalt) und Fachspitzenverbände (z. B. Gesamtverband der metallindustriellen Arbeitgeberverbände e. V.) an.

Beschreiben Sie die Aufgaben der Gewerkschaften.

Abschluss von Tarifverträgen	Hauptaufgabe der Gewerkschaften ist die Führung von Tarifverhandlungen und der Abschluss von Tarifverträgen. Dabei geht es nicht nur darum, hohe Lohnabschlüsse zu tätigen, sondern auch die übrigen Arbeitsbedingungen (z. B. Arbeitszeiten) im Sinne der Arbeitnehmer zu verbessern.
Einflussnahme auf der betrieblichen Ebene	Die gewerkschaftlichen Vertrauensleute sind in Abstimmung mit dem Betriebsrat zuständig für die Wahrnehmung der Interessen ihrer Gewerkschaftsmitglieder in den Betrieben. Diese Einflussnahme ist in vielen Bestimmungen des Betriebsverfassungsgesetzes bzw. der Mitbestimmungsgesetze verankert.
Sozialpolitik	Die Gewerkschaften geben Stellungnahmen zu Problemen der Sozialpolitik und im Vorfeld von gesetzgeberischen Maßnahmen ab, die die Arbeitnehmer direkt betreffen (z. B. Einführung der Pflegeversicherung).

Was ist ein Tarifvertrag? Nennen Sie Arten von Tarifverträgen und deren Inhalte.

Begriff	Der Tarifvertrag regelt die Rechte und Pflichten der Tarifvertragsparteien und enthält Rechtsnormen, die den Inhalt, den Abschluss und die Beendigung von Arbeitsverhältnissen sowie betriebliche und betriebsverfassungsrechtliche Fragen ordnen können.	
Formvorschrift	Rechtliche Grundlage für Tarifverträge ist das Tarifvertragsgesetz (TVG). Tarifverträge bedürfen der Schriftform und werden im Tarifregister eingetragen, das beim Bundesminister für Arbeit und Sozialordnung geführt wird.	
Arten von Tarifverträgen	Unterscheidung nach Vertragspartnern	▷ **Verbandstarifverträge:** Vertragspartner: Arbeitgeberverbände (Zusammenschluss mehrerer Arbeitgeber einer Branche in einer Region) und Gewerkschaften ▷ **Haus-, Firmen- oder Werktarifverträge:** Vertragspartner: ein einzelner Arbeitgeber und die für den Betrieb zuständige Gewerkschaft
	Unterscheidung nach dem Inhalt	▷ **Lohn-/Gehaltstarifverträge:** – regeln vorwiegend die geldlichen Arbeitsbedingungen, z. B. Arbeitsentgelt pro Stunde bzw. pro Monat (gestaffelt nach Entgeltgruppen); Ausbildungsvergütungen für Auszubildende, gestaffelt nach Ausbildungsjahren – haben kurze Laufzeiten ▷ **Rahmentarifverträge:** – regeln die Entgeltgruppen unter Berücksichtigung von Ausbildung, Alter, Schwierigkeitsgrad der auszuführenden Arbeit – haben i. d. R. eine Laufzeit von mehreren Jahren ▷ **Manteltarifverträge:** – regeln allgemeine Arbeitsbedingungen, z. B. Anzahl der wöchentlichen Arbeitsstunden, Anzahl der Urlaubstage pro Kalenderjahr, Regelungen zum 13. Monatsgehalt, Weihnachtsgeld bzw. Urlaubsgeld, Höhe des Arbeitgeberanteils zu den vermögenswirksamen Leistungen, Zuschläge für Mehr-, Nacht-, Sonntags-, Feiertags-, Akkordarbeit, Rationalisierungsschutz – haben i. d. R. eine Laufzeit von mehreren Jahren

1 Welche Verhandlungspartner können Tarifverträge abschließen? ☐ ☐

(1) einzelner Arbeitgeber und Betriebsrat

(2) einzelner Arbeitgeber und Gewerkschaft

(3) Arbeitgeberverband und Betriebsrat

(4) Arbeitgeberverband und Gewerkschaft

(5) Bundeswirtschaftsminister und Gewerkschaft

2 Vor welchem Gericht müssen Streitigkeiten zwischen den Sozialpartnern aufgrund eines Tarifvertrages ausgetragen werden? ☐

(1) Sozialgericht

(2) Verwaltungsgericht

(3) Arbeitsgericht

(4) Landgericht

(5) Verfassungsgericht

3 Prüfen Sie folgende Satzergänzungen und tragen Sie die Ziffer vor der zutreffenden Aussage in das Kästchen ein. ☐

Der Begriff „Tarifautonomie" bedeutet, dass ...

(1) ... der ausgehandelte Tarifvertrag ausschließlich für ein bestimmtes Tarifgebiet gilt.

(2) ... die Tarifpartner ohne Eingriffe von außen die Verhandlungen führen und eine Einigung erzielen.

(3) ... der Staat in die Tarifverhandlungen eingreifen darf, wenn die Tarifpartner zu keiner Einigung kommen.

(4) ... bei Differenzen zwischen den Tarifpartnern ein Vertreter des Bundeswirtschaftsministeriums als „neutraler Schlichter" versucht, eine Kompromisslösung zu finden.

(5) ... der ausgehandelte Tarifvertrag ausschließlich für eine bestimmte Branche gilt.

4 Kennzeichnen Sie die unten stehenden arbeitsrechtlichen Bedingungen mit einer

(1), wenn sie Inhalt eines Lohn- bzw. Gehaltstarifvertrages sind,
(2), wenn sie Inhalt eines Rahmentarifvertrages sind,
(3), wenn sie Inhalt eines Manteltarifvertrages sind,
(9), wenn sie weder in einem Lohn- bzw. Gehaltstarifvertrag noch in einem Rahmen- bzw. Manteltarifvertrag aufgeführt sind.

a. Höhe des Ecklohns ☐

b. Urlaubsanspruch ☐

c. Tantiemen der Aufsichtsratsmitglieder ☐

d. Höhe der Ausbildungsvergütung im 3. Ausbildungsjahr ☐

e. Kündigungsfristen ☐

f. betriebliche Altersversorgung ☐

g. Gehaltsgruppen ☐

h. Voraussetzungen für einen Streik ☐

5 Welche Aussage zum Tarifvertrag trifft nicht zu? ☐

(1) Der Tarifvertrag ist ein schriftlicher Vertrag zwischen einem Arbeitgeberverband bzw. einem einzelnen Arbeitgeber und den Gewerkschaften.

(2) Der Tarifvertrag enthält einheitliche Mindestarbeitsbedingungen für die Beschäftigten einer Branche in einer Region.

(3) Diese Mindestarbeitsbedingungen gelten zunächst nur für die Tarifpartner und ihre Mitglieder.

(4) Erst wenn der Tarifvertrag als „allgemein verbindlich" anerkannt worden ist, gelten die Bedingungen für alle Arbeitgeber und Arbeitnehmer in der Branche der entsprechenden Region.

(5) Da die Laufzeit eines Tarifvertrages immer ein Jahr beträgt, finden jährlich neue Tarifverhandlungen statt.

6 Welche der folgenden Erläuterungen bzw. Begriffspaare ergibt keine sinnvolle Zuordnung? ☐

(1) Koalitionsfreiheit – Zusammenschluss von Mitgliedern zu Interessenverbänden

(2) Arbeitnehmerverbände – Gewerkschaften

(3) Tarifverträge – arbeitsrechtliche Rahmenbedingungen

(4) kollektives Arbeitsrecht – Regelungen gelten für eine Vielzahl von Arbeitnehmern

(5) Arbeitgeberverbände – Haustarifvertrag

7 Prüfen Sie unten stehende Satzergänzungen.
Welche der Aussagen sind nicht zutreffend? ☐ ☐

Zu den Aufgaben der Gewerkschaften gehört u. a. die (der) ...

(1) ... Interessenvertretung in sozialpolitischen Fragen.

(2) ... Entscheidung über die Allgemeinverbindlichkeit von Tarifverträgen.

(3) ... Durchführung der Wahl der Betriebsratsmitglieder in einem Betrieb.

(4) ... Abschluss von Tarifverträgen.

(5) ... Wahrnehmung der Interessen der Gewerkschaftsmitglieder eines Betriebes.

8 Ergänzen Sie folgenden Satzanfang, indem Sie die Ziffer vor der zutreffenden Satzergänzung in das Kästchen eintragen. ☐

Kein Inhalt eines Manteltarifvertrages ist eine Regelung über ...

(1) ... das Weihnachtsgeld.

(2) ... die Höhe des Arbeitgeberanteils zu den vermögenswirksamen Leistungen.

(3) ... die Zuschläge für Nachtarbeit.

(4) ... die Anzahl der Urlaubstage pro Kalenderjahr.

(5) ... das Arbeitsentgelt pro Stunde.

Was versteht man unter der „Allgemeinverbindlichkeit" von Tarifverträgen?

- ▷ Tarifverträge gelten zunächst nur für Mitglieder der für den Betrieb zuständigen Gewerkschaft und für einen Arbeitgeber, der einem Arbeitgeberverband angehört (Tarifgebundenheit). Ein Mitarbeiter eines Betriebes, der nicht einer Gewerkschaft angehört, kann demnach die Regelungen eines Tarifvertrages nicht beanspruchen.
- ▷ Durch die Allgemeinverbindlichkeitserklärung (§ 5 TVG) kann ein Tarifvertrag auch auf Arbeitsverhältnisse angewendet werden, bei denen der Arbeitgeber nicht tarifgebunden ist bzw. der Arbeitnehmer keiner Gewerkschaft angehört.
- ▷ Auf Antrag einer Tarifvertragspartei (Arbeitgeberverband bzw. Gewerkschaft) kann der Bundesminister für Arbeit und Sozialordnung im Einvernehmen mit einem Tarifausschuss (je 3 Vertreter der Spitzenorganisationen der Arbeitgeber und der Arbeitnehmer) diese Allgemeinverbindlichkeitserklärung abgeben.

Beschreiben Sie den Ablauf von Tarifverhandlungen.

Die Tarifverträge kommen in Verhandlungen zwischen den Tarifparteien zustande. Können sich die Vertragspartner nicht einigen, wird entweder ein Schlichter eingeschaltet oder es kommt zu Arbeitskampfmaßnahmen.

Schlichtung	Die Schlichtung ist ein Verfahren zur Verhinderung bzw. Beilegung von Streitigkeiten zwischen den Tarifvertragsparteien. Ein Schlichter ist eine neutrale Person, die bei beiden Parteien ein hohes Ansehen genießen sollte. Der Schlichter versucht, zwischen den Parteien zu vermitteln und bietet einen Schiedsspruch an. Dieser kann, muss aber nicht akzeptiert werden. **Schlichtung geht vor Streik.**
Streik	Ein Streik ist eine planmäßig durchgeführte, vorübergehende Arbeitsniederlegung einer größeren Zahl von Arbeitnehmern zur Erlangung der in den Tarifverhandlungen vertretenen Ziele. Die Arbeitsverhältnisse ruhen und die Arbeitnehmer erhalten keinen Lohn, lediglich eine Unterstützung aus der Gewerkschaftskasse.
Aussperrung	Die Aussperrung ist eine Arbeitskampfmaßnahme der Arbeitgeber, mit der die Arbeitsverhältnisse einer größeren Zahl von Arbeitnehmern aufgehoben werden. Die Arbeits- und Lohnzahlungspflicht entfällt für diese Zeit.

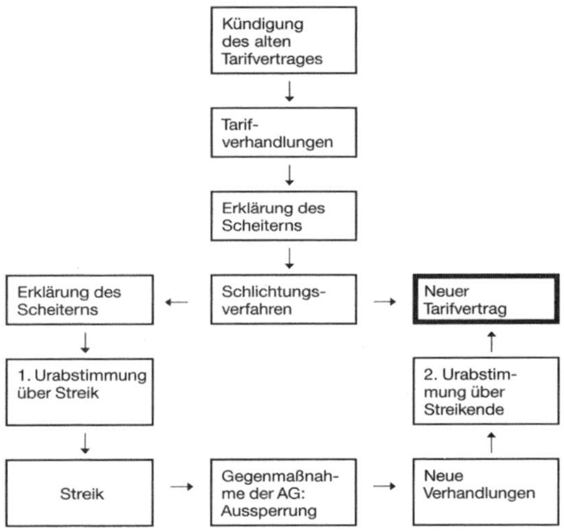

Erläutern Sie die Begriffe „tarifliche Friedenspflicht" und „Urabstimmung".

tarifliche Friedenspflicht	Während der Laufzeit eines Tarifvertrages dürfen die Tarifvertragsparteien keine Arbeitskampfmaßnahmen (Streik bzw. Aussperrung) zur Durchsetzung neuer Forderungen durchführen. Andernfalls sind sie zu Schadenersatz verpflichtet.
Urabstimmung	Nachdem ein Schlichtungsversuch eines neutralen Schlichters gescheitert ist, kommt es zu einer ersten Urabstimmung der Gewerkschaftsmitglieder über den Einsatz von Arbeitskampfmaßnahmen. Dabei müssen mindestens 75 % der abstimmungsberechtigten Gewerkschaftsmitglieder einem Streik zustimmen. Kommt es danach zu Gegenmaßnahmen der Arbeitgeber und zu neuen Verhandlungen, wird über den erneuten Vorschlag in einer zweiten Urabstimmung abgestimmt, in der nur 25 % Zustimmung erforderlich ist.

Nennen Sie Arten von Streiks.

Gewerkschaftlicher Streik	Streiks sind generell nur erlaubt, wenn sie von der zuständigen Gewerkschaft durchgeführt werden.
Wilder Streik	▷ Wilde Streiks sind spontane Arbeitsniederlegungen, die von der zuständigen Gewerkschaft auch im Nachhinein nicht gebilligt werden. ▷ Wilde Streiks sind rechtswidrig.
Vollstreik	▷ Alle Arbeitnehmer eines Tarifgebietes bzw. eines Betriebes legen die Arbeit nieder. ▷ Vollstreiks sind rechtlich zulässig.
Schwerpunkt- oder Teilstreik	▷ Bestimmte Schlüsselbetriebe einer Branche werden bestreikt. ▷ Ziel: Mit geringerem Aufwand der Gewerkschaften soll die Leistungsfähigkeit der gesamten Branche geschwächt werden. ▷ Schwerpunktstreiks sind rechtlich zulässig.
Warnstreik	▷ Warnstreiks sind zeitlich befristete Arbeitsniederlegungen während der Tarifverhandlungen. ▷ Sie sind rechtlich zulässig.
Sympathie- oder Solidaritätsstreik	▷ Andere Gewerkschaften, die nicht als Tarifpartner bei den Tarifverhandlungen anzusehen sind, unterstützen den Streik der tarifführenden Gewerkschaft. ▷ Sie sind nicht zulässig.

1 Welche Formen des Streiks sind grundsätzlich nicht zulässig? ______ ☐

(1) Sympathiestreik
(2) Warnstreik
(3) Schwerpunktstreik
(4) Teilstreik
(5) Vollstreik

2 Welche der folgenden Erläuterungen passt zu dem Begriff „Aussperrung"? ______ ☐

(1) Gewerkschaftlich organisierte Arbeitnehmer schließen die nicht organisierten vom Streik aus.
(2) Die Aussperrung ist eine Arbeitskampfmaßnahme der Arbeitgeber. Die Arbeitnehmer werden nicht zur Arbeit zugelassen und erhalten daher auch kein Arbeitsentgelt.
(3) Die Streikposten der Gewerkschaft verbieten den arbeitswilligen Arbeitnehmern den Zutritt zum Betriebsgelände.
(4) Der Arbeitgeber kündigt während eines Streiks die gewerkschaftlich organisierten Arbeitnehmer.
(5) Der Arbeitgeber kündigt während eines Streiks die nicht gewerkschaftlich organisierten Arbeitnehmer.

3 Welche der folgenden Reihenfolgen im Ablauf von Tarifauseinandersetzungen ist gesetzlich nicht möglich? ______ ☐

(1) Kündigung des alten Tarifvertrages – Tarifverhandlungen – neuer Tarifvertrag
(2) Tarifverhandlungen – Schlichtungsverfahren – Urabstimmung über Streik
(3) 51 % der Gewerkschaftsmitglieder stimmen bei der ersten Urabstimmung einem Streik zu – Streik – Aussperrung
(4) Streik – Aussperrung – erneute Verhandlungen
(5) erneute Verhandlungen nach Arbeitskampfmaßnahmen – erneute Urabstimmung über Ergebnisse der Verhandlungen – 25 % der Gewerkschaftsmitglieder stimmen dem neuen Vorschlag zu – Streikende – neuer Tarifvertrag

4 Welche der unten genannten Personengruppen gibt den vollständigen Personenkreis wieder, der bei einer Urabstimmung über einen Streik stimmberechtigt ist? ______ ☐

(1) alle gewerkschaftlich organisierten Arbeiter
(2) alle gewerkschaftlich organisierten Arbeitnehmer (Arbeiter und Angestellte)
(3) alle Arbeiter ohne Rücksicht auf eine Mitgliedschaft in der Gewerkschaft
(4) alle Angestellten ohne Rücksicht auf eine Mitgliedschaft in der Gewerkschaft
(5) alle Arbeitnehmer (Arbeiter und Angestellte) ohne Rücksicht auf eine Mitgliedschaft in der Gewerkschaft

5 Wer kann einen Tarifvertrag für allgemein verbindlich erklären? ______ ☐

(1) der Bundesminister für Arbeit und Sozialordnung
(2) die zuständige Gewerkschaft
(3) der zuständige Arbeitgeberverband
(4) der Tarifausschuss
(5) der Bundeskanzler

6 Welche Aussagen zur Schlichtung von Tarifauseinandersetzungen treffen nicht zu? ______ ☐ ☐

(1) Die Schlichtung ist ein Verfahren zur Verhinderung oder Beilegung von Streitigkeiten zwischen Arbeitgeber- und Arbeitnehmerseite.
(2) Erst bei einem nicht erfolgreichen Streik wird eine Schlichtung herbeigerufen.
(3) Der Schlichter ist eine neutrale Person.
(4) Der Schlichter ist immer eine von der Bundesregierung ausgesuchte Person.
(5) Der Schiedsspruch eines Schlichters kann, muss aber nicht akzeptiert werden.

7 Gewerkschaften können in bestimmten Situationen Arbeitskampfmaßnahmen nur dann ergreifen, wenn sie das Votum der Mitglieder haben.

Ordnen Sie den unten stehenden Fragen die richtigen Prozentsätze zu.

(1) 25 %
(2) 50 %
(3) 75 %
(4) 80 %
(5) 90 %

a. Wie viel Prozent der abstimmungsberechtigten Gewerkschaftsmitglieder müssen mindestens bei einer ersten Urabstimmung zustimmen, damit es zu einem Streik kommt? ______ ☐

b. Wie viel Prozent der abstimmungsberechtigten Gewerkschaftsmitglieder müssen mindestens bei der zweiten Urabstimmung zustimmen, damit es zu einem neuen Tarifvertrag kommt? ______ ☐

8 In welchem Fall handelt es sich um einen „wilden Streik"? ______ ☐

(1) Alle Arbeitnehmer des gesamten Bundesgebietes gehen nach Aufruf der Gewerkschaften in Streik.
(2) Zeitlich befristete Streiks, die von der Gewerkschaft ausgerufen werden
(3) Spontane Arbeitsniederlegungen, die nicht von der Gewerkschaft genehmigt sind
(4) Nur besonders wichtige Unternehmen in einer Branche werden – in Abstimmung mit der Gewerkschaft – bestreikt.
(5) Ein Streik, bei dem es zu körperlichen Auseinandersetzungen kommt

Unterscheiden Sie die betriebliche Mitbestimmung und die Unternehmensmitbestimmung.	
Betriebliche Mitbestimmung	Die betriebliche Mitbestimmung ist im BetrVG verankert, regelt jedoch auch die Mitbestimmung des Betriebsrates bei wichtigen unternehmerischen Entscheidungen. Aus diesem Grund ist die Einteilung in betriebliche Mitbestimmung und Unternehmensmitbestimmung ungenau, aber gebräuchlich.
Unternehmensmitbestimmung	Die Mitbestimmung in den Unternehmensorganen Aufsichtsrat, Vorstand oder Geschäftsführung ist nur bei juristischen Personen vorgesehen. Dazu zählen AG, GmbH, KGaA und Genossenschaft, die durch gesetzlich vorgeschriebene Organe handeln. Bei Personengesellschaften sind keine Organe vorgeschrieben, da die Unternehmer selbst die Geschäfte führen und selbst haften.

Erläutern Sie die Gesetze der Unternehmensmitbestimmung. Berücksichtigen Sie dabei insbesondere die Regelungen für die GmbH.		
Betriebsverfassungsgesetz BetrVG 1952	**Drittelbeteiligung**	
	Gültigkeit	Die Arbeitnehmermitbestimmung hat Gültigkeit für die Rechtsform der GmbH, wenn weniger als 2000 Arbeitnehmer beschäftigt sind. Mitbestimmungsfrei bleiben diese Unternehmen jedoch, wenn nur bis zu 500 Arbeitnehmer beschäftigt werden. Diese Regelung trifft auch zu für die Genossenschaften und für die Aktiengesellschaften, die nach dem 9. August 1994 in das Handelsregister eingetragen wurden.
	Zusammensetzung und Wahl des Aufsichtsrates	Der Aufsichtsrat setzt sich zusammen aus zwei Dritteln Anteilseigner (Wahl durch die Kapitalgeber) und einem Drittel Arbeitnehmervertreter (Wahl durch die Arbeitnehmer). Die Anzahl der Aufsichtsratsmitglieder ist abhängig von der Höhe des gezeichneten Kapitals: Bis 1,5 Millionen EUR = 9 Aufsichtsratsmitglieder > 1,5 Millionen EUR bis 10 Millionen EUR = 15 Aufsichtsratsmitglieder > 10 Millionen EUR = 21 Aufsichtsratsmitglieder
Mitbestimmungsgesetz MitbestG 1976	**Gleichberechtigte Mitbestimmung**	
	Gültigkeit	Eine speziellere Regelung für Unternehmen mit mindestens 2000 Arbeitnehmern in der Rechtsform der GmbH, AG, KGaA und Genossenschaft enthält das MitbestG von 1976.
	Zusammensetzung und Wahl des Aufsichtsrates	Der Aufsichtsrat setzt sich paritätisch aus den Vertretern der Anteilseigner und der Arbeitnehmer zusammen. Die Vertreter der Anteilseigner werden von der Hauptversammlung (AG), der Gesellschafterversammlung (GmbH) oder der Vertreterversammlung (Genossenschaft) direkt gewählt. Die Arbeitnehmervertreter setzen sich wie folgt zusammen: ▷ Vertreter aus der Gruppe der Arbeiter und Angestellten (Wahl durch Arbeiter und Angestellte) ▷ Vertreter aus der Gruppe der leitenden Angestellten (Wahl durch alle Angestellten) ▷ Vertreter der Gewerkschaften (Vorschlag durch die Gewerkschaften, Wahl durch die Belegschaft) Die Anzahl der Aufsichtsratsmitglieder ist abhängig von den beschäftigten Arbeitnehmern: Von 2000 bis 10000 Arbeitnehmer = 12 Aufsichtsratsmitglieder > 10000 bis 20000 Arbeitnehmer = 16 Aufsichtsratsmitglieder > 20000 Arbeitnehmer = 20 Aufsichtsratsmitglieder
	Besonderheit Pattsituation	Ergibt die Abstimmung im Aufsichtsrat keine Mehrheit, so hat der Aufsichtsratsvorsitzende doppeltes Stimmrecht. Der Aufsichtsrat wählt mit Zweidrittelmehrheit aus seiner Mitte einen Aufsichtsratsvorsitzenden und einen Stellvertreter. Wird diese Mehrheit nicht erreicht, dann wählen – jeweils mit einfacher Stimmenmehrheit – die Aufsichtsratsmitglieder der Kapitalgeber den Aufsichtsratsvorsitzenden und die Aufsichtsratsmitglieder der Arbeitnehmer den Stellvertreter.
	Arbeitsdirektor	Der zu wählende Arbeitsdirektor ist gleichberechtigtes Mitglied in dem zur gesetzlichen Vertretung bestimmten Unternehmensorgan. Die Bestellung kann auch gegen den Willen der Arbeitnehmervertreter erfolgen.
Montanmitbestimmung Montan-MitbestG 1951	**Paritätische Mitbestimmung**	
	Gültigkeit	Für Unternehmen des Kohle- und Eisenerzbergbaus sowie für die Eisen und Stahl erzeugende Industrie in der Rechtsform einer GmbH oder AG mit mehr als 1000 Arbeitnehmern findet das Montan-MitbestG Anwendung.
	Zusammensetzung und Wahl des Aufsichtsrates	Es handelt sich um eine paritätische Besetzung des Aufsichtsrats mit Vertretern der Anteilseigner (Wahl durch die Anteilseigner) und der Arbeitnehmer (Wahl durch die Anteilseigner, die jedoch an die eingereichten Vorschläge des Betriebsrates und der Gewerkschaften gebunden sind). Die gewählten Anteilseigner und Arbeitnehmervertreter im Aufsichtsrat müssen sich dann auf ein neutrales Mitglied einigen.
	Arbeitsdirektor	Der zu wählende Arbeitsdirektor des zur gesetzlichen Vertretung berufenen Organs kann nicht gegen die Mehrheit der Stimmen der Arbeitnehmervertreter im Aufsichtsrat bestellt oder abberufen werden.

1 Überprüfen Sie, ob die genannten Unternehmen unter die überbetriebliche Mitbestimmung fallen.

Tragen Sie eine

(1) ein, wenn das Betriebsverfassungsgesetz von 1952 zutrifft,
(2) ein, wenn das Montanmitbestimmungsgesetz von 1951 zutrifft,
(3) ein, wenn das Mitbestimmungsgesetz von 1976 zutrifft.

Tragen Sie eine (9) ein, wenn eine überbetriebliche Mitbestimmung nicht zutrifft.

a. Gesellschaft mit beschränkter Haftung, 700 Arbeitnehmer ☐
b. oHG, 3 000 Arbeitnehmer ☐
c. Braunkohle AG, 2 600 Arbeitnehmer ☐
d. Viermann Farben und Lacke AG, 14 000 Arbeitnehmer ☐
e. Stahlux AG, Walzerzeugnisse, 1 400 Arbeitnehmer ☐
f. Anke Rüter, eingetragene Kauffrau, Feinkost, 50 Arbeitnehmer ☐
g. Gerd Wessel, Baustoffgroßhandel AG, 700 Arbeitnehmer ☐
h. Transport Schnell GmbH, 200 Arbeitnehmer ☐
i. Nils Bökenhagen, Blumenmarkt, nicht eingetragen im Handelsregister ☐

2 Die Ferdi Lamberts GmbH ist Hersteller, Importeur und Exporteur von Delikatessen und Spirituosen. Das Unternehmen ist vor drei Jahren in Düsseldorf gegründet worden und beschäftigt 660 Mitarbeiter. Eine Tochtergesellschaft befindet sich in Italien. Dort sind 200 Arbeitnehmer angestellt.

Überprüfen Sie folgende Aussagen zur betrieblichen und überbetrieblichen Mitbestimmung.

Tragen Sie eine

(1) ein, wenn die Aussage zutrifft,
(9) ein, wenn die Aussage nicht zutrifft.

a. Für das Unternehmen in Düsseldorf muss kein Aufsichtsrat gebildet werden. Insgesamt sind 860 Mitarbeiter in zwei rechtlich selbstständigen Unternehmen tätig. Damit bleibt das Unternehmen mitbestimmungsfrei. ☐
b. Da in Düsseldorf ein Betriebsrat besteht, ist dieses Organ auch zwingend notwendig für das Unternehmen in Italien. ☐
c. Der Aufsichtsrat setzt sich paritätisch zusammen, d.h. die Hälfte der Aufsichtsratsmitglieder wird von der Kapitalseite gewählt, die andere Hälfte von den Arbeitnehmern. ☐
d. Das Unternehmen in Düsseldorf fällt unter die Vorschriften des Betriebsverfassungsgesetzes. Somit ist ein Aufsichtsrat zu wählen. ☐
e. Die Anzahl der Aufsichtsratsmitglieder ist abhängig von der Anzahl der Angestellten und Arbeiter in Düsseldorf. ☐
f. Die Anzahl der Aufsichtsratsmitglieder ist abhängig von der Höhe des gezeichneten Kapitals. ☐
g. Ein Aufsichtsrat muss nur gewählt werden, wenn der Betriebsrat einen Antrag gestellt hat. ☐

3 Die Zusammensetzung des Aufsichtsrates einer GmbH kann unter das

(1) Mitbestimmungsgesetz von 1976,
(2) Betriebsverfassungsgesetz von 1952,
(3) Montanmitbestimmungsgesetz von 1951

fallen.

Ordnen Sie diese Gesetze den folgenden Sachverhalten zu. Falls keine überbetriebliche Mitbestimmung zutrifft, tragen Sie eine (9) ein.

a. Pax-de-vex GmbH, Internationaler Vertrieb medizinischer Geräte, drei Geschäftsführer, 130 Mitarbeiter ☐
b. Computer FEST Gesellschaft mbH, 2 300 Mitarbeiter ☐
c. Stahlwerke Osnaberg GmbH, 2 100 Mitarbeiter ☐

4 Überprüfen Sie folgende Aussagen zum Mitbestimmungsgesetz von 1976.

Tragen Sie eine

(1) ein, wenn die Aussage zutrifft,
(9) ein, wenn die Aussage nicht zutrifft.

a. Für Unternehmen, die mindestens 2 000 Arbeitnehmer beschäftigen und eine bestimmte Rechtsform aufweisen, hat das Mitbestimmungsgesetz Gültigkeit. ☐
b. Der Aufsichtsrat setzt sich paritätisch aus den Anteilseignern und den Arbeitnehmern zusammen. ☐
c. Auf der Seite der Arbeitnehmervertreter befinden sich auch Gewerkschaftsvertreter, die auf Vorschlag durch die Gewerkschaften von der Belegschaft gewählt werden. ☐
d. Die Zahl der Aufsichtsratsmitglieder ist ungerade, damit es nicht bei Abstimmung zu Pattsituationen kommen kann. ☐

5 Auf welches der drei Mitbestimmungsgesetze trifft die folgende Feststellung zu? ☐

Feststellung: „Der Aufsichtsratsvorsitzende hat bei Pattsituationen das doppelte Stimmrecht. Dabei handelt es sich bei dem Aufsichtsratsvorsitzenden i.d.R. um einen Vertreter der Kapitalseite."

(1) Mitbestimmungsgesetz von 1976
(2) Betriebsverfassungsgesetz von 1952
(3) Montanmitbestimmungsgesetz von 1951

6 Welche der folgenden Aussagen zum Aufsichtsrat trifft nicht zu? ☐

(1) Der Aufsichtsrat wird alle vier Jahre neu gewählt.
(2) Die Aufsichtsratsmitglieder erhalten für ihre Tätigkeit eine Tantieme, die laut Satzung oder auch durch Beschluss der Hauptversammlung bestimmt wird.
(3) Zu den Aufgaben des Aufsichtsrates gehört die Überwachung des Vorstandes.
(4) Der Aufsichtsrat hat Bericht zu erstatten über den vom Vorstand aufgestellten Jahresabschluss.
(5) Die Aufsichtsratsmitglieder müssen ein juristisches Studium nachweisen, um ihre Tätigkeit durchführen zu können.

Nennen Sie Gründe für das Ausscheiden von Mitarbeitern. Welche Möglichkeiten der Beendigung des Arbeitsverhältnisses gibt es?		
Gründe für das Ausscheiden von Mitarbeitern	Mitarbeiter will oder muss ausscheiden	▷ freiwillige Gründe, z. B. Wechsel des Unternehmens ▷ zwingende Gründe der vorübergehenden oder endgültigen Beendigung des Arbeitsverhältnisses, wie Mutterschutz, Dienstantritt bei der Bundeswehr oder Eintritt des Rentenalters
	Unternehmen will sich vom Mitarbeiter trennen	▷ betriebliche Gründe, z. B. Umsatzrückgang, Rationalisierung, Betriebsstilllegungen ▷ Gründe, die in der Person oder im Verhalten des Mitarbeiters liegen, z. B. dauerhafte Schlechterfüllung der arbeitsvertraglichen Pflichten oder Unmöglichkeit der Leistung (z. B. Führerscheinentzug bei einem Lkw-Fahrer)
Möglichkeiten zur Beendigung des Arbeitsverhältnisses	▷ Beendigung durch Fristablauf bei einem befristeten Arbeitsverhältnis ▷ Beendigung durch Aufhebungsvertrag in gegenseitigem Einvernehmen ▷ Beendigung durch Kündigung; diese kann beiderseitig erfolgen durch – ordentliche Kündigung unter Einhaltung einer Kündigungsfrist, – außerordentliche Kündigung (fristlose Kündigung).	

Welche Unterlagen sind einem Mitarbeiter beim Ausscheiden auszuhändigen? Welche Unterlagen erhält das Unternehmen vom Mitarbeiter?	
Mitarbeiter erhält:	▷ qualifiziertes Zeugnis mit Aussagen über Aufgaben, Leistung und Sozialverhalten (Pflicht) ▷ Lohnsteuerkarte mit den erforderlichen Eintragungen, z. B. steuerpflichtiger Bruttoverdienst, gezahlte Lohn- und Kirchensteuern, gezahlte Sozialversicherungsbeiträge, steuerfreie Leistungen des Arbeitgebers (Pflicht) ▷ Nachweis über Bezüge und darauf abgeführte Beiträge zur Sozialversicherung als Unterlage für die Beantragung der Rente (Pflicht) ▷ Arbeitsbescheinigung zur Vorlage beim Arbeitsamt über die Beendigung des Arbeitsverhältnisses und ggf. gezahlte Abfindungen (nur auf Anforderung durch AN) ▷ Urlaubsbescheinigung über den erhaltenen bzw. abgegoltenen Urlaub (Pflicht)
Unternehmen erhält:	Ausgleichsquittung des Arbeitnehmers: Der Arbeitnehmer bestätigt, dass der Unternehmer alle aus dem Arbeitsverhältnis entstandenen Pflichten erfüllt hat und dass er die ausgehändigten Unterlagen erhalten hat.

Welche Arten von Zeugnissen werden unterschieden? Was ist bei der Erstellung von Zeugnissen zu beachten?		
Arten von Zeugnissen	einfaches Zeugnis	Das einfache Zeugnis enthält Angaben über ▷ die Art und die Dauer der Beschäftigung, ▷ den Grund des Ausscheidens (nur auf Wunsch des Mitarbeiters).
	qualifiziertes Zeugnis	Das qualifizierte Zeugnis muss der Arbeitgeber auf Anforderung des ausscheidenden Arbeitnehmers ausstellen. Es enthält zusätzlich Aussagen über ▷ das Leistungsverhalten des Mitarbeiters, *Beispiel: „... hat die ihm übertragenen Arbeiten stets zu unserer vollen Zufriedenheit erledigt."* ▷ das Sozial- und Führungsverhalten des Mitarbeiters, *Beispiel: „Sein Verhalten gegenüber Mitarbeitern und Vorgesetzten war stets einwandfrei."* ▷ die Fähigkeiten als Vorgesetzter bei Führungskräften.
Zeugnisaussagen	Grundsatz	Die Aussagen in einem Zeugnis müssen ▷ einerseits wahrheitsgemäß sein und einen folgenden Arbeitgeber nicht irreführen, ▷ andererseits von der Fürsorgepflicht des Arbeitgebers für den Mitarbeiter geleitet sein. Ein Zeugnis muss deshalb vom verständigen Wohlwollen des Arbeitgebers getragen sein und darf das zukünftige Fortkommen des Mitarbeiters nicht behindern.
	Zeugniscodes	In der Praxis hat sich eine Reihe von Zeugniscodes entwickelt, mit denen sich auch negative Zeugnisaussagen wohlwollend formulieren lassen. ▷ Formulierungsskala der Leistungen von Note 1 bis Note 6 *Beispiele:* – *„... hat die ihm übertragenen Aufgaben stets zu unserer vollsten Zufriedenheit erledigt." = Note 1* – *„... hat sich bemüht, die ihm übertragenen Arbeiten im Großen und Ganzen zu unserer Zufriedenheit zu erledigen." = Note 6* ▷ Methode des „vielsagenden Verschweigens" *Beispiel: Ein Mitarbeiter, der ständig Streit mit Vorgesetzten hatte, bekommt keine Aussage zu seinem Verhalten zu Vorgesetzten.* ▷ Spezialformulierungen Bestimmte Verhaltensauffälligkeiten werden in besonderen Formulierungen verpackt. *Beispiel: „... trug durch seine Geselligkeit zur Verbesserung des Betriebsklimas bei" kann bedeuten: Er neigt zu übertriebenem Alkoholgenuss.*

1 Welche der folgenden Aussagen sind nicht zutreffend? ☐ ☐

(1) Betriebliche Gründe für das Ausscheiden von Mitarbeitern können sein: Rationalisierung, Betriebsstilllegungen oder dauerhaft schlechte Leistungen des Mitarbeiters.

(2) Eine Frau, die wegen Mutterschaftsschutz das Unternehmen auch nur vorübergehend verlässt, hat Anspruch auf die Ausstellung eines Zeugnisses.

(3) Eine fristlose Kündigung kann auch vom Arbeitnehmer ausgesprochen werden.

(4) Auch ein befristetes Arbeitsverhältnis kann jederzeit durch einen Aufhebungsvertrag vorzeitig, also vor Fristablauf, beendet werden.

(5) Meldet das Unternehmen Insolvenz an, bedarf es keiner besonderen Kündigung. Die Arbeitsverhältnisse der Mitarbeiter enden automatisch mit dem Datum der Insolvenzeröffnung.

2 Welche der folgenden Rechtshandlungen oder Tatbestände sind nicht in der Lage, ein Arbeitsverhältnis zu beenden? ☐

(1) Fristablauf

(2) Betriebsvereinbarung

(3) Außerordentliche Kündigung

(4) Aufhebungsvertrag

(5) Ordentliche Kündigung

3 Jeder Arbeitnehmer erhält beim Ausscheiden aus dem Unternehmen eine Reihe von Unterlagen. Welche der folgenden Unterlagen gehört nicht dazu? ☐

(1) Arbeitsbescheinigung

(2) Personalakte

(3) Zeugnis

(4) Lohnsteuerkarte

(5) Sozialversicherungsausweis

4 Welche der folgenden Aussagen über die Arbeitsbescheinigung trifft nicht zu? ☐ ☐

(1) Jeder Arbeitnehmer erhält diese Bescheinigung, wenn er diese beim Arbeitgeber beantragt.

(2) Die Arbeitsbescheinigung dient zur Vorlage beim Arbeitsamt, wenn ein gekündigter Arbeitnehmer sich arbeitslos meldet.

(3) Die Arbeitsbescheinigung ist ein anderer Ausdruck für ein einfaches Zeugnis.

(4) Die Arbeitsbescheinigung enthält u. a. Angaben über gezahlte Abfindungsbeträge.

(5) Die Arbeitsbescheinigung enthält die Summe aller vom Arbeitgeber gezahlten Beiträge zur Rentenversicherung, deshalb hat der Arbeitnehmer diese bei Rentenantragstellung dem zuständigen Rentenversicherungsträger zukommen zu lassen.

5 Kennzeichnen Sie unten stehende Unterlagen mit einer

(1), wenn es sich um eine Unterlage handelt, die der Arbeitgeber dem Arbeitnehmer beim Ausscheiden aushändigen muss,
(2), wenn es sich um eine Unterlage handelt, die der Arbeitgeber dem Arbeitnehmer aushändigen muss, wenn dieser die Unterlage verlangt,
(3), wenn es sich um eine Unterlage handelt, die der Arbeitgeber auf Wunsch ausstellen kann, wozu er aber nicht verpflichtet ist,
(4), wenn es sich um eine Unterlage handelt, die der Arbeitgeber nicht aushändigen kann oder darf.

a. Personalakte ☐
b. Lohnsteuerkarte ☐
c. Qualifiziertes Zeugnis ☐
d. Inhaltsbeschreibungen von innerbetrieblichen Fortbildungen des Arbeitnehmers ☐
e. Arbeitsbescheinigung ☐
f. Fotokopie des Lohnkontos ☐
g. Sozialversicherungsnachweis ☐
h. Einfaches Zeugnis ☐
i. Ausdruck des Stammsatzes des Arbeitnehmers aus der Personalstammdatei ☐
j. Sozialversicherungsausweis ☐

6 Welche der folgenden Aussagen steht nicht in einem einfachen Zeugnis? ☐

(1) Name und Geburtsdatum des Arbeitnehmers

(2) Unterschrift des Arbeitgebers

(3) Zeit der Beschäftigung

(4) Sozialverhalten des Arbeitnehmers

(5) Art der Tätigkeit

7 Welche der folgenden Aussagen ist nicht zutreffend? ☐

(1) Ein einfaches Zeugnis enthält nur Angaben über die Art und die Dauer der Beschäftigung. ☐

(2) Zeugnisaussagen müssen der Wahrheit entsprechen. ☐

(3) Ein qualifiziertes Zeugnis stellt die Qualifikation des Arbeitnehmers dar, d. h. die allgemeinen und beruflichen Fähigkeiten und Kenntnisse des Arbeitnehmers. ☐

(4) Die meisten qualifizierten Zeugnisse sind unter Verwendung bestimmter Zeugniscodes formuliert. ☐

(5) Qualifizierte Zeugnisse enthalten Aussagen über die Art und Dauer der Beschäftigung sowie über das Leistungs- und Sozialverhalten des Arbeitnehmers. ☐

Beschreiben Sie die Ziele und Voraussetzungen des Kündigungsschutzgesetzes.

Für einen Arbeitnehmer ist der Arbeitsplatz Grundlage zur Sicherung der materiellen und sozialen Existenz. Aus diesem Grund soll das Kündigungsschutzgesetz (KSchG) Arbeitnehmer vor willkürlichen Kündigungen durch den Arbeitgeber schützen. Kündigungen sind demnach rechtsunwirksam, wenn sie „sozial ungerechtfertigt" sind. Rechtswirksame Kündigungen liegen nur dann vor, wenn bestimmte Gründe gegeben sind (siehe folgende Frage). Bei personen- oder verhaltensbedingten Kündigungen müssen vorherige Abmahnungen erfolgt sein.

Voraussetzungen für die Anwendung des KSchG

- ▷ Das Unternehmen muss mindestens 11 Arbeitnehmer beschäftigen. Ausnahme: bei Arbeitsverhältnissen, die vor dem 31.12.2003 begonnen haben. (Voraussetzung: mindestens 6 Arbeitnehmer).
- ▷ Das Arbeitsverhältnis muss mindestens 6 Monate bestehen.

Nennen Sie Gründe, die aus der Sicht des Kündigungsschutzgesetzes sozial gerechtfertigt sind.

Gründe, die in der Person des Arbeitnehmers liegen	Gründe, die im Verhalten des Arbeitnehmers liegen	Gründe, die im Betrieb des Arbeitgebers liegen
Beispiele: ▷ fehlende Eignung ▷ mangelhafte Leistung ▷ häufige Erkrankungen ▷ Alkoholabhängigkeit	*Beispiele:* ▷ unberechtigte Krankmeldung ▷ Störung des Betriebsfriedens ▷ häufige Unpünktlichkeit	*Beispiele:* ▷ Rationalisierung ▷ Einschränkung der Produktion ▷ Auftragsmangel ▷ Umsatzrückgang

Kündigungen sind nur dann sozial gerechtfertigt, wenn einer der drei oben genannten Gründe vorliegt. Es gibt keinen anderen Kündigungsgrund.

Beschreiben Sie das Kündigungsschutzverfahren.

- ▷ Die Kündigung bedarf der vorherigen Anhörung des Betriebsrates. Eine ohne Anhörung ausgesprochene Kündigung ist nichtig. Der Betriebsrat kann einer ordentlichen Kündigung innerhalb von einer Woche, einer außerordentlichen Kündigung *unverzüglich*, spätestens innerhalb von 3 Tagen schriftlich unter Angabe von Gründen widersprechen.
- ▷ Gegen eine seiner Meinung nach sozial ungerechtfertigte Kündigung kann der Arbeitnehmer innerhalb einer Woche *Einspruch* beim Betriebsrat einlegen. Soweit dieser den Einspruch für begründet hält, hat er sich um eine Verständigung mit dem Arbeitgeber zu bemühen.
- ▷ Um ein endgültiges Wirksamwerden der Kündigung zu verhindern, muss der Arbeitnehmer innerhalb von 3 Wochen nach Zugang der Kündigung Klage beim Arbeitsgericht erheben mit dem Antrag, festzustellen, dass das Arbeitsverhältnis durch die Kündigung nicht aufgelöst ist. Gleiches gilt für außerordentliche Kündigungen.
- ▷ Stellt das Arbeitsgericht die Unwirksamkeit fest, muss der Arbeitnehmer entweder weiterbeschäftigt werden oder der Arbeitgeber hat ihm eine Abfindung zu zahlen, falls die Fortsetzung des Arbeitsverhältnisses unzumutbar ist.

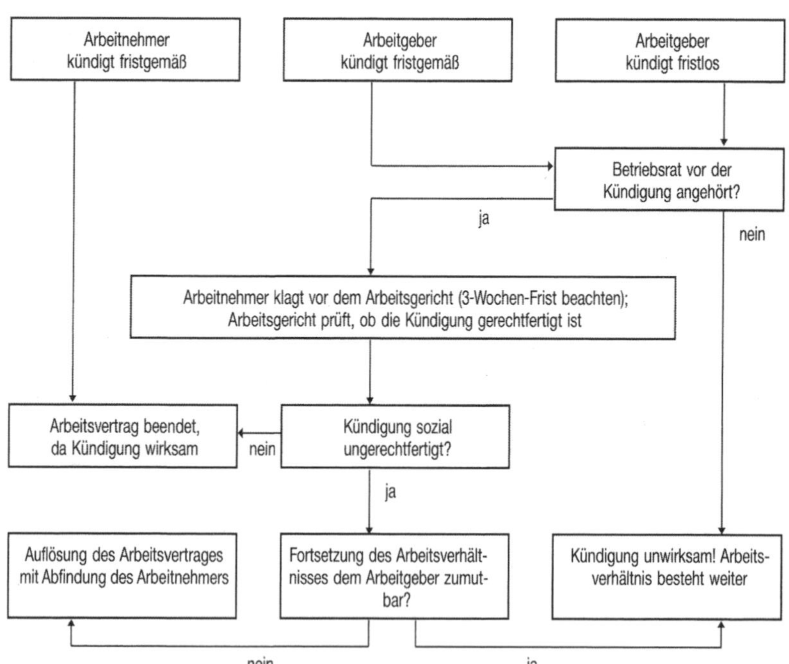

Welche Personenkreise genießen im Betrieb einen besonderen Kündigungsschutz?

Personenkreis	Gesetz	Kündigungsschutzvorschriften für ordentliche Kündigungen (außerordentliche Kündigungen sind möglich)
Auszubildende	Berufsbildungsgesetz (BBiG)	Kündigungsverbot nach der Probezeit bis zur Beendigung der Ausbildung
Betriebsräte/ JAV-Mitglieder	Kündigungsschutzgesetz (KSchG)	Kündigung ab Beginn der Amtszeit und innerhalb eines Jahres nach Ende der Amtszeit nicht möglich
Schwangere/ Mütter	Mutterschutzgesetz (MuSchG) bzw. Bundeserziehungsgeldgesetz (BErzGG)	Kündigungsverbot ab Beginn der Schwangerschaft bis zum Ablauf von 4 Monaten nach der Entbindung (gilt auch für außerordentliche Kündigungen) bzw. des Erziehungsurlaubs (bis zu 36 Monaten nach der Geburt; gilt auch für Väter)
Schwerbehinderte	Schwerbehindertengesetz (SchwbG)	Wenn eine Behinderung von mindestens 50 % vorliegt, ist eine Kündigung nur mit Zustimmung des Integrationsamts möglich.
Wehr- und Ersatzdienstleistende	Arbeitsplatzschutzgesetz (ArbPlSchG)	Kündigungsverbot ab der Zustellung des Einberufungsbescheides bis zum Ende der Dienstzeit

1 Für bestimmte Personenkreise in einem Unternehmen gelten besondere (erweiterte) Kündigungsschutzvorschriften.

Kennzeichnen Sie unten stehende Personengruppen mit einer

(1), wenn dieser Personenkreis einen besonderen Kündigungsschutz hat,
(2), wenn dieser Personenkreis keinen besonderen Kündigungsschutz hat,
(9), wenn dieser Personenkreis überhaupt nicht zum Unternehmen gehört.

a. Mitglieder der Jugend- und Auszubildendenvertretung ☐
b. alle Mitarbeiter über 50 Jahre ☐
c. Arbeitnehmer, die aufgrund des Erziehungsurlaubs die Arbeit nach 36 Monaten wieder aufnehmen ☐
d. Arbeitnehmer mit 50 % Schwerbehinderung ☐
e. Aushilfskräfte ☐
f. Leih-Arbeitnehmer ☐
g. Ersatzdienstleistende, denen vor Beginn des Dienstes nicht gekündigt wurde ☐

2 Arbeitnehmer sollen vor willkürlichen Kündigungen durch den Arbeitgeber geschützt werden. Gesetzliche Grundlage hierfür ist das Kündigungsschutzgesetz (KSchG).

Welche unten stehende Aussagen geben notwendige Voraussetzungen für die Anwendung des Kündigungsschutzgesetzes wieder? ☐ ☐

(1) Das Unternehmen des gekündigten Arbeitnehmers muss in der Regel mindestens 11 Arbeitnehmer beschäftigen.

(2) Das Arbeitsverhältnis muss mindestens 6 Monate bestehen.

(3) Der Arbeitgeber muss einem Arbeitgeberverband angeschlossen sein.

(4) Der Arbeitnehmer muss gewerkschaftlich organisiert sein.

(5) Der Arbeitgeber muss vor der Kündigung den Betriebsrat informiert haben.

3 Das Kündigungsschutzgesetz lässt für eine ordentliche Kündigung eines Arbeitnehmers nur bestimmte Gründe zu, die eine Kündigung durch den Arbeitgeber sozial rechtfertigt.

Welcher der im folgenden genannten Gründe gehört nicht dazu? ☐ ☐

(1) Gründe, die in der Person des Arbeitnehmers liegen

(2) Gründe, die in der Person des Arbeitgebers liegen

(3) Gründe, die im Verhalten des Arbeitnehmers liegen

(4) betriebsbedingte Gründe

(5) politische Gründe

4 In welchen Gesetzen wird den unten stehenden Personenkreisen ein besonderer Kündigungsschutz eingeräumt?

Ordnen Sie die Ziffern vor den folgenden Gesetzen dem entsprechenden Personenkreis zu:

(1) Arbeitsplatzschutzgesetz
(2) Arbeitssicherheitsgesetz
(3) Arbeitszeitordnung
(4) Berufsbildungsgesetz
(5) Betriebsverfassungsgesetz
(6) Handelsgesetzbuch
(7) Kündigungsschutzgesetz
(8) Mutterschutzgesetz
(9) Schwerbehindertengesetz

a. Wehr- und Ersatzdienstleistende ☐
b. Schwangere/Mütter ☐
c. Betriebsräte/JAV-Mitglieder ☐
d. Auszubildende ☐
e. Schwerbehinderte ☐

5 Innerhalb welcher Frist muss ein Arbeitnehmer Klage beim Arbeitsgericht erheben, damit eine ausgesprochene Kündigung nicht endgültig wirksam wird? ☐

(1) 3 Tage

(2) 1 Woche

(3) 2 Wochen

(4) 3 Wochen

(5) 1 Monat

6 Welcher der unten aufgeführten Gründe ist kein betriebsbedingter Grund für eine sozial gerechtfertigte Kündigung? ☐

(1) Umsatzrückgang

(2) Auftragsmangel

(3) Rationalisierungsmaßnahmen

(4) negativer Einfluss auf das Betriebsklima

(5) Einschränkung der Produktion

7 Welche der unten aufgeführten Aussagen zum Kündigungsschutzverfahren treffen nicht zu? ☐ ☐

(1) Eine Kündigung, die ohne vorherige Anhörung des Betriebsrates ausgesprochen wurde, ist nichtig.

(2) Der Betriebsrat kann einer ordentlichen Kündigung innerhalb von einer Woche widersprechen.

(3) Einer außerordentlichen Kündigung kann der Betriebsrat nicht widersprechen.

(4) Durch einen Klageantrag beim Arbeitsgericht innerhalb von 3 Wochen nach Zugang der Kündigung kann der Arbeitnehmer verhindern, dass die Kündigung endgültig wirksam wird.

(5) Wenn eine außerordentliche Kündigung erfolgt, muss für den ausscheidenden Mitarbeiter ein neuer Mitarbeiter eingestellt werden.

Nennen Sie Ziel, Rechtsgrundlage und Inhalte des Mutterschutzes.	
Ziel und Rechtsgrundlage	▷ Das Mutterschutzgesetz trägt der besonderen Schutzwürdigkeit von Schwangeren sowie Müttern nach der Entbindung Rechnung. ▷ **Mutterschutzgesetz (MuSchG)** und **Bundeserziehungsgeldgesetz (BErzGG)**
Wesentliche Inhalte	▷ Keine Kündigung während der Schwangerschaft und bis zu 4 Monate nach der Entbindung sowie während der Elternzeit ▷ Beschäftigungsverbot: für werdende Mütter grundsätzlich, wenn Gefahren für die Schwangere oder das Kind bestehen ▷ Eine Beschäftigung während der letzten 6 Wochen der Schwangerschaft und 8 Wochen nach der Entbindung ist untersagt. ▷ Nach der Entbindung kann Elternzeit von 36 Monaten genommen werden, die wahlweise der Mutter oder dem Vater zusteht. In dieser Zeit wird für maximal 14 Monate ein Elterngeld gezahlt, darüberhinaus bis zum 24. Monat Erziehungsgeld.

Nennen Sie Ziel, Rechtsgrundlage und Inhalte des Schutzes Schwerbehinderter.	
Ziel und Rechtsgrundlage	▷ Schwerbehindert ist eine Person, die körperlich, seelisch oder geistig behindert und dadurch in ihrer Erwerbsfähigkeit um mindestens 50 % gemindert ist. Sie soll im Arbeitsleben besonders geschützt werden. ▷ **SGB, 9. Buch** (ehem. Schwerbehindertengesetz)
Wesentliche Inhalte	▷ Betriebe, die über mindestens 20 Arbeitsplätze verfügen, müssen auf wenigstens 5 % der Arbeitsplätze Schwerbehinderte beschäftigen. Dabei sind schwerbehinderte Frauen besonders zu berücksichtigen. ▷ Jeder unbesetzte Pflichtplatz wird mit einer monatlichen Ausgleichsabgabe belegt. ▷ Schwerbehinderte genießen einen erweiterten Kündigungsschutz und haben einen Anspruch auf zusätzlichen Urlaub von fünf Arbeitstagen.

Nennen Sie Ziel, Rechtsgrundlage und Inhalte des Arbeitszeitschutzes.	
Ziel und Rechtsgrundlage	▷ Der Arbeitszeitschutz setzt Rahmenbedingungen für alle Fragen, die mit der Arbeitszeit im Betrieb zusammenhängen. Die gesetzten Grenzen dürfen nicht überschritten werden. ▷ **Gesetz zur Vereinheitlichung und Flexibilisierung des Arbeitsrechts (Arbeitszeitgesetz)**
Wesentliche Inhalte	▷ Arbeitszeit ist die Zeit vom Beginn bis zum Ende der Arbeit ohne Ruhepausen. ▷ regelmäßige Arbeitszeit an Werktagen: 8 Stunden ▷ Die Arbeitszeit des einzelnen Arbeitnehmers kann auf 10 Stunden ausgedehnt werden, wenn innerhalb von 6 Monaten ein Ausgleich auf eine Gesamtarbeitszeit von 8 Stunden im Durchschnitt geschaffen wird. ▷ Die tägliche Ruhezeit nach Beendigung der Arbeit beträgt mindestens 11 Stunden. ▷ Arbeitsruhe an Sonn- und Feiertagen (Sonntagsgewerbe ausgenommen); im Einzelhandel Ausnahmen bei Milcherzeugnissen, Bäcker- und Konditorwaren, Blumen und Zeitungen ▷ Nach 6 Stunden ist jedem Arbeitnehmer eine Ruhepause von 30 Minuten, ab 9 Stunden von 45 Minuten zu gewähren.

Nennen Sie Ziel, Rechtsgrundlage und Inhalte des Gesundheits- und Unfallschutzes.	
Ziel und Rechtsgrundlage	▷ Der technische Arbeitsschutz soll verhindern, dass die Gesundheit der Arbeitnehmer beeinträchtigt wird. ▷ **Gewerbeordnung (GewO)**; weitere Vorschriften finden sich im Maschinenschutzgesetz, in der Verordnung über gefährliche Arbeitsstoffe, in der Arbeitsstättenverordnung, im Arbeitssicherheitsgesetz.
Wesentliche Inhalte	▷ Der Arbeitgeber hat die Betriebsräume, Vorrichtungen, Maschinen und Gerätschaften einzurichten und zu unterhalten sowie den Betrieb so zu regeln, dass die Arbeitnehmer gegen Gefahren für Leben und Gesundheit so weit geschützt werden, wie die Natur des Betriebes es gestattet. ▷ Unfallverhütungsvorschriften, die von den Berufsgenossenschaften erlassen werden, müssen im Betrieb an geeigneter Stelle aushängen. ▷ Aus dem Kreis der Mitarbeiter des Betriebes wird ein Sicherheitsbeauftragter bestimmt. ▷ Zuständige Stellen für den Arbeitsschutz sind – das Gewerbeaufsichtsamt, – die Berufsgenossenschaften als Träger der betrieblichen Unfallversicherung.

Nennen Sie Ziel, Rechtsgrundlage und Inhalte der Jahresurlaubsregelung.	
Ziel und Rechtsgrundlage	▷ Die Erholung des Arbeitnehmers durch einen Urlaub soll gewährleistet werden. ▷ **Bundesurlaubsgesetz (BUrlG)**
Wesentliche Inhalte	▷ Jeder Arbeitnehmer (einschließlich Aushilfen und Teilzeitbeschäftigte) hat Anspruch auf einen bezahlten Erholungsurlaub von mindestens 24 Werktagen pro Jahr unter Weiterzahlung des Arbeitsentgelts. ▷ Der Urlaub ist grundsätzlich zusammenhängend zu gewähren und im laufenden Kalenderjahr zu nehmen.

1 In welchem der folgenden Gesetze finden sich Vorschriften über den Gesundheits- und Unfallschutz? ☐

(1) Aktiengesetz

(2) Bürgerliches Gesetzbuch

(3) Gewerbeordnung

(4) Gesetz gegen den unlauteren Wettbewerb

(5) Handelsgesetzbuch

2 Ordnen Sie die folgenden Arbeitsschutzgesetze den unten stehenden Schutzvorschriften zu:

(1) Schwerbehindertengesetz
(2) Mutterschutzgesetz
(3) Bundesurlaubsgesetz
(4) Arbeitszeitgesetz

a. Die tägliche Ruhezeit nach Beendigung der Arbeit beträgt mindestens 11 Stunden. ____ ☐

b. Diese Personen genießen einen besonderen Kündigungsschutz und haben einen Anspruch auf einen zusätzlichen Urlaub von 5 Tagen pro Jahr. ____ ☐

c. Der Kündigungsschutz dieser Personengruppe kann u. U. mehr als 36 Monate betragen. ____ ☐

d. Diese Personengruppe hat Anspruch auf einen bezahlten Erholungsurlaub von mindestens 24 Tagen pro Jahr. ☐

e. Dem Arbeitnehmer steht nach 6 Stunden Arbeit eine Pause von 30 Minuten zu. ____ ☐

3 Kennzeichnen Sie unten stehende Aussagen mit

(1), wenn diese zutreffen,
(9), wenn diese nicht zutreffen.

a. Schwerbehindert ist eine Person, die körperlich, seelisch oder geistig behindert und dadurch in ihrer Erwerbsfähigkeit um mindestens 40 % gemindert ist. Sie soll im Arbeitsleben besonders geschützt werden. ____ ☐

b. Betriebe, die über mindestens 20 Arbeitsplätze verfügen, müssen auf wenigstens 5 % der Arbeitsplätze Schwerbehinderte beschäftigen. ____ ☐

c. Der Arbeitszeitschutz setzt Rahmenbedingungen für alle Fragen, die mit der Arbeitszeit im Betrieb zusammenhängen. Die gesetzten Grenzen stellen eine Empfehlung für Arbeitgeber und Arbeitnehmer dar. ____ ☐

d. Unfallverhütungsvorschriften, die von den Berufsgenossenschaften erlassen werden, müssen an jeden Arbeitnehmer ausgehändigt werden. Der Arbeitnehmer hat durch seine Unterschrift den Empfang zu bestätigen. ____ ☐

e. Der Jahresurlaub ist grundsätzlich zusammenhängend zu gewähren und im laufenden Kalenderjahr zu nehmen. In Ausnahmefällen kann der Arbeitnehmer mit Zustimmung des Arbeitgebers geringe Teile des Urlaubs auf das folgende Kalenderjahr übertragen. ____ ☐

f. Jeder Arbeitnehmer (einschließlich Aushilfen und Teilzeitbeschäftigte) hat Anspruch auf einen bezahlten Erholungsurlaub von mindestens 30 Werktagen pro Jahr unter Weiterzahlung des Arbeitsentgelts. ____ ☐

4 Welche der folgenden Regelungen steht nicht im Schwerbehindertengesetz? ____ ☐

(1) Betriebe, die über mindestens 20 Arbeitsplätze verfügen, müssen auf wenigstens 5 % der Arbeitsplätze Schwerbehinderte beschäftigen.

(2) Jeder unbesetzte Pflichtplatz wird mit einer monatlichen Ausgleichsabgabe belegt.

(3) Schwerbehinderte erhalten, gestaffelt nach dem Grad ihrer Behinderung, eine Zulage zwischen 10 und 20 % zum Grundgehalt oder Grundlohn.

(4) Schwerbehinderte genießen einen erweiterten Kündigungsschutz und haben einen Anspruch auf zusätzlichen Urlaub von 5 Tagen.

5 Welche der folgenden Institutionen ist keine Einrichtung zur Überwachung der Arbeitssicherheit und des Gesundheits- und Unfallschutzes in Betrieben? ____ ☐

(1) Gewerbeaufsichtsamt

(2) Technischer Überwachungsverein TÜV

(3) Industrie- und Handelskammer

(4) Berufsgenossenschaft

6 Welche der folgenden Bestimmungen über Gesundheits- und Unfallschutz trifft nicht zu? ____ ☐

(1) Der Arbeitgeber hat die Betriebsräume, Vorrichtungen, Maschinen und Gerätschaften einzurichten und zu unterhalten sowie den Betrieb so zu regeln, dass die Arbeitnehmer gegen Gefahren für Leben und Gesundheit so weit geschützt werden, wie die Natur des Betriebes es gestattet.

(2) Unfallverhütungsvorschriften, die von den Berufsgenossenschaften erlassen werden, müssen im Betrieb an geeigneter Stelle aushängen.

(3) In Betrieben mit mindestens 500 Mitarbeitern ist ein Werksarzt einzustellen.

(4) Aus dem Kreis der Mitarbeiter des Betriebes wird ein Sicherheitsbeauftragter bestimmt.

7 Welche der folgenden Bestimmungen zum Arbeitszeitschutz trifft zu? ____ ☐

(1) Arbeitszeit ist die Zeit vom Beginn bis zum Ende der Arbeit ohne Ruhepausen.

(2) Die regelmäßige Arbeitszeit an Werktagen beträgt maximal 8 Stunden.

(3) Mehrarbeit (Überstunden) von 3 Stunden pro Tag ist an höchstens 40 Tagen pro Jahr zulässig.

(4) Die tägliche Ruhezeit nach Beendigung der Arbeit beträgt mindestens 11 Stunden.

(5) Arbeitsruhe gilt an Sonn- und Feiertagen (Sonntagsgewerbe ausgenommen); im Einzelhandel sind Ausnahmen bei Milcherzeugnissen, Bäcker- und Konditorwaren, Blumen und Zeitungen zulässig.

Welche grundlegende Aufgabe hat die Sozialversicherung?

Aufgaben	Die Sozialversicherung sichert die Arbeitnehmer und deren Angehörige gegen Risiken ab, die durch Krankheit, Arbeitslosigkeit, Alter oder betriebliche Unfälle entstehen können. Durch die Mitwirkung des Staates und die Versicherungspflicht ist sie ein Teil der staatlichen Sozialpolitik.
Gesetzliche Festlegungen	Für jeden Sozialversicherungszweig sind im Gesetz festgelegt: ▷ die versicherungspflichtigen Personen ▷ die Personen, die Leistungen in Anspruch nehmen können ▷ die Leistungen, die in Anspruch genommen werden können ▷ die Versicherungsträger, die für den jeweiligen Versicherungszweig zuständig sind

Auf welchen Grundprinzipien basiert das System der Sozialversicherung in der Bundesrepublik Deutschland?

Solidaritätsprinzip	Das Solidaritätsprinzip besagt, dass die Versichertengemeinschaft jedem Mitglied gemeinschaftlich (solidarisch) nach dem Grundsatz hilft: *„Einer für alle, alle für einen."*
Subsidiaritätsprinzip	Das Subsidiaritätsprinzip besagt, dass die einzelne Person zunächst einmal sich selbst helfen soll. Erst wenn dies nicht mehr möglich ist, greift die Hilfe der jeweils stärkeren Gemeinschaft ein.

Die Sozialversicherung ist eine Pflichtversicherung. Was bedeutet das im Einzelnen?

Pflichtversicherung	Die Sozialversicherung ist eine Pflichtversicherung. Das bedeutet, dass jeder Arbeitgeber verpflichtet ist, die Arbeitnehmer bei den entsprechenden Versicherungszweigen anzumelden.
Beiträge	Der Arbeitgeber hat die Beiträge ordnungsgemäß zu ermitteln und an die Versicherung abzuführen. Unterlässt er dies, gilt das als eine grobe Verletzung seiner Fürsorgepflicht, für die er haftet. Die Beiträge richten sich nicht nach der Inanspruchnahme durch den einzelnen Versicherten, sondern im Wesentlichen nach der Lohnhöhe.

Beschreiben Sie das Prinzip der Selbstverwaltung der Sozialversicherung. Nennen Sie die Organe und deren Aufgaben.

Begriff	Die Selbstverwaltung ist das Organisationsprinzip der Versicherungsträger der Sozialversicherung. Diese müssen sich selbst verwalten. Die Wahlen zu diesen Organen finden alle 6 Jahre statt.	
Organe	**Vertreterversammlung**	Die Vertreterversammlung ist das beschlussfassende Organ (Legislative). Ihre Vertreter sind ehrenamtlich tätig. ▷ Wahl und Zusammensetzung: In der Krankenversicherung, Rentenversicherung und Unfallversicherung werden die Mitglieder der Vertreterversammlung je zur Hälfte von Arbeitnehmern (= Versicherten) und Arbeitgebern gewählt. Ausnahmen in der Zusammensetzung sind möglich. ▷ Aufgaben: Aufstellung und Änderung der Satzung; Beschluss über die Höhe des Beitragssatzes; Feststellung des Haushaltsplanes; Kontrolle des Jahresabschlusses
	Vorstand	Der Vorstand ist das vollziehende Organ (Exekutive). Seine Mitglieder sind ehrenamtlich tätig. Ihm zur Seite stehen hauptamtliche Geschäftsführer, die die laufenden Verwaltungsgeschäfte führen. ▷ Wahl: Vorstand und Geschäftsführer werden von der Vertreterversammlung gewählt. ▷ Aufgaben: Aufstellung des Haushaltsplanes; Aufbereitung von Vorlagen (Anträgen) für die Vertreterversammlung; Überwachung und Prüfung der laufenden Geschäftsführung

Erläutern Sie die wesentlichen Informationen zur gesetzlichen Unfallversicherung.

Versicherungsträger	Träger sind die jeweils für die entsprechende Branche bzw. Berufsgruppe zuständigen Berufsgenossenschaften. *Beispiel: Bau-Berufsgenossenschaft, Hannover*
Versicherungspflicht	▷ alle Arbeitnehmer (Angestellte, Arbeiter, Auszubildende) unabhängig von der Art und Dauer der Beschäftigung und der Höhe des Einkommens ▷ der Arbeitgeber ▷ Kinder während des Besuches von Kindergärten sowie Schüler und Studierende
Beitragsaufbringung	Die Beitragshöhe ist unterschiedlich. Sie richtet sich nach dem Arbeitsverdienst der Arbeitnehmer des Unternehmens und dem Grad der Unfallgefahr (besonders unfallgefährdete Betriebe werden mit höheren Beiträgen belegt). Beitragszuschläge bzw. -nachlässe werden erhoben bei über- bzw. unterdurchschnittlicher Unfallhäufigkeit. Die Beiträge trägt der Arbeitgeber allein. Sie werden von ihm direkt an die zuständige Berufsgenossenschaft abgeführt.
Leistungen	▷ Maßnahmen zur Unfallverhütung, wie der Erlass von Unfallverhütungsvorschriften und die Überwachung der Einhaltung dieser Vorschriften durch Aufsichtsbeamte ▷ Leistungen im Zusammenhang mit Arbeitsunfällen und Unfällen auf dem Weg zur Arbeit bzw. nach Hause sowie bei beruflich bedingten Erkrankungen: – Heilbehandlung (ärztliche, zahnärztliche Behandlung, Arzneimittel) – Verletztengeld (entsprechend dem Krankengeld in der Krankenversicherung) – Berufshilfe (Zahlung von Übergangsgeld, Kosten für eine Umschulung) – Verletztenrente, Sterbegeld und Hinterbliebenenrente

1 Welche der folgenden Aussagen zur Sozialversicherung trifft zu? ______ ☐ ☐

(1) Die Sozialversicherung ist ein Teil der staatlichen Sozialpolitik.

(2) Die Sozialversicherung sichert Unternehmer gegen unternehmerische Risiken ab.

(3) Die Sozialversicherung ist weitgehend eine freiwillige Versicherung.

(4) Die Sozialversicherung sichert Arbeitnehmer gegen alle Risiken des Lebens ab.

(5) Die Sozialversicherung ist eine Pflichtversicherung.

2 Welcher der folgenden Punkte ist nicht in den gesetzlichen Vorschriften zur Sozialversicherung geregelt? ______ ☐

(1) der versicherungspflichtige Personenkreis

(2) der Kreis der möglichen Leistungsempfänger

(3) die Art der Leistungen, die in Anspruch genommen werden können

(4) das Gesetzgebungsverfahren zur Änderung von Gesetzen zur Sozialversicherung

(5) die Versicherungsträger, die für den jeweiligen Versicherungszweig zuständig sind

3 Welche der folgenden Leistungen werden von der gesetzlichen Unfallversicherung getragen? ______ ☐ ☐

(1) Verletztengeld nach einem berufsbedingten Unfall

(2) Heilbehandlung bei einer Berufskrankheit

(3) Berufsunfähigkeitsrente nach einem Unfall in der Freizeit

(4) Ersatz des materiellen Schadens bei einem Unfall im eigenen Haushalt

(5) Krankengeld

4 Prüfen Sie die folgenden Aussagen. Kennzeichnen Sie

zutreffende Aussagen mit einer (1),
nicht zutreffende Aussagen mit einer (9).

a. Das Solidaritätsprinzip besagt, dass der Staat sich im Rahmen seiner Sozialpolitik zu seinen Bürgern solidarisch verhalten muss. ______ ☐

b. Das Subsidiaritätsprinzip besagt, dass die Hilfe der Gemeinschaft immer erst dann einsetzt, wenn der Einzelne sich nicht mehr selbst helfen kann. ______ ☐

c. Das Organisationsprinzip der Sozialversicherung ist im Wesentlichen durch den Begriff „Selbstverwaltung" gekennzeichnet. ______ ☐

d. Das Pflichtversicherungsprinzip in der Sozialversicherung besagt, dass jeder Arbeitnehmer verpflichtet ist, sich bei der zuständigen Sozialversicherung anzumelden, sobald er eine Arbeit aufgenommen hat. ______ ☐

5 Welche der folgenden Aussagen zur Sozialversicherung sind nicht zutreffend? ______ ☐ ☐

(1) Jeder Arbeitgeber ist verpflichtet, den Arbeitnehmer bei den entsprechenden Versicherungen anzumelden.

(2) Personen, die keine Versicherungsleistungen in Anspruch genommen haben, erhalten am Ende des Jahres eine Rückvergütung.

(3) Der Arbeitgeber hat die Beiträge zur Sozialversicherung abzuführen.

(4) Die Höhe der Beiträge zur Sozialversicherung ist abhängig von der Einkommenshöhe der Versicherten.

(5) Der Umfang der Leistungen der Sozialversicherung ist abhängig von der konjunkturellen Situation.

6 In welchen der folgenden Antworten sind Organe der Sozialversicherungen genannt? ______ ☐ ☐

(1) Gesellschafterversammlung

(2) Vertreterversammlung

(3) Aufsichtsrat

(4) Vorstand

(5) Beirat

7 Welches der folgenden Kriterien spielt keine Rolle bei der Berechnung der Höhe der Beiträge für die Unfallversicherung eines Betriebes? ______ ☐

Tragen Sie eine (6) ein, wenn alle Kriterien zu berücksichtigen sind.

(1) Jahreslohnsumme

(2) Anzahl der Mitarbeiter

(3) durchschnittliche Unfallhäufigkeit im Betrieb

(4) Jahresarbeitszeit

(5) Gefahrenklasse des Betriebes

8 Welche der folgenden Aussagen zu den Organen der Sozialversicherungsträger nicht trifft zu? ______ ☐

(1) Die Vertreterversammlung ist das beschlussfassende Organ.

(2) Die Mitglieder der Vertreterversammlung und des Vorstandes sind ehrenamtlich tätig.

(3) Der Vorstand ist das vollziehende Organ.

(4) Die Wahlen zu den Organen der Sozialversicherungsträger finden alle 6 Jahre statt.

(5) Die Kontrolle wird durch Aufsichtsräte ausgeübt.

Beschreiben Sie Träger, Versicherungspflicht, Beitragsaufkommen und Leistungen der gesetzlichen Krankenversicherung und Pflegeversicherung.

Versicherungs-zweig	Krankenversicherung	Pflegeversicherung
Versicherungs-träger	Träger sind die Krankenkassen, wie z. B. – Allgemeine Ortskrankenkassen (AOK), – Betriebskrankenkassen (BKK), – Innungskrankenkassen (IKK), – Techniker Krankenkasse, Deutsche Angestellten Krankenkasse, Barmer Ersatzkasse.	Träger der Pflegeversicherung sind die Pflegekassen, die den Krankenkassen angegliedert sind.
Versicherungs-pflicht	▷ alle Arbeitnehmer (Angestellte und Arbeiter) bis zur Versicherungspflichtgrenze von 4 162,50 EUR Monatsverdienst (2010) für die alten Bundesländer (West) und für die neuen Bundesländer (Ost) ▷ Auszubildende ▷ Rentner, Studierende, Arbeitslose ▷ selbstständige Landwirte und deren Familienangehörige	Die Versicherungspflicht ist genauso geregelt wie bei der Krankenversicherung. **Begriff der Pflegebedürftigkeit:** Pflegebedürftig sind Personen, die wegen einer körperlichen, geistigen oder seelischen Krankheit oder Behinderung auf Dauer, voraussichtlich für mindestens sechs Monate, in erheblichem oder höherem Maße der Hilfe bedürfen.
Beitragssatz	Der Beitragssatz ist nach Krankenkassen unterschiedlich. ▷ Er beträgt 14,9 % des sozialversicherungspflichtigen Bruttoverdienstes, ▷ maximal jedoch bis zu der Beitragsbemessungsgrenze: 3 750,00 EUR (2010/West und Ost). ▷ Arbeitnehmer, die über die Beitragsbemessungsgrenze hinaus verdienen, zahlen den Beitrag nur bis zu dieser Grenze.	Der Beitragssatz beträgt: ▷ 1,95 % (jeweils vom sozialversicherungspflichtigen Bruttoverdienst) + Kinderlosenzuschlag 0,25 %, bei über 23 Jahre alten Arbeitnehmern, ▷ maximal jedoch bis zu der Beitragsbemessungsgrenze: 3 750,00 EUR (2010/West und Ost). ▷ Arbeitnehmer, die über die Beitragsbemessungsgrenze hinaus verdienen, zahlen den Beitrag nur bis zu dieser Grenze.
Beitragsauf-bringung	▷ Arbeitgeber und Arbeitnehmer zahlen den allgemeinen Beitragssatz je zur Hälfte. Zusätzlich zahlt der Arbeitnehmer einen Beitragssatz von 0,9 % (für Zahnersatz und Krankengeld). ▷ Demnach beträgt der Arbeitnehmeranteil 7,9 %, der Arbeitgeberanteil 7,0 % ▷ Der Beitrag des Arbeitnehmers wird vom Lohn bzw. Gehalt einbehalten, der Arbeitgeber legt seinen Anteil dazu. ▷ Der Gesamtbetrag wird zusammen mit den Beiträgen für die Rentenversicherung und die Arbeitslosenversicherung an die zuständige Krankenkasse überwiesen. ▷ Für den Arbeitnehmer sind Monatsverdienste bis zu 400,00 EUR (2010/West und Ost) versicherungsfrei → Minijobs.	▷ Arbeitgeber und Arbeitnehmer zahlen je die Hälfte = 0,975 % (2010). Versicherte ohne Kinder zahlen den Kinderlosenzuschlag allein, also insgesamt 1,225 %. ▷ Ausnahme: Im Bundesland Sachsen zahlen die Arbeitnehmer 1,475 % und die Arbeitgeber 0,475 % des Beitrages. ▷ Für den Arbeitnehmer sind Monatsverdienste bis zu 400,00 EUR (2010/West und Ost) versicherungsfrei → Minijobs.
Leistungen	▷ Leistungen im Zusammenhang mit Krankheiten: – ärztliche und zahnärztliche Behandlung (Der Versicherte zahlt je Arztbesuch im Quartal 10,00 EUR) – Medikamente (Der Versicherte hat eine anteilige Rezeptgebühr zu zahlen.) – Zuschuss zum Zahnersatz – Krankenhauspflege – häusliche Krankenpflege – Haushaltshilfe – Krankengeld (nach Beendigung der Lohnfortzahlung durch den Arbeitgeber) – Vorsorgeuntersuchungen zur Früherkennung von Krankheiten ▷ Leistungen im Rahmen der Mutterschaft: – ärztliche Betreuung – Entbindungskosten – Mutterschaftsgeld (6 Wochen vor bis 8 Wochen nach der Geburt) ▷ Familienhilfe (nicht selbst verdienende Familienangehörige sind mitversichert)	▷ Häusliche Pflege – Sachleistungen für Pflegeeinsätze durch ambulante Dienste je nach Schwere der Pflegebedürftigkeit – Anstelle der Sachleistungen kann ein Pflegegeld beansprucht werden, wenn der Pflegebedürftige die Grundpflege selbst sicherstellt. – Eine Kombination aus Sachleistungen und Pflegegeld ist möglich. – Sonstige Leistungen: Dazu gehören Pflegehilfsmittel (z. B. Pflegebetten) oder Zuschüsse für pflegebedingte Umbaumaßnahmen in der Wohnung. ▷ Stationäre Pflege Übernahme der pflegebedingten Aufwendungen

1 Angenommen, Sie sind Sachbearbeiter in der Lohnbuchhaltung eines Unternehmens in Köln. Prüfen Sie unten stehende Aussagen zur Beitragsaufbringung in der gesetzlichen Krankenversicherung für das Unternehmen und die Mitarbeiter.

Kennzeichnen Sie die Aussagen mit

(1), wenn diese zutreffen,
(9), wenn diese nicht zutreffen.

a. Arbeitgeber und Arbeitnehmer tragen in allen Fällen von Lohn- oder Gehaltszahlungen den Beitrag je zur Hälfte. ☐

b. Für Arbeitnehmer sind Monatsverdienste bis zu 400,00 EUR (2010/West und Ost) versicherungsfrei. ☐

c. Hat ein Arbeitnehmer im Laufe eines Kalenderjahres Leistungen der Krankenkasse von mehr als 3 750,00 EUR (2010) in Anspruch genommen, trägt er den Beitrag für die Krankenversicherung allein. ☐

d. Der Arbeitgeber kann vom Arbeitnehmer verlangen, dass er sich privat krankenversichert, wenn er im Laufe eines Kalenderjahres Leistungen von mehr als 4 162,50 EUR (2010) in Anspruch genommen hat. ☐

2 Ein Mitarbeiter eines Einzelhandelsunternehmens in Hannover hat ein sozialversicherungspflichtiges Bruttogehalt von 2 200,00 EUR. Die Krankenkasse, in der er versichert ist, erhebt einen allgemeinen Beitragssatz von 14 %. Der Beitragssatz für Zahnersatz und Krankengeld beträgt 0,9 %. Er ist kinderlos.

a. Ermitteln Sie den Arbeitnehmer-Beitrag zur Krankenversicherung (2010). ☐

b. Ermitteln Sie den Arbeitgeber-Beitrag zur Krankenversicherung (2010). ☐

c. Ermitteln Sie den Arbeitnehmer-Beitrag zur Pflegeversicherung (2010). ☐

d. Ermitteln Sie den Arbeitgeber-Beitrag zur Pflegeversicherung (2010). ☐

3 Welche der folgenden Aussagen zur Pflegeversicherung treffen zu? ☐ ☐

(1) Pflegebedürftig im Sinne der Pflegeversicherung sind Personen, die aufgrund einer Krankheit oder Behinderung voraussichtlich für mindestens drei Monate der Hilfe bedürfen.

(2) Die Pflegebedürftigkeit wird in drei Stufen eingeteilt. Je nach Zuordnung können unterschiedliche Leistungen in Anspruch genommen werden.

(3) Der Beitragssatz beträgt 1,7 % vom zu ermittelnden Nettoverdienst.

(4) In der Pflegeversicherung gibt es im Gegensatz zur Krankenversicherung keine Beitragsbemessungsgrenze.

(5) Es werden sowohl Leistungen für die häusliche als auch für die stationäre Pflege übernommen.

4 Welche Aussagen zum Beitragssatz in der gesetzlichen Krankenversicherung treffen zu? ☐ ☐

(1) Der Beitragssatz wird jedes Jahr vom Bundesminister für Arbeit und Sozialordnung neu festgelegt.

(2) Der Beitragssatz ist je nach Krankenkasse unterschiedlich hoch.

(3) Der Beitragssatz ist einheitlich und wird nach Abstimmung unter den Krankenkassen festgelegt.

(4) Der Beitragssatz wird vom Bundesamt für Versicherungswesen festgelegt.

(5) Der Beitragssatz wird von jeder Krankenkasse selbst festgelegt.

5 Welche der genannten Leistungen wird nicht von der Krankenversicherung übernommen? ☐

Tragen Sie eine (6) ein, wenn alle aufgeführten Leistungen übernommen werden.

(1) Mutterschaftsgeld
(2) Krankengeld
(3) Früherkennung von Krankheiten
(4) zahnärztliche Behandlung
(5) Krankentransporte

6 Ordnen Sie den Zweigen der Sozialversicherung

(1) Krankenversicherung,
(2) Rentenversicherung,
(3) Arbeitslosenversicherung,
(4) Unfallversicherung

nachfolgende Aussagen zu.

a. Liegt der Verdienst eines Mitarbeiters oberhalb der Versicherungspflichtgrenze, kann er aus der gesetzlichen Versicherung austreten. ☐

b. Die Beiträge für die Versicherung werden vom Arbeitgeber allein getragen. ☐

c. Für diese Versicherung muss der Arbeitnehmer den höchsten Beitrag bezahlen. ☐

d. Die Beitragshöhe richtet sich u. a. nach dem gesamten Verdienst aller Arbeitnehmer eines Betriebes. ☐

e. Der Arbeitnehmer hat die Pflicht, die jährlichen Entgeltbescheinigungen aufzubewahren, da diese die Grundlage für einen späteren Leistungsantrag sind. ☐

7 Welche Mindestvoraussetzung muss gegeben sein, damit eine Person der Stufe 1 der Pflegebedürftigkeit zugeordnet wird? ☐

Personen, die bei der Körperpflege, der Ernährung oder der Mobilität ...

(1) ... täglich rund um die Uhr – auch nachts – der Hilfe bedürfen und zusätzlich mehrfach in der Woche Hilfe bei der hauswirtschaftlichen Versorgung benötigen

(2) ... mindestens dreimal täglich zu verschiedenen Tageszeiten der Hilfe bedürfen und zusätzlich mehrfach in der Woche Hilfen bei der hauswirtschaftlichen Versorgung benötigen

(3) ... mindestens einmal täglich der Hilfe bedürfen und zusätzlich mehrfach in der Woche Hilfen bei der hauswirtschaftlichen Versorgung benötigen

(4) ... mindestens einmal täglich der Hilfe bedürfen und zusätzlich einmal in der Woche Hilfen bei der hauswirtschaftlichen Versorgung benötigen

Beschreiben Sie Träger, Versicherungspflicht, Beitragsaufkommen und Leistungen der gesetzlichen Rentenversicherung und Arbeitslosenversicherung.

Versicherungs-zweig	Rentenversicherung	Arbeitslosenversicherung
Versicherungs-träger	Deutsche Rentenversicherung Bund	Bundesagentur für Arbeit (Nürnberg) mit den regionalen Arbeitsagenturen vor Ort
Versicherungs-pflicht	▷ alle Arbeitnehmer ▷ Auszubildende ▷ Wehr- und Zivildienstleistende ▷ Personen, die ein freiwilliges soziales Jahr ableisten	▷ alle Arbeitnehmer (Angestellte und Arbeiter) ▷ Auszubildende
Beitragssatz	▷ 19,9 % (2009) des sozialversicherungspflichtigen Bruttoverdienstes, maximal jedoch von der Beitragsbemessungsgrenze: 5 400,00 EUR (2009) für die alten Bundesländer (West), 4 550,00 EUR (2009) für die neuen Bundesländer (Ost). ▷ Arbeitnehmer, die über die Beitragsbemessungsgrenze hinaus verdienen, zahlen den Beitrag nur bis zu dieser Grenze.	▷ 2,8 % (2009) des sozialversicherungspflichtigen Bruttoverdienstes, maximal jedoch von der Beitragsbemessungsgrenze: 5 400,00 EUR (2009) für die alten Bundesländer (West), 4 550,00 EUR (2009) für die neuen Bundesländer (Ost). ▷ Arbeitnehmer, die über die Beitragsbemessungsgrenze hinaus verdienen, zahlen den Beitrag nur bis zu dieser Grenze.
Beitragsauf-bringung	▷ Arbeitgeber und Arbeitnehmer zahlen je die Hälfte = 9,95 % (2009). ▷ Der Beitrag des Arbeitnehmers wird vom Lohn bzw. Gehalt einbehalten, der Arbeitgeber legt seinen Anteil dazu. ▷ Der Gesamtbeitrag wird zusammen mit den Beiträgen für die Kranken-, Pflege- und Arbeitslosenversicherung an die zuständige Krankenkasse überwiesen. Diese leitet die Beiträge an die entsprechenden Träger weiter. ▷ Für den Arbeitnehmer sind Monatsverdienste bis zu 400,00 EUR (2009/West und Ost) versicherungsfrei → Minijobs. ▷ Der Arbeitnehmer erhält am Jahresende einen Beitragsnachweis vom Arbeitgeber.	▷ Arbeitgeber und Arbeitnehmer zahlen je die Hälfte = 1,4 % (2009). ▷ Der Beitrag des Arbeitnehmers wird vom Lohn bzw. Gehalt einbehalten, der Arbeitgeber legt seinen Anteil dazu. Der Gesamtbeitrag wird zusammen mit den Beiträgen für die Kranken-, Pflege- und Rentenversicherung an die zuständige Krankenkasse überwiesen. Diese leitet die Beiträge an die Bundesanstalt für Arbeit weiter. ▷ Für den Arbeitnehmer sind Monatsverdienste bis zu 400,00 EUR (2009/West und Ost) versicherungsfrei → Minijobs.
Leistungen	▷ Rente nach Erreichen der Altersgrenze – Von 2012 an steigt die Altersgrenze schrittweise von 65 auf 67 Jahre (Ausnahme: für Arbeitnehmer, die mehr als 45 Beitragsjahre vorweisen können). ▷ Rente wegen Erwerbsminderung ▷ Rente an Hinterbliebene – Witwenrente (ohne Rücksicht auf Alter, Erwerbsfähigkeit bzw. Bedürftigkeit; die Rente fällt weg, wenn die Witwe wieder heiratet) – Witwerrente (gleiche Voraussetzungen wie die Witwenrente) – Waisenrente (bis zur Vollendung des 18. Lebensjahres, bei Schul- oder Berufsausbildung bis zur Vollendung des 25. Lebensjahres) ▷ Maßnahmen zur Erhaltung, Besserung bzw. Wiederherstellung der Erwerbsfähigkeit (Rehabilitation) – medizinische Leistungen – berufsfördernde Leistungen (z. B. Ausbildung, Umschulung) – Übergangsgeld (Einkommen während der Zeit der Rehabilitation) ▷ Arbeitslosengeld I	Voraussetzungen: – Antragsteller ist vorübergehend nicht beschäftigt und sucht eine mindestens 15 Std. wöchentlich umfassende Beschäftigung (Nachweis der Eigenbemühungen und Bereitschaft zur Annahme jeder zumutbaren Beschäftigung) – persönliche Arbeitslosenmeldung – Erfüllung der Anwartschaft (innerhalb der letzten drei Jahre mindestens 12 Monate beitragspflichtig beschäftigt) – Dauer des Anspruchs: 12 bis maximal 24 Monate – Höhe des Arbeitslosengeldes I: 67 % des pauschalierten Nettoentgelts (mit Kind) bzw. 60 % (ohne Kind) ▷ Arbeitslosengeld II – sofern die Anwartschaft für Arbeitslosengeld I nicht erfüllt ist oder Hilfsbedürftigkeit vorliegt. – wird nur für maximal 6 Monate bewilligt. ▷ Maßnahmen zur Fortbildung und Umschulung ▷ Berufsberatung, Arbeitsberatung, Arbeitsvermittlung ▷ Insolvenzausfallgeld ▷ Kurzarbeitergeld ▷ Winterausfallgeld ▷ Bewerbungstraining

1 Welche der unten stehenden Leistungen wird von der gesetzlichen Rentenversicherung getragen? ☐

(1) Vorsorgeuntersuchung zur Früherkennung von Krankheiten

(2) Flexibles Altersruhegeld

(3) Insolvenzgeld

(4) Ärztliche Behandlung nach einem Unfall auf dem Weg zur Arbeitsstelle

(5) Krankenhauspflege

2 Prüfen Sie, ob unten stehende Leistungen von

(1) den entsprechenden Krankenkassen,
(2) der Deutschen Rentenversicherung,
(3) der Bundesagentur für Arbeit,
(4) den Berufsgenossenschaften

getragen werden.

Tragen Sie eine (9) ein, wenn keiner der vorgenannten Träger zuständig ist.

a. Für Krampfadern eines Verkäufers, die nicht als Berufskrankheit anerkannt werden, wird eine Heilbehandlung übernommen. ☐

b. Ein Auszubildender muss nach einem Unfall auf dem Weg zur Berufsschule in ärztliche Behandlung. ☐

c. Eine Näherin möchte sich beruflich umorientieren und strebt eine Umschulung an. ☐

d. Eine Angestellte in einem Steuerberaterbüro erhält nach einem nicht arbeitsbedingten Unfall Rente wegen Erwerbsunfähigkeit. ☐

e. Nach Erreichen des 60. Lebensjahres wird der Abteilungsleiterin Rechnungswesen das bisher angesparte Kapital aus einer Lebensversicherung ausgezahlt. ☐

3 Vervollständigen Sie folgenden Satz, indem Sie die mögliche richtige Satzergänzung in das Kästchen eintragen. ☐

Versicherungsträger für Maßnahmen zur Erhaltung, Besserung und Wiederherstellung der Erwerbsfähigkeit (Rehabilitation) ...

(1) ... ist die Bundesagentur für Arbeit.

(2) ... sind die Allgemeinen Ortskrankenkassen.

(3) ... ist die Deutsche Rentenversicherung.

(4) ... sind die Gewerbeaufsichtsämter.

(5) ... sind die Ersatzkrankenkassen.

4 Für welche der folgenden Sozialversicherungsarten muss der Arbeitnehmer den höchsten Beitragssatz bezahlen? ☐

(1) Rentenversicherung

(2) Krankenversicherung

(3) Arbeitslosenversicherung

(4) Gesetzliche Unfallversicherung

5 Welche Aussage zum Arbeitslosengeld I und II triff zu? ☐

(1) Das Arbeitslosengeld II wird bis zu max. einem Jahr gewährt.

(2) Ein beschäftigungsloser Berufsfußballer, der hohe Einnahmen aus der Vermietung seiner Wohnhäuser erzielt, erhält kein Arbeitslosengeld.

(3) Um Arbeitslosengeld zu erhalten, muss man zuvor über einen bestimmten Zeitraum einer beitragspflichtigen Beschäftigung nachgegangen sein.

(4) Die Höhe des Arbeitslosengeldes I und des Arbeitslosengeldes II ist identisch.

(5) Erst wenn jemand keinen Anspruch auf Arbeitslosengeld II nachweist, kann er Arbeitslosengeld I beantragen.

6 Welche der unten aufgeführten Personengruppen sind nicht arbeitslosenversicherungspflichtig? ☐ ☐

(1) Auszubildende, deren Ausbildungsvergütung über der Geringfügigkeitsgrenze liegt

(2) Arbeiter, deren Verdienst oberhalb der Beitragsbemessungsgrenze liegt

(3) Angestellte, deren Verdienst oberhalb der Beitragsbemessungsgrenze liegt

(4) Beamte

(5) Selbstständige

7 Welche der folgenden Versicherungen ist kein Träger der gesetzlichen Krankenversicherung? ☐

(1) Betriebskrankenkasse

(2) Innungskrankenkasse

(3) Barmer Ersatzkasse

(4) Techniker Krankenkasse

(5) Landesversicherungsanstalt

8 Auf welche der unten aufgeführten Auswahlantworten trifft die folgende Aussage zu? ☐

„Der Arbeitgeber zahlt die Beiträge zu der Versicherung bei einem Verdienst bis zur Geringverdienergrenze allein."

(1) Gilt nur für die Krankenversicherung

(2) Gilt nur für die Rentenversicherung

(3) Gilt nur für die Arbeitslosenversicherung

(4) Gilt für alle vorgenannten Versicherungen

9 Welche der genannten Leistungen wird nicht von der Arbeitslosenversicherung übernommen? ☐

Tragen Sie eine (6) ein, wenn alle Leistungen von der Arbeitslosenversicherung getragen werden.

(1) Berufsberatung

(2) Kurzarbeitergeld

(3) Arbeitslosengeld II

(4) Arbeitsbeschaffungsmaßnahmen

(5) Umschulungsmaßnahmen

Beschreiben Sie die besondere Stellung und die allgemeinen Aufgaben eines Betriebsrates.

- Der Betriebsrat (BR) ist die gewählte Vertretung der Arbeitnehmer eines Betriebes.
- Die Zusammenarbeit zwischen Arbeitgeber und der Belegschaft in einem Betrieb ist im **Betriebsverfassungsgesetz (BetrVerfG)** geregelt.
- Der Grundgedanke des BetrVG ist es, die Belegschaft an betrieblichen Entscheidungen des Arbeitgebers zu beteiligen. Die Belegschaft wird dabei in erster Linie durch den Betriebsrat vertreten.

Allgemeine Aufgaben:

- Der BR hat mit dem Arbeitgeber (AG) in vertrauensvoller Zusammenarbeit zum Wohle der Belegschaft und zum Wohle des Betriebes zusammenzuarbeiten.
- Der BR hat die Einhaltung der im Betrieb geltenden Betriebsvereinbarungen, Tarifverträge und Gesetze zu überwachen sowie bei arbeitsrechtlichen Auseinandersetzungen zwischen AG und Belegschaft zu vermitteln.

Erläutern Sie wichtige Begriffe im Zusammenhang mit der Wahl eines Betriebsrates.

Voraussetzung	Die Wahl des Betriebsrats ist nur möglich in Betrieben mit mindestens 5 ständigen wahlberechtigten Arbeitnehmern.
Aktives Wahlrecht	Wahlberechtigt sind alle Arbeiter und Angestellte bzw. Auszubildende, die am Wahltag das 18. Lebensjahr vollendet haben, unabhängig von der Dauer der Betriebszugehörigkeit und der Staatsangehörigkeit. Wahlberechtigt sind auch Leiharbeiter, wenn sie länger als 3 Monate im Entleiherbetrieb eingesetzt werden.
Passives Wahlrecht	Wählbar sind alle wahlberechtigten Personen (d. h. Vollendung des 18. Lebensjahres), die dem Betrieb mindestens 6 Monate angehören.
Amtszeit	Die Amtszeit beträgt 4 Jahre.
Wahlvorstand	Die Wahl wird organisiert und durchgeführt vom Wahlvorstand. Er besteht in der Regel aus 3 wahlberechtigten Arbeitnehmern. In größeren Betrieben kann die Anzahl erhöht werden.
Wahlverfahren	▷ unmittelbare Wahl: Jede wahlberechtigte Person gibt persönlich ihre Stimme ab. ▷ geheime Wahl: schriftlich, ohne Zuordnungsmöglichkeit der abgegebenen Stimmen, z. B. nicht durch Handzeichen
Größe	Die Mitgliederzahl richtet sich nach der Anzahl der wahlberechtigten Mitglieder (AN): ▷ 5–20 AN: 1 Person (= Betriebsobmann), ▷ 21 – 50 AN: 3 Mitglieder, ▷ 51 – 100 AN: 5 Mitglieder. Größere Betriebe haben mehr Betriebsratsmitglieder.

Welche Besonderheiten sind für einen Betriebsrat zu beachten?

Kündigungsschutz	Eine ordentliche (fristgemäße) Kündigung gegenüber Mitgliedern des Betriebsrates ist ab Beginn der Amtszeit bis ein Jahr nach Ende der Amtszeit nicht zulässig. Eine außerordentliche (fristlose) Kündigung ist hingegen bei Vorliegen eines wichtigen Grundes erlaubt, bedarf aber der Zustimmung des Betriebsrates.
Freistellung	BR-Mitglieder müssen für ihre Tätigkeit von der Arbeit freigestellt werden. Sie dürfen wegen ihrer Tätigkeit im BR nicht benachteiligt oder begünstigt werden und in ihrer BR-Tätigkeit nicht behindert oder gestört werden.
Gesamtbetriebsrat	In größeren Unternehmen mit mehreren Betrieben (und damit auch mehreren Betriebsräten) wird ein Gesamtbetriebsrat gebildet. Jeder Betriebsrat entsendet einen bzw. zwei Vertreter. Der Gesamtbetriebsrat ist für Fragen zuständig, die das gesamte Unternehmen betreffen (z. B. Sozialplan).
Konzernbetriebsrat	In Konzernen (Zusammenschluss rechtlich selbstständiger Unternehmen unter einheitlicher Leitung) kann ein Konzernbetriebsrat errichtet werden. Jeder Gesamtbetriebsrat entsendet einen bzw. zwei Vertreter. Der Konzernbetriebsrat ist dem Gesamtbetriebsrat nicht übergeordnet.

Was ist eine Jugend- und Auszubildendenvertretung? Wofür ist die JAV zuständig? Wie wird sie gewählt?

Begriff	Die Jugend- und Auszubildendenvertretung (JAV) ist die gewählte Vertretung der Jugendlichen und Auszubildenden in einem Betrieb. Sie vertritt die Interessen dieses Personenkreises.
Zuständigkeit	Fragen der Berufsbildung/Überwachung der Einhaltung der Schutzbestimmungen für Jugendliche
Wahl	▷ Voraussetzung: In Betrieben mit mindestens 5 wahlberechtigten Arbeitnehmern (Arbeitnehmer, die das 18. Lebensjahr noch nicht vollendet haben) werden Betriebsräte gebildet. ▷ **Aktives Wahlrecht:** Wahlberechtigt sind alle Arbeiter und Angestellte, die am Wahltag das 18. Lebensjahr noch nicht vollendet haben, sowie alle Auszubildenden, die am Wahltag das 25. Lebensjahr noch nicht vollendet haben. ▷ **Passives Wahlrecht:** Wählbar sind alle Arbeitnehmer des Betriebes, die das 25. Lebensjahr noch nicht vollendet haben. ▷ Wahltermin: alle 2 Jahre

1 In welchem Gesetz findet man die Regelungen zur Wahl eines Betriebsrates in einem Betrieb? ☐

(1) Bürgerliches Gesetzbuch, BGB

(2) Mitbestimmungsgesetz, MitbestG

(3) Betriebsverfassungsgesetz, BetrVerfG

(4) Handelsgesetzbuch, HGB

(5) Tarifvertragsgesetz, TVG

2 Welche Aussage zum Betriebsrat trifft nicht zu? ☐

(1) Der Betriebsrat vertritt die Interessen der Arbeitnehmer eines Betriebes.

(2) Der Betriebsrat wählt den Sicherheitsbeauftragten für die Einhaltung der Arbeitsschutzvorschriften.

(3) Der Betriebsrat vermittelt bei Streitigkeiten zwischen Arbeitgeber und Arbeitnehmer.

(4) Der Betriebsrat kann bei einigen unternehmerischen Entscheidungen, wie z. B. der betrieblichen Lohngestaltung, mitbestimmen.

(5) Der Betriebsrat hat ein Mitbestimmungsrecht bei der Prokuraerteilung.

3 Aus wie vielen Mitgliedern besteht ein Betriebsrat, der in einem Betrieb mit 100 wahlberechtigten Arbeitnehmern gebildet wird? ☐

(1) 1 Person

(2) 3 Mitglieder

(3) 5 Mitglieder

(4) 7 Mitglieder

(5) 9 Mitglieder

4 Welche der unten genannten Mitarbeiter eines Betriebes haben bei der Betriebsratswahl

(1) nur ein aktives Wahlrecht,
(2) nur ein passives Wahlrecht,
(3) sowohl ein aktives als auch passives Wahlrecht,
(4) kein Wahlrecht.

Tragen Sie die Ziffer vor der zutreffenden Aussage in das jeweilige Kästchen ein.

a. Person A: Arbeiter, 24 Jahre alt, 3 Monate Betriebszugehörigkeit ☐

b. Person B: Angestellte, 30 Jahre alt, 8 Jahre Betriebszugehörigkeit ☐

c. Person C: Leiharbeitnehmerin von einem externen Personalleasingunternehmen, 8 Monate im Betrieb beschäftigt ☐

d. Person D: Auszubildender, 20 Jahre alt, 1 Jahr Betriebszugehörigkeit ☐

e. Person E: Auszubildende, 17 Jahre alt, 1 Jahr Betriebszugehörigkeit ☐

5 Welche der unten stehenden Kennzeichnungen gibt den vollständigen Personenkreis wieder, der ein passives Wahlrecht zur Jugend- und Auszubildendenvertretung besitzt? ☐

(1) alle Mitarbeiter, die das 18. Lebensjahr vollendet haben

(2) alle Mitarbeiter, die das 18. Lebensjahr noch nicht vollendet haben

(3) alle Mitarbeiter, die das 21. Lebensjahr noch nicht vollendet haben

(4) alle Mitarbeiter, die das 25. Lebensjahr noch nicht vollendet haben

(5) alle Auszubildenden, die das 25. Lebensjahr noch nicht vollendet haben

6 Welche Aussage zur Wahl des Betriebsrates trifft nicht zu? ☐

Tragen Sie eine (9) ein, wenn alle Aussagen zutreffen.

(1) Es dürfen nur Arbeitnehmer gewählt werden, die einer Gewerkschaft angehören.

(2) Wählbar ist jeder wahlberechtigte Arbeitnehmer, der mindestens 6 Monate dem Betrieb angehört.

(3) Die Wahl findet nur alle 4 Jahre statt.

(4) In einem Betrieb mit 28 wahlberechtigten Arbeitnehmern hat der Betriebsrat 3 Mitglieder.

(5) In einem Betrieb mit 4 wahlberechtigten Arbeitnehmern kann kein Betriebsrat gewählt werden.

7 Für ein Mitglied des Betriebsrates endet die Amtszeit am 31.05. im Jahr 1.

Bis zu welchem der folgenden Termine genießt dieser Mitarbeiter einen besonderen Kündigungsschutz? ☐

(1) 15.06. im Jahr 1

(2) 30.06. im Jahr 1

(3) 31.07. im Jahr 1

(4) 31.12. im Jahr 1

(5) 31.05. im Jahr 2

8 Welche Aussage über den Konzernbetriebsrat trifft zu? ☐

Tragen Sie eine (9) ein, wenn alle Aussagen nicht zutreffen.

(1) Der Konzernbetriebsrat ist für Belange, die einen einzelnen Betrieb betreffen, zuständig.

(2) Der Konzernbetriebsrat gibt Weisungen an den Gesamtbetriebsrat.

(3) Die Mitglieder des Konzernbetriebsrates werden von den Gesamtbetriebsräten entsendet.

(4) Der Konzernbetriebsrat wird alle 4 Jahre in der Zeit vom 01.03. bis zum 31.05. gewählt.

(5) Der Konzernbetriebsrat ist bei wirtschaftlichen Entscheidungen, die den Konzern betreffen, gegenüber der Arbeitgeberseite gleichberechtigt.

Welche Beteiligungsrechte hat ein Betriebsrat?	
Mitbestimmung	AG und BR können Entscheidungen nur gemeinsam treffen; bei Konflikten entscheidet die Einigungsstelle. *Beispiele: Beginn und Ende der täglichen Arbeitszeit einschließlich der Lage der Pausen, Betriebsordnung, Urlaubsgrundsätze und Urlaubsplan, betriebliche Lohngestaltung, betriebliche Berufsbildung, Sozialplan bei Betriebsänderung, Gestaltung des Personalfragebogens, Festlegung von Beurteilungsgrundsätzen*
Mitwirkung	AG muss den BR anhören. Dieser hat ein Widerspruchsrecht. AG kann dann versuchen, die verweigerte Zustimmung durch das Arbeitsgericht zu ersetzen. *Beispiele: Einstellungen, Versetzungen, Umgruppierungen, Kündigungen, Bekämpfung von Unfall- und Gesundheitsgefahren, Betriebsänderungen*
Vorschlag und Beratung	AG ist verpflichtet, von sich aus die Meinung des BR einzuholen und die Angelegenheit sowie die Vorschläge des BR dazu zu erörtern. *Beispiele: Personalplanung, Gestaltung von Arbeitsplätzen, Betriebsänderungen (Stilllegung oder Zusammenschluss von Betrieben), Investitionen*
Information	BR hat das Recht, über betriebliche Vorgänge unterrichtet zu werden. AG muss den BR jedoch erst nach Entscheidung informieren. *Beispiele: Maßnahmen des Arbeitsschutzes, Unterrichtung des Wirtschaftsausschusses über wirtschaftliche Angelegenheiten des Betriebes, Lohn- und Gehaltslisten, Einstellung leitender Angestellter*

Erklären Sie die Begriffe: „Betriebsvereinbarung“, „Einigungsstelle“, „Betriebsversammlung“, „Wirtschaftsausschuss“.	
Betriebs-vereinbarung	▷ Vereinbarung über Regelungen des betrieblichen Geschehens oder einzelner betrieblicher Angelegenheiten, in denen der Betriebsrat ein Mitbestimmungsrecht hat, z. B. über Betriebsurlaub ▷ Schriftform mit Unterschrift beider Seiten ist erforderlich. ▷ Ansprüche können grundsätzlich alle Arbeitnehmer geltend machen. ▷ endet mit Fristablauf oder Kündigung einer Vertragspartei
Einigungsstelle	▷ Die Einigungsstelle dient zur Beilegung von Streitigkeiten zwischen Arbeitgeber und Betriebsrat im Rahmen der erzwingbaren Mitbestimmung. ▷ Die Zusammensetzung erfolgt paritätisch (je zur Hälfte) aus Mitgliedern, die Betriebsrat und Arbeitgeber benennen. Der Vorsitzende wird von beiden Seiten gewählt und ist eine unparteiische Person (zumeist ein Arbeitsrichter). ▷ Einigungsstellen sind hauptsächlich vorgesehen für Entscheidungen über – Mitbestimmung in sozialen Angelegenheiten, – Aufstellung eines Sozialplans bei Betriebsänderungen, – Durchführung der Berufsbildungsmaßnahmen.
Betriebs-versammlung	▷ Die Betriebsversammlung ist eine Zusammenkunft aller Arbeitnehmer eines Betriebes. ▷ Termin: mindestens einmal in jedem Kalendervierteljahr (ordentliche Betriebsversammlung); auf Wunsch des Betriebsrates bzw. auf Antrag des Arbeitgebers können weitere außerordentliche Betriebsversammlungen stattfinden. ▷ Betriebsversammlungen finden während der Arbeitszeit statt. Den Arbeitnehmern ist das Arbeitsentgelt zu zahlen. ▷ Leitung der Betriebsversammlung: Betriebsratsvorsitzende(r) ▷ Inhalte: Tätigkeitsbericht des Betriebsrats und Information über Ergebnisse der Zusammenarbeit zwischen Arbeitgeber und Betriebsrat; Bericht des Arbeitgebers; Aussprache
Wirtschafts-ausschuss	▷ Beratungs- und Informationsgremium über wirtschaftliche Angelegenheiten *Beispiele: Produktions-, Absatz- und Finanzlage, Produktions- und Investitionsprogramm, Rationalisierungsvorhaben, Fabrikations- und Arbeitsmethoden, Einschränkung oder Stilllegung des Betriebes oder von Betriebsteilen, Verlegung von Betrieben oder Betriebsteilen, Zusammenschluss von Betrieben, Änderung der Betriebsorganisation oder des Betriebszwecks* ▷ nur in Betrieben mit mehr als 100 Arbeitnehmern ▷ mindestens 3, höchstens 7 Mitglieder, die vom Betriebsrat bzw. Gesamtbetriebsrat bestimmt werden ▷ Der Wirtschaftsausschuss soll monatlich einmal zusammentreten, der Unternehmer bzw. sein Vertreter hat daran teilzunehmen.

Erläutern Sie wichtige Mitbestimmungsrechte des Betriebsrates.	
Einsicht in die Personalakte	Der Arbeitnehmer hat das Recht, Einsicht in die von der Personalabteilung des Betriebes geführte Personalakte zu nehmen. Hierzu kann er ein Mitglied des Betriebsrates hinzuziehen. Das Mitglied des Betriebsrates hat über den Inhalt Stillschweigen zu bewahren.
Anhörungsrecht bei Kündigung	Der Betriebsrat ist vor jeder Kündigung zu hören, ansonsten ist die ausgesprochene Kündigung unwirksam. Der Betriebsrat kann unter bestimmten Voraussetzungen innerhalb einer Frist von einer Woche einer ordentlichen Kündigung widersprechen.
Aufstellung eines Sozialplans	Betriebsrat und Arbeitgeber sollen eine Einigung über den Ausgleich oder die Milderung der Nachteile bei einer Betriebsänderung (Stillegung des Betriebes, Verlegung des Betriebes, Zusammenschluss mit anderen Betrieben, Einführung grundlegend neuer Arbeitsmethoden und Fertigungsverfahren) erzielen. Der Sozialplan beinhaltet z. B. Abfindungen, Umschulungsmaßnahmen, Umzugskosten bei Versetzungen, vorzeitige Ruhestandsregelungen.

1 Der Betriebsrat kann sich laut Gesetz in bestimmten Angelegenheiten des Betriebes am Entscheidungsprozess beteiligen. Diese Rechte sind in ihrer Bedeutung in

(1) Mitbestimmungsrechte,
(2) Zustimmungsrechte,
(3) Beratungs- und Informationsrechte

abgestuft.

Ordnen Sie diese Beteiligungsrechte den folgenden Angelegenheiten zu, indem Sie die Ziffer vor dem zutreffenden Recht des Betriebsrates in das jeweilige Kästchen eintragen.

Tragen Sie eine (9) ein, wenn der Betriebsrat keine Einflussmöglichkeiten hat.

a. Kündigung eines Mitarbeiters ☐
b. Festlegung von Beginn und Ende der täglichen Arbeitszeit ☐
c. Planung von Investitionen ☐
d. Gewinnverteilung an die Gesellschafter des Unternehmens ☐
e. Urlaubsplan ☐
f. Entscheidung zwischen zwei Angeboten beim Kauf eines neuen DV-Systems ☐
g. Gestaltung des Kantinenraums ☐

2 Welches Organ bzw. welche Einrichtung gehört nicht zur betrieblichen Mitbestimmung nach dem Betriebsverfassungsgesetz? ☐

(1) Jugend- und Auszubildendenvertretung
(2) Einigungsstelle
(3) Wirtschaftsausschuss
(4) Tarifkommission
(5) Betriebsversammlung

3 In welchem Zeitraum muss nach dem Gesetz eine ordentliche Betriebsversammlung einberufen werden? ☐

(1) mindestens einmal im Jahr
(2) mindestens einmal im Kalendervierteljahr
(3) mindestens einmal im Monat
(4) Je nach Bedarf wird eine ordentliche Betriebsversammlung einberufen.
(5) Es gibt keine gesetzlichen Vorschriften.

4 In welcher der folgenden Situationen kann der Arbeitgeber auch ohne Zustimmung des Betriebsrates Entscheidungen treffen? ☐

(1) Kauf eines neuen EDV-Systems
(2) Erstellen eines Urlaubsplanes
(3) Aufstellung von Grundsätzen zur betrieblichen Lohngestaltung
(4) Erstellen eines Sozialplans
(5) Festlegung von Beginn und Ende der täglichen Arbeitszeit

5 Ordnen Sie den unten stehenden Erläuterungen folgende Begriffe zu:

(1) Betriebsversammlung
(2) Einigungsstelle
(3) Wirtschaftsausschuss

Tragen Sie eine (9) ein, wenn sich eine sinnvolle Zuordnung nicht ergibt.

a. Dieses Organ ist paritätisch mit Mitgliedern des Betriebsrates und Vertretern des Arbeitgebers besetzt. ☐
b. Dieses Organ ist in seiner Zusammensetzung gesetzlich festgelegt: Es besteht zu 25 % aus Vertretern der Arbeitnehmer und zu 75 % aus Vertretern der Arbeitgeber. ☐
c. In diesem Gremium werden Vertretern der Arbeitnehmer Informationen (z. B. über die finanzielle Lage des Unternehmens) gegeben. ☐
d. Dieses Organ dient der Information der Arbeitnehmer über die Tätigkeit des Betriebsrates und der Zusammenarbeit mit dem Arbeitgeber. ☐

6 Welche der folgenden Personenkreise dürfen an einer Betriebsversammlung teilnehmen? ☐ ☐

(1) Auszubildende des Betriebes
(2) Pressevertreter
(3) zuständige Bundestagsabgeordnete
(4) Vertreter der im Betrieb vertretenen Gewerkschaften
(5) Betriebsräte anderer Betriebe der gleichen Branche

7 Wie setzt sich die Einigungsstelle eines Betriebes zusammen? ☐

(1) 50 % Vertreter der Arbeitnehmer, 50 % Vertreter des Arbeitgebers, ein neutraler Vorsitzender
(2) 1/3 Mitglieder des Betriebsrates, 1/3 Vertreter des Arbeitgebers, 1/3 Vertreter der zuständigen Gewerkschaft, ein neutraler Vorsitzender
(3) jeweils 25 % Mitglieder des Betriebsrates, Vertreter des Arbeitgebers, Vertreter der Gewerkschaft und Vertreter der Arbeitgeberverbände, ein neutraler Vorsitzender
(4) Der Arbeitgeber bestimmt die Mitglieder der Einigungsstelle.
(5) Die Einigungsstelle ist eine Institution der Industrie- und Handelskammer bzw. der Handwerkskammern.

8 Welche Aussage zur Bildung eines Wirtschaftsausschusses trifft zu? ☐

Ein Wirtschaftsausschuss wird gebildet ...

(1) ... in jedem Betrieb.
(2) ... nur in Betrieben mit mehr als 10 Arbeitnehmern.
(3) ... nur in Betrieben mit mehr als 50 Arbeitnehmern.
(4) ... nur in Betrieben mit mehr als 100 Arbeitnehmern.
(5) ... nur in Betrieben mit mehr als 1 000 Arbeitnehmern.

Was versteht man unter einer Wirtschaftsordnung?

Begriff	Die Wirtschaftsordnung ist das Ordnungsgefüge, in dem sich das ökonomische Handeln der Menschen vollzieht. Sie ist ein fester Bestandteil der Gesellschaftsordnung eines Staates. Es werden zwei grundsätzlich verschiedene Systeme unterschieden: ▷ die Marktwirtschaft ▷ die Zentralverwaltungswirtschaft
Idealtypen sind theoretische Modelle von Wirtschaftsordnungen und kommen in der Realität nicht vor. Realtypen sind die Typen von Wirtschaftsordnungen, die sich in der Realität durchgesetzt haben.	
Begründung	Die Wirtschaftsordnung als Organisationsform wirtschaftlichen Handelns stimmt die wirtschaftlichen Aktivitäten der Menschen in einer Volkswirtschaft aufeinander ab. Sie gestaltet Produktion und Konsum in der Weise, dass die natürliche Knappheit der Güter gemindert wird.
Grundelemente	Jede Wirtschaftsordnung hat durch Gesetze und Verordnungen die Voraussetzungen für wirtschaftliches Handeln zu schaffen. Deshalb muss sie zu folgenden Fragen Stellung nehmen: ▷ Auf welcher vertraglichen Basis vollziehen sich die Beziehungen der Betriebe und der Haushalte? ▷ Sind die Märkte für alle Marktteilnehmer zugänglich oder gibt es Beschränkungen? ▷ Wer soll das Eigentum an den Produktionsmitteln haben? ▷ Wer soll darüber entscheiden, welche Güter hergestellt werden und was die Menschen konsumieren sollen?

Erläutern Sie die Kennzeichen der freien Marktwirtschaft und der Zentralverwaltungswirtschaft.

Freie Marktwirtschaft		Zentralverwaltungswirtschaft	
Individualplan	Jedes Wirtschaftssubjekt stellt seinen individuellen Plan auf und strebt danach, diesen Plan zu erfüllen. Die Haushalte orientieren sich an ihren Bedürfnissen und ihrem Einkommen, die Unternehmen richten sich nach dem Bedarf von Haushalten und Unternehmen.	**Zentrale Planung der Erzeugung**	In der Zentralverwaltungswirtschaft erstellt eine zentrale Planbehörde die Pläne für die einzelnen Betriebe. Sie entscheidet, was, in welcher Menge und welcher Qualität zu welchem Preis von welchem Betrieb bis zu welchem Termin herzustellen ist.
Markt	Koordinationsmechanismus ist der Markt. Er gleicht die verschiedenen Vorstellungen der Marktteilnehmer aus. Der Preis ist dabei der Gradmesser für die Knappheit eines Gutes.	**Zentral gelenkter Verbrauch**	Im Extremfall wird jedem Haushalt vorgeschrieben, welche und wie viel Güter er in einer Periode verbrauchen kann. Die Verteilung der Waren wird über Bezugsscheine geregelt.
Individuelles Risiko	Wenn die Konsumenten die angebotenen Güter nicht abnehmen, tragen die Unternehmer das volle Absatzrisiko. Auch die Haushalte tragen Risiken, z. B. bei der Berufswahl.	**Planrisiko**	Wenn die Betriebe die Herstellungspläne nicht erfüllen oder völlig am Bedarf der Haushalte vorbeiproduzieren, trägt dieses Planrisiko die Gemeinschaft.
Erwerbswirtschaftliches Prinzip	Unternehmer und Haushalte richten sich nach dem ökonomischen Prinzip. Für den Unternehmer bedeutet dies, dass er in demjenigen Markt investieren wird, der ihm bei einem gegebenen Einsatz den größtmöglichen Gewinn verspricht.	**Bedarfsdeckungsprinzip**	Der Plan geht in seinen Vorstellungen von den Grundbedürfnissen aller Menschen der Gemeinschaft aus. Erst wenn diese erfüllt sind, können die Betriebe zusätzliche Produkte herstellen. Individuelle Wünsche können nicht erfüllt werden.

Nennen Sie die Voraussetzungen für eine freie Marktwirtschaft und für eine Zentralverwaltungswirtschaft.

Freie Marktwirtschaft	Zentralverwaltungswirtschaft
▷ **Privateigentum an den Produktionsmitteln** Es ermöglicht die freie Auswahl der Produktionsfaktoren zur gewinnmaximalen Produktion. ▷ **Vertragsfreiheit** Die Wirtschaftssubjekte können Verträge abschließen, gleich mit wem und welchen Inhalts. ▷ **Gewerbefreiheit** Jeder hat das Recht, ein Gewerbe zu begründen, um erwerbswirtschaftlichen Zielen nachzugehen. ▷ **freie Wahl des Berufes** ▷ **Konsumfreiheit** Die Haushalte haben die freie Entscheidung darüber, was sie von wem in welcher Menge kaufen wollen. ▷ **offene Märkte** freier Zugang zu den Gütermärkten ▷ **keine Eingriffe des Staates** Der Staat gewährleistet durch die Gesetzgebung die Rahmenbedingungen für die Marktwirtschaft.	▷ **Kollektiveigentum** Das Produktivvermögen des Landes ist in Gemeineigentum. Die zentrale Planbehörde weist den Betrieben die Produktionsmittel nach Plan zu. ▷ **Unterordnung der Betriebe unter die öffentliche Verwaltung** Die Betriebe müssen den Anweisungen der zentralen Planbehörde Folge leisten. Sie sind verpflichtet, die Lieferungen von anderen Betrieben als Vorleistungen entgegenzunehmen. Die Haushalte müssen die Waren annehmen, die sie auf Bezugsschein in den Läden erhalten, eine Auswahl haben sie nicht. Offene Märkte und das Prinzip der Konsumfreiheit gibt es in der Zentralverwaltungswirtschaft nicht. ▷ **Lenkungsfunktion des Staates** Der Staat verfügt über sehr umfangreiche Machtbefugnisse. Nur so kann er sich gegenüber den Haushalten und den Betrieben mit dem Plan durchsetzen und nur so kann er die Verfügungsgewalt über die Produktionsmittel beanspruchen.

1 Welches der unten stehenden Kennzeichen ist kein Merkmal für eine freie Marktwirtschaft? ______ ☐

Tragen Sie eine (5) ein, wenn alle Merkmale zutreffen.

(1) Individuelle Pläne der Wirtschaftssubjekte

(2) Vorhandensein eines Marktes

(3) Individuelles Risiko der Wirtschaftssubjekte

(4) Erwerbswirtschaftliches Prinzip

2 Kennzeichnen Sie unten stehende Aussagen mit

(1) wenn diese zutrifft,
(9) wenn diese nicht zutrifft.

a. Die Wirtschaftsordnung ist das Ordnungsgefüge, in dem sich das ökonomische Handeln der Menschen vollzieht. ______ ☐

b. Die Wirtschaftsordnung ist ein fester Bestandteil der Gesellschaftsordnung eines Staates. ______ ☐

c. Es werden drei grundsätzlich verschiedene Idealtypen von Wirtschaftsordnungen unterschieden:
– die Marktwirtschaft
– die Zentralverwaltungswirtschaft
– die Produktionswirtschaft ______ ☐

d. Idealtypen sind theoretische Modelle von Wirtschaftsordnungen und kommen in der Realität nicht vor. ______ ☐

e. Realtypen sind die Typen von Wirtschaftsordnungen, die eine reelle Behandlung aller Wirtschaftssubjekte zum Ziel haben. ______ ☐

f. Die Wirtschaftsordnung als Organisationsform wirtschaftlichen Handelns stimmt die wirtschaftlichen Aktivitäten der Menschen in einem Betrieb aufeinander ab. ______ ☐

3 Im Folgenden finden Sie eine Reihe von Begriffen. Ordnen Sie diesen Begriffen zu, ob es sich dabei um Voraussetzungen

(1) der freien Marktwirtschaft,
(2) der Zentralverwaltungswirtschaft
handelt.

Tragen Sie eine (9) ein, wenn eine Zuordnung nicht sinnvoll erscheint.

a. Privateigentum an den Produktionsmitteln ______ ☐

b. Vertragsfreiheit ______ ☐

c. Unterordnung ______ ☐

d. Autonome Wahl des Berufes ______ ☐

e. Kollektiveigentum ______ ☐

f. Vorhandensein eines Managements ______ ☐

g. Gewerbefreiheit ______ ☐

h. Konsumfreiheit ______ ☐

i. Offene Märkte ______ ☐

4 Welche der unten stehenden Äußerungen trifft nicht auf den Begriff „Vertragsfreiheit" zu? ______ ☐

Tragen Sie eine (5) ein, wenn alle Äußerungen zutreffen.

(1) „Um ihre Pläne realisieren zu können, müssen die Wirtschaftssubjekte die Möglichkeit haben, Verträge nach ihren Vorstellungen abzuschließen."

(2) „Dabei bedeutet Vertragsfreiheit ja wohl, den Vertragspartner frei wählen zu können."

(3) „Natürlich, aber Vertragsfreiheit bedeutet auch, dass jeder, der einen Vertrag abgeschlossen hat, diesen auch wieder kündigen kann."

(4) „Von Vertragsfreiheit kann man meiner Ansicht nach nur dann sprechen, wenn die Wirtschaftssubjekte auch den Inhalt der Verträge frei bestimmen können."

5 Welche der nachstehenden Feststellungen trifft nicht auf das Merkmal „individuelles Risiko" der freien Marktwirtschaft zu? ______ ☐

Tragen Sie eine (5) ein, wenn alle Feststellungen zutreffen.

(1) Für die Abweichungen zwischen Produktion und Absatz tragen die Unternehmer in der Marktwirtschaft das volle Absatzrisiko.

(2) Jeder Mensch trägt das volle Risiko für die Versorgung im Alter. Wer keine Vorsorge trifft, z. B. über die Rentenversicherung, kann im Alter nicht verlangen, dass die Gemeinschaft für ihn aufkommt.

(3) Jeder einzelne Mensch trägt im Rahmen seiner Berufswahl das Risiko, ob bei Ausübung dieses Berufes dafür auch eine Nachfrage seitens der Unternehmer vorliegt.

(4) Jeder, der ein Unternehmen gründet, trägt das Risiko des Verlustes. Es spielt später keine Rolle mehr, ob ein Konkurs aus Gründen der Unfähigkeit oder aufgrund der Marktlage entstanden ist.

6 Kennzeichnen Sie unten stehende Aussagen zu den Voraussetzungen der freien Marktwirtschaft mit einer

(1) wenn diese zutreffen,
(9) wenn diese nicht zutreffen.

a. Nur das Privateigentum ermöglicht die freie Wahl bei der Zusammenstellung der Produktionsfaktoren zur gewinnmaximalen Kombination. ______ ☐

b. Jeder Mensch muss das Recht haben, ein Gewerbe zu begründen, um erwerbswirtschaftliche Ziele als Unternehmer oder Freiberufler zu verwirklichen, z. B. als Apotheker oder als Kfz-Meister. ______ ☐

c. Die Haushalte müssen die freie Wahl des Konsums haben, damit die Entscheidungsmöglichkeit darüber, was, von welchem Hersteller und in welcher Menge sie kaufen wollen. ______ ☐

d. Der Staat gewährleistet durch eine entsprechende Gesetzgebung die Rahmenbedingungen für eine freie Marktwirtschaft. Er greift jedoch nicht in das Marktgeschehen ein. ______ ☐

Erläutern Sie die Probleme einer reinen Marktwirtschaft.

- ▷ Die Unternehmen tendieren aufgrund des herrschenden Wettbewerbs zur Monopolisierung von Märkten.
- ▷ Das Privateigentum an Produktionsmitteln führt dazu, dass die Arbeitnehmer in einer schwächeren Position sind.
- ▷ Die reine Anwendung des erwerbswirtschaftlichen Prinzips führt zur Vernachlässigung bestimmter Bereiche der Gesellschaft.
- ▷ Der ausschließliche Wettbewerb über den Preis führt dazu, dass schwache Mitglieder der Gesellschaft an den Rand gedrängt werden.

Was versteht man in der Bundesrepublik Deutschland unter der „sozialen Marktwirtschaft"?

Die soziale Marktwirtschaft ist eine Wirtschaftsordnung, in der das Prinzip der Freiheit des Marktes (**marktwirtschaftliche Komponente**) mit dem Prinzip des sozialen Ausgleichs (**soziale Komponente**) verbunden wird. Das Prinzip des sozialen Ausgleichs ist nur über marktkonforme Eingriffe des Staates in den Wirtschaftsprozess zu erreichen. Marktkonform bedeutet, dass keine Maßnahmen ergriffen werden dürfen, die den Marktmechanismus außer Kraft setzen.

Durch welche Merkmale ist die soziale Marktwirtschaft gekennzeichnet?

Vertragsfreiheit	Die Vertragsfreiheit ist ein Grundsatz, der das Recht der Schuldverhältnisse im bürgerlichen Recht beherrscht. Dieser Grundsatz bedeutet, ▷ dass jede Person frei entscheiden kann, ob sie/er ein Vertragsangebot annimmt oder nicht, ▷ dass es den Vertragsparteien überlassen bleibt, welche Inhalte sie zum Gegenstand des Vertrages machen.	
Eigentumsgarantie	Das Grundgesetz garantiert in Artikel 14 (1) Eigentum und Erbrecht. Das bedeutet, dass das Eigentumsrecht zu einem absoluten Recht erhoben wird, das gegen jedermann gilt, also auch gegenüber dem Staat.	
Sozialbindung des Eigentums	In Artikel 14 (2) GG wird die Sozialbindung des Eigentums hervorgehoben. Danach soll der Gebrauch des Eigentums zugleich dem Wohle der Allgemeinheit dienen. Gleichfalls ist eine Enteignung von Eigentum möglich, sofern dies im Interesse der Allgemeinheit zulässig ist und die enteignete Person dafür entschädigt wird.	
Erwerbswirtschaftliches Prinzip	Die Eigentumsgarantie in Verbindung mit Vertragsfreiheit und Gewerbefreiheit (§ 1 Gewerbeordnung) führt zur Verwirklichung des erwerbswirtschaftlichen Prinzips. Das bedeutet, dass ein Unternehmer diejenige Kombination von Produktionsfaktoren wählen kann, mit der er ein Gewinnmaximum erreicht.	
Tarifautonomie der Sozialpartner	Die Tarifautonomie ist durch das Grundrecht auf Vereinigungsfreiheit gewährleistet (Art. 9 [3] GG). Danach können alle Deutschen zur Wahrung und Förderung der Arbeits- und Wirtschaftsbedingungen Vereinigungen gründen. Auf Arbeitnehmerseite sind solche Vereinigungen die Gewerkschaften, auf Arbeitgeberseite die Arbeitgebervereinigungen. Die Tarifautonomie eröffnet die Möglichkeit, in dem von der staatlichen Rechtssetzung freigelassenen Raum durch freie Verhandlungen Tarifverträge zu schließen, die das Arbeitsleben ordnen.	
Wirtschafts- und sozialpolitische Ziele des Staates	Wirtschaftspolitische Ziele	Sozialpolitische Ziele
	▷ Vollbeschäftigung ▷ Preisniveaustabilität ▷ angemessenes Wachstum ▷ außenwirtschaftliches Gleichgewicht	▷ soziale Sicherheit ▷ gerechte Einkommens- und Vermögensverteilung ▷ gleiche Startchancen für alle Bürger

Nennen Sie Unterschiede zwischen dem marktwirtschaftlichen Modell und der Realität.

Wirtschaftskonzentration	Einzelne Marktteilnehmer werden immer wieder gewollt oder ungewollt den freien Wettbewerb beschränken. Unternehmen versuchen, wirtschaftliche Macht durch die Konzentration von Unternehmen zu erlangen (Konzernbildung), oder sie sprechen sich zum Nachteil anderer Marktteilnehmer in ihren Aktionen ab oder sie vereinbaren vertraglich ein abgestimmtes Vorgehen im Markt (Kartellbildung).
Konjunkturpolitik	In einer Marktwirtschaft gestalten die Wirtschaftssubjekte ihre Pläne weitgehend individuell. Die Abstimmung dieser Pläne auf dem Markt geschieht jedoch nicht koordiniert und es kommt zu Störungen. Im Rahmen der Konjunkturpolitik sind Bund und Länder deshalb dazu verpflichtet, die Ziele Vollbeschäftigung, Preisniveaustabilität, angemessenes Wirtschaftswachstum und außenwirtschaftliches Gleichgewicht zu verfolgen.
Strukturpolitik	Die Wirtschaftsstruktur der Bundesrepublik ist nicht einheitlich. Im Rahmen der Strukturpolitik kann der Staat durch den gezielten Einsatz von Subventionen ▷ strukturschwache Gebiete oder Branchen fördern, ▷ Umstrukturierungsprozesse in bestimmten Branchen fördern.
Einkommens- und Vermögenspolitik	▷ Im Rahmen der Einkommenspolitik werden bei der Verteilung des Sozialproduktes Komponenten wie Alter, Familienstand, Anzahl der Kinder oder Gesundheit berücksichtigt. ▷ Im Rahmen der Vermögenspolitik wird, z. T. durch fiskalische Maßnahmen, die Vermögensbildung in Arbeitnehmerhand gefördert.

1 Die reine Anwendung der freien Marktwirtschaft wirft eine Reihe von Problemen auf. Welches der unten stehenden Probleme ist nicht ursächlich auf die freie Marktwirtschaft zurückzuführen? ☐

Tragen Sie eine (6) ein, wenn es sich ausschließlich um Probleme der freien Marktwirtschaft handelt.

(1) Die Unternehmen tendieren aufgrund des herrschenden Wettbewerbs zur Monopolisierung von Märkten.

(2) Das Privateigentum an Produktionsmitteln führt dazu, dass die Arbeitnehmer in einer schwächeren Position sind.

(3) Die reine Anwendung des erwerbswirtschaftlichen Prinzips führt zur Vernachlässigung bestimmter Bereiche der Gesellschaft.

(4) Güter, die staatlich subventioniert und damit preiswert sind, werden von den Wirtschaftssubjekten nicht als knapp empfunden und u. U. verschwendet.

(5) Der ausschließliche Wettbewerb über den Preis führt dazu, dass schwache Mitglieder der Gesellschaft an den Rand gedrängt werden.

2 Die soziale Marktwirtschaft ist gegenüber der freien Marktwirtschaft durch eine Reihe zusätzlicher Merkmale gekennzeichnet. Welches der folgenden Merkmale trifft nicht auf die soziale Marktwirtschaft zu? ☐

Tragen Sie eine (5) ein, wenn alle Merkmale zutreffen.

(1) Tarifautonomie der Sozialpartner

(2) Sozialbindung des Eigentums

(3) Kontrolle der Preise für Grundnahrungsmittel

(4) Aufbau eines Systems der sozialen Sicherheit

3 Im Folgenden finden Sie fünf Aussagen zur sozialen Marktwirtschaft in der Bundesrepublik Deutschland.

Wählen Sie eine

(1), wenn die Aussage zutreffend ist,
(9), wenn die Aussage nicht zutreffend ist.

a. Im Rahmen der Einkommenspolitik werden bei der Verteilung des Sozialproduktes Komponenten wie Alter, Familienstand, Anzahl der Kinder oder Gesundheit berücksichtigt. ☐

b. Im Rahmen der Vermögenspolitik wird, z. T. durch fiskalische Maßnahmen, die Vermögensbildung in Arbeitnehmerhand gefördert. ☐

c. Im Rahmen der Strukturpolitik kann der Staat durch den gezielten Einsatz von Subventionen strukturschwache Gebiete oder Branchen fördern oder Umstrukturierungsprozesse in bestimmten Branchen fördern. ☐

d. Im Rahmen der Konjunkturpolitik sind Bund und Länder dazu verpflichtet, die Ziele Vollbeschäftigung, Preisniveaustabilität, angemessenes Wirtschaftswachstum und außenwirtschaftliches Gleichgewicht zu verfolgen. ☐

e. Im Rahmen der Wettbewerbspolitik muss jede Fusion von Unternehmen mit mehr als 5 000 Arbeitnehmern genehmigt werden. ☐

4 Welche der folgenden Aussagen zum Eigentumsbegriff in der sozialen Marktwirtschaft ist falsch? ☐

Tragen Sie eine (6) ein, wenn alle Aussagen zutreffen.

(1) Eigentum ist die rechtliche Herrschaftsgewalt über eine Sache oder ein Recht.

(2) Eigentum ist ein absolutes Recht. Das bedeutet, dass es gegen jedermann, also auch gegenüber dem Staat, gilt.

(3) Die Sozialbindung des Eigentums beinhaltet, dass der Gebrauch des Eigentums zugleich auch dem Wohle der Allgemeinheit dienen soll.

(4) Eigentum an einer Sache oder an einem Recht kann immer nur eine Person haben. Ein gemeinschaftliches Eigentum gibt es nicht.

(5) Eine Enteignung von Eigentum durch staatliche Instanzen auf dem Rechtswege ist möglich, wenn dies im Interesse der Allgemeinheit liegt und die enteignete Person dafür entschädigt wird.

5 Ordnen Sie den unten stehenden Zeitungsmeldungen über politische Maßnahmen zu, ob es sich dabei um die Verfolgung

(1) wirtschaftspolitischer Ziele,
(2) sozialpolitischer Ziele

handelt.

a. „Die Bundesregierung bemüht sich weiterhin um einen Konsens aller Parteien über die Gestaltung der Pflegeversicherung." ☐

b. „Durch die Zurückhaltung der staatlichen Stellen bei der Investitionstätigkeit soll ein Beitrag zur Preisniveaustabilität geleistet werden." ☐

c. „Die Steuerreform zeichnet sich durch die Entlastung besonders der unteren und mittleren Einkommensstufen aus." ☐

d. „Der Bundeswirtschaftsminister wird alle Maßnahmen ergreifen, um das Defizit in der Handelsbilanz zu verringern." ☐

6 Welche der folgenden Aussagen zur Tarifautonomie treffen nicht zu? ☐

Tragen Sie eine (5) ein, wenn alle Aussagen zutreffen.

(1) Alle Tarifverträge einer Branche werden für allgemein verbindlich erklärt, damit sämtliche Arbeitnehmer die Rechte aus diesen Tarifverträgen in Anspruch nehmen können.

(2) Die Tarifautonomie ist durch das Grundrecht der Vereinigungsfreiheit gewährleistet (Art. 9 [3] GG). Das bedeutet, dass alle Deutschen zur Wahrung und Förderung der Arbeits- und Wirtschaftsbedingungen Vereinigungen gründen können.

(3) Die Arbeitnehmer werden in der Bundesrepublik Deutschland durch die Gewerkschaften vertreten, die Arbeitgeber durch Arbeitgebervereinigungen.

(4) Die Tarifautonomie eröffnet den Vereinigungen die Möglichkeit, in dem von der staatlichen Rechtsetzung freigelassenen Raum durch freie Verhandlungen Tarifverträge zu schließen, die das Arbeitsleben ordnen.

Erklären Sie die Güter- und Geldströme in einer Volkswirtschaft.

Begriff	Der einfache Wirtschaftskreislauf ist eine bildhafte Darstellung (Modell) der zusammengefassten Beziehungen zwischen den Unternehmen (Sektoren 1 bis 3) auf der einen und den Haushalten auf der anderen Seite. Anhand des Modells können die wirtschaftlichen Beziehungen zwischen den Haushalten und den Unternehmen untersucht werden.
Annahmen	▷ Es bestehen nur zwei Sektoren (Haushalte und Unternehmen). Der Staat greift nicht in die Wirtschaft ein. Zum Ausland bestehen keine wirtschaftlichen Beziehungen. ▷ Das gesamte Einkommen der Haushalte wird konsumiert. Damit kann auch nicht gespart und folglich nicht investiert werden. Die aufgezeigte Volkswirtschaft verändert sich damit nicht (Modell einer stationären Wirtschaft). ▷ Das in der Wirtschaft vorhandene Kapital verändert sich nicht. Es werden weder Netto- noch Ersatzinvestitionen getätigt.
Güterstrom	Die Haushalte stellen den Unternehmen Produktionsfaktoren zur Verfügung: Arbeit, Boden, Kapital. Die Unternehmen produzieren damit Güter und stellen diese den Haushalten zur Verfügung.
Geldstrom	Die Haushalte beziehen von den Unternehmen Einkommen aus der Überlassung von Produktionsfaktoren. Das Einkommen umfasst ▷ den Lohn für die Leistungen des Produktionsfaktors Arbeit, ▷ die Grundrente für den Einsatz und die Überlassung des Bodens, ▷ den Zins für den Einsatz des Kapitals, ▷ den Gewinn für die unternehmerische Tätigkeit. Für die von den Unternehmen gekauften Güter geben die Haushalte ihr Einkommen aus.

Erklären Sie die Güter- und Geldströme im erweiterten Wirtschaftskreislauf.

Begriff	Der erweiterte Wirtschaftskreislauf ist die bildhafte Darstellung (Modell) der zusammengefassten Beziehungen zwischen den Unternehmen (Sektoren 1 bis 3), den Banken, dem Staat, dem Ausland und den Haushalten einer Volkswirtschaft.
Güterstrom	Zusätzlich zu den Güterströmen des einfachen Kreislaufmodells gehen Güterströme in das Ausland (Export), vom Ausland in das Inland (Import) und an den Staat (öffentlicher Verbrauch).
Geldstrom	▷ Zahlungen für Güter leisten die Unternehmen, der Staat und das Ausland. ▷ Transferzahlungen beinhalten Gelder, für die der Empfänger keine konkrete Gegenleistung erbringen muss (Übertragungen). *Beispiele:* *– Staat an Haushalte: Sozialhilfe, Pensionen, Wohngeld* *– Staat an Unternehmen: Subventionen* *– Haushalte an Ausland: Überweisungen von ausländischen Arbeitnehmern an ihre Familien im Ausland* *– Staat an Ausland: Entwicklungshilfe, Wiedergutmachung*

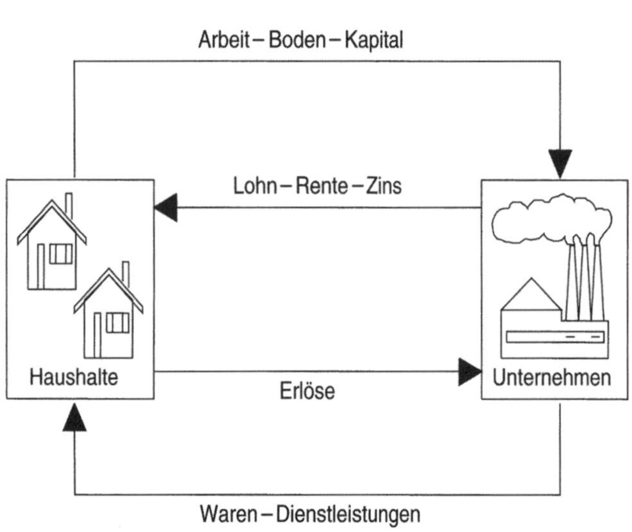

einfacher Wirtschaftskreislauf

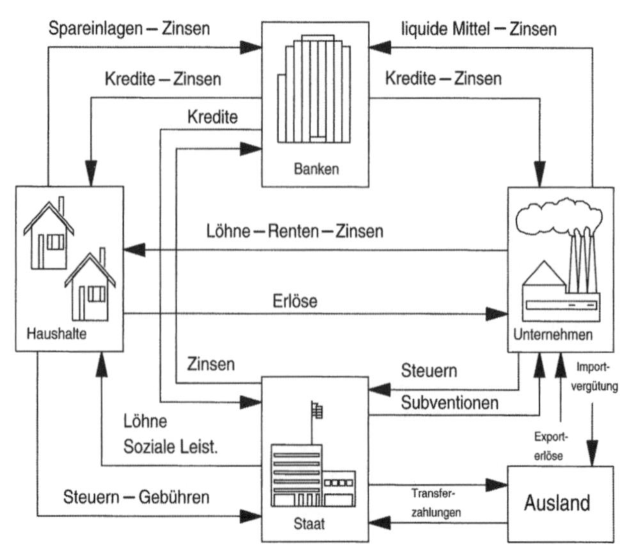

erweiterter Wirtschaftskreislauf (Geldkreislauf)

1 In der unten aufgeführten Skizze ist das Modell des einfachen Wirtschaftskreislaufes mit den entsprechenden Geld- und Güterströmen dargestellt.

Kennzeichnen Sie die nachstehenden Situationen mit den dazugehörigen Ziffern aus der Skizze.

Tragen Sie eine (9) ein, wenn es sich um keinen dieser Ströme handelt.

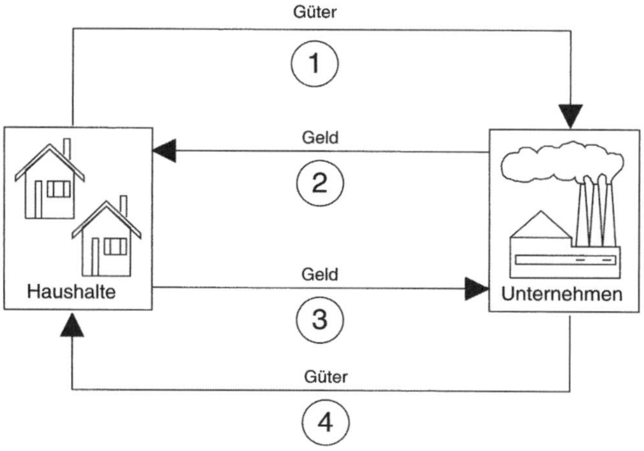

a. Ein Unternehmen überweist einem Privatmann den Kaufpreis für ein Grundstück. ______ ☐

b. Ein Großhändler liefert an einen Einzelhändler Waren. ______ ☐

c. Der Auszubildende in einem Textileinzelhandelsgeschäft führt Lagerarbeiten aus. ______ ☐

d. Für eine private Feier erhält eine Gaststätte die Saalmiete in Höhe von 500,00 EUR. ______ ☐

e. Die Mitarbeiterin eines Reisebüros vermittelt eine private Urlaubsreise. ______ ☐

f. Ein Verkäufer erhält beim Lohnsteuerjahresausgleich 1 200,00 EUR vom Finanzamt. ______ ☐

2 Die Volkswirtschaft eines Landes wird in Sektoren eingeteilt. Ordnen Sie den unten stehenden Sachverhalten zu, ob diese dem

(1) primären Sektor,
(2) sekundären Sektor,
(3) tertiären Sektor,
(4) quartären Sektor

zuzuordnen sind.

a. Ein Tischler stellt einen Schrank nach den Angaben des Bestellers her. ______ ☐

b. Ein Landwirt erntet seinen Weizen mit einem Mähdrescher. ______ ☐

c. Ein Unternehmen stellt Schuhe aus Leder her. ______ ☐

d. Die Gemeinde Uslar schafft für die öffentliche Feuerwehr zwei neue Löschzüge an. ______ ☐

e. Ein Unternehmen in Bremerhaven kauft Rohkaffee aus Kolumbien auf und liefert diesen an eine Großrösterei in Bremen. ______ ☐

f. Ein Rechtsanwalt berät einen Klienten in einer Strafsache wegen eines Verkehrsdeliktes. ______ ☐

3 Ordnen Sie den unten stehenden Zahlungsvorgängen die zugehörigen Ziffern aus der folgenden Skizze eines erweiterten Wirtschaftskreislaufes zu.

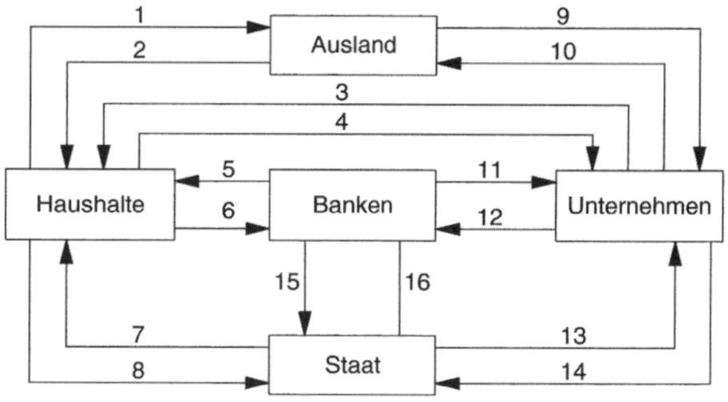

a. Ein deutscher Tourist bezahlt seine Hotelrechnung in Österreich. ______ ☐

b. Die Stadtverwaltung gleicht die Rechnung eines Dachdeckers für Bauarbeiten an einem Hallenschwimmbad aus. ______ ☐

c. Eine Hausfrau bezahlt an der Kasse eines Supermarktes die eingekauften Artikel. ______ ☐

d. Ein Landwirt erhält eine Prämie für die Stilllegung von landwirtschaftlichen Nutzungsflächen. ______ ☐

e. Ein Unternehmen überweist die fällige Körperschaftsteuer an das Finanzamt. ______ ☐

f. Ein Unternehmen in Bremen erhält die 2. Rate aus einem Geschäft mit einem brasilianischen Importeur. ______ ☐

g. Das Vorstandsmitglied einer Aktiengesellschaft überweist seine Einkommensteuer. ______ ☐

h. Die Landesregierung überzieht ihr Girokonto bei der Westdeutschen Landesbank. ______ ☐

i. Ein Beamter im Ruhestand erhält seine monatliche Pension. ______ ☐

4 Beantworten Sie die unten stehenden Fragen, indem Sie folgende Abkürzungen zugrunde legen:

Y = Summe der Einkommen
C = Summe der Konsumausgaben
S = Summe der Sparbeiträge
I = Summe der Nettoinvestitionen

a. Welche der folgenden Formeln kennzeichnet die Situation in einer stationären Wirtschaft? ______ ☐

(1) $Y = I$
(2) $I = S$
(3) $Y = S$
(4) $Y = C$
(5) $C = I$

b. Welche der folgenden Gleichungen beschreibt die Einkommensverwendung in einer dynamischen Wirtschaft aus Sicht der Haushalte? ______ ☐

(1) $Y = C + I$
(2) $Y = C - I$
(3) $Y = S - I$
(4) $Y = C + S$
(5) $Y = C - S$

Erklären Sie wesentliche Begriffe im Zusammenhang mit der volkswirtschaftlichen Gesamtrechnung.

volkswirtschaftliche Gesamtrechnung (VGR)	Die volkswirtschaftliche Gesamtrechnung erfasst alle wirtschaftlichen Transaktionen, die in einer Wirtschaftsperiode einer Volkswirtschaft innerhalb des Wirtschaftskreislaufes stattfinden. In Deutschland wird sie vom Statistischen Bundesamt in Wiesbaden durchgeführt.
Bruttoproduktionswert	Der Bruttoproduktionswert misst das Ergebnis der erbrachten Leistungen der einzelnen Wirtschaftsbereiche. Es handelt sich also im Wesentlichen um die Umsatzerlöse aller Unternehmen.
Vorleistungen	Die Vorleistungen sind der Wert der gekauften, nicht dauerhaften Produktionsgüter, die in der gleichen Wirtschaftsperiode im Produktionsprozess eingesetzt werden (Einsatz an Material und Dienstleistungen).
Bruttowertschöpfung	Zieht man vom Bruttoproduktionswert der Unternehmen die Vorleistungen ab, erhält man die unbereinigte Bruttowertschöpfung; nach Abzug der Bankgebühr erhält man die bereinigte Bruttowertschöpfung.
Produktions- und Importabgaben	Dazu zählen alle Steuern und Zölle, die in die Absatzpreise einkalkuliert und auf den Endabnehmer abgewälzt werden. Dies sind im Wesentlichen alle indirekten Steuern, wie Umsatzsteuer, Tabaksteuer, Mineralölsteuer etc.
Nettoproduktionsabgaben	Diese Größe (auch Nettogütersteuern genannt) stellt den Saldo zwischen den an den Staat abgegebenen Produktions- und Importabgaben und den empfangenen güterabhängigen Subventionen dar.
Konsum	Konsum ist der Verbrauch und/oder die Nutzung von materiellen oder immateriellen Gütern. Konsumausgaben können durch Haushalte oder Staat erfolgen.
Bruttoinvestitionen	Die Bruttoinvestitionen sind die gesamten Investitionen einer Volkswirtschaft und setzen sich aus den Ersatzinvestitionen und den Erweiterungsinvestitionen (Nettoinvestitionen) zusammen.
Arbeitnehmerentgelte	Dazu zählen alle Einkommen von Nichtunternehmern, also alle Einkommen aus unselbstständiger Tätigkeit, wie das Einkommen der Angestellten, Arbeiter, Beamten und Auszubildenden.
Unternehmens- und Vermögenseinkommen	Die Einkommen aus gewerblicher und freiberuflicher Tätigkeit, aus Land- und Forstwirtschaft sowie aus Kapitalvermögen (Dividenden/Zinsen) werden hier zusammengezählt. Unternehmenseinkommen und Arbeitnehmerentgelte zusammen bilden das Volkseinkommen (auch Nettonationaleinkommen zu Herstellungspreisen genannt). Sie stellen aus Unternehmenssicht Entgelte für die Produktionsfaktoren dar.
Außenbeitrag	Diese Größe stellt die Differenz zwischen Exporterlösen und Importausgaben dar.
Saldo der Primäreinkommen aus der übrigen Welt	Hierbei handelt es sich um den Saldo der Erwerbs- und Vermögenseinkünfte, die aus dem Ausland bezogen wurden und an das Ausland bezahlt wurden, zuzüglich des Saldos aus von der EU empfangenen Subventionen und der an die EU geleisteten Produktions- und Importabgaben.
Bruttoinlandsprodukt	Das Bruttoinlandsprodukt ist seit der Umstellung der VGR auf einheitliche europäische Normen der neue Maßstab zur Beurteilung der Leistungsfähigkeit einer Volkswirtschaft. Es gibt den Wert der im Inland erbrachten Leistungen einer Wirtschaftsperiode an, unabhängig davon, ob diese Leistung von Inländern oder Ausländern erbracht wurde. Die Größe folgt damit dem sogenannten Inlandskonzept. Zählt man zu dieser Größe den Saldo der Primäreinkommen aus der übrigen Welt, erhält man das Bruttonationaleinkommen zu Marktpreisen. Diese Größe folgt dem sogenannten Inländerkonzept.

Skizzieren Sie die Entstehungsrechnung, die Verwendungsrechnung und die Verteilungsrechnung des Bruttoinlandsproduktes in einer vergleichenden Darstellung.

Entstehungsrechnung	Verwendungsrechnung
Bei der Ermittlung des Bruttoproduktionswertes werden die Werte der Produktionsergebnisse aus sechs Wirtschaftsbereichen erfasst (Fischerei, Land-/Forstwirtschaft, Produzierendes Gewerbe, Baugewerbe, Handel, Gastgewerbe und Verkehr, Finanzierung, Vermietung und Unternehmensdienstleister, Dienstleister).	Bei der Verwendungsrechnung wird das Bruttoinlandsprodukt von der Verbrauchsseite her ermittelt, d. h., man fragt, wem die produzierten Werte zugeführt wurden. Zu diesem Zweck ermittelt man den Wert der Güter und Dienstleistungen, die zu den einzelnen Wirtschaftssektoren zur endgültigen Verwendung gelangten.
Bruttoproduktionswert – **Vorleistungen** = **Bruttowertschöpfung (unbereinigt)** – unterstellte Bankgebühr = **Bruttowertschöpfung (bereinigt)** + Nettogütersteuern	**private Konsumausgaben** + **Konsumausgaben des Staates** + **Bruttoinvestitionen** + **Außenbeitrag**

= Bruttoinlandsprodukt
+ Saldo der Primäreinkommen aus der übrigen Welt
= **Bruttonationaleinkommen zu Marktpreisen**
– Abschreibungen
= **Nettonationaleinkommen zu Marktpreisen**
– Produktions- und Importabgaben + Subventionen (Nettoproduktionsabgaben)
= **Volkseinkommen (Nettonationaleinkommen zu Herstellungspreisen)**

Arbeitnehmerentgelt (Lohn und Gehalt)	**Unternehmens- und Vermögenseinkommen (Mieten, Pachten, Dividenden, Zinsen und Gewinne)**

Ansatz der Verteilungsrechnung ist die Summe der bei der Produktion der Güter und Dienstleistungen innerhalb einer Wirtschaftsperiode entstandenen Faktoreinkommen deutscher Bundesbürger.

Verteilungsrechnung

1 Prüfen Sie die folgenden Aussagen.

Kennzeichnen Sie

zutreffende Aussagen mit einer (1),
nicht zutreffende Aussagen mit einer (9).

a. Die Summe der Bruttoproduktionswerte aller Wirtschaftsbereiche ergibt das Bruttoinlandsprodukt. ☐

b. Der Bruttoproduktionswert eines Unternehmens abzüglich der Vorleistungen ergibt die unbereinigte Bruttowertschöpfung. ☐

c. Das Bruttonationaleinkommen zu Marktpreisen abzüglich der Abschreibungen ergibt das Nettonationaleinkommen zu Marktpreisen. ☐

d. Pacht, Miete und Zinsen zählen zu den Unternehmer- und Vermögenseinkommen. ☐

e. Der Unternehmergewinn ist die Differenz zwischen den Verkaufserlösen und den Faktorkosten für die eingesetzten Produktionsfaktoren. ☐

f. Im Rahmen der Verteilungsrechnung wird nach dem Faktoreinkommen deutscher Bundesbürger unterschieden. ☐

2 Welche der unten stehenden Wertgrößen ist das Ergebnis der folgenden Berechnung? ☐

private Konsumausgaben
\+ Konsumausgaben des Staates
\+ Bruttoinvestitionen
\+ Außenbeitrag

(1) Bruttonationaleinkommen

(2) Nettonationaleinkommen

(3) Bruttoinlandsprodukt

(4) Volkseinkommen

3 Welche Größen eines Wirtschaftssektors müssen addiert werden, um die Wertschöpfung in diesem Sektor zu ermitteln? ☐

(1) Vorleistungen

(2) Einkommen

(3) Bruttoproduktionswerte

(4) Abschreibung

(5) Bruttoinvestitionen

4 Welche der folgenden Einkommensarten kann Bestandteile aus allen drei Produktionsfaktoren enthalten? ☐

(1) Einkommen aus nicht selbstständiger Arbeit

(2) Einkommen aus Unternehmertätigkeit

(3) Einkommen aus Besitz

(4) Resteinkommen

5 Kennzeichnen Sie unten stehende Aussagen mit

(1), wenn diese zutrifft,
(9), wenn diese nicht zutrifft.

a. Das Volkseinkommen entspricht der Summe aller Bruttoproduktionswerte. ☐

b. Der Saldo der Primäreinkommen aus der übrigen Welt stellt die Erwerbs- und Vermögenseinkünfte aus dem Ausland und diejenigen, die an das Ausland bezahlt wurden, gegenüber. ☐

c. Nettoproduktionsabgaben stellen die Differenz zwischen den Produktions- und Importabgaben und den güterabhängigen Subventionen dar. ☐

d. Der Außenbeitrag ist die Summe aller Entwicklungshilfezahlungen in einer Wirtschaftsperiode. ☐

6 In einer Volkswirtschaft ist das nominale Bruttoinlandsprodukt von 4 000 Mio. Geldeinheiten (GE) im Jahr 01 auf 4 620 Mio. GE im Jahr 02 gestiegen. Die Preissteigerungsrate betrug in diesem Zeitraum 10 %.

Ermitteln Sie, …

a. … um wie viel Mio. GE das Bruttoinlandsprodukt real gestiegen ist. ☐

b. … auf wie viel Prozent sich die Steigerungsrate des realen Bruttoinlandsprodukts beläuft. ☐

7 Kennzeichnen Sie unten stehende Gleichsetzungen mit einer

(1), wenn diese zutreffen,
(9), wenn diese nicht zutreffen.

a. Volkseinkommen = Nettoinlandsprodukt zu Herstellungspreisen + Saldo der Primäreinkommen aus der übrigen Welt ☐

b. Bruttoinlandsprodukt = Summe der Umsätze aller Unternehmen eines Landes ☐

c. Nettoinlandsprodukt zu Marktpreisen = Bruttoinlandsprodukt – Abschreibungen einer Periode ☐

d. Bruttonationaleinkommen = Nettonationaleinkommen + Abschreibungen ☐

e. Bruttoproduktionswert der Volkswirtschaft = Leistungen aller Betriebe in einer Periode ☐

f. Bruttonationaleinkommen = Bruttoinlandsprodukt + Saldo der Primäreinkommen aus der übrigen Welt ☐

Was ist unter dem Begriff „Wirtschaftspolitik" zu verstehen? Wer sind die Träger der Wirtschaftspolitik?

Begriff	Die Wirtschaftspolitik ist die Gesamtheit aller Aktivitäten und Maßnahmen zur Gestaltung, Beeinflussung und Stabilisierung eines Wirtschaftsprozesses unter Berücksichtigung der allgemeinen politischen Ziele.	
	Ordnungspolitik	Die Ordnungspolitik befasst sich mit den wirtschaftlichen und rechtlichen Rahmenbedingungen für das wirtschaftliche Handeln der einzelnen Wirtschaftssubjekte. Damit ist die Gestaltung der Wirtschaftsordnung gemeint.
	Konjunkturpolitik	Die Konjunkturpolitik befasst sich mit den Maßnahmen, die ergriffen werden müssen, um bei bestimmten Problemsituationen (z. B. Inflation, Arbeitslosigkeit, Rezession) steuernd in den Wirtschaftsprozess einzugreifen.
Träger der Wirtschaftspolitik	Die Träger der Wirtschaftspolitik formulieren die Ziele, fällen die notwendigen Entscheidungen und legen damit die Maßnahmen fest, um die wirtschaftspolitischen Ziele zu erreichen.	
	Regierungen	Wirtschaftspolitik wird getragen von den Regierungen des Bundes und der Länder mit den jeweils für die Wirtschaftspolitik verantwortlichen Ministerien für Wirtschaft, Finanzen, Arbeit und Soziales sowie Verwaltungen der Kommunen. Daneben wirken Entscheidungen der Europäischen Kommission unmittelbar auf die nationale Wirtschaftspolitik ein.
	EZB, Deutsche Bundesbank	Die Europäische Zentralbank (EZB) ist für die Geld- und Währungspolitik im Europäischen Wirtschafts- und Währungssystem (EWWS) zuständig. Sie wirkt jedoch darüber hinaus auch durch Stellungnahmen und Analysen auf das aktuelle Wirtschaftsgeschehen ein. Bei ihrer Aufgabe wird sie von den nationalen Notenbanken, in Deutschland von der Deutschen Bundesbank, unterstützt.
	Parlamente	Im Rahmen der Legislative sind die Parlamente des Bundes, der Länder und der Kreise sowie die Gemeinderäte Träger der Wirtschaftspolitik. Dies gilt dann, wenn Gesetze oder Verordnungen zu beschließen sind.

Was sind die Ziele der Wirtschaftspolitik? Erklären Sie in diesem Zusammenhang den Begriff „Globalsteuerung".

Globalsteuerung der Wirtschaft

Die Globalsteuerung strebt ein **gesamtwirtschaftliches Gleichgewicht** in der deutschen Volkswirtschaft an. Die Träger der Wirtschaftspolitik haben sich dabei nach dem *„Gesetz zur Förderung der Stabilität und des Wachstums der Wirtschaft"* zu richten: *„Bund und Länder haben bei ihren wirtschafts- und finanzpolitischen Maßnahmen die Erfordernisse des gesamtwirtschaftlichen Gleichgewichts zu beachten." (§ 1)*

Stabilität des Preisniveaus:

Das Preisniveau in einer Volkswirtschaft bleibt stabil, wenn sich der Durchschnitt aller Preise in einer Periode nicht verändert.
Zielvorgabe: Die Stabilität der Preise gilt bereits als erreicht, wenn das Preisniveau um nicht mehr als 2 % ansteigt.

Hoher Beschäftigungsstand:

Er gilt als erreicht, wenn fast jeder, der für eine Tätigkeit geeignet ist, eine entsprechende Beschäftigung zu einem angemessenen Lohn findet.
Zielvorgabe: Es wird davon ausgegangen, dass die Vollbeschäftigung bei einer Arbeitslosenquote von 2 % realisiert ist.

Die Ziele unterstützen sich zum Teil gegenseitig (Vereinbarkeit der Ziele, z. B. hoher Beschäftigungsstand und Wirtschaftswachstum) und verhalten sich zum Teil konkurrierend zueinander (Zielkonflikt, z. B. hoher Beschäftigungsstand und Stabilität des Preisniveaus).
Es ist in jedem Fall unmöglich, alle Ziele gleichzeitig zu verwirklichen. Aus diesen Gründen spricht man bei den Zielen des Stabilitätsgesetzes von einem **„magischen Viereck"**. Ein oder zwei Ziele haben deshalb zumeist Vorrang (Priorität) vor den anderen.

Außenwirtschaftliches Gleichgewicht:

Das außenwirtschaftliche Gleichgewicht ist erreicht, wenn der Außenbeitrag gerade so hoch ist, dass er die binnenwirtschaftliche Lage nicht stört bzw. ihr positive Impulse gibt.
Zielvorgabe: Als Beitrag zum gesamtwirtschaftlichen Gleichgewicht wird ein Außenbeitrag angesehen, der 1 bis 2 % des BSP zu Marktpreisen nicht überschreitet.

Angemessenes Wirtschaftswachstum:

Dieses Ziel ist erreicht, wenn das Bruttosozialprodukt stetig ansteigt und damit auch der Wohlstand der Bevölkerung.
Zielvorgabe: In der Vergangenheit wurde von der Bundesregierung eine Wachstumsrate von 4 % als angemessen angesehen.

Neben den gesetzlich fixierten Zielen haben sich in der politischen Diskussion weitere Ziele entwickelt. Dazu zählen
- ein **ökologisches Gleichgewicht** zur Sicherung unserer Lebensräume;
- ein **qualitatives Wachstum**, das Aspekte der Lebensqualität beachten soll;
- eine **gerechtere Einkommens- und Vermögensverteilung**, die die Zuwächse des Wohlstandes möglichst gerecht unter den Wirtschaftssubjekten aufteilt.

1 Prüfen Sie die folgenden Aussagen.

Kennzeichnen Sie

zutreffende Aussagen mit einer (1),
nicht zutreffende Aussagen mit einer (9).

a. Ein außenwirtschaftliches Gleichgewicht liegt vor, wenn die Exporte mindestens genauso hoch sind wie die Importe. ☐

b. Ein positiver Außenbeitrag ergibt sich dann, wenn ein Netto-Güterexport vorliegt. ☐

c. Die Stabilität des Preisniveaus gilt als erreicht, wenn der Geldwert einer Volkswirtschaft sich in der betreffenden Periode nicht verändert hat. ☐

d. Bei einem negativen Außenbeitrag hat die Volkswirtschaft mehr Güter exportiert als importiert. ☐

e. Eine Arbeitslosenquote von 0 % ist aufgrund der friktionellen Arbeitslosigkeit praktisch nicht realisierbar. ☐

2 Welche der folgenden Erklärungen treffen auf den Begriff „Ordnungspolitik" zu? ☐ ☐

(1) Damit sind alle Maßnahmen zur Ordnung der Währung eines Landes gemeint.

(2) Ordnungspolitik umfasst die Ziele und Maßnahmen zur Ordnung der Finanzen eines Staates.

(3) Hierbei geht es um die Gestaltung der wirtschaftlichen und rechtlichen Rahmenbedingungen der Wirtschaftssubjekte eines Landes.

(4) Damit sind alle politischen Maßnahmen im Rahmen der Raumordnung eines Landes gemeint.

(5) Es geht hierbei um die Gestaltung der Wirtschaftsverfassung.

3 Welche der folgenden Aussagen treffen auf den Begriff „Globalsteuerung" zu? ☐ ☐

(1) Sie ist die Summe aller nicht-marktkonformen Eingriffe des Staates in die Wirtschaft.

(2) Es handelt sich dabei um alle Maßnahmen zur Veränderung der gesamtwirtschaftlichen Entwicklung.

(3) Es handelt sich dabei um die Summe der fiskalpolitischen Maßnahmen eines Staates.

(4) Damit sind dirigistische Eingriffe des Staates in das gesamtwirtschaftliche Geschehen gemeint.

(5) Durch die Globalsteuerung wird ein gesamtwirtschaftliches Gleichgewicht angestrebt.

4 Welche der folgenden Maßnahmen eines Staates eignen sich zur marktkonformen Förderung der Stabilität und des Wachstums der Wirtschaft eines Landes? ☐ ☐

(1) Lohnstopp

(2) Preisstopp

(3) Steuererleichterungen

(4) Mindestpreise

(5) Investitionsförderung

5 Ordnen Sie den unten stehenden Zielen zu, ob es sich dabei um

(1) Ziele der Wirtschaftspolitik nach dem Stabilitätsgesetz,
(2) zusätzliche Ziele der Wirtschaftspolitik aufgrund bestimmter Erkenntnisse und Notwendigkeiten

handelt.

Tragen Sie eine (9) ein, wenn es sich nicht um wirtschaftspolitische Ziele handelt.

a. Stabilität des Preisniveaus ☐

b. Senkung der Wirtschaftskriminalität ☐

c. Angemessenes Wirtschaftswachstum ☐

d. Ökologisches Gleichgewicht ☐

e. Gerechte Vermögensverteilung ☐

f. Hoher Bildungsstand breiter Bevölkerungsschichten ☐

g. Hoher Beschäftigungsstand ☐

h. Qualitatives Wachstum ☐

i. Außenwirtschaftliches Gleichgewicht ☐

6 Welche der folgenden Aussagen trifft nicht zu? ☐

Tragen Sie eine (4) ein, wenn alle Aussagen zutreffen.

(1) Das Preisniveau in einer Volkswirtschaft bleibt stabil, wenn der Durchschnitt aller Preise in einer Periode sich nicht verändert.

(2) Ein außenwirtschaftliches Gleichgewicht ist dann erreicht, wenn der Außenbeitrag gerade so hoch ist, dass er die binnenwirtschaftliche Lage nicht stört bzw. ihr nach Möglichkeit sogar positive Impulse gibt.

(3) Ein Wachstum der Wirtschaft liegt immer dann vor, wenn pro Kopf der Bevölkerung das Angebot an Waren und Dienstleistungen gegenüber der Vorperiode steigt.

7 Welche der unten stehenden Aussagen zum „magischen Viereck" trifft zu? ☐

Tragen Sie eine (9) ein, wenn alle Aussagen nicht zutreffen.

(1) An der Wirtschaftspolitik sind drei Bundesministerien (Wirtschaft, Finanzen, Arbeit und Soziales) und die EZB beteiligt. Diese vier wirtschaftspolitischen Instanzen werden als magisches Viereck bezeichnet.

(2) Es ist unmöglich, alle wirtschaftspolitischen Ziele gleichzeitig zu verwirklichen. Aus diesen Gründen spricht man bei den Zielen des Stabilitätsgesetzes von einem magischen Viereck.

(3) Inflation, Deflation, Unterbeschäftigung und Überbeschäftigung bilden als Problemfelder das magische Viereck der Wirtschaftspolitik.

(4) Das magische Viereck ist eine ständige Konferenz zur schnellen Abstimmung zwischen Bundeskanzler, Bundesfinanzminister, Bundeswirtschaftsminister sowie der EZB über alle Fragen der Wirtschaftspolitik.

Welche Bedeutung hat der Geldwert in einer Volkswirtschaft?	
Geldwert und **Kaufkraft**	Der Geldwert ist die für eine Geldeinheit käufliche Gütermenge. Der Geldwert drückt die Kaufkraft und damit den realen Wert im Gegensatz zu dem aufgedruckten (nominellen) Wert des Geldes aus. Die Geldwertstabilität ist gesichert, wenn mit einem bestimmten Geldbetrag am Ende eines Jahres die gleiche Menge an Gütern gekauft werden kann wie am Anfang des Jahres.
Geldwert und **Preisniveau**	Der Geldwert einer Volkswirtschaft verhält sich zum Preisniveau umgekehrt proportional. ▷ Steigt das Preisniveau, so sinkt der Geldwert. ▷ Sinkt das Preisniveau, so steigt der Geldwert.
Geldwert und **Gütermenge**	Der Geldwert und seine Veränderungen hängen von zwei Faktoren ab: ▷ Geldseite: Sie wird bestimmt durch die Menge des Geldes (G), das vorhanden ist, und der Umlaufgeschwindigkeit, mit der dieses Geld in einer Periode umgewälzt wird (U). ▷ Güterseite: Sie wird bestimmt durch die Menge der gehandelten Güter (H) multipliziert mit den durchschnittlichen Preisen (P). Die Verkehrsgleichung zu diesem Zusammenhang lautet: $G \cdot U = H \cdot P$. Das Preisniveau (und damit auch die Kaufkraft) ist von drei Faktoren abhängig: der vorhandenen Geldmenge, der Umlaufgeschwindigkeit und dem vorhandenen Angebot an Gütern.
Messung des Geldwertes	Das Statistische Bundesamt registriert jährlich die Preissteigerungen der einzelnen Güter und Gütergruppen. Daraus wird unter Anwendung von sogenannten „Warenkörben“ ein Preisindex gebildet. Der Warenkorb enthält eine typische Güterkombination dieser Haushalte.

Beschreiben Sie die Inflation. Nennen Sie Arten, Ursachen und Folgen.	
Begriff	Unter einer Inflation sind anhaltende Preissteigerungen verschiedener oder aller Güter einer Volkswirtschaft und damit eine nachhaltige Senkung der Kaufkraft zu verstehen.
Arten	▷ Unterscheidung nach der Erkennbarkeit: – **Offene Inflation:** Die Preissteigerungen sind für jeden erkennbar. – **Verdeckte Inflation:** Die Preissteigerungen sind durch staatliche Höchstpreise nicht unmittelbar erkennbar (zurückgestaute Inflation). ▷ Unterscheidung nach dem Umfang der Preissteigerungen: – **Schleichende Inflation:** Die Preissteigerungen halten sich in Grenzen. – **Trabende/galoppierende Inflation:** Die Preissteigerungen nehmen ein bedrohliches Ausmaß an (über 10 %).
Mögliche Ursachen	▷ Die Nachfrage von Haushalten, Unternehmern und Staat nimmt stark zu (inflatorische Lücke). ▷ Die Unternehmer geben Preissteigerungen bei den Produktionsfaktoren an die Konsumenten weiter (Kosteninflation). ▷ Überhöhte Ansprüche der Wirtschaftssubjekte lösen die Inflation aus. ▷ Das Geldvolumen wird stark ausgeweitet und ist größer als die Gütermenge.
Folgen	▷ Benachteiligt werden durch eine Inflation die Bezieher fester Einkommen, die Gläubiger von langfristigen Krediten und die Sparer. Es kommt zu einer Flucht in die Sachwerte. ▷ Begünstigt werden die Schuldner langfristiger Schulden, der Staat durch steigende Steuereinnahmen und in seiner Eigenschaft als Schuldner.

Was ist unter einer Deflation zu verstehen? Nennen Sie Arten, Ursachen und Folgen.	
Begriff	Als Deflation bezeichnet man die anhaltende Senkung der Preise eines Teiles oder aller angebotenen Güter einer Volkswirtschaft.
Arten	▷ Eine **offene Deflation** liegt vor, wenn die Preise sich für jeden sichtbar verringern. ▷ Eine **verdeckte Deflation** liegt vor, wenn bei gleichbleibenden Preisen die Qualität und andere wertsteigernde Faktoren verbessert werden.
Mögliche Ursachen	▷ Die Gesamtnachfrage durch Haushalte und Staat lässt nach, die Kapazitätsauslastung der Unternehmen sinkt. ▷ Die Unternehmer senken aufgrund starker Konkurrenz oder Sättigung des Marktes die Preise. ▷ Die Geldmenge ist wesentlich niedriger als das Handelsvolumen.
Folgen	▷ Benachteiligt sind die Schuldner langfristiger Schulden und der Staat. ▷ Begünstigt sind die Bezieher fester Einkommen, die Gläubiger und die Geldanleger. ▷ Zumeist ist die Deflation mit einem starken Beschäftigungsabbau verbunden, da die Unternehmer aufgrund der nachlassenden Nachfrage ihre Produktion drastisch drosseln müssen.

1 Stellen Sie bei den unten stehenden Ursachen volkswirtschaftlicher Ungleichgewichte fest, ob es sich dabei um Ursachen einer

(1) Inflation,
(2) Deflation

handelt.

Tragen Sie eine (9) ein, wenn eine Zuordnung nicht sinnvoll ist.

a. Die Geldmenge ist wesentlich niedriger als das Handelsvolumen in der Volkswirtschaft. ☐
b. Die Nachfrage nach Gütern steigt schneller als das Güterangebot. ☐
c. Auf den Gütermärkten herrscht eine starke Konkurrenz und die Märkte sind gesättigt. ☐
d. Die Unternehmer geben höhere Preise für die Produktionsfaktoren an die Verbraucher weiter. ☐
e. Überhöhte Ansprüche von Unternehmern, Gewerkschaften und Staat wirken sich aus. ☐
f. Die Geldmenge nimmt stärker zu als die Gütermenge. ☐
g. Die Bundesregierung kündigt einkommensabhängige Steuererhöhungen für die oberen Einkommensklassen an. ☐
h. Die Gesamtnachfrage durch Haushalte und Staat lässt stark nach, die Kapazitätsauslastung der Unternehmen sinkt, es kommt zu Einschränkungen der Produktion und zu Entlassungen. ☐

2 Kennzeichnen Sie unten stehende Aussagen mit

(1), wenn diese zutreffen,
(9), wenn diese nicht zutreffen.

a. Unter Inflation sind anhaltende Preissteigerungen verschiedener oder aller Güter und damit eine nachhaltige Senkung der Kaufkraft zu verstehen. ☐
b. Bei einer verdeckten Inflation ist die Inflation durch staatliche Höchstpreise verdeckt. ☐
c. Als Deflation bezeichnet man die anhaltende Senkung der Preise eines Teiles oder aller angebotenen Güter einer Volkswirtschaft, zumeist in Verbindung mit Massenentlassungen und Betriebsstilllegungen. ☐
d. Sofern Preise und Löhne nicht nach oben beweglich sind, kommt es aufgrund unterausgelasteter Produktionskapazitäten zu Massenentlassungen und Betriebsstilllegungen. Man spricht dann von einer schleichenden Inflation. ☐
e. Bei einer offenen Deflation kommt es zu drastischen Preissenkungen mit gesamtwirtschaftlichen Lohnsenkungstendenzen. ☐
f. Ein hoher Beschäftigungsgrad in einer Volkswirtschaft gilt als erreicht, wenn jeder, der für eine Tätigkeit ausgebildet ist, auch eine entsprechende Beschäftigung findet. ☐

3 Welche der folgenden Faktoren beeinflussen nicht direkt das Preisniveau einer Volkswirtschaft? ☐ ☐

(1) Geldmenge
(2) Zinsniveau
(3) Umlaufgeschwindigkeit des Geldes
(4) Nettokreditaufnahme des Staates
(5) vorhandenes Angebot an Gütern

4 Welche der folgenden Aussagen über das Verhältnis von Preisniveau und Geldwert ist richtig? ☐

(1) Preisniveau und Geldwert haben überhaupt nichts miteinander zu tun.
(2) Preisniveau und Geldwert verhalten sich proportional.
(3) Preisniveau und Geldwert verhalten sich umgekehrt proportional.
(4) Preisniveau und Geldwert entwickeln sich unabhängig voneinander.
(5) Wenn das Preisniveau steigt, dann steigt auch der Geldwert.

5 Angenommen, das Preisniveau in einer Volkswirtschaft steigt über einen bestimmten Zeitraum um 25 %. Wie viel Prozent beträgt in diesem Zeitraum der Kaufkraftschwund? ☐

(1) 25 %
(2) 20 %
(3) 17,5 %
(4) 15 %
(5) 12,5 %

6 Prüfen Sie die folgenden Aussagen.

Kennzeichnen Sie

zutreffende Aussagen mit einer (1),
nicht zutreffende Aussagen mit einer (9).

a. Der Geldwert ist die für eine Geldeinheit käufliche Gütermenge. Steigt das Preisniveau, so sinkt der Geldwert. ☐
b. Die Veränderungen der Preise für alle Güter werden vom Bundesministerium für Wirtschaft erfasst und monatlich veröffentlicht. ☐
c. Die EZB ist für die Messung des Geldwertes zuständig. ☐

7 Welche der folgenden Aussagen treffen zu, wenn trotz gestiegener Nominaleinkommen die Reallöhne der Arbeitnehmerhaushalte in einem Jahr gesunken sind? ☐ ☐

(1) In diesem Jahr bestand ein stabiles Preisniveau.
(2) Die Haushalte mussten einen Kaufkraftschwund hinnehmen.
(3) Der Lebensstandard der Haushalte ist gestiegen.
(4) Das Preisniveau ist gesunken.
(5) Die Preissteigerungen dieses Jahres übertrafen die Nominallohnerhöhungen.

Beschreiben Sie das Phänomen wirtschaftlicher Schwankungen. Erläutern Sie Arten von Schwankungen.

Entstehung und Verbrauch des Bruttosozialproduktes erfolgen nicht stets gleichmäßig, sondern vollziehen sich ungleichmäßig. Es kommt deshalb zu Schwankungen der wirtschaftlichen Aktivitäten in einer Volkswirtschaft. Die Schwankungen werden jeweils ausgedrückt in unterschiedlichen Wachstumsraten pro beobachtetem Zeitraum.

Saisonale Schwankungen	Saisonale Schwankungen sind kurzfristige Ausschläge der Wirtschaftsentwicklung. Sie können sich in bestimmten Branchen (z. B. Bauwirtschaft, Landwirtschaft) und Zeiten (z. B. Vorweihnachtszeit) ergeben.
Konjunkturelle Schwankungen	Die konjunkturelle Schwankung ist eine sich über mehrere Jahre zumeist mittelfristig vollziehende Wellenbewegung des Wachstums einer Volkswirtschaft.
Langfristiger Wachstumstrend	Der langfristige Wachstumstrend bezeichnet die langfristige Tendenz des Wachstums einer Volkswirtschaft. Zwar sind die jährlichen Wachstumsraten unterschiedlich hoch, manchmal sogar sinkend. In westlichen Industriegesellschaften lässt sich im Durchschnitt der letzten 40 Jahre ein steigender Wachstumstrend beobachten.

Erläutern Sie den Begriff „Konjunkturzyklus".

Der Konjunkturzyklus ist die Bezeichnung für den Zeitabschnitt einer zyklischen mittelfristigen Wellenbewegung des Wachstums der Volkswirtschaft. In der Regel werden Zyklen mit einer Länge von 3 bis 10 Jahren beobachtet.
Diese mittelfristigen Zyklen stehen im Vordergrund des Interesses der Konjunkturforscher und -politiker. Daneben werden von einigen Konjunkturforschern auch noch langfristige Konjunkturzyklen der Weltkonjunktur beobachtet (50–60 Jahre), an deren Beginn zumeist die Erfindung von wichtigen Technologien stand, z. B. Dampfmaschine, Auto, Elektrik, Mikroelektronik.

Beschreiben Sie die einzelnen Phasen eines Konjunkturzyklus.

Jede konjunkturelle Wellenbewegung verläuft zumeist in 4 Phasen. Darunter sind markante Abschnitte des Konjunkturzyklus zu verstehen, die durch gesamtwirtschaftliche Daten beschrieben werden können.

Konjunkturphase / Daten	**Aufschwung (Expansion)**	**Hochkonjunktur (Boom)**	**Abschwung (Rezession)**	**Tiefstand (Depression)**
Produktion	steigende Kapazitätsauslastung	Vollauslastung der Kapazitäten	abnehmende Kapazitätsauslastung	nicht ausgelastete Kapazitäten (Stilllegungen)
Beschäftigung	Zunahme der Arbeitsplätze	hoher Beschäftigungsgrad (Überstunden)	abnehmende Beschäftigung (Kurzarbeit)	hohe Arbeitslosigkeit (Massenentlassungen)
Absatz	steigender Absatz	hoher Absatz, Lieferfristen	abnehmende Absatzzahlen	Absatzstau, hohe Lagerbestände
Investitionsneigung	zunehmende private Investitionen	Höchststand der Investitionen	abnehmende private Investitionen	Stillstand privater Investitionen
Einkommen	steigendes Volkseinkommen	hohes Volkseinkommen	sinkende Gewinne und Lohnsumme	niedrige Gewinne und Löhne
Preisentwicklung	geringe Preissteigerungen	hohes Preisniveau	abnehmende Preise	niedriges Preisniveau
Sparneigung	abnehmende Sparneigung	niedrige Sparneigung	zunehmende Sparneigung	hohe Sparneigung
Zinsniveau	leicht steigende Zinssätze	hohes Zinsniveau	sinkende Zinsen	niedriges Zinsniveau
Steueraufkommen	Zunahme von Besitz- und Verkehrssteuern	hohes Aufkommen an Besitz- und Verkehrssteuern	Abnahme des Steueraufkommens durch sinkende Gewinne	niedriges Aufkommen an Besitz- und Verkehrssteuern

1 Welche der folgenden Aussagen trifft auf den Begriff „konjunkturelle Schwankung“ zu? ☐

Tragen Sie eine (9) ein, wenn keine der Aussagen zutrifft.

(1) Es handelt sich hier um kurzfristige Ausschläge der Wirtschaftsentwicklung aufgrund zeitlicher und branchenspezifischer Probleme.

(2) Die Schwankung ist eine sich über mehrere Jahre zumeist mittelfristig vollziehende Wellenbewegung des Wachstums einer Volkswirtschaft.

(3) Damit ist die langfristige Tendenz des Wachstums einer Volkswirtschaft gemeint.

(4) Mit einer konjunkturellen Schwankung wird die Schwankung einer gesamten Branche bezeichnet, z. B. in der Möbelbranche.

(5) Die konjunkturelle Schwankung ist gleichzusetzen mit dem Produktlebenszyklus eines Produktes.

2 Welche der folgenden Aussagen zu dem Begriff „Konjunkturzyklus“ sind

(1) zutreffend,
(9) nicht zutreffend?

a. Jede konjunkturelle Wellenbewegung läuft zumeist in sechs Phasen ab. ☐

b. Der Konjunkturzyklus ist die Bezeichnung für den Zeitabschnitt einer zyklischen mittelfristigen Wellenbewegung des Wachstums der Volkswirtschaft. ☐

c. Konjunkturzyklen haben in der Regel eine Länge von 10 bis 30 Jahren. ☐

d. Neben den mittelfristigen Zyklen werden von den Konjunkturforschern auch noch extrem kurzfristige Konjunkturzyklen mit einer Dauer von vier bis acht Monaten beobachtet. ☐

e. Als langfristige Konjunkturzyklen der Weltkonjunktur werden solche Wellenbewegungen bezeichnet, die 50 bis 60 Jahre dauern und an deren Beginn zumeist die Erfindung von wichtigen Technologien stand, z. B. Dampfmaschine, Mikroelektronik. ☐

3 Untersuchen Sie die folgenden Gleichsetzungen.

Kennzeichnen Sie diese mit einer

(1), wenn sie zutreffen,
(9), wenn sie nicht zutreffen.

a. Abschwung = Rezession ☐

b. Hochkonjunktur = Boom ☐

c. Rezession = Tiefstand ☐

d. Boom = Aufschwung ☐

e. Aufschwung = Expansion ☐

f. Depression = Tiefstand ☐

g. Hochkonjunktur = beginnt nach dem unteren Wendepunkt ☐

h. Abschwung = beginnt nach dem oberen Wendepunkt ☐

4 Konjunkturelle Schwankungen werden anhand von Konjunkturindikatoren gemessen. Welche der unten stehenden Indikatoren

(1) eignen sich als Indikatoren für die Beschreibung eines Konjunkturzyklus,
(9) eignen sich nicht als Indikatoren?

a. Zinsniveau ☐

b. Produktion ☐

c. Beschäftigung ☐

d. Entwicklung neuer Produkte ☐

e. Sparneigung ☐

f. Bevölkerungsentwicklung ☐

g. Einkommen ☐

h. Preisentwicklung ☐

i. Anzahl neu bezogener Wohnungen ☐

j. Investitionsneigung ☐

5 Welcher der folgenden Indikatoren beschreibt nicht die Situation in einer Rezession? ☐

Tragen Sie eine (8) ein, wenn alle Indikatoren für eine Rezession sprechen.

(1) Abnehmende Beschäftigung

(2) Abnehmende Absatzzahlen

(3) Abnehmende private Investitionen

(4) Abnehmende Sparneigung

(5) Sinkende Zinsen

(6) Abnehmende Kapazitätsauslastung

(7) Sinkende Preise

6 Prüfen Sie, welche konjunkturelle Situationen durch die unten stehenden Konjunkturindikatoren beschrieben werden.

Setzen Sie eine

(1) für einen Aufschwung,
(2) für eine Hochkonjunktur,
(3) für einen Abschwung,
(4) für einen Tiefstand

ein.

a. Nicht ausgelastete Kapazitäten (Betriebsstilllegungen) ☐

b. Absatzstau (hohe Lagerbestände) ☐

c. Hohes Zinsniveau ☐

d. Abnehmende Sparneigung ☐

e. Sinkende Zinsen ☐

f. Zunahme der Arbeitsplätze ☐

g. Vollauslastung der Kapazitäten ☐

h. Stillstand privater Investitionen ☐

i. Niedriges Zinsniveau ☐

j. Abnehmende Beschäftigung (Kurzarbeit) ☐

Beschreiben Sie die geldpolitischen Instrumente der Europäischen Zentralbank (EZB).

Begriff der Geldpolitik	Zur Geldpolitik gehören alle Maßnahmen, die der Steuerung der Geldmenge einer Volkswirtschaft dienen. Damit wird das Ziel der Geldwertstabilität verfolgt.
Ziele der Geldpolitik	Träger der Geldpolitik für die Mitglieder der europäischen Wirtschafts- und Währungsunion (EWWS) ist seit dem 01.01.1999 die Europäische Zentralbank (EZB) mit Sitz in Frankfurt. Sie ist an keinerlei Weisungen der einzelnen Regierungen der Mitgliedsländer gebunden. Die EZB ▷ legt die Geldpolitik der Gemeinschaft fest und führt sie aus, führt Devisengeschäfte durch und verwaltet die offiziellen Währungsreserven der teilnehmenden Mitgliedsstaaten, ▷ wickelt den Zahlungsverkehr im Bereich der EU und mit dem außereuropäischen Ausland ab.
Einwirkungsmöglichkeiten	▷ Die Zinspolitik der EZB verändert den Preis für das Geld, den Zins. Instrument hierzu ist die Veränderung der Leitzinsen. ▷ Die Liquiditätspolitik der EZB verändert das umlaufende Geldvolumen. Instrumente der Liquiditätspolitik sind die Mindestreservepolitik und die Offenmarktpolitik.
Geldpolitische Instrumente	▷ **Offenmarktgeschäfte:** Zu den Maßnahmen der Offenmarktpolitik gehören der An- und Verkauf von festverzinslichen Wertpapieren auf eigene Rechnung am offenen Markt. Durch Verkauf von festverzinslichen Wertpapieren oder Devisen entzieht die Zentralbank der Wirtschaft Geld (Geldvernichtung), durch Kauf von festverzinslichen Wertpapieren oder Devisen erweitert sie die Geldmenge (Geldschöpfung). Das Hauptrefinanzierungsinstrument der EZB stellen die **Wertpapierpensionsgeschäfte** dar. Hierbei nimmt die EZB festverzinsliche Wertpapiere von den Kreditinstituten als Pfand an mit der Bedingung, dass diese zu einem späteren Termin zu einem höheren Preis, d. h. mit Zinsaufschlag, ausgelöst werden. ▷ **Ständige Fazilitäten:** Den zugelassenen Kreditinstituten (Geschäftspartnern) wird die Möglichkeit gegeben, überschüssige Liquidität bei der Zentralbank über Nacht zu deponieren (Einlagefazilität) oder solche deponierten Gelder gegen Verpfändung von Sicherheiten in Anspruch zu nehmen (Spitzenrefinanzierungsfazilität). Diese Mittel werden dezentral von den nationalen Zentralbanken verwaltet. Der von der EZB festgelegte Zinssatz für die Einlagen bildet die Untergrenze des Tagesgeldsatzes. Der von der EZB festgelegte Zinssatz für die Inanspruchnahme dieser Mittel bildet die Obergrenze des Tagesgeldsatzes. ▷ **Mindestreservepolitik:** Die Geschäftsbanken müssen bestimmte Prozentsätze der Einlagen (z. B. Sparguthaben, Geschäftskontenguthaben) als Mindestreserve bei der EZB hinterlegen. – Erhöht die EZB die Mindestreservesätze, müssen die Geschäftsbanken mehr Geld bei der EZB abliefern. Das reduziert die Geldschöpfungsmöglichkeiten und die Geldmenge sinkt. – Senkt die EZB die Mindestreservesätze, verfügen die Geschäftsbanken wieder über mehr Geld und ihr Kreditspielraum wird größer, die Geldmenge steigt. ▷ **Leitzins:** Der Leitzins für den Euroraum ist der von der Europäischen Zentralbank (EZB) festgesetzte Zinssatz für die Abgabe von Zentralbankgeld. Früher wurden Diskont- und Lombardsatz (die alten Leitzinssätze) von der Deutschen Bundesbank festgelegt. Nachfolger ist der von der EZB festgelegte Hauptrefinanzierungssatz. Die Verantwortung für die Festlegung von Leitzinsen außerhalb des Euroraums obliegt i. d. R. der Notenbank des jeweiligen Landes.

Nennen und erklären Sie Möglichkeiten staatlicher Konjunkturpolitik.

Bei Übernachfrage, verbunden mit hohen Inflationsraten, werden **Maßnahmen zur Dämpfung der Konjunktur** eingeleitet.		Bei fehlender Auslastung der Kapazitäten mit hoher Arbeitslosigkeit werden **Maßnahmen zur Erhöhung der Nachfrage** veranlasst.
Der Staat kürzt seine Ausgaben und legt Einnahmen als Konjunkturausgleichsrücklage, z. B. bei der Deutschen Bundesbank, still. *Beispiel: Verschiebung des Baus einer neuen Autobahntrasse*	← Die **Ausgabenpolitik** wirkt durch Erhöhung und Verminderung der Staatsausgaben ausgleichend zur privaten Nachfrage. →	Der Staat erhöht seine Ausgaben durch Kreditaufnahme und Auflösung von Konjunkturausgleichsrücklagen. *Beispiel: Erneuerung der Kanalisation*
Die Steuersätze für die Einkommen- und Körperschaftsteuer werden für maximal ein Jahr um höchstens 10 % erhöht.	← Die **Einnahmenpolitik** schöpft private Kaufkraft ab und wirkt auf die private Nachfrage. →	Die Steuersätze für die Einkommen- und Körperschaftsteuer werden für längstens ein Jahr um höchstens 10 % gesenkt.
Die Nettokreditaufnahme wird gesenkt; der Staat zahlt Schulden in einem stärkeren Ausmaß zurück und diese Gelder werden nicht für Investitionen verwendet.	← Die **Haushaltspolitik** wirkt durch Einnahmen und Ausgaben stabilisierend auf die Gesamtnachfrage. →	Die Nettokreditaufnahme wird erhöht *(deficit spending)*. Die erhaltenen Gelder verwendet der Staat zur Belebung der gesamtwirtschaftlichen Nachfrage.
Die Abschreibungsmöglichkeiten werden verbessert. So kann z. B. die degressive Abschreibung ausgesetzt werden. Investitionen lohnen sich dann nicht mehr in dem gewünschten Ausmaß.	← Die **Investitionspolitik** soll durch Förderung oder Restriktion konjunkturgerechte Investitionsentscheidungen herbeiführen. →	Die Abschreibungsmöglichkeiten werden verbessert und zusätzlich werden Investitionszuschüsse von bis zu 7,5 % der Anschaffungs- oder Herstellungskosten gewährt.

1 Welche der folgenden Definitionen zum Begriff „Geldpolitik“ ist richtig? ☐

(1) Die Geldpolitik beinhaltet alle Maßnahmen der Geschäftsbanken zur Erhöhung ihrer Liquidität.

(2) Die Geldpolitik beinhaltet alle Maßnahmen zur Steuerung der Geldmenge mit dem Ziel, die Geldwertstabilität zu gewährleisten.

(3) Die Geldpolitik beinhaltet alle Maßnahmen der Bundesregierung zur Erhöhung ihrer Einnahmen.

(4) Die Geldpolitik ist die Summe aller Maßnahmen, mit der Großunternehmen die Finanzierung ihrer Vorhaben gewährleisten.

2 Welche der folgenden Institutionen ist verantwortlich für die Geldpolitik? ☐

(1) Deutscher Sparkassen- und Giroverband

(2) Bundesminister für Finanzen

(3) Bundesminister für Wirtschaft

(4) Europäische Zentralbank

(5) Verband der Raiffeisen- und Volksbanken

(6) Deutsche Bank

3 Welches der folgenden Ziele gehört nicht zu dem Zielsystem der Geldpolitik? ☐

Tragen Sie eine (5) ein, wenn alle genannten Ziele dazugehören.

(1) Die Geldpolitik hat die Sicherung der Geldwertstabilität im Inneren zum Ziel.

(2) Die Geldpolitik muss gewährleisten, dass alle Wirtschaftssubjekte (Haushalte und Unternehmen) mit ausreichender Liquidität ausgestattet sind.

(3) Die Geldpolitik hat die Währung der Volkswirtschaft nach außen zu schützen.

(4) Die Geldpolitik hat die Wirtschafts- und Stabilitätspolitik der Bundesregierung zu unterstützen.

4 Welche der unten stehenden Aussagen zu den Einwirkungsmöglichkeiten der Geldpolitik trifft nicht zu? ☐

Tragen Sie eine (5) ein, wenn alle Aussagen zutreffen.

(1) Die Zinspolitik der EZB verändert den Preis für das Geld, den Zins.

(2) Die Liquiditätspolitik der EZB verändert das umlaufende Geldvolumen.

(3) Instrument der Zinspolitik ist u. a. die Veränderung des Hauptfinanzierungszinssatzes.

(4) Instrument der Liquiditätspolitik ist u. a. die Mindestreservepolitik.

5 Ordnen Sie die folgenden Begriffe den unten stehenden geldpolitischen Maßnahmen zu.

(1) Leitzinspolitik
(2) Ständige Fazilitäten
(3) Mindestreservepolitik
(4) Offenmarktpolitik

Tragen Sie eine (9) ein, wenn eine Zuordnung nicht sinnvoll erscheint.

a. Die EZB kann am Wertpapiermarkt als Anbieter und Nachfrager bestimmter Wertpapiere auftreten. ☐

b. Die Geschäftsbanken müssen zur Sicherung ihrer eigenen Liquidität bestimmte Prozentsätze der Einlagen (z. B. Sparguthaben, Geschäftskontenguthaben) bei der EZB hinterlegen. ☐

c. Zu einem bestimmten Zinssatz können sich die Geschäftsbanken bei der EZB kurzfristig Geld gegen Beleihung von Wertpapieren beschaffen. ☐

d. Die Bundesregierung muss auf Weisung der EZB einen bestimmten Prozentsatz der Steuereinnahmen als Mindestreserve bei der Bundesbank anlegen. ☐

e. Die Geschäftsbanken können sich Geld beschaffen, indem sie überschüssige Liquiditäten anderer Geschäftsbanken, die bei der EZB deponiert sind, kurzfristig in Anspruch nehmen. ☐

6 Die geldpolitischen Instrumente der EZB haben je nach Ausprägung bestimmte Auswirkungen. Kennzeichnen Sie unten stehende Aussagen zu der Wirkungsweise des geldpolitischen Instrumentariums mit

(1), wenn diese zutreffend sind,
(9), wenn diese nicht zutreffend sind.

a. Erhöht die EZB den Leitzins, wird sich das gesamte Zinsniveau erhöhen. Die Kreditnachfrage müsste daraufhin sinken. ☐

b. Der von der EZB festgelegte Zinssatz für die Einlagenfazilität bildet im Allgemeinen die Obergrenze des Tagesgeldsatzes. ☐

c. Verkauft die EZB Wertpapiere, müssen diese von den Geschäftsbanken bezahlt werden. Diesem Sektor wird damit Geld entzogen, die Geldmenge wird verringert. ☐

7 Die EZB reduziert die Mindestreservesätze. Welche der folgenden Aussagen zu den Konsequenzen dieser Maßnahme zutrifft? ☐

(1) Die Geldmenge sinkt.

(2) Die Geldmenge steigt.

(3) Die Geldmenge bleibt gleich.

(4) Der Kreditspielraum wird kleiner.

(5) Der Nachfrage fehlt das nötige Geld.

<table>
<tr><th colspan="3">Zeigen Sie die konjunkturpolitischen Grenzen der Geldpolitik und der Fiskalpolitik auf.</th></tr>
<tr><td rowspan="3">Grenzen der Geldpolitik</td><td>Zinseffekte</td><td>Die Wirksamkeit der Zinspolitik ist davon abhängig, welche Bedeutung die Wirtschaftssubjekte dem Zins aktuell beimessen.
▷ Unternehmen machen ihre Investitionsentscheidungen eher von der langfristigen Gesamtrentabilität abhängig und weniger vom aktuellen Zinssatz.
▷ Für die Haushalte stellen Zinsen eine Belastung dar, wenn sie langlebige oder hochwertige Konsumgüter gegen Kredite kaufen. Sie werden deshalb bei gestiegenen Zinsen Kaufentscheidungen für nicht so dringend benötigte Güter zurückstellen.
▷ Für den Staat stellt die Zinslast zwar eine zunehmend bedenkliche Größe dar, jedoch reagieren die öffentlichen Körperschaften kaum auf Zinssteigerungen am Kapitalmarkt.
▷ Zinsänderungen können verspätet und damit genau in der Phase wirken, in der sie nicht mehr gewünscht sind (prozyklische Wirkung).
▷ Wird die Zinsdifferenz zwischen dem EWWS-Raum und dem restlichen Ausland zu groß, werden Personen aus Nicht-EU-Ländern aus Zinsgründen im EWWS-Raum ihr Geld in Euro anlegen. Das bewirkt einen Zuwachs in der Geldmenge, der von der EZB nicht gewollt ist.</td></tr>
<tr><td>Liquiditätseffekte</td><td>▷ Die Mindestreservepolitik ist mit ihrer restriktiven Wirkung auf die Geldmenge ein relativ schnell wirkendes Mittel in der Hochkonjunktur.
▷ Die Offenmarktpolitik ist in einer Rezession ein durchaus wirksames Mittel, wenn sie mit der Mindestreservepolitik sinnvoll kombiniert wird.</td></tr>
<tr><td>Notbremse Kreditrestriktion</td><td>Wenn alle Instrumente versagen, kann die EZB als „Notbremse“ zum schärfsten Mittel greifen, der Kreditrestriktion. Dabei werden den Geschäftsbanken Kredite und damit Geldschöpfungsmöglichkeiten verweigert und Kredite wieder zurückgerufen.</td></tr>
<tr><td>Grenzen der Fiskalpolitik</td><td colspan="2">▷ Alle Maßnahmen, die die Nachfrageseite stärken sollen, wirken erst mit einer Zeitverzögerung (engl.: time-lag). Werden die Maßnahmen nicht zeitlich exakt ergriffen, kann sich das prozyklisch auswirken und die bekämpfte Situation noch verstärken.
▷ Bei nicht richtiger Einschätzung der konjunkturellen Situation kann es zu Fehlern in der Dosierung der Maßnahmen kommen. Das Ergebnis ist eine Über- bzw. Untersteuerung der Konjunktur.
▷ Durch die hohe Staatsverschuldung hat der Anteil der jährlichen Ausgaben für den Kapitaldienst einen so hohen Anteil am Staatshaushalt angenommen, dass der Spielraum der Finanzpolitik stark eingeengt ist.</td></tr>
</table>

Beschreiben Sie die Wirkungsweise einer angebotsorientierten Konjunktur- und Wirtschaftspolitik.

Die Maßnahmen der antizyklischen Fiskalpolitik sind vorwiegend nachfrageorientiert. Dies wird kritisiert, weil Wachstum nur möglich sei durch ein entsprechendes Angebot.

Wirkungsweise der angebotsorientierten Wirtschaftspolitik

Aufgaben des Staates:

- ▷ Gestaltung eines Steuersystems, das die Belange der Unternehmen berücksichtigt:
  - großzügige Abschreibungsmöglichkeiten
  - Stärkung der Eigenkapitalbasis durch niedrige Besteuerung der einbehaltenen Gewinne
- ▷ Abbau der hohen Staatsverschuldung, weil dadurch der Kapitalmarkt zu stark belastet wird
- ▷ Abbau der hohen Staatsquote
- ▷ Fördermittel für Forschung und Entwicklung

Aufgaben der Tarifpartner:

- ▷ maßvolle Lohnabschlüsse, nicht über dem Produktivitätszuwachs der Branche
- ▷ zeitweise Tarifabschlüsse unter dem Produktivitätszuwachs der Branche
- ▷ Senkung der tarifbedingten Lohnnebenkosten, wie Urlaub, Zuschläge usw.

↓	↓	↓
Steigerung der Forschungsaktivitäten und des Know-hows der Unternehmen	Schaffung eines positiven Investitionsklimas mit guten Zukunftsaussichten für die Investoren	Entlastung der Kostenseite der Unternehmen; Stärkung der Erträge; Erhöhung der Gewinne
↓	↓	↓
Unternehmen entwickeln neue Produkte und Verfahren.	Unternehmen investieren zwecks Herstellung der neuen Produkte.	Die gestiegene Rentabilität lässt die Unternehmen mehr produzieren und anbieten.

Das Gesamtziel ist dann erreicht, wenn die Anzahl der Beschäftigten aufgrund der zunehmenden Investitionen steigt.

1 Prüfen Sie die folgenden Aussagen.
Kennzeichnen Sie

zutreffende Aussagen mit einer (1),
nicht zutreffende Aussagen mit einer (9).

a. Fiskalpolitische Maßnahmen zur Stärkung der Nachfrageseite wirken zumeist mit einem gewissen „time-lag". ☐

b. Der Spielraum für fiskalpolitische Maßnahmen ist umso größer, je höher der Grad der Staatsverschuldung ist. ☐

c. Deficit-spending bedeutet, dass der Staat sich nur in dem Maße verschuldet, wie dies konjunkturpolitisch notwendig und sinnvoll ist. ☐

d. Ursachen einer Über- oder Untersteuerung der Konjunktur sind zumeist in der falschen Dosierung der konjunkturpolitischen Maßnahmen zu suchen. ☐

e. Haushaltsdefizite sind besonders in einem Aufschwung konjunkturpolitisch sinnvoll. ☐

f. Die Chancen, mithilfe des deficit-spending Konjunkturpolitik zu betreiben, sind umso größer, je geringer die aktuelle Staatsverschuldung ist. ☐

2 Die EZB erhöht im Rahmen ihrer geldpolitischen Maßnahmen den Leitzinssatz. Welche der im Folgenden beschriebenen Reaktionen der Wirtschaftssubjekte trifft nicht zu? ☐

(1) Die öffentlichen Haushalte reagieren auf die angespannte Zinssituation eher unelastisch.

(2) Die Unternehmen machen ihre Investitionsentscheidungen vorrangig von der erwarteten langfristigen Rentabilität abhängig, deshalb werden sie nur schwach auf eine Zinssenkung reagieren.

(3) Für die Haushalte stellt der erhöhte Zins eine zu vernachlässigende Größe dar. Sie werden in unverändertem Umfang auf Kredite zur Finanzierung ihres privaten Konsums zurückgreifen.

(4) Für die öffentlichen Haushalte stellt der erhöhte Zins eine zusätzliche Belastung dar, da die Zinsen ebenfalls aus dem Haushalt bezahlt werden müssen. Das engt den finanzpolitischen Spielraum ein.

(5) Auf die Haushalte hat die Zinserhöhung eine doppelte Wirkung: Ihre Spareinlagen werden höher verzinst, die Konsumkredite werden verteuert. Beide Zinseffekte führen zu einer Senkung der Nachfrage.

3 Welche der folgenden Satzergänzungen treffen zu? ☐ ☐

„Die Monetaristen …

(1) … wollen den Einfluss des Staates bei der Konjunktursteuerung erhöhen."

(2) … fordern Vorrang der Fiskalpolitik vor der Geldpolitik."

(3) … wollen den Einfluss des Staates in der Wirtschaftspolitik zurückdrängen."

(4) … halten nichts von den Selbstheilungskräften des Marktes."

(5) … halten eine Anpassung der Geldmenge an das Wachstum des Sozialprodukts für sinnvoll."

4 Prüfen Sie die folgenden Aussagen zur angebotsorientierten Konjunktur- und Wirtschaftspolitik.

Kennzeichnen Sie

zutreffende Aussagen mit einer (1),
nicht zutreffende Aussagen mit einer (9).

a. Das Gesamtziel ist das gleiche wie bei der nachfrageorientierten Politik: die Schaffung neuer Arbeitsplätze. ☐

b. Es wird eine Steigerung der Forschungs- und Entwicklungstätigkeit der Unternehmen angestrebt. Die neuen Produkte sollen helfen, Arbeitsplätze zu schaffen. ☐

c. Durch eine Erhöhung der Staatsausgaben für Investitionen sollen neue Arbeitsplätze geschaffen werden. ☐

d. Die Unternehmen sollen auf der Kostenseite entlastet werden. Die damit einhergehende Erhöhung der Rentabilität reizt die Unternehmen, mehr zu investieren und somit neue Arbeitsplätze zu schaffen. ☐

e. Durch die Senkung der gewinnabhängigen Steuern soll die Eigenkapitalbasis der Unternehmen gestärkt werden. Das erleichtert ihnen die Finanzierung neuer Investitionen und damit die Schaffung neuer Arbeitsplätze. ☐

5 Welche der folgenden Forderungen zu der Lohnkostenentwicklung passen nicht in den Rahmen einer angebotsorientierten Wirtschaftspolitik? ☐ ☐

(1) Die Lohnabschlüsse sollen nicht höher sein als der Produktivitätszuwachs der einzelnen Branche.

(2) Die Zulagen zum Lohn, wie Urlaubs- und Weihnachtsgeld, müssen erhöht werden, damit die Mitarbeiter motivierter sind und mehr arbeiten.

(3) Sofern notwendig, müssen die Lohnabschlüsse zur Stärkung der Wettbewerbsfähigkeit der Branche zeitweise auch unter dem Produktivitätsfortschritt der Branche liegen.

(4) Die sozialen Sicherungssysteme für die Arbeitnehmer müssen unter Beteiligung der Arbeitgeber verbessert werden, damit der Standort Deutschland auch für die Arbeitnehmer attraktiv bleibt.

(5) Die tarifbedingten und staatlich bedingten Lohnnebenkosten müssen gesenkt werden, um den Standort Deutschland für Unternehmer attraktiv zu gestalten.

6 Handelt es sich bei den folgenden Maßnahmen des Staates eher um Maßnahmen der

(1) angebotsorientierten Wirtschaftspolitik,
(2) nachfrageorientierten Wirtschaftspolitik?

a. hohe Abschreibungsmöglichkeiten für die Unternehmen ☐

b. niedrige Besteuerung der Unternehmensgewinne ☐

c. Erhöhung der Staatsquote ☐

d. Streichung der Fördermittel für Forschung und Entwicklung ☐

e. Senkung der Staatsverschuldung ☐

f. Senkung der indirekten Steuern ☐

Geben Sie einen Überblick über die außenwirtschaftlichen Beziehungen der Bundesrepublik Deutschland.

Begriff	Außenwirtschaft beinhaltet die Gesamtheit aller wirtschaftlichen Beziehungen zwischen den Wirtschaftssubjekten im Inland und den Wirtschaftssubjekten im Ausland. ▷ Im **Außenhandel** werden Güter über die Grenzen eines Landes importiert (Einfuhr) oder exportiert (Ausfuhr). ▷ Im **Dienstleistungsverkehr** werden zwischen in- und ausländischen Wirtschaftssubjekten Dienstleistungen ausgetauscht (z. B. Tourismus, Transport, Lizenzen). ▷ Im **Kapitalverkehr** werden Kredite gewährt und Wertpapiere gehandelt. ▷ Im **Devisenverkehr** werden Zahlungen zwischen den Notenbanken der einzelnen Länder ausgetauscht. ▷ Im **Übertragungsverkehr** werden unentgeltliche Leistungen von einer in die andere Volkswirtschaft übertragen (z. B. Transferzahlungen von ausländischen Arbeitnehmern).
Ursachen des internationalen Handels	▷ Unterschiedliche klimatische Rahmenbedingungen führen zu Anbauschwerpunkten. ▷ Die Rohstoffvorkommen und Energievorräte sind ungleich über die Erde verteilt. ▷ Die einzelnen Länder der Erde haben verschiedene Wirtschaftsstrukturen und unterliegen unterschiedlichen technologischen Entwicklungen.
Hemmnisse für den internationalen Handel	▷ Schutz der heimischen Wirtschaft (Protektionismus) ▷ Bestrebung, vom Ausland wirtschaftlich unabhängig zu sein (Autarkiestreben) ▷ Wirtschaftssanktionen gegen ein Land (Boykott)
Träger der Außenwirtschaft	Träger der außenwirtschaftlichen Beziehungen sind ▷ die Außenhandelsunternehmen wie Importeure oder Exporteure, ▷ die Deutsche Bundesbank für den Devisenverkehr sowie die EZB, ▷ die Ministerien für Wirtschaft und Finanzen für die Überwachung des Außenhandels und die Erhebung von Zöllen, ▷ die zuständigen Stellen der Europäischen Union, ▷ Industrie- und Handelskammern als beratende Stellen, ▷ internationale Speditionen, Reedereien und Außenhandelskontore.
Bedeutung des Außenhandels	▷ **Exportabhängigkeit:** Die Exportquote betrug 2006 31 %. Das bedeutet, dass in der Bundesrepublik Deutschland fast jeder dritte Arbeitsplatz von der Ausfuhr in andere Länder abhängt. ▷ **Importabhängigkeit:** Die Importquote betrug 2006 25 %. Viele Rohstoffe, die hier nicht existieren, müssen eingeführt werden. Dazu zählen z. B. Erdöl, bestimmte Metalle und Nahrungsmittel. Aber auch viele technische Halbteile (z. B. Mikrochips) oder Fertigprodukte werden eingeführt.

Stellen Sie den Begriff, die Ziele und die Maßnahmen der Außenwirtschaftspolitik dar.

Argumente für ein vereintes Europa	Argumente gegen ein vereintes Europa
▷ höhere Wachstumsraten des Bruttoinlandsprodukts und positive Impulse für den Arbeitsmarkt durch einen gemeinsamen Markt ▷ Unangreifbarkeit und Stabilität der gemeinsamen Währung (EUR) ▷ günstige Herstellung der Produkte durch größere Märkte ▷ Kooperation von Unternehmen aus verschiedenen Ländern ▷ Verbesserung der europäischen Position auf dem Weltmarkt ▷ Ausgleich der Unterschiede zwischen armen und reichen Regionen ▷ Länder übergreifende Hilfe für sozial schwache Bevölkerungsteile ▷ gemeinsame Reduzierung von grenzüberschreitenden Schadstoffen ▷ Freizügigkeit für Wohnen, Studieren, Arbeiten, Reisen, Gewerbe	• hohe Risiken für Arbeitsmärkte in einzelnen Ländern durch den Einsatz billiger Arbeitskräfte • Verlust der Stabilität der gemeinsamen Währung durch Einflüsse der wirtschaftlich schwächeren Partner • riesiger Zentralstaat, worin die Einzelstaaten immer mehr entmachtet werden • unzureichende Kontrolle der Zentrale in Brüssel • Verlust der nationalen Identität • hohe Kosten durch die Bürokratie

Nennen Sie wesentliche überstaatliche Zusammenschlüsse und Konferenzen und deren Ziele.

WTO	World Trade Organization; seit 1995 eine Sonderorganisation der Uno zur Förderung und Überwachung des Welthandels; wichtigstes Ziel ist der Abbau von Zöllen und Handelsschranken.
APEC	wirtschaftlicher Zusammenschluss von 21 Staaten im asiatisch-pazifischen Raum zur Förderung des Freihandels und Senkung der Zölle
ASEAN	Zusammenschluss südostasiatischer Staaten mit dem Ziel der Förderung der wirtschaftlichen Entwicklung in den Mitgliedsstaaten und Stärkung der politischen Stabilität; Ausbau der Außenbeziehungen
EU	Europäische Union: Staatenverbund aus 25 Mitgliedsstaaten mit insgesamt ca. 490 Millionen Einwohnern und dem größten Bruttoinlandsprodukt der Welt; sie bildet die Dachorganisation der Europäischen Gemeinschaften; angestrebt (und zum Teil erreicht) wird für die Mitgliedsländer eine gemeinsame Währung (EUR), eine gemeinsame Verfassung, eine gemeinsame Wirtschafts- und Währungspolitik sowie eine gemeinsame Außen- und Sicherheitspolitik.
Mercosur	gemeinsamer Markt Südamerikas zur Förderung des Handels zwischen den Mitgliedsstaaten und der Festlegung gemeinsamer Außenzölle; Anstreben einer gemeinsamen Wirtschaftsunion
NAFTA	nordamerikanisches Freihandelsabkommen mit den Mitgliedern USA, Kanada und Mexiko; gegründet 1994 zur Förderung des Handels zwischen den Mitgliedsstaaten und Bildung einer Freihandelszone

1 Ordnen Sie die folgenden Begriffe den unten stehenden wirtschaftlichen Sachverhalten zu.

(1) Außenhandel
(2) Dienstleistungsverkehr
(3) Kapitalverkehr
(4) Übertragungsverkehr

Tragen Sie eine (9) ein, wenn es sich nicht um einen außenwirtschaftlichen Vorgang handelt.

a. Ein ausländischer Arbeitnehmer überweist einen Teil seines Nettoeinkommens an seine Familie in Sardinien. ☐
b. Eine Schweizer Bank gewährt einem deutschen Unternehmen einen langfristigen Kredit. ☐
c. Ein deutscher Urlauber bereist in seinem Sommerurlaub die Provence und steigt dort in verschiedenen Hotels ab. ☐
d. Ein dänisches Unternehmen entscheidet sich dafür, seine deutsche Niederlassung mit einem Computersystem eines Münchner Herstellers auszustatten. ☐
e. Ein holländischer Spediteur übernimmt für einen deutschen Hersteller den Transport eines Rohstoffes von Rotterdam nach Dresden. ☐
f. Ein Verlag in Leipzig lässt einen Teil seiner Bücher in einer Druckerei in Prag herstellen. ☐
g. Das Ministerium für wirtschaftliche Zusammenarbeit weist einen Betrag in Höhe von 2 Mio. EUR für ein Entwicklungshilfeprojekt in Ghana an. ☐
h. Ein Spediteur aus Halle transportiert für einen Elektrogerätehersteller aus Stockholm Fertigprodukte nach Oslo. ☐

2 Welche der folgenden Aussagen trifft auf den Begriff „terms of trade“ zu? ☐

(1) Handelsbeziehungen zwischen verschiedenen Ländern
(2) reales Austauschverhältnis zwischen dem Import und dem Export von Waren
(3) im Außenhandel verwendete Lieferungs- und Zahlungsbedingungen
(4) Bezeichnung für einen Kaufvertrag zwischen einem Exporteur und einem Importeur
(5) Bezeichnung für ein Warentermingeschäft im Außenhandel

3 Welcher der folgenden Unterschiede zwischen einzelnen Ländern stellt keine Ursache des internationalen Handels dar? ☐

(1) Unterschiedliche klimatische Rahmenbedingungen
(2) Ungleiche Verteilung der Rohstoffvorkommen und Energievorräte
(3) Ungleiche Entwicklung des technischen Know-hows
(4) Unterschiedliche Wirtschaftsstrukturen
(5) Unterschiedliche politische Strukturen

4 Welche der folgenden Maßnahmen stellt ein Hemmnis für den internationalen Handel dar? ☐

(1) Senkung der Einfuhrzölle
(2) Senkung der Ausfuhrzölle
(3) Aufruf zum Boykott der Waren eines anderen Landes
(4) Aufhebung von Einfuhrverboten
(5) Erhöhung der Einfuhrkontingente

5 Prüfen Sie die folgenden Aussagen aus einer Diskussion über die europäische Integration.

Ordnen Sie bei den Argumenten zu, ob diese eher einen möglichen

(1) Vorteil der europäischen Integration,
(2) Nachteil der europäischen Integration

darstellen.

a. gemeinsame Währung ☐
b. großer Binnenmarkt ☐
c. Kosten der Bürokratie ☐
d. Freizügigkeit für Wohnen und Gewerbe ☐
e. Kooperation von Unternehmen ☐
f. Aufgabe nationaler Identität ☐
g. Veränderungen auf den Arbeitsmärkten ☐
h. Position Europas auf den Weltmärkten ☐
i. Ausgleich regionaler Unterschiede im Wohlstand ☐

6 Prüfen Sie die folgenden Aussagen.

Kennzeichnen Sie

zutreffende Aussagen mit einer (1),
nicht zutreffende Aussagen mit einer (9).

a. Hauptziel der Außenwirtschaftspolitik eines Landes ist die Sicherung eines außenwirtschaftlichen Gleichgewichts. ☐
b. Unter Autarkie versteht man die Intensivierung der Handelsbeziehungen zwischen einzelnen Ländern. ☐
c. Im Kapitalverkehr werden Zahlungen zwischen den Notenbanken verschiedener Länder ausgetauscht. ☐
d. Für die Erhebung von Zöllen ist das Bundesministerium für Wirtschaft zuständig. ☐
e. Der Bundesminister für Finanzen entscheidet über die Gestaltung des Wechselkurssystems. ☐
f. Der Außenbeitrag ist die Summe für die in einer Abrechnungsperiode in das Ausland gelieferten Waren. ☐
g. Eine Devisenbewirtschaftung beinhaltet die Genehmigung einer jeden Devisentransaktion. ☐

Seite	Aufgabe	Ergebnisse
115	**1**	3
	2	4
	3	1
	4	1
	5	5
	6	5
	7	2
	8	2
	9	31.12.2018
117	**1**	2
	2	a.4, b.1, c.3
	3	5
	4	5
	5	a.4, b.5, c.3, d.2, e.1, f.6
	6	2
	7	2
119	**1**	3
	2	1
	3	30 000,00 (Verlust)
	4	3
	5	a. 390 000,00, b. 10 000,00, c. 110 000,00, d. 140 000,00, e. 360 000,00, f. 500 000,00
	6	20 000,00 (Gewinn)
	7	a. 330 000,00, b. 90 000,00, c. 150 000,00
121	**1**	4
	2	3
	3	5
	4	4
	5	2
	6	1
	7	2
	8	2
	9	3
	10	5
123	**1**	5
	2	5
	3	2
	4	1
	5	3
	6	4/6
125	**1**	3
	2	2
	3	5
	4	4
	5	a. 60 000,00 (Verlust), b. 2, c. 300 000,00
	6	2
	7	a. 3/1, b. 4/2, c. 1/4, d. 2/3
	8	3
127	**1**	1
	2	5
	3	3
	4	a.3, b.1, c.8, d.5, e.2
	5	2
	6	3
	7	a.4, b.1
	8	2
129	**1**	1
	2	4
	3	3
	4	4
	5	3
	6	1
	7	a. 800,00, b. 76,00, c. 5
131	**1**	3
	2	2
	3	6/2
	4	a. 150 000,00, b. 120 000,00, c. 1

Seite	Aufgabe	Ergebnisse
133	**1**	a. 6, b. 5, c. 1, d. 4, e. 7, f. 3, g. 2
	2	a. 4 316, b. 33,37
	3	a. 8, b. 6, c. 1, d. 2, e. 9, f. 4, g. 5, h. 7, i. 3
	4	a. 2, b. 1, c. 1
	5	a. 1, b. 1, c. 9
	6	a. 4, b. 6, c. 5, d. 1
	7	a. 300,00, b. 1 660,90, c. 16 239,10
135	**1**	a. 441,60, b. 521,09, c. 588,00, d. 66,91, e. 12,8
	2	a. 4, b. 2, c. 3, d. 1
	3	a. 1 105,80, b. 930,81, c. 1 010,11
	4	a. 1, b. 1, c. 1, d. 9, e. 1, f. 1, g. 9, h. 1
	5	70,07
	6	a. 120,96, b. 84,60, c. 10,259
137	**1**	a. 28,571428, b. 20,63492, c. 1,26
	2	a. 104,12, b. 2,0412
	3	15,43
	4	27,57
	5	123,59
	6	a. 1, b. 3, c. 2, d. 1
	7	93,6225
	8	a. 1, b. 9, c. 1
139	**1**	2/5
	2	aa. 2, ab. 1, ba. 4, bb. 3, ca. 4 an 1, cb. 3 an 1, cc. 4 an 2, cd. 2 an 3, ce. 5 an 3, d. 12 000,00
	3	3/4
	4	a. 17 000, b. 3 000, c. 20 000, d. 62 000, e. 562 000
	5	a. 4, b. 1, c. 9
141	**1**	2
	2	a. 83 000,00, b. 3, c. 9 520,00, d. 75 000,00, e. 4 an 1/3
	3	a. 100 000,00, b. 21 000,00, c. 35 000,00, d. 15 000,00, e. 30,000,00, f. 3, g. 87,4 %
	4	20 600,00
143	**1**	3
	2	1/3
	3	a. 132 000,00, b. 8,33 %, c. 11 000,00, d. 121 000,00, e. 77 000,00
	4	a. 10 999,00, b. 4.2 1,00
	5	125,00
	6	a. 7 200,00, b. 46 800,00, c. 10 800,00, d. 3 600,000, e. 3 600,00
	7	1
	8	120 000,00
145	**1**	3
	2	a. 5, b. 2
	3	a. 1/5 an 6, b. 9/5 an 7, c. 3/5 an 4, d. 9/5 an 6, e. 10 an 1, f. 10 an 3
	4	a. 8, b. 5, c. 1, d. 7, e. 3
147	**1**	a. 13 an 1, b. 7 an 11/9, c. 11 an 1, d. 11 an 12, e. 12 an 16
	2	a. 12 000,00, b. 84 000,00, c. 80 000,00, d. 1, e. 5 000,00
	3	4
	4	2
149	**1**	2
	2	a. 5, b. 2, c. 1, d. 7,
	3	a. 580 000,00, b. 89 000,00 (Gewinn)
	4	4
	5	a. 9, b. 6, c. 1, d. 3, e. 1

Seite	Aufgabe	Ergebnisse
151	1	a. 3, b. 2, c. 9, d. 1, e. 2, f. 1, g. 2
	2	a. 9/3 an 6, b. 1 an 9, c. 1/3 an 6, d. 9 an 1, e. 10 an 1
	3	a. 1, b. 9, c. 9, d. 2, e. 1, f. 9
	4	2
153	1	6/7/3 an 4
	2	4 an 8/3
	3	4 an 2/9/3
	4	18 977,60
	5	76,46
	6	3 605,74
	7	3
155	1	a. 1, b. 5, c. 9, d. 9, e. 4, f. 3, g. 6
	2	1/2
	3	a. 2/5 an 7, b. 7 an 3/5, c. 7 an 2/5, d. 7 an 9/4/5, e. 7 an 3/5
	4	a. 6 an 9/3/7, b. 101 388,00, c. 3 041,64, d. 485,64
157	1	1 an 13/5
	2	12/3 an 4
	3	2/14/5 an 1
	4	a. 2/14/5 an 1, b. 11/3 an 4, c. 12/3 an 4, d. 10/3 an 2, e. 14/5 an 1
	5	5
159	1	1/5
	2	1
	3	2
	4	3
	5	a. 5000 an 5001, b. 8020 an 6150, c. 5000 an 8020, d. 38 700, e. 209 000, f. 94 800
	6	a. 3/4
161	1	a. 2 an 1, b. 5/3 an 7, c. 9 an 2, d. 5 an 2, e. 2 an 5, f. 8 an 5
	2	2
	3	a. 9, b. 220 000,00, c. 118 000,00
	4	1/3
	5	a. 2, b. 3, c. 1, d. 3
	6	a. 228 000,00, b. 279 000,00
	7	a. 1, b. 3
163	1	4
	2	3
	3	2
	4	4
	5	5
	6	5
	7	2
	8	3
	9	3/5
165	1	4
	2	aa. 73,88, ab. 2,88, ac. 0, ba. 300,34 bb. 19,01, bc. 11,62, ca. 228,37, cb. 0, cc. 0
	3	1/3
	4	3
	5	3/4
	6	4
167	1	a. 315,00, b. 28,35, c. 17,33, d. 424,73, e. 1 314,59
	2	a. 6 an 1/2/4, b. 7 an 2
	3	a. 2 an 1, b. 4 an 1, c. 8 an 7, d. 4 an 9
	4	2
	5	5
	6	4

Seite	Aufgabe	Ergebnisse
169	1	a. 1, b. 4, c. 9, d. 1, e. 4
	2	a. 6/8
	3	5
	4	a. 3 an 4, b. 8 an 1/2/3/5, c. 9 an 2
	5	a. 3, b. 6, c. 7, d. 9, e. 10, f. 11, g. 2
171	1	5
	2	2
	3	2
	4	2
	5	2
	6	1/4
	7	2/4
	8	1
173	1	1
	2	a. 1, b. 4, c. 2, d. 1, e. 1, f. 3
	3	a. 4, b. 3, c. 2, d. 2, e. 4, f. 1, g. 1
	4	1
	5	a. 3, b. 3, c. 2, d. 2, e. 1
	6	a. 2, b. 1, c. 1
	7	a. 3, b. 1, c. 3
	8	A: a. 1, b. 2, c. 3 B: a. 1, b. 2, c. 2 C: a. 3, b. 4, c. 2
175	1	a. 9, b. 9, c. 1, d. 9, e. 1, f. 1, g. 1
	2	3/5
	3	a. 1, b. 9, c. 1, d. 1, e. 1
	4	2/4
	5	a. 9, b. 1, c. 1, d. 1, e. 1, f. 1
	6	3/5
	7	4
177	1	a. 1, b. 2, c. 9
	2	a. 1, b. 2, c. 1, d. 2, e. 2, f. 1
	3	a. 1, b. 1, c. 1, d. 1, e. 9, f. 9
	4	a. 1, b. 3, c. 1, d. 2
	5	1
	6	a. 3, b. 1
179	1	a. 1, b. 1, c. 3, d. 1, e. 1, f. 3
	2	a. 4, b. 1, c. 4, d. 3, e. 2, f. 1, g. 2
	3	a. 2, b. 1, c. 1, d. 4, e. 4, f. 4, g. 2, h. 2
	4	a. 2, b. 1, c. 3, d. 3, e. 1, f. 1
	5	a. 2, b. 2, c. 1
	6	a. 1, b. 9, c. 9, d. 9
181	1	a. 3 an 7, b. 4 an 7, c. 6 an 5, d. 11 an 2, e. 1 an 9
	2	a. 375,00, b. 300,00, c. 1 500,00, d. 10 000,00
	3	a. 1, b. 3, c. 4, d. 2
	4	2
	5	3
	6	1
	7	4
183	1	a. 10 an 1, b. 1/6 an 5/9
	2	2
	3	4
	4	1
	5	5
	6	2
	7	1
185	1	a. 170 685,00, b. 151 720,00
	2	6
	3	3/4
	4	3
	5	a. 16 666,67, b. 17 857,14
	6	a. 8 125,00, b. 2 an 1
	7	a. 53 846,15, b. 50 000,00

Seite	Aufgabe	Ergebnisse
187	1	4/5
	2	a. 990, b. 89 100,00, c. 110 236,50
	3	a. 40, b. 3 520,80, ca. 3 520,80, cb. 2 800,00
	4	a. 2 900, ba. 34 800,00, bb. 26 100,00, bc. 26 100,00, ca. 2 (auch richtig ist 3), cb. 1
	5	3
	6	1/3
189	1	a. 1, b. 2, c. 2, d. 3, e. 2
	2	3
	3	a. 2 an 1, b. 4 an 3, c. 6 an 4, d. 3 an 7
	4	a. 3, b. 6
	5	5
191	1	a. 2 an 1, b. 3 016,00, c. 7 an 2, d. 1 664,00, e. 4/6 an 2
	2	a. 3 an 2, b. 8 an 6, ca. 1 an 3, cb. 5 an 3, cc. 6/10 an 3
	3	a. 16 796,80, b. 21 720,00, c. 3 475,20
	4	a. 4,0, b. 4, c. 1 920,00, d. 11 000,00
193	1	4
	2	a. 5, b. 3, c. 8, d. 6, e. 8, f. 6, g. 2, h. 8, i. 8, j. 8
	3	1/3/5/2
	4	a. 4, b. 3, c. 1, d. 2
	5	a. 1 an 2, b. 3 an 1, c. 4 an 7, d. 5 an 6
	6	a. 2, b. 1, c. 1, d. 1, e. 2
195	1	2
	2	a. 1, b. 3, c. 5, d. 2, e. 4, f. 4, g. 6, h. 5, i. 5, j. 9, k. 5, l. 9
	3	2
	4	4
	5	3
	6	1
197	1	a. 37,3 %, b. 62,7 %, c. 20,8 %, d. 10,9 %, e. 6,3 %
	2	a. 26,9 %, b. 76,9 %, c. 166,7 %
	3	a. 4, b. 3, c. 2, d. 2, e. 4, f. 9, g. 4
	4	a. 1 848, b. 1 847, c. 2 550, d. 1 145, e. 69,0 %, f. 31,0 %, g. 25,2 %, h. 121,2%, i. 568,3 %
	5	a. B, b. 9,1 %, c. C, d. 7,0 %, e. A, f. 3,3 %
199	1	a. 9, b. 1, c. 9, d. 1, e. 1
	2	a. 2, b. 3, c. 2, d. 1, e. 1, f. 3, g. 1
	3	a. 1, b. 1, c. 9, d. 1, e. 9
	4	a. 1, b. 3, c. 1, d. 2, e. 1, f. 2, g. 2, h. 1, i. 9, j. 3, k. 3, l. 9
	5	a. 1, b. 2, c. 2, d. 1, e. 2, f. 2, g. 2
	6	4
201	1	a. 1, b. 4, c. 2, d. 3
	2	A: a. 2, b. 1, c. 2, d. 2, e. 1, f. 1, g. 2, h. 1, i. 2; B: a. 3, b. 4, c. 3, d. 3, e. 4, f. 4, g. 3, h. 4, i. 4
	3	a. 1, b. 1, c. 9, d. 9, e. 1, f. 1
	4	5
	5	aa. 9 600,00, ab. 13 300,00, b. 1 500, ca. 60 %, cb. 75 %
203	1	2
	2	a. 480, b. 85, c. 65 000
	3	3
	4	a. 1, b. 1, c. 9, d. 1, e. 1
	5	a. 60 000, b. 1 250, c. 62 500, d. 60 000, e. 25, f. 145, g. 150, h. 150 000, i. 2 500
205	1	2
	2	a. 2, b. 5, c. 3, d. 4, e. 1
	3	6
	4	a. 245, b. 1.550, c. 1 528, d. 22, e. 223, f. 2
	5	2
207	1	a. 1, b. 9, c. 9, d. 1, e. 1, f. 1
	2	a. 3, b. 6, c. 1, d. 4, e. 2, f. 5
	3	a. 4, b. 1, c. 3, d. 3
	4	a. 660, b. 1.600, c. 2 260, d. 2 200, e. 10, f. 300, g. 15, h. 25, i. 3 080
	5	a. 9, b. 1, c. 1, d. 9, e. 1, f. 9, g. 9
	6	3
209	1	a. 2, b. 1, c. 1, d. 2, e. 9, f. 2, g. 1
	2	a. 36,75, b. 41,00, c. 77,75, d. 104,58
	3	3
	4	a. 0,40, b. 0,36, c. 0,30
	5	a. 6,68, b. 6,78
	6	a. 293,00, b. 351,60
211	1	a. 1, b. 9, c. 1, d. 1, e. 1, f. 9
	2	1
	3	a. 7 636, b. 7 706, c. 9 766, d. 1 464, e. 1 567, f. 1.370
	4	a. 7 200, b. 8 580, c. 308, d. 3 024, e. 726,2, f. 581,00, g. 10,8, h. 2
	5	a. 1, b. 1, c. 9, d. 9, e. 1, f. 9
213	1	a. 3, b. 2, c. 1, d. 3, e. 1, f. 9, g. 2
	2	a. 144 000,00/3,60, b. 33 333, c. 342 858,00
	3	a. 420, b. 23,65
	4	a. 86 000,00, b. 26,27, c. 50 000,00, d. 15,00
	5	a. 9, b. 1, c. 1, d. 9, e. 1, f. 1, g. 9
215	1	16 875,00
	2	20
	3	9
	4	2.500,00
	5	1
	6	5
	7	1 Std. 36 Min.
	8	a. 31,25, b. 2
	9	13,3
	10	1 Std. 36 Min.
217	1	3
	2	a. 2, b. 120 000,00
	3	a. 37 135,69, b. 309,46
	4	a. 4 438,25, b. 133,56
	5	a. 58 072,01, b. 64,83
	6	5 601,43
	7	800,00
	8	a. 3, b. 550,00
219	1	257,14
	2	a. 720, ba. 18, bb. 26, ca. 3 900,00, cb. 3 600,00
	3	a. 1 300, b. 130, c. 100
	4	13,63
	5	a. 68 000,00, b. 80 500,00, c. 90 500,00, d. 13,6 %
	6	a. 7,19, b. 8,05
	7	a. 67,50, b. 162,50, c. 5,40
221	1	11,1
	2	28
	3	a. 3,38, b. 8,82, c. 5
	4	a. 270 000, b. 300 000, c. 5,5
	5	40 000,00
	6	a. 38,4, b. 15,6, c. 520
	7	a. 40,4, b. 3 500,00
	8	a. 6 728,00, b. 5 950,00
	9	a. 35, b. 52 720,00, c. 34 268,00
223	1	a. 3 900,00, b. 82,23, c. 3 982,23
	2	a. 186, b. 49, c. 189, d. 16, e. 57, f. 162
	3	a. 208 000,00, b. 312 000,00, c. 17 550,00
	4	a. 69, b. 11 414,67, c. 550,67
	5	a. 265,14, b. 9 880,80, c. 150,70, d. 21 571,92

Seite	Aufgabe	Ergebnisse
223	6	12
	7	4
	8	1
	9	46 200,00
225	1	a. 6, b. 15 000,00, c. 30 000,00, d. 345 000,00
	2	a. 180, b. 240,00
	3	a. 47, b. 9
	4	a. 45, b. 14.09.
	5	a. 1, b. 1,25
	6	3
	7	a. 3 767, b. 45, c. 83,71, d. 2 223,71
	8	3
227	1	a. 9,28, b. 9,40, c. 9,10
	2	a. 300,00, b. 840,00, c. 1 025,00, d. 1 425,00, e. 3 590,00, f. 2 619,67
	3	a. 2 892,00, b. 50, c. 57,84
	4	a. 900,00, b. 514,50, c. 24, d. 385,50
	5	a. 14,4, b. 800,00, c. 653,33
	6	a. 320,00, b. 360,00, c. 16 680,00, d. 17,35
	7	a. 23 530,00, b. 9,43
229	1	a. 22 200,00, b. 792,54, c. 25 625,46, d. 23 Tage, e. 196,46, f. 596,08, g. 47,0, h. 48,4
	2	3
	3	101
	4	a. 33 222,50, b. 169,80, c. 65,85, d. 857,70
	5	4
	6	A = a. 85,50, b. 124,03, c. 716,85 B = a. 32,73, b. 14,40, c. 24,00
231	1	4
	2	a. 3, b. 1, c. 9, d. 2, e. 4
	3	2
	4	3
	5	3
	6	9
	7	4
	8	2
233	1	5
	2	3
	3	2
	4	a. 9, b. 2, c. 1
	5	a. 1, b. 2, c. 3, d. 2, e. 3, f. 1
	6	2
	7	6
235	1	a. 1, b. 1, c. 9, d. 1, e. 1, f. 9
	2	a. 3, b. 1, c. 1, d. 2, e. 3, f. 1, g. 9
	3	4
	4	a. 1, b. 9, c. 1, d. 9
	5	a. 1, b. 9, c. 9, d. 1, e. 9
	6	2
	7	a. 9, b. 1, c. 1
237	1	a. 9, b. 1, c. 9, d. 1, e. 9, f. 9, g. 9
	2	a. 7, b. 5, c. 6, d. 4, e. 1, f. 4, g. 6
	3	0,5 (mit negativem Vorzeichen, da positive Mengenveränderung in Bezug gesetzt wird zu negativer Preisveränderung)
	4	2
	5	a. 1, b. 3, c. 9, d. 2
	6	a. 5, b. 6, c. 2, d. 1, e. 4, f. 3
239	1	a. 3, b. 2, c. 2, d. 3, e. 1, f. 3, g. 2, h. 3, i. 1
	2	4
	3	a. 2, b. 1, c. 1, d. 1, e. 2
	4	a. 2, b. 1, c. 3, d. 2
	5	2
	6	a. 20, b. 1,014, c. 90 000,00

Seite	Aufgabe	Ergebnisse
241	1	5
	2	4
	3	2
	4	4
	5	a. 1, b. 3, c. 3, d. 3, e. 3, f. 2
	6	3
	7	2
243	1	a. 1, b. 3, c. 2, d. 3, e. 2, f. 1
	2	a. 2, b. 3, c. 1, d. 2, e. 3
	3	4
	4	a. 1, b. 9, c. 1, d. 9
	5	a. 3, b. 2, c. 1
	6	2
	7	3/4
245	1	1/4
	2	2/5
	3	a. 1, b. 9, c. 9, d. 1
	4	2/4
	5	a. 3, b. 1
	6	4/5
	7	2/4
	8	3
247	1	1/5
	2	4/5
	3	5
	4	1
	5	1/2
	6	2/4
	7	5
	8	3
	9	1/5
	10	2
249	1	a. 2, b. 1, c. 3, d. 1, e. 3, f. 1, g. 3 (auch richtig ist 2), h. 1, i. 1, j. 3
	2	1
	3	1/5
	4	2/3
	5	4
	6	a. 2, b. 3, c. 1
	7	a. 3, b. 2, c. 1, d. 1, e. 2, f. 3, g. 1, h. 2, i. 9, j. 1, k. 2, i. 2
251	1	a. 2, b. 1, c. 4, d. 2/3, e. 6, f. 3/2, g. 5, h. 3
	2	a. 3, b. 1, c. 9, d. 2
	3	a. 3, b. 2, c. 9, d. 1, e. 1, f. 3
	4	a. 9, b. 4, c. 3, d. 1, e. 2, f. 1, g. 9, h. 2, i. 1
253	1	3
	2	a. 3, b. 3, c. 1, d. 9, e. 2
	3	a. 1, b. 1, c. 9, d. 1, e. 1, f. 9, g. 1
	4	a. 3, b. 2, c. 9, d. 9, e. 4, f. 3, g. 9
	5	1
	6	a. 2, b. 1, c. 9, d. 2, e. 1, f. 1
255	1	a.40, b.120, c.360, d.480
	2	8
	3	40
	4	1 300
	5	1
	6	108 Tage
	7	3
	8	a.30, b.36, c.1,25
	9	a.3, b.54,7, c.35,3, d.500 000
	10	1
257	1	a. 3, b. 2, c. 4, d. 1
	2	a. 1, b. 2
	3	a. 1, b. 2, c. 2, d. 1
	4	a. 2, b. 3, c. 4, d. 1
	5	a. 1, b. 2, c. 1, d. 2
	6	a. 2, b. 3, c. 1
		3

Seite	Aufgabe	Ergebnisse
259	1	a. 3, b. 4, c. 4, d. 2, e. 1
	2	a. 9, b. 1, c. 9
	3	a. 3, b. 1, c. 5, d. 4, e. 2
	4	a. 1, b. 1, c. 1, d. 9
	5	a. 1, b. 2
	6	a. 3, b. 1, c. 4, d. 2
	7	9
261	1	a. 9, b. 1, c. 1
	2	a. 2, b. 3, c. 1, d. 2, e. 1
	3	4
	4	4
	5	3
	6	3
	7	1/4
	8	5
	9	a. 2, b. 1, c. 2, d. 3, e. 2
263	1	a. 1, b. 1, c. 9, d. 9, e. 9
	2	3/4
	3	a. 2, b. 1, c. 2, d. 1, e. 2, f. 1, g. 2, h. 2
	4	3/5
	5	a. 1, b. 2, c. 2, d. 2, e. 1, f. 2
	6	a. 4, b. 2, c. 3, d. 9, e. 4
265	1	a. 1, b. 1, c. 1, d. 9, e. 1, f. 1
	2	a. 81 000,00, b. 85 200,00, c. 80 000,00
	3	a. 1, b. 9, c. 1
	4	2
	5	a. 5, b. 1, c. 3, d. 2, e. 6, f. 4
	6	a. 2, b. 6, c. 3, d. 5, e. 4, f. 1
	7	3
267	1	a. 3, b. 1, c. 3, d. 2
	2	a. 1, b. 2, c. 2, d. 2
	3	a. 9, b. 1, c. 9
	4	a. 1, b. 9, c. 1, d. 1, e. 9
	5	a. 1, b. 1, c. 9, d. 1, e. 1, f. 9
	6	1
269	1	a. 9, b. 1, c. 1, d. 9
	2	a. 9, b. 1, c. 1, d. 1
	3	2
	4	a. 1, b. 3
	5	a. 1, b. 1, c. 1, d. 1
	6	2
271	1	9
	2	1
	3	a. 1, b. 9, c. 9
	4	a. 1, b. 1
	5	a. 9, b. 9, c. 1, d. 1
	6	a. 4, b. 2, c. 3, d. 3
	7	3
273	1	a. 2, b. 2, c. 1, d. 3, e. 2, f. 1, g. 3
	2	a. 3, b. 2, c. 1, d. 4, e. 9, f. 3
	3	3
	4	a. 2, b. 1, c. 1, d. 2, e. 2, f. 2
	5	4
275	1	a. 1, b. 1, c. 1, d. 9, e. 1, f. 1
	2	a. 3, b. 1, c. 3, d. 9, e. 2, f. 1, g. 2
	3	2
	4	a. 3, b. 4, c. 2, d. 5, e. 9, f. 1
	5	6
	6	2
277	1	a. 1, b. 9, c. 1
	2	a. 1, b. 1, c. 9, d. 1, e. 1, f. 1
	3	a. 1, b. 3
	4	a. 2, b. 3, c. 1, d. 3, e. 1, f. 2
	5	a. 2, b. 1, c. 1, d. 2, e. 2
	6	3

Seite	Aufgabe	Ergebnisse
279	1	a. 1, b. 3, c. 2, d. 1, e. 2.
	2	a. 1, b. 9, c. 1
	3	a. 9, b. 1, c. 1, d. 9, e. 9
	4	a. 5, b. 4, c. 1
	5	1
	6	1
	7	a. 2, b. 3, c. 3, d. 3, e. 3
281	1	a. 8, b. 70, c. 20, d. 20
	2	a. 1, b. 1, c. 1, d. 9, e. 9, f. 9, g. 1
	3	a. 1, b. 2, c. 1, d. 2
	4	3
	5	a. 3, b. 2, c. 2, d. 1
	6	a. 9, b. 1, c. 9, d. 9, e. 9, f. 1
	7	a. 9, b. 1, c. 1, d. 1, e. 1, f. 1
283	1	a. 1, b. 1, c. 1, d. 9, e. 1, f. 9, g. 9, h. 9, i. 1, j. 1, k. 1
	2	a. 2, b. 3
	3	a. 1, b. 9, c. 1, d. 1, e. 1, f. 1
	4	a. 5, b. 2, c. 3, d. 1, e. 4
	5	a. 1, b. 9, c. 9, d. 9
285	1	a. 2, b. 2, c. 1, d. 1, e. 1, f. 9
	2	3
	3	a. 9, b. 1, c. 1, d. 1
	4	a. 9, b. 1, c. 1, d. 9, e. 1, f. 9, g. 1, h. 1
	5	a. 2, b. 1, c. 3, d. 1, e. 1, f. 1
287	1	A: a. 2, b. 1, c. 1, d. 1, e. 1, f. 1, g. 2, h. 2, i. 1 B: a. 3, b. 3, c. 3, d. 4, e. 3, f. 4, g. 3, h. 3, i. 3
	2	1
	3	a. 1, b. 1, c. 1
	4	a. 1, b. 1, c. 1, d. 1, e. 1
	5	a. 1, b. 2, c. 2, d. 1
	6	2
	7	a. 5, b. 3, c. 1, d. 2, e. 4
289	1	2
	2	a. 1, b. 2, c. 1, d. 2, e. 1
	3	a. 2, b. 3, c. 1
	4	4
	5	a. 1, b. 9, c. 9
	6	a. 1, b. 2, c. 9, d. 9
	7	a. 2, b. 2, c. 3, d. 3, e. 2
291	1	a. 1, b. 9, c. 3, d. 1, e. 9
	2	a. 1, b. 2, c. 3, d. 2, e. 1, f. 1
	3	a. 1, b. 9, c. 9, d. 1, e. 1
	4	a. 9, b. 1, c. 1, d. 1
	5	a. 2, b. 2, c. 2, d. 1, e. 1
	6	a. 1, b. 1, c. 1, d. 9, e. 1, f. 9
293	1	5
	2	a. 5, b. 3, c. 1, d. 4, e. 2
	3	a. 2, b. 1
	4	a. 1, b. 9, c. 1, d. 9
	5	a. 1, b. 1, c. 1, d. 9
	6	a. 1, b. 9, c. 1, d. 1, e. 9
	7	a. 1, b. 9, c. 1, d. 1
295	1	a. 9, b. 1, c. 9, d. 1
	2	a. 1, b. 1, c. 9, d. 9
	3	a. 40, b. 728 000,00, c. 40 000,00, d. 470 000,00
	4	a. 9, b. 9, c. 1, d. 3, e. 4
	5	a. 5, b. 1, c. 3, d. 4, e. 2
	6	a. 1, b. 9, c. 1

Seite	Aufgabe	Ergebnisse
297	1	a. 2, b. 2, c. 2, d. 1, e. 1, f. 2, g. 1
	2	a. 6, b. 1, c. 1, d. 1, e. 3, f. 5, g. 6
	3	a. 9, b. 9, c. 1, d. 1, e. 9
	4	a. 1, b. 2, c. 3, d. 3, e. 3, f. 3, g. 3, h. 1
	5	a. 2, b. 2, c. 2, d. 1, e. 1, f. 1, g. 1
	6	1
299	1	a. 3, b. 1, c. 4, d. 1, e. 4, f. 2, g. 1
	2	P1: a. 3, b. 3, c. 4, d. 4 P2: a. 2, b. 2, c. 3, d. 1
	3	a. 1, b. 4, c. 2, d. 3
	4	a. 1, b. 9, c. 1, d. 1, e. 1
	5	A: a. 1, b. 2, c. 2, d. 2, e. 1 B: a. 4, b. 3, c. 4, d. 3, e. 4 C: a. 6, b. 5, c. 6, d. 5, e. 6
	6	4
301	1	2
	2	a. 9, b. 1, c. 1, d. 1
	3	a. 1, b. 1, c. 2, d. 4, e. 2
	4	a. 9, b. 1, c. 9
	5	a. 1, b. 1, c. 1
	6	a. 1, b. 1, c. 1, d. 1, e. 1, f. 9
	7	a. 1, b. 3, c. 2
303	1	a. 3, b. 6, c. 5, d. 5, e. 8, f. 9, g. 2, h. 4, i. 5, j. 8
	2	2
	3	a. 2, b. 2, c. 2, d. 2
	4	a. 1, b. 1, c. 9
	5	a. 3, b. 5, c. 7, d. 2
305	1	a. 1, b. 9, c. 2
	2	a. 2, b. 9, c. 1, d. 4, e. 4, f. 9, g. 9
	3	1
	4	a. 1, b. 9, c. 1
	5	a. 9, b. 9, c. 9, d. 9, e. 9, f. 9
	6	a. 9, b. 1, c. 9, d. 9, e. 9
307	1	1
	2	a. 1, b. 9, c. 1, d. 9
	3	a. 1, b. 1, c. 9, d. 9, e. 1
	4	a. 5, b. 3, c. 7, d. 4, e. 2, f. 6, g. 1
	5	a. 9, b. 9, c. 9, d. 9, e. 1, f. 9
	6	a. 303,15, b. 299,70, c. 406,96
309	1	a. 1, b. 1, c. 2, d. 2
	2	A: a. 2, b. 1, c. 1, d. 1, e. 1, f. 1 B: a. 3, b. 2, c. 3, d. 2, e. 3, f. 3
	3	2
	4	a. 9. b. 1, c. 9, d. 1, e. 9, f. 1, g. 1, h 9
	5	a. 1, b. 9, c. 9
311	1	a. 1, b. 9, c. 1, d. 1, e. 9, f. 9
	2	a. 4, b. 4, c. 1, d. 3
	3	4
	4	2
	5	a. 1, b. 9, c. 9, d. 1, e. 4, f. 1
	6	a. 1, b. 3, c. 2
	7	1
313	1	a. 4, b. 2, c. 5, d. 3
	2	a. 1, b. 2, c. 2, d. 2, e. 1, f. 2, g. 2
	3	a. 1, b. 2, c. 2, d. 2, e. 1
	4	a. 1, b. 9, c. 1, d. 9, e. 1
	5	a. 2, b. 2, c. 1, d. 1
	6	a. 1, b. 9, c. 1, d. 1, e. 1, f. 1, g. 9, h. 1
315	1	5
	2	4
	3	1
	4	4
	5	1/3
	6	4
	7	3
	8	5
317	1	a. 5, b. 4, c. 6, d. 9, e. 1, f. 9
	2	a. 1, b. 1, c. 9
	3	a. 9, b. 1, c. 9, d. 9
	4	a. 9, b. 1, c. 1
	5	a. 9, b. 1, c. 1, d. 9
	6	a. 9, b. 9, c. 9, d. 1
319	1	a. 5, b. 2, c. 1, d. 3
	2	a. 1, b. 9, c. 9, d. 9
	3	a. 1, b. 1, c. 9, d. 1, e. 9
	4	a. 9, b. 9, c. 9, d. 1
	5	a. 2, b. 1, c. 1
	6	a. 1, b. 1, c. 1
321	1	a. 9, b. 1, c. 1, d. 9, e. 1
	2	a. 9, b. 1, c. 1, d. 1, e. 9
	3	a. 2, b. 1, c. 3
	4	a. 1, b. 9, c. 1
	5	2
	6	a. 1, b. 1, c. 1
323	1	a. 3, b. 3, c. 2, d. 9, e. 3, f. 9
	2	a. 1, b. 1, c. 1, d. 9, e. 1
	3	4
	4	a. 3, b. 3, c. 1, d. 1, e. 1, f. 2, g. 3, h. 1, i. 2, j. 1
	5	a. 9, b. 1, c. 9, d. 9, e. 9, f. 9, g. 9
325	1	a. 1, b. 1, c. 2
	2	4
	3	a. 3, b. 4, c. 1, d. 9
	4	1
	5	a. 9, b. 9, c. 1, d. 9, e. 1, f. 1
	6	a. 1, b. 1, c. 1, d. 9
	7	a. 2, b. 2, c. 9, d. 9, e. 1, f. 1, g. 9
327	1	a. 1, b. 2, c. 2, d. 3
	2	2
	3	a. 9, b. 1, c. 9, d. 1, e. 1
	4	a. 9, b. 1, c. 1, d. 1, e. 1
	5	a. 1, b. 9, c. 1, d. 1
	6	a. 1, b. 9, c. 9, d. 9, e. 1, f. 1, g. 1
329	1	a. 9, b. 1, c. 9
	2	a. 3, b. 1, c. 2
	3	a. 3, b. 1
	4	a. 1, b. 9, c. 1, d. 9, e. 1, f. 1, g. 9
	5	a. 1, b. 9, c. 1, d. 1, e. 1, f. 1, g. 1
331	1	2
	2	a. 9, b. 1, c. 1
	3	a. 1, b. 1, c. 9, d. 9, e. 1, f. 1, g. 1, h. 1
	4	a. 1, b. 1
	5	a. 1, b. 1, c. 2, d. 9, e. 9
	6	a. 117 000,00, b. 69 800,00, c. 717 000,00, d. 1 884 400,00
333	1	3
	2	2
	3	a, 1, b. 1, c. 1, d. 9, e. 9, f. 1, g. 9, h. 1
	4	a. 1, b. 2
	5	3
	6	a. 1, b. 9, c. 1, d. 9, e. 9, f. 1
	7	a. 1, b. 9, c. 9, d. 1, e. 9, f. 9
335	1	6
	2	50 000
	3	a. 1, b. 2, c. 1, d. 1, e. 3, f. 3, g. 1
	4	3
	5	4
	6	a. 1, b. 1, c. 9, d. 9, e. 1, f. 1, g. 1
	7	a. 1, b. 9, c. 2, d. 1, e. 2, f. 9, g. 1, h. 9

Seite	Aufgabe	Ergebnisse
337	1	3
	2	a. 1, b. 1, c. 9, d. 1, e. 1
	3	a. 9, b. 9, c. 1, d. 1, e. 1, f. 1, g. 1
	4	a. 1, b. 1, c. 9, d. 9, e. 9
	5	a. 9, b. 1, c. 1, d. 9, e. 9
	6	a. 1, b. 2, c. 2, d. 3
339	1	a. 1, b. 9, c. 9, d. 9, e. 1, f. 1, g. 1, h. 9, i. 1, j. 1, k. 1, l. 9, m. 1, n. 1, o. 9
	2	3
	3	a. 3, b. 2, c. 1
	4	a. 9, b. 1, c. 1, d. 1
	5	a. 500,00, b. 1 000,00
	6	2
341	1	3
	2	2/3
	3	1
	4	2
	5	6
	6	a. 1, b. 1, c. 9, d. 1, e. 1
	7	2
343	1	5
	2	1/5
	3	4/5
	4	a. 1, b. 2, c. 1, d. 2, e. 1, f. 2
	5	a. 1, b. 2, c. 3 (auch richtig: 1), d. 3
	6	2/4
	7	1/3
	8	4/5
345	1	a. 1, b. 3, c. 2, d. 2, e. 9, f. 1
	2	a. 1, b. 3, c. 2, d. 9, e. 9, f. 2
	3	2
	4	5
	5	1/4
	6	1/3
	7	4
347	1	a. 1, b. 1, c. 9, d. 1, e. 9, f. 1
	2	a. 9, b. 9, c. 1, d. 2, e. 1
	3	a. 8, b. 40, c. 6/20, d. 30, e. 12
	4	a. 1, b. 1, c. 9
	5	5
	6	2
	7	2
349	1	2/4
	2	2/4
	3	2/5
	4	4/5
	5	5
	6	4
	7	3
	8	5
351	1	a. 4, b. 1, c. 3, d. 9, e. 2
	2	a. 3/2, b. 3/4, c. 3/1, d. 9/9, e. 3/5, f. 1/2
	3	1/3
	4	a. 2, b. 9, c. 1, d. 2, e. 2, f. 9, g. 1
	5	1/5
	6	5
353	1	2/3
	2	3
	3	a. 3, b. 6, c. 4, d. 8, e. 1
	4	a. 31.03., b. 15.02., c. 31.08., d. 31.05.
	5	3/5
	6	1
	7	2/3
355	1	2
	2	9

Seite	Aufgabe	Ergebnisse
	3	2
	4	3
	5	a. 9, b. 9, c. 1
	6	1
	7	1
	8	5
	9	a. 9, b. 1, c. 1
	10	2
357	1	2/4
	2	3
	3	2
	4	a. 3, b. 3, c. 9, d. 1, e. 3, f. 3, g. 2, h. 9
	5	5
	6	5
	7	2/3
	8	5
359	1	1
	2	2
	3	3
	4	2
	5	1
	6	2/4
	7	a. 3, b. 1
	8	3
361	1	a. 1, b. 9, c. 2, d. 3, e. 2, f. 9, g. 1, h. 9, i. 9
	2	a. 9, b. 9, c. 9, d. 1, e. 9, f. 1, g. 9
	3	a. 9, b. 1, c. 3
	4	a. 1, b. 1, c. 1, d. 9
	5	1
	6	5
363	1	1/5
	2	2
	3	2
	4	3/5
	5	a. 4, b. 1, c. 2, d. 3, e. 1, f. 4, g. 1, h. 1, i. 2, j. 1
	6	4
	7	3
365	1	a. 1, b. 2, c. 1, d. 1, e. 2, f. 9, g. 1
	2	1/2
	3	2/5
	4	a. 1, b. 8, c. 7, d. 4, e. 9
	5	4
	6	4
	7	3/5
367	1	3
	2	a. 4, b. 1, c. 2, d. 3, e. 4
	3	a. 9, b. 1, c. 9, d. 9, e. 1, f. 9
	4	3
	5	3
	6	3
	7	3
369	1	1/5
	2	4
	3	1/2
	4	a. 9, b. 1, c. 1, d. 9
	5	2/5
	6	2/4
	7	6
	8	5
371	1	a. 9, b. 1, c. 9, d. 9
	2	a. 173,80, b. 154,00, c. 26,95, d. 21,45
	3	2/5
	4	2/5
	5	6
	6	a. 1, b. 4, c. 2, d. 4, e. 2
	7	3

Seite	Aufgabe	Ergebnisse
373	1	2
	2	a. 1, b. 4, c. 3, d. 2, e. 9
	3	3
	4	1
	5	3
	6	4/5
	7	5
	8	4
	9	6
375	1	3
	2	5
	3	3
	4	a. 1, b. 3, c. 1, d. 3, e. 4
	5	4
	6	1
	7	5
	8	3
377	1	a. 2, b. 1, c. 3, d. 9, e. 1, f. 9, g. 1
	2	4
	3	2
	4	1
	5	a. 2, b. 9, c. 3, d. 1
	6	1/4
	7	1
	8	4
379	1	5
	2	a. 1, b. 1, c. 9, d. 1, e. 9, f. 9
	3	a. 1, b. 1, c. 2, d. 1, e. 2, f. 9, g. 1, h. 1, i. 1
	4	3
	5	2
	6	a. 1, b. 9, c. 1, d. 1
381	1	4
	2	3
	3	a. 1, b. 1, c. 1, d. 1, e. 9
	4	4
	5	a. 2, b. 1, c. 2, d. 1
	6	1
383	1	a. 2, b. 9, c. 1, d. 3, e. 4, f. 9
	2	a. 2, b. 1, c. 2, d. 4, e. 3, f. 3
	3	a. 1, b. 13, c. 4, d. 13, e. 14, f. 9, g. 8, h. 15, i. 7
	4	a. 4, b. 4
385	1	a. 9, b. 1, c. 1, d. 1, e. 1, f. 1
	2	3
	3	2
	4	2
	5	a. 9, b. 1, c. 1, d. 9
	6	a. 200, b. 5
	7	a. 1, b. 9, c. 1, d. 1, e. 1, f. 1
387	1	a. 1, b. 1, c. 1, d. 9, e. 1
	2	3/5
	3	2/5
	4	3/5
	5	a. 1, b. 9, c. 1, d. 2, e. 2, f. 9, g. 1, h. 2, i. 1
	5	4
	6	2
389	1	a. 2, b. 1, c. 2, d. 1, e. 1, f. 1, g. 9, h. 2
	2	a. 1, b. 1, c. 1, d. 9, e. 1, f. 1
	3	2/4
	4	3
	5	2
	6	a. 1, b. 9, c. 9
	7	2/5

Seite	Aufgabe	Ergebnisse
391	1	2
	2	a. 9, b. 1, c. 9, d. 9, e. 1
	3	a. 1, b. 1, c. 9, d. 9, e. 1, f. 1, g. 9, h. 1
	3	a. 1, b. 1, c. 1, d. 9, e. 1, f. 9, g. 1, h. 1, i. 9, j. 1
	5	4
	6	a. 4, b. 4, c. 2, d. 1, e. 3, f. 1, g. 2, h. 4, i. 4, j. 3
393	1	2
	2	4
	3	2
	4	5
	5	a. 4, b. 3, c. 2, d. 9, e. 2
	6	a. 1, b. 9, c. 1
	7	2
395	1	a. 1, b. 9, c. 1, d. 1, e. 9, f. 1
	2	3
	3	3/5
	4	a. 1, b. 1, c. 9, d. 1, e. 1
	5	2/4
	6	a. 1, b. 1, c. 2, d. 2, e. 1, f. 2
397	1	1 a. 4, b. 3, c. 2, d. 9, e. 2, f. 1, g. 4 (auch richtig: 3, wenn als Kredit gewährt), h. 2
	2	2
	3	5
	4	3
	5	a. 1, b. 1, c. 2, d. 1, e. 1, f. 2, g. 2, h. 1, i. 1
	6	a. 1, b. 9, c. 9, d. 9, e. 1, f. 9, g. 1